MINISTÈRE DE LA GUERRE

INVENTAIRE SOMMAIRE

DES

ARCHIVES HISTORIQUES

(ARCHIVES ANCIENNES. — CORRESPONDANCE)

TOME SIXIÈME

TABLE DES SIGNATAIRES

PARIS

IMPRIMERIE NATIONALE

MDCCCCXXIII

INVENTAIRE SOMMAIRE

DES ARCHIVES HISTORIQUES

DU MINISTÈRE DE LA GUERRE

AVERTISSEMENT.

Dans les sommaires qui constituent l'*Inventaire* proprement dit et qui remplissent les cinq volumes précédemment parus, on a indiqué seulement les principaux signataires des lettres, mais dès le début de la publication il avait été prévu que la table alphabétique des signataires devrait les comprendre tous sans exception, quel que fût leur grade ou qualité, leur emploi ou situation. On s'est donc efforcé de n'y omettre aucun des signataires rencontrés, ne l'eût-il été qu'une seule fois, et l'on a identifié chacun autant que le permettaient les ressources dont on disposait.

Pour l'orthographe des noms de famille on a, en principe, adopté, en ce qui concerne les officiers généraux, celle de la *Chronologie militaire* de Pinard complétée par la *Chronologie des Maréchaux, etc.*, établie par le service des Archives administratives; pour les autres signataires on a reproduit le plus souvent celle que présentaient les pièces elles-mêmes ou, pour les personnages notoires, celle que recommandait l'usage; mais, en raison des fréquentes incertitudes et de l'extrême diversité qui se remarquent en cette matière, souvent dans une même famille et jusque chez la même personne, on prévient les chercheurs qu'il n'y a pas lieu de se fier toujours aveuglément à la forme adoptée. On a cherché par de nombreux renvois à rendre cet inconvénient moins sensible.

Des renvois ont aussi été employés entre deux homonymes, par exemple entre un père et un fils, entre deux frères, quand on avait des doutes sur leur identité respective.

Les numéros de la table qui suit se rapportent d'abord aux 3786 volumes de la série principale de la correspondance; les séries supplémentaires (voir sur ces séries le tome V de l'*Inventaire*, p. 449-541) sont désignées comme suit : 1 s. à 84 s., pour le fonds dit «de

Suède»; — A 1 à A 125, pour les volumes reliés des «fonds divers»; — cartons I à LXXXVIII *bis*, pour les pièces non reliées, conservées dans des cartons ou portefeuilles.

PRINCIPALES ABRÉVIATIONS.

mar. Fr. . . .	maréchal de France.
lieut^{t}-g^{al}. . . .	lieutenant-général.
mar. c.	maréchal de camp.
brig.	brigadier d'infanterie ou de cavalerie.
ch^{r}.	chevalier.
s^{r}.	sieur *ou* seigneur.

INVENTAIRE SOMMAIRE

DES ARCHIVES HISTORIQUES

DU MINISTÈRE DE LA GUERRE.

ARCHIVES ANCIENNES.

(CORRESPONDANCE. — PÉRIODE ANTÉRIEURE À 1792.)

TABLE DES SIGNATAIRES.

A

Abadie (D'), commd^{t} à Trarbach, 2453.
—— (D'), 3308.
—— (D'), lieut^{t} de roi de la Bastille, 3417.
—— (D'). V. *Dabbadie*.
Abancourt (D'), commd^{t} à Montreuil, 597.
—— (D'), lieut^{t} de roi de St-Quentin, 891, 2132, 2136, 2138, 2139, 2183.
—— (D'), cap^{ne} au rég^{t} Mestre-de-camp-g^{al} cav^{ie}, c^{ons} LXV f, LXVII.
Abbatucci (Jacques-Pierre), général de d^{on}, 3635.
Abbé, prévôt royal à Ensisheim, 2391.
Abbeville (Échevins, etc., d'), 110, c^{on} LXIV. — Cf. *Bermoise, Bouteiller, Danzel, Delegorgue, Devismes, Dompierre, Dumeney, Dumont, Duval, Faurie, Fontenilles, Formentin, Foucque, Fuzelier, Gallet, Godart, Gouchon, Hecquet, Le Bacle, Lefebvre, Le Sergeant, Le Vasseur, Lévesque, Lignier, Manessier, Maurice, Michault, Morgan, Pellettre, Rambault, Ribaucourt, Ricouart, Romicourt, Wignier*, etc.
Abbondi (Paul), président de la Chambre de commerce de Casal, 1964.
—— (Hyacinthe), gouverneur de Revere, 2815.
Abbott, officier anglais, 3620.
Abdile (François), 2524.
Abeille (Gaspard), secrétaire du duc de Luxembourg, auteur dramatique, 2139.
—— ingénieur, 2326.
Abel, major de la place de Metz, 904, 987, 997, 1502, 1660, 1844-1846, 1852, 1853, 1855-1858, 1956, 2236, 2243, 2370, 2393.
Abenon (D'), capitaine, 2134.
Abense (Ch^{r} d'), colonel du rég^{t} Mestre-de-camp-g^{al}-cav^{ie}, 3701.
Abenthayer, grand mayeur d'Aix-la-Chapelle, 2860, 3057, 3407.
Abercombrie (Jacques, baron), 3127.
Abère, cap^{ne}, 88.
Abin (D'), ingénieur, officier dans la

compagnie des mineurs de Mesgrigny, 1484, 1550, 1670, 2141, 2142, 2225, 2621.
Abincq, aide-major de la place de Namur, puis commandant à Rodemack, 1831, 2631-2634, 2663, 2664, 2677, 2702, 2727, 2729, 2732-2735, 2742, 2746, 2789, 2793, 2794, 2796-2798, 2803, 2838, 2839, 2841, 2860, 2904, 2937, 2955, 2977, 2978, 3006, 3007, 3010, 3026, 3039, 3041-3046, 3051-3054, 3056, 3057, 3085, 3086, 3094-3097, 3101, 3156-3160, 3166-3168, 3198, 3199, 3202, 3206, 3207, 3213, 3214, 3216-3218, 3275-3278, 3326.
Abjac (D'). V. *Dabiac.*
Ablancourt (D'), 458, 460, 461, 508.
Ableiges (Gilles de Maupeou d'), intendant, 1283, 1468, 1524-1526, 1605, 1612, 1700, 1743, 1800, 1802, 1902.
Ablois, 3614. V. *Meulan.*
Ablonville (Comte d'), député de la Commission provinciale du Soissonnais, c^{on} LXI.
Aboville (D'), 2460.
—— (Ant.-Julien, ch^{r} d'), lieut^{t}-g^{al}, 2563, 2678, 2923, 2999, 3202, 3216.
—— (D'), officier d'art^{rie}, c^{on} XLVIII.
Abschatz (D'), officier, 3261, 3262.
Absolut, 420.
Acarel, cap^{ne} au rég^{t} de Flandre, 2143, 2269, 2270.
Accaron, 1er commis du bureau des Colonies au Mre de la Guerre, 3624, 3628.
Accault, 2021.
Achantas, ing^{r}, 2393.
Achard, entrepreneur de fournitures, 2271.
—— (J.-P.), 3117, 3119.
—— officier de garde-côtes, 3569, 3800.
Aché (Comte d'), chef d'escadre, 3541, 3629.
Acher (Abbé d'), aumônier du rég^{t} de Bretagne-cav^{ie}, 3210.
—— (D'), ing^{r}, 3305, 3415, 3416.
Acher-Dollivier, 2130.
Achlin de Mandach, cap^{ne} au rég^{t} de Zurlauben, puis dans celui de Greder, 1949.
Achy (Franç.-Phil. de Carvoisin, marquis d'), 1356, 1648, 1857.
Acquaviva di Aragona, vice-légat d'Avignon, 3186, 3232-3235, 3244, 3257, 3262, c^{on} XIX.
Acquin (Louis d'), évêque de Séez, 2142.
Acton, anglais détenu à Toulon, 1900.
Adainville. V. *Dassier.*
Adam, 2242.
Adam (L.), conseiller de l'électeur palatin, 3325
Adam, secrétaire du m^{is} de Torcy, A. 88.
Adbouville. V. *Aboville.*
Adda (Ferdinand d'), cardinal, 1687, 1781, 1783.
Adhémar (Comte d'), ministre de France à Bruxelles, 3693, 3698, 3706.
Adnet, officier au rég^{t} de Beauvoisis, 2045.
Adoncourt (D'). V. *Dadoncourt.*
Advocati (Ant.), 1781.
Aerts, maître du pont de Mont-Royal, 983, 987, 993.
Afechano (Mme), 116.
Afforty, lieut^{t} au rég^{t} de Grandlieu, 2142.
Affry (D'), 275, 566.
—— (François d'), lieut^{t}-g^{al}, 1951, 2108, 2134, 2138, 2141, c^{ons} VII-IX.
—— (Louis-Aug., comte d'), lieut^{t}-g^{al}, ambassadeur, 3280, 3403, 3463, 3487, 3488, 3506, 3533, 3562, 3563, 3579, 3609, 3612, 37 s, 38 s., 49 s., A. 77, c^{ons} LIII, LV, LXV a, LXV d, LXVI-LXXI.
Agache (Veuve), 2131.
Agais (D'), 3259.
Agarat, ing^{r}, 972, 997, 1115.
Agard, directeur des vivres, 1483, 1660, 2134, 2243.
Agarrad (D'), officier invalide à Belle-Isle, 2145.
Agarrat (Les), habitants de Puget-lès-Toulon, c^{on} XXX.
Agay. V. *Myon* et *Montsaugeon.*
—— **de Mutigney**, intendant, 3671,

3691, 3697, 3702, 3708, 3725, 3751, 3709, 3714, 3719, 3729, 3745, 3746, 3749, 3755, 3760.
Agde (Maires, etc.. d'). V. *Vayrac, Solier*, etc.
Agénois (Comte d'), mestre-de-camp du rég^t de Toulouse-cav^ie, 2025, 2229.
—— V. *Aiguillon.*
Agier, député du Poitou aux États G^aux, c^ons LXV b, LXVII.
Agieu (J. Ch. d'), brigadier, 2813, 2815-2819, 2842, 2843, 2902, 2903, 2914, 2922, 2927, 2928, 2936, 2937, 2970, 2977, 2982, 2983, 3039, 3044, 3047, 3052-3056, 3096, 3097, 3108, 3116-3120, 3124, 3172, 3173, 3175, 3177, 3223, 3230, 3234, 3245, 3290, 3291, 3336, 3418, 3431, 3432, 3434, 3436, 3438, 3441, 3461, 3473, 3477, 3487, 3517, 3553, 3558, 3561-3563, 3565, c^ons XVII, XVIII.
—— (D'), c^on LXXVI.
Agimont (Bailli d'). V. *Schockweiler.*
Agliardi, 5.
Agniel (Les frères), marchands de drap à Lyon, 2174.
Agobert, 3684, c^ons XLVII, LIII.
Agoult (D'), 419, 1799, 1906.
—— (Comte d'), 3229, 3232, 3235, 3256, 3257.
—— (Abbé d'), 3418.
—— (Chev^r d'), 3562.
—— **de Saint Georges** (D'), officier du rég^t d'Artagnan, 2160.
Agnos (D'). V. *Dagnos.*
Agrain (Baron d'), officier au rég^t des Cuirassiers, c^on LXV d.
Aguerre (D'), commissaire des guerres, 1895, 2136, 2144, 2417.
Aguesseau (D'). V. *Daguesseau.*
—— **de Luce** (Ch. Alb. Xav., m^is d'), mar. c., 3748, 3753.
Aguilar (m^is d'), 300, 356.
—— V. *Margarit.*
—— (Don Inigo de La Crus Manrique de Laroc, comte d'), 1888, 1976, 2050.
Aguilhon (D'), cap^ne au rég^t de Lorraine, 123.
Aguillon (André-Jos.), trésorier principal de l'artillerie et du génie, 3187, 3232, 3256, 3261, 3314, 3633, 3641, 3645, 3672, 3761.
Aguilly (D'), capitaine, 2145.
Aguirre (Don Joseph d'), 1888.
—— (Don Philippe d'), représentant du Guipuscoa, 1791, 1982, 1983, 2564.
Aguiton, ing^r, 3547, 3558. V. *Aguillon.*
Agurto (Don Fr. Ant, de), officier général espagnol, commandant en Flandre, 701.
Ahumada (Don Augustin de), officier général espagnol, 3228, 3251, 3253, 3261, 3290, 3291, 3298, 3299, 3301, 3303, 3329, c^on XX.
Aigaliers (D'), gentilhomme du Languedoc, 1796-1798, 1807.
Aignan-Bizoton (D'), provincial des Barnabites de Thonon, 2045.
Aigneville (Albert d'), vicaire général de Cambrai, év. d'Amycles, 3699.
Aigoin (D'), colonel réformé dans le rég^t de Belle-Isle, 2028.
—— 2560, 2563, 3235, 3239, 3241, 3242.
Aigoin de Blanc, major à Sospello, 3262.
Aigrefeuille (D'), président à Montpellier, 3186.
Aigremont (D'), lieutenant de roi à Lille, 311, 486, 543, 555, 564, 603.
—— commd^t la compagnie de gentilshommes de Normandie, 2263.
—— (De Rochemore d'), lieut^t de roi à Saint-Philippe (Minorque), 3492.
—— (Ch^r d'), chargé d'affaires à Coblentz, 3474, 3475, 3483, 3488, 3505, 3506, 3508, 3522-3524, 3552, 3555, 3615, 40 s, 59 s.
—— C^on LII.
Aigreville (D'), C^on LXVII.
Aiguebelle (Ch^r d'), 3499, 3604.
—— (D'), cap^ne au rég^t de Languedoc, frère du précédent, 3404.
Aiguebonne (D'), lieut^t-g^al, 20, 88, 97, 98, 106, 116, 117, 119.
Aigues-Mortes (Magistrats, etc., d'). V. *Duperron*, etc.
Aiguillon (Emm. Arm. de Vignerot Du Plessis de Richelieu, comte d'Agénois, puis duc d'), lieut^t g^al, ministre, 3063, 3115, 3174, 3186, 3299,

3405-3411, 3417, 3419-3421, 3449-3452, 3461, 3463, 3464, 3466, 3467, 3492-3497, 3499, 3500, 3504-3507, 3509, 3510, 3532-3538, 3541, 3542, 3544-3547, 3568-3573, 3575-3578, 3581, 3598. 3599, 3604, 3620-3623, 3630, 3682, 3683, 3685, 3687, 3690-3692, 3699, c^{ons} XXII. XXIII, XXVI, XXIX-XXXI, XXXV-XXXVII, XXXIX-XLIII, XLVI, LXXV, LXXVII.

—— (Duchesse d'), 117, 134, 671.

Aiguines (Ch^{r} d'), commd^{t} à Alais, 1614, 1895, 1897, 1906, 2261.

Ailly (D'), officier dans le rég^{t} du Roi-inf^{rie}, 2139.

—— (Philippe d'Annery, ch^{r} d'), lieut^{t}-g^{al}, 3042.

—— (Christophe Le Vignon d'), lieut^{t} au rég^{t} de Rambures, 92.

—— V. *Allye.*

Ailly-Verquinieul (D'), 2132.

Aimard, consul de La Ciotat, 33.

Aimejean, cap^{ne} au rég^{t} de Villequier, 2135, 2136, 2144.

Ain (Députés, Directoire, etc., du dép^{t} de l'), c^{ons} LX, LXV a, LXVI, LXVIII, LXIX.

Ainay (Abbé d'). V. *Neufville.*

Aine (D'), intendant, 3671, 3685. 3690.

Ainslie, employé anglais à Québec, 3620.

Airaines (Municipalité d'), c^{on} XLIII.

Aire (Municipalité, etc., d'), 501, 515, 565. — Cf. *Belret, Grandemaison, Grandville, Le Jay, Petit, Saint-Quentin, Vitry, Wanin,* etc.

Airly (David O'Gilvy, comte d'), mar. c., 3408, 3535, 3537, 3545.

Aisne (Directoire, députés, etc., du dép^{t} de l'), c^{ons} LXV a, LXV b, LXV d, LXVII, LXIX.

Aix (Habitants de l'île d'), c^{on} XXIII.

Aix-en-Provence (Consuls, etc., d'), 117, 133, c^{ons} XVIII, XIX, LXIV, LXV d-LXV f, LXVIII, LXXI. — Cf. *Bandol, Dedons, Du Bourguet, Du Perrier, Galliffet, Gantes, Geboin, Julianis, Julien, La Garde, Michel, Monclar, Monnier, Pierrefeu, Pontevès, Raousset, Robert, Rognes, Rostolan, Savignac, Vergons,* etc.

Aix-la-Chapelle (Bourgmestres, etc., d'), c^{ons} XXXII, XXXIII. — Cf. *Abenthayer,* etc.

Ajon (D'), sous-lieut^{t} d'inf^{rie}, 1760.

Akermann, grand-bailli du canton de Thurgovie, 2236.

—— officier au rég^{t} de Salis-Samade, c^{ons} LXI, LXV LXV, a.

Alais. V. *Angoulême, Alès, Aletz.*

Alancy (D'), commissaire ordonnateur, c^{ons} LX, LXI.

Alanzy (D'). cap^{ne} d'une compagnie franche, 1075, 1163. — Cf. *Halanzy,*

Alaret (D'), cap^{ne} aide-major à Cette. 3649.

Alba (D'), brig., 2140, 2143.

Albada (D'), major du rég^{t} de Louvigny, 1758.

Albanellis (D'), 1974, 2044.

Albani, cardinal, 3316.

Albaret (D'), intendant, 1466, 1522, 1706, 1788, 1793, 1800, 1891, 1892, 1907, 1913, 1989, 2054, 2107, 2180, 2181, 2255, 2257, 2331, 2332, 2408, 2506, 2928, 2967, 2968, 2970, 2979, 3064, 3115, 3117, 3120, 3173, 3175, 3223-3230, 3290, 3291, 3296, 3329, A. 89, c^{ons} XIX, XX.

Albaterre (Comte d'), 1522.

Albe (Duc d'), 1904, 1986, 2255, 2332.

—— (Duchesse d'), 2411.

Albemarle (Arnold-Just, comte d'), 1858, 2144, 2214, 2220, 2299, 2302, 2304, 2373, 2412.

—— (Guillaume, comte d'), général anglais, 2990.

—— (Comte d'), ambassadeur d'Angleterre en France, 3623.

Albende (D'). V. *Dalbende.*

Albere, cap^{ne} au rég^{t} de Tonneins, 88.

Albergotti (Franç. Zénobie-Phil., comte d'), lieut^{t}-gén^{al}, 987, 1057, 1210, 1492, 1493, 1501, 1516, 1585, 1588, 1591, 1592, 1683, 1684, 1686, 1687, 1691, 1693, 1777-1779, 1783, 1784, 1861, 1862, 1866. 1867, 1869, 1873, 1874, 1878, 1961, 1966, 1967, 2005, 2084, 2135, 2136, 2137, 2144, 2145, 2214, 2215, 2219, 2221, 2224, 2225, 2241, 2272,

2291, 2377, 2378, 2382, 2383, 2411, 2454, 2518.
Albergotti (Jacques, ch^r d'), brigadier, 1525, 1831, 1944, 1945, 2135.
Alberoni (Julio), cardinal, ministre espagnol, 1776, 2575, 2812, 3406.
Alberstadt (Jacob d'), juif messin, 2321.
Albert (Municipalité d'), c^{on} LXVI.
—— (Ch^r d'), commissaire d'artillerie, 1607, 1896, 1897, 1900, 2251, 2258.
—— (Comte d'), 1830, 1940. — Cf. *Chevreuse, Luynes.*
—— lieut^t-gén^{al} de police, 3689, 3692.
—— (Le P.), religieux brigittin, 945.
—— au service de l'électeur de Bavière, 2273.
Albertas (D'), 2412.
Alberti, 1519.
—— secrétaire du Conseil de Venise. 1783.
Albertini, 2046.
Albertiny, cornette dans un rég^t du service de Hollande, 1855.
Alberty de L'Estrade, gentilhomme du comté de Nice, 2131, 2251.
Albignac (L. Alexandre, baron d'), lieut^t-g^{al}, c^{ons} LXV f, LXIX.
Albigny (D'), commissaire des guerres, 967, 971, 991, 1468, 1611, 1968, 2175.
—— (D'), major de la place de Pampelune, 2253, 2547.
—— V. *Mongin.*
—— (D'), 1000, 2039.
Alboin (D'), lieut^t de roi de Belle-Isle-en-Mer, 3127.
Albon (Vic^{te} d'), officier au rég^t des Cuirassiers, c^{on} LXV d.
Albrand, aumônier à Mont-Dauphin, 2327.
Albret (Chev^r d'), cap^{ne} de chevau-légers, 146.
——(César-Phébus d'), comte de Miossens, mar. Fr., gouv^r de Guyenne, 102, 158, 359–362, 386–391, 394, 395, 415, 419, 420, 436–440, 443, 446, 447, 463, 484, 516, 3779.
—— (Mme d'), 2139, 2143.
Albus, directeur des vivres de la Marine à Brest, 1613, 1704.
Alcouffe (D'), 2528, 3559.
Alçu (Marie-J.-Valentin d'), officier au rég^t de Cambraisis, c^{on} LXV b.
Alcudia (Comte d'), vice-roi de Majorque, 1984.
Aldegatti (Marquis), ministre du duc de Mantoue, 1688, 1871.
Aldunzin (Don Juan-Franç. d'), alcade de Fontarabie, 1983.
Aleaume, fournisseur, 2400.
Alefelt (D'), officier, 158.
Alègre (Cte d'), 468, 516.
—— (Yves, marquis d'), mar. Fr., 958, 1323, 1404, 1483, 1484, 1491, 1493–1496, 1549, 1559, 1566, 1575, 1577, 1645, 1646–1648, 1660, 1666, 1671, 1673, 1678, 1736, 1738, 1739, 1742, 1743, 1751, 1758, 1832, 1835–1839, 1843, 1848, 1851, 1852, 1854–1856, 1897, 1899, 1935, 1936, 1941, 2021, 2022, 2025, 2030, 2131, 2140, 2301, 2370, 2382, 2385, 2386, 2388, 2411, 2453–2460, 2630, 2632, 2633, 2635, c^{ons} VI, VIII, IX.
—— (Mme d'), 1895, 1899.
—— (D'), 3720.
Alemagne (Baron), 117.
Alemand (Le cadet), avocat à Grenoble, 2175.
Alembert (Jean Le Rond d'), académicien, 3753.
Alembon (Marquis d'), commandant à Dunkerque, 2676, 2677, 2688, 2700, 2703, 2724, 2731, 2788, 2800, 2937.
—— (Comte d'), cornette au rég^t de Bourgogne, 1830.
Alencé (D'), 837, 867, 870, 891, 944–946, 958, 962, 1016, 1060, 1066, 1080, 1081, 1083, 1146, 1147, 1206, 1207, 1238, 1318, 1424, 1483.
Alençon (Municipalité, etc., d'), c^{ons} LXV c, LXV e. — Cf. *Auteville, Brisard, Du Bourg, La Martellerie, Le Breton, Leconte, Lemaistre, Mannoury, Parseval*, etc.
Alès (D'), 884. — Cf. *Alais, Aletz.*
Alessandri (J. André), corse, 3647, 3662.
Aletz (Baron d'), mar. c., 116, 137. — Cf. *Alais, Alès,*

Alexandre, entrepreneur de fournitures des hôpitaux d'Italie, 1519.
—— commis des bureaux de la Guerre, 2468, 2663, 2675, 2969.
—— subdélégué à Rouen, 3420.
Aleyrac (Ch^{r} d'), c^{on} XLIX.
Alezeri, vice-consul à Finale, 3061, 3064, 3065, 3068.
Alfin (Alexandre), juif messin, 2167.
Alger (Dey d'), 3.
Alguirre (D'). V. *Aguirre.*
Alies (D'). V. *Dalies* et *Ailly* (*d'*).
Aliès, ingénieur, 966, 993, 994, 1115, 1413, 1855, 1950.
Aligny (D'), 1228.
—— (Pierre-Quarré d'), brigadier, 2134, 2267.
—— (D'), cap^{ne} au rég^{t} d'Artois, 3405.
Aligre (Mis d'), intendant, 117, 133, 134, 137.
—— (Louis d'), cap^{ne} au rég^{t} de Normandie, 123, 158.
—— (Étienne IV d'), président au Parlement, 1604.
—— (Mis d'), commandant de la Marine à Toulon, 2251, 2261.
—— (Étienne-François d'), président au Parlement, 3387.
Alinville (D'), 313.
Alion, c^{re} des guerres et subdélégué à Belle-Isle-en-Mer, 3188.
Alix, receveur du grenier à sel de Sully, 1605.
Allain, 361.
—— (Franç.), cap^{ne}-g^{al} des fermes dans la paroisse des Roziers, 2132, 2133.
Allamant (Florimond d'), 417.
Allard (D'), 1971, c^{on} XXXI. — Cf. le suivant.
Allart (Hugues-Charles d'), brigadier, 3241, 3315, 3532, 3546, 3568, 3569, 3572, 3782, 3602, 3603, 3630.
Allegrain (D'), cap^{ne} au rég^{t} de Royal-Lorraine, 3290.
Alleman (Ch^{r} d'), cap^{ne} au rég^{t} de Languedoc-inf^{rie}, 3393.
Allemand-Châteauneuf (Ch^{r} d'), cap^{re} au rég^{t} de Béarn, 3509.
Allemougne (Livron, m^{is} d'), 1765, 1968, 2131, 2175.
Allery (D'). V. *Dallery.*
Allezard (D'), officier dans les dragons de Vallière, 2251, 2326.
Allibert (D'), cap^{ne} au rég^{t} de Saintonge, 2393.
Allier (Directoire, commissaires, etc., du dép^{t} de l'), c^{ons} LXIII, LXV c.
—— (Jean-Louis), consul à Valence, 2102.
Alliot, lieut^{t}-g^{al} de police à Lunéville, 2863.
Allison, officier au rég^{t} de Beauvoisis, 2045.
Allongé, échevin de Guise, 2136, 2273.
Allonville (Baron d'), commd^{t} les Chasseurs de Normandie, c^{on} LXIII.
—— (Ch^{r} d'), 3689.
Alloys, curé du Château-du-Bois, 2132.
Alluye (Mis d'), 904.
Allye (Ch. de Rochefort, ch^{r} d'), lieut^{t}-g^{al}, 3226, 3535, 3545.
Almiron (Don José d'), officier du service d'Espagne, 1830, 1831, 2025, 2137.
Alonville (D'), 3711.
Alost (Députés du pays d'), 251. — Cf. *Baston.*
Alouïs (D'), cap^{ne} au rég^{t} de Guyenne, 2735.
Alouyse (P.), major du rég^{t} espagnol de Prado-Ameno, 2130.
Alpen (Moyse), banquier juif de Metz, 2344.
Alphéren (Roze), procureur de Provence, 158.
Alquier (D'), officier au rég^{t} de Béarn, 2375, 2414, 3574, 3624.
Alsace (Conseillers, baillis, députés, etc., d'), 343, 649, 3780, c^{ons} XLVI, LXI, LXV, LXIX. — Cf. *Falkenhayn, Neubourg,* etc.
—— (Thomas-Philippe d'), cardinal, archevêque de Malines, 3032, 3136-3138, 3140, 3141, 3144, 3184, 3197, 3259.
—— (Conseil d'adm^{on} du rég^{t} des Chasseurs d'), c^{on} LXIX.
Alt (Henry), capitaine anglais, 3620.
Altensumereau (Fr. J. Voigt d'), évêque de Constance, 361.
Altermatt (Urs), mar. c., 1741, 1830-1832, 1835-1839, 1935, 1943-1945, 2022, 2023, 2132-2134,

2137, 2139–2141, 2143, 2145, 2160, 2219, 2220, 2222, 2269, 2273, 2274, 2377, 2380, 2381, 2386, 2389, 2411, 2415, 2448, 2453–2455, c^{on} IX.
Altheim. V. *Geyling.*
Altier. V. *Borne.*
Altieri, cardinal, 264, 299, 354, 355.
Altishoffen (D'), sous-lieut^{t} dans la compagnie franche de Sonnenberg, puis aux Gardes suisses du duc de Lorraine, 2244.
Altkirch (Municipalité, etc., d'), c^{ons} LXV d, LXVI.
Alton (D'), officier irlandais, 2266.
Alveda (Don Franc. Gonzalez d'), gouv^{r} de la Franche-Comté, 362, 378, 416, c^{on} II. — Cf. *Alvelda.*
Alvelda (Comte d'), officier espagnol, 1648, 1652, 2159.
Alvemont (D'), cap^{ne} au rég^{t} de Noailles-cav^{ie}, 2134.
Alvento (Agostino), 6.
Alvymar (Pierre d'), cap^{ne} au rég^{t} de Normandie, 92.
Alziani, chanoine de Nice, 2399.
Alzina (Le P.), nonce en Catalogne, 137.
Amabert (Le P.), cordelier, 49.
Amant (Ch^{r} d'), cap^{ne} au rég^{t} de Kerchem, 1832, 2095, 2371.
Amanzé (Mis d'), 894.
Amat, 1572.
—— (Mme), 510.
Amatus (Frère), capucin, 1204.
Amaudru, échevin de Chabeuil (Drôme), c^{on} XIX.
Amaudrux, officier hollandais, c^{on} LXII.
Amayran, médecin à Versailles, c^{on} LXIX.
Ambaut, lieut^{t} d'inf^{rie}, 1906.
Ambert (Mis d'), c^{el} du rég^{t} Royal-La-Marine, c^{on} LIV.
—— curé de Villiers, près Sedan, 2371.
Ambiel, cap^{ne} au rég^{t} de Courten, 2343.
Ambierle? (Prince d'), 117.
Amblard (Ch^{r} d'), sous-lieut^{t} au rég^{t} de Royal-Comtois, 1861.
Amblazel (D'). V. *Damblazel.*
Ambleville (Ch^{r} d'), 117.
Ambly (Claude-J.-Ant., m^{is} d'), mar. c., 3621, 3632. — Cf. *Des Ayvelles.*
Amboise (Ant. d'), mar. c., 110, 117. — Cf. *Rynel.*
—— (D'), aide-major du rég^{t} de Berry-cav^{ie}, 1892.
—— (Maires, etc., d'). V. *Chasteigner, Ferregeaux, Millet,* etc.
Amboix (D'), cap^{ne} au rég^{t} de Touraine, 968.
Amboten, lieut^{t}-colonel des troupes de l'électeur de Cologne, 2940.
Ambre (Huot d'), gentilhomme franc-comtois, A. 90.
Ambres (D'). V. *Lautrec.*
Ambroise (D'), subdélégué à Philippeville, 3689, 3695.
Ambrujeac (Cte d'), lieut^{t}-c^{el} du rég^{t} du Maine, c^{ons} LXIII, LXIV.
Ambrun (D'), lieut-c^{el} du rég^{t} de Malan, 2140, 2141, 2411.
Amé, receveur général des finances, 2137.
—— caissier ou directeur du service des vivres à Milan, 1960, 2046.
Ameau (D'), lieu^{t}-c^{el} du 36e rég^{t} d'inf^{rie}, c^{on} LXXVI.
Amelot (Michel), ambassadeur, 875–880, 967, 968, 979, 987, 995, 997, 1116, 1155, 1160, 1216, 1218, 1238, 1265, 1276, 1289, 1364, 1366, 1375, 1380, 1438, 1572, 1586, 1609, 1831, 1885–1888, 1896, 1958, 1976–1978, 1984, 2048–2052, 2104, 2105, 2177, 2178, 2269, 2302, 2306, 2308, 2374, 2379, 2524, 2575, c^{ons} IV, VII.
—— (Catherine-Charlotte), supérieure de la Visitation à Metz, 2393.
—— **de Chaillou** (J.-J.), ministre des Affaires étrangères, 2768, 2876, 2901, 2912, 2923, 2924, 2928, 2936, 2937, 2949, 2955, 2969, 2970, 2981, 2983, 2988, 2991, 2993, 2999, 3000, 3010, 3014, 3017, 3027, 3034, 3045, 3047, 3059, 3074.
—— intendant, ministre de la Maison du roi, 3714, 3725, 3751, c^{on} XLVI.
Amer, banquier à Amsterdam, c^{on} XXXVI.

Ameringen (D'), député de la Gueldre, 513.
Amet, trésorier des Gardes du corps, 2185.
Amezaga (D'), inspecteur de l'infanterie en Castille, 1884.
—— (Ignace de Urtado, m^{is} d'), 3437, 3471, 3476, 3486, 3487, 3492, 3494, 3497, 3503, 3505, 3506, c^{on} XXVI.
Amfreville (Mis d'), marin, 963.
—— (D'), officier au rég^{t} d'Auxerrois, 1857, 1858, 1950, 2134.
—— (D'), major du rég^{t} de Du Fief, 2270.
—— (Comte d'), cap^{ne} de garde-côtes, 3464, 3465, 3492, 3493, 3510, 3532, 3545, c^{on} XXVI.
—— (Louis-Ant.-Davy), ch^{r} d'), mar. c., 3281, 3496, 3537, 3542, 3570, 3579, 3602.
—— V. *Anfreville.*
Amherst (Jeffrey, lord), général anglais, 3574.
Amidey (P.), chanoine à Dôle, c^{on} XIX.
Amieil, lieut^{t} de roi de Gap, 2142, 2327.
Amiens (Municipalité, magistrats, bourgeois, etc., d'), 110, 117, 361, 419, 420, 516, c^{ons} LXI, LXV a, LXV c, LXV d. — Cf. *Cornillon, Dautremer, Degand, Douchet, Dubois, Dufresne, Fay, Flesselles, Gamin, Gaudefroy, Genonville, Gensse, Gougier, Greffontaine, Hinneville, Lacour, Lanier, Laurendeau, Lefèvre, Le Mercier, Sabatier, Piètre, Saisseval, Verville*, etc.
—— (Vidame d'). V. *Chaulnes.*
Amiez (Claude-Étienne), dit «Bourguignon», 2244.
Amigny (Ch^{r} d'), lieut^{n}-c^{el} du rég^{t} de Saintonge, brigadier, 862, 966, 967, 969, 987, 1573, 1574, 1660, 1661, 1675, 1749, 1752, 1760, 2388, 2444, 2447.
—— V. *Ricarville.*
Amilly (D'), cap^{ne} au rég^{t} de Piémont, 1585.
—— (De La Briffe d'), premier président du Parlement de Rennes, 3549.
—— V. *Guiard.*
Amneaume, maire de Chantilly, c^{on} LXV c,
Amoncourt. V. *Branges.*
Amondans. V. *Frémand.*
Amontot (D'), 98, 142.
Amonville (D'), officier au rég^{t} d'Auxerrois, 2137.
Amoresan (D'), 116, 182, 209, 210, 224, 225, 228, 261-263, 271, 282, 284, 291, 292, 294, 295, 310, 311, 318, 319, 324, 325, 329, 331, 337-340, 351, 384, 386, 387, 391-393, 395, 397, 404-406, 440, 441, 444, 446, 448-450, 452, 453, 455-457, 466, 488, 506, 512, 514-516, 541, 550, 555, 556, 564-566, 605, 612, 613, 616, 672, 1483.
—— V. *La Bellière.*
Amou (J.-B. de Caupenne, m^{is} d'), lieutenant de roi à Bayonne, 2610, 3183, 3188, 3291, 3395, 3405, 3411, 3421, 3450-3452, 3492, 3496, 3619, 3722.
—— (Comte d'), 3685.
—— **d'Eschau** (D'), maître de forges, 3650.
Amours (D'), 313, 605.
Ampus (Ch^{r} d'), 3650.
Amvilliers (D'), employé des vivres à Noyon, 2370.
Anastasy (D'), 988, 1000, 1216.
Ancausse (D'), aide-major du rég^{t} de La Fons-La Ferté, 2371.
Anceau (D'), lieut^{t}-c^{el} du rég^{t} d'Anjou, c^{on} LXVI.
Ancelin, entrepreneur de fournitures de drapeaux, 2145.
Ancelot, 117.
Ancenis (Municipalité d'), c^{ons} LXIX, LXX.
—— mestre-de-camp du rég^{t} de Bretagne, 2416.
Andelle, serrurier du roi à Vincennes, c^{on} XLIV.
Andematten, envoyé du canton du Valais, 2165.
Andernach (Bourgeois, etc., d'). V. *Ravilhon.*
Andigné (Jean des Touches et du Hallay d'), mar. c., 738, 899, 901, 1013, 1015-1017, 1108, 1109, 1174, 1234, 1235, 1239, 1282, 1283, 1338, 1378, 1417, 1418, 1423, 1466, 1522, 1529, 1586, 1614, 1683, 1685, 1693,

Andigné (D'), 2343-2522.
Andilly (D'). V. *Arnaud.*
Andlau (D'), conseiller du roi, 988.
—— (D'), directeur de la noblesse d'Alsace, 2093, 2162, 2165, 2237, 2317, 2452.
—— (Ch^{r} d'), 2792, 2877, 2897.
—— le cadet (D'), 2863.
—— (Franç.-Léonor, comte d'), lieut^{t}-g^{al}, 3040, 3043, 3085, 3507, 3137, 3142, 3159, 3199, 3225, 3230, 3291, 3418, 3434, 3436, 3461, 3487, 3489, 3507, 3542, 3562-3565, 3576, 3579, 3584, 3585, 3590, 3591, 3602, 3603, 3606, 3608, 3622, 3627, 16 s, 39 s, 49 s, c^{ons} XXVI, XXXI-XXXIII, XXXV.
—— (Baron d'), exempt des Gardes du corps, 3741.
Andon (D'), 2251.
Andrain (D'), 599.
Andras, cap^{ne} du b^{on} de milice de Troyes, 3184, 3185.
André, maire d'Annot, 3233.
—— (Jos.), lieut^{t} de la maréchaussée de Provence, 33.
—— (Jean), marchand à Paris et fabricant de soie à Montélimar, 2044.
—— (D'), lieut^{t} au rég^{t} de Franclieu, 2130.
—— (Dominique), garde-magasin à Huy, puis à Namur, 2137.
—— marchand à Falaise, 2273.
—— (D'), officier, 2134, 2143, 2177.
—— officier, 2859.
—— contrôleur de l'hôpital m^{re} d'Asti, 3172.
—— (Ch. Mich.), administrateur du dép^{t} de l'Orne, c^{on} LXV f.
—— chirurgien-major, 3259, 3260.
—— commissaire civil envoyé en Corse par l'Assemblée N^{le}, c^{on} LXX. — Cf. le suivant.
—— **de Bellevue**, député d'Aix, président de l'Assemblée N^{le}, c^{ons} LXIV, LXV.
—— **de Saint-Joseph**, ex-provincial des religieux de Nazareth, 2134.
Andreani, corse, 2885.
Andreatio, gouverneur de Casal, 182.
Andreville (D'), 3230, 3241.
Andrey (D'), 2269, 2319.
Andrezel, V. *Piçon.*
Andrieu. V. *Audrieu.*
Andrion, 333.
Andry, de Reims, 137.
Anduze (Mis d'), 1797.
Aneau (D'), cap^{ne} au rég^{t} de Luxembourg, 1612.
—— (D'), cap^{ne} au rég^{t} d'Auvergne, 2137, 2251.
Aneteville (Ch^{r} d'), ingénieur, 3704.
Anethan (D'), 2688.
Anfait, aumônier de l'hôpital de Luxembourg, 2245.
Anfernet (D'), officier au rég^{t} de Lyonnais, 3117.
Anfossy, commissaire des guerres, 1093, 1094, 1181.
Anfreville (D'), cap^{ne} d'une c^{ie} d'invalides au Havre, 2135-2137. — Cf. *Amfreville.*
Anfriani. V. *Colonna.*
Angecourt (D'), ancien officier au rég^{t} Royal-Dragons, 2056.
Angelini (J.-B.), 1785, 1863-1865, 1868, 1869, 1872, 1960-1962, 2046, 2047.
Angélique (Frère). V. *Luxembourg.*
Angelo (D'), 3415, 3416, 3638.
Angely (D'), membre du Comité permanent de Senlis, c^{on} LX.
Angennes (D'), colonel, 2134, 2135, 2140, 2141.
—— (Ch. de Poigny, comte d'), brigadier, 219.
Angenoust (D'), cap^{ne} au rég^{t} de Lorraine, 102.
Angers (Maires, magistrats, etc., d'), 110, 361, c^{ons} LIX, LXVII. — Cf. *Du Ponceau, Fleins, Gourreau, Hunault,* etc.
Angerville (Maire d'). V. *Courtois.*
Angervilliers (Nicolas-Prosper-Bauyn d'), intendant, puis ministre de la Guerre, 1181, 1610, 1704, 1801, 1862, 1878, 1879, 1901, 1968, 1971, 1972, 2041-2045, 2102, 2130-2132, 2137, 2138, 2140-2143, 2145, 2173-2175, 2187, 2215, 2250, 2251, 2267, 2270, 2325, 2327, 2346, 2400, 2411, 2417, 2505, 2541, 2610, 2622, 2643, 2655, 2662-2664, 2675-2679, 2687, 2688, 2697, 2698, 2700, 2701, 2704-2709, 2712, 2713, 2723-2731, 2733-2747,

2751-2761, 2763, 2766-2771, 2782-2806, 2810-2820, 2823-2827, 2837-2846, 2850-2852, 2859, 2860, 2862, 2863, 2871-2877, 2885-2892, 2900, 2904, 2924, 2969, 2983, 3026, 3072, 3074, 3075, 3099, 3127, 3200, 3315, 3395, 3747. A. 77, A. 90, A. 122, c^ons^ XI-XIV, XIX, LXXV. — Cf. les vol. de *Minutes* ministérielles du 22 mars 1728 au 26 février 1736.

Angeville (D'), religieux de Saint-Germain-des-Prés, 2412.

Angiviller (Cl. La Billarderie, c^te^ d'), directeur g^al^ des bâtiments, c^ons^ LVII, LXV.

Anglade-Castaing (D'), commandant au château de Canfranc, 1985, 2052, 2054.

Anglèbertmert-Laigny (D'), capitaine, 396.

Anglemont (D'), cap^ne^ au rég^t^ de Roye, 2264.

—— (D'), commissaire général de la Marine, 3674.

—— (D'). V. *La Haye.*

Anglure (D'), 146, 158.

—— **-Chevigny** (Mme d'), 1856.

Ango (L.-Hector-Am.), député aux États généraux, c^on^ LXV.

Angot, notaire au Châtelet de Paris, 3461.

—— substitut de la commune de Falaise, c^on^ LXV b.

Angoulême (Ch. de Valois, duc d'), lieut^t^-g^al^ de la cavalerie légère, commandant d'armée, 88, 97, 98, 131, 133, 468.

—— (L. Emm. de Valois, duc d'), mar. c., 97, 116, 117, 119, 245.

—— (Habitants d'). V. *Denat, Janville, Sarlandye*, etc.

—— (Conseil d'adm^on^ du rég^t^ d'), c^ons^ LXII, LXV, LXV c.

Angoullian (Frère Gaspard), prieur des Célestins de Metz, 2324.

Angousture (D'), officier, 1644, 1985, 2144.

Angran, directeur de la Cie des Indes, c^on^ XI.

Angrand, 2343.

Angrave, 3308.

Anguiscioli (Comte d'), 355.

Anhalt (Prince d'), 281.

—— (Ant. Gunther, prince d'), 1314.

—— (Léopold, prince d'), 1751, 2920, 2921.

—— (Frédéric, prince d'), 3418, c^on^ XXXIX.

Anière (Ch^r^ d'), lieut^t^-c^el^ du rég^t^ de Mortemart, puis lieut^t^ de roi de Condé, 1849, 2133, 2135-2137, 2220, 2309.

Anisson, 3032.

—— **-Duperron**, directeur de l'Imprimerie royale, 3694, c^on^ LIII.

Anjony de Foix, exempt des Gardes du Corps, 2135.

Anjou (Duc d'). V. Henri III.

Anlézy (Louis-François de Damas, m^is^ d'), lieut^t^-g^al^, 2782, 2945, 3094, 3137, 3143, c^on^ XVI. — Cf. *Halanzy.*

Annapes (Comte d'), 1941, 1943.

Annat (Le P.), jésuite, confesseur de Louis XIV, 152, 171, 195.

Anne d'Autriche, reine de France, 70, 77. — Cf. *Louis XIV.*

Annebault (Claude d'), mar. Fr., c^on^ I.

Annecy (Syndics, etc., d'), 2327. — Cf. *Hérault, Lambert, Mauris, Soyrier*, etc.

Anneval (D'), lieut^t^ au rég^t^ de Rambures, 123.

Anneville (D'), secrétaire de M. d'Herville et chargé d'affaires à Gênes, 2170-2172, 2247-2249, 2251, 2326, 2399.

Annevoux (Adrien du Drac, comte d'), mar. c., 92, 102, 106, 123.

Annot (Maire d'). V. *André.*

Anquetil de Briancourt, chef de la Loge française à Surate, 3629.

Ansart, député des États d'Artois, A. 90.

Ansel, lieut^t^ aux Gardes wallonnes du roi d'Espagne, 1892.

Anspach (Margrave d'), 3555.

Anstruther (Alexandre), négociant à Boulogne-sur-Mer, 3408.

Ansy-Serveux (Claude-Charles Viard d'), lieut^t^ au rég^t^ de Piémont, 123.

Antecourt (D'), sous-aide-major des Gardes du corps, c^on^ LXVII.

Antelmi. V. *Dantelmi* et *Anthelmi.*

Anthee (Fr. François d'), religieux capucin, 2145.

Anthelmi (Ch. Léonce-Octave d'), évêque de Grasse, 2739, 3262.
Anthes (D'), maître de forges à Belfort, 2784.
Anthoine, maire de Martigues, 3310.
Anthoing (D'), 261.
Anthonac (Anthonas? Anthonay?), officier, 3450, 3460, 3462-3464, 3498, 3499, 3505.
Anthony (D'), capne au régt de Berwick, 2271.
Antibes (Consuls, bourgeois, etc., d'), 2188, con LXV. — Cf. *Aubanel, Couston, Cugnac, Du Pont, Merle, La Barben, Proust, Rostan, Revest, Sauvant, Textoris, Trastour, Villeneufve*, etc.
Antichaux (D'), capne aide-major du régt de Ponthieu, 2741.
Antigny (D'), capne au régt de Normandie, 3028.
Antin (Ant. Louis de Pardaillan de Gondrin, marquis, puis duc d'), lieut-gal, 1751, 1755, 1832, 1896, 1937-1940, 2132, 2139, 2140, 2143, 2270, 2505, 2524, 2584, 2622, 2767, 2823, 2877.
—— (Louis de Pardaillan, marquis de Gondrin, puis duc d'), mar. c., 2906, 2978.
—— (Louis de Pardaillan, marquis de Gondrin, puis duc d', fils du précédent), mar. c., 3043.
—— (Mis d'), officier au régt de Rouergue, 3671.
—— (Henri d'), capne au régt de Royal-Cantabres, major de l'île d'Oléron, 3579.
—— **de Saint-Pée** (Henry, mis d'), mar. c., lieut de roi à Brest, con LXXIV.
—— V. *Saint-Pée.*
Antoine (Marie-Catherine Jurat d'), 1974.
—— officier en garnison au château de Saumur, 2140, 2141, 2144, 2273.
—— (F.-L.), officier au régt Royal-cavie, con LXV c.
—— 3075.
Antoni (Filippo), corse, 3456.
Antonietti (Joseph), corse, 3205, 3329.
Antonini, 3370, 3378.
Antraigues. V. *Entraigues*.
—— (Chr d'), officier, 1857.
Antrechaus (D'), consul de Toulon, 3186, 3233, 3255, 3256, 3296, 3314, 3316.
—— **d'Arenes**, conseiller au Parlement de Provence, 3255.
Antréchaux (D'), lieut-cel du régt de Ponthieu, puis lieut de roi de Port-Louis, 3188, 3256, 3259, 3275, 3404, 3409-3411, 3420, 3421, 3449, 3451, 3495, 3499, 3541.
Antremans (D'), lieut-cel du régt de Morangiès, 1862.
Antremau (D'), lieut-cel du régt de Louvigny, 2271.
Antremont (D'), 1238.
Antremonts (D'), 967, 968.
Anverdolat (D'), capne au régt de La Reine, 1611.
Anville (Duc d'), 158.
—— (J. B. L. Fréd. de La Rochefoucauld de Roye, mis de Roucy, puis duc d'), lieut-gal des armées navales, 3188.
—— (Chr d'), 3550.
—— V. *Damville.*
Anwach (Baron d'), officier allemand, 1751.
Anziani, corse, 3350.
Aoust (D'), lieut de roi de Landau, 969-987, 997, 1236, 1264, 1286, 1407, 1410, 1503, 1570, 1572, 1855, 1856, 1857, 2243.
—— (D'), lieut de roi au fort Nieulay, 3572.
Aouste (Municipalité d'), con LXI.
Apchier (Claude-Annet de Châteauneuf, chr, puis comte d'), lieut-gal, 2912, 2913, 2922, 2943, 2979, 2989, 2990, 2992, 2999, 3002, 3007, 3026, 3027, 3032, 3033, 3037, 3087, 3152, 3198, 3290, 2329.
Apchon (Ant. Marie, cte d'), lieut-gal, 3136, 3513, 3514, 3518, 3554, 3555, 3592, 43 s, 44 s, 46 s, 47 s, 49 s, 63 s.
Apech, fermier de la poste de Bordeaux, 356.
Apôtres de la Liberté (Société des), con LXVIII.
Apfel (Phil.), bourgeois de Landau, 3579.

Apinal (Chr d'), capne au régt de Bourbon, 1855.

Appelghren (Pierre), brigadier, 2944.

Appougny (D'), 361.

Apraxine (Etienne-Fedorovich, comte), feld-maréchal russe, 3438.

Apremont (D'), 106, 118.

—— (Abbé d'), 1899, 2052.

—— V. *Aspremont.*

Aprigny (D'), officier, 1857, 2023.

Apt (Municipalité d'). V. *Rocca.*

Apvril (D'), major du château d'Angers, 2132.

Aquilée (Patriarche d'), 5.

Aquin. V. *Châteaurenard.*

Aragona (D'), chef corse, 3661.

—— V. *Acquaviva.*

Aragone. V. *Caetano.*

Aran (D'), capne au régt d'Albigeois, 2133.

Arance (D'), ancien officier, 2255.

Arancourt (D'), commandt la citadelle de Metz, 987.

Arancy (Baron d'), major d'infanterie, 1601.

Aranda Quintanilla y Mendoza (Francisco d'), surintendant de la justice militaire des Pays-Bas espagnols, 1939, 1946.

Arasse (D'), major du régt de Piémont, 2740, 2782, 2913.

Arassus (D'), ministre de l'électeur palatin, 997.

—— (D'), trésorier de France à Montauban, 1318, 1354.

Arbaud, correspondant secret, 1683.

—— (Charles d'), consul à Nice, 2251.

—— V. *Darbaud.*

Arbaumont (Maulbon d'), élu des États de Bourgogne, 3725.

Arberg (Comte d'), général autrichien, 3513.

Arbois (Habitants, députés, etc. d'), 3709. — Cf. *Voiturier.*

Arbricourt (D'), capitaine dans les dragons de Lautrec, 2242.

Arc (Chr d'), capne au régt Royal-Cravates, puis aide-de-camp du mal de Saxe, 3027, 3198.

Arcambal (Ant-Jos.-Franç. Deslacs Du Bousquet, mis d'), mar. c., 3665, 3715, con LXV c.

Arcé (Don Joseph d'), ministre d'Espagne dans les Pays-Bas espagnols, 1939.

Arcenay (D'), officier, 988.

Arcens (D'), colonel, 2133, 2137, 2138, 2175, 2371, 2377, 2388, 2393, 2411, 2420, 2452, 2455, 2456.

Archange (Frère), gardien des capucins de Marsal, 2244.

Archau (Président d'), chef de la régence de l'Oost-Frise, 3611.

Archbold, con III.

Arche de Lassalle (D'), 2142.

Archiac (D'), con XL. — Cf. *St Simon.*

Arco (Dominique, comte d'), 1943, 1944, 2024, 2136, 2159, 2160, 2221, 2370, 2412.

—— (Maréchal d'), 2949.

—— (Comtesse d'), 2309.

Arçon (D'), ingénieur, 3702, 3703, 3708, 3709, 3711, 3717, 3719, 3722, 3725, 3729, 3745, 3746, 3749, 3751, 3754, 3755, 3760, con XLIX a.

—— (D'). V. *Marcelange.*

Arconville (D'), capne au régt de Périgord, 1862.

Arconcey (D'), capne au régt de cavie de M. le Prince, 123.

Arcs (Municipalité des), con XVIII.

Arcy (Comte d'), commandant les troupes impériales à Strasbourg, 629, 631.

—— (D'), commandant à Ebernbourg, puis au fort Mortier, 1267, 1286, 1321-1323, 1364-1367, 1407, 1408, 1501, 1504, 1526, 1573, 1752, 1761, con IV.

—— (Chr d'), 3418, 3599, con XLVI.

—— (D'), irlandais, 3408.

—— (D'), 3168.

—— V. *Arsy.*

Arcy-Martel (Mis d'), ambassadeur, 776, 906, 1113, 1116. — Cf. *Arsy.*

Ardèche (Directoire du dépt de l'), cons LXV b, LXV d, LXV f-LXVIII.

Ardene d'Hervault (Pierre d'), commandant des milices au Boulou, 1888.

Ardennes (Directoire du dépt des), cons LXV, LXV a, LXX.

Ardican (D'), major de Philippsbourg, 987.

Ardican (D'), capne aide-major du régt de Murat, 1857.
Ardisson (Annibal), habitant d'Antibes, 2138.
—— «écrivain» du régt Royal-Corse, 3652.
Ardore (Prince d'), ambassadeur napolitain, 3032.
Ardres (Municipalité, clergé, etc., d'), 420, con LXXI. — Cf. *Bollard, Castillon, Charnacé, Degouge, Du Corroy, Du Loos, Du Lot, Duprat, Garnier, Feuquières, Léonardy, Le Paige, Parent, Perceval, Pollart, Rouville, Saint-Amour, Saint-Just, Santerre, Tounadou*, etc.
Aremberg (Prince d'), gouverneur de Valenciennes, 400.
—— (Duc d'), 604, 612.
—— (Pierre d'), mar. c., 1553, 1555, 1946, 2021, 2132, 2133, 2138, 2216, 2221, 2301, 2323.
—— (Duc d'), feld-maréchal, 2851, 3013, 3031, 3036, 3039, 3096, 3098, 3123, con XVII.
—— (Duc d'), 3702.
—— (Duchesse d'), 3202.
Arenes (D'), maire d'Hyères, 2043, 2131.
Arennes (Franç. d'), lieutt-gal, 1227, 1228, 1375, 1400-1404, 1423, 1519, 1524, 1585, 1586, 1588, 1590-1592, 1683-1687, 1693, 1776-1779, 1861, 1862, 1872-1877, 1966, 1975, 2049, 2050, 2104, 2136, 2137, 2251, 2398, 2417.
Arenthon (J. d'), évêque de Genève, 906.
Arganchy (D'), officier au régt de Brancas, 1832.
Argelé (D'), lieutt de roi de Thionville, 987, 997.
Argelos (Pierre d'Arros, baron d'), brigadier, 1751, 1760, 1844, 1848, 1856, 1857, 1950, 1953, 2027, 2093, 2131, 2132, 2141, 2142, 2163, 2169, 2188, 2236, 2237. — V. *Arros.*
Argence (D'), major du régt de Crussol, 1484.
—— (D'), major de Givet, puis commandant à Lichtenberg, 1937, 2235, 2371, 2700.
Argence (Chr d'), lieut-col de la Légion royale, 3503, 3519, 3520, 3526, 3550, 3554, 3591.
—— (D'), 3563, cons XXXV, LXI.
Argencour (D'), 33, 98.
Argens (J.-B. Boyer, mis d'), chambellan de Frédéric II, 3203, 3311.
—— (Chr d'), officier au régt de Royal-Vaisseaux, 3260.
Argenson (D'), intendant, 97, 137.
—— (Marc-René, mis d'), lieutt-gal de police, garde des sceaux, 1524, 1606, 1699, 1700, 1708, 1895-1900, 2132, 2162, 2182, 2262, 2263, 2268-2273, 2339, 2343, 2344, 2413, 2622.
—— (René-Louis Voyer, mis d'), intendant, garde des sceaux, ambassadeur, ministre des Affaires étrangères, auteur de *Mémoires*, 2622, 2936, 2982, 2983, 3001, 3017, 3044, 3050, 3064, 3068, 3084-3086, 3091, 3094-3096, 3098, 3099, 3109, 3116-3119, 3126, 3135-3138, 3140, 3142, 3144, 3147, 3156, 3159, 3160, 3164, 3167, 3172-3175, 3177, 3180, 3183, 3186-3188, 3222, 3223, 3312, 3370, 23 s, con X.
—— (Pierre-Félicien de Bossin, mis d'), brigadier, 2622, 2697.
—— (Marc-Pierre Voyer, comte d'), ministre de la Guerre, 2622, 2662, 2977-2979, 2981-2983, 2985-2993, 2996, 2999-3002, 3006-3011, 3013-3015, 3017, 3026-3037, 3039-3047, 3050-3057, 3059-3065, 3068-3072, 3075, 3083-3092, 3094-3106, 3108-3111, 3114-3120, 3123-3127, 3135-3148, 3152-3180, 3182-3188, 3197-3245, 3247-3250, 3252, 3253, 3255-3263, 3275-3278, 3280, 3281, 3285-3296, 3298-3303, 3305-3316, 3325-3332, 3334-3336, 3338-3339, 3349, 3360, 3361, 3370, 3371, 3378, 3387, 3391-3394, 3396, 3403-3409, 3412 3413, 3415-3421, 3426, 3428, 3449, 3454, 3456, 3459, 3461, 3466-3469, 3505-3508, 3532, 3581, 3602, 3626, 3627, 3741, 158-

22 s, c^{ons} XVI-XXII, XLIII. — Cf. les vol. de *minutes* ministérielles de février 1743 à février 1757.
Argenson (D'). V. *Voyer*.
Argentan (Echevins, etc., d'). V. *Chantelou, Duplessis, Montmesnil, Vigneral*, etc.
—— (Bellecroix d'), 1213.
Argenteau. V. *Bellecroix*.
Argenteuil (Municipalité, etc., d'). V. *Gentil*.
—— (D'), major, puis lieut^{t}-c^{el} du rég^{t} de La Fons-La-Ferté, 1950, 2028, 2219, 2300, 2370, 2460, 2461.
Argentières (D'), 1797.
Argentine-Brassac (D'), ancien garde du corps, 2140.
Argenton (D'), cap^{ne} au rég^{t} de Barbésières, c^{on} LXXXVI.
Argentré (L. Ch. Duplessis d'), évêque de Limoges, 3677.
Arget (D'), ministre de Liège à Paris, 3698, 3706.
Argeville (D'), cap^{ne} au rég^{t} de Picardie, 123.
Argon (D'), 2609.
Argoud (D'), lieu^{t}-c^{el} du rég^{t} de Lestrange, 1856.
—— (D'), major de la place de Lille, A. 90.
—— **de Laval**, directeur des vivres en Lorraine, puis consul à Naples, 986, 1287, 1587.
Argouges (Henri-Louis de Fleury, m^{is} d'), lieut^{t}-g^{al}, 2945, 3017, 3115, 3117, 3172, 3173, 3175, 3227, 3229, 3233, 3235-3244, 3245, 3257, 3260, 3261, 3263, 3296, 3308, 3311.
—— (Jérôme d'), lieut^{t} civil au Châtelet de Paris, 3040, 3387.
—— (Françoise Le Pelletier, dame d'), 2138.
—— (Florent d'), intendant, 837, 903, 905, 906, 966, 990, 1237, 1289.
—— (François d'), évêque de Vannes, 1704.
—— (Michel-Pierre-François de Fleury, comte d'), lieut^{t}-g^{al}, 3555, 3563.
—— V. *Rannes*.
Argout. — V. *Dargout*.
Argout (D'), major de la citadelle de Tournai, puis de Lille, 1495, 1830-1833, 1943, 1944, 2132, 2134, 2136, 2138, 2370, 2529.
Arias (D'), lieutenant autrichien, 3184, 3185.
Aribert, chirurgien à Montélimar, 2044.
Ariège (Administrateurs du dép^{t} de l'), c^{on} LXV d.
Arifat, cornette aux Mousquetaires, 2140, 2141.
Ariffat (D'), 3611.
Arigny (D'), cap^{ne} au rég^{t} du Roi-cavalerie, 1897, 1951, 1952, 2030, 2032, 2144, 2145.
—— (D'), mestre-de-camp, 2978, 3013, 3065, 3070.
Arimont (D'), gentilhomme lorrain, 2138, 2169.
—— (Bérard d'), 3041, 3042, 3044, 3094, 3096-3099, 3101, 3156, 3217.
Arines (D'), inspecteur des manufactures de Bourgogne, c^{on} XV.
Arismendy (d'), 98.
Arissade (D'), cap^{ne} d'une compagnie d'invalides à la citadelle d'Arras, 2141.
Arlay (D'), officier au rég^{t} de Bretagne, 2130.
Arles (Consuls, etc., d'). V. *Chapus, Du Roure, Estoublant, Fennin, Lagoy, Mailly, Monteil, Simon, Vaquières*, etc.
Arlington (Comte d'), ambassadeur d'Angleterre, 276, 279, 282, 285, 310-313, 325, 333, 334, 467, 538, 546, 566.
Arlon (Échevins d'). V. *Didenhoven*.
Arloz. V. *La Servette*.
Armagnac (Rég^{t} d'), c^{ons} LXV d, LXVII.
Armand, lieut^{t}-c^{el} du rég^{t} du Roi-Dragons, 1760.
—— (Ch.), commissaire aux revues à Gap, 2143.
—— major du rég^{t} de Brie, 2619.
—— président du Comité des rapports à l'Assemblée N^{le}, c^{on} LXIX.
—— (D'), 2736.
—— prêtre, 23 s.
Armandy (D'), gentilhomme périgourdin, officier de l'Hôtel des Invalides, 1901.

Armanet (Ant.), consul de Vienne en Dauphiné, 3396.
Armeinville (D'), lieut^t au rég^t de Sault, 146.
Armenjon (Jos.), marchand à Chambéry, 2044.
Armenonville (D'), secrétaire d'État, 2183, 2300, 2561, 2584, 2618, 2619, 2622, 2784.
Armentières (Louis de Conflans, m^is d'), mar. Fr., 2943, 2945–2948, 2950, 2955, 2956, 2959, 2982, 3030, 3031, 3036, 3040, 3054, 3084, 3088, 3089, 3091, 3135, 3137, 3138, 3140, 3145, 3147, 3148, 3197, 3203–3207, 3210, 3211, 3240, 3256, 3277, 3431, 3432, 3445, 3473, 2485, 3486, 3506, 3511–3526, 3542, 3543, 3545, 3547, 3550, 3581, 3585, 3625–3627, 3685, 18 s, 39 s–41 s, c^ons XVII, XXIV, XXIX.
—— (Jussac d'), 2947.
—— (Diane-Gabrielle de Jussac, marquise d'), 3089.
—— V. *Conflans.*
Armery, 97.
Armet, cap^ne au rég^t de Navarre, 2135.
Armeville (D'), 895, 997, 1364, 2955, 3167, c^on IV.
Armez, prêtre, procureur g^al du dép^t des Côtes-du-Nord, c^ons LXV b, LXVIII.
Armisac (D'). V. *Darmisac.*
Armissan (D'), 409.
Armur (Ch^r d'), cap^ne au rég^t de St-Germain-Beaupré, 1761.
—— (D'), officier au rég^t Royal-Normandie, c^on LXV a.
—— **de Gorbeville** (D.), conseiller d'État du duc de Lorraine, 1761.
Armuyden (Vicomtesse d'), 888.
Arnac (D'), officier au rég^t de Solre, 1862, 2136.
Arnal (Ch^r d'), ingénieur, lieut^t-c^el, c^on LIII.
Arnan ou **Arnant** (Baron d'), 2165, 2507.
Arnans (D'), 39 s.
Arnaud, avocat à Nancy, traducteur de la *Henriade* en vers latins, 3753.
—— membre de la Chambre d'agriculture de Port-au-Prince, 3764.
Arnaud. V. *Darnaud, Arnault* (d'), *Arnaud* (d').
—— consul à San Remo, 1768, 1962, 2039, 2257.
—— agent secret en Suisse, 1799.
—— (Le P.), religieux, 1968, 2609.
—— (Claude), maître arquebusier à Suse, 2173.
—— aumônier de la grosse tour de Toulon, 2371. — Cf. 26 s., 32 s.
—— aumônier du résident de France à Genève, 3174, 3175, 3223, 3224, 3232.
—— officier, 98, 102, 106, 110, 116, 119, 123.
—— (Joseph-Thomas d'), 664.
—— (D'), lieut^t-c^el du rég^t de Gouffier, 2235.
—— (J.-B. d'), colonel au service de la République de Gênes, 3068.
—— **d'Andilly**, résident de France à Gênes, 245.
—— **de St-Amand**, 1765, 1798, 1802.
Arnauld (Henri), év. d'Angers, 958.
—— entrepreneur de fournitures de blé et d'avoine, 1760.
—— trésorier général de l'extraordinaire des guerres, 1468, 1524.
—— C^on XLVIII.
—— **de Courville**, 1706. — Cf. *Courville.*
Arnault (D'). V. *Darnault.*
—— (Jacques), marchand à Calvi (Corse), 3539.
Arnaut, commandant d'une compagnie franche, 1399.
—— commandant à Hornbach, 1761.
—— (Joseph), sieur de Regnault, officier de l'Hôtel des Invalides, 2267, 2273.
—— (D'). V. *Darnaud, Darnault, Darnaut.*
Arnheim (Magistrats d'), 337.
Arnold (B.), c^on XLVIII.
Arnolet, colonel à la suite du rég^t de Rosen, puis de Rottenbourg, 1831, 2243.
Arnolfini (Nicolas d'), mar. c., 260, 420, 791, 905.
Arnonville de St-Silvestre (D'), lieutenant au rég^t de Champagne, 2135.
Arnoul, intendant des galères, 238.
—— (D'), officier, 1337, 1874.

Arnoul, ex-intendant de la Marine, 2041, 2042.
—— (D'), commandant de la citadelle de Strasbourg, 2136, 2238, 2394, 2452.
Arnould (Le P.), procureur des Chartreux de Tournai, 310.
Arnoulin (D'), major de la place de Condé, 1831, 1832, 1943, 2021, 2134, 2137, 2159, 2219, 2308.
Arnoult, 311, 419, 420.
—— (J.-J.), bourgeois de Boulogne-sur-Mer, 2311.
Arnouville (D'), lieutenant aux Volontaires de Lancize, 3329.
—— (Comte d'), 3671.
Arnoux, consul de Riez, 3180.
—— capne au régt de Royal-Comtois, 3394.
—— (Jean-André), marin, 3415.
Arnoville (D'), 3258.
Arnstedt, officier allemand, 2391.
Arojean, capne suisse, 310.
Arondeau (D'), capne au régt de Périgord, 1862.
Arpajon (Municipalité d'), con LXVII.
—— (Louis, vicomte, puis duc d'), lieutt-gal, 116, 118, 158.
—— (Louis, mis d'), lieut-gal, 1484, 1574, 1660, 1775, 1855-1858, 1944-1946, 1951, 2022, 2032, 2035, 2081, 2084, 2130, 2131, 2132, 2135, 2140-2143, 2149, 2159, 2178, 2255, 2328-2332, 2342, 2371, 2404, 2407, 2408, 2466, 2468, 2488, 2505.
Arpentigny (D'), 2142.
Arpin (Etienne), ex-lieutenant, 2143, 2250.
Arquès (D'), officier, 1575, 1856, 1857, 1950, 1953, 2033, 2136, 2138, 2139, 2144, 2167, 2242-2244, 2268, 2328.
Arquesbouville (Pillon d'), commissaire d'artillerie, 3467.
Arquien (Henri de La Grange-Montigny d'), mar. c., 158.
Arquier (D'), capne d'inftrie, 88.
—— (D'), lieutt au régt de Navarre, 2143, 2144.
—— (D'), lieutt au régt de Piémont, 2337.
Arquinvilliers (Jalland d'), 2138.
Arras (Municipalité, magistrats, clergé, etc., d'), 171, 177, 271, 279, 310, 340, 420, 677, cons XIV, LXV e. — Cf. *Conzie, Desmas, Ducarrieul, Grany, Hattevielle, Héroguel, La Brosse, La Croix, Lallart, Marc, Montdejeux, Pruet, Rulaut, Senouville, Valcroissant, Verry, Villeneufve*, etc.
—— (Frère Pierre d'), capucin, 1935.
—— (D'), bourgeois de Calais, 2221.
Arrentier (D'), con XXXVI.
Arrest (D'), major du régt de La Vieuville, 2370, 2371.
Arriveur, député de l'Ain, cons LXV a, LXV b.
Arros (D'), capne, 2137, 2143.
—— (Jean-Armand d'Arros d'Argelos, comte d'), lieutt-gal, 2420, 2794, 2988, 2993, 3017, 3053, 3073, 3094, 3101, 3109, 3124, 3125, 3127, 3155-3157, 3159-3168, 3183, 3184, 3199-3202, 3204, 3206-3208, 3210, 3213-3216, 3218, 3219, 3260, 3275-3298, 3326, 3418.
—— (Baron d'), 3759.
—— V. *Argelos.*
—— **de La Mothe** (Jean d'), capne au régt de Languedoc, puis conseiller chr d'honneur d'épée au parlement de Metz, 2034.
Ars (D'), enseigne de vaisseau, 3493.
Arsay (D'), capne au régt de Gondrin, 2138, 2140, 2141, 2143.
Arschot (Duc d'), 229, 313, 602.
Arsène (Le P.), capucin, aumônier à Sarrelouis, 3387.
Arsfeld (D'), officier suédois, 508.
Arsonval (D'), capne au régt de Piémont, 312.
Arsy (D'), major au régt de Duchay, 2219.
—— **-Martel** (Baron d'), capne de chevau-légers, 123. — Cf. *Arcy.*
Artagnan (D'), 271, 278, 279, 361, 364, 688, 705.
—— (Paul de Montesquiou, dit le comte d'), 1835, 2300.
—— (Joseph de Montesquiou, comte d'), lieutt-gal, 1832, 2098-2102, 2144, 2170-2172, 2174, 2247-2249, 2251, 2258, 2300, 2304, 2326, 2455, 2456, 2460.
—— V. *Montesquiou.*
Artaguiettes (D'), 2562.

Artaud, 245, 2251.
Artès (D'), lieut' au rég' de Navarre, 3747.
Artezé (Chr d'), 3314, 3572.
Arthaud, capne au rég' de Villeroy, 2132.
Arthieulle (D'), commissaire des guerres, 1753, 1843, 1850, 1855, 2339, 2419, 2704, 2709, 2751-2753, 2763, 2770, 2826.
Arthod, capne, 2141.
Arthure (Jean), brigadier, 2795.
Artigny (Degré d'), 668.
—— (D'), officier au rég' de Damas, 2271.
Artigue. V. *Dartigue*.
Artois (États d'), 271, 279, 310, 311, 337-340, 397, 475, 503, 546, 567, 568, con XLV.
—— (Sous-officiers du rég' d'infrie d'), con LXVc.
—— (D'), commissaire des guerres, 1756, 1830, 1946, 2154, 2381.
Artus (D'), mestre-de-camp, 3310.
Arty (D'), capitaine, aide de camp du mis de La Vallière, 2146.
Arvier (Arvieu?), 97.
Arvieu, commissaire des guerres, 116, 117.
Arvieux (Cher d'), 420.
Arville (D'), officier, 2243, 2244, 2370.
Arvisenet (François, mis d'), conseiller au Parlement de Besançon, 2655.
Arvyer (Claude), sous-brigadier de maréchaussée en Champagne, 3184.
Arzillière (D'), 158.
Arzilly (D'), lieut' au rég' d'Aultanne, puis dans celui de Barentin, 1905, 2137.
—— (D'), ingénieur, 2220.
Arzilmont (D'), major au rég' de Tarente, 2268, 2269.
Asfeld (Alexis Bidal, baron d'), mar. c., 417, 443-445, 459, 460, 486, 554, 595, 596, 663, 688, 701-703, 727, 732, 734, 735, 818-820, 826, 867, 889, 890, 1183.
—— (Étienne Bidal d'), prêtre, résident pour le roi à Hambourg, 1468, 1700, 1899, 1900, 1950-1953, 2031, 2032, 2091-2093, 2183, 2506. — Cf. le suivant.
Asfeld (Claude-Franç. Bidal, chr, puis mis d'), mar. Fr., 1365, 1465, 1524, 1554, 1560, 1575, 1645, 1646, 1660, 1661, 1678, 1787, 1789, 1884, 1977, 1979, 1982, 1986, 2049, 2050, 2104, 2105, 2136, 2142, 2177, 2178, 2180, 2251, 2325-2327, 2343, 2398, 2399, 2454-2457, 2460, 2461, 2487, 2488, 2501, 2505, 2506, 2522, 2547, 2559, 2562, 2563, 2584, 2619, 2621, 2622, 2644, 2662, 2676, 2678, 2697, 2704, 2705, 2707, 2708, 2712, 2713, 2725, 2728-2739, 2741, 2746, 2747, 2751, 2752, 2763, 2767, 2768, 2771, 2783-2785, 2800, 2840, 2841, 2850, 2871, 2877, 2885, 2900, 2904, 2916, 2936, 2937, 2943, 2955, 2988, 2999, 3073, 3127, 15 s., con XI. — Cf. le précédent et le suivant.
—— (Claude-Étienne Bidal, mis d'), mar. c., 3017, 3043, 3418, 3435, 3461, 3463, 3602, 15 s, 19 s.
—— (Anne-Louise de Villeperrot, mise d'), 3461.
—— V. *Bidal*.
Asinari (Comte), commandant à Coni, 3118, 3245, 3261.
Asnières (D'), officier de garde-côtes en Saintonge, 3459.
—— (D'), capne dans Agénois, 3727.
Aspe (Échevins, bourgeois, etc., d'). V. *La Clède*, *La Quarige*, *Lassalle-Atas*.
Aspremont (Franç. de La Mothe-Vilbert, vicomte d'), capne aux Gardes-Françaises, ingr, mar. c., 223, 225-229, 240, 243, 341, 359, 361, 362, 378, 416.
—— (Comte d'), 13 s.
—— (Comtesse d'), 2144, 2251.
—— V. *Apremont* et *Lynden*.
Assadé, 97.
Asselin, maire de Ham, con LXI.
—— **de Vignori** (Alphonse), 2347.
Assignan (Chr d'), garde de la Manche, 2312.
Assignian (César de Bretat d'), capne au rég' de Nérestang, 92.
Assigny (D'), 944, 2792.
—— (D'), capitaine au rég' du comte de Boumont (service d'Espagne) 2262.

Assigny (D'), lieutenant de roi de Douai, 2936, 3032, 3033, 3135.
—— (Mis d'), député des États d'Artois, A 89.
Assy (D'), lieutenant au régt de Robecque, 1830.
—— **de Gaucourt**, officier au régt de Navarre, puis commandant du château de Saumur, 1849, 1895, 2138, 2145, 2268, 2269, 2271.
Astalli (Fulvio), cardinal, 1588, 1684, 1783, 1863, 1869.
Astermann (D'), con LXIII.
Astier (D'), capne au régt Royal-La Marine, commandant à Villefranche, puis au château de Montalban, 997, 1113, 1174, 1275, 1333, 1375, 1428, 1767, 1874, 1875, 1973, 2043, 2251, 2400.
—— (D'), ingénieur, aide-major de l'armée du Rhin, 2699, 2700, 2726–2729, 2732, 2735–2742, 2782, 2783; 2789–2793, 2796–2798, 2912, 2913, 2916, 2918, 14 s.
—— (D'), major du régt de Toulouse, 1856, 2136, 2165, 2269.
—— (D'), aide-major du régt de Poitou, 2220.
—— (D'), lieutenant de roi de La Rochelle, 2419.
—— consul de France à Naples, 3644.
—— V. *Lozières.*
—— **de Monessargues** (D'), major du régt de Belleaffaire, 2140, 2142, 2247, 2251. — Cf. *Monessargues.*
Astley (Richard-Prynce), gentilhomme anglais, 3408.
Astor (D'), 604.
Astorg d'Aubarède, lieutenant de roi de Blaye, 1611, 1705, 1898, 2136, 2138. — Cf. *Aubarède.*
Astour. V. *Dastour.*
—— (D'), colonel, 2145, 2300, 2313.
Astrac (Palud, veuve), con LXXVI.
Astraud, chargé du soin des hôpitaux à Nice, 2399.
Astruc, officier, 3629.
Astuart (D'). V. *Dastuart.*
Astuffel, maître des ports à Marseille, 2045.
Aterford (F.-L.), 3168.
Ath (Municipalité, bourgeois, etc., d'), 296, 310. — Cf. *Danneau, Farjaux, Feur, La Motte, Lejuste, Molbaix, Noisy, Van Rode, Villerval, Viven, Wargnies, Wourmbrandt,* etc.
Athènes (Archev. d'). V. *Gualtieri.*
Athenous, marchand à Nice, 2251, 2269.
Athoman, capne au régt suisse de Sturler (service de Hollande), 3182.
Athone (Comte d'), 1206, 1549, 1552, 1645, 1694.
Athose (D'), commissaire des guerres, 1862, 1870, 1892, 1965, 2329, 2400, 2404, 2408, 2547, 2558–2560, 2562–2564, 2575, 2609, 2619, 2620, 2622, 2631, 2633, 2634, 2643, 2655, 2664, 2676, 2677, 2688, 2712, 2739, 2763, 2768, 2820, 2852, 2860, 2887, 2891, 2892, 2902, 2903, 2927, 2928, 2956, 2967, 2970, 3305, 3623.
Atre (Chr d'), capne au régt espagnol de Cecile, 2030.
Atri (Duc d'), 1967, 2047.
Atricourt. V. *Montigny.*
Attali, cardinal, con VII.
Atthalin, capne au régt de Piémont, 2770.
Aubagne (Consuls, etc., d'), 3260. — Cf. *Cumerny, Longis, Rey,* etc.
Aubanel, consul d'Antibes, 2135.
Aubarède (Alex. d'Astorg, sr d'), capne au régt de Picardie, 92.
—— (Bernard d'Astorg d'Olthon d'), mar. c., gouvr de St Ghislain, 598, 603.
—— (D'), gouverneur de St Martin de Ré, 903.
—— (Bernard d'Astorg d'Olthon, cte d'), lieutt gal, 1428.
—— (D'), lieutt-cel du régt de La Sarre, 1896, 2133, 2134.
—— (D'), capne au régt de La Sarre, puis attaché à l'état-major de l'armée d'Italie, puis commandant à Belfort, 3583.
—— (Chr d'), con XLIX.
—— V. *Astorg.*
Aubarnon, directeur ou entrepreneur de l'hôpital d'Antibes, 2173.
Aube (administrateurs du dépt de l'), cons LXV, LXV a, LXV c, LXVII, LXIX.
Aubel, commis de l'extraordinaire des guerres, 2235, 2271.

Aubenton (D'), 1079.
—— (D'), propriétaire d'immeubles à Versailles, 3544.
Aubepeire (D'), cap^{ne} au rég^{t} du Perche, 2135.
Auber, fermier de l'évêché de Strasbourg, 1573, 1579, 1580, 1613.
—— échevin de Roye, 2415.
—— maître charpentier à Cherbourg, c^{on} LXV f.
Auberjon de Murinais, cap^{ne} au rég^{t} de Flesché, 2143. — Cf. *Murinais*.
Aubermesnil (Ch^{r} d'), cap^{ne} au rég^{t} de Médoc, 3505, 3626.
Auberon, commissaire des guerres, 1331, 1484, 1558, 1578, 1661, 1854, 1954–1956, 2033, 2095, 2145, 2169, 2236, 2245, 2321–2323, 2395, 2396, 2453, 2454, 2460, 2463, 2506.
—— (D'), officier, 2052, 2143, 2177, 2238, 2241.
Aubert, commissaire des guerres, 116, 137, 157, 158, 209, 226, 227, 245, 261.
—— consul de Gênes, 1519, 1585, 1586, 1602, 1692, 1693, 1775, 1862, 1874, 1878, 1968, 2046.
—— cap^{ne} au rég^{t} de Bourbitout 1901.
—— échevin de Mézières, 2142, 2143.
—— curé de Dommartin-la-Chapelle, près de Toul, 2034.
—— commis de l'extraordinaire des guerres, 2143, 2315.
—— trésorier de l'artillerie et du génie, 3641, 3645.
—— cap^{ne} au rég^{t} de Condé, 2418.
—— 1113, 1116, 1333, 2143, 2145, 2346, 3230.
—— V. *Gourville*, *Blondel*.
—— **de Slangen**, 2031, 2032.
—— **du Bayet** (J.-B.-Annibal), député de l'Isère, puis g^{al} de div., c^{ons} LXV d, LXVIII.
Aubéry (Abbé), 2133.
—— (Ch^{r}), officier, 2142.
Aubeterre (Léon d'Esparbès de Lussan, ch^{r} d'), lieut^{t}-g^{al}, 116, 133, 134, 137, 157, 158, 226, 251, 356, 359, 363, 899, 901, 1014–1017, 1107–1109, 1174, 1234, 1337, 1338, 1378, 1418, 1428, 1900.
—— (De La Serre d'), colonel, 92.
Aubetere (Pierre d'Esparbès de Lussan, comte d'), lieut^{t}-g^{al}, 1349, 1360, 1483, 1484, 1491, 1492, 1494–1496, 1557, 1687, 1781, 1782, 1862, 1864, 1865, 1874, 1895, 1960, 1961, 1963, 1968, 2040, 2046, 2058, 2108, 2131, 2132, 2135, 2140, 2142, 2258, 2271, 2398, 2407, 2411, 3202.
—— (Jean-Henri, ch^{r} d'), brigadier de cavalerie, 2141, 2377.
—— (Jos.-Henri Bouchard d'Esparbès de Lussan, m^{is} d'), mar. Fr., ambassadeur, 3391, 3389, 3396, 3419, 3532, 3708, 3717, 3719, 3726, c^{ons} XXVI, XLVII, XLVII b, LXXVI.
—— (D'), 110, 2731, 3044.
Aubeville (D'), ambassadeur auprès des princes d'Italie, puis du duc de Lorraine, 182, 190, 207, 209, 210, 224–229, 237, 241. 245, 251.
Aubigné (Louis d' —, m^{is} de Tigny), 2141.
—— (Louis-Franç. de Tigny, comte d'), lieut^{t}-g^{al}, 2133, 2136, 2139–2141, 2183, 2219, 2299–2301, 2306, 2323, 2370, 2371, 2374, 2377–2379, 2385–2387, 2411, 2415, 2417, 2419, 2445, 2447, 2456, 2458, 2460, 2463, 2468, 2505, 2622, 2630, 2631, 2697, 2700, 2701, 2703, 2733, 2735, 2738, 2741, 2742, 2770, 2782–2799, 2837–2841, 2850, 2851, 2863, 2912, 2915, 2916, 2919–2921, 2924, 2943, 2944, 2982, 2999, 3007.
—— (Claude-Maur d'), archev. de Rouen, 2133, 2139, 2272, 2415, 2419.
—— (Balthazar-Urbain, ch^{r} d'), mar. c., 3260, 3418, 3419, 3437, 3466, 3521, 3621.
—— Mme d', née Boufflers, 3418.
—— **de La Fausse** (D'), major du château de Sedan, commandant à Beaumont-en-Argonne, m^{al} des-logis de la ville de Sedan, 2243.
Aubigny (D'), 259, 261, 262, 271, 277, 279, 310, 333, 335, 336, 343.
—— (D'), lieut^{t}-c^{el} du rég^{t} de Grosbois, 1674.

Aubigny (D'), major du Câteau-Cambrésis, puis du Quesnoy, puis de Verdun, 2023, 2144, 2675, 2677, 2678, 2687, 2698, 2771, 2784, 2793.
—— (D'), sous-lieut^t d'une compagnie de gentilhommes entretenue en Basse-Normandie, 2140.
—— (D'), major des dragons de Rohan, 2144.
—— (J.-Marc-Ant. de Morel, comte d'), lieut^t-g^al, 3089, 3262, 3459, 3493, 3494, 3496, 3503, 3506, 3729, 3741, 3749, 3753, 3754, 3767, c^on XXXVII.
—— (Durand d'), ministre de France à Liège, 3418-3421, 3504, 3507, 3428-3430, 3459, 3463, 3465, 3476-3480, 3485, 3487, 3488, 3501, 3503-3508, 3510, 3542, 3543, 70 s., c^ons XXVII, XXIX.
—— (D'), command^t de la Garde N^le de Falaise, c^on LXV b.
—— (D'), 944, 1695, 2264, 2273.
Aubijoux (D'), 110, 420, 593.
Aubin, 668, 671, 992, 1241.
—— cap^ne au rég^t de Liotaud, 2244.
Aubourg, entrepreneur de fournitures de fourrage, 2371, 2375, 2421.
Aubrelicque, échevin de Péronne, 2227.
Aubrespy (D'). V. *Daubrespy.*
Aubret (D'), commissaire d'artillerie, 1945.
—— pilote à Toulon, 3533.
Aubry, baillif en la principauté de Lixheim, 1678.
—— avocat à Sedan et procureur fiscal à St Mange, 2055.
—— échevin de Mézières, 2136.
—— (F.), marchand ou entrepreneur de fournitures de fourrage à Mézières, 2142.
—— (Jean), maire de Consenvoye, près de Verdun, 2420.
—— échevin de Mouzon, 2323, 242
—— ingénieur(?), 2232.
Auburtin (Le P. Jean d'), procureur des Jésuites de Strasbourg, 1849.
—— échevin de Metz, 2392.
—— **de Bionville** (D'), adjudicataire de la ferme des revenus de l'électeur de Trêves, 1955.
Aubusson (André-Joseph d' — de St Paul, marquis d'), lieut^t-g^al, 1897, 1943, 1944, 1946, 2131, 2136, 2142.
—— (D'), cap^ne au rég^t d'Houdetot, 2022.
—— (Jean), procureur du roi à Bourganeuf, 2265.
—— **-Miremon** (Mis d'), 1831, 1832.
Aucard, cap^ne de milice bourgeoise à Saumur, 3182.
Auch (Consuls, bourgeois, etc., d'), c^ons LIV, LVII, LX, LXVIII. — Cf. *Gailhac, Suze, Widaillan,* etc.
Auchbruck, 137.
Auchmonty, officier irlandais, 1644.
Auchy. V. *Authy.*
Aucour (D'), fermier général, 3406.
Aucourt. V. *Sucy.*
—— (D'), dessinateur, 3625.
Audbry (Claude), év. de Coutances, 133.
Aude (Directoire du dép^t de l'), c^ons LXV a, LXV c, LXVI-LXVIII.
Audegnie (Baron d'), 2712, 2746, 3184, 3257.
Audesens (D'), lieut^t-c^el du rég^t de Chabrillant, 3185.
Audibert, échevin de Marseille, 3178, 3187, 3232.
—— l'aîné, lieut^t de port de Calais, 3492-3494, 3496, 3497, 3499, 3519, 3532-3535, 3537, 3538, 3568-3573, 3579, 3598.
—— habitant de Puget-lez-Toulon, c^on XXX.
—— 300, 1874.
—— V. *Lussan.*
Audiffre, maire de St-Paul-Trois-Châteaux, 2133.
Audiffred, major du rég^t des Landes, 1831, 1832.
—— major du rég^t de Savines, 1855.
—— major du rég^t de Caupos, 2034.
Audiffret, cap^ne, 420.
—— (J.-B. d'), géographe, envoyé extraordinaire à Mantoue et en Lorraine, 1519, 1593, 1606, 1660, 1848, 1851-1853, 1855, 1950, 1953, 2034, 2035, 2093, 2134, 2136, 2162-2164, 2166, 2167, 2169, 2239, 2244, 2322, 2391, 2454, 2455, 2458-2461, 2506.
—— (D'), colonel, 1831.

Audiffret (Jean-Franç.-Hugues, comte d'), lieut^t de roi de Briançon, 3227, 3228, 3232, 3237, 3240, 3243, 3296, 3406.
—— (D'), maire de Draguignan, 3179, 3180.
—— (D'), prêtre à Draguignan, 3311.
—— (D'), habitant de Draguignan, 3311.
—— (Vidal d'), commis de la Marine à Antibes, 3497.
—— V. *Beauchamps*.
Audiger, de Nogent-sur-Seine, 3187.
Audigier, habitant de Puget-lez-Toulon, c^on XXX.
—— major du rég^t d'Entraigues, 1831.
Audouin (Franç.-Xavier), comm^re en Vendée, historien, c^on LXXI.
Audric, cap^ne au rég^t de Pujol, 2021.
Audrieu (D'), cap^ne au rég^t de Vivarais, 3245.
—— (Ch^r d'), ingénieur, 2701.
Audry, de Niort, 2141.
—— (Ch^r d'), commandant aux îles Ste Marguerite, 3177, 3179, 3180, 3185, 3223-3225, 3233, 3236, 3239, 3256, c^on XVIII.
Audureau, chirurgien-major, 1982.
Auerkerque (Henri de Nassau, seigneur d'), maréchal hollandais, 1938, 2021.
—— V. *Haueskercke*.
Auflance. V. *Custine*.
Aufroy, 894.
—— **de Servigny**, 1522.
Augé, officier au rég^t de Chartres, 1484, 1550, 1556.
Augeard-Closneuf, ancien fermier des Fermes de Bretagne, c^on XXVI.
Augecourt (D'), 362.
Auger, ancien pourvoyeur de la Petite-Ecurie, à Coucy, 2414.
—— V. *Dauger*.
Augias, ingénieur de la Marine, 3466.
Augicour (D'), major du rég^t de La Londe, 2419.
Augier, ingénieur, 1108.
—— officier au rég^t de La Roche-Aymon, 3471.
—— cap^ne au rég^t de Lorraine, 2266.
—— major d'un rég^t, c^on LXXVI.
Augny (D'), cap^e au rég^nt d'Alsace, maire de Metz, 2321, 2393.
—— (D'), 2877.
Augny (D'), fermier général, 3406, 3546, c^on XI.
Auguste II, électeur de Saxe, roi de Pologne, 2034.
Auguste III (Frédéric), électeur de Saxe, roi de Pologne, 2949, 2950, 2952, 2954, 3522, 3627, 54 s.
Augustins de Paris (religieux du grand couvent des), A. 87, A. 88.
Auguy, lieut^t aide-major au rég^t de Vexin, puis major de celui de Chalmazel, 1575, 1856.
Augy (D'), bourgeois de Chauny, 2770.
Aulan (Henri de Suarès, ch^r d'), mar. c., 3030, 3206, 3532, 3573, 3598, 3623, c^on XXXI.
Aulas, aide-major à Hombourg, 2242, 2243, 2244.
Aulède (D'), premier président du parlement de Guyenne, 566, 567.
Aulent, aide-major et capitaine des portes à Philippeville, 2937, 2977, 3031, 3083-3090, 3135, 3136, 3140-3142, 3197, 3202, c^on XVII.
Aulmont, prévôt des maréchaux de France, 2137.
Aulnais (D'), lieutenant et commissaire principal d'artillerie, 1498, 1657, 2137, 2143, 2159.
Aulnay (D'), 2344, 2411.
—— (Charles, baron d'), cap^ne de hussards au service de l'empereur, 3002.
—— (D'), lieutenant d'artillerie, 3581.
—— (D'). V. *Dupré*.
Aultanne (D'). V. *Autanne*.
Aulteroche, capitaine au rég^t d'Orléans, 2243.
Aultry (D'), officier au rég^t de La Couronne, 3032.
Aumale (Municipalité d'), c^ons LXIV, LXV.
—— (Ch^r d'), commandant dans l'île de Neubourg, 2323.
—— (D'), capitaine au rég^t de Berry, 2243.
—— (D'), officier, 2370.
—— (Charles, ch^r, puis comte d'), lieut^t-g^al, 2946, 3010, 3030, 3087, 3091, 3092.
—— (Ch.-Fr.-Marie, comte d'), mar. c., 3709, c^on XLIX a.
—— (D'). V. *Crussol*.

Aumont (Ant., m^{is} de Villequier, puis duc d'), mar. Fr., 92, 98, 106, 118, 119, 122, 131, 133, 134, 137, 157, 158, 209, 251, 468.
—— (Claude d'), cap^{ne} de cav^{ie}, 146.
—— (Louis-Marie-Victor, duc d'), mar. c., 279, 281, 311, 324-328, 360-362, 388, 389, 450, 452, 466, 484, 536, 546, 548, 555, 822, 870, 887, 891, 892, 895, 902, 904, 905, 1066, 1080, 1205, 1258-1260, 1310, 1312, 1313, 1343, 1428, 1551, 1700, 1735, A 88.
—— (Louis, duc d'), 2216, 2299, 2412, 2415, 2448, 2584.
—— (Louis-Marie, duc d'), lieut^{t}-g^{al}, 3030, 3408, 3459, 3569, 3599, 3714, c^{ons} LXX, LXXI.
—— (D'), c^{on} XLIX a.
—— (Duchesse d'), 1896.
—— (Mme d' —, née Volkring), 3722.
—— (D'), ingénieur, mar. c., 3648, 3691, 3697, 3714, 3719, 3755, c^{ons} XLVII, XLVII b, LXIV.
—— 2371.
—— **de St Clar** (D'), cap^{ne} au rég^{t} de Forsat, 2022, 2024, 2081, 2300, 2322, 2383.
—— (D'). V. *Villequier* et *Chappes*.
Aunay (J.-Ch. de Mesgrigny, comte d'), lieut^{t}-g^{al}, 2140, 2142, 2819, 2846, 2969, 3026-3029, 3033, 3034, 3073, 3083-3087, 3090-3092, 3125, 3142, 3143, 3145, 3152, 3154, 3197, 3204, 3207, 3258, 3275, 3418, 19 s., c^{ons} VI, XVII.
—— (Comte d'), c^{on} LXII.
Aunefort (D'), lieutenant, 2255, 2257.
Auneux (Ch^{r} de), 343.
Aunillon (Abbé), ministre de France près l'électeur de Cologne, 3100, 3156-3168, 3213-3219, 3461.
—— (Nicolas), président en l'élection de Paris, 2135-2137.
Aunillon-Ducoudray, 3216.
Aunis (Conseil d'adm^{on} du rég^{t} d'), C^{on} LX.
Aunoy (D'), lieut^{t} au rég; d'inf^{rie} du c^{al} Mazarin, 123.
Aupepin, maître particulier de la forêt de Mormal, 3751.
Aups (Maire d'). V. *Roubaud*.
Auquoy (D') V. *Vaillant*.
Auray (Échevins, bourgeois, etc., d'), c^{ons} LIII, LXV. — Cf. *Kermabon*, etc.
Aureillan (D'). V. *Daureillan*.
Auribeau, 2370.
Aurillac (députés d'), c^{on} LX.
Aurilly (Garnier d'), 116, 420.
Auriol (Ch^{r} d'), lieut^{t}-c^{el} du rég^{t} d'Enghien, c^{on} LXV d.
Aurusse (D'), cap^{ne} au rég^{t} de Feuquières, puis commd^{t} à Sarrebourg, Bouillon et Neuf-Brisach, 987, 997, 1608, 1849, 1858, c^{on} IV.
Auseray, intendant des vivres, 116, 158.
Autanne (Franç. Fournier, comte d'), mar. c., 2101, 2132, 2133, 2170, 2175, 2412.
—— (Esprit-Bruno-Fournier, ch^{r}, puis comte d'), lieut^{t}-g^{al}, 2913, 2981-2983, 3032, 3033, 3039, 3040, 3043, 3045, 3046, 3053, 3142, 3175, 3223, 3225, 3227, 3228, 3232, 3233, 3236-3242, 3245, 3255, 3256, 3260-3263, 3295, 3296, 3310-3312, 3329.
Autel (Comte d'), lieut-g^{al} du service d'Espagne, gouv^{r} de Luxembourg, 1468, 1492, 1502, 1555, 1560, 1564, 1575, 1645, 1646, 1648, 1649, 1660, 1661, 1666, 1672, 1678, 1679, 1736, 1742, 1743, 1757, 1758, 1820, 1839, 1843, 1845-1848, 1851-1854, 1856, 1895, 1936, 1948, 1950-1954, 2034, 2035, 2091, 2092, 2133, 2153, 2162-2165, 2167, 2236-2239, 2242, 2243, 2268, 2317-2319, 2323, 2391-2393, 2395.
—— (D'), secrétaire ou fonctionnaire allemand, 2851.
—— (Comtesse d'), 2142.
—— V. *Huart*.
Auteuil (D'), mar. c., 3456, 3544.
—— (D'), commd^{t} à Ajaccio, 3539.
—— (D'). V. *Dauteuil*.
Auteval (D'), comm^{re} des guerres, 1660, 1855.
Auteville (D'), officier m^{al} d'Alençon, c^{on} LXV c.
Autheman, 2134, 2182.
Authieulle (D'), cap^{ne} d'artillerie, c^{on} LXVI.
Author (d'Alogny d'), cap^{ne} au rég^{t} d'Ile-de-France, 2144.

Authy (D'), commissaire des guerres ou ingénieur, 791, 821.
Autichamp (D'), officier, 279, 419.
—— (Mis d'), lieut^t-g^al, 3748, 3754, 3758, 3766, 16 s., c^on LXXVII.
—— (D'), lieutenant de roi d'Angers, 1700, 1895, 1897–1899, 2136–2138, 2144, 2145, 2183, 2370, 2371, 2412, 2786, 3184, 3258.
—— (D'), officier, 1874.
—— (M^ise d'), 2134.
Auto (Paul), habitant de Revin, 2187.
Autrêche (D'), commandant à Ham, 3694.
Autrecourt (D'), cap^ne au rég^t d'Albigeois, 2131, 2371.
—— (De Villemont d'), 3645.
Autrey (D'), 2134, 2143.
Autriche (Marie-Catherine d'), fille naturelle de Philippe IV, roi d'Espagne, 2020.
—— (Marie-Elisabeth-Lucie-Thérèse, archiduchesse d'), gouvernante des Pays-Bas, 2732, 2903, 2928.
—— V. *Anne*, *Juan (don)*, *Marie-Thérèse*, etc.
Autteville (D'), 2922, 3029, 3137.
Autun (Échevins, bourgeois, etc., d'). V. *Changarnier*, *Goudier*, *Laureau*, *Rolet*, *Roquette*, *Roux*, *Valletat*, etc.
Auval (D'). V. *Dauval*.
Auvergne (Membres de la commission permanente d'), c^on LX.
—— (Conseil d'adm^on du rég^t d'), c^on LXVI.
—— (Conseil d'adm^on du rég^t des Chasseurs d'), c^on LXVI.
—— (Fréd.-Maur. de La Tour, comte d'), lieut^t-g^al, 332, 440, 491, 500, 502, 702, 730, 781, 879, 880, 883, 884, 980, 1091, 1146, 1436, 1956, 3779.
—— (Franç.-Egon de La Tour, comte d'Auvergne, dit « le prince d' »), 1502.
—— (Abbé d'), 2131, 2320, 2393, 2411, 2538.
—— (H. Oswald, cardinal d'), 3166.
—— (Comtesse d'), 514.
—— (Marie-Anne d'Arenberg, princesse d').
—— (D'), c^on LXIV.
Auvigny (D'), 2924.
Auxcousteaux, maire de Corbie, 2188, 2228.
Auxcousteaux de Pisseleu, procureur du roi à Beauvais, 2272, 2273.
Auxerre (Municipalité, bourgeois, etc., d'), c^on LXII. — Cf. *Bribolé*, *Henry*, *La Barcelle*, *Latour*, *Martineau*, *Pontagny*, *Rigollier*, *etc.*
Auxon (D'), cap^ne au rég^t de Fontanges, 2244.
—— (De Sonnet d'), gentilhomme franc-comtois, 2324.
Auxonne (Échevins, etc., d'). V. *Chaudot*, *Germain*, *Le Baut*, *L'Estang*, *Morlet*, *Pelletier*, *Robardet*, *Wacher*, etc.
Auxy (Jacques, m^is d'), colonel du rég^t Royal-Comtois, 2130.
Auzeville (J.-J. de Queyras d'), mar. c., 1862, 1883, 1885, 1892, 1978, 1979, 1984, 2048, 2050, 2104, 2105, 2134, 2136, 2140, 2141, 2143, 2177, 2255, 2332, 2404, 2408, 2412.
Auzillion, cornette au rég^t de Beausobre, 3224.
Auzon (Sonet d'), gentilhomme poitevin, 2182.
Avalos (Don Antonio d'), commandant l'escadre de Naples, 1877.
—— (D'), 1651.
Avaray (Claude-Théophile, m^is d'), lieut^t-g^al, 1406, 1502, 1587, 1600, 1692, 1693, 1775, 1877, 1887, 1888, 1976, 1978, 1979, 1982, 2049, 2050, 2135, 2136, 2139, 2140, 2177, 2178, 2547, 2575, 2609, 2697, 2699–2703, 17 s., A. 77. — Cf. le suivant.
—— (Ch. de Bésiade, ch^r, puis m^is d'), mar. c., 3031–3033, 3036, 3037, 3098, 3145, 3152.
Avareilles (D'), officier, c^on LXV b.
Avaugour (D'), officier, 118, 137.
—— (D'), guidon des Gendarmes d'Anjou, 1856.
Avaune (Ch^r d'), 3459.
Avaux (Comte d'), diplomate, 20, 88, 97, 119, 277, 279, 280, 299, 354, 355, 496, 504, 548, 586, 592–594, 597, 598, 600, 602–604, 628, 629, 633, 667, 668, 671, 701–704, 725, 726, 730, 733, 739, 792, 793, 822, 837, 892, 893, 895, 961, 963, 1082, 1483, 1484, 1492, 1939, 1940, 2017, 2024.

Avaux (Mme d'), A. 90.
—— V. *Mesmes.*
Avède (D'), 420.
Avejan (D'), officier, 342, 887, 891, 944, 958, 1707, 1906.
—— (Denis de Bannes, comte d'), lieut-gal, 1052, 1058, 1113, 1146-1148, 1202-1210, 1258, 1259, 1284, 1308, 1310-1312, 1355, 1379, 1400, 1402, 1574, 1660, 1661, 1672, 1761, 1843, 1845-1847, 1851-1855, 1857, 1858, 1896, 1951-1953, 2034, 2035.
—— (D'), capne au régt de Menou, 1966, 2312.
—— (D'), officier au régt de Gensac, 2243.
—— (Louis de Bannes, chr, puis comte d'), lieut-gal, 2729, 2730, 2732, 2784.
—— (Comte d'), officier, 3701.
—— (Dame Louise-Elisabeth de Vallot, veuve du comte Denis d'), 2035.
Avelac (D'), capne au régt de Vaudreuil, 1973.
Avelon (D'), capne au régt de Miromesnil, 1895.
Avemont, prévôt des maréchaux à Étampes, 2266.
Avenas (Fr. André), prieur des dominicains de Nice, 3262.
Averignon, 419.
Averna (Don Jacomo d'), mestre-de-camp d'un régt messinois, 463.
—— (Don Giuseppe d'), 511.
Avesne (Fr. Ignace d'), capucin, 2095, 2141, 2143, 2144, 2167.
Avesnes (Municipalité, habitants, etc., d'), con LIV. — Cf. *Baudouin, Benoît, Benière, Bronchin, Carion, Couroux, Court, Diesmes, Du Rieu, Farel, Fremicourt, Galisset, Gevaudan, Godefroy, Gonnin, Lacroix, Laleu, Le Comte, Lefebvre, Le Roy, Lescaut, Le Seau, Maherenne, Meyan, Pillot, Scorion, Varie, Verdillac,* etc.
Aveyne (D'), vice-bailli de Vienne (Isère), 1879.
Aviau (Chr d'), officier municipal de Poitiers, con LXIII.
Avice (D'), capne au régt du Plessis-Praslin, 146.
—— (Philippe), commissaire provincial de l'artillerie, 2242, 2324.
Avigneau (D'), officier au régt Mestre-de-camp-gal-cavie, con LXV a.
Avignon (Consuls, magistrats, etc., d'), con LXX. — Cf. *Guiran, Massilien, Saint-Amant, Senchon, Vitalis, Vivelli,* etc.
—— (Vice-légat d'), 264, 354. — Cf. *Acquaviva, Banchieri, Doria,* etc.
—— (Guill. d'), lieut-gal, 1831, 1832, 1896, 1944, 2019, 2022, 2023, 2133, 2143, 2144, 2183, 2268, 2271, 2273, 2411, 2412, 2417, 2421.
—— (Chr d'), capne au régt de Limousin, 1861. — Cf. les deux suivants.
—— (D'), lieutt de roi de Charlemont, 1946, 2139, 2142, 2162, 2219, 2220.
—— (Chr d'), lieutt de roi à la Bastille, 2133, 2143.
—— V. *Davignon.*
Avigny (D'), 1845.
Avila (D'), 6.
Avilez (D'), intendant de l'armée espagnole, 3014, 3064, 3068.
Avillière (D'), lieutt au régt de Turbilly, 2244.
Avogadre (D'), major du régt d'Anjou-cavie, 3232.
Avondance (Baronne d'), A. 89.
Avor. V. *Pinon.*
—— (Mme Pinon d'), 3032.
Avranches (Maires, etc., d'), con LXV. — Cf. *Courtois, Gosselin, Le Maréchal, Trochon,* etc.
Avrange. V. *Du Kermont.*
Avremesnil (Comte d'), capne-gal de la capitainerie de Quiberville, 3449, 3460, 3510, 3535, 3576.
Avricourt (Chr d'), lieutt de roi de Péronne, cons LXI, LXIV, LXV b. — Cf. *Campagne.*
Avril (D'), capne au régt d'Entragues, 1831.
—— lieut-gal de police à Brest, 2186.
—— (Mme Pellissier d'), 1968.
Avrilly (D'), capne dans un régt bavarois, 3138.
Avrusse (D'), commandt à Bouillon, 1525.
Ayen. Voir *Noailles.*
Ayette (D'), capne au régt de Picardie, 3277.
—— (D'), gentilhomme d'Artois, A. 90.

Ayglun (D'), major du rég^t de Nice, 2138.
Aylva (Baron d'), gouverneur de Maestricht, 3505, 3562, c^{ons} III, XXXII. — Cf. *Van Aylva.*
Aymé (D'), ingénieur, 2863, 22 s.
Aymerique (D'), lieut^t au rég^t de Berry, 32 s.
Aymier, commissaire des guerres, 1406, 1533, 1660, 1669, 1850, 1855, 1856, 1955, 1956, 2030.
Ayrault. V. *La Taillée.*
Azémar (D'), commissaire d'art^{rie}, 123.
Azémat, commissaire de l'artillerie, 1526, 1831, 1886, 1983.
Azeretto, colonel du service de Gênes, 3416.
Azevedo (D'), colonel du service d'Autriche, 3183, 3255, 3258.
Azincourt (Ch^r d'), aide de camp du chevalier de Belle-Isle, 3240.
Azuaros (D'), cap^{ne} réformé, 2135.

B

Baas (Isaac de), cap^{ne} au rég^t de Persan, 123, 198. V. *Bas.*
Babelin, chirurgien à Troyes, 1895.
Babelon, commissaire des guerres, 594.
Babeur, abbé de Dommartin, membre du Conseil d'Artois, 146, 311.
Babie, inventeur de trirèmes renouvelées des Romains, 3600.
Babijon, lieut^t de roi à Saint-Jean-Pied-de-Port, 1883, 1888, 1892, 1900, 1981, 1983-1985, 2052, 2130, 2140, 2142, 2143, 2178, 2180, 2188, 2255, 2328.
Baçan (Don Ignace), 2025.
Bacarisse, curé de Pau, 1985.
Bachasson, échevin de Valence, 3717.
Bachelar, lieutenant de la bourgeoisie de Metz, 2468.
Bachelier, échevin de Reims, 2183, 2270, 2273.
—— curé de Gournai-sur-Aronde, 2269.
—— commissaire aux revues, 2273.
—— membre de la Société patriotique de Douai, c^{on} LXV.
Bacher (Famille), de Wissembourg, c^{on} XLIV.
Bachevilliers. V. *Bachivilliers.*
Bachivilliers (Adolphe de Gaudechart, m^{is} de), lieut^t-g^{al}, 906, 1009, 1010, 1015, 1170, 1272, 1275, 1276, 1331, 1332, 1375, 1519, 1765, c^{on} LXXXVI.
Bachmann (De), c^{ons} LXV a., LXVII.
Bachon, bourgeois de Ste-Foy, 3419.
Bachoy (De), 361.
Bachsera (De), 39 s.
Baciocchi (Nicolo), cap^{ne} au service de Gênes, 3378.
Bacler, 296, 515.
Bacquet, avocat général à Besançon, 2135.
Bacqueville (De), major de la citadelle de Dunkerque, 2159.
—— (De), colonel, 2455.
—— (De), gouverneur de Bouillon, 3206, 3207.
—— fournisseur(?), à Sarrelouis, 2392.
Bacqueville-en-Caux (Municipalité de), c^{on} LXIII.
Bacularid, fournisseur des hôpitaux de Valenciennes, 2219.
Badda (De), lieut^t-c^{el} du rég^t de Lauzun, c^{ons} LIV, LXIII.
Bade (Ch.-Aug., margrave de), 2902, 2916, 3071.
—— (Louis, margrave de), 2723, 2915, 2916, 3095, 3156, 3216, 3336, c^{on} XV. — Cf. les suivants.
—— (L.-Georges, margrave de), 3100, 3435, 3607.
—— (Prince de), 2702.
—— (Cardinal de), 394, 402, 438.
—— (Marquis? de), 417, 825.
—— (Marquise? de), 343.
—— (Prince Louis de), 1409, 1420, 1472, 1474, 1651, 1667, 1676, 1751, 1843, 1854.
—— (Princesse douairière de —, née Furstemberg), 832.
—— (Françoise-Sibylle-Auguste de Saxe-Lauenbourg, princesse de), 2032.

Bade-Durlach (Ch.-M., margrave de), 2644, c^on LXXI.
—— (Ch.-Fréd., margrave de), 3620.
—— (Fréd.-Magnus, m^is de), 987.
—— (Fréd.-Magnus, prince de), 2028.
—— (Ch., prince de), 2166.
Baden (Baron de), 41 s.
Badenier, officier municipal de Joigny, c^on LXV c.
Badens (De), officier de cav^ie, 2253.
—— (De), cap^ne au rég^t de Normandie, 2723.
Badet, major du château d'Alais, 2272.
Badier, cap^ne au rég^t de Planta, 3183.
Badouleau, doyen du chapitre de Valence, 2346.
Baduel, officier, 2135, 2136, 2138.
—— cap^ne au rég^t de Tallart, 2250.
Bady, entrepreneur de fortifications, 515.
—— magistrat ou fonctionnaire à Maubeuge, 2315.
Baecker (Ch. L. de), négociant à Bergues, 3768.
Bagars (De), 906.
—— (De), cap^ne au rég^t de La Farc, 1862.
—— (De), cap^ne au rég^t de Normandie, 1968, 2141.
—— (De), cap^ne aux dragons de Clermont, 2413.
Bagès (Mariano), dominicain à Barcelone, 1892.
Baget, officier au rég^t de Gensac, 2243.
Bagieu, 3143.
Bagni (Comte), 2507.
Bagniet, 360.
Bagnols. V. *Dugué*.
Bagot, maire de Saint-Brieuc, c^on LXV a.
Baguenault de Beauvais, 3182, 3277.
Baiarte (Comtesse), femme d'un officier au service de l'empereur, prisonnier de guerre à Toulon, 2039.
Baïenghem (De), 3714.
Baignard (De), officier d'artillerie, 3581.
Baigneur-Courcival (De), major de la place du Mans, 1610.
Baillard-Duriviet, officier au rég^t de Ponthieu, 3258, 3338.
Baille, officier de marine, 3234, 3243.
—— officier au rég^t de Mailly, 3262.
Bailleffe (De), 987.
Baillet, premier président de la Cour des Comptes de Dijon, 2130, 2145.
—— (De), 2136, 2142.
—— échevin de Ribemont, 2159.
—— commissaire d'artillerie, 2144.
—— **de Jubécourt**, commd^t sur la Meuse, 3040.
—— **de La Tour** (De), 2133, 2135.
Baillette (Jacques Bongars de), lieut^t au rég^t de Rambures, 123.
Bailleul (Ch. de), cap^ne au rég^t Royal-cav^ie, 92.
—— (De), gentilhomme normand, 1704, 1896.
—— (Ch. de), seigneur du Perray et du Plessis, grand louvetier de France, 62.
—— (Magistrats, etc., de), 565. — Cf. *Du Tour*, *Top*, etc.
Baillie, cap^ne au rég^t Royal-Écossais, 3154, 3408.
Bailliencourt-Courcol, officier municipal de Douai, c^on LX.
—— (Ant.-Jos. et Jér.-Guislain-Jos. de), officiers municipaux de Béthune, c^on LXV b.
Bailliet, receveur des contributions à Luxembourg, 567.
Baillon (De), enseigne au rég^t de Picardie, 146.
—— (De), cap^ne au rég^t de Normandie, 146.
—— lieut^t au rég^t de Guyenne, 997.
—— cap^ne au rég^t de Mailly, 3257.
—— (Jean), intendant, 3405, 3408–3410, 3418–3420, 3426, 3451, 3452, 3459, 3463–3466, 3469, 3492–3494, 3497, 3498, 3502, 3504–3507, 3509, 3536–3538, 3542–3545, 3547–3549, 5568, 3570–3574, 3576, 3578, 3579, 3600, 3624.
Bailly, lieut^t au rég^t d'Annevoux, 102.
—— marchand à Paris, 2144.
—— commissaire des guerres, 1282, 1857.
—— (De), cap^ne au b^on de milices de Saint-Lô, c^on XXXIII.
—— (Mme), 2241.
—— membre du Directoire de la Haute-Saône, c^on LXV c.
—— procureur du roi au bailliage d'Ornans, 2269.
—— (Georges), lieut^t-g^al, 2705, 2916,

3060, 3179, 3240–3242, 3245, 3262, 3315,. 3546.
—— (J.-Sylvain), maire de Paris, c^ons LIII, LXI, LXV b., LXV c., LXIX, LXXI.
Bailot, chef du consistoire de Toulouse, 3309.
Bainquein (Baronne de), A. 89.
Bains (De), 420.
—— (De), 958, 988.
—— fonctionnaire ou magistrat à Saint-Denis, 2138.
—— cap^ne de cav^ie, 2145.
Bainville (De), 119.
Bajonviller (De), lieut^t-c^el réformé, 1945.
Bajot, 565.
Balagny (De), lieut^t-c^el du rég^t du Roi-inf^rie, 988.
Balahu (De), commissaire des guerres, 1082.
Balais, prévôt, 1846, 1858.
Balans, 1016.
Balay-Marignan (De), lieut^t-c^el réformé, 2766.
Balaysault, lieut^t de roi d'Auxonne, 2130.
Balb. V. *Crillon.*
Balba, 969.
Balbi (Comte de), brigadier, 3416, 3418, 3455, 3456, 3539.
Baldassari, officier au rég^t Royal-Corse, 3361.
Baldenstein (Guill.-Jacques Rinck von), év. de Bâle, 1380, 1502, 1573, 1843.
—— (Jos.-Guill. Rinck von), év. de Bâle, 3162, 3163.
Balder, avocat, agent secret, 3157.
Balderan, à Perpignan, 1891.
Baldner, ex-avocat à Gunsterblum (Hesse), 3157.
Bâle (magistrats, députés, etc. de la ville et du canton de), 342, 438, 446, 467, 793. — Cf. *Bourcard, Schaub, Zeslin*, etc.
—— (chapitre de), 467. — Cf. *Reinach.*
Balero (m^is de), vice-roi de Navarre, 1282.
Balesdens (Ch.), élu de Doullens, 2157.
Balestrier, officier au rég^t Royal-Guyenne, c^ons LXVc., LXVd.
Baligand, ingénieur, 3392.
Baligny (Adrien Pingré de), cap^ne au rég^t de Leuville, 2230.
Balincourt (Claude-Guill. Testu, m^is de), mar. Fr., 1892, 2255, 2712, 2723, 2725, 2727, 2728, 2739–2742, 2782–2787, 2791, 2798, 2838–2840, 2916, 2940, 2957, 2981–2983, 2988–2999, 3007, 3012, 3040, 3043, 3044, 3046, 3052, 3094–3098, 3100, 3101, 3106, 3123–3126, 3156–3165, 3167, 3182, 3215, 3216, 3262, 3621, c^on XXIX.
—— (De), 2131, 2139, 2467.
—— (Marg.-Guillemette-Allemand, m^ise de), 3167.
Balivière (Franç. Cornu, m^is de), lieut^t-g^al, 1843, 1851, 1946, 1950, 1951, 2020, 2021, 2023, 2132, 2134–2136, 2140, 2143, 2159, 2214, 2224, 2299, 2371, 2386, 2388, 2392, 2420, 2444, 2445, 2447, 2455.
Ball (Richard), anglais, auteur d'un mémoire sur l'artillerie, c^on XLIII.
Ballard, fondeur (?) à Brisach, 980.
Ballardy, curé de Vins, près Brignoles, 3311.
Balleroy (De), 3418.
—— (Jacques-Claude-Augustin, m^is de), lieut^t-g^al, c^ons XXVI, XXXV.
—— (Ch.-Aug. de La Cour, comte de), lieut^t-g^al, 3421, 3449, 3452, 3462–3465, 3492, 3493, 3505, 3534, 3535, 3545, 3546, 3569, 3571, 3573, 3575, 3599, 3621, 3622, 3624, 3628, 3630, c^on XXXI.
—— (Ch^r de), 3488, 3489, 3507, 3511, 3513, 3536–3538, 3542, 3545, 3568, 3570–3572, 3576, 3598, c^on XXVII.
Balleu, cap^ne au rég^t de St-Sulpice, 1831,
—— cap^ne au rég^t de Launoy, 2345.
Ballidart, lieut^t au rég^t de cav^ie de Chartres, 1064, 1862, 2138.
Ballin, A. 88.
—— maître de poste à Montdidier, 951.
Ballot, cap^ne de vaisseau, c^on LXII.
Ballue, maire de Péronne, c^on LXV a.
Bally, premier président de la Chambre des Comptes de Grenoble, 2968.

Bally du Percy (Eléonor-Flodoard), mar. c., 3749.
Balme, prévôt du Bugey, 3308.
—— (Veuve), « trésorière provinciale de l'artillerie et du génie » en haute Normandie, 3633, 3641, 3645.
Balosre (De), intendant, 2839.
Balthasar (De), 20, 97, 105, 106, 119, 157.
Balthasard (De), officier suisse au service de France, 1855, 1964, 1967, 2036, 2038, 2039, 2096, 2099, 2100, 2131, 2143, 2170–2172, 2175, 2220, 2236, 2241, 2243, 2249, 2251, 2322, 2326, 2393, 2398, 2407, c^on LXXXVI.
—— (Ch^r de), 2251.
—— (J.-Alexandre, ch^r de), mar. c., 3063, 3261–3263, 3309.
Balthazar (De Gadhès de), cap^ne de grenadiers, 2301.
Balzac (St-Pau de), lieut^t au rég^t de Rennepont, 1866.
Bambigny, 997.
Banas, 97.
Bance, subdélégué de l'intendant Le Gendre, 1701, 1986.
Banchieri (Antonio), vice-légat d'Avignon (?), 1775, 1895, 1899, 1900, 1906.
Banderes - Villading, de Berne, 467.
Bandeville (De), inspecteur des compagnies de garde-côtes, 2171.
—— (De), gouverneur de Mouzon, 271, 277, 343, 419.
Bandol (De), président au Parlement de Provence, 2043.
Banier, commd^t à Fénestrelle, 1862, 1874, 2040.
Bankfield (Daniel), irlandais, 3408.
Bannalyne (de), officier au rég^t de Douglas, 410.
Bannière (Claverie de), commis du Ministère de la Guerre, 3497, 3602.
Banque (Pierre de), armateur à Dunkerque, 3497, 3533.
Bany (De), fondeur ou mécanicien, 1709, 1760, 1897, 1979, 1989.
—— étapier à Langres, 2183.
Banyuls (De), officier, 997.
Bapaume (Gouverneur, maire et échevins, etc., de), 468. — Cf. *Chailly, Couderc, Des Aunais, Drouart, Dupuy, Orties, St.-Geniès*, etc.
—— officier, 2370.
Baptiste, 2144.
Bar-le-Duc (Municipalité, etc., de), c^ons LXIV, LXV, LXV d.
Bar-sur-Aube (échevins, magistrats, etc. de), c^on LXV a. — Cf. *Perrotte, Masson*, etc.
Bar (De), officier, 118, 123, 133, 134, 137, 146, 158, 367, 419, 420, 466, 516.
—— (De), 1834.
—— (Ch^r de), cap^ne au rég^t de Mailly, 1892.
—— (De), cap^ne au rég^t de Chartres. 2132.
—— (Alexandre de), brigadier, 1332, 1586, 1781, 1783, 1861, 1862, 1866, 1870, 2040, 2046, 2136.
Baradat (Pierre, ch^r de), mar. c., 133, 137, 158.
—— (Mme de), 158.
—— (De), cap^ne au rég^t de Cambraisis, 2244.
Barailhon de Saint-Didier, 2343.
Baralle (L. de), procureur général à Tournai, 1468, 1549, 1831, 1832, 2022, 2023, 2134, 2139, 2160, 2222, 2313, 2370, 2371.
Baranyay, lieut^t g^al autrichien, 3123, t 181. — Cf. *Baronay*.
Baratet, subdélégué de l'intendant de La Bourdonnaye, 1903.
Baraud, lieut^t au rég^t d'Anlézy, 1856.
Baraudin (De), commandant au château de Loches, 3257.
—— 2182, 3571.
Baravy (N. de), brigadier, 1549, 1558, 1564, 1573, 1672, 1676, 1753, 1760, 1843, 1848, 2032.
Barbaggi (Giuseppe), corse, 3635, 3648.
Barbançon (Prince de), gouverneur de la province de Namur, 553, 702, 703.
—— (Marie d'Arenberg, princesse de), 1936, 1943.
—— (De), 2137–2139, 2220, 2941, 3094, 3095, 3459, 3503, 3688, c^ons LXIII, LXIV, LXV a–LXV d.
Barbantane (Mme de), 3543.
Barbara, cap^ne, 2141.
Barbarroux (Mme de), 2370.

Barbauld de Grandvillars, 509, 512.
Barbazan (De), cap^{ne} au rég^{t} de Mestre-de-camp-général de Dragons, puis mestre-de camp, 1611, 1700, 1943, 2022, 2032, 2133, 2134, 2141, 2159, 2242, 2243, 2663.
—— (De), cap^{ne} au rég^{t} des Vaisseaux, puis major à Avesnes, 2130.
—— (De), major de la place de Nancy, 2236, 2392.
Barbe (Louis-Bonaventure de), cap^{ne} au bataillon de garnison de Condé, 3716.
Barbeau (De), ancien officier, gentilhomme de Saintonge, 3549.
Barberay (De), officier au rég^{t} de Navarre, puis lieut-c^{el}, puis commandant à Saint-Omer, 1843, 1952, 2137, 2226, 2392, 2415, 2420, 2584, 2675, 2700, 2701, 2936, 3037.
Barberin, cap^{ne} au rég^{t} d'Agénois, 2144, 2242, 2345.
—— échevin de Soissons, 2266.
Barberini (Ant.), cardinal, 106, 110.
—— (Franç.), cardinal, 1586.
Barbesières (Ch. L. de Chemerault, m^{is} de), lieut^{t}-g^{al}, 980, 1163, 1213, 1218, 1382, 1585, 1586, 1590–1592, 1683, 1685, 1776–1778, 2092.
—— (De), cap^{ne} au rég^{t} d'Auvergne, 2417.
—— V. *Chemerault.*
Barbesieux. V. *Barbézieux.*
Barbez (Le P. Félix), jésuite, 1289.
Barbézieux (L. Fr. M. Le Tellier, m^{is} de), ministre de la Guerre, 791, 792, 892, 999, 1000, 1048, 1051–1056, 1063, 1064, 1068–1072, 1074–1076, 1078, 1086, 1089, 1091, 1092, 1104, 1105, 1107, 1113, 1134, 1135–1138, 1142–1145, 1148, 1153–1161, 1163, 1164, 1170, 1172, 1174-1177, 1179, 1201–1208, 1210, 1212–1217, 1220, 1227, 1228, 1232, 1236–1239, 1254–1261, 1264, 1265, 1267, 1269, 1270, 1275, 1276, 1279, 1284-1287, 1289, 1305–1317, 1321, 1322, 1324, 1326, 1329, 1331, 1336, 1352–1354, 1357, 1358, 1360, 1362–1367, 1369, 1370, 1374, 1375, 1377, 1379, 1380, 1382, 1394, 1395, 1397–1401, 1404, 1406–1408, 1410–1412, 1416, 1417, 1422, 1426, 1439, 1440, 1450, 1455, 1462, 1464, 1465, 1481, 1498, 1499, 1502, 1506, 1514, 1518, 1524, 1525, 1564, 1606, 1608, 1614, 1671, 1672, 1702, 1705, 1706, 1767, 1863, 1905, 2095, 2186, 2227, 2242, 2335, 2339, 2524, 2536, 2610, 2642, 3224, 3779, 3780, A. 87, A. 88, c^{ons} II, IV. — Cf. les vol. de *Minutes* du 16 janvier 1691 au 8 janvier 1701.
Barbier, avocat au Parlement de Grenoble, 117.
—— commd^{t} du fort St-Pierre, 988.
—— ingénieur, lieut^{t} de roi de l'île d'Oléron, 1612, 1661, 1670, 1892.
—— curé de Fougerolles, 1850.
—— lieut^{t} dans la compagnie franche de Soufflet, 1953, 2145.
—— (Franç.), banneret et syndic de Marsal, 1954.
—— employé dans le service des fourrages, 2140.
—— dessinateur géographe, 2322, 2827.
—— (Abbé), 2874, 2877.
—— commissaire de la Marine, 3186, 3187, 3232, 3233, 3235, 3241, 3255, 3256, 3260–3262.
—— l'aîné et **Barbier** (Jacques), officiers de garde-côtes de l'île d'Oléron, 3510.
—— (De), sous-lieut^{t} au rég^{t} Royal-Roussillon, c^{on} XLIV.
—— V. *Barbyer* et *Saint-Genest.*
Barbillion (Nicolas), grenadier au rég^{t} de Poitou, 2322.
Barbon, cap^{ne} au rég^{t} de Tallart, 2136.
Barbot (De), cap^{ne} au rég^{t} de Piémont, 1857.
Barbut, juge à Meyrueis (Lozère), 2337.
Barbyer (De), lieutenant, 2243.
Barcelone (Chapitre de la cathédrale de), 245.
—— (Magistrats de), 98, 245.
Barcelonnette (Consuls, etc., de). — V. *Cairel, Duclot, Fabre, Jaubert, Lamy, Magnaud, Manuel, Maurin, Pascalis, Rambert, Siccard,* etc.

Barcla (De), 2851.
Barcos (De), commissaire des guerres, 294, 295, 311, 343, 356, 397, 564.
—— (De), commissaire des guerres, 1736, 1743, 1841, 1941, 2024, 2086.
Bardel (De), ancien cap^{ne} au rég^{t} de Flandre, 3677.
Bardenet, membre du Directoire de la H^{te}-Saône, c^{on} LXV c.
Bardet, 467.
—— commissaire des guerres, 1855, 1856, 2456.
—— garde-magasin d'artillerie, 2792, 2793.
Bardin, lieut^{t} au rég^{t} de La Marine, aide de camp de M. Le Guerchois, 2134.
Bardo, 1059.
Bardonenche, cap^{ne} au rég^{t} de La Couronne, 2702.
—— **de Gales** (D^{elle} de), 2145.
Bardot, religieux à Roye, 2140.
Bardou, cap^{ne} au rég^{t} de Beaujolais, 1892.
—— 2405, 2406, 2412, 2559, 3184.
Barducci, résident de Toscane à Paris, 137.
Bardy (Abbé de), 260.
Baré (De), 3142.
Barège (De), lieut^{t} de roi à Fribourg, 1214, 1216.
—— (De), capitaine, 2142, 2243.
—— (Mme de —, née de Lavergne), veuve d'un lieut^{t} de roi de Schelestadt, 2392.
Barèges, 2301.
—— (Assemblée de la vallée de), c^{on} LXV
Bareille, commissaire de l'artillerie, 3280, 3298.
Barelli (Sœur Marie-Catherine), supérieure de la Visitation à Nice, 1974, 2045, 2133.
—— avocat général à Nice, 2138.
Barentin (Ch.-Honoré), intendant, 1408, 1483, 1491, 1492, 1499, 1551, 1644, 1656, 1699, 1741, 1832, 1840, 3780, A. 89.
—— (De), officier aux dragons de Caylus, 1967, 2046.
—— (De), lieut^{t}-c^{el} du rég^{t} de Turbilly, 2142.
Barentin (Honoré), intendant, 3260, 3308, 3309, 3387, 3396.
—— (Ch. L. Franç. de Paule), garde des sceaux, c^{on} LIV.
—— (De), cap^{ne} de vaisseau, 3599.
Barescut, entrepreneur d'hôpitaux, 1800, 1891, 2181.
Baret (Barral de), ancien officier, 3677.
Barfleur (Habitants, etc., de). V. *Colleville*, etc.
Bargemon (Consul de). V. *Chauvel.*
Bargeton, 3187.
Baribaut, échevin de Toul, 2035, 2169.
Baril, 1610.
Barili (De), officier autrichien, 3147.
Barillon (Ant. de) intendant, 110, 226, 227, 240, 242, 245, 261, 262, 284–291, 293–296, 303, 318–322, 325, 329, 342, 347, 349, 350, 541, 551–554, 567, 584–588, 594–602, 604, 605, 608, 615, 628, 630, A. 90.
—— (Paul d'Amoncourt, m^{is} de Branges), ambassadeur, 729, 731, 793 795.
—— (Henri de), évêque de Luçon, 837.
—— (Ant.-d'Amoncourt, m^{is} de Branges), intendant, 2255, 2257, 2328–2332, 2404, 2405.
—— (De). V. *Morangis.*
Barilly, officier de l'hôtel-de-ville de Sedan, 2169.
Barin, c^{on} XVII.
Barisien de Marnes, 3469, 3508. — Cf. *Marnes.*
Baritaud (De), 133.
Barjolles (De), commissaire des guerres, 2704, 2713, 2753, 2756, 2760, 2761, 2812.
Barjols (Maire de). V. *Boyer, Vaillant.*
Barjon (De), 2023.
Barles (De), ingénieur, 227–229, 240–244, 261, 262, 271, 281, 292–295, 310, 311, 337–340, 362, 404, 405, 419, 451, 457, 515, 547, 568, 573, 616.
Barn (De), subdélégué à Bouzonville, 3011.
—— (Forgès de), subdélégué à Siersberg, frère du précédent, 3011.
Barnaby, ministre d'Angleterre en Suisse, 2996.

Barnave (P. Jos. Marie), député à l'Assemblée n^{le}, c^{on} LXV d.
Barnier (De), cap^{ne} au rég^{t} de La Fare, 2862 2243.
—— (Caillargues de), mestre-de-camp des dragons de Rannes, 2135.
Bärnklau (De), général autrichien, 2951, 2952, 2956, 3009, 3012, 3050.
Barodière, maire d'Orléans, 419.
Barodin (De), enseigne de vaisseau, 3188.
Baroille, officier d'art^{rie}, c^{on} XXXVII.
Baron (Michel), contrôleur des troupes, c^{on} LXXXVI.
—— officier au rég^{t} de Robecque, 1895.
—— major de Hesdin, 2130, 2135, 2159.
—— jurat à Oloron, 2137.
—— ancien officier au rég^{t} de Quercy, 2141.
—— receveur particulier des finances à Strasbourg, 2244.
—— officier au rég^{t} de Greder, 2269.
—— ancien contrôleur de l'hôpital d'Amiens, 2370,
—— abbé de N. D. de la Pierre, en Alsace, 2396.
—— commissaire des guerres, 2918, 2921, 2946.
Baron de Fregval. V. *Fregval* et *Breuval.*
Baronay (De), 3277. — Cf. *Baranyay.*
Baronneau, cap^{ne} au rég^{t} de Menou, 2132, 2136, 2312.
Baronville (De), ingénieur (?), 3091.
Baronyay. V. *Baronay* et *Baranyay.*
Barotsi, résident à Francfort, 3743, 3744, 3759.
Barquen, 3261, 3314.
Barquier, 3539.
Barral, chirurgien-major à l'île d'Oléron, 2419.
—— (Vic^{te} de), c^{on} LIII.
—— (De), officier, 3473, 3561, 3562, c^{on} XXXIII.
—— (Ch^{r} de), major du rég^{t} de Noailles, 3689.
—— ingénieur, inspecteur général des Ponts et Chaussées, 3749, 3752, 3762, c^{on} LXXIII.
Barral, maire de Grenoble, c^{on} LXIV.
—— V. *Baret.*
—— **de Boncourt**, officier, 997.
Barralis (Jos. de), gentilhomme savoyard, 1861, 1974.
Barras (De), cap^{ne} au rég^{t} de Grosbois, 2044.
—— cap^{ne} au rég^{t} de Du Soupal, 2243, 2244.
—— (De), commissaire des guerres, 3199, 3261.
—— (Louis, c^{te} de), lieut^{t}-g^{al} de la Marine, 3734.
—— **de Thoard**, cap^{ne} de milice, 3224.
Barrasson (De), cap^{ne} au rég^{t} d'Albigeois, 2131.
Barrau (De), ancien mousquetaire noir, 3461.
—— V. *Desbarreaux.*
Barrault (De), ambassadeur, 11, 20.
Barravy (De), brigadier, 1952, 1953, 2131, 2132, 2242–2244, 2392, 2417.
Barré, 688.
—— (Mme), 668.
—— gouverneur du fort Isabelle (Flandre), 1736.
—— secrétaire du comte d'Avaux, 1491, 1495, 1496, 1552, 1559, 1560, 1561.
—— chanoine à Maëstricht, 2021.
Barre de Reynach (Ch^{r} de), officier, 3459.
Barrère, lieut^{t} au rég^{t} d'Humières, 1601.
—— cap^{ne} au rég^{t} de Morangiès, 1861.
—— (De), officier au rég^{t} de Permangle, 1857, 1858, 2255, 2273, 2328, 2329, 2332, 2370, 2505.
Barret (Barthélémi), boulanger et blanchisseur de l'hôpital de Besançon, 1972.
—— **de Ferrang**, 3568.
Barrette, lieut^{t}-c^{el} du rég^{t} de Bourgogne, puis commandant de la tour du Socoa, 1968, 2408, 2562.
Barrière (De), 119.
—— commd^{t} à Fénestrelles, 1525, 1526, 1585, 1595, 1690, 1702, 1764, 1862, 1874, 1876, 1877, 1968, 1971, 2040, 2058, 2100, 2101.

Barrières (De), 1792.
Barrin (Ch^{r}), lieutenant de roi à l'île d'Oléron, puis à l'île de Ré, 3532.
—— (Achille-Marc, comte de) et — (Armand-Charles, ch^{r} de La Galissonnière, puis vicomte de), lieut^{ts}-g^{aux}, 3575, 3657, 3762, c^{ons} LXII-LXIV, LXXIII, LXXVI.
Barrington (Lord), 3499, c^{on} XLVI.
Barris, bourgmestre de Fort-Louis du Rhin, 2394.
Barrois-St Remi. envoyé du duc de Lorraine, 1754, 2241, 2244, 2272, 2412, 2455, 2456, 2460.
Barry (De), lieutenant au rég^{t} de Lee, 1761, 2137.
—— (De), officier au rég. d'O'Brien, 2021.
—— (De), officier au rég^{t} de Berwick, 2798.
—— (De), cap^{ne} au rég^{t} d'Agénois, 3727.
Bars (De), 966, 967.
—— (De), gouverneur de Trarbach, 1660, 1661, 1670, 1672, 1678, 1760, 1761.
—— (Ant. de), garde-magasin à Huningue, 1956.
—— (De), entrepreneur des vivres, 2160, 2185.
Barsin, receveur des tailles, 2271.
Barst (De), cap^{ne} au rég^{t} de Berg, 3310.
Bart, cap^{ne} de vaisseau, A 90.
—— (Franç. Cornil?), vice-amiral, 3034, 3152, 3154.
Barteritz, jurat de St-Jean-Pied-de-Port, 1985.
Barthélémy, maire de Hesdin, 1832.
—— consul de Toulon, 3186, 3233, 3255, 3256, 3314.
—— membre du Conseil supérieur des Indes, 3541.
—— (J.-J., abbé), archéologue, garde des Médailles, académicien, 3753.
—— **de Ste Croix** (De), lieut^{t} au rég^{t} de Marloud, 2138.
—— **du St Sacrement** (Frère), religieux, 2145.
Barthelmy, officier au rég^{t} de Pujol, 1855.
Barthelot, officier au rég^{t} d'Auxerrois, 2137.
Barthenerfeld (De), officier allemand, 2017.
Barthes (De), 411.
Barthès, major de la place de Mont-Dauphin, 1605, 1611, 1861, 1878.
Barthod, officier au rég^{t} Royal-Lorraine, c^{on} LXV d.
Bartholomé, officier subalterne au rég^{t} de Kerkem, 2242.
Bartillat (De), 276.
—— (Nic. Jeannot de), lieut^{t}-g^{al}, 881, 944-946, 980, 1310.
—— (De), colonel du rég^{t} de ce nom, 3291.
Barutelli (Lorenzo), catalan, 137.
Barville (De), 672. — Cf. *Barviller*.
—— (De), major de la place de Bouillon, puis à Villefranche-de-Conflent, 1672, 1857, 1899, 2038, 2132, 2134, 2141, 2180.
—— (De), 1831, 1832, 1944, 1945, 2017, 2021-2023, 2042, 2131, 2137, 2138.
—— (André-Jules, comte de), mar. c., 1861, 1862, 1960-1962, 1964, 2043, 2102, 2139.
—— (Ch^{r} de), major du rég^{t} d'Hoccart, 2371.
—— (Ch^{r} de), 2703.
—— **Nocé** (J.-Ét. de), lieut^{t} au fort Barraux, 1765, 1874.— Cf. *Nocé*.
Barviller, 735. — Cf. *Barville*.
Barvin, 3752.
Bas (De), cap^{ne} au rég^{t} de Laigle, 1951, 2167.
Basan de Flamenville (J. Hervé), évêque d'Elne. 2053. — Cf. *Flamenville*.
Baschi (François de Ste Hélène, comte de), ministre plénipotentiaire près l'électeur de Bavière, puis ambassadeur en Portugal et à Venise, 3287, 3351, 3390, 3639, 3640.
Basfossé (De), major du rég^{t} de Bourgogne, 2840, 2983, 2999, 3045, 3123.
Basinghan, inspecteur des troupes boulonnaises, 2299.
Basle (Michel), magistrat de Fort-Louis du Rhin, 2394.
Basque, cap^{ne} réformé à la suite de la compagnie de Favage, 2167.
Basquiat de Mugriet, député du dép^{t} des Landes, c^{on} LXVIII.

Bas-Rhin (Directoire, etc., du dép^t^ du), c^ons^ LXV b, LXV f, XLVII, LXIX, LXX, LXXI.
Bassabat (De), capitaine, 356.
—— 945.
Bassan d'Anteuil, subdélégué de l'intendant de Bernage, 1674, 1759.
Bassat, agent secret, 2150.
Basselard (De), lieut^t^-c^el^ du rég^t^ de cav^ie^ Dauphin-étranger, 2022, 2136, 2142, 2143, 2270.
Bassemond (Robert de), cap^ne^ au rég^t^ Royal-Comtois, 3534.
Bassera (Franç. de), général autrichien, 3473.
Basserode (De), lieutenant de la maréchaussée de Flandre, 1832.
Basses-Alpes (Directoire du dép^t^ des), c^on^ LXV e.
Basses-Pyrénées (Directoire du dép^t^ des), c^ons^ LXV d, LXVII.
Basset (Jean-Guy), premier président du bureau des finances du Dauphiné, subdélégué général de l'intendant Bouchu, 1525, 1605, 1699, 1702, 1766.
Bassetard. V. *Basselard*.
Basseville (De), cap^ne^ au rég^t^ de Beuzeville, 1830.
Bassier, chargé de l'entretien des armes à Mézières, 2243.
Bassignac (De), officier au rég^t^ Mestre-de-camp-g^al^-cav^ie^, c^on^ LXVII.
—— (De), lieut^t^-c^el^ du rég^t^ de dragons de Guyenne, 2261.
Bassiguier, officier m^al^ de Castres, c^on^ LXV d.
Bassompierre (Louis de), évêque de Saintes, 133, 134, 137, 158, 516.
—— (Marquis de), colonel à la suite du rég^t^ de Rottembourg, 2135.
Bassompré (Deniau de), lieut^t^-c^el^ d'infanterie, commd^t^ à St-Étienne de Valfrancesque, 1895, 1906, 1907.
Baste (Olivier de), maître de la poste de Chartres, 2182.
Bastety, officier de la maréchaussée, 1862, 1875.
Bastien, 465.
Bastiment (De), officier, 3173.
Baston (Ch.), bourgmestre d'Alost, 2025.
Basville. V. *Bâville*.
Bataillé, procureur général au conseil provincial d'Artois, 1944, 2143, 2219, 2268.
—— officier au rég^t^ d'Houdetot, 2370.
Batailler (De), lieut^t^ de roi, 15, 116.
—— (Franç. de), capucin, évêque de Bethléem, 672.
Bathory. V. *Batory*.
Batarel, cap^ne^ au rég^t^ d'Ernothon, 2400.
Batillon, 2370.
Batilly (De), gouv^r^ de Neufchâteau, 119. — Cf. *Battilly*.
—— (Ch^r^ de), c^on^ XXX. — Cf. *Battilly*.
Batines (De), gouv^r^ d'Orchies, 419.
—— (Ch^r^ de), c^t^ à Noyelles, 543.
Batissier, chirurgien à Huningue, 2392.
Battla, cap^ne^ au rég^t^ Royal-Roussillon, 1892.
Batory (Ét. et Christ.), princes de Transylvanie, 3-8.
Batsaert (De Lattre de), maître des eaux et forêts, 3714, 3717.
Batta (baron de), 3051.
Battancourt (Engrend de), cap^ne^ d'une compagnie franche au rég^t^ de Greder, 1843, 1855, 1857, 1951, 2133, 2139, 2140, 2162, 2166, 2169.
Battel, 1275, 1286, 1791.
Batthyany (Charles, comte, puis prince), général autrichien, 3047, 3123, 3138, 3140, 3141, 3148, 3149, 3197-3199, 3201, 3203, 3207, 3219, 3256-3259, 3277, 3278, 3325.
Battilly (De), cap^ne^ d'une compagnie franche, 2056. — Cf. *Batilly*.
—— (De), officier au rég^t^ Royal-Bavière, 3110. — Cf. *Batilly*.
Battisti (Franc.-Maria), corse, 3360.
Baubal (De), aide-major à Douai, 3696.
Baubin, lieut^t^ de la maréchaussée de Touraine, 2144.
Baubrun-Nogent, 146.
Baucher, officier au rég^t^ de Beauvoisis, 2045.
Baucourt (De), lieut^t^ de roi de Montreuil-sur-Mer, 1613, 1840, 2023, 2142, 2144, 2183, 2300, 2312, 2370, 2371, 2415.

Baud (Sylvestre de–, sieur de Rondan), ancien officier de dragons, 2144.
Baudan, officier au rég^t de Bouzols, 2138, 2140.
Baudard, fonctionnaire du Ministère de la Guerre?, 3662.
—— capitaine au rég^t d'Artois, 1852.
Baudat (Esdras de), colonel d'un régiment étranger, 146.
Baudelocque, officier m^al d'Amiens, c^on LXV c.
Baudelot, commissaire des guerres, 792, 894, 944, 962, 987.
Baudemant, garde d'artillerie, 3467.
Baudesson, cornette au rég^t de Royal-Piémont, 2134.
Baudichon (De), cap^ne au rég^t du Roi, 988.
Baudin, directeur de la poste de Sedan, 3164.
Baudinel (don Ant., sieur de Figuières), 124.
Baudinot, secrétaire de l'intendant de Montauban, 3652.
—— c^on LXIX.
Baudoin, aide-maréchal des logis, 3430.
—— **de Sorneville**, commissaire des guerres, 3669. — Cf. *Baudouin*.
Baudot, cap^ne aux dragons de Listenois, 416.
Baudouin (Les), commissaires des guerres, 564, 958, 966, 967, 969, 971, 991, 1115, 1213, 1214, 1238, 1264-1266, 1286, 1287, 1322-1324, 1380, 1406, 1407, 1409, 1410, 1465, 1501, 1502, 1572, 1573, 1583, 1660, 1676, 1677, 1850, 1955, 2030, 2130, 2169, 2236, 2238, 2240, 2392, 2396, 2460, 2786-2790, 2793, 2796-2799, 2837, 2912, 2915, 2921, 2943, 2954, 2955, 2981, 2982, 3039, 3040, 3094, 3101, 3111, 3123, 3140, 3141, 3159, 3161-3163, 3200-3203, 3430, 3449, 3459, 3486, 3488, 3506, 3543, 3563, 3565, 3569, 3571, 3572, 3577, 3579, 3621, c^ons XXVII, XXVIII, XXXV, XXXVI.
—— (Pierre), brigadier, 2136.
—— entrepreneur des fourrages en Artois, 2185.
—— (N.), mar. c., ingénieur, 2564, 2702, 2703, 2724-2736, 2738 2739, 2746, 2784, 2786, 2788-2790, 2792, 2794-2797, 2827, 2840, 2841, 2863, 2875, 2944-2946, 2952, 2954, 2982, 3040, 3053, 3054, 3073, 3336.
Baudoin (J.-F.), mayeur d'Avesnes, 2135, 2159, 2219, 2222, 2374.
—— officier(?), 3587, 3588, 3630.
—— (Franç.), 3710.
Baudretun (De), officier, 2139.
Baudreuille (De). V. *Vyau*.
Baudry (Fr. Placide de), évêque de Mende, 1862.
—— commissaire d'art^ie, 88.
—— (Michel), contrôleur des troupes, c^on LXXXVI.
—— habitants de Villefranche-de-Conflent, 2370.
—— médecin, 2675.
Bauduin, baillif des châtellenies de Lille, Douai, Orchies, 565.
Baudure, procureur g^al syndic du dép^t du Lot, c^on LXV e.
Bauer (Fréd. Guill. de), colonel prussien, 3615.
Bauffre, capitaine-général des ouvriers d'artillerie, 2700.
Bauffremont (De), marquis de Listenois, 466.
—— (Abbé de), 1608, 1897.
—— (Louis-Bénigne, marquis de), lieut^t-g^al, 2736, 2969, 2992, 3008-3010, 3017, 3026, 3072, 3075, 3085, 3202.
—— (Louis, marquis, puis prince de), lieut^t-g^al, 2944, 2945, 2949, 2978, 2988, 2989, 2992, 2993, 3026, 3029, 3032-3034, 3045, 3083, 3087, 3089, 3090, 3138, 3140, 3142-3144, 3148, 3197-3200, 3207, 3262, 3326, 3418, 3485, 3506, 3516, 39 s., 40 s., c^on XVII.
—— (Hélène de Courtenay, marquise de), 2989, 2993, 3032, 3033, 3140, 3142, 3144, 3186, 3187, 3197.
—— (Ch^r de — dit «Brasse-au-vent»), 401.
—— **-Listenois** (Charles-Roger de), colonel de dragons, 3141.
—— V. *Listenois*.
Bauldry (De), directeur en chef du génie à Dieppe, 3509.

Baule (Baron de), 134.
—— (Comte de), gouv[r] de Doullens, 420.
Baulny, trésorier principal de l'armée de Rochambeau, c[on] XLVIII.
Baumarchez, cap[ne] d'une compagnie franche du rég[t] de Flandre-dragons, 2144.
Baumbach (Wolfgang de), colonel allemand, 123.
Baumefort-Malet (Mme de), 2268, 2269.
Baumès (De), secrétaire de légation, 3094-3099.
Baumettes, consul d'Aix, procureur du pays de Provence, 33.
Bauné, officier au rég[t] de Béarn, 3545.
Baupré (De), 3455.
Bauque (P. de), 3497.
Bauquelle, bourgeois de Vic-sur-Seille, 2169.
Bauquemare (De), 342, 546, 559, 670, 958, 1801.
—— (Ph. de), abbé, 1752.
Bauquet de Bretilly, cap[ne] au rég[t] de Dauphiné, c[on] XIX a.
Bauregard (De), ingénieur, 988.
—— (Aloÿs de), major de la place de Luxembourg, 2244, 2245.
—— V. *Baurgard* et *Beauregard.*
Baurevoy (Maximilien de), cap[ne] au rég[t] de Piémont, puis sergent de bataille, puis commd[t] au Quesnoy, 123, 238, 266, 342.
Baurgard (De), ingénieur, 1588, 1685. — Cf. *Bauregard* et *Beauregard.*
Bauris, 3208.
Bauroy, c[on] LXXVI.
Bausain, aumônier du château de Joux, 1465.
Baussan (De), intendant 97, 106, 116-119, 122, 134, 157, 158, 245, 468, 469, 506, 516.
—— (De), c[on] XII.
Baussancourt, officier au rég[t] de Bassigny, c[ons] LXV c, LXV f.
Baussandre (De), 106.
Baussay (Jacques), contrôleur des troupes, c[on] LXXXVI.
Bausset, membre du Conseil supérieur de l'Inde, 3541.
—— (Mathieu-Nicolas, m[is] de), ministre près l'électeur de Cologne, puis près l'impératrice de Russie, 3582, 3584, 3608, 3609, 3631.
Bautemont (Ch[r] de), ancien lieut[t]-c[el] du rég[t] de Robecque, 2136.
Bauteville (De), officier au rég[t] de Broissia, 2081.
—— (De), major du rég[t] de Fontanges, 2242.
Bauval (De), 1526.
—— ancien cap[ne] au rég[t] de Manderscheid, 2142.
Bauvroy (De), 3498.
Bauxrepaire (De), aide-major au rég[t] d'Hautefort-dragons, 2044, 2134. — Cf. *Beaurepaire.*
Bauyn (Jean, ch[r]), mar. c., 1943, 1944, 2019, 2023, 2081, 2131, 2132, 2139, 2159, 2160, 2219, 2221, 2385-2387, 2421.
Bavay (Échevins, etc., de). V. *Comeau, Dehoust*, etc.
Bavent (De), comm[t] de la capitainerie de Grandcamps, 3449.
Bavier, officier suisse du service de Hollande, 3309.
Bavière (Maximilien-Henri, prince de), électeur de Cologne et prince-évêque de Liège, 225, 245, 279, 283, 285, 290, 320, 342, 344, 410, 411, 438, 440, 447, 455, 457, 486.
—— (Électrice de), 410.
—— (Duc de), 567, 11 s.
—— (Électeur de), 1425, 1492, 1494, 1570, 1582, 1600, 1661, 1664, 1668, 1675-1677, 1738, 1739, 1748, 1750, 1751, 1755, 1756, 1787, 1832, 1833, 1835 1838, 1843, 1848, 1852, 1935-1940, 1944, 2018-2023, 2075, 2080, 2083, 2091-2093, 2095, 2142, 2149-2151, 2213-2215, 2219, 2227, 2235, 2299, 2306, 2317, 2318, 2373, 2374, 2381, 2384, 2386, 2387, 2408, 2447, 2841, A. 90. — Cf. les suivants.
—— (Jean-Théodore, duc de), 2791.
—— (Charles, duc de), 2892.
—— (Maximilien-Emmanuel-François, Joseph, ch[r], puis comte de), lieut[t]-g[al], 2143, 2145, 2697, 2699, 2702, 2733, 2738, 2740, 2742, 2782-2790, 2792-2795, 2860,

2873, 2913, 2916, 2919, 2949, 2952, 2954, 2969, 2999–3002, 3007, 3039, 3040–3042, 3045–3057, 3050–3054, 3071, 3110, 3198.
—— (Ch.-Alb., électeur de), empereur sous le nom de Charles VII, 2902, 2903, 2913, 2916–2921, 2926–2928, 2941, 2943, 2944, 2946–2960, 2988–3002, 3007–3010, 3026, 3044, 3050, 3056, 3070, 3071, 3094, 3108, 3110, 3126.
—— (Jean-Théodore de), cardinal, prince-évêque de Liège, 3029, 3140, 3200, 3312, 3503, 3508, 3627.
—— (Maximilien-Joseph, électeur de), 3111, 3336, 3438.
—— (Antoine, comte de), 3237.
—— (Anne, princesse de), princesse de Condé, dite *Mme la Princesse*, 2323, 2395, 2411.
—— (Marie-Amélie, électrice de), impératrice, 3796.
—— (Clément-François, duc de), 3469.
Bâville (Lamoignon de), intendant, 795, 837, 902–906, 1015–1017, 1093, 1108, 1109, 1175, 1282–1287, 1289, 1428, 1468, 1517, 1524, 1526, 1586, 1606, 1611, 1614, 1709, 1798, 1799, 1904–1907, 1979, 1983, 1989, 2031, 2094, 2101, 2139, 2141, 2142, 2170, 2184, 2257, 2261, 2263, 2270, 2272, 2273, 2327, 2337, 2339, 2342, 2346, 2400, 2408, 2417, 2466–2468, 2524, 2770.
Bavillier (De), attaché à la cour de Lorraine, 2622, 2874.
Bavière (De), ingénieur?, 2713.
Bavois (De), 3180.
Baxados, cap^ne^ de fusiliers de montagne en Dauphiné, 2250.
Bay (Mis de), 1696, 1740, 1786–1789, 1883–1885, 1887, 1976–1978, 2048–2050, 2052, 2104, 2105, 2177, 2178, 2253. — Cf. *Baye*.
Bayane (Ch^r^ de), 3243, 3262, c^on^ XIX.
Bayart, lieut^t^ au rég^t^ de Louvigny, 1754.
—— cap^ne^ au rég^t^ des Galères, 1973.
Bayart, cap^ne^ d'une compagnie franche, 2341.
Baye (Franç. Berthelot de), lieut^t^-g^al^, 2912, 2913, 2915–2917, 2919^1^, 2921, 2943, 2945, 2846, 2948, 2949, 2951, 2953, 2981, 3137–3142, 3162, 3200, 3203, 3204, 3206, 3276, 3277, 3418, 3429, 3430, 3459, 3481, 3487, 3607. — Cf. *Bay*.
Bayenghem (Anne-Marie Gomers, baronne de), A. 89, A. 90.
Bayer, 411.
Bayeux (Municipalité, etc., de). V. *Du Châtel, Hermerel, Le Tual, Nesmond*, etc.
—— procureur g^al^ du Directoire du dép^t^ du Calvados, c^ons^ LXV d., LXVI, LXX.
Baylé (Amilhot), 33.
Baylly, cap^ne^ au rég^t^ de Traisnel, c^on^ XXI.
Bayonne (Municipalité, etc., de), c^on^ LXV a. — Cf. *Delissalde, Dubrocq, Elgart, Grailhe, Laborde, La Lande, Lespès, Picot, Rivière, St Germain, S^t^ Pé, Toulongeon, Vaujouan*, etc.
Bayonne, cap^ne^ au rég^t^ de Berry, 1830.
Bayreuth (Fréd., margrave de), 2955, 3508.
Bays (De), 123, 294.
Bazan (de), officier espagnol, 97.
Bazas (maire de). V. *Biroat*.
Bazelaire (De), officier au rég^t^ de Beauce, c^ons^ LXXIX, LXXVI,
Bazelle-Wéry, curé d'Anchain, 556.
Bazin, intendant, 441–445, 458–460, 466, 484, 490–494, 508, 538–540, 558–561, 564, 565, 567, 587, 588, 592–594, 608, 609, 613, 628, 629, 631, 663, c^on^ II. — Cf. *Besons*.
—— (Ch^r^ de), c^on^ XXVI.
—— 1066, 2144.
—— lieut^t^ hollandais, 3182.
—— cap^ne^ d'inf^rie^, 78 s.
—— **du Chaney**, sénateur de Savoie, 1879.
Bazinval (De), major du rég^t^ d'Orléans, 2134–2136.
Beahan (Richard), 3408.
Béarn. V. *Brassac*.
Béarnez (De), gouverneur du fort de Joux, puis de Pontarlier, 1504,

1581, 1608, 1660, 1661, 1843–1845, 1847, 1850, 1855–1858, 2036, 2096, 2132, 2133, 2145, 2162, 2163–2165, 2168, 2183, 2236–2239, 2241, 2242, 2244, 2317, 2319, 2320, 2322, 2323, 2370, 2371, 2392, 2393, 2413, 2444, 2445, 2452. 2547, 2575, 2609, 2622, 2631, 2724, 2725, 2737, 2739, 2851.
Beau (De), 820, 827.
—— lieutenant en la judicature de Nyons, 3060.
Beaubourg (De), commissaire des guerres, 110, 116, 119, 245.
Beaubrun (De), gouverneur du château de Bicêtre, 1856.
Beaucaire (Échevins, magistrats, etc., de), c^on XVIII. — Cf. *Beaulieu, Benoît, Montfrin*, etc.
—— (De), 2740, 2741, 2794.
—— (Gilles-Gervais de Pechpeirou de Comminges, comte de), mar. c., 3138, 3142, 3144, 3418.
Beaucamp, cap^ne au rég^t de Marivaux, 999.
Beaucastel, nouveau converti de la principauté d'Orange, 1703.
Beaucayre. V. *Beaucaire*.
Beauce (Soldats du rég^t de), c^on LXXVI.
Beaucé (De), cap^ne au rég^t de Picardie, 278.
Beaucemaine (De), major de la place d'Ostende, 3463.
Beauchamp (Mme de). V. *Moras*.
—— (De), résident de France à Liège, 3276, 3280, 3326.
Beauchamps (De), 5.
—— (De), lieut^t de roi de Nancy, 3472.
—— (De), 359, 363, 420.
—— cap^ne au rég^t de Piémont, 1759.
—— (d'Audiffret de), gouv^r de Manosque, 2250, 2251.
—— (De), 2688.
Beauchampt (De), 2547, 2562.
Beaucharmoy (De), 1554.
Beauchesne, officier au rég^t de Bassigny, 1660, 1831, 1946, 2266.
—— **de La Rivière**, ancien cap^ne au rég^t de la Baulme, 2140.
Beauclair, invalide, 2135.
Beaucoroy (De), 3409, 3418, 3572.
Beaucorroy (De), 420.
—— (Ch. de Villecot de), brigadier, 1862, 1868, 2136, 2144, 2251.
—— (De), lieut-c^el du rég^t de La Marine, 2988.
Beaucour (De), officier à l'Hôtel des Invalides, 2411.
Beaucours (Comte de), gentilhomme breton, ancien officier, 3188.
Beaucousin, officier de l'élection de Noyon, 2414.
Beaucouze (J.-B. de Laugier, ch^r de), brigadier, 3144, 3420.
Beaucroissant (De), cap^ne des portes de Phalsbourg, 2133, 2242, 2244.
Beaucroy (De), 3574.
Beaudant (De), lieut^t au rég^t de Bouzols, 2135, 2136, 2137, 2159.
Beaudéan V. *Parabère*.
Beaudeau (ou **Beaudéan** ?), cap^ne au rég^t de Gensac, 1986.
Beaudel, receveur des douanes à Markolsheim, c^on LXVIII.
Beaudot (J. Fr. de ——, sieur de La Saucière), garde du corps, 2347.
Beaudouin. V. *Baudouin*.
—— **de Chamoult** ?, 3493.
Beaudrique (De), capitoul de Toulouse, 3309.
—— sous-lieut^t au rég. de Languedoc, 988.
Beaufait (De), 3541.
Beaufermès (De), cap^ne au rég^t du Roi-inf^ie, 1549.
—— (De), colonel du rég^t de ce nom, 2089.
Beauffort (De), c^on VIII. — Cf. *Beaufort*.
Beauffremez (De). V. *Beaufermès* et *Beaufremez*.
Beauficel (De), cap^ne au rég^t de Ligondès, 1943.
—— V. *Lelieur*.
Beaufort (Duc de), grand amiral, 238.
—— (De), commissaire des guerres, 278, 294, 469, c^on LXXXVI.
—— (Mme de), chanoinesse de Maubeuge, 822.
—— (De), cap^ne d'une compagnie franche, 1559.

Beaufort (De), sous-lieut[t] au rég[t] de Péry, 1660.
—— (De), officier en prison à Namur, 1830, 1834.
—— (De), officier du service de Savoie, 1968.
—— (De), grand-vicaire d'Ypres, 1831, 1943, 1946, 2371.
—— (De), entrepreneur de fournitures ou commis des vivres, 2047.
—— (De), ancien commissaire des guerres, garde-général des demi-fournitures de lits à Grenoble, 2132, 2134, 2145, 2400.
—— (De), officier en prison à Mézières, 2134, 2135. 2145.
—— cap[ne] au rég[t] de Froulay, 2143, 2175.
—— (De), homme d'affaires de M. d'Albergotti, 2241.
—— (Étienne de), gentilhomme savoyard, 2247.
—— (De), commandant à Saint-Laurent de Cerdagne, 2408.
—— (De), fermier-général, c[on] XI.
—— (Comte de), gouverneur de Charleroi, c[on] XVII.
—— (Comte de), 3715, 3759, 3766.
—— premier lieutenant du tribunal de la Connétablie, 3740.
—— **de Mircourt.** V. *Mircourt.*
Beaufremez (Cardon de), 1945. V. *Beaufermès.*
Beaugency (échevins, bourgeois, etc., de). V. *Le Gaingneulx*, etc.
Beauharnais (Franc. de), intendant, 2261, 2267, 2337, 2346, 2419.
Beaujean, cap[ne], 2145, 2454, 2826.
Beaujeu (abbé de), 102.
—— (De), 116, 119, 251.
—— (De), lieut[t]-c[el] du rég[t] de Grammont, 997.
—— (Charles-Louis ? de), brigadier, 1586, 1590, 1591. — Cf. le suivant.
—— (Eug. de), mar. c., 1843, 1895, 2022, 2028, 2135, 2137, 2143, 2151, 2152, 2214, 2219, 2220–2222, 2224, 2299, 2300, 2304–2306, 2308, 2371, 2372, 2377, 2379, 2380, 2383, 2388, 2445, 2458–2460.
—— (De), cap[ne] au rég[t] de Royal-Artillerie, 1855.
Beaujeu (Alex.-Nic.-Jos., comte de), mar. c., 3117, 3119, 3164, 3167, 3198, 3203, 3224, 3419, 3420, 3436, 3450–3452, 3461–3465, 3467–3469, 3478, 3492–3497, 3501–3510, 3533, 3548, 3549, 3571, 3577, 3602, 3631, c[ons] XXI, XXIII, XXVI.
—— (Ch[r] de), 3139.
—— V. *Bouthillier.*
Beaujour (de), gouverneur de Pontoise, 2138.
Beaulaincourt (de), 3745.
Beaulieu (de), commd[t] à Ebernbourg, 882, 884.
—— (De), 123, 275, 311, 333, 345, 360, 362, 378, 414, 416, 420, 438–442, 458, 465, 466, 484, 488–491, 494, 495, 508, 512, 514, 537–539, 564, 586–588.
—— (De), 968, 988.
—— (Louis-Charles de), brigadier, 1399, 1401, 1426, 2131, 2305.
—— (De), 1687, 1861, 1862, 1964, 2131.
—— cap[ne], 1831.
—— (De), commd[t] du Fort-Louis à Dunkerque, 1832, 1945, 2134.
—— (Mme de), veuve d'un ingénieur, lieut[t] au rég[t] de Chartres, 1855.
—— (De), officier dans un rég[t] espagnol, 2132.
—— (De), officier d'invalides à Arras, 2135, 2219, 2227.
—— président des traites à Beaucaire, 2138.
—— consul et viguier de Beaucaire, c[on] XVIII.
—— (Douche de), 2144, 2219.
—— (De), sous-lieut[t] dans la compagnie franche de La Grange, 2243.
—— (De), commis des vivres?, 2376.
—— (De), commissaire des guerres, 2761.
—— (De), 3236. 3255, 3259, 3396.
—— (De), officier, commandant de la tour du Havre, 3406.
—— V. *Borel, Brenier, Quessart.*
—— **-La Bruyère**, 1526.
Beaulieux (Pierre Surgeot, dit), m[al]-des-logis des Carabiniers, 2131, 2266.
Beaulmont (De), officier, 1858.

Beaumanoir (De), cap^{ne} au rég^{t} de Maubourg, 1834.
—— (De), commd^{t} à Santvliet, puis à Landau, 3206, 3275, 3480.
—— (Ch^{r} Du Rosel de), lieut^{t}-c^{el} du rég^{t} de Saintonge, 3538.
—— (Du Rosel de), cap^{ne} de vaisseau, 3538, 3752.
Beaumarchez (De), cap^{ne} au rég^{t} des dragons de Flandre, 2145.
Beaumès (De), 3071. — Cf. *Beaumez.*
Beaume (vicomte de). V. *Bouzols.*
Beauménil (De), 3307, 3331.
Beaumez (Bruneau de), c^{on} LIV. — Cf. *Beaumès* et *Bruneau.*
Beaumevielle (De), cap^{ne} au rég^{t} de Vieillevigne, 2032.
Beaumont (De), cap^{ne} au rég^{t} d'Alsace, 123.
—— (De), 362, 419.
—— (De), 988, 997.
—— (De), cap^{ne} au rég^{t} de Royal-infanterie, 1831.
—— (Ch^{r} de), 1832.
—— (De), lieut^{t}-c^{el} du rég^{t} de Montesson, 1946.
—— (Mme de), 2130, 2132.
—— (De), officier, 2137, 2141.
—— (De), sous-lieut^{t} au rég^{t} de Marloud, 2142.
—— (De), lieut^{t} à la citadelle de Verdun, 2243.
—— (De), cap^{ne} au rég^{t} de Foix, 2268.
—— (De), châtelain du Câteau-Cambraisis, 2309.
—— (De), lieutenant, 2255.
—— (De), officier au rég^{t} de Bigorre ?, 2412.
—— (De), cap^{ne} au rég^{t} de Béarn, 3125.
—— (De), 3182.
—— (Sessy de), officier aux Îles Ste-Marguerite, 3257.
—— (De), 3086.
—— (Ch^{r} de), cap^{ne} au rég^{t} de Languedoc, 3257.
—— (J.-L. Moreau, seigneur de), intendant, 3387, 3396, 3404, 3405, 3408, 3418, 3426, 3509, 3547 ?, 3549, 3629, 3630, c^{on} XXI.
—— (Christophe de), archevêque de Paris, 3396, 3418, 3469.
Beaumont (Louis, comte de), mar. c., c^{ons} L, LXV c.
—— (De), fermier général, 3406.
—— (Ant. Franç., v^{te} de), chef de division des armées navales, c^{on} LXV c.
—— V. *Le Maître.*
—— **de Cheverry** (Mme de), 2142.
Beaumontel (De), 3689.
Beaunay, cap^{ne} g^{al} de la capitainerie des garde-côtes de la Seine, 3461, 3468.
—— (De), cap^{ne} du rég^{t} Mestre-de-Camp-g^{al}-c^{ie}, 3631, 3632, 3634.
—— c^{on} XL.
Beaune (Échevins, magistrats, etc., de). V. *Courtot, Garnier, Guenepin, Tribolet,* etc.
—— (Christophe de), vicomte de La Motte, puis de Beaune, mar. c., 116, 118, 119.
—— (De), major du rég^{t} de Tournon, 1861.
—— V. *Bouzols.*
Beaunon, cap^{ne} au rég^{t} de La Marine, 2135.
Beaupère, échevin de Chartres, 3182.
Beauplan (De), 3235.
Beaupoil (De), sous-lieut^{t} au rég^{t} de La Roche-Thulon, 1831, 1841.
—— (De), ecclésiastique, 2143, 2268.
—— (De), lieut^{t} de la maréchaussée du Mans, 2242.
—— **de St-Aulaire** (De), lieut^{t} de roi de Nîmes, 3175.
—— (Baron de), officier au régiment de La Sarre, 3507.
—— (De), 3677.
Beaupouyed (De), cap^{ne} au rég^{t} de Champagne, 2770.
Beaupré (De), command^{t} le 2e b^{on} du rég^{t} de Robecque, 1499, 1502, 1660.
—— (De), lieut^{t} au rég^{t} de Choiseul, 2370.
—— (De), 3053.
—— (De), subdélégué de l'intendant de Provence, 3179.
—— V. *Le Peletier.*
Beaupréau (Jacques-Bertrand de Scépeaux, m^{is} de), lieut^{t}-g^{al}, 3558, 3560–3563.
—— c^{on} LXIII.
Beaupuy (De), commd^{t} à Rochefort, 977.

Beaupuy (De), officier au rég^{t} du Roi-inf^{rie}, 1945, 2131, 2139, 2141, 2153, 2273.
Beauquesne (De), 117.
Beauraide, 3316.
Beaurain (Ch^{r} de), écrivain militaire, 3687, 3740, 3741, 3753, c^{on} XLIX.
Beaurecueil (De), officier, 3748, 3758, c^{on} LXX.
—— V. *Cormis*.
Beauregard (maire de). V. *Gondrin*.
—— (De), 259, 360, 419, 555.
—— (Comte de), 1586, 1700, 1707, 1708, 1898, 1900.
—— (De), 1611.
—— (De), cap^{ne} au rég^{t} de Picardie, 1798.
—— (De), cap^{ne} au rég^{t} de St-Sulpice, 1831, 1832.
—— (Mme de), 1857.
—— (Foucquet de), commissaire des guerres, 1892, 1900, 1981-1985, 2052, 2054, 2257. — Cf. *Beauregard de Belle-Isle*.
—— (Ch^{r} de), cap^{ne} au rég^{t} de Solre, 2139.
—— (Alexandre de), brigadier, 2142, 2143, 2145, 2269, 2787-2798.
—— (Bernard de), mestre-de-camp à la suite du rég^{t} du Puy, 2236, 2242.
—— 2242.
—— (Fredy de), aide-major de Schelestadt, A. 89.
—— major du rég^{t} de Froulay, 2143, 2228.
—— (De), major du rég^{t} de Cambis, 3419.
—— V. *Bauregard, Baurgard, Blondel, Lespine, Mesturas, Moncrif*.
—— (Tenaille de), officier municipal de Clamecy, c^{on} LVII.
—— **de Belle-Isle**, commissaire des guerres, 3429, 3465, 3473, 3500.
— Cf. Beauregard (Foucquet de).
—— **de Chabries**, 988.
—— **de St-André** (De), cap^{ne} au rég^{t} de Guise, 3251.
Beaurepaire (De), enseigne aux Gardes françaises, 146.
—— (De), 1831, 1832, 1836, 1837, 1981,
Beaurepaire (Hue de), officier d'artillerie, 1979.
—— (De), 2421.
—— (Pierre de Lannoy, comte de), A. 89.
—— (De), major-g^{al} de dragons, 3556, 3557, 3560, 3562, 3615.
—— (Ch^{r} Dammelin de), officier au rég^{t} de Thianges, 3602.
Beaurepaire. V. *Bauxrepaire*.
Beaureper, aide-major au rég^{t} de Nivernais, 1855.
Beaurevoir (De), cap^{ne} au rég^{t} de Poitou, 2142-2144.
Beaurin, échevin de Mézières, 2141-2143, 2169.
Beauséjour (De), 110.
—— (De), cap^{ne} au rég^{t} des Landes, 1832, 2102.
Beausergent, trésorier des Gardes françaises et suisses, 2185.
Beausire, chanoine à Toul, 2131.
—— (De), lieut^{t}-c^{el} à la suite du rég^{t} d'Agénois, puis commd^{t} au Vigan, 1846, 1857, 2131, 2524.
—— commissaire provincial d'artillerie, 2916.
Beausobre (Jean de Beault, comte de), lieut^{t}-g^{al}, 2270, 2794, 2873, 2874, 2912, 2917, 2949, 3026, 3030, 3031, 3043, 3089, 3101, 3136-3138, 3144, 3155, 3167, 3185, 3187, 3197, 3202, 3203, 3417, 3437-3439, 3445, 3446, 3472-3477, 3501, 3521, 3550, 3551, 3561-3565, 3579, 3586, 3588, 3602, 3691, c^{on} XXXIII.
—— (De), cap^{ne} au rég^{t} de Chamborant, 3684, c^{on} XLI.
—— (Baron de), 39 s-41 s, 49 s.
Beausoleil (De), officier, 110.
Beausse (De), héraut d'armes de l'ordre du St Esprit, A. 87, A. 88.
Beausset (Ch^{r} de), fonctionnaire de la Marine, c^{on} XLVI.
—— V. *Bausset*.
Beaussier, 361.
—— habitant de Lille, 3768.
—— (Honoré), consul de La Seyne, c^{on} XIX.
—— **-La Cheulène**, cap^{ne} de vaisseau, 3600.
Beautteville (Pierre de Buisson, ch^{r} de), lieut^{t}-g^{al}, 3135, 3137, 3147,

3152, 3197–3200, 3202, 3206, 3208–3211, 3418, 3493, 3495, 3507, 3549, 3611, 3619, 22 s.

Beauvais (De), capne, 102.
—— (Abbé), 361.
—— (Maire, échevins de), 362. — Cf. *Auxcousteaux, Charpentier, Dumesnil, Loury, Mesnard, Michel, Motte, Nully, Tiersonnier, Vualon*, etc.
—— (De), commissaire provincial de l'artillerie, 970, 972.
—— capne des portes de Charlemont, 1831, 2137.
—— (De), lieut-cel réformé à la suite du régt d'Anlézy, puis lieut-cel successivement des régts de Peyre, de Villequier et de Gouffier, 1855, 1858, 1951–1953, 2027, 2137, 2143, 2163, 2164, 2169, 2237, 2242–2244, 2271, 2322, 2323, 2378, 2391, 2392, 2452, 2454, 2455, 2463, 2697, 2703, 2993, 3026.
—— (De), lieut-cel du régt de Mailly, 1858, 1983.
—— (De), lieut au régt de La Sarre, con XIV.
—— (De), brigadier (de cavie?), 2048.
—— (De), 2093.
—— courrier ou agent secret, 2138.
—— (Jacques Le Comte, sr de), brigadier, commdt à Antibes, 2174, 2251, 2399.
—— (C. N. de), député de Paris à l'Assemblée nle, con LXXI.
—— V. *Baguenault*.

Beauval (De), major du régt d'Armanville, 2138.
—— (De), capne réformé, A. 89.

Beauvarlet de Romicourt, subdélégué à Abbeville, 2230, 2311, 2312.

Beauvau (Gilles-Franç. de —— Du Rivau), évêque de Nantes, 1609, 1704, 1895, 1897, 2132, 2133, 2138, 2145.
—— (Pierre-Madeleine, comte de), lieut-gal, 1836, 1839, 1843, 1851–1853, 1856, 1858, 1943, 1944, 1953, 2034, 2081, 2131, 2132, 2135–2141, 2143, 2262, 2269, 2271, 2273, 2299, 2301, 2306, 2338, 2343, 2377, 2386, 2411, 2412, 2415, 2448, 2457, 2575, 2697, 2698.

Beauvau-Craon (Marc?, prince de), grand écuyer de Lorraine, 1851.
—— (René-Franç. de), évêque de Bayonne, puis de Tournai, 1982, 1983, 2082, 2132, 2159, 2221, 2299.
—— **de Flers** (Mme de), 2130, 2131, 2411.
—— (De), capne au régt d'Albigeois, 2248, 2411.
—— (Louis-Ant.-Ch., marquis de), mar. c., 2912–2914, 2916–2919, 2921, 2943, 2946, 2949, 2954, 2955, 2957, 3006, 3007, 3028, 3045.
—— (Ch.-Just, prince de), mar. Fr., 2989, 3027, 3060, 3174, 3175, 3230, 3240, 3432, 3445, 3472, 3473, 3519, 3522, 3536, 3545, 3553, 3558, 3619, 3671, 3694, 3741, 3746, cons XXXIII, XXXV, XXXVI, XL, LI.
—— (Marquis de), 3141.
—— **-Craon** (Ferdinand-Jérôme, chr de), 3174.

Beauvenes (De), lieut-cel du régt d'Houdetot, 2370.

Beauveser, officier hollandais, 3182.

Beauveset, capitaine au régt de Vermandois, 980, 997.

Beauveset-Tourtour, major du régt de Provence, 1831, 1943, 2136, 2137.

Beauvezé (De), 260, 276, 279, 342, 346, 347, 349, 410, 411, 420.

Beauvilliers (De), 279.
—— (Paul, duc de), ministre d'État, 1599, 2163, 2219, A. 87, A. 88.
—— (Henriette-Louise Colbert, duchesse de), 1599.
—— (Paul-Louis, duc de), colonel, 3203.

Beauvinay (Mathieu de Passion de), gentilhomme dauphinois, maître de la verrerie de Chamberant, 1971.

Beauvisage (Nicolas-Charles), lieut en la maréchaussée de Laon, 2266.

Beauvoir (Chr de), capne au régt de Picardie, 2141, 2145, 2255.
—— (De), lieut au régt de Sanzay, 2371.
—— **-Virieu** (Chr, puis comte de),

lieut^{t} de roi au Havre, 3309, 3495, 3502, 3510, 3532, 3594, 3538, 3545, 3568, 3569, 3599, 3622.
Beauvoir du Roure (De), lieut^{t} au rég^{t} de Sanzay, 2130.
Beauvoisis (De), 118.
Beauvoy, cap^{ne} au rég^{t} de Royal-Cravates, 1943.
Beaux (de), cap^{ne} au rég^{t} d'Auvergne, 3095.
Bec. V. *Du Bec*.
Becard, échevin de St-Malo, 3493.
Becary (De), commandant un b^{on} de recrues, 3560.
Becayné, 1146.
Becel, comm^{re} des guerres, 261, 262, 271, 293–295, 310, 337, 342, 358–362, 404, 406, 419, 420, 512, c^{on} LXXXVI.
—— (De), lieut^{t} de roi d'Huningue, 2630, 2664, 2700, 2702, 2726–2728, 2730, 2733–2735, 2737, 2739–2741, 2783, 2788–2791, 2796, 2839, 2841, 2863, 2892, 2921.
—— **de Marolles**, commissaire des guerres, 997.
—— **de Pulmont**, cap^{ne} au rég^{t} d'Oléron, 1468, 2132, 2269.
—— **de Tronville**, commissaire des guerres, 1830, 2134, 2221.
Becelaer de La Wœstine (Marquis de), grand bailli d'épée du bailliage et présidial d'Ypres, 1837, 2021, 2025, 2137, 2159, 2160, A. 89, A. 90.
Bechereau du Verger, commissaire provincial de la maréchaussée du Berry, 2137.
Becherel (De), mestre-de-camp, 118, 119, 146, 158, 468.
Becheret, cap^{ne} au rég^{t} d'Auxerrois, 3137.
Bechurel (De), officier au rég^{t} de Lyonnais, 3117.
Beck (Baron de), commandant les troupes impériales à Cologne, 880, 970, 978.
—— (Baron de), gouverneur de Girone, 1885, 1887, 1888, 1891, 1907, 2054.
—— (Baronne de), 2133.
Becker (J.-C.), bailli de Neufsauewerden, 2903.
Beckers (De), conseiller de l'électeur palatin, 2456, 2458, 2459.
Becking (Wilhem), officier hollandais, 3308,
Becon, 3395.
Bécourt (Nic.-Jos. de), cap^{ne} au rég^{t} de Barrois, c^{on} LXXIV.
Becquet (Pierre), lieutenant au bailliage de Jametz, 158.
Becüau, conseiller clerc au parlement de Tournai, 1943.
Bedanson (De), 2900.
Bedarride, lieut^{t} au rég^{t} de Crussol, 1525.
Bedbedé (De), cap^{ne} des milices de Béarn, 1985.
Bedmar (Don Isidore de La Cueva y Benavides, m^{is} de), commandant général des Pays-Bas espagnols, 1491, 1493–1496, 1550, 1552–1557, 1559–1561, 1566, 1575, 1598, 1644–1654, 1658, 1673, 1678, 1679, 1736–1740, 1742, 1743, 1757, 1830, 1833, 1867, 1877, 1897, 1960, 1962–1964, 1968, 1988, 2043, 2046, 2049, 2178, 2255, 3779.
Bedoyer et **Bédoyère**?, procureurs généraux au parlement de Rennes, 1899, 2419.
Beeck. V. Beck.
Beeckman, agent du comté de Moërs à Liège, 335.
Beernem (Ch^{r} de), 3200.
Beffroy, lieut^{t} de maréchaussée à Laon, 3182, 3183.
Begaignan. V. *Sullé*.
Beghelini, 3065.
Beghin (Ignace), prieur de l'abbaye de Vicoigne, 1942.
Begny, commissaire des guerres, 967, 968, 971, 991, 1000, 1213.
Begny (De), cap^{ne} au rég^{t} de Picardie, 2033.
Begon, intendant, 902, 903, 906, 1083, 1239, 1285–1287, 1428, 1468, 1524–1526, 1612, 1705, 1733, 1801, 1802, 1901, 2025, 2131–2133, 2188, 2261, 2267, 2269.
—— fils du précédent, 1801, 2267, 2270.
—— entrepreneur de fournitures, 2140, 2221, 2244, 2270, 2272, 2273.

Begon (Scipion-Jérôme), évêque de Toul, 3041, 3259.
—— intendant de la Marine, 3599.
Begué, commd^{t} à Lantosque, 2101, 2171.
Beguelin, ingénieur italien, 2967, 3120.
Béguin, habitant de Puget-lès-Toulon, c^{on} XXX.
Behague, inspecteur des eaux et écluses aux départements des villes de Calais et d'Ardres, 2662.
—— (J.-P. Villeneuve, comte de), mar. c., c^{ons} XLII, XLIII, L, LXV d, LXVI, LXXVI.
—— (De), colonel du rég^{t} d'Orléans-dragons, c^{ons} LXV c., LXV d. — Cf le précédent.
—— **de Septfontaines** (De), auteur d'un mémoire sur l'Angleterre, c^{on} XXIX.
Behen (De), 2794.
—— (De), lieut^{t} de roi de la citadelle de Strasbourg, 2924.
—— (De), cap^{ne} au rég^{t} de Gensac, 3251, 3262.
—— (De), commd^{t} à Mont-Dauphin (?), 3294, 3314.
Behic, directeur de la Compagnie des Indes, 3674.
Beinac (De), commd^{t} la cavalerie de milice d'Aunis, 1705.
Beissier, 1550.
Beissière, chirurgien, 826.
Béjot (Dominique), syndic de Pierrefonds, 2266.
Bejuy-La Coche, aide-major des milices de Romans, 3232.
Beket (veuve), d'Aire, A. 89.
Bel (De), 278, 279, 410.
Bela (Ch^{r} de), brigadier, 3186, 22 s.
Belabre (De), mestre-de-camp du rég^{t} de ce nom, 2219, 2273.
—— (Châteaugay de), 2271.
—— Cf. *Bellabre.*
Belaccueil (Ch^{r} de), mestre-de-camp, 2023, 2265. — Cf. *Bellaccueil.*
Belaigue, échevin de Clermont-Ferrand, c^{ons} LIII, LIV.
Belair (De), cap^{ne} au rég^{t} de Champagne, 2138. — Cf. *Bellair.*
—— (De), cap^{ne} au rég^{t} de Vivarais, 2145, 2411.
Belair (De), commissaire de l'artillerie, 2522.
—— (De), 3740.
Belair-sur-Tours-La Colombières (De), ingénieur passé du service de France au service d'Allemagne, prisonnier à la Bastille, puis au château d'Anvers, 1550.
Belat, cap^{ne} au rég^{t} d'Auxerrois, 2137.
Belcastel (De), 1785, 1864, 1865, 1876, 2098.
—— (Baron de), 3031.
Belchamps, major du rég^{t} de cav^{ie} de Pons, 3007.
Belesta (De), cap^{ne} au rég^{t} d'Artois, 3499. — Cf. le suivant.
—— (De), commd^{t} au Quesnoy, c^{on} LXI.
Belevière (Ch^{r} de), lieut^{t}-c^{el} réformé, 1895.
Belfondt (Gabriel Prévost, s^{r} de), cap^{ne}, 92.
Belfort (Municipalité, etc., de), c^{ons} XLVI, LIII, LXV f., LXVIII. — Cf. *Anthes, Aubarède, Belonde, Dubignon, Du Clisson, Duplessis, Genty, Grangemont, Laclos, Noblat, Valinon*, etc.
Belgodere de Bagnaja, corse, 3752, c^{on} LXXXIII.
Belhomme (A.), commis de l'extraordinaire des guerres, 1944, 2021.
Belhoste, 978, 1075.
Beliard, commissaire de la Marine, 2330, 2331.
Beliardi (abbé), 3677.
Belicourt (De), aide-major de la citadelle d'Arras, 2022.
Belidor (Bernard Forest de), ingénieur, mathématicien, brigadier, 2701, 2712, 2744, 2768, 2785, 2786, 2800, 2823, 2825, 2851, 2904, 3059, 3073, 3226, 3229, 3315.
Belin, conseiller au présidial du Mans, 2130.
Belinde (De), commd^{t} au fort St Vincent, 1286, 1768.
Belisle (De), cap^{ne} au rég^{t} de Rosières, 1858.
—— V. *Belle-Isle.*
Bellabre, c^{on} LXXVI. — Cf. *Belabre.*
Bellaccueil (ch^{er} de), maréchal-des-logis de la cavalerie, 2130.
Bellagamba (Joseph), corse, 3638.

Bellair (De), capne au régt d'Albigeois, 2131, 2133.
—— capne des portes de Ham, 2266.
—— (De), professeur d'histoire et de géographie, 3766.
Bellan (Phil. Gédoin de), capitaine-lieutt des Gendarmes d'Orléans, 146.
Bellangé (De), 2134.
Bellanger, officier, 3543.
Bellaritz de Bellay (Gabriel), lieutt-cel de hussards au service d'Allemagne, 1945.
Bellasserre (Franç.), consul à Perpignan, 2272.
Bellay. V. *Du Bellay* et *Bellaritz.*
Belleaffaire (Joseph Du Guast de), brigadier, 2100. — Cf. *Du Guast.*
Belleau (De), major à Sarrebourg, 411, 444, 460.
Bellebat (Mme de), 3459, 3469.
Bellebrune (De), 116, 117, 119, 134, 157.
Bellecombe (De), lieutt au régt de Sault, 123.
—— (De), capne au régt Royal-Roussillon, 3417.
—— (De), lieutt-cel du régt de Cambo, 3592.
—— (De), officier, 3574, 3736.
—— auteur d'un mémoire sur l'Inde, cons XLVIII, LIV.
Bellecour, 1892.
Bellecroix d'Argenteau (De), gouverneur de Landau ?, 703, 713, 831, 969, 975, 987, 997, 1073, 1213, 1322, 1364, 1408, 1409, 1501.
Belledame (De), brigadier de chevau-légers, 2182.
Bellefond, sous-lieutt au régt de Vendôme, 988.
—— prévôt royal à Fort-Louis, 2741.
Bellefonds (Bernardin Gigault, mis de), mar. Fr., 116, 133, 157, 158, 182, 209, 210, 224, 225, 238, 311, 313, 324, 330-332, 361, 384-388, 396-398, 409, 413, 468, 725, 726, 731, 738, 1236, 1241, 10 s.
—— (Henry de), brigadier 1856, 1943, 1945, 2021-2024, 2056, 2130, 2134, 2142, 2159, 2188.
—— (Maréchale de), 1900, 2140.
—— (De), 2020.
Bellefonds (Ch. Bernardin-Godefroy Gigault, mis de), mar. c., 2745, 2747, 2800, 2983.
—— (Armand-Louis-Franç. de Gigault, mis de), lieutt-gal, 3163, 3204.
Bellefontaine (Chr de), 1704.
Bellegarde (De), 980.
—— (De), capne au régt de Blaisois, 2133.
—— (De), gentilhomme du pays de Die, 2251.
—— (De), capne au château d'If, 2327.
—— (De), lieutt de roi de Gravelines, 2766, 2800, 2840, 2890.
—— (Chr de), major du régt de Blaisois, 2800.
—— (Comte de), prévôt de l'église de Lyon, 3712.
—— (Gouverneur de). V. *Ouvrier, Queiranne.*
Belle-Isle (Ch. L. Aug. Foucquet, comte, puis duc de), mar. Fr., ministre de la Guerre, 1856, 2032, 2139, 2143, 2169, 2221, 2224, 2323, 2391, 2406, 2407, 2454-2456, 2461, 2463, 2466, 2468, 2505, 2561-2564, 2609, 2619, 2622, 2630-2635, 2643, 2644, 2655, 2663, 2664, 2675-2679, 2688, 2697-2702, 2706-2708, 2712, 2713, 2723-2730, 2732, 2736-2742, 2744-2748, 2763, 2766-2769, 2771, 2783-2792, 2794-2806, 2823-2827, 2837-2841, 2850-2852, 2859, 2860, 2862, 2864, 2873-2877, 2889-2893, 2902-2904, 2912-2922, 2924-2927, 2940, 2943-2960, 2969, 2970, 2999, 3000, 3006-3013, 3017, 3034-3036, 3039-3047, 3050-3057, 3068-3071, 3073-3075, 3085-3088, 3096-3098, 3101, 3106, 3109, 3125-3127, 3148, 3165, 3175, 3177-3180, 3184-3188, 3200, 3223-3245, 3247-3253, 3255-3263, 3280, 3281, 3290-3296, 3298-3303, 3305-3316, 3328-3336, 3350, 3380, 3387, 3392, 3393, 3394, 3395, 3397, 3403, 3404, 3408-3410, 3416, 3418-3421, 3426, 3428, 3431-3435, 3440-

3445, 3449-3452, 3454-3456, 3458-3461, 3463-3469, 3471-3490, 3492-3526, 3532-3565, 3568-3579, 3581, 3582, 3598, 3602, 3621, 3625, 3627. 3629-3631, 3741, 15 s-17 s, 19 s, 33 s, 35 s-38 s, 43 s, 53 s, 58 s, 59 s, 62 s, 69 s, 74 s, 75 s, c^{ons} IX, XI-XXI, XXIII-XXVII, XXIX-XXXIII, XXXV, XXXV *bis*, XLIII, LI, LXXV, LXXVI.

Belle-Isle (Maréchale de), 3012, 3075, 3225.

—— (L. Ch. Armand, ch^{r}, puis comte de), lieut^{t}-g^{al}, 2630, 2632, 2726, 2733, 2747, 2748, 2851, 2877, 2890, 2902, 2903, 2914, 2915, 2919, 2924, 2927, 2928, 2944, 2945, 2949-2954, 2959, 2969, 2970, 3051, 3053-3056, 3068, 3071, 3075, 3145-3149, 3175, 3177-3180, 3224-3227, 3231, 3235, 3236, 3239, 3240, 3247, 3248, 3258-3260, 3316, 3396, 3504, 15 s, c^{ons} XV, XVIII, XIX.

—— (De?), 1857.

—— (Franç. Perron de), brigadier, 2244, 2301.

—— (Perron de), commissaire des guerres, 2371.

—— V. *Beauregard.*

Belle-Isle en mer (Magistrats, etc., de), c^{on} LXIV. — Cf. *Detaille, Larkin, Lefebvre, St Quentin*, etc.

Bellelainville, garde du corps, 2244.

Bellemaison (Mirout de), lieut^{t}-c^{el} du rég^{t} d'Egmont. 1945.

Bellemare (Marquis de), 3510.

Bellemer, commissaire des guerres, 2268, 2270.

Bellemont (De), lieut^{t}-c^{el} du rég^{t} de Livry, 1501.

Bellemotte (De), officier au rég^{t} d'Agénois, 2025.

—— V. *Terlinck.*

Bellenave (Ant. Le Loup de), brigadier, 970, 980, 988.

Bellenden (Guill.), Anglais, 3408.

Bellenger, échevin de Falaise, 2138.

Bellenglise, prévôt des maréchaux à St-Quentin, 2158.

Belleperche (De), cap^{ne} aide-major au rég^{t} d'Angoumois, 2242.

Beller, cap^{ne} au rég^{t} de La Marine, 2135.

Bellerose (De), officier dans les chasseurs à cheval de Picardie, c^{ons} LXI, LXVIII.

—— (Veuve), A 89.

Bellet, 2419.

Bellet y Santo (don Juan), brigadier du service d'Espagne, 2047.

Belletour (De), 396.

Belleval (De), officier au rég^{t} d'inf^{rie} de La Fare, 2244, 2393.

—— (De), major de la place de Dieppe, 3623. — Cf. *Belval.*

Belleville (De), ex-cap^{ne} au rég^{t} Royal-La-Marine, 2143, 2144.

—— (De), aide-major au fort Barraux, 3174.

—— (De), échevin de Marseille, 3178, 2187, 3232, 3258, 3260.

—— (De), officier de garde-côtes en Normandie, 3510.

Bellevue. V. *André, Chevreau.*

Belley (Magistrats, etc., de), c^{on} LXVIII. — Cf. *Rollet*, etc.

Belliard, commissaire de la Marine, à Collioure, 1982, 2337, 2406, 2408.

Bellière (De), comm^{t} à Thuin, 1358. — Cf. *Du Plessis.*

Belliet, contrôleur des hôpitaux, 2981.

Belliévre (De), 466.

Belligny (De), cap^{ne} au rég^{t} de Bugey, 1831, 1832.

Bellin, cap^{ne} au rég^{t} d'Orléanais, 186.

Belloc, lieut^{t} au rég^{t} de Pujol, 1855, 2021.

Bellombre (De), directeur général des vivres, 2914, 2924-2926, 2949, 2950, 2956, 3000.

Bellon, cap^{ne} au rég^{t} de Ligondès, 1944, 1974.

Bellonnet (De), officier du Génie, c^{ons} LXIII, LXV, LXV d.

Bellot, lieut^{t} au rég^{t} de Périgord, 2137, 2139.

—— commissaire des guerres, 2143, 2144, 2169, 2242, 2273, 2322, 2414.

—— échevin de Roye, 2415.

Bellou, chef du bureau de la Secrétairerie, 1181, 1612.

Belloy (Franç. de), lieut^{t} de roi à Bergues, 123.

—— (De), aide-major de Lille, 271.

—— (Ch. de), brigadier, 987, 997, 1502, 1574, 1672, 1761, 1857,

2033, 2133. 2138, 2244, 2245, 2371, 2393, 2396.
Belloy (De), 1202.
—— (Ch^r^ de), 3224-3231, 3240, 3248-3253, 3259, 3290, 3298.
—— (Montovilliers de), cap^ne^ d'artillerie, 3538, 3546, 3571, 3581, 3630.
—— (Ch^r^ de), lieut^t^-c^el^ du rég^t^ Royal-Roussillon-Cav^ie^, 3692.
—— (J.-B. de), évêque de Marseille, 3753.
—— V. *Berthelot, Bouillet, Du Belloy.*
—— **-Morangle** (De), major de la citadelle de Lille, 3124.
Belluard, 3455.
Belly (De), ingénieur, cap^ne^ réformé au rég^t^ d'Alsace, 1830, 1862, 1983, 1966, 1968, 1975, 2105. — Cf. *Du Belly.*
—— (De), c^el^ du 24e rég^t^ d'inf^rie^, c^on^ LXXI.
Belmesnil (De), cap^ne^ au rég^t^ de Maulévrier, 1493.
Belmont (Sarazin de), commissaire des guerres, chargé du Dépôt de la Guerre, 2947, 3152, 3205.
—— (Abbé de), aumônier du rég^t^ de Champagne, 3504.
—— (Franç. de Vachon de Briançon de), lieut^t^-g^al^, 3505, 3573.
Belmonte (Baron de), 1559, 1560, 1863.
Belnoé (De), commd^t^ le second b^on^ du rég^t^ de Ponthieu, 1668.
Belombre (De), 58 s-60 s.
Belonde (De), lieut^t^, 3260.
—— subdélégué à Belfort, c^ons^ XLVI, LIII.
Belot, major du rég^t^ de Seyssel, 3622.
Belrieux (Alexandre, m^is^ de), mar. c., 1978, 1981, 2300, 116 s.
—— (De), fils du précédent, cap^ne^ au rég^t^ du Roi, puis aide-major, 2946, 3044, 3094, 3095, 3108, 3256.
Belzunce (De), 141, 271, 362.
—— commissaire des guerres, 958, 992.
—— (Ch.-Gabriel de Castelmoron, ch^r^ de), colonel, 1945, 2138.
—— (Armand, vicomte de), lieut^t^ g^al^, 3526, 3546, 3550-3554, 3576, 3582, 3588, 3589, c^on^ XXXIII.
—— (Marquis de), 3720.
Belterre, administrateur du Boulonnais, 3709.
Beltramby, colonel réformé, 2370, 2371.
Beluge, officier au rég^t^ Dauphin, 997.
Belval (Nicolas), échevin de Mouzon, 2420.
—— (De), de Dieppe, 3620. — Cf. *Belleval.*
—— (Raulin de), lieut^t^-c^el^ du rég^t^ Royal-Italien, 3253, 3329, 3412, 3549.
Belvalet (De), colonel de dragons au service d'Espagne, 1877.
Belveder (Franç. Caraffa, prince de), 2046.
Belver (Mme de), veuve d'un lieut^t^ de roi d'Ath, 2235.
—— (De), gouverneur du val d'Aran, 1605.
Belvezé de Papol (De), 409.
Bely (De), 354.
Bély (Lieut^t^-c^el^), 1830, 1831.
Belyraimonville (De), 2135.
Belzépine, 419.
Bénard, marchand, 2141.
Bénard, président de la Chambre de Commerce de Dunkerque, 3673.
—— maire de Calais, 3549, 3702, 3725.
—— graveur chargé de la gravure des *Tables d'Artillerie*, c^ons^ LXII, LXVe.
—— V. *La Harpe.*
—— **de Bezay**, 2138.
—— **de Villeneuve**, cap^ne^ au rég^t^ d'Auvergne, 1861.
Benavides (De), 1941.
Benazet, garde d'artillerie, 1906.
Benckendorff (De), colonel des Gardes du duc de Saxe-Gotha, 3438.
Bencourt (De), lieut^t^ au rég^t^ de Royal-Bavière, 3110.
Benedicti, lieut^t^ au rég^t^ de Normandie, 102.
Benezedo (Ferd. Ant. Ruez de), 2046.
Benezet, négociant à Dunkerque, 2309.
Benfeld (Directoire du district de), c^on^ LXXI.
Benget, entrepreneur des étapes, 1613.
Bengy (De), lieut^t^-c^el^ du rég^t^ Mestre-de-Camp-g^al^-cav^ie^, brigadier, 3198, 3207.
Benicourt. V. *Houzé.*

Benière, bourgeois d'Avesnes, 2235.
Benisseins (J.-B. de), major de la place de Mézières, 3185, 3255.
Benneville (Montier? de), commissaire des guerres, 3505.
Benoist, commissaire des guerres, 261, 262, 271, 292–296, 310, 311, 337–340, 362, 404, 405, 457, 460, 484, 512, 568, 612–614.
—— 1836.
—— (De), lieut^{t} d'art^{rie} de la Marine, 1874–1876, 2308, 2310, 2344, 2379.
—— (De), gentilhomme du pays de Gueldre, ex-officier du service d'Espagne, 1950.
—— lieut^{t}-g^{al} civil et criminel à Ham, 2220, 2272.
—— (François), entrepreneur de remonte, 2266.
—— notaire, 3631.
Benoist-Villette, prieur de l'abbaye de Stavelot, 342.
Benoiston (J.-M.), président du Directoire de la Loire-Inf^{re}, c^{on} LXV d.
Benoît (François, dit Marin), sergent au rég^{t} de Champagne, 988.
—— consul de Beaucaire, c^{on} XVIII.
—— (A.), échevin d'Avesnes, 2159, 2219, 2235.
—— curé de Valserres (H^{tes}-Alpes), 2270.
—— command^{t} la garde n^{le} de Blanzac, c^{on} LXI.
Benoît XIV, pape, 3316, c^{ons} XX, XXI.
Bentheim (comte de), 3200, 3460.
Bentinck (De). V. *Portland.*
Bentivoglio (Marquis), 119.
Bentley (Ch^{r}), chef d'escadre anglais, 3568.
Benyer (De), lieut^{t} de roi au fort Barraux, 2135.
Benÿs (De), A. 89.
Benzo (Comte), ministre de Savoie, 1332.
Beral (De), lieut^{t} au rég^{t} de Picardie, 146.
Beranger (De), 3500. — Cf. *Berenger.*
Beranger, c^{on} LXVI.
Berard, 2270, 2371.
—— cap^{ne} des milices de Béziers, 3259.
—— V. *Migenne.*
Berard-Penchinette (De), cap^{ne} au rég^{t} de Foix, 1897.
Beraud, chirurgien-major à Béthune, 1843.
Béraud, cap^{ne} au rég^{t} de Béarn, 1904.
—— (J.-B.), aubergiste à Forcalquier, 3539.
—— V. *Arimont.*
Bérault (De), sergent de bataille, 97.
—— fournisseur de l'Hôtel des Invalides, 2138, 2139–2269, 2270.
Béraut, 119.
—— major du rég^{t} des dragons de Bretoncelle, 987.
Berbese, cap^{ne} au rég^{t} de Noë, 2142.
Berbizy (De), commissaire de l'artillerie, 988.
Bercan, fondeur de canons à Strasbourg, 1753, 1857.
Berchelo (De), 278.
Bercheny (Ladislas-Ignace de Bercsény, comte de), mar. Fr., 2735, 2736, 2770, 2794, 2926, 2943, 2946, 2951, 2952, 2954, 2959, 2969, 2983, 2988–2993, 3026–3030, 3034–3036, 3042, 3051, 3052, 3054, 3069, 3095, 3096, 3099–3101, 3108, 3109, 3124, 3136–3138, 3141, 3142, 3146–3149, 3156, 3166–3168, 3192, 3198–3200, 3206, 3216, 3263, 3311, 3329, 3394, 3403, 3407, 3433, 3435, 3436, 3438–3442, 3463, 3507, 3511, 3561, 3681, 16 s., 19 s., 40 s., c^{on} XIX.
—— (Nic.-Franç., comte de), mestre de camp, 3517, 3554, 3557, 3605.
— Cf. le suivant.
—— (Franç.-Ant. Ladislas, comte de), mar. c., 3681, c^{ons} LIV, LVII, LX–LXVII, LXIX, LXX.
—— (Conseil d'adm^{on} du rég^{t} de), c^{ons} LXV, LXV b.
Berckheim (Baron de), intendant de l'électeur de Bavière, 2926, 2941.
Bercour, professeur d'enfants de nouveaux convertis à Saintes, 2133.
Bercy (Ch. Malon de), intendant, 2263, 2338.
Bereins (Pierre de Corsan, v^{te} de), lieut^{t}-c^{el} du rég^{t} d'Aubigné, 92.
Berence, cap^{ne} de vaisseau, 3152.
Berenger, artilleur, 958.

Berenger (De), colonel du rég^{t} de Bugey, 1972, 2138.
—— colonel ?, c^{on} XL.
—— garde du corps, 2266.
—— (Pierre Du Gua, comte de), lieut^{t}-gén^{al}, 2982, 3007, 3026.
—— commis du Mre de la Guerre ?, 3634.
—— député du Dauphiné, c^{on} LXIV.
Berengeville (De), capitaine, 311.
Berenglau. V. *Bärnklau*.
Berenguer, vice-consul de France à Cadix, 1974.
—— **y Novell** (Don Ant.), officier espagnol, 2468.
Beretti (Mis), ministre d'Espagne en Italie et en Suisse, 1846, 1848, 1953, 1954, 1961, 1964, 2031, 2165, 2236, 2237.
Berfelt (De), officier de cav^{ie}, 310, 359.
Bergeik. V. *Bergeyck*.
Berger, cap^{ne} au rég^{t} de Mortemart, 1855.
—— major à Embrun, 1862.
—— commd^{t} au château de Queyras, 2138.
—— c^{on} LXVII.
Bergerat, président de la Société des Amis de la Constitution à Troyes, c^{on} LXVIII.
Bergeret (De), 987, 997, 1213, 1843, 2032, 2242.
—— (Jacques-Ant. de), mar. c., 3207.
—— (Major du rég^{t} de Condé, 3746.
—— (Mme de), 2396.
Bergeron (De), cap^{ne} au rég^{t} Royal-Artillerie, 1897.
—— subdélégué dans la sénéchaussée de Pau, 2255.
Bergeyck (De), 396.
—— (J. de Brouchoven, comte de), administrateur et plénipotentiaire au service de l'Espagne et de l'électeur de Bavière, 887, 944, 948, 1285, 1491, 1492, 1496, 1549, 1550, 1557, 1566, 1571, 1644, 1646, 1650–1654, 1658, 1660, 1736, 1738, 1740, 1742, 1830, 1833–1836, 1838, 1839, 1841, 1851, 1856, 1935–1942, 1944–1946, 1978, 2017–2024, 2034, 2078, 2080–2084, 2108, 2130, 2141, 2149, 2150, 2151, 2153, 2159, 2183, 2213–2216, 2219–2221, 2224, 2233, 2234, 2244, 2300, 2329, 2343, 2404.
Bergeyck (Hyacinthe-Joseph de Roover, comte de), lieut^{t}-g^{al}, 2937, 2988–2993, 3027–3029, 3031, 3207, 3407, 3418, 3431–3433, 3461, 3473, 3475–3478, 3482, 3484, 3508, 3509, 40 s., 41 s.
—— V. *Brouchoven*.
Bergh (De), cap^{ne} au rég^{t} de Beauvoisis, 1091.
—— (Charles, baron de), 3140, 3162.
—— (Ch^{r} de), 44 s.
Berghem (Georges-Louis van), prince-évêque de Liège, c^{ons} XXVII, XXXII, XXXIII.
Berghorn (De), conseiller intime du prince de Saxe-Meiningen, 3747.
Bergstraesser, professeur, 3747.
Berguère (De), officier, 2044.
Bergues (Bourgmestres, échevins, députés, etc., de), 275, 276, 279, 283, 311, 567, c^{ons} LIV, LVII, LXV, LXV a., LXVII. — Cf. *Baecker, Chaulnet, Du Theil, Pallas, Roussel, Robusson, Hardevust, Lavaux*, etc.
—— (Prince de), gouverneur de Mons, 1057, 1312, 1938, 2144, 2160, 2219.
—— (Phil-Franç., prince de), 956, 658.
—— (Comte de), chanoine de Liège, 1558.
—— (Prince de), c^{el} du rég^{t} de Vintimille, c^{on} LXV c.
—— (De), cap^{ne} d'artillerie, 3467.
—— **de Rache**, 567.
Bergzabern (Baillis de). V. *Marck, Marx, Weiller*, etc.
Berillon, commissaire des guerres, 1839, 1941, 2137. 2157, 2183, 2301.
Beringhen (Henri, m^{is} de), brigadier, premier écuyer, 278, 344, 361.
—— (Jacques-Louis, m^{is} de), mar. c., grand écuyer, 822, 2131, 2142. 2271, 2273, A. 87, A. 88.
Beringo (Jos.), professeur de médecine à Perpignan, c^{on} LXVI.
Beringuier de Sabattier, chef d'une

compagnie franche, 3234, 3238, 3263.
Berioude (Casalar de), capne de garde-côtes, 3459.
Berkenroode (Lestevenon de), ambassadeur de Hollande à Paris, 3508.
Berlaymont (De), échevin de Landrecies, 2233, 2300.
Berle (Clément), de Dunkerque, 3535.
Berlier (De), 3664.
Berlize (De), commissaire de la 1re cie des Mousquetaires, 1941.
Berlo (De), 271, 333, 342, 343, 345, 446, 457, 486, A. 89.
—— **de Brus** (Ferdinand de), évêque de Namur, 1649, 1738, 1839, 2080, 2085.
—— (Paul-Godefroy de), évêque de Namur, 3143, 3201.
—— **de Francdouaire** (De), 2137, 2140, 2270.
Berlot, 670.
Bermoise (De), échevin d'Abbeville, 2222.
Bermond de Castelas, capne au régt de Normandie, 1792.
Bermond (Marquis de), officier, 5578.
Bermont (De), commissaire des guerres, 1944, 2142, 2159, 2160, 2387.
—— V. *Cazier.*
Bern, 3158.
Bernage (Louis de), intendant, 1286, 1287, 1289, 1318, 1428, 1468, 1483, 1524–1526, 1605, 1608, 1660, 1661, 1674, 1759, 1850, 1858, 1900, 1972, 2036, 2081, 2087, 2096, 2132, 2139, 2150, 2152–2154, 2157–2160, 2167, 2183, 2184, 2216, 2219, 2221, 2224, 2226–2230, 2232, 2269, 2299, 2302, 2304, 2308, 2310–2312, 2370, 2371, 2375–2388, 2407, 2422, 2444, 2445, 2447, 2448, 2468, 2524, 2547, 2558, 2559, 2561, 2575, 2619, 2622, 2642, A. 89, A. 90.
—— (Louis-Basile de), prévôt des marchands de Paris, 2968, 2979, 3027, 3136, 3143, 3202, 3461. — Cf. le suivant.
—— **de St Maurice** (Louis-Basile de), intendant, 2622, 2702, 2703, 2708, 2709, 2739, 2771, 2792, 2850. — Cf. le précédent.
Bernage de Chaumont (De), 3225.
—— **de Vaux** (J.-L. de), intendant, 3182, 3184, 3185, 3187, 3255, 3260–3262, 3291, 3308, 3309, 3335, 3460, 3504, 3509, cons XVIII, XXVII.
Bernancourt (De), administrateur du Boulonnais, 3709.
Bernanos, lieutt au régt de Bouhyer, 2244.
Bernard, 97, 98, 275–282, 284–287, 332, 333, 337, 510.
—— capne au régt de Normandie, 987.
—— (Samuel), financier, 1468, 1491, 1498, 1519, 1524, 1526, 1538, 1595, 1699, 1855, 1896, 1897, 1942, 2020, 2031, 2046, 2082, 2104, 2131, 2134, 2144, 2185, 2214, 2221, 2263, 2269, 2271–2273, 2299–2301, 2308, 2337, 2338, 2371, 2421, 2732.
—— (De), commissaire des guerres, 1483, 1484, 1549, 1551, 1644, 1830–1832, 1841, 1941, 2085, 2087, 2219.
—— (Mme de), femme du précédent, 1832.
—— ingénieur ?, 1501. — Cf. *Rosmain.*
—— capne au régt de La Chau-Montauban, 1674, 1759.
—— officier, 1830.
—— lieutt-cel du régt Dauphin-dragons, 1862, 1876, 2447.
—— de Genève, 1872.
—— officier, 1879.
—— capne de cavie, 2039, 2042.
—— lieutt au régt de Magnières, 2042.
—— 2092, 2093.
—— (Chr), lieutt-cel de cavalerie, commandant à Hyères, 2135, 2138, 2188, 2213, 2251, 2268, 2270, 2400, 2463, 2466, 3127. — Cf. le suivant.
—— commandant à Antibes, 2609, 2610, 2620, 2622, 2634, 2655, 2664, 2676. — Cf. le précédent.
—— capne au régt de Désangles, 2138.
—— capne au régt de Louvigny, 2141, 2142.

Bernard, 2145.
—— 2162.
—— consul à Orange, 2188.
—— brigadier dans les Gardes du corps, 2266.
—— 3198.
—— marin, 3451.
—— (Jean), carme, aumônier de la Marine, c^{on} XLIII.
—— chirurgien du rég^t Royal-Champagne, c^{on} LXV.
—— directeur d'hôpital, c^{on} XXXVI.
—— **de Gorcey**, cap^{ne} au rég^t de Condé, 1857.
—— V. *Rosnain*.
Bernardoni, résident de France à Coire, 2788, 2789.
Bernardot, membre de la Chambre d'agriculture de Port-au-Prince, 3764.
Bernardy, enseigne au rég^t de Damas, 1862.
—— consul à Saint-Paul-du-Var, 3262, 3314.
Bernart, conseiller à la Cour souveraine de Mons, 2135.
Bernaville (De), gouverneur de la Bastille, 2130, 2139, 2142, 2371, 2412.
Bernay (De), 102.
—— (Abbé), 516.
Bernclau (De). V. *Bärnclau*.
Berne (magistrats, etc., de la ville et du canton de), 245, 259, 331, 383, 467, c^{ons} XXXIX, LXIII.
—— (De), major de la place de Kirn, 969, 987, 997.
—— (De), major de la citadelle de Bayonne, 1892, 1982, 2400.
Bernède (Bernard), commis à Bordeaux, 2133.
Bernes (Joseph, comte de), général au service de l'Empire, 2798, 2799.
Bernets (De), 276, 279.
Bernetz (Ch^r de), officier, 3417, 3498, 3538, 3540.
ernhold (Sigefroid de), mar. c., 2134, 2138.
—— (De), officier au rég^t Royal-Suédois, 3110.
Bernholt (De), 279.
Bernholtz (Phil.-Jacob de), gouverneur de Rhinfeld, 56.
Bernier, lieut^t au rég^t de Tourville, 2418.
Bernier, chirurgien à Besançon, 3309.
—— commissaire des guerres, 3540, 3574, 3621.
—— aide de camp du m^{al} de Richelieu, lieut^t de roi d'Halberstadt, 32 s, 33 s, 72 s.
Bernières (Ch.-Ét. Maignart de), intendant, 1454, 1483, 1484, 1491–1493, 1499, 1551, 1554, 1563, 1644, 1656, 1741, 1755, 1766, 1830, 1840, 1895, 1937, 1938, 1940–1942, 1988, 2018, 2024, 2025, 2055, 2056, 2081, 2084–2087, 2089, 2134, 2137, 2144, 2149, 2154–2156, 2158, 2160, 2185, 2219, 2221, 2225, 2226, 2230, 2231, 2299, 2309–2311, 2313, 2370, 2371, 2374–2388, 2407, 2445, 2447, 2448, 2506, 2610, 3779, A. 89, A. 90.
—— (Nicolas-Maignart de), brigadier, 1648–1654, 1658, 1736, 1755, 1760, 1835–1839, 1936.
—— **de Bautot** (De), procureur général au parlement de Rouen, 1801, 2141, 2143.
Bernin (De), subdélégué à Pont-L'Évêque, 3493.
Berning, 39 s.
Bernis (Franç.-Joachim de Pierres, comte de), cardinal, ministre, ambassadeur, 3396, 3435, 3438–3440, 3443–3445, 3450, 3456, 3461–3464, 3472, 3474–3476, 3478, 3485, 3500–3502, 3505–3508, 3510, 3539, 3542, 3549, 32 s., 35 s.–38 s, 56 s., 62 s., 76 s, c^{ons} XXVI, XXIX.
Bernot. V. *Chavant*.
Bernothon, officier au rég^t Colonel-général de dragons, 2411.
Bernouille (De), cap^{ne} au rég^t de Rambures, 123.
Bernoville. V. *Bernouille*.
Bernoya (Don Pablo de), 2466.
Bernstorff (De), ministre de Danemark, 3086, 3135, 3137, 3216, 3391, 3394, 3396, 3403, 3406, 3469.
Berny (De), 419, 420.
Bernzau (De), gouverneur de Rheinberg, 889.
Beroaldi (Comte), chargé d'affaires à Bologne, 2842, 3064, 3065, 3071,

3118-3120, 3126, 3173, 3296, 3313, 3316, c^ons XVII, XVIII.
Beronne (De), 361.
—— (De), lieut^t-c^el du rég^t de Vendôme, 988.
Berquant (De), cap^ne, 2131.
—— (De), cap^ne au rég^t de Lannoy, 2345.
Berquen. prévôt de la maréchaussée de Strasbourg, 3257, 3259, 3260.
Berquin, 33 s.
Berre (De), gentilhomme provençal, 3177, 3293.
—— (Municipalité de), c^on LXV b.
Berré (De), major de Wissembourg, 2244, 2575.
Berrendy, cap^ne au rég^t de Piémont, 997.
—— major de Pampelune, 1862, 1884, 1885, 1892, 1981.
Berrier, 312.
—— ancien officier « dans les vivres et artillerie », 2144, 2145.
Berroyer-Dufresne, entrepreneur de fournitures en Normandie, 2273.
Berry (Ch. de France, duc de), A. 88.
—— (De), command^t à Gand, 3144, 3260, 3280, 3309, 3325.
Berry-cav^ie (conseil d'adm^on du rég^t de), c^on LXIII.
Berryer (Nic.-René), intendant de Poitou, puis lieut^t-g^al de police à Paris, puis ministre de la Marine, 3202, 3207, 3260, 3278, 3308, 3309, 3336, 3387, 3509, 3532-3539, 3542, 3543, 3547, 3568, 3569, 3571, 3573, 3574, 3576, 3578, 3579, 3581, 3598-3599, 3603, 3604, 3624, 3627, 3629, 3635, c^ons XXVI, XXX, XXXI.
Berschky (De), 3541.
Bersin, 3316.
Bert, 5.
—— maître-d'hôtel de l'intendant Bouchu, à Grenoble, 1800.
Bertaud, ingénieur, 2411.
Bertaux, curé de Doulevant-le-Château, 2622.
—— (J.), concierge de la prison de Saint-Malo, c^on LXXVI.
Bertel, échevin de Saint-Dizier, 2143.
Bertellet (Ch^r de), consul de France à Livourne, 2885, 2887, 2900, 3173, 3292, 3416, 3638, 3644, 3647, 3661.
Bertellet (De), officier, 3178, 3260, 3262.
Berteuil (De), 997.
Berthaud (Guill.), habitant de Bourgoing, 20.
Berthe, cap^ne au régt^t de St-Germain-Beaupré, 2138.
—— contrôleur de l'hôpital de Verdun, 3125.
—— maire de Romans, 3708.
Bertheau, étapier à Blois, 2137.
Berthelin, maire de Troyes, 3387.
Berthelot, 226, 227, 238, 261-263; 265, 283, 292-294, 296, 337, 359-362, 405, 412, 414, 419, 420, 457, 612, 613.
—— (Franç.), fermier des poudres, commissaire g^al de l'artillerie, 887, 905.
—— 2143, 2220, 2271, 2273, 2697, 2724.
—— **de Belloy**, entrepreneur de fournitures de poudre, 2185.
—— **de Duchy** (J.-B.), munitionnaire, 1306, 1311, 1379, 1422, 1466, 1519, 1522, 1613, 1689, 1780, 1862, 1869, 1967, 1972, 2041, 2045, 2137, 2185, 2248, 2558, 2559, 2739, 2782, 2788, c^on XIV.
—— **de Pléneuf** (J. Et.), trésorier général de l'extraordinaire des guerres, commissaire général des poudres et salpêtres, directeur général de l'artillerie, 1217, 1286, 1313, 1466, 1518, 1519, 1594, 1595, 1613, 1614, 1699, 1764, 1795, 1870-1873, 1878, 1894, 1896, 1981, 1984, 1990, 2046, 2052, 2089, 2137, 2142, 2185, 2273, 2409, 2410, 2522.
—— **de Rebourseau** (Michel-Franç. de), mar. c., 1865, 1866, 1962.
—— **de Séchelles** (J. B.), munitionnaire, 902, 1093, 1113.
Berthet, curé de Cany, 2133.
Berthex, vicaire-g^al de Pignerol, 1766.
Berthier, 262, 265, 283, 292, 293.
—— commissaire des guerres, 1318, 1587, 1599, 1607, 1692, 1693,

1775, 1877, 1960–1962, 1965, 2045, 2102, 2174.
Berthier, cap^{ne} au rég^{t} de Saintonge, 1862.
—— (David-Nicolas), évêque de Blois, 2272.
—— (J.-B.), directeur du Dépôt de la Guerre, commd^{t} en chef le corps des ingénieurs-géographes, c^{on} LXXIII.
—— (L.-Alexandre), aide-m^{or}-g^{al} des logis, commd^{t} la garde n^{le} de Versailles, plus tard mar. Fr., prince de Wagram, c^{ons} LIII, LXV d., LXVIII, LXIX.
—— prêtre à Issoudun, 3182.
—— V. *Bertier.*
Berthin, lieut^{t} de roi au château de Sedan, 2340.
Berthion, procureur du roi à la maréchaussée de Vézelay, 1901.
Berthold (Frère), prieur des Carmes de Longwy, 2167.
Berthot (C.-L.-C.), membre du Directoire de la H^{te}-Marne, c^{on} LXV c.
Berthoton, officier municipal de Lyon, c^{on} LX.
Berti, « auditeur » à Monaco, 3236.
Bertic, échevin de Chaumont-en-Bassigny, 2183.
Bertier, premier président au Parlement de Toulouse, 468.
—— secrétaire des commandements de l'électeur de Bavière, 1150, 1164.
—— aide-major de Montmeillan (service de Savoie), 1876.
—— commissaire ordonnateur, c^{ons} LIII, LXV f, LXVI, LXX, LXXI, LXXVI. — Cf. *Bertier de Sauvigny.*
—— premier président à Pau, 1983.
—— V. *Berthier.*
—— **de Sauvigny** (L. J. et L. Bénigne), intendants, 2967, 2968, 2979, 3014, 3015, 3017, 3059, 3060, 3062–3065, 3115, 3182–3187, 3204, 3258–3260, 3262, 3308, 3309, 3387, 3694, 3699, c^{ons} XV, XXXIX, XLIX a.
—— enfants mineurs de l'intendant L. Bénigne, c^{ons} LXIX, LXXI.
Bertin (Sœur Mar. Madel.), supérieure de l'hôpital Saint-Jean, à Aire, 2219.
—— trésorier de France en Champagne, 2729.
Bertin, 3392.
—— lieut^{t} de maréchaussée à Laon, c^{on} XVIII.
—— (Jean), membre du Directoire du département d'Ille-et-Vilaine, c^{ons} LXV b, LXV f, LXVI.
—— (H.-Léonard-J.-B., comte de Bourdeille, ch^{r}), intendant, lieut^{t}-g^{al} de police, contrôleur g^{al} des Finances, 3406, 3407, 3469, 3508, 3568, 3575, 3577, 3578, 3598, 3599, 3602, 3605, 3625, 3629, 3639, 3674, 3685, c^{ons} XXI, XXXV–XXXVII, XXXIX, XLII.
—— **de Fratteaux**, cap^{ne} au rég^{t} de Saint-Jal, 3123.
Bertinez (De), officier au rég^{t} de Polignac, 3310.
Berton (De), gouverneur de la province de Suse, 3119.
—— chirurgien m^{re} à Rochefort, 3745.
Bertoncelle (De), officier, 1264, 3086.
Bertot (Jacques), commis des Finances à Avignon, 2131, 2251, 2371, 2399.
Bertoul (Louis-Franç. de —, sgr d'Hauteloque), gentilhomme d'Artois, A. 89, A. 90.
Bertran, consul à Perpignan, 2135, 2254.
Bertrand, 133, 419.
—— (Hugues), chartreux, 1759.
—— (Ch.), garde-magasin d'artillerie, 1832, 1841.
—— directeur de la poste à Perpignan, 1892.
—— (Mme de), à Nancy, 2138.
—— (Jean), entrepreneur de la fourniture des fourrages à Verdun, 2140.
—— l'aîné, de Vitrey, 2268.
—— subdélégué à Ribemont, 2273, 2415.
—— lieut^{t} dans une compagnie franche d'inf^{rie} palatine, 2452.
—— 2664.
—— cap^{ne} au rég^{t} de Languedoc, major du fort St-Louis (Sénégal), c^{on} XLVII.
—— assesseur des consuls d'Avignon, 3175.
—— (De), officier au rég^{t} Royal-Deux-Ponts, c^{on} LV.

Bertrand, échevin de Marseille, 3311, 3396.
—— (Louis), c^{on} LX.
—— 3180.
—— 3708.
—— ancien officier, 3727.
—— **de Molleville** (De), intendant, 3745.
—— **des Terriers** (Franç.), maire de Nemours, 2418.
Bertrandy (De), 278.
—— (Franç.-Maurice de), officier au $rég^{t}$ de Nice, 3007.
—— (Ch^{r} de), $commd^{t}$ à Rodemack, 3698, 3759.
Bertrichamps, 2851.
Bertucheff (Comte de), vice-chancelier de Russie, 2982.
Béru, major du $rég^{t}$ Commissaire-général, c^{on} LXV c.
Bérulle (Pierre de), intendant, puis premier président du parlement de Grenoble et commandant en Dauphiné, 887, 902, 904, 906, 1116, 1286, 1289, 1525, 1526, 1611, 1689, 1702, 2040, 2041, 2101, 2398, 2400, 2412, c^{on} V.
—— (J. Thomas, m^{is} de), $lieut^{t}$-g^{al}, 1861.
—— (De), $commd^{t}$ au Fort-les-Bains, puis au fort de Médoc, 1892, 2337.
—— (Amable, m^{is} de), premier président du Parlement de Grenoble, 3749, c^{on} LIV.
—— (De), c^{on} XXII a.
Berval (De), commissaire des guerres, 1985, 2255, 2328.
Berville (De), major au château de Bouillon, 1833.
—— (Ch. Le Gendre de), $lieut^{t}$-g^{al}, 1951, 2139, 2219, 2220, 2269, 2301, 2969.
—— (Pierre-Hyacinthe Le Gendre, m^{is} de), $lieut^{t}$ g^{al}, 3039, 3438, 3492–3497, 3502, 3506, 3509, 3532–3535, 3537, 3542, 3545–3547, 3570–3572, 3576, 3598, 3600, 3620, 3623, c^{on} XXX.
—— (Éléonore d'Estaing, dame de), 3135.
—— V. *Estaing* (D').
Berweiller, $lieut^{t}$ de la compagnie franche de Freinfelt, 2167.
Berwick (Jacques Fitz-James, duc de), mar. Fr., 1549, 1550, 1555, 1604, 1644, 1654, 1700, 1786–1789, 1793, 1794, 1876, 1877, 1906, 1907, 1958, 1973, 1974, 1976–1978, 1982, 1984, 1986, 1988, 2048–2050, 2058, 2078, 2081–2084, 2086, 2087, 2089, 2091–2093, 2104, 2108, 2149, 2151, 2153, 2170–2172, 2174, 2175, 2180, 2215, 2220, 2247–2249, 2251, 2258, 2262, 2269, 2271, 2305, 2325, 2326, 2335, 2343, 2346, 2398, 2400, 2406–2408, 2412, 2466, 2488, 2524, 2538, 2539, 2558–2562, 2564, 2575, 2609, 2619, 2620, 2622, 2630–2632, 2635, 2678, 2679, 2697–2701, 2703, 2706–2709, 2712, 2713, 2723–2730, 2741, 2744–2746, 2752, 2766, 2768, 3127, 11 s, c^{ons} VII, VIII, X.
—— (Maréchale de), 2049.
—— (Conseil d'adm^{on} du $rég^{t}$ de, LXII.
Bery (Sébastien), concierge des prisons de la citadelle de Metz, 2131.
Besalt, 411.
Besançon (Municipalité, députés, clergé, etc., de), 225, 516, c^{ons} LXV b, LXV d. — Cf. *Arvisenet, Bacquet, Boisot, Buretel, Caseau, Doroz, Du Verdier, Duz, Ferrières, Flusin, Franchet, Frémand, Gallet, Gellade, Gillebert, Grillet, Jannon, Jobelot, La Forest, Lampinet, Le Febvre, Marlet, Marquis, Migard, Mirandé, Monnin Monnot, Mouret, Neveu, Noironte, Patouillet, Petremand, St-Amour, St-Germain, Sylvestre, Trélans*, etc.
—— V. *Bezançon.*
Besant (De), 106.
Beschard, c^{on} LXXVI.
Besenval (De), 2928. C^{on} III.
—— (J. Victor, baron de), $lieut^{t}$-g^{al}, 1654, 1946, 2035, A. 76.
—— (Jacques-Ch., baron de), $lieut^{t}$-g^{al}, 2723, 2739, 2782, 2784, 2790.
—— (Jos.-Victor-Pierre, baron de), $lieut^{t}$ g^{al}, 3474, 3478–3482, 3505, 3506, 3518–3520, 3554, 3562, 3740, 3749, c^{ons} LI, LIV, LV.
—— **de Brunstadt**, 2093.
Besins (De), archiprêtre de St-Béa

au diocèse de Comminges, 2562, 2631.
Beslot, ingénieur ?, 670.
Besmans (De), cap^{ne} de chevau-légers, 110, 123.
Besmaux (De), gouverneur de la Bastille, 360.
Besnard, 2890, 3141, 3143, 3200, 3204, 3206.
Besnerays (De), cap^{ne} au rég^{t} de Lannion, 2264.
Besombes (De), major de l'île de Ré, 1705, 1802, 1832, 2133, 2143.
Besomby (Ch^{r} de), officier au rég^{t} de Navarre, 958.
Besons (De), intendant, 106, 110, 116, 118, 119, 133, 157, 158, 182, 183, 295, 360, 392, 393, 672.
—— (Louis Bazin de), intendant, 791, 795, 821, 837, 902–906, 1013, 1015–1017, 1175, 1108, 1109, 1116, 1175, 1241, 1282, 1284–1287, 1379, 1428, 2522.
—— (Jacques Bazin de), mar. Fr., 945, 946, 1483, 1492, 1583, 1585, 1586, 1589, 1594, 1611, 1683, 1685–1688, 1691, 1693, 1777, 1896–1899, 1938, 1966, 2039, 2041–2043, 2104, 2105, 2133, 2144, 2170, 2177, 2178, 2237–2239, 2243, 2255, 2271, 2272, 2318, 2319, 2323, 2343, 2391, 2393, 2411, 2412, 2453–2461, c^{on} VII.
—— (Armand-Bazin de), archevêque de Bordeaux, 2133, 2134, 2417, 2587.
—— (Maréchale de), 2138.
—— (Jacques-Ét., ch^{r} de), colonel du rég^{t} de Beaujolais, 2728.
—— (Jacques-Gabriel, m^{is} de), lieut^{t}-g^{al}, 3044.
—— (De), officier au rég^{t} de Beaujolais, 3262.
—— (Armand-Bazin de), évêque de Carcassonne, 3226.
Bessan, 3183, c^{on} XVIII.
Bessano, syndic de Pignerol, 119.
Bessay (De), 133, 134, 158.
Besse, 466.
—— (De), lieut^{t}-c^{el} du rég^{t} d'Angoumois, 3326.
Besse (Jacques-Jos.-Marie), député d'Avesnes, c^{on} LXV f.
Bessé (De), 271, 293, 294.
Besser, conseiller au présidial de Metz, 1754.
Bessières, comm^{re} ordonnateur, c^{on} LXV e.
Bessin, chanoine d'Évreux, 2132.
Bessner, cap^{ne} au rég^{t} Royal-Deux-Ponts, 3559–3564, 3589, 3590, 3607–3609, 3630.
—— (Baron de), gouverneur de la Guyane, 3764.
Besson, syndic de Seyssel, 1701.
—— (Ant.), entrepreneur, à Marseille, d'une fourniture de lits, 1862, 1880, 1897.
—— (Pierre), 1898.
—— curé de Montmélard (diocèse d'Autun), 2133.
—— cap^{ne}, 3418.
—— chargé d'une mission à Coblentz, 3488.
Bessy (De), major des Gardes d'Espagne, 2134.
Betagh (De), mestre-de-camp, 3137.
Betauld, échevin de Chalon-sur-Saône, 2139.
—— **de Chemauld** (Louis, m^{is} de Chemauld), cap^{ne} au rég^{t} d'Orléanais, 2130.
Betel, 420.
Béthisy (Eug. Eust., c^{te} de), 3720.
—— (Ch^{r} de), 3721.
Bethman, armateur à Bordeaux, 3602.
Béthune (Maires, échevins, bourgeois, etc., de), 134, 137, 158, 1255, c^{ons} LX, LXV b. — Cf. *Bailliencourt, Boidin, Boisrond, Dalenne, Dourlans, Gourdin, Hinge, Keppel, Le Roy, Marcadet, Marcé, Ornaison, Roullon*, etc.
—— (Officiers de la garnison de), 259.
—— (Louis, comte de Charost, puis duc de), 106, 116, 117, 133, 137, 279, 327, 328, 360–362, 389, 451, 452, 501, 502, 547.
—— (Mis de), 118, 411.
—— (Duc de), 157, 268, 276, 345, 360, 361.
—— (Louis-Marie-Victoire de Béthune-Selles, comte de), mar. c., 793, 795, 995, 1435, 1846, 2791, 3075.

Béthune (Hippolyte de), évêque de Verdun, 795, 1504, 1857, 1965, 2137, 2245, 2396, 2420.
—— (M^ise^ de), 995, 2131, 2139, 2270.
—— (Mis de), 2132.
—— aide-major au rég^t^ de Thourotte, 2132.
—— (L.-Pierre-Maximilien de Sully, duc de), colonel du rég^t^ de La Reine-Inf^rie^, 2133, 2137, 2230, 2273.
—— (De), échevin du Quesnoy, 2140.
—— (De), cap^ne^ d'une compagnie franche du service d'Autriche, 3088.
—— (Paul-François, duc de), lieut^t^-g^al^, 3418.
—— (Mme de), 3469.
—— (Armand, m^is^ de), lieut^t^-g^al^, 3503, 3544, 3545, c^ons^ XXVII, XXXIII.
—— **Chabry** (Mis de), cap^ne^ au rég^t^ de Forsat, 2130.
—— **Charost** (Mis de), 117, 119.
—— (Cte de), 259.
—— V. *Charost.*
Betes ? (De), gouv^r^ de Gueldre, 1645, 1651, 1653, 1654, 1658. — Cf. *Bette.*
Betou (De), lieut^t^ de roi à Grave, 276, 278–280, 282, 294, 296, 311, 332–334, 336, 397, 450, 505, 599, 600.
—— (De), gouv^r^ de Condé, 891, 956, 1146, 1258, 1259, 1318.
Betouzet (De), lieut^t^ de roi de Navarrenx, c^on^ LIII.
Bettancourt (De), cap^ne^ au rég^t^ de Murat, 1857.
Bette (Pierre-Gérard, b^on^ de), officier au rég^t^ de Droñhot, 2313.
Bettefort, officier m^al^ d'Amiens, c^on^ LXV c.
Bettendorff (De), gouv^r^ d'Ulm, 1748, 1751.
Bettens (Georges-Mannlich de), lieut^t^-g^al^, 2041, 2417, 2785.
Bettex. V. *Du Bettex.*
Bettin (De), cap^ne^ d'une compagnie franche, 1855, 2324, 2343.
Bettschart (B^on^ de), grand-bailli de Bleistein, 3159.
Betz (Gaspard-Adam), chanoine de Worms, 2095.
Beudin, 3549.
Beugnier, bailli de Saint-Vincent, 2025.
Beugny (De), lieut^t^ de roi de Saint-Brieuc, 3188.
Beumont (De), cap^ne^ au rég^t^ de Champagne, 3461.
Beurges (MM. de), cap^nes^ au rég^t^ de Pons, 2703.
Beurrier, commissaire des guerres, 116.
Beuvellet (Jacques), concierge de la Haute-Pierre à Metz, 2033, 2242.
Beuvery (Jean de), lieut^t^ de la compagnie de Wolf, c^on^ LXXXVI. — Cf. *Beuvry.*
Beuvron (Mis de), 106, 117, 392, 393.
—— (Franç. III d'Harcourt, m^is^ de), 837, 902–905, 961, 1205, 1241, 1257, 1287, 1313, 1428, 1610, 1704, 1801, 1802, 1895, 1896.
—— (Angélique Fabert, m^ise^ de), 2135, 2140.
—— (Anne-Franç. d'Harcourt, ch^r^, puis m^is^ de), lieut^t^-g^al^, 3503, 3543, c^on^ XLVII.
—— (Duc de), c^ons^ LIII–LV, LX–LXIII.
—— (Marie-Catherine Rouillé, m^ise^ de), 3506.
—— V. *Harcourt.*
Beuvry (Le Pileur de), 3562, 3565, 3627. — Cf. *Beuvery.*
Beuyer (De), command^t^ au château d'Asti, 2038.
Beuzeville (César-Ant. de La Luzerne, comte de), mar. c., 2271.
Bevalet, «commis pour les lits des troupes», 997.
Beverfoerde (De), 1572.
Bevern (De), 2093, 2094.
—— (Ferd.-Alb., prince de), 2166, 2240.
—— (Ch., prince de), 3525.
—— (Duc de), 3592.
Bevière, échevin d'Avesnes, 2219, 2222.
Bevilacqua, nonce à Vienne, 535.
Béville (Brucourt de), 2130.
—— (De), ingénieur ?, 3673, 3691, 3741.
—— (De), aide-m^al^-g^al^ des logis, c^on^ XLIV, XLIX, XLIX a.

Beyerlé, colonel des Volontaires d'Alsace, 3391, 3403, 3407, 3471, 3485, 3505, 3513, 3514, 3516, 3519, 3710.
Beynat, major de la place de Saint-Omer, 2788.
Beynes (De), garde-magasin à Hameln, 65 s.
Bezançon (Ch. de Bazoches, b^on de), lieut^t-g^al, 117, 118, 119, 134, 137.
Bezay. V. *Bénard*.
Beze (De), officier m^al de Clamecy, c^on LVII.
Béziers (Clergé, magistrats, etc., de). V. *Berard, Pastre*, etc.
Bezu, cap^ne au rég^t de Brancas, 2133, 2136, 2144.
Biache (Ch^r de), cap^ne au rég^t de Lorraine, 1484.
—— 2979.
Biale (De), 1863.
Bialet, trésorier de la Marine, à Rochefort, 1895.
Bianchi, 354.
—— 1973.
—— (Francesco), corse, 3360.
Bianchini (Abbé), 1897.
Bianconi, corse, 3648.
Biarge (De), major du rég^t de Flandre et de la place d'Ajaccio, 3539.
Biaudos-Castéja (Stanislas), c^ons LXV b–LXV d. — Cf. *Casteja*.
Bibans (De), cap^ne au rég^t de Bergeyck, 2136.
Biber, secrétaire du roi Stanislas Leczinski, 2575.
Biberon, lieut^t-criminel de Melun, 359, 360.
Bibberegg. V. *Reding*.
Bibo (Abbé), 354.
Bichard, 2056.
Bichebois, cap^ne au rég^t de Saint-Léger, 2371.
Bicheret, cap^ne au rég^t d'Houdetot, 2145.
Bicquet, 2445.
Bicquilley, lieut^t-g^al de police à Toul, 2321.
Bida, échevin de Sedan, 958.
Bidache (De), lieut^t de vaisseau, 2488.
—— (Jacques de), cap^ne au rég^t d'Annevoux, 92.
—— c^on XVI.
Bidal, envoyé à Hambourg, puis à Hanovre, 284, 459, 460, 469, 631, 633, 668, 703.
—— (Mme), 488, 490–497, 507–509, 535, 536, 557–561, 566, 606, 607.
—— (Abbé), 889, 1238, 1552, 1561, 1648.
—— 889, 1238, 1552, 1561, 1648.
—— V. *Asfeld*.
Bidaud, c^on I.
Bidault, maire de Niort, 118.
—— (Louis), médecin au Lude, 2135.
Bidé. V. *La Grandville*.
Bideran, cap^ne au rég^t de La Marine, 2135.
Bidet, échevin de Reims, 2270.
Bidey, cap^ne au rég^t de La Fons-La Ferté, 2270.
Bidier, maire de Maubeuge, 1738.
Bie (de), command^t à Nieuport, 3492, 3500, 3533, 3577, 3588, 3605. — Cf. *Bye*.
Bielke (B^on de), 559.
—— (De), colonel réformé du rég^t Royal-Allemand, 1556, 1743, 1832, 1897, 2032, 2169.
Bienassise (Jacomel de), cap^ne au rég^t de La Reine, puis lieut^t de roi à Nice et à Thionville, 1855, 2034, 2035.
—— (Ant. Ch. Jacomel de), mar. c., command^t à Calais, c^on LXV c.
Biencourt (Barthélémi de), prévôt des marchands de Chalon-sur-Saône, 1690.
—— (De), major du rég^t Mestre-de-camp-g^al-cav^ie, 3007.
Bienvennat, officier m^al de Bourges, c^on LXV c.
Bienville, 1856.
—— 2592.
—— (De), officier au rég^t de Bourbon-dragons, c^on LXV b.
Biercourt (De), 3589.
Bierset (B^on de), gentilhomme liégeois, 3584. — Cf. *Vierzet*.
Bies (De), lieut^t-c^el du rég^t de La Reine, 119, 123, 128, 141.
Biet (De), lieut^t-g^al civil de Tours, 904.
—— commissaire des guerres, 1609, 2145, 2268.

Biéville (De), cap^{ne} au rég^{t} d'Agénois, 1832, 2137.
Bigal, officier, 3136.
Bigarré, membre du Directoire du Morbihan, c^{on} LXV c.
Bigars, cap^{ne} au rég^{t} d'Auxerrois, 2137.
Bigat, cap^{ne}, 3540.
Bignicourt (De), 358.
Bignon (Jérôme), intendant à Amiens, puis prévôt des marchands à Paris, 1147, 1205, 1216, 1264, 1284–1286, 1289, 1312, 1379, 1400, 1468, 1483, 1484, 1524–1526, 1551, 1657, 1700, 1741, 1831, 1840, 1946, 2017, 2024, 2025, 2053, 2087, 2183, 2335, 2341, A. 89.
—— (J.-P.), abbé, membre de l'Académie française, 2136, 2412.
—— intendant, 2936.
—— lieutenant de maire à Falaise, 3495.
—— **de Blanzy** (Armand-Roland), intendant à Paris, 2187, 2266, 2268, 2345, 2418.
Bigny (Ch^{r} de), cap^{ne} au rég^{t} de Normandie, 1861, 1898.
—— (De), lieut^{t}-c^{el} du rég^{t} de Noailles, 1952, 1955, 2107.
Bigonnez, trésorier provincial de l'artillerie en Bretagne, 3633, 3641, 3645, 3672, 3761.
Bigorre (De), auteur d'une «*Épître sur l'illustration de la monarchie française*», 516.
Bigot, 6.
—— (Franç.), intendant de la Marine, 3404, 3405, 3417, 3457, 3499, 3540, 3574.
—— **de Morogues**, 3409.
—— **de Saint-Simon**. V. *St-Simon.*
Bigres, 98.
Biguet, maître de poste en Languedoc, 1707.
—— directeur à Charleville, 2702.
Biguignon (Marie Aubrion, dame), 2133.
Bihorel, command^{t} la brigade de maréchaussée de Saint-Servan, c^{on} LXXVI.
Bilderbeck (De), officier au rég^{t} de Bercheny, 3017.
Bilderberg (De), résident de Hollande à Cologne, 995.
Bilistein (B^{on} de), auteur de mémoires, 3700.
Billancour (De), cap^{ne} au rég^{t} de Du Fief, 2324.
Billand. V. *Bylandt.*
Billard (Nic.), commissaire des guerres, c^{on} LXXXVI.
—— **de Charenton** (Ch^{r}), cap^{ne} au rég^{t} de Médoc, 3244.
—— **de Chiville**, major du rég^{t} Dauphin-cav^{ie}, 3689.
Billaud (De), chirurgien-major à Belfort, 2243, 2393.
Billault (De), cap^{ne} au rég^{t} Royal-inf^{rie}, 988.
Billecard, 3741.
Billeheu (De), cap^{ne} au rég^{t} de Lannoy, 2345.
Billerey, syndic de la noblesse de Basse-Alsace, 2144.
Billet, commis des fortifications, 1973, 1974.
—— (Marie Hancart, dame), de Givet, 2138.
Billeton, aide-major de la milice bourgeoise d'Auxerre, 3258.
Billi, consul à Sospello, 3262.
Billiart (Louis), religieux récollet, 2140.
Billiaz (Ch^{r} de), 1873.
Billon (Abbé de), 516.
Billot, ancien aide-major de la place de Luxembourg, 2142.
—— procureur général syndic du département du Doubs, c^{on} LXV.
Billy (De), commissaires des guerres, 966, 967, 971, 983, 992, 1305, 1379, 1840, 1942, 2025, 2085, 2299, 2800, c^{on} XVI.
—— (De), ingénieur, 1855.
—— (De), lieut^{t}-c^{el} du rég^{t} de Champagne, 2371.
—— (De), officier au rég^{t} de La Reine-cav^{rie}, c^{on} LXIV.
Bimont (Jean de), sieur de Marsy, cap^{ne} au rég^{t} de Rambures, 123.
Binder, conseiller aulique, 3634.
Binet (Don Pedro-Pablo), premier régidor de Jaca, 2177.
—— chanoine à Verdun, 2679.
—— premier valet de chambre du Dauphin, 3085, 3206.
Binninguer, 3407.
Binos (De), cap^{ne} d'une compagnie de milice, 1862, 1899, 1904.

Binos (De), gouverneur de Bagnères-de-Luchon.
—— (J. Matheo de), 2257.
Bioche (Pierre), directeur et receveur p^{al} des droits de confirmation dans les évêchés de Saint-Malo et de Dol, c^{on} LXXV.
Bion, veuve d'un marchand messin, 1856.
Biost de Mauby, lieut[t] au rég[t] de Bretagne, 1831.
Bioulles (Comte de), 134, 182.
Birago (Lodovico), 3.
Birague (de), chancelier, 3.
—— (Mme de), 3308.
—— **-Lisledon** (De), lieut[t] de la capitainerie à Montargis, 3184.
—— **-Romainville** (De), cap[ne] au rég[t] de Navarre, 1907.
Birckholtz (De), général saxon, 2920, 2921.
Biré (De), trésorier de l'artillerie, 3633, 3762, c^{on} LXVIII.
Birkenfeld (Magistrats, bourgeois, etc., de). V. *Jacoby*, etc.
—— (Prince palatin de), 344, 347, 349, 411, 467, 547, 564, 566, 603.
—— (Chrétien II de Bavière, prince de), lieut[t]-g^{al}, 793, 880, 997, 2031, 2035, 2140, 2173, 2320, 2323. — Cf. le suivant.
—— (Chrétien III de Bavière, prince de), 1380, 1425, 1438, 1484, 1573, 1579, 1654, 1661, 1751, 1753, 1754, 1832, 1843, 1844, 1847, 1857, 1900, 1955, 2030, 2131, 2134, 2138, 2141, 2145, 2242, 2244, 2392, 2538, 2609, 2620, 2634, 2677, 2700.
—— (Fréd. Bern., prince de), 2687.
Birman, 508.
Biroat, maire de Bazas, 1903.
Biron (Ch. Arm. de Gontaut, m^{is}, puis duc de), mar. Fr., 1582, 1938, 1943–1945, 2018, 2022, 2271, 2456, 2619, 3030, 3088, c^{on} XVIII.
—— (Ch[r] de), cap[ne] au rég[t] de La Force, 1986.
—— (De), 2135.
—— (L. Ant. de Gontaut, comte, puis duc de), mar. Fr., 2761, 2810, 2916, 2948, 2981, 2989, 3692, 3694, 3732, 3754, 17 s, 35 s–36 s, c^{on} XLIII.
Biron (Armand-Louis de Gontaut, duc de Lauzun, puis de), $gén^{al}$ en chef, 3615, c^{ons} XLIX a, LXXI.
—— (De), c^{el} des hussards de Lauzun, c^{on} LXVI. — Cf. les précédents.
—— (De), commissaire des guerres, 3178, 3721.
—— officier municipal de Cosne-sur-Loire, c^{on} LXV b.
—— Voir *Gontaut* et *Lauzun*.
Bis (De), premier président du Parlement de Rouen, 118.
Bisaccia (Duchesse de), 2047.
Bisacha ? (Duc de), général d'artillerie du service d'Espagne, 1653.
Bischel (De), commissaire autrichien, 3218.
Bischof, 3008, 3395.
Bischwiller (Garnison, etc., de). V. *Duvernon*.
Biscourt, officier au rég[t] de Maubourg, 1943.
—— V. *Seroux*.
Bisseau (Hersent de), lieut[t] au rég[t] de Navarre, 1855.
Bisset (De), 396.
Bissière (De), 3140.
Bisson, major du rég[t] de Savoie-Carignan, 3745.
—— (De), lieut[t]-c^{el} du rég[t] d'Angoulême, c^{on} LXIX.
Bissuit ? (De), 3162.
Bissy (De), 182, 190, 225, 275–279, 282, 284, 325–327, 342–348, 393–395, 410, 413, 414, 416, 436, 455, 459–461, 468, 507–509, 557, 560, 566, 607, 609, 613, 629, 663, c^{on} III. — Cf. le suivant.
—— (Claude de Thiard, m^{is} de), lieut[t]-g^{al}, 668, 671, 727, 734, 793, 795, 837, 880, 883, 967, 990, 1163, 1323, 1367, 1436, 1465, 1501, 1502. — Cf. le précédent.
—— (Jacques de Thiard, m^{is} de), lieut[t]-g^{al}, 1862–1868, 1872, 1873, 1968, 2703, 2725, 2891.
—— (De), fils du précédent, officier, 1785, 1861, 1862, 1961, 2130, 2371.
—— (Anne-Louis-Henry de Thiard, m^{is} de), lieut[t]-g^{al}, 2730, 2736,

2923, 2924, 2940, 2941, 2946, 2956, 2969, 2981, 2982, 2989, 2990, 3000–3002, 3043, 3098–3100, 3139, 3142, 3147, 3225, 3227–3229, 3231, 3239, 3244, 3250–3253, 3276.
Bissy (Anne-Claude de Thiard, m^is de), lieut^t-g^al, 2752, 3060, 3178, 3179.
—— (Claude de Thiard, comte de), lieut^t-g^al, 3562.
—— (baron de), c^on XIX.
Bisy (De), c^on LXX.
Biston, subdélégué à Valenciennes, c^ons LXV–LXV b.
Bitche (Échevins, etc., de), c^on LXX. — Cf. *Hoffmann, Legeret, Marcel, Maximin, Schossin*, etc.
Bitry (Barclier de), ingénieur, cap^ne au rég^t de Rouergue, A. 89.
Bitsch, officier au rég^t Royal-Allemand, c^on LXIII.
Bitton, 2268.
Bizoton, 419.
Bizouard, lieut^t au rég^t de Médoc, 418.
—— **de Coulonge**, commissaire des vivres, 2095, 2131.
Bizy. Voir *Bouville* et *Bisy*.
Blacas (De), 3444, 3467, c^on XXVII.
Blacons (De), colonel, 1660.
—— (N. d'Armand de), brigadier, 1857, 2035, 2135, 2138, 2242, 2370, 2789.
Blacquetot. V. *Caux*.
Blagnac (Ch^r de), officier au service de Savoie, 1900.
Blaigny (Mme de), 2139.
Blainville (J. Armand Colbert, comte d'Ormoy, puis m^is de), lieut^t-g^al, 969, 1267, 1495, 1550, 1552–1555, 1559–1561, 1566, 1575–1577, 1644-1648, 1656, 1661, 1670, 1676, 1677, 1679, 1741, 1748, 1750.
—— (De), 1608.
Blainvilliers (De), lieut^t, 1861.
Blair (Baron de), gentilhomme écossais, officier dans un rég^t autrichien, 3184.
—— V. *Boisemont*.
Blairfindy (Grant de), 3677, c^on XL.
Blaisel, avocat et député de Dunkerque, c^on LIV.
Blaisel, V. *Du Blaisel*.
Blaisot, maître des comptes à Chambéry, 1879.
—— directeur des fermes en Savoie, 1971.
Blaize, major du rég^t de Varennes, puis de celui de Tavannes-inf^rie, 1672, 1856.
Blakney, gouverneur anglais de Minorque, 3412.
Blamecour (De), cap^ne au rég^t de Guyenne, 2703.
Blamont (Curé de). V. *Dubief*.
Blanc (J. de), gentilhomme savoyard, 1968.
—— (De), colonel du rég^t d'Avignon (troupes du pape), 2133.
—— (De), lieut^t-c^el des dragons de St-Priest, 2244.
—— officier, 3263.
—— 3338.
—— économe des Minimes, à Toulon, 3708.
—— V. *Aigoin*.
Blanc de Vos, gentilhomme savoyard, 2044.
Blancafort (Élie de), cap^ne au rég^t de Picardie, puis lieut^t-c^el du rég^t de Palluau, 123.
Blancar, cap^ne au rég^t de Picardie, 1830.
Blanchard, officier au rég^t de Trécesson, 2242.
—— consul de Manosque, 2327.
—— comm^re des guerres, 3665, 3669, c^ons XLVIII, LVI, LXI, LXIII.
—— **de Laumondière**, maire de Condé-sur-Noireau, 2267.
Blanche (Ch^r Desmothes de), officier, 3417.
—— C^on XX.
Blanchefontaine (De), lieut^t au rég^t de Vermandois, 2268.
Blanchelande (De), cap^ne au rég^t de Grancey, 1686.
Blanchet, commissaire des guerres, 1331.
—— marchand boucher à Arras, 2141.
—— entrepreneur de fournitures de fourrages, 3180.
—— commandant à Axel, 3207.
—— cap^ne, gouverneur de Marsal, c^on LXXXVI.
Blancheton (De), colonel du rég^t de Tournaisis, 1861, 2543.

Blancheton de Thorey (J. B. de), brigadier, 2746, 2766.
Blanchi (Honoré), sénateur niçois, 1974.
Blanckart (Baron de), maître d'hôtel de l'électeur de Cologne, 411.
Blanckenheim (Comte de), 967, 970, 1159, 1265.
Blanco (Don Antonio), chanoine de Tolède, 1786.
Blandineau, chirurgien-major, 1966.
Blandrata (Georgio), 6.
Blangerval (Comte de), 2230, 2312, 2343.
Blangy (De), 3532, 3539.
—— (Pierre, m^is^ de), lieut^t^-g^al^, 3622.
—— (Comte de), c^on^ LXXVI.
—— V. *Bulleux.*
—— **de Louvencourt** (De), cap^ne^ au rég^t^ d'Espagny, 146.
Blanquart, prêtre, 3316.
Blanquefort (Mis de), 281,
—— **de Duras**, (De) 310.
Blanquet. V. *La Haye.*
Blany (Mis de), gentilhomme du Roussillon, c^on^ XXI.
Blanzac (De), cap^ne^ au rég^t^ de Périgord, 1830, 1945, 2371.
—— (Garde N^le^ de), c^on^ LXI.
Blanzy, ingénieur, 2312, 2621.
Blaquetot, V. *Caux.*
Blaru (De), officier, 3280.
Blary, chanoine et médecin à Cambrai, 3182.
Blau (De), major du rég^t^ d'Armagnac, c^on^ LVII.
Blavau (De), 3704.
Blay (De), commissaire des guerres, 1549, 1644, 1650, 1737, 1830, 1841, 1941, 1942, 2025, 2085, 2141, 2143, 2169, 2183, 2269, 2338, 2339.
Blaye (Gouv^r^, etc., de). V. *St.-Simon, Lamarstre*, etc.
Blecourt (J. Denis, m^is^ de), brigadier, 793, 997, 1466, 1522, 1601, 1694, 1695, 1706, 2140, 2178, 2188, 2253, 2255, 2328, 2329, 2332, 2506, 2522.
Blegier (Burel de), régisseur des vivres à l'armée de Rochambeau, c^on^ XLVIII.
Blenac (Ch. de Courbon, comte de), chef d'escadre, 3492, 3543, c^on^ XXVI.
Blenau, ingénieur à Bouchain, 2160.
Blengues (De), cap^ne^ au rég^t^ d'Orléans-inf^rie^, 1883, 1892.
Blenon, commissaire des guerres, 1113.
Blespiel (De), 275, 284.
Blet (Alexandre de St-Quentin, comte de), mar. c., 2989, 3042, 3046, 3085, 3086, 3135, 3205–3207, 3275, 3280, c^on^ XX.
Bliescastel (Bourgeois, etc., de). V. *Duvernon*, etc.
Bligny. V. *Le Camus.*
—— (De), officier au rég^t^ de Grosbois, 1832.
Blin, lieut^t^ de roi de l'île de Ré, 2419.
—— procureur général syndic de l'Aisne, c^on^ LXIX.
—— **de La Chaussée**, député, membre de la Commission intérieure du Soissonnais, c^ons^ LVII, LXI.
Blincourt (De), 151.
Blischer (De), auditeur de la Chambre impériale, 2760, 2761.
Blissy (De), cap^ne^, 622.
Blochouze (De), 2725.
Blocq (De), 1738.
Blocqueau (B.), pensionnaire des provinces de Gueldre et de Luxembourg, 1832, 1943.
Blocquet, subdélégué à Neufchâtel-en-Braye, 2419.
Blocteur. officier de l'Hôtel-de-Ville de Sedan, 2169.
Blod (De), cap^ne^ au rég^t^ Dauphin-inf^rie^, 3338.
Blois (Maire, échevins, prévôt, bailli, lieut^t^-criminel, etc., de), 59, 65, 66, 195, 235, 422, 578, 627, 637, 640, 641, 654 *bis*, 659, 681, c^ons^ LXV d, LXV e, LXVII, LXX. — Cf. *Berthier, Boisguéret, Crussol, Hardouin, Marchais, Punchet, Villon, Sellezon, Rondin*, etc.
—— (De), sous-lieut^t^. d'une compagnie franche, 1856.
—— (De), cap^ne^ au rég^t^ de Toulouse, 2034.
—— (De), lieut^t^-c^el^ du rég^t^ Royal-inf^rie^, 3007.
—— V. *St.-Gobert.*
Blom, deux officiers au rég^t^ de Kerkem, 2242, 2243, 2370, 2393.

Blome (H.), Danois, 1832.
Blonay (Chr de), 3257.
Blondau, lieut au régt de Quercy, 3223, 3224.
Blondeau (Franç.), 87.
—— maire de Chalon-sur-Saône, 179.
—— subdélégué, puis intendant, 200, 201.
—— subdélégué à Pontarlier, 2739.
Blondel, 80, 88, 96, 125.
—— intendant, 512, 513, 543, 549, 564, 566, 567, 614, 667.
—— commis de Colbert de Croissy, 685.
—— de Sarrelouis, 711.
—— (Jacques-Horace), intendant du Hainaut pour l'Espagne, 730, 887, 888, 946, 1700.
—— contrôleur principal de l'artillerie, 2142, 2219, 2230.
—— (Louis-Augustin), ministre de France en Allemagne, 2609, 2707, 2712, 2724–2726, 2744, 2745, 2767, 2783–2787, 2789–2800, 2823, 2824, 2827, 2837, 2839, 2863, 2873, 2892, 2904, 2940, 2941, 2947, 2948, 2989, 2991, 2999, 3008–3012, 3040, 3044, 3051–3053, 3068, 3070, 3071, 3094, 3095, 3108, 3335, 3465, con XVI.
—— **d'Aubert**, procureur gal du Parlement de Flandre, 3032, 3033, 3069.
—— **de Beauregard**, A. 89.
—— **de Gaillardon**, commandant à Ribemont, 149.
Blondelle, maire de Mouzon, 2323, 2420.
Blondemare (De), 201, 204.
Blossac (Paul-Esprit-Marie de La Bourdonnaye, comte de–, marquis de Tymeur), intendant, 3449, 3452, 3493, 3501, 3510, 3538, 3544, 3574, 3579, 3741, con XXXI.
Blosses, 623.
Blosset, officier subalterne aux dragons de St-Priest, 2242.
—— (mis de), ministre plénipotentiaire en Danemark, 3687.
Blot, trésorier de France à Tours, 68.
—— 201–204, 622.
—— curé-doyen de Crécy-sur-Serre, 2415.
Blot de Chauvigny (Charlotte de), abbesse de Ste-Croix-lès-Apt, 121.
Blotfière (De), capne au régt de Laval, 3308. — Cf. *Blottefière.*
Blottefière (Comte de), lieut-col du régt d'Agénois, cons LXV a, LXIX, LXXI.
Blottesières (De), officier au régt d'Angoumois, 1855.
Blouin, 70, 76, 173.
—— héraut d'armes des Ordres du roi, A. 87.
Bluysen, fabricant de drap à Lille, con LIII.
Blye (De), 256, 269, 304, 310, 311, 364, 529, 564, 573, 597, 620, 624, 655, 676, 678, 680, 683.
Board, chanoine de la Ste Chapelle, à Paris, 147.
Bobenhausen (Bon de), colonel bavarois, 3160, 3167.
Bobignieu, officier au régt de Maubourg, 1943.
Boby Ramio y Passas (Don), 2048.
Bocanglé (De), officier d'artillerie, 51.
Bocbert (De), lieut, 147.
Boccard (Michel), fauconnier du roi, 101.
—— (Franc.-Phil. de), lieut-gal, 3463, 3478–3480, 3495, 38 s., 41 s.
Boccatière (De), 196.
Boccavilliers (De), officier, 96, 102, 131, 158, 178, 218.
Boch, chargé d'affaires à Hambourg, 49 s., 54 s.
Bochart, 264.
—— **de Saron** (J. B. Gaspard), magistrat, mathématicien, 3751.
Boche (De), officier, 3621.
Bocholtz (Bon de), commandeur de l'Ordre Teutonique, 342, 419.
Bock (De), gentilhomme strasbourgeois, 1572, 2741, 2946.
—— sous-lieut dans la cie franche de Soufflet, 2145, 2243.
—— (Chr de), 16 s.
—— officier allemand, 3583.
Böckel (Phil. de), gentilhomme alsacien, 1216.
Bocquillon, lieut au régt d'Aunis, 3257.
—— (Bertrand), major du château de St-Malo, con LXXV.

Bodégat (Louis Carot de), ingénieur géographe, 3760.
Bodell, 3029.
Bodesalva (Dadda de), officier au rég^t de Lauzun, c^on LX.
Bodhain, fournisseur des hôpitaux à Condé, 2219.
Bodson, procureur g^al du duché de Bouillon, 3206, 3276, 3280.
Bœbel, cap^ne au rég^t de La Marck, c^on LXXIV.
Bœdingen, lieut^t au rég^t autrichien de Ligne, 3184.
Bœhmer (De), ministre du landgrave de Hesse en France, 2969.
Bœsse (De), cap^ne, 397.
—— lieut^t de roi à Mézières, 1608, 1660, 1830.
Bœty, curé de Guillaumes, 2400.
Bœuse (Martin), habitant de Taven (environs de Trèves), 2324.
Boffe (De), c^on XXXV.
Bogaerts (Mme), de Malines, 3141.
Boham, commd^t à Kaiserswerth, 967.
—— (J. Ant. Fr. de), mar. c., 1851, 1852, 1855, 1856, 1950, 1951, 2034, 2095, 2136-2138, 2167, 2241, 2244, 2245, 2323.
Bohan (Ch^r de), officier au rég^t Royal-Pologne, c^on LXV.
Boher (Joseph), docteur en droit, 146.
Bohlen (De), 958, 1238.
Bohlmer (Georges-Christian von), député des États du duché de Calenberg, 3464.
Boicholtz. V. *Bocholtz*.
Boidin, maire de Béthune, c^on LXV b.
Boileau, bourgeois de Phalsbourg, c^on LV.
Boilleau, maire d'Illiers-en-Beauce, 2267.
—— commissaire des guerres, 3722.
—— **de Bihain**, agent secret?, 1254.
Boilleve (Ch. Fr.), subdélégué à Orléans, 3183.
Boins (De), mestre-de-camp, 119.
Boirnaux, 1205, 2381. – Cf. *Boirvaux*.
Boiron, cap^ne au rég^t de Bourbonnais, 1861.
Boirvaux, 988, 2268. — Cf. *Boirnaux*.
Bois de Commeaux (De), cornette au rég^t de Barentin, 1852.
Boisandré (De), lieut^t-c^el du rég^t de Vexin, 1968.
Boisanger (De), officier au rég^t Royal-Guyenne, c^on LXV d.
Boisard (Foussard de), officier de la milice bourgeoise de Nogent-le-Rotrou, 3753.
Boisbernard (De), colonel, 668.
—— (De), cap^ne au rég^t de Lestrange, 1758.
Boisbriand (De), 2592.
Boisclairant (De), aide-major de la place de Sedan, 2340.
Boisclaireau (Paul-Ignace Gueroust de), mar. c., 3524, 3562, 3563, 3565, 3582, 3590, 3691.
Boiscler (J.), officier de la milice bourgeoise d'Abbeville, 2227.
Boiscommun (Municipalité de), c^on LXV c.
Boiscourjon (De), 3124.
Boisdavy (Auber de), échevin de Falaise, 3495.
Bois-Dauphin (Jacques de Laval, s^r de), cap^ne au rég^t de La Marine, 92.
Boisdavid (De), 271, 276, 282, 311, 312, 333, 396, 512, 557, 688.
—— (De), major de la place de Condé, 958, 1313, 1318, 1357.
Boisdecormeaux (De), 2268.
Boisdeffre (De), aide-major du rég^t Dauphin-cav^ie, 3689.
—— (De), major du rég^t Bourgogne-cav^ie, 3740, 3748, c^ons LXIII, LXIV, LXV b, LXVI, LXVII.
—— V. *Du Boisdeffre*.
Boisemont (de Blair de), intendant, 3137, 3141, 3290, 3452, 3584, 3587, 3602, 3604-3606, 3611, 3621, 3650, 3673, 3707, 3708, c^ons XXXIII, XXXV, XXXVI, XLIII, XLVI.
Boisforet (De), 3764.
Boisfranc (De), lieut^t de mineurs, 969.
—— (De), lieut^t au rég^t de La Roche-Thulon, puis dans celui de Rohan-inf^rie, 2131, 2138.
Boisgaultier (De), 1902.
Boisgautier, prévôt des bandes royales, receveur des confiscations en Alsace, 514.

Boisgelin (De), 1408, 1409.
—— (Comte de), 3430, 3431, 3433–3436, 3437–3443, 3474–3488, 3515–3519, 3536–3538, 3569.
—— (Comte de), c^on^ LIV.–Cf. le précédent et le suivant.
—— (Dominique), command^t^ au Havre, c^on^ LXV.
Boisgency (De), 97.
Boisgourd (De), commissaire de l'artillerie, 1586.
Boisguéret (De), échevin de Blois, 3182.
Boisguérin (De), maréchal-des-logis des Gendarmes d'Orléans, 2134.
Boisguillebert (Pierre Le Pesant, s^r^ de), lieut^t^-g^al^ au bailliage de Rouen, économiste, 2469.
Boishebert (De), cap^ne^ au rég^t^ de Vermandois, 3410.
—— (De), lieut^t^-c^el^, 3694, 3715, 3720.
Boisjeffroy (De), officier au rég^t^ Royal-dragons, 2138.
Boisjolly (De), ancien officier, ingénieur, 2251.
Boislambert, c^on^ LXV a.
Bois-la-Pierre (Valentin Hémard, s^r^ de), cap^ne^ de chevau-légers, c^on^ LXXXVI.
Boislarcher (De), 1862, 1966, 1972.
Bois-le-Duc (Magistrats, etc., de), 198. – Cf. *Van Bree*.
Boislinel (Michel de), garde-magasin et commis de l'extraordinaire de l'artillerie à Toul, 1955, 2141, 2244.
—— (Mme de), veuve du précédent, 2143.
Boislogé (De), officier d'artillerie, 1954, 2143, 2407, 2408, 2466, 2506, 2769.
Bois-Mauclair (De), 2049.
Bois-Milon (De), commandant des Cent-Suisses, 3203.
Boisminard. V. *Retel*.
Bois-Morin (De), 2916.
Bois-Ollivier (De), président en la Cour des Aides de Rouen, 1861.
Boisot, procureur g^al^, puis premier président du Parlement de Besançon, 795, 905, 906, 987, 1116, 1501, 1502, 1608, 1660, 1661, 1759, 1850, 1855, 2133, 2183, 2237, 2242, 2317, 2392, 2523, 2744, 2771, c^on^ III. — Cf. *Boizot*.
Boisot, colonel en second du rég^t^ d'Aultanne, 1857, 2136.
—— lieut^t^-c^el^ du rég^t^ de Rohan-cav^ie^, 3338.
—— V. *Boizot*.
Boisraye (Vivier de), maire de Bourges, c^on^ LXV.
Boisredon (De), cap^ne^ au rég^t^ de La Reine, 2140.
—— **de La Brandière** (De), 1897.
Boisrenard (De), lieut^t^-c^el^ du rég^t^ de Mailly, 3311.
—— cap^ne^ au rég^t^ de Bueil, 2182.
Boisriché, officier d'artillerie, 1884, 2131, 2132, 2136–2138, 2141, 2242, 2270.
Boisroger (De), cap^ne^ au rég^t^ de Blaisois, 2411.
Boisrond (De), maire de Béthune, 158.
Boissac (De), officier, 102.
Boissanguin (De), cap^ne^ au rég^t^ d'Espagny, 146.
Boissard, lieut^t^-g^al^ du bailliage de Pontarlier, 1850.
Boisse (De), 276, 988.
—— (Mortemard de), consul de France à Barcelone, 3532, 3534, 3536.
Boisseau (De), commissaire des guerres, 359, 361.
—— prévôt de la maréchaussée de Noyon, 2266, 2273.
Boisseleau (Alexandre de Rainier de Droué de), mar. c., 893, 895, 961, 962, 1082, 1145, 1148, 1210, 1254–1260, 1284, 1305, 1306–1315, 1355–1360, 1399–1404, 1423, 1693.
Boisserand, missionnaire en Cochinchine, c^on^ LIV.
Boisserolle (Mme de), 3621.
Boisseron (Ch^r^ de), 3686.
Boisset, hôtelier à Perpignan, 1892.
—— cap^ne^ au rég^t^ de Laigle, 1903, 2244.
—— (De), ingénieur, 3426.
Boissier, membre de la Commission de liquidation des affaires de Bretagne, c^ons^ LXV c, LXV e.
—— 3780.
Boissières (De), commandant en

Quercy, 2132, 2136, 2145, 2329, 2332, 2408, 2411, 2412, 2417.
Boissieu (De), président de la Chambre des Comptes du Dauphiné, 117.
Boissieux (Louis de Frétat, comte de), lieut^{t}-g^{al}, 2398, 2705, 2758, 2871, 2872, 2885, 2889, 3305.
—— (Ch^{r} de), 2885.
—— **de Servière** (Franç.-Jos.), mar. c., c^{ons} LXVI–LXIX.
Boissimène (De), cap^{ne} au rég^{t} d'Holstein, 1832, 1943, 1945.
—— 2676.
Boisson, officier, 1855.
—— commissaire des guerres, 2323, 2734, 2736, 2738, 2741, 3182, 3258, 3311.
Boissonnade (De), cap^{ne} d'une compagnie franche, 1752.
—— (De), cap^{ne} au rég^{t} de Royal-Vaisseaux, 2921, 2943, 2949, 2950, 2954, 2969.
Boissonnière, prisonnier au Petit-Châtelet, 958.
Boissot, membre du Directoire de l'Allier, c^{on} LXV c.
Boissy (De), 334.
—— (De), 1000.
—— (De), lieut^{t} au rég^{t} d'Aunis, 1831.
—— (De), lieut^{t} de roi au Château-Trompette, 1900.
—— lieut^{t} d'invalides à St-Malo, 2138, 2140.
—— (De), chargé d'affaires du prince-évêque de Liège, 3144.
—— V. *Caumartin, Boyssy.*
—— **d'Anglas** (Franç.-Ant.), député de la sénéchaussée d'Annonay, c^{ons} LXV, LXV c.
Boistard de Prémagny, procureur à Pont-l'Évêque, 2186.
Boistel. V. *Le Boistel.*
—— (De), c^{ons} LIV, LXII, LXV a, LXV d, LXVII, LXVIII.
Boistroux (De), 556.
Boisvert (De), cap^{ne} au rég^{t} de Navarre, 361.
Boisvilliers (De), 278.
Boiteau, 2130.
Boiveau. V. *Boyveau.*
Boivin, curé de St-Martial à Paris, 2413.
Boix (Le P. Laurent), cordelier, 2144.
Boizot, 378, 416, 466, 469, 515, 516, 568, 616, 649, 670. — Cf. *Boisot.*
—— ingénieur?, 670, 792, 794, 966, 967.
—— abbé de St-Vincent, frère du précédent, 795.
Bolamberge (De), officier wallon, 2135, 2137.
Bolderinck (G. W.), officier hollandais, 3147.
Boldevin (Baron de), grand baillif de Fritzlar, 3513, 63 s.
Bolezac (De), officier au rég^{t} de La Chau-Montauban, 2030.
Bolhmer, adj^{t}-g^{al} de l'armée hollandaise, 949.
Boligny (De), sous-lieut^{t} au rég^{t} de Normandie, 1073.
Bolingbroke (Harry St-John, vicomte de), 2385, 2411.
Bollain, ancien officier des rég^{ts} de Picardie et d'Orléanais, 2136.
Bolland (J.-B.), subdélégué en Dauphiné, 3395.
Bollani, évêque de Brescia, 6.
Bollard, bailli d'Ardres, 360.
Bollioud, 225.
Bollogne, Gouv^{r} de Nogent, 118.
—— (Dominique de), de Barcelonnette, 3256.
Bombarda (Jean-Paolo), trésorier et conseiller des finances de l'électeur de Bavière, 1565, 1898.
Bombardier, curé de Château-Brehan, 3075.
Bombelles (De), 1213–1216, 1264, 1267, 1321, 1504, 1661, 1797.
—— (De), lieut^{t}-c^{el} du rég^{t} de Du Biez, command^{t} au fort Peccais,, 1831, 1835, 2141.
—— (De), cap^{ne}, 1856.
—— (De), officier des Galères, 1895, 1969, 1900, 1904, 1907, 1967, 1968, 1972, 2038, 2041–2043, 2133, 2188, 2251, A 74.
—— (De), major de la place d'Huningue, 1950.
—— (De), major du rég^{t} de Boufflers, fils du précédent, 1944.
—— (Henry-François, comte de), lieut^{t}-g^{al}, 2258, 2259, 2561–2564, 2770, 2788–2790, 2799, 2877, 2960, 2983, 2990–2993, 3007, 3039–3046, 3051, 3053, 3073,

3075, 3094–3101, 3155, 3157, 3160–3168, 3202, 3203, 3207, 3213–3220, 3262, 3285–3287, 3336, 3387, 3395, 3418, 3426, 3467, 3548, c^{on} XXII.

Bombelles (De), cap^{ne} au rég^{t} de Piémont, 2740.

—— (Jacq.-Franç. de), brigadier, 3030, 3084.

—— (Baron de), c^{on} XLVIII.

Bomé (Ch^{r} de), 3720.

Bommard, entrepreneur des fortifications d'Ath, 242.

Bomont (De), sous-lieut^{t} au rég^{t} de Marloud, 2142.

Bompar (De), 3493, 3494, 3496.

Bompart (Ch. de), brigadier, 3124, 3235, 3238, 3262.

Bon, ancien cap^{ne} au rég^{t} d'Albigeois, 2137.

—— intendant en Roussillon, 3409, 3412, 3464, 3465, 3492, 3494, 3497, 3532–3536, 3538, 3549, 3568, 3570, 3571, 3598, 3600, 3623.

—— (Baron de), aide-major-g^{al} des logis, 3521, 3525, 3526, 3685, 32 s., 33 s., 41 s.

Bonabel (Franç.), receveur des tailles à Orcières [Hautes-Alpes], 2143.

—— officier au service d'Angleterre, 1858.

Bonamour (De), lieut^{t} au rég^{t} Dauphin-inf^{rie}, 2321.

—— (Franç. Visdelou, s^{r} de), officier au rég^{t} Royal-La-Marine, 2347, 2371, 2419, 2783, 2784.

Bonanaud, ingénieur dans l'île de Ré, 3630, c^{on} XXXI. — Cf. *Bononaud.*

Bonaparte, corse, chargé en 1757 d'approvisionner de viande la garnison d'Ajaccio, 3455.

Bonard, échevin de Clermont-Ferrand, c^{on} LIII.

Bonas (De), cap^{ne} au rég^{t} de Luxembourg, 982.

—— (Ant. de Pardaillan de Gondrin, m^{is} de), lieut^{t}-g^{al}, 2255, 2558–2564, 2609, 2619, 2622, 2631, 2688, 2753, 2755, 2771, 2846.

Bonavia, consul de Nice, 2134, 2135.

Bonché, cap^{ne} au rég^{t} Royal-inf^{rie}, 1856.

Boncour, commissaire des guerres, 1484, 1493, 1549, 1550, 1644, 1657, 1742, 1830, 1941, 1942, 2025, 2087, 2131, 2134, 2137, 2140, 2144, 2219, 2227, 2312, 2448, 2810, 2941, 3095.

—— lieut^{t} au rég^{t} de Poitou, 2227.

Boncourt (De), commandant à Boulogne, 500.

—— (De), cap^{ne}, 2132.

—— (De), cap^{ne} au rég^{t} de Raigecourt, 2271, 2342.

Bondeli (De), 1608.

Bondoir, major de la citadelle de Tournai, 2138.

Boneldra (Giovanni), de Venise, 2135.

Bonelli (Matteo), corse, 3662.

Bonet (Mme de), supérieure des religieuses de N.-D., à Perpignan, 1892.

—— 2131.

—— (Henry), contrôleur des troupes, c^{on} LXXXVI.

Bonfilioli (Rocco), officier au rég^{t} de Montferrat, 1782.

Bonfillon, 2135.

Bonfond, cap^{ne} au rég^{t} de Mirabeau, 2242.

Bonfonds, commissaire des guerres, 354, 361, 990, 991.

Bongain, chanoine à Moutiers, 2400.

Bongard, officier, 2619.

Bongars (De), 3736.

—— **-Migny** (De), officier au rég^{t} de Villequier, 2219.

Bonhomme, officier m^{al} de Clamecy, c^{on} LVII.

—— entrepreneur des fourrages en Franche-Comté, 2245, 2269.

Bonière (Mis de), 1766.

Boniface, ingénieur, 3314, 3413.

—— **-Fombeton** (Ch^{r} de), cap^{ne} au rég^{t} Royal-Vaisseaux, 3510, 3601.

Bonifaci (J.-L.), adjudicataire de la ferme sur le vin et l'eau-de-vie à Villefranche, 2399.

Bonifacio (Habitants de). V. *Fieschi*, etc.

Bonin de Chalucet (Arm. L.), évêque de Toulon, 1900.

Boniol, médecin, 3662.

Bonisegne (Ant.), commissaire pour le duc de Savoie, 1689.

Bonlieu (De), 276.

Bonnac (J.-L. d'Usson, m^is de), mar. c., ambassadeur, 1660, 1837, 1846, 1950, 1953, 2046, 2162, 2164, 2255, 2329, 2332, 2404, 2408, 2466–2468, 2700, 2702, 2725, 2726, 2742, 2783–2785, 2787, 2788, 2790–2797, 82 s., A. 77.
—— (Franç.-Arm. d'Usson, m^is de), lieut^t-g^al, 2948, 3094, 3139, 3140, 3203, 3391.
—— (Ch^r de), 3084.
—— (De), colonel d'art^rie à Cherbourg, c^on LII.
Bonnafau (De), ingénieur, 670, 967, 987, 997.
—— (De), lieut^t au rég^t Royal-Vaisseaux, 987.
Bonnafous (De), officier au rég^t de Normandie, 3028.
Bonnaier, 2138, 2142, 2143.
Bonnail, lieut^t au rég^t de Hugues, 2370.
Bonnainviller (De), 310.
Bonnainvilliers (De), colonel au rég^t de Piémont, 1367, A. 90.
—— (De), inspecteur des milices de Picardie, 2140, 2183, 2219.
Bonnaire (De), 516.
—— cap^ne au rég^t du Roi-infr^ie, 988.
—— (De), 1690, 2138.
—— (De), cap^ne de hussards ?, 1853.
—— (De), cap^ne au rég^t de Chartres, 1856.
—— (De), major du rég^t de La Mothe-cav^ie, 1945.
—— (Mme de), veuve d'un correcteur des Comptes, 2143.
—— (De), major du rég^t de Joyeuse-cav^ie, 2269, 2413.
—— fournisseur des vivres, 3255.
—— officier m^al de Châlons, c^on XLIV.
—— **de Forges** (De), 3729.
Bonnais (De), 260, 262, 271, 277–281, 292–295, 310–313, 335, 337, 338, 340, 359, 388, 396, 397, 405, 436, 437, 448, 449, 453, 484, 490, 500, 504–506, 512, 515, 543–552, 554, 555, 596.
Bonnal, ex-Garde du roi, 2740, 2782.
Bonnard, garde-magasin à Placentia, 1985.
Bonnardet (Les frères), fournisseurs à Bourges, 2269.
Bonnardot, directeur de l'École de Pondichéry, 3751.
Bonnaud, 1943.
—— cap^ne, 2135,
Bonnauld, magistrat à Givet, 2222.
Bonnaut-Chatillon (De), 1700.
Bonnaventure (Alexandre-Henri de Musset de), brigadier, 2132, 3206, 3211, 3405, 3408, 3418.
—— cap^ne du guet de St-Martin-au-Bosquet en Normandie, 3505.
Bonnay (De), député de la Nièvre, c^on LXV a.
Bonnaye (De), curé de Méricourt-sur-Somme, 2311.
Bonne (De), lieut^t-c^el du rég^t de Berry, 997.
—— V. *Lesdiguières, Montmaur.*
Bonneau, cap^ne au rég^t de Rochefort, 2142.
—— cap^ne au rég^t de Guyenne, 3574.
Bonnefon (De), officier en garnison à Bouillon, 2138.
Bonnefond (De), lieut^t, 2321.
—— **-Ferrier**, garde-magasin à Colmars, puis garde d'art^rie à Villefranche et à Antibes, 1767, 1768, 1874, 1877, 1895, 2188.
Bonnefonds (De), 259, 276.
Bonnefoy, 1850.
—— garde-magasin d'art^rie à Toulon, 3630.
Bonnegrâce, consul de Toulon, 33.
Bonnelles (Ch^r de), brigadier [de cav^ie ?], 1776, 1778, 1781, 1830, 1862, 1864, 2273, 2339, 2371, 2377, 2411.
Bonnemaison (De), sous-lieut^t au rég^t de Forez, 2130.
Bonnemère, officier m^al de Saumur, c^on LXV b.
Bonnemie (De), officier au rég^t de Lorraine, 1952, 2386, 2398, 2407.
Bonnet, 345, 406, 499. V. *Du Bonnet.*
—— major du rég^t de La Reine, 988.
—— (De), 990, 997.
—— (De), lieut^t de roi à Mons, 1113, 1206, 1254, 1399, 1483.
—— cap^ne au rég^t de Nice, 1754.
—— 1830.
—— (De), 1945.
—— procureur au Parlement de Grenoble, 2102.

Bonnet, curé de St-Nicolas-des-Champs, à Paris, 2270.
—— capne d'une compagnie franche de dragons, 2321, 2323, 2371.
—— supérieur des prêtres de la Mission à Mouzon, 2411.
—— ingénieur, 2916.
—— curé de Chalançon (Drôme), 3060.
—— trésorier de la généralité de Caen, 3463.
—— consul d'Aix en Provence, 3598.
—— ancien capne au régt de Diesbach, 3712.
—— A. 87.
—— **d'Auval**, 2415.
Bonnetat, 3715.
Bonneuil, maire de Chevreuse, con LXI.
Bonneval (De), commissaire des guerres, 1524, 1585, 1611, 1782, 1862, 1867, 1871, 1963, 1965, 2046, 2047, 2168, 2400.
—— (De), officier au régt de Rouergue, puis major de la place de Chambéry, 1583, 1861, 1862, 1971, 2040, 2130, 2174, 2251.
—— (Claude-Alexandre, chr, puis comte de), colonel du régt de Labour, puis successivement au service de l'Empire et à celui de la Turquie, 1779, 1862, 1872, 1897, 2997.
—— (César-Phébus, mis de), brigadier de cavie, 1899, 1968, 2243, 2272, 3001.
—— (Chr de), gendarme de la Garde du roi, 2347.
—— (Judith-Charlotte de Gontaut-Biron, comtesse de), 2745, 2746, 2763, 2771.
—— (César-Phébus-Franç., comte de), brigadier, 3001.
—— (Chr de), officier d'artillerie, 3338, 3391, 3392, 3419, 3452, 3466, 3467, 3547.
—— (Chr de), major du régt de Poitou, 3445.
—— (Chr de), ingénieur, 3673, 3674.
—— (De), commissaire des guerres, con LXXXVI.
—— (Comtesse de), 3747.
—— **de Laplace**, ancien officier au régt de Péry, 2144.
Bonnevau, officier d'artillerie, 1898, 2135.
Bonneville (De), officier au régt du Maine, con LXIV.
Bonnier de St-Côme, commissaire des guerres, 2887, 2888, 2901, 2924, 3154, 3461, 3501.
Bonnin (Franç. de, sr des Aubiers), mestre-de-camp, 146.
Bonningue, prêtre à Calais, 3578.
Bonnivet (Mme de), 2143.
—— **de Joussé**, 15 s.
Bonnot, subdélégué à Briançon, 3260.
Bonny (De), 2531.
Bononaud, ingénieur, 3307. — Cf. *Bonanaud.*
Bonot, commissaire des guerres, 1941, 2022, 2136, 2155, 2159, 2160, 2482, 2378.
Bonrepaus. V. *Usson.*
Bonrepos (Mme de), née Maupeou, 3187.
Bons (Franç. de), directeur des contributions pour le service des États Généraux de Hollande, 2087, 2157, 2183, 2311.
Bonsi. V. *Bonzi.*
Bonsol (De), officier au régt de Ponthieu, 3188.
Bontemps, capne au régt de Laigle, 1856.
—— trésorier général de l'extraordinaire des guerres, 2838,
—— curé d'Arnayon (Drôme), 3060.
Bontoux, capne, 362.
—— (De), capne, 2175.
Bonval (De), commissaire des guerres, 1010, 1079, 1093, 1094, 1099, 1100, 1113, 1115, 1116, 1238, 1239, 1272, 1274, 1275, 1289, 1331, 1375, 1522, 1549, 1550, 1563, 1644.
—— (Pierre de), officier au régt de Normandie, con LXV b.
Bonville (Louis de), capne au régt de Blaisois, 1832.
Bonvilliers (Dame Le Clerc de), 2135, 2138.
Bonvoisin (De), capne au régt de La Marine, ingénieur, 1974.
Bonvouloir (De), 2133.
Bony de Lavergne, 1465.
Bonzi (Francesco), ministre de Mantoue, 20.

Bonzi (Pierre V de), évêque de Béziers, archevêque de Toulouse, puis de Narbonne, cardinal, 182, 245, 251, 311, 355, 360–362, 429, 465, 497, 535, 536, 563, 566, 612, 795, 837, 906, A. 87, A. 88.
Boot (Nicolas), Hollandais, 3308.
Booys, sergent hollandais, 3147.
Booz (Baron de), gouverneur de Trèves, c^{on} XXVII.
Boquet (De), 355, 356.
Borckenfeld (De), résident de France à Bruxelles, 3138, 3197.
Borda, fermier général, 3406.
Bordas (Thomas), viguier du Roussillon, 1602.
Bordeaux (Municipalité, magistrats, bourgeois, etc., de), c^{ons} LXV e, LXV f. — Cf. *Besons, Bordes, Chappuis, Cicé, Dalesme, Dalon, Ducos, Duvigier, Fisson, Gradis, Imbert, La Coste, La Lanne, Laporte, Le Berthon, Le Normand, Mac-Carthy, Mignot, Nairac, Power, Ségur, Servien, Sorlus, Taveau, Voisin*, etc.
—— (De), intendant, 118, 133, 134, 137, 157, 158.
—— V. *Closville.*
Bordemont (De), cap^{ne} des milices de Vernon, 3579.
Bordenave, habitant d'Oloron, 2137.
—— garde d'artillerie à Jaca, 2138.
—— (De), officier au rég^{t} de Montmorency, 2786.
—— (Ant. de), mar. c., 3387, 3410.
—— V. *Maron.*
Bordereau, cap^{ne} au rég^{t} Royal-Artillerie, 1902.
Borderie (Mme Roux de), 2144, 2145, 2261, 2271.
Bordes, dit *Roseblanche*, ancien sergent, 997.
—— (De), conseiller au Parlement de Bordeaux, 1792.
—— V. *Desbordes.*
Bordie, échevin de Sarrelouis, 2321.
Bordier, 134.
Boré, commissaire des guerres, 992.
Borel, ingénieur, «associé à la carte de France», 3751.
—— **de Beaulieu**, lieut^{t} au rég^{t} de Beaujolais, 1861, 1862.
—— **de Lor**, prévôt d'armée, 2045.
Borelly, major commd^{t} à St-Tropez, 2967, 3065, 3175, 3179, 3180, 3232, 3236, 3242, 3262, 3408, 3571.
Boretti (Lodovico), 1783.
Borgard, entrepreneur des fournitures de chauffage à Sarrelouis, 2245.
Borghese (Prince Paul), 2746.
Borgo (Mis del), ministre de Savoie, 1785, 1960, 1961.
Borie, commissaire des États de Bretagne, c^{on} LIII.
—— **du Cambort**, officier m^{al} de Sarlat, c^{on} LXV.
Boringe (De), cap^{ne} au rég^{t} de Mauroux, 2102.
Boris (De), officier au rég^{t} de La Marine, 2130.
Borista, cap^{ne} au rég^{t} de Flandre, 2140.
Borjac (De), cap^{ne} au rég^{t} de Lassay, 1857.
Born, «officier des classes» à Oléron, 3669.
Borne d'Altier (Comte de), colonel au rég^{t} de Conti-dragons, c^{ons} LXV c, LXV e, LXV f, LXVII.
Bornes, bourgeois de Bourganeuf, 2265.
Bornhem (Comte de), 3086, 3207.
Bornier, trésorier g^{al} à Paris, 2137.
Borny (De), cap^{ne} au rég^{t} de Courtebonne, 559, 560.
—— (De), enseigne au rég^{t} Royal-Bavière, 3110.
Boron, grand mayeur de Dinant, 867, 944–946, 958, 1057, 1059, 1357, 1359, 1455.
—— de Dinant, 3142, 3143, 3144.
Borot, 3549.
Borre (De), lieut^{t}-c^{el} du rég^{t} d'Horion, 3496.
—— V. *Preudhomme.*
Borré (J.-Ant.), conseiller de la Chambre des Comptes de Savoie, 2045.
Borrust, consul d'Auch, c^{on} LVII.
Borssat (Franç. de), major et prévôt de la maréchaussée du pays de Gex, command^{t} la garde de Versoix, 1869, 1877, 1899, 1968, 1988, 2092, 2098, 2635,
Borstel (Gabriel, comte de), mar. c., 3014.

Bort, 1367.
Borthon, comm^re provincial de l'artillerie, 1879.
Borvaux (De), 464, 511.
Borzon, officier au rég^t de Bresse, 3568.
Bory de Saint-Fulgence (De), c^on LXV e.
Bosanquet, cap^ne au rég^t d'Anjou, 2989.
Bosc, procureur g^al de la Cour des Aides, 2269.
—— V. *Du Bouchet.*
Bosc et **Dusault**, orfèvres, A. 87.
Boscaven, amiral anglais, 3570.
Boscdroit, cap^ne au rég^t de Picardie, 2135.
Bosch, ministre de Hollande en Allemagne, 3287.
Boschet, officier, 2242.
—— commd^t à St-Amand, 2386.
Bosé (Comte de), colonel au rég^t de Chamborant, c^ons LXV d, LXVI, LXVII.
Boselli (Galéas, comte), colonel de dragons, 1871.
—— (Comte), 1585.
—— (Scipion, comte), mestre-de-camp, 2137, 2140, 2180, 2370, 2945.
—— (Camille, comte), de Bergame, 2702.
Boshion (Ch^r de), c^ons XLV, LVI.
Bosi, 1693.
Boslehard. V. *Du Boslehard.*
Bosquen (De), grand-maître du collège Mazarin, 1604, 1897, 2138, 2183, 2269, 2270, 2272, 2339, 2343, 2412, A. 89, A. 90.
Bosquet, 97.
Bosquillon, officier d'art^rie, 3467, 3537, 3538, 3546, 3581.
Bosredon (De), 2022, 2134.
—— (Claude Valette de), trésorier de France en Auvergne, 2145.
Bossart, officier, 2145.
—— résident impérial à Cologne, 3465.
Bossel, cap^ne aide-major au rég^t de La Fère, 1179.
Bosser (Alvar-Ant.), docteur catalan, 117, 137.
Bossernd (De), baron de Schirer, lieut^t-c^el étranger, 1946, 2138.
Bosseroles (Mme de, née Law), 3674.
Bossio, commd^t du château d'Aire, 1830, 1831.
—— 1943, 2132.
Bossuet (Louis), intendant, 837, 887, 903, 905, 988, c^on III.
Bossuge. V. *St-Martin (de).*
Bossut (Sigismond, comte de), colon du régiment de milices du Hainau 1289.
Botet, ingénieur, 2784, 2786, 2840, 2841, 3050, 3111.
Bothereau, cap^ne au rég^t de Champagne, 1902.
Botherel, chanoine, 310, 311.
Bothmer, officier hanovrien, 3097, 3123.
Botimann, ancien employé de la Compagnie des Indes, 3738.
Botta (Mis), 3175, 3179, 3180, 3223, 3234, 3251, c^on XVIII.
—— **della Povere**, résident de Gênes à Paris, 264.
Bottée, officier au rég^t de La Fère, 1832, 1943.
—— échevin de La Fère, 2142, 2183.
Bottefierre. V. *Blottefière.*
Botticher (De), fonctionnaire du duché de Brunswick, 3445.
Botzheim (De), colonel au service de l'électeur de Trèves, gouverneur de Coblentz, 2745, 2838.
Bouard (De), major des Gardes Suisses, 2979.
Bouaye (Habitants de), c^on LXIX.
Boubeau, imprimeur à Bourges, 2133.
Boubers (Franç., s^r de Mellicoq), cap^ne au rég^t de Lorraine, 92.
—— (De), lieut^t-c^el du rég^t de Lannoy, 1830.
Boubert, cap^ne au rég^t de Normandie, 1981, 1986, 2339.
—— officier, 2135, 2136, 2138, 2261.
Boucaud, chirurgien-major de la Marine, 3175, 3309.
Boucault. V. *Boucaud.*
Bouch (J.-René-Thiéry, baron de), c^on XLIV.
Bouchaert, secrétaire du chapitre de Tournai, 1832.
Bouchain (Municipalité, garde n^le, etc., de), c^ons LX, LXVI, LXVI.

Bouchar de Montemayor, 795.
Bouchard, agent secret en Allemagne, 1837.
—— commissaire de l'art^rie^, 1837, 2133, 2140.
—— 2664.
Bouchardeau, lieut^t^ au rég^t^ de Picardie, 146.
Bouche, maire et député d'Aix, c^on^ LXV f.
Bouché (Michel), magistrat de Fort-Louis du Rhin, 2394.
Boucheporn (De), intendant, 3718, 3751, 3752, 3755, 3763, c^ons^ LIV, LV.
Boucher, consul d'Aix en Provence, 117, 118.
—— commissaire des vivres ?, 1265.
—— intendant, 2620, 2621, 2631, 2739, 2792, 2877, c^on^ XII.
—— subdélégué à Dourdan, 2416.
Boucherat, conseiller d'État, 118, 119, 361.
—— (Louis), chancelier de France, 1413.
—— 3233, 3256, 3257.
Boucheri, lieut^t^ au rég^t^ de Condé, 1857, 1858.
Boucherie, cap^ne^ au rég^t^ de Périgord, 2137.
Bouches-du-Rhône (Directoire du dép^t^ des), c^ons^ LXV a, LXV d–LXV f, LXXI.
Bouchet, armurier ?, 1660.
—— ex-trésorier des troupes d'Espagne, 2144.
—— trésorier provincial de l'artillerie, 3672.
—— (Claude-Franç.-Barthélémi), 3633, 3645.
Bouchicourt (De), ancien mousquetaire, 2136, 2139.
Bouchier (J.-B., sieur de Gasbèque), cornette des dragons de Flandre, 2139, 2141.
Bouchu, intendant, 226, 294, 295, 319, 320–321, 323, 326, 327, 359–362, 378, 388, 416, 468, 484. — Cf. les suivants.
—— (F.-J.), intendant, 837, 898, 902–906, 1009, 1010, 1079, 1093, 1094, 1099, 1113, 1115, 1116, 1170, 1236, 1239, 1272, 1274, 1275, 1284, 1286, 1287, 1289, 1331, 1380, 1428, 1468, 1517, 1519, 1524–1526, 1585, 1586, 1594, 1595, 1598, 1605, 1688–1690, 1693, 1702, 1766, 1800, 1862, 1870, 1878, 1879, 1900, 1972, 2635, 3779. — Cf. le suivant.
Bouchu (Claude), intendant, 2635, c^on^ V. — Cf. le précédent.
—— (Mme —, née Elisabeth Rouillé), 1116.
—— abbé de Clairvaux, 2343.
Boucicaut. V. *Bouciquault*.
Bouciquault, cap^ne^ au rég^t^ de La Rambardière, puis dans celui de Poitou, 1896, 2018, 2020, 2022-2024, 2131, 2133, 2136, 2139, 2183, 2271, 2272.
—— père du précédent, 2131.
—— (Don Luis Le Maingre de), colonel de dragons, 2701.
—— V. *Bousicaut*.
Boucquel, secrétaire du Parlement de Tournai, 2143, 2222.
Boudet, cap^ne^ d'une c^ie^ d'invalides à Belle-Isle, 2136.
—— ancien officier, 2141.
Boudeville (De), lieut^t^ de roi du château de Joux, 1759, 1850, 2323, 2393, 2394.
—— (J.-Fr. de Malortie, m^is^ de), mar. c., 3117, 3203.
—— -Malortie (Jacques-Gustave de), mar. c., 2028, 2034, 2035, 2131, 2134, 2140–2143, 2163, 2169, 2183, 2242–2244, 2268, 2269, 2322, 2323, 2370, 2392, 2393, 2631, 2663.
Boudin, receveur des Aides à Vincennes, c^on^ LXI.
Boudoir, major de la citadelle de Tournai, 2134.
Boudoire, major du rég^t^ de Conti, 2787.
Boudouère, cap^ne^ au rég^t^ de Béarn, 982.
Boudousquier, marchand à Villefranche-de-Rouergue, 2371.
Boudrot, de Langres, 1525, 2136, 2236, 2420.
Boué, 33 s.
Bouestard (J.-J.), membre de la Commission de liquidation des affaires de Bretagne, c^on^ LXV c.

Bouet, major de la brigade des Carabiniers de Rouray, 2143.
Bouffier (De), commd^{t} à Hendaye, 2532.
—— membre du Directoire des Côtes-du-Nord, c^{on} LXVIII.
Boufflers (Louis-Franç., chevalier, marquis, puis duc de), mar. Fr., 280, 332, 333, 362, 414, 442, 459, 561, 565, 570, 585, 588, 606–609, 664, 665, 671, 688, 702–704, 708, 725, 729–731, 733, 772, 791–795, 819, 821, 823, 825–832, 867, 870, 875–880, 882–884, 887, 889–891, 902, 947, 958, 966, 968, 976–978, 982, 1046, 1052, 1057–1059, 1064, 1074, 1075, 1113, 1142, 1144, 1145, 1148–1150, 1163, 1199, 1202–1205, 1209, 1210, 1214, 1215, 1218, 1238, 1254–1257, 1259, 1260, 1305–1315, 1318, 1355–1360, 1375, 1382, 1397, 1399–1402, 1404, 1423–1426, 1468, 1483, 1484, 1488–1496, 1502, 1549, 1552–1561, 1566, 1577, 1578, 1596, 1598, 1606, 1644–1654, 1656, 1658, 1739, 1839, 1841, 1899, 1943, 1944, 2022, 2081–2084, 2086, 2139, 2149, 2150, 2152, 2153, 2180, 2185, 2224, 2237, 2258, 2304, 2305, 2312, 2335, 2338, 2343, 2345, 2524, 3779, 8 s, c^{ons} III, IV, VII, XI.
—— (Catherine-Charlotte de Gramont, maréchale de), 2140.
—— (Jos.-Marie, duc de), lieut^{t}-g^{al}, 2676, 2677, 2698, 2738, 2791, 2873, 2877, 2890, 2904, 2937–2958, 2988, 2991, 3006, 3008–3010, 3012, 3029, 3035, 3074, 3075, 3085, 3137, 3139, 3147, 3198, 3224–3226, 3231, 3248, 3249, c^{ons} XII, XIX.
—— (Ch.-Marie-J.-Fr.-Régis, m^{is} de), mar. c., 3514, 3642, 3655. — Cf. *Bouttlers.*
—— (Stanislas, ch^{r} de), mar. c., poète, académicien, c^{on} LII.
—— **de Remiencourt** (Ch.-Franç., m^{is} de), lieut^{t}-g^{al}, 1831, 1832, 1946, 2141, 2142, 2219, 2271.
—— (L.-Franç., m^{is} de), mar. c., 3089, 3198.
Boufflers de Rouverel (Ant.-Franç. Oudart de), officier au rég^{t} de Bylandt (service d'Espagne), 2244.
Bougainville (L.-Ant. de), marin, 3456, 3498, 3499, 3540, 3574.
Bougard (De), lieut^{t}-c^{el} du rég^{t} du Roi-cav^{ie}, 1830, 1856, 1857, 2619.
—— (De), 2415.
Bouge (De), aide-major au rég^{t} de Maubourg, 1832, 1856, 1943.
Bouge de St-Romain, ancien officier d'artillerie, 2270.
Bouges (De), cap^{ne} au rég^{t} du Roi, 988.
Bouguet, cap^{ne}, 2130.
Bougy (Jean-Révérend de), lieut^{t}-g^{al}, 116, 117, 119, 133, 134, 137, 157, 158.
Bouhelier (Fr.), procureur général à Dôle, 2131, 2393, 2396.
Bouhier (Bénigne de), colonel, 2134, 2273.
—— maire des Sables-d'Olonne, 2263.
Bouillancourt (Roussel de), cap^{ne} au rég^{t} de Pons, 3084, 3085. — Cf. *Roussel.*
Bouillard, directeur des fortifications à St-Omer, brigadier, 3683, 3691, 3697, 3702, 3703, 3705, 3708, 3709, 3714, 3717, 3719, 3725, 3726, 3741.
Bouillé (De), officier au rég^{t} de Médoc, 3256.
—— (Comte de), 3763.
—— (Franç.-Claude-Amour, m^{is} de), lieut^{t}-g^{al}, 3748, 45 s., c^{ons} XLVI, XLVIII, XLIX, XLIX a, LIII, LIV, LVI, LX–LXVIII, LXX.
Bouillet, receveur des tailles en l'élection de Belley, 1905.
—— **du Cry**, subdélégué à Belley, 3068, 3406.
Bouillon (Gouv^{r}, etc., de). V. *Fetizon, Franclieu, Ivory, Guillerville, Theys, Thiery, Vauguerin, Veyrac,* etc.
—— (Duc de), 67, 566.
—— 117.
—— (Cardinal de), 359, 361, 649, A. 87, A. 88.
—— (Godefroy-Fréd.-Maurice de La Tour d'Auvergne, duc de), 903, 904, 1064, 1608, 1700, 1896, 1898, 2183, 2243.

Bouillon (Ch.-God. de La Tour d'Auvergne, duc de), 3460, 3721.
—— officier, 1944.
Boüillon, aide-major du rég^t de Béarn, 2219.
Bouillonville (De), officier au rég^t de Vivarais, 997.
Bouin de Noiré, maire de Châtellerault, 2265.
Bouis (Charles), contrôleur du grenier à sel de Nice, 1974.
Bouisset, officier au rég^t de Piémont, 2136.
Boulainvilliers (De), 116, 117.
—— (Henri, comte de), historien, 2411.
—— (De), officier au rég^t de Conti-dragons, c^on LXV c.
Boulancourt (De), major du rég^t de Charleroi, 396.
Bouland (Antonin), religieux récollet, 1492, 1558, 1644, 1755.
Boulanger, magistrat, 117.
Boulard, secrétaire du comte d'Avaux, A. 87, A. 88.
Boulay (Habitants de), c^on LXV.
Boulaÿmont (Ch^r de), cap^ne au rég^t de Saintonge, 3538.
Boule, dessinateur ou ingénieur géographe, 2575, c^on XVII.
—— lieutenant de mineurs, 2730.
Boulenne (De), lieut^t-c^el du rég^t Royal-Piémont, 2143.
Boulet (Baron de), 271.
—— c^on LVII.
—— secrétaire de M. Des Alleurs, 2948.
Bouligneux (Claude de La Pallu, comte de), 123.
—— (Et. de La Pallu, comte de Mailly, puis de), brig., 209.
—— (Mme de), 1898.
Boulignez (Ch^r de), ingénieur, 3719, 3722, 3725.
Boulion, major du rég^t de Rosières, 2135.
Boulland, officier, 1946.
Boullanger, 1066, 1083.
Boulle, échevin de Marseille, 2141, 2188.
Boullers de Rillac, cap^ne au rég^t de Vexin, 1861.
Boulliers (De), 1862.
Boullongne (De), 118.
Boullongne (De), contrôleur g^al des Finances, 3501–3503, 3507, 3604, c^ons XXVI, XLI.
—— (De), intendant des Finances, 3546. — Cf. le suivant.
—— **de Préminville**, A. 111–A. 113.
Bouloc (De), officier au rég^t d'Auberterre, 3123.
Boulogne (De), officier au rég^t de Poitou, 2346, 2400.
Boulogne-sur-Mer (Municipalité, clergé, bourgeois, etc., de), 419, c^on LXIX. — Cf. *Cavillier, Chalmers, Chester, Coilliot, Conne, Cornuel, Dauphin, Du Hamel, Dumont, Duval, Graham, Grandsire, Grant, Grüne, Guémy, Harris, Jackson, La Cocherie, Le Grix, Mareschal, Mutinot, Odent, Perrochel, Voisin, Wood*, etc.
Boulon, prévôt des maréchaux à Autun, 1801.
Boulonnais (Officiers du rég^t de), c^on LX.
Boulonnois, gentilhomme-servant de la Dauphine, puis du duc de Berry, A. 90.
Boulou, cap^ne au rég^t Royal-La-Marine, 997.
Boüne, cap^ne au rég^t de Travers, 2784.
Bouniol, 27 s.
Bouquet (De), cap^ne au rég^t de Rohan, 2370.
—— (J.-H.), inspecteur des vivres, 3257.
—— (Pierre), historien et jurisconsulte, 3469.
—— 3541.
Bouqueville (De), 3505.
Bouquier (De), lieut^t au rég. de Navarre, 1861, 1862.
Bouquin (Edme), échevin de Rozoy-en-Brie, 2266.
—— A. 87.
Bourbeau, officier m^al de Poitiers, c^on LXIII.
Bourbitou (De), 279, 410, 460, 508.
Bourbon (L.-Henri de Bourbon-Condé, duc de), lieut^t-g^al, ministre, 2222, 2344, 2382, 2384, 2385, 2456, 2458, 2563, 2699, 2759.
—— (Louise-Anne de —, *dite* Mademoiselle, Mlle de Sens, Mlle de Charolais), 3316.

Bourbon (Princes et princesses de). V. *Charolais, Clermont, Condé, Conti, Eu, Soissons.*
—— sénateur à Nice, 2136, 2142, 2144, 2174, 2251.
—— -dragons (Conseil d'adm^{on} du rég^{t} de), c^{on} LXV b.
—— **-Busset** (Comte de), 3602.
—— (Vicomte de), c^{ons} LX, LXI, LXIV–LXV c, LXV e, LXVI.
—— **-Lancy** (Municipalité de), c^{ons} LXIII, LXIV, LXV b. — Cf. *Pinon.*
Bourbourg (Bourgmestre, magistrats et députés de), 271, 275, 276, 292, 310, 468.
Bourcard, bourgmestre de Bâle, 2031.
Bourcet (Pierre de) et **Bourcet de La Saigne** (Jean), officiers g^{aux}, ingénieurs, 2251, 2967, 2968, 2979, 3014, 3015, 3060–3065, 3073, 3074, 3242, 3431, 3432, 3439–3444, 3476, 3478, 3479, 3481–3484, 3487, 3488, 3509, 3585, 3586, 3589, 3591, 3611, 3630, 3655, 3703, 3741, 46 s, c^{ons} XVI–XIX, XXIV, XXIX, XXXV.
—— (Pierre-Jean de), ancien officier, conseiller au parlement de Grenoble, 3749.
—— (Mme de), née Rivière, femme du précédent, 3749.
Bourcier, procureur général du Conseil de Luxembourg, 989.
—— (Gérard), entrepreneur de fournitures de bois et chandelles à Longwy, 2141, 2143, 2242.
—— officier au rég^{t} Royal-Guyenne, c^{on} LXV c.
—— V. *Villers.*
—— C^{on} XLVI.
Bourcke (Walter, comte de), mar. c., 1585, 1862, 1863, 1874, 1960, 1966, 1968, 1972, 2131, 2132, 2142, 2177.
Bourdaloue (J.), contrôleur des troupes, c^{on} LXXXVI.
—— commd^{t} au Câteau-Cambraisis, 544.
Bourdeaux (Drôme ; maire de). V. *Mège.*
Bourdelot (de), cap^{ne} au rég^{t} de Rambures, 146.
Bourdereau de Mestreville, cap^{ne} au rég^{t} Royal-Artillerie, 1831, 1861, 1897.
—— **de La Bretesche**, lieut^{t} au rég^{t} Royal-Artillerie, 2346.
Bourdeville (de), ancien officier, 2137.
—— (de), major de la place de Constance, 3096.
Bourdon, 793, 795, 867.
—— lieut^{t} de maréchaussée à Charolles, c^{on} LXIII.
—— (De), major de la place de Phalsbourg, 1572, 2131, 2169, 2242, 2245, 2392.
—— c^{on} LXXIV.
—— conseiller clerc au parlement de Flandre, 2301.
—— employé au Dépôt de la Guerre, 3775.
—— (J.), membre du Conseil permanent de Cherbourg, c^{on} LX.
Bourdonné (Mme de), 468.
—— **de Champigny** (De), colonel, 2136, 2139, 2251.
Bouré (J.), bourgeois d'Avesnes, 2138.
—— V. *Meldeman.*
Bourellix, ingénieur.
Bourelly, garde d'artillerie, 2137, 2141, 2143, 2144, 2177, 2188, 2249, 2255.
Bouret, 2139, 2140.
—— subdélégué à Mantes, 2418, 3720.
—— **de Ferrière** (Claude), cavalier au rég^{t} de Forsat, 2130.
Bourette (Franç.), chapelain à Charlemont, 3690.
Boureuil (De), ancien aide-major du rég^{t} de Lannoy, 2345.
Bourg, officier, 2137.
—— **-en-Bresse** (Échevins, etc., de), c^{ons} LXI, LXV a. — Cf. *Collomb, Guichenon, Lacour*, etc.
—— **-de-Visa** (Municipalité de), c^{on} LXIII.
Bourgade. V. *Malouet.*
—— (De), administrateur g^{al} des subsistances m^{res}, c^{on} XLVI.
—— (Marquet de), 3311, 3461, 3505, 3520, 3724, 68 s. 70 s.–73 s., c^{on} XXVI.
Bourganeuf (Consul de). V. *Fourest.*
Bourgarel, 1468.
Bourgeauville (De), envoyé extraordinaire vers le duc de Wurtem-

berg et autres princes allemands, 827.
Bourgener, grand bailli du Valais, 2041. — Cf. *Bourguemer*.
Bourgeois, commdt la milice bourgeoise à Chambéry, 1862.
—— médecin, 2140, 2141, 2145.
—— (Joseph), prieur de Benoitevaux, 2095.
—— échevin de Guise, 2136, 2187, 2273., con LXV d.
—— (J.), sr de St-Christophe, échevin de Guéret, 2418.
Bourges (Municipalité, bourgeois, clergé, etc., de), 118, cons LXV, LXV c. — Cf. *Bienvennat, Boisraye, Boubeau, Depatin, Foucquet de Clôneuf, Gibieuf, Grouchet, La Ferté, Moreau, Régnier, Villot*, etc.
Bourget, curé d'Alençon, 3184.
«**Bourgmestre**» (Le). V. *Peeters*.
Bourgneuf (De), subdélégué à Calais, 2229.
—— (De), ingénieur, 3252.
—— V. *Le Ragois*.
Bourgogne (États de la province de), 420, con XLIX a.
—— (Louis, duc de), petit-fils de Louis XIV, 1662, 1666, 1667, 2051, 2078, 2080–2087, 2108, 2151, A. 87. A. 88.
Bourgoin, maire de Cosne-sur-Loire, con LXV b.
Bourgoing (Échevins, habitants, etc., de). V. *Perrin, Ferron*, etc.
—— **de La Beaume** (Chr de), con XL.
Bourgongne, consul de Marseille, 33.
Bourguemer, magistrat du Valais, 2100. — Cf. *Bourgener*.
Bourguignon, commissaire des guerres, 98.
—— (L. Augustin de), capne au régt de Rambures, 146.
—— V. *Amiez*.
Bourguisson (De), 271, 279, 332.
—— (De), officier au régt d'Agénois, 3727, 3748.
Bouridal (de), commissaire des guerres et subdélégué, 821, 822, 870, 890, 892, 894, 895, 905, 961, 962, 1066, 1080, 1081, 1083, 1205–1208, 1210, 1239, 1241, 1254–1258, 1260, 1287, 1308, 1311–1315, 1428, 1436, 1468, 1524–1526, 1609, 1704, 1801, 1802, 1898, 2131, 2140–2142, 2144, 2186, 2270, 2272, 2273, 2338, 2339, 2342, 2371, 2419, con III.
Bourjoly (De), officier au régt de Desmarets, 2136.
Bourk (Chr du). V. *Du Bourk*.
Bourke (De), capne irlandais, 2226.
—— Cf. *Burke, Du Bourk*.
Bourlac, 2130, 2131.
Bourlamaque (Franc. Ch. de), mar. c., 3417, 3418, 3457, 3498, 3499, 3539.
—— (De), lieutenant civil de la prévôté de Québec, frère du précédent, 3499, 3540, 3574, 3624.
Bourlat, officier, 1831.
Bourlemont (De), 158, 362, 436, 444, 452, 558, 566.
—— (Louis, abbé de), 264, 299.
Bourman, garde de la Marine, 3573.
Bournac (De), officier, 1858.
Bournel, échevin de Mézières, 2139, 2142, 2143.
Bournet (Baron de), ex-major de cavalerie au service de l'empereur, 2928.
Bourneuf (De), officier au régt du Héron, 1961.
—— (De), lieutt-cel du régt de Choiseul, 2411.
Bournonville (Ambroise-Franç., marquis, puis duc de), mar. c., 210, 224–226, 311, 414, 417, 610, 672, 795.
—— (Prince de), 1743.
—— (Wolfgang, mis de—et de Sars), général autrichien, conseiller d'État, chambellan de l'impératrice Marie-Thérèse, gouverneur du Luxembourg, 3083.
—— capne dans la compagnie franche de La Croix ?, 2453.
—— V. *Capres*.
Bourran de Marsac (Joseph, mis de), député de Lot-et-Garonne, con LXVI.
Bourrienne, chirurgien, 3669.
Bourrier, 2299.
—— commissaire des guerres, con XXVI.
Bours (Montmorency–), 904, 905.
Boursault (Ch. de), capne de chevau-légers, 123, con LXXXVI.
—— (Edme-Chrysostome), supérieur des Théatins, 2138.

Boursier, commissaire des guerres, 3449, 3457, 3541, 3570–3572, 3575, 3598.
Boursin (De), cap^{ne} au rég^{t} des Cravates, 1832, 2130–2132.
Bourvallais (De), 2270.
Bourville (De), 3541.
—— (Chastel de), trésorier provincial de l'Artillerie et du Génie, 2761.
Bouscal (De), cap^{ne} dans la compagnie franche de Du Moulin, 2144.
Bouscaut, président de la Chambre des Comptes de Dôle, 2244.
Bousicaut, cap^{ne}, 1856. — Cf. *Bouciquault*.
Bousies (De), 1150.
Bousquet (De), cap^{ne} au rég^{t} de Blaisois, 1857.
—— subdélégué à Toulouse, 2273, 2337.
—— (De), commd^{t} à Fontarabie, 2564.
—— (De), lieut^{t} de roi de Sarrelouis, 2609, 2630, 2632, 2635.
—— (Dominique), chirurgien-major du rég^{t} de Vermandois, c^{on} LXVI.
Boussac (J. de), ingénieur, 2255, 2725, 3127.
Boussanelle (De), cap^{ne} au rég^{t} de Beauvilliers, auteur d'*Observations militaires*, 3394, 3625, 22 s.
Bousseville (De), officier au rég^{t} de Houdetot, 2270.
Boussion de La Grausse, 2131.
Boussu (Comte de), 397, 1483.
—— V. *Bossut*.
Boutancour, 1943.
Boutancourt (De), 259, 261, 262, 277, 278, 295, 310, 505, 601.
—— (De), gouverneur d'Avesnes, 1400, 1550, 1830, 1832.
Bouteiller, échevin d'Abbeville, 2183. — Cf. *Douteiller*.
—— (De), membre de la Commission intermédiaire de Lorraine et Barrois, c^{ons} LXI, LXII.
Boutet, 3504.
—— (Gabriel), contrôleur des troupes, c^{on} LXXXVI.
—— **de Chastel**, 2132.
Bouteville, député de Péronne, c^{on} LXV b.
—— chanoine à St-Venant, 2228.
Bouteville (Ch. P. Sigismond de Montmorency-Luxembourg, comte et duc d'Olonne, puis duc de Châtillon, puis duc de), lieut^{t}-g^{al}, 2785, 2940, 2941, 2969, 2982, 2990, 3144, 3197.
—— V. *Boutteville*.
Bouthillier (Claude), surintendant des Finances, 56.
—— (Léon), id., 88.
—— **de Beaujeu** (Ch. Léon, m^{is} de), mar. c., c^{on} LXVII.
—— **de Chavigny** (Denis-Franç. I), évêque de Troyes, 1604, 2131.
—— (Denis-Franç. II), évêque de Troyes, 1896, 2133.
Boutillier, 1785.
—— (Franç.), entrepreneur de fournitures à St-Quentin, 2301.
—— de Lyon, 2255.
Boutillon, 409.
—— (De), major de la place de Maubeuge, 1830–1832, 2140, 2143, 2144.
Boutin, régisseur des étapes de Picardie, receveur général des finances à Amiens, 2221, 2230, 2238, 2262, 2272, 2301, 2339, 2421.
—— 3575.
Boutlar (Ch. L., baron de), cap^{ne} au rég^{t} de Saxe-Meiningen, 1895.
Boutonvilliers (Mme de), 2142.
Boutta, 512.
Boutteville (De), 212. — Cf. *Bouteville*.
Bouttier, membre du Directoire des Côtes-du-Nord, c^{on} LXV b.
Bouttlers ?, 3617. — Cf. *Boufflers*.
Bouty, aumônier, 2144.
Bouvart, médecin, membre de l'Académie des sciences, 3457.
Bouverot, député, membre de la Commission intérieure du Soissonnais, c^{on} LVII.
Bouvet, cap^{ne} au rég^{t} de Bauffremont, 2703.
Bouvier, député d'Orange, c^{on} LXV.
—— maire de Mariembourg, 3689.
—— **-Destouches**, commissaire des États de Bretagne, c^{on} LIV.
Bouvigny (De), A. 90.
Bouvillac (De), officier au rég^{t} de Pujol, 2021.
Bouville (Michel-André Jubert de —, m^{is} de Bizy), intendant, 837, 902,

904–906, 1524, 1525, 1605, 1700, 1801, 1902, 2131, 2137, 2182, 2186, 2187, 2342, c^on^ LV.
Bouville (Alphonse, m^is^ de), fils du précédent, mar. c., 1787, 1856, 1979, 2049, 2135.
—— (L.-Guill. Jubert, comte de), frère du précédent, intendant, 2134, 2135, 2264, 2267, 2347, 2412, 2418, 2419.
—— (De), officier, 2145.
—— (L. Alphonse Jubert de), chef d'escadre, 2888.
—— (L. Nicolas Jubert, comte de), mar. c. 3277.
—— (Vicomte de), cap^ne^ de vaisseau, 3505, 3599, 3600.
Bouvot (De), mousquetaire, 2141.
Bouxviller (Municipalité de). V. *Geiger.*
Bouyer, cap^ne^ au rég^t^ d'Auxerrois, 2137.
Bouyneau (Mme), de Sarrelouis, 2245.
Bouzanville (J. Franc., ch^r^ de), gentilhomme lorrain, officier au service d'Autriche, 3260.
—— (Grandjean de), représentant de la commune de Nancy, c^on^ LX.
Bouzols (Joachim-L. de Montaigu, m^is^ de —, puis vicomte de Beaune), lieut^t^-g^al^, 1835, 1943–1945, 2136, 2137, 2160, 2220, 2322, 2323, 2622, 2698.
—— (Joseph de Montaigu, ch^r^, puis comte de), mar. c., 1862, 2132, 2133, 2135, 2141, 2181, 2244, 2270, 2271, 2339, 2393, 2411, 2412.
—— (Joachim-L. de Montaigu, m^is^ de), mar. c., 2912, 3001, 3044, 3101, 3125, 3157, 3162, 3164, 3165, 3167.
—— (Laure de Fitz-James, m^ise^ douairière de), 3602.
—— (De), 3718, 3721, 3722. — Cf. *Montagu.*
Bouzonville (Thierry de), 2145.
Bovet (Abbé de), député des États d'Artois, 3725.
Bovier, major du rég^t^ de Belabre, 2138, 2187.
—— commissaire des guerres, 2141, 2142, 2411, 2420.
Bovier, commis au payement de l'artillerie en Dauphiné, 2145.
Boyé, régisseur général des Étapes, c^ons^ LXV d, LXV e.
Boyelleau, chargé du recouvrement de l'ustensile, 2273, 2338, 2370.
Boyenval, receveur des Aides à Péronne, c^on^ LXV e.
Boyer (De), 110, 134.
—— (De), cap^ne^ aux Gardes françaises, 146.
—— commissaire des guerres, 1661, 1832, 2139, 2175, 2251.
—— marchand à Aix-en-Provence, 1897.
—— lieut^t^, 2136, 2143, 2261.
—— officier, 2177.
—— 2370.
—— trésorier des troupes en Bourgogne, 2421.
—— pasteur protestant, 2523.
—— maire de Barjols, 3255, 3256.
—— consul de Martigues, 3310.
—— (J. Fr.), évêque de Mirepoix, 3396.
—— 3664.
—— échevin de Marseille, 3396.
—— chargé d'affaires à Vienne, 3513, 3543, 3627.
—— officier au rég^t^ d'Angoumois, 3539.
—— c^ons^ XXXII, XXXIII.
—— V. *Fonscolombe, La Branche.*
—— **d'Argens**. V. *Argens.*
Boyery, cap^ne^ au rég^t^ de Vallouze, 2371.
Boyetteau, membre du Conseil supérieur de l'Inde, 3541.
Boynard, chirurgien, 3360.
Boyne, colonel du rég^t^ de Travers (Grisons), 2741, 2742.
Boynes (de), commissaire des guerres ou subdélégué à Besançon, 3418.
—— (de), ministre de la Marine, 3674, 3681, c^on^ XLII.
Boyon, cap^ne^ au rég^t^ d'Albigeois, 2100.
Boyron, correspondant secret, 2219.
Boysset de Gautier, lieut^t^-c^el^ du rég^t^ de Picardie, 2981, 2983, 2991, 3002.
—— **de Gays**, colonel, 2094, 2244.
Boysseulh (de), officier, 3041.
Boyssy (de), ancien officier, 2143, 2145.

Boyveau (de), lieutt de roi de l'Hôtel des Invalides, 1831, 1896, 2132-2138, 2141-2144, 2183, 2271-2273, 2339, 2343, 2346, 2370, 2400, 2411-2413.
—— curé de Montcenis, 1604.
Boze, échevin de Marseille, 3178.
Bozé. V. *Montplaisir*.
Bozio, corse.
Brabant (MM. de), officiers au régt de Flavacourt, 2370.
Bracamonte (Don Félicien), 2467.
Brach, officier de cavalerie, 1856.
—— (De), lieutt dans la cie de Grenadiers à cheval ?, 1896.
Brachet, commissaire des vivres, intendant, 97, 98, 106, 133, 134, 137, 157, 158, 245.
—— lieutt au régt de Picardie, 1862.
—— (De), officier au régt de Trécesson, 2242.
—— trésorier des troupes à Luxembourg, 2244, 2268.
Braconnier, correspondant secret en Franche-Comté, 2168.
Bracq (M. J.), député du Cambraisis, con LXV c.
Bragelongne (De), de Metz, 672.
—— (Et. de Versigny de), brigadier, 1203, 1404, 1423, 1501, 1569, 1570, 1572-1574, 1611, 1700.
—— (De), colonel de dragons réformé, 1585.
—— (Chr de), officier, 1856, 1862, 1884, 1977-1979, 2049, 2131.
—— (De), capne au régt de dragons de Nicolay, 3000.
—— (Chr de), officier commandant un détachement sur les côtes, 3536, 3568, 3569, 3571.
—— V. *Bragelonne*.
Bragelonne (De), 97, 110, 672.
Bragny (Chr de), capne au régt de Grancey, puis officier aux Gardes Françaises, 1604, 1776, 2102.
—— (de), officier, 1896.
Brakel (J. van), général hollandais, con LXXXVI.
Brakman, juif, 2138.
Brancaccio (Duc de), 1695, 1786.
Brancas (Ch. de), mar. c., 123.
—— (L., mis de), mar. Fr., 1653, 1789, 1831, 1862, 1884, 1892, 1978, 1979, 1985, 2048-2050, 2104, 2105, 2136, 2142, 2177, 2178, 2244, 2254, 2330, 2331, 2332, 2405, 2406, 2466-2468, 2488, 2506, 2622, 2662, 2687, 2688, 2924, 2936, 2969, 3043, 3047, 3075, 3115, 3127, con LXXV.
Brancas (Chr de), 1830, 1892, 2136.
—— (Comte de), colonel, 1832, 1892, 1944, 1945, 2135.
—— (Comtesse de), 2141-2143.
—— (Duchesse de), 2143.
—— (L.-Ant., comte de Lauraguais, duc de), 3017, 3043.
—— (L.-Paul, chr, puis mis de), lieutt-gal, 3084, 3117, 3418, 3492, 3493, 3495, 3502, 3509, 3534-3536, 3546, 3547.
—— (J. A. de), archevêque d'Aix, 3186, 3187, 3233, 3255, 3262.
—— (L. de Brancas, comte, puis duc de Lauraguais, puis duc de), lieutt-gal, 3418.
—— V. *Oyse*.
Brancheu, étapier à Meaux, 2183.
Brancion (De), religieux, A. 89.
—— (Ch. Ant. de Raguet, comte de), mar. c., 3708, 3720.
Brandebourg (Fréd. Guill., électeur de), 245, 276, 279-281, 289, 291, 346, 629, 668, 739.
—— **-Bareith** (Christian-Ernest, margrave de), 2028.
—— (Fréd., margrave de), 3622.
Brandier, 245.
Brandly, capne suisse, 310. — Cf. *Brendlé*.
Brandt, capne d'artillerie, 3477. — Cf. *Brender*.
Branges. V. *Barillon*.
Branslart de Celigny, 1013.
Branstraessel (De), 333.
Braque (De), 451.
—— (Mis de), mestre-de-camp, 1945.
Braquemont (De), gouvr du château de Montdidier, 110.
Brasey (Jacques, comte de), officier dans les troupes d'Espagne, 2141, 2144, 2219, 2220, 2244.
Brassac (Baron de), colonel de gendarmes polonais, 3094, 3097, 3160.
—— (René de Gallard de Béarn, chr, puis mis de), lieutt-gal, 3449, 3460, 3461, 3464, 3468, 3469,

3492–3495, 3500, 3501, 3503, 3506, 3510, 3532, 3545, 3548, 3570–3573, 3576, 3579, 3581, 3606, 3622, c^{on} XXIII.
Brassalay (De), gentilhomme béarnais, cap^{ne} réformé à la suite du rég^{t} de Périgord, 2054, 2251.
Brasset, résident de France en Hollande, 106, 134, 245.
Brasseux, 2301.
Brassey (De), gouv^{r} de Charlemont, 634.
Brassicarda (Possevin de), gouverneur des pages de l'électeur de Bavière, 2045.
Braughall, cap^{ne} au rég^{t} de Nugent, 2411.
Brault, 2968.
—— officier m^{al} de Poitiers, c^{on} LXIII.
Braun de Schmittbourg (Lothaire), 343.
—— (De), lieut^{t} au rég^{t} de La Marck, 2021.
—— **de Camus**. V. *Broun*.
Braux (Ch.-Ant. de), officier au rég^{t} de Lorraine, 3545.
Brauw (D. de), c^{on} LXXXVI.
Bray (De), cap^{ne} au rég^{t} de Béarn, 2268.
Braz (De), officier, 2132.
Brazilly (De), lieut^{t}-c^{el} du rég^{t} de Médoc, 2133.
Brazy (De), c^{on} LXVI.
Bréal, 23 s.
Bréande (Jos.-Bonav.-William de), brigadier, 1831, 2739, 2786.
Bréandt. V. *La Lande*.
Bréant, commissaire des guerres, puis intendant, 281, 294, 296, 325, 339, 340, 343, 351, 412, 417, 506, 512, 514, 549, 552, 555, 556, 560, 564–567, 605, 612–615, 664, 665, 667, 703, 737, 792, 794, 1382.
Brébeuf (J.-Franç. de), sous-l^{t} au rég^{t} de Normandie, 1073.
—— (De), cap^{ne}-g^{al} de la capitainerie de garde-côtes d'Avranches, 3459, 3510, 3572, 3573.
Brecat, employé aux fortifications du Rhin, 993.
Bréchac (De), 270.
Brécour, cap^{ne} au rég^{t} de Normandie, 997.
Brécour, (Ch.), officier, 3543.
Brécourt (De), enseigne au rég^{t} des Gardes, 102.
Brédart, agent secret employé par Maurice de Saxe en Hollande, 3326.
Brée (Jean), 243.
—— (Guill. et Ignace de), 2220.
Breffney. V. *O'Rourke*.
Breget, 566, 567.
Bregett (Ch^{r} de), agent du cardinal de Furstemberg, 793, 889, 891.
Brégy (De), 158.
—— (Nic. de Flesselles, comte de), lieut^{t}-g^{al}, 881.
Brehan. V. *Duplessis*.
Brehant (Marie-Jacques, m^{is} de), mar. c., 3237, 3242, 3262, 3436, 3437, 3561, 32 s., 41 s.
Breheret, commis de l'extraordinaire des guerres, 510.
Breidbach (De), ministre ou secrétaire du prince-évêque de Liège, 3627.
Breil (Mis de), 3307.
Brême, prévôt à Sarrebourg, 342.
Brémond (De), lieut^{t} au rég^{t} de Picardie, 1703.
—— maître d'équipage des Galères, 1943.
—— (Guill.), habitant d'Antibes, 2138.
—— cap^{ne} au rég^{t} de Tallart, 2244.
Brémondet, bourgeois de Cassis, 2255.
Brémont (De), commissaire des guerres, 1855, 1856.
Brémontier, substitut à Lyons (Eure), 2419.
Brender ô Brandt, officier hollandais, 3258.
Brendlé, cap^{ne} suisse, 311, 332, 333.
—— (Josse de), lieut^{t}-g^{al}, 1079, 1671, 1831, 1944, 1945, 2135, 2160, 2270, 2273.
Brendley. V. *Brendlé*.
Brenier de Beaulieu, officier au rég^{t} de Blacons, 2142.
Brenusson, major de la citadelle de Montreuil, 2144, 2312.
Brès (De), officier au rég^{t} de La Chau-Montauban, 2032.
Brescia (Évêque de), V. *Bollani*.
Bressac (Ch^{r} de), 1585.
Bressand, membre du Directoire du dép^{t} de la H^{te}-Saône, c^{on} LXV c.
Bressay (Ant. Josse de), lieut^{t} au rég^{t} de Piémont, 92.

Bressey (J. Claude de Belfrey, comte de), 1146, 1318, 1355.
—— (Comte de), colonel à la suite du rég[t] Royal-Pologne, 3085, 3200.
—— **-la-Coste** (De), religieux à St-Claude, 213.
Bressiani (P. Maria), milanais, 239, 2047.
Bressieu (Marquise de), 2045.
Bressolles (Ch[r] de), major du rég[t] Royal-dragons, 1943, 2145.
Bressy (De), officier, 1573, 2023, 2133, 2140, 2143, 2144, 2159, 2160.
—— (De), cap[ne] au rég[t] de Chartres, 2133.
Brest (Municipalité, magistrats, bourgeois, etc., de), c[ons] XL, LXI, LXV a, LXVI. — Cf. *Avril, Ollivier*, etc.
Bret (De), gouverneur de Douai, 237, 466.
Bretagne (Commissaires des États de), c[ons] LIII, LX, LXV, LXXVI.
—— (Commissaires de la liquidation des anciennes affaires de la province de), c[ons] LXV c, LXV e.
—— (De), 345.
—— (De), cap[ne] au rég[t] des Flamarens, 3598.
Breteuil (De), 110, 119, 134, 137, 158, 406, 448, 451, 457, 484, 488–492, 506, 512, 514, 516, 536, 544, 549, 555, 564, 567, 568, 612–614, 616, 629, 648. — Cf. les suivants,
—— (Franç. Le Tonnelier de), intendant, 667, 672, 702, 725, 726, 729–731, 733, 734, 738, 739.
—— (Louis Le Tonnelier, ch[r] de), mar. c., 1895.
—— (Franç.-Victor Le Tonnelier, m[is] de), intendant, puis ministre de la Guerre, 2609, 2618, 2619, 2662, 2739, 2770, 2900–2902, 2904, 2912–2928, 2936, 2937, 2940, 2943–2957, 2959, 2960, 2967–2970, 2977, 2979, 2988, 2997, 2999, 3073–3075, 3127, 3315, 3459, 3625. — Cf. les vol. de *Minutes* du 4 juillet 1723 au 19 juin 1726 et du 20 février 1740 au 7 janvier 1743.
Breteuil (Baron de), 3130.
—— (Abbé de), 3309.
—— (L. Aug. Le Tonnelier, baron de), ambassadeur, puis ministre de la Maison du roi, ministre de la Guerre par intérim, 3407, 3484, 3487, 3506, 3508, 3516, 3759, 3760, 3768, c[ons] XII, XIV, XXXV, LX, LXXV, LXXVI.
—— (De), officier à l'armée des Indes, 3541.
—— V. *Berteuil.*
Bretez, greffier du prévôt des Gardes françaises, 1945.
Brèthe (De), 157, 158, 300,
Brethous, officier de garde-côtes à Oléron, 3510.
Bretignères (De), directeur des Postes à Pontarlier, 2145, 2242.
Bretilly. V. *Bauquet.*
Bretollant (De), 2143, 2270.
Bretoncelle (De), 902, 958, 1068, 1072.
Bretonneau, 987.
Bretonvilliers (Bénigne Le Ragois, m[is] de), mar. c., 2703, 2782.
Bretteville de Chalançon (De), officier, 146.
Breugnez, sous-lieut[t] au rég[t] d'Orléanais, 2268.
Breugnon (Cte de), commd[t] de la Marine, à Brest, c[on] XLIII.
Breuil. V. *Du Breuil.*
Breules (De), 110.
Breully (De), lieut[t] au rég[t] de Tournaisis, 2133.
Breuval (De), 2929. — Cf. *Fregval.*
Bréval (Mis de). V. *Montmorency-Luxembourg.*
—— (De), 134, 278.
Brevedent (De), cap[ne] au rég[t] de La Marine, 997.
—— (De), commd[t] la capitainerie d'Honfleur, 3468.
Brevillers (De), gentilhomme des environs de Doullens, 2229.
Brey (Mme de), veuve d'un cap[ne] du rég[t] de Greder-Allemand, 1855.
Breyval. V. *Breuval.*
Brézé (Urbain de Maillé, m[is] de), mar. Fr., 97, 106, 119.
—— (De), cap[ne] au rég[t] de Labour, 1549.

Brézé (De), cap^{ne} au rég^{t} de Chartres-inf^{ie}, 2412.

—— (Michel Dreux, m^{is} de), lieut^{t}-g^{al}, 2698–2700, 2727, 2792, 2840, 2863, 2922, 2923, 2926, 2940, 2954–2957, 2959, 2990–2993, 2999–3002, 3007, 3008, 3027–3033, 3035, 3036, 3068, 3069, 3084, 3085, 3087, 3088, 3090, 3091, 3135, 3136, 3142–3145, 3182, 3198, 3206, 3210, 3275, 3276, 3315, 3326, 3370, 3387, 3677, 21 s, c^{ons} XVI, XVII.

—— (Armand de Maillé, duc de —, lieut^{t}-g^{al}, ou Urbain de Maillé, m^{is} de —, mar. Fr. ?), 2770.

Brezetz (De), cap^{ne} au rég^{t} de Crussol, 358.

—— (De), lieut^{t}-c^{el} du rég^{t} de Crussol, 997.

—— (De), commd^{t} à Bouchain, 1565, 1832, 1839, 2025, 2160, 2221, 2299.

Briacé (De), commissaire provincial d'artillerie, 2522.

Briaille, cap^{ne} de compagnie franche, mestre-de-camp de dragons, 1856, 1899, 1900, 1951, 2036, 2056, 2137, 2238, 2241–2243, 2322.

Briais (L.-Tristan-Armand), commissaire des guerres, 1831, 1832, 1834, 2139, 2140, 2154, 2160, 2299, 2309, 2370. — Cf. le suivant.

—— (N...), commissaire des guerres, 2732, 2901, 2967, 2968, 2970, 2969, 3064, 3065, 3224, 3291, 3305, 3332, 3497, 3537, 3538, 3549, 3568, 3571, 3572, 3576, 3598, 3599, 3601, 3604, 3635, A. 90, c^{ons} XV, XXXVII.

Briançon (Baillis, échevins, etc., de), c^{ons} LXV, LXX. — Cf. *Bonnot, Chailliol, Duprat, Gondoin, La Coste, Morand, Roullon, Rouslacroix*, etc.

—— (De), envoyé du duc de Savoie en Angleterre, 1785, 1863–1869, 1960-1964.

Briancourt. V. *Anquetil, Briaucourt*.

Briansiaux de Milleville (J.-L.), armateur à Dunkerque, auteur de mémoires, 3536, 3537, 3681, 3687.

Briard, officier d'artillerie, 1871.

Brias (Jacques de), archevêque de Cambrai, 512, 542, 554, 597, 598, 837, 891, 904, 944, 1289.

Briat, syndic de Porrentruy, 2712.

Briaucourt (De), commissaire des guerres, 3445, 3505, 3506, c^{on} XLIX a.

Bribolé, lieut^{t}-criminel d'Auxerre, 361.

Brichanteau. V. *Nangis*.

Bricourt-Fresnelle (De), commd^{t} d'un b^{on} de La Marche, 1602.

Bridard (Valentin), 119.

Bridault (Louis), échevin de Calais, 2087.

Bridieu (Louis de), lieut^{t}-g^{al}, 97, 98, 106, 116, 119, 123, 133, 134, 137, 146, 157, 158, 259, 260, 271, 278, 292, 311, 359, 360, 362, 367, 419, 452, 453, 455, 456, 468, 501, 503, 505.

—— (Mis de), officier aux Chasseurs à cheval du Hainaut, c^{on} LXV d.

Bridonneau, subdélégué à Chinon, 2342, 2370.

Brie (Mis de), gouv^{r} de Sierck, 1854, 2137.

—— (Conseil d'adm^{on} du rég^{t} de), c^{on} LXIII.

—— (De), cornette au rég^{t} de Montmorin, 1855.

—— (De), maître particulier des eaux et forêts à Mâcon, c^{on} LX.

—— **-Comte-Robert** (Municipalité de), c^{on} LXVII.

Briell (Herbert), receveur des contributions pour les États-Généraux de Hollande, conseiller de la ville de Delft, 1943, 1944, 2017, 2018, 2155.

Brienne (Comte de), 118, 119, 144, 157, 158, 245, c^{on} I.

—— (Athanase-L.-Marie de Loménie, ch^{r}, puis comte de), lieut^{t}-g^{al}, ministre de la Guerre, 3084, 3571–3573, 3578, 3581, 3599, 3604, 3605, 3642, 3754, 3755, 3758, 3760, 3762, 3763, 3768, c^{ons} LIII, LIV, LXXIII, LXXVI.

—— (De), major du rég^{t} de Bourgogne, 3603.

Brienon-L'archevêque (Municipalité de), c^{on} LXV d.

Brier, grand bailli de Dunkerque, 3694.

Brière (De), ancien officier, 2133.

Brière (César-Aug.), curé de St-Venant, 2133.
—— officier de la milice bourgeoise de Nogent-le-Rotrou, 3753.
Briffault, maire de Calmoutier, 1850.
—— officier m^{al} de Douai, c^{on} LX.
—— officier m^{al} du Quesnoy, c^{on} LXI.
Brige (De), cap^{ne}, 2138, 2239.
Brignole-Sale (Mis de), envoyé de Gênes à Paris, 2872, 2901.
Brignoles (Consul de). V. *Fauchier.*
Brigode (Anselme de), curé de Neufville, détenu à la citadelle d'Amiens, 1832.
Brigueras (Comte de), officier piémontais, 3244.
Brilhac (De), premier président du Parlement de Rennes, 1704, 1899, 2132.
—— (Ch^{r} de), cap^{ne} dans les dragons de Bozelli, 2332.
—— (Franç. de), mar. c., 2630, 2632, 2634, 2664, 2675, 2678, 2713, c^{on} XI.
—— (René-Anne-Hippolyte de), abbé de St-Jean des Prez de Josselin, commissaire des États de Bretagne, c^{on} XL.
Brillat-Savarin, député de l'Ain, magistrat, écrivain, c^{ons} LXV a, LXVIII.
Brillet, lieutenant au rég^{t} du Roi-cav^{ie}, 146.
Brilloire (De), officier au rég^{t} de Vendôme, 2139.
Brillon, marchand drapier à Paris, 2271.
Bringuel, cap^{ne}, 1113.
Brink (De), 2134, 2135.
Brinon (J.-J. de Senneterre, comte de), 119.
Briois, député des États d'Artois, 3709, 3714.
—— (Marie-Élisabeth de La Haye de Mairante, veuve), A. 90.
Brion (de), cap^{ne} au rég^{t} d'Auxerrois, 2137.
—— (De), cap^{ne} au rég^{t} de Renti, c^{on} LXXXVI.
—— (Comte de), 2739.
—— (De), 3564.
Brionne (Louis-Ch. de Lorraine, comte de), mar. c., 3089.
—— (Henri de Lorraine, comte de), A. 87, A. 88.
Briord (Gabriel, comte de), premier écuyer de M. le Prince, ambassadeur, 1286.
Briouville (De), commissaire des classes à La Hougue, 3495, 3497, 3534, 3572.
Briouze (De), officier, 1660, 2137, 2141, 2144.
Briquet, 628.
—— (De), commissaire des guerres, 1179, 1181, 2086, 2131, 2134, 2139, 2159, 2183, 2219, 2370, 2381, 2644, 2663, 2664.
—— (De), fils du précédent, premier commis de la Guerre, chef du bureau de la Secrétairerie, auteur du *Code militaire*, 3028, 3084, 3086, 3095.
Briqueville (Comte de), 2132.
—— (De), major de garde-côtes, 3494.
—— V. *La Luzerne.*
Brisacier (De), 119.
—— (De), 2131, 2138, 2140, 2370.
Brisach (Bourgmestres, échevins, magistrats, etc., de), 565. — Cf. *Neuf-Brisach, Charlevoye, Dischinger, Ischingen, Joubert, La Brosse, Raousset*, etc.
Brisard (Eg.), officier m^{al} d'Alençon, c^{on} LXV c.
Brisay (L.-René de Brisay d'Enonville, comte de), mar. c., 3136.
Brisbois, de Dunkerque, 3699.
Brisebarre (De), lieut^{t} au rég^{t} de La Rochethulon, 1841.
Brison (Ch^{r} de), lieut^{t}-c^{el} du rég^{t} de Simiane, 2142,
Brissac (Charles Ier de Cossé, comte de), mar. Fr., c^{on} I.
—— (De), 110.
—— (Alb. de Grillet de), lieut^{t}-g^{al}, major des Gardes du corps, 1350, 1443, 1701, 1768.
—— (De), aide-major, puis major de la place de Toulon, 1768, 2144, 2188, 2268.
—— (Artus-Timoléon-L. de Cossé, duc de), 1895. — Cf. les suivants.
—— (Ch.-Timoléon-Louis de Cossé, duc de), 2300, 2411, 2420.
—— (Duchesse de), 2411.
—— (J.-P. Timoléon de Cossé, duc de), mar. Fr., 2763, 3000 3431,

3473, 3474, 3501, 3516, 3519, 3727, 3741, 3748, 39 s., 40 s.
Brissailles (De), capne au régt de Normandie, 146.
Brisse (Louis), procureur à Doullens, 2157.
Brisseau, capne au régt de St-Germain-Beaupré, 1943.
—— médecin du duc de Vendôme, 1945.
—— médecin, fils du précédent, 2139, 2300, 2383.
Brissenden (Daniel), anglais, brasseur à Boulogne-sur-Mer, 3408.
Brisson (De), 342.
—— (De), lieutt au régt de Palliers, 88.
—— 2221.
—— (René), marin, 3538.
—— **des Cantières**, commissaire des guerres, inspecteur des hôpitaux, 3043, 3145, 3154, 3521, 3671.
Bristol (Comte de), 158.
Briti, ministre du duc de La Mirandole, 1864.
Brizebare (De), officier au régt de Desmaretz, 2136.
Broc (Michel-Armand, mis de), mar. c., 3538, 3571, 3598, 3606, 3622, con LXXVI.
—— (De), cons XXXI, LXV.
Brocard, 292.
—— (De), officier au régt de Desmaretz, 2136.
—— (De), officier, 3262, 3209.
Brocart, 1700.
Brochant, 212.
—— notaire à Paris, 3461.
Brochard, officier au régt de Beringhen, 2242.
Brochette, directeur de l'hôpital de Longwy, 2141, 2143, 2242, 2243, 2245.
—— trésorier à Verdun, 2420.
Brochier (Jacques), officier, 2102, 2130.
—— officier d'artillerie, 3562.
Brockhausen (J.-W. de), 1877, 2170.
Brocq. V. *Fagnières*.
Brodot (De), colonel du régt wallon de Charleroi (service d'Espagne), 2331.
Broglie (Michel-Ange de), abbé de Ste-Marie de Pignerol, puis évêque de Verceil, 112, 354, 355, 1238.
Broglie (Franç.-Marie, comte de — et de Revel), lieutt-gal, 123.
—— (Victor-Maurice, comte de), mar. Fr., 670, 671, 902, 906, 944, 950, 951, 956, 1015, 1016, 1060, 1108, 1109, 1146, 1147, 1175, 1205-1207, 1228, 1287, 1289, 1312, 1356, 1428, 1468, 1524-1526, 1614, 1707, 1895, 2130, 2137, 2524.
—— (Chr de), 1587, 1687, 1855, 1863.
—— (Ch.-Guill., mis de), lieutt-gal, 1683, 1693, 1776, 1862, 1863, 1866, 1867, 1869, 1960, 1966-1968, 2038-2042, 2099, 2102, 2133, 2135, 2137, 2138, 2140, 2141, 2143-2145, 2171, 2172, 2175, 2247-2249, 2251, 2269, 2325, 2398, 2400, 2404, 2406, 2411, 2417.
—— (Franc.-Marie, chr, cte, puis duc de), mar. Fr., 1856-1858, 1950, 1952, 2027, 2028, 2036, 2091-2093, 2135, 2138, 2139, 2141-2144, 2151-2153, 2159, 2160, 2167, 2213-2217, 2219, 2220, 2222, 2224, 2299-2306, 2308, 2345, 2370-2387, 2444, 2445, 2447, 2454-2461, 2487, 2505, 2506, 2621, 2704, 2705, 2751-2761, 2770, 2794, 2810-2812, 2814, 2890-2892, 2902-2904, 2912-2917, 2920, 2921, 2924, 2927, 2928, 2943-2960, 2969, 2989-3002, 3006-3010, 3017, 3073, 3075, 3123, 3696, 13 s, cons XIV-XVI.
—— (Abbé de), 2136, 2344, 3123, 3471, 3500, 3556, con XXXIII.
—— (Victor de), chr de Malte, colonel du régt d'Agénois, 2383.
—— (François de —, comte de Revel?), brigadier, 2902.
—— (Victor-Franç., comte, puis duc de), mar. Fr., 2913, 2943, 2945, 2949, 2951, 2981, 3000, 3001, 3097, 3137, 3139, 3140, 3143, 3146, 3147, 3197-3199, 3204, 3207-3209, 3280, 3430, 3433-3436, 3438, 3439, 3441-3444, 3446, 3471-3475, 3478, 3479, 3500-3502, 3508, 3510-3526,

3542-3548, 3550-3565, 3576-3579, 3582, 3584-3592, 3602-3607, 3627, 3631, 3677, 3698-3703, 3708, 3729, 3741, 39 s, 40 s, 43 s, 44 s, 46 s, 47 s, 68 s, 69 s, c^ons XXVII-XXIX, XXXIII, XXXV, XLIII, XLV.

Broglie (Ch.-Franç., comte de Buhy, puis ch^r de Broglie, puis comte de), lieut^t-g^al, ambassadeur, 3000, 3097, 3389, 3391, 3396, 3407, 3430, 3432-3434, 3436, 3437, 3441, 3442, 3444, 3445, 3476, 3500, 3508, 3518, 3522, 3525, 3526, 3542, 3545, 3546, 3554, 3555, 3557, 3559-3565, 3577, 3579, 3582-3587, 3590-3592, 3606, 3627, 3631, 3701, 3707, 3726, 3761, 16 s, 43 s, 44 s, c^ons XXVII, XXXIII, XXXV, XLIV, XLV, LV, LXXVII.

—— (Ch.-L.-Victor, prince de), mar. c., député à l'Assemblée N^le, c^ons LXV, LXV, LXVI, LXVII, LXIX.

—— (Duchesse de), 3543.

—— (Elzéar-M.-Jos.-Ch., vicomte de), colonel du rég^t d'Aquitaine, 3582, 3583, 3607.

—— V. *Revel.*

Broichot, commissaire des guerres, 889, 972, 992, 1501, 1849, 1855, 2032, 2136, 2145.

Broissia (De), officier, c^ons LXIV, LXVIII.

—— V. *Froissard.*

Brommer (De), 3724.

Bronchin, échevin d'Avesnes, 2159, 2219, 2235.

Bronchoven (De), intendant espagnol à Ruremonde, puis en Gueldre et Limbourg, 457, 514.

—— V. *Brouchoven.*

Bronckhorst (Otto, comte de — et Gronsfelt), chanoine de Liège, 995.

Bronod (Léon), prieur de la Chartreuse de Pierre-Châtel, 1604, 1702, 1832, 1872, 1873.

Brons (Ch^r de), cap^ne au rég^t de Nivernais, 3302, 3305, 3329.

Broons (Municipalité, etc., de), c^on LXVII.

Broquer, c^on XXXVI.

Broquier, major du rég^t de Murat, 1857, 1951, 1952.

Broquier, major du rég^t de Choiseul, 2784.

Brossamain, 158.

Brossard, hôtelier à La Bussière, 2371.

Brossays (J. M.), comm^re des États de Bretagne, c^on LXV.

Brosse (Mis de), 1737, 1831, 1832, 2132, 2138.

Brosseaud, représentant à Paris des villes hanséatiques, 996.

Brossière, recteur de Lorient, c^on LXV c.

Brossin. V. *Du Brossin.*

Brostaret, député à l'Assemblée N^le, c^on LXV d.

Brou (Denis Feydeau de), intendant, 837, 902.

—— (Paul-Esprit Feydeau de), intendant, puis garde des sceaux, 2563, 2575, 2619, 2622, 2678, 2698, 2699, 2701-2703, 2723-2742, 2746, 2767, 2777, 2782-2793, 2796-2799, 2824, 2827, 2837, 2839, 2841, 2863, 2874-2876, 2902-2904, 2912, 2915-2917, 2920, 2924-2928, 2944, 2945, 2950-2953, 2969, 2970, 3047, c^ons XIV, XXVI.

—— (Ant. P. Jos. Feydeau, m^is de), intendant, 3410, 3418, 3420, 3421 3449, 3461-3464, 3468, 3493, 3495, 3497, 3502, 3503, 3505, 3509, 3510, 3533-3536, 3546, 3548, 3569-3572, 3576, 3579, 3620, 3621, 3623, 3625.

—— V. *Feydeau.*

Brouart, président du Directoire du Calvados, c^on LXV d.

Brouchoven de Bergeyck (De), colonel de dragons espagnols, 2262.

—— V. *Bronchoven.*

Brouet (Daniel), marchand à Nuremberg, 1843.

Brouilly d'Herleville, 664, 668, 776, 793, 795, 830, 898, 903, 906, 961, 996, 1009, 1010, 1082, 1094, 1096, 1099, 1100, 1113, 1115, 1116, 1170, 1228, 1272, 1274, 1275, 1332, 1374, 1375, 1379, 1382, 1417, 1426, 1702, 1822, 1862, 1875, 1896, 1898, 1971, 2038-2042, 2130, 2132, 2635, A. 89. — Cf. *Herleville.*

Broun (Maximilien-Ulysse, comte — de Camus), général autrichien, 3162, 3178, 3186, 3223, 3227, 3230, 3234, 3253, 3256, 3257, 3260–3263, 3290–3292, 3298–3302, 3313, 3328, 3336, 3391, 3396, 3406, 3407, c^on^ XVIII. — Cf. *Browne.*

Broussy (De), 311.

Broutay (c^te^ de), mestre-de-camp du rég^t^ de Navarre, 151.

—— V. *Du Broutay.*

Brouville (Lefournier de). V. *Le Fournier.*

Brouwer, officier hollandais, 3147.

Brown. V. *Broun.*

Browne, officier au rég^t^ de Lally, 3152, 3154.

—— 3707, 3710. — Cf. *Broun.*

Broyes, 97.

Brüande (De), 361.

Bruant (De), cap^ne^ au rég^t^ de Rambures, 281.

Bruc (Mlle Susanne de), 118.

Bruche (Communautés du Val de la), c^ons^ LXVI, LXVII.

Bruché, subdélégué, 360.

Brucourt (De), cap^ne^ au rég^t^ de Navarre, 1856, 1857.

—— **de Sebeville** (De), mestre-de-camp, 1856.

Brue (André), directeur des établissements du Sénégal, 2592.

Brüe (De). V. *Bruee.*

Bruee (De), conseiller au Sénat de Nice, 2130, 2171.

Bruell (Hébert), 2158.

Bruen, gouverneur de St-Venant pour les Hollandais, 2232.

Bruet, de Calais, 3505.

Brugairoux de St-Massal, 2269.

Brugière, cap^ne^ au rég^t^ de Bretagne, 997.

—— officier, 1983.

—— (De), major de la place de Maubeuge, 3201, 3275, 3308.

—— officier m^al^ de Clamecy, c^on^ LVII.

Brühl (Heinrich, comte), ministre du roi de Pologne, 2949–2952, 2654, 2970, 3045, 3075, 3389, 3396, 3407, 3501, 3513, 3554, 3614, 3627, 54 s, c^on^ XXVII.

Bruis (De), lieut^t^-c^el^ du rég^t^ de Maulévrier, 1961.

Bruis, lieut^t^-c^el^ du rég^t^ de Lyonne, 2370.

Bruix (De), 2852, 2267.

Brulard (De), major de la place de Menin, 1468, 1830, 2145.

—— major de la place de Dunkerque, 1943, 1946, 2131.

—— (Mme d'Alligrets de), femme du précédent, 2131, 2134.

—— V. *Brulart, Bruslart, Du Brossin, Du Coudray.*

Brulart (De), cap^ne^ au rég^t^ de La Reine, 2113.

Brule, contrôleur des exploits à Montreuil-sur-Mer, 2219.

Bruley (De), cap^ne^ au rég^t^ de La Fons, 2145.

Brulez, 106.

Brumar, lieut^t^ au rég^t^ de Picardie, aide-major de la place de Seyne, 2739.

Brun, consul d'Aix, procureur du pays de Provence, 33.

—— officier au rég^t^ de Bigorre, puis dans celui d'Orléans, 1549, 1565, 1801, 1885.

—— cap^ne^ aux Gardes, 1877.

—— officier, 1895.

—— capitaine, 1982.

—— (De), cap^ne^ au rég^t^ de Rupelmonde, 2033.

—— consul ou lieut^t^ de roi de Toulon, 2188.

—— (Ferd. Agathange, m^is^ de), 2305, 2770, 2941, 2946, 2947, 3001, 3094, 3115, 23 s.

—— directeur des Postes à Marseille, 3412.

—— ex-major d'un corps de Volontaires, c^on^ LXV a.

—— officier suisse au service de France, 3517.

—— (J. F.), maire de Neuchâtel (Suisse), c^on^ XI.

—— V. *Debrun.*

—— **-Condamine**, 3623.

Brunck, 1855.

Bruneau, président à mortier du Parlement de Tournai, 2022.

Bruneau de B..., 3768. — Cf. *Beaumez.*

Brunel, major à Besançon, 1759, 1855–1858.

—— chirurgien-major du rég^t^ de Piémont-cavalerie, 1856.

—— officier au rég^t^ de Kerkem, 2242.

Brunel, 3172, 3238.
—— député des États d'Artois, 3714.
Brunelli (Francesco et Giuseppe), syndic et consul à Calvi, 3416, 3638, 3647.
Brunene, major du rég' de Pujol, 2021.
Bruner, d'Arnheim, 3513.
Brunery, chirurgien, 1702.
Brunet (De), cap^{ne} au rég' de Ligondès, 2137.
—— prisonnier au For-l'Évêque, 2145.
—— ingénieur-géographe ?, 2979.
—— officier, 3063, 3065.
—— exempt à Villers-Cotterets, 3259.
—— officier m^{al} de Reims, c^{on} LXV b.
—— subdélégué employé comme commissaire des guerres, 3260, 3293.
—— de Briançon, 3310.
—— officier, c^{on} LXV c.
—— 3749.
—— (J. B.), garde du Trésor royal, A. 87.
—— **d'Evry**, maréchal des logis, 3418, 3420, 3482, 3526.
—— **de Guadet**, aide-major et capitaine des portes de la place de Philippsbourg, 2734.
—— **de Rancy**, receveur général des finances de Flandre, 2412.
Brunette de l'Étang, 299.
Brunière, commissaire des guerres, 3232, 3255–3257.
Brunnengrilber (De), officier dans le corps de Fischer, 3562.
Brunner, 3552, 3584.
Bruno, cap^{ne} au rég' de Boysset, 2045.
Brunoy. V. *Paris de Montmartel.*
Brunswick (duc de), 417.
—— (Ant. Ulric, duc de), 1951.
—— (Ferd. Alb., prince de), 2091.
—— (Élisabeth-Christine de), femme de l'empereur Charles VI, 2254.
—— (Ch. Guill. Ferd., duc de), 3444, 3502, 3545, 3589, 35 s, 36 s., 37 s., 39 s., 49 s. Cf. les suivants.
—— (Ch., prince de), c^{on} XXXIII.
—— (Ferd., prince de), 3444, 3479, 3480, 3482, 3488, 3501, 3502, 3506, 3514, 3522, 3525, 3526, 3544, 3545. 3560, 3576, 3577, 3585–3587, 3589, 3614, 3621, 36 s, 38 s, 49 s, 50 s, 69 s, c^{ons} XXVII, XXIX, XXXVI.
Brunswick-Lunebourg (Aug. Guill. Alb., duc de), 2724, 3406, 3437, 3444, 3445.
—— (Ch., prince de), 3514, 3562.
Brunville (Ch^r de), major du rég' d'Artois-cav^{ie}, 3707.
Brunvilliers (Ant. Gobelin, m^{is} de), mestre-de-camp du rég' de Normandie, 146, 151.
—— (De), 358.
Bruny (De), directeur de la Compagnie des Indes, 3674.
Brunyer, cap^{ne} au rég' Royal-inf^{rie}, 3308.
Bruquedalle, maître des eaux et forêts de la maîtrise d'Arques, 1610.
Bruquet, major du rég' de Choiseul, 2138.
Brus. V. *Berlo.*
Bruslart (De), 3, 5.
—— (Nicolas, m^{is} de La Borde), premier président du Parlement de Dijon, 988.
—— (Gasp. Robert de Guérin de), mar. c., 2787, 2944–2947, 2969, 2981, 2983, 3001, 3139, 3141, 3143, 3160, 3163, 3198, 3199, 3201–3204, 3206, 3287, 3450, 3451, 3460, 3466, 3467, 36 s.
—— (De), major du rég' de Picardie, 3001.
—— (Louis de Guérin de), brig., 3173, 3240.
—— V. *Brulard* et *Brulart.*
—— **de Genlis** (Charles de), archevêque d'Embrun, 2251, 2346, 2371, 2411.
—— **de Sillery** (De), colonel, 2134.
Brusley (De), cap^{ne}, 1855.
Brussaux, commissaire et garde d'artillerie à Metz, 1854, 2242.
Brusset, major du rég' de Valence, 2131, 2145, 2312.
Brute, officier m^{al} de Montauban, c^{on} LXV c.
Bruyère-Chalabre (De), évêque de St-Omer, 3718.
Bruzeau, officier m^{al} d'Orléans, c^{on} LXV c.
Bry (De). cap^{ne} au rég' de Dampierre, 1832.

Bry (De). lieut^{t}-c^{el} du rég^{t} de Barbançon, 2140, 2141.
—— (De), cap^{ne} au rég^{t} de Mornac, 2328.
—— (J. de). membre du Directoire de l'Aisne, c^{on} LXV a.
—— V. *Debry*.
Bryan (Louis), cap^{ne} au rég^{t} de Lee, 2143.
Bryar, 3408. — Cf. *Bryan*.
Bryce, écossais établi à Boulogne, 3408.
Brye (De), commis au contrôle des vivres de Hainaut et de Champagne, 2136.
Bryen. V. *Bryan*.
Buch, de Soleure, 988.
Buchey (Jean), collecteur des tailles de N. D. du Hamel, 1901.
Buchwald (Mme de), 3626, 3650.
Buck, 3541.
Buckingham (Georges Villiers, m^{is}, puis duc de), premier ministre anglais, ambassadeur, 276, 285.
Bucquet, entrepreneur de fournitures de fourrage, 1150.
Bucquoy (J. Alb. d'Archambaud, comte et abbé de), 2243.
Buddenbroon, 3406.
Budes. V. *Guébriant*.
Bueil (De), 1116.
—— (Ant. Pierre de Bueil-Racan, ch^{r}, puis comte de), lieut^{t}-g^{al}, 2133, 2378, 2379, 2381, 2383–2386, 2444, 2445, 2447, 2456, 2755–2761, 2810–2815, 2817, 2819.
—— **-Sancerre** (De), 1946, 2130, 2135, 2140, 2142, 2159, 2183.
Buerle, marchand français établi à Barcelone, 1989.
Buffevant (De), major de la place de Landau, 997.
Buffevent (J. P. François, ch^{r}, puis comte de), mar. c., 3662, 3665.
Buffon (Georges Leclerc, comte de), naturaliste, membre de l'Académie française, 3751.
Buhons. V. *Buons*.
Buisserel, commissaire des guerres, 2025, 2131.
Buisson, entrepreneur de fournitures ou banquier, 1594, 1613.
—— syndic de Sougé, 1903.
Buisson (De), officier au rég^{t} de Du Biez, 2022.
—— concierge des prisons royales de Lyon, 2136.
—— (Du), colonel du rég^{t} de May, brig., 1846–1848, 1858, 1899, 1900, 1943, 1945, 1946, 2017, 2021, 2022, 2082, 2084, 2108, 2131, 2138, 2142, 2149, 2151, 2159, 2160, 2236, 2270, 2273, 2317, 2338.
—— (Du), frère du précédent, 2091, 2145.
—— commis des vivres, 2185, 2221, 2242–2244, 2269, 2272, 2273.
—— (De), cap^{ne} au rég^{t} Royal-Roussillon, 3418.
—— (De), major du rég^{t} de Foix, 1844, 1856.
—— V. *Beautteville*.
—— **du Boudet**, 968.
Buissy (De), président au Parlement de Flandre, A. 90.
—— (De), premier président du Conseil supérieur de Douai, 3686, 3705.
Bulkeley (Franç., comte de), lieut^{t}-g^{al}, 2700, 2730, 2736, 2795, 2941, 2945, 2947, 3027–3029, 3035, 3143, 3144, 3152, 3197, 3198, 3201–3204, 3207, 3418.
Bulleux (De), abbé de Blangy, 119.
Bullingen, syndic de Cologne, 1577.
Bullion (De), surintendant des Finances, 20, 21, 26, 42, 49, 56, 62, 88.
—— (De), 903, 905.
—— (Ch. Denis de), prévôt de la ville et vicomté de Paris, gouverneur du Maine, 1895.
—— (M.-Anne Rouillé, m^{ise} de), 2140.
—— (H. de), commissaire des guerres, c^{on} LXXVI.
Bullioud, officier en garnison à Port-Louis, 2140.
Bullonde. V. *Bulonde*.
Bulloyer (De), cap^{ne} au rég^{t} d'Espagny, 146.
Bully. V. *L'Estendard*.
Bulo (Baron de), grand écuyer du duc d'Exingen, 2131.
Bulonde (De), 279, 457, 497, 535, 536, 543, 545, 555, 568, 663, 703, 704, 791, 822, 832, 870,

895, 904–906, 1010, 1015–1017, 1079, 1093–1095, 1099.
Bulow (De), colonel de dragons hanovriens, 956.
—— (De), commandant à Ehrenbreitstein, 3525, 3526, 3683.
Bulstrode (Richard), envoyé extraordinaire de Jacques II à Bruxelles, 2159, A. 89.
Bumania (Baron), général hollandais, 3225.
Bumant (Nic.), cap^ne au rég^t de Hessy, 2393.
Bumel, résident du prince-évêque de Liège en France, 2619.
Bunau (Cte de), 2989, 3009, 3070.
Bunelli, consul de France à Calvi, 3415.
Buny, étapier à Langres, 2420.
Buol, 3287. — Cf. *Du Buol.*
Buons (Mis de), 2143.
Buoschmuller, officier au rég^t de Hessy, 3780.
Buoux (De), 1604, 1973.
Bürckwald (De), directeur de la noblesse d'Alsace, 2093.
Burdon (William), gentilhomme écossais, ex-officier au rég^t de Berwick, 2371.
Bure (De), officier.
Bureau, docteur en Sorbonne, curé-doyen de Laval, 2132.
—— procureur à Dreux, 2133.
—— caissier d'un receveur g^al des Finances, 2187.
—— (De), volontaire au rég^t de Santerre, 3123.
Burel. V. *Blégier.*
Buretel de Vaivre, conseiller au Parlement de Besançon, 2136.
Burg (De), cap^ne au rég^t de Champagne, 2136, 2138, 2144.
—— V. *Du Burg.*
Burgas (De), major du rég^t de Brie, 3174.
Burgat, c^on LIII. — Cf. le suivant.
—— (De), officier au rég^t Mestre-de-camp-g^al-cav^ie, 3711, 3712, c^on LXV a.
Burges (Thomas), command^t anglais à Jersey, 3420.
Bürgin (J. Franç-Fortuné), grand bailli de Rhinfeld, 3095.
Burgniac, major de Limoges, 2143.
Burguet (De), 33.
Burisch (Onslow), ministre d'Angleterre près le cercle du Haut-Rhin, 3108, 3287.
Burke (De), major du rég^t de Bourke, 2141.
Burmania (J. E. V.), colonel hollandais, 3261.
Burowich (Jean, comte), gentilhomme dalmate, 1974.
Burtin (J. B.), cap^ne de quartier d'Aix (Provence), c^on XIX.
Burton (Mme), de Londres, 1610.
Bury, cap^ne au rég^t de Pasfeuquières, 2244.
Busagny (Porlier de), cap^ne au rég^t Royal, 1943.
Buscayola (Mis de), lieut^t-g^al espagnol, 267.
Busillet (Jean), marchand drapier à Paris, 216.
Busnel, résident du prince-évêque de Liège à Paris, 2622.
Buson (De), commissaire des guerres, 1516, 1518, 1519, 1778, 1783.
Busquet, aide-directeur des vivres, 3260.
Busserolle (De), cap^ne au rég^t Royal-La Marine, 997.
Busset, enseigne dans un rég^t suisse, 3507.
Bussière (De), lieut^t-c^el du rég^t de Bretagne-inf^rie, 1861, 1865.
—— (De), 1367.
—— (De), fils du précédent, colonel, 1367.
Bussières (De), commissaire des guerres, 190, 226, 262, 292, 294, 296, 343, 362, c^on LXXXVI.
Bussy (Ch^r de), cap^ne au rég^t de Normandie, 117.
—— (Comte de), 133. — Cf. *Bussy-Rabutin.*
—— (Jeanne de Duras et Claire de N..., dames de), 146.
—— (De), commissaire des guerres, 281, 294, 295.
—— (De), commis à la conduite des troupes, 1799.
—— (De), cap^ne au rég^t de Labour, 1861.
—— (De), officier, commandant sur les rivières d'Aisne et d'Oise, 2135, 2187, 2269, 2270, 2370.
—— (De), major du rég^t de Poyanne, 2142–2145.

Bussy (Franç. Lamoral de), mar. c., 2137, 2138, 2152, 2160, 2220, 2300, 2382, 2383, 2387.
—— (De), 2370, 2415.
—— (Mme de), femme du précédent, 2370.
—— (De), 2712, 2970. — Cf. le suivant.
—— (De), chargé d'affaires auprès de l'électeur de Hanovre, 2922. — Cf. le précédent et le suivant.
—— (De), premier commis du Ministère des Affaires étrangères, 3389, 3467, 3510, 61 s, c^{on} XXIV.
—— (Mlle de), 3629.
—— **-Castelnau** (Ch. Jos. Patissier, m^{is} de), lieut^{t}-g^{al}, 3405, 3541, 3575, 3629, 3738, 78 s, c^{ons} XXVI, XXXII, XLV a, L.
—— **-Rabutin** (Roger, comte de), lieut^{t}-g^{al}, 116, 117, 133, 134, 157.
—— **-St Martin** (De), cap^{ne} au rég^{t} de Grancey, 88.
Buterne, 3233.
Butin, maire de Roye, 2269, 2371, 2415. — Cf. *Buttin.*
Butler, colonel d'un rég^{t} irlandais, 146.
—— cap^{ne} au rég^{t} de Dorrington, 1856, 1857.
—— 2137.
—— cap^{ne} au rég^{t} d'O'Donnel, 2159.
Bütner (Sigismond), provincial des Augustins en Alsace, 2733.
Buttafoco (Matteo), cap^{ne} au rég^{t} Royal-Corse, 3539, 3635, 3644, 3647, 3648.
—— (Antonio), chef corse, 2872, 2885, 2886.
—— corse, c^{on} XXXIX. — Cf. les précédents.
Butticari, 299, 354.
Buttin, échevin de Ham, 2266. — Cf. *Butin.*
Buttine (De), 312, 313.
Buvigliers (Guill. de Valdurant de), lieut^{t} au rég^{t} de Champagne, 123.
Buxtorff, conseiller d'État de Bâle, c^{on} XLVII b.
Buzaglo, 3126.
Buzenval (Guillaume Choart, *dit* le m^{is} de)?, brig. de cav^{rie}, 1856, 2135, 2139, 2411.
Byard, commandant des milices du Dauphiné, 2044.
Buzot (Franç. Nic. Léonard), conventionnel, c^{on} LXV.
Bye (Ch^{r} de), brigadier, 3450, 3462, 3465. — Cf. *Bie.*
Bylandt (Ch^{r}, puis baron de), officier au service d'Espagne, puis colonel d'un rég^{t} de son nom, 1832, 2242, 2392.
Byng (John), amiral anglais, 3242, 3243, 3263, 3293, 3294, 3305, 3310, 3329.
Byrn (Jean), irlandais, négociant à Bordeaux, 3408.

C

Cabanes (De), cadet dans la compagnie des gentilshommes de Brisach, 988.
Cabanis (Louis), consul anglais à Nice, 3258.
Cabar, ancien cap^{ne} au rég^{t} de Forsat, 2243.
Cabassole, 987.
Cabassoles (De), 3086, 3418.
Cabassolle, c^{on} XVII.
Cabasson, 2131.
—— officier au rég^{t} d'Auxerrois, 2137.
—— garde d'art^{rie} au fort d'Artigues de Toulon, 2244.
Cabillot (Nicolas), chirurgien-major à Verdun, 2169.
Cabot. V. *Dampmartin.*
Caboud, entrepreneur de fourrages, 1579, 1613, 1668, 1670, 1699, 1752, 1848.
Cabour, huissier à Péronne, 2230.
Cabouret, 2266.
Cabregg (Georges), colonel allemand, 96.
Cabrera (don Juan Simon Henriquez de —, duc de Medina del Rio Seco), 1792, 1793, 1978, 2048.
Cabres. V. *Sabatier.*
Cabrières (Mis de), c^{on} LXI.

Cabriès, cap^{ne} au rég^{t} des Landes, 1945.
Cabrilles, cap^{ne} au rég^{t} Royal-Vaisseaux, 1862.
Caccedet, lieut^{t} de maire d'Aspe, 1983.
Cadaine, cap^{ne} au rég^{t} de La Vallière, 2784.
Cadarcet, officier aux Gardes, 2140.
Caderousse (De), mestre-de-camp, 91.
Cadet, commissaire des guerres, 1082.
Cadeville (Nicolas-Ameline, s^{r} de), mar. c., 2758.
Cadié, 3602.
Cadignan (Ch^{r} de), lieut^{t}-c^{el} du rég^{t} d'Agénois, 3727, 3748.
Cadogan (William), envoyé de la reine d'Angleterre aux Pays-Bas, et m^{el}-g^{al}-des-logis de ses armées, 2089, 2155.
Cadolle (De), commandant au château de La Roche, 730, 970, 977, 978, 987, 997.
—— (De), commandant à Bozzolo, 2756.
Cadot, cap^{ne} au rég^{t} d'Auxerrois, 2137, 3290.
—— V. *Sebeville.*
Cadrieu (Alexandre-Louis, ch^{r}, puis m^{is} de), lieut^{t}-g^{al}, 1207, 1208, 1210, 1254, 1305, 1310, 1399, 1570, 1862, 1863, 1961, 2039-2042, 2132-2134, 2140, 2251, 2398, 2562, 2679, 2752.
Caen (Maire, échevins, etc., de), c^{ons} LXV, LXVIII. — Cf. *Bonnet, Canchy, Choüet de Vaumorel, Daumesnil, Foyer, Gohier, Groüalle, La Croisette, La Garenne, Le Canu, Le Grand, Mathan, Prévost, Regnault, Robillard, Tardif, Vitry,* etc.
—— (Guill. de), officier de carabiniers, 151.
Caetano d'Aragone (Comte Thomas de), colonel, commissionné comme brigadier par l'électeur de Bavière «pour commander les troupes espagnoles dans la généralité de Soissons», 2035, 2056, 2242, 2386.
Caffaro, commandant les troupes de la Marine à Agde, 2337.
Caffière, 3570.
Caffo, major d'un rég^{t} de l'électeur de Cologne, 2224.
Caffod (De), lieut^{t} au rég^{t} de Châteauneuf, 2187.
Cagigal (Gaspard de), officier espagnol, 3239.
Cagny (De), 3259.
Cahan (Gervais de Prepetit, s^{r} de), procureur au bailliage de Caen, 1704.
Cahier (B. C.), procureur de la Commune de Paris, c^{on} LXIX.
Cahn (Salomon), juif messin, 2095.
Cahors (Magistrats, bourgeois, etc., de), c^{ons} LXV e, LXV f, LXVI. — Cf. *La Hitte, La Luzerne,* etc.
—— **y de Béarn** (don Joseph), cap^{ne} d'une compagnie détachée du rég^{t} de Tallart, 2255.
Cahoüet, commissaire des guerres, 992, 1483, 1493, 1941, 2301, 2309, 2376,
—— cap^{ne} de milice bourgeoise à Saumur, 3182.
Caignart, lieut^{t}-criminel à St-Quentin, 2415.
Caignet, 2469.
Caillard, lieut^{t}-g^{al} de la Connétablie, 2411.
Caillargues. V. *Barnier.*
Cailleau, officier m^{el} de Saumur, c^{on} LXV b.
Caillebot. V. *La Salle.*
Cailler, député de Berne, 990.
Caillot (Marie Dujardin, veuve), à Rouen, 2144.
Cailus. V. *Caylus.*
Caire (J.-M.), magistrat de Fort-Louis du Rhin, 2394.
—— (De), major de la place d'Antibes, 2703, 2928, 2967, 3065, 3172-3174, 3224, 3225, 3305, 3334, 23 s.
—— (De), chef de brigade du Génie, c^{on} LVII.
Cairel, consul de Barcelonnette, 3261.
Cairon (De), 110.
Caissac (De), officier au rég^{t} Royal, 1832.
Caissargues de Barnier, lieut^{t}-c^{el} du rég^{t} de Rannes, 2023, 2137.
Caixon, colonel d'un rég^{t} de milice de Montauban, puis lieut^{t} de roi au Mont-Olympe, 1015, 2144.
Cajac (De), 276, 293, 411, 460.
Calabro (Leonardo), officier génois au service de France, 1768, 1862.

Calabro, capne au régt de Nice, 1961.
Calais (Échevins, magistrats, bourgeois, etc., de), 420. — Cf. *Bénard, Bourgneuf, Bridault, Carpentier, Chasteauneuf, Coquart, Cotignon, Croichet, Desbrosses, Duflos, Froment, Gaytat, Grandin, Hatteville, Haÿs, Isaac, Jourdan, La Boulie, La Roche, Le Mahieu, Le Sieur, Maurry, Mollien, Morel, Parent, Paris, Pigault, Poullain, Pruvot, Réal, Ruvigny, St-Thomas, Tellier, Thosse, Vermeuil, Wesselin*, etc.
Calcagnini (Nic.), capne au régt de Bentivoglio, 123.
Caldaguès (De), commandant à Bergues, 3694.
—— (Raymond de), officier au régt d'Angoumois, commandt à Bayonne, con LXV a.
Cales, commandt à Haguenau, 1951, 1952, 2144, 2237.
Calignon (De), major de la place de Grenoble, 2400.
—— V. *Peyrins*.
Caligny (De), ingénieur, 944-946, 957, 1115, 2232, 2506, 2621, 2713, 2923, 2999.
—— (De), capne-gal de la capitainerie de La Hougue, 3451, 3510.
Calissane-St-Lambert (De), capne au régt de St-Vallier, 1409, 1831, 2137, 2138.
Calkbrener (Jacob), 294.
Callaghane, capne au régt d'O'Brien, 2137, 2138.
Callamand, bourgeois de Cassis, 2255.
Callenes de Las Manon, procureur à Toulon, 2130, 2132.
Calleson, commissaire de l'artrie, 2138.
Callier, 1069.
Callières (De), 1571, 1838.
Calmard, 50 s.
Calmel, capne au régt de Limousin, 1851.
Calmet, prévôt gal et provincial d'Alsace, 1286.
Calmoutier (Maire de). V. *Briffault*.
Calonne (Ch.-Alex.), intendant, puis contrôleur gal des Finances, 3685, 3686, 3693, 3697-3699, 3702, 3709, 3710, 3714, 3717, 3719, 3725, 3729, 3730, 3745, 3746, 3749, 3755, cons L, L b, LI-LIII.
Calonne-Courtebonne, colonel, 2130. — Cf. *Courtebonne*.
Calouin (De), 2561, 2564.
Caluse, 738.
Calusio, syndic de Pignerol, 466.
Calvados (Directoire du dépt du), cons LXV a-LXV d, LXVI, LXVIII-LXXI.
Calvet, 3242.
Calvi (Syndics, consuls, etc., de). V. *Brunelli, Carozzo, Cauvin, Paciola*, etc.
Calvières (De), colonel, 91.
—— (Ch.-Franç., mis de), lieutt-gal, 2936, 3028, 3211.
—— V. *St-Roman*.
Calvil de La Fosse, capne au régt Royal, 1841, 2080.
Calvimond (J. de), capne au régt de Rambures, 102.
Calvisson (Annibal de), mestre-de-camp, 41.
—— (Marquis de), 146, 158, 362.
—— (De), 902.
—— (Comte de), 1614.
—— (Marquise de), 3224.
—— (Marquis de), 3225.
Calvo (J. Sauveur-Franç. de), lieutt-gal, 279, 311, 343, 409, 444, 446, 447, 450-453, 455, 482, 484, 487-489, 491 504, 506, 513, 535-538, 540-556, 584-588, 592-598, 600-606, 628-631, 633, 667, 867, 887, 888, 944-946, 958.
—— (Don Jos. de), 345.
—— (Ferd. de), gentilhomme du Roussillon, con XXI.
—— (Benoît, marquis de), brigadier, 1483, 1555, 1577, 1578, 1660, 1672, 1673.
Calvy (Philla Gauly de), commandt à Luxembourg, 2664, 2676.
—— V. *Calvil*.
Camaret, capne dans le régt de Tournaisis, 2343.
Camargues (J. Jos. Le Blanc, sr de), 2143.
Camart, contrôleur des troupes, con LXXXVI.
Camas (De), sous-directeur d'artrie à Port-Louis, con LXV b.
Cambacérès (De), maire de Montpellier, 3626, 3677, 3683.
Cambeffort. V. *Duverdie*.

Cambefort (De), commd^{t} la compagnie de volontaires de ce nom, 3524, 3557, 3558, 3564, 49 s.
Cambel, lieut^{t} au rég^{t} de Bourbonnais, 1855.
Cambiagi (Joachim), c^{on} XLVI.
Cambiague (De), 2038, 2039.
Cambier, garde-marteau à Ypres, 1944.
—— à Tournai, 2022, 2154, 2219.
Cambis (L. Dominique, comte de), lieut^{t}-g^{al}, 2634, 2700, 2701, 2739, 2756, 2763, 2771, 2783, 2823, 3074, 3120.
—— (De), cap^{ne} aide-major au rég^{t} de Rouergue, 2784.
—— (Vicomte de), colonel, 3175, 3178–3180, 3225, 3229, 3237–3243, 3258–3262, 3311, 3419, 3499.
—— (Comte de), 3592.
Cambon (De), officier, 397.
—— officier de l'hôtel-de-ville de Sedan, 2244.
—— (De), prévôt général de l'armée du maréchal de Saxe, 3031, 3180.
—— V. *Noir*.
Cambout. V. *Du Cambout*.
Cambrai (Municipalité, clergé, magistrats, députés, etc., de), 226, 271, 396, 506, c^{ons} LXV b, LXXVIII. — Cf. *Brias, Couturier, Delabarre, Des Vignes, Dibos, Dubois, Fénelon, Fleury, Hornes, Houe, Jonnart, Wignacourt*, etc.
Cambraisis (Députés du), c^{on} LXV c.
—— (Conseil d'adm^{on} du rég^{t} de), c^{on} LXV b.
Cambray (De), major de la citadelle de Metz, 1672, 2270.
—— (De), cap^{ne} au rég^{t} des Galères, 1973.
—— (De), 8 s.
Cambron (De), major du rég^{t} de Navarre, 3084.
Cambronne, lieut^{t}-c^{el} du rég^{t} de Lorraine, 1855.
Camelin (De), 595, 597.
—— (De), ingénieur, 972, 980, 982, 989, 1209.
—— maire de Fréjus, c^{on} XLII.
Cameron (Louis), colonel anglais au service du prétendant Stuart, 3512.
Cameron (Samuel et N.), cap^{ne} et lieut^{t} au rég^{t} Royal-Ecossais, 3154.
—— V. *Forcast*.
—— **de Silly** (Mme), 3409.
Cames?, subdélégué à Landrecies, 2085.
Camfort (De), 2139, 2273.
Camgran, vice-sénéchal de Béarn et de Navarre, 1982, 2054, 2132.
Camille (Prince). V. *Marsan*.
Camilly (Franç. Blouet de), grand-vicaire de Strasbourg, puis évêque de Toul, 1465, 1501–1503, 1572, 1573, 1660, 1669, 1856, 1950, 2033, 2034, 2095, 2140, 2169, 2236, 2238, 2245, 2321, 2392, 2393, 2395, 2396, 2420.
Camin (Didier de), commissaire des guerres, 1610, 2132, 2144, 2145, 2262, 2264, 2270, 2271, 2342.
Camora, intendant espagnol à Gand, 887, 888, 891, 945, 949.
Campagne (De), officier, 123, 146, 420.
—— (Louis de —, ci-devant ch^{r} d'Avricourt), c^{on} LXV b.
Campagnie, officier, 1892, 1976.
Campagnol (De), cap^{ne} au rég^{t} de Gondrin, 1943.
—— (Veuve), à Angers, 2142.
—— (Ch^{r} de), 3692.
Campagnolles, commd^{t} à Brest, 1428, 1468, 1526, 1609.
Campaigniac (De), officier, commd^{t} une compagnie de grenadiers à cheval en garnison à Chauny, 2343.
Campaigno-Desmares. V. *Campagne*.
Campaing, ingénieur?, 1016.
Campan, avocat à Montpellier, 3677.
Campbell (Archibald), major anglais aux Indes, 3765, c^{on} LII.
—— commissaire anglais chargé des prisonniers anglais à Lille, 3262.
Campe (De), chirurgien, 2155.
Campelz (Armand de), cap^{ne} au rég^{t} de La Marine, 123.
Camperella (Don Ange de La Paz de), 1695.
Campi (Théoph. de), mar. c., 116, 117. — Cf. *Campy*.
Campion (Abbé), à Aire, 2228.
—— (Jacques), marchand à Arras, 2228.
Campistron (J. Gualbert de), secré-

taire des commandements du duc de Vendôme, auteur dramatique, 1683, 1862, 1867, 1868, 1939, 2022.
Campo (Don Fernandez del), 300.
—— **-Florido** (Prince de), ambassadeur d'Espagne, 2968, 2979, 3014, 3027, 3030, 3060–3064, 3075, 3115–3120, 3137, 3138, 3172, 3174, cons XV, XVIII.
Campolo (Don Francisco), 512.
Camporcy (Comte de), ex-corregidor de Placentia, 2025.
Campori (Marquis de), 1861, 1870.
Campo-Santo (Marquis de), officier espagnol, 3233.
Campredon (Don Joseph de), capne, 356.
—— (De), envoyé à Gênes, 2032, 2131, 2700, 2702, 2703, 2751, 2753, 2755, 2757, 2758, 2760, 2761, 2816, 2817, 2819, 2842, 2871, 2872, 2885, 2886,
—— (De), officier au régt de Lyonnais, 3241, 3242, 3262.
Campy (De), 468.
—— (De), capne au régt de Brosses, 2312.
— commis du Ministère de la Guerre?, 3752, 3768.
—— V. *Campi.*
Camus, capne d'une compagnie bourgeoise à Pérouse, 1968.
—— chanoine régulier de St Rust, à Valence, 2174.
—— (L. Franç.), lieutt-gal au bailliage de La Fère, subdélégué de l'intendant d'Ormesson, 2266.
—— V. *Le Camus.*
—— **de Beaulieu**, commissaire des guerres, puis intendant, 209, 225, 281–287, 289–296, 318–326, 328–331, 350, 351, 357, 383, 389, 395, 417, 419, 420, 436, 437, 443-445, 467, 469, 487, 492, 493, 516, 535, 563, 585, 592, 611–614, 616, 667, 672, 772, 870, 902, 972, 1093, 1525, 1562, 1604, 1613, 1699, 1800, 3779, cons II, III.
—— **-Destouches**, intendant, 158, 182, 209, 210, 224–228, 251, 295, 358, 360, 361, 419, 420.
—— 1099.
—— (Michel), brigadier d'infrie, contrôleur gal de l'artillerie, 1586, 1590, 1766, 1777, 1779, 1862, 1867, 1896, 1963, 1964, 2039, 2042, 2102, 2131, 2136, 2137, 2139, 2214, 2219–2221, 2224, 2270, A. 90.
Camus (N.....), contrôleur général de l'artillerie, 1892, 1895–1900, 1902, 2021, 2136, 2140, 2142, 2145, 2183, 2187, 2265, 2266, 2271, 2272, 2411, 2412, 2445, 2454, 2461.
—— (N.....), 2522, 2619.
—— V. *Destouches.*
—— **-Duclos**, commissaire des guerres, 198, 259, 264, 293, 294, 359–362, 419, 420, 567, 610, 612, 615, 616.
—— 1239.
—— **d'Ivour**, lieutt d'artillerie, 1525, 1526, 1613, 1702, 1895.
—— **de Morton**, 610, 966, 967, 969, 988, 1115, 1573, 1759, 1760, 1857, 1950, 2031, 2183, 2242.
Camusat de Maurey, commissaire des guerres, cons LXVII, LXVIII.
Camuset de Joncourt, 2792.
Canal (Francisco de), viguier de Puycerda, 1800.
—— (Don Domingo de), 1887.
Canales (Marquis de), secrétaire du «Despacho», 1696, 1784, 1786–1789, 1868, 1885, 1887, 1888, 1976–1978, 2522.
Canaples (Marquis de), 535–537, 542, 545, 566, 567.
—— (Alphonse de Créquy, comte de —, puis duc de Lesdiguières), commandant en Lyonnais, Forez et Beaujolais, 1272, 1274, 1275, 1287, 1380.
—— V. *Créquy, Lesdiguières.*
Canardo (don Joseph), gouverneur du château d'Aïnoa, 1983, 1986.
Canaris, 3175, 3177, 3179, 3180, 3225, 3230, 3232, 3249, 3261.
Canaye, magistrat à Paris, 2662, 2663, 2703, con XI.
Cancalières. V. *La Bastide.*
Canchy (De), conseiller honoraire au Parlement de Rouen, maire de Caen, 2419.
Canclaux, commis de l'extraordinaire des guerres, 1800, 2273.

Canclaux, trésorier provincial de l'artillerie et du génie, 2645, 2672, 3761.
—— (Ch^r de), major du rég^t de La Marche-cav^ie, 3689.
—— (Mis de), colonel du rég^t de Dragons de Conti, 3758.
—— (J.-B. Camille, comte de), mar. c., c^ons LXV c, LXV f, LXVII, LXXVI.
Candalle (L.-Ch. Gaston de Nogaret de Foix, duc de), command^t d'armée, 131, 133, 134.
—— (De), cap^ne au rég^t de dragons de Granville, 2132.
—— V. *Foix*.
Candau, ingénieur, 993, 994, 1754, 1758, 1846, 1953, 2084.
Candé (La Niverdière de), commissaire des guerres?, 3182.
Candeville, cap^ne au rég^t de Lyonnais, 1861.
Candie (De), cap^ne réformé employé aux renseignements, 2299-2301, 2323, 2371-2381, 2383-2388, 2444, 2445, 2447, 2448, 2575, 2609, 2620, 2631-2633.
Candor (De), officier au rég^t de Foix, 1856.
—— (De), officier de l'Hôtel des Invalides, 2141, 2186.
Candos (Ch^r de), lieut^t au rég^t de Médoc, 3720.
Canel (Pierre), syndic de la paroisse N.-D. du Grand-Castel de Puimirol-en-Agénois, 2139.
Canet (Ch^r de), major du fort St-Hospice, 1973.
—— 3411, 3449.
Canetta, cap^ne au rég^t de Soissonnais, 3262.
Canféran (Marc-Ant. de), cap^ne de chevau-légers, 151.
—— (De), officier au rég^t de Montmain, puis dans celui de Belaccueil, 1843, 2269, 2271.
Cangé (De), 3029.
Cangey (De), cornette au rég^t de Ligondès, 1856.
Cangrain, entrepreneur de fournitures de couchage, 2242.
Canillac (Guill. de Montboissier-Beaufort, m^is de), lieut^t-g^al, 158, 468.
—— (Élisabeth Ferrand, dame de), 1768.
Canillac (J. de Montboissier-Beaufort, comte de), lieut^t-g^al, 1897, 2237, 2385, 2386.
—— (Claude-François, dit l'abbé de), auditeur de rote, 3009, 3035, 3036, 3236.
Canillac-Pont-du-Château (De), cap^ne, 151.
—— sénéchal de Clermont, 903, 905.
—— (De), officier, 2726, 2736.
Canilliac. V. *Canillac*.
Canisy (Mis de), 97, 98, 134, 420.
—— (De) lieutenant de roi en Cotentin, 1311, 1704, 2186.
—— (De), commandant au château de Ham, 3124.
—— V. *Carbonel*.
Canlers (De), cap^ne au rég^t de Picardie, 2135, 2137, 2139, 2142.
—— (Mme de —, ex-Mme de Gousseault), 3184.
Canly (De), commissaire des guerres, 958, 1210, 1551, 2025, 2133, 2227.
Cannac, banquier à Genève, 2136, 2137.
Cannant (De), command^t à Monaco, 264.
Cannes (Bourgeois, etc., de). V. *Raphely*, *Preire*, *Virgilly*.
Cannet du Fresne, administrateur du Boulonnais, 3709.
Cano (De), colonel bavarois, 1833, 2130, 2143.
Canode (don Gabriel), mestre-de-camp espagnol, 1858, 1943, 1944.
Canon (don). V. *Canode*.
—— **d'Harbourg**, commissaire des guerres, 1573.
Canonier (Franç.), habitant de Luxembourg, 2095.
Canonne fils, 1831, 1832.
—— (De), cap^ne au rég^t d'Hamal, 2313.
—— officier m^el du Quesnoy, c^on LXI.
Canorte (Mis de), 20.
Canouville de Raffetot (Mis de), colonel du rég^t de Brie, 2394. — Cf. *Raffetot*.
Canta, colonel réformé à la suite du rég^t de Reding, 2183.
Cantal (Directoire du dép^t du), c^ons LXVI, LXIX.
Cantalause (De), lieut^t au rég^t de La Marine, 3259.

Canteloub, lieut^{t}, 2136.

Canteloup (Ch^{r} de), cap^{ne} au rég^{t} d'Anjou-inf^{rie}, 2133.

Canterel, officier, 2138.

Cantigny (De), cap^{ne} au rég^{t} d'Houdancourt, 146. — Cf. *Du Puich.*

Cantimpré (Augustin, abbé de), 956.

Canval, commissaire des guerres, 1704, 1802, 2134, 2144, 2264, 2273, 2347, 2371, 2419.

Canville (De), 1610.

Cany (Municipalité de), c^{on} LXIII.

—— (De), aide-major de la place de Metz, 1856.

—— (Ch^{r} de), lieut^{t} de roi à Saumur, 3182.

—— (De), c^{on} VII.

—— (De). V. *Chamillart.*

Capdeville (De), notaire à Bayonne, 2136.

—— **-Dulac**, lieut^{t}-c^{el} du rég^{t} de Lannion, 1656, 1831, 1839, 1897.

—— (De), maire et curé d'Orthez, c^{on} LXIII.

Capé, commis de l'extraordinaire des guerres, 889.

—— V. *Dulacq.*

Capelle, commissaire des guerres, 1644, 1741, 1955, 2025.

Capellis (Comte de), lieut^{t} de vaisseau, 3713.

Capello (Pierre), gentilhomme niçois, 3262.

Caperon, dentiste de Louis XIV, 3183.

Capet, commissaire des guerres, 3404, 3409, 3417, 3450, 3451, 3457, 3538, 3573, c^{ons} XXXI, LXI-LXVII, LXIX-LXXI.

Capiassi, corse, 3648.

Capiet, commandant anglais à Ostende, 3410.

Capion, aumônier du rég^{t} de Piémont, 3465.

Capitain, trésorier des troupes, 1780, 1972, 2143.

Capitaine, géographe, 3751.

Capon, c^{on} LXV.

Capona (don Philippe de), 356.

Caponnel (J.-H. de), seigneur de Roquette, cap^{ne} au rég^{t} de d'Artagnan, 2137.

Capoue (Annibal de), légat à Venise, archevêque de Naples, 6.

Cappe, commissaire des guerres, 2740, 2741, 2786, 2795, 2841, 2902, 3459, 3461, 3462, 3464, 3500, 3503, 3519, 3545, 3553, 3554, 3568, 3569, 3576-3578, 3688, c^{ons} XXXV, LXII, LXV c-LXV d.

Cappestan (De), major du fort de La Knoque, puis lieut^{t} de roi d'Aire et de Nieuport, 944, 958, 1202, 1208, 1209, 1259, 1305, 1309, 1357, 1360, 1399-1401, 1484, 1491, 1498, 1549, 1552, 1553, 1559, 1644, 1832-1837, 1839, 1841, 1943-1946, 2022, 2081, 2140, 2141, 2143, 2149, 2159, 2160, 2219-2221, 2228, 2301, 2370-2374, 2376, 2387, 2388, 2412, 2447.

—— (De), cap^{ne} au rég^{t} de Lyonnais, 2738.

Cappon, 343.

—— (De), agent secret?, 2107, 2182.

Cappy (Franç.-Jos. de), mar. c., 1861-1863, 1865, 1868, 1874, 1958, 1965, 1968, 2081, 2133, 2139, 2142, 2145, 2160, 2219, 2371, 2373, 2454.

—— **des Fournays** et **Cappy d'Oirry**, commissaires des guerres, 985, 987, 1237, 1379, 1524, 1525, 1608, 1660, 1661, 1669, 1670, 1700, 1738, 1739, 1743, 1754, 1830, 1841, 1850, 1855, 1857, 2033, 2055, 2056, 2132, 2135, 2136, 2138, 2141, 2142, 2222, 2243, 2300, 2315, 2903, 3094.

Caprara (Comte), 628, 631, 1073, 1091.

Capredori (Barthélémi), officier espagnol, 3138.

Capres (J.-Franç. Benjamin de Bournonville, baron de), gouverneur de Gand, 2159.

Capretz (J.), officier suisse du service de Hollande, 3184. — Cf. le suivant.

—— officier au rég^{t} de Salis, 3387. — Cf. le précédent.

Capriol (Ch^{r} de), officier d'artillerie, 3581.

Capris (De), officier dans les troupes de l'électeur de Cologne, 1740.

Capron, échevin de Lille, 3768.

Captan (Ch^{r} de), lieut^{t} au rég^{t} de Condé-cav^{ie}, 3500.
—— (Ant. de), cap^{ne} au rég^{t} de Condé-cav^{ie}, c^{on} LXXXVI.
Capy, maître particulier des eaux et forêts du Quesnoy, 2136, 2233.
Caquey, sous-lieut^{t} au rég^{t} de Beauce, 2134.
—— garde-magasin à Mézières, 2243.
Carabiniers de Monsieur (conseil d'adm^{on} du rég^{t} des), c^{ons} LX, LXV-LXV b, LXX.
Carablette (De), 333.
Caraccioli (Thomas, marquis), lieut^{t}-g^{al}, 2043, 2098-2100, 2130-2132, 2135, 2139-2141, 2143, 2145, 2170, 2175, 2247, 2251, 2325, 2398.
Caracciolo, 1945.
Caradec (De), 3604.
Caraffa. V. *Belveder*.
—— (Grég.), grand-maître de Malte, 837, 905.
—— (Tiberio), mar. c. du service d'Espagne, 2047, 2255, 2331, 2332, 2405, 2406, 2466-2468, 2451.
—— **de Belveder** (don Thomas), religieux récollet, 2134.
Caraguel, secrétaire du collège de la Doctrine chrétienne à Gimont (Gers), 2143.
Carail (Mis de), gouverneur de Nice, puis de Saorgio, pour le duc de Savoie, 1693, 1703, 1767, 1768, 1872, 1873, 1968, 1973.
Caraman (Pierre-Paul Riquet de Bon-Repos, comte de), 1060, 1148, 1210, 1305-1308, 1318, 1355, 1356, 1359, 1399-1401, 1404, 1661, 1743, 1831, 1832, 1837, 1937-1939, 1941.
—— (Victor-Pierre-François Riquet, m^{is} de), lieut^{t}-g^{al}, 2944, 2982, 3000, 3011, 3042, 3043, 3047, 3083, 3418, 3434, 16 s., 40 s. 41 s., c^{on} XXI. — Cf. le suivant.
—— (Victor-Maurice Riquet, comte de), lieut^{t}-g^{al}, 3513, 3554, 3555, 3583, 3612, 3692, 3720, 3740, 3743, 3744, 3746, 3759, 3766, c^{ons} XLI, XLIX, L, LVI, LX, LXII, LXV-LXV b.
—— (Louise Portail, comtesse de), 3578.
Caramani (Jos., baron de), mar. c., 137, 152.
—— (Mme Thérésa et Mlle Marie-Anne de), 356.
Carasena (Mis de), gouverneur de Milan, 245.
Carayon, bourgeois de La Rochelle, 2142.
Carbiston (Cathéart de), chambellan du duc de Deux-Ponts, c^{on} XLIV.
Carbon (De), cap^{ne} de cav^{ie}, 1832.
—— (De), cornette au rég^{t} de Rohan-dragons, 1832.
—— habitant de Charleville, 2169.
—— (De), cap^{ne} au rég^{t} de Montereau, 2313.
—— (De), lieut^{t} au rég^{t} de Damas, c^{on} XXXV.
Carbonel, lieut-c^{el} du rég^{t} espagnol de Trincheria, 2255, 2332.
—— (De), major command^{t} à Landau, 2609, 2633.
—— **de Canisy** (Franç. de), évêque de Limoges, 2131.
Carbonieux. V. *Ferron*.
Carbonne. V. *Obert*.
Carbonneau, officier au rég^{t} de Gensac, 2243.
—— cap^{ne} au rég^{t} de Penthièvre, 3290.
—— cap^{ne} au rég^{t} de Bourgogne, 3545.
Carbonnié, c^{on} LXXI.
Carcado (Marquis de), 158.
—— (Sébastien-Hyacinthe Le Sénéchal de Molac, ch^{r} de), mar. c., 1775, 1877, 1960-1962, 1966, 1968.
—— (René-Alexis Le Sénéchal de Molac, comte de), lieut-g^{al}, 1776, 1778, 1861, 1862, 1872-1876, 1896, 1897, 1966, 1967, 2049, 2050, 2131, 2136, 2186, 2251, 2268, 2698, 2783.
—— (L.- Alex. Xavier Le Sénéchal, m^{is} de), lieut^{t}-g^{al}, 3007, 3101, 3156, 3217, 3226, 3227.
—— (L.-Gab. Le Sénéchal, comte de), lieut^{t}-g^{al}, 3245, 3262, 3290, 3405, 3409, 3418, 3449, 3450, 3463, 3493, 3495, 3497, 3503, 3534, 3537, 3538, 3542, 3543, 3545, 3568-3572, 3578, 3598, 3600, c^{on} XXIII.
Carcassonne (Magistrats, clergé, bour-

geois, etc., de), c^{ons} LXV a, LXV c. — Cf. *Besons, Emeric, Estival, Pelletier,* etc.
Carcès (Consuls de), c^{on} XIX.
Cardaillac (Comte de), 1604.
—— (De), lieut-c^{el} du rég^{t} d'Orléanais, 1968, 2136, 2244, 2322.
—— (De), major du rég^{t} de Piémont, c^{on} LXVI.
Cardelan (De), cap^{ne} de garde-côtes, 1704.
Cardenac. V. *Gouy, Havrincourt.*
Cardenas (De), brigadier espagnol, 1868, 2144, 2160, 2255.
Cardi (don Antonio), religieux corse, 3350.
Cardin. V. *Le Bret.*
Cardinal, échevin de Furnes, 729.
—— correspondant secret de l'intendant de Madrys, 1151.
Cardines (De), officier, 2131.
Cardon, échevin de Coblentz, 1284.
—— lieut^{t}-c^{el} du rég^{t} des Bombardiers, 1832, 1836, 1857, 1895, 1943-1945, 2131, 2135, 2138-2143, 2159, 2162, 2242-2244, 2371, 2392.
—— (Ignace, sieur de Beaufermès), habitant de Lille, 2230.
—— officier de compagnie franche, 2269.
Cardonne (de), officier au rég^{t} de Ste-Mesme, 131.
Cardonnel (A.), secrétaire du duc de Marlborough, 1876, 2306.
Carence, cap^{ne} de milices, command^{t} à Longuyon, 3094.
—— officier de l'amirauté d'Antibes, 2043.
Carency (Mis de), 2219.
Caresana (Basan), major du rég^{t} des Gardes du duc de Mantoue, 2046.
Carette, commissaire des guerres, 3010.
Carhaix (Municipalité de), c^{on} XLVIII. — Cf. *Kersalaün.*
Carignan (Amédée de Savoie, prince de), 2398.
—— (princesse de), 1276.
—— (Ardennes; municipalité, etc., de), c^{ons} XX, LXIII. — Cf. *Charlet, Laborde.*
Carion, procureur au bailliage d'Avesnes, 668.
Caris (Henry de), officier du service de Hollande, 2024, 2089.
Caritat. V. *Condorcet.*
Carlé, major, puis lieut^{t}-c^{el} du rég^{t} de Villemort, 1644, 2139, 2271.
Carles, commandant à La Petite-Pierre, 671.
—— (Carly?), cap^{ne} au rég^{t} d'Oléron, 2144.
—— (De), gentilhomme lorrain, 2769.
Carleton (sir Gui), 3736.
Carlier, commissaire des guerres, puis intendant, 196, 198, 209, 210, 224-229, 237, 240-244, 251, 292, 294-296, 300, 329, 356, 386, 388, 391, 392, 415, 416, 419, 439, 440, 465-469, 516. — Cf. *Le Carlier.*
Carlin, cap^{ne} de milice à Vienne (Dauphiné), 2134-2136.
—— (Charlotte de Sommariva), 2138.
Carlinet, ingénieur, 997.
Carlingford (Franç., comte de), 1435.
Carlos (don), infant d'Espagne, duc de Parme, puis roi des Deux-Siciles et roi d'Espagne (Charles III), 2752, 2754.
Carlu (De), command^{t} à l'île d'Aix, 1705.
Carly. V. *Carles.*
Carmain (Mis de), 1895.
Carman (Mis de), 1609, 1895, 2132.
Carmès, prêtre du diocèse de Trèves, 2524.
Carmont, archer du prévôt de Haute-Normandie, 1901.
Carnavalet (De), gouverneur de Brouage, 359, 361, 362, 419.
Carnazet (De), officier au rég^{t} de Murat, 2787.
Carné-Trécesson (Comte de), 3188.
Carney (De), cap^{ne} au rég^{t} de Galmoy, 2095.
—— (De), cap^{ne} réformé au rég^{t} de Dillon, 2141.
—— (De), chanoine de St-Martin à Chablis, 3186.
Carnin de Saint-Léger (Mme de), 2219.
Caroli (abbé), corse, 3362.

Caroll (Daniel de?), brigadier, 2251.
—— cap^{ne} au rég^{t} de Berwick, 3145, 3152.
Caron, commissaire des guerres, 88, 158.
—— 1644.
—— 3145.
Carondelet. V. *Noyelle*.
Carot. V. *Bodégat*.
Carové (De), lieut^{t}-c^{el} autrichien, 3744.
—— (De), c^{el} du rég^{t} de Saxe, c^{ons} LXV a, LXV d.
Carozo, consul à Calvi, 3647.
Carpatry, commis des bureaux de la Guerre, secrétaire de Louvois, 276, 282, 291, 293, 360, 361, 450, 487, 536, 544, 550.
Carpegna, cardinal, 1877.
Carpene (Baron de), ministre sarde, 3173, 3175, 3252, 3258-3263, c^{on} XVIII.
Carpentier, commissaire des Gardes du corps, 1549, 1644, 2734.
—— ingénieur, 2701, 2768, 2800.
—— correspondant secret?, 2785.
—— (De), 2021.
—— échevin de Calais, 3033.
—— (M.-A.), 3183-3185, 3256, 3260.
—— (époux), à Calais, 3633.
Carpentras (Municipalité, etc., de), c^{on} LXXI. — Cf. *Fléchier*, etc.
Carpilhet (De), c^{ons} LXIII, LXXVI.
Carpinel (Abbé Catherin de), archidiacre à Chambéry, 1862, 2137, 2251, A 90.
Carquet, lieut^{t} au rég^{t} d'Albigeois, 2133.
Carqueville, 1483, 1526.
—— **-Duvergé**, commissaire d'artillerie, 2137.
Carraud, 2936, 2969, 2977.
Carré, auteur d'un mémoire, 3631.
Carrel, maire de Seyssel, 1701.
Carrèle (J. de), lieut^{t} au rég^{t} de La Marine, 141.
Carrelet, 3177, 3178.
Carrère, maire de Vic-Fezensac, 2412.
Carrery (De), lieut^{t}-c^{el} du rég^{t} de Vivarais, 2701.
Carresse, lieut^{t}-c^{el} du rég^{t} de La Feuillade, puis du rég^{t} de Mancini, 1862, 2040, 2131, 2132.
Carret (Michel?), commissaire des guerres, 1586, 1972, 2038, 2039, 2045, 2187.
—— 2735.
Carrier, officier au rég^{t} de Choiseul-Beaupré, 2142.
—— (les s^{rs}), armuriers à St-Étienne, 1702, 2185, 2243.
Carrière, cap^{ne} au rég^{t} Dauphin-inf^{rie}, 1855.
—— 2132.
—— (De), officier au rég^{t} Royal-artillerie, 3257.
Carrignan, officier au rég^{t} de Dampierre, 2138.
Carroccio (Comte), ambassadeur du duc de Savoie, 182.
—— (C.), ministre de Savoie en Allemagne, 1960.
—— lieut^{t} au rég^{t} Royal-Piémont, c^{on} LXXXVI.
Carroll (De), lieut^{t}-c^{el} du rég^{t} de Berwick, brigadier, 1780, 2135, 2140, 2145.
Carron (De), de Chambéry, lieut^{t}-g^{al} du bailliage de Pontarlier, 1766, 1798, 1855, 1856.
Cars (De), cap^{ne} au rég^{t} de Normandie, c^{oir} LXV b.
Carsillier, secrétaire ou agent de Paris-Duverney, 3257.
Carte, employé dans les affaires du roi à Nevers, 3606.
Carteele (De), 3699.
Carteret (Lord), 3009, 3010, 3017.
—— chanoine de Lille, 3605.
Carterot, commis des bureaux de la Guerre, 3387, 3445, 3545, 3579.
Cartier, juge de paix à Marcigny, c^{on} LXXI.
Cartigny (abbé de), 999.
—— (De), inspecteur de la Marine, 1974, 1979, 1981.
Cartin. V. *Marchienne*.
Carton (F.), 2025.
—— 3083.
Carüel, cap^{ne} au rég^{t} de Labour, 1861.
Carvajal (don Domingo de Los Santos), 1786.
—— (De), ministre espagnol, 3234, 3235, 3241, 3256, 3262, 3336.
—— (Nicolas de), 3239, 3261.
Carvalho (De), ministre portugais, 3425.

Carvalho (Franç.), négociant à Pondichéry, 3629,
Carvoisin (De), 106.
—— (De), cap^ne au rég^t de Vivarais, 988, 997.
—— V. *Achy.*
Casabianca, corse, 3360, 3362, 3371, 3380.
Casal (Conseil de la ville de), 119.
— Cf. *Abbondi.*
—— officier, 1585.
Casalar de Berioude. V. *Berioude.*
Casale (Orsolanto), député corse, 3361.
Casaledes. V. *Cazaledes.*
Casaleilz, garde d'artillerie à Bayonne, 3466.
Casali (Giuseppe), de Mantoue, 898.
Casanave (De), lieutenant du maire de Saint-Jean-Pied-de-Port, 2135, 2177.
Casaneuve, aubergiste à Saint-Tropez, 3262.
Casans (De), procureur général au Parlement de Navarre, 2144, 2332.
Casati, ambassadeur d'Espagne en Suisse, 1594.
Casaubon, cornette au rég^t de Saumery, 1856.
—— syndic de la Compagnie des Indes, 3541, 3570, 3629, c^on XXXV.
—— V. *Darbo.*
Casaux (Isaac de Béon de), lieut^t-g^al, 224, 238, 240, 271, 275, 278, 279, 311–313, 332–334, 397, 410, 439, 440, 469, 610.
—— (De), 2408.
—— (Saget de), c^on XXVI.
Caseau, député de la ville de Besançon, 2784.
Casemajor, lieutenant du maire de Pau, 2332.
Casenac (De), cap^ne au rég^t de St-Sernin, 2136.
Caseneuve, aide-major de la place de Charlemont, 2793.
Casenove. V. *Mongrand.*
Casmont (De), 1705.
—— (De), officier, 92, 2255.
Casmot, 420.
Caspari (J. Ogier), bourgeois de Strasbourg, 2245.
Cassado (don Pedro), sénateur milanais, 1783.
Cassagnany (J. de), lieut^t de roi de Bapaume, 131.
Cassaigne, 2137, 2140.
Cassain, 1468.
Cassaing (Ch^r de), cornette au rég^t de La Reine, 343, 360.
Cassan, lieut^t au rég^t de Languedoc, 1896.
Cassanave, chirurgien-major à l'hôpital de Saint-Sébastien, 2136.
Cassany (Nic. de), cap^ne au rég^t de La Reine, 131.
Casse, officier au rég^t de Navarre, 2143, 2268.
—— officier de l'élection de Noyon, 2214.
Casseau (Barthélémi Guyon, s^r de), officier, 123.
Cassel, en Flandre (échevins, bourgeois, etc., de). V. *Geiffe.*
Cassini (Jacques-Dominique, comte de), astronome, membre de l'Académie des Sciences, 3751.
Cassis (Bouches-du-Rhône, bourgeois de). V. *Callamand, Eydous, La Martillière, Masson,* etc.
—— cap^ne au rég^t de Louvigny, 419.
—— **de Poly**, major des bandes béarnaises, 1899, 1985.
Cassole, major du rég^t de Luxembourg, 1898, 2089, 2142, 2229, 2345.
Castagnère de Châteauneuf (Marquis de), 1238, 1696.
Castagni, officier au rég^t de Gâtinais, 3225.
—— **-Vilhose**, subdélégué à Sisteron, 1284.
Castagnies, major, puis lieut^t-colonel du rég^t de Bourbonnais, 1832, 1835, 1943, 1944, 2227.
Castaigne (De), 397.
Castaignos, cap^ne au rég^t d'Auvergne, 3028, 3202.
Castan (J.), maître de forges à Metz, 1955, 2033.
Castanaga (Marquis de), 822.
Castaneda, officier au rég^t de Pujol, 1855.
Castanet (De), cap^ne au rég^t de Pujol, 2021.
—— (Ant. Dinard, s^r de), officier au rég^t de Languedoc, 131.
Castanier, syndic de la Compagnie des Indes, 2739.

Castanos (De), commissaire ordonnateur du service d'Espagne, 3175, 3178.
Casteele, officier, 3262.
Castéja (De), capne, 342.
—— (Fiacre de Biaudos de), brigadier, 1468, 1483, 1549, 1831, 1832, 1834, 1837, 1839, 1855, 1955, 1943, 1945, 1946, 2133, 2143, 2160, 2370.
—— (De), père du suivant, 1574, 1738, 1739, 1752, 1754, 1761, 1843, 1846, 1855, 1858, 1950, 1951, 2033–2035, 2056, 2095, 2137, 2167, 2169, 2238, 2239, 2242, 2300, 2323, 2370, 2391–2393.
—— (J. Franç. de Biaudos, mis de), 1855, 2145, 2827.
—— (Chr de), 1857, 1951.
—— (De), capne au régt de Navarre, 1832.
—— (De), 2371, 2793.
—— (De), guidon des Gendarmes de Bretagne, 2411.
—— (Ch.-L. de Biaudos, comte de), mar. c., 2969.
—— (René-Franç. de Biaudos, mis de), gouverneur de Mariembourg, 3089, 3140, 3203.
—— (Comte de), con XLVII.
—— V. *Biaudos.*
Castel (De), enseigne au régt de Champagne, 146
—— (De), capne au régt d'Auvergne, 1878.
—— (De), officier, 2137, 2141.
—— **-Franc** (De), capne au régt de Crussol, 1550.
—— (De), capne au régt de Gondrin, 1831, 1838.
—— (De), capne au régt Dauphin, 2137–2139.
—— **de Rios** (Mis de), 1892.
Castela. V. *Castella* et *Castellas.*
Castelan (De), officier, 146, 238, 250, 276, 278, 294, 310, 340, 343, 419.
Castelar (Balthasar Patiño, mis de), intendant général des armées d'Espagne, 2328, 2342, 2404, 2417, 2468, 3115, 3120, 3123, 3174. — Cf. *Patiño.*
Castelbajac (De), lieutt au régt de Menou, 2312.
Castelblanco (Mis de), 1514.
Castelet (De), 1830.
Castella (De), conseiller de Fribourg, 2036, 2096, 2098.
—— (De), officier au régt de Monnin, 3098.
—— V. *Castellas.*
Castellain, chanoine à Lens, 2142.
Castellamont (Comte de), mar. c. du service de Savoie, 1686, 1874.
Castellan. V. *Castelan.*
—— (De), ex-capne au régt Royal-Roussillon, A 89.
Castellana (Costa de), officier au régt Royal-Corse, 3638, 3647, 3648.
Castellane (Mis de), 420.
—— (De), commdt à Guillaumes, 1895.
—— (De), officier commdt la redoute d'Hebbing, 2245.
—— (Michel-Ange ou Jean-Ange, comte de), ambassadeur à Constantinople, 2928, 2970, 3069, 3071.
—— (Jos. J.B., mis de), mar. c., 3039, 3042, 3088, 3136, 3140, 3143, 3148, 3155.
—— (De), 2979.
—— **d'Ampus** (Mis de), 2400.
—— **-Esparron** (Ch. de), premier consul d'Aix, procureur du pays de Provence, 2039, 2041–2043, 2099, 2100, 2130, 2135, 2141, 2188, 2250.
—— **de Majastre** (Henri I de), premier procureur du pays de Provence, 2248.
Castellas (Franç. Nicolas Albert de), lieutt-gal, 987, 997, 1556, 1557, 1648, 1945, 2143, 2183, 2220, 2269, 2273, 2383, 2411.
—— (Mathieu de), 989. — Cf. *Mathieu.*
—— (Chr de), 1382.
—— (Rodolphe de), lieutt-gal, 3461, 3464, 3476, 3478, 3500–3502, 3509, 3517, 3520, 3522, 3524, 3525, 3550, 3553–3559, 3561–3565, 3576, 3579, 3582–3584, 3602, 39 s–41 s, cons XXXV, XXXVII.
—— (Chr de), 46 s.
—— V. *Bermond, Castella, Mathieu.*
—— (Officiers du régt de), cons LXV a, LXX.

Castellas de Deley, lieut-c du rég de Hessy, 1550.
Castelldorius (Don Manuel de Oms, m[is] de), 1887.
Castelli, consul de France à Arese (État de Gênes), 1768, 2144, 2262, 2272.
Castellier. V. *Du Castellier*.
Castelmore (De), 3544.
Castelmoron (Ch. Gab. de Belsunce, m[is] de), lieut[t]-g[al], 2731, 2784. — Cf. *Belsunce*.
Castelnau (Jacques de Castelnau-Mauvissière, m[is] de), mar. F., 92, 102, 106, 110, 123, 131, 157, 158, 277, 278.
—— (De), officier, 2371.
—— **de Cordes**, ancien officier, 2132.
Castelnaudary (Municipalité, etc., de), c[on] LXVII.
Castel-Rodrigo (Mis de), gouverneur des Pays-Bas espagnols, 223–225, 245.
—— (Don Carlos Homodei, m[is] de), vice-roi de Valence, ambassadeur extraordinaire d'Espagne en Savoie, 1519, 1695.
—— (Mis de), 2408, 2467, 2451.
—— **-Sarrasin** (Habitants de). V. *Dupont*, etc.
Castera, 356.
—— (Duperron de), c[on] XIX.
Casteran, procureur général syndic des Hautes-Pyrénées, c[on] LXV f.
Casteras, médecin du m[al] de Belle-Isle, 2913.
—— (De), maire de Valence, 3708, 3717.
Castes (De), cap[ne] aux rég[ts] d'Orléanais et d'Auvergne, puis cap[ne] d'invalides à Rennes, 1766, 2137, 2141, 2264.
Castets (De), correspondant secret du ch[r] de Vincelles, 1963 1964.
Castetviagne (De), cap[ne] au rég[t] de Gâtinais, 1895.
Castiglione (Prince de), 1775, 2817.
Castil d'Ayrola (Duc de), 1984.
Castille (Jeannin de), cap[ne] des chasses à Meaux, 147.
—— (Ant.), 2299, 2301, 2308, 2370, 2421, 2445, 2784. — Cf. *Castillo*.
Castille-Villemareuil. V. *Foucquet*.
Castillo, commis des vivres, 2244, 2269, 2273, 2308, 2372, 2375, 2376, 2388. — Cf. *Castille*.
—— (Juan del), fils du précédent, 2273, 2308, 2312, 2374, 2395. — Cf. *Castille*.
—— officier subalterne au rég[t] de Kerkem, 2242.
Castillon, échevin d'Ardres, 3709, 3179.
—— (De), 3740.
Castio (De), aide-major du rég[t] de Tournaisis, 3305.
Castracani, nonce du pape, 20.
Castre, maréchal-des-logis au rég[t] du Roi, 2266, 2415.
Castres (Municipalité, etc., de), c[on] LXV d. — Cf. *Basiguier, Raymondy*, etc.
—— (Baron de), cap[ne] de cavalerie, 123.
—— échevin de Landrecies, 2233.
Castries (René-Gaspard de La Croix, m[is] de), mar. c., 361, 420.
—— (Jos.-Franç. de La Croix, m[is] de), mar. c., 890, 958, 2272, 2411, 2412.
—— (Ch. Eug. Gabr. de La Croix, m[is] de), mar. F., 3281, 3415, 3416, 3437, 3439. 3440, 3443, 3452, 3454-3456, 3472, 3473, 3478–3485, 3487–3489, 3493, 3495, 3498, 3500, 3504, 3507, 3508, 3514, 3516–3526, 3539, 3544, 3545, 3548, 3549, 3554, 3555, 3557–3562, 3564, 3565, 3577, 3583–3592, 3603, 3606, 3609–3613, 3615, 3625, 3626, 3630, 3631, 3633, 3642, 3643, 3649, 3650, 3674, 3725, 3751, 3677, 3681, 3682, 3684, 3686–3689, 3691–3694, 3697–3699, 3701–3703, 3707, 3708, 3710, 3712, 3715–3722, 3726, 3732–3735, 3741, 3745, 3752, 3753, 3763, 3764, 3768, 34 s., 43 s., 47 s., 50 s., c[ons] XXVI, XXVII, XXIX, XXXIII, XXXV–XXXVII, XL–XLIII, XLV, XLVI, XLVII b–LIV, LXII, LXXIV, LXXVI.
—— (Marquise de), 3543, 3549.
Castrillo (Mis de), 1786.
Castro (Comte de), 1648, 1651.

Castro (De), colonel du rég^t de Frezin, 2458.
Castro y Lemos (De), officier au rég^t de Tournaisis, 3331, 3349, 3360, 3361, 3370, 3371, 3378, 3418.
Catalan, 792, 793.
—— (De), commissaire des guerres, 1522.
—— consul de Pierrelatte, 2132.
—— officier au rég^t de Piémont, 2136.
Catalogne (Vice-roi, gouv^r, députés, etc., de), 119, 121, 196.
Catelan (De), 505, 515. — Cf. *Castelan.*
—— (J. de), évêque de Valence, 2044, 2175, 2271, 2371, 2411.
Cathalla-Coture, maire et premier consul de Montauban, 2139.
Cathelin-La Garde, maire de Toulon, 2135, 2188.
Catherine. V. *Médicis.*
Catherine II, impératrice de Russie, 3625.
Catheux (De), 419, 420.
Cathoire, 2415. — Cf. *Catoir.*
Catinat (Nicolas), mar. Fr., 245, 503, 505, 512, 535, 542, 553, 554, 595–602, 664, 665, 703, 737, 738, 776, 792–794, 819, 821–823, 825, 826, 830–832, 837, 867, 870, 880–884, 887, 889–891, 898, 966, 967, 970, 1007, 1009, 1010, 1077, 1079, 1093–1096, 1099, 1100, 1113, 1166–1170, 1212, 1221–1228, 1236–1239, 1271, 1273–1276, 1285, 1287, 1289, 1327–1329, 1331, 1334, 1371–1375, 1378, 1379, 1404, 1415, 1423–1425, 1509, 1514–1516, 1518, 1568, 1569, 1581, 1582, 1596, 1776, 1799, 2039–2041, 2058, 2099, 2100, 2170, 3779, 3780, c^ons III–V.
—— (Pierre?), conseiller au Parlement, 2371.
Catoir, directeur de l'hôpital de Verdun, 2269. — Cf. *Cathoire.*
Cattanei (Franç.), prêtre modénois, 1870.
Cattaneo (Giov.), courrier du prince de Vaudémont, 1861.
Catteville (Ch^r de), 3180.
Cattier, lieut^t-g^al de la prévôté du Dauphiné, 1605, 2102.
Catuelan (De), c^on LXXVI.
Caubous (Franç. du Haget de), mar. c., 2134, 2140, 2141, 2144, 2183, 2271, 2371.
—— (De), commd^t à Navarrenx, 3184.
—— (De), commd^t à Isendick, 3202, c^on XX.
Cauchard, 870.
Cauchois, 1013.
Caud (De), garde-du-corps (c^ie de Villeroy), 3506.
Cauderoque (De), cap^ne, 102.
Caudrelier, partisan, 2133.
Caudron, député aux États d'Artois, 2131, 2227, 2301.
Caulaincourt (Marc-Louis, m^is de), mar. c., 3152, 3410, 3411, 3418, 3443, 3444, 3479, 3483, 3484, 3487, 3505, 3507, 3510, 3516, 3517, 3519–3526, 3542, 3550–3559, 3584, 3586–3592, 3607, c^ons XXXIX, XL.
Caulet (De), gentilhomme du Languedoc, ancien officier au rég^t de Navarre, 2724.
—— (J. de), évêque de Grenoble), 2734, 2968, 2979, 3014, 3015, 3406.
——. V. *Grammont.*
Caullière (De), cap^ne au rég^t de Puttanges, 2265.
—— (Vicomte de), 2785.
Caumartin (Le Febvre de), intendant, ambassadeur, 86, 97, 98, 102, 250, 261, 359, 360.
—— (L. Urbain Le Febvre, m^is de), intendant, 1438, 2371.
—— (Abbé de). 2143.
—— (Ant. L. Franç. Le Febvre, m^is de), intendant, 3396, 3406, 3409, 3410, 3426, 3450, 3461, 3463, 3465, 3466, 3492, 3496, 3501, 3503, 3578, 3606, 3620, 3622, 3681, 3682, 3687, 3688, 3691, 3694, 3699, 3705, 3709, c^ons XXII, XLI.
—— **de Boissy** (L. Franç. Le Febvre de), maître des requêtes, 2142, 2412.
Caumel, cap^ne-lieut^t aux Gardes du duc de Lorraine, 3135.

Caumels, aide-major de la place de Mont-Dauphin, 1892.
Caumont, trésorier de France à Montauban, 110.
—— (De), ingénieur, 957.
—— (De), cap^ne au rég^t d'Artois, 2141.
—— (Ch^r de), officier au rég^t d'Agénois, 3727, 3748.
—— V. *Cugnac, La Force* et *Montpouillan.*
—— **de Montcornet**, cap^ne de la compagnie franche de Castéja, 2033.
Caupène (De), major du rég^t de Vienne-cav^ie, puis de celui de Germinon, 2370, 2418, 2739. — Cf. *Caupenne.*
Caupenne (Mis de), 3434, 3435, 3460, 3763, c^ons LXIV, LXV e.
—— (Ch^r de), 3521.
—— (De), cap^ne au rég^t de Provence, 41 s, 44 s. — Cf. *Amou, Caupène.*
Caupos (De), colonel d'un rég^t de son nom, 1951, 2136, 2141, 2244, 2323.
Caupsne (Daries de), cap^ne au rég^t de Luxembourg, 2134, 2140.
Caus (De), 1550.
Causac, aide-major à la citadelle de Besançon, 2137, 2140.
Causan (Ch^r de), commissaire des guerres, 3120, 3179, 3236, 3256, 3258, 3261–3263, 3295, 3311, 3313, 3329, 3391, 3410, 3412, 3413, 3418, 3449, 3450, 3462, 3463, 3492, 3495, 3497, 3500, 3501, 3504, 3532, 3533, 3535, 3536, 3542, 3544, 3546, 3549, 3568–3570, 3579, 3603, 3604, 3621, 3623, 3627, 3630, 3718, c^ons XIX–XXI, XXX, XLV.
Causans (Mis de), 3763.
Caussade, 2136.
—— (De), lieut^t-c^el du rég^t de Beaujolais, 2293.
Caussemille, maire de Saint-Tropez, 2251.
Cautan?, commd^t du fort des Iles à Strasbourg, 2621.
Cauvigny (De), cap^ne-g^al des gardecôtes de Caen, 3510.
Cauville, cap^ne au 16e rég^t d'inf^rie, c^on LXX.
Cauvin (J.-J.), échevin de Marseille, 3258, 3311.
—— marchand à Calvi, 3539.
Cauvry, subdélégué à Ham, 2414.
Caux (J.-Franç. Hubert Le Ver, m^is de), brigadier, 3277.
—— (Mme de —, née de Forges), 3505.
—— (De), officier, 3634, 3703, 3708, 3726.
—— (De), c^on LXI.
—— **de Blacquetot** (J.-B. de), ingénieur, lieut^t-g^al, 3409, 3421, 3426, 3673, 3698, 3703, 3706, 3717, 3725, 3729, 3751, c^ons L b, LIV, LXV b–LXV d.
—— **de Fierville** (De), officier, 1604, 1608, 1674, 2412.
Cavagniac (Ch^r de), officier au rég^t de dragons de Lesparre, 1944. — Cf. *Cavaniac.*
Cavalery, cap^ne au rég^t de Fouquier, 2137, 2188.
Cavalier (Jean), chef cévenol, 1708, 1759, 1796–1799, 1802.
Cavallier, lieut^t au rég^t de dragons de Lautrec, 1968.
Cavanal, lieut^t au rég^t de Picardie, 1792, 1831.
Cavaniac (De), cap^ne au rég^t de Crussol, 411. — Cf. *Cavagniac.*
Cavasse, viguier de Toulon, 3256.
Cavazza, ambassadeur à Venise, 20.
Cavelier, officier, aide-de-camp du m^al de Saxe, 2940, 2941.
Cavelty (De), ex-cap^ne au rég^t de Greder, 2370.
Cavenac (De), lieut^t de roi de Port-Louis, 3544, 3568, 3572, 3598, 3631.
Cavendish (Lord Frédéric), officier anglais, 3506.
Cavillier, bourgeois de Boulogne-sur-Mer, 2311.
Cavoye (Pierre de), cap^ne au rég^t de Picardie, 123.
—— (Gilbert-Oger de), mar. c., 978, 997, 1518.
Cayeu, 997. — Cf. *Cayeux.*
Cayeux. V. *Dreuil, Gamaches.*
Caylus (Comte de), 1550, 1644, 1646, 1648, 1649, 1742.
—— (Pierre-Jos.-Hyacinthe de Caylus-Rouairoux, m^is de), lieut^t-g^al, 1781, 1861, 1862, 2041, 2134, 2173,

2183, 2254, 2255, 2268-2271, 2330, 2405*, 2406, 2408, 2501, 2558, 2561, 2562, 2564, 2622, 2688, 2763, 2788-2790, 2793, 2826, 2876, c^ons X, XII.
Caylus (De), 1967, 1968.
—— (Claude de Fabert, marquise de), 2139.
—— (Charles-Daniel-Gabriel de Pestel de Lévis de Lubières de), évêque d'Auxerre, 2140, 2142, 2143, 2145, 2411, 3182.
—— (De), 2400, 2470.
—— (Louis de Fontanges de), cap^ne au rég^t de Villeneuve, c^on LXXXVI.
—— (Henri-Jos. de Caylus-Rouairoux, ch^r, puis comte de), brigadier, 3505.
Cayro (Mis de), vice-roi de Navarre, 3685.
Cayron (De), 361.
Cazala (De), officier au rég^t Royal-Corse, 3418.
Cazaledes (De), lieut^t de roi à Roses pour Philippe V, puis command^t à Venasque, 2053, 2107, 2134, 2143, 2180, 2181, 2254, 2255, 2329, 2332, 2404, 2406, 2408.
—— (De), cap^ne au rég^t de Rouergue, puis major et command^t à Venasque, frère du précédent, 2332, 2408.
Cazan, prévôt de maréchaussée à Loches, 2347.
—— (De), magistrat de Tournai, A. 90.
Cazau (De), 2141, 2144, 2183, 2273, 2444, 3034.
Caze de La Bove, intendant, 3086, 3127, 3183, 3184, 3296, 3751, 3708, 3749, c^on LIV.
Cazères de Monfort (les frères), cap^nes au rég^t d'Angoumois, 1858.
Cazes (De), aide-major de la place de Marsal, 2709, 2784.
Cazette (J. de), officier au rég^t de Caraman, 3505.
Cazier, 832.
—— conseiller au Parlement de Metz, auteur de *Mémoires*, correspondant du marquis de Chamlay, 1483, 1526, 2132, 2183, 2261, 2268, 2271, 2273, 2343, 2412.
Cazier de Bermont (Mme), 2370.
Cazin d'Honincthun, 3537, 3538.
Cazotte (Jean), écrivain, 3624.
Cea, lieut^t-c^el génois, 3251.
Ceberet (De), intendant de la Marine, à Dunkerque, 1483.
—— (Claude, m^is de), lieut^t-g^al, 1585, 1960, 2086, 2142, 2558, 2562, 2697, 2698, 2783, 2936, 2977, 2978, 3031-3033, 3036, 3083, 3084, c^on XVII.
—— (Sœur Marie-Claire de), prieure des Capucines de Paris, 2138.
—— (Mlle de), 3030, 3031, 3083, 3086.
Ceccaldi, Corse, 3360.
Cecile (De), mestre de camp d'un rég^t de ce nom (service d'Espagne), 2030.
Ceilhes. V. *Rocosel*.
Ceintré (Dame La Jaille de), 2132, 2183.
Célarier (J.), enseigne au rég^t de Champagne, 158.
Célers (De), abbé de Dampmartin, député du clergé aux États d'Artois, 1830.
Célettes (De), lieut^t au rég^t de Navarre, 88.
Céligny. V. *Branslart*.
Cellery (De), cornette au rég^t de La Reine-cav^ie, 2144.
—— (De), c^on LXII.
Celles (De), 1831.
Cellos, commissaire des guerres, 1519, 1693, 1880, 1974.
Cély (L. Aug.-Achille de Harlay de), intendant, 2468, 2536, 2575, 2609, 2620, 2634, 2725, 2784, 2876.
—— (Comte de), c^on XLIX a.
Cenamy, 2140, 2141, 2185, 2269.
Cenay, 793.
Centurioni (Ambroise), génois, 3224.
Ceny (Daillebours), cap^ne de port à Québec, 3540.
Cerceaux (De), colonel du rég^t d'Argentan, 1704.
Cerf (Mlle de —, née de Bonnières de Guines), 3030, 3084.
Cerfberr, juif de St-Goar, c^ons XLIV, XLVII b.
Cerfontaine (De), command^t à Bouzonville, 1854.
Cerincelly (abbé de), 355.

Cerisola (Innocenzo), député génois à Vienne, 3325.
Cerisy (De), officier, 2143.
Cerjeat. V. *Fleschy*.
Cermeles (Comte), 2892. — Cf. *Cermelli*.
Cermelli (Comte), 2609. — Cf. *Cermeles*.
Cermellite (abbé de), 419, 420.
Cermeulan (De), envoyé de l'évêque de Munster, 585.
Cernay (De), guidon des Gendarmes de la Reine, 1830.
—— (Franç. Marie Le Danois, m^{is} de), lieut^{t}-g^{al}, 3084, c^{on} XX. — Cf. *Le Danois*.
Cernon (Gab. de), lieut^{t} au rég^{t} de Piémont, 141.
Cerquand, maire de Rambervillers, 2031, 2324.
Cerrato (Andrea), lieut^{t} au rég^{t} de Rivara, 123.
Cerretani (Baron de), 1952, 1953, 2095.
Cers. V. *Montalembert*.
Certemont, major du rég^{t} Royal-Artillerie, 1946.
Certeuil (De), mousquetaire, 2130, 2131.
Certon (De), subdélégué à Noyon, 2370, 2414, 2415.
Cervelle, cap^{ne} au rég^{t} Royal-inf^{rie}, frère de lait de la duchesse de Bourgogne, 2131.
César, commissaire des guerres, 157.
—— conseiller à la grand'Chambre de Bordeaux, 2559.
Cesarini (Duc de), 245.
Cesen. V. *Cézan*.
Cesi (Comte de), 117.
Cesne (De), 1899.
Cessac (J. Icard de), cap^{ne} au rég^{t} de Picardie, 123.
Cesso, chirurgien-major à Hombourg, 2142.
Cette (Magistrats, etc., de). V. *Vaugelas*, *Rives*, etc.
Ceva. V. *Grimaldi*.
Cevet, inspecteur des Ponts et Chaussées, 3719.
Cez (De), prévôt général de l'armée d'Espagne, 1978.
Cézan (J.-J. Barthélemi de Gélas, comte de), mar. c., 343, 393–395, 413, 414, 436, 452, 455, 461, 484, 489, 497, 499, 500, 502–506, 508, 536, 543–546, 549–556, 568, 596–602, 604, 630, 672.
Cézar, aide-major du Château-Trompette, 419, 420.
Cézen. V. *Cézan*.
Cézerac (De), 410.
Chaban (De), major du rég^{t} de Ligondès, 2242.
Chabanais (Franç.-Gilbert Colbert de St-Pouenge, m^{is} de), mar. c., 3204, 3418.
—— V. *St-Pouenge*.
Chabane, cap^{ne} au rég^{t} de Simiane, 1705.
Chabaniel, habitant de Tulle, 2132.
Chabannes (De), 260.
—— (De), cap^{ne} au rég^{t} de dragons d'Aubigné, 1831.
—— (Jacques de —, m^{is} de Curton), lieut^{t}-g^{al}, 1945, 2131, 2134, 2136, 2912, 2915, 2916.
—— (Thomas, comte de —, dit le *Bavarois*), mar. c., 2697, 2739, 2742, 2782–2786.
—— (Franç.-Ant. de Chabannes — Pionsac, comte de), lieut^{t}-g^{al}, 2726–2739, 2786–2798, 2804, 2936, 2989–2993, 3008, 3054, 3094–3096, 3140, 3143, 3160, 3180, 3185, 3187, 3188, 3260–3263, 3280, 3281, 3308–3310, 3314, 3338, c^{on} XVIII.
—— (Gilbert-Gaspard de —, comte de Pionsac), brigadier, 2815–2819, 2842–2845.
—— (De), cap^{ne} au rég^{t} de Bourbonnais, 3255.
Chabanon (Lantier de), command^{t} à Sarrebourg, 2792.
Chabans (De St-Preuil de), cap^{ne} au rég^{t} de Lorraine, 102.
Chabaud (De), officier du génie, 3702.
—— vice-président du directoire du Gard, c^{on} LXV b.
—— **de La Tour**, c^{on} LII.
Chabert (Claude de), lieut^{t} au rég^{t} de Ste-Mesme, 123.
—— 729.
—— maire de Toulon, 2188.
—— (Louis de), cap^{ne}, c^{on} XIX.
—— 3758.
Chabeuil (Municipalité, etc., de), c^{on} XIX.

Chabo, 106.
—— , de Genève, 1864.
—— (Ant. Chabo de La Serre, ch^{r} de), mar. c., 3142, 3245, 3308, 3404, 3418, 3430, 3432, 3437, 3451, 3452, 3463, 3493, 3495-3497, 3503, 3505, 3507, 3509, 3517, 3550, 3556, 3558, 32 s., 33 s., 82 s., c^{on} XXVI.
—— (Ch. L. de Chabo de La Serre, comte de), lieut^{t}-g^{al}, 3164, 3227, 3237, 3419, 3420, 3429, 3459, 3472, 3473, 3479, 3481, 3483, 3485, 3493, 3501, 3506, 3516-3518, 3523, 3555, 3557, 3589, 3692, 3714, 36 s., 39 s.-41 s., 44 s., c^{ons} XIX, XLVII b.
—— **-St-Maurice** (De), 615, 987.
—— (Anne de Charrière, veuve de François de), 1766.
—— V. *Chabot* et *Rohan*.
Chabon, directeur des postes à Gex, 1968, 2175.
Châbons (administrateurs du district de), c^{on} LXVI.
—— (De), procureur du Dauphiné, puis président du Parlement de Grenoble, 359.
Chabot. V. *Chabo* et *Rohan*.
—— , de Gex, fournisseur?, 2270.
—— (Louise-Angélique Le Porquier, veuve de François), A. 89.
Chabreul (De), officier au rég^{t} de La Chau-Montauban, 2032.
Chabriac (De), 11.
Chabrié (Raymond de), brigadier, 2913, 2944, 3139, 3140, 3143, 3198, 3201, 3202, 3205, 3207, 3277, 3326.
Chabrier, maire de Chatillon-de-Michaille, 2133, 2135.
Chabrières (La Roche de), gentilhomme dauphinois, 2250.
Chabries. V. *Beauregard*.
Chabrignac (De), cap^{ne} au rég^{t} de Bueil, 2182.
Chabrillan* (De), lieut^{t} de roi en Dauphiné, 1614, 1702, 1764, 1765, 1799, 1802, 1895, 1896, 1899, 1906, 2135, 2273.
—— (Franç.-César de Moreton, m^{is} de), 3017.
—— (Ch^{r} de), command^{t} à Montélimar, 3180, 3406.
Chabrillan (Jacques-Aimard de Moreton, comte de), lieut^{t}-g^{al}, c^{ons} LX, LXI, LXIII-LXV b, LXVI-LXVIII, LXX.
Chabry. V. *Béthune*.
Chabrillant. V. *Chabrillan*.
Chabrol, officier m^{al} de Clermont-Ferrand, c^{on} LIV.
Chabroud, vice-président du Comité des rapports à l'Assemblée N^{le}, c^{on} LXV a.
Chachault (De), 2139.
Chaffaut, lieut^{t}-c^{el} du rég^{t} de Laigle, 2243.
Chagny (?), c^{on} XLIX.
Chaignon (De), chargé d'affaires près la république du Valais, 3044, 3062, 3063, 3115-3119, 3172-3175, 3223, 3230, c^{on} XVIII.
Chailiot (De), 906.
Chaillet, cap^{ne} au rég^{t} suisse de Guibert, 2724.
Chailliol (De), vice-bailli de Briançon, 2143.
Chaillon, fermier général, 2412.
—— **de Jonville**. V. *Jonville*.
Chaillot (De), officier aux Carabiniers de Monsieur, c^{ons} LX, LXI.
Chaillou, 361. — Cf. *Amelot*.
Chailloud, 1985.
Chailloux, lieut^{t} de maire d'Oloron, 2054.
—— (De), 54 s.
Chailly (De), major de la place de Bouchain, 2025, 2145.
—— (De), commissaire des guerres, 2134, 2156, 2233, 2313.
—— (De), cap^{ne} au rég^{t} de la Sarre, 3262.
—— (De), command^{t} à Brouage, 3497, 3547, 3575.
—— (De), lieut^{t} de roi de Bapaume, A. 90.
—— V. *Du Chailly*.
Chaine. V. *Chaisne*.
Chais (De), cap^{ne} au rég^{t} de Turbilly, 2169.
—— inspecteur des Ponts-et-Chaussées en Lorraine, 3218.
Chaise, ingénieur?, 3073.
Chaisne, président au Parlement de Provence, 33, 469.
Chaize, «conseiller de ville» à Mouzon, 2323.

Chalabré, commis des Finances, 1799.

Chalain (De), officier au rég^{t} Mestre-de-camp-général de dragons, 2663, 2675.

—— (De), lieut^{t} de roi de Guise, c^{on} LXVI.

Chalais (Mis de), cap^{ne} réformé au rég^{t} Colonel-général de dragons, 1549.

—— (Prince de), c^{on} LXII.

Chalan (Jean), dit *Lacoste*, habitant de Bourgoing, 20.

Chalançon. V. *Bretteville*.

Chalancourt (De), commissaire des guerres, 890.

—— (De), 1312.

Chalandière (Ch^{r} de), officier d'artillerie, 1966.

Chalas (J. Maur. Durand de), receveur g^{al} des Finances en Champagne, 2270, 2272.

Chalencey. V. *Fornier*.

Chalert, 1300.

Chalgrin, chargé d'affaires de France à Munich, 3743, 3759.

Challan, procureur g^{al} syndic de Seine-et-Oise, c^{ons} LXV d, LXV f, LXX.

Challaux, employé de la Gabelle à La Ferté-Macé, 2141.

Challes (Mme de —, née de Beaumont), femme d'un sénateur de Savoie, 2398.

Challet (De), 420.

Challier, agent secret?, 957.

Challiou, chef d'une compagnie de bateliers à Strasbourg, 988.

Challudet (De), 118.

—— commissaire de l'artillerie, 2242.

Chalmaison (De), ancien officier de dragons, 2420.

Chalmazel (Cl. de Talaru, s^{r} de), officier aux Gardes, 131.

—— (Hubert-Franç. de Talaru, m^{is} de), brigadier, 969, 1364, 1524, 1526, 1607, 1703, 1767, 1768, 1861, 1872, 1873, 1896–1900, 2038, 2039, 2041–2043, 2099, 2100, 2132, 2137, 2142, 2188, 2245, 2247–2249, 2251, 2338, 2399, 2400, 2463, 2466, 2506.

—— (L. de Talaru, m^{is} de), brigadier, 3040.

Chalmers (Guill.), écossais, négociant à Boulogne-sur-Mer, 3408.

Chalon, officier, 2143, 2144.

—— lieut^{t} au rég^{t} d'Agénois, 1832.

—— échevin de Chaumont-en-Bassigny, 2137, 2183.

—— (Comte de), ministre de France à Rome, puis ambassadeur à Venise, 3744.

—— **-sur-Saône** (Municipalité, etc., de), 708. — Cf. *Betauld, Biencourt, Blondeau, Charolais, Colas, Dozenay*, etc.

Chalonge. V. *Gillet*.

Châlons-sur-Marne (Municipalité, clergé, etc., de), c^{ons} LXIV, LXV b, LXVIII. — Cf. *Chedel, Clermont, Droüot, Lasson, Noailles, Roland, St-Pierre, Tassin*, etc.

Chalup (Comte de), mar. c., c^{ons} LXV b, LXV c, LXV e, LXVI, LXVIII, LXIX.

—— cap^{ne} d'artillerie, directeur des forges de Champagne, c^{ons} LXV, LXV a, LXV c.

—— (De), 2e lieut^{t}-c^{el} du 41e rég^{t} d'infanterie, c^{on} LXIX,

Chalut (De), officier de dragons, 3553, 3607. — Cf. *Chalup*.

Chalvet, 2040.

—— (le P.), jésuite, 2400.

Chamaliot (Franç. de), cap^{ne} au rég^{t} de La Marine, 102.

Chamand. V. *Langlade*.

Chamarande (De), 361.

—— (L. d'Ornaison, comte de), lieut^{t}-g^{al}, 1146, 1203, 1550, 1555, 1558, 1573, 1575, 1661, 1675, 1677, 1748, 1754, 1846, 1847, 1853, 1896, 1966, 1967, 1975, 2040, 2041, 2099–2101, 2140, 2248, 2272.

Chambardier. V. *Chambardière*.

Chambardière (André Naudin de), brigadier, 3040, 3140, 3144, 3199, 3201, 3204.

Chambaud. (Ch. de), c^{on} LXV e.

—— V. *Montgon*.

Chambellay (Franç. Sidrac de), mar. c., 158, 259, 260, 279, 310–313, 340, 397.

Chambellé. V. *Chambellay*.

Chambert (Bernard), lieut^{t} d'une c^{ie} de 35 h. à pied, c^{on} LXXXVI.

—— 411.

Chambery (N...), de Verdun, correspondant, 2675, 2676, 2712, 2927.

Chambéry (Magistrats, bourgeois, etc., de). V. *Blaisot, Bourgeois, Carpinel, Constantin, Costa, Doncieu, Favier, Fortis, Durand, Fromin, Garnerin, Glasson, Guichon, Michaud, Pacoret, Perret, Roux, Villeneufve,* etc.

Chambly (De), major de la place d'Huningue, puis de celle de Douai, 988, 1830, 1946, 2021, 2139, 2140, 2142, 2159.

—— (De), cap^{ne} au rég^{t} de Livry, 2021.

Chambois, cap^{ne} au rég^{t} de St-Vallier, 2141.

Chambon, cap^{ne} au rég^{t} de Bassigny, 982.

—— (De), aide-major de la place de Bergues, 1830.

—— médecin, 1524-1526.

—— (De), officier, 1968, 2132.

—— (De), lieut^{t}-c^{el} du rég^{t} du Perche, 2135, 2370.

—— (De), officier, 2840,

—— officier aux Chasseurs de Lorraine, c^{ons} LXV, LXV b, LXV c., LXV f.

—— **de La Barthe**, commissaire d'artillerie, 3135.

Chambonas (Ch. Ant. de La Garde de), évêque de Lodève, 362.

Chambonneau (De), 131, 279.

Chambonnet, cap^{ne} des portes de Thionville, 1857.

Chamborand. V. *Chamborant.*

Chamborant (Mis de), colonel du rég^{t} de La Marche-prince, 3420, 3450, 3460, 3463, 3482, 3494, 3505, 3510, 3522, 3611, 3684, 3693, 49 s.

—— (De), à l'armée des Indes, 3541.

—— V. *La Clavière.*

Chambord (Municipalité, etc., de), c^{ons} LXV, LXVIII.

Chamboredon (De), commd^{t} les c^{ies} d'invalides à Belle-Isle, 2136, 2145, 2186, 2264, 2270, 2271.

Chamboy (Ch. Damien), médecin à Mortagne, 3184.

Chambray (De), cap^{ne} au rég^{t} de Picardie, 1644.

—— (De), cap^{ne} au rég^{t} Royal-Danois, 3310.

Chambre, curé de Lauret (Landes), 1792.

Chambré. V. *Des Marais.*

Chambres (De), cap^{ne} au rég^{t} de La Feuillade, 146.

Chambrier (De), 2165, 2547, 2794, 3086.

Chambrun (De), ministre protestant, 903.

Chambry (De), major du rég^{t} de St-Pouenge, 1856.

—— (De), ingénieur, lieut^{t}-c^{el}, 3673. — Cf. le suivant.

—— (Cadet de), ingénieur, 3741. — Cf. le précédent.

Chameron, inspecteur des milices bourgeoises au département de Rennes, 1899.

Chameuil. V. *Mailly.*

Chameyrac (De), lieut^{t}-c^{el} du rég^{t} de St-Aulaire, puis de celui de Châteauneuf, puis de celui de Montviel, 1604, 1612, 1705, 1766, 1862, 2132, 2272.

Chamfort (De), officier, commd^{t} à Wœrth, puis à la porte de Haguenau à Strasbourg, 1550, 1555, 1849, 2242.

Chamillart (Gui), intendant, 294, 360-362, 392, 419, 420.

—— (Michel), contrôleur g^{al} des Finances, ministre de la Guerre, 902-904, 906, 1181, 1451, 1463, 1468, 1481, 1485, 1491-1499, 1502-1504, 1506, 1507, 1514-1518, 1551-1557, 1559-1566, 1568-1571, 1574, 1576-1583, 1588-1596, 1598-1600, 1605, 1606, 1609, 1614, 1639-1641, 1643, 1645-1654, 1656-1658, 1660-1676, 1678, 1683-1692, 1695, 1696, 1701, 1702, 1704, 1706-1709, 1735-1743, 1746-1761, 1764-1768, 1773-1789, 1791-1793, 1796-1802, 1828-1841, 1843-1858, 1860, 1863-1880, 1883-1888, 1890-1892, 1895-1907, 1933-1946, 1948-1956, 1958, 1960-1968, 1971-1974, 1976-1979, 1981-1986, 1988, 1989, 2015-2025, 2027, 2028, 2030-2036, 2038-2044, 2046-2056, 2077, 2079-2087, 2089, 2091-2096, 2098-2102, 2104, 2105, 2107, 2108, 2131-2133, 2136, 2137, 2139, 2141, 2142,

2146, 2149–2151, 2154–2158, 2160, 2162–2164, 2166, 2168, 2170, 2171, 2173, 2175, 2177, 2180, 2183, 2185, 2213, 2219, 2220, 2228, 2241, 2245, 2247, 2250, 2264, 2266, 2268, 2271, 2272, 2300, 2378, 2400, 2405, 2408, 2415, 2455, 2468, 2490, 2502–2504, 2506, 2524, 2536, 2610, 2621, 2635, 2642, 2731, 2838, 2841, 3015, 3127, 3418, 3779, 11 s., A 90, A 92 *bis*, c^{ons} II, IV–VII, XLIII. — Cf. les vol. de *Minutes* de janvier 1701 à juin 1709.

Chamillart (Jérôme, ch^{r}, puis comte de), mar. c., 1693, 1949, 2091, 2136, 2145, 2169.

—— (Le P.), jésuite, 1861, 1864, 1877, 1895, 1896, 1898, 1974.

—— (Michel II, marquis de Cany), 1993, 2018, 2021, 2022, 2031, 2034, 2036, 2089, 2091, 2093–2096, 2098, 2101, 2102, 2104, 2134, 2150, 2151, 2184, 2335, A. 89.

Chamilly (Erard Bouton, comte de), commd^{t} d'armée, 224, 226, 227, 251, 260, 265, 271, 272, 276, 278, 279, 285–287, 332.

—— (Abbé de), 224.

—— (Noël Bouton, m^{is} de), mar. Fr., 263, 271, 272, 277–287, 289, 290, 321, 323–331, 333–336, 346, 353, 364, 383–393, 398–402, 409, 436–453, 484, 486–492, 494, 495, 497–505, 535–539, 542–553, 555, 584, 587, 592–604, 629, 631, 634, 663, 670–672, 793, 794, 823, 831, 832, 874–878, 880–883, 969, 976, 988, 997, 1113, 1213, 1214, 1238, 1264, 1265, 1267, 1322, 1364–1366, 1408–1410, 1525, 1526, 1612, 1705, 1801, 1802, 1896–1899, 1941, 2131, 2182, 2187, 2261, 2265, 2268, 2269, 2271, 2337, 2339, 2419, c^{on} II.

—— (Ch^{r} de), 988, 1089.

—— (Franç., Jacques Bouton, comte de), lieut^{t}-g^{al}, 970, 1099, 1331, 1332, 1501, 1502, 1572, 1898, 2134, 2272, 2344, 2411, 2622.

—— (Abbé de), 1092.

—— (Maréchale de), 1897, 2411.

Chamisso (Comte de), c^{on} LXXVI.

Chamissot (Abbé de), 3316.

Chamlay (Jules-Louis Bolé, m^{is} de), mar. des logis aux camps et armées, 275, 325, 327, 328, 344–349, 352, 353, 399–401, 410, 444, 450, 460, 461, 484, 488, 493, 494, 502, 503, 537, 545–552, 554, 556, 588, 592, 593, 599 603, 605, 608, 701–704, 708, 725, 726, 729–731, 823, 825–828, 831, 832, 867, 875–880, 882–884, 974–976, 1000, 1035, 1041, 1046, 1048, 1051, 1057, 1083, 1086, 1089, 1091, 1100, 1112, 1116, 1125, 1129, 1130, 1134, 1135, 1142–1145, 1155, 1182, 1183, 1186, 1188, 1189, 1198, 1214, 1215, 1218, 1228, 1234, 1238, 1245, 1246, 1248, 1253, 1267, 1269, 1270, 1290–1294, 1296, 1297, 1304, 1310–1312, 1316, 1317, 1323, 1326, 1329, 1343, 1348, 1351, 1363, 1364, 1366, 1393, 1453, 1523, 1553, 1570, 1582, 1661, 1677, 1693, 1697, 1698, 1703, 1708, 1730, 1732, 1739, 1748, 1750, 1751, 1764, 1765, 1776, 1777, 1782, 1794, 1796, 1833, 1839, 1843, 1851, 1883, 1893, 1900, 1937, 1938, 1963, 1966, 1967, 1986, 1988, 2015, 2017, 2018, 2020, 2027, 2039, 2040, 2055, 2056, 2058, 2080–2084, 2092, 2143, 2412, 2469–2471, 2486, 2524, 2538, 2653, 2654, c^{on} II. — Cf. *Don de Bontin* (t. V de l'*Inventaire*, p. 541).

Chamlos (Ch. Urbain, comte de), général autrichien, gouverneur d'Ostende, 2990.

Chamloup, officier de garde-côtes, 3577.

Chammin (Thibault), procureur à Fresney-le-Vicomte, c^{on} LXXXVI.

Chammouseaud, ingénieur, 967, 969, 972, 988.

Chamois, ingénieur, 224–226, 469.

Chamolle (De), officier aux Grenadiers royaux, c^{on} XLIX a.

Chamorin, officier m^{al} de Montereau, c^{on} LXV c.

Chamousset (Marquise de), 2044.

Chamoy (Ch^{r} de), officier au rég^{t} Mestre de camp-g^{al} de cavalerie, 3712.

Chamoy (Marquis de), c^{ons} XLVII b, LXIII, LXV a — LXV c, LXV f.

Champagnac, enseigne au rég^{t} de Picardie, 146.

Champagne (Officiers du rég^{t} de) 158, c^{on} LXVII.

—— (Officiers du rég^{t} des Chasseurs de), c^{ons} LXV c, LXV f.

—— (De), lieut^{t} de roi de Rocroi, 360, 419, 550, 552, 554.

—— **-Chapton** (Ch. Franç. Ferd., m^{is} de), colonel du rég^{t} de Rouergue, puis de celui d'Auvergne, 3546, 3563, 3610.

Champagné (De), commissaire d'artillerie, 3239.

Champagny (J. B. Nompère de), duc de Cadore, c^{on} LXX.

Champcenetz (Comte de), colonel du rég^{t} d'Orléans-dragons, 3758.

Champdoré. V. *Dury*.

Champeau, ancien officier, 2140.

Champeaux, commissaire et garde d'artillerie, 1059.

—— père (De), résident de France à Genève, puis en Allemagne, 3063, 3111, 3115, 3120, 3225–3230, 3242, 3290, 3291, 3312, 3329, 3336, 3396, 3430–3439, 3441, 3442, 3445, 3446, 3471–3474, 3477–3479, 3481, 3483–3485, 3488, 3489, 3511–3521, 3525, 3526, 3542, 3550–3565, 3582, c^{on} XXI. — Cf. le suivant.

—— fils (De), envoyé en Allemagne, 3407–3410, 3428–3446, 3471–3489, 3500, 3501, 3510, 3512–3526, 3542, 3550–3557, 3559, 3560, 3562–3565, 3577, 3582, 3627, 40 s, 53 s, c^{on} XXXIII.

—— (Julien-Franç. Palasme de), député des Côtes-du-Nord, c^{on} LXVI.

Champel, de Metz, 1501, 1502, 1660, 1856, 1950, 2169, 2239, 2392, 2393, 2420, 2745, 2796, 2876, 3316, 3396, 3406, 3469.

Champenois (Nic.), évêque missionnaire au Malabar, c^{on} LXV e.

Champérant (De), officier au rég^{t} de Languedoc, 1857.

Champereux (N. de), brigadier, 945, 1399, 1468, 1492, 1549, 1743, 1830, 1832–1838, 1935, 1943–1946, 2021–2023, 2056, 2085, 2132–2134, 2136, 2141, 2159, 2160, 2219–2222, 2300, 2381, 2382.

Champereux (Frère), cordelier, 1850.

Champertuy (De), 157.

Champfeu (De), officier au rég^{t} Royal-inf^{rie}, 3535.

Champfleury (De), 342.

Champflour (Étienne), évêque de La Rochelle, 2419.

Champgrand. V. *Goury*.

Champgueffier, major à la citadelle de St Jean-Pied-de-Port, 2134.

Champier (De), ex-cap^{ne} au rég^{t} de Cotentin, auteur d'un opuscule sur le service de l'infanterie, 1644.

—— (De), commd^{t} à Castelléon, major du château neuf de Bayonne, 2547, 2558–2563, 2575, 2609, 2632, 2633.

Champignelles (L. René de Rogres, comte, puis m^{is} de), lieut^{t}-g^{al}, 3418, 3488.

Champigny (De), 56, 97, 106, 110, 158, 182, 468.

—— (De), 1601, 1862, 2130, 3186.

—— (Bochart de), évêque de Valence, 1896.

—— (Abbé de), 1944–1946, 2018, 2020–2023, 2029, 2067, 2134, 2137, 2139, 2412.

—— (De), intendant de la Marine, 2337, 2343.

—— (J. Paul Bochart, comte de), mar. c., 2912, 2913, 2915–2919, 2921, 2940, 2943, 2944, 2947, 2948, 2950, 2954, 2956, 2999.

—— V. *Bochart*, *Bourdonné*.

Champion, 1113.

—— échevin de Doullens, 2222.

Champlais. V. *Courcelles*.

Champlâtreux (De), intendant, 98.

—— (J. B. Molé de), président au Parlement, 2139, 2140.

Champlin, cap^{ne} au rég^{t} de Berry-cav^{ie}, 2178.

Champluisant (De), major du rég^{t} de Lannion, 1840.

—— (De), 3097, 3123.

Champ-Martin (De), cap^{ne} de vaisseau, c^{on} L.

Champollon (De), officier au rég^{t} de Foix, 3727, 3748.

Champosé, officier au rég^t d'Espagny, 146.
Champourlet, receveur des contributions dans la vallée de Barcelonnette, 1973.
Champs, près Grenoble (Municipalité de). V. *Du Port.*
Champsavoy (De), commd^t une compagnie d'invalides, 1873, 1964, 1968, 2102, 2136.
Champversy (De), commd^t à Porquerolles, 33.
Champy (De), 119.
Chamrond (Gaspard Vichy, m^is de), de la compagnie des Gendarmes écossais, puis de celle des Gendarmes de Berry, 1228. — Cf. *Vichy.*
Chamront (De), commissaire des guerres, 2814.
Chamureux, commissaire des guerres, 1943.
Chamvallon, officier, 2133.
Chanailles (De), intendant, 116.
Chancourt (De), 378.
Chanceaulme (De), 3426.
Chanclos (Baron de), feld-maréchal, commd^t à Luxembourg, 2231, 2676.
—— (Comte de), cap^ne au rég^t de Touraine, c^on LXV c.
Chandebois (De), administrateur du dép^t de l'Orne, c^on LXV f.
Chandelic (J. L.), 2531.
Chandellier, 420.
Chandenier (de), 131.
Chandiot, de Pontarlier, 990.
—— lieut^t de la maréchaussée de Franche-Comté, 1674.
Chanet (le P. Vincent), récollet, 132.
Changarnier, échevin d'Autun, 3259, 3309.
Changy (De), lieut^t-c^el du rég^t de Bourgogne, 3335.
Chanlaire, commissaire des classes à Boulogne, 3601.
Chanlatte, major de la place de Villefranche (Alp.-Mar.), 1862, 1973, 1974, 2142.
Chanlay, commissaire des vivres, 2244. — Cf. *Chamlay.*
Chanmousseaud. V. *Chammousseaud.*
Chanron. V. *Chamrond, Chamront, Chanront.*
Chanront (De), commissaire des guerres, 2761, 2763, 2810, 2820, 2841–2843, 2850.
Chanrose. V. *Chanroze.*
Chanroze (Ch^r de), 1705.
—— (De), 1896, 1983, 2133, 2136.
Chanson de Cormont. V. *Cormont.*
Chanteau (Bernard de), élu des États de Bourgogne, 3725.
Chantelot (P. L. de), cap^ne au rég^t de Navailles, 92.
Chantelou (De), lieut^t de roi d'Argentan, 1610, 1899, 2136, 2186.
—— (De), officier d'artillerie, 1764, 1766, 1861, 1875, 1877, 1896, 1898–1900, 1966, 2046.
—— (Lefer de), échevin de St-Malo, 3493, 3497.
Chanteloup (De), commissaire des guerres, 133, 260, 262, 294, 295, 351.
—— (Barban de), ancien officier, 2139.
Chantemelle (De), entrepreneur de fournitures de blé et d'avoine, 1760.
Chantemerle, cap^ne au rég^t de Bourgogne, 982.
Chantereine (De), maire de Senlis, 2133.
Chanterene (De), comm^re des guerres, 837.
Chanterenne (De), 902.
—— (De), cap^ne au rég^t Dauphin, 410, 411.
—— V. *Charpentier.*
Chantereyne, habitant de Cherbourg, c^on LIII.
Chantignonville. V. *Le Boistel de Châtignonville.*
Chantilly (Ambroise des Escottais, s^r de), enseigne, 146.
—— (L. Jos. des Escottais, ch^r de), lieut^t-g^al, 3152, 3520, 3582.
—— (Municipalité, etc., de), c^ons LXV c, LXVIII.
Chantois (Ch^r de), officier au rég^t de Piémont, 2136.
Chantoiseau, prévôt à Montargis, 2269.
Chantrans (De), cap^ne au rég^t de Listenois, 416.
—— (De), prieur de Beaume, A. 89.
Chanvallon (De), cap^ne, 1862, 1873.
—— (De), officier, 2136, 2138.
—— (De), garde d'artillerie, 2143.

Chanzé (Laurencin de), lieut^{t}-c^{el} du rég^{t} de Gensac, 3225, 3262.
Chaparon de Restors, châtelain d'Aost, près de Crest (Drôme), 2250.
Chapat, médecin à Grenoble, 1878.
—— consul à Vienne (Isère), 3396.
Chapel, cap^{ne} au rég^{t} de Champagne, 1709.
Chapelas, curé de St-Jacques-la-Boucherie, à Paris, 197.
Chapele (De), sous-lieut^{t} au rég^{t} d'Orléans, 988.
Chapelle (Joseph), commd^{t} la frégate *La Belle Isaac*, de Toulon, 2188.
Chapelon, conseiller à la Cour des Aides de Montpellier, 1906.
—— cap^{ne} d'inf^{rie}, 2134.
Chaperon, lieut^{t}-g^{al} de la Table de marbre à Rouen, 2132.
Chaponay (De), major du rég^{t} Commissaire-général, 2141, 2245.
Chaponnel (J. Henri de), cap^{ne} au rég^{t} d'Artagnan, 2133, 2139.
—— membre du Directoire du dép^{t} de l'Aube, c^{on} LXV a.
Chappe, lieut^{t} au rég^{t} de Boulonnais, 3544.
Chappedelaine (De), lieut^{t} du grand prévôt g^{al} de Normandie, 2144.
Chappes (L. Marie-Victor d'Aumont, m^{is} de —, puis de Villequier et duc d'Aumont), mar. de c., 96, 106. — Cf. *Aumont.*
Chappuis, commd^{t} à Castelfollit, puis à la citadelle de Perpignan, 1338, 1602, 1885–1889, 1892, 1983, 1984, 2132, 2133, 2139, 2255.
—— imprimeur-libraire à Bordeaux, 2131.
—— aide-major de la place de Douai, 3696.
—— (Ch^{r} de), officier au rég^{t} d'Orléans, c^{on} LV.
—— **de Bezeril**, officier, 2132.
—— **-La Barthe**, cap^{ne} au rég^{t} de Flandre, 1892.
Chappuy, lieut^{t} au rég^{t} de Montesson, 2370.
Chapt (Vicomte de), 3611.
—— (Ch^{r} de), colonel, c^{on} XXXVI.
—— V. *Rastignac.*
Chapton. V. *Champagne.*
Chaput, consul d'Arles, 3262.
—— (Pierre), religieux, 117.
Chapuys, lieut^{t} au rég^{t} de dragons de Pourrières, 2270.
Charamond (L. de), cap^{ne} au rég^{t} de La Marine, 102.
Charancy (De), officier, 1830.
—— (Georges-Lazare Berger de), évêque de Montpellier, 3230.
Charavet-Delisle, cap^{ne} du Génie, 3749.
Charbonnier, cap^{ne} d'inf^{rie}, 2271.
Charbonnière (Germain Pourrat, s^{r} de), lieut^{t}, 146.
Charcot, entrepreneur de fournitures de fourrage, 3179.
Charcusat, lieut^{t} de roi à Salces, 146.
Chardel, membre de la Commission de liquidation des anciennes affaires de la province de Bretagne, c^{on} LXV e.
Chardon, officier, 2241–2243, 2411.
—— cap^{ne} réformé, 2632.
—— intendant des troupes en Corse, puis procureur g^{al} près le Conseil des prises, 3647, 3648, 3651, 3653–3655, 3661, 3664, 3665, 3667–3669, 3675, 3679, c^{on} LXXIII.
—— commissaire pour les Hollandais réfugiés, c^{ons} LX, LXII, LXIII.
Chardonner (Jean), dit *La Fleur*, soldat, 264.
Charelz, substitut du procureur du roi à Sarrelouis, 2322.
Charency (De), aide-major au rég^{t} des Carabiniers, 3017.
Charente-Inférieure (Directoire du dép^{t} de la), c^{on} LXIX.
Charentenay-Thise (Ferd. Bonaventure Mareschal de), A. 90.
Charenton. V. *Billard.*
—— (De), cap^{ne} au rég^{t} de Médoc, 3263.
Charlemont (Municipalité, bourgeois, etc., de). V. *La Bastide, Liberval, Renard, Viroux*, etc.
—— (De), 2663.
Charleroi (Municipalité, bourgeois, etc., de). V. *Ferrand, Philippe, Pimentel, Puissant.*
Charles, maire de Clermont-en-Argonne, 3311.
Charles VII, roi de France, 13.
Charles VIII, roi de France, 13.

Charles IX, roi de France, 3–8, 12, c^on I.
Charles II, roi d'Angleterre, 291.
Charles II, roi d'Espagne, 634, 793.
Charles III, roi d'Espagne. V. *Carlos.*
Charles VI, empereur, 1978, 2466, 2507, 2851.
Charles VII, empereur. V. *Bavière.*
Charles XII, roi de Suède, 2017, 2036.
Charles-Emmanuel, roi de Sardaigne. V. *Sardaigne.*
Charles III, duc de Lorraine, 20, 122, 209, 225, 237, 245, 250, 388, 389, 413, 438, 446, 447.
Charles IV, duc de Lorraine, 558, 565, 592, 628, 631.
Charles-Édouard (Prince). V. *Stuart.*
Charlet, avocat à Carignan (Ardennes), 2876, 2923, 2955, 2977, 2978, 3007, 3026, 3034, 3039, 3041, 3044–3046, 3085, 3096, 3097, 3156, 3159, 3165, 3167, 3198, 3204–3396.
—— officier municipal de Mâcon, c^on LVII.
Charleval (Marquis de), colonel du rég^t Royal-étranger, 3152.
Charleville (Municipalité, magistrats, etc., de), c^ons LXV, LXV a. — Cf. *Biguet, Carbon, Chevalier, Cochelet, Collart, Coulon, Defluy, Delinge, Dentremeuse, Duconte, Dufay, Fournier, Fruges, La Ramée, Lancereau, Longuerüe, Meurant, Montimont, Pératé, Ponsart, Ravilhon, Taurine, Telinge, Thibault, Valsemoy, Vesins, Wilmet,* etc.
Charlevoix (de), cap^ne au rég^t de La Marine, 131.
Charlevoye (De), lieut^t de roi à Brisach, 97, 116, 158.
Charlier, commissaire des guerres, puis directeur de la poste en Flandre, 310, 311, 313, 332, 334, 338, 340, 343, 349, 351, 396, 397, 416, 605, 612, 633.
—— chef de partisans, 2134, 2159, 2299, 2300, 2302, 2304, 2444, 2521.
—— 867, 894, 944, 958, 961, 1066, 1081, 1241, 1484, 1830, 1831, 1841, 1941, 2035, 2145, 2370, 2620.
Charlot, intendant de la Marine, c^on LXVIII.
Charlus (De), 116.
—— (Comte de), officier, 3732.
Charly (Laurent de), cap^ne d'une compagnie d'archers à Metz, puis prévôt de la maréchaussée de Metz, 1854, 1855, 2137, 2243.
—— 2769.
Charmois (De), commissaire d'art^rie, 2917.
Charmolue (Franç. de), 131.
Charmont (De), lieut^t aux Gardes françaises, 110.
—— (Hennequin de), ambassadeur à Venise, puis secrétaire du duc de Bourgogne, 1519, 1583, 1585, 1586, 1593, 1594, 1683–1685, 1687, 1691–1693, 1775, 1781, 1860, 2083, 2084, 2135, 2137, A. 92 *bis.*
—— (Boisriché de), commissaire de l'art^rie, 1575.
Charmoy (De), cap^ne au rég^t de Piémont, 102.
Charnacé (De), commd^t au château de Moenen, puis officier dans les rég^ts de Périgord et de Lorraine. 1307, 2023, 2134, 2139, 2144.
—— (De), commd^t le 2e bataillon de milices d'Arras, 2946, 3213, 3326,
—— (De), officier, 3278.
Charnes (Rolin de), 146.
Charney (De), cap^ne au rég^t de Boulonnais, 1611.
Charny. V. *Lotin.*
Charolais (Ch. de Bourbon, comte de), 2371, 2675, 2700, 3012, 3040, 3068, 3075, 3242, 32 s.
—— V. *Bourbon.*
—— échevin de Chalon-sur-Saône, 2139.
Charon (Franç.), marchand à Trèves, 1952.
Charost (L.-Armand de Béthune-Charost, duc de), 822, 892, 902, 1357
—— (Armand de Béthune, duc de), lieut^t-g^al, 1357, 1550, 1598, 1599, 1653, 1832, 1896, 1897, 1936, 2141, 2142, 2335, A. 88.
—— (L.-Joseph, m^is de), brigadier, 1831, 1841, 1856.
—— (De), 2310.

Charost (Armand-Joseph de Béthune, duc de), mar. c., 3518, 3740, 3766, c^{on} XXXIX.
—— (Duchesse de), 902.
—— V. *Béthune.*
Charouse (Cl. Du Roux), cap^{ne} au rég^{t} de Sault, 151.
Charpantier, 2232.
—— contrôleur des troupes, c^{on} LXXXVI.
Charpentier, commis des bureaux de la Guerre, 304, 311, 397.
—— entrepreneur de fournitures de vivres, 1466, 1613, 1699, 1903, 1937, 2173, 2174, 2183, 2185, 2221, 2243, 2269–2272, 2300, 2398, 2421, 2926.
—— lieut^{t} au rég^{t} de Piémont, 2136.
—— (Richard), directeur des hôpitaux de Sierck et de Sarrebruck, 2143, 2242, 2243, 2245.
—— l'aîné, de St-Quentin, 2230.
—— (Paul), fils du précédent, 2230.
—— (J.-B.), échevin de Beauvais, 2273.
—— doyen de la collégiale de Toussaint à Mortagne, 3182.
—— régisseur général de la viande à l'armée de Provence, 3185, 3187.
—— **d'Audron,** commissaire des guerres, 958, 1209, 1210, 1254–1260, 1285, 1286, 1305, 1306, 1308–1315, 1355–1359, 1367, 1379, 1382, 1399, 1400–1404, 1422, 1484, 1491, 1552, 1559, 1561, 1564, 1565, 1575, 1577, 1578, 1656, 1657, 1673, 1801, 1896–1898, 2137, 2139, 2141, 2183, 2185.
—— **d'Augy,** commissaire des guerres, 2789, 2790, 3031, 3149, 3183, 3185.
—— **de Chanterenne,** commissaire des guerres, 1705.
—— **de Mérincourt,** commissaire des guerres, 1400.
Charré, procureur du roi à Soissons, 2272.
Charret père et fils, entrepreneurs de transports, 3179, 3180, 3186, 3232, 3233, 3237–3240, 3242, 3260, 3262, 3293.
Charreton, 151.
Charrier, 102, 245.
—— cap^{ne} au rég^{t} de Marcilly, 1764.
Charrin (De), fonctionnaire des bureaux de la Guerre?, 3704.
Charritte (Ch^{r} de), 3686.
Charron, trésorier de l'extraordinaire des guerres, 158.
—— 1907.
—— commissaire de la Marine, 3088, 3462.
—— (Guill. de), brigadier, 3124, 3182, 3396.
—— V. *Ménars.*
Charry. V. *Guitard.*
Charsonville (De), lieut^{t} au rég^{t} de Piémont, 102.
Chartier, 312.
Chartogne (Philippe-Franç. de), lieut^{t}-g^{al}, 1093, 1094, 1170, 1333, 1418, 1515, 1519, 1524, 1585, 1586, 1592, 1683–1687, 1776–1779, 1855.
—— (De), cap^{ne} au rég^{t} de Piémont, fils du précédent, 1861.
—— (Ch^{r} de), frère du précédent, 1861.
—— (De), lieut^{t}-c^{el} du rég^{t} de Bourbon-cav^{ie}, 1861.
Chartongne. V. *Chartogne.*
Chartraire de St-Aignan, trésorier des États de Bourgogne, 2242, 2270, 2411.
Chartreix (Georges de), brigadier, 1831, 1832, 1839, 1896, 1935, 1944–1946, 2022, 2133–2135, 2137, 2138, 2159, 2160, 2219, 2234, 2313, 2370, 2371.
Chartres (Maire, échevins, clergé, bourgeois, etc., de). V. *Beaupère, Des Monstiers, Du Temple, Estampes, Garnier, Le Roux, St-Aubin,* etc.
—— (Conseil d'adm^{on}, etc., du rég^{t} de), c^{ons} LXIV, LXV a, LXV d.
—— (Duc de). V. *Orléans.*
Chartreux (Général de l'ordre des), 1524.
Charuel, commissaire des guerres, puis intendant, 110, 116, 119, 122, 158, 209, 210, 224–229, 237, 239–244, 250, 251, 253, 254, 261, 262, 265, 283–290, 292,

296, 310, 318-326, 328-331, 337, 338, 350, 351, 358, 383-388, 392, 394, 395, 407, 412-414, 416, 417, 436-438, 442-447, 455, 458-461, 466-468, 484, 489, 490, 507-509, 512, 514, 538, 557-561, 564-568, 594, 598, 606-609, 612-615, 628, 629, 631, 633, 636-639, 663, 667, 671, 672, 703-706, 727, 728, 732, 734, 735, 795, 821, 823, 825, 830, 837, 878-880, 889, 890, 903, 905, 966, 967, 971, 986, 990, 1071, 3779.
—— cap^ne d'une compagnie d'invalides au fort de La Hougue, 2264, 2268.
Charuel-Dubois, 969.
Charvet (Guill.), contrôleur des troupes, c^on LXXXVI.
Chaselot, major de la place d'Ath, puis du Château-Trompette à Bordeaux, 1402, 1404, 1705, 1792, 1986, 2337.
Chasey, officier, 2139, 2143.
Chasles, commissaire des guerres, 97, 146, 792, 961.
Chaslonne (Alain-Arnault, s^r de), officier, 151.
Chassagnac (De), garde du corps, 2230.
Chassaing (De), 420.
Chassant, sergent au rég^t du Perche, 2229.
Chasse (De). V. *Des Chasses.*
—— (Don Antoine), grand-prieur de l'abbaye de St-Vaast d'Arras, 310.
Chasseron (De), major du rég^t de Piémont, 3152.
Chasses. V. *Des Chasses.*
Chasset (Ch.-Ant.), député du dép^t de Saône-et-Loire, c^ons LXVII, LXIX.
Chassonville (Comte de), 1501, 2213, 2299, 2377, 2414.
Chassoy, cap^ne au rég^t de Lorraine, 3458. — Cf. *Parent.*
Chastagnat, prévôt du Limousin, 116.
—— **de Masléon**, prévôt général à Limoges, 2138.
Chastanet (De), major de Casal, 1861.
Chastang, syndic du Gévaudan, 1709.
Chaste (Louis de Clermont-Tonnerre, m^is de), mar. de c., 2251.
Chasteau (De), cap^ne au rég^t de Navarre, 1862, 2416.
—— président de l'adm^on du dép^t des Deux-Sèvres, c^on LXV d.
Chasteaucourt (De), 419.
Chasteaufellet (De), V. *Châteaufellet.*
Chasteaumorant. V. *Château-Morand.*
Chasteauneuf (De), inspecteur des finances à Calais, 2262.
—— (De), officier au rég^t de Flavacourt, 2370.
—— (De), major des Dragons de Granville, 2371.
—— V. *Châteauneuf.*
Chasteautre (De), officier au rég^t de Lannion, 1946.
Chasteauvieux (De), officier de la garnison de Bellegarde, 2255.
—— (Bernard de), cap^ne réformé dans la compagnie franche de Pauly, 2978, 3011.
—— V. *Châteauvieux.*
Chasteigner, maire d'Amboise, 2412.
—— (Ch^r de), aide-maréchal-g^al des logis, 3691, 3741, c^ons XLVI, LXIV.
—— (Comte de), c^ons LV, LXXVI.
Chastel, de Troyes, 3091.
—— 3479.
—— trésorier de l'armée d'Allemagne, 3525.
—— trésorier particulier de l'artillerie, 3633.
—— c^on XXXVII.
—— V. *Bourville, Boutet,* etc.
Chastelain, commissaire des guerres ou ingénieur?, 244, 261, 292-296, 310, 311, 338-340, 404, 405, 457, 466, 484, 506, 512, 515, 564, 568, 612, 616, 667.
—— subdélégué à Hirson, 3030, 3039, 3046, 3085, 3086, 3315, 3392.
Chastelier. V. *Du Châtelier* et *Chatelard.*
Chastellar (Franç., m^is de), 3293, 3545.
—— V. *Sallières.*
Chastellet, de St-Maixent, 2136.
—— habitant de Mézières, 2144.
—— V. *Du Châtelet.*
—— **-Dumesnil**, 3712, 3716. — Cf. *Du Mesnil.*
Chastellut, cap^ne au rég^t d'Auvergne, 1892. — Cf. *Chastellux.*

Chastellux (De), 2131.
—— (Guill.-Ant. de Beauvoir, comte de), lieut^t-g^al, 2700, 2703, 2729, 2731, 2736, 2737, 2784.
—— (Comte de), élu des États de Bourgogne, 3749.
—— (Marquis de), 40 s.
—— (Ch^r de), c^on XLVIII.
Chastenay, officier au rég^t de Sault, 1703.
—— cap^ne au rég^t de Tallart, 2320.
Chastenet (De), 565.
—— (De), officier au rég^t-Royal, 987, 997.
—— (Jean Foucaud de), brigadier, 1364, 1367, 1435, 2140, 2217, 2221, 2506, 2547, 2575, 2609, 2622.
—— (De), maréchal des logis de chevau-légers, 1945.
—— (De), commd^t à Landau, 2737.
—— **de Puységur** (Ant.-Hyacinthe-Anne, comte de), archéologue, géographe, c^on XLIX a.
Chastenoy, 2133.
Chasteuil (Latit de), commissaire des guerres?, 3261. 3314.
Chastillon (De), cap^ne au rég^t de Champagne, 505.
—— (De), cap^ne au rég^t-Royal-Vaisseaux, 988.
—— commis de l'extraordinaire des guerres, 2417.
—— V. *Châtillon*.
—— (Ch^r de), ingénieur, 2948-3045.
—— **de Bouvent**, 1895.
—— **de Boisroguer** (De). V. *Du Bois-Roguer*.
Chatam. V. *Pitt*.
Chatat, aumônier de l'hôpital St-Joseph, à Mahon, 3465.
Château-Arnoud (De), gouverneur de Sisteron, 2043.
—— **-Billy** (De), commandant au fort St-Hospice, puis à St-François-d'Aire, 1973, 2219.
Châteaubourg (De), lieut^t-c^el du rég^t de Picardie, 2219, 2278.
Chateaubriand (Auguste, comte de), c^on LXXVI.
Chateaubriant (De), 487, 630.
—— (Vérie, colonel d'un rég^t irlandais?), 1644.
Chateaubrun (De), major du rég^t d'Albigeois, 1962, 2269.
Château-Chalon (De), lieut^t au rég^t de Marloup, 2141, 2142.
—— cap^ne d'artillerie, c^on LXVI.
—— **-Charles** (De), officier au rég^t de Turenne, 607.
—— (De), 1700.
—— **-Chesnel** (De), 134.
Châteaudouble (De), cap^ne, 2139.
Châteaudun (Échevins, bourgeois, etc., de), c^ons LXV b, LXVI.
Châteaufellet (De), cap^ne au rég^t de Rouergue, 299.
—— officier, 1862.
—— cap^ne, 1984.
Châteaufer (De), officier d'artillerie, 3671.
Châteaufort (De), commd^t du château de Kirchel, 558.
—— cap^ne d'une compagnie franche, 1847, 1848, 1853, 1855, 1856, 1950, 1952, 1953, 2034, 2035, 2242, 2393.
—— commd^t du fort de La Trinité, 1984.
Châteaugay. V. *Belabre*.
Château-Gontier (Bourgeois, etc., de), c^ons LXIX, LXXI. — Cf. *Collin*, *Douart*, *Gouesse*, etc.
Châteaugué (De), 2592.
Château-Guillaume (De), commissaire de la Marine, 870.
Châteaulin (Municipalité de), c^on LXV.
Château-Morand (De), 397.
—— (J.-Franç. Joubert de La Bastide, comte, puis m^is de), lieut^t-g^al, 1693, 1862, 1866, 1961, 1964, 2134, 2175, 2258, 2575.
—— V. *Lévis*.
Châteauneuf (De), garde des sceaux, 11, 110, 124.
—— (Ch^r de), cap^ne au rég^t de Couppet, 92.
—— (Balthasar Phélypeaux, m^is de), secrétaire d'État, 795, 958, 2335, A. 87, A. 88.
—— (Pierre-Ant. de Castagnère, m^is de), ambassadeur, 995, 2135, 2506.
—— (De), cap^ne au rég^t de Bourbon, 1855.
—— (abbé de), 1862, 2047.
—— (De), cap^ne au rég^t de dragons de Lesparre, 1946.

Châteauneuf (Louis Desmaretz de Maillebois, baron de), brigadier, 2140.
—— (De), commissaire de la Marine, 2800.
—— (De), 2547, 3180, 3186.
—— (Meuron de), concessionnaire des mines de la Basse-Navarre, 3650.
—— V. *Castagnère, Chasteauneuf.*
Châteaupinard (De), major du rég^{t} de La Marche, 2800, 2801, 15 s.
Châteauregnaud (Albert-Franç. Rousselet, m^{is} de), colonel du rég^{t} de Cambraisis, inspecteur g^{al} de l'infanterie, 830.
—— (Franç.-Louis Rousselet, comte de), mar. Fr., 963, 1522, 1601, 1792, 1801, 1802, 1895–1898, 2186, 2262, 2268, 2272, 2338, 2339, 2343, 2344, 2370, 2371, 2419, 3780, c^{ons} II, LXXV.
—— (Mme de), abbesse de Port-Royal de Paris, 2134, 2141, 2270, 2271.
Château-Regnault (prévôt de). V. *Huart.*
Châteaurenard (d'Aquin de), 837, 902–906.
—— (Mis de), premier consul d'Aix, procureur du pays de Provence, 2130, 2131, 2138, 2139, 2143, 2188.
—— (De), premier procureur du pays de Grasse, 2135. — Cf. le précédent.
Châteauroux (Municipalité de), c^{on} LXV c.
Château-Thierry (Échevins, bourgeois, etc., de), 361, c^{on} LXXI. — Cf. *Pinterel.*
Châteauvieux (Conseil d'adm^{on} du rég^{t} de), c^{on} LXI.
—— (De), major de la place de Nancy, 1856, 1858, 1950, 2130, 2131.
—— (Ch^{r} de), 1951, 2034, 2167.
—— (De), officier au rég^{t} d'Auvergne, 2140, 2269.
—— (De), lieut^{t} de la compagnie de Givricour, 2035.
—— (Bernard de), officier, 2167, 2242, 3007, 3094, 2710, c^{on} XLVI.
—— (De), officier au rég^{t} de La Fare, 2243.
—— (De), ancien cap^{ne} au rég^{t} du Roi, 2251, 2271.
—— (De), major du rég^{t} d'Orléans, 2709.
Châteauvieux. V. *Chasteauvieux.*
Châteauvillard, commissaire des guerres?, 2709, 3089, 3145, 3203, 3278, 3292, 3311 3335, 3387, 3391, 3392, 3418, 3581.
Châtel, lieut^{t}-c^{el} du rég^{t} de Maisontiers, 1952, 2134–2136, 2270.
Châtelar. V. *Chastellar* et *Sallières.*
Chatelard (De), commd^{t} dans la vallée de Queyras, c^{on} LIV.
Châtelet. V. *Du Châtelet.*
Châtellaillon (De), 1802.
—— (Mis de), commd^{t} de garde-côtes, 3421.
Châtellerault (Maire, bourgeois, etc., de). V. *Bouin de Noiré, Fumée*, etc.
Châtenet. V. *Chastenet.*
Chaternet (J.-B.-Jos. de), cap^{ne} au rég^{t} de Berry-cav^{ie}, c^{on} LXV b.
Châtignier (De), aide-major du château d'Aire, 2138, 2219.
Châtignonville. V. *Le Boistel.*
Châtillon (Paul-Sigismond de Montmorency-Luxembourg, comte de Luxe, puis duc de), brig., 958, 2133, 2139, 2343, 2412.
—— (Nicolas de Moiria de), brig., 1484, 2300.
—— (Léandre-Aug. de Moiria, m^{is} de), lieut^{t}-g^{al}, 1883, 1884, 1886, 1887, 1978, 1979, 2048, 2049, 2105, 2141, 2143, 2145, 2177, 2178, 2254, 2255, 2261, 2270, 2271, 2273, 2328–2332, 2371, 2404, 2408, 2468, 2505, 2679, c^{on} IX.
—— (Claude-Elzéar, comte de), mestre-de-camp, premier gentilhomme de la Chambre du duc d'Orléans, 1966, 2104, 2105, 2177.
—— (De), président à mortier au parlement de Besançon, 2036.
—— (Abbé de), 2132, 2133.
—— (Maistre de), grand prévôt de Franche-Comté, 2270.
—— (Marie-Rosalie de Bronilly, marquise de), 2370.
—— (Alexis-Madeleine-Rosalie, ch^{r}, puis comte, puis duc de), lieut^{t}-g^{al}, 2703, 2705, 2751, 2754, 2755, 2759, 2810, 2924.
—— (Étienne de), lieut^{t}-g^{al}, 3042, 3069, 3137, 3138, 3140, 3142, 3146, 3148, 3175, 3180, 3199,

3201, 3204 3207, 3277, 3278, 3494, 3496, 3503, 3532, 3533, 3570, 19 s, c^ons XVIII, XX.
Châtillon (De), commd^t à Sas-de-Gand, 3199, 3200, 3326.
—— (Mis de), ingénieur, c^on XVI.
—— (De), cap^ne au rég^t d'Angoumois, 3394.
——. V. *Bouteville, Chastillon, Châttillon, Du Plessis, Du Poisle.*
—— **de Michaille** (Maire de). V. *Chabrier.*
—— **-Moulinef**, c^on XX.
—— **-sur-Seine** (Bourgeois, etc., de). V. *Fays, Personne,* etc.
Chatonville (Gédéon de), cap^ne au rég^t de Picardie, 151.
Chatte. V. *Chaste.*
Chatté, 2141.
Chattillon, bourgeois de Sarrelouis, 2392.
—— employé des vivres, 2949.
Chaubourg (De), 260, 333, 512.
Chaudebeuf. V. *Du Parcq.*
Chaudetz des Ayreaux, cap^ne d'une compagnie franche de fusiliers, 988.
Chaudot, procureur, député d'Auxonne, c^on LXIII.
Chaudron, consul au Buis (Drôme), 3406.
Chaudru, officier, 2131.
Chaulieu (J.-J Anfrye de), lieut^t-g^al, 3443, 3473-3475, 3501, 3553, 3555, 3585, 3589, 3603, 3607, 3608, 3620, 3691, 3694, 3699, 3710, c^ons XXXVI, XLIII.
Chaulnes (Jacques de), intendant, 97, 110, 116.
—— (Henri-Louis d'Albert d'Ailly, vidame d'Amiens, duc de), lieut^t-g^al, 98, 106, 110, 116-119.
—— (Charlotte d'Ailly de Picquigny, duchesse de), 140.
—— (L. d'Ailly, duc de, lieut^t-g^al de Picardie, 141.
—— (Ch. d'Albert d'Ailly, ch^r, puis duc de), lieut^t-g^al, 131, 157, 158, 276, 278, 325, 347, 349, 360, 389, 440-486, 837, 902-905, 1083, 1206, 1207, 1209, 1210, 1236, 1237, 1241, 1257, 1258, 1428, 3779, A. 87, A. 88.
—— (Vicomtesse de), 1549.
Chaulnes (Ch^r de), officier d'artillerie, 1601, 1602, 1836.
—— (L. Aug. d'Albert d'Ailly, dit «le vidame d'Amiens», duc de), mar. Fr., 1836, 1902, 1937, 1938, 2023, 2134, 2343, 2733.
—— (Michel-Ferd. d'Albert d'Ailly, vidame d'Amiens, puis duc de), lieut^t-g^al, 2790, 2989, 2990, 3209, 3405, 3408-3411, 3418, 3420, 3421, 3426, 3493, 3495, 3496, 3500, 3505, 3507, 3533, 3544, 3545, 3569, 3571-3573, 3579, 3600, 3603, 3605, 3621, c^on XXXI.
—— (Duchesse de), 3579.
Chaulnet, «écrivain-major» de Bergues, 1942.
Chaumartin (De), garde provincial d'artillerie, 1844.
Chaume. V. *Du Chaume.*
Chaumette (De), officier au rég^nt de Touraine, 123.
Chaumont (Ch^r de), 209.
—— (Abbé de), 516.
—— (Joseph de), 945, 1238.
—— (De), colonel du rég^t des Galères, 1973.
—— (De), lieut^t au rég^t de Sanzay, 2044.
—— (Frère Grégoire de), supérieur des capucins de Thionville, 2167.
—— (De), officier au rég^t de Béringhen, 2242.
—— (Ant.-Pierre de), suppléant à l'intendant d'Alsace, c^ons LVII, LXIV, LXV a.
—— (Ch^r de), cap^ne de dragons, 3609, 51 s.
—— V. *Bernage, Marcel* (fr.).
—— **-en-Bassigny** (Échevins, etc., de), 420. — Cf. *Bertic, Chalon, Febvre, Mongin, Nicolin, Pons, Puissant,* etc.
—— **-en-Vexin** (Maire de). V. *Dampierre.*
Chaumontel (De), inspecteur des milices en Basse-Normandie, 2264.
Chaunoy (De), commissaire des guerres, 198, 271, 294, 295, 337, 339, 340, 404, 405, 506, 512, 515, 549, 552, 555, 556, 565, 567, 598, 605, 608, 612-616, 664, 665, 792.
Chauny (Échevins, magistrats, habi-

tants de), 157, 420. — Cf. *Augy, Coulliette, Doutez, Gardie, Soüaille, Theis, Tavernier,* etc.
Chauny, major du rég^{t} de Foix, 2137, 2144, 2371, 2419.
Chaupoulot (G.), habitant de Toul, 2169.
Chaupy, cap^{ne} au rég^{t} de Bourgogne-inf^{rie}, 2332.
Chaurier-Moret (Pierre), 2040.
Chauroy, c^{on} XXXV *bis*.
Chaussegros, cap^{ne} au rég^{t} de Tessé, 2021.
Chautar, entrepreneur des fortifications à Metz, 2678.
Chautard (Mme), veuve d'un contrôleur-g^{al} des vivres, 2135.
Chauvance, lieut^{t} au rég^{t} de La Sarre, 984.
Chauveau (Le P.), jésuite, 98.
Chauvel, 1610.
—— (Louis), commd^{t} la frégate *La Flore*, 2022.
—— major du rég^{t} des Cuirassiers, 2243, 2244.
—— consul de Bargemont (Var), 3262.
Chauvelin, intendant, 97, 98, 110, 111, 361, 420, 466, 469, 490, 508, 512, 516, 564, 568, 594, 663, 672, 708, 772, 795, 822, 837, 870, 887, 891, 902, 904, 905, 944-946, 951, 1046, 1057, 1059, 1063, 1151, 1236, 1284, 1289, 1311, 1413, 1581, 2264, 2273, 3779.
—— commd^{t} du fort St-André de Villeneuve-lès-Avignon, 1775, 1907.
—— (Abbé), 2046.
—— (Bernard), intendant, 2139, 2187, 2230, 2267, 2270, 2338, 2342, 2347, 2370, 2416, 2505, 2676, 2700, 2734, 2800, 3060.
—— (Germain-Louis), garde des sceaux, ministre des Affaires étrangères, 2634, 2655, 2666, 2687, 2688, 2702, 2705, 2707-2709, 2713, 2744-2747, 2755, 2763, 2766-2768, 2770, 2771, 2798, 2800-2804, 2806, 2824, 2825, 2842, 2844, 2851, 2877, 3396, c^{on} XIII.
—— (Louis), intendant, 2770.
Chauvelin (Jacques-Bernard), intendant, 2766, 2824, 2936, 2937, 2990, 2993, 2996, 3008, 3009, 3027, 3028, 3127, 3145, 3152, 3182-3184, 3199, 3200, 3204, 3275, 3326.
—— (François-Claude, ch^{r}, puis m^{is} de), lieut^{t}-g^{al}, ambassadeur, 2790, 2919, 2924, 2940, 2979, 3059-3065, 3098-3101, 3109, 3120, 3139, 3140, 3147, 3148, 3224-3228, 3230, 3231, 3240, 3244, 3249-3253, 3261, 3263, 3290, 3291, 3293, 3295, 3296, 3298-3300, 3303, 3305, 3307, 3310, 3311, 3313, 3316, 3329-3336, 3349, 3350, 3360-3362, 3370, 3371, 3378, 3380, 3387, 3394, 3445, 3456, 3647, 3648, 3655, 3664, 3684, 3687, c^{ons} XX, LXXIII.
—— **d'Harville**, 1113.
Chauvenet (De), 3419.
Chauvereau (De), cap^{ne} de vaisseau, 3127, 3409, 3450.
Chauves, trésorier de l'extraordinaire des guerres, 359.
Chauvet, cap^{ne}, 2143.
Chauvier, commissaire d'artillerie, 2137.
Chauvigny. V. *Blot*.
Chauvin, commis principal du trésorier g^{al} de l'extraordinaire des guerres, 1978, 1985.
Chauvreulx (De), commissaire des guerres, 2025, 2222, 2310, 2981.
Chauvreux. V. *Chauvreulx*.
Chauvry. V. *Cotignon*.
Chauvyn (J.), commissaire des guerres, c^{on} LXXXVI.
Chavagnac (Franç. de–, s^{r} d'Andredieu), cap^{ne}-lieut^{t} des Gendarmes d'Harcourt, c^{on} LXXXVI.
—— (Gasp. de), 146.
—— (Comte de), 437.
—— (Comte de), lieut^{t} de vaisseau, c^{on} LXXIV.
Chavaille-Basillac, major du rég^{t} de Picardie, 1830.
Chavailles (De), lieut^{t}-g^{al} au siège présidial d'Uzerche, 117.
Chavane (Claude-Franc.), entrepreneur de fournitures de fourrage en Lorraine, 2724.
Chavanes. V. *Chavannes*.

Chavannes (De), lieut^{t}-c^{el} du rég^{t} de Poitou, brig., 1549, 1858.
—— (Ch^{r} de), 1962, 2047.
Chavansal, aide-major au rég^{t} de Bourbonnais, 1952.
Chavant (Bernot de), 3182.
Chavaudon (De), lieut^{t} de roi de Troyes, 2371, 2420.
Chavel, procureur au présidial de Sarrelouis, 2162.
Chaveneau, cap^{ne} au rég^{t} de Bourbonnais, 1855, 2031.
Chavenel (De), 1978.
Chaverault (De), 102.
Chavernac, chirurgien, 2236.
Chavignac (De), cap^{ne} de chevau-légers, 146.
Chavignard. V. *Chavigny*.
Chavignot, ingénieur, 229, 240–242, 261, 262, 292, 293, 295, 296, 310, 311, 337, 339, 340, 360, 404, 405.
Chavigny (De), 30.
—— (Ch.-Franç. de Bouthillier, m^{is} de), brig., 1330, 1519, 1569, 1583, 1586.
—— (De), commd^{t} à Colmar, 1580, 1660, 1847, 2031, 2242, 2243, 2317.
—— (Anne-Théodore Chavignard, ch^{r} de), envoyé extraordinaire à la diète de Ratisbonne, ministre à Londres, 2631, 2632, 2634, 2644, 2655, 2664, 2676, 2677, 2679, 2688, 2709, 2712, 2746, 2747, 2768, 2800–2804, 2860, 2873, 2891, 3043, 3044, 3047, 3050, 3051, 3054, 3070, 3075, 3097, 3099, 3100, 3108–3111, 3126, 3232, 3241, 3244, 3293, 3312, 3313, 3396, 3403.
—— (De), officier au rég^{t} de Tournaisis, 3378.
—— V. *Bouthillier*.
—— **de St-Martin** (De), cap^{ne} réformé au rég^{t} de Luxembourg, 2138.
Chaville. V. *Franquet*.
Chayladet. V. *Cheyladet*.
Chazel, 310.
—— (De), maréchal-des-logis, colonel à la suite du rég^{t} de Courtebonne, 2048, 2049, 2104, 2132, 2135, 2143, 2180, 2404.
Chazerat (De), ingénieur, 240, 242, 259, 261, 262, 271, 292, 294–296, 320, 337, 351, 451, 457, 506, 512, 515, 546, 568, 616, 670.
—— (Ch.-Ant. de), intendant, c^{on} LII.
Chazeron (De), 279, 282, 310, 396, 397, 460, 490, 509, 512, 538, 542, 558.
—— (Franç. de Monestay, m^{is} de), lieut^{t}-g^{al}, 668, 726, 738, 792, 795, 884, 899, 901, 1012, 1015–1017, 1108, 1109, 1174, 1234, 1239, 1282, 1289, 1338, 1378, 1417, 1418, 19 s.
—— (Franç. Amable de), lieut^{t}-g^{al}, 2021.
—— (Franç. Ch. de Monestay, m^{is} de), lieut^{t}-g^{al}, 2981, 3000, 3007, 3043, 3098–3101, 3141, 3156, 3161, 3162, 3164, 3226, 3237–3240, 3243, 3261, 3262, 3277, c^{on} XIX.
Chazette, lieut^{t} au rég^{t} de Payssac, 2415.
Chazot (Comte de), officier aux Chasseurs d'Auvergne, c^{ons} LIV, LXI, LXV.
Cheaulard, juge à Toulon, 33.
Chebron, officier de dragons, 2371.
Chebrou (De), lieut^{t} au rég^{t} de La Marine, 3258.
Chedet, officier m^{al} de Châlons-sur-Marne, c^{on} LXIV.
Chedeville (De), aide-maréchal-g^{al} des logis, 3412, 3413.
Chemauld. V. *Bétauld*.
Chemerault (Ch. de Barbesières, comte de), 102, 123.
—— (Noël-Jean de Barbesières, comte de), lieut^{t}-g^{al}, 1684–1686, 1693, 2135.
—— V. *Barbesières*.
Cheminot de St-Aubin, officier au rég^{t} de Turenne, 2395.
Chemyleret (De), cap^{ne} au rég^{t} de May, 2782, 2783.
Chemzey, cap^{ne} de hussards, 2370.
Chenard, lieut^{t} au rég^{t} de Picardie, 146.
Chenavas, marchand drapier à Paris, 2273.
Chenerant, commissaire des guerres?, 1855–1857.
Chenevière (De), commd^{t} le 3e bat^{on}

du rég^t de Champagne, puis lieut^t de roi à Haguenau et à Bitche, 1501, 1844, 1844, 1847, 1855, 1856, 1952, 1953, 2034, 2035, 2139, 2165.

Chenevière (De), commissaire des guerres, 2988, 2991, 3011, 3039-3047, 3055, 3056, 3096, 3099-3101, 3138, 3156, 3158, 3420, 16 s. — Cf. *Chennevière*.

Cheneville (De), médecin, 3262.

Chenevoy, membre du Directoire du dép^t de la Côte-d'Or, c^on LXV b.

Chenizot, receveur général des Finances, 2185, 2270.

Chennevière, 3405, 3420. — Cf. *Chenevière*.

Cheperon, curé de St-Remi à Dieppe, 2135.

Chépy (Mis de), mestre-de-camp du rég^t de La Marche, 1575.

—— (Jacques-Étienne de Grouches de Gribeauval de), mar. c., 3039, 3043, 3087, 3174, 3175, 3199, 3217, 3226.

Cher (Directoire du dép^t du), c^on LXVIII.

Cherbourg (Municipalité, bourgeois, etc., de), c^ons XXX, LIII, LIV, LX-LXII, LXV, LXV b, LXV f, LXVII-LXXI. — Cf. *Chantereyne, Duby, Du Longprez, Duval-Postel, Fontenelle, Garaulot, Gassé, Grault, La Bufferie, La Hairye, Laubépine, Le Fourdrey, Lesieur, Lhoste, Marmion, Marville, Mons, Mosqueron, Paris, St-Germain, Sideville, Valaval*, etc.

Chereau, 420.

Chergé (De), lieut^t-c^el du rég^t de Périgord, 146.

Cherigny (De), colonel réformé, 1561.

Cherisey (Louis de), lieut-g^al, 1855, 1874, 2936, 2977, 2988-2990, 2993, 3013, 3026.

Chérisy (Robert de), cap^ne au rég^t de Schönberg, c^on LXXXVI.

Chérizy (De), cap^ne au rég^t d'Imécourt. 2371.

Chermont (De), 461, 616, 670.

—— (Alexandre de), ingénieur, brigadier, 670, 988, 1366, 1671. 2321. — Cf. les suivants.

—— (Senneton de), ingénieur, 1743, 2324, 2678, 2736, 2788, 2875, 3073, 14 s.

Chermont (N... de), 2916, 2917, 2919, 2936, 3006, 3073, 3074.

—— **du Poncet**, cap^ne du génie, c^ons LXII, LXV.

Cherny (De), bailli de Fresnay-le-Vicomte, c^on LXXXVI.

Chéron (Pierre), boulanger à Bonnœuil, près Gonesse, 117.

—— ex-employé au desséchement des poudres en Alsace, 2242.

Cheronvillier, lieut^t aux dragons de Belle-Isle, 2134.

Cherquand. V. *Cerquand*.

Cherray, président au présidial de Verdun, 2245.

Cherré (De), commd^t le rég^t de La Meilleraye, 123.

Cherrer. V. *Chevrier*.

Cherrier, secrétaire de M. de La Badie, 1978.

—— vétérinaire ?, 2033.

Chérubin, sergent royal en l'élection d'Artois, 310.

Cherval (De), 2663, 2675.

Chervil, cap^ne au rég^t de Savigny, puis major de celui de d'Urban, 1857, 2142.

Chervin de Rivière, cap^ne, 3072. — Cf. *Rivière*.

Chesne l'aîné, avocat à Dijon, 2270.

Chesneau, commissaire des guerres, 97, 116, 468.

—— officier de garde-côtes à Oléron, 3510.

Chester (Edmond), gentilhomme anglais établi à Boulogne-sur-Mer, 3408.

Chestrel (De), 3140.

Chétiveau, de Soissons, employé dans les finances, puis fermier de la cantine au vin à Ypres, 2232, 2273, 2414.

Cheusse (De), subdélégué de l'intendant Roujault, 2416.

Cheuvreuse, cap^ne au rég^t de Beuzeville, 1801.

Chevailler, officier au rég^t de Beauvoisis, 2045.

Cheval (Thomas), 242.

Chevalier, ingénieur ?, 460, 670, 794, 966, 972, 993, 994, 1215, 1364, 1365, 1413.

—— commissaire des guerres, 1378, 2186, 2264,

Chevalier, avocat en Poitou, 1801.
—— receveur général des finances de la généralité de Metz, entrepreneur de fournitures, 1854, 1899.
—— 1946.
—— aide-major de la place de Suse, 1968.
—— partisan détenu à Metz, 2133, 2134.
—— habitant de Charleville, 2169.
—— ingénieur ?, 3461, 3463, 3630.
—— V. *Vaumontel.*
—— (J.-B.), de Strasbourg, 3710.
—— **des Agneaux**, curé d'Ornex, 1862.
Chevallier (Quentin), garde-magasin des vivres à Thionville, 97.
—— lieut^t au rég^t de Piémont, 123.
—— (Barthélemi), officier au rég^t de Champagne, 151.
—— (De), cap^{ne} au rég^t Royal, 1766.
—— sergent au rég^t de Du Boullay, 1831.
—— inspecteur et officier de partisans (compagnie d'Halanzy), 2136-2138.
—— 2141.
—— officier m^{al} de Poitiers, c^{on} LXIII.
—— (Dame), 2142.
—— membre du Directoire de la Mayenne, c^{on} LXV d.
—— 2860.
Chevallot de La Magdeleine, 2131, 2133.
Chevelle (Joseph), maire de Domrémy-la-Pucelle, 2324.
Cheverny (De), chancelier d'Henri III en Pologne, 3.
—— (De), envoyé en Allemagne, 735, 739.
—— père et fils (De), commissaires des guerres, 1985, 2144, 2371, 2562, 2788, 2797, 3259, 3498, 3612, 3624.
Cheverry (Dame de Beaumont de), 2140, 2370.
—— (De), lieut^t-c^{el} du rég^t de Saintonge, 2945.
—— V. *Beaumont.*
Chevert (Franç. de), lieut^t-g^{al}, 2926, 2943, 2944, 2948, 2949, 2960, 2969, 3006, 3014, 3015, 3060, 3115, 3172, 3175, 3176, 3179, 3180, 3224-3226, 3233, 3237, 3258, 3387, 3418, 3431, 3434-3437, 3451, 3461, 3463, 3469, 3477-3481, 3484-3486, 3506, 3510, 3523, 3533-3537. 3544, 3545, 3547, 3552, 3570, 3571, 3576, 3583-3586. 3589, 3590, 3612, 3630, 23 s., 34 s., 38 s.-41 s., 49 s., c^{ons} XVIII, XIX, XXVII, XXXV.
Chéverüe (De), cap^{ne} au rég^t d'Orléans, 360.
Chevesaille (De), 2136.
Cheveville (De), c^{on} XX.
Chevigné (De), commd^t à Port-Louis et à Lorient, c^{ons} LXV a, LXV b, LXVI.
Chevigny (De), 997.
—— **-Rasilly** (De), 1239.
—— V. *Anglure.*
Chéville (Billard de), officier au rég^t Dauphin-cav^{ie}, 3720.
Chevilliard, major de la place de Douai, 3032.
—— **de Marlie** (Les frères), 1879.
Chevilly (Claude Hatte de), lieut^t-g^{al}, 867, 887, 891, 944-947, 956, 1052, 1054, 1057, 1059, 1060, 1113, 1143, 1144, 1146-1148, 1202-1209, 1239, 1254, 1255, 1259, 1260, 1305-1310, 1314, 1315, 1318, 1357, 1359, 1360, 1379, 1399, 1400, 1401, 1403, 1423, 1483, 1484, 1493-1496, 1549, 1550, 1552-1555, 1557, 1559-1561, 1565, 1566, 1644-1647, 1650-1654, 1658, 1736-1739, 1741-1743, 1830, 1837-1839, 1940, 1946, 2017, 2018, 2020-2023, 2025, 2080-2083, 2085, 2132, 2141, 2142, 2150, 2151, 2153, 2155, 2159, 2215-2217, 2219-2222, 2224, 2371, 2375-2377, 2379, 2381, 2383-2386, A. 89.
—— (De Cypierre de), adjoint à l'intendant d'Orléans, 3751.
Cheviré (De), lieut^t-c^{el} du rég^t de Languedoc-dragons, 2338.
Chevreau, officier ou commissaire d'artillerie, 3315.
—— **de Bellevue**, colonel et directeur d'artillerie, 3581, 3600.
Chevreaux (De), cap^{ne} d'une compagnie d'ouvriers, 2875, 2917.
Chevremont. V. *Hatzel.*

Chevreuse (municipalité de), c^ons LXI, LXV a. — Cf. *Bonneuil, Lembert-Traverse*, etc.
—— (Duc de), 360, 361, 420.
—— (Ch.-Honoré d'Albert, duc de), 1896, 2019, 2137, 2140–2142, 3281, A. 87, A. 88, A. 89.
—— (De), chirurgien-major à Ypres, 2155.
—— (Marie-Ch. L. d'Albert de Luynes, duc de Montfort, puis de), lieut^t-g^al, 2924, 2989, 2999, 3007, 3069, 3072, 3084, 3137, 3198, 3203, 3415, 3418, 3473, 3478, 3479, 3506, 3516, 3520, 3605, 3621.
Chevreux (Pierre), clerc tonsuré du diocèse de Saintes, 1901.
Chevreville. V. *Ratel.*
Chevrier (De ?), 2141.
—— lorrain, auteur de libelles, 3438.
—— (Pierre), officier de maréchaussée à Saint-Jean-Pied-de-Port, 3650.
Chevrière (Foullon de), membre du comité permanent de Senlis, c^on LX.
Chevrigny (De), commandant des milices de Romans, 3260–3262.
Cheyladet (Franç. de Dienne, comte de), lieut^t-g^al, 1748, 1758, 1843–1846, 1848, 1855, 1857, 1948–1953, 2027, 2028, 2080, 2084, 2130–2132, 2145, 2149, 2159, 2236, 2237, 2244, 2322, 2371, 2391, 2392. — Cf. le suivant.
—— (De), 1356, 2034. — Cf. le précédent.
Cheylat (De), ingénieur géographe, 988.
Cheylus (Baron de), cap^ne de vaisseau, 3533.
Cheyzaga (Don Juan-Carlos), de Fontarabie, 3452.
Chézelles. V. *Garreau.*
Chibert du Bignon, commissaire des guerres, 1093, 1228, 1586, 1688, 1782, 1783, 1861, 1865, 1870, 1965, 1968, 2046, 2047, 2177, 2178, 2180, 2261, 2271.
Chicot, dessinateur d'artillerie, 1519, 1585.
Chiesa (Franç. de Servignasco, comte della), mar. c., 2912, 2941, 2947, 3017.
Chiffrevast (Vte de), officier au régiment de cav^ie de Monsieur, c^on LXI.
Chiffreville (De), cap^ne au rég^t de Piémont, 359.
—— (Marquise de), 1332.
Chigny (De), 894.
Chillois (De), brig., 2811.
Chilly (De), exempt de la maréchaussée de Noyon, 2415.
Chimay (Magistrats, etc., de). V. *Godefroÿ, Petit.*
—— (Prince de), gouverneur de Luxembourg, 209, 210, 225, 271, 276, 284, 343, 565, 631, 668, 703, 706.
—— (Comtesse de Boussu, princesse de), 944.
—— (Prince de), 2235.
Chinon (Bourgeois, etc., de). V. *Thibault, Bridonneau.*
—— (De), 158.
Chiny (Prévôt, notables, etc., de). V. *Dumont.*
Chipaudière-Magon (De), 1609, 2419, c^on LXXV.
Chiquet, secrétaire d'ambassade à La Haye, 3138, 3277, 3309, 3329.
Chirac (Anne), religieuse trinitaire à Valence (Drôme), 2044.
Chirat, procureur général syndic du dép^t de Rhône-et-Loire, c^on LXV c.
Chisseüil (De), cap^ne aux dragons de Monsieur, c^ons LXV a, LXV b.
Choart, 117. — Cf. *Buzenval.*
Choderlos de Laclos. *V. Laclos.*
Choin (Baron de), gouverneur de Bourg-en-Bresse, 361. — Cf. le suivant et *Chouin.*
—— (Baron de), lieutenant de roi de Bresse, Bugey et pays de Gex, 1700–1702, 1856, 1895, 1897, 1900, 1988, 2041, 2143, 2145, 2183, 2248, 2251, 2262, 2268.
Choiseau, médecin ?, 2924.
Choisel (De), directeur des postes de La Flèche, 1525.
Choiseul (De), 97, 449, 450, 508, 587, 606, 607.
—— (Gilbert de), évêque de Tournai, 282, 310–313, 333, 339, 396, 397, 448, 450, 542, 595, 599, 601, 795, 888, 891.
—— (Claude, comte de), mar. Fr., 724, 729, 730, 734, 738, 876, 882, 883, 969, 1213, 1255–1257, 1260, 1305, 1310, 1315, 1364–1367,

1375, 1407-1410, 1802, 1895, 1897, 1898, 1900, 1946, 2023, 2130-2136, 2144, 2160, 2272, 2299, 2335. — Cf. *Choiseul-Francières.*

Choiseul (César-Aug., ch^{r} du Plessis, puis duc de), lieut^{t} g^{al}, 146, 730, 781, 958, 1144, A. 88.

—— (Comte de), 2143-2145, 2160, 2220, 2371, 2379. — Cf. le suivant.

—— (De), 2300, 2411. — Cf. le précédent.

—— (Étienne-Franç. de Choiseul, comte de Stainville, puis duc de), lieut^{t}-g^{al}, ambassadeur, ministre des Affaires étrangères, puis de la Guerre et de la Marine, 2914, 3060, 3065, 3387, 3393, 3415, 3433, 3438-3446, 3471-3481, 3483-3486, 3489, 3500-3503, 3507, 3508, 3510, 3513-3515, 3517-3526, 3537-3539, 3542, 3543, 3549-3565, 3569-3571, 3574, 3576, 3578, 3582-3592, 3595-3615, 3619-3624, 3626-3635, 3638-3640, 3642-3652, 3655, 3657, 3659-3666, 3669, 3671, 3673, 3674, 3677, 3682-3685, 3691, 3695, 3699, 3706, 3732, 3741, 3747, 3752, 36 s, 46 s, 47 s, 50 s, 53 s, 60 s, A. 43-A. 52, A. 66, c^{ons} XXIX, XXXI, XXXIV, XXXV *bis* — XLIII, XLVII b, LXXIII, LXXVI.

—— (César-Gabriel de Choiseul-Chevigny, comte de), lieut^{t}-g^{al}, ambassadeur, secrétaire d'État, 2940, 2941, 2948, 2959, 3059, 3142, 3173, 3199, 3262, 3518-3522, 3524-3526, 3550-3552, 3554-3565, 3584, 3610-3612, 3620, 3625, 3630, 3639, 3640.

—— (Hippolyte, comte de), c^{el} du rég^{t} de Beaujolais, 3763, c^{on} LXV d.

—— (Duchesse de), 3505.

—— **d'Aillecourt** (Gasp.-Marie-Victor, comte de), officier, puis préfet, c^{ons} LXIII, LXV-LXV d.

—— (Vicomte de), c^{on} XLVII b.

—— (Comte de), c^{el} du rég^{t} Dauphin, c^{on} LX.

—— V. *Hostel.*

—— **-Beaupré** (De), 792.

—— (Ant.-Clériadec, comte de), lieut^{t}-g^{al}, 1857, 1967, 2134-2136, 2142, 2270.

Choiseul (Ch.-Marie, m^{is} de), lieut^{t}-g^{al}, 2923, 3118, 3166? 3220, 3225, 3229.

—— (Gabriel-Florent de), évêque de Mende, 3017.

—— **d'Esguilly** (J. de), cap^{ne} de cav^{ie}, 92.

—— V. *Du Plessis.*

—— **-Francières** (De), 343, 735, 739, 793. — Cf. *Choiseul (Claude, c^{te} de).*

—— **-Maizières** (De), 342.

—— **-Meuse** (De). V. *Meuse.*

—— **-Praslin** (De), 134, 608.

—— (De), 3457.

—— **-Stainville** (Duc de), c^{el} du rég^{t} Royal-Dragons, c^{ons} LXV b, LXV d, LXVIII.

—— V. *Stainville.*

—— **-Traves** (Mme de —, née Villars), femme du suivant, 1677, 2130, 2139, 2140, 2144, 2412.

—— (François-Léonor, comte de), 1848, 1902, 2028.

Choisson, commissaire des guerres, 3224.

Choisy (De), 68, 113, 151, 190, 209, 210, 224, 229, 237, 240, 241, 243, 244, 250, 251, 253, 261, 262, 275, 283-285, 288-296, 310, 318, 319, 338-340, 350, 351, 358, 398-400, 409, 449, 455-457, 469, 486, 506, 515, 537, 545, 546, 548, 559, 560, 567, 598, 606, 607, 631, 648, 670, 703, c^{on} I. — Cf. le suivant.

—— (Thomas, m^{is} de), lieut^{t}-g^{al}, 670, 703, 734, 735, 794, 795, 832, 879, 882, 883, 966, 969, 970, 989, 1115, 1213, 1218, 1286, 1322, 1323, 1365, 1367, 1409, 1501, 1502, 1569, 1572-1574, 1582, 1660, 1661, 1670, 1672, 1760, 1845, 1846, 1848, 1851-1853, 1855, 1857, 1950-1953, 2034, 2035, 2091, 2092, 2095, 2135, 2138, 2145, 2165, 2167, 2169, 2187, c^{ons} III, IV. — Cf. le précédent.

—— (Claude-Gabriel, m^{is} de), lieut^{t}-g^{al}, 3734, 3735, c^{ons} XLVIII, LXV.

—— (Marquise de —, veuve du lieut^{t}-g^{al} Thomas de), 2242.

Choisys (H.-A. Robert de), conseiller à Mons, 2134.
Cholier (De), capne au régt de Coëtquen, 1896. 2251, 2547.
Chollet, cons LX, LXVIII.
—— capne aux Volontaires de Saxe, 3387.
—— **des Boullenières**, capne au régt Royal-infrie, 2143.
Chomas, 3629.
Chometton, curé de Tarnay-en-Dauphiné, 2346.
Chonet, 2132.
Choney (De), ingénieur, 1501.
Chony (Pierre de), lieutt au régt de Castries, 949.
Chopin de Seraincourt, capne au régt de La Fare-Infrie, 1862.
Choppin de Lentillo, 1856.
Choüet de Vaumorel, échevin de Caen, 2419.
Chouin, 343. — Cf. *Choin*.
—— (Joly de), évêque de Toulon, 3187, 3255.
Choumouroux (De), capne au régt d'Auvergne, 2900.
Chouppes (De), 102, 110, 119.
—— (De), 2144.
Choysel (De), officier au régt d'Auxerrois, 2021, 2022.
Chrestien (Nic.), maire de Tenkin, 2033.
Chrétien (J.), maire d'Isigny, 2138.
Christian VI, roi de Danemark, 2841.
Christin, 1943.
Christine, reine de Suède, 3461.
Chubleinville, ancien officier, 2134.
Chudleigh (Th.), officier anglais prisonnier de guerre à Chalon-sur Saône, 2187.
Churchill (Charles), frère du duc de Marlborough, 1943.
Ciavaldini (J.-C.), corse, 3360.
Cicé (Jér.-Marie Champion de), archev. de Bordeaux, cons LX, LXI, LXIV–LXV b.
Ciceri (Comte), 2846.
Cierge, (Ch. du Houx, sr de), capne au régt de La Feuillade, 146.
Cifuentès (Comte de), 2049.
Cigogna (Comte de), officier autrichien, 3183–3185.
Cillelay (De), capne au régt de Picardie, 543.
Cilly (Claude du Fay d'Athies, chr, puis mis de), lieutt-gal, 1483, 1843, 1854, 1858, 1982, 2048, 2049, 2139, 2141, 2144, 2171, 2247, 2249, 2251, 2327, 2398, 2400, 2558, 2559, 2561, 2697–2703, 2707, 2708, 2723–2725, 2744, 2769. — Cf. *Silly*.
—— (André de Fay d'Athies, comte de), mar. c., 2737. — Cf. le précédent.
Cinq-Mars (Siere de), ingénieur, 3522.
Cintré (De), commdt à Brest, 359, 361, 362, 419, 420.
—— (De), 892, 895.
Cipières (De), capne au régt des Galères, 1973.
—— député de Marseille à l'Assemblée Nle, con LXV.
Circé (De), sénéchal de Civray, 1212.
Cisneros (De), capne au régt de Flandre-cavie, 2219.
Cittre (Jean), magistrat de Fort-Louis du Rhin, 2394.
Civille (Mis de), capne-gal de gardecôtes en Normandie, 3502.
Civrac (Comte de), con LXV e.
Cladech (De), ingénieur, 568, 595. 616, 794, 944–946, 957, 958, 1115.
—— (De), ancien capne, frère du précédent, 2137.
Claessen, directeur de la Compagnie des Indes, 3541, 3575.
Clairac (L. de La Mamye, chr de), ingénieur, brig., 2724, 2725, 2734, 2738, 2740–2742, 2782–2787, 2790, 2792, 2794–2799, 2827, 2837, 2838, 2841, 3006, 3314, con IV. — Cf. *La Mamye, Clayrac* et *Clérac*.
Clairambault, généalogiste, 2771, A. 88.
Clairambaux (De), officier, 1898.
—— V. *Clérambault*.
Clairan (De), ingénieur, 880, 990.
—— (Ant. de), capne d'infrie, 141, 259, 260, 343, 351, 568.
Clairant, 1206.
Clairefontaine (De), lieutt-cel du régt des Feugerez, puis colonel d'un régt de son nom, 1610, 1832, 1984, 2048, 2105, 2137, 2253,

2255, 2328, 2332, 2371, 2404, 2411.
Clairet (De), cap^{ne} au rég^{t} de La Valette, 151.
—— intendant de Mme de Varangeville, 2412.
—— officier hollandais, 3308.
Clairmont (Guion de), c^{el}, 92.
—— (Veuve A. Drouart de), 1903.
—— V. *Clermont.*
Clairo (De), cap^{ne} au rég^{t} de Lestrange, 1856, 2138.
Clamecy (Municipalité de), c^{ons} LIV, LVII, LXI. — Cf. *Bèze, Bonhomme, Brugière, La Galeine,* etc.
Clamouse (De), officier, 3536, 3565, 3568.
—— V. *Clannoux* et *Du Chailar.*
Clannoux (De), 3406, 3351, 3452, 3493, 3495, 3496, 3505. — Cf. *Clamouse.*
Clan-Carthy, anglais à Boulogne-sur-Mer, 3408.
Clanleu (Bertrand d'Ostone de), mar. c., 98, 469.
Clapeyron, c^{on} LX.
Clapier (De), cap^{ne}, 1850, 2137.
Clapière (Ch^{r} de), député de la Provence à l'Assemblée nat^{le}, c^{ons} LXV, LXV f.
Clapisson (De), 157, 158.
Clapmeyer, 466.
Clappiers, membre du Directoire du Var, c^{on} LXV b.
Clarac (Comte de), c^{on} LXI.
Clare. V. *Thomond.*
—— (Ch. O'Brien, comte de), mar. c., 1082, 1331, 1337, 1484, 1502, 1568, 1604, 1661, 1832, 1837, 1839, 1853, 1857, 1896, 1936.
Clarenthal (Mme de —, née Morant), femme d'un officier du rég^{t} Colonel-g^{al} de hussards, c^{on} LXV c.
Clarigny (De), 1830.
Claris (De), intendant, 506, 512, 514.
—— officier au rég^{t} de Vivarais, 1855.
Clark (James), 1876.
Clarke, major du rég^{t} de Bulkeley, 3665.
Claude, député à l'Assemblée N^{le}, c^{on} LXIX.
—— **-Guillaume** (Frère), procureur de l'abbaye de Longpont, 2415.
Clause (Claude), maître-de-poste de Gravelotte, 2033.
Clausel, command^{t} du fort Saint-Martin de Trèves, 987.
Clauselles, de l'île de Ré, 3338.
Clauwez-Briant (Comte Maximilien de), gentilhomme brabançon, 3086, 3200.
Claveau, directeur des Fermes à Valence, 2040, 2045.
—— (Vincent), chanoine de la Sainte-Chapelle de Bourges, 2130, 2132.
—— (Ch^{r} de), 2186, 2269.
Claverie, aide-major du rég^{t} de Médoc, 1586.
—— 1895.
—— **de Bannière**, commissaire des guerres, 3662, 3754. — Cf. *Bannière.*
Clavijo (De), lieut^{t}-c^{el} du rég^{t} de Ruppelmonde, 2021, 2268.
Claye (De), 1428.
—— V. *Hérouville.*
Clayrac (De), major du rég^{t} de Saint-Aulaire, puis de celui de Montviel, 1899, 2375. — Cf. *Clairac* et *Clérac.*
Cleber. V. *Cléver.*
Clédier, cap^{ne} au rég^{t} de Ligondès, 1943.
Clefmont. V. *Du Châtelet.*
Cleister (Léonard de), gouverneur de Civita-Vecchia, 264.
Clément XI, pape, 1599, 1963, 1968, 2022.
Clément XII, pape, 2841.
—— (Dom), religieux de l'abbaye de Saint-Hubert, ex-commissaire de l'empereur à Liège, 2991, 3028, 3039, 3070.
—— notaire à Briançon, 2371.
—— 3075.
—— corsaire, 3451, 3452.
—— cap^{ne} du port de Cherbourg, 3495.
—— échevin de Granville, 3506.
—— trésorier provincial de l'artillerie et du génie, 3761.
Clémery (De), lieut^{t}-g^{al} du bailliage de Thionville, 1660, 2241.
Cléphane (James), officier écossais, 3259.
Clérac (De), 1598.
—— Cf. *Clairac* et *Clayrac.*
Clérambault (Philippe de —, comte de Palluau), mar. Fr., 106, 110,

119, 121, 123, 133, 134, 137, 157. 158, 209, c^on I.
Clérambault (Philippe de Palluau, m^is de), lieut^t-g^al, 1660, 1670.
—— V. *Clairambaux*, *Palluau*, *Ven-deuil.*
Cleret, cap^ne au rég^t de Sault, 997.
Clergé, maître du jeu de paume de Lille, 1832.
Clergeolt (De), aide-major à l'île d'Aix, 2130, 2131.
Clergier, membre du Directoire du dép^t de l'Aube, c^on LXVa.
Clergue, échevin de Toulignan (Drôme), 3406.
Cléric, officier, 2236, 2663, 2678, 2740.
Clermont. (De), intendant, 97, 98, 106, 110, 117.
—— (Baron de), 318.
—— entrepreneur de fournitures, 1669.
—— (Louis de Bourbon-Condé, comte de), command^t d'armée, 2730, 2731, 2736, 2745, 2747, 2771, 2790, 2791, 2793, 2794, 2936, 2988, 3028–3030, 3036, 3042–3044, 3056, 3057, 3137, 3138, 3141–3143, 3146–3149, 3198, 3199, 3201–3203, 3206, 3210, 3216, 3240, 3259, 3387, 3396, 3472–3479, 3490, 3500–3504, 3509, 3510, 3581, 3585, 15 s.–23 s, 34 s–41 s, 43 s, 53 s, 54 s, 58 s, 62 s, c^ons XXII, XXVII.
—— (Marie-Anne de Bourbon, dite Mademoiselle de), 2766.
—— (Marquis de), 2746; c^on LXIV.
—— V. *Desperriers*, *Quenault*.
—— **d'Amboise** (De), 276, 277, 282, 342.
—— (Georges-Henri, m^is de), mar. c., 958, 1401, 1519, 1585.
—— (J. B. Louis, m^is de), lieut^t-g^al, 2948, 2969, 2988, 2992, 2993, 3017, 3094, 3140, 3418.
—— (Ch^r de), 3602.
—— (M^ise de), 3420.
—— **-Chaste** (Louis-Anne de), évêque de Laon, 2136, 2138, 2183, 2414.
—— (De), 3316. — Cf. *Clermont-Gessans*.
—— **-Durfort** (Mis de), cap^ne à la suite du rég^t de Duras, 1897.
Clermont-en-Argonne (Municipalité, etc., de). — V. *Charles*, *Le Clerc*, etc.
—— **-en Beauvoisis** (Municipalité, etc., de), c^on LXI. — Cf. *Cullembourg*, *Prud'homme*, *Saint-Albin*, etc.
—— **-Ferrand** (Municipalité, etc, de), c^ons LIII, LIV, LXVa. — Cf. *Belaigue*, *Bonard*, *Chabrol*, *Colignat*, *Dumontel*, *Gros*, *Hébrard*, *La Serrée*, *Leblanc*, etc.
—— **-Gallerande** (Mis de), cap^ne au rég^t d'Auvergne, 2872.
—— (Georges-Jacques, comte de), brig. 2770.
—— (Louis-Georges, comte de), mar. c., 2944.
—— (Pierre-Gaspard, m^is de), lieut^t-g^al, 2923, 2981–2983, 2990, 3011, 3044, 3046, 3047, 3056, 3085–3089, 3091, 3092, 3094, 3135. 3136, 3138, 3140, 3141, 3144, 3145, 3148, 3197, 3198, 3206, 3207, 3262, 3404, 3409, 3410, 3419, 3420.
—— **-Gesans** (Annet de Clermont-Chaste, dit le comte de), cap^ne de galères, gouverneur de Salon, 1768.
—— **-Tonnerre** (Marie-Urbaine de Ferrolles d'Avor, m^ise de), 2021, 2130–2133.
—— (Gaspard, m^is de), mar. Fr. 2145, 2388, 2698, 2700, 2726, 2730, 2738, 2783, 2784, 2789–2791, 2912, 2913, 2916, 2917, 2921, 2924, 2943–2946. 2948, 2952, 2956, 2958, 3000, 3001. 3040–3043, 3045–3047, 3075, 3086, 3141, 3198, 3204, 3206, 3207, 3209, 3418, 3461, 3463. 3469, 3549, 3696, 3705, c^ons XIII, XV. — Cf. *Clermont-Tonnerre* (*Ch. H. Jules, c^te de*).
—— Cf. *Chaste*.
—— (Franç. de), évêque de Langres, 3420.
—— (Ant. Jules de), évêque de Châlons, c^on LX.
—— (Antoinette Potier de Novion, m^ise de), 2701.
—— (Ch. Henri-Jules, comte de), lieut^t.-g^al, 3461, 3466, 3494, 3579, 3602, 3606, 3620. — Cf. *Clermont-Tonnerre* (*Gaspard, m^is de*).

Clermont (Comte de), lieut^{t}-g^{al} de Dauphiné, 3671, 3695, 3697, 3702, 3703, 3708, 3709.
—— (Gasp.-Paulin, v^{te} de), c^{el} du rég^{t} Royal-Guyenne-cav^{ie}, c^{ons} LX, LXIII, LXV a, LXXI.
Clerville (Nicolas, ch^{r} de), mar. c., ingénieur, 98, 106, 119, 134, 209, 223, 225, 227, 228, 241, 259, 262, 342, 344-347, 419, 420, 469.
—— (De), cap^{ne} au rég^{t} de Mortemart, 2143.
Clerx, banquier à Paris, 906.
Cléry, commissaire provincial de l'artillerie, 1604, 1610.
—— (Basile), abbé de Château-l'Abbaye, 2022, 2024.
—— (De), 3514.
—— (De Lantages, veuve de), A. 89.
Cléver (Mathis), partisan, 1664, 1856, 1951.
Clèves (Régence et conseil du duché de), 295, c^{on} XXXVI.
—— (Magistrats, etc., de). V. *Hamer, Happel, Krusemark, Romberg, Rusen*, etc.
Clicquot (Victor), 2140.
—— (Le Père), religieux minime de Reims, 2399.
Clinchamp (L. de), cap^{ne}, 151.
Clinchamps (De), commissaire des guerres, 1898.
Clisson, employé des finances ?, 2132.
Clodoré (De), cap^{ne} au rég^{t} de La Marine, 134, 137.
—— (J. J. Frichot des Friches de ?), mar. c., 831, 832, 837, 881, 1150, 1208, 2130, 2138, 2140.
Clonard (De), directeur de la Compagnie des Indes, 3452, 3568, 3623, 3628, 3674.
Clôneuf. V. *Foucquet.*
Closen. V. *Clozen.*
Closville (Ch^{r} de Bordeaux de), 3029.
Clottus, cap^{ne} suisse, 280, 505.
Clouet, commissaire d'artillerie, 2133, 2134.
—— substitut du subdélégué d'Alençon, 3258.
—— ci-devant curé de Mohon (Morbihan), auteur d'un mémoire «sur l'emploi des cloches le plus avantageux à l'État», c^{on} LXV b.
Cloupet, lieut^{t}, de vaisseau chargé du détail du port de Cherbourg, c^{on} LXV f.
Cloviz (De), cap^{ne} réformé au rég^{t} d'Alsace, 358.
Cloÿs (Nic. Le Blanc de), brig., 1494, 2345.
—— (De), major des Carabiniers de Piémont, 2843.
Clozell (De), lieut^{t}-c^{el} bavarois, 3160.
Clozen (Ch. Chrétien-Guill., b^{on} de), mar. c., 3208, 3326, 3602, 44 s. c^{on} XXVII.
Clugny (Ch^{r} de), c^{el} du rég^{t} de Beauvoisis, 3605.
—— (De), contrôleur général des Finances, 3699.
Cluseau. V. *Du Cluseau.*
Coadeghun (Baron), 1962.
Cobentzel (Comte de), ministre autrichien, 3070, 3164, 3217, 3475-3478, 3487, 3493, 3505, 3508, 3538, 3562, 3579, 3588, 3602, 3615, 55 s, c^{on} XXVI.
Coblentz (Échevin de). V. *Cardon.*
Cobrisse (Ch.), intendant de la Flandre espagnole, 1422, 1493.
—— lieut^{t} au rég^{t} de Los Rios, 3259.
Cocfontaine. V. *Cocqfontaine.*
Cochard (Demoiselle), à Douai, 1943.
—— (Jean), chirurgien à Vilosnes-sur Meuse, 2324.
Cochardet, aide-major au rég^{t} d'Houdetot, 1830, 2140, 2144, 2159.
Cochelet, député du dép^{t} des Ardennes, c^{on} LXV a.
Cochet (Gilbert), artificier à Belfort, 2138.
—— V. *Marchelle.*
Cochius (Ch. L. de), officier au rég^{t} de David, 3172.
Cocle ?, subdélégué de l'intendant Le Blanc, 2155.
Coconat, cap^{ne} au rég^{t} de Montferrat, 1150.
Cocqfontaine (De), lieut^{t}-c^{el} du rég^{t} Dauphin, 997, 1323, 1502, 1572, 1585, 1684, 1688.
—— (Mme de), 1849.
Cocquiel (De), commissaire des guerres, 827, 831, 1780.
Coderc (De), 3084, 3086, 3087,

3089, 3141, 3144, 3145, 3166, 3197, 3200, 3203, 3326, 3412, 18 s–22 s.
Coecken, banquier à Liège, 491, 492, 500, 501, 506, 513, 556, 668.
Coëner (De), gouverneur de Siegburg, 1673.
Coëtenfao (Roland-Franç. de Kerhoent de), évêque d'Avranches, 1704, 2132, 2186.
—— (Franç. Toussaint de Kerhoent ?. m^{is} de), lieut^{t}-g^{al}, 1644, 1913, 1944, 2135.
—— (Comte de), 2131.
Coëtlogon (Mis de), 439, 441.
—— (René-Hyacinthe, m^{is} de), gouverneur de Rennes, 894, 961, 1081, 1241.
—— (Alain-Emmanuel, m^{is} de), mar. Fr., 1609, 1706, 2419.
—— (L. de), évêque de Tournai, 2021.
—— (De Pontlo de), détenu à Landerneau, 2133, 2134.
—— (Louis-Emmanuel, comte de), lieut^{t}-g^{al}, 2981, 2988, 3007, 3089, 3137, 3185, 3186, 3188, 3210, 3263, 3280, 3309, 3326, 3338, 3404, 3408, 3449–3451, 3460, 3461, 3463, 3469, 3493, 3495–3497, 3505, 3507, 3509, 3532, 3536, 3537, 3543, 3544, 3547, 3548, 3572, 3578, 3581, c^{on} XXIII.
Coëtmadeuc. V. *Donges*.
Coëtmen (Alexis, ch^{r}, puis m^{is} de), mar. c., 2377, 2386, 2411, 3127 3188.
Coëtquen (Mis de), gouverneur de Saint-Malo, 362.
—— (Malo-Aug., m^{is} de), lieut^{t}-g^{al}, 1751, 2561, c^{on} LXXV.
—— (Marguerite de Rohan-Chabot, m^{ise} de), 2141.
Coëttilliau (De), 3571.
Cœur-de-Chêne (J. Fr. de), cap^{ne}, puis lieut^{t}-c^{el} du rég^{t} de Normandie et command^{t} à Ath, 1073, 1778, 1861, 1966, 2049, 2468.
—— (Abbé de), frère du précédent, 2271.
Cœurdoux (Le P.), jésuite, 3629.
Cœurlis (De), lieut^{t}-c^{el} des Carabiniers, 3033.
Cœuvres (Mis de), 117, 134, 279. — Cf. *Estrées*.
Cogiola (Ferdinand del Pozzo, comte de); chevalier d'honneur au sénat de Nice, 1973, 2101.
Cognac (Échevins, etc., de). V. *Grivet*.
Cognet (Ant.), consul de Nice, 2134, 2135.
Cohade (Abbé de), vicaire général de Lyon, 2411.
Cohem (Franç. de Compaigne de), lieut^{t} au rég^{t} de Picardie, 123.
Cohorn (De), général hollandais, 1258, 1651.
Coignac (De), officier au rég^{t} de La Reine-cav^{ie}, c^{on} LXIV.
Coignet. V. *La Tuillerie*.
Coigny (Robert-J. Ant. de Franquetot, comte de), command^{t} d'armée, 1155, 1213, 1234, 1235, 1282, 1283, 1337, 1338, 1378, 1417, 1418, 1423, 1466, 1483, 1491–1496, 1549, 1550, 1552–1557, 1559–1561, 1566, 1647, 1649–1651, 1660, 1661, 1679, 1700, 1743, 1749, 1755, 1757, 1758.
—— (Franç. de Franquetot, m^{is}, puis comte, puis duc de), mar. Fr., 1264, 1757, 1758, 1845, 1846, 1853, 1858, 1896, 1897, 1952, 2018, 2020, 2022, 2081, 2134, 2135, 2138, 2139, 2159, 2220, 2221, 2224, 2263, 2269, 2299, 2305, 2332, 2376–2381, 2455, 2458, 2459, 2559, 2563, 2609, 2619, 2622, 2751, 2752, 2754–2756, 2785, 2786, 2788–2806, 2810, 2824, 2825, 2837, 2843, 2850, 2877, 2890, 2919, 2981–2983, 2988, 2991, 2996, 3002, 3011–3013, 3017, 3039–3047, 3051–3057, 3068–3070, 3094–3096, 3098, 3217–3220, 3262, 3287, 3315, 3326, 3387, 3463, 13 s, 15 s, 16 s, c^{ons} XII, XIII, XVI, c^{on} LXXV.
—— (J. Ant. Franç. de Franquetot, comte de), lieut^{t}-g^{al}, 2923, 2925, 2948, 2960, 3001, 3002, 3140.
—— (Marie-Franç.-Henry de Franquetot, duc de), mar. Fr., 3555–3558, 3561, 46 s, 47 s., c^{on} XXXVI.
—— (Gabriel-Augustin, comte ? de), mestre-de-camp de dragons, 3648.

Coigny (Franç.-Marie-Casimir, m^is de), mar. c., c^on LXV c.
Coilliot, habitant de Boulogne-sur-Mer, 2311, c^on XXIII.
Coincy (J.-B. de La Rivière de Montreuil, ch^r de), lieut^t-g^al, 2993, 3449, 3579, 3721, c^ons LXV–LXV c, LXV e–LXVII, LXX, LXXI.
—— (Mis de), 3648.
Cointoux (J.-Phil.-Ant. de), préteur royal d'Haguenau, trésorier de l'extraordinaire des guerres, 3047.
Coire. V. *Molina*.
Coise, subdélégué de l'intendant Barentin, 1841.
Coislin (Armand Du Cambout, m^is, puis duc de), lieut^t-g^al, 142, 226, A. 87, A. 88.
—— (Pierre Du Cambout de), évêque d'Orléans, cardinal, A. 87, A. 88.
—— (H. Ch. Du Cambout, duc de), évêque de Metz, 1574, 1761, 1854, 1857, 1888, 1950, 1954, 2033, 2093, 2145, 2169, 2268, 2323, 2324, 2392, 2393, 2396, 2420, 2679.
Coisy. V. *Mallet*.
Cokayne, anglais, 3263, 3308.
Cokburne (John), officier de marine anglais, 3306.
Colabau (De) entrepreneur d'habillement, 1613, 1895.
—— syndic de la Compagnie des Indes, 3541, 3575, 3629, c^on XXXV.
Colar, lieut^t-c^el de dragons, A. 90.
Colard (Pierre), prêtre franc-comtois, 2168.
Colas, gendarme du duc de Berry, 1856.
—— échevin de Chalon-sur-Saône, 2139.
—— (D.), habitant de Mézières, 2144.
—— échevin de Vendôme, c^on LV.
Colasse (Adam), colonel d'infanterie allemande, 105, 106.
Colaud (Silvestre), négociant à Besançon, 3459.
Colbault, chanoine à Lens, 2142.
Colbert (J.-B.), secrétaire d'État, 118, 119, 123, 171, 197, 210, 215, 225, 484, 516, 1438, c^on LXXVIII.
—— (Michel), intendant d'Alençon, 294, 296, 359, 361, 419, 420.
Colbert (Abbé), 2244, 2343, 2411.
—— fait prisonnier à Culloden (le baron Colbert, du rég^t Royal-Écossais?), 3184, 3204.
—— 667.
—— **de Croissy** (Ch. Colbert, marquis de Croissy), intendant, ambassadeur, ministre, 158, 171, 187, 190, 209, 224–226, 228, 229, 242, 245, 250, 259, 265, 271, 275, 277–283, 285, 288, 289, 291, 292, 296, 312, 313, 324, 326–328, 330, 340, 411, 433, 496, 504, 548, 549, 602, 628–630, 633, 668, 795, 908, 1178, 1182, 1288, 1419, 1441, 2032, 2538, 2610, 3779, A. 87. — Cf. *Croissy*.
—— **de Maulévrier** (Édouard-Franç. Colbert, comte de Maulévrier), 343, 384, 385, 392, 414, 440, 449, 450, 458, 469, 493, 509, 703, 725, 729, 822, 867, 870, 887, 891, 892, 944–946, 953, 961, 1057, 1060, 1142–1144, 1146. — Cf. *Maulévrier*.
—— **Du Terron**, intendant de la Marine, 295, 359, 360, 362, 419, 420, 464, 510.
—— V. *Chabanais, Creuilly, Saint-Pouenge, Seignelay, Torcy, Villacerf*.
Colemberg (Gabriel de Maulde, baron de), mar. c., 362, 484, 500, 600. — Cf. le suivant.
—— (De), lieutenant de roi de Boulogne-sur-Mer, 1551, 2134, 2157, 2183, 2216, 2222, 2229, 2299, A. 89.
Colerus (De), officier, 3095, 3310.
Colettes (Guill. de Bullioud, s^r de), lieut^t au rég^t de Navarre, 88.
Coliche, ancien officier de hussards, major de la Garde N^le de Vailly-sur-Aisne, c^on LXI.
Colignat, échevin de Clermont-Ferrand, c^on LIII.
Coligny (Jean, comte de), comm^t d'armée, 98, 190, 251.
—— **-Saligny** (c^te de), 131.
Colin, commissaire des guerres, 361.
—— 3075.
Colinière (De), lieut^t de roi de Furnes, 1356.

Coliscar, 2387.
Coll (De), chancelier de l'électeur de Trèves, 3098, 3164.
—— (De), gouverneur de Thuy, 3469.
Colla (Francesco), 898.
Collande. V. *Collandre.*
Collandre (Thomas Le Gendre de), mar. c., 2049, 2050, 2131, 2141, 1242, 2142, 2144.
Collard, commis du munitionnaire général de Picardie et de Champagne, 158.
—— commd^t à Marche-en-Famenne, 1653, 2237, 2242, 2244, 2323, 2371.
Collarède (De), consul de Périgueux, 2269.
Collart (Charles), consul de Charleville, 2169.
—— officier dans la compagnie de Goderneaux, 3085.
Colle (De), commissaire des guerres, 508.
Colleau, 3041.
Collet (J.), imprimeur, 117.
—— horloger à Colmar, 1858.
—— maire de Stenay, 3123, 3125.
Colleuil, président du Directoire de la Meurthe, c^on LXV c.
Colleville (De), cap^ne-g^al de la capitainerie de Barfleur, 3510.
—— (De), officier au rég^t Colonel-général, c^on LXII.
Colliette, membre du Directoire de l'Aisne, c^on LXV a.
Collignon de Durmont, conseiller de la duchesse de Wurtemberg, 2609.
Colligny (De), commissaire des guerres, 1400, 1738, 1836, 2222, 2310.
Collin, commissaire de l'artillerie, 2136.
—— subdélégué à Château-Gontier, 2347.
—— garde d'artillerie, 3641.
—— **de Lescouvel**, prévôt de la maréchaussée de Ste-Menehould, 2407.
Collines (De), cap^ne au rég^t de Rochefort, 2143.
Collinot, 2138.
Collioure (Gouv^r, consuls, etc., de), 356, c^on LXIV. — Cf. *Gerbal*, etc.
Colliquet, commissaire des guerres, 966, 967, 972, 988, 991.
Colliquot, lieut^t au rég^t de Lorraine, 123.
Collofrières, lieut^t au rég^t de Damas, 1974.
Colloisy (De), cap^ne au rég^t de Navailles, 131.
Collomb, chirurgien à Bourg-en-Bresse, 2418.
Collon, officier au rég^t de La Chau-Montauban, 2030.
Collongues, cap^ne au rég^t de Leuville, 2242, 2243.
Colloredo (Comte de), vice-chancelier de l'Empire, 3433, 3463, 3476, 3514, 3564, 69 s.
Collorgues, 3542.
Collot (Ant.), curé de Sézanne-en-Brie, 1905, 2137.
—— major de la place de Chivasso et capitaine de sapeurs, 1966.
—— sergent-royal du ressort de Ste-Menehould, 2245.
—— maître-d'hôtel du comte de Gasquet, 2370.
—— commissaire des guerres, 3430, 3460, 3474, 3522, 3587, 3604, 3643, c^ons XXXII, XXXIII.
—— (Veuve), fournisseur de la Cour, A. 88.
—— adj^t-g^al à l'armée du Nord, c^on LXXI.
Colmar (Municipalité, etc., de), 1000, c^ons LXVI, LXVII. — Cf. *Collet, Mathieu, Muller, Neukirch, Salomon*, etc.
Colmars (Municipalité, etc., de), c^ons XXVI, LXIV. — Cf. *Lamy, Pascalis, Ratier, Sabran, Salomon.*
Colmenero (Don Francisco), général espagnol, 1961, 1962, 1967, 2046, 2047.
Colmenil (De), entrepreneur de fournitures des vivres, 2215.
Cologne (Maximilien-Henri de Bavière, électeur de), 259, 275-281, 318, 325, 346-348, 383, 386, 399, 437, 446, 454, 467. — Cf. *Liége* (prince-évêque de).
—— (Jos. Clément de Bavière, électeur de), 1491-1495, 1502, 1552-1561, 1575-1577, 1644-1646, 1648, 1649, 1651-1654, 1661,

1670, 1673, 1674, 1679, 1700, 1737, 1738, 1740, 1742, 1743, 1758, 1835, 1839, 1935-1940, 1946, 1954, 2017, 2021, 2022, 2080, 2084, 2149-2154, 2156, 2159, 2213-2216, 2219, 2224, 2245, 2299, 2300, 2302-2306, 2308, 2315, 2371, 2373-2375, 2377, 2382, 2384-2387, 2393, 2395, 2447, 2455, 2609, 2610, A. 90.
Cologne (Clément-Aug. de Bavière, électeur de), 2712, 2725, 2745, 2768, 2851, 2928, 3070, 3094, 3108, 3429, 3431, 3469, 3502, 3506, 3508, 3524, 3525, 3542, 3543, 3551.
—— (Bourgmestres, syndics, etc., de). V. *Bullingen, Knoodf, Meinerzhagen, Mulheim, Mylius, Wymar, Oppenheimer*, etc.
Colomb (De), cap^ne au rég^t de Brancas, 1832.
—— (De), cap^ne au rég^t d'Aunis, 2130.
—— V. *Mons.*
Colombel (De), officier au rég^t de Vastan, 3471.
Colombet, lieut^t au rég^t de Montaigu, 360.
—— commissaire des guerres, 1851, 1943.
—— 2411.
Colombier (De), commandeur de l'ordre de Malte, 3, 5.
—— V. *Demons.*
Colombinières (De), procureur général du Parlement de Grenoble, 117, 137.
—— V. *Dufaux.*
Colomé, major du rég^t Royal-La-Marine, puis commandant d'un ouvrage à Landau, 988, 1502.
Colomier, dit «La Forêt», 2396.
Colonel-général-cav^ie (Officiers du rég^t), c^on LXVI.
—— **-hussards** (Conseil d'adm^on du rég^t), c^ons LXV, LXIX.
Coloner, grand-maître de Malte, 361.
Colonge. V. *Massol.*
Colonna (Laurent-Onuphre, prince), grand connétable du royaume de Naples, 354.
—— corse, 2872, 2885-2887, 3119, 3290, 3349, 3371, 3378, 3416, 3452, 3454.
Colonna, officier au rég^t Royal-Corse, 3175, 3228, 3305, 3416, 3456.
—— V. *Colonne.*
—— **Anfriani**, corse, 3635.
—— **de Bozzi**, corse, 3330.
—— **d'Ornano**, corse, 3752.
Colonne, cap^ne d'une compagnie de chasseurs de ce nom, 3236, 3237, 3261.
—— 419.
Colonques (De), ingénieur, 966-968, 972, 993, 994, 1115.
—— (De), commissaire des guerres, 1423, 1605, 1611, 1702, 1766, 1878, 1879, 1971, 1972, 2044, 2045, 2133, 2145, 2175, 2400.
Colorado (Alonso), écuyer du m^is de Solera, 1981.
Colville, cap^ne au rég^t de Picardie, 988.
Colyear (Van), officier hollandais, 3031.
—— (W. P.), c^on LXXXVI.
Comainville (De), cap^ne au rég^t Mestre-de-camp-g^al-cav^ie, 2946.
Comarmond, administrateur du dép^t de Rhône-et-Loire, c^on LXV d.
Comault, habitant de Toul, 2169. — Cf. *Contault.*
Combassive (J.), élu de l'élection de Gap, 2143.
Combault (De). V. *Auteuil.*
Combe (De), 261, 292, 294, 295, 336, 337, 340.
—— (De), ingénieur?, 902.
—— (De), major de la place de Bitche, 2033.
Combeblanche (De), lieut^t-c^el du rég^t de Du Boulay, puis de celui d'Eppeville, 1835, 2343.
Combel (Dominique), cap^ne d'une c^ie de 150 h. de pied, c^on LXXXVI.
Combes (De), commissaire d'art^ie, 3239.
—— (De), officier, 2663.
Combettes (De), cap^ne des portes à Lille, 1830. — Cf. le suivant.
—— (De), major de la place de Nice, 1861, 1862, 1973, 2042, 2130, 2134, 2247, 2251, 2271.
Combles (De), curé de Vitry-le-François, 197.
Combreux. V. *Picot.*
Combroz, de Chambéry, 1702.

Comeiras. V. *Commeyras.*
Comeau, subdélégué à Bavay, c^on XVII.
Comenge (Roger de), lieut^t dans la bande du duc d'Épernon, c^on LXXXVI. — Cf. *Commenge, Cominges* et *Comminges.*
Comia (De), lieut^t de roi de Neustadt, puis de Mont-Louis, 969, 1322, 1367, 1885, 1892, 1982, 1984, 2141, 2255, 2257.
—— (Mme de), femme du précédent, 1983.
Comiac (De), 102, 106.
Cominges (De), cap^ne au rég^t de Touraine, 2786. — Cf. *Comminges* et *Comenge.*
Comité militaire de 1790-1791 (Correspondance du), c^ons LXIX, LXXII.
Commarieu, 2788.
Commeaux. V. *Bois.*
Commelpan, aide-major de la citadelle de Nancy, 2738.
Commenge (De), 1519, 2131. — Cf. *Comenge, Cominges* et *Comminges.*
Commercy (District de), c^on LXVII.
—— (Prince de), 1589.
Commeyras (Franç. Delpuech de), brig., 2887, 2888, 3027, 3205, 3206, 17 s., 22 s., 33 s., 41 s., 47 s., 49 s.
—— (De), mar. c., c^on XXXVI.
Comminges (Gaston-J.-B., comte de), lieut^t-g^al, 118, 133, 158.
—— (De), cap^ne au rég^t d'Auvergne, 1892.
—— (De), 2143. — Cf. *Commenge.*
—— V. *Beaucaire.*
—— **-Vervins.** V. *Vervins.*
Commissaire-général (Conseil d'adm^on du rég^t), c^on LXV b.
Compagnon, lieut^t du maire de Toul, 2035.
Compagnot (Ch.), trésorier de l'extraordinaire des guerres, 2321.
Compaigne, syndic de Mont-de-Marsan, 1986.
—— V. *Cohem.*
Compaing, cap^ne au rég^t d'Artois, 1831.
Compans (De), 463.
Compère (De), cadet-gentilhomme au rég^t de Flandre, c^on LXV.
Compère (De), officier de garde-côtes à Oléron, 3510.
Compiègne (Maires, bourgeois, etc., de), c^on LXIX. — Cf. *Esmangart, Gatté*, etc.
—— (Religieuses de l'Hôtel-Dieu St-Nicolas de), 158.
—— (Ch. de Pont, m^is de), brig., 2954.
Comte (L.), avocat de Chambéry, 1773.
—— syndic d'Annecy, 2327.
Conantre (De), 3436.
Conarski. V. *Konarski.*
Conceris, major et commd^t aux îles Ste-Marguerite, 3316.
Conche (De), officier, 1945, 1960, 2244, 2558, 2559, 2561, 2564, 2920.
—— (De), 3316.
Conda, lieut^t au rég^t de Picardie, 1855.
Condamin, ouvrier de la manufacture d'armes de St-Étienne, 2265.
Conde, cap^ne au rég^t de Boulonnais, 982.
Condé (Henri II de Bourbon, prince de), 25, 72.
—— (Louis II de Bourbon, duc d'Enghien, puis prince de), commd^t d'armée, 97, 98, 102, 105, 106, 110, 119, 131, 134, 209, 210, 223, 224, 227, 260, 271, 275-285, 288-291, 312-313, 318, 319, 322-329, 334, 335, 344, 383, 387-394, 396-402, 407-408, 413, 439, 441-446, 449-451, 455, 459-461, 466, 467, 475, 1239, 2538, 3779, 1 s., c^on II.
—— (Henri-Jules de Bourbon, duc d'Enghien, puis prince de), 224, 250, 275, 278, 280-282, 289, 290, 312, 323, 325, 326, 329, 334, 335, 386, 387, 391, 392, 400, 408, 416, 441, 443, 446, 450, 455, 460, 461, 516, 629, 880, 1700, 1869, 1897, 1898, 1899, 2538, 2 s., 8 s., 11 s., A. 87, A. 88.
—— (Louis III de Bourbon-Condé, dit «M. le duc»), 1700, 1896, 2136, 2140, 2183, 2269, A. 87, A. 88.
—— (Louis-Jos. de Bourbon, prince de), 3469, 3484, 3485, 3505, 3506, 3520. 3521, 3568, 3577,

3588, 3608–3614, 3687, 3714, 32 s., 38 s., 43 s., 44 s., 47 s.–51 s., c^{on} XXXVI.
Condé (Louis-H.-Jos., duc de Bourbon, puis prince de), 3718.
—— (Charlotte-Godefroide-Élisabeth de Bourbon-Soubise, princesse de), 38 s.
—— V. *Bourbon.*
—— **-sur-l'Escaut** (Magistrats, etc., de), c^{on} LXX. — Cf. *Duhamel,* etc.
—— **-sur-Noireau** (Maire de). V. *Blanchard.*
—— **-dragons** (Rég^{t} de), c^{on} LXIV.
Condeison (Ch^{r} de), ingénieur, 3767.
Condestat, espagnol, 240.
Condom (Habitants, etc., de). V. *Duléon, Matignon, Milon,* etc.
Condon, 987.
—— (dit «La Boulée»), maître cordonnier à Bordeaux, 2138.
Condorcet (De), de Montélimar, 2412.
—— (Jacques-Marie-Caritat de), évêque de Gap, 3174.
Condreau, officier ou employé de l'artillerie, 2338.
Conflan (De), mestre-de-camp du rég^{t} de Belabre, 2448. — Cf. *Conflans.*
Conflanc (De), 2033. — Cf. *Conflans.*
Conflans (Mis de), 1237.
—— (J. Chrétien de Watteville, ch^{r}, puis m^{is} de), lieut^{t}-g^{al}, 1837, 1845, 1846, 1940, 1945, 2021, 2024, 2030, 2131, 2132, 2134, 2135, 2138, 2140, 2142, 2144, 2145, 2160, 2219, 2299, 2301, 2372–2374, 2386.
—— (Ch. Emmanuel de Watteville, m^{is} de), 2131, 2135, 2242.
—— (Mme de), 2139.
—— (Ch^{r} de), lieut^{t}-c^{el} du rég^{t} de Laval, 2269, 2347.
—— (Louis-Gabriel de Conflans d'Armentières, comte, puis m^{is} de), lieut^{t}-g^{al}, 3517, 3610?, 3611, 3614, 46 s., 47 s., 49 s.
—— (Hubert, comte de), mar. Fr., 3534, 3536, 3537, 3543, 3545, 3546, 78 s. — Cf. le suivant,
—— (Mis de), 3541, 3629. — Cf. le précédent.
—— V. *Morel, Watteville.*
Congier (De), lieut^{t} au rég^{t} de Nice, 2139.
Congis (L. Henri de Montigny, m^{is} de), lieut^{t}-g^{al}, 1612, 1705, 1897, 1898, 1944.
Conil, avocat et lieut^{t} en la justice de St-Gilles, 1700, 1708.
Coninck (J. de), cap^{ne}, 2746.
Conleau, lieut^{t} au rég^{t} de Lee, 2138, 2139.
Conne (Thomas), écossais établi à Boulogne-sur-Mer, 3408.
Connut (pseudonyme de l'agent secret Legrand?), 2655, 2664, 2676, 2677.
Conord, sous-m^{al}-des-logis de l'armée de Catalogne, officier au rég^{t} de Languedoc-dragons, 2370.
Conquérant, major de la place de Seyne, 2133, 2135, 2145.
Consbruck (De), intendant de l'électeur de Brandebourg, 567.
Consenvoye (Maire de). V. *Aubry.*
Consisat (De), lieut^{t}-c^{el} du rég^{t} de Toulouse-inf^{rie}, commd^{t} à Germersheim, 2782, 2784.
Constable (Michel), 1151.
Constance (Frère), capucin, 2132, 2133.
Constans, marchand de drap à Paris, 2142.
Constant, banquier, 2140.
—— commissaire du prince-évêque de Liége, 3087.
—— lieut^{t} réformé, agent secret?, 3006.
—— cap^{ne} au rég^{t} hollandais de ce nom, 3183.
—— colonel, c^{on} XXXIII.
—— V. *Dreux.*
—— officier général suisse du service de Hollande, 3309. — Cf. le suivant.
—— **d'Hermenges**, 3028. — Cf. le précédent.
Constantin (De), 1484–1604.
—— cap^{ne} de la milice bourgeoise de Chambéry, 1862.
—— procureur général du Sénat de Nice, 1880, 2043.
—— prévôt de la maréchaussée à Angers, 2135, 3182.
—— commissaire aux revues à Saintes, 2273.
—— (De), lieut^{t} dans un rég^{t} suisse du service d'Espagne, 2739.
—— 3411.

Contades (Georges-Gaspard de), lieut^{t} g^{al}, 1939, 1940, 2018–2020, 2022, 2023, 2058, 2080–2084, 2150–2153, 2160, 2214–2217, 2224, 2300, 2303–2306, 2308, 2378, 2380–2387, 2453–2461, 2506, 2705.
—— (Ch.-Pierre-Erasme, ch^{r} de), brig., 2705, 2751, 2816, 2817, 2819.
—— (L.-Erasme, m^{is} de), mar. Fr., 2871, 2872, 2885, 2886, 2901, 2988, 2989, 3027, 3041–3043, 3055, 3087, 3092, 3094, 3096, 3097, 3108, 3135, 3137, 3140, 3145, 3148, 3149, 3152, 3188, 3197–3202, 3205–3211, 3275–3277, 3280, 3281, 3325, 3326, 3431, 3433–3435, 3475, 3478–3489, 3501, 3504–3508, 3510–3512, 3514–3519, 3521–3523, 3524, 3542, 3544, 3545, 3553, 3581, 3606, 3622, 3687, 3725, 3751, 3708, 3719, 3741, 3745, 15 s., 38 s., 43 s., 69 s., c^{ons} XX, XXVII, XXIX, XLVII, XLIX a, L, LV.
—— (De), 3418, 3419, c^{ons} LXV, LXVa.
Contamine (De), juge royal à Givet, 3706.
Contault, assesseur au maire de Toul, 2321. — Cf. *Comault.*
Contaut, entrepreneur de fournitures de vivres, 2183, 2185.
Conte, consul à Sospello, 3262.
Conti (Armand de Bourbon, prince de), commd^{t} d'armée, 106, 117, 119, 123, 131, 157, 158, 182, 468, 701, c^{on} I.
—— (Louis-Armand I de Bourbon, prince de), 792, c^{on} III.
—— (Franç.-Louis de Bourbon, prince de), roi élu de Pologne, 1116, 1318, 1424, 2036, 2042, A. 87, A. 88, c^{on} IV.
—— (Marie-Anne de Bourbon, princesse douairière de), A. 89.
—— (Marie-Thérèse de Bourbon, princesse de), 1895, 2142, 2412.
—— (Louis-Armand II de Bourbon, prince de), 2559, 2619, c^{on} X.
—— (Louis-Franç. de Bourbon, prince de La Roche-sur-Yon, puis prince de), grand prieur, commd^{t} d'armée, 2698, 2730, 2790, 2946, 2969, 2999, 3000, 3007, 3010, 3011, 3059–3065, 3068, 3069, 3094, 3097–3101, 3106, 3109, 3110, 3125, 3126, 3139, 3147, 3148, 3157–3164, 3167, 3240, 3257, 10 s., 23 s., 38 s.
Conti (Louise-Élisabeth de Bourbon, princesse de), 2877, 3309.
—— (Louis-Franç. Jos. de Bourbon, comte de La Marche, puis prince de), lieut^{t}-g^{al}, 3505, c^{on} LXV c.
—— **-infrie** (officiers du rég^{t} de), c^{on} LXVIII.
—— **-dragons** (conseil d'adm^{on} du rég^{t} de), c^{on} LXV c.
Contranvisle (De), officier, 3461.
Contrecœur (De), commd^{t} au fort Duquesne, 32 s.
Conty d'Argicourt (De), 151, 997, 1895.
—— **-Duquesnoy**, officier au rég^{t} de Lorraine, 3458.
—— **de Fercour**, *id.*, 3458.
—— **de La Pierre**, 2800.
Contye (De), officier au rég^{t} de Du Biez, 2022.
Convers, 1856.
Conway, 668.
—— 3765.
Conzie (L. Fr. de), évêque d'Arras, 3760, 3768.
Coock (Mathieu de), lieut^{t}-g^{al}, 1831, 1832.
—— (Edmond), cap^{ne} au rég^{t} de Nugent, 2145, 2268.
Cooke. V. *Coock.*
Coorte (J.), cap^{ne} hollandais, 438.
Coosmans (J.), receveur des Aides en Artois, 49.
Copenago (J. P.), gouverneur du fort L'Écluse pour l'Espagne, 870.
Copley (Baron de), écossais, officier dans le rég^{t} de Monaco, 3225–3227, 3410, 3411, 3420, 3450, 3451, 3461, 3463, 3495–3497, 3499, 3505, 3532, 3542, 3569, 3576, 3603, 3622.
—— (Baronne de), 3495.
Copons (Don Philippe de), catalan, 137.
—— (Ch^{r} de), officier au rég^{t} de La Couronne, 3032.
—— (Dom Franç. de — del Llor),

premier président du Conseil supérieur du Roussillon, 3469.
—— (La présidente de), 3469.
Coppé (De), ingénieur, 993.
Coppée (Jacques), médecin à Chimay, 2243.
Coppens d'Hersin, lieut^t-g^al de l'amirauté de Dunkerque, 3704.
—— **d'Hondschoote**, grand bailli de Bergues, 3698.
Coppinger (Guill.), irlandais, négociant à Bordeaux, 3408.
Coquart, échevin de Calais, 2183, 2221, 2222.
Coquebert, aide-major de la place de Trarbach, 970.
—— commissaire des guerres, 1213, 1214, 1218, 1267, 1322, 1323.
Coqueborne, cadet au rég^t de Poitou, 2267.
Coquelin (Abbé), agent français à Rome, 276, 354, 355.
Coquet, maire de Neufchâtel, c^on LX.
Coquiel. V. *Cocquiel*.
Coquille, commis de l'extraordinaire des guerres, 2273.
—— secrétaire du duc du Maine ?, 2411.
Coquilles. V. *Maquelmire*.
Corail (De), major du rég^t d'Orléans, 348, 411.
Corbé (De), lieut^t au rég^t de Bourgogne, 988.
Corbeau (De), commd^t à Nice, 3015.
Corbeck (De), officier espagnol, 1946.
Corbeil (De), officier au rég^t de La Tour, 33.
Corberon (De), président du Conseil d'Alsace, 795, 904, 1465, 1501, 1572, 1669, 1848, 1856, 1857, 1953, 2031, 2032, 2134, 2140, 2145, 2169, 2240, 2242–2244, 2323, 2371, 2393, 2394.
—— (De), 2877.
—— (Daniel-Marie Bourée, baron de), mestre-de-camp de dragons, ministre de France à la cour de Deux-Ponts, 3727, 3743, 3759.
—— (De), associé aux travaux de la Carte de France, 3751.
Corbet (De), officier, 123, 134.
—— (Ch^r de), major de la place de Vieux-Brisach, 1849, 1856, 1858, 2131, 2169, 2243.
Corbet (De), commissaire des guerres, 1854, 1856, 2095, 2145, 2244.
Corbeville (De), 1313, 1318, 1355–1358, 1399, 1401, 1614.
Corbie (Échevins, etc., de). V. *Auxcousteaux*, *Du Bois*, *Gaudefroy*, *Lemaire*, etc.
Corbier (Baron de), major du rég^t Royal-Lorraine-cav^ie, 3758, c^on LXV *d*.
Corbières. V. *La Tour*.
Corbierre (De), 3141–3143, 3148, 3149.
Corby, officier, 1883, 1895.
Corbye (De), cap^ne aide-major au rég^t de Damas, 2133.
Corcelles (De), commissaire des guerres, 271, 295, 296, 310, 332, 337, 397, 404, 451, 457, 564, 605, 614, 730, 735, 792, 795.
Cordeil, soldat au rég^t de cav^ie de Villeroy, 2046.
Cordel, officier d'invalides au Havre, 2135.
Cordelier, subdélégué de l'intendant de Bernage, 1674, 2131, 2134, 2160.
Cordes (De), colonel d'infanterie, 1604, 1700, 1799, 1857, 1966, 2138.
—— (De), 2137.
—— (De), cap^ne au rég^t de Duprat, 2242.
—— V. *Castelnau*.
Cordier, commissaire des guerres, 116, 137.
—— 2137, 2139, 2140.
—— cap^ne au rég^t d'Aunay, 2269.
—— ingénieur-géographe , 2710, 2761, 2813, 2814, 2846.
—— lieut^t dans la compagnie de Sinceny, 3311.
Cordieu, garde-magasin d'artillerie à Laon, 2266.
Cordon (Comte de), 3751,
Cordougnon, officier m^al de Noyon, c^on LXV d.
Cordova (Don Francisco de), aide-major de la place de Girone, 1800.
Coret de Grange, cap^ne au rég^t de Vivarais, 1831.
Coriolis (J. B. de — de Villeneuve), président à mortier au Parlement de Provence, 1767, 2042, 2043.
—— (De), officier ou comm^re d'artillerie, c^on XLIX a,

Cormack, chirurgien écossais, 3258.
Cormeille (De), membre du Directoire de la Seine-Infre, con LXV c.
Cormenon, lieut, 1861.
Cormery, maître luthier à Paris, con LXV b.
Cormis, capne au régt de Bretagne, 1862. — Cf. *Cormys*.
—— **de Beaurecueil** (De), avocat général au Parlement de Provence, 33, 468.
Cormon, commissaire des guerres ?, 958, 987.
Cormont (Chanson de), officier à titre étranger, 2137.
Cormontaigne (N. de), mar. c., ingénieur, 2904.
Cormys (De), colonel du régt de ce nom, 2301, 2370. — Cf. *Cormis*.
Cornalis (De), 506.
Cornaro, ambassadeur en Espagne, 20.
Cornay (De), officier, 146, 396, 419.
Cornberg (Baron de), 1519, 1830.
Cornehote (Pichard de), officier à l'Hôtel des Invalides, 2141.
—— lieut d'invalides à Amiens, 2273.
Cornehotte, capne au régt des Cravates, 2134.
Cornejo (Don Félix), secrétaire de l'ambassade d'Espagne, 2467, 2506.
Cornelis (De), lieut au régt de Rannes, 1986.
—— aumônier de la brigade de La Croix, 2034.
Cornemont de Beaumont (De), 2448.
Corneront (Le P. Jean), jésuite, 1830.
Cornet, officier aux Volontaires de Lancize, 3329.
Corniac (L. de Bonnefons, sr de), capne au régt de Rambures, 102.
Cornical (De), lieut au régt de Montrevel, 1855.
Cornier, 3239.
—— capne au régt de Blaisois, 3311.
Cornillat, 2100.
—— capne au régt de Hessy, 2136, 2370, 3780.
Cornillon (De), lieut de roi d'Amiens, 57.
—— (Baron de), capne au régt de Marcilly, 1798.
Cornillon (Dame de), chargée de la fourniture des lits à Longwy, 2243, 2245.
—— (Pierre-Franç. de Milani-Forbin, mis de), lieut-gal, 3094-3097, 3108, 3116-3120, 3123, 3172-3177, 3182, 3410, 3430-3438, 3441, 3442, 3445, 3460-3464, 3472-3486, 3488, 3500, 3501, 3503, 3505-3507, 3509, 3510, 3515-3524, 3543, 3544, 3548, 3554-3564, 5377, 3579, 3585-3590, 3605, 3609-3613, 43 s., 49 s., 50 s., 76 s., cons XVIII, XXIV, XXVII, XXIX, XXXV, XXXVI.
Cornu (Étienne), receveur des consignations à Pontoise, 117.
Cornuel, bourgeois de Boulogne-sur-Mer, 2311.
Cornuet, lieut au régt de Froulay, 1945.
Cornulier (Abbé de), commissaire des États de Bretagne, 3622.
Cornuly (Cornuty ?), 2323.
Cornusson (De), officier, 33.
Cornut, capne au régt d'Auvergne, 1792.
Cornwallis, con LXV *e*.
Corny (Guillermin de), lieut au régt de La Fère, con XI.
Coroller, avocat à Quimper, con LXXVI.
Corradini (Mis), commissaire gal de l'armée d'Espagne en Milanais, 1781.
Correa (Plazido), brigadier espagnol, 3767.
Corréard, prisonnier à Turin, 1765.
Correc. V. *Descougnetz*.
Correch, capne au régt de Ponthieu, 1858.
Corrèze (Directoire du dépt de la), cons LXVII, LXIX.
Corroy. V. *Du Corroy*.
Corsac (H. d'Estival, sr de), officier, 102.
—— (Ch. Fr. de Rivière, comte de), mar. c., 3040, 3045, 3096, 3097, 3101, 3141, 3143, 3156, 3225, 3262, 3311, 3429, 3434, 3438-3441, 3459, 3473, 3487, 3500, 3550, 3622.
Corsan. V. *Bereins*.
Corse (Députés, etc., du dépt de la), cons LXVIII, LXX.

Corsin (De), 117.
Corswaren (Baron de), mestre-de-camp du rég^t de Courcillon, 2378.
—— (Ch^r de), 3677.
—— **-Looz** (Duchesse de), 3201.
—— **de Nille** (Comte de), cap^ne au rég^t espagnol de Cécile, 2030.
—— V. *Looz* et *Nille*.
Cort (Gaspard), cap^ne hollandais, 3308.
Cortie ou **Corties**. V. *La Coste*.
Cortot, principal de l'École de Pontlevoy, 3703.
Corvoisier, administrateur du dép^t des Côtes-du-Nord, c^ons LXV b, LXVIII.
Cory (De), officier au rég^t de Berwick, puis dans les troupes d'Espagne, 2144.
Cosnac (Daniel de), archevêque d'Aix-en-Provence, 1595.
—— (Gabriel de), évêque de Die, 1900, 2132, 2145, 2269, 2273, 2346, 2412.
Cosne-sur-Loire (Échevins, etc., de), c^on LXV b. — Cf. *Biron*, *Bourgoin*, *Deschamps*, *Raffiat*, etc.
Cospin, officier de la milice bourgeoise d'Abbeville, 2227.
Cosquet, 2134, 2139.
Cossart. V. *Espiès*.
Cossé, 2268.
—— (Hugues-René-Timoléon de Brissac, comte de), lieut^t-g^al, 3000, 3063, 3118, 3119, 3175.
—— V. *Brissac*.
Cossigny (De), ingénieur, 3145, 3154, c^on LXIII.
—— **fils** (De), commissaire des guerres, 3541.
—— (De), brigadier, gouverneur de Pondichéry, 3765.
Costa (De), 2144, 2224, 2371, 2507
—— (Philippe-Marie), 2872, 2885, 2886, 3462.
—— (Antonio), corse, 3330, 3462.
—— cap^ne au rég^t Royal-Corse, 3378.
—— 3411.
—— **fils**, lieut^t au rég^t Royal-Corse, 3635.
—— V. *Castellana*.
—— **-Nottavi**, 296.
—— **de St Rhemis** (Comte), sénateur de Chambéry, 1690.
Costabadie (De), lieut^t-c^el du rég^t de Charolais, 2134, 2136, 2137, 2144, 2268.
Costar, exempt de la Compagnie des Cent Suisses, 3028.
Coste, 1585.
—— major du rég^t de Louvigny, 2022, 2136, 2142, 2143, 2269, 2270.
—— aide-major du rég^t Royal-Comtois, 2371.
—— (De), aide-major du rég^t de Bacqueville, puis lieut^t de roi à Marsal, 2387, 2663, 2675, 2678, 2687, 2713, 2741, 2782, 2787, 2875.
—— 2561.
—— maire de Versailles, c^ons LXV f, LXVII, LXVIII.
—— **-Chaude-Pilles** (De), gouverneur du château d'If, 463.
Costentin (De), officier, 1688.
Coster, 3719.
—— député de Verdun à l'Assemblée N^le, c^on LXIX.
Costin-Lemaitre, entrepreneur de fournitures de fourrage à St-Quentin, 2301, 2309.
Costois, 420.
Cot, inspecteur des Vivres, 32 s., 33 s., 72 s.
Côte-d'or (Directoire du dép^t de la), c^ons LXV b, LXV d, LXX.
Côtes-du-Nord (Directoire du dép^t des), c^ons LVX b, LVX e, LXVI, LXVIII.
Coteuge. V. *Couteuse*.
Cotignon (De), commd^t au fort L'Écluse, puis à Calais, brig. ?, 1526, 1700, 1830, 2021.
—— **de Chauvry**, généalogiste, A. 87, A. 88.
Cotolendy, 354, 510, 511.
Cotron (De), officier au rég^t de Ponthieu, 1862, 1946, 1966.
Cotta (L.), consul de Riez, 3180.
Cottance, garçon chirurgien, 2243.
Cotte (De), intendant du Commerce, 3702, 3703, 3708, 3709, 3714, 3717.
Cottelier, 2131.
Cottin, directeur de la Compagnie des Indes, 3541, 3575, 3629, c^on XXXV.
Cottoni, corse, 3361.

Cotty (De), commdt de la citadelle de Pignerol, 116, 158.
Coture (De), commdt du château de Linne, 1553, 1554.
Couart, 1832.
Coubertin (De), commissaire des guerres ?, 1082.
Coubons (De), 436.
Couchet (Chr de), 362.
Coucy (Mme de), 106, 411.
—— (Mme de), prieure des Bénédictines de Calais, 1831.
—— (De), ancien mousquetaire noir, 3726.
—— V. *Du Longprey.*
—— **de Bercy** (De), lieut-cel du régt de Brancas, 3094.
—— **-le-Château** (maire, échevins, etc., de), 117, 158.
Coudenberg, capne d'une compagnie franche, colonel d'infrie, 1754, 1831, 1832, 1834, 1846 1905, 1953, 2056, 2095, 2136, 2137, 2169, 2243. 2244, 2269, 2271, 2323, 2376, 2391, 2392, 2411, 2420, 2456.
—— lieutt au régt de La Marck, 1855.
Coudenhove, capne au régt Royal-Lorraine, 3290.
Couder, commissaire ordonnateur de l'artillerie, 611.
—— capne des guides de l'armée de Catalogne, 2408.
Couderc, maire de Bapaume, 2131.
Coudreau, de Besançon, 990.
—— administrateur de l'Hôtel-Dieu de Tours, 2144, 2270.
Coudrée (Mis de), colonel piémontais, 311, 397.
Coué (Chr de), commissaire des États de Bretagne, con LXXVI.
—— (Chr de), officier au régt de La Reine-infie, 3261, 3418.
—— (Chr de), capne de garde-côtes en Bretagne, 3506.
Couesplan (De), commdt à Binche, 1310.
Couet de Monsur, commissaire des guerres, 2728-2730, 2732, 2733, 2738, 2788.
Coulandon (Droulin de), capne au régt d'Espagny, 146.
Coulange, commissaire des guerres, con LXV c.
Coulange, (De), ex-sous-brigadier des Gardes du corps, aide-major à la citadelle de l'île de Ré, 2344.
—— quartier-maître trésorier du régt de Flandre, cons LVII, LX-LXV b, LXV f.
Coulanges (De), 279, 325-327, 333, 342, 343, 410, 411.
—— (De), 1862, 1883.
—— (Angélique Du Gué, mise de), 2140.
—— (Mme de —, née Polastron), 3418.
—— **-sur-Yonne** (Échevins de). V. *Marion.*
Coulenge (Mme de), veuve d'un brigadier, mère d'un mestre-de-camp appelé Coulenge-St-Phalle, 1137. — Cf. *Coulanges.*
Couléon, officier municipal de Saumur, con LXV b.
Coulet, major de Sedan, 2701.
Couliette, maire de Chauny, 2273.
Coullomb, consul de Sénas, 3255.
Coullon (Jacques), marchand à Tours, 2347.
Coullonges (De), capne au régt de Chartres-cavie, 1862, 2139.
—— (De), officier au régt de Chépy, 1892.
Coulombe, major à l'île d'Oléron, 2132.
Coulombier (De), capne au régt de La Marine, 88.
—— (J.), fermier général des Postes, 2025.
Coulombières (Mme de), 2133.
Coulon, commissaire des guerres, 293, 361, 420, 559.
—— maître de forges au Hurtault (Ardennes), commissaire de l'artillerie, consul de Charleville, 1239.
—— ingénieur, 1652, 2396.
—— (De), 146, 2031.
—— maître des eaux et forêts à Charleville, 3046.
—— de Thionville, 3392.
Coulonge. V. *Bizouard.*
Coupé, maire de Fins (Somme), con LXI.
Coupet (Bon de), 1180.
Coupey, ingénieur ?, 1234.
Coupigny (J. Ch. Bernard de), A. 89.
—— (Mis de), 3697, 3754, 3766.

Couppy, commissaire des guerres, 294–296, 350, 361, 362, c^{on} LXXXVI.
—— 1259, 1355, 1611, 1766, 1767, 1861, 1878–1880, 1895, 1968, 1971, 1972, 2044, 2045, 2102, 2144, 2173, 2175, 2250, 2251, 2783, 2784, 3223, 3224, 3329, A. 90.
Couradin, 358.
Courage, exempt à Craonne, 3260.
Courageux, 1079.
Courbeau de Morge (De), cap^{ne} au rég^{t} de Navarre, 1831.
Courbes (De), cap^{ne} au rég^{t} de Piémont, 2054.
Courbeville (De), lieut^{t}-criminel d'Orléans, 360, 420.
Courbière (De), officier au rég^{t} d'Agénois, 2025.
—— (De), lieut^{t} au rég^{t} de Navarre, 2312.
Courboin (De), A. 90.
Courbon (De), 124, 134, 151.
—— (Mis de), colonel du rég^{t} d'Auvergne, c^{on} LXIV.
—— -**Blénac** (Ch.-Angélique, comte de —, dit aussi La Roche-Courbon), cap^{ne} au rég^{t} de Clermont-cav^{ie}, 2877.
—— V. *Blénac* et *La Rochecourbon*.
Courbousson (De), 3075.
Courbuisson (Nic. Franç. Mesnager, m^{is} de), mar. c., 2812, 3086–3089, 3091, 3135, 3137, 3138 3141–3143, 3198–3201, 3203, 3310, 3444, 3445, 3464, 3471, 3473, 3474, c^{on} XVII.
Courcelle (De), lieut^{t} de roi à Landrecies, 3085, 3138.
—— (De), 671, 966, 968, 995.
—— (De), 1094, 1333, 1428.
—— (Mme de), 1830.
—— (De), cap^{ne} au rég^{t} de Lorraine, 1858.
—— (Noël de), 2255.
—— (De), cap^{ne} au rég^{t} d'Orléanais, 2322.
—— (De), cap^{ne} au rég^{t} de Santerre, 2370.
—— (De), 3135.
—— (Marquise Du Châtelet de), 3137.
—— V. *Courcelles, Duclos*.
Courcelles (De), 102, 146, 209, 210, 226, 294, 342, 411, 419, 420, 459, 460, 484, 499, 501, 502, 504, 505, 543, 553, 555, 595, 613, 628, 668.
Courcelles (Cam. de Champlais, ch^{r}, puis commandeur de), lieut^{t}-g^{al}, 944, 958, 967, 970, 978, 1060, 1113, 1218, 1483, 1496, 1761, 1843, 1845–1848, 1851–1853, 1856, 1857, 1950, 1951, 1954.
—— commissaire des guerres de la Gendarmerie, 992, 1057, 1209.
—— 1483, 1484, 1495, 2244.
—— (De), aide-major au rég^{t} de Lannoy, puis cap^{ne} dans celui d'Épinay, 1831, 2160.
—— (De), conseiller au présidial de Toul, subdélégué de l'intendant de St-Contest, 2321.
—— V. *Courcelle*.
—— **de Grené** (De), commd^{t} à Tournai, 668, 729, 870, 944, 1146, 1205, 1206, 1208–1210, 1310–1312, 1315, 1356, 1357, 1360, 1399, 1400, 1402, 1554.
—— -**Lavaux** (Franç. de Camus, s^{r} de), 131.
Courchamp (De), aide-major de la place de Sedan, 2784, 2791.
Courchant (Beauvellier de), gouverneur du Sénégal, 2592.
Courchetet, 1850.
Courcillon (De), 2022.—Cf. *Dangeau*.
Courcol (De), intendant, 396, 397, 565, 567, 594.
Courcy (De), garde-magasin à Kaiserslautern, 967.
—— (Henri-Aug. Helbruin. m^{is} de), lieut^{t}-g^{al}, 3311, 3349, 3361, 3362, 3371, 3378, 3380, 3409–3411, 3420, 3427, 3438, 3446, 3462, 3463, 3469, 3471, 3473, 3481, 3497, 3554, 3555, 3730.
Courdié, major du rég^{t} de l'Île-de-France, puis de la place de Gravelines, 1862, 2664.
Courdoumer (L. de), mar. c., 2731, 2732, 3091, 3182.
Courier, commissaire à la conduite des troupes, 119.
Courières (Baron de), colonel d'un régiment espagnol aux Pays-Bas, 1657. — Cf. *Courrières*.
Courlandon (De), 146, 420.
—— (Ch. de Vergeur de La Granche de), mar. c., 1585, 1864.

Courmont (De), 448.
—— (Tristan de), major du rég^t de Grandpré, 904.
—— V. *Tourmont.*
Couroux (De), d'Avesnes, 2222, 2235.
Courpeau, 3603.
Courpillon. V. *Duvillars.*
Courrancez, soldat au rég^t de Périgord, 1832, 1943.
Courrèges, trésorier provincial de l'artillerie et du génie, 3633, 3641, 3645, 3672, 3761.
Courrières (Baron de), gouverneur de Courtrai pour l'Espagne, 1492. — Cf. *Courières.*
Cours des Barthes, cap^{ne} au rég^t de Condé-inf^{rie}, 2342.
—— **-Monlezun** (Ch^r de), officier au rég^t Dauphin-inf^{rie}, c^{on} LXV *d.*
Courseulle (Nic. Claude Morant, s^r de), enseigne au rég^t des Gardes, 102.
Courson (De). V. *Lamoignon, La Tuilerie.*
Court (De), 116, 419, 420.
—— (De), lieut^t de roi d'Avesnes, 2139, 2144, 2160, 2219, 2220, 2235, 2299, 2415, 2370, 2374, 2378, 2380, 2386, 2388.
—— (De), 2145. — Cf. le précédent.
—— (La Bruyère de), vice-amiral, 3188.
Courtada, général des Postes à Barcelone, 1907.
Courtade (De), lieut^t-c^{el} du rég^t de Navailles, 88.
—— (J. de), mar. c., 1585, 1862, 1866, 1868, 1869, 1892, 1963, 1964, 1967, 2134, 2371.
Courtais (De), major du rég^t de Chartres-cav^{rie}, 958, 1872, 2371.
—— (De), officier au rég^t de Conti-dragons, c^{on} LXV c.
Courtavant (Gui de), 131.
Courtay, membre du Directoire du dép^t de l'Aube, c^{on} LXV a.
Courtebonne (Ch. de Calonne, baron de), mar. c., 110, 271, 310, 359, 360, 397, 505.
—— (Jacques-L. de Calonne, m^{is} de), lieut^t-g^{al}, 958, 1146, 1147, 1210, 1254, 1259, 1310, 1311, 1356, 1357, 1359, 1360, 1404, 1483, 1492–1494, 1525, 1553, 1555–1557, 1559, 1561, 1566, 1646, 1647, 1661, 1666, 1668, 1670, 1672, 1739, 1749, 1751, 1760, 2470.
Courtebonne (De), 2049 2133. — Cf. le précédent.
—— (Abbé de), 2141.
—— (L. Jacques de Calonne, m^{is} de), mar. c., 2923.
—— V. *Calonne.*
Courtebourne. V. *Courtebonne.*
Courteille (De), ambassadeur en Suisse, 2991, 3006, 3010, 3044, 3047, 3071, 3072, 3098, 3099, 3105, 3174, 3308, 3309.
—— (De), 3605.
Courten (De), 343, 362.
—— (J. Ét. de), lieut^t-g^{al}, 958, 1550, 1661, 1759, 1797, 1888, 1895, 1897, 1906, 1907, 1981–1983, 1988, 2039, 2053, 2107, 2132, 2140, 2142, 2144, 2175, 2180, 2181, 2184, 2236, 2237, 2238, 2242, 2251, 2255, 2257, 2261, 2268–2273, 2330, 2331, 2405–2407, 2411, 2417, 2488, 2619.
—— (Maurice, ch^r, puis comte de), lieut^t-g^{al}, 2257, 2915, 2924, 2979, 3014, 3015, 3063, 3065, 3095, 3136, 3140, 3144, 3276, 3277, 3280, 3281, 3326, 3433, 3435, 3437, 3438, 3461, c^{on} XX.
—— (Pierre, comte de), mar. c., 2837, 2838, 2983, 3013.
—— (De), major du rég^t de ce nom, 3745.
—— (Anne-Herfort, veuve de), A. 89.
—— V. *Curten.*
Courtenay (De), 118.
Courtenvaux (Michel-Franç. Le Tellier, m^{is} de), 793, 831, 883, 980, 2056, 2130,
—— V. *Estrées.*
Courthonne (De), lieut^t au rég^t de cav^{ie} de Matignon, 2245. — Cf. *Courtonne.*
Courtils (Jacques de), cap^{ne} au rég^t de Normandie, 123.
Courtin, intendant, ambassadeur, 182, 210, 224, 225, 242, 243, 245, 260, 289, 324, 325, 327–331, 342, 347–349, 351, 384–386, 410, 411, 484, 491, 495–497,

499, 509, 513, 514, 516, 535-538, 540, 543-550, 566, 567, 634.
Courtin, officier m^al^ de Vendôme, c^on^ LV.
—— V. *Varengeville.*
—— **de La Boissière**, 420.
—— **de Tanqueux** (Pierre-François), brigadier d'artillerie, ingénieur, 2142, 2255.
—— officier, 2631, 2727, 2728, 2948, 2959.
Courtine (De), avocat et maire à Tonnerre, 3184.
Courtivron (Gaspard Le Compasseur de Créquy-Montfort, m^is^ de), aide-m^or^-g^al^-des-logis de la cavalerie, 2940, 2946, 2947, 2999-3001.
—— (De), officier aux Carabiniers de Monsieur, c^on^ LXV.
Courtois, maire d'Angerville, 2416.
—— (Franç.), lieut^t^ du maire d'Avranches, 2132.
—— (De), cap^ne^ au rég^t^ d'Auvergne, 2872, 2945.
—— licencié ès lois à Longuyon, 3753.
Courtol, exempt de la prévôté de l'Hôtel, 117.
Courtonne (De), officier au rég^t^ de Beauvoisis, 2045. — Cf. *Courthonne.*
Courtot (Phil.), tourneur à Beaune, 1905.
Courtoy, bourgmestre de Huy, 2269.
Courtrai (Échevins, magistrats, etc. de), 275, 292, 296, 310-312, 339, 397, 792, c^on^ VII. — Cf. *Du Bellay*, etc.
Courty (De), 1410.
—— (De), officier de l'état-major de la place de Nancy, 2392.
Courval (Ch. Christ. de Mazencourt, vicomte de), mar. c., 98, 119, 245.
Courville (Ch^r^ de), 997.
—— (Arnauld de), major réformé à La Havane, 1598, 1695, 1883, 1888, 1978, 2048.
—— (François-Arnauld de), brig., 1754.
—— (Joubert de), commissaire p^al^ de l'artillerie, 2243.
Courvoisier, médecin à Pontarlier, 2036, 2096.
—— (François Guill. de), mar. c., 3555, 3557.
Courvoisse. V. *Courvoisier.*
Cousin de Ravelingen (Dame), 2370.
Coussau (De), lieut^t^-c^el^ du rég^t^ de Belabre, 2134.
Coussin, prévôt à La Flèche, 2133.
Coust, ingénieur autrichien, 3147.
Coustard, «chargé du soin du traité des gouverneurs, lieutenants de roi et majors», 2272.
Couston, major de la place d'Antibes, 3598, 3599, 3620.
Cousturelle (De), lieut^t^-g^al^ au gouvernement d'Arras, 505.
Cousturier, chanoine à Lens, 2142.
—— religieux ?, 3046.
Coutances (Maires, etc., de). V. *Audbry, Demonts, Loménie, Ynor*, etc.
Coutans (La Borde de), ingénieur, 3693.
Coutard, procureur de la commune de Saumur, c^on^ LXV b.
Coutarel ?, 670.
Coutaud, 1708.
Coutel (J.), patron de bateau en Corse, 3644.
Coûtennau, c^on^ LI.
Couteuse (De), fils d'un colonel de milice d'Auvergne, 1332.
Coutlet, consul de France à Gênes, puis à Calvi, 2506, 3064, 3068, 3331, 3349.
Couturelle (Ch^r^ de), major du rég^t^ de Rochefort, 3412, 3413, 3418.
Coutures (De), officier au rég^t^ de La Chau-Montauban, 2030.
—— commissaire des guerres, 2332, 2404, 2408, 2468, 2558, 2559, 2561.
Couturier, officier au rég^t^ de Roussillon, 1857.
—— vice-châtelain de Chatonnay (Isère), 2346.
—— directeur d'un hôpital à Cambrai, 3124.
—— 3232, 3316, 3412, 3413, 3419.
—— libraire à Paris, 3740.
—— officier municipal de Vendôme, c^on^ LV.
Couvay, 3336.
Couvonges (Mme de), 117.
—— (De Stainville de), mestre-de-camp du rég^t^ de Lorraine, 67, 123, 131, 141, 143, 151, 245.
—— (Comte de), ministre du duc de Lorraine, 1672, 1866.

Couvreur (Frère Jean), religieux brigittin d'Armentières, 948.
—— député des États de la Flandre wallonne, c^{on} LIV.
—— V. *Le Couvreur*.
Couvron, commissaire d'artillerie, 1857, 2242.
Couxel, officier aux dragons de Saint-Priest, 2242.
Covarrubias (Mis de), 1937.
Covorde (De), lieut^{t}-c^{el} du rég^{t} Royal-Roussillon, 2159, 2370.
Coye, subdélégué à Tarascon, 3179, 3186, 3187, 3243, 3257, c^{on} XIX.
Craffeton, cap^{ne} d'invalides à La Hougue, 3449.
Craggs (James), anglais, 1876.
Craissainssac (De), sous-lieut^{t} au rég^{t} de Trécesson, 1857. — Cf. *Cressonsacq*.
Cramahé (De), officier anglais, secrétaire du général Murray, 3574.
Cramaille, officier municipal de Limoges, c^{on} LXV b.
Cramoisy, imprimeur, 3780.
Crancé (Germain Du Boys de), commissaire des guerres, 2727, 2783, 2805, 2837–2839, 2923, 2992, 2993, 3075, 3087, 3088, 3124, 3135, 3136, 3145, 3197, 3308, 3395, 3404, 3405, 3417, 3429, 3430, 3432, 3457, 3459, 3460, 3461–3463, 3473, 3474, 3478, 3503, 3504, 3520, 3552. — Cf. le suivant.
—— fils (De), commissaire des guerres, 3519, 3520, 3700, c^{ons} LXV, LXVb, LXVIII.
—— V. *Dubois*.
Crane, cap^{ne} au rég^{t} de Beaujolais, 2371.
Cranm (De), ministre du duc de Brunswick, 3444, 3465.
Craon (Marc de Beauvau-Craon, prince de), grand écuyer du duc de Lorraine, 2633, 2644, 2678, 2679, 3230.
Crapado-Servestre (Frère Bonaventure de), religieux franciscain, 2044.
Crapart, exempt de la maréchaussée de Sedan, 2133, 2140.
Crassier. V. *Prez*.
Crawford, anglais, cabaretier à Boulogne-sur-Mer, 3408.
Cray (J. de), mar. c., 880, 882, 1079, 1093, 1094, 1099, 1227, 1272, 1274–1276, 1332, 1375, 1379, 1402, 1422, 1423, 1519, 1524, 1585, 1586, 1588–1590, 1591, 2522.
Creagh (Pierre), archevêque de Dublin, 1501.
—— (John), officier irlandais, 2135.
Créancé (De), cap^{ne} au rég^{t} de Dauphiné, 3259.
Crécy (De), cap^{ne} de chevau-légers au rég^{t} de Gesvres, 102.
—— (L. Alex. Verjus, m^{is} de), mar. c., 1945, 2021, 2022, 2144.
—— (De), sous-lieut^{t} des Gendarmes d'Anjou, 2135, 2140, 2377.
—— **-en-Brie** (Municipalité de), c^{on} LXVIII.
—— **-sur-Serre** (Curé de). V. *Blot*.
Creil (De), commissaire des guerres, intendant, 116, 359, 360, 362, 406, 419, 420.
—— **-Bournaizeau** (Jean, m^{is} de), intendant, 837, 902, 903, 905, 906.
—— (Jean-François, m^{is} de), intendant, 2609, 2630, 2663, 2675, 2677–2679, 2697–2699, 2701–2703, 2713, 2723, 2725–2728, 2732, 2733, 2736, 2737, 2739, 2746, 2766, 2771, 2782–2785, 2789–2792, 2794, 2795, 2798, 2825, 2827, 2837, 2859, 2875, 2877, 2988, 2991, 2992, 3045, 3053, 3068, 3069, 3073, 3085, 3123–3125, 3165, 3197, 3201, 3220, 3260, 3278, 3308, 3326, 3387, 3396, c^{on} XI.
—— **-Nancé** (Jean-François, m^{is} de), lieut^{t}-g^{al}, 2936, 2977, 2978, 3026, 3027, 3040, 3041, 3043, 3044, 3054, 3085, 3086, 3090, 3094–3101, 3109, 3124, 3125, 3157–3159, 3161–3168, 3197–3204, 3206–3208, 3214–3216, 3275, 3278, 3316, 3326.
Creisel, invalide de la garnison de Belle-Isle, 2270.
Cremfeld, cap^{ne} d'une compagnie franche, 2095.
Cremieu, en Dauphiné (Maire de). V. *Regnaud*.
Crémilles (L. Hyacinthe Boyer de), lieut^{t}-g^{al}, adjoint au m^{al} de Belle-Isle,

2922, 2936, 2956, 2957, 2977, 2988–2993, 3027, 3029, 3030, 3034, 3035, 3041, 3042, 3044, 3045, 3055, 3056, 3068, 3074, 3084, 3086–3092, 3095, 3096, 3109, 3137, 3138, 3140–3143, 3146–3149, 3155, 3198–3204, 3206, 3208–3211, 3218, 3244, 3258, 3261, 3276, 3277, 3280, 3281, 3325, 3392, 3404, 3405, 3407, 3409, 3410, 3420, 3421, 3426, 3434, 3437, 3443–3446, 3471–3474, 3476–3479, 3481–3489, 3493, 3496–3500, 3502–3512, 3516, 3518, 3521, 3534, 3538–3549, 3553–3555, 3562, 3563, 3572, 3574, 3576–3579, 3581, 3582, 3598, 3602, 3603, 3625, 3627, 3631, 3633, 18 s., 21 s., 22 s., 36 s.–38 s., 59 s., 69 s., 76 s., c^{ons} XVI, XXVI, XXVII, XXX, XXXI, XXXIII, XXXV *bis*, XXXVI.

Crenant (Pierre de Perrier, m[is] de), lieut[t]-g[al], 837, 897, 898, 906, 973, 1009, 1078, 1079, 1093, 1094, 1100, 1113, 1116, 1117, 1230, 1272, 1277, 1327–1329, 1332, 1334, 1516, 1519, 1585, 1588, 1594, 2635.

Crenay (Sébastien de Poilvilain de Montaigut, m[is] de), mar. c., 2989–2993, 3027, 3040, 3042, 3140, 3280, 3309, 3310, 3338, 3409, 3419, 3426, 3449.

Crenière (F.), officier du service de Hollande, 3139, 3147.

Crenolle (Anne-Louis de Quengo, m[is] de), mar. c., 3716, 3727, 3748, 3751.

Creny (De), 2142, 2160, 2219, 2221, 2223, 2224, 2229, 2299, 2306, 2371, 2673, 2378, 2381, 2383–2385, 2387, 2388, 2415, 2444, 2445, 2487, 2609, 2840, 2927, 2977, 2978, 3028, 3029, 3031, 3033, 3036, 3084, 3087–3089, 3138, 3147, 3149, 3209, 3255, 3257–3259.

Crepeaux, échevin de Ham, 2266.

Crepon, 1705.

Créquy (Ch. de Blanchefort, m[is], puis duc de), lieut[t]-g[al], 116, 119, 141, 146, 182.

Créquy (Alexandre de —, baron de Villiers), officier au rég[t] d'Enghien, 131.

—— (Franç. de Blanchefort, ch[r], puis m[is] de), mar. Fr., 123, 131, 134, 141, 146, 209, 210, 224, 225–227, 237, 245, 250, 251, 253, 259, 260, 265, 275–277, 279, 280, 283, 357, 358, 392–395, 414, 417, 419, 436–446, 448–450, 455, 458–461, 466, 468, 484, 487–499, 501, 502, 506, 509, 512, 514–516, 535–541, 546, 555–561, 564–566, 568, 584–588, 592–594, 606–609, 612, 614, 628–631, 648, 668, 704, 706, 727, 728, 730, 732, 734, 739, 792.

—— (Franç.Jos. de Blanchefort, m[is] de), 734, 883, 1093, 1208, 1209, 1258, 1400, 1401, 1585, 1588–1591.

—— (Comte de), 1892, 2048, 2177, 2183, 2255, 2271, 2324, 2344, 2371, 2411.

—— (Anne-Charlotte d'Aumont, m[ise] de), 2138.

—— (Jacques-Ch., m[is] de), lieut[t]-g[al], 2940, 2948, 2991, 3197, 3199.

—— V. *Canaples*, *Courtivron*, *Lesdiguières*.

—— **-Frohans** (Comte de), 1525, A. 89, A. 90.

—— **-Hesmon** (De), député des États d'Artois, 2247.

—— **-Vougicourt** (De), 2999.

Creslier, 98.

Crespin, 601.

—— messin, 1954.

—— (Alex. Ch.), chanoine de Metz, fils du précédent, 1954.

Crespy (De), cap[ne] au rég[t] de La Reine-inf[rie], 1905.

Cressé (De), commissaire des guerres, 992.

—— (De), officier du Génie, 3730.

Cressonsacq (De), cap[ne] au rég[t] de Navarre, 2136, 2138. — Cf. *Craissainssac*.

Cressonville (De), 259, 2160.

Cressy (De), ingénieur, 1855.

Crest, chancelier de l'évêque de Liége, 342, 457.

Crestey, serrurier au bourg de Trun (élection d'Argentan), 1901.

Crestian, consul de Toulon, 33.
Crestot, de Noirmoutier, 1705.
—— (Chr de), 3182.
Cretel de Puchwald, commissaire impérial à Mayence, 2792.
Crethé, prévôt des maréchaux à Auxerre, 2133.
Creton, marchand drapier à Paris, 2271.
Crêtot (Frère Charles), prieur de l'abbaye de St-Vincent de Metz, 2133.
Creuilly (Paul-Édouard Colbert, comte de), mar. c., 1943, 1944, 2141, 2142, 2273.
Creuse (Directoire du dépt de la), cons LXV a, LXV f, LXIX.
Creutz (Comte de), ambassadeur de Suède, 3732.
Creutznach (Bernard), marchand de chevaux de Mayence, 2630, 2687.
Crevecœur (De), 2131.
—— (De), lieutt-cel du régt d'Harcourt, 3136.
Crevier, curé de Beautot (Seine-Infre), 1610.
Creyssel (De), 360.
Crezé (De), capne au régt de La Vieuville, 2273.
Crillon (Jos.-Dom.-Nic. de Balbes de Bertons, mis de), mar. c., 378, 419, 837, 903, 1013, 1016, 1017, 1108, 1109, 1175, 1287, 1334, 1428, con III.
—— (Franç. de Bertons de Crillon), évêque de Vence, puis archevêque de Vienne, 1604, 2100, 2143, 2400.
—— (Louis de Balbes de Bertons, mis, puis duc de), lieutt-gal, 2945, 3043, 3055, 3084, 3140, 3433, 3486, 3568–3573, 3578, 3598–3600, 3630, 3694, 3718, 3721, 3722, 19 s., con XLIX a.
—— (Louis de Bertons de), archevêque de Narbonne, 3179, 3229, 3235.
—— (De), officier aux Indes, 3541.
—— (L.-Pierre-Félix-Nolasque de Bertons de Balbes, mis de), 3718, col. LXIV.
—— (Comte de), 3718, 3721, 3722, 3724.
—— (Comtesse de), 3722.
Criord, agent du prince de Conti, 280, 289, 290.
Cristiane, capne, 2135.
Cristiani (Comte), 3389.
Crivelli. V. *Pandrau*.
Croce (Jérôme-André), directeur de la douane à Calvi, 3539.
Crocquet (De), capne au régt de Bretagne, 2370.
Croichet, officier municipal de Calais, 3719, 3725.
Croisait, 2244.
Croiset, 2371.
Croisettes (De), 118.
Croisi, habitant de Mézières, 2144.
Croisille (De), intendant, 344.
Croismare (Jacques-René, chr de), lieutt-gal, 3089, 3140, 3277, 18 s.
—— (Louis-Eug., chr, puis comte de), mar. c., 3410.
—— V. *Croixmare*.
Croisset d'Évremont, officier, 3482.
Croissy (Louis-Franç.-Henri Colbert, chr, puis comte de), lieutt-gal, 1943, 2028, 2220, 2458.
—— (J. B. Joachim Colbert de Torcy, mis de), lieutt-gal, 2989, 3452, 3464, 3465, 3494–3496, 3505, 3506, 3533, 3534.
—— V. *Colbert, Sablé*.
Croix (Chr de), mar. c. (au titre espagnol?), 1836, 1887, 1898, 1976.
—— (Mis de), général espagnol, 3179. 3180, 3232, 3233, 3235, 3247, 3248.
—— (De), 3768.
—— (Mis de), prévôt de Lille, con LIV.
—— **de Wasqual** (De). V. *Wasqual*.
Croixmare (De), sous-lt au régt Royal-artrie, 1901. — Cf. *Croismare*.
Crommelin, 3257, 3259, 19 s.
Cron (De), 880, 966, 967, 972, 980, 987, 1000, 1239.
Cronach (Manuel de), 1014.
Cronström (De), 1841, 1899, 1949, 1950, 1952, 2095, 2130, 2143, 2160, 2219, 2237–2239, 2241, 2244, 2301, 2388, 2412, 2421, 2745, 2851, 3030, 3032, 3205, 3210, 3309.
Croppet, capne au régt de Lorraine, 102.
Crose (De), gouverneur du fort de N.-D. de La Garde à Marseille, 2042.
Crosne (De), 3753, con LV.
Crottat (De), officier au régt de Bourbon-infrie, con LXI.
Croullé, 245.

Crousaz, major hollandais, 3183.
Crouy. V. *Doublet.*
Crouzet, 3689.
Crouzillac (De), cap^{ne}, 3187, 3256.
Croy (Duchesse de), 313.
—— (Abbé de), 1831.
—— (Philippe-Alexandre-Emmanuel de —, comte de Solre), lieut^{t}-g^{al}, 1943, 2047. — Cf. le suivant.
—— (De), 2133. — Cf. le précédent.
—— (Albert-François, ch^{r} de), colonel du rég^{t} de Solre, 2100, 2131.
—— (Comte de), 2138.
—— **-Molembais** (Ferdinand-Joseph, m^{is} de), 2143, 2159, 2221.
—— **-Solre** (Emmanuel, prince de), mar. Fr., 2923, 2970, 3135, 3143, 3198, 3407, 3409–3411, 3421, 3449–3452, 3459, 3461–3464, 3467, 3469, 3492–3497, 3502–3508, 3533–3538, 3545, 3547, 3549, 3559, 3561, 3563, 3564, 3568, 3573, 3587, 3621, 3623, 3630, 3747.
—— (Princesse douairière de), 3135, 3143.
—— (Prince de), colonel du rég^{t} Royal-cav^{ie}, 3684.
—— (De), officier au rég^{t} de La Couronne, 3032.
—— (Duc de), 3702, 3726, 3768.
—— V. *Havré, Rœulx.*
—— (De), maire d'Uzès, c^{on} LXV c.
Crozat, 1700, 1897, 2538.
—— chargé de la recette générale du clergé, 2272.
—— avocat au Parlement de Grenoble, 2131.
—— V. *Du Châtel.*
—— **d'Orfeuil**, 1885, 1892, 1976, 2142, 2255, 2411.
Crozet, oratorien, 3316.
Crozier (J.), 3145.
Cru (De), prévôt général de la maréchaussée du Berry, 2370.
Crublier de Gandaire, président du Directoire du dép^{t} de l'Indre, c^{on} LXV d.
Crugeot (Dame), A. 89.
Crugi-Marcilliac (Ch^{r} de), officier au rég^{t} d'Aunis, c^{on} LX.
Crumpipen (De), secrétaire d'État de l'empereur, 3759.
Crusell (De), lieut^{t}-c^{el} du rég^{t} de Leuville, 1988.
Crusi (De), officier au rég^{t} de Coislin, 79.
Crussol (De), 279, 342, 355.
—— **d'Uzès** (Judith d'Aumale, m^{ise} de), 1857, 2130–2132, 2138.
—— (Franç. Emmanuel, m^{is} de —— des Sales), lieut^{t}-g^{al}, 3001, 3050, 3057, 3244, 3245, 3263, 3291, 3451, 3466, 3492, 3495, 3497, 3507, 3538, 3568, 3572, 3579, 3581, 3630.
—— (Marguerite-Colbert de Villacerf, m^{ise} de), 3060.
—— (Duc de), c^{ons} LV, LXI, LXV c.
—— **-Florensac** (Pierre-Emmanuel, m^{is} de), mar. c., 3178–3180, 3229–3231, 3243, 3244, 3247, 3259, 3262, 3290, 3291, 3293, 3296, 3298–3303, 3305, 3310, 3329, 3334, 3391.
—— **d'Uzès** (Franç. de), évêque de Blois, 3308, 3309.
—— V. *Montausier, Uzès.*
Crux (Mis de), 2136.
Cruzel. V. *Crusell.*
Cuchot, cap^{ne} au rég^{t} de Choiseul, puis major de la place de Belle-Isle, 2420, 2700.
Cuébris (De), gentilhomme provençal, 3226, 3236.
Cueilly. V. *Lage.*
Cuelin (De), prévôt général de la maréchaussée du Hainaut, 1840, 2141.
Cuenin (J.-C.), adjudicataire de la ferme de Belfort, 2245.
Cuenod de Martinier (J. Franç.), officier de milice suisse, 3696.
Cuenot, major, 3712.
Cugnac (Pierre de Caumont-La-Force, m^{is} de), mar. c., 102.
—— (De), lieut^{t} de roi à Antibes, c^{ons} LVII, LXV, LXV d.
—— (De). V. *Du Bourdet, Pauliac.*
Cuigy, commissaire des guerres, 116, 158.
—— (De), cap^{ne}, 1861, 2098, 2099.
—— (De), major du rég^{t} de Saintonge, 2140, 2144, 2234.
Cuincy (Jacques-Ignace de Blondel, baron de), lieut^{t}-g^{al}, 484, 486, 489, 490, 492–494, 496, 499–504, 535, 536, 538, 542–554, 587,

588, 595-599, 602-605, 701, 703, 792.
Cuirassiers (Officiers du rég^t des), c^{on} LXV d.
Culan (De), 3420, 3452, 3460, 3496, 3500, 3510. — Cf. *Culant.*
Culant (René II?, comte de), 2188.
—— (Mis de), officier au rég^t Royal-Piémont, c^{on} LXI.
Culenbourg (Magistrats et clergé de), 276, 279.
Cullembourg, habitant de Clermont-en-Beauvoisis, 2141.
Cullin, lieut^t au rég^t de Berwick, 2798.
Cultines. V. *Duvergé.*
Cumasse, 1364.
Cumberland (Guill. Aug., duc de), 3086-3088, 3090, 3123-3126, 3206, 3210, 3261, 3277, 3278, 3310, 3431, 3436, 3438, 3439, c^{on} XVII.
Cumerny, consul d'Aubagne, 3260.
Cumiane (Abbé de), 1079, 1182.
—— (De), 3306.
Cumptich (Baron de), A. 90.
Cuninghame (Guill.), ingénieur anglais, 3495.
Cuno, «auditeur général» de l'armée impériale, prisonnier à Strasbourg, 1948.
Cupif (Robert), évêque de Dol, 158.
Cupillar (Don Joseph de), cap^{ne} espagnol, 1740.
Curduchesne. V. *Cœur-de-Chêne.*
Curelz (De), officier au rég^t d'Anjou, 988.
Curia, chirurgien-major, 1870.
Curli (Marquis), génois, 3252.
Cursay (Séraphin-Marie Rioult de Douilly de), lieut^t-g^{al}, 2889, 3044, 3094, 3095, 3097, 3098, 3139, 3140, 3142, 3143, 3152, 3160-3163, 3259, 3305-3307, 3330-3333, 3349, 3350, 3360-3362, 3370, 3371, 3378, 3380, 3404, 3405, 3415, 3417, 3419, 3421, 3449, 3457, 3584, 16 s., 23 s. — Cf. *Curzay.*
Cursol (Ch^r de), lieut^t-c^{el} du rég^t de La Couronne, 3198, 3207, 3263, 39 s.
Curten (De), 275. — Cf. *Courten.*
Curton, c^{on} XV.
—— V. *Chabannes.*
Curty (Pierre-Richard de), mar. c., 1943, 2220.
—— (Barthélémi), curé de Phalsbourg, 2321.
—— fils, cap^{ne} au rég^t de Provence, 2411.
Curvin (Jacquet de), officier ou commissaire d'artillerie, 3239, 3241, 3242.
Curys (De), trésorier d'armée, 2845.
Curzay (De), lieutenant de roi de Poitou, 2272, 2273. — Cf. *Cursay.*
—— (De), 3183.
Cusak (Richard de), irlandais, mar. c., 3200.
Cussana, 356.
Cussigny (St-Belin de), 86.
—— **de Vianges** (Dame), 2130.
Custine (Christophe?, marquis de), gouverneur de Nancy pour le duc de Lorraine, 2724.
—— (Marc-Ant., marquis de), mar. c., 3027, 3043, 3101, 3203, 3418, 3430, 3443, 3766.
—— (Adam-Philippe, comte de), lieut^t-g^{al}, 3685, 3707, 3741, 3753, 3754, c^{ons} LIV, LV.
—— **d'Auflance** (Comte de), c^{ons} LXI, LXII.
Cuttoli, corse, 3361, 3662.
Cutts, officier général anglais, 1644, 1647, 1648, 1651.
Cutz. V. *Cutts.*
Cuvelier, 1945, 2132, 2134, 2145, 2219, 2268.
Cuvilliers (De), commissaire des guerres, 311, 343, 351, 359-361, 364, 457, 554, 565, 612.
Cuvry (Le Goullon de), ancien major du rég^t de La Reine-cav^{ie}, 2244.
Cypierre (De), intendant, 3605, 3708, 3709, 3717, 3719, c^{ons} XLI, XLII, XLIV.
—— (De). V. *Chevilly.*
Cyrano (Pierre de), trésorier des offrandes et aumônes du roi, 101.
Cyret (Le P. de), oratorien, 2136-2142, 2144, 2269-2273.
Cysoing (Ant., abbé de), 1831, 1835.

D

Dabadie. V. *Abadie* et *Dabbadie.*
Dabancourt. V. *Abancourt.*
Dabbadie, lieut^{t} de maire à Navarrenx, 1982. — Cf. *Abadie.*
Dabel, lieut^{t} de la maréchaussée d'Aix-en-Provence, 1703, 1974, 2174.
Dabemont, major du rég^{t} de Broissia, 1955.
Dabguerbe, lieut^{t} d'invalides, 2270.
Dabiac (d'Abjac?), aide-major au rég^{t} d'Île-de-France, 1954.
Dabon (J.-Franç.), à Gap, 2143.
Dacier (André), garde des livres du Cabinet du roi, académicien, 2131, 2564.
Dacimont, 1856.
Da Costa (Telles), cap^{ne} au rég^{t} de La Rochefoucauld, 2823, 3197.
Dacquigny, lieut^{t} aux Gardes françaises, 146.
Dadoncourt (Dominique Suart), brig., 2105, 2135, 2177, 2180, 2181, 2255, 2328–2332, 2404, 2466, 2468, 2488, 2501, 2505, 2559, 2561, 2562, 2564, 2575, 2609, 2619, 2620, 2622, 2631–2634, 2643, 2644, 2655, 2664, 2676, 2677, 2688, 2724, 2732, 2739, 2763, 2768, 2820, 2825, 2851, 2852, 2864, 2873, 2874, 2891, 2892, 2952, 2967.
Daelmans, prévôt de l'abbaye de Montaigu près Louvain, 3087.
Daffaux, entrepreneur de fourrages et de vivres, 1611, 1613, 1699, 1896, 2412.
Daffis, major à Lauterbourg, 2136.
—— commissaire des guerres?, 3123.
Dagnan, lieut^{t} au rég^{t} de Poitou, 2044.
Dagnos (d'Agnos?), cap^{ne} au rég^{t} Mestre-de-camp-g^{al} de dragons, 884.
Dagobert (Luc. Sim. Aug.), cap^{ne} au rég^{t} Royal-Italien, général sous la République, 3766.
Dagoult. V. *Agoult.*
Daguerre, 1424, 1705.
Daguesseau, intendant, 362, 419, 420, 484, 487.
—— (Henri-François), procureur général au Parlement de Paris, chancelier de France, 1525, 1604, 1660, 1700, 1895–1898, 2033, 2095, 2130, 2131, 2144, 2183, 2271, 2339, 2371, 2411, 2412, 2421, 2469, 2622, 2679, 2713, 2771, 3006, 3075.
Daguesseau (H.-L., ch^{r}), mar. c., 2924.
—— (H.-Franc. de Paule?), 3075, 3410, 3630. — Cf. *Daguesseau de Fresne.*
—— V. *Aguesseau.*
—— **de Fresne**, conseiller au Parlement, maître des requêtes, 3075.
Daguin, maire de St-Maixent. c^{on} LXV c.
Dagujon, cap^{ne} au rég^{t} de Vendôme, 2133.
Daidé, 356.
Daillebours. V. *Ceny.*
Daillon (Gaspard de), évêque d'Albi, 361.
Dailly, cap^{ne} au rég^{t} de St-Vallier, 2230.
Daimard, curé de Longwy, 2396.
Dain (ch^{r}), enseigne de vaisseau, 2144.
Daincibourg, entrepreneur de fournitures, 2141, 2142.
Daine, entrepreneur de fournitures?, 2145.
—— 3498, 3499, 3540, 3574.
Dainval. V. *Han.*
Daire, 1886.
Daison, cap^{ne} au rég^{t} de Champagne, 1982.
Daix, aide-major du rég^{t} de Villars-Suisse, 2131, 2159.
Dajasse, 134.
Dajot, ingénieur, 3702, 3703.
Dalba, colonel du rég^{t} d'Auvergne, 1861.
—— V. *Alba (d').*
Dalbende, gentilhomme espagnol, 2105.
Dalbert. V. *Albert (d').*
Dalbessart, cap^{ne} au rég^{t} d'Orléans-cav^{ie}, 1903.
Dalbignac, commissaire des guerres.

1787, 1790, 2186, 2268, 2273, 2371, 2419, 2622.
Dalen, officier hollandais, 3309.
Dalenne, bourgeois de Béthune, 2157.
Dalentun, commissaire d'artillerie, puis cap^{ne} dans les troupes boulonnaises, 2137.
Dalesme, conseiller au Parlement de Bordeaux, 1901.
—— ministre plénipotentiaire près l'électeur palatin, 3474, 3550, 3552.
Dalet, commissaire des guerres, 3183.
Daleyrac. V. *Aleyrac (d')*.
Dalgue, officier au rég^{t} de La Roche-Aymon, 3471.
Dalibour, chirurgien, 2153, 2224.
Dalibourg, membre du Directoire de la Mayenne, c^{on} LXV d.
Dalichou (Armand), chirurgien-major au rég^{t} de Boulonnais, 2324.
Dalies, lieut^{t} au rég^{t} de Dauphin-inf^{rie}, 2045.
Daligre. V. *Aligre*.
Dalin, officier d'une compagnie d'invalides à Landerneau, 2264.
Dalincour, ingénieur, cap^{ne} au rég^{t} de Nivernais, 1856.
Dalion. V. *Alion*.
Dallard (Riosset), commissaire de l'artillerie, 1595.
Dallery (D'Allery?), 1839.
Dallet, auteur de mémoires et de poésies, 3495, 3497.
Dally, archiprêtre de Barraux, 3753.
—— V. *Allye (d')*.
Dalmas, commissaires des guerres, 667, 1417, 1418, 1706, 2095, 2135, 2143, 2183, 2244, 2266, 2268, 2273, 2371, 2789, 2790, 2916, 2917, 3000, 3039, 3041, 3042, 3045, 3046, 3123–3125, 3220, 3260, 3285, 3314, 3387.
—— curé de Chenon, 2131, 2132.
—— cap^{ne} au rég^{t} d'Esgrigny, 2136.
—— (De), gentilhomme du pays de Toul, 2141.
—— cap^{ne} au rég^{t} de Poitou, 3649, 3715.
—— procureur général syndic du dép^{t} de l'Ardèche, c^{on} LXVIII.
Dalon (Romain), premier président du Parlement de Bordeaux, 1798, 1896, 1897, 1899, 2131, 2188, 2269, 2417.
Daloncour, 555, 556.
Daly, cap^{ne} et aide-major au rég^{t} de Nugent, 2370.
Damas (Ch^{r} de), 1703, 1862, 2105, 2135, 2140–2143, 2177, 2178, 2180, 2251, 2375–2377, 2379, 2562, 2609, 2697, 2699, 2700, 2712, 2732, 2739, 2746, 2783, 2820.
—— (Gilbert, comte de), 1760, 1843, 1856, 2132, 2133, 2135, 2137, 2147, 2152, 2160, 2222, 2224, 2229, 2268, 2270, 2299–2301, 2370, 2371, 2376, 2415.
—— aide-major dans une brigade de Carabiniers, 3017.
—— (Comte de), 3759.
—— (Ch^{r} de), c^{on} LVI.
—— (Charles, comte de), c^{el} des Dragons de Monsieur, c^{ons} LVII, LXIII, LXV, LXV a, LXV c.
—— (Le P.), missionnaire aux Indes, c^{on} LXV c.
—— **d'Anlézy** (L. Ant. Erard, comte de), mar. c., 1855, 1856, 1858, 1897, 1949, 1952, 2031, 2134, 2137, 2141, 2169, 2183, 2237, 2239, 2242, 2244, 2322, 2323. — Cf. *Anlezy*.
—— **de Ruffey**. V. *Ruffey*.
Damat, cap^{ne} en garnison à Neuf-Brisach, 2137.
Damazit. V. *Espagnac*.
Dambach (Baron de), officier du service de Prusse, 3722.
Dambels, cap^{ne} au rég^{t} de Sault, 146.
Damblazel, officier de partisans, 2042.
Damelin, cap^{ne} au rég^{t} d'Angennes, 2231.
Damiel, cap^{ne} au rég^{t} de Champagne, 2343.
Damien, cap^{ne} au rég^{t} de Péry, 2162, 2163.
Damiens, major du rég^{t} de Solre, 2217, 2222.
—— cap^{ne} d'une compagnie franche, 3040, 3054.
—— V. *La Fretée*.
Damiette (Comte de), 15 *s*.
Dammartin (Comte de), cap^{ne} au rég^{t} Royal-Comtois, 2130, 2131.
Dammelin. V. *Beaurepaire*.

Damoiseau (Franç.), ingénieur, brigadier, 2301, 2376, c^{on} XIII.
—— 2786.
Damoresan. V. *Amoresan (d')*.
Damou. V. *Amou (d')*.
Damour, cap^{ne} au rég^{t} d'Auxerrois, 2137.
—— correspondant entretenu par Belle-Isle en Allemagne, 2632, 2633, 2644, 2664, 2676.
Damours, 137, 311, 396, 397, 468, 505.
Dampierre (De), lieut^{t} au rég^{t} de Navarre, 141, 146.
—— (De), 360.
—— (De). maire de Chaumont-en-Vexin, 1526, 1604.
—— (Jacques-Jos. Huet de), brig., 1952, 2134, 2137, 2140.
—— (Mme de), 2130.
—— (Ch^{r} de), 2139, 2144, 2371, 2379, 2412.
—— (De), 2736.
—— (H.-P.), président du Directoire de l'Aube, c^{on} LXVII.
—— chargé des hôpitaux de l'armée de Provence 3311.
Dampmartin (Anne-Henri Cabot, v^{te} de), lieut^{t}-c^{el} du rég^{t} de Lorraine-dragons, c^{on} LXV e.
Dampus, commd^{t} à St Florent (Corse), 3635.
Damseaux (Jacq. Ignace de), ex-page de la grande Écurie, 2021.
Damville (Franc. Christ. de Lévis-Ventadour, c^{te} de Brion, puis duc de), mar. c., 116, 131. — Cf. *Anville* et *Danville*.
Damvillers (Échevins, bourgeois, etc., de). V. *Liénard, Lux, Novion, Tinturier,* etc.
Danchecour, curé-doyen de Dun-sur-Meuse, 2138.
Danchemant. V. *Marnay*.
Dancour, 668.
—— officier du rég^{t} de Tournaisis, 1483.
—— officier en garnison à Port-Louis, 2170.
Dandilly. V. *Andilly*.
Dandouville, 137.
Dandrey, maître de forges en Franche-Comté, 2168.
Dandron, aide-major de la place d'Arras, 2133, 2134.
Danel, cap^{ne} réformé à la suite du rég^{t} de Sparre, employé aux renseignements, 2137–2139, 2145.
Danemark (Roi de), 566. — Cf. Christian VI.
—— N... (Ambassadeur de), 599.
Danes (J.), 26.
Danfernet (Ch^{r}), chef de la compagnie franche de ce nom, 3242, 3243, 3262, 3311, 3314, 3385.
Dangé d'Orsay, 3554, 3555, 3565, 3583.
Dangeau (Mis de), ambassadeur, 279–282, 288–290, 345–355.
—— (Phil. de Courcillon, m^{is} de), 2140.
Dangeul, 3432.
Danglefort, cap^{ne} au rég^{t} de Nupcès, 1759.
Danglure. V. *Anglure*.
Danicourt, cap^{ne} au rég^{t} de Fontenilly, 2141.
Daniel, officier d'artillerie ?, 1875.
—— maire de Niort, c^{on} LXV c.
—— cap^{ne} au rég^{t} de Flandre, 3360.
—— administrateur du district de Redon, c^{on} LXV c.
Daniot, lieut^{t} au rég^{t} de La Marine, 146.
Dankelmann (De), gentilhomme brandebourgeois, 889, 995, 1608, 1701.
—— (Baron de), 2927.
Danmartin, près Toul (municipalité de), c^{on} LXIV.
Danneau (Sœur Marie-Anne), abbesse de N. D. à Ath, 3138.
Dannery, major du rég^{t} de la Reine-cav^{ie}, 2143, 2219.
Danneval. V. *Anneval (d')*.
Dannevoux. V. *Annevoux (d')*.
Danny, sous-l^{t} de la compagnie de Soufflet, 2243.
Danois. V. *Le Danois*.
Dantelmi, 3239, 3314. — Cf. *Anthelmi*.
Danthoing. V. *Anthoing (d')*.
Danton, 2144.
Dantressantis, enseigne, 415.
Danville, directeur de l'hôpital de Fort-Louis du Rhin, 987.
—— major du rég^{t} de Champagne, puis du château neuf de Bayonne, 1892, 2144.
—— V. *Anville* et *Damville*.

Danvillée, cap^{ne} de compagnie franche, 2219.
Danye, échevin de La Fère, 2135, 2183.
Danzel, cap^{ne} au rég^{t} de Lorraine, 2137.
—— échevin d'Abbeville, 2222.
Daoust, 466.
Dapcher, 1861, 1872.
Daquet, cap^{ne} au rég^{t} de Tournaisis, 1861.
Daragon. — Cf. *Dardenne*.
Daran, religieux dominicain à Paris, 3070, 3238.
Darance, brodeur à Lyon, 3508.
Darbamont, subdélégué à Vaucouleurs, 2340.
Darbaud, cap^{ne} réformé au rég^{t} d'Asfeld, 2981.
Darbo-Casaubon, cap^{ne} au rég^{t} de Tallart, 2142, 2272.
Darbon, gouverneur de Metz, 11.
—— commis de la Guerre, 92, 96, 98, 360.
—— command^{t} de la citadelle de Verdun, 997, 1754, 1854, 1855, 2169, 2242.
Darché, 264, 299.
Darcy, 1215. — Cf. *Arcy (d')*.
Dardelié, trésorier de la ville de Suse, 1968.
—— commissaire provincial de l'artillerie, 2184.
Dardena, 420.
Dardenne d'Aragon, 419.
Dardennes, cap^{ne} au rég^{t} Dauphin, 1861, 1968, 1971.
Daremberg. V. *Aremberg (d')*.
Darène, lieut^{t} au rég^{t} de Lorraine, 1855.
Darenes, cap^{ne} au rég^{t} de St-Gervais, 1707.
Daret, garde d'artillerie, 225.
—— lieut^{t} au rég^{t} de Montesson, 2132.
Daretz, armurier, 2156.
Dargelé. V. *Argelé (d')*.
Dargence, officier au rég^{t} de Senneterre, 2228.
—— 3054.
Darget, ministre ou agent de l'évêque de Spire à Paris, c^{on} XLVII b.
Dargout, officier au rég^{t} de Piémont, 3199.
Dargy (D'Argy?), lieut^{t} au rég^{t} de Périgord, 2139.
Daribat, cap^{ne} au rég^{t} de Bassigny, 2135.
Darigny, officier au rég^{t} du Roi-cav^{ie}, 1846, 1858, 1895.
Darimont, 2242.
Darismendy. V. *Arismendy (d')*.
Darjuzon, trésorier général de la caisse des amortissements, 3641.
Darlen. V. *Montigny*.
Darlington. V. *Arlington (d')*.
Darlon, major du rég^{t} de Biron, 2142, 2268.
Darmancour, 2242.
Darmand, 3028.
Darmeinville (Guill. de), lieut^{t} au rég^{t} de Soult, 146.
Darmisac, officier, 2052.
Darmstadt (Prince de), 1800, 2755.
Darnac, lieut^{t} au rég^{t} de Solre, 1861.
Darnaud (Franç.), lieut^{t} de roi de Bourbourg, 102.
—— cap^{ne} au rég^{t} de Bassigny, 1831, 1832.
—— lieut^{t}-c^{el} d'inf^{rie}, 1943.
—— lieut^{t}-c^{el} du rég^{t} d'Anlézy, 1949.
—— lieut^{t}-c^{el} du rég^{t} de Voluire, 2023.
—— cap^{ne}, puis lieut^{t}-c^{el} du rég^{t} Royal-La-Marine et du rég^{t} d'Angennes, 2133, 2135, 2370, 2371.
—— lieut^{t}-c^{el} du rég^{t} de Montboissier, 2144, 2271.
—— lieut^{t}-c^{el} du rég^{t} de Villequier, 2145.
—— lieut^{t}-c^{el} du rég^{t} de Trécesson, 2393.
—— **de Sandricourt** (Mme), veuve du major du rég^{t} d'Heudicourt, 2371.
—— maire de Privas, c^{on} LXVII.
Darnaudot (L.-J.-H.), député du Béarn à l'Assemblée N^{le}, c^{ons} LXV a, LXVI.
Darnault (Gabriel), mar. c., 3094–3096, 3127, 3148, 3173–3175, 3178, 3224, 3227, 3233, 3239, 3255, 3256, c^{on} XVIII.
—— officier invalide, 3715.
Darnaut, 512.
Darragon (J.-J.), invalide à la citadelle de Cambrai, 2138.
Darras (Franç.), maître charpentier de la Marine, à Abbeville, 2312.

Darrentier. V. *Arrentier (d')*.
Dartigue (ch^{r}), colonel d'artillerie, directeur en chef à Bordeaux, 3578.
Dartois, maréchal-des-logis de dragons, 2133.
Darventwater (comte de), partisan des Stuarts, 3184.
—— (comtesse de), 3154, 3184.
Dary, officier au rég^{t} de Foix, 3727, 3748.
Dasque, commissaire g^{al} de la Marine, 3577, 3630.
Dassé. V. *Montfaucon.*
Dassier, s^{r} d'Adainville, enseigne au rég^{t} de Picardie, 146.
Dassule, entrepreneur de fournitures à Nancy, 2242.
Daste, cap^{ne} au rég^{t} de Limousin, 1896.
Dastier, aumônier des Grenadiers à cheval, 3142.
Dastour, consul de Toulon, 3186, 3256, 3314.
Dastron, commissaire des guerres?, 2133.
Dastuart, cap^{ne} au rég^{t} de La Fère, 1856, 2131.
Datibour (Jacques), chirurgien-major de la Gendarmerie, 1586, 2137.
Datte (J.), entrepreneur de fournitures de souliers, 2134, 2272.
Daty, major du rég^{t} de Desmaretz, 2132.
—— cap^{ne} au rég^{t} de La Luzerne, 1901.
Daubenton (Le P.), jésuite, confesseur du roi d'Espagne Philippe V, 1599.
—— commissaire de la Marine, 1791, 1802.
—— (Louis), procureur au Parlement de Dijon, 2267.
—— subdélégué à Montbard, 3184.
Daubert, officier au rég^{t} de Du Boulay, 1768.
—— député du dép^{t} de Lot-et-Garonne, c^{on} LXVI.
—— président du Directoire de la Mayenne, c^{on} LXV d.
Daubery, lieut^{t} au rég^{t} des Gardes du duc de Mantoue, 1861.
Daubeuf, gouverneur de Fécamp, 1610.
Daubigny. V. *Aubigny (d')*.
Daubray, 88, 149.
Daubrespy, cap^{ne} d'inf^{rie}, 3540
—— V. *La Farelle.*
Daucour. V. *Aucour (d')*.
Daudé, 1892.
Daudet (Ch^{r}), ingénieur géographe, 3725.
Daudiffret. V. *Audiffret (d')*.
Dauger (Guy-Aldonce), lieut^{t}-g^{al}, 499, 603, 702, 703, 949, 954, 702, 1060.
—— major à Mont-Dauphin, 1331.
—— (Louis-Philippe, ch^{r}), lieut^{t}-g^{al}, 1831, 3064, 3065, 3119, 3172, 3226, 3229, 3230, 3240, 3290, 3291, 3296, 3329. — Cf. *Dauger* (L. Alex.).
—— frère du précédent, 1831, 1856, 2108, c^{ons} VII-IX.
—— (Louis-Alexandre?, comte), lieut^{t}-g^{al}, 2133–2136, 2138, 2139, 2141, 2159, 2160, 2183, 2186, 2215, 2216, 2220, 2221, 2224, 2270, 2271, 2273, 2300, 2308, 2322, 2323, 2338, 2343, 2371, 2377, 2378, 2380–2384, 2396, 2411, 2458–2460, 2516, 2990. — Cf. *Dauger* (Louis-Phil.).
Daulebeau, ingénieur, 972.
Daulnoy, habitant de Toul, 2169.
Daulphin, cap^{ne} au rég^{t} de Du Boulay, 1899.
Daumas (Les frères), lieut^{ts} au rég^{t} du Roi, 988.
—— cap^{ne} au rég^{t} de Beaujolais, puis dans la compagnie franche d'Hauterive, 1861, 1905.
Daumesnil, cap^{ne} au rég^{t} Dauphin, 1855.
—— **du Hauboscq**, de Caen, 3761.
Daumont, officier au rég^{t} de Forsat, 2318, 2319.
Daumours (Ch^{r}), consul à Baltimore, 3736.
Daun (de), 1864, 2688.
—— (Comte de), feld-maréchal autrichien, 3431, 3437, 3444, 3446, 3478, 3482, 3484, 3485, 3505, 3515, 3585.
Dauphin (Louis de France, fils de Louis XIV, dit le grand Dauphin), 975, 997, 1214, 1257–1258, A. 87. A. 88.
—— (Louis de France, fils de Louis XV), 17..

Dauphin (Chr), officier au rég^t de Piémont, 2136.
—— de Clermont, 3063.
—— de Lons-le-Saulnier, 3258.
—— **-infrie** (Conseil d'admon du rég^t), cons LXIII, LXIV, LXV d.
—— **d'Halinghen** (Ch.-Franç.), lieut^t g^al de Boulogne-sur-Mer, 3326.
Dauphiné (Parlement du), con XLVI.
Dauquoy. V. *Vaillant.*
Daure, magistrat? à Montpellier, 3631.
Daureillan, capne d'infrie, 3540.
Daussonne, 141.
Dauteuil (Chr), capne au rég^t de Bourgogne, 3464.
Dauthy (Dauchy?). V. *Authy (d').*
Dautremer, officier m^al d'Amiens, con LXV c.
Dauval, 182, 313, 396, 419.
Dauvergne, 3541.
Dauvet (L.-Nic., marquis), lieut^t-g^al, 3089, 3095, 3097, 3108, 3142, 3144, 3197, 3206, 3262, 3278, 3418, 3434, 3436-3439, 3441-3443, 3450, 3461, 3475, 3488, 3489, 3512, 3513, 3516, 3517, 3526, 3561-3563, 3565, 3592, 3602, 3609, 3611-3614, 3622, 32 *s.*, 49 *s.*
—— V. *Rieux.*
Davarond (Jean), laboureur à Rauville-la-Place (Manche), con LXV d.
Davatz, capne au rég^t de Surbeck, 2391.
Davelac (Davelat?), officier au rég^t de Sourches, 1502, 1862. — Cf. *Avelac.*
Daverdon, dit Bucquet, aumônier de M. de La Croix, 2245.
—— 2789, 2790.
David, échevin de Sedan, 958, 2141, 2169, 2244, con XIV.
—— capne au rég^t d'Angennes, 2270.
—— lieut^t-c^el du rég^t d'Esterazy, 2796.
—— échevin de Marseille, 3178, 3187, 3232, 3258, 3260.
—— maire de Morlaix, 3188.
—— frères, banquiers à Marseille et à Gênes, 3224, 3247-3249, 3290.
—— de Lille, 3335.
—— de Caen, 3569, 3749.
David (S.), de Bergues, charpentier de la Marine?, 3536.
—— commissaire ordonnateur, con LXVII.
—— directeur de la Compagnie des Indes, 3541, 3575, 3629, con XXXV.
—— de La Corogne, 3619.
—— 16 *s.*
Davignon, subdélégué, 2267.
—— sénéchal de la maréchaussée en Provence, 3187.
Davila (Franç.), A. 89.
Davisson, officier écossais?, 141.
Davoudrey (Fr. Augustin), capucin, 2145.
Davout, capne au rég^t Royal-Champagne, 3689, 3707.
Davremond, prévôt général d'armée, 198.
Davy. V. *Amfreville.*
Dax (magistrats, etc., de), cons LXVIII, LXX.—Cf. *Ramoubordes, Noailles,* etc.
Day, trésorier général des finances de Navarre, 1982.
Daylux, capne au rég^t Royal-Artillerie, 1830.
Dayme, procureur à Phalsbourg, 2739, 2741.
—— 3523.
Dayot (L.), procureur syndic du district de Redon, con LXV c.
Deageant, major du rég^t d'Auvergne, 271.
Debar, trésorier de France en Champagne, 2729.
Debarrau. V. *Desbarreaux.*
Debaux, membre du Directoire du dép^t du Var, con LXV b.
Debeau, habitant d'un village près de Luxembourg, 2269.
Deblanchet, capne au rég^t de Dampierre, 1832.
Debly, lieut^t au rég^t de Bourbonnais, 2244.
Debocq, marchand à Strasbourg, 1849, 1954.
Debonnaire, échevin de Roye, 2415.
Debord, capne au rég^t de Lassay, 2137.
Debordes, officier, 1855.
Debrière, ancien notaire, 2132.
Debrosse (De), 3070, 3071.
Debrun, officier, 1830. — Cf. *Brun.*
Debry, major du rég^t des Feugerets, 1832, — Cf. *Bry.*

Decaillot (Mme), veuve d'un maréchal-des-logis de dragons, 2143.
Decandie. V. *Candie.*
Decazau. V. *Cazau.*
Decès, prévôt d'armée, 1884, 1895, 2132.
—— (Jeanne de La Baume, dame), 1903.
Decessart, ingénieur en chef des Ponts et Chaussées, con XLIX a.
Dechalles, commissaire des guerres, 1572.
Decharnes, 151.
Dechaux, officier de compagnie franche, 1858.
—— capitaine au régt de Flandre, 2251.
Decize (Habitants de), 117. — Cf. *Voumas.*
Decleinne, officier de dragons, 1862.
Decointe, maire de Lorient, con LXV c.
Decombe, 296, 409, 1610, 2871.
—— maire de Vienne (Dauphiné), 3396.
Decrest, 3587, 3588.
Decrose, capne au régt de Rennepont, 1861.
Dedon, commissaire d'artillerie, 1977.
Dedons, consul d'Aix, 3310, 3314, 3392.
Deekere (Chr de), ancien officier, 3727.
Defarge, 1862.
Defaux, aumônier du fort Belin, 1674, 1850.
—— 1857.
Defès, commissaire des guerres (?), 2134, 2322.
Defferrez, 2159.
Defforges, sous-aide-major de Gendarmes, 2130.
Deffosse, officier, 1943.
Defita, lieutt-criminel, 360, 361.
Defluy, fermier des messageries de Sedan et de Charleville, 2270,
Defusy, entrepreneur de fourrages, 1759.
Degand, mayeur du Quesnoy, 2140, 2219.
Degenfeld-Schonburg (Comte de), 2794, 2796, 2825, 2839.
Degeys, subdélégué de l'intendant du Dauphiné, 2622.
Degorris, commissaire de la Marine du Ponant, 30.
Degouge, curé d'Ardres, 2136.
Degraix, échevin de Lyon, cons LVII, LX.
Dehau, conseiller municipal de Lille, con LIV.
Dehem, subdélégué, 1840.
Dehoust, bourgeois de Bavay, 3137.
Dehusson, ancien officier de compagnie franche, 2250.
Dehuz, président du présidial de Toul, 2321.
Deidier, ingénieur, 2230.
—— prêtre, 3315.
—— chirurgien à l'hôpital de Wissembourg, 3727.
Dejean, curé de Saint-Vincent de Lespinasse, 2133.
—— capne de fusiliers, 2261.
—— capne au régt de La Couronne, 2958.
—— (Chr), capne de chasseurs à cheval, 3740.
—— prévôt de la Marine à Toulon, 3763.
Delaage, receveur des tailles à La Rochelle, 2271.
Delaborde, maire de Vézelay, 2269.
—— lieutt-gal de Crécy-en-Brie, con LXVIII.
Delacour, ingénieur (?), 1115.
—— **d'Ambézieux** (Ch.-Claude), président du Comité des rapports à l'Assemblée nationale, cons LXIV, LXV c, LXV d, LXV e, LXV f, LXVI.
Delacroix, 542.
Delagarde, major de Port-Louis, 2104, 2242.
Delagueulle, marchand drapier à Orléans, 2373.
Delahault de Ransÿ, capne de cavie, puis gendarme de la Garde du roi, 1945.
Delaire (Abbé), 2371.
—— (Chr), ingénieur, capne, 3729.
Delaistre, lieutt de roi de Saint-Jean-Pied-de-Port, 3717.
Delajutais, fermier du tabac du comté de Nice, 2174.
Delalande, échevin de Romorantin, 3182.
Delalane (Dame), 2133.

Delalo, entrepreneur des hôpitaux d'Artois, 2139, 2185.
Delambre, député du Cambraisis, c^on LXV c.
Delandre, prisonnier à Mézières, 1841.
Delaplace, trésorier du roi à Saint-Julien, près Genève, 1873.
—— officier au rég^t de Kerkem, 2095, 2371.
Delaplane, officier de l'élection de Dreux, 2183.
Delaporte. V. *La Porte (de)*.
Delarche, membre du Conseil supérieur des Indes, 3541.
Delarrache, agent politique à Bayonne, 610.
Delarras, officier du rég^t de Trécesson, 2242.
Delarue, officier à Rheinau, 988.
—— lieut^t au rég^t de Courten, 1907,
—— 2094.
—— secrétaire du comte d'Eu (?), 2943.
—— curé, président des Amis de la Constitution d'Huningue, c^on LXVI.
Delarüe, de Caen, ancien employé des Domaines, c^on XL.
Delattre, échevin de Guise, 2187, 2415.
Delaunay, commis de l'extraordinaire des guerres, 2156, 2219.
—— V. *Launay*.
—— d'Oléron, c^on LXV c.
—— (Étienne), commissaire des guerres, c^on LXXI.
—— procureur-g^al-syndic de Maine-et-Loire, c^on LXV c.
Delaval, maire de Tournus, c^on LVII.
Delavallée, correspondant secret (?), 831.
Delavaupe (Abbé), syndic de la Commission intermédiaire provinciale de Touraine, c^on LXVII.
Delbeuf, commissaire des guerres, 1891, 1892, 2219, 2226, 2299.
Del Borgo (Marquis), envoyé du duc de Savoie à La Haye, 1866–1868, 1960–1963.
Delbos (?), lieut^t au rég^t de Navailles, 88.
—— lieut^t de roi au gouvernement de Furnes, 342, 346.
Del Campo (Fernandez), 356.
Del Castillo (Raphaël), 2142, 2143, 2220.
Del Corral, 2143.
Delcourt (A.), docteur en théologie et professeur à Douai, 1830, 1831.
—— officier au rég^t de Lassay, 2269.
Deleau, directeur de la poste à Verdun, 2033, 2242.
Delebarre, avocat à Cambrai, 2138.
Delebecque, 310.
Deléglise, entrepreneur de fournitures des hôpitaux à Marseille, 2142.
Delegorgue, échevin d'Abbeville, 2132, 2183.
Delegoue, 2986, 3088.
Delegove, subdélégué au Quesnoy, c^on XVII.
Delens (E.-F.), médecin à Mont-Royal, 992.
Delespine d'Andilly, auteur d'un mémoire sur l'emploi du métal des cloches, c^on LXIII.
Delessart, 3183, 3184.
—— directeur de la Compagnie des Indes, 3674.
—— V. *Lessart*.
Delettre, subdélégué à Saint-Jean-de-Luz, 2267.
Deley. V. *Castellas*.
Delfini (Comte L. Panizza), 1960.
Delfino (Cardinal), 1519, 1586.
Delgado Rubbio (Don Juan), 1696.
Delhort, grand prévôt des maréchaux en Dauphiné, 1972, 2137.
Delian (Deliar ?), prévôt de la maréchaussée de Maubeuge, 2220.
Delile, lieut^t aux Volontaires de Lancize, 3329.
Delinge, habitant de Charleville, 2169.
Delippe, lieut^t au rég^t de Choiseul-Cav^ie, 1858.
Delisle, gouverneur de Trino, 1861, 2136.
—— «chargé des affaires du rég^t Dauphin-cav^ie», 2145.
—— munitionnaire, 3552, 3555.
—— officier du Génie, 3703, 3708, 3709, 3714, 3725.
Delissalde (J.-B.), médecin à Bayonne, 3625.
Della Cattolica (Prince), 1877.
Dellicelli, de Mantoue, 1862.

Dellor, cap[ne] au rég[t] de Montmorin, 3200.
Delmas, commissaire des guerres, 110.
—— (Delmons?), officier au rég[t] de Gensac, 2243.
Delon, chirurgien-major du rég[t] de Vivarais, 987.
—— lieut[t] au rég[t] de Tarnault, 1855, 1945.
Delor (Ch[r]), lieut[t] au rég[t] de Vosges (Vauges?), 2187.
Delorme, aide-major de la place de Longwy, 1857.
Delort, 1952.
Deloubes, officier, 2144.
—— (Mme —, née de Borderie), 2144, 2145, 2261.
Deloyre, major du rég[t] de Nice, 3007.
Delpech, receveur général des Finances, 2185, 2262, 2263, 2268, 2271–2273, 2339.
Delpons, officier, 2370.
Delpuech maréchal-des-logis au rég[t] de Languedoc, 1856.
Delreil (?), commissaire des guerres?, 794.
Del Rio (Don Antonio), 2319.
Delsol, exempt de la maréchaussée à Maubeuge, 2220.
Deludes, cap[ne] au rég[t] de Saintonge, 1849.
Delugé, maréchal-des-logis au rég[t] de Saint-Aignan, 2783.
Del Valle (Mis), gouverneur de Termonde pour le roi d'Espagne, 1937, 1944, 2022.
Delvaux (Guill.), évêque d'Ypres, 3029.
Delveil, cap[ne] au rég[t] de Champagne, 1703.
Delvigne-Mercœur (Veuve), 1942.
Demarle. V. *Marle.*
Demaugeot, prieur de l'abbaye de Genlis-lès-Villequier, c[on] LX.
Demay (Abbé), 3336.
Demilleville, médecin à Lille, 3754.
Demine, cap[ne] au rég[t] d'Auvergne, 1892.
Demion-Dupré, commissaire provincial d'artillerie, 2257.
Demolle, lieut[t], 1839.
Demonge. V. *Monge.*
Demons, maître de postes à Dijon, 420.
—— (Christophe et Louis), officiers, 123.
—— **de Colombier**, officier, 1830.
Demont, 1855.
Demontet, 2132.
Demonts, officier, 362.
—— maire de Coutances, 2137, 2186.
—— major de la place de Maubeuge, 2226, 2234, 2371, 2378, 2444.
Demonville (Bonnet de), gentilhomme normand, 3504.
Demoulins, commissaire des guerres (?), 2136.
Dempsy, médecin, 2137.
Demuin (De), intendant, 271, 292, 293, 362, 420.
Demus, commissaire des guerres, 616.
Denarelle (Mme), directrice de théâtre à Lille, 3768.
Denat, prêtre à Angoulême, 2144.
—— lieut[t]-c[el] du rég[t] de Bissy, 2244, 2269.
Dendermonde. V. *Termonde.*
Denesde, c[on] XLVIII.
Denis, médecin, 360.
—— trésorier général à Paris, 2137.
—— médecin à Paris, 2141, 2142.
—— habitant de Toul, 2169.
—— commissaire des guerres, 2759, 2760, 2799, 2851, 3008.
—— ingénieur-géographe, 3073.
—— de Douai, 3645.
Denize (Ch[r]), officier, 1832, 1844, 1845, 1856–1858, 1955, 2033–2035, 2056, 2130–2136, 2139, 2141–2143, 2167, 2169, 2183, 2238, 2242–2244, 2268, 2269, 2273, 2321, 2322, 2370, 2371, 2377, 2392, 2420, 2452, 2622, 2631.
Dennetiers (Dom Louis), ex-religieux de l'abbaye de Saint-Martin de Tournai, 2321.
Denneville, contrôleur des fourrages à Fréjus, 3259.
Denois, cap[ne] au rég[t] de Saint-Germain-Beaupré, 2371.
Denonville (Jacques-René de Brisay,

vicomte de), mar. c., 564, 608, 670.
—— (Ch^{r} de), 670, 794, 967, 970, 986, 990, 1877.
—— (Pierre-René de Brisay, comte de), brig., 1895, 2270.
—— V. *Brisay*.
Dentremeuse (Nic.), habitant de Charleville, 2169.
Denyon, 2143.
Denys (Daniel), 3601.
—— commissaire des guerres, 3669.
Depart (Municipalité de), c^{on} LXV.
Depatin, chanoine de la Sainte-Chapelle de Bourges, 2132.
Deperié, officier, 2135.
Depille, garde à Montdidier, 2130.
Deplanque, ingénieur-géographe, c^{on} LXVII.
Depont, intendant, 3714, 3719, 3725, 3729, 3746, 3760.
—— c^{ons} LV, LXIV.
Deportes-Dubourg, major du fort Barraux, 1971.
Dépôt de la Guerre. V. *Guerre*.
Depstein, cap^{ne}, 2034.
Derandon, commissaire des guerres (?), 1689, 1693, 1862, 1967.
Deray, officier invalide à Belle-Isle, 2145.
Derbelet, cap^{ne} au rég^{t} d'Asfeld, 1574.
—— cap^{ne} aux dragons de Bouville, 2255.
Derenty, fabricant de drap à Lille, c^{on} LIII.
Dereschau (P. de), président de la régence d'Oost-Frise, 3605.
Derigal, de Bar-le-Duc, 116.
Derige, 1699.
Derion, 898.
Dermias, cap^{ne} au rég^{t} de Navarre, 311.
Dernandais-Labbé, cap^{ne} de frégate, 3568.
Deroche, cap^{ne} au rég^{t} de La Fare-inf^{rie}, 2770.
Derombiez, officier du rég^{t} de Kerkem, 2242.
Derots, 362.
Derouty, commissaire des guerres, c^{on} XLIV. — Cf. *Routy*.
Deroux, officier, 1944.
Derrion, greffier de la Commission des étapes en Dauphiné, 14.
Derune, cap^{ne} 1971.
Dervieu (Ch^{r}), commd^{t} g^{al} de la milice nationale de Lyon, c^{on} LX.
Dervillé, lieut^{t} au rég^{t} de La Grise, 1830.
—— commissaire des guerres, 3478, 3550, 3725, 59 *s*. — Cf. *Ervillé*.
Dervillers, subdélégué, 3031.
Des Acres. V. *Laigle*.
Des Adrets, officier, 3206, 3207.
—— baron, 3309.
Desages, marin, 3534.
Desaignes, 378.
Desajots, 1899.
Des Alleurs (Pierre Puchot, marquis), lieut^{t}-g^{al}, 837, 966-968, 972, 992, 1155-1216, 1236, 1237, 1264-1266, 1322, 1491, 1501, 1555, 1559-1561, 1575-1578, 1608, 1952, 2021.
—— prévôt général de Picardie, 2145.
—— (Mme —, née Lutzelbourg), 2183.
—— (Roland Puchot, ch^{r}, puis comte), ambassadeur, 2575, 2921, 2940, 2943-2952, 2954-2957, 2960, 2969, 2981-2983, 2999-3002, 3041, 3045-3047, 3051, 3084, 3094, c^{ons} XIX, XX.
—— V. *Mannoury*.
Des Almons (L.-Jos.-Marguerite-Perrin, baron), colonel de la Légion de Nassau, c^{on} XLIX a.
—— (Perrin), directeur d'art^{rie}, c^{on} L b. — Cf. *Perrin*.
Des Andrieux, aide-major du rég^{t} de Forez, 2130.
—— cap^{ne} au rég^{t} de Louvigny-Gramont, 2167.
Des Androuins, officier au rég^{t} de Flavacourt, 2370.
—— ingénieur, 3417.
Des Angles (Georges de Renard), brig., 1801, 2135, 2575, 2676-2678, 2745, 2746, 2768, 2784, 2800, 2873, 2891, 2892, 2903, 2927, 2928, 2937, 2956, 2970, 2977, 2978, 3027-3031, 3033, 3036, 3083-3087, 3089, 3127, 3142, 3143, 3152, 3154, 3198,

3208, 3258, 3259, c^ons XII, XVII.
Desanglois, entrepreneur de fournitures de fourrages, 612.
Desanglous, commissaire de l'Hôtel des Invalides, 2138, 2140, 2142, 2269, 2270, 2272, 2273, 2370, 2371, 2411, 2412.
Desar, comptable, 3554.
Desardents, 311.
Desarennes (Pierre Guérin), brig., 987, 1885–1888, 1981–1984, 2052, 2104, 2105, 2134, 2136, 2138–2143, 2177, 2178, 2180, 2188, 2215, 2219–2222, 2224, 2228, 2229, 2242, 2270, 2299–2301, 2370, 2372, 2374–2376, 2380, 2388, 2414.
—— (Ch^r), 2371.
Des Armands, commd^t du rég^t espagnol de Figueroa, 1885, 2028, 2048, 2145.
Desarnaux de La Chapelle, 2145.
Des Assauts. V. *Desprès.*
Des Assises. V. *La Grive.*
Des Aubiers. V. *Bonnin.*
Des Augiers (Gasp.-Alexis), évêque de Die, 3060, 3065, 3232.
Des Aulnois, cap^ne au rég^t de Normandie, c^rs LXV b.
Des Aunais du Bois de La Ville, cap^ne des portes à Bapaume, 2143.
Des Aunays, aide-major d'Antibes, 2134.
Des Autels, cap^ne au rég^t de Périgord, 1862.
—— **-Sermaise**, lieut^t-c^el du rég^t d'Ussy, 2371.
Des Authieux (Franç. de Frébois, baron), cap^ne au rég^t de Marey, 123.
Des Autieux (Sœur), supérieure de la congrégation de Notre-Dame à Gournay-en-Bray, 2411, 2412.
Des Ayreaux. V. *Chaudetz.*
Des Ayvelles, directeur des fourrages à Trèves, 2244.
—— (d'Ambly, marquis), A. 90. — Cf. *Ambly.*
Desbarreaux, brig., 2948, 3040.
Desbarres, major du rég^t de Des Cars, 3175.
—— cap^ne au rég^t de Diesbach, 3201.
Des Barthes. V. *Cours.*
Des Belles, commissaire des guerres, 2981, 3002, 3013, 3088, 3326.
Des Bergeries, 240.
—— ingénieur, 2340.
—— cap^ne au rég^t autrichien de Los Rios, 3184, 3186.
—— **de Franclieu** (Franç.-Michel Pasquier), brig., 1307, 1484, 1644, 1831, 1832, 1837, 1945, 2021, 2023, 2130, 2134, 2135, 2159.
Des Billiers, officier au régt de La Roche-Aymon, major du château d'Harbourg, 3471.
Desbœufs, garde d'art^rie au château de Villefrauche, 2143.
Desbois de Nauroy, cap^ne, 378.
Desbordes, lieut^t au rég^t de Normandie, 146.
—— 420.
—— ingénieur, 967, 972, 987, 1333, 2134, 2242.
—— (Philippe Despoey), lieut^t-g^al, 874, 876, 878, 880–884, 958, 966, 967, 969, 974, 975, 987, 997, 1213–1216, 1218, 1264–1267, 1321–1324, 1364–1366, 1406, 1407, 1410.
—— lieut^t-c^el du rég^t de Pujol, puis de celui de Beaurepaire, 1855–1858, 1892.
—— officier de garde-côtes, 3577.
Des Bordes, cap^ne au rég^t d'Estrades, 1861.
—— ancien officier, 2132.
—— V. *Du Boÿs.*
—— **-La Monnerie** fils, ingénieur, 2160.
Des Boulleniéres. V. *Chollet.*
Des Bournays (Pierre-Louis Sénéchal), mar. c., 2258, 2609, 2631, 2632, 2703, 2730, 2732, 2734–2741, 2785, 2794, 2796–2798, 2859, 2873, 2875, 2890, 2904, 3075, 14 s.
Des Bretonnières, 397.
Desbrières, directeur des vivres, 1884, 1886, 1895, 1985.
Desbrisay, irlandais, 3255.
Desbrochets (?), officier, 2023, 2056, 2233, 2235, 2323. — Cf. *Des Crochets.*

Desbrosses, président à Calais, 1551.
—— 419.
Desbrousses, 997.
Desbrumel, officier au rég^t de Beauvoisis, 2045.
Des Buatz, cap^ne des portes à Landrecies, 1563, A. 90.
Des Bureaux, cap^ne au rég^t d'Espeuilles, 2332.
Descajeul, officier, 146, 310, 333, 547. — Cf. *Descayeux*.
Descale, cap^ne au rég^t de La Marine, 2135.
Descallar (Comte de), colonel autrichien, 3187, 3255, 3257, 3259.
Des Cantières. V. *Brisson*.
Descarrières, agent diplomatique, 271, 277, 281-291, 292-296, 310, 311, 318-333, 342, 343, 346-349, 383-395, 398-402, 407, 409, 411, 413, 414, 436-450, 454-457, 467, 484-506, 513, 514, 535, 548-554, 584-588, 592, 593, 595-603, 607.
Des Cars, 57, 458.
—— (J.-Franç., vicomte), mar. c., 3174, 3504, 3523.
—— (Franç.-Marie, m^is), mar. c., 3178, 3186, 3260, 3418.
—— V. *Pérusse*.
Descartes père et fils, commissaires des guerres, 992, 1856, 2242, 2392, 2631, 2728, 2729, 2734-2737, 2740, 2768, 2785-2787, 2789, 2790, 2793, 2796, 2799, 2837, 2838, 2841, 2863, 3315.
Descasaux fils, 2268.
—— **du Hallais**, 1704, 1897, 2186.
Descaves, cap^ne au rég^t Royal, 1831, 1832, 2270.
—— commd^t au fort Griffon (?), 2785.
—— 3123.
Descayeux, 158. — Cf. *Descajeul*.
Deschalleaux, ingénieur, 1558.
Deschamoulard, 1830.
Deschamps, commissaire des guerres, 110, 116, 117.
—— cap^ne au rég^t de Foix, 1856.
—— aide-major de la place de Sarrelouis, 1858, 2095.
Deschamps cap^ne au rég^t de Belsunce, 1943.
—— ancien officier, 2138, 2140, 2142.
—— cap^ne au rég^t de Champagne, 2141.
—— échevin de Cosne-sur-Loire, 2143.
—— officier au rég^t de dragons d'Harcourt, 2947, 2991-2993, 3002, 3029, 3039-3044, 3094-3098.
—— brig., lieut^t de roi à Port-Louis, 3178, 3184, 3187, 3188, 3258, 3260, 3262, 3263, 3280, 3309, 3314, 3338, 3451.
Deschapelles (Lebreton), lieut^t-c^el, 3766.
Des Chasses (Ant. Marc de Berger), brig., 2701, 2728, 2739, 2783, 2786, 2790.
Des Chausses, chirurgien du rég^t de Conti-dragons, c^ons LXV b, LXV c.
Des Cheaux (Ch^r), cap^ne au rég^t de Gassion, 1861.
Des Chemineaux, cap^ne au rég^t de La Roche-Thulon, 1841.
Des Chiens, entrepreneur de fournitures de poudre, 1287, 1609, 1613, 1699.
Des Clanx, lieut^t de roi à Ham, 420.
Desclaux. V. *Esclaux*.
—— père et fils, de Bordeaux, 3540.
Desclavelles, cap^ne au rég^t du Roi, 1832.
Desclos, colonel du rég^t de ce nom, 1378, 1862, 1874.
Des Cluselles (Ch^r), maréchal-des-logis, 1586, 1684, 1686, 1687, 1693, 1781-1785, 1861, 1863-1866, 1875, 1876, 2145, 2419.
Descombes, cap^ne au rég^t de Vermandois, 982.
Des Combes, cap^ne de chevau-légers, 146.
—— officier au rég^t de Maubourg, 1943.
—— (Franç.), A. 89.
Des Copinières, ancien officier du rég^t de Picardie, cap^ne de compagnie franche, 2323.
Descorda, cap^ne au rég^t de Charolais, 1905.
Descostiers, brig., 1831, 1938,

1945, 2022, 2132, 2135, 2138, 2155, 2160, 2219, 2222, 2371, 2380-2382, 2385.
Descots ? (Mis), 895.
Descottières. V. *Descostiers.*
Descoubet de Mengeon, 2332.
Descougnetz de Correc, 3188.
Des Couronnes (Phil. Frémyn, s^r^), cap^ne^ au rég^t^ de Piémont, 102.
Descourtils de Merlemont, c^on^ LXXI.
Descouteaux, officier de garde-côtes, 3542.
Descriennes, cap^ne^, 508, 509.
Descrimes, prévôt général de Touraine, c^on^ LVI.
Descrin, 1685.
Des Crochets (Marquis), commandant les troupes des frontières du Luxembourg, puis lieut^t^ de roi de la province de Metz et Verdun, commandant à Verdun et sur les lignes entre la Meuse et la Moselle, 880, 966, 970, 989, 1060, 1207, 1239, 1255, 1308, 1311, 1318, 1653, 1660, 1661, 1737, 1740, 1741, 1761, 1830, 1834, 1839, 1846, 1848, 1857, 2135, 2137, 2142, 2144, 2159, 2160, 2219, 2271, 2299, 2372, 2524. — Cf. *Desbrochets.*
Des Croisettes, 1331.
Descures, 35, 38, 441, 443, 444, 452, 459, 460, 490, 492, 509, 538, 539, 541, 546, 558-561, 585, 588, 592, 607-609, 629-631, 730, 734, 735, 887, 891, 953.
Desdier (Laurent et Étienne), négociants à Lyon, 2187.
Des Dinorsières, commissaire des guerres, 116.
Des Dorides, lieut^t^ de roi de Saint-Malo, 3724, c^ons^ LXV, LXV d, LXVI, LXXVI.
—— adjoint au directeur du Dépôt de la Guerre, c^on^ XLVI.
Desendrieu, officier au rég^t^ d'Agénois, 2025.
Des Épinettes (Paultre), député à l'Assemblée N^le^, c^on^ LXIII.
Deserbeys, sous-lieut^t^ au rég^t^ de Sault, 987.
Deseroux. V. *Seroux.*
Deserre, 106.
Desesconnetz, officier de maréchaussée en Champagne?, 3184.
Des Espoisses, cap^ne^ au rég^t^ de Chartres, 2132.
Des Essards, cap^ne^, 1568.
—— cap^ne^ au rég^t^ de Pisançon, 2243.
Des Essars (Ch^r^), 2677, 3140.
Des Essarts, commissaire des guerres, 262, 294, 295, 342, 343, 612, 894, 1109.
—— major du rég^t^ de Bylandt (infanterie d'Espagne), 2138.
—— (Lhuillier), lieut^t^ au rég^t^ de La Marine, 3259.
—— (Ch^r^), officier m^al^ de Saint-Maixent, c^on^ LXV e.
Des Estangs (E.), lieut^t^ au rég^t^ de Berry, 2187.
Desetroux (Hubert), correspondant liégeois, 2634.
Des Fages. V. *Foubert.*
Des Farges, major du rég^t^ d'Aubusson, 1830, 1841.
Des Ferres (Baron), gentilhomme niçois, 2175.
Des Fonds, officier aux Volontaires étrangers, 3460, 3463, 3464.
Desfontaines. 465, 611, 1066, 1163, 1428.
Des Fontaines, cap^ne^ au rég^t^ de Du Tronc, 1901.
—— ancien commissaire de l'art^rie^, 2142, 2244.
—— (Lassuse), cap^ne^ aux Dragons de la Reine, 2144, 2145.
—— V. *La Barre, Le Marié.*
Des Fontenelles, lieut^t^-c^el^ des dragons de Courtebonne, 2143.
—— cap^ne^ au rég^t^ de Piémont, 123.
—— officier, 2186.
Desforets, major des Chasseurs d'Auvergne, c^on^ LXVI.
Desforetz, cap^ne^ au rég^t^ d'Orléans, 988.
Desforges, 419.
—— ingénieur, 2040.
—— l'aîné, habitant de Mortain, 2134.
—— officier municipal de Guise, c^on^ LXV d.
—— subdélégué de l'intendant d'Ormesson à Guise, 2341, 2371.

Desforges-Bouélier, ingénieur, 3541.
—— **de Chamblain**, officier, 1858.
Des Forges (Cioia), chargé d'affaires du duc de Modène à Paris, 3175, 3235.
Des Fossés. cap^{ne}, 310.
Des Fougerais, lieut^{t} au rég^{t} de Piémont, 123.
—— commandant à Saverne, 436, 444, 458, 459–461, 468, 508.
—— V. *Des Fugerais*.
Des Fournays. V. *Cappy*.
Desfourneaux, major de Limbourg, 506.
Des Fourneaux, major à Antibes, 1861, 1862, 2039, 2041, 2134, 2188, 2251, 2370, 2371, 2399.
—— (Jos. Bertrand Bigot), lieut^{t}-g^{al}, 2019, 2080,
—— cap^{ne} au rég^{t} de La Roche-Aymon, 3471.
—— officier, 3539.
—— V. *Fougeu*.
Desfourniels, fermier général, 3406.
Des Fréneaux, procureur du roi à Falaise, 2138.
Desfrênes, officier de dragons, 1862, 2135.
Des Fugerais, major de la place de Doullens, 1830, 2087, 2299, 2678.
—— lieut^{t}-c^{el} d'infanterie, 3692.
—— V. *Des Fougerais*.
Desgagniers, cap^{ne} aux Volontaires de Lancize, 2329.
Des Galloys. V. *La Tour*.
Desganiez, cap^{ne} au rég^{t} de Bourbon, 2144.
Desgardes, de Toul, 2033.
Des Garennes, receveur des traites à Dunkerque, 1733.
Des Garets. V. *Du Pertuis*.
Des Garmans, officier au rég^{t} de Nettancourt, 1502.
Des Gaudières, lieut^{t}-c^{el} d'infanterie, 1501, 1858, 1983, 2049, 2052.
Des Gibaudières. V. *Gibaudière*.
Des Giraudières (Ocher), 2131.
Des Grandsmoulins, sous-lieut^{t} au rég^{t} de Beauvoisis, 988.
Des Granges, cap^{ne} au rég^{t} de Coupet. 92.
Des Granges, (René Gadouyn, s^{r}), capitaine au rég^{t} de Champagne, 131.
—— 300.
—— lieut^{t} de cavalerie, 1743.
—— cap^{ne} aux dragons de Rohan, 1946.
—— ancien officier au rég^{t} de Boulonnais, 2139.
—— V. *Le Bloy*.
Desgranges, ancien officier des milices de Hainaut, 2142, 2371.
—— père du suivant, 2145, 2273.
—— colonel du rég^{t} de Guyenne-dragons, 2370, 2379, 2412, 2419, 2941, 2946, 2950, 2957, 2999, 3418.
—— (Michel-Ancel), lieut^{t}-g^{al}, 2946, 2947, 2999, 3000.
—— régisseur g^{al} des Étapes, c^{on} LIV.
Desgrassières, de Nantes, 1801, 2152.
Des Graviers, major de la place de Port-Louis, 1205, 1428, 1526, 1609, 1699, 1704, 1802, 1895–1899, 2134, 2138, 2140, 2143, 2186, 2264, 2273, 2347, 2370, 2419.
Desgrez, 672,
Desgriselles (Thomas), entrepreneur de fournitures, 3248.
Des Guerres, officier de l'Hôtel des Invalides, 1855.
Desguers, commissaire des guerres, 2656, 2751, 2758, 2759, 2810, 2814, 2816, 2967, 2968, 2979, 3015, 3061, 3118, 3120, 3226–3230, 3249, 3256–3258, 3291, 3299, 3671.
Desguiddy (De Sguiddy?), cap^{ne} réformé au rég^{t} de Lee, cap^{ne} des Gardes de Villars, 2138.
Des Guymerais (Vincent), échevin? de Saint-Malo, 3493, 3497.
Des Haguais, 2139.
Deshais, lieut^{t} au rég^{t} d'Agénois, 2137.
Des Haulles, lieut^{t} de roi de Montmédy, 1468, 1660, 1832, 1835, 1854, 1857, 2033–2035, 2095, 2167, 2169, 2219, 2322.
Deshaulles, c^{on} LXXV.
Des Hayes, cap^{ne}, 1832.
Deshayes, entrepreneur de fourni-

tures de lits, 2138, 2141, 2145, 2233.
—— ingénieur, 2142.
—— procureur général de l'ordre des Génovéfains, 2271.
Deshays, commd^t à Saumur, 359.
Deshogues, 396.
Deshommaux (Ch^r), aide-major de la place de Colmars, 1858.
Des Houlières, ex-lieut^t-c^{el} du rég^t de Condé, ex-major de la place de Rocroi, 157. — Cf. *Deshoulliers.*
Deshoulliers, 209, 210, 225, 227-229, 240-242.
Des Hubas, major, 1861, 1862, 1966, 2136, 2138, 2243, 2244, 2267, 2269. — Cf. le suivant.
—— cap^{ne} au rég. de Tavannes, 2145.
Des Huchiers, major du rég^t des dragons de Foix, 2251.
Deshumbles, 420.
Deshureaux, 2559.
Desidery, aide-major de la place d'Antibes, puis major et commandant du Fort-Carré, 1862, 2135.
Des Illeaux, cap^{ne} au rég^t de Lisle-du-Vigier, 1856.
Desilles, lieut-c^{el} du rég^t de Vermandois, 3309.
Desjardins, commissaire des guerres, 360-362, 1612.
—— V. *Lanne.*
Des Jardins, cap^{ne} au rég^t de Bassigny, 2135.
—— garde d'art^{ie} à Salins, 3641.
Desjobardz, 97.
Des Journaux, président à mortier au Parlement de Tournai, 2022, 2135.
Des Landelles, commis au logement des troupes, 2272.
Des Landes (Jacques-Joachim), cap^{ne} au rég^t de Du Bosquet, 123.
—— ex-cap^{ne} de chevau-légers, 146.
Deslandes, commissaire des guerres, 198, 224-227, 279, 293, 294, 310, 337, 340, 419.
—— commd^t à Ath, puis à Binche, 209, 210, 228.
—— (Abbé), archidiacre de Tréguier, 1704.
—— aide-de-camp du comte de Gacé, 1834.
—— cap^{ne} de canonniers, 2160, 2341.
Deslandes, membre du comité permanent de Senlis, c^{on} LX.
—— 2955.
—— armateur à Granville, c^{on} LXXVI.
—— V. *Lancelot.*
Des Lanes?, 2771.
Des Laurents (Ant. Jos.), évêque de Saint-Malo, c^{on} LXXVI.
Des Lions, cap^{ne} au rég^t de Mornac, 2328.
Desloges, 97.
Des Lyons (Frère), prieur des Trinitaires, 2268.
—— cap^{ne} d'art^{rie}, c^{on} LXVI.
—— V. *Fontenelle.*
Desmadrys. V. *Madrys.*
Des Maillardières, lieut^t-c^{el} du rég^t de Beaujolais, c^{on} XIX.
Desmailly, 2171. — Cf. *Des Maillys.*
Des Maillys, lieut^t de roi de Fort-Louis du Rhin, 2701, 2703, 2727, 2728, 2732-2734, 2746, 2784-2792, 2794-2799, 2837, 2838, 2841, 2852, 2875, 3060.
Desmais (Ant.), commissaire des guerres, 2414, 2415, 2735, 2736, 2738, 2741, 2742, 2782, 2863.
Desmaisons, cap^{ne} au rég^t de Labour, 2131.
Desmaisonsneuves, commissaire provincial de l'artillerie, 2261.
Desmanne de Niel, officier étranger prisonnier de guerre à Amiens, 2228, 2269.
Desmanots (Des Nanots?), commissaire des guerres, 1079, 1705.
Desmarais, cap^{ne} de chevau-légers 86, 146.
Des Marais (Paul Godet), évêque de Chartres, 1525, 1895, 1896, 1900.
—— (Nic. de Chambré, s^r), lieut^t au rég^t de Brancas, 2024.
—— de Nantes, 2130.
—— ancien officier au rég^t de Saint-Vallier, 3747.
—— docteur de Sorbonne, prieur de Regniowez, 3751.
—— V. *Desmarest, Desmarets, Des Marets* et *Desmaretz.*
Des Marconels, exempt des Gardes du corps, 2228.
Desmares, lieut^t-c^{el} de cavalerie, c^{on} LIV.

Desmares, président de l'adm^on du dép^t de l'Orne, c^on LXV f.
—— avocat, membre du Directoire du dép^t de la Lozère, c^on LXV a.
Desmarest, 133, 333.
—— major du rég^t de Vermandois, 1858, 1943.
—— lieut^t de roi à Landrecies, 147.
—— (Franç. Dauvet, comte), grand fauconnier, 1660.
—— ingénieur?, 987.
—— officier, 1898.
—— officier au rég^t de Provence, 1951.
—— membre du Comité permanent de Senlis, c^on LX.
Des Marets (Jacques), évêque de Riez, 2143, 2145.
—— officier du rég^t de Normandie, c^on LXV b.
Desmarets de Palys, mar. c., 3720.
Desmaretz, (Nic.), directeur, puis contrôleur général des Finances, 1734, 2084, 2100, 2101, 2135, 2139, 2150-2152, 2162, 2163, 2167, 2170-2172, 2174, 2178, 2182, 2188, 2213, 2214, 2220, 2222, 2224, 2226, 2238, 2239, 2247, 2258, 2262, 2263, 2265, 2266, 2268-2272, 2302, 2308-2310, 2325, 2331, 2338, 2339, 2343-2345, 2347, 2381, 2391, 2396, 2421, 2468, 2584.
—— colonel, 2136, 2139.
—— (Ch^r), 2145, 2174.
—— (Mme —, née Guingamp), veuve d'un officier, 2370.
—— (Le P.), jésuite, confesseur de Louis XV, 3455, 3456.
—— (J. P.), colonel anglais, 3623,
—— (Ch^r), c^on IX.
—— V. *Châteauneuf, Des Marais, Desmarets, Des Marets, Maillebois.*
Des Martins, cap^ne au rég^t de Navarre, 1862.
—— cap^ne au rég^t de Gensac, 1974.
Des Martres. V. *Du Breuil.*
Desmas (Nic.), prêtre visionnaire à Arras, 1830.
Des Maserais, 1976.
Des Mazerais. V. *Larchambault.*
Desmazières, prieur de l'abbaye de Marchiennes, 1832.
Desmazis (Henri, ch^r), brig., 3179, 3180, 3238-3241, 3315.
Desmazis, officier d'art^rie, 3671.
—— (De Brières?), mar. c., 3546, 3671.
Des Mazis, cap^ne au rég^t d'Eu, 40 s.
Desmazureaux, cap^ne d'une compagnie d'invalides, 2138, 2345.
Desmenu, cap^ne de fusiliers, 2371.
Desmenus, maréchal-des-logis, 989.
Desmeurgez, cap^ne au rég^t de Villermont, 1832.
Desminières, de Bayonne, 3677.
Desmollins, 362, 545, 547, 1210.
Des Monstiers de Mérinville (P. Franç.), évêque de Chartres, 2142, 2163.
—— V. *Merinville.*
Desmothes. V. *Blanche.*
Des Mottes, officier, 2136.
—— cap^ne au rég^t de Saintonge, 3262.
Desmoulins, 229, 259, 260, 262, 271, 386, 499, 555.
—— prêtre, 1903.
—— cap^ne de partisans, 1661, 1672, 1761, 2162.
—— prévôt d'armée, 1942.
—— marchand ou entrepreneur de fournitures, 2144.
—— V. *Dumoulin* et *Lille* (c^te de).
Des Murs? officier au régiment d'Herbouville, 141.
Des Nanots. V. *Desmanots.*
Desnard, officier au rég^t de Planta (service de Hollande), 3259.
Desnaudières, soldat au rég^t de Bourgogne, 988.
Des Nonneries. V. *Dugast.*
Desnos, cap^ne au rég^t de Lyonnais, 2739.
Desnoviez, cap^ne au rég^t de Normandie, 2370.
Desnoyers. V. *Noyers* (*Sublet de*).
—— commissaire des guerres, 958, 992.
—— cap^ne au rég^t de Santerre, 1900.
—— ancien commissaire à Sarrelouis, 2138, 2143, 2169.
—— le cadet, commissaire d'art^rie, 2310.
Desobeaux, c^ons LXV b, LXV c.
Desöffy, officier de hussards, 2954, 3101.
—— cap^ne au rég^t de Turpin, 3523.
Des Oliviers, lieut^t dans une com-

pagnie d'invalides à Bouchain, 1832.
Desondes, 1892.
Desormeaux, cap^{ne} d'une compagnie d'invalides à Belle-Isle, 2145.
Desormes, colonel du rég^t de Barrois, 1886, 1887, 2048, 2104, 2137.
Desouches, trésorier provincial de l'artillerie et du génie, 3672, 3761.
Des Oursins. V. *Madre.*
Despanet, cap^{ne} au rég^t de Médoc, 2245.
Des Parfontaines, lieut^t au rég^t de Navailles, 92.
Desparra, lieut^t-g^{al} de Brignoles, 362. — Cf. *Despaux.*
Des Paulx, officier de dragons, 1851, 1855, 1950.
Despaux (Ch. Hyacinthe), subdélégué, lieut^t-g^{al} de la sénéchaussée de Brignoles, 3257. — Cf. *Desparra.*
Des Perreux. V. *Gérard.*
Desperrrières, procureur du roi à Montlhéry, 2183.
—— officier au rég^t Royal-Pologne, c^{ons} LXVc, LXVf, LXVI.
Desperriers (Julien, s^r de Clermont), 117.
Despeyroux, cap^{ne} au rég^t de Dampierre, 271.
Des Pictières (Ch^r), 3741.
Despie, lieut^t de roi à Valenciennes, 1831, 1832.
Despieds, mestre-de-camp, 119.
—— cap^{ne} de cav^{le}, 2981.
Despiel, prévôt g^{al} d'Alençon, 3258.
Despies, lieut^t-c^{el} réformé, 2131.
Despiès (Dame), religieuse à l'abbaye de Fervaques, 1831.
Des Piffandières, 988.
Despinette, curé de Sierck, 2245.
Despinose, inspecteur des milices de Bretagne, 1896, 1897, 1900, 2186, 2269, 2371.
Despioch, commissaire des guerres, 1891.
Desplace, 396.
Des Plannes (Abbé), 2575.
Des Planques (Adrien-Franç. de Béthune, seig. de Penin), gentilhomme d'Artois, A. 89.
Desplantis, aide-major-g^{al} de l'armée de Flandre, plus tard major-g^{al} de l'armée d'Italie, 2380, 2704, 2705, 2751, 2755–2761, 2763.
Despoey. V. *Desbordes.*
Despons, exempt, 2048.
Despontis du Fresnoy (Pierre), mar. c., 1832, 1937, 1943, 1944.
Desponville, commissaire ordinaire de l'artillerie, 1843.
Des Porcellets (Mis), 1644, 1831, 1832, 1834, 1936, 1943, 1946, 1968. — Cf. *Soulatges-Armagnac.*
—— (Ch^r), cap^{ne} au rég^t de Rennepont, 2244.
Des Portes (Guill. Le Mercier, s^r), lieut^t au rég^t de Picardie, 123.
—— cap^{ne} aux dragons de Rannes, 2138.
—— **-Pardaillan**, 2107. — Cf. *Pardaillan.*
Despréaux (Ch. L. Alexandre), brig., 2370.
Des Predelys, ingénieur, 3673.
Desprès, cap^{ne} au rég^t de Saint-Paul, 2159.
—— V. *Prat.*
—— **des Assauts**, cap^{ne} au rég^t de Picardie, 1839, 2233.
Despret (J. F.), maître de forges à Mariembourg, 3761.
Desprez, 119, 123, 333.
—— commissaire des guerres, 1549, 1647, 1830, 1831, 1942, 2024, 2025, 2085, 2133, 2143, 2383.
—— commis des bureaux de la Guerre, 3387, 3502.
—— **de Pomayrols**, procureur général du Conseil supérieur du Roussillon, 1831, 1888, 1892.
Despuig (Lorenzo), évêque de Majorque, 3413, 3549, 3568.
Desquelbecq, vice-président du Directoire du dép^t du Nord, c^{ons} LXVb, LXVc, LXVf, LXVII, LXIX.
Desqueux, curé de Saint-Étienne de Lille, 1832, 1843.
Desquille, cap^{ne} au rég^t de Leuville, 1943.
Des Rassais, aide-major de la place de Tournai, 1830.
Des Réaulx, 2140, 2142.
—— V. *Taboureau.*
Des Regards, cap^{ne} d'une compagnie d'invalides, 1830.
Desrieux, c^{on} LXIII.
Desrives, cap^{ne} au rég^t d'Anjou, 2816.
Desrobert (Noël), brig., 1661, 1831,

1952, 1953, 2031, 2032, 2034, 2091–2094, 2135, 2137, 2138, 2140, 2162–2164, 2169, 2236–2239, 2242–2244, 2317–2319, 2322, 2323, 2388, 2392–2394, 2445, 2452–2457, 2463, 2575, 2904.
Desrobert, major de la place de Montmédy, 2137, 2245, 2324.
—— ingénieur, 2791, 3073.
—— 3200–3204, 3220, 3276–3278, 3281.
Desrocher, commandant des lignes de la Trouille, 2017.
Desrochers, valet de chambre du prince Radziwill, 117.
Des Rochers (L. Le Febvre), officier au régiment de Lorraine, 141.
—— **de La Chambre**, officier, 2132.
Desroches, 158, 708.
—— capne au régt d'Estrades, 1754.
—— capne, 2132.
Des Roches, capne au régt de Leuville, 1862. 2244.
—— (vicomte, dit « lord des Roches »), gouverneur de Savone, 3296, 3298, 3299, 3301–3303, 3305, 3336.
—— (L. Aug.), mestre-de-camp en second du régt Royal-Darmstadt, 3727.
—— V. *Du Dresnay.*
—— **-Baritaud**, 110, 118, 119.
—— **-de La Baudelan**, capne au régt de Du Bosquet, 123.
—— **d'Orange** (Nicolas), gouvr des Invalides, 552, 559, 600, 887, 891, 1604, 1700.
Des Rochettes, capne au régt de dragons de Thianges, 3406.
Des Rolands, de Grenoble, 3063, 3068.
Desroques, lieut-col du régt de Toulouse-cavie, 1830, 2022.
Des Roseaux, colonel de dragons, 1862, 1864, 1865, 1952, 1961, 2092, 2093, 2130–2133, 2142, 2162, 2169, 2236, 2237. 2239, 2242, 2243, 2317, 2323.
Des Roses (Haguen), correspondant secret ?, 949.
Des Rosiers, 294.
Desroys, lieutt au régt de La Marche, 1802.
Des Roys (Chr), ingénieur, 3691, 3738, con LXXI.
Des Roziers (Petit), régisseur gal des Étapes, cons LIV, LXV, LXVb–LXVf, LXVII–LXXI.
Des Ruaux, entrepreneur de fournitures, 1759.
Desrueaux-Hardoüin, de Tours, 2411, 2412, 83 s.
Des Ruyneaux, capne au régt d'Aunis, 2133.
Dessales (Claude-Gustave-Chrétien, mis), lieutt-gal, 2989, 3012, 3516, 3522, 3523, 3542, 3547, 3565, 3583, 3588–3590, 3605, 3611, 3612, 3627, 49 s.
—— (L. Ant. Gustave, comte), mar. c., 3167, 3418.
Dessalles, 342, 361. — Cf. *Dessales.*
—— **-Rorté**, 1954.
Des Savonnières, cornette au régt Mestre-de-camp-général de dragons, 1853.
Desserres, capne au régt de Vivarais, 987.
—— major de la place de Salins, 2131, 2138, 2164, 2237, 2242.
—— 2371.
Desson, capne-général de la capitainerie de Dives, 3450.
Dessonnois, lieutt-col du régt de Fontaine, 2312.
Dessuslepont (De), officier au régt Mestre-de-camp-gal-dragons, 3183.
—— (Chr de), officier au régt Royal-Barrois, 3259, 3571, 3578.
—— (Jacques-Franç.-Armand de), aide-major de la place de Port-Louis, 3420, 3570.
Des Tailleurs (Reynauld), 131.
Destaupeaux, échevin d'Issoudun, 3183.
Des Telliers (Barbin), officier hollandais, 3261.
Des Ternes, 118, 468.
Des Terriers. V. *Bertrand.*
Destival. V. *Estival (d').*
Des Touches, officier de dragons, 2370.
—— (Camus). V. *Andigné, Camus.*
—— (L. Camus, chr), mar. c., 1428, 1483, 1484, 1493, 1549, 1550,

1557, 1573–1575, 1577, 1604, 1644, 1760, 1761, 1844–1847, 1851–1853, 1856–1858, 1895, 1896. 1937, 1938, 1944–1946, 1950, 1951, 1953, 2018, 2022, 2034, 2035, 2092, 2141, 2143, 2164, 2216, 2220–2222, 2224, 2268, 2270, 2271, 2273, 2299–2301, 2304, 2308, 2343, 2370, 2376, 3379–2383, 2385, 2386, 2411, 2412, 2421, 2522, 2769.

Destouches, officier au rég^t de Senneterre, 2228.

—— (Phil. Néricault, dit), poète comique, chargé d'affaires du cardinal Dubois, 2584, 2609.

—— (Ch^r), 3733.

—— V. *Bouvier.*

—— **de Rorthays**, colonel de milice, 1856, 2132.

Destrapière, médecin, 3577.

Destrée. V. *Estrées.*

Destremont (de), cap^{ne} aux dragons de St-Priest, 2142.

Des Tulays, commissaire des États de Bretagne, c^{ons} LIV, LXXVI.

Destureaux, directeur des Fermes à Moulins, 2262, 2338.

Destut, cap^{ne} au rég^t de Dampierre, 1831, 1832.

Des Ursins. V. *Traisnel, Ursins.*

Des Varannes, 342, 567.

Desvaux, major des dragons de St-Sernin, 2140.

Des Vaux (Lenoir), ingénieur, 3709, 3715, 3719, 3725, 3729, 3745, 3746, 3749, 3753. 3760, 3763.

—— membre du Conseil supérieur de l'Inde, 3541.

Des Verrières (Martin), habitant de Joux, 2096.

Desvieux, 2547, 2559, 2561, 2562.

Desvigneaux, cap^{ne} au rég^t de Périgord, 1862.

Desvignes, curé de Dunkerque, 1733.

—— maire de Mâcon, 1802.

—— avocat à Cambrai, 2139.

—— subdélégué, 3179, 3256.

Des Vignolles (Vallongue), cap^{ne} au rég^t de Chartres-cav^{ie}, 2337, 2420.

—— cap^{ne}, 3715.

Desvilattes (A, A,), gouverneur de Maestricht pour les États Généraux, 2447.

Des Villattes, cap^{ne} de dragons hollandais, 3260.

Deswasiers, cap^{ne}, 1832.

Detaille, cap^{ne}-g^{al} de la capitainerie des garde-côtes de Belle-Isle, c^{on} XXVI.

Determe, magistrat de Mariembourg, 3089.

Detouche, 2632. — Cf. *Destouches.*

Detterre, 117.

Dettlingen ou **Dettlinger** (de), 3164, 3167, 3168, 3286, 3296.

Deudon, conseiller de Malines, 3144.

Deullin, lieut^t au rég^t de Picardie, 3277.

Deurbroucq, magistrat à Nantes, c^{on} XXXI.

Deurre, chanoine à Saint-Paul-Trois-Châteaux, 2133.

Deux-Ponts (Gustave-Léopold?, prince palatin de), 1572, 1675, 1748, 1752, 1843. 1856–1858, 1900, 1950–1953, 2031, 2034, 2035, 2130, 2141, 2134, 2140, 2144, 2145, 2169, 2236, 2244, 2322, 2323, 2391, 2392, 2575, 2725, 2732, 2768. — Cf. le suivant.

—— (Frédéric de Bavière, prince de), lieut^t-g^{al}, 2787, 2983, 2993, 3001, 3040, 3042, 3111, 3257, 3472, 3475, 3477, 3514–3517, 3524, 3525, 3528, 3544, 3550, 3552–3554, 3565, 3582, 3584, 3602, 40 s, c^{on} XXVIII. — Cf. le précédent.

—— (Guill., prince de), c^{ons} LIII, LXV c.

—— (Princesse palatine, duchesse douairière de), 2825, 2851, 2860, 2873, 2874, 2902.

—— (Christian, duc de), 3309, 3391, 3521.

—— (Marquis de), c^{el} du rég^t Royal-Deux-Ponts, c^{on} LV.

Deux-Sèvres (Directoire du dép^t des), c^{ons} LXV b, LXV d, LXVII.

Devaux, officier aux dragons de la Reine, c^{on} LXV a.

Devert (Pierre), chirurgien, 1113.

Devienne. V. *Vienne.*

Deville, avocat général du Sénat de Savoie. V. *Ville*.

Deville, commissaire des guerres, 2823, 2925, 2943.
Devilliers, major de la place de Marsal, 1661, 2135.
Devin, marchand à Paris, 2269.
Devins. V. *Vins.*
Devisme, membre du Comité m^re de l'Assemblée N^le, c^on LXIX.
Devismes, officier de la milice bourgeoise d'Abbeville, 2227.
Devitry, entrepreneur de fournitures de fourrages, 1759.
Devize (De), lieut^t de roi de Ham, 1831, 1858, 1901. — Cf. *Visé.*
Devonshire (Duc de), 3506.
Devos, officier en retraite, 1832.
Devoyre, cap^ne au rég^t des Vaisseaux, 2105.
Devraine, échevin (?) de La Fère, c^on L b.
Deydier, major du rég^t Dauphin-cav^ie, 1831, 2245, 2273.
Deyssautier, maire de La Rochelle, 2419.
Deyssenac, 1855.
Deÿts, officier hollandais, 3308, 3309.
Dez (le P. Jean), jésuite, recteur du collège de Strasbourg, 1849, 2169.
Dezedde (Mme), 1854.
Dezègre, entrepreneur de fournitures de fourrage, 2185, 2270–2273, 2300, 2301, 2303, 2373, 2396.
Dezerée, procureur du roi au grenier à sel de Château-Gontier, 2416.
Dezeuges, lieut^t du prévôt de l'armée d'Italie, 23 s.
Dhalliviller (Pierre), boucher à Montdidier, 2228.
Dhonneur, receveur des finances à La Rochelle, puis commis du Mre de la Guerre, 1613, 2182, 2185, 2343.
Dhugla. V. *Hugla.*
Dhugues, 71 s, 72 s. — Cf. *Hugues.*
Dhupont, ex-aumônier du rég^t de Vaillac, 2242.
Dian. V. *Ruffin.*
Dibbetz (J.), lieut^t-g^al hollandais, c^on LXXXVI.
Dibos, directeur et contrôleur des hôpitaux à Cambrai, 2140.
Dibusty. V. *Husty (d').*
Dichemann, subdélégué de l'intendant de La Houssaye en Alsace, 1855.
Didelot (J., dit «du Buy»), habitant d'Honfleur, 86.
—— ancien cap^ne d'inf^rie, c^on XLV.
Didenhoven (J. W.), échevin d'Arlon, 2130.
Didier (Bernard), commis de l'extraordinaire des guerres, 889.
—— trésorier à Nice, 2101.
—— officier au rég^t de Dampierre, 2138.
—— **de Camin.** V. *Camin.*
Didiot, cavalier au rég^t de La Tour, 2619.
Didon, secrétaire au Parlement de Grenoble, 1879, 1895, 1899.
Didrich (J.), marchand à Trèves, 2095.
Die (Évêques de). V. *Des Augiers, Leberon.*
Dieden (J. Ch., baron de), gentilhomme du Limbourg, 2263.
Diederich, cap^ne au rég^t de Sparre, 1660, 1905, 2032.
—— commissaire des guerres, 3473.
Dieffenthaller, officier, 3260, 3261, c^ons XVIII, LXIX.
Diego (Franç.), consul à Perpignan, 2135, 2254.
Dielhe, lieut^t au rég^t de Mortemart, 1856.
Dienne (de), cap^ne au rég^t de Nice, 3499.
Dieppe (Échevins, bourgeois, etc., de), c^ons LXII, LXIII, LXX. — Cf. *Cheperon, La Boissière, Rouville, Voisins,* etc.
Dier, drapier, 2679.
Dières, directeur des Poudres, commissaire des vivres de la Marine à St-Jean-d'Angély, 2270.
Dierkens, officier hollandais, 3309.
Diesbach, cap^ne commandant le bataillon d'Erlach, 397.
—— bailli de Nyon (Suisse), 1877, 1968, 2038.
—— (Albert de), cap^ne, 2136.
—— (Franç.-Phil., comte de), mar. c., 2137, 2742, 50 s, 81 s, c^on XXXVI.
—— (de), officier, 2456.
—— (Franç. Romain de Belleroche, baron de), lieut^t-g^al, 3612–3614.
—— (rég^t de), c^on LXIV.
Dieskau (J. Hermann, baron de),

lieut'-g^{al}, 3387, 3404, 3405, 3417, 3457, 3498, 3499, 21 s.
Diesmes (F.), échevin d'Avesnes, 2159, 2219, 2220, 2373.
Diest (von), conseiller secret de l'électeur de Brandebourg, 2017.
Diestann (De), officier au rég' de Wyher, 2137.
Dietremann, subdélégué en Alsace, 2131, 2144, 2162.
Dietrich, maire de Strasbourg, c^{ons} LXV, LXV f, LXVIII, LXIX. — Cf. *Dietrick*.
—— commissaire du service de Prusse, 62 s, 69 s.
Dietrick (J.), banquier à Strasbourg, 1897. — Cf. *Dietrich*.
Dieul, entrepreneur de fournitures de fourrage, 2421.
Dieulouard, officier m^{al} de Doullens, c^{on} LX.
Digby (Georges Digby de Bristol, comte), lieut'-g^{al}, 116, 118, 119, 133, 134, 137, 158.
—— amiral anglais, 3736.
Digne (Consuls, clergé, habitants de). V. *Féraud, Feydeau, Gréaux, Isoard, Magaud, Puget*, etc.
Digoine (De), 1846, 2035, 2055.
—— (De), cap^{ne} au rég' de La Marine, 2183.
—— (Nic. de Bay-Damas, m^{is} de), mar. c., 2795.
Diguet, ingénieur, 1872.
Digulville (Nic. de Lesdo de La Rivière), brig., 958, 1610, 1704, 1802, 1895–1897, 1899, 1900, 2022, 2081, 2082, 2133, 2134, 2135, 2144, 2186.
Dijon (Maire, échevins, bourgeois, etc., de), 361. — Cf. *Baillet, Chesne, Daubenton, Demons, Fournier, Glotton, La Marguerie, Richard, S'-Bernard (sœur), Triboulet*, etc.
—— lieut' au rég' de Boisset, 2032.
Dilèles, d'Arras, 316.
Dilfourth (Guill. de), 3562.
Dillemont, substitut du procureur du roi à Toul, 2321.
Dillon (Arthur, comte), lieut'-g^{al}, 1776, 1777, 1964, 2039, 2041–2043, 2100, 2101, 2133, 2142, 2170–2172, 2175, 2247–2249, 2273, 2325, 2396, 2454.
Dillon (Henri ?), brig., 2724, 2782, 2796.
—— (J. A.), 2785, 2786, 2825, 2851.
—— (Ed.), 3184.
—— (Jacques), major du rég' de Lally, 3197, 3629.
—— (Arthur-Richard), évêque d'Évreux, puis archevêque de Toulouse et de Narbonne, 3204, 3629.
—— (Théobald), mar. c., c^{on} LXX.
—— **de Barnevall** (Mme), veuve d'un colonel irlandais, 1766.
Dilly, cap^{ne} au rég' de Tessé, 1830.
—— cap^{ne} au rég' de Tallart, 2371.
Dinan. V. *Tiraqueau*.
—— (Échevins, etc., de), c^{ons} LXIII, LXVI, LXVII.
Dinand, directeur des hôpitaux à Paderborn, 3501.
Dinant (Bourgmestres et magistrats de), 393, 394, 401, 402, 703. — Cf. *Boron, Maisonneuve, Noizel*, etc.
Dinteville (Guill. Le Brum, m^{is} de), brig., 1862.
Diquem, officier au rég' de Ponthieu, 3188.
Dirat (De), cap^{ne} au rég' de La Ferté-Senneterre, 110.
—— chirurgien-major à Béthune, 2141.
—— de l'Ile-Jourdain, 2144. — Cf. le précédent.
Diron. V. *Artaguiettes*.
Dischinger, premier bourgmestre de Brisach, 2030, 2091–2093, 2162, 2236, 2317.
Disimieu (Comte de), cap^{ne} au rég' de Nice, 1943, 1944.
—— V. *Dizimieu*.
Disque, cap^{ne} au rég' du Plessis-Praslin, 146.
Disquet, 2800, 2824.
Ditrement, cap^{ne} au rég' Dauphin-inf^{ie}, 1858.
Dittlin, c^{on} XLV.
Diturbide. V. *Larre*.
Divoisier, commissaire des guerres, 116.
Divoley. V. *Ivoley*,
Divonne (Comte de), 1573, 1968.
—— (De), cap^{ne} au rég' de Champagne, 3461. — Cf. le suivant.

Divonne (Claude-Ant. La Forest, comte de), mar. c., 2716, 50 s.
Dixmude (Échevins, bourgeois, etc., de), 1202.
Divry, marchand de dentelles, 2413.
Dizant. V. *St-Dizant.*
Dizimieu (Comte de), gouverneur de Vienne en Dauphiné, 110. — Cf. *Disimieu.*
Doblet, cap^ne au rég^t de Lestranges, 1831.
Doby (Dobie ?), entrepreneur de fournitures de blé et de fourrage à Namur, 1833, 2233.
Docher. V. *Laroque.*
Dodart, intendant, 2890, 3182, 3183, 3185, 3257, 3261, 3262, 3308, 3309, 3548, c^on XV.
Dodun, 2185, 2262, 2263, 2273.
Doesbourg (Consuls de), 276.
—— Cf. *Dousbourg.*
Doëlitscher, commd^t du château de Bentheim, 3558.
Doetinghem (De), cap^ne au rég^t de Kerkem, 2095.
Doffing (De), officier autrichien, commandant à Egra, 2950, 2953.
Doglioni, 299.
Dognolle, officier, 2138.
Dogny, cap^ne au rég^t de Schönberg, 466.
Dognyes (D'Ognyes?, baron de), 703. — Cf. *Ongnyes.*
Dohna-Ferrassière (comte), officier hollandais, 956.
—— (Comte), gouverneur de Mons, 2131, 2156, 2213, 2269, 2301, 2315, 2370.
—— (Comtesse), femme du précédent, 2234.
Doidon, officier d'artillerie, c^on LXVI.
Doignatte (D'Oñate?), intendant du Hainaut espagnol, 703.— Cf. *Ognat.*
Doignies, ancien curé de Mariembourg, retiré à N.-D. de Liesse, 2272.
Doisel, 134.
Doissin, 157.
Dol (Magistrats, clergé, habitants, etc., de). V. *Cupif, Roussin*, etc.
—— receveur des tailles à Troyes, 2388.
Dolceacqua (Marquise de), 1333.
Dôle (Chambre des Comptes et magistrats, etc., de), 225, 672. — Cf. *Amidey, Bouscaut, Du Rosel, Folin, Fontaine, Guillo, Jobelot, Joytot, Lambert, Laubespine, Mayrot, Montrivel, Richer*, etc.
—— (Religieuses visitandines de), 516.
Dolé de Lildon, major du rég^t d'Harville, puis de celui de Duprat, 2023, 2135, 2243, 2244, 2395.
Dolet (Renaud), mar. c., 1356, 1549, 1644, 1736–1739, 1743, 1830–1832, 1834, 1837, 1839, 1935, 1939, 1943–1946, 2017–2023, 2067, 2080-2084, 2089, 2134, 2135, 2142, 2145, 2149–2151, 2154, 2159, 2160, 2415.
—— (Mme), femme du précédent, 2151.
—— (J. P.), négociant à Villefranche-de-Conflent, 2054.
Dolhondes, 2255, 2273.
Dollé, commissaire de l'artillerie, 262, 263, 292-294, 333, 336, 339, 342.
Dollier, 463.
Dollivier (Nic.), lieut^t d'une compagnie de 35 h. de pied, c^on LXXXVI.
Dols, officier au rég^t de Brancas, 1832.
Domada (De), major du rég^t de Nupces, 2245.
Domaigue, ancien officier, 2141.
Domangeville, cap^ne au rég^t du Maine-inf^rie, 2244.
Domard, directeur des lits en Alsace, 2738.
Domarin (Negrieu de), gentilhomme du Vivarais, 904.
Dombal, commd^t un bataillon de milice, 2733, 2859, 2924.
Domballe (Le P.), jésuite, 1849.
Dombasle (Abbé de), député de la Commission intermédiaire de Lorraine, c^ons LXI, LXII.
Dombes (L. Aug. de Bourbon, prince de), colonel-général de l'inf^rie, 2730, 2791, 2841, 2912, 2936, 2943, 2988–2991, 2993, 3011, 3013, 3039, 3047, 3123, 3199, 3261, 3309, 3331, 3318, A. 80.
Domech, 356.
Domecq, lieut^t au rég^t de Louvigny, 2137, 2138. — Cf. *Forcade.*
Domfront (Magistrats, etc., de). — V. *Montigny, Verneuil*, etc.
Domgermain (Franç. Ch. Fleutot de),

mar. c., 3096, 3117, 3120, 3178, 3230, 3474, 3477, 3478, 3489, 3582.
Domilliers, capne au régt de Béarn, 2885.
Dominé, président du district de Redon, con LXV c.
Domont (De), secrétaire du duc d'Orléans, 141.
Dompierre (De), major des dragons de Pasteur, 2221, 2273.
—— (De), officier de la milice bourgeoise d'Abbeville, 2227.
—— **-Jonquière** (De), lieutt de roi à Marsal, 119.
Dompmartin (Abbé de), 311.
—— entrepreneur de fournitures de fourrage?, 1150.
Domps, lieutt de roi à Exilles, 1766, 1861, 1876.
Domrémy-la-Pucelle (Maire de). — V. *Chevelle.*
Doms, membre du Directoire des Pyrénées-Orientales, cons LXV c, LXVI.
—— V. *Oms.*
Domworth, capne au régt de Berwick, 3027.
Donceel, capne, puis lieutt-cel du régt Royal-Allemand, 1483, 1484, 1492, 1653, 1658, 1743, 1755, 1944-1946, 2017, 2019, 2021, 2022, 2081, 2082, 2131.
Doncieu (De), second président en la Chambre des Comptes de Chambéry, 1331.
Doncquer, subdélégué et bourgeois à Dunkerque, 2978, 3207.
Dondel, 3188.
Donel (Comte), chambellan de l'empereur, 67, 68.
Dongan, 513, 514.
Dongelberg (Comtesse de), 3136.
Donges (Guy-Marie de Lopriac de Coëtmadeuc, comte de), mar. c., 2978.
—— (Marie-Louise de La Rochefoucauld, comtesse de), 3088.
Donjon, directeur de la ferme des eaux-de-vie à St-Omer, 2023.
—— 15 s, 24 s.
Donnadei, ingénieur géographe, 3074, 3235, 3236, 3238, 3240-3242, 3628, 3314, 3363, 23 s,
Donnarel, commissaire des guerres, 157, 182, 209, 225-227, 240-242, 245, 469.
Donnat, fournisseur de sacs à terre à Marseille, 2139, 2251.
Donnay (De), maire de Falaise, 3495.
Donnegall, général anglais, 1981.
Donodei (J. B. Annibal), de St-Laurent, ex-enseigne de vaisseau, 3233.
Donop (De), lieutt prisonnier de guerre, 2418.
—— (Comte), lieutt-gal hessois, 3017, 3433, 3475, 3552-3555, 49 s, 50 s.
—— (Baron), ministre de la régence de Cassel, 3501, 3508, 3518.
Donval (Nic.-Legrand), lieutt au régt de Picardie, 102.
Donworth, capne au régt de Berwick, 3027.
Donys, doyen de la Faculté de médecine de Grenoble, 2143, 2144.
Donzac de St-Jean, commdt sur la rivière d'Oise, 2130. — Cf. *Douzal.*
Dophem, 437.
Dorange. V. *Des Roches.*
Dorat, 420.
Dorbay (Jacques), mar. c., cons L b, LX, LXII, LXV a-LXVI.
Dorchemer, lieutt de police à Fontainebleau, 1901, 2269, 3256.
Dorcomte, capne au régt de St-Sulpice, 1831.
Dordogne (Directoire du dépt de la), con LXX.
Doré, député aux États d'Artois, 2159.
—— entrepreneur de fournitures de fourrage, 3500.
Doreil, commissaire des guerres, 3259, 3404, 3405, 3417, 3457, 3498, 3499, 3536, 3538, 3540, 3557, 3564, 3568, 3584, 3603, 3606, 3608, 44 s.
Doresmieulx, gentilhomme d'Artois, 2133, A. 89, A. 90. — Cf. *Oresmieux.*
Dorgean, capne d'artrie, 3467.
Doria (Étienne), génois, 1963.
—— (Sinibaldo), vice-légat d'Avignon, 2042, 2052, 2099, 2100, 2172, 2183, 2249, 2267.
—— (Marquis), de Gênes, 2326, 3119, 3174, 3350, 3362, 3415, 3416, 3454-3456,

Doria, cap^{ne} au rég^{t} de Fiennes, 2943.
—— (Lazarin, s^{r} de Souternon), comm^{re} des guerres, c^{on} LXXXVI.
—— (Benoît-André), évêque d'Ajaccio, 3661.
Dorigny, lieut^{t}-c^{el} du rég^{t} de Poitou, 682.
—— échevin de Reims, 2270.
—— chanoine de Metz, c^{on} XIV.
Dorillac de Mettray, ingénieur au service du pape, puis du duc de Parme, et lieut^{t} de ce prince au château de Plaisance, 2137.
—— (Jos.), commissaire des poudres et salpêtres, 971.
Dorival, 2130, 2132.
Dorjault, exempt de la maréchaussée à Joinville, 3182, 3184, 3255.
Dorlhiac, procureur, 2137.
Dorlu, 294.
Dormer, 1976, 3505.
Dormoy, major dans la Gendarmerie, 1644, 1661, 1759. — V. *Ormoy (d')*.
Dornac, cap^{ne} dans la compagnie franche de Jacob, 3007.
Dornon, maréchal-des-logis des dragons de Peseux, 1897.
Doron, chirurgien au Puy, 1700.
—— V. *Boron*.
Dorox, cap^{ne} au rég^{t} du Perche, 2135.
Doroz, procureur général du Parlement de Besançon, 1660, 1661, 2241, 2699, 2784, 3706.
—— de Poligny, parent du précédent, 1856.
Dorrington (William), lieut^{t}-g^{al}, 1484, 1574, 1844, 1857, 1858, 1896, 1952, 2137, 2169, 2243, 2371.
Dorsanne-Mérolles, lieut^{t} au rég^{t} de Picardie, 146, 151.
Dortan (De), 420.
—— (Vte de), officier au rég^{t} de La Reine-Cav^{ie}, c^{on} LXIV.
—— (De), cap^{ne} au rég^{t} de Croÿ, 2040.
Dorth (J.-W., baron de), gouverneur de Tournai, c^{on} LXXXVI.
Dorthe, lieut^{t} des maréchaux de France à Metz, 2395.
Dorthy, 102, 339, 343, 362, 397, 484, 501, 504, 505.
Dorville, 1205, 2139, 2140, 2268.
—— V. *Orville (d')*.
Dosburg?, échevin de Luxembourg, 1857.
Dosny, 106, 110, 116, 117, 119, 139.
Dosquet, 2825.
Dosseron (L.-N.), curé de Flers et d'Auby, 2056.
Dosseville, 3673.
Dossow, command^{t} allemand à Wesel, c^{on} XV.
Dotres, cap^{ne} au rég^{t} Royal-Roussillon, 2136.
Douai (Municipalité, clergé, magistrats, etc., de), 275, 310, 339, 397, 449, 512, 543, 546, c^{ons} LIV, LX. LXVc, LXVe, LXX. — Cf. *Bachelier, Bailliencourt, Bauduin, Briffault, Buissy, Delcourt, Denis, Espalungue, Franquenelle, Gallois, Gilbert, Haubersart, Hériquier, La Croix, Monnier, Pomereuil, Saint-Geniès, Taffin, Urson*, etc.
—— (Université de), 672.
Douart, subdélégué à Château-Gontier, 2264.
Doublemart, commis à la garde de l'Oise aux environs de Guise, 2187.
Doublet, commissaire des guerres, 295, 339, 564.
—— secrétaire des commandements du duc d'Orléans, 1967, 2559.
—— **de Crouy**, 2145.
Doubs (Directoire du dép^{t} du), c^{ons} LXV, LXVb, LXVI, LXVIII, LXIX.
Douche. V. *Beaulieu*.
Douché, 2138.
Douchet, député du bailliage d'Amiens, c^{on} LXI.
Douchy (Ch.), major de la place de Cambrai, 3278.
Doudet, médecin et officier municipal à Limoges, c^{on} LXVII.
Doue. V. *Foulon*.
Douglas (De), officier écossais, 98, 158, 259, 505, 512.
—— (Comte de), 2023. — Cf. le suivant.
—— (Phil.-H., comte de), brig., 2999, 3123, 3143, 3152.
—— V. *Leviston*.
Dougny, 1832.
Douiller, cap^{ne} au rég^{t} Royal-Bombardiers, 1661.

Douilly. V. *Cursay*.
Doujat (J.-Ch.), intendant, 1903, 2085, 2130, 2131, 2137, 2139, 2151-2154, 2156, 2158-2160, 2169, 2213, 2219-2221, 2230, 2232, 2234, 2235, 2266, 2306, 2309, 2313, 2370, 2371, 2375-2388, 2444, 2445, 2447, 2448, 2547, A. 89, A. 90.
Doulcet, mestre-de-camp, 396.
Doulhon, 132, 151.
Doullens (Échevins, magistrats, etc., de), c^on^ LX. — Cf. *Balesdens, Baule, Brisse, Champion, Des Fugerais, Dieulouard, Latiffy, Layraud, Lombart, Loüette, Marcongnet, Martin, Mironcourt, Montaubert, Saint-Preuil, Serainville*, etc.
—— (La supérieure de l'Hôtel-Dieu de), 262.
Doullon. V. *Doulhon*.
Doumet, 3692.
Douncker, 342.
Dourdan (District de), c^on^ LXVII.
Dourier, cap^ne^ au rég^t^ de Navarre, puis lieut^t^ de roi de Mézières, 2687, 2698, 2726, 2794, 2796.
Dourlans, contrôleur des hôpitaux de Béthune, 3182.
Dournel, cap^ne^ au rég^t^ de Listenois, 1856.
—— officier de l'Hôtel des Invalides, 2269.
—— officier commandant un poste près de Pontoise, 2418.
—— (Mme de), 1832.
Dourout, lieut^t^-c^el^ du rég^t^ de Blaisois, 2105, 2145.
Dousbourg (Théodore de), ingénieur, maître-charpentier ordinaire du roi, 1483, 1644, 1944, 2222, 2301.
Dousillet fils, 2133.
Douteiller, échevin d'Abbeville, 2133, 2183. — Cf. *Bouteiller*.
Doutez, orfèvre, correspondant secret à Chauny, 2144, 2145, 2183.
Douthier, lieut^t^ de roi à Mariembourg, 2703.
Douville, 116. — Cf. *Langlois*.
Douvillé, exempt de la maréchaussée en Hainaut, 2139, 2169.
Doux (Marie), de Maubeuge, 2143.
Douzal de Saint-Jean, ingénieur, 1841. — Cf. *Donzac*.
Douzon (Comte de), lieut^t^-c^el^ du rég^t^ d'Orléans-dragons, 3671.
Doude (Thomas), cap^ne^ anglais, 251.
Doyen (Ant.), fermier des carrosses et messageries des Trois Évêchés et d'Alsace, 2094, 2323.
—— commissaire du dép^t^ du H^t^-Rhin, c^on^ LXVb.
Doyère, garde-magasin à Wesel, 3606.
Dozenay, lieut^t^ de roi à Chalon-sur-Saône, 2138.
Draguignan (Magistrats, échevins, bourgeois, etc., de), c^on^ LXVII. — V. *Audiffret, Giraud, Guigon, La Motte, Laugières, Mallespine, Poytevin, Raymondis, Romegas*, etc.
Dralliant (De), syndic de Thonon, 1967, 1968.
Drassalay, cap^ne^ au rég^t^ de Gassion, 1862, 2133.
Dravigny, syndic des marchands de Verdun, 2244.
—— (J.-Ch.), exempt à Verdun, 2324.
Drechsel (Baron de), brigadier hessois, commandant à Giessen, 3487.
Dreuil (De), officier de la capitainerie des garde-côtes de Cayeux, 3577.
Dreuilly (Ch^r^ de), c^on^ LIII.
Dreux (Magistrats, etc., de), c^ons^ LXI, LXIX. — Cf. *Bureau, Delaplane, Du Bois, Lefebvre, Legrand, Le Meusnier, Lesergent, Rotrou*, etc.
—— (De), 151, 484, 699.
—— (De), lieut^t^ de roi de Cambrai, 958, 1468, 1606, 1945, 2021, 2023, 2056, 2133, 2134, 2136-2138, 2142, 2143, 2145, 2219.
—— (Thomas de Brézé, m^is^ de), 1519, 1590, 1591, 1777, 1861, 1862, 1864, 1865, 1868, 1872-1876, 2027, 2072, 2084, 2131, 2133, 2139, 2144, 2160, 2699, 2734, 2739, 2784, 2788, 2792, 2793, 2802, 3017, 3029, 3207, 3240, 3243, 40. s, 41. s. — Cf. les suivants.
—— (De), 2098.
—— (Joachim, ch^r^, puis m^is^ de), lieut^t^-g^al^, 3061, 3087, 3198, 3418, 3409, 3419-3421, 3505, c^on^ XL.
—— V. *Brézé, Nancré*.
—— **-Constant**, 3710.
Driesen (Georges-Guill. de), général prussien, 3476.

Drolenvaux, commissaire des guerres, 3665.
Dromgold, 53 s.
Drôme (Députation et Directoire du dép[t] de la), c[ons] LXVIII, LXIX. — Cf. *Marsane.*
Dron (De), 3485, 3486, 3509.
Drost (Baron de), 2887, 3137.
Drouart, officier, 146, 259.
—— commissaire des guerres, 310, 564, 565, 612, c[ons] II, III.
—— lieut[t] de roi de Bapaume, 1831.
Droüauld, maire de Poitiers, c[on] LXIII.
Droué-Montigny (L. Du Raynier, ch[r] de), 151.
Drouet (De), 282.
Droüet (F. et M.), fabricants ou marchands de toiles à voiles, de Nantes, 3763.
Drougneaux, officier municipal de Saumur, c[on] LXV b.
Drouhot, gouverneur espagnol d'Aire, 224, 227.
Droüin, cap[ne] au rég[t] de Berry-Cav[ie], 1892.
Drouin, officier d'invalides command[t] à Pont-Ste-Maxence, 2136, 2139.
—— chantre et professeur à Sarrelouis, 2396.
—— échevin de Montargis, 3185.
—— maire de Lunéville, c[on] LXV.
—— commissaire des États de Bretagne pour la navigation, 3749.
Droüot, officier m[al] de Châlons, c[on] LXIV.
—— **de Valdeterre**, cap[ne] au rég[t] de Pons, 83 s.
Droynet (Geoffroy), contrôleur des troupes, c[on] LXXXVI.
Droz, cap[ne] au rég[t] de La Marck, 3720.
Drucour (Ch[r] de), cap[ne] de vaisseau, 3404, 3405, 3498, 3540, 3544.
Druent (Comte de), 20.
Druillet (André), évêque de Bayonne, 2136, 2145, 2560.
Drummond. V. *Melfort* et *Drumont.*
—— **de Perth**, (Louis, comte de), brig., 3031, 3125, 3152, 3154.
—— **de Strathallan**, cap[ne] au rég[t] Royal-Écossais, 3408.
Drumont, 97. — Cf. *Drummond.*
Druon, prévôt de St-Amand, 3032.
—— officier municipal de Noyon, c[on] LXV d.
D'russe, cap[ne] à la suite du rég[t] de Cécile (service d'Espagne), 2140, 2141.
Druy (De), 505, 595.
—— (Franç.-Eustache-Marion, comte de), lieut[t]-g[al], 1202, 1237, 1318, 1502, 1549, 1573, 1660, 1677, 1748, 1751, 1761, 1846, 1848, 1851, 1852, 1855, 1857, 1858, 1948, 1950–1953, 1956, 2033–2035, 2056, 2091–2093, 2133, 2135, 2138, 2142–2145, 2153, 2162–2165, 2167, 2183, 2236–2239, 2243, 2244, 2308, 2317–2319, 2321–2323, 2371, 2391.
—— (Abbé de), élu des États de Bourgogne, 2183, 2270, 2343, 2371.
—— (J.-B.-Marion, comte de), enseigne des Gardes du corps, 2392.
D'Scechelaye, 37 s.
Du Baizy, cap[ne] au rég[t] d'Artois, 1660.
Dubal, curé de St-Pierre, à Tulle, 2132.
Duban. V. *La Feuillée.*
Du Barail (Louis-Prévost, m[is]), lieut[t]-g[al], 1935, 1936, 1943–1945, 2021–2023, 2081, 2133, 2135, 2136, 2141, 2219–2222, 2269, 2300, 2301, 2308, 2371, 2372, 2374–2383, 2387.
—— (Jacques-Charles-Prévost, m[is]), lieut[t]-g[al], 3037, 3071, 3238–3240, 3261, 3262, 3316, 3403–3405, 3407–3411, 3449–3452, 3457, 3461, 3464, 3466, 3472, 3480, 3492–3495, 3497–3499, 3502, 3505–3507, 3509, 3532–3537, 3542, 3547, 3550, 3555, 3563, 3568–3574, 3578, 3581, 3582, 3598-3602, 3606, 3621, 3623, c[ons] XXIII, XXVI, XXX, XXXI, XXXVII, XXXIX.
Du Barbier, commissaire des guerres, 1466, 1786–1789, 1791, 1793, 1891, 1892, 1984–1986, 2054, 2134, 2135, 2139, 2140, 2143, 2177, 2178, 2185, 2188, 2253, 2255, 2261, 2269, 2272, 2273,

2328, 2329, 2332, 2370, 2558, 2559, 2561-2564, 2609, 2619, 2620.
Dubarbier officier, 2136, 2547.
—— (Lisse), commissaire des guerres, 3619.
Du Barioz. V. *Monthouz.*
Du Barry, (Ant.), brig., 2700, 2707, 2792.
Du Bartas. V. *Rivolet.*
Du Bas, aide-major du rég^{t} suisse de Villars, 2160.
Du Basserode, lieut^{t} de la maréchaussée de Lille, 1943.
Dubasty, lieut^{t}-c^{el} du rég^{t} de La Motte, 1644.
Du Bayé, ex-lieut^{t}-c^{el} du rég^{t} de Grassin, 3415.
Du Bec (Claude, m^{is} de La Bosse), cap^{ne} de la compagnie franche d'Auxonne, 88. — Cf. *Guébriant.*
Du Bellay (Ant.), notaire à Courtrai, 105.
—— (Cl. — s^{r} de Drouilly), 131.
—— 282, 362.
—— (Chevigny), lieutenant, 342.
—— (Martin), évêque de Fréjus, 3175.
—— (Julien), 2592.
—— (Abbé), 2739.
—— (Guill. de La Courbe, m^{is}), brig., 2737, 2741.
Du Bellet (Claude Du Long, s^{r}), lieut^{t} de chevau-légers, 102.
Du Belloy, cap^{ne} au rég^{t} de Navarre, 123.
—— cap^{ne} d'artillerie, 3462, 3463.
Du Belly, 2312. — Cf. *Belly.*
Du Bernac, officier, 2242.
Du Bernet, (Cl. et A.), officiers au régiment de Rambures, 141.
Du Beron, cap^{ne} au rég^{t} de Solre, 2371.
Du Bessay, lieut^{t}-c^{el} du rég^{t} de Rennepont, puis colonel du rég^{t} de son nom, 2370.
Du Bettex (J.-B.), officier du service de Savoie, 1972.
Dubeuf, aide-major à Lichtenberg, 2242, 2243.
Du Bial (Le Courtois), directeur des Fermes à Laval, 2338.
Dubief, curé de Blamont, 3073.
Du Biez (Ant.-Oudart de Savignies, m^{is}), mar. c., 1832.
Dubiez, cap^{ne} au rég^{t} de Solre, 1830.
Dubignon, commissaire des guerres?, 1693.
—— cap^{ne} des portes de Belfort, 2396.
—— trésorier provincial de l'artillerie en Guyenne, 3633, 3641, 3645, 3671, 3672.
Du Bignon V. *Chibert.*
Dubin, A. 87, A. 88.
Du Blaisel (MM.), officiers au rég^{t} de Fontaine, 2143, 2370.
—— (Ant.-Jos. de La Neuville, baron), lieut^{t}-g^{al}, 3033, 3035, 3088, 3127, 3137, 3138, 3146, 3203, 3204, 3206, 3325, 3440, 3513, 3514, 3526, 3550, 3552, 3554, 3604, 18 s., 32 s.-34 s., 38 s., 40 s., 46 s., 49 s., 50 s., 63 s.
—— (J. marquis), mar. c., 3559, 3744, 3760, c^{ons} LI, LXIV, LXV, LXV a.
—— **de Saint-Léger**, administrateur du Boulonnais, 3709.
—— **-Durieu**, 3709.
Du Blanc, invalide de la garnison de Belle-Isle, 2270.
Dublin (Archevêque de). V. *Creagh.*
Du Boc, commis du marquis de Seignelay, A. 89.
Du Bocage, officier au rég^{t} de Du Biez, 2022.
Du Bochet. V. *Guenin.*
Du Bocz, cap^{ne} au rég^{t} de Solre, 1896, 2140.
Dubœuf (Hugues), subdélégué de l'intendant d'Angervilliers, 2250.
Duboile, cap^{ne} au rég^{t} de Bourgogne-cav^{ie}, 1855.
Dubois (Pons), lieut^{t} de Carabins, 102.
—— 110, 137, 396, 420.
—— procureur du roi à Hesdin, 310.
—— secrétaire perpétuel des États d'Artois, 311.
—— 792, 793, 830, 883, 884, 902, 969, 984, 989, 1013, 1015, 1016, 1079, 1093, 1094, 1116, 1159, 1213, 1215, 1272-1275, 1285, 1287, 1331, 1332, 1524, 1526, 1585, 1586, 1595, 1683,

1685, 1800, 1870, 1878, 1895, 2083, 2141, 2370, 2412.
Dubois, président à mortier au Parlement de Tournai, 1831.
—— ingénieur, 1879, 1900, 1968, 1972, 2144.
—— (Guill.), archevêque de Cambrai, cardinal, premier ministre, 1964, 1966, 2562, 2575, 2584, 2609, 2622, 2643, 2663, 2876.
—— receveur de la douane à Grenoble, puis contrôleur de l'artillerie, 1967.
Du Bois, échevin de Guise, 2136.
—— (Ant.), commissaire des guerres, c^on LXXXVI.
—— officier au rég^t de St-Evremond, 2137.
—— commissaire à l'Hôtel des Invalides, 2137.
—— cap^ne au rég^t de Duchay, 2138, 2139.
—— banquier ou agent de change à Paris, 2143, 2413.
—— (Nic.), 2167.
—— officier de l'élection de Dreux, 2183.
—— ancien commis de l'extraordinaire des guerres, 2242.
—— échevin (de Corbie?), 2273.
—— (Adrien), échevin d'Amiens, 2415.
—— V. *Du Boÿs.*
—— lieut^t au rég^t d'Orléans-dragons, 3501.
—— chef de bureau au ministère de la Guerre, 3419, 3476, 3487, 3505, 3539, 3542, 3543, 3575-3578, 3602, 3605, 3626, 3630, 3635, 3642, c^ons XXXI, XXXIII, XXXV *bis*.
—— 3592.
—— (Ferd.), président du dép^t du Pas-de-Calais, c^ons LXV*d*-LXVf.
—— attaché à la personne du prince de Condé?, 46 s.
—— V. *Des Aunais.*
—— **d'Armaville**, procureur du roi en la maîtrise des eaux et forêts de Fontainebleau, c^on LXVII.
—— **-Baudry**, 102, c^on XI.
—— **de Crancé**, commissaire des guerres, 1468, 2135, 2137, 2138, 2141, 2183, 2268, 2269, 2272, 2273. — Cf. *Crancé.*
Du Bois Des Courts (Élisée et Maximilien), officiers, 141.
—— **-Guéheneuc**, lieut^t aux Grenadiers royaux de Brulart, 81 s.
—— **d'Inchy**, député des États de Tournai, 2159.
—— **de Badonne**, major du rég^t de Cayeux, 2138.
—— **de Hoves de Hercingnies**, 3033.
—— **-Jérôme** (Ch.), cap^ne au rég^t de Champagne, 92.
—— **de La Tourelle**, procureur du roi au bailliage d'Ypres, 1656. — Cf. *La Tourelle.*
—— **de Launay**, 1333, 1334, 1375, 1380, 1424, 1425, 1428, 1436, 1453, 1587, 1961, 2506.
—— **de Libon**, cap^ne au rég^t de Nuaillé, 2270.
—— **Du Plessis**, officier, 1399, 1402, 1404.
—— **-Roguer**. V. *Chastillon.*
—— **-Romain** (Toussaint), A. 89.
—— **de Villeneuve**, officier, 1854, 1856, 1902, 2056, 2221, 2269, 2273, 2300, 2341, 2343, 2371, 2374, 2377, 2381, 2393, 2448.
Du Boisbis, lieut^t aux dragons de Villegagnon, 1900.
Du Boisdeffre, premier aide-major d'une compagnie de chevau-légers, à Dreux, 2133. — Cf. *Boisdeffre.*
Du Boisgelain, officier, 3406.
Du Boisroux (Hélies), officier hollandais, 3309.
Du Boistaillé, commissaire des États de Bretagne, 3543, 3602, 3622.
Du Bonnet, lieut^t au rég^t de Dauphiné, 123.
Du Bord, cap^ne au rég^t de Condé, 1753.
Du Born, cap^ne au rég^t de Louvigny-Gramont, 2145, 2182.
Du Bos (Louis), marchand à Paris, 2182.
—— directeur de l'hôpital de Toulon, 3255.
—— **de Prémont**, major, c^on X.
Dubosc, ingénieur, 1208, 1358 1400, 1401.
—— officier de cav^ie, lieut^t-c^el du rég^t de Du Tronc, 1964, 2175, 2398, 2400.

Dubosc, gentilhomme normand, 2133.
Du Boschet, 3315.
Du Boslehard (Ch^r^), officier, 1855.
—— (Marie-Élisabeth de Roncherolles, dame), 2419.
Du Bosquet (René-Ch. de Baugy), lieut^t^-g^al^, 102, 110, 119, 123, 134, 137, 138, 146.
—— cap^ne^ au rég^t^ de Normandie, 146.
—— officier au rég^t^ d'Angoulême-dragons, c^on^ LXII.
—— V. *Bosquet.*
—— **Du Bourg**, lieut^t^-c^el^, 102.
Du Bosquiel, de Lille, 3768.
Du Bot. V. *Talhouet.*
Du Bouchage (Comte), c^on^ LXIII.
Du Bouché, command^t^ le poste de Choisy-au-Bac, 2411.
Du Bouchet (Marc-Ant. Bosc, m^is^), intendant, 2263, 2265, 2267, 2273.
—— gouverneur de Mortagne et grand bailli du Perche, 2419, 2470.
—— lieut^t^ au rég^t^ de Navailles, 123.
—— V. *Lubières.*
Du Bouchot, officier, 1855. — Cf. le suivant.
—— cap^ne^ au rég^t^ de Du Fief, 2324.
Du Boudet. V. *Buisson.*
Du Boüexu de La Ferronnais, 2186.
Duboujon, commissaire des guerres, 958, 1057.
Du Boulay, échevin de Montargis, 3185.
—— **-Talon** (Mis), colonel du rég^t^ d'Orléanais, 1874, 1895.
Du Boullet, comm^re^ du Soissonnais, 116.
Du Bourdet (J.-L. de Cugnac, ch^r^), brig., 1846, 1855, 1856, 1982, 2145.
—— officier, 3261.
Du Bourg (J.-B.), évêque de Rieux, 5.
—— (Léonor-Marie, comte), mar. Fr., 791, 792, 821, 825, 876-878, 883, 944, 980, 1148, 1324, 1365, 1408, 1409, 1501, 1502, 1568-1574, 1579, 1582, 1660, 1661, 1675-1677, 1728, 1748, 1751, 1843-1848, 1852, 1853, 1855, 1856, 1895, 1896, 1948, 1949, 1951-1953, 2018, 2021, 2022, 2027, 2028, 2031, 2032, 2304, 2091-2094, 2127, 2130, 2131, 2133, 2137, 2140, 2143, 2144, 2162-2165, 2167, 2169, 2236-2239, 2242, 2244, 2317-2319, 2322, 2323, 2370, 2371, 2388, 2391-2394, 2411, 2416, 2452-2457, 2460, 2461, 2468, 2487, 2505-2507, 2521, 2547, 2564, 2575, 2609, 2620-2622, 2630-2635, 2643, 2655, 2663, 2664, 2675-2679, 2688, 2697-2703, 2707, 2708, 2712, 2713, 2723-2742, 2744-2746, 2766, 2768-2770, 2782-2786, 2788-2800, 2805, 2823, 2825-2827, 2837-2839, 2841, 2850, 2851, 2852, 2860, 2863, 2864, 2873, 2875-2877, 2890, 2891, 3072, 3200, 3779, c^ons^ X, XIV.
—— (Comtesse), 1857.
—— (Léonor Du Maine, m^is^), directeur de la cav^ie^ en Alsace, brig., 2142, 2236, 2242, 2371, 2392, 2411.
—— grand-maître des eaux et forêts au département d'Alençon, 2262.
—— cap^ne^ au rég^t^ de Du Fief, 2324.
—— aide-major du fort de Kehl, 2729.
—— procureur-g^al^-syndic du dép^t^ de l'Oise, c^ons^ LXVa, LXVc.
—— V. *Du Bosquet.*
Du Bourget, commis aux vivres, 1285.
—— cap^ne^ au rég^t^ de Champagne, 342.
—— command^t^ le 2e b^on^ du rég^t^ de Champagne, puis lieut^t^-c^el^ de ce rég^t^, 1501, 1951.
—— consul d'Aix, procureur des États de Provence, 2143, 2174, 2188.
Du Bourk (Toby Bourke, dit le ch^r^), envoyé du prétendant Stuart en Espagne, 1885-1888, 1976-1978, 2048-2050, 2104, 2177, 2178, 2253, 2255, 2328, 2329, 2332, 2404, 2408.
Du Bouschet. V. *Montsoreau.*
Du Bousquet, cap^ne^ au rég^t^ de La Reine-dragons, 1832.
—— 2137.
—— cap^ne^ au rég^t^ de Languedoc-inf^ie^, 2243.

Du Bousquet (Ant. Rigollot), mar. c. 3526, 3550, 3554.
—— (ch^{r}), major du rég^{t} Royal-Vaisseaux, 3620.
—— officier au rég^{t} de Boulonnais. c^{on} LX.
—— V. *Arcambal.*
—— V. *La Lanne.*
Du Boutet, command^{t} au fort de La Prée (île de Ré), 2273.
Du Boÿs, aide-major au rég^{t} de Blacas, 2243.
—— curé de St-Jean de Maurienne, 2370.
—— commissaire ordonnateur, 3541, c^{ons} XXIII, XXVI.
—— 3584.
—— 3620, 3631.
—— cap^{ne}, c^{on} LXXXVI.
—— commissaire des guerres à l'École militaire, 3620, 3725.
—— aide-de-camp du comte de St-Germain, 21 s.
—— V. *Dubois* et *Crancé.*
—— aide-major général, 46 s.
—— (Veuve), 3581.
—— **de La Bernarde.** V. *La Bernarde.*
—— **des Bordes,** aide-major de la place de St-Omer, 2132.
—— **du Miret,** 2272.
Dubreil, cap^{ne}, 1861, 2400.
Dubreuil, 466, 486, 516, 563, 609, 667.
—— procureur du pays de Provence, 3175, 3180, 3187, 3232, 3233, 3255, 3256.
Du Breuil, lieut^{t}-c^{el} du rég^{t} de La Motte (des troupes de Lunebourg), 1673.
—— 2139,
—— (Audebert), ancien officier, c^{on} LIV.
—— ingénieur, 2724–2726, 2783, 2787–2793.
—— (Gérard), ancien officier, 3687.
—— V. *Maïly.*
—— **-Lebrun,** 151.
—— **du Martret,** mousquetaire, 2131, 2134.
Du Breuillet, officier, 3631.
Du Brocard (Henri de Baraillon), mar. c., 2726, 2727, 2812, 2912, 2913, 2915–2919, 2921, 2924, 2926, 2949–2954, 2959, 2969, 3029, 3033, 3035, 3036, 3042, 3068, 3315, 17 s., c^{on} XV.
Du Brocard de Bonneville, receveur g^{al} des finances, 3232.
Dubrocq, maire de Bayonne, c^{on} LXV a.
Du Broeucq. V. *Vitry.*
Du Brossin (Pierre Brulard), écuyer, 123.
Du Broutay (Comte), 141, 146.
Du Bruant, 564.
Du Bruelh, 300, 356, 465, 611, 672.
—— (Ch^{r}), cap^{ne} au rég^{t} de Bourbonnais, 1073.
—— commd^{t} la compagnie de volontaires de ce nom, 3251, 3329.
—— (P. Silvestre, m^{is}), brig., 667, 1013, 1015–1017, 1106, 1108, 1109, 1174, 1234, 1235, 1238, 1282, 1283, 1380, 1417, 1428, 1598, 1788, 1789, 1792, 1800, 1883, 1887, 1888, 1891, 1892, 1981-1984, 1989, 2053, 2107, 2131, 2132, 2135, 2140, 2255, 2257, 2330–2332, 2404–2406, 2488, 2521, 2547, 2619.
Du Bu de Longchamp. V. *Dubuc.*
Du Buat (Mis), cap^{ne} de cuirassiers, 3720.
—— V. *Pernot.*
Du Buatz (Ch^{r}), 3421. — Cf. *Du Buat.*
Dubuc de Longchamp (P. Michel), trésorier général de la Caisse des amortissements à Paris, 3672.
—— subdélégué général en Bourgogne, 3418.
—— c^{on} LX.
—— **de Semperé,** sous-lieut^{t} au régiment de Bouhyer, 2141, 2143.
Du Buisson (Roger), 830, 882.
—— chirurgien-major, directeur de l'hôpital de Philippsbourg, 987.
—— lieut^{t} au rég^{t} de Du Bordage, 1519.
—— habitant de Villers-lès-Mangiennes, 2167.
—— de Charleroi, 2213.
—— cap^{ne} au rég^{t} de dragons de St-Sernin, 2370.
—— vice-président du Directoire du district de Provins, c^{on} LXVb.
—— commissaire des guerres, 2698,

2702, 2746, 2766, 2813, 2814, 2844, 3204, 3308, 55 s., 57 s., 62 s., 75 s., 76 s.
—— V. *Buisson, Foucembergue.*
Du Buol, capne suisse, 280.
Du Burg, 118.
Dubus, trésorier provincial de l'artillerie et du génie, 3672, 3761.
Du Bus, 2132.
—— (Phil. Aug. Jos. Le Comte, sr), prévôt royal de Lille, 3699.
—— V. *Du Bu, Dubuc, Dubut.*
Du Busc, commissaire des guerres, puis intendant, 294, 420, 465.
Dubut, 1943. — Cf. *Du Bu, Dubuc.*
Du Buy. V. *Didelot.*
Duby (Salomon), capne-gal des Fermes à Cherbourg, 3495, 3532.
Duc (Chr), 628.
Du Cabanil, capne au régt de Tessé, 1862.
Du Cairon, officier au régt de Saintonge, 1752.
Du Cambon, 794.
—— V. *Cambon.*
Du Cambout (Mis), 362, 987, 1237, 1519.
—— **-Coislin.** V. *Coislin.*
Ducamps, jurat de Navarreux, 3184.
Du Canad, capitaine au régiment de Champagne, 141.
Ducarieul, grand bailli d'Arras, 2312.
Du Carlot de Taladrin ?, officier au régt Colonel-gal (espagnol), 2143.
Du Carroy, commissaire des guerres, 3506.
Du Casse (J.), amiral, 1885, 1886, 2104.
Ducasse, capne au régt de Périgord, 2138.
—— (J.), chirurgien à Sens, 3258.
Du Cassé-Foissin, 2132.
Du Castel, officier au régt de Berry, 2782.
Du Castellier, officier de cavie, 116.
Du Causse, capne au régt de Nupces, 2242.
Du Cayla (Franç. de Baschi de Saussan, mis), lieutt-gal, 2142, 2144, 2299, 2843, 2912, 2916, 2926, 2958, 2959, 2999, 3001, 3002, 3017, 3116, 3117, 3173.
Du Caylar. V. *Toiras.*
—— (Chr), 2958.
Ducerf, capne au régt de Bellefonds, 1830.
—— lieutt au régt de St-Vallier, 1830, 1831.
Du Chailar de Clamouse, cornette au régt de Languedoc, 2244.
Du Chailly, major de la place de Liège, puis de celle de Bapaume, 1558, 1831, 1840, 2021, 2022, 2138, 2139, 2142, 2158, 2183, 2228, 2230, 2299, 2310, 2312, 2370, 2371.
—— officier au régt de Pujol, 1855.
Duchaine-Martimont, procureur de la commune de Saintes, con LXV b.
Duchallart, commis de M. de Pontchartrain, 1733.
Du Challart, 2142.
Du Chambge, premier président du bureau des Finances de Lille, 3029.
Du Chambon, officier au régt de Belsunce, 1943.
—— aide-major de la place de Bergues, 2085.
Du Chaney. V. *Bazin.*
Du Chantoy (Comte), 1876.
Du Charnoy, capne au régt de Picardie, 2271.
Du Chartry, commissaire des guerres, 3260.
Du Chassan. V. *Ponsonaille.*
Du Chastel. V. *Petrieu Du Souché, Tangui.*
—— capne au régt de Navailles, 123.
Du Chastelet, chambellan du duc de Lorraine et enseigne dans ses gardes, 2138.
—— 3549.
—— V. *Du Châtelet.*
Du Chatard, officier au régt de Desmaretz, 2136.
—— capne au régt de Champagne, 2136, 2144.
Du Château, officier municipal de Guise, con LXV d.
Du Châtel (L. Franç. Crozat, mis), lieutt-gal, 2886, 2887, 2889, 2913, 2915, 2918, 2921, 2949, 2988, 3059, 3064, 3198, 3230, 3262.
—— lieutt-gal du bailliage de Bayeux, 3469.
Du Châtelet, 271, 279, 281, 420, 458.

Du Châtelet, officier dans les Chevaux Noirs (garde d'Espagne), 2371.
—— (Jean-François ?), 2923, 2990, 3044, 3096. — Cf. *Du Châtelet-Haraucourt.*
—— (Florent-Franç.), lieut^{t}-g^{al}, 3319, 3140, 3148, 3167, 3418, 3473.
—— cap^{ne} aux volontaires de Lancize, 3329.
—— (Mis), 3564.
—— cap^{ne} au rég^{t} de Foix, 3695.
—— (Marie-Louis-Florent, comte, puis duc), lieut^{t}-g^{al}, 3753, c^{ons} XLIX a, L., LI., LIV.
—— V. *Courcelle, Du Chastelet, Lomont, Pierrefitte.*
—— **-Clefmont** (Franç. Bernardin, m^{is}), 2135, 2243.
—— **-Haraucourt** (J. Franç., m^{is}), lieut^{t}-g^{al}, 2784, 2793, 2823, 2940, 2941, 3144, 3262, 3418, 3502, 16 s., 21 s., c^{ons} XV, XVI.
—— **-Lomont** (Florent Claude), lieut^{t}-g^{al}, 2800, 2940, 3017, 3039, 3040, 3044, 3054, 3094, 3097, 3098, 3152, 3159, 3167, 3168, 3216, 3262, 3309, 3326, 44 s., 49 s., 54 s. — Cf. le suivant.
—— (Comte), ambassadeur à Vienne, 3587-3592. 3606-3615, 3621, 3626. 3630, 3632. — Cf. le précédent.
—— **-Pierrefitte**, 468.
Du Châtelier-Barbot (René), mar. c., 123.
—— (Léon), mar. c., 2770.
Du Châtenet (Hugonneau), 3602.
Duchauffour, directeur des vivres, 2183, 2185, 2254, 2330, 2331.
—— premier commis de l'intendant de Boullongne, 3651.
Du Chaume, gentilhomme poitevin, 117.
Du Chaunoy, 451, 457.
Du Chaussay, major du rég^{t} de Lenoncourt, 40 s.
Du Chayla (Balthazar de Langlade), officier, 102.
— (Nic. Jos. Balthazar de Langlade, vicomte), lieut^{t}-g^{al}, 2735, 2738, 2740, 2742, 2763, 2783-2786, 2788, 2945-2947, 2991-2993, 3000, 3001, 3013, 3027, 3031, 3032, 3036, 3045, 3086-3089, 3135-3138, 3142-3144, 3197-3199, 3207, 3276, 3278, 3325, 3326, c^{on} XVII
Du Chayla (Mme —, née de Lignerac), 2993, 3135.
—— enseigne de vaisseau, 3731.
Du Chazant, cap^{ne} au rég^{t} de Vendôme, 1902.
Duché, 1146, 1700, 2269, 2663, 2706, 2744-2747, 2768, 2791, 2801, 2803, 2804, 2824, 2873, 2876, 2892, 2902, 2988.
—— aide-major de la place de Givet, 3278.
Du Chemin, 1151.
—— (J.), cap^{ne} dans la compagnie franche de Sarrobert, 1950, 1951, 16 s.
—— agent des Suisses à Paris, 2270.
—— c^{on} XLIX a.
—— **-Favardière** (Pierre), magistrat de Nantes, c^{on} XXXI.
Du Chenaux, officier de la compagnie franche de Romberg, 2904, 3007, 3017.
Duchenois, officier, 2132.
Du Chéron, lieut^{t} au rég^{t} du Maine-inf^{rie}, 2371.
Du Chesnay, secrétaire du maréchal de Marcin, 1966.
—— lieut^{t} de roi de Schelestadt, 2782.
Duchesne, inspecteur d'hôpitaux, 1549.
—— officier, 1831.
—— officier commd^{t} à Bouillon, 1854, 1857, 2095, 2169, 2269.
—— commissaire et garde d'art^{rie}, 2142.
—— cap^{ne} au rég^{t} de Pignatelli, 2144.
—— major du rég^{t} de Durfort-Boissier, 2241.
—— entrepreneur des fortifications des Sables-d'Olonne, 3547. — Cf. le suivant.
—— ingénieur, 3730, 3745.
—— (Veuve), libraire à Paris, 3738, c^{on} LI.
—— **-Bécard**, 151.
—— **de Ruville**, commissaire des guerres, 2978, 3069, 3108, 3161, 3162, 3165, 3201-3204, 3206, 3208, 3209, 3211, 3216.

Duchesnes, lieut^t^-c^el^ du rég^t^ de Saillant, 2145, 2251.
Duchesnois, officier au rég^t^ de Durfort-Boissière, 2220.
Duchesnoy, lieut^t^ au rég^t^ de Montrevel, 1855.
Ducheval, bourgeois d'Isigny, 2138.
Duchey, 2138, 3583.
Du Chilleau (Comte), 3749, c^on^ LXV f, LXVI, LXVIII, LXIX.
Du Chillou, cap^ne^ au rég^t^ de Dampierre, 1832.
Du Chiron, 2924, 3188.
Du Choisel, 823.
Duchuret (Dame Marie-Marthe), 2130.
Ducis (J. Franç.), poète tragique, membre de l'Académie française, 3433.
Ducker, ministre de l'électeur de Cologne, 1420.
Duclaus, lieut^t^ au rég^t^ de Robecque, 1830.
Duclaux, lieut^t^ de roi à Trarbach, 1758, 1851.
—— président de l'élection de Montélimar, 1766, 1878.
—— capitaine au rég^t^ de Talande, 1879.
—— commd^t^ au château de Queyras, 1968, 1971.
—— cap^ne^ au rég^t^ de Morogues, 2135.
—— subdélégué à Montélimar, 2144.
Du Claux (Isaac), colonel hollandais, 3258.
Du Clisson, aide-major du château de Belfort, 2139, 2141, 2143, 2144, 2242.
Duclos, 260, 261, 333, 361, 420.
—— V. *Camus-Duclos*.
—— cap^ne^, 997.
—— 1687.
—— exempt des Gardes du roi (compagnie de Villeroi), 1856.
—— lieut^t^ au rég^t^ de Flandre, 1968.
—— ingénieur, lieut^t^-c^el^ dans les troupes du pape, 2188, 2251.
—— aide-major du rég^t^ d'Aubeterre, 2270, 2370, 2458.
—— capitoul de Toulouse, 3309.
—— (Ch. Pineau), moraliste, historien, membre de l'Académie française, 3625.
Duclos, ingénieur, 3763.
—— commissaire des guerres, c^on^ XLVII.
—— V. *Destouches*.
—— **de Courcelle**, avocat au Parlement de Metz, 2034.
—— **-Guyot**, c^on^ LXXVI.
Du Clos, cornette de dragons, 990.
Duclot, cap^ne^ d'inf^rie^ réformé, 3065.
—— (Maurin), de Barcelonnette, 3260.
Du Cloux (N. A.), habitant de Liège, 2160.
Du Cluseau, lieut^t^ au rég^t^ d'Auvergne, 123.
Ducluseau, cap^ne^ au rég^t^ d'Agénois, 1832.
Du Cluzeaux, vice-président du Directoire de l'Ardèche, c^on^ LXV b.
Du Cluzel, 3741.
Du Combau, lieut^t^ au rég^t^ d'Agenois 1831.
Du Contant, cap^ne^ au rég^t^ du Maine, 2182.
—— **-Jambonnière**, cap^ne^ au rég^t^ du Maine, 2398.
Duconte, bourgeois de St-Jean-de-Luz, 2052.
—— échevin de Charleville, entrepreneur de l'hôpital de cette ville, 2142, 2169, 2244, 2271.
Ducor, cap^ne^ au rég^t^ de Blaisois, 3260.
Du Corée, commd^t^ à Ivrée, 1967.
—— (Elisabeth Beschefer, dame), veuve d'un cap^ne^ du rég^t^ de Leuville, 2370.
Du Corroy, lieut^t^ de roi à Ardres, 225.
—— 420.
Ducos père et fils, commissaires du commerce à Bordeaux, c^on^ LXV f.
Du Cos. V. *La Hitte*.
Du Coudray (Jacques de Berne), cap^ne^ au rég^t^ d'Auvergne, 123.
—— (Cl. Cocquet, s^r^), cap^ne^ au rég^t^ de Picardie, 131.
—— (Philippe Des Roches-Herpin, s^r^), cap^ne^ au rég^t^ de Gassion, 146.
—— officier, 987.
—— (Gaspard), lieut^t^ de roi de Dunkerque, brig., 1355, 1360, 1549, 1830-1834, 1839, 1943, 1945, 2021-2023, 2089.
—— commissaire des guerres, 1862, 1895, 2138, 2140.

Du Coudray, lieut^{t} au rég^{t} de La Roche-Thulon, 1905.
—— marchand à Marche-en-Famenne, 2134.
—— aide-major à St-Malo, 2130, 2186.
—— cap^{ne} au rég^{t} de Limousin, 2136,
—— cap^{ne} aide-major, 3309.
—— cap^{ne} au rég^{t} de Champagne, 3461.
—— ingénieur, 3751.
—— V. *Flamen.*
—— **-Brethe,** 158.
—— **de Brulart,** 2132.
—— **-Ganteu,** commissaire des guerres, 1946, 2137, 2138, 2159, 2169.
—— **-Montpensier** (Henri d'Escoubleau, m^{is}), lieut^{t}-g^{al}, 116, 119.
Du Coulombier (Louis Le Cler, s^{r}), cap^{ne} au rég^{t} de Piémont, 102.
—— V. *Tronquidy.*
Du Courret, lieut^{t} dans le rég^{t} d'Anjou, 2140.
—— parent du précédent, 2268.
Du Courteil. V. *La Fitte.*
Ducrest, cap^{ne} au rég^{t} de Croy, 1858.
—— cap^{ne} au rég^{t} Royal-La-Marine, 2269.
—— (Ant.), lieut^{t} au rég^{t} Royal-La-Marine, 2272.
—— **de Montigny** (Jos.), cap^{ne} au rég^{t} Royal-La-Marine, 2272.
Du Crocquet, subdélégué à Amiens, 2157, 2227.
Du Cros, aide-major au rég^{t} d'Agénois, 1832.
Ducros, bourgeois dauphinois, 2044.
—— officier dans une compagnie d'invalides à St-Brieuc, 2137.
Du Croset, cap^{ne} au rég^{t} Royal-Comtois, 2371.
Ducrot, auteur d'une relation de la bataille de Zorndorf, 3481.
Du Crozet (Ponce), cornette de carabins, 102.
—— lieut^{t}-c^{el} du rég^{t} de Foucquet, 3007.
Du Cry. V. *Bouillet.*
Du Cujula (J. Noël de La Font), major du rég^{t} Royal-Corse, 3467, 3544, 3579, 3599, c^{on} XXXI.
Ducup, cap^{ne} au rég^{t} de Nogaret, 1832.
Du Daugnon (Louis Foucault, comte), 110, 117, 158. — Cf. *Du Dognon.*
Du Deffand, 361.
—— V. *Séry* et *La Lande.*
Du Deffant, cap^{ne} au rég^{t} de dragons de Montmain, 1801.
Du Deschaux (Marie-Franç. César de Vaulchier), brig., 3043, 3460.
Du Désert, cap^{ne} des portes à Cambrai, 2226.
—— **-Lépiney,** lieut^{t} au rég^{t} de Saintonge, 1856.
—— 1946.
Dudicourt. V. *Dupressoir.*
Du Dognon, lieut^{t}-c^{el} réformé, 2134, 2272. — Cf. *Du Daugnon* et *St-Quentin.*
Du Doncour, aide-major général, 1874.
Dudoyer, commissaire des guerres?, 1379, 1501, 1573–1575, 1660, 1678, 1789, 1791, 1883–1885, 1891, 1977–1979, 1985, 2048–2050, 2142.
Du Dreeley. V. *Errembault.*
Du Dresnay (comte), cap^{ne}-g^{al} de la capitainerie de St-Pol-de-Léon, 3493.
—— **des Roches,** 2419.
Dueil-Drousy, officier de milices de Champagne, 2933.
Dufain, officier au rég^{t} de La Chau-Montauban, 2032.
Dufaing, 2244.
—— cap^{ne} au rég^{t} Royal-Suédois, 3308.
Dufau, 670.
Du Faur. V. *Pibrac, Saint-Silvestre.*
Dufaure, président du Parlement de Grenoble, 33.
—— aide-major de la place de Philippsbourg, 2790.
Du Faure, commd^{t} à Pierrelatte, 1611, 1702.
—— V. *Rochefort.*
Dufaut, 670.
Dufaux, 468.
—— **de Colombinière,** 117.
Dufay, 141, 158, 237, 238, 240, 261, 282, 310–312, 343, 348, 349, 351, 360, 384, 386, 392, 410–414, 416, 436–441, 446, 447, 458–461, 466, 468, 484,

486-489, 491, 492, 494, 507, 508, 536, 537, 559-562, 568, 608, 609.
Du Fay, commissaire des guerres, 224.
—— (Ch.), mar. c., 702, 829, 874-876, 878, 879, 881-884, 957, 967, 969, 974, 976, 979, 987.
—— ingénieur, directeur des fortifications, 944, 945, 2235.
—— bourgeois de Charleville, 2133.
—— commissaire à la suite du rég^t des Gardes, 2138.
—— échevin du Quesnoy, 2140.
—— major du rég^t de Montboissier, 2183.
—— **de La Tour**, major de la place d'Oudenarde, 551.
—— major de la place de Landrecies, 1483, 1499, 1550, 1830-1832, 2080, 2085.
Dufaye, officier au rég^t de Dampierre, 2138.
Dufays, cap^{ne} aide-major au rég^t de Labour, 1892.
Du Ferrier (Armand), ambassadeur, 3, 5, 6.
Dufeu, officier au rég^t de Senneterre, 2228.
Du Fief, mestre-de-camp d'un rég^t de ce nom, 2244, 2269.
—— **de La Combe**, ex-garde du corps, 3741.
Dufloquet, cap^{ne} au rég^t de Du Biez, 2136.
Duflos, échevin de Calais, 2087.
—— subdélégué à Hesdin, 2158.
—— (François), bourgeois de Calais, 2221.
Duflot, commissaire des guerres, 1892, 1984, 1985, 2050, 2054, 2104, 2105, 2145, 2400, 2782.
Dufort, ingénieur ou entrepreneur de fortifications, 670.
—— (J. Vincent Wary), brig., 1841, 1943, 1944, 1946, 2021, 2022, 2055, 2056, 2085, 2116, 2130, 2132, 2134, 2135, 2139, 2159, 2160, 2221, 2273, 2385.
—— cap^{ne} au rég^t de Choiseul, 2270.
—— médecin à Strasbourg, 2784.
Du Fort (Grimod), fermier général, directeur général des Postes, 2871, 2912, 2913, 2924, 2941, 2946, 3028, 3039, 3053, 3085, 3173, 3175, 3178.
Dufos, lieut^t de roi à Embrun, 1862, 1874, 2102.
Du Fouart, chirurgien, 46 s.
Du Fougeray, subdélégué à Alençon, 3258.
Dufour, 5, 6.
—— aumônier du roi, 85.
—— lieut^t au rég^t de Turenne, 342.
—— 516, 1832, 1877.
—— cap^{ne} au rég^t de Picardie, 2130.
—— commissaire et garde d'art^{ie} au château du Taureau, à Morlaix, 2137.
—— lieut^t-c^{el} du rég^t de Nuaillé, 2140.
—— fonctionnaire du ministère de la Guerre ?, c^{on} XLVII b.
—— chargé d'affaires près l'électeur de Trèves, 3101, 3138, 3157-3159, 3161-3168, 3213-3220, 3285-3287, 3335.
—— (J.-E.), officier au rég^t de Normandie, c^{on} LXV b.
Dufourg, lieut^t au rég^t de Champagne, 2139.
Dufourneau, officier au rég^t de Senneterre, 1832, 2130, 2142.
Dufournel, cap^{ne} de dragons, 997.
—— (André), séminariste à Strasbourg, 1855.
Dufourny de Villiers, ingénieur et architecte, 3722.
Du Foussé, cap^{ne} au rég^t de Soissonnais, 1862, 1874, 1968.
Du Fraisse, officier au rég^t de Murat, 1857.
—— cap^{ne} au rég^t de Gâtinais, 1861, 1862.
Dufrant, major du rég^t de Feuquières, 668.
Dufrementel (Abbé), président de la Commission intermédiaire provinciale de Touraine, c^{on} LVII.
Du Frenel (Nic.), 2131.
Dufreney, cap^{ne} d'une compagnie franche, 2370.
Dufresne, 158, 311, 312, 339, 404, 451, 505, 551, 616.
—— lieutenant-criminel à Amiens, 362.
—— syndic de Thonon, 1967, 1968.

Dufresne, chef de partisans à Sarrelouis. 1671, 2131.
—— capne au régt de Marcin et commt de la redoute de l'île Madame, 2144.
—— échevin de Montargis, 3185.
—— **-Leconte**, capne au régt de Pujol, 1901.
Dufresnes, ingénieur, gouverneur de la citadelle de Cambrai, 670, 958, 1484, 1644, 1943, 2021, 2137, 2139, 2370, 2374, 2376.
Du Fresnoy, officier, 146.
—— commissaire des guerres, 157, 158.
—— lieutt de roi d'Hesdin, 209.
—— V. *Despontis*.
Dufresnoy, 275, 278, 279, 310, 332, 333.
—— commdt la citadelle de Dunkerque, 397.
—— (Adrien-Nic.), valet de chambre de la duchesse de Bourgogne, 2266.
—— membre du Comité permanent de la ville de Senlis, con LX.
—— V. *Fresnoy*.
Duga, «auditeur de camp», à Lyon, 1897.
Du Gard d'Eschichens, capne au régt de Nassau-cavie, con XXXIX.
Dugaro (Marquis), 313, 419.
Dugas (Chr), 3262.
—— (Jos.), 3498.
Du Gast-Belleaffaire, 2143, 2145. — Cf. *Belleaffaire*, *Du Gua* et *Du Guast*.
Dugast des Nonneries, ancien capne, 3463.
Du Gazel, ingénieur ?, 2255.
Du Gela, officier, 1492, 1560, 1575, 1576.
Du Genièvre, 2138.
Duglas. V. *Douglas*.
—— lieutt-cel du régt de Martel, 1830, 1831.
Du Gout. V. *Lassaignes*.
Dugré, major du regt de Curzay, 1890.
Dugrou. V. *Grandville*.
Dugroussé, commissaire provincial d'artrie, 1661.
Du Gua, 141, 419.
—— (Jacques de Bereuger, comte), mar. c., 1778, 1861, 1966.
Du Gua, capne au régt de Condé, 2418.
—— (L. de Rozel, sr), mestre-de-camp, con LXXXVI.
—— **de Thom**, 903.
Du Guast. V. *Belleaffaire* et *Du Gast*.
—— (Mme), 2138.
—— 2622.
—— **-Belleaffaire** (Jos.), brig., 1831, 1883. — Cf. *Belleaffaire*, *Du Gast*, *Du Guast*.
Du Guay, officier ou fonctionnaire de la Marine, con XXII.
Duguay-Trouin, marin ?, 2089, 2335.
Du Gué, intendant, 134, 359-362, 419, 420, 468, 484.
—— **de Bagnols**, intendant, 731, 791, 794, 795, 821, 822, 837, 870, 887, 888, 906, 944-946, 948, 949, 956, 1046, 1049, 1050, 1055, 1057, 1059, 1060, 1113, 1145, 1150, 1151, 1202, 1206-1209, 1218, 1236, 1237, 1256-1260, 1276, 1284-1287, 1289, 1305, 1306, 1310-1315, 1318, 1355, 1356, 1358, 1360, 1379, 1380, 1382, 1399-1404, 1422, 1423, 1436, 1454, 1455, 1483, 1484, 1491, 1498, 1551, 1553, 1554, 1563-1565, 1598, 1644, 1647, 1657, 1700, 1739, 1740, 1742, 1754, 1830, 1832, 1834, 1841, 1938, 1940-1942, 1944, 1946, 2017, 2024, 2025, 2053, 2056, 2058, 2085, 2156, 2468, 2522, 2610, 3779, 3780, A. 89.
Du Guémadeuc, 902, 1310, 1428, 1704, 1898, 1900, 2141, 2186. — Cf. *Quémadeuc*.
Du Guespéan (Louis Allamant, sr), lieutt au régt de La Marine, 102.
Du Haget. V. *Caubous*.
Du Haillan (Bernard de Girard, sr), historien, 6.
Du Halde (Pierre), capne au régt de Normandie, 123.
Du Hallais. V. *Descasaux*.
Du Hallay (Emm.-Agathe, chr, dit «le mis»), officier de cavie, 3570. — Cf. les suivants.
—— (Chr), officier au régt Royal-Navarre, con LX.
—— officier de mousquetaires, réformé, 3710. — Cf. le précédent.

Du Hallier. V. *L'Hospital.*
Du Hamel, officier au rég[t] Royal-Vaisseaux, puis lieut[t]-c[el] de celui de Quercy, 997, 1830, 2136, 2143.
Duhamel, cap[ne] au rég[t] de Bissy, 1861.
—— maître de poste à Condé, 2301.
—— (Constantin), 1483.
—— bourgeois de Boulogne-sur Mer, 2311.
—— (Ch[r]), lieut[t] au rég[t] Dauphin-cav[ie], 3684.
—— (Mme), abbesse de St-Pierre de Metz, 1754, 2244, 2395
—— 117, 118, 397, 602, 1608, 1741.
—— membre du Directoire de la Somme, c[ons] LXV b, LXIX.
—— **de Forgeville** (Franç.), chanoine de Toul, 1672.
—— **de Précourt**. colonel du service de Pologne, 3759.
Du Han, secrétaire du m[al] de Turenne, 157.
Duhan, officier, 3404.
Du Hauboscq. V. *Daumesnil.*
Du Haubourg, lieut[t]-c[el] du rég[t] de Fimarcon, 969.
Du Hautoy (Mis), colonel du rég[t] Royal-Roussillon, 3310, 3311.
Du Héron (Ch[r]), gouverneur de Thionville, 275, 342, 343, 345, 347, 362, 411, 412.
—— (Mis), colonel de dragons, 947, 987. — Cf. le précédent.
—— (Mis), ambassadeur en Pologne, 1501, 1502, 1572, 1573, 1675, 1832.
—— (Ch[r]), cornette des chevau-légers d'Orléans, 1586, 1862, 1961.
Du Hort, exempt aux Gardes du corps, 117.
Du Houssay, officier au rég[t] de Béringhen, 2242.
Du Houx, officier de milices lorraines, 2983.
—— **de Williers** (Jacques), ingénieur, 1848.
Dujac, major de la citadelle de St Jean-Pied-de-Port, 1862, 1981.
—— lieut[t] au rég[t] de Lassay, 1892.
Dujard, major du rég[t] de Lisle du Vigier, puis de celui de Clermont-cav[ie], 1855, 2144.
Dujard, officier d'art[ie], 3581.
—— commissaire des guerres, c[on] LXXI.
Dujardin, officier au rég[t] de Brancas, 1832.
—— secrétaire du comte de Vaulgrenant, 2709.
—— (Vulgis), officier municipal de Rouen, c[on] LVII.
Du Jarrys. V. *La Roche.*
Dujart (Pseudonyme de Toussaint [?]), 3074.
Du Jonquois, cap[ne] au rég[t] de Custine, 3084.
Du Kermont (D'Avrange), commissaire des guerres, c[ons] LVII, LX-LXV f, LXVII-LXX.
Du Lac, 141, 958.
Dulac. V. *Capdeville, Saint-Germain, Servières, Villecoublé.*
Dulacq-Capé, commissaire des guerres, 1586, 1595, 1700.
Du Landé, chargé d'affaires chez les Grisons et à Cherasco, 11, 20.
Du Laste, 3404.
Du Lau-Candale, lieut[t] de roi de Sarrelouis, 2904, 3075, 3099, 3168, 3184.
Du Laurent, commissaire des guerres, 2462, 2728, 2729, 2738, 2851, 3124, 3257, 3259, 3261-3263, 3429, 3480, 3562, c[on] XXXIII.
—— lieut[t] au rég[t] Royal-Art[rie], 2859.
Dulaux, sous-aide-major de la Gendarmerie à Rouen, 2273.
Duléon, avocat au présidial de Condom, 2134.
Dulieu, 158, 3485, 3486.
Du Lignon. V. *Pintault.*
Du Limont, cap[ne] de compagnie franche, 2023, 2310, 2371, 2447.
Du Lohan, officier, 2139.
Du Lombos, cap[ne] et aide-major au rég[t] de Leuville, 2244.
Du Longprey-Coucy, 3505.
Du Longprez, échevin de Cherbourg c[on] XXX.
Du Loos, échevin d'Ardres, 3719. — Cf. le suivant.
Du Lot, officier municipal d'Ardres 3725. — Cf. le précédent.
Du Luc (Ch. Franç. de Vintimille comte), cap[ne] aux Gardes, puis ambassadeur, 1898, 2043, 2140, 2162-

2165, 2168, 2236–2239, 2244, 2270, 2317–2319, 2343, 2346, 2391–2394, 2452, 2456, 2463, 2506, A. 75, c^{on} IX. — Cf. les trois suivants.

Du Luc, (Gaspard-Madelon-Hubert de Vintimille, comte de Marseille, m^{is}), lieut^{t}-g^{al}, 2787, 2792, 3185. — Cf. le précédent et les deux suivants.

—— (J. B. Félix-Hubert de Vintimille, comte), lieut^{t}-g^{al}, 3041, 3042, 3050, 3143. 82 s. — Cf. les deux précédents et le suivant.

—— (Mis), 3715, 3716. — Cf. les trois précédents.

Du Lude. V. *Lude*.

Du Lugat, officier, 2052, 2135, 2143.

Du Lys. V. *Le Lis*.

Du Magny, officier d'artillerie, 1483, 1549, 1839, 2135, 2381, 2382, 2559, 2609.

—— (Baron), gentilhomme franc-comtois, cap^{ne} au rég^{t} de Pelleport, 1978.

—— officier au rég^{t} de Brendlé, 2798.

Dumailly, commissaire des guerres, 2229, 2230.

Du Main, officier prisonnier de guerre en Angleterre, 3185.

Dumaine, cap^{ne} au rég^{t} de La Fère, 3469.

Du Maine. V. *Du Bourg*.

Dumains, 2130, 2559, 2562.

Du Maipas. V. *Mespas*.

Dumaire, député du bailliage de Sarreguemines, c^{on} LXVIII.

Dumal, commd^{t} en Basse-Guyenne, c^{on} LXIV.

Dumanoir-Le Pelley, commd^{t} à Granville, 2271.

Dumany (Ch^{r}), lieutenant, 1832.

Dumarais, 3562.

Dumarche, ancien officier, 2136.

Dumarcq, échevin d'Abbeville, 2135.

Dumare, officier, 1946.

Du Martray (Catherine Vercelin, d^{elle}), 2345.

Du Martret, cap^{ne} au rég^{t} de Berry, 997.

Dumas (De), commissaire des guerres, 110, 133.

—— cap^{ne} au rég^{t} d'Agénois, 1832.

—— cap^{ne} au rég^{t} de Montmorency, 1968.

—— cap^{ne} au rég^{t} d'Auxerrois, 2137.

Dumas, lieut^{t} au rég^{t} de Vendôme, 2115.

—— consul et trésorier à Orange, 2188.

—— officier au rég^{t} de Hoccart, 2243, 2393.

—— lieut^{t} de maréchaussée à Guéret, 3182.

—— major de la place de Landrecies, 3183.

—— major de la place de Québec, 3499.

—— chargé d'une mission en Allemagne, c^{on} L b.

—— officier commd^{t} aux îles de France et Bourbon, 3704.

—— consul de Tarbes, c^{on} LX.

—— major d'inf^{rie}, 3743.

—— (Mathieu), c^{on} LXX.

—— major de la place de Saumur, 2141.

—— fonctionnaire du Ministère de la Guerre, c^{on} LVII.

Dumast, 2978.

—— commissaire des guerres, c^{on} LXI.

Dumay, 603.

Du Mayne, lieut^{t} de roi à Montpellier, 1709.

—— 2132.

Dumayne, lieut^{t} en garnison à la citadelle de Besançon, 2242, 2243.

Du Mazel, lieut^{t} au rég^{t} de Sanzay, 2044.

Dumazet, 2937, 2970, 2977, 2978.

Du Médic (Cormier), cap^{ne} aux Grenadiers royaux de Bretagne, 3766.

Dumée, lieut^{t} dans la compagnie franche de Soufflet, 2145.

Du Meillet, lieut^{t} au rég^{t} de Savines, 1901.

Du Méjons (Girard), 3335.

Du Mellenger, lieut^{t}-c^{el} du rég^{t} de Senneterre, 2137.

Duménil (Angéline Roger, dame), 2138.

Duménillez, lieut^{t} au rég^{t} de Picardie, 1856.

Dumenon, détenu au For-l'Évêque, 2244.

Du Mény (Mme), 2370.

Dumény, l'aîné, 2332.

Du Mérol, cap^{ne} au rég^{t} de La Marine, 3505, 3506.

Du Mersan, 3541.

Du Meslet, commissaire aux inven-

taires dans la sénéchaussée de Nîmes, 2417.
Du Mesnage (Cl.), officier au rég^t de Valois, 141.
Du Mesnil, colonel, 988.
Dumesnil, lieut^t au rég^t de Beauvoisis, 1587.
—— officier de la Maison du roi, 1786–1788.
—— cap^ne au rég^t de Sanzay, 1861.
—— officier au rég^t d'Angoumois, 1855.
—— (Madame), 1897.
—— cap^ne au rég^t de Perrin, 2142.
—— officier au rég^t de Beringhen, 2242.
—— sous-lieut^t au rég^t de Bylandt, 2244.
—— (Ch. L. de Chastelier, marquis), lieut^t-g^al, 2787–2795, 2797, 2798, 2996, 3026, 3027, 3033, 3034, 3041, 3042, 3056, 3097, 3099, 3101, 3109, 3124, 3161, 3197, 3200, 3203, 3204, 3206, 3209, 3213, 3277, 3411–3413, 3418, 3432, 3434–3438, 3441, 3442, 3449, 3461, 3475, 3476, 3478, 3481, 3485–3487, 3503, 3508, 3511, 3521, 3542, 3544, 3559, 3560, 3562, 3581, 3585, 3627, 47 s., 62 s., 69 s., c^ons XVI, XXIV, XXIX, XXXIII, L b, LVII. — Cf. *Chastellier.*
—— (Pierre-Marie-Philippe), prévôt général d'armée, 3141, 3184.
—— officier au rég^t du Maine, c^on LXIV.
—— **d'Argouges**, 1944.
—— **-Garnier**. V. *Morant.*
—— **-Theribus**, maire de Beauvais, 2273, 2338.
Du Mesny (Ch^r), lieut^t au rég^t du Roi-Cav^ie, 2136.
Dumet, officier en garnison au Quesnoy, 2379.
Dumetz (Pierre-Claude-Barbier), artilleur, lieut^t-g^al, 229, 240–242, 259, 261, 262, 271, 281, 283, 284, 292–295, 310–313, 332–335, 347, 359, 396–398, 401, 411, 419, 448, 449, 453, 456, 499, 500, 502, 505, 506, 543–545, 551, 554, 555, 596, 597, 599–602, 604, 613, 630, 648, 701, 725, 729, 733, 822, 825, 826, 867, 870, 887, 891, 902, 903, 944–946, 954, 3779.
Du Metz, 1239.
—— (La présidente), 2133.
—— (Anne-Marie Watbois), mar. c., 3225, 3587–3589, 3591, 3592, 3606.
Dumez, conseiller du prince de Stavelot, 3504.
Duminiel, garde du comte de Médavy, 2144.
Duminique (Baron de), ministre de l'électeur de Trèves, c^on LXII.
Du Miret. V. *Du Boÿs.*
Dumirouet, 3541.
Du Moiron, cap^ne d'artillerie, c^on LXI.
Dumolard, major de Seyssel, 2131.
—— (Robert), subdélégué de l'intendant de Bâville, 1702, 1709, 1798, 1799, 1906, 2184, 2271.
—— 3611.
Dumolinet de Rosoy, subdélégué à Langres, 2347. — Cf. *Du Moulinet* et *Rosoy.*
Dumollin, c^on XVI.
Dumon, échevin de Marseille, 2141, 2188.
Du Monceau, commissaire des guerres, puis intendant, 262, 264, 271, 292, 296, 310, 311, 322–325, 328, 331, 338–340, 342, 343, 383–388, 391–393, 395, 404–406, 409, 436–440, 442, 447, 450, 451, 454–459, 466, 486, 487, 489, 492–495, 497, 501, 502, 506, 508, 512–515, 537, 538, 555, 556, 564–567, 586, 588, 592–594, 598, 605, 607, 609, 610, 612–615, 628, 629, 631, 667, c^on II.
—— major de la place de Monaco, 1468.
—— 2132, 3185, 3260.
—— **de Nollant**, 412, 416. 605, 1896, A. 89. — Cf. *Nollant.*
Dumoncel, cap^ne au rég^t de Périgord, 1862.
—— 3451.
Du Mondiol, lieut^t d'invalides à Hendaye, 2609.
Dumont, lieut^t de garde-côtes en Normandie, 1610.
—— cap^ne d'une compagnie d'invalides au Havre, 1704.

Dumont (Baron de), brigadier du service d'Espagne, 1830, 1838.
—— capne au régt de Morangiès, 1861.
—— capne de fusiliers, 1862.
—— lieutt dans «les troupes boulonnaises», 2134, 2143.
—— (Jacques et J. B.), entrepreneurs de fournitures de fourrages à Luxembourg, 2033, 2137, 2138, 2245, 2324.
—— officier de la milice bourgeoise d'Abbeville, 2227.
—— lieutt au régt de Pasteur, 2235.
—— officier de police à Pontarlier, 2245.
—— invalide de la garnison de Belle-Isle, 2270.
—— capne de compagnie franche à Namur, 2381.
—— prévôt de Chiny, 3039.
—— capne au régt de Beaujolais, 3052.
—— officier hollandais, 3309.
—— résident de France à Danzick, 3428, 3430, 3431, 3434-3440, 3442-3445, 3471-3473, 3481, 3554, con XXIX.
—— capne de frégate, 3570.
—— 132, 277, 2140, 2391, 2392, 3577.
—— **de Holdre de Monsemet**, colonel d'infrie du service d'Espagne, 3017.
—— **d'Heurtebise**, géographe, 3043.
—— **de Sandoncq**, aumônier du régt de Vaudémont, 2242.
Du Montal (Ch. de Montsaulnin, comte), lieutt-gal, 209, 210, 224-228, 241-244, 251, 259, 271, 275, 277-283, 286, 287, 289-291, 310-313, 318-325, 327-335, 383, 385-387, 390, 396, 398, 399, 402, 441, 442, 444-447, 450-453, 455, 484, 486-493, 497, 505, 535-538, 540, 542-546, 548-554, 556, 585-588, 592-604, 628, 630, 634, 688, 701, 704, 709, 725, 726, 729-731, 733, 820, 829-832, 867, 875-884, 889, 890, 966, 967, 970, 977, 978, 984, 989, 995, 1113, 1115, 1237, 1307, 1309-1314, 1355-1358, 1428, 3779.
Du Montal (L. Ch., mis), lieutt-gal, 2697, 2725-2727, 2733, 2736-2738, 2783, 2919, 2922, 2923, 2926, 2940, 2982, 2983, 2988, 2991, 2992, 3000, 3011, 3040, 3043, 3046, 3047, 3096, 3116, 3118, 3172-3174, 3176, 3223, 3257, 3260, 3418, 13 s., cons XVII, XVIII.
—— V. *Montsaulnin* (Mise de).
—— 2269, 2940.
—— V. *Montal*.
Du Monteil, garde-magasin d'artillerie à Schelestadt, 2243, 2244.
Du Montel, officier au régt de Pujol, 1855.
—— capne au régt de Béarn, commdt à Rochefort, 3465, 3466, 3499.
Dumontel, officier mal de Clermont-Ferrand, cons LIV, LVII.
Du Montet, 261.
—— 3069, 3094.
—— **de La Colonge**, commissaire des guerres, 1502, 1574, 2243, 2244, 2324.
—— capne, 2219.
—— V. *Montet*.
Du Mortier, 420.
Dumos (Dumot?), échevin de Marseille, 2249.
Dumosse, major de la place de Mont-Royal, puis de la citadelle de Nancy, 970, 978, 984, 1216, 1218, 1264, 1406, 1408, 1761, 1858, 1952, 2035, 2133, 2236, 2242, A. 89.
Du Motet, habitant de Grenoble, 2250.
Du Mouchet, commissaire des guerres ou subdélégué, 3183.
Du Moulin (Dumoullin?), capne de compagnie franche, 1946, 2219, 2222, 2300, 2783-2785.
—— fils, *idem*, 3017.
—— capne aide-major au régt de St-Germain-Beaupré, 2137, 2138.
Dumoulin, échevin de La Fère, 2183.
Du Moulinel. V. *Lefebvre*.
Du Moulinet, officier au régt de St-Evremond, 2137.
—— V. *Rosoy*.
Du Moullin. V. *Du Moulin*.
Du Mourier (Comte), 3741.
Dumourier, con XLVII b. — Cf. *Dumouriez*.

Du Mouriez, commissaire des guerres, 2763, 2941, 2944, 3002, 3085, 3090, 3123, 3124, 3182, 3183, 3256, 3257, 3404, 3429, 3431, 3432, 3435, 3444, 3461-3463, 3472, 3473, 3500, 3501, 3508, 3514, 3518, 3520, 3545, 33 s., 36 s., 58 s., c^on XXIX.
Dumouriez (Ch. Franç.), fils du précédent, aide-major-g^al-des-logis, plus tard ministre et général de la République, 3648, 3714, c^ons LIII, LXVIII, LXX.
Dumoutier, officier ou fonctionnaire de l'artillerie, 2561, 2562.
Du Muret, échevin de Montreuil-sur-Mer, 2229, 2469.
Du Muy (Mis), 2043.
—— (Comte), 2783, 2787, 2875.
—— (Joseph-Gabriel-Tancrède de Félix, m^is), lieut^t-g^al, 2925, 3069, 3100, 3137.
—— (L. Nic. Victor de Félix, ch^r, puis comte), mar. Fr., ministre de la Guerre, 3418, 3475, 3516, 3517, 3524, 3526, 3550-3554, 3557-3562, 3565, 3582-3584, 3592, 3602, 3607, 3608, 3614, 3620, 3621, 3627, 3631, 3642, 3671-3674, 3677, 3682, 3683, 3686-3689, 3691-3694, 3704, 3705, 3716, 3747, 3761, 39 s., 40 s., c^ons XXXII, XXXIII, XXXIX-XLIV, XLVII, LXV b, LXVII, LXVIII, LXXVI, LXXVII.
—— (Comte), 3632, 3643, 3645.
Dun-sur-Meuse (Curé de). V. *Danchecour.*
Dunant, marchand, 1943.
Du Nègre, cap^ne au rég^t de Santerre, 3123, 3187, 3245.
Dunkeld (Jacques de Galloway, lord), mar c., 3145, 3154.
Dunkerque (Municipalité, clergé, magistrats, etc., de), 117, 275, 276, 292, 310, 333, 340, 396, 397, 672, 3694, c^ons XLIX a, LIV, LX. — Cf. *Banque, Bénard, Blaisel, Briansiaux, Brier, Desvignes, Doncquer, Du Vieux, Emmery, Flavigny, Fox, Germain, Guitton, Havers, Jacques, Jonghayes, Jullien, Kavanagh, Lapierre, La Serre, Lynch, Macau, Montdhiver, Morel, Noble, Owen, Perville, Plets, Puismartin, Rutlidge, St-Quentin (Courbenton), Story, Taverne, Thiéry, Tierney, Tugghe, Vandercruce, etc.*
Dunkold, 1830.
Dunmore (Lord), 3135.
Du Noday, officier, 2132.
Dunoier, 1113, 1116.
Dunoyer, entrepreneur de fournitures?, associé d'un s^r Begon, 2140, 2185, 2244, 2269, 2272, 2273, 2408.
Du Nozet (Ch^r), cap^ne au rég^t de Montrevel, 2030, 2142.
Du Pailly (Caton), 2547.
Du Palais, officier au rég^t de Tessé, 1526, 1644.
—— mestre-de-camp, 1968, 2046, 2134, 2139, 2144, 2318.
Du Paon, colonel du rég^t de ce nom, 2130, 2139, 2270.
Du Parc, 633.
—— officier dans le rég^t de Du Boulay, 1704, 1830, 2143.
Duparc, chirurgien-major, 1856, 1857.
—— cap^ne au rég^t de Picardie, 1832.
—— (Ch^r), officier au rég^t d'Houdetot, 2267.
—— 2272, 2859, 3062, 3180, 3232.
—— commissaire provincial d'artillerie, 2159.
—— (Lavechet), commissaire des guerres, c^ons LXV, LXVIII.
—— (Mme), 3418.
—— **-Michelet**, commissaire d'artillerie, 3581.
Du Parcq, cap^ne au rég^t de Forbin, 1897.
—— **de Chaudebœuf**, major du rég^t de Chépy, 2134.
Du Pargo, cap^ne au rég^t de Bresse, 3142.
Du Pargos, 3387.
Du Parquet, lieut^t au rég^t de Picardie, 988.
—— officier au rég^t de Malan, puis dans celui de St-Simon, 2219, 2725.
—— lieut-c^el du rég^t de La Sarre, c^on LXXIII.
Dupartural, officier au rég^t de Murat, 1857.
Du Pas, 277-280, 285, 336.

Dupas, ingénieur, 820, 832.
—— (L. Aug. de Baudoin), mar. c., 2946, 2947, 3040, 3083, 3087, 3467.
Du Pasquier, agent de M. de Reignac, 1660, 1678.
—— V. *Tournon*.
—— (Veuve), agent secret, 1857, 1858, 1950.
Dupasquier, curé de Viterne, près de Toul, 1956.
—— 2851.
Du Passage, 209, 210, 224, 225, 226, 227, 251, 252.
—— officier au rég^t Royal-Inf^{rie}, 3465, 3535.
—— 3541.
Du Pasty, brigadier des Gendarmes d'Anjou, 244.
Du Pawlet (Ch^r), officier de cav^{le}, fondateur de l'école d'orphelins militaires, 3688.
Dupé (Dupée?), commd^t à Bouillon, 3206, 3460.
Dupée, lieut^t au rég^t de Barrois, 2418.
Du Penquer, officier, 2143.
Du Perche, cap^{ne} au rég^t de Saumery, 1855.
Du Pereux, commd^t au fort Nieulay, 2134.
Du Perié, 3257, 3549.
Du Peron, 1465, 2024. — Cf. *Du Perron*.
Du Pérou (Mme Catherine), supérieure de St-Cyr, 2139, 2142, 2143, 2266, 2268, 2272, 2273, 2370.
Du Perray, cap^{ne} des portes de la citadelle de Tournai, 958.
Du Perré (Nicolas de Launay?), brig., 2131.
Duperré, trésorier de l'artillerie et du génie, 3761.
Du Perreuil, commissaire des guerres, 362.
Du Perreux. V. *Gérard des Perreux*.
Du Perrier, conseiller au Parlement d'Aix, 33.
Duperrier, sous-lieut^t des Gendarmes de Bourgogne, 1585.
Du Perron, lieut^t aux gardes du m^{al} d'Humières, 242.
—— cap^{ne} au rég^t de Coulanges, 1862.
—— major de la place d'Aigues-Mortes, 1907.
Duperron, cap^{ne} des portes à Arras, 2134, A. 90.
—— cap^{ne} au rég^t de St-Phal, 2137, 2268.
—— 2323. — Cf. *Du Péron, La Fargue, Quinson, Wichard.*
Du Pertuis des Garets, major du rég^t d'Arros, 2395.
Dupetit, officier, 1857.
—— **-Bois**, lieut^t-c^{el} du rég^t d'Orléans-dragons, c^{on} LXVI.
Du Peuty, président des traites à Vervins, 2414.
Du Peyret, garde d'art^{rie} au fort de Mont-Alban, 1874.
Du Piat (Aubusson, s^r), conseiller du roi en l'élection de Bourganeuf, 2265.
Dupicquet, officier au rég^t d'Orléans, 2370.
Du Pille, directeur des gabelles du Roussillon, 415, 465.
—— commissaire aux vivres?, 1113, 1214, 1658.
—— receveur général des Finances, 2185, 2268, 2272, 2339.
Dupillois, 311.
Du Pin, maire de St-Malo, 2130.
Dupin, 360, 361, 672.
—— cap^{ne} au rég^t de Flesché, 1857.
—— intendant de Mme la Princesse, 2263, 2266, 2299, 2344.
—— fermier général, 3391, 3406, 3546.
—— maire de Ste-Menehould, c^{on} LXIV.
—— **de Belugard**, officier d'artillerie du service d'Espagne, 1897, 2219.
Dupinier (Noël), assesseur de la prévôté à Périgueux, 1903.
Duplan (Ch^r), sous-lieut^t d'une compagnie franche, 1672.
—— 2266.
—— **de Laval**, commissaire et trésorier de l'armée du Dékan, 3541.
Duplantier, lieut^t au rég^t de Toulouse-inf^{rie}, 2244.
Du Plantier. V. *Imbert Du Plantier*.
Dupleix (Jos.), gouv^r de Pondichéry et des établissements français aux Indes, 78 s, c^{on} XXIX.
—— **de Bacquencourt** (Guill. Jos.), intendant, 3671, 3714, c^{on} LXXXVI.

Du Plessis, 106, 132, 276, 396.
—— (César de Choiseul, comte), mar. Fr., 106, 110, 116-119, 133, 158, 182.
—— (Ch^{r}), 284.
—— 879, 884, 889, 1759.
—— lieut^{t} de roi de Belfort, inspecteur en Haute-Alsace, 992.
—— directeur de la manufacture de St-Etienne, 1798.
—— major de la Gendarmerie, 1832, 1838, 1839, 1843, 1845, 1857, 1895, 1896, 1900, 1937, 1943-1945, 1951, 2019, 2020, 2022, 2023, 2080.
—— cap^{ne} au rég^{t} d'Aunis, 1897.
—— boulanger à Argentan, 1901.
—— commis principal, puis trésorier g^{al} de l'extraordinaire des guerres, 2095, 2155, 2185, 2244, 2250, 2261, 2268-2273, 2314, 2338, 2411, 2413, 2421.
—— ancien substitut du procureur général au Parlement de Grenoble, 2137.
—— officier au rég^{t} de Condé-inf^{rie}, 2142.
—— cap^{ne} au rég^{t} de Barbançon, 2144.
—— officier au rég^{t} de Trécesson, 2242.
—— (Jacquelin), 2269.
—— brigadier de dragons, 3123, 16 s.
—— agent secret?, 3277, 3486, 3516.
—— officier, commd^{t} à Marbourg, 3522.
—— cap^{ne} au bataillon de milices de Vernon, 3562.
—— V. *Choiseul, Dubois, Richelieu, Praslin.*
—— **d'Argentré** (Abbé), aumônier du roi, député aux Etats de St-Brieuc, 2142.
—— 49 s. — Cf. le précédent.
—— **-Bardoux**, commissaire d'artillerie à La Hogue, 2271.
—— **-Bellière** (Jacques de Rougé, marquis), lieut^{t}-g^{al}, 110, 116, 117, 119, 131, 133, 134, 137.
—— (H. Franç. de Rougé, ch^{r}, puis m^{is}), mar. c., 1093-1116, 1238.
—— 1907.
—— **-Besançon** (Bernard), lieut^{t}-g^{al}, 33, 35, 62, 98, 118, 158, 245, 469.
Du Plessis de Brehan, cap^{ne}, 2321.
—— **-Châtillon** (Louis, m^{is}), lieut^{t}-g^{al}, 1700, 1896, 1943, 2143, 2270, 2370, 3135.
—— (Mme), 3387.
—— **de La Fossardière**, commissaire d'artillerie, 396.
—— **-Merlière**, lieut^{t} au rég^{t} de Flandre, 1550.
—— **-Praslin** (Ferry de Choiseul, comte), mar. c., 33, 98.
—— colonel, 102, 123, 146.
—— (comte), 726.
Duplessix, officier au rég^{t} de Toul, c^{on} XLV.
Duplessy, officier au rég^{t} d'Angoumois, 1855.
Du Poirier (Jacques), médecin de l'Hôtel-Dieu de Tours, 2187.
Dupoirier, 3545, 3546.
—— maire de Toulon, 3704.
Du Poisle de Chatillon, lieut^{t}-c^{el} du rég^{t} de Blacons, 2244.
Du Pollet, lieut^{t}-c^{el} du rég^{t} de La Reine-infanterie, 3007.
Du Ponceau, subdélégué à Angers, 2187.
Du Poncet, 997.
—— V. *Chermont.*
Du Pont (Jos.), brig., 1792, 1793, 1800, 1883-1888, 1891, 1981-1984, 2052, 2104, 2105, 2177, 2178, 2180, 2188, 2219-2221, 2253, 2255, 2328, 2329, 2332, 2370, 2404, 2466, 2506, 2547, 2558, 2560, 2561, 2620, 33 s., 54 s., 70 s.
—— à Stenay, 1854.
—— major du Fort-Carré d'Antibes, 2138, 2188.
—— officier au rég^{t} de La Reine-cav^{ie}, 2144.
—— prêtre à Castel-Sarrasin, 2272.
—— officier de l'hôtel de ville de Sedan, 2244.
—— secrétaire de M. de Jonville, à Gênes, 3059, 3119, 3172, 3173, c^{on} XVII.
—— officier municipal d'Alençon, c^{on} LXV c.
—— subdélégué à Saint-Valery, 3409.

Dupont (L.), officier municipal d'Amiens c^on LXV c.
—— **de Larn**, major du rég^t de Belle-Isle, puis de celui de Bonnelles, 2137, 2145, 2269-2271, 2343.
—— **de La Pierre**, 3410, 3421, 3459, 3465.
—— **-Péan**, 1483.
Dupontet (Duponcel?), jésuite, 2169.
Du Porché, officier au rég^t de St-Evremond, 2137.
Du Porral, officier de cavalerie, 3418.
Du Port, ancien officier au rég^t de St-Simon, ancien colonel de milice, trésorier de France, maire de Champs (près Grenoble), 2346. — Cf. le suivant.
Duport-Dutertre (Marguerite-L. François), ministre de la Justice, c^ons LXVI, LXVII, LXIX-LXXI.
—— **-Roux**, officier de milice de Romans, 1972.
Du Portail, (L. Le Bègue de Presle), lieut^t-g^al, ministre de la Guerre, 3734, c^ons LXV f-LXXI, LXXVI.
Duportal, cap^ne au rég^t de Sillery, 1978.
Du Portal (Ant.), mar. c., 2453, 2454, 2698-2700, 2702, 2724, 2725, 2729-2734, 2736, 2737, 2739, 2740, 2742, 2782-2786, 2788, 2827, 2839, 3010, 3057, 16 s., c^on XVI. — Cf. le suivant.
—— fils, mar. c., 2785, 2794, 2917, 2981, 3012, 3040, 3466, 3492, 3493, 3497, 3533, 3535-3537, 3546, 3547, 3568, 3569, 3572, 3673, 3741, c^on XXXVI. — Cf. le précédent.
Du Pouet, cap^ne au rég^t de Vassan, 2267.
Du Pouget. V. *Neyrac*.
Du Pradellet (Teynier), commissaire des guerres, c^on LXVIII.
Duprat, lieut^t-c^el du rég^t de Cotentin, 1590.
—— cap^ne au rég^t de St-Aulaire, 1862.
—— **-Tournadon**, d'Ardres, 1898.
—— cap^ne au rég^t de Coëtquen, 1950.
—— subdélégué à Briançon de l'intendant d'Angervilliers, 1971, 1972.
Duprat, command^t à Guillaumes (Alp.-Mar.), 2188, 2270, 2400.
—— maire de Tartas (Landes), 2267.
—— major de la place de Metz, 2675.
—— chargé d'affaires près l'électeur de Cologne, 3550.
—— **-La Bastie**, command^t au château d'Exilles, 362.
Dupray, 2137, 2184.
Dupré, ex-officier, 146.
Du Pré, 282, 300, 323, 342, 346, 387, 492, 504, 508, 509, 536, 541, 557-561, 566, 606, 615.
—— à Gênes, 898.
—— (Roland-Zachiet, s^r), agent diplomatique à Mantoue et à Florence, 1519, 1585, 1586, 1594, 1598, 1686, 1864, 1961, 2047.
—— ancien major des Carabiniers, 2134.
—— notaire à Paris, 3461.
—— ingénieur ou dessinateur de la Marine, 3532, 3581.
—— à Mons, 3751.
—— trésorier provincial de l'artillerie, 3630, 3633, 3641, 3645.
—— V. *St Maur*.
—— **d'Aulnay**, lieut^t au rég^t de Foix, 3258, 3260.
—— **de Lastelle** (Dame), c^on LXXVI.
Du Prel (Baron), député de la noblesse de Luxembourg, 1955, 2167.
Dupressoir-Dudicourt, cap^ne au rég^t de La Motte-inf^rie, puis dans celui de d'Artagnan, 1900, 2137, 2139-2142, 2271, 2412.
Du Preuil, 344, 1705.
Duproy, major de la citadelle de Verdun, 1855, 1858.
Dupuch, c^ons LXV a, LXV c.
Du Puget, major de la place de Calais, puis commnd^t au fort Nieulay, 1831, 1832, 2131, 2145, 2793, 2796.
—— commissaire des guerres, 2024, 2034, 2315. — Cf. *Puget*.
—— lieut^t au rég^t de La Ferté-Imbault, 2782.
—— (Ch^r), major du rég^t d'Harcourt, 2783.
—— cap^ne de garde-côtes, 3311.
—— c^on LXV c.

Du Puget, auteur d'un mémoire sur l'artillerie, 3761.
—— (Mme), con LXI.
—— V. *Orval* (d').
Du Puich, 310.
—— (Jacques-Franç.-Xavier), gentilhomme d'Artois, A. 89.
—— **-Cantigny**, capne au régt de St-Germain-Beaupré, 1831, 1832.
Dupuis, 261-263, 265.
—— procureur à Marville, 1661.
—— lieutt d'invalides à Chambéry, 2102.
—— échevin de Montreuil-sur-Mer, 2229.
—— officier au régt de Beringhen, 2242.
—— officier au régt de Lorraine, 3458.
—— **de Mondragon**, ingénieur, 944-946, 957.
Dupuits, con XLIX a.
Dupuy, 110.
Du Puy, lieutt au régt de Sault, 123.
—— commissaire aux vivres, 1146, 1147, 1206, 1208, 1209, 1254, 1255, 1260, 1287, 1841.
—— sénateur de Savoie, 1331.
—— major de la place de Mantoue, 1861.
—— aide-major de la place de Bapaume, 1904.
—— colonel de cavie du service d'Espagne, 2050, 2141, 2142, 2459.
—— sous-lt de la compagnie franche de Soufflet, 2130,
—— lieutt-cel du régt d'Albigeois, 2131, 2133, 2136.
—— lieutt au régt d'Esgrigny, 2137, 2139.
—— capne au régt de Bouhyer, 2243.
—— capne au régt de Charolais, 2269, 2271.
—— (Frère Ch.), dominicain, syndic du couvent de St-Junien près Limoges, 2416.
—— cornette au régt de Rennepont, 2393.
—— lieutt-cel des Grenadiers de Beaulteville, 3087.
—— régisseur général des étapes, cons LIV-LXV d, LXVII-LXX.
—— capne d'une compagnie d'invalides, 3233, 3241.
Du Puy-d'Ancre (Marie Ansart, veuve), A. 89.
—— **-Vauban** (Ant. Le Prestre, comte), lieutt-gal, 602, 670, 946, 957, 1147, 1206, 1207, 1209, 1256, 1400-1402, 1404, 1554, 1575, 1670, 1738, 1832, 1944, 1945, 2021, 2022, 2055, 2081-2083, 2087, 2130, 2142, 2149, 2151, 2152, 2159, 2160, 2214, 2216, 2219, 2222, 2224, 2228, 2269-2271, 2300, 2301, 2306, 2411, 2412, 2447, 2448, 2488, 2505, 2538, 2619. — Cf. *Vauban*.
—— (Anne-Henriette de Busseul, dame), 2221.
—— commis à la recette des contributions du duché de Clèves, 3508.
Du Puys (Guill. Teaulat, sr), lieutt au régt de Sault, 123.
Duquesne (Les), marins, 119, 1241, 1802, 1962, 2188, 3419, 3424.
—— capne au régt de Picardie, 2142, 2270, 2273.
—— subdélégué de l'intendant de La Bourdonnaye à Nérac, 1986, 2237.
Duquesnel, 360.
—— officier au régt de Navarre, 2141, 2143.
—— 2370.
Duquesney, secrétaire de M. Des Carrières, 438, 439.
—— officier au régt de Grassin, puis aux Volontaires royaux, 3469.
Du Quesnoy, 958.
—— (marquise), 2230.
Duquesnoy, 2132.
—— V. *Conti*.
—— (Ad.), con LXV b.
Duramain, capne au régt de La Marine, 1831.
Duran (Don Miguel Franç.), 2501, 2505, 2522.
Durand, capne au régt des Fugerets, 1832.
—— (Les frères Joseph et Mathieu), bourgeois de Chambéry, 1971.
—— entrepreneur de fortifications, 2024.
—— commissaire des guerres, 116.
—— doyen du Parlement de Provence, 361.

Durand, conseiller du duc de Lorraine, 388.
—— 466.
—— (Ch.), 1113.
—— cornette au rég^{t} de Ligondès, 1946.
—— (Franç.), médecin à Valence, 2044.
—— chirurgien-major à Valenciennes, 2230.
—— 2244, 3235, 3604.
—— subdélégué de l'intendant Ferrand, 2419.
—— lieut^{t}-civil du bailliage de Nuits, 3308.
—— chanoine de Soissons, 3396.
—— officier au rég^{t} de Champagne, 3461. 3476.
—— ministre près le roi de Pologne, 3469, 3476, 3483, 3543, 3544, 53 s, c^{on} XXIX.
—— entrepreneur de bâtiments, 3509.
—— major du rég^{t} de La Marine, 3620, 3624.
—— premier commis aux Affaires étrangères, 3685.
—— chanoine de Metz, c^{on} XIV.
—— maire de Paray-le-Monial, 3729.
—— maire de Montpellier, c^{on} LXV f.
—— **d'Aubigny**. V. *Aubigny*.
—— **de Maillane** (Pierre-Toussaint), député aux Etats-Généraux, c^{on} LXV d.
Durant, 119.
—— major de la place de Fribourg, 988.
—— trésorier général à Paris, 2137.
Duranton, «prévôt des bandes» à Luxembourg et à Landau, 1669.
Duranty, commissaire des guerres ou munitionnaire, 1502.
—— de Strasbourg, 1580.
—— 3243.
Duras (de), 182, 209, 210, 224, 225, 277-282, 286-291, 310, 318-322, 328, 332-334, 378, 389-397, 414, 416, 436-439, 443, 458-460, 466-469, 489, 490, 493, 495-497, 508, 512, 515, 516, 536, 537, 585, 586, 588, 592-594, 613, 614, 672.
—— (Jacques-Henri de Durfort, m^{is}, puis duc de), mar. Fr., 672, 823-828, 830, 831, 867, 875-880, 882-884, 889, 890, 999, 1436, 3779. 49 s, A. 88. — Cf. le suivant.
Duras (J. de Durfort, duc de), mar. Fr., 2031, 2140, 2609, 2709, 2731, 2736, 2738, 2739, 3605.
—— (Maréchale de), 2142, 3086.
—— (Emm. Félicité de Durfort, duc de), lieut^{t}-g^{al}, ambassadeur, 2861, 2945, 3390, 3424, 3674, 3751, c^{on} LXXVI.
—— V. *Blanquefort*, *Durfort*, *La Serre*.
Durassau, lieut^{t}-c^{el} du rég^{t} de Solre, 1967, 1968, 2135, 2371.
Durasse, lieut^{t}-c^{el}, 2918.
Du Rateau, cap^{ne} au rég^{t} de La Roche-Thulon, 1841.
Du Raulet, comm^{re} de l'artillerie, 512.
—— artilleur, 1239.
Durayas, gendarme dans les Chevau-légers-Dauphin, 2136.
Du Raynier. V. *Droué-Montigny*, *La Richardière*.
Durazzi, consul à Sartène, 2872, 2887.
Durazzo (Ch. Emm.), député génois, 3307, 3330.
Durban, 1468.
—— V. *Fortia* et *Urban*.
Du Rencher, 243, 260, 261, 271, 275-277, 279, 281, 282, 291, 310-313, 318, 324, 326, 337-339, 396, 397, 438, 442, 444, 450-452, 484, 488-491 497-506, 512, 542, 543, 545, 547, 549-554, 585, 595-598, 601, 603, 604, 688, 703, 891, 944, 947, 956, 1644, 1741, 2022, 2219.
Du Repaire (Ch^{r}), command^{t} le fort de Scarpe, 411.
—— (Ch^{r}), cap^{ne} au rég^{t} de Navarre, 420.
—— 902-904, 989, 1013, 1015, 1017, 1108, 1109, 1175, 1322, 1323, 1407, 1408, 1526, 1611, 1699, 1705, 1798, 1895-1899, 1943-1945, 2021, 2022, 2055, 2131-2140, 2144, 2145, 2169, 2183, 2219, 2273, 2337, 2339, 2344, 2346, 2370, 2417.
—— aide-major de la place de Tilly-sur-Meuse, 1831.

Du Repaire, capne au régt de Tournaisis, 3520-3522.
Du Repère, lieut-cel réformé, puis colonel du régt de Beauce, 1484, 1861, 1966, 2137.
Duret (Chr), ancien capne au régt de Chartres-cavie, 2137.
—— entrepreneur du service des vivres, 2255.
Durette (de), 2272.
Du Revert d'Arcussia, capne au régt des Galères, 1973.
Du Revest, officier, 2107, 2331, 2406, 2466, 2564, 3223, cons X, XXXI.
Durey, Dureyt. V. *Duret, Du Terrail, Sauroy, Poligny.*
Durfort (L. Phil., comte de), lieut-gal, 3518, 3639, cons L, LIV, LVII.
—— (Étienne de), con LXV e.
—— (Vte de), commandt des Chasseurs de Franche-Comté, cons LV, LXII.
—— V. *Clermont, Duras, Léobard, Lorge.*
—— **-Boissière?** (de), 1170, 1896, 2137.
—— **-Civrac** (de). V. *Lorge.*
Du Rietz, chanoine, supérieur du séminaire de Saint-Omer, A. 90.
Durieu, 310.
—— V. *Du Blaisel.*
—— **-Destarron**, 134.
Du Rieu, bourgeois d'Avesnes, 2235.
Durieux, capne au régt d'Agénois, 1832.
During (baron de), 3433, 3462.
Durini, archevêque de Rhodes, nonce du pape, 3235, 3244, con XXI.
Du Ris, échevin de Nevers, 3185.
Du Rivage. V. *Valleau.*
Durival, lieutt au régt de Picardie, 1830.
—— major du régt de Turnault, 1861.
—— 3647, 3691.
Du Rivault, lieutt au régt de Barrois, 2412.
Du Rivon, cape au régt de Tallart-infrie, 2137.
Dürkheim (baron de —, l'aîné), 2825.
Durlach (Margrave de), 1410, 1435, 2982, 3047.
Durmond, de Marseille, 117.
Durmont. V. *Collignon.*
Durobin, lieutt au régt de Limousin, 1862.
Du Robin (Antoine), capne au régt de Gassion, con LXXXVI.
Du Rochelin, capne, 123.
Du Rocher, officier au régt de Dauphiné, 1690.
—— (Thomas), intendant de la marquise de Mailly, 2183.
—— inspecteur honoraire, chargé de la police militaire, 3710.
Du Rocheret, capne au régt de Languedoc, 2142.
Du Rognon, commdt un bataillon de milice franc-comtoise, 3311.
Du Roisel, membre du Directoire de la Somme, con LXV b.
Du Rollet (Franç. —, sr d'Acquigny), lieutt aux Gardes, 146.
—— (Chr), de Longwy, 3710.
—— **de La Tour**, major du régt de Bouré (troupes d'Espagne), 2139, 2169, 2238.
Du Ronceray, lieutt des Bombardiers, 2132, 2445.
Du Rondchamp, correspondant secret, 2220-2222, 2299-2301, 2370, 2373-2375, 2378, 2381, 2385, 2411, 2444, 2445, 2448.
Du Rongouet, 2622.
Du Rosel, maître des Comptes à Dôle, 3047, 3071.
—— 3117, 3285.
—— **-Beaumanoir** (Comte), 3762, con LXXIII.
—— V. *Beaumanoir Rozel.*
Du Rosiou (Geffroy), gentilhomme breton, 2134.
Du Roule, lieutt au régt de Bourbon, 2416.
Du Roulet-La Croisette, 2142. — Cf. *La Croisette.*
Duroulle, employé des gabelles, à Bourges, 2339.
Du Roure (Scipion de Beauvoir de Grimoard, comte), lieut-gal, 110, 117, 118, 182, 362.
—— (Comtesse), 419.
—— 1708.
—— (Ange-Urbain de Beauvoir de Grimoard, chr, puis comte), brig., 2142, 2143, 2160.
—— (Comte), 2184.
—— (L. Claude de Beauvoir de Grimoard, comte), lieut-gal, 2922, 2940.

Du Roure, capne-viguier d'Arles, 3177.
—— aide-de-camp de M. de Morangiès, 3473.
—— (Comte), 36 s.
—— V. *Beauvoir*.
Du Roussel, officier au régt de Beauvoisis, 2045.
Du Rousset, major des hussards de Rattsky, 2130, 2133–2135, 2159.
Du Rouvrois, de Nancy, 3469.
Du Roux, lieutt au régt Commissaire-général, 1831.
Duroux, 2399.
Durozoy, commdt au fort du Hault (près de Dixmude), puis à La Knoque, 2220, 2299, 2301, 2308, 2372, 2374.
Durre, major de la place de Mons, 3140, 3141, 3163, 3198.
Durst, lieutt de la compagnie franche de Jacob, 2735.
—— lieutt-gal hessois, 3520.
Duru, commissaire des guerres, 116.
Du Ruisseau, lieutt de la compagnie franche de Jacob, 2735.
Du Rumain (Ch. Yves Le Vicomte, chr, puis comte), mar. c., 2943.
Durusse, major du régt de Piémont, 3084.
Dury, commissaire des guerres, 958, 1057, 1305, 1483.
—— 2255.
—— **de Champdoré** (Chr), 2132.
Du Saillant. V. *Lasteyrie*.
Du Sap, aide-major du régt de Santerre, 1952.
Du Sart, officier d'invalides, commdt à Soissons un détachement pour la garde de l'Aisne, 2135, 2138.
Du Saulcy, cel, 91.
Dusault, orfèvre. — Cf. *Bosc*.
Dusaunier, lieutt au régt de Dauphiné, 1898.
Dusaurance, archer de la maréchaussée de Guyenne, 2144.
Du Sausey, colonel, 91.
Dusaussaie, commissaire d'artillerie, 2244.
Du Saussay (Georges, comte), mar. c., 465.
—— lieutt-civil et criminel à Exmes (généralité d'Alençon), 2419.
Du Saussois, capne au régt de Chazelles, 2370.
Du Sautoy, 1688.
Du Sauve-Rochefort, con LXV a.
Du Saux, officier au régt d'Agénois, 1831, 1832, 1945.
—— (Dame), veuve d'un officier du régt d'Agénois, 2136.
Du Says. V. *Gruel*.
Du Saz, commandt la milice de Nantes, 3493.
Duseaulle, capne réformé, 3768.
Duserre, capne au régt de Bissy, 146.
—— (J. Marc), prévôt en chef à Valence, 1879.
Du Soir, capne au régt de La Raimbaudière, 1855.
Du Solier, 110. — Cf. *Dussolier*, *Solier*.
Dusonval, capne au régt de Soire, 1831.
Du Souché ? (Guill. Du Chastel, sr), capne au régt de Gassion, 146.
Dusoucy, maire de Poitiers, 117.
Du Soulié (Labatteut), capne, 2370.
Du Soulier, officier au régt de La Chau-Montauban, 2030.
—— officier au régt d'Artois, 3569.
Du Soupal, major de la place de Mantoue, puis lieutt de roi à Ciudad-Rodrigo, brig., inspecteur de la Navarre espagnole, 1862, 1883, 1885, 1886, 1888, 1976, 1978, 2048–2050, 2255.
Du Soupas, colonel, 2142, 2244. — Cf. *Du Soupal*.
Dussaulx, capne au régt de Nogaret, 2143.
Dussolier, gouverneur de Toulon, 469.
Dutaichon, lieutt, 1857.
Dutaillis, commissaire et garde d'artillerie, 2242.
Dutarque, 3258.
Dutau, prêtre, 2136.
Dutay, officier au régt de Lannion, 1946.
Du Teil, lieutt-cel du régt de Clermont, 1593.
—— capne d'une compagnie à l'Hôtel des Invalides, 1700. — Cf. le suivant
—— commandant les compagnies d'invalides en garnison à Bergues, puis au fort de La Knocque, 1831, 1840, 1944, 2132. — Cf. le précédent.

Du Teil, ex-cap^{ne} au rég^{t} du Maine, 2270.
—— cap^{ne} commd^{t} à Sierck, 2664.
—— officier d'artillerie, 3421.
—— V. *Du Theil.*
Du Temple, command^{t} une compagnie d'archers à Chartres, 2138.
Du Terail d'Ornaison, cap^{ne} au rég^{t} de Picardie, 2134.
Du Terne, cap^{ne} au rég^{t} de Bouré (troupes d'Espagne), 2143.
Du Terond, 1876.
Du Terrage, 3673.
Du Terrail (Jos. Durey de Sauroy, m^{is}), mar. c., 3116, 3259, 3263.
— V. *Du Terail.*
Du Terron. V. *Colbert.*
Dutertre, cap^{ne} au rég^{t} de Voluire, 1944.
—— (Ch. Franç.), corsaire, 3410.
—— (Ch^{r}), c^{ons} LXIII, LXV d, LXVI.
—— commissaire des guerres?, c^{on} LXVIII.
—— **de Sanson**, 2411.
Du Theil (J. Gabriel de La Porte), ministre plénipotentiaire à Vienne et à Aix-la-Chapelle, 2842, 2860, 2863, 3036, 3039, 3043, 3053, 3070, 3325.
—— V. *Du Teil.*
Du Thil, 3541.
—— 123. — Cf. le suivant.
—— cap^{ne} aux Gardes françaises, 146.
—— (Franç. Édouard Jubert, m^{is}), brig., 1856, 1896, 1943, 1945, 2022, 2133, 2134, 2137, 2138, 2142, 2221.
—— cap^{ne} au rég^{t} de Forez, 2031, 2143.
—— 2230.
—— colonel du rég^{t} de ce nom, 2375, 2393.
Du Til, ex-cap^{ne} au rég^{t} du Roi, aide-major au Fort-Louis du Rhin, 3124.
Du Tillac (Pierre de Luppé, s^{r}), cap^{ne} au rég^{t} d'Herbouville, 146.
Du Tillet, cap^{ne} au rég^{t} de Lassay, 1855.
—— officier au rég^{t} de Du Biez, 2022.
—— (Mis), officier, 3533, 3631.
—— V. *St-Mathieu.*
Dutilleul, 360, 512, 559, 945, 2139.
Dutilleul, lieut^{t}-c^{el} du rég^{t} de La Reine-dragons, 2219, 2273.
Du Tilloy, «directeur des affaires du roi à Milan», 2754, 2757, 2810, 2811, 2814, 2815, 3316.
Dutisné (Jacques), commissaire des guerres, 2135, 2137, 2173, 2247, 2248, 2251, 2259, 2561, 2663.
Duton, lieut^{t} d'une compagnie d'invalides, 2135.
Du Tot, 119, 123, 134.
—— (Franç. Laurent Wacquet, s^{r}), mar. c., 1896, 1943, 1945, 2299.
Du Tour (Claude), préposé à la recherche des grains dans la châtellenie de Bailleul, 2155.
—— cap^{ne} au rég^{t} de Vivarais, 2792.
—— V. *Noirfosse.*
—— **de Villeneuve**, ancien officier du service de Savoie, 1968.
Du Tournant V. *Gaultier.*
Du Tourondel. V. *Fénis.*
Dutraict, avocat à Toul, 2033.
Du Tramblay, maire de Romorantin, c^{on} LXV a.
Du Travet, cap^{ne} au rég^{t} de Charost, 2144.
Du Tremblay, cap^{ne} au rég^{t} de La Reine, 1901.
Dutremble, lieut^{t} au rég^{t} de Champagne, 1856.
Dutrésor, 3694.
Dutreuil, lieut^{t} au rég^{t} d'Anjou, 988.
Du Treul de Rhins (Laurent), 3126.
Du Tronc (Nic. Alexandre Le Cordier, m^{is}), lieut^{t}-g^{al}, 1862, 1878, 1964, 2042, 2048, 2134, 2137, 2139, 2141, 2175, 2243, 2244, 2268–2270, 2371, 2411.
Du Tronchét, commissaire des guerres, 992. V. *Ruau.*
Du Tronchon, 1057.
Dutroncy, officier municipal de Mâcon, c^{on} LXV e.
Dutronquoy, ancien lieut^{t}-c^{el} du rég^{t} de Normandie, 1966, 1967.
Duval, 97.
—— officier au rég^{t} de Rosen, 1858.
—— major au rég^{t} de Montereau, 2131.
—— officier au rég^{t} de Dampierre, 2136.
—— ancien officier, 2142.
—— échevin d'Abbeville, 2222.

Duval, bourgeois de Boulogne-sur-Mer, 2311.
—— lieut[t] au rég[t] de La Marche, 2371.
—— garde-magasin à Noyon, 2414.
—— prêtre, 2783.
—— (Franç. Raymond), architecte du dép[t] de la H[te]-Vienne, c[on] LXVII.
—— commissaire des guerres, 3220, 3285.
—— (J.), officier municipal d'Alençon, c[on] LXV c.
—— V. *Fontenay*.
—— **de Beaupré**, ancien cap[ne] d'artillerie, 1895.
Du Valdurant. V. *Buvigliers*.
Du Val-Fouan, cap[ne] de cav[ie], maréchal-des-logis des Gendarmes d'Anjou, 2300, 2414.
—— **-Postel**, échevin de Cherbourg, 3543.
Du Vallon, cap[ne] au rég[t] de St-Jal, 3179.
—— officier dans une compagnie de canonniers-invalides, 3581.
—— 3602. — Cf. le précédent.
Duvarnez, cap[ne] au rég[t] de Lannoy, 2219, 2345.
Duvau, trésorier des troupes à Tours, 2140.
—— administrateur du district de Saumur, c[on] LXV b.
Du Vauborel, lieut[t] de roi de St-Malo, 3127.
Duvaucel, fermier général, 2871.
Duvauferrier, commissaire des Etats de Bretagne pour la navigation, 3749.
Duvaul, membre du Directoire du dép[t] de Rhône-et-Loire, c[on] LXV d.
Du Velaet (?), 3127.
Du Verbois, cap[ne] au rég[t] de Martel, 1832.
Duverdie de Cambeffort, cornette au rég[t] de Languedoc-dragons, 2133.
Du Verdier, lieut[t] de roi de Besançon, 1525, 1526, 1588, 1594, 1611, 1688, 1690, 1702, 1767, 1862, 1873, 1874, 2040, 2100, 2131, 2134, 2139, 2144, 2175, 2250, 2251, 2400, 2609.
—— command[t] les Chasseurs de Languedoc, c[on] LXIX.
Duvergé (Jos.), cavalier au rég[t] de Melun, 2145.
Duvergé, 98.
—— commissaire des guerres, 182.
—— 664, 670.
—— ingénieur, 794, 867, 870.
—— 664, 670, 738, 944-946, 957, 1052, 1057, 1059, 1060, 1115, 1142, 1147, 1151, 1318.
—— officier, 1861, 1862, 1873, 1874, 1876, 1888, 1898, 1899, 1967, 1968, 1973, 2038, 2039, 2041-2043, 2100, 2101, 2133, 2138, 2141, 2143, 2188, 2249, 2270, 2271, 2399, 2400.
—— officier au rég[t] de Lannion, 1946.
—— 2592.
—— (F.), aumônier des Carabiniers, 1846.
—— lieut[t] au rég[t] de Mortemart, 1855.
—— commissaire ordonnateur à Cadix, 1976, 1978.
—— 2221, 2510, 2703.
—— **-Lafont**, lieut[t] en garnison à Mont-Louis, 2255, 2564.
—— **-St-B.....**, 3598.
—— **de Cultines**, aide-major de la place de Cambrai, 2154.
—— V. *Carqueville*.
Du Verger. V. *Bechereau*.
Du Vergès (Ch[r]), cap[ne] au rég[t] de Limousin, 2738.
Du Vergier de Hay, vicaire-général de Moutiers (Tarentaise), 2400.
Duvernay, aide-major du rég[t] de Ligondès, 1831.
—— employé du service des vivres, 2142, 2143.
—— cap[ne] au rég[t] de Berry-cav[ie], 2343.
Duvernet, aide-de-camp du comte de La Marck, 444.
—— command[t] de la citadelle de Montreuil, 1525, 2024, 2132, 2135, 2138, 2140, 2145, 2229, 2272, 2312.
—— lieut[t]-c[el] du rég[t] espagnol de Valliego, 2255.
—— aide-major du rég[t] de Toulouse, 2392, 2394.
—— commd[t] pour le roi à Monaco, 3065, 3116, 3117, 3120, 3172, 3174, 3175, 3178-3180, 3224-3226, 3228, 3229, 3232, 3235

3236, 3239, 3241, 3243, 3245, 3247–3252, 3262, 3290, 3300, c^{on} XVIII.
Duverney (Guichard-Joseph), professeur d'anatomie, chirurgien, membre de l'Académie des sciences, 1982.
—— cap^{ne} au rég^{t} de Bissy, 2242.
—— subdélégué à Vaucouleurs, 2790.
Duvernon, commd^{t} à Bischwiller, puis à Bliescastel et à Hombourg, 1669, 1675, 1760, 1761, 1846–1848, 1851, 1852, 1857, 1950–1952, 2035, 2091, 2092, 2095, 2131, 2134, 2143, 2167, 2169, 2236, 2238, 2242–2244, 2322, 2371, 2392, 2393, 2452, 2453.
Duverry d'Ailleville, détenu à Lille, 1836.
Duveryer, employé au payement des prisonniers de guerre en Angleterre, 3505.
Du Veyrier, lieut^{t} au rég^{t} de recrues d'Aix, 3642.
Du Vieux, lieut^{t} de roi de la citadelle de Dunkerque, 2155, 2300.
Duvigier, de Bordeaux, 2133, 2136, 2417. — Cf. le suivant.
—— procureur général du Parlement de Bordeaux, 3370.
Du Vigier. V. *Lisle*.
Du Vignau (Ant. Tombonneau, ch^{r}, puis m^{is}), lieut^{t}-g^{al}, 110, 116, 133.
—— 279.
—— cap^{ne}, 342.
—— 2134.
—— ingénieur, 3280.
—— V. *Vignau*, *Vignault*.
Du Vignaud, cap^{ne} au 2e bataillon du rég^{t} de Hainaut, 1502.
—— officier au rég^{t} de Tourville, 2418.
Du Villar, colonel d'inf^{ie}, 1155, 1331, 1549, 1550, 1554, 1707–1709, 1798, 1906, 1907, 2184, 2261, 2270, 2272, 2339, 2417.
—— officier au rég^{t} étranger de Nice, 2244, 2371, 2456. — Cf. *Duvillars*.
Duvillard, 1862.
Duvillars (Ch^{r}), lieut^{t}-c^{el} du régiment de Nice, 3621. — Cf. *Du Villar*.
Duvillars de La Serre-Courpillon, 264.
Duviquet, officier municipal de Clamecy (Nièvre), c^{on} LVII.
Du Virail, lieut^{t} au rég^{t} de Sault, 92.
Du Vivier, cap^{ne} au rég^{t} de La Marine, 102.
—— lieut^{t}-c^{el} des dragons de Bozelli, 1862, 2255.
—— cap^{ne} au rég^{t} de St-Sulpice, 1943.
—— officier, 2134, 2370, 2575, 2728, 2732, 2739, 2787, 2793, 2838, 2841, 2863, 2982, 3071.
—— (Pierre), chirurgien-major, 2257.
—— 2737.
—— (Ponce Houzé), lieut^{t}-g^{al}, 2918, 3050, 3111.
—— cap^{ne} de milice de St-Jean d'Angely, 3262.
—— à Minorque, 3412.
—— cap^{ne} au rég^{t} d'Artois, 3417, 3457, 3499.
—— commissaire des guerres, 3430, 3628, 73 s., 74 s., c^{ons} XXIV, XXVII, XXXIV.
—— **-Lansac**, ancien colonel du rég^{t} de Languedoc, 2140.
—— V. *Tournefort*.
Du Viviers, lieut^{t}-c^{el} du rég^{t} de Tallart, 2140.
Du Voigne, officier au rég^{t} d'Artagnan, 2160.
Du Wall (Fr. Joseph), capucin irlandais en prison à Pierre-Encise, 2269.
Duyn (P. van der), c^{on} LXXXVI.
Duz, conseiller au Parlement de Besançon, 3720.
Duzech, officier, 3602.
Du Zées, cap^{ne}, 2140.
Duzy, officier hollandais, 3309.
Dwyer, cap^{ne} aide-major au rég^{t} de Berwick, 1856.
Dyherrn (Baron de), officier général saxon, 2949, 3474, 3482, 3486, 3503, 3505, 3506, 3513.
Dyon, cap^{ne} au rég^{t} de Boisset, commd^{t} dans l'île de Neubourg, 2138, 2141, 2162.
Dyttenbach, officier suisse au service de Hollande, 3255.

E

Earle (Thomas), officier anglais, 2083.
Eaubonne (Agnès-Catherine de Pomereu, dame Le Fèvre d'), 2273.
Ebelin (Baron d'), chancelier du duc de Montbéliard, 1501.
Eberstein (Comte d'), major au service de l'électeur de Mayence, 3009.
Ebstein, lieut[t] au rég[t] de Greder-Allemand, 2344.
Echaus. V. *St-Martin.*
Echeverry (D'), commis de l'extraordinaire des guerres, 2253.
Echten (Jean, baron d'), lieut[t]-g[al] hollandais, 3029.
Echternach (Willibrod-Othon, abbé d'), 985.
Ecke (D'), officier au rég[t] d'Alsace, 1237.
Eckhardt (G.-F.), officier autrichien, 3184.
École militaire à Paris (Personnel de l'). V. *Fantet, Meunier, Timbrune, Valfort*, etc.
Écosse (D'), cap[ne] au rég[t] de St-Second, 2143.
Ecquevilly (Augustin-Louis-Hennequin, m[is] d'), lieut[t]-g[al], 3085.
—— (Vicomte d'), mestre-de-camp du rég[t] du Roi-cav[ie], 3758, c[ons] LIII, LV.
Edelsheim (Baron d'), 3620.
Edet, cap[ne] d'inf[rie] entretenu à Trèves comme correspondant de Belle-Isle, 2632, 2633, 2634, 2733.
Edinger, à la cour de l'électeur de Trèves, 2091.
Edmonpoer, cap[ne] irlandais, 446.
Eekhout, officier hollandais, 3259.
Effenault, trésorier, 11.
Effiat (Ant. Coëffier Ruzé, m[is] d'), surintendant g[al] des Finances, mar. Fr., 146.
Egmont (Procope-Franç., comte d'), 1560, 1739, 1832, 1838, 1935-1937.
—— (Marquis d'), 2946.
—— (Comte d'), 3136, 3758, c[ons] LIII, LV.
Egmont (Comtesse d' —, née Durfort), 3143.
—— (Comtesse d'—, née Richelieu), 3577.
Egremont (Lord), ministre anglais, 3623.
Eguilles (Marquis d'), 3152, 3154, 3184.
—— V. *Voyer.*
Eichsfeld (Régence du pays d'), 62 s.
Eiguines (D'), lieut[t] de roi de Pont-St Esprit, 1707, 1708, 2138.
Eisenbach (Riedesel d'), conseiller à la Chambre impériale, 3542.
Elbée (Comte d'), ex-cap[ne] au rég[t] de Penthièvre, 3740.
Elbeuf (Charles II de Lorraine, duc d'), command[t] d'armée, 133, 134, 137, 157, 158, 516.
—— (Charles III de Lorraine, comte d'Harcourt, puis duc d'), lieut[t]-g[al], 209, 210, 224-226, 242, 311, 362, 549, 629, 672, 891.
—— (Henry de Lorraine, duc d'), lieut[t]-g[al], 1253, 1358, 1484, 1551, 1555, 1700, 1738, 1896-1898, 1900, 2130, 2139, 2141, 2157, 2183, 2220, 2271, 2301, 2308, 2415, 2699.
—— (Marquis de Quatremart d'), gouverneur de la citadelle de Mantoue, 1861.
—— (Duchesses d'), 420, 1900, 2131, 3468.
—— V. *Lorraine.*
Elbhecq (Baron d'), député de la Flandre wallonne, 3768, c[ons] LIV, LXV d.
Elbos (D'), 410, 411.
Elcin (Erlach, dit «baron d'»), 2027, 2030, 2094, 2162, 2166, 2236, 2237, 2239, 2240, 2317, 2318, 2320, 2452-2457, 2459, 2460. — Cf. *Erlach* et *Elzheim.*
Eleaden (Baron d'), 342.
Elgart, maître-maçon à Bayonne, 1892.
Elgrès (Louis d'), 1769.

Elias, officier hollandais, 3308.
Eliçagaray (Renau d'). V. *Renau.*
Élisabeth Petrowna, impératrice de Russie, 2927.
Elliot, marin anglais, 3568.
Ellrod (D'), 3611.
Elne (Chapitre de la cathédrale d'), 296, 300. — Cf. *Quéralt.*
Eloi de St Jean-Baptiste (Frère), religieux carme à Valenciennes, 2370.
Elt (D'), 343.
Eltz (Baron d'), 989, 997, 1435, 2136, 2137, 2169, 2236, 2237, 2242, 2272, 2391, 2644, 2655, 2664, 2688, 2712, 2736–2738, 2788, 2789, 2791–2797, 2824, 2837, 2850.
—— d'Ottange, 3316.
Elva (D'). V. *Aylva.*
Elvang. V. *Selzer.*
Elvans (D'), 450.
Elverfeld (D'), général de l'évêque de Munster, 1758.
Elwert (D'), commissaire du dépt du Bas-Rhin, con LXV b.
Elz (Hugo, comte d'), vicaire général de Mayence, 2825.
—— (Ph.-C. d'), électeur de Mayence, 2927.
—— Cf. *Mayence.*
Elzheim (Baron d'), 2165. — Cf. *Elcin* et *Erlach.*
Embden, 3766.
Embrun (Échevins, bourgeois, clergé, etc., d'). V. *Foucquet, Garcin, Gay, Genlis, La Carcelle, Linier, Salva, Sylvestre, Vial.*
Emelin (D'), 3308.
Emeric (René-Balthazar), médecin à St Malo, 2419.
—— major de la place de Portecros, 3570.
—— seigr de Baseilhac, capitaine, sénéchal de Carcassonne, con LXXXVI.
Emery, directeur de la fonderie de Lyon, 1604, 1611, 1693.
Emmaüs (Frédéric N... évêque d'), suffragant de Trèves, 2723, 2724, 2733, 2734, 2891.
Emmerich (Bourgmestre d'), 198, 279, 295.
Emmery, membre du Comité militaire de l'Assemblée Nle, con LXIX.
Emmery, commandt de la Garde bourgeoise de Dunkerque, con LIV.
Emonnot, con LXIII.
Engelgrave (Fr. Joseph), chartreux, 2023, 2025.
Enghien (Duc d'). V. *Condé.*
—— (Comte d'), officier des Gardes wallonnes de Philippe V, 1981.
Ennery (Victor-Thérèse-Charpentier d'), lieut-gal, 3429, 3562–3565, 3592, 3608–3613, 3615, 44 s, 46 s, 49 s, cons XXXIII, XXXV, XL.
Ennevelin (Jos.-Al.-Imbert d'), grand prévôt de Flandre, 3768 con LIV.
Enonville (D'). V. *Brisay, Denonville.*
Ensisheim (Magistrats, etc. d'). V. *Abbé, La Limouse,* etc.
Enskrich, syndic de Trèves, 2243.
Entragues (D'), mestre-de-camp, 110, 123.
—— (Chr), colonel, 1644, 1941.
—— V. *Entraigues.*
Entraigues (D'), 271.
—— (Marquis d'), ministre de France près l'électeur de Mayence, 3661, con XLIV.
—— V. *Entragues.*
Entremont (Marquise d'), 1764.
Entrevaux (Consuls, magistrats, etc., d'). V. *Mandols, Philip, Préfontaines, Vachier,* etc.
Envie ? (Comte d'), 3054, 3110.
Enville (D'). V. *Anville.*
Eon, échevin de St-Malo, 3493, 3497.
Épernay (Échevins, etc., d'). V. *Reims (Jacques de), Vary.*
Épernon (Bernard de Nogaret, duc de La Valette et d'), commandt d'armée, 97, 106, 113, 116–119, 123, 131, 133, 134, 146, 151, 158, 468, con I.
—— (Duc d'), 2699, 2746.
—— V. *La Valette.*
Epertaux (D') officier au régt Mestre-de-camp-gal-cavie, 3712.
Épinac (Comte d'), 629.
—— (D'), élu des États de Bourgogne, 2183.
Épinal (Municipalité, etc., d'), 1071, con LXIV. — Cf. *Launoy.*
Épinay. V. *Espinay.*

Eppeville (Franç. de Bovelles d'), brig., 2328, 2332, 2371, 2408.
Erbelfeld (D'), 3504.
Erffa (Baron d'), ministre ou secrétaire du margrave d'Anspach, 3525.
Éricourt. V. *Fly* et *Héricourt*.
Érigny (Bouvet d'), fermier général, 3406.
Erlach (J.-L. d'), command' d'armée, 97, 106, 110, 116, 119, 468.
—— (J.-J. d'), lieut'-g^{al}, 275, 279, 311, 312, 396, 467, 513, 563, 648.
—— (Marguerite d'), 245.
—— (D'), 1950, 1954, 2093, 2391, 2723, 2724, 2727. — Cf. *Elcin* et *Elzheim*.
—— (De Mayer d'), 1955.
—— (J.-Rodolphe d'), 2032.
—— (D'), cap^{ne} dans un rég' suisse, 2236.
—— (Comte d'), avoyer de la république de Berne, 3585.
Erlon (D'), 3753.
Ermagny (D'). V. *Rancher*.
Ermenonville (D'), 1943.
Ernemont (Jacques Le Grand de St-Ouen d'), brig., 123, 260, 271, 277-279, 292, 310, 311, 313, 333, 361, 397.
Ernothon (D'), maître des requêtes, 2131, 2132, 2135, 2140, 2270, 2344.
Errembault, 599, 603.
—— cap^{ne}, 2144.
—— **Du Dreeley**, 704, 730, 822.
—— **de La Haye**, cap^{ne} au rég' de Parpaille, 2370.
Erscamp, 243.
Erskine. V. *St-Clair*.
Erville (D'), cap^{ne} de chevau-légers, 123.
Ervillé (D'), chef de bureau, c^{on} XLV. — Cf. *Dervillé*.
Escabannes (D'), command' à Ajaccio, 3648.
Escaillon (Gaspard), 2132.
Escairac de La Grénie (D'), cap^{ne} au rég' de Cambraisis, 1903.
Escalaïs, cap^{ne} au rég' de Murat, 1856.
Escalero (Don Antonio d'), gouverneur de Roses, 1797.
Escallar. V. *Descallar*.
Escarène (Comte de L'). V. *Tonduti*.
Escars (D'). V. *Des Cars*, *Ségur*.
Esch (Baron d'), conseiller intime de l'électeur de Trèves, gouv^r d'Ehrenbreitstein, 880, 970, 989.
Eschair (D'), chanoine de Roncevaux, 3650.
Eschallart. V. *La Marck*.
Escher, de Zurich, 3047.
Eschichens. V. *Du Gard*.
Esclainvilliers (Timoléon de Séricourt, m^{is} d'), lieut'-g^{al}, 158.
—— (Ch^r d'), 484, 553-556, 595.
—— (Ch.-Timoléon de Séricourt, m^{is} d'), mar. c., 1784, 1785, 1861, 1863, 1864, 1866, 1870.
—— (D'), 2142, 2219.
Esclapon (D'), lieut'-c^{el} du rég' de La Reine-dragons, 3604.
—— V. *Villeneuve*.
Esclaux (D'), officier, 3475. — Cf. *Mesplex*.
Esclebecq (M.-Franç. de Ghistelle, baronne d'), 1944.
Esclimont (Gabriel-Jérôme de Bullion, comte d'), mar. c., 2644, 2738, 2747.
Escorailles (D'). V. *Scorailles*.
Escossay. V. *Ferrant*.
Escots (D'), 554.
Escoubleau-Montpensier. V. *Du Coudray*.
Escouloubre (D'), 3476, 3479, 3482-3486, 3517, 3605, c^{on} XLIX a.
Escragnolles (D'), 110.
Escrainville (Pierre de Fréville d'), cap^{ne} au rég' d'Angoulême, 92.
Escrots. V. *Estrées*.
Escudier et Cie, banquiers ou négociants à Lyon, 1611, 1900.
Escurang (D'), cap^{ne} au rég' de Mercurino, 88.
Escures (D'), 508.
Esgrigny (René-Jouenne d'), commissaire des guerres, puis intendant d'armée, 894, 961, 962, 1066, 1096, 1175, 1234, 1235, 1237, 1281-1283, 1287, 1337, 1338, 1378, 1417, 1418, 1428, 1508-1513, 1518, 1585, 1586, 1594, 1595, 1688, 1689, 1693, 1729, 1780, 1784, 1862, 1878, 1965, 1968, 1971, 1975, 2047, 2130, 2183, 2272.

Esguillon (D'), cap^ne au rég^t de Mercurino, 123.
Esguilly ? (J. de Choiseul d'), cap^ne de cav^ie, 92.
Esmale, résident de France à Liège, 2923, 3030, 3032, 3037, 3084, 3086, 3088, 3090, 3138, 3142, 3161, 3163, 3164, 3257, 3259.
Esmangart (Ch.-Franç.-Hyacinthe), intendant, 3671, 3729, 3749, 3760. 3763, 3768, c^ons XLV, LI, LIV, LV.
—— président du Directoire de St-Quentin, c^on LXV a.
—— **de Beauval**, maire de Compiègne, 2056, 2412.
Esmard, commissaire des guerres, 1066, 1080, 1081.
Esmonin, cap^ne d'artillerie, 226, 343.
Esnay (Ainay ? abbé d'), 468.
—— V. *Parent.*
Espagnac (J.-B.-Jos. Damazit de Sahuguet, ch^r, puis baron d'), mar. c., 2912, 2913, 2916–2921, 2925, 2926, 2928, 2940, 2941, 2943, 2944, 2946–2951, 2953, 2955–2960, 2969, 2981–2983, 2989, 2999–3002, 3028–3033, 3035–3037, 3068, 3072, 3073, 3075, 3088–3090, 3092, 3135, 3138, 3140–3145, 3147, 3148, 3198–3200, 3202, 3206–3208, 3211, 3276, 3278, 3281, 3296, 3325, 3326, 3406, 3407, 3415, 3420, 3431, 3438, 3634, 3687, c^ons XVII, XX, XXIV.
Espagne (Rois d'). V. *Charles II, Ferdinand VI, Philippe V,* etc.
—— (Reines d'). V. *Neubourg (M.-A. de), Farnese (Élisabeth), Savoie (M.-L. de).*
—— (Ambassadeurs d'), 275, 634. V. à leurs noms.
—— (D'), 262, 278–281, 310, 332–336, 378, 416. — Cf. le suivant.
—— (D'), command^t à Trèves, puis gouv^r de Thionville, 703, 822, 889, 970, 989, 1071, 1465, 1501, 1502, 1574, 1660, 1758, 1761, 1847, 1851–1855, 1857, 1858, 1950–1953, 1956, 2033–2035, 2133, 2135, 2136, 2145, 2154, 2169, 2183, 2236, 2242–2244, 2395.
Espagnols (Officiers faits prisonniers à la bataille de Rocroi), 97.
Espagny (D'), enseigne au rég^t de Perrault, 123.
—— (René de Gouffier, m^is d'), mar. c., 116, 123, 141, 146, 158, 190, 196, 468.
—— (D'), commissaire des guerres, 1700, 1830.
—— (D'), directeur g^al des Fermes au département de Soissons, 2262.
Espalungue (D'), président du séminaire du roi à Douai, 1150.
—— (Ch^r d'), officier, 2132, 3143.
Esparbès (J.-J. de Lussan, comte d'), lieut^t-g^al, 3514, 3523, 49 s., c^ons XXXVII, LVII, LXI, LXV–LXVII, LXX, LXXI.
—— V. *Aubeterre, Jonsac, Lussan.*
Esparfontaines (D'), lieut^t au rég^t de Navailles, 92.
Esparron (D'), 3260. — *Cf. Castellane, Espeyron.*
Espenan (D'), 62. — Cf. le suivant.
—— (Roger de Bossost, comte d'), mar. c., 97, 98.
Espense (L. de Beauvau d'), mar. c., 188.
Esperrières (D'). V. *Desperrières.*
Espeuilles. V. *Jaucourt.*
Espeville. V. *Eppeville.*
Espeyron (D'), lieut^t-c^el du rég^t de Soissonnais, c^ons LIV, LXVI.
—— Cf. *Esparron.*
Espich, médecin dans le comté de Hanau-Lichtenberg, 2245.
Espieds (D'). V. *Despieds.*
Espiennes (Franç.-Elie d'), A. 89.
—— (Antoinette de Landas, veuve de J.-B. d'), A. 89.
Espiès (Ch. Cossart, m^is d'), lieut^t-g^al, 158.
—— (J.-B.-Gabriel de Cossart, ch^r, puis comte d'), lieut^t-g^al, 3191, 3139, 3143, 3144, 3156, 3564, 3565. — Cf. le suivant.
—— (L.-Vespasien de Cossart, m^is d'), mar. c., 3552, 3557, 3588. — Cf. le précédent.
—— V. *Despies.*
Espignay.. V. *Ligneris, St-Luc.*
Espinace ou **Espinay ?** (Ch^r d'), prévôt général des maréchaussées et

des monnaies au département de Lyon, 2045, 2140, 2142, 2270-2272.
Espinassy (D'), officier, 3622.
Espinay (Barthélémi-Gabriel, comte d'), brig., 1861, 2137, 2370, 2379.
—— (Franç.-Rodrigue Deshayes, m^{is} d'), lieut^{t}-g^{al}, 2704, 2756-2759, 2890, 2923, 2926, 2940, 2981-2983, 3045, 3047, 3095-3097, c^{on} XVI.
—— (Ch^{r} d'), chef d'escadre, 3260.
Espinaÿ (D'), officier aux Chasseurs à cheval du Hainaut, c^{on} LXV d.
Espinchal (D'—, s^{r} de Massiac), 141.
Espinchol. V. *Vernerolles*.
Espinefort (Baron d'), cap^{ne} au rég^{t} de Vintimille, 3216.
Espinel (D'), cap^{ne} d'invalides, 2024.
Espinères, 106.
Espinette (D'), 3541.
Espineuil (D'), cap^{ne} au rég^{t} d'Auxerrois, 2137.
Espinosa (De), c^{on} XXXVII.
Espinose (D'). V. *Despinose*.
Espinoy (Princesses d'), 310, 312, 397, 599, 615, 630, 830, 2630, 2663.
—— (Prince d'), 1549, 1742.
—— (D'), cap^{ne} au rég^{t} de Du Tronc, 2270, 2345.
Espoey (D'), officier au rég^{t} de Navailles, 131.
Esprit, commissaire des guerres ou ingénieur, 997, 1094, 1209, 1217, 1330, 1332, 1375, 1382, 1417, 1426, 1428, 1562, 1604, 1735, 2132, 2135, 2136, 2139-2141, 2142, 2144, 2145, 2183, 2269, 2273, 2370, 2412.
—— (Barthélémi), ancien partisan, cap^{ne} réformé, 2619.
Esquiulle. V. *Mesplex*.
Esquelbecq (D'). V. *Desquelbecq*.
Esquilly. V. *Esguilly*.
Essart. V. *Prévost*.
Essen (Magistrats d'), 275.
—— (D'), officier hollandais, 1753, 1830.
—— et **Thorn** (Princesse-abbesse d'), c^{on} XXXIII.
Esson (D'), officier de garde-côtes de Normandie?, 3492.
Estaing (Franç. III, comte d'), lieut^{t}-g^{al}, 1684, 1687, 1691, 1776, 1777, 1781, 1782, 1874, 1875, 1898, 1966, 2049, 2050, 2105, 2131, 2133, 2177, 2178, 2180, 2181, 2216, 2217, 2219-2222, 2224, 2271, 2299, 2300, 2304, 2305, 2308, 2379, 2459.
Estaing (Ch.-Franç.?, comte d'), lieut^{t}-g^{al}, 2687, 2697, 2969, 3000, 13 s.
—— (Ch.-Théodat, comte d'), lieut^{t}-g^{al}, 3419, 3458, 3541, 3575, 3623, 3624, 3628, 3629, 3674, 3704, 3722, 3730, 3732, 3738, 3754, c^{ons} XXVI, XXXIX, XLVII-XLVII a.
—— (Marquise d'), 3620.
—— **de Berville** (D'), 2969.
—— **-Saillant** (Joachim-Joseph d'), évêque de St-Flour, 1707.
Estaires. V. *Montmorency, Robecque*.
Estampes (D'), 11, 420.
—— (Léonor d'), évêque de Chartres, 67.
—— (Ch., *dit* le m^{is} d'), 2131.
—— (D'). V. *La Ferté-Imbault* et *Valençay*.
Estanchau (D'), secrétaire des commandements du Dauphin, 825.
Estanchiau (D'), c^{on} XLVIII.
Estang (D'), gentilhomme d'Auvergne, 2760.
Estaniol (D'), lieut^{t}-c^{el}, 1983. — Cf. le suivant.
—— **de Montagnac** (D'), mestre-de-camp, 1896. — Cf. le précédent et le suivant.
—— —— (Louis d'), mar. c., 2969, c^{on} VIII.
Este (Cardinal d'), 106, 264.
—— (Don Gabriel, m^{is} d'), 1778, 1966.
Esté (D'), secrétaire du comte de Bueil-Sancerre, 2138.
Esteing. V. *Estaing*.
Esterhazy (Valentin-Ladislas, comte), mar. c., 3755, 80 s., c^{ons} LIV, LVI, LX-LXIII, LXV.
—— (Joseph, prince), 3262.
—— (Conseil d'administration du rég^{t} d'), c^{ons} LXI, LXII, LXV a.
Esterre (Comte d'). V. *Robecque*.
Estevan (don Pedro), gouv^{r} des armes de Barcelone, 227.
Estherazy. V. *Esterhazy*.

Estienne, chargé de la fourniture des lits à Fort-Louis du Rhin, 2244.
Estissac (D'). V. *La Rochefoucauld.*
—— (Comte d'), 134, 137, 151, 158, 468.
Estival, commis des bureaux de la Guerre, 141, 361.
—— commissaire des guerres, 792, 1010, 1093, 1094, 1099, 1113, 1115, 1283, 1375, 1424, 1436, 1454, 1468, 1513, 1516, 1517, 1519, 1585, 1586.
—— lieut^{t} de roi de Bellegarde, 1886, 1892, 1899, 2180.
—— (Abbé), 2033.
—— (D'), cap^{ne} au rég^{t} Royal, 1943, 2183.
—— (D'), command^{t} le bataillon de milices de Carcassonne, 3072.
—— V. *Corsac.*
Estivant (Pierre-Étienne-Ignace), prêtre, 3715.
Estoublant, viguier d'Arles, 468.
Estoublon. V. *Grille.*
Estouilly (D'), lieut^{t} de roi de St-Quentin, c^{ons} LXII, LXIII.
Estourmel (Mis d'), lieut^{t}-g^{al}, 3760, c^{ons} LIV, LX, LXV, LXV b, LXV c.
Estouteville (D'), lieut^{t} au rég. des Gardes, 123.
—— (D'), cap^{ne} de cav^{ie}, 1704.
—— (D'), maire de Rouen, c^{on} LXV a.
—— (D'), commissairs des guerres, 2131.
—— (D'). V. *Touteville.*
Estrade (D'). V. *Alberty.*
Estrades (Abbé d'), 664, 665, 686 793, c^{on} III.
—— (Godefroy, comte d'), mar. Fr., ambassadeur, 116, 117, 119, 121, 131, 137, 157, 158, 198, 242, 243, 260, 271, 276–282, 284–287, 289–291, 318–331, 335, 336, 344–347, 353, 383–395, 398–402, 407, 409, 419, 420, 436–455, 463, 466, 467, 469, 484–495, 497–506, 509, 513, 535–554, 566, 584–588, 592–594, 596–604, 609, 615, 628, 630, 631, 633, c^{on} II. — Cf. *Nimègue (plénipotentiaires à).*
—— (Godefroy-Louis, comte d'), lieut^{t}-g^{al}, 1960, 2021, 2023, 2089, 2130, 2132, 2134, 2135, 2141, 2300, 2370, 2376, 2383, 2415.
Estrancourt. V. *St-Cyr.*
Estrée (D'), commissaire du roi au dép^{t} de l'Allier, c^{on} LXIII.
Estrées (Franç.-Annibal I, duc d'), mar. Fr., ambassadeur, 106, 110, 123, 133, 134, 137, 158, 468.
—— (Jean, comte de Nanteuil et de Tourbes, puis d'), mar. Fr., 91, 92, 102, 106, 123, 296, 892, 894, 903–906, 961, 962, 988, 1066, 1080, 1081, 1205–1208, 1255, 1257, 1287, 1306, 1313, 1428, 1524–1526, 1609, 1613, 1699, 1704, 1802, 1895, 1896, 1898–1900, c^{on} II.
—— (Marguerite Morin, maréchale d'), femme du précédent, A. 88.
—— (Franç.-Annibal II, m^{is} de Cœuvres, puis duc d'), lieut^{t}-g^{al}, 146, 299, 610?, 615?
—— (César, cardinal d'), 299, 737, 902, 1588, 1593, 1705, 1897–1899, 2047, 2132, 2133, 2138, 2140, 2143, 2270, 2415, A 87–— A 90.
—— (Duchesse d'), 420.
—— (Franç.-Annibal III, duc d'), 902, 904, 906, 1237.
—— (Victor-Marie d'—, comte, puis duc d'—, dit «le marquis de Cœuvres»), mar. Fr., 1522, 1601, 1768, 1796, 1875, 1898, 1899, 1979, 2558, 2584, 2619, 2703, 2709, 2746, 2822, 11 s, c^{on} LXXV.
—— (Jean, abbé d'), ambassadeur à Madrid, 1696, 1786, A. 88.
—— (Duchesse d'), 2143.
—— (L.-Armand d'Estrées de Lauzières-Thémines, duc d'), 2271. A. 87, A. 88.
—— (Ange d'Ongnyes d'), évêque de Ruremonde, 2300.
—— (J.-Ch. Pelletier d'Escrots, baron d'), mar. c., 2815–2817, 2819, 2841–2843, 3136, c^{on} XVII.
—— L.-César Le Tellier, ch^{r} de Louvois, puis m^{is} de Courtenvaux, puis comte d'), mar. Fr., 2912, 2913, 2915–2918, 2924, 2943, 2946–2949, 2951, 2952, 2954–2959, 2969, 2970, 2983, 2989, 2992, 3002, 3007, 3031, 3032, 3036, 3037, 3088, 3092, 3137,

3139–3144, 3146–3149, 3185, 3186, 3197, 3200, 3202–3204, 3206–3211, 3242, 3276, 3277, 3280, 3281, 3407–3410, 3418, 3419, 3428–3437, 3439, 3443, 3449, 3461, 3471, 3475, 3478, 3480, 3481, 3483, 3485, 3495, 3505, 3511, 3519, 3521–3524, 3550, 3552, 3608–3615, 3642, 21 s., 32 s., 50 s., 55 s., 61 s., 74 s., c^{ons} XV, XVII, XXI, XXIV, XXXVI.

Estrées (Lucie-Félicité de Noailles, maréchale d'), 3075.

—— (Ch^{r} d'), 3262, 3541, 3694, c^{ons} XXIII, XXXV, XXXIX.

—— V. *Cœuvres.*

—— **-Doudeauville**, maréchal de bataille, cap^{ne} au rég^{t} de Cœuvres, 141.

Estrehan (Mme d'), veuve d'un cap^{ne} des Chevau-légers de la Reine, 2139.

Estrehans (Jacques-Robert d'Héricy, m^{is} d'), lieut^{t}-g^{al}, 3420.

Estresses (Ch^{r} d'), cap^{ne} au rég^{t} de Normandie, 988.

—— (D'), c^{el} du 10e rég^{t} de dragons, c^{on} LXVII.

Estrez de Marnay (D'), officier, 1704.

Estrivier, commissaire du roi au tribunal d'Aix, c^{on} LXVIII.

Etalleville (Comte d'), officier au rég^{t} Royal-Lorraine, c^{on} LXV d.

Étampes (Habitants, etc., d'). V. *Avemont.*

—— V. *Estampes.*

Étapes et Convois (Régisseurs généraux des), c^{ons} LIV, LXV–LXV b, LXV d, LXV f, LXVII–LXXI.

Étaples (Employés des Fermes, etc., à), c^{on} LXV a.

Etenac (D'), 1843, 1858.

Eterno (D'), aide-major au rég^{t} de Grosbois, puis lieut^{t}-c^{el} au rég^{t} de Valence, 1830, 1832, 1943, 2132, 2242, 2375, 2377.

Étigny (Maigret d'), intendant, 3497, 3630, c^{on} XXXIX.

Étrépagny (Municipalité d'), c^{on} LXVI.

Ettenau (J. d'), commissaire g^{al} des troupes impériales, 3759.

Ettlingen (D'). V. *Dettlingen.*

—— (Bourgmestres d'), 1073.

Eu (L.-Ch. de Bourbon, comte d'), grand-maître de l'artillerie, lieut^{t}-g^{al}, 2730, 2790, 2791, 2850, 2875, 2877, 2924, 2926, 2936, 2940, 2943, 2947, 2977, 2989, 3044, 3086, 3154, 3200, 3202, 3298, 3315, 3500, 3501, 3578, c^{ons} XXI, XXXV.

Euchin ? g^{al} au service de l'empereur, 1222.

Eudicourt. V. *Heudicourt.*

Eugène (Prince — de Savoie), command^{t} en chef les armées impériales, 1588, 1589, 1676, 1683, 1694, 1756, 1777, 1864, 1865, 1867, 1869, 1960, 1962–1964, 1966, 1967, 1988, 2039, 2046, 2085, 2151, 2154, 2162, 2217, 2235, 2265, 2454, 2457, 2460, 2506, 2507, 2676, 2792, 2793.

Eure (Dép^{t} de l'), c^{ons} LXV d, LXV f, LXVI.

Eure-et-Loir (Directoire, etc., du dép^{t} d'), c^{ons} LXV, LXVIII, LXX, LXXI.

Eusch (D'), aide-de-camp du comte de Rochambeau, 3611.

Eusiére, cap^{ne} au rég^{t} d'Auvergne, 2138.

Eustache, 1286.

—— (D'), officier au rég^{t} de Berwick, puis dans les troupes d'Espagne, 2144.

—— major de la place de Suse, 1832, 1874, 1968.

Evarre (ou **Warre ?**), aide-major du rég^{t} de Pfiffer, 2143, 2145, 2219–2221, 2228, 2371, 2383.

Evrard, bourgeois de Vic-sur-Seille, 2169.

—— invalide de la garnison de Belle-Isle, 2270.

Evremont. V. *Croisset.*

Évreux (Municipalité, etc., d'), c^{on} LXIII. — Cf. *Bessin, Dillon,* etc.

—— (J. d'), c^{el} d'un rég^{t} irlandais, 123.

—— (Henri-L. de La Tour d'Auvergne, comte d'), lieut^{t}-g^{al}, 1845, 1852, 1853, 1896, 1897, 1945, 1948, 2023, 2081, 2142, 2273, 2338, 2343, 2370, 2411, 2412, 2514, 2559, 2622, 3137, 3173, 3174, 3275, 3276, 3780.

Evry. V. *Brunet.*
—— (D'), officier de cav^{ie}, 3481, 3524, 3525, 3602, 43 s.
Ewald (Christophe), 967.
Exilles (Lieut^{ts} de roi, bourgeois, etc., d'). V. *Duprat, La Boullaye, Polignan,* etc.
Exmes (Magistrats d'). V. *Du Saussay.*
Expilly, avocat au Parlement de Grenoble, 1764, 1766, 1782, 1896.
—— (J.-Jos., abbé d'), voyageur, géographe, 3454, 3455, c^{on} XLI.
Eÿb (Baron d'), chambellan de l'électeur de Cologne, 3070.
Eyben, fonctionnaire du comté de Hanau, 3501.
Eyck (Comte d'), ministre de Liége à Paris, c^{ons} XXXII, XXXIII.
Eydous, bourgeois de Cassis (Prov.), 2255.
Eylembourg (D'), lieut^{t}-c^{el} du rég^{t} de Rantzau, 111.
Eynatten (Comte d'), 3138.
Eyragues (Ch^{r} d'), cap^{ne} au rég^{t} Royal-Vaisseaux, 3410.
Eyraut, commissaire des guerres, 227, 271, 293, 339, 340, 1093.
Eyssautier, commissaire des guerres, 3721.
Eysseris, commissaire des guerres, 2815, 2885, 2888, 2900, 2901 3060, 3064.

F

Fabas. V. *Vallette.*
—— cap^{ne} au rég^{t} d'Alsace, 2137, 2140.
Faber, 1950.
Fabert (Abraham, m^{is} de), mar. Fr., 98, 117, 119, 134, 146, 158, c^{on} I.
Fabiani (Orso-Giacomo), corse, 3362.
—— (J.-André), corse, 3648.
Fabre, agent diplomatique, 1700, 1800, 1802.
—— 2043, 2134, 2135, 2159.
—— officier au rég^{t} de Trécesson, 2242.
—— (J.-B.), prêtre et juge à Barcelonnette, 3256.
—— procureur général syndic de l'Aude, c^{on} LXXVI.
Fabrègues (De), major du rég^{t} de Pujol, 1855, 1857, 2021.
—— (Mme de), veuve d'un lieut^{t}-c^{el} du rég^{t} de Puységur, 2143.
Fabri, recteur du collège de Perpignan, 2141.
Fabrière (De), ancien lieut-c^{el}, 3687.
Fabrique (De), cap^{ne} au rég^{t} de Vexin, 1862.
Fabry (De), 514, 2701.
—— colonel sarde, command^{t} à Finale, 2811.
—— (Ch^{r} de), officier de marine, 3262, 3292, 3624, 3647.
—— V. *Moncault.*
Fagel (Gasp.), homme d'État hollandais, 290, 392, 400, 439, 440.
—— (Franç.-Nic., baron de), général hollandais, 2305.
Fageolles, cap^{ne} au rég^{t} de Labour, 1861.
Fages, cap^{ne} au rég^{t} d'Auxerrois, 1945.
—— (De), officier au rég^{t} de La Chau-Montauban, 2030.
Faget, lieut^{t} au rég^{t} de Vendôme, 2145, 2370.
Fagnières (Brocq de), 3183, 3184, 3308.
Fagnon, juge-consul à Paris, 2270.
Fagon, premier médecin du roi, 1700.
Fahrenkroegh, officier hollandais, et Mme —, 3182, 3183.
Faille, directeur des Postes de l'armée d'Espagne, 1892.
Failly (Pierre de), lieut^{t} au rég^{t} d'Agénois, 2531.
—— (De), 2875, 2983.
Faiol, cap^{ne} au rég^{t} de Normandie, 2371.
Fajole (Abbé de), commissaire des États de Bretagne, c^{on} LIV.
Falaise (Municipalité, bourgeois, etc., de), c^{ons} XL, LV, LXV b, LXV d, LXVI, LXIX. — Cf. *André, Angot, Aubigny, Bellenger, Bignon, Boisdavy, Des Freneaux, Donnay, Jardon, La*

Fresnaye, *Le Bourgeois*, *Ménard*, *Querville*, *St-Basile*, etc.
Falces (Mis de), gouverneur de Pampelune, 3650, 3685, 3690.
Falcombel, commissaire des guerres, 137, 182, 299.
Falgous, aide-major au rég^t d'Aunis, 1857.
Falguereites, lieut^t-c^el du 26e rég^t d'inf^rie, c^on LXIX.
Falguières (Ch^r de), cap^ne de dragons en retraite, c^on LI.
Falkenberg (De), officier au rég^t de Rottenbourg, 2183.
Falkenhayn (Ch., baron de), lieut^t-g^al, 3577, 3665, 3718, 3721, 3722, 3724, 3732, c^ons XLIX a, LIII, LIV, LX, LXI, LXV.
Falkenstein (De), 1864.
Falleau, médecin, 2841.
Fallet, employé des Fermes dans l'île d'Oléron, 1978.
Falletans (Marquise de), A. 90.
Falliers (De), major du rég^t de La Châtre, 1236.
Famechon, 962.
—— (Ignace de Belvalet de), 1082.
Fange-Reymond, provincial des Récollets, 3418.
Fanoys, médecin, 3127.
Fantet (Franç.), bas-officier à l'École militaire, 3720.
Fantin, abbé d'Oulx, 2270.
Fanton (De), cap^ne au rég^t de Martel, 1738.
—— prévôt à Bastia, 2885.
Fanty, officier au rég^t Colonel-Général, 2133.
Faranen (Comte de), 2047.
Farbot (J.-Claude), ex-sergent au rég^t de Joyeuse, 3457.
Farconet, commissaire des guerres, 3179, 3187, 3232, 3248, 3252, 3255–3257, 3301.
—— (Joseph), châtelain de Miribel (Savoie), 3395.
Farcy (De), receveur des contributions, 1657.
—— (De), lieut^t-c^el du rég^t d'Entragues, 1837, 2137.
—— (De), commissaire des guerres, 2786, 3059, 3064, 3070.
—— **d'Ozonville** (De), commissaire des guerres, 3182, 3501.
Farel, bourgeois d'Avesnes?, 2233.
Farez, employé à faire «la recette et dépense» pour la construction de la citadelle de Valenciennes, 667.
Farge (De), cap^ne au rég^t de Picardie, 3277.
Fargeon, entrepreneur de fournitures de couchage à Montpellier, 2142.
Fargès (Franç.-Marie), fournisseur des armées, 1840, 1941, 1942, 2018, 2086, 2152, 2154, 2155, 2185, 2213–2215, 2217, 2219–2222, 2224, 2225, 2244, 2262, 2263, 2270, 2273, 2299–2303, 2308, 2310, 2322, 2338, 2343, 2373, 2380, 2396, 2421.
Faria. V. *Melo*.
Fariaux. V. *Farjaux*.
Farinacci, chef de partisans, 3030, 3305.
Farjac (Ch^r de), lieut^t-c^el du rég^t de La Rivière, 2269.
Farjaux (Jacques de —, vicomte de Maulde), gouverneur d'Ath, 1150, 1254, 1284.
Farjon (De), officier d'artillerie, 1973.
Farnese (Alexandre), prince de Parme, 671.
—— (Elisabeth), reine d'Espagne, 2754.
Farvaques (De), 904. — Cf. *Fervacques*.
Fasanini, lieut^t-c^el des dragons du pape, 1871.
Fassati (Boniface, comte de), mar. c., 119, 264.
Fassin (Ch^r de), ex-cap^ne aux Volontaires liégeois, c^on XXXIII.
Fassis (De), cap^ne au rég^t de Castelet, 2032.
Fastier, ingénieur, 966, 993, 994, 1754, 1854, 2095.
Fatio, cap^ne au rég^t suisse de May, 2143.
Faton, 3767.
Faucamberge (De), cap^ne au rég^t de Belsunce, 1943. — Cf. *Foucembergue*.
Faucerville (André Le Tellier, s^r de), lieut^t au rég^t de Normandie, 146, 151.
Fauchatre, curé à Montreuil-sur-Mer, 2142.
Fauche, commissaire des guerres, 116.
Fauchel, 997.

Faucher, 512.
Faucheron, procureur à Torcy, près Sedan, 2376.
Fauchet (Abbé), président de la Commune de Paris, c^on LXV c.
Faucheux, lieut^t au rég^t d'Aubusson, 1857.
Fauchier (Jos.-Esprit), consul de Brignoles, 3238, 3290.
Faucocourt (De), 1963.
Faucon, commissaire des guerres, 992, 2046, 2047.
—— 3326.
Fauconnier (J.), échevin de Longwy, 2095.
Faucry, 151.
Faudoas (Vicomte de), officier au rég^t de La Viefville, 3308.
—— (Mis de), officier, 3405, 3506, 3692.
—— (M^e de), 3418.
—— V. *Rochechouart, Sérillac.*
Faudois. V. *Faudoas.*
Faujas (Barthélémi), notaire à Montélimar, 1879.
Faulconnier (Denis), 1549, 1550.
—— (N.), 1642.
Faulques (F.-C.), religieux génovéfain, curé près de Montargis, 2132.
Faultrier, intendant, 276, 293, 294, 337–340, 378, 409, 416, 419, 420, 466, 469, 596, 602, 613, 616, 629, 631, 633, 634, 648, 649, 667, 668, 670–672, 688, 701–703, 713, 725, 726, 729–731, 733, 792, 795, 796, 822, 908, 1113, 1116, 1239, c^on II.
Faultrières (Comte de), 3631. — Cf. *Fautrières.*
Fauquenbergue. V. *Faucamberge* et *Foucembergue.*
Faure, 157.
—— curé de l'Hôtel des Invalides, 1898.
—— (Favre?), commissaire de l'artillerie, puis fondeur à Pavie, 1709, 1862, 1864, 1865, 1867, 1874.
—— (Moyse), cornette au rég^t de Montmain, 1857.
—— médecin, 3180.
—— V. *Favre, St-André.*
Faurès, entrepreneur de fournitures de vivres, 3546.
Faurie, inspecteur des fermes à Abbeville, 2415.
Faurot (Favrot?), ingénieur géographe, 980, 1573, 1760, 1845, 1846, 1852, 1853, 1952.
Faury d'Oigne, commissaire provincial de l'artillerie, 1855.
Fautras (Ch^r de), cap^ne de vaisseau, c^on LXXIV.
Fautrières (Comte de), 3286. — Cf. *Faultrières.*
Fauveau (De), officier, 3451, 3452, 3463, 3466, 3492–3495, 3502, 3503, 3505, 3509, 3510.
Fauvel, officier municipal de Falaise, c^on LXV b.
Fauvre, commissaire des Gardes du Roi, 1575, 1739, 2411.
Faux (Mlle de), 2133.
Fauxfils (De), cap^ne au bataillon de Soucy, 3466.
Fava (De), cap^ne réformé au rég^t de Monroux, 2087, 2140, 2141.
Favane (Mme de), 2145.
Favardière. V. *Du Chemin.*
Favart (J.-B. de), ingénieur, mar. c., 972, 989, 1071, 1857, 2305, 2559, 2561–2564.
—— commissaire de l'artillerie, 2137.
—— cap^ne des chevaliers de l'Arquebuse, à Reims, 2430.
—— membre du Directoire de la Marne, c^on LXV b.
Faverger (De), 1674.
Faverges (Consul de). V. *Sales.*
Faverolle, directeur des domaines à St-Malo, c^on LXXVI.
Faverolles (De), major, puis lieut^t-c^el du rég^t d'Auxerrois, 1656, 1846, 1857, 1896, 2089, 2137, 2138, 2242.
—— (De), cap^ne au château d'If, 2327.
—— (Curé de). V. *Léry.*
—— **-Bléré** (De), 146.
Favery, gouv^r de Marsal, 295, 343.
Favier, 555, 557, 567, 622, 668, 671, 672.
—— lieut^t au rég^t d'Albigeois, 2130.
—— cornette de la compagnie des Sauvegardes du roi, puis dans les rég^ts de Fimarcon et de Bligny, 1843, 1896, 2142, 2144.

Favier, procureur général au Sénat de Chambéry, 2136.
—— (J.-B.), maire de Rozoy-en-Brie, 2266.
Favières, ancien officier, 2145.
Favre, 294. — Cf. *Faure.*
—— maire de Pierrelatte, 2132.
Favrot. V. *Faurot.*
Fay (De), lieut^{t} au rég^{t} de Blacons, 2025.
—— **-Greffontaine** (De), lieut^{t} de roi d'Amiens, 1830, 2056, 2144, 2145, 2183, 2228, 2230, 2268–2270, 2300, 2301, 2311, 2370, 2417.
—— V. *Cilly, Du Fay, Perrault.*
Fayan, cap^{ne} au rég^{t} d'Agénois, 1830, 2082, 2133, 2136.
Fayet, sous-étapier à Laon, 2187.
Fayole (De), officier d'artillerie, 2240, 2243, 2734.
Fayolle, commis des vivres, 356.
—— cap^{ne}, 1830, 1831.
—— 2130.
—— V. *La Sipière.*
—— président du district de Lyon, c^{on} LXV d.
Fayolles (D^{elles} de), de Bourganeuf, 2265.
Fays, procureur à Châtillon-sur-Seine, 904.
Fayve. V. *Sayve.*
Febvre, échevin de Chaumont-en-Bassigny, 2183.
Febvrier (Ch.-Marie), maire de Brest, c^{on} XL.
Fécamp (Municipalité de). V. *Gruchet*, etc.
Fedeau de Ressonneau, lieut^{t} au rég^{t} de Blaisois, 2130.
Federbe. V. *Maudave.*
Feignies (De), 3395, A. 90.
Feillent (De), aide-major-général de l'armée de Provence, 3141, 3148, 3223, 3225, 3228, 3243, 3298, 3308, 3309, c^{on} XVIII.
Feitis, cap^{ne} au rég^{t} de Charolais, 2137.
Felandre, officier détenu à la citadelle de Mézières, 2137.
Felber, cap^{ne} d'une compagnie franche suisse, 2371.
Féligonde (De), lieut^{t}-c^{el} du rég^{t} de Piémont, 1961.
Félix, aide-major à Brisach, 1849.
—— chirurgien-major du rég^{t} de Charost, 2214.
—— V. *Du Muy.*
Feller (Fréd.-Franç. de), 2034.
—— (Ch^{r} de), 2463.
Felmé, 24 s.
Felzin. V. *Lostanges.*
Fembo (De), lieut^{t} au rég^{t} de Greder-Allemand, 1832.
Fénelon (Franç. de Salignac de La Mothe), archevêque de Cambrai, membre de l'Académie française, 1468, 1549, 1830, 1942, 1944, 2024, 2144, 2145, 2149, 2154, 2159, 2160, 2299, 2373.
—— (Gabriel-Jacques de Salignac, m^{is} de), lieut^{t}-g^{al}, 2143, 2271, 2299, 2631. 2633, 2634, 2697, 2700, 2702, 2712, 2726, 2745, 2791, 2804, 2840, 2873, 2912, 2936, 2937, 2940, 2941, 2958, 2970, 2977, 2982, 2983, 2997, 3027, 3031–3033, 3036, 3069, 3070, 3073, 3083, 3100, 3139, 3160, 3162, 82 s., c^{on} XV.
—— (De), lieut^{t}-c^{el} du rég^{t} de Romainval, 2270.
—— (Franç.-L. de Salignac, m^{is} de), lieut^{t}-g^{al}, 3033, 3203, 3407, 3418, 3450, 3452, 3492, 3497, 3532–3534, 3539, 3545, 3568–3573, 3598–3600, 3606, 3621, 3624, 3625, 3628, 3630.
—— (M^{ise} de), 3183, 3184, 3544.
—— (Ch^{r} de), 3571.
—— V. *La Mothe.*
Fenerolla, officier, 1861.
Fenestri, lieut^{t}-c^{el} du rég^{t} de Bourgogne, 3124.
Fénétrange (De), cap^{ne} au rég^{t} Royal-Deux-Ponts, 3646.
Feneyret, officier au rég^{t} de Vendôme, prisonnier en Hollande, 2135.
Fénis (Martin-Ressart, ch^{r}, puis commandeur de), brig., 271, 276, 277, 361, 420, 502, 542, 543.
—— **-Margonet** (De), 988.
—— **du Tourondel**, ingénieur, 1586, 1683–1685, 1693, 1779.
Fennin, consul d'Arles, 3187.
Fenouillin (J.-Franç.), syndic de Pignerol, 264.
Fepin (Habitants de), 634.

Fer (De). V. *Ferre.*
Fera. V. *Rouville.*
Ferals (De), 3.
Ferant, chef d'escadre, 963.
Feraty. V. *Valette.*
Féraud, capne au régt de Champagne, 2044.
—— officier de milice de Digne, 3237, 3240, 3256.
Fercour. V. *Conty.*
Ferdena (Don José de), catalan, 137.
Ferdinand III, empereur, con I.
Ferdinand VI, roi d'Espagne, 2995, 2997, 3232, 3423.
Feret, officier en garnison à Sedan, 2138.
Ferjeux, lieutt-cel du régt de Bourgogne, 2136.
Fermon, député de Rennes, con LXIII.
Fermont, major de la place de Mézières, 1608, 2056.
Fernandez (Chr Francesco), médecin milanais, 1960.
Fernan-Nunez (Comte de), ambassadeur d'Espagne, con LXII.
Fernanville (De), major de la place de Salins, 1573, 1674, 1856, 1857, 1953, 2130.
Ferner, 54 s.
Fernex, capne au régt de Bretagne, puis lieutt de roi d'Huningue, 2044, 2619.
Ferney (Municipalité de), con LXVII.
Fernon, employé du service des vivres, 2131.
Ferny (De), 3726.
Feron (J.), chanoine de Metz, con XIV.
Feroys (De), président? à Pau, 2332.
Ferran, consul de Perpignan, 2408.
Ferrand, notaire à St-Germain-en-Laye, 88.
—— commissaire provincial de l'artillerie, 356, 664.
—— capne au régt des Vaisseaux, 988.
—— major gal de l'armée de Catalogne, 1108, 1109, 1174, 1234, 1237, 1337, 1338, 1378.
—— (Ant.-Franç.), intendant, 1265, 1285-1287,, 1379, 1524-1526, 1608, 1669, 1701, 1801, 1802, 1898, 1901, 1905, 2130, 2134, 2186, 2264, 2267, 2342, 2347, 2418, 2522, cons II, LXXV.
Ferrand, prêtre à Mantoue, 2047.
—— officier, 2679,
—— major de la place d'Arras, 3708.
—— fermier général, 3406.
—— (De), major de la place de Valenciennes, 3753.
—— **d'Escossay**. V. *Ferrant.*
—— **de Mons**, receveur des fermes à Maubeuge, puis à Mons et à Charleroi, 2138, 2268, 2271.
Ferrang. V. *Barret.*
Ferrant, commissaire des guerres, 1830.
—— **d'Escossay** (Franç.), brig., lieutt-gal de l'artillerie, 1462, 1466, 1522, 1524-1526, 1604, 1610-1612, 1699, 1704, 1705, 1793, 1801, 1802, 1885, 1886, 1895, 1896, 1898, 1900, 1981-1983, 2048, 2049, 2050, 2052, 2104, 2131, 2132, 2145, 2183, 2328, 2338, 2411, 2447, 2506, 3779.
Ferrarois, officier de marine, 1646.
Ferrary (Comte de), colonel du régt de ce nom, 3223, 3233, 3241, 3242, 3261, 3296.
Ferre (De), ingénieur géographe, capne au régt de La Marine, 987.
Ferré. V. *Romainville.*
Ferregeaux, bailli d'Amboise, 904.
Ferrenssac (De), major du régt de Chartres-cavie, 2144.
—— V. *St-Pardoux.*
Ferrer, capne d'une compagnie d'invalides à St-Malo, 2186, 2269, 2273.
—— (Don Juan Francisco), colonel espagnol, 2488.
Ferrero. V. *St-Lambert.*
Ferrette (De), lieutt de milice, 1289.
—— (Députés, habitants, etc., de), con XLVII b. — Cf. *Gérard.*
—— (De), officier de hussards, 1573. 1844, 1846, 1856-1858, 1950, 2031, 2132, 2145, 2162, 2242.
—— (De), parent du précédent, 2162.
—— (Comte de), brig., 82 s.
Ferrier (Le P.), jésuite, 420.
—— sous-traitant, 2142, 2167.
—— (De), mar. c., cons LXX, LXXI.
—— **Du Châtelet** (Chr de), 3740.
Ferrière (Comte de), 1968.
—— V. *Bouret.*

Ferrières (Franchet de), chanoine et archidiacre de Besançon, 1608, 2145.
—— **de Verna** (Dame), 2174.
Ferriol (Vicente), auditeur en Catalogne, 137.
—— (De), receveur général des finances en Dauphiné, 1895, 1967, 2044, 2271, 2273.
—— (Comte de), ambassadeur en Turquie, 1951, 1952.
—— **de Villat**, capne aux Gardes du corps, 1700.
Ferron (Mathieu), habitant de Bourgoing, 20.
—— (De), mestre-de-camp, 102, 116, 119, 157.
—— maréchal-des-logis au régt de Ganges, 988.
—— (De), 3408.
—— V. *La Ferronnays.*
—— **de Carbonieux**, 2140.
Ferrus, capne au régt Mestre-de-camp-gal de dragons, 1943.
Ferry, ingénieur, 1017.
—— docteur en droit à Metz, protestant converti, 3321.
—— officier au régt Dauphin-infrie, 3555.
—— 3622.
—— V. *Vaunière.*
Fersen (Fréd.-Axel, comte de), brig., 3207, 3275, 3545.
Fervacques (Anne-Jacques de Bullion, mis de), lieut.-gal, 2081, 2134-2136. — Cf. *Farvaques.*
Fervillé, lieutt-cel du régt de Condé-infrie, 997.
Fery, garde d'artillerie, 3528, 3581.
Fès (De), commandt de la citadelle de Metz, 1754, 1761, 1848, 1854, 1857, 1858, 1950, 1951, 2138, 2167, 2678. — Cf. *Defès.*
Fesch, conseiller privé du prince de Bade-Durlach, 2454, 2644.
—— (J. Rodolphe), de Bâle, 2518, 2609, 2620.
—— président du Conseil de Montbéliard, 2726, 2727.
Fétart, commissaire des guerres, 1892.
Fetizon, prêtre à Bouillon, 1857.
Fetmenger (Ant.), 1064.
Feuché, entrepreneur de fournitures de fourrages, 1581.
Feugier, lieutt au régt de La Fare, 2145.
Feuillet, enseigne au régt des Gardes, 146.
—— aide-major au régt de Nice, 1943.
—— (Dame), veuve du précédent?, 2159.
Feuquerolles (De), 118.
Feuquerre V. *Saisseval.*
Feuquières (Manassé de Pas, comte de), mar. c., 26.
—— (Isaac de Pas, comte, puis mis de), lieutt-gal, 110, 117, 119, 137, 280, 289, 310, 345, 459, 82s, con III.
—— (Ant. de Pas, comte, puis mis de), lieutt-gal, 827-829, 832, 874, 881, 903-906, 1001, 1002, 1005, 1009, 1010, 1077, 1079, 1093-1095, 1099, 1113, 1115, 1311. — Cf. *Pas-Feuquières.*
—— V. *Ricard.*
—— (De), commandt à Ardres, 3030.
Feur (Baron de), gouvr d'Ath, 688, 701.
Feuret, capne au régt de Villiers-cavie, 2144, 2145.
Feusset (De), 1113.
Feux. V. *Gougier.*
Feydeau, 1013, 1109. — Cf. *Brou, Marville.*
—— (De), officier au régt de Kerkem, 2095, 2243.
—— (Ant.-Jos.-Aimable), évêque de Digne, 2701.
—— **de Brou**, intendant, 359, 419, 420. — Cf. *Brou.*
—— **de Brou**, intendant, 3717, 3725, 3727, 3720. cons XLIX a, L b. — Cf. *Brou.*
—— **Du Plessis**, intendant, 903, 904, 906.
—— **de Vaugion**, lieutt au régt de Picardie, 146.
Fezensac (De), officier, cons LXV a, LXV e.
Fichant, prêtre aux Filles St-Thomas, 3184.
Ficher (Paul-Ant.), officier allemand, 2132.

Ficher. V. *Fischer.*
Ficquelmont (De), 1954.
Ficquet, 3552.
Fiedmont (De), cap^{ne} d'artillerie, 3540.
Fiefbrunet (De), officier, 2370.
Fiefvet (De), officier de l'électeur de Trèves, 2134, 2169, 2315, 2609.
Fienne (De), commissaire des guerres, 1586, 2045.
Fiennes (De), 595.
—— (Maximilien-Franç., comte de), lieut^t-g^{al}, 1753, 1888, 1892, 1976, 1977, 2048-2050, 2104, 2105, 2130, 2177, 2178, 2251, 2255, 2330-2332, 2337, 2379, 2405, 2406, 2408, 2466-2468, 2488, 2505, 2506, 2524, 3127. — Cf. les suivants.
—— (De), major, puis lieut^t-c^{el} du rég^t Royal, 1832, 2142, 2219, 2699.
—— (De), lieut^t au rég^t de Solre, 2023.
—— (Comtesse de), 2141, 2411, 2944, 3094, 3217.
—— (De), 2783, 3027, 3031, 3037, 3085, 3087, 33 s.
—— (Ch.-Maximilien, m^{is} de), mar. c., 2912, 2913, 2943, 2944, 2946, 3085, 3094, 3096, 3098, 3099, 3135, 3137, 3143, c^{on} XVII.
—— (De), command^t à Givet, 3204, 3278.
—— (De), command^t de la citadelle de Strasbourg, 3041, 3042, 3123, 3124.
—— V. *Givry, Leuville, Lumbres.*
Fiéret (Franç.), lieut^t d'une compagnie d'invalides à Cambrai, 2137.
Fiéreville (De), 1148, 1239.
Fiers (De), contrôleur des fortifications de Longwy, 703.
—— ingénieur, 703, 882, 966, 967, 972, 982-984, 994, 1115.
Fierville (De), cap^{ne} de garde-côtes en Normandie, 3492.
—— V. *Caux.*
Fieschi (Laurent), archevêque d'Avignon, puis de Gênes, cardinal et nonce, 1775, 1963.
—— command^t génois à Bonifacio, 2887.
Fieschi, 3177, 3380.
Fiesque (Comte de), 133.
Fieux. V. *Mouhy.*
Fiévé, 2411, 2412.
Figari (Le P.), 2269.
Figeac (Échevins, magistrats, etc., de). V. *Lacaze, Maurandy, Pailhasse,* etc.
—— (De), aide-major de la place du Quesnoy, puis major de la citadelle de Strasbourg, 1830, 2240, 2371, 2379.
Figueron (De), brigadier de cav^{ie}, 1892.
Figuière (Ch.-Maurice de), consul de Nice, 2134, 2135.
Figuières. V. *Baudinel.*
—— entrepreneur de l'hôpital de Gap, étapier, 2143, 2173, 2270.
Filhol, 2139.
Filippi (Angelo), corse, 3360.
Fillancourt (De), 3183, 3204.
Filley (Pierre de), mar. c., 670, 867, 944-946, 957, 1115, 1553, 1557, 1576, 1644, 1661, 1670, 1737, 1738, 1743, 1832, 1836, 1837, 1873, 1876, 1877, 1895.
—— (Pierre de), lieut^t-g^{al}, 3091, 3509, 3556, 3693, 3698.
—— **de La Barre**, 1830, 2379, 3708, 3714.
Fillion, 2130.
—— officier municipal de Bourbon-Lancy, c^{on} LXV b.
Fillioux, curé de Voulon (diocèse de Limoges), 2132.
—— commissaire aux revues, 2272.
Fillol, major du rég^t de Puttange, 3138.
Filtz (De), 1688.
Fimarcon (De), 116.
—— (De), 832.
—— (Jacques de Cassagnet, m^{is} de), lieut-g^{al}, 1379, 1519, 1590, 1708, 1857, 1979, 1982, 2134, 2140, 2180, 2466, 2488, 2506, 2524, 2558-2564, 2575, 2609, 2631, 13 s.
—— (Marquise de), 2130, 2138, 2140, 2145.
—— (Stafort de), 2132, 2144.
—— (Aimeri de Cassagnet, m^{is} de), lieut^t-g^{al}, 2758, 2969, 3084, 3140, 3143-3145, 3152, 3154, 3197-3199, 3201-3204, 3210, 3259,

3262, 3275, 3277, 3309, 3326, 3418.
Fincke (Pierre), 3315.
Finckenstein (Comte de), 3584, 3589, 3650.
Finguerlin, membre du Directoire du dép' de Rhône-et-Loire, c^ons LXV c, LXV d.
Finistère (Directoire du dép' du), c^ons LXVI, LXVII.
Fins (Municipalité de), c^ons LXI, LXIV.
Fiorelli, 467.
Fiot, capitaine de vaisseau anglais, 3188.
Firks (Christophe), enseigne au rég' d'Espagny, 146.
Firmian (Léop.-Ant. de), archevêque de Salzbourg, 2959.
Firmiani (Comte), 3640.
Firmo (De), officier au rég' de Berry, 3499.
Firt, exempt à Longwy, 2138.
Fischer (Les frères), maîtres de poste en Suisse, 1661, 1677.
—— 1863, 1864.
—— entrepreneur de fournitures de vivres, 2969.
—— (J.-Chrétien), brig., 3094, 3197, 3198, 3200-3203, 3205, 3211, 3213-3215, 3275, 3277, 3281, 3309, 3393, 3428, 3440, 3462, 3473-3475, 3510, 3512-3519, 3550, 3552, 3554, 3555, 3557, 3560-3562, 3565, 3592, 3607-3609, 33 s., 36 s., 39 s., 40 s., 51 s., 72 s., c^on XXVII.
—— 3649.
—— V. *Ficher*.
Fisicat (Michel de), brig., 192, 356, 616.
Fislaine, lieut', 2167.
Fissières, chirurgien-major de l'hôpital de Nancy, 1855, 2035, 2135, 2243, 2244.
Fisson-Jaubert (J.-L.), député de la sénéchaussée de Bordeaux, c^on LXV f.
Fisten, lieut' de compagnie franche, 1854.
Fitte (De), 2952, 2983.
Fitz-Gérald (Nic.), mar. c., 1502, 1762, 1785.
—— (David), cap^ne au rég' de Lee, 1857.
Fitz-Gérald, major du rég' de son nom, 2021.
—— (Mme), 2144.
—— officier irlandais, 2219.
—— (G. et P.), cap^ne et lieut' au rég' de Bulkeley, 3154.
—— officier irlandais, 3497, 3544, 3577.
Fitz-James (Édouard, comte de), lieut'-g^al, 2978, 2989, 3017, 3032, 3152, 3154, 3206, 3207, 3408, 48 s.
—— (Ch., duc de), lieut'-g^al, 3026, 3083, 3145, 3152, 3154, 3204, 3485, 3601, 3606, 3621-3623, 3634, 3689, 40 s, 41 s, c^on LXXVI.
—— (Ch^r de), c^on LXXVI.
—— **-Maurice**, 3764.
—— **-Patrice**, lieut' réformé au rég' de Galmoy, 2530.
Fiva (De), ancien cap^ne au rég' de Hessy, 2244.
—— bailli d'Yverdun (Suisse), 2622.
Fizes (De), enseigne au rég' de Normandie, 146.
Flachères ? V. *Sève*.
Flachet, major d'Hesdin, 419.
Flachslanden (De), 3745, c^on LX.
Flacourt (De), commis principal de l'extraordinaire des guerres, 1968.
—— (De), cap^ne au rég' de Piémont, 2174.
Flahault (De), lieut'-c^el des dragons de Flandre, 2137, 2142.
Flahaut. V. *La Billarderie*.
Flaine (Lord), 1498.
Flamanville (J.-Hervé Basan de), évêque de Perpignan, 1706, 1891, 2145.
—— (J.-René Basan, m^is de), lieut'-g^al, 1895, 2302.
Flamartin, colonel réformé du rég' de Hainaut, 2135, 3140.
Flamen du Coudray (Abbé), 2131.
Flamenville. V. *Basan, Flamanville*.
Flamicourt (De), cap^ne des portes à Sarrelouis, 2242.
Flandio, chirurgien-major, 1672.
Flandre (Conseil de), 596, 598, 672.
—— wallonne (Députés de la), c^on LV.
— Cf. *Lille*.
—— (Rég' de), c^on LXV d.

Flandre, (Rég^t des Chasseurs de), c^{on} LXVI.
Flavacourt (Marquis de), gouverneur de Gravelines, 271, 277, 281, 310–313, 332, 333, 343, 396, 397, 409, 446, 452, 453, 501, 505, 542, 543, 549, 559.
—— (De), sous-lieut^t aux Gardes françaises, 1553.
—— (Alexandre-Louis-Philippe de Fouilleuse, m^{is} de), lieut^t-g^{al}, 1941, 2028, 2143, 2169, 2245, 2370, 2379.
Flaveau, 997.
Flavet (Le P. Pierre), jésuite, professeur à Strasbourg, 2030.
Flavigny (De), aide-major de la place de Dunkerque, 271, 279.
—— (De), cap^{ne} au rég^t de Champagne, 3461.
—— (L.-Agathon, ch^r, puis comte de), lieut^t-g^{al}, 3522, 3523, 3691, 3728, 3732, c^{on} XXXV.
—— (Ch^r de), lieut^t-c^{el} des Grenadiers royaux de Narbonne, 3522.
—— (Gratien-J.-B.-L.), vicomte de), cap^{ne} de dragons, 3682.
Flecelles-Brégy (Vte de), ambassadeur en Pologne, 96. — Cf. *Brégy*, *Flesselles*.
Fléchères. V. *Sève*.
Fléchier, 1836.
—— major de la place de Lorient, 3188, 3280, 3281, 3314, 3338.
—— clerc du diocèse de Carpentras, A. 90.
Flechstein *ou* **Fleckenstein** (Fréd.-Wolfgang, c^{te} de), lieut^t-g^{al}, 116, 122, 158.
—— (De), cap^{ne} au rég^t de Hessy, 997.
Fleins (De), major de la place d'Angers, 2183.
Fleming, auteur d'un mémoire sur l'Écosse, 2089.
—— (Comte de), ministre de Pologne à Londres, 3308.
Fleres (Leonardo), 510.
Flers (Comte de), 551.
—— (Baron de), A. 89, A. 90.
—— V. *Beauvau*.
Flesché (De), brig. de cav^{ie}, 1978, 2131, 2135.
Fleschy (Pierre-Gabriel-Cerjeat, s^r de), 2344.
Flesselles (Jacques de), intendant, c^{on} XL.
—— officier municipal d'Amiens, c^{on} LXV c.
—— V. *Brégy*, *Flecelles*.
Fleulx (De), officier, 1943.
Fleurand (J.), échevin de Nemours, 2418.
Fleurans (De), fourrier au rég^t de Soissonnais, 3720.
Fleuri, cap^{ne} au rég^t d'Agénois, 1857.
Fleurieu (Claret de), directeur du Dépôt des Cartes des colonies, puis ministre de la Marine, 3764, c^{ons} LXV e, LXVII.
Fleurimond, 1660.
Fleury (Ant. de), cap^{ne}, 86.
—— (De), officier, 102, 356.
—— (De), ingénieur, 945, 957.
—— cap^{ne} au rég^t de l'Île-de-France, 1767.
—— (André-Hercule de), évêque de Fréjus, cardinal, premier ministre, 1607, 1767, 1896, 2041–2043, 2058, 2134, 2143, 2622, 2644, 2662, 2679, 2700, 2712, 2745–2747, 2757, 2766, 2768, 2771, 2800, 2803, 2804, 2825, 2838, 2859, 2860, 2863, 2872, 2874, 2877, 2921, 2927, 2937, 2949, 2950, 2954–2959, 2969, 2970, 3006, 3007, 3075, 3127, 3395, c^{on} XIII.
—— commissaire ordinaire d'artillerie, 1843, 1895.
—— maire ou échevin de Guise, 2136, 2187.
—— (De), officier au rég^t de Kerkem, 2242.
—— (Noël), adjudicataire des fourrages des Gardes du corps dans la généralité de Rouen, 2419.
—— (Claude), abbé, confesseur de Louis XV, historien, 2527.
—— (André-Hercule de Rosset de Rocosel, duc de), lieut^t-g^{al}, 2946, 3097, 3225, 3461.
—— (Ch.-Franç.), commissaire des guerres, 3000, 3156.
—— (Bailli de), cap^{ne}-g^{al} des escadres de l'ordre de Malte, 3415.
—— (De), 3604, 3605, 3519, 3520.

Fleury (Henri de Rosset de), archevêque de Cambrai, 3699.
—— V. *Argouges, Joly.*
Fleyres, trésorier de France à Montauban, 110.
Fligny. V. *Mauger.*
Flissbach. V. *Gemel.*
Flobert, commissaire ou inspecteur des hôpitaux, 1686, 1687, 1691, 1693, 1780, 1862, 1870, 1871, 1878, 1965, 1968, 2046, 2177, 2178, 2221, 2222, 2310.
—— procureur du roi à Troyes, 2273.
—— (N. de), brig., 3199, 3225, 3486 ?, 3518, 3521, 3524, 3534–3538, 3545, 3546, 3568, 3569, 3571, c^on XXXII.
—— V. *Grondeau.*
Flodorff (Adrien-Gust. de), colonel de cav^ie au service des Provinces-Unies, envoyé du prince d'Orange à Liège, 289.
Floen, officier au rég^t de Rottenbourg, 2183.
Flogny (Dom), chartreux, 118.
—— 946.
Floncel, avocat, secrétaire du commissaire des guerres Couppy, 2251.
Floquet, « ingénieur hydraulique », 3410.
Florain (D.), ex-officier de hussards, 3201.
Florantin, trésorier et directeur des Postes de la Sarre, 2395.
Florence (De), cap^ne au rég^t de Piémont, 396, 397.
—— juge royal en Navarre, 1985.
—— habitant d'Oloron, 2137.
—— (De), lieut^t-c^el en retraite, 3720.
Florennes (Mis de), 311.
Florens, major du rég^t de Guyenne, 2184.
Florensac. V. *Crussol.*
Floret (J. de), greffier à Navarrenx, 1896.
—— entrepreneur de fournitures de fourrages à Lyon, 3310.
Florian, officier, 3136.
Florida-Blanca (Comte de), 3721, 3722.
Florigny (De), 2731.
Florimond (Barbauld de), 513.
—— V. *Montmirey.*
Florimont (De), 110, 116, 119.
Florin, officier au rég^t de Rouergue, 3199, 3204, 3521.
Florison, correspondant en Hollande de l'intendant Le Blanc, 2231, 2232.
Florival (De), cap^ne au rég^t de Nivernais, 1832.
Flornac (De), associé aux travaux de la carte de France, 3751.
Floro, 3538.
Florville (De), lieut^t du maire de Vendôme, c^on L V.
Flory, trésorier général à Paris, 2137.
—— V. *Warenghien.*
Flusch, marchand à Haguenau, 461.
Flusin, avocat à Besançon, 1759.
Fluy (De), entrepreneur de transports, 1700.
Fly d'Éricourt, commissaire des guerres, 894, 903, 1206, 1207, 1210, 1254, 1738, 1832, 2448, c^on III. — Cf. *Héricourt.*
Focard, cap^ne au rég^t de Picardie, 988.
—— major de la place de Monaco, 1862, 1875, 2043, 2142.
Fock (De), officier au rég^t Royal-Suédois, 3471.
—— cap^ne de compagnie franche, 2135, 2242.
Foissac-Latour (De), 3724.
Foissy (De), ex-cap^ne au rég^t de Senneterre, A. 90.
Foix (Mis de), 356, 361, 362.
—— (Franç. de Foix-Candalle, duc de), A. 87, A. 88.
—— (De), officier au rég^t d'Orléans-inf^rie, 3030.
—— V. *Anjony, Candalle, Épernon, Nogaret.*
Folard (J.-Ch. ch^r de), tacticien, 1684, 1693, 1775, 1776, 1782–1784, 1861–1864, 1962, 1963, 2041, 2046, 2084, 2136, 2139, 2140, 2143, 2144, 2149, 2151–2153, 2160, 2214–2217, 2224, 2270, 2300–2306, 2308, 2370, 2372, 2380, 2384–2388, 2411, 2444, 2463, 2563, 2564, 2687, 2706, 2745, 2746, 2763, 2785, 2801–

2803, 2827, 2875, 2892, 2916, 2918, 2919, 2954, 2959, 3027, 3035, 3036, 3074, 3146, c^{ons} VIII, XVII.
Folard (Hubert, ch^{r} de), diplomate, 2988–2990, 3006, 3009, 3051, 3070, 3071, 3101, 3110, 3156–3167, 3213, 3214, 3216–3220, 3263, 3281, 3285–3287, 3308, 3387, 3396, 3407, 3430, 3440, 3475, 3477, 3478, 3484, 3503, 3504, 3516, 3553, 3556, 53 s., c^{on} XXVIII.
Folastre (Louis), marchand de vin à Vaugirard, c^{on} LXI.
Folenay (De), major du rég^{t} de Poitou, 3710.
Foligny (De), officier de marine, 3493.
Folin, président à la Chambre des Comptes de Dôle, 1608, 2137.
Folleville (Guill. Le Sens, m^{is} de), lieut^{t}-g^{al}, 105, 133, 137, 158.
—— (De), colonel du rég^{t} de Flandre, 899, 902, 903.
—— 2268.
—— (Le Sens de), procureur général au Parlement de Rouen, 3568, 3571.
Folliot, chirurgien-major, directeur de l'hôpital de Toul, 1504.
—— **-Wittenay**, officier anglais, 3579.
Folmont, à Mariembourg, 1399.
—— (De), aide-major au rég^{t} de Gensac, 1753.
Fombeton. V. *Boniface.*
Fompuis (De), 1856.
Fonbeausard. V. *Fontbeausard.*
Fonblanche, ingénieur?, 3392.
Fonbonne (Étienne Fournier de), cap^{ne} au rég^{t} d'Orléans-inf^{rie}, 2267.
Fonbrune (De), commandant à St-Jean-Pied-de-Port?, 3184. — Cf. *Fontbrune.*
Foncenade (De), 393.
Foncheraine (De), 361.
Fonchet, échevin et procureur à Péronne, 2227, 2228.
Foncin (De), cap^{ne} du génie, c^{on} XLIX a. — Cf. *Guérin.*
Fondeur (J.), bourgeois de La Capelle, 2235.
Fondière, inspecteur général des manufactures, auteur de mémoires sur la politique étrangère et le commerce international, 3336, 3337, 3391, 3393, 3396.
Fondmarin (De), officier ou employé de l'artillerie, 3418, 3510, 3581.
Fondoux (Ch^{r} de), cap^{ne} de dragons, 3504.
Fonereton, maire de Vézelise, c^{on} LXV a.
Fonfaye, officier d'artillerie, 3188.
Fongoffier (De), ancien lieut^{t}-c^{el}, 2134.
Fongrand (De), curé-prieur de Liez près La Fère, 2136.
Fonmervau (De), officier, 2143.
Fonmorte (De), commissaire des guerres, 610, 730, 881–884, 966, 967, 971, 991, 999, 1113, 1115, 1218, 1284, 1454.
Fons. V. *Lamby.*
Fonsarade (De), cap^{ne} au rég^{t} de Caupos, 1903.
Fonscolombe (Boyer de), ancien envoyé du roi à Gênes, 3728.
Fonsy (De), cap^{ne} au rég^{t} de Piémont, 420.
Fontafret (De), ancien officier au rég^{t} de Gensac, 3255.
Fontaine (Ch^{r} de), cap^{ne} au rég^{t} de Bourdonné, 88.
—— (De), officier au rég^{t} de Normandie, 146.
—— 1643, 1735.
—— (De), commissaire provincial de l'artillerie, 1672.
—— (De), cap^{ne} au rég^{t} d'Aunis, 1830.
—— (Nic., comte de), mar. c., 1832, 1856, 1946, 2130, 2132, 2136, 2243, 2245, 2322.
—— curé en Lorraine, 2131.
—— (Veuve), maîtresse de poste à Dôle, 2133.
—— maire d'Orléans, 2134.
—— maire de La Fère, c^{on} L b.
—— chirurgien-major, 2135, 2136.
—— lieut^{t} de bailli à Ribemont, «officier» des Dames de St-Cyr pour leurs terres de Picardie, 2138, 2270.
—— (Mme de), supérieure des religieuses hospitalières du Quesnoy, 2144.
—— (P.), 2267.

Fontaine, (De), cap^{ne} au rég^{t} de Briouze, 2269.
—— 3238.
—— V. *Fontaines, La Crochinière, Rouillé.*
—— **-Martel** (Ch. de Martel-d'Emalleville, ch^{r}, puis comte de), mar. c., 2941, 2945, 2946, 2948, 2981, 3011.
Fontainebleau (Municipalité, etc., de), c^{on} LXVII. — Cf. *Dorchemer.*
Fontaines (De), 259.
—— (Marie-Louise-Charlotte de Pellart de Givry, dame de), 2133.
Fontainier, sous-lieut^{t} au rég^{t} de Flandre, c^{ons} LXV d, LXV e, LXVII.
Fontais (De), inspecteur de garde-côtes en Saintonge, 3510.
Fontana (Marquis), ministre du roi de Sardaigne, 3229.
Fontanella, 356, 516.
Fontanges (De), colonel, 876, 877.
—— (De), officier, 2699.
—— V. *Caylus, Maumont.*
—— **-Scorailles** (De), colonel, 2243.
Fontanieu (Gasp.-Moïse de), intendant, 2609, 2631, 2633, 2655, 2664, 2687, 2704, 2705, 2709, 2751–2761, 2763, 2766, 2770, 2810–2819, 2826, 2842–2846, 3072, 3074.
Fontanieux (Gasp. de Buanson, s^{r} de), 102.
Fontanille (De), cap^{ne} des portes à Sarrelouis, 997.
Fontanilles (De), cap^{ne} au rég^{t} de Brancas, 2143.
—— **de La Coste**, cap^{ne} au rég^{t} de St-Géry, 1832.
Fontarabie (Alcades de). V. *Aldunzin, Izguierdo.*
Fontarive, commissaire des guerres?, c^{on} XXXVII.
Fontauban (De), 2978, 3011, 3017, 3090, 3198, 3199, c^{on} XVII.
Fontbeausard (Phil.-André de Forest de), mar. c., 1502, 1661, 1672, 1754, 1896, 1983, 1984, 2048, 2049, 2332.
Fontbrune (De), cap^{ne} au rég^{t} d'Auvergne, 2887. — Cf. *Fonbrune.*
—— (De), lieut^{t} au rég^{t} de la Marine, 3259. — Cf. *Fonbrune.*
Fontdoux (De), major du rég^{t} d'Oléron, 1609.
Fonteilles, aumônier au fort Belin, 2134.
Fontenac (De), c^{on} LXIV.
Fontenailles (De). V. *Ivoys.*
Fontenay (De), officier au rég^{t} de La Tour, 33.
—— (De), cap^{ne} au rég^{t} de Mercœur, 146.
—— (De), colonel de milice, 902.
—— (Ch^{r} de), 1610.
—— ingénieur?, 1899.
—— (De), commissaire des guerres, 1941, 2087, 2219, 2373, 2380, 2923, 3124, 3125.
—— (De), 2134, 2145.
—— cap^{ne} au rég^{t} de Bassigny, command^{t} au fort de Larche, 1862, 2100, 2102, 2132, 2136, 2137, 2139, 2140, 2143, 2175, 2370.
—— (Mme de), 2136.
—— (De), prévôt des maréchaux à Senlis, 2137, 2143, 2272.
—— (De), 2268, 2299, 3050.
—— (J.-L. Bondois de), mar. c., 3144, 3198, 3207, 3396.
—— (L.-Ch.-Claude-Andrey, ch^{r} de), lieut^{t}-g^{al}, 3439, 3741.
—— (De), cap^{ne} au corps royal de l'art^{rie} et du génie, c^{on} XXIII.
—— général, envoyé extraordinaire de l'électeur de Saxe, 3482, c^{on} XXXIII.
—— V. *Fonteney, Hotman.*
—— **-Mareuil** (Franç.-Duval, m^{is} de), mar. c., ambassadeur, 110, 117.
Fonteneau (De), commissaire d'artillerie, 2338, 2342, 2370.
Fontenel, commissaire des guerres, 1213, 1272.
Fontenelle (Gallyot de), 1013.
—— (De), 1832.
—— (De), cap^{ne} des portes de Marsal, 2033, 2138, 2142, 2241, 2244.
—— (Des Lions, s^{r} de), 2157, A 89.
—— **de Montverdun** (Ch^{r} de), major des dragons de Caylus, 2459. — Cf. *Montverdun.*
—— V. *Fontenette.*
—— **-Postel** (De), membre du Comité municipal de Cherbourg, c^{ons} LIII, LIV, LIX, LXI.
Fontenelles (Des), lieut^{t}-c^{el} de dragons, 2052, 2466, 2467.

Fontenet (De), officier au rég^t de Kerkem, 2095.
—— ancien commissaire des guerres, 2138.
Fontenette? (De), aide-de-camp du comte de Langeron, 2946.
—— V. *Fontenelle* et *Fontenelles*.
Fonteney (De), lieut^t-c^el du rég^t de milice de La Tour, 2186.
—— V. *Fontenay*.
Fontenille (De), cap^ne au rég^t de Guitaut, 1858.
—— (De), cap^ne au rég^t de Normandie, 1861, 1874, 1968, 1971, 2251.
—— (De), officier, 3089, 3137, 3192, 3198, 3649.
—— (Fremin de), cap^ne au rég^t de Marcieu, mestre-de-camp, 3547.
Fontenilles (Olivier de Beurdelot, s^r de), cap^ne au rég^t de Rambures, 146.
—— (De), colonel de milice à Abbeville, 2135, 2145, 2221, 2222, 2299, 2300, 2376, 2415.
—— cap^ne au rég^t de Marloud, 2138.
—— (Marie-Thérèse de Mesmes, m^ise de), 2141, 2272, 2411, 2948, A. 87.
—— (René de), évêque de Meaux, 2877, 2969.
—— (De), cap^ne au rég^t des Landes, 3262.
Fontenu, consul de France à Livourne, 1966.
Fonteny (De), cap^ne au rég^t d'Auxerrois, 1946.
Fontes (Ch^r de), cap^ne au rég^t d'Orléans-dragons, 2783.
Fontette (De), 668, 671.
—— (De), 2056.
—— (De), cap^ne au rég^t de Quercy, 3360, 3361.
—— (J.-Fr.-Orceau de), intendant, 3410, 3418-3421, 3450, 3459-3462, 3465, 3466, 3468, 3469, 3493-3497, 3501, 3503, 3505-3507, 3510, 3532, 3537, 3542-3547, 3549, 3569, 3570, 3572, 3573, 3576, 3581, 3630, 3671, c^ons XXII, XXIII, XXX, LXXIII.
—— (Mis de), officier au rég^t Royal-Lorraine, c^on LXV d.
—— **-Boulainvillers** ou **Boulainvilliers?** (De), ex-cap^ne de cav^ie, 2136.
Fontette - Sommery (Comte de), cap^ne à la suite des dragons d'Artois, 3718.
Fontferrière. V. *Rolland*.
Fontfroide (De), cap^ne au rég^t de dragons de Rannes, 2269.
Fontgrave (De), lieut^t au rég^t des Cuirassiers, 1862.
Fontmanoir. V. *Fortmanoir*.
Fontmorte. V. *Fonmorte*, *Girardin*.
Fontner (De), 2166.
Fontnibes. V. *Sales*.
Fonton de l'Estang, 2747.
Fontrailles (De), 110, 117.
Fontvielle *ou* **Fonvielle** (Hilaire de), brig., 1884-1888, 1981-1984, 2052, 2054, 2104, 2105, 2134, 2137, 2142, 2143, 2177, 2178.
Forbach (Municipalité de), c^on XLV.
Forbes (J.), amiral anglais, 3295, 3296.
—— **de Skellater**, cap^ne au rég^t d'O'Gilvy, 3408.
Forbin (Bailli de), général des Galères, 33, c^on I.
—— (De), 123, 212.
—— (Louis? ch^r, puis bailli de), lieut^t-g^al, 400.
—— (Ch^r de), 1777-1779, 1865-1867, 1872-1874, 1898, 1988. — Cf. le suivant.
—— (Ch^r de), cap^ne au rég^t de Castelet, 1879.
—— (Claude, dit le ch^r, puis le comte de), chef d'escadre, 2089.
—— V. *Cornillon*, *La Barben*, *Soliès*, *Villeneufve*.
—— **-Janson** (Toussaint de), évêque de Digne, Marseille, Beauvais, cardinal, 362, 1289, 1329, 1334, 1374, 1519, 1573, 1587, 1588, 1590, 1598, 1683, 1686, 1687, 1692, 1773, 1775, 1781-1783, 1860, 1866-1869, 1875, 1877, 1958, 1960-1962, 1964, 1968, 2269, 2411, 2412, A. 89, A. 92 *bis*, c^on VI.
—— V. *Janson*.
Forbois, officier au rég^t de Navarre, 2370, 2371.
Forcade de Domecq (De), lieut^t au rég^t d'Angoumois, 2031, 2034. — Cf. *Domecq*.
Forcast (Cameron de), écossais, 3449.

Forcet (Léonard), receveur général des Aides, A. 87, A. 88.
Forceville, secrétaire du duc de Boufflers et commissaire des guerres, 3227, 3229, 3231, 3438, 3587, 3687, 3705, 3768.
Forès, lieut[t] au rég[t] de Nupcès, 1857.
Forest, cap[ne] d'inf[rie], 88.
—— V. *Fontbeausard.*
Forestier (De), lieut[t]-c[el] du rég[t] du Roi-dragons, c[on] XLVII.
Foret, armurier à Liége, c[on] XXXII.
Forge (De), cap[ne] au rég[t] d'Artagnan, 2416.
Forgeois, échevin de Philippeville, 2993.
Forges. V. *Bonnaire.*
Forgès. V. *Barn.*
Forgeville. V. *Duhamel.*
Forgues, avocat à Pau, 1898.
Formanoir, ingénieur, 792.
—— V. *Fortmanoir.*
Formentin, échevin d'Abbeville, 2158.
Formigny (De), 1858.
Formin, procureur général syndic du dép[t] de la Manche, c[on] LXV a.
Fornari (Duc de), 2047, 2140.
Fornetz (De), officier, 2143.
Fornier, ancien officier au rég[t] d'Auvergne, 2135.
—— contrôleur des finances à Grenoble, 3406.
—— ancien conseiller au Conseil supérieur du Roussillon, professeur de droit, 2255.
—— (Mme de), veuve du président de ce nom, 2370.
—— **de Chalencey**, lieut[t]-c[el] du rég[t] de Reding, 2413.
Fornillier, cap[ne] au rég[t] de Perrin, 2137.
Forrester (Ch[r]), officier irlandais, 1831, 2677, 2700, 2798.
—— fils du précédent, officier au rég[t] de Berwick, 2798.
Fors (Mis de), 2135,
Forsat (J. de La Baume, ch[r], puis commandeur de), lieut[t]-g[al], 1765, 1841, 1856, 1960.
—— (De), 1832.
—— (Comte de La Baume de), colonel d'un rég[t] de son nom, 2138, 2244, 2323, 2370.
Forstable (Marc), marin irlandais, 2186.
Forstner (De), envoyé de France à Bayreuth, 414.
—— (Baron de), conseiller et agent du duc de Lorraine, 2165.
Fort, exempt à Longwy, 2136, 2242.
Fortet, aide-major des Carabiniers de Cloÿs, puis major du rég[t] de Toulouse, 1916, 2143.
Fortia (De), 2728, 2730.
—— (De), directeur de la Compagnie des Indes, c[on] XI.
—— V. *Forville, Pilles, Urban.*
Fortie, cap[ne] au rég[t] de Miroménil, 1792.
Fortier (J.), sous-entrepreneur de la fourniture des Étapes, 1574.
—— commis de M. de Poyssac, 1700.
Fortilesse (De), officier, 97.
Fortin, 2675.
—— V. *La Hoguette.*
Fortis, marchand à Chambéry, 1968.
Fortisson, cap[ne] au rég[t] de dragons du Héron, 1895.
Fort-Louis-du-Rhin (Magistrats, bourgeois, etc., de). V. *Barris, Basle, Bellefond, Bouché, Caire, Cittre, Danville, Rinchelle, Saint-Remi*, etc.
Fortmanoir (De), cap[ne] au rég[t] Royal-Pologne, c[on] LXV c.
—— V. *Formanoir.*
Forville, cap[ne] des portes à Lille, 1830.
—— (Alph. de Fortia, m[is] de), chef d'escadre, gouverneur-viguier de Marseille, 1898, 1899, 2039, 2041–2043, 2100, 2131, 2170, 2188.
Fossane (Amable), 2169.
Fosse, à Dôle, 1855.
—— ancien premier secrétaire du ministre de la Guerre en Espagne, 2135.
Fosse-Landry (De), cap[ne] au rég[t] de La Marine, 311.
Fosseuse (Mis de), c[on] XXIX.
Fosseux (Maximilien de Hénin-Liétard, baron de), 224.
Fossiéébourg, commissaire et garde d'artillerie, 2137.
Foüard de Grandcourt, officier d'artillerie, 2137, 2160.
Foubert, chirurgien au rég[t] de Brendlé, 2413.
—— **des Farges**, commis principal

de l'extraordinaire des Guerres, 1688, 1689.
Foucard, employé au Dépôt de la Guerre, 3775.
Foucart, agent secret? , 2154.
Foucaucourt (De), lieut^t-c^{el} du rég^t de Cappy, 1869, 1963, 1964, 2039, 2042, 2043, 2046, 2131, 2134, 2136, 2138, 2139, 2305.
Foucauld (De), officier aux Carabiniers de Monsieur, c^{on} LXV.
Foucault (De), comm^t en Roussillon, 224, 225.
—— (Nic.-Jos.), intendant, 343, 465, 466, 512, 837, 903, 904, 906, 1236, 1237, 1239, 1379, 1525, 1526, 1610, 1704, 1743, 1801, 1901, 2143.
—— cap^{ne} au rég^t de Montrevel, 1830
—— lieut^t-c^{el} du rég^t de Luxembourg, 2133, 2242.
—— V. *Du Daugnon, Saint-Germain-Beaupré.*
—— **de Magny**, intendant, 2024, 2132, 2186.
Foucembergue (Franç. de —, s^r du Buisson), 1705. — Cf. *Faucamberge.*
Fouché, lieut^t d'invalides à Amiens, 2312.
Foucher, résident de France à Mayence, 663.
Foucque, échevin d'Abbeville, 2183.
Foucquet (Nicolas), surintendant des Finances, 146, 158.
—— (Franç.), archevêque de Narbonne, 361.
—— (Mme), 420, 2137, 2138, 2141, 2142, 2186, 2273, 2347.
—— procureur général, 516.
—— (René-Franç. de La Bouchesolière, comte de), lieut^t-g^{al}, 2913, 2917, 2943–2945, 2947, 2948, 2954, 2999, 3225, 3227, 3479, c^{on} XXXVI.
—— (Ch.-L.-Aug.), lieut^t au rég^t de Belle-Isle, 3499.
—— (Bernardin-Franç.), archevêque d'Embrun, 3605.
—— V. *Belle-Isle, Fouquet, Sainte-Suzanne.*
—— **de Clôneuf** (L.), chanoine de la Sainte-Chapelle de Bourges, 2132.
Foudras (Ch^r de), commandant du château et de la ville de La Roche, 668.
Foudras-Courcenay (De), cap^{ne} au rég^t de Charost, 2269.
Fougerans (De), curé, 361.
Fougères (N...), directeur de la poste à Quiberon, c^{on} XXXVII.
—— (Magistrats, etc., de), c^{on} LIV.
Fougeret, commis de l'extraordinaire des guerres, 2183, 2308.
Fougeron, conseiller-doyen à Port-au-Prince, c^{on} LIII.
Fougeu des Fourneaux (Claude), m^{al}-g^{al} des logis, 105.
Fougières (Franç., m^{is} de), lieut^t-g^{al}, 2912, 2913, 3452, 3590, 3631.
—— (De), en Russie, 3432.
Fouilleuse. V. *Flavacourt.*
Fouilloy, 118, 119.
Foujoy (Franç. Froment, s^r de), lieut^t au rég^t de Picardie, 92.
Foulardon (De), 133, 158.
Fouler (De), aide-major de la place de Béthune, 311.
Foullé de Martangis (Étienne-Hyacinthe-Ant., marquis de Martangis), intendant, 2187, 2265, 2267, 2341, 2371, 2416.
—— **de Prumevault**, intendant, 158.
Foullon, ingénieur, lieut^t au rég^t de Normandie, 1855.
—— (Jos.-Franç.), intendant des armées, de la Marine, des Finances, 3091, 3199, 3429, 3431, 3435, 3459, 3472, 3475, 3477, 3478, 3481, 3484–3486, 3488, 3489, 3500, 3503, 3505–3507, 3509, 3542, 3544, 3547, 3560, 3574, 3576, 3582, 3601–3603, 3620, 3621, 3647, 3677, 60 s, 62 s, 68 s, 70 s–72 s, c^{ons} XXIX, XXXV, XXXVII, XL.
—— de Doué, intendant à Moulins, c^{on} LXIII.
Foulon, commis à Huningue, 968, 999.
—— maître de la poste d'Huningue, 1661, 1753, 1756, 1760.
—— ingénieur, 1115.
—— V. *Foullon.*
Foulquier, membre du Directoire du dép^t du Tarn, c^{on} LXV f.
Fouquerol, cap^{ne} au rég^t de Dampierre, 1840.

Fouquet, lieut[t] au rég[t] de Bassigny, 1575.
—— comm[t] à Paimpol, 2411.
—— V. *Foucquet*.
Fouquier, officier, 2170, 2175.
Fourbin. V. *Forbin*.
Fourchefière (De), officier, 146.
Fourcroix (Ch.-René de), mar. c., 3479, 3673, 3749, 3764.
Fourcroy, c[on] XLVII b.
Fourcy (De), prévôt des marchands de Paris, 905.
Foureau, commissaire et garde d'artillerie, 2522
Fourest, consul à Bourganeuf, 2265.
Fourille, commissaire des guerres, 396, 397.
Fourilles (De), 134, 250, 259, 281, 282, 312, 313, 318, 325–327, 329–331, 334, 336, 343, 344, 347–350, 359, 390, 399, 410, 419.
—— V. *Montreuil*.
Fourment, cap[ne] au rég[t] de Navarre, 2139.
Fourmestraulx (J.-B. de), recteur du collège des Jésuites à Namur, 1841, 1943, 1944.
Fournaux (De), officier, 1855.
Fournès (De), 2978, 3017.
—— (Mis de), officier au rég[t] de Royal-Champagne, c[ons] LXI, LXV d.
—— officier municipal de Montauban, c[ons] LXV c, LXV d.
Fournet, commissaire des guerres, 1236, 1879, 1971, 2134, 2269.
Fournier, chirurgien à Saumur, 146.
—— de Charleville, 944, 2243, 2244.
—— (Paul), protestant converti, 1832.
—— commissaire aux vivres, 1856.
—— (Abbé), grand aumônier de Lorraine, 1955.
—— (Toussaint), sergent au rég[t] de Charolais, 2136.
—— cap[ne] au rég[t] de Mortemart, 2142.
—— (Baron de), 2162.
—— subdélégué à La Ferté-Milon, 2415.
—— médecin à Dijon, 3309.
—— membre du Conseil supérieur de l'Inde, 3541.
—— V. *Autanne, Fonbonne*.
—— **de Macheville**, 2035.
Fourqueux (De), procureur général de la Chambre des Comptes de Paris, 2137, 2183.
—— (De), intendant, 3697.
Fourrelles, officier au rég[t] de Provence, 1830.
Fours (Guy et Michel de), cap[nes], 86.
—— (De), officier au rég[t] de Maubourg, 1943.
Fourtens, officier, 1984.
Fourville (De), 133.
Foussard, cap[ne] au rég[t] de La Mothe-Houdancourt, 2141.
Fox (Mathieu), médecin irlandais à Dunkerque, 3408.
—— (Henri, lord Holland I), 3425.
Foyer (Pierre-Joseph), exécuteur des sentences criminelles à Caen, c[on] XXX.
Fraconville (De), cap[ne] au rég[t] de Navarre, 2242.
Fradet. V. *Saint-Aoust*.
Frages (Ch[r] de), 97. — Cf. *Fruges*.
Fraguier. V. *La Tour*.
Frahem, cap[ne], puis lieut[t]-c[el] au rég[t] de La Marck, 2268-2270, 2371.
Fraipont (De), cap[ne] réformé, 2236.
Fralin, officier au rég[t] de Saint-Evremont, 2137.
Framboisier (De), officier, 1321, 1322, 1366, 1408–1409, 1410.
Framery, curé de Nogentel près Château-Thierry, 3259.
Framont. V. *Vican*.
Franc, lieut[t] commandant la compagnie suisse de Stokalper, 313.
—— **d'Anglure** (J.-L., ch[r] de), lieut[t]-g[al], c[ons] LXVII, LXIX.
Francavilla (Prince de), 3118, 3119.
Francdouaire. V. *Berlo*.
France (Ch[r] de), 3686.
—— Cf. *La Tour, Noyelle*.
Franceschetti (Giuseppe), corse, 3648.
Franceschini (Bartolomeo), 3635.
Francfort-sur-le-Mein (Sénat, etc., de), 137, 62 s.
Franche-Comté (Commis des États de), 225.
Franchecourt (De), cap[ne] au rég[t] de Clermont, 2243.
Franchessin (De), major du rég[t] de Vaudrey, 2133, 2136, 2388.
Franchet de Ferrières. V. *Ferrières*.
Francheville (De), colonel, 1854.

Franchi (Clément de), commissaire génois en Corse, 3415, 3454, 3455.
Francière (De), capne au régt de Du Boulay, 2024.
Francières (L. de Choiseul, mis de), mar. c., 57.
—— V. *Choiseul.*
Francine (Chr de), capne de cavie au service d'Espagne, puis au service de France, 1696, 1706, 1787, 1884, 1978, 2048.
—— **de Grandmaison**, 1604.
Franclieu (De), 259–261, 271, 275, 276, 278, 281, 310 313, 324, 332, 335, 396, 397, 487, 491–493, 501–506, 514, 543, 546, 553, 556, 557, 597, 599.
—— (De), 1951, 1952, 2131, 2139, 2142, 2143, 2269.
—— (De), 2133.
—— (Prévost de), capne au régt de Senneterre, 2134, 2136, 2145.
—— (Guy Le Prévost de), A. 89, A. 90.
—— (Ch.-Pierre Pasquier, sr de), ancien gouverneur de Bouillon, 2135.
—— (Comte de), 3724.
—— V. *Des Bergeries.*
Franco, officier au régt de Kerkem, 2242
François, colonel, 1839, 1869, 1896.
François I et **François II**, rois de France, 12.
François I et **François III**, ducs de Modène. V. *Modène.*
François I, duc de Lorraine, grand-duc de Toscane, empereur d'Allemagne, 2851, 2860, 2873, 2927, 2951, cons XXVIII, XXX, XXXIV.
Franconville (De), capne au régt de Navarre, 1844.
Francony, lieutt à Bellegarde, 2255.
Francoul, 3541.
Francpré (De), 271.
Francquet d'Hochet, 3768.
Francy, 2731, 2732, 2735.
Frangipani, nonce du pape, 20.
—— (Comte), 419.
Franquen (Phil.-Emm.), intendant du Luxembourg pour l'Espagne, 614, 703, 706.
Franquenelle, officier municipal de Douai, con LX.
Franquet, ingénieur?, 794.
—— (L. de), brig., 3031, 3452, 3457.
—— **de Chaville**, ingénieur, 3466, 3509, 3569, 3630.
Franquetot (De), capne au régt de La Reine, 146.
—— V. *Coigny.*
Franqueville (De), aide-major de la place de Saint-Venant, 259.
—— (De), capne au régt de La Marine, 515.
—— (De), caporal au régt de Nivernais, 1856.
Franquières (De), officier, 2133.
Frans, con XXXVI.
Franssure. V. *Villers.*
Franzoni, commissaire génois en Corse, 3455, 3456.
Frasans (De), capne au régt de La Fons-La Ferté, 2371.
Fraslin (D'), commt à Granville, 3449.
Fraticelli (Dom J. Laurent), chanoine corse, 3664.
Frauenberg (Joseph, baron de), commandeur de l'Ordre Teutonique, 2952.
Fraula (Don Martin de), colonel à la suite du régt de Frézin, 2373, 2374.
Fraulon (De), 342.
Frauseille, capne au régt de Puységur, 2135.
Fravin, 117.
Fraylle (De), capne au régt de Bresse, 2136.
Fraypont (Baron de), 2091.
Frébois. V. *Des Authieux.*
Frecard, ingénieur, 993, 997. — Cf. le suivant.
Frécat, ingénieur, 972. — Cf. le précédent.
Frécault, capne au régt de Soissonnais, 1572.
Frédéric - Guillaume, électeur de Brandebourg, 245, 276, 285, 279-281, 285, 289, 291, 323, 346, 629, 668, 739.
Frédéric I, électeur de Brandebourg, roi de Prusse, 1767, 1848.
Frédéric-Guillaume I, roi de Prusse, 2609. — Cf. *Brandebourg.*
Frédéric II, roi de Prusse, 2902, 2913, 2920, 2921, 2927, 2928, 2943, 2949–2955, 2958, 2970,

3034, 3036, 3046, 3050, 3051, 3054, 3056, 3057, 3070, 3071, 3108, 3149, 3336, 3396, 3433, 3439, 3443, 3446, 3482, 3507, 3525, 3650, 3728, 15 s, c^ons XXVII, XXIX, L.
Frédéric I, duc de Hesse, puis roi de Suède, 1964, 1965. — Cf. *Hesse.*
Frederking, commissaire du roi de Prusse, 2023.
Fredet (De), cap^ne au rég^t de Beaujolais, 2145.
Frediani, corse, 3361.
Fredière (De), lieut^t-c^el du rég^t de Parabère, 2411.
Fredières (De), major du rég^t de Saint-Mauris, 1549, 1550.
Fredy (De), cap^ne au rég^t du Perche, 2135.
—— (Ch^r de), c^ons LIV, LX.
Fregval (De), commissaire ordonnateur, 3042, 3050, 3056, 3095, 3096, 3098, 3099, 3109-3111, 3123, 3137, 3255, 3259, 3475. — Cf. *Breuval.*
Freidhoff (Jacques), marchand à Francfort, 2132.
Freinche, cap^ne dans la brigade de Bourke, 2144.
Freinfelt (De), lieut^t-c^el comm^t une compagnie franche, 2035, 2056, 2162, 2236, 2237, 2242, 2323, 2393.
Fréjus (Magistrats, clergé, bourgeois, etc., de), c^on XLII. — Cf. *Camelin, Du Bellay, Fleury, Ginette,* etc.
Fremand d'Amondans (De), conseiller au Parlement de Besançon, 2242, 2244.
Fremersdorf. V. *Galhau.*
Fremeur (J. Toussaint de La Pierre, m^is de), lieut^t-g^al, 3139, 3143, 3167, 3168, 3216, 3225, 3262, 3292, 3310, 3418, 3433, 3450-3452, 3492, 3495-3497, 3502, 3505, 3506, 3510, 3542, 3549. — Cf. le suivant.
—— (De), 3711, 3727, c^on XLVI.
Fremicourt (De), aide-major de la place d'Avesnes, 1943.
—— procureur du roi à Lille, 3768.
Fremin, 3541. — Cf. *Fontenille, Fremyn.*
Frémont (De), envoyé à Strasbourg, 446, 459.
—— officier municipal de Rouen, c^on LVII.
—— c^on LXV.
Fremyn, lieut^t de police à Reims, 2270.
—— V. *Des Couronnes, Fontenille, Fremin.*
—— **de Moroval**, 793.
Fremys (De), 245.
Freney (De), lieut^t au rég^t de Sault, 146.
Frenoise (De), cap^ne, 362, 397.
Frère, premier président au Parlement de Grenoble, 20.
Frèrejean, curé de St-Vincent-en-Charolais, 2134.
Freri (André), 3115.
Fresals (De), 133.
Fresnay-le-Vicomte (Municipalité, etc., de). V. *Cherny.*
Fresne (De), 151.
—— (De), directeur des Postes à Strasbourg, 2169. — Cf. *Fresney.*
—— (Mme de), femme du directeur des Postes de Strasbourg, 2797.
—— (De), lieut^t au rég^t de Mailly, 1754.
—— major du rég^t Royal-Comtois, c^on XLVII b.
Fresnes (De), ingénieur, 3673
Fresney, de Strasbourg, 3524. — Cf. *Fresne.*
Fresnoy, 158. — Cf. *Dufresnoy.*
—— **-Grigny** (Mis de), 1945. — Cf. *Grigny.*
Fresnoye (De), cap^ne au rég^t de Vivarais, 997.
Fresquière (De), cap^ne réformé au rég^t de Saintonge, 2166.
Fressieu (De), cap^ne de fusiliers, 1709.
—— (De), inspecteur de la côte du Rhône, 2041.
Fressinaux (De), lieut^t-c^el du rég^t Maréchal-de-Turenne, c^on LXII.
Fresson, bailli de Versailles, 2370.
Fresville. V. *Fréville, Le Beuf.*
Frétat. V. *Boissieux.*
Fretteville (De), 1861, 2083, 2089.
—— (J. de), brig., 1677.
—— (De), commissaire des guerres ou agent du service des vivres, 1000.

Freuller, landamman du canton de Glaris, 2239.
Fréville, 3534.
—— (Ant.-Michel de Roger de), ingénieur, mar. c., 2386.
—— V. *Lebeuf de Fresville* et *Moncrif de Fréville.*
Frey, lieut^t-c^{el} du rég^t de Brendlé, 2782.
—— conseiller de l'État de Bâle, 2784.
Freytag, colonel, chef de partisans au service du roi de Prusse, 3557.
Frezeau. V. *La Frézelière.*
Frezier, ingénieur, 2678, 2725-2737, 2875, 3127, 3163, 3547.
Frezin (d'Arberg de Vallangin, comte de), 1651, 2021, 2023, 2221, 2243, 2244, 2370.
Fribourg (Canton, magistrats, bourgeois, etc., de), 259, 394, A. 77. — Cf. *Huguin.*
Frichoudet, cap^{ne} au rég^t de Bourbonnais, 1845.
Fricourt-Fresnelle, cap^{ne} au rég^t de La Marche, 2133.
Frid, agent de Louvois à Strasbourg, 559-561, 615,
Fridberg (Les frères), officiers au rég^t de La Marck, 2131, 2142.
—— (Comte de), officier, 2271, 2411, 2413,
Friderici, magistrat à Strasbourg, 2130.
Fridler (J. Théodore), 343.
Friedberg (Échevins, etc., de), c^{on} XV.
—— V. *Fridberg.*
Friezen. V. *Frys.*
Frignet, ingénieur des Ponts et Chaussées, 3673, 3746, 3761.
Frileuse (De), officier au rég^t de St-Evremont, 2137.
Frileuze (De), officier au rég^t de Piémont, c^{on} LXV d.
Frion, administrateur du district de Reims, c^{on} LXV b.
Fris. V. *Frys.*
Frischert, lieut^t au rég^t de Stuppa, 468.
Frischmann, résident pour le roi à Strasbourg, 259, 260, 275, 276, 279, 280, 342, 343, 410, 411, 413, 514, 561-567, 606-609, 631, 663, 668, 671.
Frischmann (de Rosenberg?), secrétaire de légation, 1491, 1492, 1495, 1496, 1559, 1560, 2134.
—— (Abbé), secrétaire de l'ambassade d'Espagne, 3424.
Frise (Comte de), 3387.
Frisenheim. V. *Rieux.*
Fritsch, 3431.
Fritzhal. V. *Narbonne.*
Frix. V. *Frys.*
Frocard, secrétaire de l'intendant Charuel, 1071.
Frogerays de St-Mandé, maire d'Auray, c^{on} LIII.
Frohans. V. *Créquy.*
Froideau (De), officier, 1951, 2420.
Froidour (De), cap^{ne} au rég^t de Villeroy, 1830, 1833.
—— (De), officier de cav^{ie}, 1951, 1952.
Froidure de St-Lazare (Ch.), courrier du roi d'Espagne, A. 90.
Froissard-Broissia (Mis de), colonel du rég^t de Broissia, 1661, 1855, 1856, 2134, 2138, 2143, 2228.
Froissy, major du rég^t d'Esterhazy, c^{on} LXV c.
Fromageot, membre du Directoire du dép^t de l'Aube, c^{ons} LXV a, LXV c.
Fromant, cap^{ne} au rég^t d'Aultanne, 2031, 2139.
Fromanteau, 2245.
Froment, cap^{ne} au rég^t de Périgord, 1862.
—— (Ch^r de), cap^{ne} réformé au rég^t de Trécesson, 2344.
—— (De), lieut^t-c^{el} du rég^t de Rohan, c^{on} LXXVI.
—— officier municipal de Calais, 3719, 3725.
—— V. *Foujoy, Garriguas.*
Fromental, 2800.
Fromenton, lieut^t au rég^t de Cordes, 1830.
Fromessen (Ant. de Guisclin), lieut^t au rég^t de Navarre, 102.
Fromin, syndic de Chambéry, 2145, 2250.
Fromont (De), 97, 98, 110, 469.
—— habitant de Tulle, 2132.
Fronsac (L.-Ant.-Sophie Du Plessis de Richelieu, duc de), lieut^t-g^{al}, 3561, 46 s.
—— V. *Richelieu.*

Frontenac (L. de Buade-Palluau, comte de), mar. c., 117, 123, 468.
Frontignan (De), 419.
Fronzes-Latour, lieut^{t} au rég^{t} Dauphin, 2144.
Frossard (Fr. Jucundus), cordelier à Vieux-Brisach, 1858.
—— échevin à Longwy, 2137.
—— officier municipal de Cosne-sur-Loire, c^{on} LXV b.
Frotté, commissaire des guerres, 1525, 1609, 2140, 2141, 2370.
Frotteaux (*Fratteaux?*). V. *Bertin.*
Froulay (Ch^{r} de), 1832, 1861, 1874, 1899, 1973, 2131, 2142.
—— (Ch.-Franç., comte de), lieut^{t}-g^{al}, ambassadeur, 2751, 2752, 2754–2757, 2768, 2788, 2811, 2813–2815, 2817, 2846, 19 s.
—— (L.-Gabriel, bailli de), ambassadeur de l'ordre de Malte, 3068, 3135, 3396.
—— (Ch.-Elisabeth de Tessé, comte de), mar. c., 3140.
—— V. *Tessé.*
Froullay. V. *Froulay.*
Froumantaux, lieut^{t}-c^{el}, 1856.
Froÿenne. V. *Lossy.*
Fruges (De), lieut^{t} de roi de Charleville pour le duc de Mantoue, 1961.
Frugies. V. *La Roque.*
Frumini, cap^{ne} au rég^{t} de Normandie, 2134.
Frys ou **Friezen** (Christian), officier danois, c^{el} d'un rég^{t} allemand au service de France, 92, 101.
—— V. *Wedell.*
Fualdez (Abbé), 3396.
Fuchs, officier au rég^{t} Royal-Allemand, c^{on} LXIII.
Fuensaldaña (Comte de), gouverneur des Pays-Bas espagnols, 106, 245.
Fuentes (Comte de), ambassadeur d'Espagne, 3650, 3685, 3690.
Fugère, secrétaire du m^{al} de Rosen, 2370.
Fugger (Comtesse de), 2219.
Fugy (De), lieut^{t}-c^{el} réformé, 1549.
Fujol. V. *Vebron.*
Fulvy (De), fonctionnaire de la Compagnie des Indes, 2739, 3127.
Fumay (Magistrats, etc., de), 634. — Cf. *Regnard.*
Fumée, cap^{ne} au rég^{t} de Maillé, 1943.
—— lieut^{t}-g^{al} de police à Châtellerault, 2265.
—— (De), de St-Martin-de-Ré, 2739.
Fumel (Joseph, comte de), mar. c., 3473, 3474, 3476–3479, 3482, 3484, 3486, 3503, 3504, 3506, 3507, 3510, 3518-3524, 3544, 3560, 3763, 43 s., c^{ons} XXVII, XXIX, LIV, LIX.
—— (Franç., ch^{r} de), mestre-de-camp, 3482, 3484, 3485, 3514, 3517, 3584, 3588, 3708, 32 s, 33 s, 41 s, 44 s, 46 s, 47 s.
—— (Georges, vicomte de), major du rég^{t} de Berry, puis major-g^{al} de l'armée des Indes, 3541, 3629.
Fumeron (De), commissaires des guerres, 734, 793, 892–895, 961, 962, 1066, 1080–1083, 1115, 1181, 1228, 1241, 1257–1260, 1305–1310, 1312, 1314, 1315, 1360, 1366, 1367, 1407–1409, 1435, 1436, 1487, 1491, 1493, 1494, 1498, 1550, 1553, 1556, 1557, 1560, 1566, 1578, 1671, 1672, 1749, 1754, 1757, 1850, 2130, 2133, 2141, 2143, 2167, 2221, 2238, 2241, 2243–2245, 2319–2324, 2370, 2371, 2378, 2391, 2395, 2396, 2448, 2452, 2463, 2505, 2524, 2536, 2618, 2619, 2621, 2622, 2701, 2731, 2794, 2796, 2877, 33 s, 56 s, c^{on} XX. — Cf. les quatre suivants.
—— **de Verrières** (De), commissaire ordonnateur et chef de bureau à la Guerre?, 2725, 2726, 2766. — Cf. le précédent et les trois suivants.
—— **de Verrières** (Jacques-Jean-Franç.), fils du précédent, premier commis aux bureaux de la Guerre, 3391, 3394, 3406, 3418, 3461, 3464, 3545, 3577, 3626, 3635, 3649, 36-7. — Cf. les deux précédents et les deux suivants.
—— **de La Berlière?,** commissaire ordonnateur?, 3167, 3208, 3214, 3278, 3429, 3460, c^{ons} XXXIII, XLI. — Cf. les trois précédents et le suivant.
—— (De), 3605, 3615. — Cf. les quatre précédents.
Fumès (Comte de), 3721.

Funderfelt (De), brig., 3207, 3262.
Furgon (De), cap^ne aide-major du rég^t de La Motte, 1832.
Furnes (Lieut^ts de roi, échevins, bourgeois, etc., de), 245, 276, 278, 279, 310, 333, 397, 567, 1063, 1241. — Cf. *Cardinal, Colinière, Delbos, Montigny.*
Furstenberg (Franç.-Egon de), évêque de Metz, puis de Strasbourg, 178, 209, 225, 259, 260, 263, 265, 275–291, 303, 318–331, 342–351, 357, 383–388, 398, 410, 411, 413, 550, 566, 567, 603, 629, 633, 649, 663, 668, 671, 724.
—— (Ferdinand de), évêque de Paderborn et de Munster, 275, 276, 278–281, 283, 288–291, 321, 330, 334, 345–347, 349, 567, 586.
—— (Guill.-Egon de —, dit « le prince Guillaume »), évêque de Metz, de Strasbourg, cardinal, abbé de St-Germain-des-Prés, 209, 210, 212, 224, 259, 260, 263, 265, 275–283, 285–291, 318–323, 327–331, 343–351, 353, 383, 384, 410, 628, 729, 730, 734, 735, 739, 793, 820, 889, 890, 905, 1113, 1160, 1380, 1468, 1491, 1501, 1573, 1604, 1660, 1700.
Furstenberg (Mme de), 1845, 1849, 2371.
Fusilier, échevin de Montreuil-sur-Mer, 2229.
Fusselet (De), commissaire des guerres, 1519, 1585, 1594, 1812, 2137, 2140, 2175, 2183, 2270, 2370.
Fuzelier, échevin d'Abbeville, 2222.
Fuzon, officier de dragons, puis comm^t à La Petite-Pierre, 2056, 2139, 2141, 2609.
Fyot. V. *La Marche.*

G

Gaallos. V. *Villeneuve.*
Gabaret, lieut^t-g^al des armées navales, 963.
Gabay, 75 s.
Gaber, receveur g^al des aides à Luxembourg, 3391.
Gabet (J.-Franç.), marchand à St-Claude, 986.
Gaboury, (De), commissaire des guerres, puis intendant, 224–227, 243, 259–262, 271, 279, 292, 311, 313, 362, 396, 397, 404.
Gabriac (De), lieut^t au rég^t de Quercy-inf^rie, 2102.
Gabriel, major du rég^t de dragons d'Épinay, 2131, 2143, 2145.
Gabrielly (De), officier général bavarois, 2920.
Gacé (De), 197, 276–278, 285, 334, 343, 344, 348.
—— (N... de Goyon-Matignon, ch^r de), mestre-de-camp, 1946.
—— (L.-J.-B. de Goyon, comte de Matignon, marquis de), lieut^t-g^al, 1967, 2022, 2023, 2140, 2300.
Gache (Ch^r de), cap^ne au rég^t de Potteghem, 1946.
Gachet, lieut^t au rég^t Royal-La Marine, 997.
Gacon, officier au rég^t de Forsat, 2346.
Gadagne (Ch.-Félix de Galéan, comte de), command^t d'armée, 123, 131, 146, 151, 225–227, 362, 386–389, 419, 420.
—— V. *Verdun (Gilbert de).*
Gadancourt. V. *Séguier.*
Gadhès. V. *Balthazar.*
Gadouyn. V. *Desgranges, Gedoyn.*
Gadroy, ingénieur, 3426, 3459, 3466.
Gaertz (J.-W.), d'Ehrenbreistein, 983.
Gaétan, maître de poste en Provence, 3311.
Gaffard, commissaire des guerres, 276, 293, 294–296, 311, 337, 339, 419, 420, 463, 510, 511, c^on LXXXVI.
—— colonel de dragons, 1777, 1861, 1863, 1864, 1866, 1960–1962, 2046, 2130, 2135, 2143.
—— (Guill.), consul de Perpignan, 2408.
Gaffori (J.-P.), député corse, 2871.

2872, 3300, 3307, 3330, 3332, 3360–3362, 3370, 3371, 3378, 3380, cᵒⁿ XLVI.
Gageant (Franç. de —, sʳ de Bercumiant), lieutᵗ au régᵗ de Navailles, 141.
Gagemont (De), officier, 1862.
Gageot, chirugien-major à Salins, 2183.
Gages (Comte de), général espagnol, 2979, 3118, 3120, 3172–3174, 3176, 3242, 3310 cᵒⁿ XVIII.
—— (De —, baron de La Puissance), frère du précédent, 3135.
Gagneraux (Étienne), commissaire des guerres, 2726, 2739.
Gagnière (De), 3628.
Gagnon (Nic.), lieutᵗ au régᵗ de Soissonnais, 2102.
—— directeur des postes à Perpignan, 3412, 3623.
—— médecin à Grenoble, 3753.
Gagon de Chenay (Marie-Toussaint), député de Dinan, cᵒⁿ LXVII.
Gaigne, commissaire des guerres, 182, 262, 295, 351, 436, 445, 457, 458.
—— commissaire des guerres, 1174, 1286, 1331, 1609, 1780, 1869, 1870, 1874, 1878, 1879, 1971, 1972, 2044, 2145, 2220, 2221, 2392, 2394, 2396.
Gaignon (Henri), entrepreneur de fournitures de fourrage, 1906, 2145.
—— commissaire des guerres, 2133, 2145.
Gail (De), commandᵗ le fort de N. D. de La Garde, à Marseille, 3223, 3296, 3396.
Gailhac, consul à Auch, 2143.
Gaill, 1951.
Gaillarbois. V. *Marcouville*.
Gaillard-Desaulnes, maire de Montargis, 3186.
Gaillardie (De), 1983.
Gaillardon, 2559, 2562, 2609.
—— V. *Blondel*.
Gaillon (De), 970.
Gain (Jos. de), officier au régᵗ de Berry-cavⁱᵉ, cᵒⁿˢ LXIV, LXV a–LXVc.
Gaive, 106.
Galancourt (Cornouillet de), officier municipal de Douai, cᵒⁿ LX.
Galard (Suzanne de Sᵗᵉ-Hermine, comtesse Philippe de), 1753.
—— **-Brassac** (De) 1832.
Galasse? (Baron de), plénipotentiaire autrichien à Cherasco, 11.
Galbarret, curé et maire d'Hendaye, cᵒⁿ LXV f.
Galbart, subdélégué de l'intendant de Bernage à Lens, 2087.
—— père du suivant, 2371.
—— lieutᵗ au régᵗ d'Isenghien, 2371.
Galea, fermier de l'entrée du vin, à Nice, 1862, 1880.
Galéan. V. *Gadagne*.
Galen (Christ.-Bern. von), évêque de Munster, 198, 288-291, 321.
Gales. V. *Bardonenche*.
Galet, ouvrier de la manufacture d'armes de Sᵗ-Étienne, 2265.
Galharret (De), capⁿᵉ au régᵗ d'Oléron, 2257.
Galhau, capⁿᵉ d'une compagnie de fusiliers, 1672, 2141, 2393, 2639, 2701, 2798. — Cf. *Galhau de Fremersdorf*.
—— (Marie Nottemans, veuve), 2143.
—— **de Fremersdorf**, capⁿᵉ de compagnie franche, 2918, 2919, 2955, 3054, 3055, 16 s.
Galhault, officier au régᵗ d'Alsace, 3183.
Galibert, chirurgien à l'île d'Oléron, 2419.
—— (De), capⁿᵉ au régᵗ de Bourbon-cavⁱᵉ, 3684.
Galindo y Cayas (don Fernando), gouverneur de Callao (Pérou), 1977, 1978.
Galiot. V. *Sᵗ Chamans*.
Galis (De), 2269.
Galisset (H.), bourgeois d'Avesnes, 2219, 2222, 2233.
Galisson (René Riandt, sʳ de), 92.
Gallacini, capⁿᵉ d'une compagnie d'invalides à Dinan, 2347.
Gallancourt (De), gentilhomme picard, colonel des Cent Suisses de l'Électeur palatin, 3068.
Gallard, commissaire des guerres, 1519, 2033, 2138, 2140, 2141, 2145, 2160, 2169, 2183, 2233, 2243, 2244, 2268, 2270–2272, 2340, 2420, 2732.

Galland de Vinacourt, commissaire des guerres, 1573, 1670, 1671, 1751, 1753, 1761, 1956, 2133, 2242.
Gallard de Béarn. V. *Brassac.*
Gallatin, agent secret en Hollande, 1832.
—— (De), subdélégué à St-Girons, 1904, 2412.
—— (Baron de), officier au rég^{t} de Lullin-Châteauvieux, c^{on} LXI.
Gallay, cap^{ne} au rég^{t} de Béarn, 1858, 1902.
Galle (Frère Nicolas), correcteur du couvent des Minimes de Besançon, 1436.
Galléan (Frère Jean-André de), prieur des Augustins déchaussés, à Nice, 1862, 1974.
—— (Ch^{r} de), à Nice, 1974.
—— **-Châteauneuf** (De), ex-lieut^{t}-colonel du rég^{t} de Nice, 2251.
—— (Sœur de), supérieure du premier monastère de la Visitation à Nice, 1973.
Galleano, commissaire génois en Corse, 2901.
Gallerande. V. *Clermont.*
Gallet, cap^{ne} au rég^{t} de La Fons-La Ferté, 1950.
—— échevin d'Abbeville, 2132, 2133, 2158, 2183.
Galli (Sœur Marie-Ant.), supérieure de la communauté de St-Bernard, à Nice, 1974.
Galliffet (Phil.-Christophe-Amateur, comte de), mar. c., 3043, 3050.
—— (De), conseiller au Parlement d'Aix, 3311, 3504 (?).
—— (Louis, baron de), colonel du rég^{t} de Noailles-dragons, c^{ons} LXIII, LXV, LXVII.
Galligane (Abbé de), 98.
Gallimard l'aîné, négociant en vins à Paris, fournisseur de l'Hôtel des Invalides, 2141.
Gallo d'Oro (Placido de), 898.
Gallois, commissaire des guerres, 420.
—— de Bâle, 971, 979.
—— 1900.
—— bailli ou mayeur de Merville, 1944, A. 90.
—— recteur de l'Université de Douai, 2023.
Gallois, marchand drapier à Paris, 2185.
—— 2048, 2273, 2411. — Cf. le précédent.
—— colonel directeur de l'artillerie à Besançon, c^{on} LXV a.
—— **d'Hautecourt** (De), officier au rég^{t} Royal-Hesse-Darmstadt, 3727.
Gallon (J.-B.), entrepreneur de fournitures à Neuf-Brisach, 2245.
—— du Havre, ingénieur?, 3537, 3547, 3569, 3673.
—— médecin à Maubeuge, 2132.
Gallone (Giov. Batt.), magistrat de Sartene (Corse), 3635.
Gallot, 2140.
Galloway (Lord), 1944. — Cf. *Dunkeld, Galway.*
Galloys, étapier, 2183, 2268, 2270-2273.
Galluci. V. *L'Hospital.*
Gallus, échevin de Romorantin, 2183.
Gallyans (De), espagnol, 98.
Gallyot, commd^{t} de trois compagnies de galiotes, 2220.
—— V. *Fontenelle.*
Galmoy (Pierre de Buttler, comte de), lieut^{t}-g^{al}, 1867, 1868, 1960, 1961, 2140, 2222, 2411.
Galois. V. *La Tour.*
Galot, 134.
Galoubie (De), cap^{ne} des Gardes du prince de Vaudémont, 1960, 1962.
Galpin, lieut^{t} au rég^{t} de Vendôme, 2139.
Galway (Henri, comte de), général anglais, 1960, 1977, 1978. — Cf. *Galloway.*
Galy, président de l'assemblée administrative du dép^{t} de l'Ariège, c^{on} LXV d.
Gamaches (Claude-J.-B.-Hyacinthe Rouault, m^{is} de), lieut^{t}-g^{al}, 1901.
—— (J.-Joachim Rouault, comte de Cayeux, puis m^{is} de), marc. c., 2133, 2137, 2267, 2299.
—— (Comte de), 3721, 3753.
—— V. *Ouroy.*
Gamard, maire de Montargis, 3185.
Gambais. V. *Marsollier.*
Gambus, syndic de la Cerdagne française, 3075.
Gamin, trésorier à Amiens, 116, 118, 119, 158.

Gamoy, cap^ne au régiment de Belsunce, 1945.
Ganay (De), officier, 3239, 3406, 3418.
Gand (Gouverneur, députés, échevins, clergé, etc., de), 275, 506, 603.
— Cf. *Horenbecke*, *San-Roman*, *Van den Noot*, etc.
—— (Adrien de —, baron de St Jean), 1830.
—— (Vicomte de), 1832, 1887.
—— (De), major du rég^t de Bouré, 2324.
—— (Vicomte de), colonel du rég^t de Champagne, c^ons LIII, LIV.
—— V. *Isenghien*, *Middelbourg*.
Gandaire. V. *Crublier*.
Gandeau (J.-L.), suisse, 2344.
Gandeloup (De), 2742.
Gandolfo (don Antonio), gouv^r de Roses, 1887, 1888, 1907, 1981, 2406, 2408, 2466.
Gandolphe, médecin, 2155.
Gandon, membre de la Commission de liquidation des affaires de Bretagne, c^ons LXV c, LXV e.
Ganducière, cap^ne au rég^t de La Marine, 989.
Ganges (Alexandre de Vissée de La Tude, m^is de), brig., 1519, 1684, 1685, 1700, 1797, 1798, 1895, 1898, 1899, 1907, 2130, 2132, 2134, 2184, 2271, 2272.
—— V. *La Tude*.
Gangnot, de Besançon, 997.
Ganol, maire de Phalsbourg, c^on LV.
Ganot (Pierre), lieut^t du juge à Toulon, 33.
—— officier, c^on LXV a.
Gantes (De), procureur général au Parlement d'Aix, 361.
—— (J.-Franç., m^is de), lieut^t-g^al, 3230, 3233, 3237, 3238, 3240, 3406, 3508, 3583, 3611, 3613, 49 s, 50 s.
Ganteu. V. *Du Coudray*.
Ganville. V. *Gauville*.
Gap (Échevins, clergé, magistrats, etc., de), 1167, c^ons LXIV, LXV. — Cf. *Amieil*, *Combassive*, *Gruel*, *Hervé*, *Joubert*, *Lapierre*, *Malissoles*, *Masseron*, *Moustier*, *Pina*, *Routier*, *Sarrazin*, *Ventavon*, *Vogodemar*.
Gaponnière (De), prévôt en la maréchaussée de Saint-Étienne, 1798.
Garande, 133.
Garat, membre du Directoire de la Haute-Vienne, c^on LXVIII.
Garaulot, magistrat ou habitant de Cherbourg, c^on LIII.
Garbe, échevin de La Fère, 2142, 2183.
Garbot (Anatolie Durand, veuve de Raymond), A. 89.
Garcia (comte de), 118.
—— V. *Villa-Garcia*.
Garcin, subdélégué à Embrun, 2250.
—— cap^ne au rég^t de Bourgogne, 3260.
Gard (Commissaires du dép^t du), c^ons LXIV, LXV b, LXV e, LXV f.
Gardanes, sous-lieut^t au rég^t de Limousin, 2141.
Gardel, 2300.
Gardemont (De), lieut^t-c^el, 92.
Gardère (De), 355.
Gardes (De), sergent de la compagnie des gentilshommes de la citadelle de Strasbourg, 992.
Gardie, juré de Chauny, 2273.
Gardien (Ch^r), commissaire des guerres, 997.
—— commissaire des guerres, 1562, 1643, 1735, 1788, 1830, 1861, 2054, 2135-2138, 2178, 2180, 2251, 2255, 2257.
Gardiole, entrepreneur d'habillement, 1974.
Gardon (De), cap^ne au rég^t de Poitou, 1832, 1878.
—— consul de St-Tropez, 3314.
Garelli (Vincent), 3305, 3329.
Garengeau, 2134, 3127.
Garettier (Ch.), commissaire des guerres, c^on LXXXVI.
Gargan (De), commissaire des guerres, 157, 358.
—— -**Duchâtel**, lieut^t-c^el du rég^t de Montmorin, 3539.
Gargas (De), officier au rég^t de Forez, 2130.
—— (De), 2560, 2619.
Garges (De), cap^ne au rég^t de Champagne, 342.
Gariane (De), officier en garnison au château d'If, 2140.
Garibaldi (Giacomo-Nicola), négociant génois, 3299.

Garibaldo (Jos.-Franç.), consul de France à Savone, 3260, 3391.
—— entrepreneur de fournitures en Corse, 3539.
Garidel, maire de Manosque (Basses-Alpes), 2250.
Garigny (De), capne au régt d'Aunis, 1549.
Garimond, capne de compagnie franche, 1858, 2318.
Garlande. V. *Surbeck*.
Garnerans. V. *Montesan*.
Garnerin (L.), capne, puis 1er syndic de la ville de Chambéry, 1879. — Cf. le suivant.
Garneyrin, capne de la ville de Chambéry, 1766. — Cf. le précédent.
Garnier, 110, 116.
—— ingénieur, 1382.
—— lieutt du prévôt de l'armée de Flandre, 1484.
—— capne au régt de Castéja, 1855.
—— consul de Toulon, 1899.
—— notaire à Beaune, 1905.
—— capne au régt de Santerre, 2136, 2137.
—— (M. Paillot, veuve), 2137.
—— échevin d'Ardres, subdélégué, 2230, 3709, 3714, 3719.
—— courrier ordinaire d'Espagne, 2346.
—— 2837, 2838, 2852, 2946, 3311.
—— capne au régt Royal-Vaisseaux, 2919.
—— échevin de Chartres, 3182.
—— commissaire des guerres, 3452, 3466, 3495, 3505.
—— officier de garde-côtes à Oléron, 3510.
—— officier aux dragons de Penthièvre, con LXV.
—— chargé d'affaires à Bruxelles, 3693.
—— dragon au régt Dauphin, con LXV a.
—— trésorier de France à Moulins, 116, 420.
—— con LXV d.
—— et **Garnier de Terreneuve**, capne et lieutt au régt de Grosbois, 1831, 1832.
Garnison, banquier à Paris, 1759.
Garnot, entrepreneur de fournitures, 1753.
Garot, capne au régt Royal-Pologne, con XXXVII.
—— de Maubert-Fontaine, con XIX.
—— **de Quercy**, lieutt au régt de La Reine-infrie, 2370.
Garrault (De), major du régt Royal-Picardie, 3689.
Garreau de Chézelles, lieutt-gal de Montluçon, subdélégué de l'intendant de Moulins, 1526.
Garriguas de Froment, 3148.
Garrigues, capne au régt de La Marine, 2255.
Garrisson, officier municipal de Montauban, cons LXV c, LXV d.
Garro, capne aux Volontaires de Belle-Isle, 3621.
Garsault (De), lieutt-col du régt Royal-Roussillon-cavie, 3758.
Gartampe (De), commandeur de l'ordre de Malte, 3.
Gasanyola (don Jos. de), gentilhomme du Roussillon, 2408.
Gasbèque. V. *Bouchier*.
Gasc, major du régt de Sanzay, 1799, 2042.
Gascher, sous-aide-major du régt de Penthièvre, 3686.
Gascoing, capne, 1830.
Gasnot (Mathurin), commissaire des guerres, con LXXXVI.
Gaspard, commis à Metz, 1854.
—— correspondant secret à Cologne, 3431.
—— officier de marine, 3532.
Gaspari, ancien officier, 3710.
Gasque, intendant du duc de Savoie dans la vallée de Pragelas, 2171.
Gasquet (Jos. de), mar. c., 1672, 1831, 1832, 1836, 1843, 1855, 1856, 1953, 1956, 2033-2035, 2091, 2092, 2142, 2143, 2169, 2238, 2242, 2243, 2244, 2322.
—— con IV.
Gassaud (De), officier au régt de d'Artagnan, 2160.
Gassendi (Esprit), lieutt particulier en la sénéchaussée de Provence, à Aix, 146.
Gassé (De), maire de Cherbourg, cons LIV, LXII, LXVIII-LXX.
Gassier (Chr de), 3233.

Gassion (Jean, comte de), mar. Fr., 79, 98.
— (Gratien, comte de), lieut^{t}-g^{al}, 117, 190, c^{on} LXXXVI.
— (Étienne), lieut^{t} au rég^{t} de La Marine, 146.
—— (De), officier, 271, 279.
—— (Jean, ch^{r}, puis comte de), lieut^{t}-g^{al}, 559, 967, 970, 972, 984, 1057, 1060, 1073, 1075, 1163, 1202, 1208–1210, 1218, 1236, 1254, 1255, 1305, 1550, 1561, 1645, 1648, 1831, 1936–1940, 1944, 2020, 2023, 2025, 2134, 2136, 2139, 2216, 2220, 2221, 2300, 2304, 2370, 2380, 2383, 2411. — Cf. le suivant.
—— (Jean, m^{is} de), 1874, 1876, 2609, 2632, 2912, 2913, 2916–2919, 2926, 2943, 2946. — Cf. le précédent.
—— cap^{ne} des portes de Fort-Louis du Rhin, 2240.
—— -**Bergère** ? (De), officier au rég^{t} de Gassion, 79, 97.
Gaste (De), lieut^{t}-c^{el} du rég^{t} de Médoc, 2619.
Gastieri (Ferdinando de Coggiola de), chevalier d'honneur au Sénat de Nice, 1862.
Gastine (L. Le Bigot, s^{r} de), lieut^{t} aux Gardes, 131.
Gastineau, échevin de La Rochelle, 3418.
Gastines (De), 1066.
Gaston. V. *Orléans*.
Gastrel (De), 3338.
Gasville d'Iville (de), ancien officier, 3502.
Gates, général américain, 3736.
Gatignol, cap^{ne} au rég^{t} de Piémont, 2130.
Gatinelle (De), commd^{t} le fort de La Pérouse, 264.
Gatte, 3497.
Gatté, médecin des hôpitaux de Compiègne, c^{on} LXX.
Gattières (consul de). V. *Laugier*.
—— V. *Grimaldi*.
Gau, trésorier provincial de l'artillerie et du génie en Alsace, 3633, 3641, 3645, 3672, 3761.
—— c^{ons} LXX, LXXI.
Gaubert, 360.
Gaubert, lieut^{t} au rég^{t} Commissaire-g^{al}, 2102.
Gaucher (J.-B., sieur de Praslin), commissaire des guerres, 3040, 3043, 3108, 3139, 3147, 3183, 3219, 3220, 3281, 3285–3287, 3460, 3461, 3510.
—— membre du Directoire d'Ille-et-Vilaine, c^{ons} LXV b, LXV f, LXVI.
Gaucourt (De), lieut^{t} de roi en Berry, 904, 905.
—— V. *Assy*.
—— (Comte de), 2131, 2183.
Gaudard, lieut^{t}-c^{el} du rég^{t} de Villars-suisse, 2311.
Gaudechart. V. *Bachivilliers*.
Gaudeffroy (De), commissaire des guerres, 1502, 1503, 1572, 1579, 1660, 1759, 1850, 1855, 1858, 1954, 2031, 2130, 2131, 2134, 2144, 2242, 2244, 2370, c^{on} XX.
—— (Mme de), 2140.
Gaudefroy, prévôt de Corbie, 419.
—— officier municipal d'Amiens, c^{on} LXV c.
—— V. *Godefroy*.
Gaudin, 133.
—— cap^{ne} au rég^{t} de La Marine, 2188.
—— 3624.
—— garde d'artillerie à Auxonne, 3641.
Gaudron du Tilloy, major de la Prévôté de l'Hôtel, c^{on} LXVII.
Gaudry, subdélégué de l'intendant d'Ormesson à Ribemont, 2341.
Gauffreteau. V. *Puynormand*.
Gaugain, 2133.
Gaujal, commd^{t} d'une redoute sur la Semoy, 2245.
Gaulard, commissaire de la Marine, 3405, 3493, 3495.
Gauldrée-Boilleau, marchand à Paris, 2411.
Gaulin, cap^{ne} au rég^{t} de Mortemart, 1946.
Gaullier d'Aulnoy, commissaire d'artillerie, 1465, 1501, 1573–1575, 1583, 1660, 1661, 1671, 1672, 1761, 1846, 1851, 1852, 1950, 2322.
Gaulmyn, lieut^{t}-c^{el} réformé au rég^{t} de Berry, 1884.
—— V. *Montgeorges*.

Gault (Ch. Vital de Bonnet de), mar. c., 1831.
—— (De), maréchal-des-logis des Grenadiers à cheval, 2144.
Gaulthier (G.), magistrat de Givet, 2222, 2370.
—— (Jacques-Jos.), ancien officier, 2687.
—— V. *Gaultier, Gauthier, Gautier.*
Gaultier (De), officier au rég[t] de Brancas, 1832.
—— entrepreneur de fournitures de drapeaux, 2145.
—— (Abbé), 2379, 2386, 2584.
—— secrétaire du comte d'Évreux, 3175.
—— V. *Gaulthier, Gauthier, Gautier.*
—— **du Tournant**, commissaire de l'artillerie, 1683.
Gauly. V. *Calvi.*
Gaunet (Giustiniani), 245.
Gaussac, 1204.
Gauteu du Coudray, commissaire des guerres, 230.
Gauteux, maître des eaux et forêts au Quesnoy, A. 89.
Gautheron, prévôt à Beaumont-le-Vicomte, 2135, 2145.
Gauthey, ingénieur, 3746, 3749.
Gauthier, procureur général en Alsace, 1000.
—— cap[ne] au rég[t] de Mornac, 2328.
—— administrateur général des revenus du roi en pays conquis, 3464.
—— médecin à Seurre, 3505.
—— député de l'Ain, c[on] LXV a.
—— V. *Gautier, Gaulthier, Gaultier.*
Gauthoÿs (F. de), 2746.
Gautier, 293. 2021.
—— cap[ne] au rég[t] de Navarre, 1856, 1857, 2140, 2145, 2269, 2270.
—— de Nancy, 3396, 3469.
—— de La Hougue, 3451.
—— (Ch[r]), 26 s.
—— V. *Boysset, Gaultier, Gaulthier, Gauthier.*
Gautronnière, lieut[t] au rég[t] de Poyanne, 2133.
Gauvain-Gallois, commissaire civil en Vendée, c[on] LXX.
Gauvar, cap[ne] des gardes à sel en Savoie, 1879.
Gauville (Marany de), cap[ne] au rég[t] d'Harcourt, 102, 106, 110.
Gauville (De), officier au rég[t] de La Fère, 146.
—— (De), commissaire d'artillerie, 293.
—— (De), 2105, 2145. — Cf. le suivant.
—— (De), major général de l'armée d'Espagne, 2139. — Cf. le précédent.
—— (De), officier au rég[t] de Chartres-cav[ie], 2269.
—— (Mis de), lieut[t]-g[al], 3519, 3550, 3552, 3562-3565, 3579, 3583.
Gavalda, lieut[t] au rég[t] de Languedoc, 2244.
Gavaud, bailli de La Petite-Pierre, c[on] XLVII.
Gavaudan (Ch[r] de), 2108.
Gavaux (Edme), ingénieur au service de l'Autriche, 3258, 3259.
Gavelens (De), 440.
Gavignet (Frère), dominicain, 2324.
Gavini, corse, 3362.
Gavirati, lieut[t] aux Gardes de l'électeur de Bavière, 1945.
Gay (le P.), jésuite, recteur du collège d'Embrun, 3547, 3576.
—— officier municipal de Bourges, c[on] LXV c.
Gaya (De), 419.
—— major du rég[t] de St-Sulpice, 1550.
—— cap[ne] au rég[t] de Champagne, 1526.
—— (De), major de la place de Compiègne, 1802, 2056, 2132, 2271, 2272, 2312, 2370, 2371, 2411, 3124.
—— **de Tréville**, cap[ne] au rég[t] de Tournaisis, 2230.
Gayant, 2355, 2412.
Gaydon (De), brig. de cav[ie], 2140, 2300, 2373, 2375.
—— (R.), 2677, 2739.
Gaye, cap[ne] au rég[t] de Tournaisis, 2135.
Gayon (Jos. de), lieut[t]-g[al], 2941, 3044, 3094, 3101, 3139, 3147, 3415, 3464, 3519-3522, 3524, 3526.
Gayot, père et fils, commissaires des guerres, puis intendants, 1503, 1880, 1971, 1973, 2044, 2045, 2102, 2130, 2137, 2173-2175, 2247-2251, 2326, 2338, 2396,

2733, 2734, 2736-2738, 2740-2742, 2782-2784, 2786, 2787, 2798, 2799, 2823, 2912, 2915, 2988, 3043, 3046, 3100, 3161, 3164, 3183, 3407, 3428, 3435, 3439, 3445, 3459-3461, 3463, 3465, 3473, 3475, 3478, 3486, 3500-3502, 3504, 3505, 3507, 3508, 3543, 3544, 3554, 3564, 3578, 3584, 3603, 3620, 3621, 3647, 3662, 41 s., 57 s.-61 s., c^ons XXXII, XXXIII, XLVII, LXXIII.
Gayot, échevin de St-Dizier, 2143.
—— officier au rég^t de Chalmazel, 2395.
—— major du rég^t du Roi-dragons, 2785.
—— 3039.
—— **de Pilavel**, cap^ne au rég^t de Du Soupas, 2131, 2132.
Gays, notaire à Casal, 1878.
Gays. V. *Boysset.*
Gaytat, receveur des aides à Calais, 2312.
Gazan, membre du Directoire du Var, c^on LXV b.
Gazimond, cap^ne d'une compagnie franche, 2145.
Gearny (De), 271.
Gebler (Georges-Michel), commissaire des troupes de l'électeur de Bavière, 2245.
Geboin, avocat à Aix, 1767.
Gedda, lieut^t au rég^t Royal-Suédois, 3186.
Gedling, 3532.
Gedoin ou **Gedoyn**. V. *Bellan.*
Gedoyn, aide-major au rég^t de Chartres, 1858.
Gehot, conseiller au présidial de Verdun, 1754.
—— **de Monblainville**, prévôt général de la maréchaussée d'Alsace, 2131, 2795. — Cf. le suivant.
—— (Claude), lieut^t de la maréchaussée de Verdun, 3259. — Cf. le précédent.
Geiger, bailli de Bouxwiller, 2735.
Geilfe, prêtre à Cassel (Flandre), 2133.
Gélagy (Grossin de), 3411.
Gelas. V. *Lautrec*, *Leberon.*
Gelb, 3487, 3488, 3582, 3612, c^ons XXVII, LXVIII, LXIX.
Gelder (Baron de), 3582, 3602.
Geldermalsen, député des États Généraux de Hollande, 1566.
Gelez, chirurgien-major des Chasseurs du Hainaut, c^on LXV b.
Gelieu (De), 3071, 3108, 3126, 3219.
Gellade, cap^ne des portes au fort de Joux, puis à Besançon, 2144, 2242.
Gellée, étapier à Strasbourg, 1951.
Geloes (Comte de), conseiller d'État du prince-évêque de Liège, 3459, 3627.
Gemel de Flissbach, premier commissaire de l'électeur de Bavière, 981.
Genaro (don Marco de), gouverneur de Roses, 227.
Genat, 2370.
Gendret, commd^t les grenadiers du rég^t d'Aunis, c^on LIV.
Gendrot (Étienne), boulanger à Orléans, 2143.
Genein, officier au rég^t de Du Roure, 2160.
Gênes (Doge de), 23 s.
Genest (De), lieut^t au rég^t d'Entragues, 102.
—— **-Duplessis** (Dame), 2132.
Genestet (J. de), cap^ne au rég^t de La Marine, 151.
—— major du rég^t de Vienne, 1660.
Genestoux (De), officier au rég^t de Rannes, 2138. — Cf. *Genetou.*
Genet, trésorier provincial de l'artillerie et du génie, 3761.
Genetière. — Cf. *La Genetière.*
Genetines (De), 1257.
Genetou (L.-G. de), cap^ne, 151. — Cf. *Genestoux.*
Genève (Bourgeois, clergé, etc., de), c^on XLIX a. — V. *Arenthon*, *Goudet*, *Huguetan*, *Pictet*, *Rossillon*, *Sagnot*, etc.
—— **de Boringe** (De), juge-mage du Faucigny, 2175.
Genevois (Pierre), à La Mure, 3262, 3753.
Genevrey (de Salive de), A 89, A 90.
Genigeot, curé de Lonny (Ardennes), 2135.
Genin, dit «Betz», cap^ne au rég^t de Béarn, c^on LXXXVI.
—— 3299.
Genlis (Mis de), 106, 209, 210, 225,

251, 278, 279, 280, 286, 301, 319, 332, 343, 360, 443, 460, 468, 558.
Genlis (Hardouin Bruslart, chr, puis mis de), mar. c., 966, 972, 1169, 1236, 1378, 1417, 2522. — Cf. le suivant.
—— (Florimond Bruslart, mis de), mar. c., 1239. — Cf. le précédent.
—— (Ch. Bruslart de), archevêque d'Embrun, 1517, 1524, 1876, 1877, 2175, 2251, 2269, 2270, 2371, 2381.
—— V. *Bruslart.*
Gennes (Franç. Morel de La Motte, chr de), brig., 1683, 1688.
Gennetines (Ant. Charpin de), évêque de Limoges, 2130, 2133.
Genonville (De), lieutt-gal d'Amiens, 420.
—— (De), 1205, 1239, 2138, 2169.
Genouillac (De), 361.
—— V. *Vaillac.*
Gensac (De), colonel, 1611, 2136, 2243, 2244, 2392.
—— (Gilles-Gervais de La Roche-Loumagne, comte de), lieutt-gal, 2413, 2702, 2725, 2726, 2728, 2746, 2763, 2782, 2783, 2786, 2827, 2944, 2955, 2981, 2990, 3011, 3017, 3039–3043, 3045–3047, 3053, 3057, con XVI.
—— (Mis de), neveu du précédent, 3042. — Cf. le suivant.
—— (L. de La Roche, mis de), 3174, 3175, 3226, 3233, 3234, 3247, 3256.
—— V. *St-Romain.*
Gensonné, député, commissaire civil en Vendée, con LXX.
Gensour, commissaire garde d'artillerie, 1968.
Gensse-Duminy, officier municipal d'Amiens, con LXV c.
Gentil, 158.
—— bailli d'Argenteuil, près Paris, 2411.
—— (Abbé), membre du Comité permanent de Senlis, con LX.
Gentile (Comte), de Gênes, 1963.
Gentili (J.-B.), capne au régt Royal-Corse, 3648.
Genty, échevin de Mâcon, con LVII.
—— maire de Belfort, con LXV f.
Genn, chef de bureau du Génie à l'Île de France, 3738.
Geoffreville. V. *Jeoffreville.*
Geoffroy, de Toulon, 3127, 3175, 3179, 3223, 3224, 3226, 3227, 3230, 3290, con XVIII.
—— 262, 292, 312, 958, 980, 992.
—— fermier des gabelles à Metz, 1076.
—— commissaire des guerres, 985, 992, 1216, 1287, 1360, 1367, 1465, 1491, 1502, 1572, 1575, 1660, 1761, 1832, 1854–1856, 1955, 2033, 2135, 2138–2140, 2169, 2236–2239, 2242, 2322, 2324, 2338, 2371, 2395, 2396, 2452, 2453, 2455–2459, 2463, 2506, 2521, 2547, 2620, 2631–2634, 2643, 2644, 2655, 2663, 2664, 2675, 2699–2703, 2723–2725, 2728–2730, 2732–2734, 2738, 2742, 2770, 2782, 2783, 2786, 2791–2793, 2797–2799, 2820, 2825, 2838–2841, 2851, 2860, 2863, 2873 2874, 2876, 2891, 2892, 2902, 2903, 2915, 2927, 2928, 2967, 3010, 3039, 3040, 3052, 3060, 3062, 3064, 3065, 3070, 3075, 3126, 3173.
—— garde de l'artillerie de la ville de Metz, 2243.
Geofroy, capne au régt de Bordas, 468.
—— *Geoffroy.*
Geoghem (De), préfet du collège irlandais à Lille, 3605.
Geohegem, capne au régt de Lally, 3154.
George, prévôt de Dompaire, 1900.
—— maire de Varennes-en-Argonne, con LXIX.
Georges, échevin de Mâcon, con LVII.
Georges I, roi d'Angleterre, 2164, 2609.
Georges II, roi d'Angleterre, 3035.
Georgy (De), capne aux Chasseurs de Fischer, correspondant secret, 3406.
Georni, consul de Gênes à Nice, 3647.
Geraldin, capne de vaisseau commandt à Granville, 2272.
—— (Chr de), 3602.
Gérard (Jean), sellier à Toul, 1855.

Gérard, officier de compagnie franche, 1858.
—— prévôt d'armée, 1944.
—— prêtre bénéficier à Marville, 2324.
—— officier dans la compagnie franche de Cany, 2136.
—— syndic de Marville, 2321.
—— (F.), curé du Petit-Failly (Marville?), 2324.
—— lieut^t-c^el du rég^t de Paysat, 2371.
—— curé de Seurre, 2771.
—— premier commis aux Affaires étrangères, 3650, 3698.
—— (J. Claude), subdélégué à Ferrette, c^ons XLVI, XLVII b, XLVIII.
—— **des Perreux** (Baron de), lieut^t-c^el du rég^t de Preysing du service de Bavière, 2903, 2945, 2951.
Gérardin, religieux récollet, aumônier, 1856.
—— (De), officier du service d'Autriche, 3182, 3262.
Gérauldy, officier de la maison du duc d'Orléans, 2145.
Gérault (Raymond-Philbert), contrôleur ordinaire des guerres, 2145.
Gérauvillier, cap^ne au rég^t de Lambesc, 2144.
Gerbal, intendant de la Santé à Collioure, 2967.
Gerbéviller (Mis de), 890.
Gerbier, trésorier de France et maire de La Rochelle, 1896.
Gerbons de Lagrange, 1175.
Gerente. V. *Jarente*.
Geret (De), lieut^t de roi dans le pays de Foix, 1896, 1899, 1900, 1904, 2053.
Gergy (Jacques-Vincent Languet, comte de), diplomate, 1860–1867, 1872, 1964, 2047, 82 s, 92 bis.
—— (Comtesse de), 3135.
—— V. *Languet*.
Gerholstein (Comte de), 967.
Gérin (de), cap^ne réformé au rég^t de Poyanne, 2087, 2159.
—— commd^t à Annequin, 2224.
—— 3232, 3235, 3245.
—— **de La Neuville**, officier au rég^t de Béthune, 2143, 2144, 2213, 2219, 2412.
Gérin, officier de milice d'Artois, 2709.
—— **-Ricard**, lieut^t particulier à Marseille, 3242.
Germain, prévôt général des Monnaies, 117.
—— 2130.
—— (Frère), religieux récollet, aumônier du risban de Dunkerque, 2144.
—— commissaire des guerres et secrétaire du m^al Du Bourg, 2620, 2631, 2633, 2643, 2644, 2655, 2664, 2676, 2677, 2688, 2891, 2892, 2903, 2915, 2916, 2927, 2928, 3011, 3012, 3039, 3040, 3045, 3046, 3050–3052, 3057, 3070, 3095–3101, 3108, 3156–3168, 3214–3219.
—— échevin de Mariembourg, 3689.
—— l'aîné, marchand à Auxonne, c^on LXI.
Germaine (Lord George), 3734.
Germanes (Abbé de), 3669.
Germersheim (Bailli de). V. *Weber*.
Germigny (Municipalité de), c^on LXVII.
Germincourt. V. *Truchot*.
Germinon (Ch. Théodore Desforges de), mar. c., 1892, 1977, 1978, 2143, 2371.
Gers (Directoire du dép^t du), c^on LXVII.
Gervais, dessinateur, 2644.
Gervaisot de La Borderie, cap^ne au rég^t de Saumery, 2134, 2162.
Gesalter, officier au rég^t suisse de Sturler, 3182.
Gesell, magistrat de Wissembourg, c^on XLIX a.
Gessault (Ch^r de), officier au rég^t Royal-Roussillon-cav^ie, 3748.
Gessler (De), général-major prussien, 2920.
Gestas (Ch^r de), major du rég^t de La Marche-prince, 3604, 3621, 3622, 3632.
—— (Sébastien-Ch. Hubert de), mar. c., c^on LXX.
—— V. *L'Espéroux*.
—— (De), officier au rég^t de La Marine, c^on LXV b.
Gestellenburg. V. *Zurlauben*.
Gesvres (Marquis de), 92, 98, 102, 117, 131.

Gesvres (Vicomte de), capne au régt de ce nom, 102.
—— (Léon Potier, duc de Tresmes, dit de), A. 87, A. 88.
—— (Franç.-Joachim-Bernard Potier, duc de), 3042, 3125, 3185, 3202, 3258, 3326.
Gévaudan (De), major des dragons de Listenois, 416.
—— (Franç. de), lieut-gal, 958, 1568, 1764, 1765, 1767, 1861, 1862, 1875, 1877, 1967, 1968, 1971.
—— (Chr de), capne au régt d'Artois, puis major de la place d'Avesnes, 2785, 2997. — Cf. le suivant.
—— (Chr de), 3710. — Cf. le précédent.
Gévigny (De), bailli d'épée de Thionville, 1854.
Gex (Magistrats, bourgeois, etc., de), cons LXV c, LXVI-LXVIII. — Cf. *Borssat, Gobet, Poncet, Prez de Crassier, Turband*, etc.
Geyer, lieut dans la compagnie franche de Damiens, 3054.
Geyling d'Altheim, lieut-cel du régt d'Alsace, 2143, 2219, 2244.
Geys (De), recteur des hôpitaux de Valence, 2044.
—— président du présidial de Valence, 2250.
Gezaumer (De), commissaire des guerres autrichien, 3260.
Gherardesca (Thomas-Bonaventure de), archevêque de Florence, 2168.
Gherardini, capne aux gardes à cheval de l'électeur de Cologne, 2132.
Ghilányi (Johann, baron de), général allemand, 2805, 2839.
Ghistelle. V. *St-Floris*.
Ghistelles (Marquis de), député des États d'Artois, 3702, 3709.
Giafferi (Louis), chef corse, 2871, 2872, 2886.
Gianini, agent du duc de Modène en Allemagne, 1961.
Giannetti (Domenico-Maria), 3293.
Giaux, aide-major du régt de Boulonnais, 1848.
Gibaudière (L.-Franç.-René de), brig., 1466, 1522, 1525, 1526, 1604, 1705, 1793, 1800, 1862, 1883-1888, 1892, 1900, 1981-1984, 2052, 2134, 2136-2139, 2141, 2144, 2188, 2252, 2255, 2261, 2271-2273, 2328, 2332, 2370, 2404, 2412, 2466.
Gibaudière (L.-Henri-Ch.-Mondamer de), ingénieur, capne au régt de Lyonnais, 2737, 2947, 2955, 2956, 2981, 2999, 3098, 3141, 3157, 3161, 3198, 3199, 3201-3204, 3206, 3258-3260, 3326, 3426, 3452, 3466, 3547.
—— (Mme de, née Boisot?), 2771.
—— V. *La Gibaudière*.
Gibault, entrepreneur à Givet, 1652.
Gibaut, 1574.
Gibbin, capne de milice bourgeoise à Mouzon, 2133.
Gibert, 1798.
—— (De), lieut-cel du régt de Lorraine-dragons, cons LXII, LXV d, LXV e.
Gibertain de Valotte, officier, 1983.
Gibieuf (De), avocat à Bourges, 2130, 2132.
Gibon (De), major du régt d'Orléans-cavie, con LXII.
Gibout, ancien curé de Namur et de Thionville, 2132.
Gibson (J.-A.), gouverneur de Nieuport pour l'impératrice Marie-Thérèse, 3087.
Gien (Échevin de). V. *Vannier*.
Giey (De), baron d'Arligny, gentilhomme flamand, 1401-1404, 1424, 1425, 1657.
Gigaux, échevin de La Rochelle, 3418.
Gilbert, prévôt de St-Amé de Douai, 1792.
—— V. *Voisins*.
Gillart, conseiller pensionnaire de Valenciennes, A. 90.
Gille (Guill.), 962.
Gillebert, chanoine de Besançon, 3011.
Gillen, 3449, 3467, 3538, 3568.
Gillercy ou **Gillerey**? (Sanguin de), capne au régt d'Espagny, 116, 146.
Gilles, aide-major chirurgien, 958.
—— lieut au régt de Piémont, 997.
Gillet, membre du Directoire du Morbihan, con LXV c.
—— **de Chalonge**, lieut au régt de Tournaisis, 2138.

Gillier (Félix), fils d'un procureur au Parlement, détenu à Calais, 2155.
—— V. *Vallière.*
—— maire de Romans, 3702.
Gilliers. V. *La Villedieu.*
Gillo D'Hon, commissaire ordonnateur, 3579, c^ons^ LXIII, LXIV, LXV a, LXV e, LXV f, LXVI, LXVII, LXX. — Cf. *Gillot.*
Gillon (De), major du rég^t^ napolitain d'Evoli, 2140.
—— député de Verdun à l'Assemblée N^le^, c^on^ LXIX.
Gillot (Étienne), bourgmestre de Givet, 1563, 2219.
—— 2370, 3568, 2692, 72 s.
—— **d'Hon.** V. *Gillo D'Hon.*
—— **de Vireux**, 3203, 3204, 3440, 3459, 33 s.
Gilly, cap^ne^ au rég^t^ d'Auxerrois, 1896, 2021.
—— directeur de la Compagnie des Indes, 3541, 3546, 3575, 3629, c^on^ XXXV.
Gilon, 1254.
Gilot, partisan à Mont-Royal, 982.
Gilquin, officier en garnison à Fort-Louis du Rhin, 2143.
Gimal, lieut^t^ au rég^t^ de Piémont, 2137.
Gimat (J.-J. de), lieut^t^ au rég^t^ de Picardie, 92.
Gimel, officier, 2370.
—— (Ch^r^ de), lieut^t^-c^el^ d'artillerie, 3731.
Gine (De), 2393.
Gineste, 2988, 3044, 3056, 3137, 3290.
—— **-Najac** (Ch^r^ de), cap^ne^ au rég^t^ d'Agénois, c^on^ LXV f.
Ginestet (De), cap^ne^ au rég^t^ des Galères, 1973.
Ginet (Claude), consul de Vienne (Dauphiné), 3396.
Ginette, lieut^t^-g^al^ de l'Amirauté de Fréjus, 3295.
Ginoard (Jacques), lieut^t^ du juge de Roquebrune (Provence), 33.
Gintner (Jean), fondeur de cloches, 1504.
Giovannetti, cap^ne^ génois ?, 3252.
Giovo (Joseph), patricien génois, 3360.
Girac (Franç. Barreau de), évêque de Rennes, 3745, 3749, c^on^ LXXVI.
Girangis (de), trésorier des Gardes du corps, 2271, 2419.
Girard, attaché au prince de Condé, 123, 49 s, 52 s.
—— cap^ne^ au rég^t^ de Montgon, 2141.
—— officier du grenier à sel de Vendôme, 2262.
—— (Joseph), chirurgien-major, 2268.
—— cap^ne^ au rég^t^ de Rouergue, c^on^ XXII.
—— (Abbé), missionnaire, 3393.
Girardier, officier au rég^t^ de Vigier, 3230, 3237.
—— lieut^t^-c^el^ du rég^t^ de Castellas, c^on^ LXV a.
Girardière (De), cap^ne^ au rég^t^ de Lorraine, 1855.
Girardin (Pierre), ambassadeur à Constantinople, 837.
—— officier, 2137.
—— (Cécile-Stanislas-Xavier-Louis, comte de), officier, président du Directoire de l'Oise, c^ons^ LXV a, LXV e, LXVIII, LXX.
—— **de Fontmorte**, commissaire des guerres, 2814, 2843.
—— **de Léry** (Claude-Franç. de Vauvré, comte de), mar. c., 892, 893, 895, 961, 1082, 1083, 1266.
Girardot. fonctionnaire de la Compagnie des Indes ?, c^on^ LXV d.
Girau, commis d'un trésorier des vivres, 2251.
Giraud, 294.
—— (De), mestre-de-camp du rég^t^ du Maine-cav^ie^, 1856, 1943, 2136, 2143. — Cf. *Girault.*
—— (Dame Guillerme de), femme du précédent, 2135.
—— cap^ne^ au rég^t^ de Durfort-Boissière, 1861.
—— (Simon), caporal au rég^t^ de La Fons, 2140.
—— juge à Ruffec, 2263.
—— (Le P. Bonaventure), religieux récollet, 3669.
—— échevin de Romans, 3702.
—— 2019.
—— **-La Garde**, subdélégué de l'intendant Le Bret, à Draguignan, 2042.

Giraud de Lyone, correspondant secret, 2023.
Giraudon, officier au régᵗ de Thésut, 1861.
Giraudy. V. *Sauveterre*.
Girault, major du régᵗ d'Espinoy, 987.
—— (De), lieutᵗ-cᵉˡ du régᵗ du Mainecavⁱᵉ, 1831, 1836. — Cf. *Giraud*.
—— (De), commdᵗ à Stenay, 1157, 1468, 1608, 1672, 1897.
Girecourt (De), secrétaire d'État de Lorraine, 2725, 2783, 2863.
Girenton (De), 1975.
Girerd, membre de l'Assemblée Nˡᵉ, cᵒⁿ LXV a.
Girod, député de l'Ain, cᵒⁿ LXV a.
Girodrain, cᵒⁿ LXXVI.
Girolles (De), commis du ministère de la Guerre, intendant, 97, 98, 119, 158.
Gironde (De), capⁿᵉ, 2145.
—— (Vicomte de), major du régᵗ Royal-Roussillon, 3758, cᵒⁿˢ LXV c, LXVI.
—— (De), capⁿᵉ au régᵗ de Rambures, 360.
Girouard, 2547, 2575.
Girouville (Palot de), commissaire des guerres, cᵒⁿ LXXIV.
Girval (De), directeur général des fortifications d'Aunis, Saintonge et Poitou, 1901.
Gisard (De), lieutᵗ-cᵉˡ du régᵗ de Chartres-infʳⁱᵉ, 1855, 1858, 2021, 2132, 2145, 2242.
Gisbert, membre du Directoire du Tarn, cᵒⁿ LXV f.
Gisors (L. Marie Foucquet de Belle-Isle, comte de), brig., 3236, 3396, 3406, 3429-3446, 3460, 3461, 3469, 3471, 3473, 3474, 3477, 3490, 3500, 3501, 3627, 37 s, 40 s, cᵒⁿ XXI.
—— (Comtesse de), 3396.
Gissac (De), lieutᵗ-cᵉˡ du régᵗ de Sebbeville, 2136, 2137, 2141.
Gissey, conseiller au présidial de Sarrelouis, 1671.
Gitard (De), 2134.
Gittard (De), 1257.
Giudice (Cardinal del), 1877, 1960, 2135.
Giudicelli, corse, 3349, 3360.
Giuliani, corse, 2872, 2885, 2886, 3306, 3307, 3330, 3332, 3360, 3362.
Giustignani (Domenico), commissaire à Ajaccio, 3370.
Giustiniani, V *Justiniani*.
Give (De), 2413.
Givet (Garnison, magistrats, bourgeois, etc., de), cᵒⁿˢ LXIII, LXIV. — Cf. *Argence*, *Bonnauld*, *Contamine*, *Fiennes*, *Gaulthier*, *Gibault*, *Gillot*, *La Chabossière*, *La Fère*, *La Genetière*, *Posson*, *Renard*, *Sᵗ-Germain*, *Serignac*, *Varie*, *Viroux*, etc.
Givry (De), 158, 277, 292, 293, 295, 296, 342, 343, 350, 394, 411, 413, 414, 416, 443, 444, 459-461, 468, 508, 512, 514, 557-561, 607-609, 611, 631, 703, 734, 889, 904, 967, 970, 990, 1289.
—— (Alexandre-Thomas du Bois de Fiennes, chʳ, puis bailli de), lieutᵗ-gᵃˡ, 1876, 1879, 1966-1968, 1972, 2140, 2700-2703, 2708, 2713, 2723, 2725-2735, 2737-2740, 2742, 2746, 2783-2798, 2936, 2937, 2953, 2969, 2978, 3059, 3073.
—— (De), capⁿᵉ au régᵗ de Permangle, 1902, 2031.
—— (De), capⁿᵉ, 2143.
—— (De), lieutᵗ-cᵉˡ du régᵗ de Maumont, 2324, 2395.
—— (Comte de), officier aux Carabiniers, 3017.
—— V. *Fontaines*.
Glandèves (Chʳ de), 3234, 3601, 3623.
—— **de Cuyes** (Toussaint de), évêque de Sisteron, 33.
—— (évêque de). V. *Sabran*.
Glanes (De), capⁿᵉ, 1661.
Glascoe, officier, 2676, 2768, 2823, 2903, 2927, 2928, 2937, 2970. — Cf. les deux suivants.
—— (Nicolas), lieutᵗ au régᵗ de Dillon, 3183, 3184.
—— (Jean), frère du précédent, 3184.
Glasenapp (De), officier au régᵗ de La Marck, 1831, 2130.
Glasson, capⁿᵉ au régᵗ des Galères, 1973,
—— prévôt à Chambéry, 2044.

Glatigny. V. *Grassin*.
Glaubitz (De), major du rég^{t} d'Alsace, 2609, 2619.
—— (Christian, baron de), lieut^{t}-g^{al}, 3431, 3433, 3434, 3436, 3440, 3441, 3445, 3446, 3464, 3471-3475, 3477, 3479, 3481, 3482, 3557, 3558.
Glavignac (Nouvel de), 3622.
Gleise (St-Paul de), cap^{ne} dans la compagnie de cadets du m^{is} de Dreux, 3223, 3259.
—— V. *Gleize, Gleze*.
Gleisole (De), cap^{ne} au rég^{t} de Vosges, 2370.
Gleize (Phil. et J. Ant. de), officiers de la compagnie franche de Montboissier, 3542.
—— lieut^{t} au rég^{t} Royal, 988.
—— V. *Gleise, Gleze*.
Gléné. V. *La Tour*.
Gleze, commissaire des guerres, c^{on} LXV a.
Glier, commissaire de la Marine, à Rouen, 3420, 3421.
Glimes (Comte de), gentilhomme espagnol, 2967.
Glocker, officier, 3463.
Glotton du Pré, lieut^{t} de la maréchaussée de Dijon, 1801.
Goas (Blaise de Biran, comte de), mar. c., 997, 1693, 1876.
—— (Ch^{r} de), c^{el} réformé à la suite du rég^{t} 2e-Languedoc, 2136, 2141, 2144.
—— (L. de Biran, comte de), brig., 3139.
Gobart (De), officier au rég^{t} Royal-Bavière, 3110.
Gobau (Adrien), bourgeois de Maubeuge, 2230.
Gobbé, avocat, 2371, 2411.
Gobbes, auteur d'un mémoire sur les grains, 2185.
Gobelin, commissaire des guerres, 118.
Gobert, marchand à Paris, 2133.
—— entrepreneur du service des vivres à Montmédy, 2242.
—— chanoine à St-Quentin, 2415.
—— (De), c^{on} XLIII.
Gobet (J.) l'aîné, notaire dans le pays de Gex, 1968, 2096, 2170, 2236.
Gobet (Joseph), contrôleur dans le pays de Gex, 2098, 2175, 2239, 2243.
Gobia, officier, 1855.
—— lieut^{t} au rég^{t} de Maisontiers, 2031.
Gobin. V. *Montreuil*.
Gobinet, subdélégué à St-Quentin, 2309, 2311, 2377.
Goblet, major du rég^{t} de cavalerie espagnol de Fremau, 1938.
Gobron, 3460, 3461.
Godaille (Marguerite Delong de), veuve d'un cap^{ne} au rég^{t} de Picardie, 123.
Godaire. V. *La Porte*.
Godard, commissaire civil dans le Lot, c^{on} LXVI.
Godart (P.), officier de la milice bourgeoise d'Abbeville, 2227.
—— **de Beaulieu**, maire d'Abbeville, 2132-2135, 2158, 2183, 2222, 2270, 2299, 2343.
Godbillot, officier de la maîtrise des eaux et forêts à Sedan, 2244.
Godeau (De), commissaire des guerres, 894, 946, 958, 1205, 1210, 1422.
—— dit Belcourt, grenadier au rég^{t} de Champagne, 3418.
Godeaux, officier de garde-côtes à l'île d'Oléron, 3510.
Godeffroy, contrôleur des troupes, c^{on} LXXXVI.
Godefroy (Denis), directeur de la Chambre des Comptes de Lille, 310, 615. — Cf. c^{on} I.
—— (Jean?), procureur du roi au bureau des finances de Lille, 1550, 1945.
—— (J.-B.-Achille-Godefroy de Maillart), garde des chartes de la Chambre des Comptes de Lille, 3029, 3141, A. 89.
—— (T.), mayeur de Chimay, 2323.
—— lieut^{t} de maréchaussée, 2044, 2135, 2183.
—— à La Ferté-Milon, 2134.
—— échevin d'Avesnes, c^{on} LIV.
—— avocat au Conseil, 2622.
—— (Jacques), contrôleur ambulant de la régie générale, c^{on} LXV e.
—— V. *Gaudeffroy, Gaudefroy*.
Godeheu, directeur de la Compagnie des Indes, 3541, 3575, c^{on} XXXV.

Godelle, ingénieur, 3044.
Goderneaux, chef de compagnie franche, 2978, 2979, 3068, 3083, 3084, 3086, 3087, 16 s.
Godet. — V. *Des Marais*, *Reyneville*.
Godin, commissaire des guerres, 958, 1057, 1146.
Godinot, échevin de Reims, 2270.
Godon, directeur de l'hôpital de Sarrebourg, 2245.
—— dragon au rég^t de Villegagnon, 2135.
Goertz (Comte), ministre près le cercle de Franconie, 3511, 3513-3516, 3525, 3526, 3550-3555, 3557-3559, 3563, 3564, 3576, 3577, 54 s., 3609-3612, 3614, 3615, 3621, 3684, 54 s.
Goes? (Comte de), 3489. — Cf. *Goëss*.
Goësbriand (Louis-Vincent, m^{is} de), 997, 1587, 1781, 1861, 1862, 1876, 1988, 2040-2043, 2058, 2083, 2084, 2108, 2130, 2131, 2139, 2143, 2144, 2149, 2157, 2159, 2160, 2213, 2214, 2216, 2217, 2219-2222, 2299-2301, 2303, 2304, 2306, 2308, 2310, 2370, 2371, 2376, 2387, 2388, 2687, 2727, 2859, c^{ons} VII-IX.
—— (Comte de), 1609.
—— (Mlle de), 1861.
Goëss (J.-Pierre, comte de), ambassadeur de l'Empereur à La Haye, 1945. — Cf. *Goes*.
Goetzmann, prévôt royal d'Huningue, 2741. — Cf. *Goezmann*.
Goezaud, commis de l'extraordinaire des guerres, à La Rochelle, 2142, 2143, 2261.
Goezman, alsacien, 2792. — Cf. *Goetzmann*.
Goffin (Veuve), de Liège, 2142.
Goguelat, ingénieur géographe, 3703.
Gohier de Jumilly, maire de Caen, 2419.
—— (Jacques-Franç.), sergent d'artillerie, 3715.
Goin, lieut^t d'une compagnie d'invalides à St-Malo, 2139.
Goineau, invalide de la garnison de Belle-Isle, 2270.
Goldberg (De), 51 s.
Goldbéry (De), ingénieur, 3765.
Gollberg (De), cap^{ne} au rég^t de Conflans, 3609, 3610, 3611.
Gollety, commissaire des guerres, 2144.
Gölnitz (De), gentilhomme wurtembergeois, 2396.
Golstein (comte de), 3604.
Goltz, colonel polonais, 131.
—— (Baron de), ministre de France en Prusse, 3753.
Gombauld ou **Gombault** (De), 97, 98, 283, 293, 469.
—— officier municipal d'Orléans, c^{on} LXV c.
Gomberville (De), 360.
Gomer (Ch^r de), 3761.
Gomez, officier au rég^t de Kerkem, 2242.
Gomolinski (Comte), cap^{ne} au rég^t de Löwendal, 3410.
Gomont (De), 209, 210, 224, 225, 264, 278, 280-284, 286, 288-291, 299, 318-323, 327, 329, 354, 355.
Gon. V. *Mivoysin*.
Gonchon, directeur de l'hôpital d'Asti, 3172.
Gondaire. V. *Troeff*.
Gondé (De), lieut^t-c^{el} du rég^t des Landes, 1944, 2142, 2268, 2269.
Gondès (De). V. *Gondé*.
Gondet (De). V. *Gondé*.
Gondeville (De), cap^{ne} au rég^t de Beauvoisis, 1895.
Gondi (J.-Franç. de), archevêque de Paris, 62.
—— V. *Retz*.
Gondilliot, lient^t au rég^t de Flandre, 1968.
Gondin (De), officier aux Chasseurs de Lorraine, c^{ons} LXII-LXIV, LXV f.
—— **-Aramon** (Honoré de), prévôt général, c^{on} LXXXVI.
Gondoin (De), cap^{ne} au rég^t de Nivernais, 2340.
—— (De), command^t à Briançon?, 2968, 3062, 3065.
Gondoüin (De), major du rég^t Royal-Guyenne, c^{ons} LXIII, LXV c, LXV d.
Gondrecourt (De), subdélégué de l'intendant de Harouys, à Chaumont, 1905.
Gondreville (De), 238, 278, 279, 311, 335, 336, 345, 419, 607.

Gondreville (De), gouverneur de Schelestadt, 969, 988, 1287.
—— (De), cap^{ne} au rég^{t} de La Fons, 2132.
Gondrin (L.-Henri de Pardaillan de), archevêque de Sens, 118, 360, 361, 419, 420.
—— (Étienne), maire de Beauregard en Dauphiné, 1972.
—— (Louis de Pardaillan, m^{is} de), brig., 2023, 2142, 2143.
—— V. *Bonas, Pardaillan.*
Gonesse (District de), c^{ons} LXIX, LXX.
Gonet (De), cap^{ne} au rég^{t} de La Reine-inf^{rie}, 1861.
—— (De), major du rég^{t} de Beauce, 2943.
Gongnies (De), député de l'État de Mons, 3197.
Gongora (Mis de), gouverneur de Pampelune, 1786, 1885–1888, 1977. 1982–1984.
Gonidec (De), brig., 3404, 3408–3411, 3417, 3419–3421, 3449, 3451, 3452, 3494, 3498, 3499, 3532, 3535, 3537, 3538, 3569–3573, 3598, 3599, 3624, 3629.
—— (Mme de), 3419.
Gonneheux (De), député des États d'Artois, 2447.
Gonnin, maire d'Avesnes, c^{ons} LIV, LXV c.
Gonnoville (Labbey de), propriétaire près d'Honfleur, 3503.
Gontaut (Franç.-Armand? de —, duc de Biron), 2134, 2271.
—— (De), gouverneur de Figeac, 2136.
—— (Félix-Nicolas ?, comte de), 3635, 3644, c^{on} LXV.
—— (Marquis de), 3766.
—— **-Biron** (Armand de) 12. — Cf. *Biron.*
Gonterio (Franç.-Maurice), archevêque d'Avignon, 2183.
Gontery (Paul de), mar. c., 664.
Gontier, lieut^{t} au rég^{t} de Breteuil, 997.
Gonzaga (Don Prospero), 300.
Gonzague (Ch. de), duc de Mantoue, 20.
—— (Claude, m^{is} de), gouverneur de Casal et du duché de Montferrat, 665.
Gonzague (Franç.-Gaétan, m^{is} de), 1862, 1865, 1867, 1868, 1871, 2046.
—— (Jean-Franç., m^{is} de), mar. c., 1964, 2040, 2132, 2134, 2135, 2139, 2141, 2142, 2174, 2251, 2255, 2398, 2411.
—— V. *Pomare.*
Goolde (De), cap^{ne} au rég^{t} de Dorrington, 2133, 2140.
—— cap^{ne} au rég^{t} d'O'Gilvy, 3535, 3568.
Goor (Von), 335.
—— (Étienne), officier du prince de Salm, 2730.
Gorbeville. V. *Armur.*
Gorce (De), cap^{ne} au rég^{t} de Laval, 3275.
Gorcey. V. *Bernard.*
Gordon (De), 1079.
—— (Duc et duchesse de), 2089.
Goret, commissaire des guerres, 951, 1892, 2142.
Görger, cap^{ne} au rég^{t} d'Esterhazy, c^{on} LXV a.
Gorichon (Nicolas), à Marans, 2143.
Gorjon d'Urvillé. V. *Urvillé.*
Gormas. V. *Sant-Isteban.*
Gorrand, échevin d'Orléans, 2134.
Gorse (De), 97.
Gorze (Mis de), député de la noblesse du Mâconnais, cap^{ne} au rég^{t} de Piémont, 2134.
—— (Ch^{r} de), officier au rég^{t} de Piémont, puis dans celui de Villegagnon, 2244.
Gos (De), cap^{ne} au rég^{t} de Montpeyroux, 1465.
Gosseau de Heneffe cap^{ne} au rég^{t} de Rosen, 1941, 1944, 1946.
Gosselin, échevin d'Avranches, 2132.
—— ancien maire d'Isigny, 2138.
Gossin (De), lieut^{t} des maréchaux à Lille, 3768.
Gosson, cap^{ne} au rég^{t} d'Auxerrois, 3257.
Gosvart, 502.
Gotot (De), 1943.
Gott (De), lieut^{t}-c^{el} d'un rég^{t} polonais, 116.
Gottfried, cap^{ne} au rég^{t} Royal-Allemand, 2270.
Gotti-Rivière (Ch^{er} de), ancien officier aux Volontaires d'Alsace, 3722.

Gottorp (Duc de), 566.
Gouarde, employé des gabelles, 1875.
Gouaro (Comte de), command' à Barbastre, 1986.
Gouault (Frères), marchands à Troyes, 2269.
Goube, entrepreneur des cantines à Valenciennes, c°n XL.
Gouchon (Ch.), officier de la milice bourgeoise d'Abbeville, 2227.
Goudechau (Lazare et Lion), juifs messins, 2138.
Goudet (Franç.), négociant à Genève, 1896, 1964, 2038.
Goudier, échevin d'Autun, 3259.
Goüel, commissaire des guerres, 262, 294.
Gouesse-Dubignon, maire de Château-Gontier, 2347.
Gouffier (Aug. de —, s' de Rosarnel), cap^ne au rég' d'Espagny, 141.
—— **de Thoys**, 1832.
—— Cf. *Espagny, Roannois.*
Gouffreville (De), commis d'un munitionnaire à Guise, 2341.
Goufié, ingénieur? à Phalsbourg, 2245.
Gougier de Feux, lieut'-criminel à Amiens, 2228.
Gouhas (Louis de Biran, comte de), mestre-de-camp, 134, 146.
Gouhyer (De), cap^ne au rég' de Forez, 2032.
Gouillon (De), cap^ne au rég' de Mercurino, 88.
Gouin (De), 455.
Goujon, architecte, 295.
—— cap^ne au rég' de Blaisois, 1878.
Goujounac, major du rég' de Guiche, 958.
Goulard, officier au rég' de La Marine, 131.
—— consul de Varilhes (pays de Foix), 2417.
—— échevin de Tours, 3182.
—— V. *La Gétardière.*
Goulart (Ant.), bailli de Trelon, 2235.
Goulas (De), 98.
Goulat. V. *La Garenne.*
Gould (Henri), 1700.
Gouleine (De), officier au rég' de Dampierre, 2138. — Cf. *Goullaine.*
Goulet de Brévanne, ingénieur, 1612.
—— V. *Montlibert.*
Goulion, officier au rég' de Forsat, 2346.
Goullaine (De), 2143. — Cf. *Gouleine.*
Goullon, cap^ne au rég' de Mercurino, 123.
—— ingénieur, 549, 568.
Gounin, officier au rég' de La Fare-inf^rie, 2243.
Gouny frères, propriétaires des forges et fonderies de Dilling et Betting, c°n LXV e.
Goupy, 977.
Gour (Jacob), cap^ne au rég' de Surbeck, 2165, 2339.
Gourcy (Ch^r de), cap^ne au rég' de Navarre, 1952.
—— (De), officier, 3187.
—— (Comte de), cornette au rég' de Foucquet, 3262.
Gourdain, 3392.
Gourdin (Louis), entrepreneur de transports à Béthune, c°n LX.
Gourdon (De), lieut'-g^al de la sénéchaussée de Grasse, puis président au Sénat de Nice, 1703, 1768, 1874–1877, 1880, 1973, 2039, 2041–2043, 2058, 2136, 2142, 2170, 2175, 2188, 2251, 2326, 2399.
—— V. *Vaillac.*
—— **de l'Églisière** (Jean), lieut'-g^al, 2904, 2999, 3205, 3210, 3211, 17 s, 18 s, 22 s.
Gouret, entrepreneur ou directeur de l'hôpital de Marsal, 2134, 2135, 2244.
Gourgue (Jacques-Armand de), intendant, 837, 902, 903. — Cf. *Gourgues.*
—— (F.), cordelier, aumônier du fort Lupin, 2261.
Gourgues (De), cap^ne au rég' de Solre, 1861, 2137.
—— (De), intendant, 3741, c°n LX.
—— Cf. *Gourgue.*
Gourlet, 1142.
—— major du rég' du Maine-Ca v^ie, 2299.
Gourmond (De), cap^ne aux Gardes lorraines, 3472.

Gournay (J. Christophe, comte de), lieut^{t}-g^{al}, 333, 410, 437, 453, 543, 608, 822, 870, 887, 888, 944-946, 952.
—— (De), aide-major au rég^{t} de La Fère, 1856.
—— (Ignace, comte de), bailli et gouverneur du comté de Vaudémont, chambellan du duc de Lorraine, 1857.
—— (De), officier, 2143.
—— (De), lieut^{t}-g^{al} de police à S^{t}-Lô, 2186.
—— (De), 3145, 3146, 3155.
—— (Abbé de), 2396.
—— (De), 3405.
—— sur-Aronde (Curé de). V. *Bachelier.*
Gourounac (De), officier, 946.
Gourreau du Pont, cap^{ne} de milice à Angers, 2134.
Gourville (Aubert de), officier, 102, 312, 313, 321, 328, 345, 359, 360, 361, 390, 391, 399, 400, 420.
—— (Jean Hérault de), agent diplomatique, auteur de mémoires, 967.
—— (De), cap^{ne} d'un brûlot, 2131.
Goury, intendant, 97, 106, 110.
—— **de Champgrand**, commissaire des guerres, 2814, 2816, 2887, 2888, 2900, 2901, 3033, 3037, 3069, 3083, 3123.
Goussart, chirurgien-major, 1892.
Goussaud, commissaire des guerres, 1754, 1854, 1855, 1955, 2144, 2370, 2452, 2455–2457.
Goussault, fourrier de la duchesse de Bourgogne, 2346.
—— **-Dumuras**, cap^{ne} au rég^{t} de Champigny, 1986.
Gousseault (De), cap^{ne} au rég^{t} autrichien du prince de Salm, 3184–3186.
—— (Mme de). V. *Canlers.*
Goussencourt (De), membre du Comité permanent de Senlis, c^{on} LX.
Gout (De), 88, 116, 131.
—— cap^{ne} au rég^{t} de l'Île-de-France, 1892, 1986.
Goutin (Franç.), lieut^{t} au rég^{t} Royal-Roussillon, 1966.
Gouvaincourt (F.), prêtre à Marville, 2324.
Gouveaux. V. *Sauville.*
Gouvenot, cap^{ne} de hussards, 1861.
Gouverné (Frère Paul), religieux récollet à Mariembourg, 2132–2159.
Gouvernet (Comte de), c^{el} du rég^{t} Royal-Vaisseaux, c^{ons} LXII, LXV.
—— (De), V. *La Tour-du-Pin.*
Gouville (De), cap^{ne} au rég^{t} de Normandie, 1878.
—— **du Mesnilpatry**, 2419.
Gouvion, officier du génie, c^{on} LX.
—— (Franç.), maire du faubourg St-Epvre à Toul, 2033.
—— (De), mar. c., command^{t} la 17e d^{on} m^{re}, c^{on} LXX.
Gouy (Louis de Poissy de), lieut^{t} au rég^{t} de Navarre, 123.
—— (Mme Marie-Anne de St-Siriès de), 1708.
—— (De), abbé de St-Jean-au-Mont à Ypres, 2131, 2143.
—— (Ch. de Gouy d'Arcy, m^{is} de), mar. c., 2979, 3260, 3262, 3452.
—— **de Cardenac** (Pierre et Franç.-Pierre de), A 89, A 90.
Gouyrans (De), 2145.
Gouzillon. V. *Kermeno.*
Govenlo (De), 3188.
Goy (Pierre), entrepreneur de fournitures de fourrages, 3578.
Goyet, officier de l'élection de Noyon, 2414.
Goynard (D^{elle}), c^{on} LXXVI.
Goyon (De), exempt des Gardes du corps, 3258.
—— (Gédéon-René-Amaury de Goyon de Marcé, m^{is} de), mar. c., 3506.
—— (Ch^{r} de), député des États de Bretagne, 3602, 3603.
—— (Comte de), 3745, 3746, 3751.
—— V. *Gacé, Matignon.*
—— maire de Nantes, c^{on} LIV.
Goze (De), chef de partisans à Ypres, 2022, 2025.
—— (De), 2928.
Grace, colonel, 146.
Gradis fils (David), armateur à Bordeaux, 3624.
Graell (De), 2374, 2421.
Graffinière (De), lieut^{t} d'artillerie, 1946.
Graham (G.), anglais, négociant à Boulogne-sur-Mer, 3408.

Grailhe (De), major de la place de Bayonne, 1788, 1862, 1892, 2188, 2408.
Graille (De), capne au rég^t de Languedoc-infrie, 1956.
Graillet (Ant.), subdélégué à Reims, 2273, 2420.
Graindorge (De), commissaire d'artrie, 1832, 1840, 1841, 1943, 2724.
Grainville (De), ancien capne d'infrie, 2230.
—— **-Trélon** (Comte de), ancien officier de cavie, 3505.
Gramigno, 264.
Grammont (De), colonel d'un rég^t d'infrie liégeois, 119.
—— (De), 158, 465, 466.
—— (Ant.-Pierre de), archevêque de Besançon, 516, con XIV.
—— (Michel-Dorothée, mis de), lieut^t-gal, 997, 1213, 1355, 1491, 1496, 1556, 1559, 1560, 1566, 1575-1577, 1608, 1644, 1646, 1660, 1759, 1843, 1855, 1858, 2131-2133, 2135, 2137, 2139, 2144, 2236-2238, 2243, 2244, 2319, 2393.
—— (J.-Ferdinand, comte de), lieut^t-gal, 1406, 1844, 1846-1848, 1853, 1856-1858, 1897, 1952, 2036, 2096, 2135, 2142, 2143, 2162-2165, 2168, 2236-2239, 2242, 2244, 2317-2319, 2322, 2323, 2371, 2392, 2393, 2524.
—— (Franç.-Jos. de), archevêque de Besançon, 1502, 1608, 1843, 1855, 1857, 1951, 2143, 2183, 2243, 2269, 2323, 2392, 2393.
—— (De), 1874.
—— (De), cellérier de l'abbaye de St-Claude, 2136.
—— (De), premier président du Parlement de Grenoble, 2700.
—— (J.-Georges de Caulet, mis de), lieut^t-gal, 2736, 3278.
—— (Ferdinand?, chr, puis comte de), lieut^t-gal, 3040, 3043.
—— (De), major du rég^t Bourbon-infrie, con LXIV.
—— Cf. *Gramont.*
—— Vachères (J.-B. Jos., chr de), mar. c., 3449.
—— Cf. *Vachères.*
Gramont (Ant. II, comte, puis duc de), lieut^t-gal, 98.
—— (Ant. III, comte de Guiche, puis duc de), mar. Fr., 86, 131, 389, 393, 415, 416, 536, 538, 610, 668, 1239, 1241.
Gramont (Ant. Ch. IV, comte de Louvigny, puis duc de), brig., 668, 903-906, 1013, 1015-1017, 1105, 1109, 1112, 1175, 1234, 1235, 1282, 1283, 1337, 1338, 1428, 1786, 1788, 1789, 1791, 1883-1885, 1898-1900, 1981-1984, 2052, 2104, 2105, 2253, 2328, 2329, 2405, 2635, A 87, A 88.
—— (Franç. de Barthélémi de Lanta), évêque de St-Papoul, 1614, 1898.
—— (Ant. de —, duc de Guiche), mar. Fr., colonel-gal des dragons, 1644, 1831, 1832, 1943-1945, 2022, 2023, 2108, 2134, 2137, 2142, 2221, 2380, 2383, 2468, 2524, 2584, 2619, 2621.
—— (Louis-Antoine-Armand?, duc de), lieut^t-gal?, 1967, 2703, 2843.
—— (Anne-Baillet de La Cour, duchesse de), 2052.
—— (L.-Ant., comte de Lesparre, puis comte et duc de), lieut^t-gal, 2140-2142, 2699, 2738, 2782, 2813, 2819, 2936, 2937, 2989, 2992, 2993, 3002, 3013, 3027, 3030, 3040, 3084.
—— (De), enseigne aux Gardes du corps, brig., 2969.
—— (Mis de), 2988, 3117-3118, 3172, 3173, 3203, 3223, 3261, 3275, 3276, con XVIII.
—— 3116.
—— (Mme de —, née *Clairac*), 3175.
—— (De), exempt des Gardes du corps?, mar. c.?, 3262.
—— (Ant.-Adrien-Ch., comte de), mar. c., 3492, 3497, 3499, 3510, 3533, 3537, 3542, 3572, 3577, 3600, 3601, 3625.
—— (Duchesse de), 3622.
—— (Duc de), 11 s.
—— V. *Grammont, Guiche, Louvigny, Toulongeon, Vachères.*
—— **-Toulongeon** (De), 361.
Grampré (De), capne au bataillon de

Clermont des milices d'Auvergne, 3175, 3186.
Grampré. V. *Grandpré.*
Grana (Mis de), 701, 702, 726, 731.
Granado (Don Manuel), 1976.
Granara, chancelier de la république de Gênes, 3223.
Granby (Lord), 3559, 3614, 50 s, con XXIX.
Grancey (Pierre Rouxel, comte de Médavy, puis de), lieut-gal, 98, 117, 119.
—— (Jacques Rouxel, comte de), mar. Fr., 92, 110, 116, 118, 119, 132, 137, 146, 157, 158.
—— (Abbé de), 1896.
—— (Franç. Rouxel de Médavy, mis de), lieut-gal, 1693, 1861, 1862, 1867, 1962, 1964, 2100, 2101, 2131, 2371, 2398.
—— V. *Médavy.*
Granchant, 2244.
—— (De), gentilhomme lorrain, capne au régt de Cambraisis, A 89.
—— V. *Grandchamp.*
Grancour d'Orgemont (Chr de), major, puis lieut-col du régt de Martel et du régt de Laubanie, 1656, 1830, 1835, 2022, 2265, 2269, 2299.
Grancourt (De), capne au régt de Beringhen, 2343.
—— V. *Grandcourt.*
Grancy (De), trésorier des troupes, 2228, 2302, 2310, 2315.
Grandchamp (De), capne au régt de d'Artagnan, 1895.
—— gendarme de la Garde du roi, 2271.
—— V. *Granchant, Selle.*
Grandcombe, ingénieur, 1308, 1310, 1312.
—— **-Gaujal**, capne au régt de Dauphiné, 1775.
—— **de Lacroix**, 988.
Grandcourt (De), commissaire d'artillerie, 1943, 2143, 2145.
—— V. *Foüard, Grancourt.*
Grandemaison (De), major de la place d'Aire, 2734.
Grandi (Abbé Tomaso), 1585, 1586, 1595, 1614, 1692, 1693, 1775, 1861, 1869, 1872–1877, 1960–1964, 1973, 2039, 2046, 2047, 2098–2101, 2170, 2175, 2248, 2251.
Grandi (Dom Marco-Antonio), religieux bénédictin, neveu du précédent, 2251.
Grandin, 141.
—— officier municipal de Calais, 3719.
Grandjean, graveur à l'Imprimerie royale, 2344.
—— 3751,
—— V. *Bouzanville.*
Grandlieu, receveur de l'entrepôt du sel à Remiremont, 2370.
Grandmaison (Pierre de Bessac, sr de), capne au régt de Persan, 92.
—— (De), capne au régt de Picardie, 396.
—— (De), 987, 1218, 1407.
—— (De), capne au régt de Boulonnais, 2131.
—— (De), lieut de roi du fort St-Jean à Marseille, 2131, 2137, 2140, 2143, 2188, 2251, 2269, 2271, 2399.
—— (Françoise de), religieuse trinitaire à Valence (Dauphiné), 2044.
—— étapier?, 2140–2142, 2273.
—— cavalier au régt Royal-Cavie, 2416.
—— (Millin de), régisseur des fourrages, 3419, 3647, 3648, 3707, 65 s, cons LX, LXV a, LXV b, LXVII, LXIX.
—— (Thomas-Aug. Le Roy de), lieut-gal, 3525, 3560, 3588, 50 s.
—— V. *Francine, Leclerc, Granmaison.*
Grandmaisons (De), capne au régt de Tournaisis, 1862.
—— (De), 2140.
—— (Grimaudet de), 2792.
Grandmesnil (De), lieut-col du régt de Permangle, 1830, 1901.
Grandmont (De), officier, 2142, 2219.
—— (De), major du régt de Fontaine, 2392.
—— (Chr de), 2413.
Grandmoulin. V, *Mesnilnurry.*
Grandperre, échevin de Sarrelouis 2321.
Grandpré (Ch.-Franç. de Joyeuse,

comte de), lieut^t-g^{al}, 116, 133, 134, 137, 157, 158, 209.
Grandpré (De), 1158.
—— (De), commissaire général d'artillerie, 1898.
—— (De), lieut^t au rég^t de Bourgogne-inf^{ie}, 2130.
—— (De), cap^{ne} au rég^t de Barbezières, c^{on} LXXXVI.
—— (François, baron de), lieut^t-g^{al}, 3526, 3550, 3602, 3683, 3685, 3686, 3693, 3717, 3720, 3767, c^{ons} XXXV, XLIII, L b, LX, LXII.
—— (De), 47 s., 49 s. — Cf. les précédents.
—— V. *Grampré, Joyeuse.*
Grandru (De), colonel, 116.
Grandsire, bourgeois de Boulogne-sur-Mer, 2311.
Grandval (De), cap^{ne} au rég^t de Du Bosquet, 123.
—— (De), colonel de dragons, 1800, 1802.
—— (De), 1906, 2131, 2417.
—— (Ch^r de), c^{on} LXI.
—— (De), 2049.
—— (Teyras de), c^{ons} LIII, LXVII.
—— (De), lieut^t au rég^t de Périgord, 2137, 2139.
—— V. *Moncharvos.*
Grandvillars (De), 882, 884, 967, 968, 979, 987, 997, 1238, 3780.
—— V. *Barbauld.*
Grandville (De), officier au rég^t de Champagne, 987.
—— major de la place d'Aire, 1483, 1831.
—— cap^{ne} au rég^t de Vermandois, 2416.
—— (J.-B. Dugrou, s^r de), comm^t et intendant en Clermontois pour le prince de Condé, 3035, 3051–3054, 3068–3070, 3073, 3074, 3109, 3123–3125, 3127, 3155, 3183, 3210, 3217, 3316, 3387, 3392, 3396, 3406.
—— V. *Granville.*
Grandvillers (De), c^{on} LXIII.
Granet, lieut^t au rég^t d'Aunis, 2242.
—— consul de Toulon, 3704.
—— président du directoire du Var, c^{on} LXV b.
Granfy (De), officier au rég^t de Kerkem, 2242.
Grange (Coret de), cap^{ne} au rég^t de Vivarais, 1832.
—— commis du fournisseur Fargès, à Beauvais, 2310.
Grangemont (De), lieut^t de roi à Monaco, Belfort, Stenay, 988, 1094, 1333, 1415, 1417, 1435, 1519, 1585, 1586, 1693, 1854–1856, 2143, 2243, 2244.
Grangère (De), officier au rég^t de Senneterre, 2228.
Granges (De), 1148.
—— V. *Puy-Guyon.*
Grangier. V. *Roquemont.*
Granier, comm^t le château d'Hornberg, 2032.
—— V. *Gravier.*
Granmaison (De), officier, 1855, 2143.
—— (De), lieut^t de maréchaussée à Reims, 3260.
—— V. *Grandmaison, Grandmaisons.*
Granru (De Beauvau), 116.
Grant, officier du rég^t de Clare, 3145, 3154, 3497.
—— (Jacques), écossais établi à Boulogne-sur-Mer, 3408.
—— V. *Blairfindy.*
Granuelo, 264, 310.
Granval (De), cap^{ne} au rég^t de Guyenne, 2022.
Granville (échevins, bourgeois, etc., de). V. *Clément, Deslandes, Dumanoir, Fraslin, Géraldin, Le Marié, Lucas, Malicorne, Quinette*, etc.
—— (De), 97. — Cf. *Grandville.*
—— (De), gouverneur de Swartsluys, 324.
—— (De), cap^{ne} au rég^t de Vermandois, 1857.
—— (Étienne-Julien Loquet de), lieut^t-g^{al}, 2270, 2940, 2941, 2947, 2951–2953, 2955, 2958–2960, 2981–2983, 2999–3002, 3012, 3047, 3157, 3159.
—— (De), major de la place de Toulon, 2700, 2713.
—— (De), commissaire des guerres, 3748.
—— (Injardy de), c^{on} XLVIII.
—— V. *Montaigu.*
Grany (De), trésorier à Arras, 2314.
Gras (Deserre, marquis de), officier de cuirassiers, c^{on} LXV d.

Grasigny (De), officier, 1483.
Grasse (Habitants, maires, clergé de). V. *Chateaurenard, Gourdon, Isnard, Lombard, Muraire, Riouffe, Verjus.*
—— (Comte de), marin, 3734, 3736.
Grasset (Chr de), ancien capne au régt Royal-Piémont, 2138, 2272.
—— ancien officier, con XIX.
Grasseteau (De), lieutt d'une compagnie des Gardes du roi, 146.
Grassin (De), 18 s., 21 s. — Cf. le suivant.
—— **de Glatigny** (Simon-Claude de), mar. c., 2955, 2959, 3000, 3028-3031, 3033, 3069, 3085, 3088, 3089, 3135, 3137, 3140, 5141, 3143, 3146-3148, 3200-3204, 3209, 3275.
Grassot, secrétaire du maréchal de Tessé, 1691, 1764, 1765.
Grassy, procureur du pays de Provence, 3232, 3262.
Gratelon (De), capne au régt de Hainaut, 1798.
Gratiosi, 6.
Gratot, officier, 2269.
Grau, chanoine de Tournai, 3088.
Grault, officier municipal de Cherbourg, cons LX, LXI.
Grave (De), capne au régt de Languedoc, 2095, 2411.
—— (De), lieutt au régt d'Isenghien, 2230.
—— (De), capne au régt de Cambis, 3419.
—— (Comte de), cons XLII, LXXVI.
—— (Mis de), cel des Chasseurs de Guyenne, cons LXII-LXIV.
Gravel (Robert de), ministre de France à Ratisbonne, puis en Bavière, 190, 209. — Cf. les deux suivants.
—— (Abbé de), ministre de France à Mayence, 265, 275-282, 284, 288-291, 319, 322-330, 343-349, 378-394, 407, 408, 410-414, 416, 417, 468, 487, 496, 497, 514, 535, 536, 1 s. — Cf. le précédent et le suivant.
—— (Jules de), ministre de France en Suisse, 484, 485, 538, 566, 567, 584, 608, 615, 628, 668, 820, 826, 828, 830, 831, 890, 3779, A 92 *bis*. — Cf. le précédent.
Gravel (Abbé? de), 1082, 2678. — Cf. les deux précédents.
—— (Maximilien-Henry, mis de), mar. c., 2737, 2925, 2944, 2945, 2951, 2982, 2983, 2989, 2990, 2999, 3002, 3047, 3088, 3101, 3135-3137, 3140, 3164, 3167, 3197, 3203, 3215, con XVII.
—— (Mme de), 63.
Gravelines (Lieutt. de roi, échevins, etc., de). V. *Flavacourt, Mareschal, Princé*, etc.
Gravelle. V. *Gravel, Reverseaux.*
Graves (Henri de), capne au régt de Picardie, 123.
—— (De), officier, 2371.
Graveson (De), 300.
—— (De), 1213.
Gravets (J.-B.), maître de forges à Mariembourg, 3761.
Gravier, 209, 210, 224, 225, 227.
—— (F.), administrateur de l'Hôtel-Dieu de Tours, 2144, 2270.
—— V. *Granier, Vergennes.*
Graville (J.-B., chr de), chevalier de Malte, envoyé chez les Grisons, puis à Florence, 1683, 1860.
—— (L.-Robert Malet de Valsemé, comte de), lieutt-gal, 3031, 3033, 3206, 3207, 3275, 3281, 3407-3409, 3412, 3419, 3461, 3469, 3477-3482, 3493-3497, 3503, 3506, 3508, 3509, 3569, 3579, cons XX, XXVI.
—— (Mme de —, née Chamilly), 3207.
—— V. *Valsemé.*
Gray (De), capne au régt Dauphin, 1951.
Graymond (De), écossais, 158.
Grazelery, capne au régt d'Auxerrois, 2137.
Graziani, corse, 3361.
Gréaulme (Vicomte de), aide-major-gal des logis, envoyé auprès du duc de Wurtemberg, 3467, 3483, 3486, 3525, 3584-3590.
Gréaume, 3539.
Gréaux (Pierre de), consul de Digne, 2250.
Grebel, 879.
Grécourt (Mme de), 2144.
Greder (Wolfgang de), brig., 343.

Greder (Franç.-Laurent de), lieut^t-g^al, 792, 891, 958, 1525, 1571, 1572, 1604, 1700, 1754, 1843, 1852, 1856, 1895–1897, 2086, 2133, 2137, 2139, 2140, 2142, 2269, 2270, 2273, 2370, 2411, A. 89.
—— (Balthasar de), brig., 1839, 1935–1937, 1945, 2142, 2269, 2270, 2273, 2370, 2411. — Cf. le précédent.
Green, général américain, 3734, 3735.
Greenweiller (Charles, landgrave de), 2795.
Greffeuille, officier au rég^t d'Agénois, 1846, 1857, 1858, 1896, 2242.
Greffontaine (De), lieut^t de roi d'Amiens, 870, 2025, 2145.
Grégoire (Le P.), capucin, 134.
—— cap^ne au rég^t de La Marck, 2017.
—— V. *St-Sauveur.*
Grégory (Mis de), 3187.
Grelon (Ch^r de), ambassadeur en Danemark, 440.
Grelot, 1052.
Gremecy. V. *Russelot.*
Gremonville (De), intendant, 61, 98. 102, 190.
—— (Franç. de Bretel, ch^r de), lieut^t au rég^t de Picardie, 92.
—— (Jacques de Bretel, ch^r de), lieut^t-g^al, ambassadeur, 128, 129, 190, 279, 342, 343, 347.
—— V. *Grenonville.*
Grené. V. *Courcelles.*
Grenedan (Ch^r de), lieut^t-c^el du rég^t de Lannion, puis de celui de Caraman, 2137, 2141, 2143.
Grenet, 420.
—— (J. H.), bailli de la seigneurie du Rocquiert, dans le Cambraisis, 2025.
Grenier, 1116.
—— (De), cap^ne au rég^t de Navarre, 1605.
—— sous-lieut^t au rég^t de Coëtquen, 1857.
—— (De), cap^ne au rég^t de Picardie, 1862.
Grenoble (Municipalité, clergé, etc., de), c^ons LIV, LXIV, LXV b. — Cf. *Alemand, Bally, Barbier, Barral, Basset, Bérulle, Boissieu, Bonnet, Bourcet, Caulet, Colombinières, Didon, Donys, Dufaure, Du Motet, Du Plessis, Expilly, Fornier, Frère, Gagnon, Grammont, Guillet, Jomaron, La Berchère, La Croix, Le Camus, Letellet, L'Islemont, Moisson, Monticourt, Montmartin, Moydieu, Pacquion, Piolenc, Ponnat, Reynaud, Rolland, Rossignol, Saint-André, Scarron, Simiane, Trelliard, Valentier, Vidaud, Villeneuve*, etc.
Grenoilleau (Isaac), correspondant de Samuel Bernard à Gênes, 1780.
Grenonville. V. *Gremonville.*
—— (De), cap^ne au rég^t Royal, 1831.
Grenut (Pierre de), brig., 1853, 1855, 1858, 2039, 2243.
Grésigny (De), brig., 2467.
Grésillemont (De), commissaire ordonnateur, 613, 832, 884, 889, 966, 967, 970, 982, 983, 1069, 1070, 1158, 1159, 1215, 1216, 1218, 1236, 1264, 1265, 1285–1287, 1321, 1322, 1379, 1407, 1408, 1483, 1644, 1656, 1660, 1661, 1678, 1679, 1754, 1761, 1854, 1954, 1956, 2033, 2135, 2162, 2163.
Gresolle (De), député de Rhône-et-Loire, à l'Assemblée N^le, c^on LXV a.
Gressier. V. *La Grave.*
Gressin, commissaire des guerres, 97, 116, 158, 468.
Greulzin. V. *Taffin.*
Grevenbroch (B^on de), ministre de l'Électeur palatin, 2729, 2768, 2796, 2825, 2839, 2874, 2947, 3037, 3044, 3047, 3157, 3163, 3184, 32 1, 3262, 3312, 3430, 3463, 3465, 3500, c^on XXVII.
Grevillot, 2134.
Greyfenerantz (De), chancelier du duché de Deux-Ponts, 1899, 2030, 2167.
Gribaldy de Baudrand, cap^ne au rég^t de Sourches 1831, 1971.
Gribeauval (J. B. Waquette de), lieut^t-g^al, 3431, 3475, 3477, 3485, 3486, 3523?, 3691, 3761, 3766, c^ons XLII, XLV, XLVI, XLVII b, XLIX, L, L b, LIII, LIV.
—— V. *Chépy.*
Gribonval (De), lieut^t au rég^t de Champagne, 141.

Grich (Baron de), 1963.
Grienenberger, administrateur du district d'Altkirch, c^on LXV d.
Grieu (De), officier, 397.
—— (De), capitaine de frégate, 3538.
Griffeuille (De), officier, 365, 410. — Cf. *Griffueille*.
Griffon, officier, 3494.
Griffueille (De), lieut^t-c^el du rég^t de La Force, puis commandant à Bavay et Saint-Ghislain, 1830, 1831, 1944, 2021, 2132, 2135, 2142, 2143, 2159, 2160, 2273, 2301, 2415. — Cf. *Griffeuille*.
Grignan (Philippe Adhémar de Monteil, baron de), lieut^t-c^el du rég^t de La Marine, 92.
—— (Franç. Adhémar de Monteil, m^is de), mestre-de-camp du rég^t de Champagne, 146, 151.
—— (Louis Gaucher de Castellane-Adhémar de Monteil, comte de), mar. c., 146?, 182.
—— (Franc. de Castellane-Adhémar de Monteil, comte de), lieut^t-g^al de Provence, 278?, 279?, 299, 355, 359, 362, 511, 597, 610, 672, 837, 902–906, 1002–1004, 1009–1010, 1083, 1116, 1167, 1170, 1224, 1225, 1227, 1272, 1274, 1275, 1286, 1333, 1418, 1428, 1436, 1468, 1524–1526, 1595, 1598, 1607, 1703, 1764, 1765, 1767, 1768, 1861, 1872–1876, 1895, 1897–1900, 1973, 1974, 2008, 2038, 2039, 2041–2043, 2098–2102, 2132, 2134, 2137, 2142–2145, 2170–2172, 2188, 2247–2249, 2251, 2261, 2267, 2273, 2326, 2370, 2399, 2400, 2463, 2467, 2468, 2506, 2524, c^on VII.
—— (Louis-Provence, m^is de), brig., 1549, 1555.
—— (Ch^r de), 1767.
Grigny (De), 1861, 1862.
—— **de Fresnoy** (Marquis de), A. 89, A. 90. — Cf. *Fresnoy*.
Grille (Gaspard-Joachim de Grille-Robiac, ch^r, puis bailli de), lieut^t-g^al, 3031, 3094, 3097, 3143, 3144, 3262.
—— **d'Estoublon** (Ch^r de), officier de marine, 3224, 3226, 3227, 3236.
Grillet (J. B.), greffier au Parlement de Besançon, 1857.
—— prieur de Pontigny, 3127.
—— **-Llobet** (Joseph), consul de Perpignan, 2272.
—— V. *Brissac*.
Grillo-Castaneo, corse, 3370.
Grillon (De), officier au rég^t d'Auvergne, 88, 151.
—— 3311.
—— V. *Salles*.
Grillot, directeur des affaires extraordinaires du roi en Franche-Comté, directeur et receveur du rachat de l'annuel au comté de Bourgogne, 2241, 2243.
Grimal, 1608.
Grimaldi (Louis, ch^r, puis baron de), mar. c., 949, 1468, 1743, 1760, 1830, 1831, 1876, 1877, 1946, 1960, 1968, 1973, 2021–2023, 2139, 2142, 2144, 2220, 2221, 2268–2271, 2300, 2301, 2339, 2370, 2375–2377, 2381, 2382, 2384, 2386.
—— (m^is de Ceva —), lieut^t-g^al des troupes d'Espagne, 1736, 1742, 1743, 1831, 1833, 1834, 1838, 1940, 1944–1946, 2020, 2084, 2086, 2133, 2136, 2149, 2152, 2153, 2255.
—— (Mis de), commd^t à Saint-Paul-du-Var, 1767, 1768, 1775, 1875, 1895, 1967, 2041, 2701, 3780.
—— (Ceva —), 2144, 2219.
—— (Honoré-Franç. de), archevêque de Besançon, 2678.
—— (Ch^r de), gouverneur de la principauté de Monaco, 3060–3065, 3071, 3074, 3115–3120, 3127, 3172–3175, 3226, 3230, 3290, 3391, c^on XVIII.
—— (J. B.), génois, 3177.
—— (Franco), 3350, 3362.
—— (Rainieri), député de Gênes pour les affaires de Corse, 3330, 3331, 3415.
—— (J. J.), commissaire de Gênes en Corse, 3361, 3362, 3370, 3371, 3380.
—— (Mis de), 3605, 3650, 3659, 3685, 3690.

Grimaldi (De), 3635.
—— (Augustin), commissaire de Gênes, 3247, 3295, 3303.
—— **d'Antibes**, officier au rég^{t} Commissaire-Général, 3500.
—— **de Gattières** (Mis de), officier sarde, 3729.
Grimaldo (Don Joseph, m^{is} de), ministre espagnol, 1886, 1887, 1960, 2020, 2049, 2105, 2133, 2140, 2177, 2178, 2255, 2329, 2342, 2404, 2406, 2408, 2417, 2466-2468, 2488, 3261.
Grimani, 6.
Grimaud, échevin de Marseille, 2141, 2188.
Grimaudet. V. *Grandmaisons*.
Grimberghen (Prince de), ministre de Bavière à Paris, 2927, 2928, 2970, 3001, 3006, 3039, 3110, 3204, 3310, 3311, 3313.
Grimme (De), officier allemand ou hollandais, 3184.
Grimont (De), cap^{ne} d'inf^{rie}, 102.
Grimoard (Ph. H. de), g^{al} de d^{on}, historien, éditeur des *Mémoires* de Turenne, 3720, 3740, 80 s., c^{on} LXV c..
—— V. *Du Roure*.
Grimod. V. *Du Fort* et *La Reynière*.
Grimonville (De), officier au rég^{t} de Saint-Evremont, 2137.
Grimottière (De), supérieure des Ursulines de Chambéry, 1968.
Grimouard-Dupéré, commissaire d'artillerie à Verdun, 1844.
Grincourt. V. *Landas-Louvigny*.
Gripière (Ch^{r} de), 3732.
Grisebach (Jean-Ludolphe), «auditeur général de l'armée britannique», 3526.
Grisolles (De), officiers, 1983, 1984, 2052, 2135, 2136, 2138, 2159, 2261.
Grisons (Conseil et députés du canton des), 11, 20, 535, 567. — Cf. *Groos*.
Gritti, colonel, député à Dinant par le prince-évêque de Liège, 394.
Grivel. V. *Ouroy*.
Grivellé. ingénieur, 966, 972.
Grivet, procureur du roi à Cognac, 134.
Grobois, maire de Riom, 2183, 2418.
Grodval (Aaron), juif employé aux fournitures en Allemagne, 3505.
Groeben (Baron de), 2947.
Grœme (Ch^{r}), 3261.
Grœninger (J. Fréd.), de Bergzabern, c^{on} XLIV.
Grœsbeck (Comte de), envoyé extraordinaire de Liège, 870, 887.
Grofeey (R.), entrepreneur de fournitures à Luxembourg, 2142.
Groignard, constructeur de vaisseaux, 3533, 3601.
Groisy (De), 2269.
Groix (Habitants de l'île de). — V. *Grondel*, *Sauret*.
Grojean, cap^{ne} suisse, 279, 313.
—— (A. L.), membre du Directoire de la Marne, c^{on} LXV b.
Grolaine, prêtre de Saint-Sulpice, 2370.
Grollier (Ant. Ch. Jos. de Servières, ch^{r} de), lieut^{t}-gén^{al}, 3172, 3173, 3237, 3262, 3418, 2465, 3477, 3485, 3550, 37 s., c^{ons} XXXV, XXXVI.
—— V. *Servières*.
Grondeau de Flobert, commissaire de la Gendarmerie, 1237, 1611.
Grondel (De), commd^{t} à l'île de Groix, 3281, 3410.
Gronden (A. V. de), cap^{ne} hollandais, 3255.
Gronsfeld (Comte de), gouverneur du Luxembourg, 2547.
Groos, colonel, bailli du pays des Grisons, 2843.
Groot (Isaac de), peintre, 3408.
Gropallo (Vincenzo), général génois, 3298.
Gropel. V. *Gropello*.
Gropello, intendant et maître des comptes du duc de Savoie, 1327, 1371, 1373, 1379.
Groroux, brig. de la maréchaussée à Altkirch, 3094.
Gros, échevin de Crémieu (Dauphiné), 3703.
—— échevin de Clermont-Ferrand, c^{on} LIII.
Grosberg (Comte de), chambellan du cardinal de Bavière, 3086, 3087, 3200, 2206.

Grosbois (De), colonel, 1832, 1844, 1944.
—— V. *Grobois*.
Groschlag (Baron de), ministre près le Cercle du Haut-Rhin, 3627, 3743, 3744, 3759.
Grosjean, premier secrétaire de l'intendance de Strasbourg, 3578.
—— membre du Directoire de la H^te^-Savoie, c^on^ LXV c.
Groslier (De), lieut^t^-g^al^ de police à Châteauneuf-en-Thymerais, 2267.
Grosmann (Henri-Guill., baron de), 3077.
Grosmont (De), officier, 3519.
—— V. *Parent*.
Grosrouvrer (De), 279.
Gross (Baron de), grand doyen de l'évêché de Würsbourg, 3515.
Grossan. V. *Saint-Bernard*.
Grossemaud, officier au rég^t^ de dragons de La Vrillière, 1856.
Grossetête (De), officier commd^t^ à Morella, puis à Lantosque, 2178, 2251, 2326.
Grossin. V. *Gélagy*.
Grossolle. V. *Saint-Paul*.
—— **de Saint Martin** (Veuve de), A. 89.
Grossolles (N..., ch^r^ de), lieut^t^-g^al^, 3188, 3260, 3263, 3280, 3338, 3409, 3410, 3418, 3496.
—— V. *La Geyre*.
Grosteste, maire de Vitry-le-François, c^on^ LXV b.
Grostette. V. *Jouy*.
Groüalle, maire de Caen, 2186.
Groubbe, 1759.
—— ancien officier du rég^t^ de Sparre, 2300.
Grouchet, chanoine de la Sainte-Chapelle de Bourges, 2132.
Grouff (De), officier général du service d'Espagne, 1736, 2081.
Grouhas (De), 158.
Groullier, maire de Toul, 2321.
Grout, commd^t^ d'un b^on^ de milice de Saumur, 3188.
—— V. *Princé, Saint-George*.
Grouzelier (Adrian), maire de Toul et conseiller au Parlement de Metz, 2035, 2133, 2141, 2167, 2323.
Grovenstein (Comte de), major g^al^ de cavalerie du service de Hollande, 2396, 2412.
Gruchet, maire de Fécamp, 3260.
Gruel du Says (De), gouverneur de Gap, 2370.
Grumbko, ministre de l'électeur de Brandebourg, 995.
Grumenil (De), cap^ne^ au rég^t^ de La Marine, 2142.
Grumesnil ? (De), cap^ne^ au rég^t^ de Piémont, 102, 123.
Grüne, marin anglais proscrit, établi à Boulogne-sur-Mer, 3534.
Grunne (Comte de), commissaire autrichien aux Pays-Bas, 3225.
Gruret (Ch^r^ de), officier, 997.
Gruson de Manicourt, commissaire d'art^ie^, 1835.
Gruyer (Le P. de), jésuite, 2054.
Gruyverlain (De), major du rég^t^ de Bourbon-cav^rie^, 2141.
Guadet. V. *Brunet*.
Guagno, corse, 3360.
Gualdo (Nicolas), 516.
Gualterio. V. *Gualtieri*.
Gualtieri (Phil. And.), archevêque d'Athènes, puis évêque d'Imola, nonce et cardinal, 1454, 1484, 1524, 1525, 1602, 1604, 1775, 1865, 1866, 1877, 1895-1898, 1900, 1967, 1968, 2047, 2131, 2137, 2138, 2251, 2268.
Guarnaschelli, lieut^t^ au rég^t^ de Péry, 1862.
Guarnier, lieut^t^ au rég^t^ de Lorraine, 123.
Guasto (Baron de), 2080.
Gubernatis (Comte de), 2399.
—— **de Bauson**, sénateur niçois, 1973, 1974.
Gudehenon, 2904.
Guébriand (De), 3220, 3285, 3309.
Guébriant (J. B. Budes, comte de), mar. Fr., 98.
—— (Renée Du Bec, maréchale de), 88.
—— **de Budes** (De), chef d'escadre, 3452, 3466, 3467, 3492, 3569,
Gueffia, cap^ne^ au rég^t^ de Labour, 2419.
Gueffron-La Salle d'Avon (De), sous-lieut^t^ au rég^t^ de Périgord, 1862.

Guéheneuc. V. *Du Bois*.
Gueille (Dominique), religieux de l'abbaye de Neubourg, 2138.
Guelambert, capne au régt de Boulonnais, 2089, 2420.
—— (De), con LXXVI.
Gueldin. V. *Tieffenau*.
Gueldre (Duc de), 134.
—— (États et députés de la province de), 547, 567, 604, con XXXIII.
Guelle, capne au régt de Luxembourg, 2271.
—— employé des finances (?), 3624.
Gueyling d'Altheim, 2904.
Guemadeuc. V. *Du Guemadeuc*.
Guéménée (Marguerite de Béthune, princesse de), 118.
—— (Anne de Rohan, princesse de), 134.
Guémy (De), capne au régt de Villeroy, 2265.
—— (Chr de), lieutt de roi à Boulogne-sur-Mer, 3142, 3154, 3405, 3408.
Guénand, officier au régt de Lannion, 1946.
—— (De), lieutt-cel du régt de Froulay, 2140, 2228.
—— (De), 3098, 3224-3226, 3229, 3230.
—— (Marquise de), 2130.
Guénard (De), de Nogent-sur-Seine, 3185, 3187.
Guendica (Don Luis de), commdt à St Sébastien, 3496.
Guenebault, dit «Champigny», soldat au régt de Poitou, 2144.
Guénégaud (De), ambassadeur, 512, 3779.
—— (De), 2140.
—— V. *Plancy*.
Guenepin, gardien des Cordeliers de Beaune, 2411.
Guenet (Abbé), docteur en Sorbonne, 2134.
Guenieu (De), officier au régt de Gesvres, 86.
Guenin, commissaire des guerres, 253, 262, 276, 342, 350, 357, 420, 440, 443, 460, 466, 506, 509.
—— **du Bochet**, 3182.
Guenot, garde d'artillerie à Amiens, con LXVI.
Guer (J. Franç. Constance de Marnières, chr de), lieutt-gal, 2936, 2977, 2978, 3026, 3028-3030, 3033, 3035, 3036, 3071, 3561-3563, 3565.
Guérande (Municipalité de), con LXV d.
Guerapin (De), 33, 38.
Guerara. V. *Ladron (de)*.
Guerard, 2242, 2622.
Guerchy (L. de Regnier, mis de), lieutt-gal, 1855, 1878, 1967, 2022, 2328, 2329, 2404, 2407, 2408, 2466-2468, 2488, 2505, 2697, 2921.
—— (Claude. L. Franç. de Regnier, comte de), lieutt-gal, 2919, 2943, 2945, 2949, 3031, 3088, 3198, 3199, 3411, 3439, 3473, 3475, 3478, 3480-3486, 3504, 3510, 3525, 3554, 3555, 3560, 3611, 3612, 3614, 3632, 41 s, 49 s, cons XIX, XXIV, XXIX, XXXIII, XXXVI, XL, LXXXVI.
Guéret (Échevins, bourgeois, etc., de). V. *Bourgeois*, *Dumas*, *Josse*, etc
—— curé de St Paul, à Paris, 3173.
Guérin, 459.
—— (Jacob), 969.
—— (De), 1952, 1953.
—— (Ant.), entrepreneur de fournitures de souliers pour les troupes, 2134, 2272.
—— (Chr de), 2269.
—— prévôt à Libourne, 2273.
—— 2769.
—— officier du service de Hollande, 3147.
—— capne d'une compagnie d'ouvriers, con LXIII.
—— V. *Bruslart*, *Desarennes*, *Lugeac*.
—— **de Foncin**, capne du génie, 3720. — Cf. *Foncin*.
—— **de La Tour**, chirurgien-aide-major, 3404.
Guerisac (De), colonel de garde-côtes de l'évéché de Tréguier, 1609.
Guerittot, vicaire général de l'ordre de Cluny, 1843.
Guermange (De), capne au régt de Rosen, 1558, 1830.
Guernes (De), capne au régt de Périgord, 3631.
Guerpel, chef d'escadron aux Hussards de Lauzun, con LXV.

Guerra (Don Miguel), ministre espagnol, 1883, 2052.
Guerran, commis de l'extraordinaire des guerres, 949.
Guerre (Directeurs et personnel du Dépôt de la). V. *Belmont, Berthier, Des Dorides, Foucard, Lafaÿe, Thibault, Thiénot*, etc.
—— (Commis et personnel divers du Ministère de la). V. *Baudard, Bérenger, Campy, Charrin, Du Bois, Dufour, Dumas, Ervillé, Girolles, Laurence, Le Tourneur, Melin, St Paul, Thouran*, etc.
—— (Ministres de la). V. *Le Tellier, Louvois*, etc.
Guerrier, officier ou commissaire d'artillerie, 3315.
Guerrieri (Bonaventure), doyen de St-André de Mantoue, 1586, 1690, 1862, 1870, 2046.
—— (César), frère du précédent, 1586, 1690, 1862, 1870, 2046.
Guerrinet (Henri-Grossie du), lieut^t au rég^t de Navarre, 123.
Guerry, lieut^t de roi de Philippeville, 1644, 1831, 1946.
—— (Ange), subdélégué de l'intendant d'Orléans, 2265.
—— (Ch^r de), cap^ne au rég^t du Roi, 2419.
Guersech, drogman, 5.
Guesdron (Frère Julien), supérieur des religieux récollets attachés à l'armée du Rhin, 2244.
Guesnon, 3338.
Gueulette, membre du Conseil supérieur de l'Inde, 3541.
Gueuvelle, aide-major du rég^t de Rosen, 1942.
Gueyling (De), officier au rég^t Royal-Allemand, 2926.
Gugy (De), lieut^t-c^el du rég^t de Sonnenberg, c^on LX.
Guiard d'Amilly (Ch. Franç.-Anne, ch^r de), officier d'artillerie, 3581.
Guiart, officier de l'Hôtel-de-ville de Sedan, 2244.
Guibal, officier au rég^t de La Marine, 123.
—— fils, 17 s.
Guibert, entrepreneur des vivres, 1986.
Guibert, cap^ne d'invalides à St-Martin-de Ré, 2144.
—— (De), major du rég^t d'Auvergne, 3084.
—— (Jean-Benoît, comte de), lieut^t-g^al, 3559-3561, 3564, 3565, 3582, 3585, 3602, 3664.
—— (Jacques-Ant. Hipp. Fr. Ap., comte de), mar. c., écrivain, A. 103, c^on LXXIII.
—— (De), 3570.
—— (De), officier de dragons, LXII, LXIII.
Guibourg, maire de Montfort, 2411.
Guichard, ermite près de Pise, 2047.
—— (De), officier au rég^t de La Couronne, 3032.
—— échevin de Crémieu (Dauphiné), 3703.
—— de Dunkerque, 3704, 3710.
—— (Franç. de), lieut^t au rég^t de La Valette, c^on LXXXVI.
—— de Bignival, lieut^t-criminel de robe courte à St-Dizier, 2187.
Guichardet (Jeanne-Laurence Didier, veuve de Humbert de), A. 89.
Guiche (Armand de Gramont, comte de), lieut^t-g^al, 342.
—— (Duc de), c^ons VII-IX, LXXV.
—— V. *Gramont.*
Guichenon (Fr.), jacobin, professeur de théologie à Bourg-en-Bresse, 2183.
—— subdélégué à Sarreguemines. 3011.
Guichon, syndic de Chambéry, 2145, 2250.
Guiese, cap^ne de compagnie franche, 2035, 2224, 2238, 2242-2244.
Guiffrey. V. *Marcieu.*
Guigax, officier au rég^t de Hessy, 3780.
Guignard (Joseph), prêtre franc-comtois, 2168, 2243.
—— secrétaire du m^al de Noailles, 3028, 3034, 3207, 3275.
—— 3141.
—— V. *St-Priest.*
—— **de La Garde**, commissaire des guerres, 3493.
—— **de La Leu**. V. *La Leu.*
Guigne, lieut^t au rég^t de Marloup, 2141.
Guigner, commissaire anglais, 3569, 3571, 3576-3579, 3602-3604,

3606, 3620-3622, 3624, 3626, 3632.
Guigniard. officier aux dragons de Penthièvre, c^{on} LXV.
Guignonville (Lenain de), colonel, 2379, 2380.
Guigon, consul à Draguignan, 2102.
Guigoni, major du rég^t de Soissonnais, 2936.
Guigou (A.), consul de La Seyne, c^{on} XIX.
Guigox (?), cap^{ne} au rég^t de Hessy, 2237.
Guilhem. V. *Ste-Croix*.
Guilhemandy (De), commd^t à Pampelune, 1982, 2052.
Guillain, lieut^t-c^{el} du rég^t de Froulay, 2243, 2244.
—— 2904.
Guillard. V. *La Motte*.
—— **-Damoy**, conseiller au Grand Conseil, 2414.
Guillaumanche (Ch^r de), lieut^t de vaisseau, c^{on} XLIX a.
Guillaume III, prince d'Orange, statouder de Hollande, roi d'Angleterre, 279, 288, 289, 323, 391, 392, 400, 438, 440, 442, 443, 445, 446, 448-452, 455, 490, 499, 541, 551, 553, 567, 584, 585, 595, 597, 629, 630, 895, 1572.
Guillaume (abbé), 506.
—— 992.
—— échevin de Toul, 2035, 2169.
—— maire de St Dizier, 2143, 2344.
—— dit «le prince Guillaume». V. *Furstenberg*.
Guillaumes (Échevins, etc., de). V. *Bœty, Duprat*, etc.
Guillaumet, maître de poste à Vienne (Dauphiné), 2134.
Guille (Jean), brig., 3180, 3232, 3243, 3314.
Guillebert (Veuve), 2140.
Guillebon (De), lieut^t-c^{el} du rég^t de Vivans, 1952.
—— (De), lieut^t-c^{el} du rég^t de Beaujeu, 2343.
Guillecour (Jos. de La Fosse), cap^{ne} au rég^t de Normandie, 123.
Guillemard, entrepreneur des fortifications de Longwy. 2395.
Guillemelle, membre du Conseil permanent de Cherbourg, c^{on} LX.
Guillemet, juge-consul à Paris, 2270.
Guillenville, membre du Comité municipal de Cherbourg, c^{on} LIV.
Guillerot (J.-B.), brigadier de la maréchaussée d'Issoudun, c^{on} LXV c.
Guillerville (De), gouverneur de Bouillon, 966, 970, 987, 997, 1064.
Guillet (Modeste), avocat à Grenoble, 2044.
Guilliaud, industriel à St-Étienne, c^{on} LVIII.
Guillier, 359.
—— lieut^t-c^{el} du rég^t Royal-Comtois. 2133.
Guillin, officier d'invalides à Belle-Isle, 2142.
Guilliot, membre du Directoire de l'Aisne, c^{on} LXIX.
Guillo, médecin à l'hôpital de Dôle, 2269, 2273.
Guilloire, major de la place de Toulon, 1767, 1861.
Guillomet, trésorier de la maréchaussée de Flandre, c^{on} LXIV.
Guillomont, major de la place de Lille, c^{on} LIII.
Guillon, administrateur du district de Saumur, c^{on} LXV b.
Guillot, lieut^t de roi à Nemours, 2418.
—— 2871, 3127, 3410.
—— aide-major, 2943.
—— subdélégué de l'intendant Le Bret, à St-Malo, c^{on} XXVI.
—— commissaire-g^{al} de la Marine, 3621.
Guillotière (De), 134.
Guillotin, officier de garde-côtes à l'île d'Oléron, 3510. — Cf. *La Martière*.
Guilly (De), de Toul, 2169, 2321.
Guillyn, ingénieur, envoyé en Portugal, 1884, 1885.
Guimberteau-Boismilord, colonel de la Garde n^{le} de Blanzac, c^{on} LXI.
Guimera. V. *Montclar*.
Guimetières (De), 110.
Guinaud, échevin de Langres, 2136.
Guinbeau-Agnos, négociant à Oloron, 2178, 2183, 2265, 2620.

Guinda (Siméon de — y Apestegui), évêque d'Urgel, 2771.
Guindry, administrateur de l'Hôtel-Dieu de Tours, 2270.
Guines (Ch^r^ de). cap^ne^ au rég^t^ Dauphin-inf^rie^, 2023.
—— (Adrien-Louis, comte, puis duc de), lieut^t^-g^al^, 3648, 3753.
—— V. *Souastre.*
Guingamp (Municipalité de), c^on^ LXVI, LXVIII.
Guiñones (De), envoyé extraordinaire d'Espagne, 240, 241.
Guinot. V. *Montconseil.*
Guion, commis des vivres à Péronne, 2158.
—— régisseur des vivres, 3505.
Guiot, ancien officier, 3418.
Guiran, directeur g^al^ des coches à Avignon, 3255.
Guirand (J. B. Élisabeth de Guyol de), mar. c., 3175, 3177, 3232, 3239, 3256, 3291, 3296, 3418, 3602, 3603, 3605, 3641, c^on^ XVIII.
Guiraud, ingénieur, 1875, 2043, 2134.
Guiry (De), commissaire d'artillerie, 2137.
Guisard. V. *Rouveret.*
Guiscard (Louis, comte de), lieut^t^-g^al^, 887, 888, 944-947, 952, 978, 995, 1046, 1048-1052, 1054, 1057, 1058, 1060, 1074, 1075, 1142, 1143, 1145-1147, 1150, 1151, 1163, 1199, 1202-1210, 1255-1260, 1307-1310, 1314, 1315, 1355-1360, 1382, 1399, 1402-1404, 1425, 1455, 1571, 1574, 1582, 1644, 1649-1653, 1937, 1938, 2138, 2266, 2268, 2270, 2301, 2323, 2344, 2411, 2524.
—— V. *La Bourlie.*
Guiscardi, ministre du duc de Mantoue, 20.
Guisclin. V. *Fromessen.*
Guise (Municipalité, bourgeois, etc., de), c^ons^ LXI, LXV, LXV a, LXV d, LXVII. — Cf. *Allongé, Bourgeois, Bridieu, Chalain, Delattre, Desforges, Du Bois, Du Château, Fleury, Jaime, La Cousture, La Lande, Lamarque, Lecoing, Lescarbotte, Longuet, Poulet, Warnet,* etc.
Guise (Henri de Lorraine, duc de —, dit «le Balafré»), c^on^ I.
—— (Ch. de Lorraine, duc de), commd^t^ d'armée, 11.
—— (De), chevau-léger, 1944.
—— V. *Lorraine.*
Guislain, lieut^t^-c^el^ du rég^t^ de Tavagneau, 2344, 2392.
—— **de La Barre** (De), 2131, 2132.
Guislin (De), lieut^t^ au rég^t^ de Roze-Provenchères, 1849, 1858.
Guitale, cap^ne^ au rég^t^ de La Marine, 123.
Guitard. V. *La Borie, Vesins.*
—— **de Charry**, cap^ne^ 116.
Guitaud. V. *Guitaut.*
Guitaut (De), 419, 420.
—— (L. Athanase de Pechpeirou de Comminges, comte de), lieut^t^-g^al^, 1855, 2130-2132, 2141, 2243, 2244, 2270. 2371, 2391, 2698, 2739, 2768, 2770, 3184.
—— (Comtesse de), 2136, 2371.
Guiton, 1704.
Guitton, directeur des postes à Dunkerque, 3532, 3542, 3546.
—— trésorier principal de l'artillerie et du génie en Aunis et en Saintonge, 3633, 3641, 3645, 3672.
Guittot, 3007.
Gumoëns (De), cap^ne^ au rég^t^ de Sturler, 3308.
—— (Mme de), 3309.
Gumont (De), officier au rég^t^ de Cambraisis, 1950, 2131.
Gundel, ministre autrichien, 3039, 3086.
Gunderode (De), lieut^t^-c^el^ du rég^t^ Royal-Bavière, 3226, 3259.
—— (De), membre de la régence de Hanau, 3627.
—— (De), ancien cap^ne^ au rég^t^ Royal-Hesse-Darmstadt, c^on^ LXII.
Guntzer (Christophe), syndic royal à Strasbourg, 607, 608, 615, 667, 668, 671, 703, 704, 828, 874, 1116, 1265, 1266, 1267, 1321-1324.
—— (J. Félix, baron de), 2613, 3096, 3100, 3101, 3106, 3125, 3156-3168, 3213-3220, 3285-3287, 3336, 3391.
—— (Ch^r^ de), officier au rég^t^ Royal-Bavière, 3110.

Gurmençon (De), cap^ne au rég^t de Rouergue, 1861, 1968.
Guron (L. de Rechigne-Voisin de), évêque de Tulle, 516.
Gusman, directeur des vivres à La Rochelle, 3505.
Gustave III, roi de Suède, c^on L.
Guttenberg (De), major allemand, 63 s.
—— (De), adjudant du g^al d'Althann, 3514.
Guy, colonel, 110, 119.
—— (Frère Franç.), religieux mineur, 2137.
—— commissaire des guerres, c^ons LX-LXIII.
Guya. V. *Gaya*.
Guyard, médecin de l'Hôtel des Invalides, 2138, 2139.
Guychard (De), 2766.
Guyenne (Officiers et soldats du rég^t de), c^on LXV a.
—— (Officiers et soldats des Chasseurs de), c^on LXVI.
Guyet, intendant en Béarn, puis à Lyon, 1462, 1466, 1522, 1525, 1594, 1611, 1702, 1800, 1802, 2268.
—— **de La Fontenelle**, cap^ne de milice, 2904.
Guymon, directeur d'une compagnie des vivres, 2244.
Guymont (De), envoyé à Gênes, 3173-3177, 3179, 3223-3230, 3247-3253, 3290, 3291, 3295, 3298, 3300-3302, 3307, 3313, 3329, 3330, 3332, 3336, c^on XVIII.
Guynaud (De), lieut^t-c^el du rég^t de Thésut, puis de celui de Conflans, 2169, 2242-2244, 2272, 2273, 2393, 2411.
Guynet, député de la communauté de St-Paul-Trois-Châteaux, 2133.
—— intendant, 2419.
Guyo, 3182.
Guyol. V. *Guirand*.
Guyon, commissaire d'artillerie, 1874.
—— major du rég^t de Rouergue, 3182.
—— 3426.
—— **-Dufresne**, 1943.
—— lieut^t-c^el du rég^t de Guitaut, 1858.
—— **-Revol** (Dame), 2044.
—— V. *Moullevault*.
Guyonnelle ? (J. Franç. d'Anglure, s^r de), mar. c. ?, 146, 158.
Guyot, commissaire des guerres, 987, 997.
—— (Laurent), habitant de St Mard (Luxembourg), 2134.
—— V. *Duclos*, *La Mare*.
—— **de Monchourgny**, receveur général des Aides, A. 88.
—— **de Villy**, 3046.
Guysolon, prévôt à Lyon, 2371.

H

Hachemberg (Baron de), grand bailli du comté de Neuwied, 3508.
Hachette, 359, 420.
—— officier au rég^t de Flavacourt, 2370.
Haddick, général autrichien, 3607.
Haën (Baron de), gentilhomme lorrain, 1854.
Haeussler (De), cap^ne au rég^t Royal-Bavière, 3565.
Haffling (Anna-Sabina, dame), veuve d'un lieut^t de la compagnie franche de Saint-Georges, 1956.
Hagen (Baron de), 1954, 2095, 3513.
Hagenbach (Municipalité de), c^ons XLVII, XLVIII.
—— V. *Hakenbach*.
Hagens des Roses, 1355.
Hagon ou **Hagou**, 2564, 2575.
Haguenau (Préteurs, bourgeois, etc., d'), c^on LXIV. — Cf. *Coinxnot*, *Flusch*, *Hatsel*, *Hell*, *Roberdeau*.
Hahn (Martin), 1019.
Haies. V. *Montigny*
Hainaut (Conseil d'adm^on du rég^t des Chasseurs à cheval du), c^ons LXV d, LXVI.
Haine (D'), lieut^t-c^el du rég^t de Rohan-Rochefort, 3579.

Hakenbach (D'), à Venise, 1586, 1691.
Halanzy (D'), 977, 1549, 1644, 1669, 1674, 1761, 1843, 1854, 1858, 1950–1653, 2035, 2056, 2092, 2134–2137, 2164, 2167, 2169, 2183, 2219, 2237, 2238, 2242–2245, 2412, 2420. — Cf. *Alanzy* et *Anlezy*.
Halberg (Baron de), ministre de l'Électeur palatin près le roi de Pologne, 3481.
Halberstadt. V. *Jacob*.
Halde. V. *Du Halde*.
Halenzy. V. *Alanzy* et *Halanzy*.
Halifax, ambassadeur d'Angleterre, 276, 285.
—— (Georges-Montagne, 2e comte d'), lieut^{t}-g^{al} et ministre anglais, 3614.
Halincourt (D'), ex-gouverneur du Lyonnais, plénipotentiaire à Cherasco, 20.
Halinghen. V. *Dauphin*.
Halkett (J.), c^{on} LXXXVI.
Hall, secrétaire du duc d'Hamilton, 2089.
Hallé, marchand à Paris, 2025.
Halle-Macauly (Dame de), veuve d'un officier irlandais, 2142.
Hallencourt (Ch.-Franç. de); évêque de Verdun, 3316.
Hallers (David), de Berne, sergent au rég^{t} de Brendlé, 2235, 2313.
Hallet (D'), lieut^{t}-c^{el} des volontaires de Clermont, 3505.
Hallot (De), lieut^{t} au rég^{t} de Navarre, 2133.
—— (L. d'), cap^{ne} au rég^{t} de Normandie, 3028.
—— (D'), 3198–3202, 3205-3207, 3211, 3276–3278, 3280, 3281, 3326, 3740, c^{ons} LXIX, LXX, LXXI.
Halluin. V. *Schönberg*.
Hallwyll (J. Franç. Jos., chevalier, puis comte de), mar. c., 3570.
Halmale (Henri), évêque d'Ypres, 313.
Halot, lieut^{t} au rég^{t} de Laigle, 1856.
Ham (Échevins, etc., de), c^{ons} LXI, LXV e. — Cf. *Asselin, Benoist, Buttin, Cauvry, Crépeaux, Des Claux, Devize, Hem, Tigrigny, Visé*, etc.
Ham (Vicomte de), gentilhomme bruxellois, 3207.
Hamal (Baron de), 3308.
—— (Guill. Albert, comte de), colonel d'un rég^{t} d'infanterie wallonne du service d'Espagne, 2137, 2139.
Hambert (Lambert), trésorier de France à Moulins, trésorier des troupes et receveur général des Fermes, 2139.
Hamel, command^{t} à St-Dizier, 33.
—— (De), 830, 1238.
Hamelin. V. *La Bodinière*.
Hamer, magistrat à Clèves, 3508.
Hamerer (Guill. L.), commissaire des routes du margrave d'Anspach et du cercle de Franconie, 2947.
Hamilton (Ant.), 440.
—— (Richard), 2130, 2183.
—— officier, 2137, 2141.
—— (Baron d'), 2745.
—— (Jacques-Louis, comte d'), mar. c., 3440, 3441, 3485, 3487.
—— frère cadet du précédent, command^{t} l'armée suédoise en Poméranie, 3441.
—— (John), colonel des Volontaires royaux anglais, 3619.
—— anglais, auteur d'un mémoire sur l'armée navale, les colonies, etc., c^{on} XLIX a.
Hammerstein (D'), colonel d'un régiment hanovrien, 946.
Hamponier, bourgeois de Vic-sur-Seille, 2169.
Han (Jean Gallet de), lieut^{t} au rég^{t} de Champagne, 123.
—— (Jérome Dainval de), cap^{ne} au rég^{t} de Marolles, 123.
—— V. *Du Han*.
Hanau (Régence, bourgmestres, etc., de). V. *Gunderode, Hugo, Trümbach*.
—— (Anne-Madeleine, comtesse de), princesse palatine douairière, 566, 567.
—— **-Lichtenberg** (Jean Reinard, comte de), 1159, 1669, 1846, 1950, 2031, 2035, 2239, 2729, 2746, 2825.
—— (Comte de), landgrave de Hesse-Darmstadt, c^{on} XLVII.
Hangest (De), officier au rég^{t} de Bourbon-dragons, c^{ons} LXV, LXV b.

Hangouart (De), 1210, 1932, 1945, 2133.
Hanicq, lieut-c de milice d'Alsace, 2739.
—— officier, 3583.
Hanicque, lieut de la compagnie du prévôt général de la Connétablie, 2940, 3040.
Hannequin (Louis), poudrier à Metz, 1071.
Hannoyer, 2262.
Hanoncelle (D'), 3111.
Hanoteau, ingénieur, c XXII.
Hanovre (Duc de), 321, 345, 352.
—— (Électeur de). V. *Georges I, roi d'Angleterre.*
Hanozet (J. Franç. d'), cap aux Volontaires étrangers, 3462, 3463.
Hanrart (Dom Robert d'), religieux de l'abbaye de Lobbes (Hainaut), 1945.
Hanruy (D'), cap au rég de Languedoc, 1550.
Hanus. V. *Maisonneuve.*
Happe (Athon-Guill. de), intendant des armées de l'électeur de Brandebourg, 1754, 1757, 1954, 2018, 2025, 2033–2035, 2165, 2167, 2241, 2245, 2300, 2317, 2392, 2453, 2455, 2459–2460.
Happel, magistrat de Clèves, 3508.
Haquet, 3500.
Harambour, cap au rég de Labour, 1892.
Harámburt (D'), 50 s.
Haraucourt (D'), cap au rég de Louvigny, 2135, 2230, 2266.
—— V. *Du Châtelet.*
Harbourg. V. *Canon.*
Harcourt (D'), 5.
—— (Henri de Lorraine, comte d'), command d'armée, 62, 98, 99, 110, 116, 118, 119, 124, 133, 134, 137, 140, 158.
—— (Prince d'), 157, 516.
—— (Henry, m, puis duc d'), mar. Fr., 829, 832, 887, 970, 977, 978, 1046, 1057, 1073–1075, 1156, 1159, 1163, 1204–1210, 1213, 1254–1257, 1259, 1260, 1305, 1307–1315, 1356–1358, 1365–1367, 1400, 1402–1404, 1406, 1409, 1423, 1462, 1466, 1468, 1696, 1704, 1899, 2135, 2162–2165, 2167, 2183, 2186, 2217, 2224, 2236–2238, 2253, 2258, 2272, 2318, 2319, 2322, 2323, 2371, 2391, 2393, 2452, 2522, c IV, VIII.
Harcourt (D'), 1832.
—— (Princesse d'), 1953, 2271.
—— (D'), sous-lieut aux chevau-légers de Bourgogne, 2140.
—— (François, duc d'), mar. Fr., 2243, 2756–2759, 2810, 2811, 2813, 2944–2947, 2955–2958, 2969, 2970, 2991–2993, 2996, 2999, 3013, 3034–3036, 3039–3041, 3045, 3046, 3051, 3056, 3068, 3087, 3091, 3140.
—— (Marie-Anne-Claude Bruslart de Genlis, duchesse d'), 2266.
—— (François-Henri, duc d'), lieut-g, membre de l'Académie française, 2564.
—— (Henri-Claude, ch, puis comte d'), lieut-g, 2912, 2945, 2946, 2993, 3042, 3083.
—— (Anne-Pierre, m, puis comte de Beuvron, puis duc d'), mar. Fr., 2846, 3007, 3042, 3405, 3408, 3420, 3411, 3419, 3420, 3421, 3450–3452, 3459–3465, 3467–3469, 3492–3497, 3500–3507, 3509, 3510, 3532–3538, 3544–3548, 3568–3573, 3576, 3577, 3579 3581, 3598–3603, 3606, 3620–3623, 3628, 3671, 3673, 3726, 3741, c XXIII, XXX, XL, XLV, XLVII, XLVII b.
—— (L. Abraham, abbé, puis duc d'), 2947.
—— (Marie-Franç?, comte, puis duc d'), lieut-g, 3763, c XLVII, XLVII b, c LIII.
—— 3534.
—— (M d'), c LIV, LXII.
—— V. *Beuvron, Elbeuf, Lillebonne.*
—— (C des Gendarmes d'), c LXXXVI.
—— **-Beuvron** (L. Henri, comte d'), colonel du rég d'Auxerrois, 2453.
—— XLVII, XVL a, LXV b.
—— **-Sézanne** (Louis-Franç. d'—, comte de Sézanne), lieut-g. 1466, 1519, 1522, 1585, 1684, 1693, 1778, 1781–1783, 1832, 1835,

1836, 1838, 1943-1945, 1948, 1951, 2027, 2028, 2082, 2084, 2142, 2217, 2222, 2224, 2238, 2239, 2270, 2322, 2391, 2411, 245 , 2456.
Harcourt-Thury (Henry, m^is d'), brig., 880.
Hardancourt, directeur de la Compagnie des Indes, 2565, 2739.
Hardenberg (Chrétien-Louis), général-major des troupes hanovriennes, 3471.
Hardenbrock, officier prisonnier de guerre, 3260, 3262.
Hardeval (D'), officier au rég^t du Maine, c^on LXIV.
Hardevust de La Laeghe (De), gentilhomme de Bergues, A. 89, A. 90.
Hardicourt. V. *Rousse.*
Hardoncourt. V. *Rosières.*
Hardouin, lieut^t au rég^t de La Marine, 396.
—— échevin de Blois, 3182.
—— V. *Mansart, Puttanges, Puynormand.*
Hardt (Adrian), conjuré suédois, 3508.
Harduin, 3387.
Hardy, cap^ne au rég^t de Picardie, 419.
—— (Gabriel), licencié ès lois, A. 88.
—— (Jacques), entrepreneur de fournitures à Maubeuge, 2143.
—— commissaire des guerres, c^on LXX.
—— trésorier de l'artillerie et du génie, 3633, 3641, 3645.
—— V. *Maleden, Saint-Yon.*
Haren, échevin de Metz, 2034.
Harengière. V. *Quincerot.*
Hargenvilliers (D'), officier au rég^t de Penthièvre, 3261, 3746, c^on LXXVI.
Harisman (G.), 2825.
Harlach (Chapitre de), c^ox XLXVII.
Harlay (De), procureur général du Parlement de Paris, plénipotentiaire à Francfort, 177, 419, 663.
—— (Nic. Aug. de), intendant, 791.
—— (Catherine Bosquet, veuve), A. 89.
—— V. *Cély.*
Harlet (D'), ex-major du rég^t de l'Île-de-France, 3643.
Harley (Robert, comte d'Oxford), 1868.
Harling (Eberhard-Ernest, comte d'), mar. c., 1832, 1857, 2130, 2133, 2222.
Harlus. V. *Vertilly.*
Harmeville (D'), cap^ne aux dragons de Saumery, 2325.
—— (D'), c^ons LXV b, LXV e.
Harnoncourl (D'), trésorier de l'extraordinaire des guerres, 2245.
—— (D'), auteur de *Mémoires*, 3140.
Haro (Don Jos. de), 2220, 2271.
Harouel, sous-brigadier des Gendarmes écossais, 2133.
Haroux, munitionnaire, 97, 116.
Harouys (André de), intendant, 1465, 1504, 1581, 1608, 1701, 1741, 1754, 1830, 1831, 1854, 1862, 1905, 2056, 2095, 2134, 2169, 2183, 2187, 2241, 2262, 2263, 2266, 2340, 2345, A. 89.
Harponville. V. *Raincheval.*
Harquel (D'), lieut^t-c^el du rég^t de Varennes, puis comm^t à Sierck, 1574, 1672, 1951, 2034, 2135, 2245, 2487.
Harrach (Comte), 1864.
—— (Fréd., comte), lieut^t-gouv^r et cap^ne-général des Pays-Bas autrichiens, maréchal, etc., 2936, 2937, 3123.
—— Cf. *Harrsch.*
Harrington (Lord), 2770, 3154.
Harris, anglais, à Boulogne-sur-Mer, 3408.
Harrsch (Ferdinand-Amédée, baron, puis comte), général allemand, 2166, 2460.
—— Cf. *Harrach.*
Harscamp (Comte d'), commandant à Juliers pour l'Électeur palatin, 2841, 2950.
Harscouet (De), 1066.
Harville (D'), 98, 133, 158, 468, 516.
—— (Anne-Franç. de Harville-Palaiseau, m^is de), mar. c., 2342, 2731, 2737, 2783.
—— V. *Chauvelin, Traisnel.*
Harvilliers (D'), commissaire des guerres, 360, 420, 880, 891, 992, 1318.

Haslong (Baron d'), ministre de l'empereur Charles VII, à Londres, 3070.
Hassel, 459.
Hassenkliber (Peter), armurier, 1950.
Hasset, secrétaire du m^{al} de Turenne, 450, 82 s.
Hastrel (De), 3127, 3188.
Hatsel, grand-bailli d'Haguenau, puis syndic de Strasbourg, 1848, 1950, 1951, 2027, 2031, 2162, 2163, 2166, 2236, 2238, 2240, 2317-2319, 2371, 2391, 2393, 2394, 2453, 2455, 2457, 2458, 2461, 2506, 2703, 2723, 2724, 2726, 2727, 2736, 2740, 2925, 2926, 3039, 3095, c^{on} XV.
—— (Baron de), ministre de Wurtemberg, 3403, 3047, 3403.
—— **de Chevremont**, 2947, 2956, 2957.
Hattevielle (D^{elle}), hôtelière du Coq-Hardi, à Arras, 2312.
Hatteville, major de la citadelle de Calais, 2270.
Hattinga (Abdias), 2150, 2155.
Hattley (Comte de), 3138.
Haubersart (D'), de Douai, 3645. — Cf. *Haubessart.*
Haubert, garde-magasin, 2941.
Haubessart (D'), subdélégué, à Douai, 3725. — Cf. *Haubersart.*
Haubeuf (De), lieut^{t} réformé à la compagnie du ch^{r} de Villefranche, 359.
Haubis (Ch. L. de), officier allemand, 2132.
Haucourt. V. *Mailly.*
Haudancourt (Guill. du Clozel, s^{r} d'), cap^{ne} au rég^{t} d'Espagny, 123.
Haudestaplande (De), 3277.
Haudimont, chirurgien-major, 1965.
Haudot, officier du rég^{t} du Roi, commd^{t} au Fort-l'Écluse, 2144, 2269, 2270.
Haudrecy (D'), lieut^{t}-c^{el} du rég^{t} de Villelongue, puis de celui de Montceau, 1945, 2273.
—— (D'), lieut^{t}-c^{el} du rég^{t} de Condé, 3263, 3293.
Haueskercke (Louys d'—, baron de Ligterwelde), bourgmestre du Franc de Bruges, 1834.
Haueskercke de Wingheve (Baron d'), lieut^{t}-c^{el} dans les troupes d'Espagne, 2225.
—— V. *Auerkerque.*
Hauguel. V. *Lutteaux.*
Haugwitz, 3434, 3576.
Hault (Le P. de), jésuite, 3261.
Haultry (Ch^{r}), 3275, 3326.
Haumont (De), officier au rég^{t} de Sirot, 79.
—— (Le procureur de l'abbaye d'—, près Avesnes), 279.
—— (D'), officier, 3407, 3428-3430, 3432-3444, 3446, 3546.
Haunold, de Mayence, agent secret de Belle-Isle ?, 2928.
Haus (J. C.), évêque de Domitropolis, suffragant et grand-vicaire de Bâle, 2322, 2394.
Hauser. V. *Abenthayer.*
Haussonville (Fr. d'), évêque de Montauban, 1897, 2145.
—— (Ch. Bernard de Cléron, comte d'), mar. c., 2842, 3084.
—— (Jos. L. Bernard de Cléron, comte d'), brig., 3605, 3753, c^{ons} LIV, LX.
—— V. *Vaubecourt.*
Haussy (Et. Jos. d'Isarn de Villefort, m^{is} d'), brig., 2797, 2988, 3188.
Hautaud (Melchior), juge à Toulon, 468.
Hauteclaire (De), délégué g^{al} en l'intendance de la généralité de Paris, c^{ons} LVII, LX, LXV.
Hautecourt (D'), conseiller au présidial de Noyon, 2134.
—— V. *Gallois.*
Hautefeuille (Gabriel Et. L. Texier, m^{is} d'), lieut^{t}-g^{al}, 1502, 1660, 1666, 1752, 1754, 1760, 2130, 2133, 2135, 2140.
—— (Et. Texier), ch^{r} de Malte, puis bailli et grand prieur d'Aquitaine, lieut^{t}-g^{al}, 1700.
—— (Jos. d'), c^{on} LXV b.
—— (Mme de), 2133.
Hautefleur (J. Achard d'), cap^{ne} au régiment de Sault, 146.
Hautefontaine (De), cap^{ne} d'une compagnie d'invalides à Montebourg, 2136.
Hautefort (Franç. Marie, comte de), lieut^{t}-g^{al}, 1088, 1089, 1574, 1857,

1949, 2028, 2081, 2082, 2084, 2130; 2139.
—— (Gabriel, ch^{r} de), lieut^{t}-g^{al}, 1862, 1873, 1895, 2243, 2271, 2371.
—— (Brulac de), 2108, c^{on} VIII.
—— (Emm. Dieudonné, m^{is} de), mar. c., 2923, 2941, 2993.
—— **-Bosen** (J. L., comte de), lieut^{t}-g^{al}, 1857, 1896, 1952, 2136, 2140, 2141, 2271, 2370, 2418, c^{on} LXXV.
—— (Mme de), 2139, 2140.
—— (Mme de Saint-Gilles-), 2270.
—— V. *Marquessac, Saint-Gilles, Surville.*
Haute-Garonne (Directoire du dép^{t} de la), c^{ons} LXV d, LXX.
Haute-Loire (Directoire du dép^{t} de la), c^{ons} LXVIII-LXXI.
Hauteloque. V. *Bertoul.*
Haute-Marne (Directoire du dép^{t} de la), c^{ons} LXV b, LXV c.
Hautepenne (Baron de), gouv^{r} de Dinant, 391, 394, 402.
Hauterive (De), 158.
—— (De), 878, 887, 891, 958, 1608, 1644, 1650, 1660, 1738. 1743, 1832, 1834, 1839, 1843, 1844, 1851, 1855, 1857, 1858, 1905, 1944, 2035, 2136, 2137, 2142, 2143, 2243, 2244, 2271, 2340, 2392, 2411.
—— (Mme de), nouvelle convertie, 1700.
—— (Mme de Nesmond de), 2243.
—— (De), cap^{ne} d'une compagnie franche, 2169.
—— (De), officier au rég^{t} de Flandre, 1862, 2889.
—— (De), officier au rég^{t} de Royal-Allemand, c^{on} LXIII.
—— (De), 3088, 3538.
—— (De), officier, 3469.
—— V. *Pinsonneau, Raffin.*
Hauterives (Thomas de), commissaire des guerres, 1108, 1109.
Hauteroche (De), 2771.
Hautes-Alpes (Directoire du dép^{t} des), c^{ons} LXV d, LXVIII, LXIX.
Hautes-Pyrénées (Directoire du dép^{t} des), c^{ons} LXV f, LXVII.
Haute-Saône (Directoire du dép^{t} de la), c^{ons} LXV c, LXVII.
Hauteval (De), commissaire des guerres, secrétaire du m^{al} de Villars, 1850, 1954-1956, 2030, 2094, 2152, 2153, 2215, 2220, 2221, 2224, 2242, 2271, 2300, 2305, 2382, 2415, 2506.
Haute-Vienne (Directoire du dép^{t} de la), c^{ons} LXVI-LXIX.
Hauteville (De), cap^{ne} au rég^{t} de Tessé, 1702.
—— (De), colonel de dragons, 1850.
—— (De), major du rég^{t} de Mancini, 2132, 2133.
—— (De), conseiller au Grand Conseil, 2139.
—— (De), cap^{ne} au rég^{t} de Croÿ, 2140.
—— (De), major du rég^{t} de Chartres, 2140, 2250.
—— (De), 2170, 2268.
—— (De), major du rég^{t} de Clermont-Montoison, 2371.
—— régisseur général des fourrages de l'armée de Soubise, 64 s.
—— **-de Canterre** (De), lieut^{t} au rég^{t} de Tessé, 1974.
Hautière, officier au rég^{t} d'Houdetot, 2270.
Hautonne (De), officier du rég^{t} de La Couronne, 3564.
Haut-Rhin (Directoire, etc., du dép^{t} du), c^{ons} LXV a, LXV c., LXVII, LXIX, LXX.
Hautun (J. B. Hemard, s^{r} d'), cap^{ne} au rég^{t} d'Espagny. 131.
Hautwiller (J. W. et Xavier), 3075.
Hautzegar (D'), officier espagnol, 3704.
Hauüy, maître de langues, à Metz, 2095.
Haüy (De), officier, 92, 131.
Havard, curé de Condécourt, 2412.
Havers (William), anglais, négociant à Dunkerque, 3408.
Havré (L. Ferd. Jos. de Croÿ, prince, puis duc d'), lieut^{t}-g^{al}, 3032, 3047, 3086, 3089, 3189, 3198, 3207.
—— (Ch. Jos. de Croÿ, duc d'), lieut^{t}-g^{al} des armées d'Espagne, 1644, 1649, 1651, 1742, 1786, 1884-1886, c^{on} XLI.
—— (duchesse d'), 1836, 2095.
—— (Jos. Aug. Anne-Maximilien de

Croÿ, duc d'), député du bailliage d'Amiens, c^on LXI.
Havrincourt (Franç. Dominique de Cardenac, m^is d'), colonel du rég^t d'Artois-Dragons, gouverneur de Hesdin, 1832, 1839, 1840, 1943, 1945, 1946, 2021, 2135, 2219, 2221, 2227, 2299-2302, 2312, 2372, A 89, A 90.
—— (L. de Cardenac, m^is d'), lieut^t-g^al, ambassadeur en Suède, puis en Hollande, 3396, 3403, 3406, 3419, 3440, 3542, 3576, 3577, 3584, 3650, 53 s.
—— (M^ise d'), 3406.
Hawke, amiral anglais, 3538, 3572, 3579, 3598.
Hay (Théodore), gentilhomme écossais, 3154.
—— officier de marine anglais, 3538.
—— V. *Du Vergier.*
Hayange (D'), officier au rég^t de Foix, 3748.
Hayme fils (De), habitant de Liège, 2837.
Hayneufve (Julien), recteur du collège des Jésuites, à Paris, 67.
Haynin (Dame de —, baronne d'Arondance), 2145.
Hays, échevin de Calais, 2183, 2222.
Hazard (H. Aug.), officier au service du roi de Pologne, 2034.
Hazon (Michel), ancien négociant à Paris, actionnaire de la Compagnie des Indes, 2270.
Heaulme (De), cap^ne au rég^t de Nivernais, 2340.
Hebecourt (Ch^r d'), cap^ne au rég^t de La Reine, 3418, 3499.
Hébert, commissaire des guerres, 110, 261, 262, 342, 350, 358.
—— commissaire des guerres, subdélégué, 1549, 1644, 1885, 1891, 1977, 1985, 2087, 2105, 2135, 2143, 2177, 2180, 2183.
—— 1830.
—— prévôt de Senlis, 1897.
—— chanoine à Tours, 2140.
—— (J. B.), 2183.
—— (P. Bernard d'), brig., 3063, 3119, 3173, 3174.
—— officier de la Maison du Roi, 3585.
Hébert de La Motte, entrepreneur de fournitures, 2421.
Hébrail, inspecteur de transports de fourrage, 3259.
Hébrard, officier municipal de Clermont-Ferrand, c^on LIV.
—— officier au rég^t de Royal-Guyenne, c^ons LXV c, LXV d.
Hebray (Ant.), ancien lieut^t-gén^al de la sénéchaussée de Gourdon, c^on LXV e.
Heckenfeld (De), 3126.
Hecquet, échevin d'Abbeville, 2132, 2183.
—— (Nic.), adjudicataire des bois de la forêt de Crécy, 2227.
—— membre du Directoire de la Somme, c^ons LXV b, LXV d, LXIX.
Hector (Comte d'), commd^t de la Marine à Brest, c^ons LXIII, LXV b, LXV c, LXV f.
Hédiart, cordelier, aumônier du rég^t de Thourotte, 2131.
Héduin, maire de Ribemont, 2159, 2273.
Heempesch (Comte de), lieut^t-g^al de la cavalerie hollandaise, 2022.
Heere (De), intendant, 117, 468.
—— (Claude-Alexis, ch^r de), brig., 1435, 1436, 1465, 1501, 1502, 1572, 1661, 1672, 1678, 1843-1848, 1855, 1857, 1950-1953, 2033-2035, 2058, 2133, 2134, 2136, 2138-2140, 2142, 2145, 2169, 2236-2238, 2242, 2244, 2322, 2323, 2393, c^on IV.
—— (Ch^r de), cap^ne au rég^t des Landes, 3118.
—— (Claude-Henri de), mar. c., 3507.
—— (Mis de), officier au rég^t Colonel-général, c^on LXV d.
Heerma (J. B.), enseigne hollandais, 3147.
Heeswyck (De), lieut^t au rég^t de Greder-Allemand, 2130, 2131, 2133.
Heetvelde (Baron d'), lieut^t-c^el du service d'Autriche, commd^t à Dendermonde, 3087, 3187.
Heguerty (Patrice), brig., 3152, 3154, 3188, 3408, 3457, 3493, 3535.
—— V. *O'Heguerty.*

Heiden (de), 594, 970, 977, 1156, 1163, 1577, 1758.
Heider (De), trésorier de l'ordre de la Toison d'Or, 2021.
Heilly (D'), 141.
Heiss, 259, 260, 275, 277, 280, 294–296, 310, 339, 342–344, 348, 352, 360, 362, 376, 410, 411, 419, 420, 455, 459, 467, 506, 508, 509, 555–558, 561, 566, 567, 606–608, 615, 671, 793, 819, 820, 867, 889, 890, 970, 995, 1057, 1604, 1606, 1672, 1700, 1752, 1754, 1761, 1900, 1954, 1955, 2034, 2095, 2130, 2140, 2167, 2244.
—— **de Koquenheim**, 1501, 1524.
Heister, 2243.
Helbruin. V. *Courcy*.
Heldewier, 566.
Helfflinguer, 3753.
Heliand (Jacques), chirurgien-major, 1855.
Hélie, inventeur d'un remède contre la morve, 3686.
Hélincourt (D'), cap^{ne}, 3507.
Héliot (D'), 3101.
Hell, député de Haguenau, c^{on} LXIII.
Helldorff (De), écuyer du m^{al} de Saxe, 3387.
Helleise (Valentin-Guill.), cadet dans la compagnie franche du ch^{r} de La Garde, ex-secrétaire du commissaire Lardery, 2243, 2244.
Heller (De), 3480.
Helliot (D'), 3156.
Helminger, officier au rég^{t} de Gensac, 2243.
Helmott (C. G. de), lieut^{t} aux Gardes du duc de Saxe-Gotha, 3438.
Helmstatt (Louis, comte d'), colonel du rég^{t} de Bouillon, 3766.
Helvétique (Corps), 439. — Cf. *Suisses* (*cantons*).
Helvetius (Jean-Adrien et Jean-Claude-Adrien), médecins, 1838, 1839, 1935, 2020, 2080, 2134, 2150, 2155, 2183, 2221, 2300, 2306, 2663.
Hem (De), échevin de Ham, 2266.
—— (Mis d'), officier du service d'Autriche, 3084.
Hémard. V. *Bois-la-Pierre, Hautun*.
Hemel (J. Jacques d'), brig., 1644, 2108, 2136, 2142. 2236, 2243, 2445.
Héméricourt (Baron d'). V. *Wallef*.
Hémery (D'), cap^{ne} au rég^{t} de Marcilly, 1766.
—— 3625.
Hémon. V. *Morgan*.
Hémont (De), 141.
Hénault (Ch.-J.-Fr., dit «le président —»), académicien, 3405, 3625.
Henaut, avocat, 3394.
Henckel (De), command^{t} à Venloo, 3555.
Hendaye (Municipalité d'), c^{on} LXV f.
Heneffe. V. *Gosseau*.
Henin-Liétard. V. *Fosseux*.
Henn (Benoît), abbé de St-Martin de Trèves, 2034, 2244.
Hennebont (Échevins, etc., d'), 3184, c^{on} LXV b. — Cf. *Le Houx*.
Hennequin, 411, 556.
—— (G.), agent diplomatique secret, 1938–1940, 2017, 2018, 2149, 2150.
—— (P.), officier de l'hôtel-de-ville de Sedan, 2141, 2169, 2244.
—— V. *Charmont, Ecquevilly*.
Hennersdorff. V. *Hochberg*.
Hennesy (Richard d'), brig., 2770, c^{on} XI.
Hennet, prévôt royal et subdélégué à Maubeuge, 2141, 2393, 3073.
Hennezel (De), cap^{ne} de grenadiers au rég^{t} de Luxembourg, 2160.
Hennin (D'), 3029.
Hennion (J.), médecin à Lille, 948.
Hénonville (Cl. de Bussy, s^{r} d'), cap^{ne} au rég^{t} de St-Simon-cav^{ie}, 146.
Henri I, roi de France, 12.
Henri II, roi de France, 12, 1857.
Henri III, roi de France, 3–8, 12, c^{ons} I, II.
Henri IV, roi de France, 12, 13, 123, 152, 3786, c^{on} I.
Henricy (D'), cap^{ne}, puis lieut^{t}-c^{el} du rég^{t} de Languedoc-inf^{rie}, 1857, 2133, 2242, 2371.
Henrigau. V. *Le Loup*.
Henrion (J. Nic.), maire de Longwy, 2137.
—— (Ch^{r}), ancien cap^{ne} au rég^{t} Dauphin-inf^{rie}, 3746.

Henriquet, cap^{ne}, puis major au rég^{t} de Fossat, 1832, 2370.
Henrotay, de Maubeuge, 2137, 2142.
Henry, officier de la compagnie franche de Ste-Marie sous les ordres de M. d'Halanzy, 2245, 2269.
—— maître d'hôtel du comte de Druy, 2370.
—— (Edme), chirurgien à Auxerre, 3258.
Henu (Comtesse d'—, née La Wœstière), A. 89.
Hepkins (Jos.), lieut^{t}-c^{el}, c^{on} XXXIX.
Hérail de La Garenne (Mis d'), 2144.
Héran, officier au rég^{t} de Pujol, 2021.
Héraud, directeur des forges de Dompierre, 3581.
Hérault, conseiller d'Annecy, 11.
—— (D'), commmand^{t} à Lauterbourg, 2631, 2702, 2703, 2713, 2723–2725, 2727, 2728.
—— (René), lieut^{t}-g^{al} de police, puis intendant, 2784.
Herbain (D'), cap^{ne} au rég^{t} de Tournaisis, 2133, 2144.
Herbais (D'), cap^{ne} au rég^{t} d'Isenghien, 1830.
Herbanne (D'), 2592.
Herbaut (J.), officier hollandais, 3309.
Herbaville (D'). V. *Lassus*.
Herbelet (D'), contrôleur d'artillerie, 1604.
—— (D'), commissaire provincial d'artillerie, 2220, 2242.
——**-Montigny** (Mme d'), femme d'un officier, 2033.
Herbelot (D'), officier, commmand^{t} au fort de Mesnouillon, 11.
Herbert-Bruel, directeur des contributions des États Généraux de Hollande, 2087.
Herbigny (Jacques de Lambert, s^{r} d'), cap^{ne} au rég^{t} des Gardes françaises, 123, 146.
—— (D'), 792.
—— (D'), intendant, 1175, 1285, 1287, 1423, 1468, 1524, 1526, 1610, 1704, 1801.
Herbort, baillif de Morges (Suisse), 3309.
—— (D'), major hollandais, 3391.
Herbouville (D'), colonel, 146.
Herbouville (C.), membre du Directoire de la Seine-Inférieure, c^{ons} LXV c – LXV d.
Hercingnies. V. *Du Bois*.
Heredia (Don Valero de), officier du service d'Espagne, 1743, 1940, 1943.
Hereissem (Baron de), enseigne au rég^{t} de Königsegg, 3185.
Herfog (Georges-Adam), maître de poste à Durlach, 2983.
Hériatte, cap^{ne} au rég^{t} de Berry, 1856.
Héricourt (César d'), cap^{ne} au rég^{t} de Champagne, 123.
—— (D'), cap^{ne} au rég^{t} d'Espagne, 146.
—— (D'), commissaire des guerres, 1255, 1305, 1306, 1401, 1644, 1646. — Cf. *Fly d'Éricourt*.
—— (D'), cap^{ne} au rég^{t} de Berry, 2243.
—— (D'), intendant des Galères, 2783, 3186, 3187, 3232, 3233, 3247, 3255, 3314.
Héricy. V. *Estrehans*.
Hering (Georges-Ch.), auditeur prussien, prisonnier à Valenciennes, 2394.
Herinx, lieut^{t}-c^{el} réformé de dragons, 2272.
Hériquier, ingénieur à Douai, 226.
Hérissant, chargé d'affaires à Ratisbonne, 3743, 3744, 3759.
Hérisson, 2242.
—— (J.), commissaire des États de Bretagne, c^{on} LXV.
Herlaut, trésorier général des Gardes françaises et suisses, 1936, 2185, 2270.
Herleville (Brouilly, m^{is} d'), 420, 466, 467, 512, 513, 563, 567, 612, 615, 616, 633, 664, 668, 1004, 1005, 1168, 1224, 1225. — Cf. *Brouilly*.
Herly (D'), cap^{ne} au rég^{t} de Berry, 1830.
Hermainville (D'), cap^{ne} au rég^{t} de St-Germain-Beaupré, 2022, 2023.
Herman, ancien aumônier de la citadelle de Lille, 2137.
Hermand (D'), cap^{ne}, ingénieur, 2022, 2135–2137, 2221, 2230, 2269, 2306, 2371, 2381–2387, 2455, 2460, 2505, 2702, 2783.

Hermann, curé dans les environs de Brisach, 2324.
—— (Wilhelm-August), 3464.
Hermant, commis des vivres, 1000.
—— procureur à Dinan, c^on LXXV.
Hermaville (D'), président à mortier au Parlement de Tournai, 1831, 1840, 2022, 2151.
Hermenges. V. *Constant*.
Hermerel de Vaux, échevin de Bayeux, 2143.
Hermival, major, 2273, 2414.
Hernier, commissaire des guerres, 117.
Heroguel, ingénieur à Arras, 2312.
Heron, commissaire des guerres, 966, 967, 969, 971, 991, 999, 1160, 1206, 1207, 1210, 1218, 1259, 1308, 1310, 1311, 1318.
—— cap^ne, 1700, 1855, 1895.
—— (De), officier de garde-côtes de Normandie, 3510.
—— commissaire des guerres, 3622.
—— V. *Du Héron*.
—— **de La Thuilerie**, commissaire des guerres, 563. — Cf. *La Thuilerie*.
Hérouville (Henry-Ant. de Ricouart, comte d'), mar. c., 1708, 1709, 1798, 1876, 1899, 1967, 2132, 2135, 2137, 2141, 2143, 2188, 2506, 2575, 2621, 2622, 3127.
—— (Jacques-Ant. de Ricouart, m^is d'), lieut^t-g^al, 1964, 2137, 2300, 2700, 2702, 2703, 2723–2726, 2729, 2733, 2740–2742, 2768, 2782–2788, 2790–2797, 2863, 2940, 2946, 2952, 2953, 2956, 2969, 2981, 2983, 2990, 2999, 3000, 3002, 3043, 3085, 3136, 3144.
—— (Jeanne-Oursin, m^ise d'), 3011.
—— (Pinon, dame d'), 3089.
—— (Ant. L. de Ricouart, ch^r, puis m^is d'), mar. c., 3094, 3097, 3174, 3418, 3449, 3505, 3577, 3603.
—— **de Claye** (Ant. de Ricouart, comte d'), lieut^t-g^al, 3002, 3028–3032, 3035, 3037, 3050, 3083, 3084, 3087, 3088, 3110, 3123, 3136, 3138, 3143, 3147, 3148, 3152, 3208, 3209, 3276, 3277, 3281, 3387, 3405, 3409, 3418, 3419, 3426, 3459, 3468, 3469, 3533, 3585, 3599–3601, 3603–3605, 3621, 3623, 3624, 3631, 17 s., c^ons XVII, XX.
Herrlisheim (Prévôt de). V. *Naumbourg*.
Herschez (De), cap^ne d'une compagnie suisse, 2182.
Hersin. V. *Coppens*.
Hersthal (Directeur et entrepreneur de l'hôpital d'), c^on XXXIII.
Hertell, ingénieur hollandais, 2712, 3086, 3087, 3089, 3184.
Hertier, menuisier de la Chambre du roi, 1855.
Hertray. V. *St-Denis*.
Hertzberg (De), c^on XXXVII.
Hervagault (Julien-François), conseiller au présidial de Rennes, commissaire des États de Bretagne, c^on XL.
Herval (D'), 291.
Hervart (Jean), intendant, 122, 134, 137, 146, 282, 342.
Hervault (Mis d'), 134.
—— (D'), mestre-de-camp réformé, 2825.
—— V. *Ardene*.
Hervé (Jacques-Bénigne), évêque de Gap, 2130, 2270.
—— commissaire des guerres, 2131, 2134, 2135, 2140, 2370, 2371, 2379, 2414, 2415, 2447, 2448.
Herville (Paul d'), entrepreneur de fortifications à Metz, 3392, 3426, c^ons LXII, LXV e, LXXI. — Cf. *Hervilly*.
Hervilly (Dame Mantour d'), 2133.
—— (Ch^r d'), cap^ne au rég^t d'Harcourt-cav^ie, 2371.
—— (Comte d'), 3722, c^ons LXI, LXII, LXV–LXV b. LXVII, LXIX.
—— (Mis d'), 3760.
—— V. *Herville*.
Hervy, contrôleur de l'artillerie, 944, 958.
Herzelles (Mis de), ex-directeur des finances des Pays-Bas autrichiens, 3207.
Hesdin (Maire, échevins, bourgeois, etc., de), 224, 397, 419, c^on LXV e. — Cf. *Barthélemy, Dubois, Duflos, Flachet, Havrincourt, Lecomte, Prévost, Schurmans, Varlet, Villepaux*, etc.
Hesmon. V. *Créquy*.
Hesse. V. *Frédéric I*.

Hesse (Georges-Christian, landgrave de), 158.
—— (Louis, prince de), 2838, 2926, 2928, 2969, 2999, 3075, 3101, 3156-3158, 3218. — Cf. *Hesse-Darmstadt.*
—— (Guillaume, prince de), 3096, 3097, 3143, 3406.
—— (Landgrave de), 3443, 3444.
—— (Louis, prince héréditaire de), 3508.
—— (Georges, prince de), 3542.
—— (Sophie, princesse de), 3544, 3545.
—— (Frédéric, prince de), 3727, 3740.
—— **-Cassel** (Prince de), 1366.
—— **-Darmstadt** (Grand-duc de), 2891.
—— (Régence de), 623.
—— (Joseph de), évêque d'Augsbourg, 3125.
—— (Louis, prince de), 3218, 3391, 3392. — Cf. *Hesse (Louis).*
—— (Louis-Frédéric, prince de), mestre-de-camp du rég^t de son nom, 3727.
—— V. *Hanau-Lichtenberg.*
—— **-Philippstal** (Charles, landgrave de), lieut^t-g^al, 2729, 2928, 3463.
—— (Guillaume, landgrave de), 3028, 3033, 3035, 3185, 3210, c^on XIV.
Hesseln (Robert de), censeur royal, géographe de la ville de Paris, 3751.
Hessy (Gabriel d'), lieut^t-g^al, 1550, 1644, 1650, 1976, 1977, 1988, 2237, 2271, 2312.
Heu (D'), commissaire des guerres, 2400, 2630, 2662, 2663, 2675, 2678, 2707, 2708, 2747, 2850, 2859, 2890, 3494, 3496, 3497, 3532, 3570, 3572, 3598, c^on XLV.
—— de **Ste-Rheuse** (D'), 3688, 3689, 3696, c^on XLIII.
Heuberger, 2311.
Heucart, échevin de Trélon, 2235.
Heuclin. V. *La Croix.*
Heudicourt (Michel-Sublet d'), mar. c., 97, 98, 278.
—— (D'), 999, 1000.
—— (Pons-Aug.-Sublet, m^is d'), lieut^t-g^al, 2140, 2185, 2221, 2242, 2244.
Heudicourt (D'), officier, 3123, 3137.
—— **de Lenoncourt** (D'), colonel, 2132, 2143.
Heulhard, cordelier, aumônier du comte d'Angennes, 2138.
Heulland (D'), commissaire des guerres, 1282, 1404, 1465, 1572, 1573, 1850, 1955, 2030, 2095, 2135, 2145, 2169, 2242, 2243, 2245, 2323, 2453.
Heureux (D'), cap^ne au rég^t des Galères, 1973.
Heuriance, ingénieur, 3392.
Heurtebise. V. *Dumont.*
Heusch (Isaac), 466.
—— (De), officier autrichien, 3260.
Heuslin, receveur général des finances à Soissons, 2266, 2270, 2338.
Heuvy (D'), 102.
Heyden (L.), agent secret, 2159.
Heyler (J.-H.), ex-bailli de Kaiserslautern, 2928.
Heymann (J.-Fréd.-Augustin-Thomin, baron d'), mar. c., 3754.
Heynen, chirurgien hollandais, 3259.
Heyrieu (D'), ancien officier de dragons, 2175.
Heyrt (Frère Franç.), irlandais, aumônier du rég^t de Ligondès, 2143.
Heysser (J.), cap^ne des gardes du duc de Saxe-Gotha, 3438.
Hibert, échevin? à Reims, 2273.
Hiermont (D'), cap^ne au rég^t de Picardie, 3277.
Hildebrand, lieut^t-c^el d'un rég^t de cav^ie étrangère, 117.
Hilden (J.), maître de poste à Coblentz, 982.
Hill, envoyé d'Angleterre à Turin, 1785, 1868.
—— brigadier anglais, 2383.
Hillaire, commissaire des guerres, 2458.
Hillesheim, président de la régence d'Heidelberg, 2507.
Himbert, curé de l'Hôtel des Invalides, 2271, 2272, 2343.
Himel (Comte de), 615.
Himhof, officier g^al allemand, 3478.
Hinder (Jos.), conseiller autrichien, lieut^t-baillival de Donauwerth, 2969.

Hindret, directeur des Fermes à Langres, 2262.
Hinge (Baron d'), grand bailli de Béthune, 1944, 1946, 2018, 2021, 2081, 2087, 2130, 2152, 2213, 2303, 2388, 2444.
Hingue (D'), ancien capne de dragons, 3740.
Hinneville (D'), commandt à la citadelle d'Amiens, 2143, 2144.
Hipécourt. V. *Milet*.
Hircheim (D'), 2575, 2609, 2634, 3070.
Hiriberry (Joannis de), bourgeois de St-Jean-de-Luz, 1235, 1883, 1885, 2182.
Hirigoity (D'), médecin de Philippe V, 1883, 1885, 1886, 1892, 1981, 2133, 2144, 2255.
Hirsinger, chargé d'affaires de France à Bruxelles, 3743, 3744, 3759.
Hirson (Municipalité, etc., d'). V. *Chastelain*.
Hirtzel (J.-L.), capne aux Gardes suisses, 3308.
His (Pierre et fils), de Hombourg, 72 s.
Hissel (D'), 119.
Hitschler, bourgmestre de Landau, 3125.
Hocart (Zacharie), colonel, 2137.
—— (Mme), supérieure de la Congrégation de N.-D., à Ste-Menehould, 2420.
Hochberg de Hennersdorff (Franç., comte de), colonel de milice de Bohême, 2955.
Hochem-Embs (Franç.-Guill., comte de), commandt à Gratz, 3123.
Hochet. V. *Francquet*.
Hochfeld. V. *Laval*.
Hochkirchen (Baron de), général-major commandt les troupes du cercle de Westphalie à Cologne, 1577.
Hocquard, 1550, 1644, 1653, 1654, 1657, 1658, 1830, 1841, 1941, 1942, 2024, 2025, 2104, 2105, 2134, 2145, 2177, 2178, 2220, 2222, 2224, 2371, 2379, 2382–2386, 2447, 2559, 2561, 2562, 2609, 2699, 2726–2735, 2737, 2738, 2783, 2798, 2804, 2837, 2838, 2839, 2850, 2859, 2871, 2924, 3308.
Hocquart, intendant de la Marine, 3417, 3419, 3622-3624, con XXXI.
Hocqueville (D'), 2133.
Hocquincourt (Georges de Monchy, mis d'), mar. c., 98, 110.
—— (Ch. de Monchy, mis d'), mar. Fr., 88, 106, 117–119, 131, 133, 134, 137, 141, 146, 157, 158, 278–280.
—— (Maréchale d'), 118, 516.
—— (Georges de Monchy, mis d'), lieut-gal, 359, 361, 362, 396, 411, 419, 420, 452, 468, 488–490, 499, 502, 503, 505, 536, 544.
—— (J.-Georges, mis d'), colonel du régt de Lorraine, 997.
Hode (Franç.), carabinier, 3308.
Hodgson, général anglais, 3604.
Hoën (De), major du régt d'Alsace, 2021, 2131.
Hoeüsch, chancelier à Bonn, puis ministre de l'empereur Charles VII, 3057.
Hoey. V. *Van Hoey*.
Hoffelize (Chr d'), lieut-cel du régt Royal-cavie, 3758.
Hoffelt. V. *Mesnil*.
Hoffman (De), capne réformé, 2517, 2644.
—— colonel des troupes du cercle du Haut-Rhin, 61 s.
Hoffmann, commandt allemand à Landau, 2028, 2093, 2162.
—— (Henri), bourgeois de Bitche, 2245.
—— chirurgien-major hollandais, 3186.
—— secrétaire général du Directoire du Bas-Rhin, con LXV b.
Hoffschmitt, capne suisse, 116.
Hofmiller, conseiller des finances de l'électeur de Bavière, 2262, 2371.
Hogger, banquier à Amsterdam, con LXV c. — Cf. *Hogguer*.
Hogguer (Les frères —, banquiers), 1525, 1613, 1699, 1852, 1895, 1896, 1968, 2136, 2185, 2338, 2395, 2412, 2421.
Hohendorf (De), capne au régt Royal-Bavière, 3310.
Hohenlohe (Princesse de-, née landgrave de Hesse-Hombourg), 2783.
—— (Ch.-L., comte de), 2916.
—— (Ch.-Phil., comte de), 3046.

Hohenlohe (A.-W., comte de), colonel du service de Saxe-Gotha, 3438.
Hohenzollern (Comte de), chanoine de Strasbourg, 1501.
—— (Princesse de), 1501.
—— (Prince de), feld-maréchal, 3044.
Hohman, command' à l'Écluse (Sluys), 3137.
Holahan, irlandais, lieut' au rég' d'Alsace, 1830.
Holdin (Jean), habitant de Listroff (bailliage de Sarrelouis), 2033.
Holdre. V. *Dumont.*
Hollagne (Baron de), officier au rég' de Kerkem, 2095.
Holland (Lord). V. *Fox.*
Hollande (États Généraux de), 198, 271, 275, 276, 278, 284, 287, 467, 594, 599.
—— (Ambassadeurs de), 383. — Cf. les noms particuliers des ambassadeurs.
Hollberg. V. *Gollberg.*
Holnstein (Comte d'), 3161, 3219. — Cf. *Holstein.*
Holstein (Ernest, duc d'), command' à Tirlemont, 311, 342, 417, 603, 604.
—— (J.-M., marquise de Pesterloo, duchesse d'), 1148.
—— (Antoine), prince d'), gouverneur de Lille, 2157, 2447.
—— (Hedwige-Sophie, princesse d'), abbesse de Herforden, 3460.
Holsten, officier suisse, 3308.
Holtsapfels (D'), officier étranger, 1945.
Holtzendorff (Baron de), 3740, c^on LIII.
Holtzhalt, cap^ne hollandais, 3182, 3185, 3309.
Homassel, consul à Verdun, 118.
Hombourg (Échevins, bourgeois, etc., de). — V. *Duvernon, La Fontenelle,* etc.
Hommecourt (D'), gouverneur du comté de Beaulieu-en-Argonne, 2142.
Hompesch (Comtesse de —, née Herden), 3308.
Hon. V. *Gillo.*
Honcoop (Christian), chirurgien-major hollandais, 3183.
Hondschoote. V. *Coppens.*
Honfleur (Magistrats, habitants, etc., d'). — V. *Prémord, Valsemé,* etc.
Honglebergh (Baron de), 725.
Hongré, échevin de Landrecies, 2233.
Honincthun. V. *Cazin.*
Honneur (d'), 2182, 2185.
Honstet (De), 333, 342, 343, 346, 409.
Hoock (Nathanael, baron de), mar. c., 2017–2019, 2021, 2089, 2217, 2224.
Hooghe (Comte de), c^on XXXIII.
Hop (De), 2304.
Hopfenstock, commissaire du cercle de Souabe, 2723.
Hopken (Baron de), sénateur suédois, 3489.
Hordegnana (D'), secrétaire d'État de l'infant don Philippe, 3014.
Horenbecke (Franç. II van), évêque de Gand, 599.
Horion (Comte de), 3325, 3485, 3627, 3630.
Horn (Comte de), général hollandais, 105, 389.
—— V. *Hornes.*
Horneca, 72 s.
Hornes (Albert, comte de), 602, 615.
—— (Marie-Madeleine de), 948.
—— (Phil.-Maximilien, comte de), lieut'-g^al, 1739, 1742, 2132.
—— (Phil.-Emmanuel, comte de), 1468, 1550, 1555–1557, 1670, 1839.
—— (Jos. de), bourgeois de Cambrai, 2230.
—— (Maximilien-Emmanuel, prince de), grand écuyer, prince du Saint-Empire, 3086, 3204.
—— V. *Horn.*
Horst (Franç. d'), 343.
—— (D'), colonel dans les troupes palatines, 3500, 3650.
Hortal, lieut' au rég' de Louvigny-Gramont, 2269.
Horte de Torsac (D'), 1856.
Hortemalle, chargé du bureau de la poste à Montlouis, 1892.
Hortu (D'), cap^ne au rég' de Francheville, 1741.
—— (Ch^r d'), cap^ne au rég' de Chartres, puis dans celui d'Orléans, 1857.
Hosdier, 1525.
Hosson (Sœur Marie-Agnès), supé-

rieure des Sœurs grises de Maubeuge, 2138.
Hostel (D'), 88, 102.
Hostun. V. *Tallart, Verdun (Gilbert de)*.
Hotman (Vincent —, s^r de Fontenay), intendant, 484, 605, 616.
Hottin, 560.
Houchard, c^{on} LXX.
Houchin (Baron de), 1218.
—— V. *Longastre*.
Houdancourt (D'), 116, 119, 123, 125, 158.
—— (François-Hercule?, dit le comte de La Mothe), colonel, 1944, 2135, 2138, 2140.
—— V. *Oudancourt, La Mothe*.
Houdet, écolier chez les jésuites de Sedan, 2133.
—— ex-partisan, ex-exempt de la maréchaussée de Sedan, 2266.
Houdetot (D'), inspecteur des troupes en Flandre, 958.
—— (Charles, m^{is} d'), lieut^t-g^{al}, 1830, 2144, 2419, 2697, 2727, 2737, 2739, 2784, 2785, 2838, 2840.
—— (Ch^r d'), major du rég^t de ce nom, 1943, 2270.
—— (Louis? d'), colonel, 2253, 2328.
Houdoard, sergent de grenadiers au rég^t de Caupos, 2244.
Houdreville (D'), lieut^t-c^{el} du rég^t de Périgord, 1862, 1972.
Houe (De), lieut^t de la maréchaussée à Cambrai, 949.
Houel (Comte d'), envoyé en Allemagne, 2919, 2982, 3000, 3002.
Houffalize (Mayeur d'), 1163.
Houillard, habitant de Mézières, 2144.
Houillon, habitant de Toul, 2169.
Houllier, subdélégué de M. de Harouys à Sézanne, 1741, 1905.
Hounet, syndic de Pont-à-Mousson, 1855, 2270.
Hounnolstein. V. *Hunolstein*.
Hourlier, procureur à St-Quentin, 1830.
—— **de Méricourt**, prévôt des maréchaux, à St-Quentin, 2140.
Housset (Urbain de —, s^r de Changrand), 123.
Houstal, échevin de St-Dizier, 2143.
Houvet, commissaire des guerres, 3188.
Houville (Bernardin du Pré, s^r de), brig., 972, 980, 1435, 1465, 1660, 1675, 1864, 1865, 1868, 1869, 1874, 1875, 1896, 1975, 2522.
Houzé, chargé du recouvrement des milices dans l'élection d'Amiens, 2138, 2141.
—— V. *St-Paul*.
—— **de Benicourt**, cap^{ne} d'une compagnie d'invalides, 2135.
Hoves. V. *Du Bois*.
Howard (John), 3034.
—— (G.), lieut^t-g^{al} anglais, 3614.
Howe (Richard), chef d'escadre anglais, 3410, 3579.
Hozier (Ch.-René d'), généalogiste, 2132, 2370, 2371, 2411.
—— **de La Garde**, cap^{ne} des portes à Strasbourg, 2785.
—— **de Sérigny** (Ant.-Marie d'), généalogiste, 3549, 3625.
Huardt (De), 3075.
Huart, prévôt royal de Château-Regnault, 1857.
—— aubergiste à Luxembourg, 2136.
—— **d'Autel** (Baron d'), surintendant de la maison des comtes de Manderscheid, lieut^t-c^{el} dans les troupes d'Espagne, 1575, 1830, 1846, 1852, 1855, 1856, 1950, 1951, 2021, 2034, 2142, 2253, 2255, 2257, 2343, 2392, 2643, 2655.
—— (Ch^r, puis baron d'), brig. du service d'Espagne, frère cadet du précédent, 1832, 1858, 1950, 1952, 2021, 2031, 2328.
Huarz (D'), 3561.
Hubert, commissaire des guerres, 182, 295, 393, 406, 512, 568.
—— commissaire de la Gendarmerie, 1585, 1661, 1855.
—— cap^{ne} au rég^t de Boufflers, 2142.
—— chirurgien-major à l'hôpital de Fort-Louis du Rhin, 2244.
—— curé de Villiers, près Sedan, 2420.
Hubrecht, 1695, 1978.
Huby de Lagny, commissaire des guerres, 3606, c^{on} XXII.
Huchot (De), cap^{ne} d'une compagnie franche, 1953, 2035.
Hudault (Louis), trésorier de l'artillerie et du génie, 3633, 3641, 3645, 3672, 3761.

Hue, officier au rég^t Dauphin, 997.
—— V. *Miroménil.*
Huescar (Duc de), 3175, 3185, 3203, 3206, 3207, 3223, 3224, 3230, 3235, 3237, 3238, 3240, 3242, 3245, 3256, 3275, 3290, 3292–3295.
Huet, maire de Péronne, 2227, 2310, 2312.
—— munitionnaire pour le prince de Monaco, 3252.
Hugazzi (Vincent, comte de), officier hongrois, 3096.
Hügel, 3525.
—— lieut^t-c^el d'inf^rie, ancien aide-m^al-g^al des logis, c^on XVI.
Hugla (D'), ancien officier au rég^t de Vermandois, puis command^t à Saverne, 2242, 2244.
Hugo (De), membre de la régence de Hanau, 3627.
Hugon (Pierre), aumônier de l'hôpital de Salins, 2168, 2370.
Hugonin, curé de Versoix, 2344.
Hugonis (D'), officier, 3261.
Hugony, major de Thionville, 1855, 1856, 1858, 2131, 2135.
Hugounenc (D'), chevau-léger, 2242.
Hugueny (Jean), concierge des prisons de Metz, 2169, 2321.
Huguerie (D'), officier, 2135, 2136, 2138, 2261.
Hugues, lieut^t au rég^t de Talende, 1767.
—— (D'), cap^ne au rég^t d'Entragues, 1831, 2243.
—— cap^ne au rég^t de Belsunce, 1943.
—— (D'), colonel ou lieut^t-c^el, 2321.
—— cap^ne des troupes de la Marine détachées au Canada, 3498, 3499.
—— (D'), officier, 3545, 3574.
—— V. *La Motte.*
Huguet, commis d'un entrepreneur de fournitures de couchage à Bayonne, 2141, 2270.
—— **de Malvoisine**, 2145.
Huguetan, négociant ou banquier à Genève, 1855.
Huguin, avocat à Fribourg, 999.
Huiselle (D'), 1706.
Hulfst, 949, 1647.
Hulin, ministre du roi de Pologne Stanislas Leczinski, 2859.
Hulst (D'), ministre de Liège à La Haye, 3336.
—— maître arquebusier, 3419–3421.
Humbecque (Comte d'), député des États d'Artois, A. 89.
Humbelot, officier de justice à Châtillon (Lorraine), 2420.
Humbert, curé de l'Hôtel des Invalides. — Cf. *Himbert.*
—— boucher à Verdun, 2321.
—— (J. Ant. de), officier hollandais, 3183.
Hume, commissaire g^al anglais, 3125, 3183.
Humet, aide-major du rég^t de Choysel, 2235.
Humières (Louis de Crevant, m^is, puis duc d'), mar. Fr., 137, 158, 209, 210, 224, 225–229, 238, 241–244, 250, 259, 260, 275, 276, 278, 279, 281, 282, 290, 291, 311–313, 318–336, 383–392, 394, 395, 397–402, 409, 436–453, 466, 484, 486–489, 491–505, 535–554, 556, 584–586, 588, 592–605, 612, 628–631, 649, 667, 668, 671, 672, 688–704, 725, 726, 729, 730, 731, 733, 792, 794, 795, 822, 870, 887, 888, 944–947, 956, 1046, 1057, 1113, 1205, 1206, 1210.
—— (Mme d'), 535, 1895, 2130, 2131, 2134, 3258, A. 89.
—— (L.-Franç. d'Aumont, duc d'), lieut^t-g^al, 2131, 3180, 3182.
Hunauld (Pierre), médecin à Angers, 2140.
Hundheim (Baron de), ministre de l'Électeur palatin, 2456, 2460.
Huningue (Lieut^nt de roi, échevins, etc., d'), c^ons LXVI, LXVII. — Cf. *Batissier, Fernex, Foulon, Goetzmann, La Charpaigne, Neveu, Vieulaine*, etc.
Hunolstein (D'), 982, 1830, 1831, 2132–2135, 2138, 2141, 2142, 2144, 2242, 2244, 3309.
Huntington, président du congrès américain, 3733.
Hurant, de Nogent-sur-Seine, 3187.
Hurault. V. *Vibraye.*
—— **de L'Hospital**, 3172, 3418.
Hureau, chirurgien-major à Sarrebourg, 1854.
Hureaux. V. *Lespès.*

Huret, seigneur de La Barre près Villefranche, 1902.
—— V. *Villette.*
Hurly, irlandais, 2036.
Hurson, intendant de la Marine, 3573, 3647, 3648.
Hurtevent (De), habitant de Montreuil-sur-Mer, 2312.
Hussey, cap^ne^ au rég^t^ de Bulkeley, 2792, 2795.
Husson, ancien officier, 1671.
—— (D'), ancien aumônier du rég^t^ de Saumery, 2137, 2138, 2144.
—— cap^ne^ au rég^t^ de Mirabeau, 2145.
—— 3075.
—— cap^ne^ réformé du rég^t^ de Bouillon, c^on^ XXXVII.
Hustin, 1549.
Husty (Ch^er^ d'), ingénieur, 3260.
Huxelles (Louis Chalon du Blé, m^is^ d'), lieut^t^-g^al^, 97, 98, 110, 119, 158.
—— (Nicolas du Blé, m^is^ d'), mar. Fr., 360, 361, 554, 602, 604, 823, 828–830, 832, 874–877, 879, 881–884, 969, 970, 979, 997, 999, 1073, 1087–1089, 1091, 1115, 1155, 1156, 1213, 1214, 1216, 1218, 1264, 1266, 1267, 1289, 1321–1324, 1364, 1366, 1379, 1380, 1406–1410, 1435, 1436, 1454, 1465, 1501–1503, 1568–1572, 1607, 1660, 1670, 1700, 1898, 2139, 2213–2215, 2234, 2370, 2371, 2373, 2374, 2376, 2377, 2385, 2387, 2388, 2444, 2447, 2448, 2506, 2521, 2524, 2610, 2621. 2622, 2876, A. 89.
Huxelles (Marquise d'), 360.
Huy (Bourgeois, clergé, etc., de). V. *Courtoy, Nostas, Paillet, Tileu,* etc.
Huyart, commis du munitionnaire Jacquier, 350.
Huyghens, s^r^ de Zalhem, secrétaire du prince d'Orange, 323, 335.
Hyacinthe (Le P.), religieux récollet, 271, 278, 279, 281, 311, 332–334, 396.
Hyères (Magistrats, bourgeois, etc., d'), V. *Arenes, Trounc,* etc.
Hyffermann, 1611.
Hymbercourt. V. *Laugeois.*

I

Iaesch, conseiller de la République de Bâle, c^on^ XLVII b.
Iäger, commissaire au service de l'électeur de Bavière, 2322, 2395, 2633.
Iard. V. *Yard.*
Ibartuzea (Jos. de), 1981.
Iberville (D'), envoyé en Suisse et en Allemagne, 906, 967, 968, 996, 1001–1003, 1005, 1093, 1094, 1099, 1501, 1502, 1572, 1576, 1611, 1964, 2043, 2046, 2047, 2058, 2098–2101, 2170.
Ibusti. V. *Husty.*
Idlinger, cap^ne^ au rég^t^ de Vierzet, 3429, 3431, 3548, 3630, c^on^ XLII.
Idsinga (D'), major de la place de Lille pour les alliés, 2313, 2314.
Iegerfeltt (D'), cap^ne^ réformé au rég^t^ de May, 2770.
Iffeville. V. *Orceau.*
Iftot (D'), ingénieur, comm^t^ à Verdun, 447, 670, 990.
Ignace (Frère), abbé de Loos, près Lille, 1946.
—— **d'Avesnes** (Frère), capucin, 2132.
Igonnenc, 1013.
Igrimard, échevin de Philippeville, 2993.
Igulville. V. *Digulville.*
Ihler, lieut^t^-c^el^ du rég^t^ de Bouillon, 3766.
Ilange, conseiller à la table de marbre et au présidial de Metz, 1955.
Ille-et-Vilaine (Directoire du dép^t^ d'), c^ons^ LXVa, LXVb, LXVf, LXVI, LXVIII, LXXI.
Illiers (Marquise d'), 1483, 2131.
—— (Ch^r^ d'), 1510.
—— (Jacques, marquis d'), mar. c., 1897, 1944, 2022, 2131.
—— **-en-Beauce** (Maire d'). V. *Boilleau.*

Imartin, subdélégué à Saint-Tropez, 3260.
Imbault. V. *Marigny*.
Imbert, intendant, 20, 97, 98, 106, 110-146.
—— armateur à Bordeaux, 3602.
—— membre du Directoire de Rhône-et-Loire, c^ons^ LXV c, LXV d.
—— **-Colomès**, prévôt des marchands ou échevin de Lyon, c^on^ LXVII.
—— V. *Ennevelin*.
—— **d'Inglemaret**, 2130.
—— **du Plantier**, 2132.
Imécourt (D'), 229.
—— (D'), 970, 997, 1064, 1151, 1213, 1378, 1417, 1418, 1423.
—— (J. de Wassinghac, m^is^ d'), lieut^t^-g^al^, 1501, 1858, 1952, 2092, 2093, 2137, 2169, 2238, 2241, 2243, 2244, 2322, 2323, 2391 – 2393, 2395, 2396, 2411, 2448, 2452, 2453, 2455, 2463, 2697, 2698, 2713, 3075.
—— (Abbé), chanoine de Reims, 2140.
—— (César-Hector de Wassinghac d'Imécourt-La-Loge, m^is^ d'), lieut^t^-g^al^, 2142, 2392.
—— (De Vallynge d'), brig. de cav^ie^, 2241, 2734, 2738-2741.
—— **d'Inor** (d'), cap^ne^, 2244, 2323.
—— (Mme d'), 3406.
Imhoff (Baron d'), conseiller secret du duc de Brunswick, 1951.
—— (Ch. d') général allemand, 3522, 3526, 3550.
Inchy. V. *Du Bois*.
Incourt. V. *Palisot*.
Indes (Syndics et directeurs de la Cie des), c^on^ XXXV. — Cf. les noms particuliers.
Indre (Directoire du dép^t^ de l'), c^ons^ LXV d, LXVI.
Indy (Ch^r^ d'), officier de cavalerie, 3707.
Infreville (D'), intendant, 106, 238.
Inglemaret. V. *Imbert*.
Ingold (P.), officier anglais command^t^ à Gand, 2021.
Ingouville (D'), 2978, 3085, 3086, 3091, c^on^ XVII.
—— **de Moult** (D'), cap^ne^ au rég^t^ d'Agénois, 1832, 1901.
Inigaffi (Vincent, comte), cap^ne^ au rég^t^ du prince de Salm, 3108.
Injardy. V. *Granville*.
Inor. V. *Imécourt*.
Inshinkin (Moro, c^te^ d'), c^el^ irlandais, 152.
Invalides (Gouverneurs et personnel divers de l'Hôtel des — à Paris). V. *Bérault*, *Boyveau*, *Cornehote*, *Désanglous*, *Des Guerres*, *Des Roches d'Orange*, *Dournel*, *Faure*, *Gallimard*, *Guyart*, *Himbert*, *Joubert*, *La Courneuve*, *La Milandrie*, *Moncet de La Cour*, *Monthiers*, *Niolat*, *Paillade*, *Sombreuil*, *Versoris*, etc.
Invilliers (L.-Henri Ballard d'), lieut^t^-g^al^, 3550.
Irat (D'), médecin ou chirurgien à Lille, 2144.
Iriory (D'), 3086.
Irland, cap^ne^ au rég^t^ de Beaufermez, 1856.
Isaac l'aîné (Ph.), habitant de Calais, 3768.
Isarn. V. *Haussy*.
Isbergues. V. *Le Sergeant*.
Ischingen (D'), premier bourgmestre de Vieux-Brisach, 2028.
Isembourg (Comte d'), grand commandeur de l'ordre Teutonique, 3501.
—— (J.-Casimir, prince d'), lieut^t^-g^al^ de l'armée britannique, 3479, 3514.
Isenghien (Prince d'), gouv^r^ de la Gueldre, 284, 311, 333.
—— (Princesse douairière d'), 1831, 1898, 1943, A. 89, A. 90.
—— (Louis de Gand-Vilain, prince d'), mar. Fr., 1832, 1836, 1838, 1944, 2134, 2135, 2140, 2344, 2371, 2790, 2796, A. 90.
—— V. *Middelbourg*.
Isère (Directoire du dép^t^ de l'), c^on^ LXVIII.
—— V. *Laval*.
Isigny (Maires, bourgeois, etc., d'), V. *Chrétien (J.)*, *Ducheval*, *Gosselin*, *Millot*, *Nicolle*, *Tariel*, *Vaubertrand*, etc.
Isnard, cap^ne^, 359, 360.
—— (Louis), de Nice, 2370.
—— (Jacques), médecin à Grasse, 3625.

Isnard, ancien lieut[t] dans la Légion de Lorraine, 3710.
Isoard, cap[ne], 2139.
—— (Franç.), consul de Digne, 2250.
Isola (D'), 289. — Cf. *Lisola*.
Isque, cap[ne] au rég[t] Du Plessis-Praslin, 105.
Isselbach (Baron d'), gouverneur de Dusseldorf, 41 s.
—— (Comte d'), général palatin, 3431, 3477.
Isselin, entrepreneur de remonte de l'artillerie, 1699.
Issenderen, 265.
Issengeaux. V. *Yssingeaux*.
Issoire (Martial Chanut, abbé et s[r] d'), 146.
Isson (D'), lieut[t] au rég[t] de la Reine-dragons, 2132.
Issoncourt (D'), command[t] à Bouquemont, 2993.
Issoudun (Échevins, etc., d'), c[ons] LXV a, LXV b, LXV c, LXV d. — Cf. *Berthier, Destaupeaux, Guillerot, Vivier*, etc.
Istria (Antonio), corse, 2872, 2885, 2886.
Itier (D'), cap[ne], 1858.
Ittre (Mis d'), ministre de l'Électeur palatin, 3046, 3047, 3203, 3219.
Iturieta, 242, 243, 264.
Iulx (D'), 1843.
Iverny (D'), cap[ne] au rég[t] de Despeaux, 1757.
—— (Franç. d'), lieut[t]-g[al], 1585, 1875, 1876, 1966, 2022, 2132, 2133, 2138, 2699, 2700, 2708, 2786.
Iversay (D'), officier au rég[t] de Touraine, c[ons] LXV c, LXV f.
Iville. V. *Gasville*.
Ivoley (D'), officier au rég[t] du Perche, 2143.
Ivory (D'), major de la place de Bouillon, 3166, 3167, 3198, 3213.
Ivour. V. *Camus*.
Ivoy, 2131.
Ivoys (Jacques de Fontenailles, s[r] d'), cap[ne] aux Gardes françaises, 146.
Izalguier de Mérinville (D'), cap[ne] au rég[t] de Montrevel, 1855.
Izguierdo (Don Francisco de), alcade de Fontarabie, 1983.

J

Jablier, ingénieur, 1108.
Jablonowski (Prince), 2825, 287-, 3391.
Jackson (William), anglais, horloger à Boulogne-sur-Mer, 3408.
Jacob père et fils, chefs de compagnies franches, 1650, 1839, 2023, 2153, 2300, 2301, 2305, 2308, 2372, 2444, 2445, 2447, 2487, 2561, 2679, 2731, 2859, 2876, 2950, 3006, 3017, 3040, 3054, 3055, 3068, 3086, 3099, 3100, 3200-3202, 3275, 3276, 3280, 3316. — Cf. *Pasteur*.
—— **d'Halberstadt**, commissaire pour la communauté des Juifs de Metz, 2393.
Jacobi, officier hollandais, 3308.
Jacoby, bailli de Birkenfeld, 969.
Jacomel, major de Courtrai, 546.
—— V. *Bienassise*.
Jacquart, lieut[t]-g[al] au bailliage de Mouzon, 2841.
Jacqueau, lieut[t] au rég[t] de Durfort-Boissière, 1862.
Jacquemet (J.-B), chirurgien, 2324.
Jacquemin (Louis), maire de Verdun, 2270, 2323.
Jacquemont, officier m[al] de Vitry-le-François, c[on] LXV b.
Jacques, commissaire des guerres, 97, 98.
—— (Le P.), religieux, 245.
—— négociant à Dunkerque, 3497.
Jacques II, duc d'York, puis roi d'Angleterre, 141, 892, 893.
Jacquesson, maire de Sedan, 958.
Jacquet, commissaire des guerres, 708.
—— command[t] d'une compagnie d'invalides à Lille, 1830, 2022.

Jacquet, cap^{ne} au $rég^{t}$ d'Albigeois, 2131, 2133.
—— cap^{ne} d'une compagnie d'invalides à La Hougue, 2268.
—— ingénieur, 2678.
Jacquier, munitionnaire, 137, 238, 251, 265, 284, 285, 292-296, 325-327, 337, 350, 351, 416, 420, 459-461, 509, 558, 564, 565, 607, 608.
—— munitionnaire, 1079, 1093, 1113, 1205, 1208, 1209, 1236, 1286, 1309, 1310, 1312, 1313, 1318, 1379, 1501, 1502, 1644.
—— dit «La Rose», soldat au $rég^{t}$ de Charost, 2095.
—— **de Marchant** (Dame), 2034.
Jacquin, 2132, 2133.
—— $lieut^{t}$ de la bourgeoisie de la ville de Metz, 2468.
—— entrepreneur de fournitures de fourrages à Lyon, 3310.
Jacquinet, commissaire des guerres, 738.
—— auteur d'un mémoire sur la régie des vivres, 2469.
Jacquinot (Daniel), cap^{ne} au $rég^{t}$ de Picardie, 123.
Jadart, trésorier des troupes, 2631-2634, 2678, 2701-2703, 2723-2731, 2733, 2734, 2736, 2737, 2739-2742, 2744, 2746, 2783-2785, 2787, 2791-2797, 2799, 2824, 2839-2841, 2873, 2915, 2970, 3010-3012, 3040, 3052, 3053, 3057, 3098-3101, 3126, 3156-3158, 3160, 3162-3167, 3214, 3216-3219, 3285, 3286, 3391.
—— commissaire des guerres, 3538, 3647, 3648, 3669, c^{ons} LXVIII, LXIX.
Jaillion. V. *Ripe*.
Jaime (De), cap^{ne} d'une compagnie d'invalides au château de Guise, 2140, 2141, 2269.
Jalbert, membre du Directoire du Tarn, c^{on} LXV f.
Jallais (De), intendant, 2679, 2700, 2739, 2763, 2840, 2850, 2886.
Jalland. V. *Arquinvilliers*.
Jallet (De), gouverneur de Dixmude, 602.
Jallon (Claude), contrôleur des troupes, c^{on} LXXXVI.
Jallot. V. *Jobourg*.
Jambert, cavalier dans le $rég^{t}$ du comte de Fontaines, 1943.
Jambon, officier municipal de Mâcon, c^{on} LXV e.
Jambonnière. V. *Du Contant*.
James, officier de marine anglais, 3538.
Jametz (Magistrats, etc., de). V. *Becquet*, *La Marche*, etc.
Jamier, commissaire du $dép^{t}$ de Rhône-et-Loire, membre de l'Assemblée N^{ale}, c^{on} LXV a.
Jan (Jacques), vice-président du Directoire d'Ille-et-Vilaine, c^{on} LXVI.
Jandel (Dom Benoît de), bénédictin, 2245.
Jandin, cap^{ne} au $rég^{t}$ de Fontaines, 1835.
Janelle-Douville, 3184.
Jannel, intendant ou fermier des Postes, 3412, c^{ons} XXXI, XXXVI.
—— 3578, 3651.
Janotin, maire de Mézières, administrateur du $dép^{t}$ des Ardennes, c^{ons} LXI, LXV e.
Jansin, ingénieur ou entrepreneur de travaux, 972, 988.
—— bourgeois de Vic-sur-Seille, 2169.
Janson (Michel de Forbin, m^{is} de), mar. c., 3175.
—— l'aîné, directeur des Postes en Corse, 3455.
—— administrateur du $dép^{t}$ de Rhône-et-Loire, c^{on} LXV d.
Jantet, 1284.
Janthial, $lieut^{t}$-c^{el} du régiment de Grandlieu, 2244.
Janval (De), 141.
Janville (De), cap^{ne}-g^{al} de garde-côtes, 3451, 3463.
—— **-Desbaurres**, $lieut^{t}$ de roi à Angoulême, 1895.
Janvry (De), 280.
—— (De), $lieut^{t}$, 2243.
Jaquet. V. *Curvin*, *Jacquet*.
Jardin, employé au château de Marly, 2416, 2418.
—— (J.-Franç.), 3507.
Jardon, échevin de Falaise, 3495.
Jarente (De), au fort N.-D. de la Garde, à Marseille, 3568.

Jarjayes (De), ingénieur géographe, 3741, c^ons L b, LI.
Jarnac (Mis de), 837, 902–905.
—— (Paul-Aug.-Gaston de La Rochefoucauld, ch^r de Montendre, puis comte de), brig., 2301, 2377, 2379, 2412.
Jarny (De), chirurgien à Étain (Meuse), 2033.
Jarreteau, officier au rég^t de Houdetot, 2270.
Jarreton, 98.
Jarry, 259.
—— (Frère Henri), prieur de l'hôpital de La Charité, à l'île de Ré, 2136, 2138–2142, 2261.
—— (De), cap^ne au rég^t d'Artois, 3405.
Jars, négociant à Lyon, 3185, 3186.
Jary, 2142, 2145.
Jarzé (De), colonel d'un rég^t de ce nom, 988.
Jasse, 1981, 1983.
—— (Ch^r de), gentilhomme béarnais, officier, 2255.
Jaubert (Louis et Pierre), consuls de Barcelonnette, 3256, 3261.
—— (Comte de), 3677, c^on XXXVII.
—— administrateur du dép^t des Bouches-du-Rhône, c^on LXV.
Jaucourt (De), lieut^t au rég^t de La Feuillade, 146.
—— (De), cap^ne au rég^t de Sanzay, 2135.
—— (Ch., m^is de), colonel du rég^t de Montferrat, puis à la suite de Royal-La-Marine, 1780, 1861, 1966, 1968.
—— (Ch^r de), 2219, 49 s., 50 s.
—— (Ch^r de), command^t les Volontaires de Flandre, 3546.
—— (L.-Pierre-Ant. d'Espeuilles, comte de), mar. c., 3613, 44 s.
—— (Ch.-Léop. Chazel, m^is de), lieut^t-g^al, c^ons XLVII b, XLVIII, LV, LXIV, LXV a, LXV b.
—— (Arnail-Franç. de), mar. c., député de Seine-et-Marne, c^on LXXI.
—— **-Bonnefond** (Jean, ch^r de), commissaire d'artillerie, brig., 1879.
—— **des Faveras** (Franç. de), cap^ne au rég^t d'Anjou, 3094, 3123.
Jauffret, 1856.
—— cap^ne, 2137.
Jaunay (Franç. de), mar. c., 2522, 2558, 2559, 2561–2564.
Jaunon, président à mortier au Parlement de Besançon, 1608.
Jaussaud, lieut^t-c^el du rég^t d'Auvergne, 259.
Javoy, 2271–2273, 2411, 2412.
Jay. V. *Mianne*.
Jean (Dom), général de l'ordre des Chartreux, 118.
—— (De), maire de Philippeville, 2139.
—— (De). V. *Roquemaure*.
Jeandelise. V. *La Tour*.
Jeanjean, entrepreneur de la fourniture des lits à Nice, 2326.
Jeannet (Sébastien), chirurgien, 2134.
Jeannin (Pierre), intendant, contrôleur g^al, dit «le président —», 72.
Jeannot, chargé des affaires de la maison de Condé dans le Clermontois, 1700.
—— trésorier provincial de l'artillerie, 3641, 3645, 3672, 3761.
Jeanseing (De), 3768.
Jeanson, officier au rég^t de Rosen, 1858.
Jeanti, 3084.
Jefferson (Thomas), président des États-Unis, 3736.
Jehannot, trésorier de l'artillerie, 3461.
Jenham, brig. d'infant^rie hollandais, 1951, 2035.
Jenin, médecin, 2810, 2885, 2923.
Jenner (D.), major du rég^t de Sturler, 3308.
—— (Samuel de), mar. c., 3182, 3308, 3432, 3500, 3518, 3519, 3576, c^on XXXV.
Jennet (De), 2020, 2035.
Jennings, lieut^t-c^el anglais, 3620.
Jenny (Conrad), 3257.
Jeoffreville (Le Danois de), 98.
—— (Franç. Le Danois, m^is de), lieut^t-g^al, 1884, 1886–1888, 1892, 1976–1978, 2049, 2050, 2105, 2138, 2177, 2178, 2300, 2304, 2305, 2338, 2388, 2444, 2445, 2447, 2448, 2558, 2559, 2561.
Jérome-Gratian de la Conception (Frère), religieux carme, 1943.
Jeucourt (De), 259, 260, 271.

Jeuvernay, trésorier provincial d'artillerie, 3633.
Joanin (César), bourgeois de Paris, entrepreneur de fournitures pour les hôpitaux, 3462.
Joannès (De), capne au régt de Languedoc, major de la place de Québec, 3540.
Joanny, ministre de l'électeur de Cologne, 2747, 2801, 2825, 2860, 2861, 2874, 2891.
Jobal, prieur de St-Arnoul à Metz, 1660.
—— (Chr de), commandt à l'île de Tabago, con LXV.
Jobart (De), 110.
Jobelot, député de la ville de Dôle, 224.
—— président au Parlement de Besançon, 670, 795, 798, 905, 986, 997, 1502, 3779.
—— V. *Joblot*.
Jobert, lieutt au régt d'Albigeois, 2131.
Joblot, 224, 670, 1013, 1016–1108, 1979, 2050, 2053, 2107, 2131, 2131, 2329, 2371, 2558.
—— V. *Jobelot*.
Jobourg (De), capne-gal de la capitainerie de La Hague, 3452, 3496, 3552.
Joby, officier au régt étranger de Hetz?, 116.
Jodot, officier du duc d'Orléans, 2143.
—— (De), capne au régt de Blacons, 2392.
Joffrenot, inspecteur des vivres, 72 s.
Jognac (De), capne, 1312.
Johanne. V. *Saumery*.
Johanyn, capne de grenadiers au régt de Guyenne, 1754, 1944.
Joigny (Municipalité de), cons LX, LXIII, LXV c.
Joires, 2144.
Jolivet, chargé d'affaires à Liège, 3743, 3744, 3759.
Jolly, major de la grosse tour de Toulon, 1861, 2043, 2138, 2141.
—— lieutt au régt de Du Boulay, 2184.
—— comndt à Canfranc, 2332.
—— aide-major, 3724.
—— con XLIV.
—— V. *Joly, Pontcadeuc*.
Joly, officier au régt de Cœuvres, 102.
—— envoyé à Cologne, 22–228, 245, 260, 261, 263, 265, 357, 378, 416, 420, 610, 612, 615.
Joly, 1239.
—— marchand à Toul, 1855.
—— cornette au régt de La Vrillière, 1935.
—— intéressé dans une entreprise de fournitures de vivres, 2167.
—— 3182.
—— officier, 3516, 3518, 3519.
—— con II.
—— V. *Jolly, Maizeroy, St-Valier*.
—— **de Fleury** (Guill.-Franç.), procureur général au Parlement, 1179, con XII.
—— (J.-Franç.), intendant en Bourgogne, puis ministre des Finances, 3406, 3719, 3725, 3726, 3729, cons XLIX a, LVII.
Jomard, élu des États de Bourgogne, 3725.
Jomaron, capne au régt de St-Vallier, 2130.
—— (J. Ant.), trésorier de France à Grenoble, 2850, 2871, 2967, 3060–3065, 3117, 3119, 3120, 3172–3175, 3177, 3178, 3182, 3258, con XIX.
Jona (Samuel), entrepreneur de la cantine de Casal, 664.
Jonchery (Scherer de), capne au régt d'artrie de Strasbourg, con XLIX a.
Joncourt, V. *Camuset*.
Joné (J.-B. de), capne aide-major de Luxembourg, 1939.
Jonghayes, maire de Dunkerque, 117.
Jonnart (Ladislas), archevêque de Cambrai, 313, 333, 396.
Jonon, maire de Marans, con LXV d.
Jonsac (Comte de), lieutt-gal de Saintonge, 97, 98, 110, 117, 118, 133, 134, 158.
—— (Alexis de Ste-Maure, comte de), fils du précédent, lieutt-gal de Saintonge, brig., 279, 359, 360, 397?, 420.
—— (L.-Pierre-Jos. d'Esparbès de Lussan, comte de), mar. c., 2371, 2738.
—— (Pierre-Ch.-Franç. d'Esparbès de Lussan d'Aubeterre, mis, puis comte de), lieutt-gal, 3048, 3140, 3188, 3338, 3418, 3446, 3493, 3495,

3506, 3507, 3534, 3536, 3543, 3545, 3549, 3568, 3570, 3571, 3599, 3606, 3620, 3621, 3623, 3759?.
Jonville, commissaire des guerres, 295, 296, 359-362, 419, 420, 439, 441, 484.
—— (De), 1491, 1606.
—— (Chaillon de), chargé d'affaires à Bruxelles, puis à Gênes, 2664, 2702, 2887, 2888, 2900, 3115-3118, 3120.
Jonzac. V. *Jonsac*.
Jordan, 1661, 1857, 1858, 2034, 2035, 2093, 2136, 2141, 2236, 2322.
—— 2370.
Joris-et-Puschental (Ch^r de), 3391.
Jorisson (C.), c^on XXXII.
Joscy, lieut^t au rég^t de Piémont, 102.
Joseph I, empereur d'Allemagne, 1952, 2165.
Jossaud (Hyacinthe de), mar. c., 2620, 2631-2634, 2643, 2644, 2655, 2664, 2676, 2677, 2688, 2698, 2700-2703, 2707, 2712, 2723-2730, 2732-2740, 2744, 2746, 2768, 2782-2788, 2790-2792, 2794-2799, 2892.
Josse (Jacques), lieut^t du maire de Guéret, 2418.
Josselin, 3455.
—— (Municipalité de), c^ons LXII, LXX.
Jossey, 420.
Jossier, commissaire des guerres, 110.
—— **de Jud**, commissaire des guerres, 1422, 1563, 1830, 1841, 2024, 2025, 2086, 2131.
Jouale (Frère Ant.), religieux, 633.
Jouan (R.), lieut^t d'une compagnie franche de dragons, 989.
Joüanjan, doyen du Directoire du district de St-Malo, c^on LXXVI.
Jouanne (Louis), cap^ne au rég^t de Médoc, 2271.
Jouar (Dame de), «naturelle de M. le prince de Lorraine», 1900, 2136, 2139.
Joubert, syndic général des États du Languedoc, 1707, 2184.
—— commissaire des guerres?, 1831, 1832, 1836, 1837, 1935, 1944.
Joubert (Mme), 1944.
—— lieut^t de roi à Vieux-Brisach, 2240, 2242, 2370, 2392.
—— curé de l'Hôtel des Invalides, 2371, 2411.
—— (De), syndic général de la province du Languedoc, 3311.
—— V. *Courville, Nanthiat*.
—— **de La Motte**, médecin à St-Domingue, 3764.
—— **du Pré**, consul de Gap, 2143.
Joucleins (Pierre de), cap^ne au rég^t de Sault, 151.
Jouel, 1951.
Joüenne (Frère Paul), chartreux à Montpellier, 118.
Jouenne, membre du Directoire du Calvados, c^on LXV d.
—— V. *Esgrigny*.
Jouerre (Commandeur de), 134.
Jouffrey (De), cap^ne, 310.
—— lieut^t de roi à Mont-Dauphin, 1526, 1611, 1690, 1702, 1708, 1862, 1875, 1879.
—— (Louise-Marguerite Cabassole de), femme du précédent, 1861, 1878, 1892, 2132, 2133, 2370, 2400.
—— **-Ste-Cécile** (Mme de), 3255.
Jouffroy. V. *Jouffrey*.
—— **-Novillars** (De), 2679.
Jougla (Jean), prêtre du diocèse de Béziers, 91.
—— membre du Directoire du Tarn, c^on LXV f.
Joul (De), officier, 1853, 1855, 1856, 2132.
Jounel (De), lieut^t-c^el du rég^t de Lessart, 2144.
Jourdain, munitionnaire, étapier, entrepreneur des vivres?, 1116, 1223, 1275, 1285-1287, 1331, 1373, 1468, 1519, 1524-1526, 1594, 1613, 1699, 1767, 1791, 1862, 1875, 1877, 1880, 1892, 1895, 1897, 1898, 2038, 2039, 2041, 2134, 2135, 2175, 2249.
—— 1611, 1843, 2093, 3185, 3308.
—— secrétaire général du Directoire du H^t-Rhin, c^on LXV c.
Jourdan, cap^ne d'invalides à Valognes, 2267.
—— député de l'Ain, c^ons LXV a, LXV b.

Jourdan-Pepinière, échevin de Calais, 3549, 3719.
Jourde. V. *Vaux*.
Jourgniac (De), ancien lieut^{t}-c^{el} du rég^{t} de Montmorency, 2136.
Joussé. V. *Bonnivet*.
Jousseaume. V. *La Bretèche*.
Joussens, cap^{ne} au rég^{t} de Tallart, 2102.
Jousserant (De), major du rég^{t} de Touraine, 2300.
—— V. *La Voulernies*.
Jouve (De), commissaire d'art^{rie}, 1831, 1944, 2140, 2227, 2268.
—— 3533.
Jouvenot, 1492, 1498, 2136, 2142, 2183.
—— (De Valombe, dame), femme d'un entrepreneur des vivres, 2136.
Jouvente. V. *Pontval*.
Jouvin, lieut^{t}-g^{al} au bailliage de Montreuil (Normandie), 2264.
Jouy (Nic.-L. Grostette de), mar. c., 1896, 1945, 2270.
—— V. *Rouillé*.
Joyant, major du rég^{t} de Gâtinais, 2506.
Joyeuse (Louis de Lorraine-Guise, duc de), lieut^{t}-g^{al}, 134, 158.
—— (J.-Armand de Joyeuse-Grandpré, ch^{r} de Grandpré, puis ch^{r} de Joyeuse, puis marquis de), mar. Fr., 276, 389, 415, 537, 548, 608, 730, 732, 735, 906, 980, 1163, 1204, 1266, 1267, 1322–1324, 1355, 1428, 1604, 1672, 1761, 1875, 1896, 1898–1900, 2130–2132, 2134, 2135, 2139, 2144, 2271.
—— (Abbé de), 313.
—— (Jean, dit le comte de?), cap^{ne} de cavalerie, 2137.
—— (Daniel, m^{is} de), mestre-de-camp, 2242, 2370.
—— (Anne de—, comte de Grandpré), colonel, gouverneur de Stenay, lieut^{t}-g^{al} de Champagne, 2269, 2411, 2412, 2698, 2699, 2936, 2991, 2992, 3033, 3039–3046, 3051–3054, 3073, 3083–3085, 3087, 3109, 3140–3144, 3155, 3161–3163, 3165, 3166, 3168, 3184–3186, 3197, 3199–3204, 3206, 3207, 3210, 3258, 3275–3278, 3316, 3326, c^{on} XVII.
Joyeuse. V. *Grandpré, Montgobert*.
Joytot, subdélégué dans le bailliage de Dôle, 2144.
Juan d'Autriche (Don), command^{t} en chef l'armée espagnole, 137, 225.
Juanero (Duc de), 612.
Jubainville (De), procureur du roi à Verdun, 1116.
Jubécourt. V. *Baillet*.
Jubert (Anne–, s^{r} de Brécourt), officier aux Gardes françaises, 102.
—— (Ch^{r}), officier au rég^{t} Royal-Comtois, 2269.
—— V. *Bouville, Du Thil*.
Jud. V. *Jossier*.
Juel, 2162.
Jugny, secrétaire du prince Charles de Lorraine, 3143.
Juigné (De), gentilhomme breton, 3188.
—— (Urbain Le Clerc de), brig., 1276.
—— (Jacques-Gabriel-Louis Le Clerc, m^{is} de), lieut^{t}-g^{al}, 3522, 3602.
Juilhard (Daniel), employé dans les hôpitaux, 2140.
Juillot, ingénieur, 3673.
Jujardy (De), commissaire des guerres, c^{on} LXV c.
Juliani, 117.
Julianis (De), consul d'Aix, procureur du pays de Provence, 33.
Julien (Jacques), lieut^{t}-g^{al}, 1224, 1227, 1276, 1333, 1373, 1519, 1549, 1550, 1555, 1566, 1707–1709, 1796, 1798, 1906, 1907, 2506, 2524, 2575.
—— élu des États de Bourgogne, 2183, 2269.
—— avocat de Die, religionnaire réfugié à Genève, 2250.
—— officier, 3200, 3204, 3275, 3278, 3326.
—— consul d'Aix en Provence, 3259, 3262, 3310, 3311, 3314, 339, 3392.
—— cap^{ne} au rég^{t} de Forez, 3259.
—— consul de France à Nice, 3456.
Juliers (Magistrats, députés, etc. du pays de), 629.

Jullien, commissaire de l'artillerie, 1739.
—— lieut[t] au rég[t] de Picardie, 2045.
—— (Frère), supérieur des récollets de la citadelle de Dunkerque, 2144.
—— curé de Vanosc (en Dauphiné), 2343.
—— garde du parc d'artillerie à Tarascon, 3260.
—— garde d'artillerie à Colmars (B.-A.), 3545, 3581.
Jullienne (Denis), trésorier provincial de l'artillerie en Basse-Normandie, 3633, 3672, 3761.
Jumilhac (Pierre-Jos. de Chapelle, m[is] de), lieut[t]-g[al], 2729, 2926, 3017, 3084, 3201, c[on] XX.
—— (Ch[r] de), 3541, 3609, 3624.
—— (De), cap[ne]-lieut[t] dans la première compagnie des Mousquetaires, 3631.
—— (Pierre-Marie de Chapelle, comte de), lieut[t]-g[al], 3727, 3748, c[on] LV.
—— (Mis de), cap[ne] au rég[t] Dauphin-dragons, 3738.
Jumilly. V. *Cohier*.
Junca, cap[ne] au rég[t] de Vivarais, 2134, 2241, 2219.
Junquières (De), 361, 3779.
Juny, fondeur à Lyon, 2411.
Juppin, bourgeois de La Rochelle, 2142.
Jura (Directoire du dép[t] du), c[on] LXV.
Juramy, cap[ne] au rég[t] de Picardie, 1832.
Jussac. V. *Armentières*, *St-Preuil*.
Jusses. V. *Séverac*.
Jussy (De), officier au rég[t] de Navarre, 2135.
Justi (Ascanio), cap[ne] au rég[t] Corse, 612.
Justiniani (Mis), 299, 664, 738, 739. — Cf. *Giustignani*.
—— (Princesse), 3202.
Juston, 969.
Juvigny (De), envoyé extraordinaire auprès du duc de Wurtemberg, 825, 829.
—— cap[ne] d'une compagnie d'invalides à Bayonne, 2135, 2137, 2138, 2268, 2271.
Juyé (De), résident de France à Constantinople, 6.

K

Kahnn (De), commissaire au Grand Conseil à Malines, 3202.
Kaisersfeld (De), officier de la maison de l'électeur de Trèves, 983.
Kaiserslautern (Bailli de). V. *Heyler*.
Kaiserstein (Comte de), 3051.
Kalb, major du rég[t] de Löwendal?, 3526, 3592.
—— envoyé en mission secrète en Amérique, 3732, c[on] XLV.
Kalbermatten (Ch[r] de), maître de la poste de St-Maurice en Valais, secrétaire d'État de Sion, 1781, 1800, 1967, 1968, 1972, 2032, 2038, 2039, 2041, 2045, 2099, 2135, 2170, 2171, 2175, 2247-2249, 2251.
—— (De), cap[ne] au rég[t] de Courten, 2269.
Kalen, cap[ne] dans les troupes de l'Électeur palatin, 2162.
Kalmbsberoer (Mathias), lieut[t] de hussards, 1855.
Karg de Bebenbourg (Baron de), grand chancelier de l'électeur de Cologne, 1491, 1494, 1552, 1559, 1561, 1739, 1755, 1943, 1945, 1946, 2017-2019, 2021-2023, 2080, 2081, 2374, 2375, 2377, 2444.
Karret, cap[ne] au rég[t] de May, 1943.
Kaunitz (Comte de), vice-grand-chancelier de l'Empire, 1591.
—— -**Rittberg** (comte, puis prince de), ministre et ambassadeur autrichien, 3135, 3137, 3182, 3312, 3325, 3434, 3441, 3442, 3463, 3474, 3485, 3504, 3506, 3512, 3516, 3542, 3554, 3557, c[on] LXXXVI.
Kavanagh (André), irlandais, négociant à Dunkerque, 3408.

Kean (Thom.-M.), président du Congrès américain, 3734.
Kearney (Jacques), irlandais, négociant à Bordeaux, 3408.
Keerle (Baron de), ministre autrichien, 3430.
Keetin (Guill.), anglais, négociant à Dunkerque, 3408.
Kefficher (Escher de), 3518.
Keith (Georges—, dit «milord Maréchal»), officier écossais au service de Prusse, 3396, 3443.
Keller (Les frères), fondeurs, 261, 294, 296, 299, 311, 354, 355, 397, 419, 466, 512, 958.
—— directeur d'hôpital à Luxembourg, 2140, 2143.
Kellermann (Franç.-Christophe), mar. Fr., duc de Valmy, 49 s., LXV a., LXVIII.
Kellter?, de Cologne, 3524.
Kelman (Jos.-Wilhem), commissaire des guerres autrichien, 3123.
Kemp (Thomas), c^on LXXXVI.
Kempffer, commissaire des guerres, chargé de l'échange des prisonniers, 3057, 3069, 3094, 3096, 3098, 3123-3126.
—— (J.-B. de), ministre de France en Allemagne, 3433-3436, 3445, 3459-3461, 3463, 3473, 3475, 3485, 3501, 3508, 3514, 3548, 3553-3557, 3563, 3564, 3613, 40 s., 53 s., 57 s., 61 s.-63 s., c^ons XXVII, XXXII.
Kennedy, major de la place de Jaca, 1977.
—— officier, 3560.
Keppel (Baron de), gouverneur de Béthune pour les alliés, 2304.
—— amiral anglais, 3598, 3599.
Keralio (De), cap^ne aide-major au rég^t d'Aquitaine, 3396, 3403, 3469.
—— (De), major aux Grenadiers de France, 3468, 3481, 3518, 3548, 3555, 3556, 3558, 3559, 3561, 3563.
—— (Ch^r de), 3727, c^on XLIX a.
—— (De), censeur royal, 3738.
Kercado. V. *Carcado*.
Kerdaniel. V. *Le Jay*.
Kergal (Obelin de), 3749.
Kergariou (De), membre du Directoire du Finistère, c^ons LXVI, LXVII.
Kergavilly (De), lieutenant de vaisseau, cap^ne d'une compagnie franche de la Marine, 3185.
Kerguelen (De), auteur d'un mémoire sur le projet de cession de l'île de Mindanao à la France, c^on LXVIII.
Kerguézec (De), 3543.
Kergus (De), conseiller au Parlement de Rennes, c^on LXVI.
Kerhoent. V. *Coëtenfao*.
Kerkem (Barons de), 333, 2095.
Kerléan (Mauduit de), officier de garde-côtes, 3184.
Kerlenguy (De), cap^ne au rég^t de Vexin, 1700.
Kerlivio, commissaire garde-côtes de la capitainerie de St-Renan, c^on XLVII.
Kermabon, marchand à Auray, 2264.
Kermadec (De), gentilhomme servant de la reine, 146.
Kermarec (De), V. *Traurout*.
Kermellec (Ch^r de), officier au rég^t d'Angoumois, 3096.
—— -Penhoët (De), commd^t les Grenadiers royaux de Kermellec, 3164, 3188, 3210, c^on XVIII.
Kermellée (Demoiselle de Keranguen ou de), 2186.
Kermeno (De), major des dragons de Vassé, puis de ceux de Pourrières, 1950, 1954, 2022, 2136, 2138.
—— **de Gouzillon** (De), lieut^t de vaisseau, c^on XXVI.
Kerny (De), lieut^t au rég^t Dauphin-cav^ie, 3579.
Kérouartz. V. *Quérouartz*.
Kerpen (De), 2270-2271.
Kersalaün (Veller de), maire de Carhaix, c^on LXI.
Kersland (De), chef presbytérien écossais, 2089.
Kersseboom (D.-G.), auditeur militaire hollandais, c^on LXXXVI.
Kervegan (De), maire de Nantes, c^ons LXI, LXII.
Kerveguen (Gaultier de), ingénieur géographe, 3751, 3755, 3760, c^ons LX, LXII-LXV, LXV f., LXIX.
Kervenker (De), enseigne de vaisseau, 3493.

Kervilhio (Olivier-Jegon de), évêque de Tréguier, 1609.
Kesels (Guill.), bourgmestre de Weert, 3588.
Keselstadt (Baron de), grand prévôt de l'église de Trèves, 2321.
Kessel (De), commissaire des guerres, 2371, 2383, 2705, 2788, 2790–2793, 2797–2799, 2838, 2901.
—— (Baron de), 3136.
Kessels. V. *Kesels*.
Kettler (Comte de), 3029.
—— (Baron de), officier autrichien, 3440, 3583–3585.
Khevenhüller (André, comte), général autrichien, 2818, 2819, 2842–2846, 2944–2946, 2951, 2955, 2982, 3001, 3012.
Kicler, cap^ne au rég^t de Murat, 1857.
Kindelo (De), bourgmestre de Liège, 275.
Kindsberg von Erdorf, officier allemand, 2042.
Kinkel (De), 3464, 3513, 49 s.
Kinschot (Gasp. de), commissaire g^al des États Généraux de Hollande, 2381.
Kinsky (Comte de), chancelier de Bohême, 2927.
Klefeker, 3505.
Klein (Bernard), cordonnier à Luxembourg, 2411.
—— V. *Vilquoy*.
Kleinholtt (De), cap^ne de compagnie franche, 2035, 2091, 2130, 2162, 2164, 2236, 2238, 2239, 2243, 2244, 2322–3224, 2391–2393, 2452, 2458, 2461, 2609, 2631, 2633, 2634, 2663, 2676, 2725, 2840, 2859, 2876, 2891.
—— (Ferdinand de), 2575.
Kleinweldt (Baron de), 2142.
Kleist (De), général prussien, 3615.
Klié, bailli de Delle, c^on XLVI.
Klinglin (Les), de Strasbourg, 1366, 1367, 1407, 1435, 1465, 1501–1503, 1572, 1579, 1660, 1846, 1855–1858, 1950, 1951, 1953, 1954, 2030–2032, 2091–2093, 2131, 2141, 2165, 2169, 2236, 2238, 2244, 2322, 2392, 2393, 2524, 2699, 2701–2703, 2712, 2723, 2724, 2726–2742, 2746, 2747, 2782, 2784–2799, 2837–2841, 2851, 2852, 2860, 2863, 2873, 2876, 2927, 2928, 2951, 2955, 2959, 2960, 2978, 2979, 2981, 2991, 3007, 3010–3013, 3017, 3039–3046, 3051–3053, 3070, 3071, 3094–3097, 3100, 3101, 3108, 3109, 3123, 3126, 3127, 3156–3168, 3208, 3213–3220, 3285–3287, 3336, 3387, 3391, 3395, c^ons LX, LXII–LXV a, LXV e.
Klough. V. *Klügen*.
Klügen (De), c^el, 122.
Knecht, officier hollandais, 3309.
Knicihpaum (Georges-Frédéric, baron de), 1778.
Knikel (De), 3561.
Knoch (De), command^t les Volontaires de Saxe, 3012.
Knoodf, syndic de Cologne, c^on XXXVII.
Koch, 2904.
Kolhase. V. *Colasse*.
Kolly, 2928, 3123.
Konarski (Adam), évêque de Posen, 3.
Königsfeld (Comte de), 3070.
Königsegg (Ch., comte de), 1658.
—— (Comte de), feld-maréchal, 2873, 2955, 2956, 2970, 3028, 3124, 3125, 3602, c^on LXXXVI.
Königsmarck (Comte de), 259, 260, 343, 362, 444, 488, 535, 566, 585, 668.
Königswinter (Échevins de), 417.
Koppgreffering, fonctionnaire à Schelestadt, 988.
Koquenheim. V. *Heiss*.
Kostka (Pierre), évêque de Culm (Pologne), 6.
Koteck (Comte de), 2970.
Krämer (Léonard), de Bâle, cap^ne d'une compagnie franche, 2165.
Krant, officier allemand, 2086.
Kraus, cap^ne de Guides, 3094.
Krickenberg (De), colonel du rég^t Royal-Allemand, 1483, 1484, 1644, 1743, 1942, 1943, 2021, 2022, 2142, 2145, 2229, 2270.
Krockau (De), lieut-c^el du rég^t de Nassau, 3202, 3335.
Kroh (De), lieut^t-c^el du rég^t de Courcillon, 2343.
Kröneg (Baron de), 466, 671.

Krönn (James), officier de marine anglais, 3306.
Krusemarck, député du pays de Clèves, 3464, c^{on} XXVII.
Kuepffer, étapier à Sarreguemines, 2139.
Kuinser, 607.
Külberg (De), lieut^{t}-c^{el} du rég^{t} de Sars (service d'Espagne), 1953, 2028, 2035.
Kunfeld (Comte de), 2300.
Künigl (Comte de), colonel bavarois, 2951.
Kunn (J.), vicaire à Phalsbourg, 2321.
Kurowsky (André), recteur du Collège des Jésuites à Danzig, 3607.
Kuttschrentter (Daniel), officier hollandais ou autrichien, 3255.

L

Laas (Jean de), cap^{ne} au rég^{t} de Piémont, 102.
La Babinière (De), lieut^{t}-c^{el} du rég^{t} de Thorigny, 2133, 2136, 2183, 2229.
La Bachelerie (De), 118.
La Badie (De), lieut^{t} au rég^{t} de Persan, 123.
—— (Ch. d'Espalungue de), lieut^{t}-g^{al}, 1309, 1356–1358, 1468, 1482–1484, 1492, 1495, 1549, 1550, 1552, 1555–1557, 1561, 1566, 1578, 1644, 1645, 1647, 1648, 1651, 1652, 1738, 1739, 1742, 1830–1839, 1895, 1897, 1943, 1976–1978, 2048–2050, 2105, 2132, 2136–2138, 2140, 2183, 2216, 2219–2222, 2224, 2235, 2299–2301, 2304, 2308, 2315, 2370–2380, 2412, 2448, 2561, 3157.
—— (De), cap^{ne} du rég^{t} de La Fère, 2137.
—— (De), cap^{ne} des portes de Kehl, 2242.
—— (De), colonel d'un rég^{t} de ce nom, puis aide-de-camp du m^{al} de Berwick, puis colonel réformé, 2408, 2562, 2563, 3260, 3358, 3420, 3452.
—— (Mme de), 2412.
—— (Louis-Augustin de), mar. c., 3452, 3621.
Labadie (Hugues), 2982, 3051, 3098, 3100, 3101, 3157, 3159, 3161, 3165, 3166–3168, 3202, 3215, 3216, 3218.
La Baillaudière, 1492.
La Balguerie (De), cap^{ne} au rég^{t} de Brie, 3572.
La Balle, marchand drapier à Paris, 2140, 2144.
La Balme (De), commd^{t} à Sarrebrück, 461.
—— (De), major du rég^{t} de Poitiers, 997.
—— (De), cap^{ne} au rég^{t} de Franquières, 1766.
—— (De), major du rég^{t} de Franclieu, 2135, 2141.
—— (De), major du rég^{t} de Bougy, 2371.
La Balue (De), cap^{ne} au 1er rég^{t} de Chevau-légers, c^{on} XLVII b.
La Banquière (De), président du présidial de Montpellier, 3664.
La Barben (Gaspard de Forbin de), gouverneur d'Antibes, 33, 245.
La Barcelle, prévôt de la maréchaussée d'Auxerre, 3184.
La Barchède (De), lieut^{t} au rég^{t} de Romainval, 2136, 2137, 2139.
La Barde (De), ambassadeur en Suisse, 106, 110, 116, 137, 158, 245, 469.
—— (De), officier au rég^{t} de Piémont, 2136.
La Bare de Mons, 2140.
La Barge (J.-J. de), lieut^{t} au rég^{t} de Navarre, 141. — Cf. le suivant.
—— (De), 131, 151, 271, 419.
—— (Phil.-Emm. de), cap^{ne} au rég^{t} de St-Cierge, c^{on} LXXXVI.
La Barlotte (De), lieut^{t}-c^{el} du rég^{t} de La Roche-Thulon, 2032.
La Barollière (De), cap^{ne} aide-major au rég^{t} de La Reine-cav^{ie}, 2926.

La Barollière (De), capne au régt Mestre-de-camp-gal de dragons, 3710.
—— lieutt-cel des Chasseurs de Lorraine, cons LXV–LXV b, LXIX, LXXI.
La Baronnière (De), officier, 123.
La Barre, 123, 1406, 1644.
—— (Ant. Du Château de), mar. c., 1831, 1834–1838.
—— (De), 1832.
—— (De), ingénieur?, 1944, 1945.
—— (De), 2131, 2132.
—— capne aux dragons de Pourrières, 2138.
—— (De), major de la ville neuve de Nancy, 2236, 2242, 2243, 2393.
—— (Pelliosié de), commissaire des guerres, 2815, 2818.
—— (Desfontaines de), mayeur de Lille, 3699.
—— (Chr de), capne au régt provincial de Paris, 3732.
—— (De), président du Directoire du dépt de l'Eure, con LXV d.
—— V. *Filley*, *Huret*.
La Barrière, ancien officier aux régts Commissaire-général et de Ruffey, 2136.
—— con XLVIII.
La Barte (De), lieutt au régt de Champagne, 151.
—— (De), commdt à Landrecies, 505, 543, 550, 556, 598.
—— (De), commdt au fort St-André, 1850, 1856, 1858, 2134, 2141, 2243, 2244, 2272, 2318, 2322.
Labarte, entrepreneur de fournitures à Mont-Louis, 2522.
La Barthe (De), officier, 123, 146.
—— (Marquet de), 1852.
—— ancien officier au régt de Sault, 2136.
—— capne des portes à Mont-Louis, 2255.
—— 3682.
—— V. *Chambon*, *Chappuis*, *la Barte*, *Marquet*.
—— **de Las**, commdt au fort de La Knoque, 1856, 1944, 2131, 2141, 2145.
La Basardrie (De), doyen de la cathédrale de Tournai, 3084, con XVII. — Cf. La *Bassardrie*.
La Basecque. V. *La Basèque*.
La Basèque (Albert-Alard, comte de), lieutt-gal, 2020, 2022, 2023, 2139, 2143, 2738–2740, 2904, 2927, 2993, 3007–3013, 3026, 3029–3033, 3036, 3037, 3083–3087, 3124, 3125, 3138, 3147, 3184, 3257, 3260, 3262, 3395. — Cf. le suivant.
—— (De), auteur d'un mémoire sur le recrutement et la remonte, 2663, 2782, 2841.
La Basilière (De), 2138.
La Bassardrie (Mme de), 1830. — Cf. *La Basardrie*.
La Bassée, caporal d'invalides, 1831.
La Basseret, officier aux Carabiniers de Monsieur, con LXV.
La Bastide (De), capne au régt de La Marine, 141, 146.
—— capne au régt de Chartres, 1550, 1738.
—— (De), ancien officier au régt de Champagne, faisant fonctions de major à la forteresse de Charlemont, 1831.
—— lieutt de carabiniers, 1951.
—— capne au régt de Charolais, 2136.
—— capne au régt de Nivernais, 2271.
—— officier au régt Mestre-de-camp-gal de dragons, 2643, 2663.
—— V. *La Fare*.
—— **de Cancalières**, cornette au régt d'Esclainvillers, 1861.
—— **de Mauléon** (J.-J. de), capne au régt de La Marine, 146.
—— **de Ribot**, colonel réformé, 1602.
La Bastie (De), 671, 969, 988, 1213, 1214, 1216, 1264, 1321–1323, 1365, 1366, 1406, 1407, 1410, 1435, 1465, 1502, 1573, 1660, 1661, 1666, 1667, 1670, 1760, 1843, 1844, 1846, 1849, 1855–1858, 1948, 1950–1954, 2028, 2031, 2034, 2091–2094, 2131–2134, 2140, 2143, 2169, 2236, 2238, 2242, 2244, 2320, 2323.
—— (J.-Joseph de Fogasses de), évêque de St-Malo, 3604, 3605, con LXXV.
—— V. *Duprat*, *Vercel*.
—— **-St-André** (De), lieutt au régt de Sault, 146. — Cf. *La Batisse*, *St-André*.
—— **de Selliers**, 2392, 2398, 2400.

Labat, ancien contrôleur de la raffinerie de poudre de Toulouse, 2142.
La Bat (De), officier au rég^t de d'Artagnan, 2160.
La Bataille de Caen, officier au rég^t de Piémont, ingénieur, 1783, 1862, 1868, 1869.
La Bâtisse (De), lieut^t au rég^t de Sault, 146. — Cf. *La Bastie.*
La Batteut. V. *Du Soulié.*
La Battute (Pierre de), brig., 1550, 1666, 2034, 2035, 2092, 2131, 2133, 2164, 2169, 2391, 2460.
La Baudelan. V. *Des Roches.*
La Baulme (De), 11, 554.
—— **-St-Martin** (Ignace de), lieut^t au rég^t de Sault, 102.
—— (Bon de), juge royal à Grenoble, 102, 123.
La Baume (Marguerite de), 95.
—— (De), 117, 279, 672.
—— officier, 1943.
—— (De), officier aux Carabiniers de Monsieur, c^{on} LXV.
—— (De), major de l'arsenal de Grenoble, 2139, 2400.
—— V. *Forsat, La Vallière, Montrevel, St-Amour, Suze.*
—— **-Brachet**, 2531.
—— **-Le Blanc** (Franç. de), cap^{ne}, 88.
—— **de Suze** (L.-Franç. de), évêque de Viviers, 146.
La Baumme. cap^{ne} au rég^t de Vexin, 2395.
Labauve (De), major de la place de Namur, 3203.
La Bayette (De), major du rég^t de Sault, 1517.
—— sous-directeur de l'artillerie à Auxonne, c^{ons} LXV a, LXV d.
La Bazilière (De), 2183.
La Bazinière (De), trésorier de l'épargne, 158.
Labbaye (L. de), auteur d'un mémoire, 3617.
Labbé, commissaire des guerres?, 2137.
—— trésorier provincial de l'artillerie, 3633, 3645, 3672.
—— membre du directoire du district de St-Malo, c^{on} LXXVI.
—— V. *Talsy.*
Labbey. V. *Gonnoville.*
La Beaume. V. *Bourgoing, La Baume.*
La Bédoyère. V. *Bédoyère.*
La Bélière (De), lieut^t au rég^t Dauphin, 1832.
La Bellière (D'Amoresan de), 359, 360.
—— (De), lieut^t de roi du Sas de Gand, 3276.
Labène, cap^{ne} au rég^t de Laonnois, 2370.
La Bérardière, cap^{ne} au rég^t de Limousin, 1862.
La Béraudière. V. *L'Isle-Rouet.*
La Béraye (De), cap^{ne} aux dragons de Flandre, 2131.
—— cap^{ne} de garde-côtes à Lorient, 3187.
La Berchède, lieut^t au rég^t de Romainval, 2137.
La Berchère (Pierre Le Goux de), premier président du Parlement de Grenoble, 98, 117, 468.
—— (Denis Le Goux de), frère du précédent et son successeur à la présidence du Parlement de Grenoble, 118, 182, 245, 299, 361, 516.
—— (De), intendant, 795, 837, 902-906, 1013, 1015-1017, 1108, 1109, 1236, 1237, 1241, c^{on} III.
—— (Ch. Le Goux de), archevêque d'Albi, puis de Narbonne, 1614, 2141, 2184, 2261, 2268, 2273, 2338, 2417, 2558.
—— Cf. *Legoux.*
La Bergement (De), 2396.
La Berlière. V. *Fumeron.*
La Bernarde (Duboys de), aide-major g^{al} des logis, 3751, 3752, 3762.
La Bernardière (De), 1483.
La Berrie (De), ingénieur, 988, 1094.
La Bertoche (De), officier au rég^t d'Elbeuf, puis mestre-de-camp du rég^t de son nom, 1862, 1962, 2137, 2183.
La Bertonnière (Ant. Perrotin, s^r de), cap^{ne} au rég^t de Piémont, 131.
—— (De), lieut^t au rég^t d'Uzès, 2272.
—— V. *La Bretonnière.*
La Besse, officier au rég^t de Périgord, 1862, 2800.
Labesse (De), major de la grosse tour de Toulon, 3581.
La Bessière (De), 507.
—— (De), lieut^t-c^{el} du rég^t de Rouergue, 2131, 2243.

La Beuville (Municipalité de), c^on^ LXX.
Labhardt et **Lapoire**, banquiers à Paris, 2370.
La Bigottière (De), lieut^t^ au rég^t^ de Carné, 1858.
La Billarderie (Jérôme-Franç. Flahaut, ch^r^, puis comte de), lieut^t^-g^al^, 1665, 2417, 2791, 3084, 3145, 3208, 3211, 3258, 3261, 3262, 3338. — Cf. le suivant.
—— (Ch.-César Flahaut de St-Denis, m^is^ de), lieut-g^al^, 1835, 1952, 2697, 2701–2703, 2785, 2786, 2797, 2798, 2936, 2937, 2970, 2977. — Cf. le précédent.
La Billonnière (De), major du rég^t^ Royal-inf^rie^, puis de la place de La Rochelle, 1582, 1801, 2130.
La Binolays (De), lieut^t^ de l'Amirauté à St-Malo, c^on^ LXXVI.
Labinon (L.-Joseph de), mar. c., 3089, 3211, 3314.
La Biochaye (Abbé de), commissaire des États de Bretagne, c^ons^ LIII, LXXVI.
La Bizière (De), commd^t^ à Stenay, 2733, 2784, 3026, 3183.
La Blache, 2707, 2766.
—— (Mis de), ancien colonel du rég^t^ Royal-dragons, 3506.
—— (Comte de), fils du précédent et colonel du rég^t^ Royal-dragons, 3506.
—— (De), cap^ne^ au 9e rég^t^ de Chasseurs à cheval, c^on^ LXVIII.
Lablache, député de l'Isère à l'Assemblée N^le^, c^on^ LXIX.
La Blachette (De), lieut^t^-c^el^ du rég^t^ de Rougé, 3621.
La Blanque, cap^ne^ au rég^t^ de Soisonnais, 3260.
La Blatière (De), cap^ne^ au rég^t^ de Deshöffy, 3017.
La Blinière, commissaire des guerres, 1612, 1804.
—— (De), cap^ne^ au rég^t^ Royal-infanterie, 2141.
La Blonderie (De), 2272.
La Blottière (Ch^r^ de), commandant le rég^t^ de Carné, 1857.
—— (Franç. de), ingénieur, mar. c., 2039, 2041, 2042, 2559, 2704, 2705, 2751, 2752, 2756, 2757, 2759, 2761, 2810, 2812–2820, 2826, 2842–2844, 2846, A. 82, c^ons^ VII, XXXV *bis*.
—— (Comte de), grand bailli de l'évêché de Nantes, 3188.
La Boche (Corbeau), cap^ne^ au rég^t^ de Saluces, 396.
La Bodinière (Hamelin de), commissaire d'artillerie, 2144, 2769.
La Boëssière (De), officier au rég^t^ d'Austrasie, c^ons^ LXV, LXV a.
—— V. *La Boissière, La Boüessière.*
La Boirie, cap^ne^ au rég^t^ de Brosses, 1902.
La Boissière (De). V. *La Boëssière, La Boüessière, La Fontaine.*
—— (De), gentilhomme du Valois, ancien officier, 1802.
—— (De), lieut^t^ au rég^t^ de Poitou, 1830.
—— (De), lieut^t^ de roi à Dieppe, 1610, 1704, 1833, 1897, 2023, 2130, 2132, 2133, 2142, 2145, 2186, 2269, 2300, 2773, 2783.
—— (De), cap^ne^ au rég^t^ de Picardie, 2132.
—— (De), cap^ne^ au rég^t^ de Limousin, 2136.
—— 670, 794, 1094, 1525, 1526.
—— 25 s.
—— V. *Courtin.*
—— **de Vautorte** (De), ancien officier au rég^t^ Dauphin-inf^rie^, 2134.
La Boissierre, bourgeois de Verdun, 2245.
La Bonnodière (De), 1645.
«La Bonté» (dit), soldat au rég^t^ de Montesson, 1943.
La Borde (De), 102, 503.
—— lieut^t^ au rég^t^ de Champagne, 1849.
—— cap^ne^ au rég^t^ de La Rochedumaine, 1898.
—— habitant d'Orthez, 1985.
—— (De), 2134.
—— (De), officier au rég^t^ de Poyanne, 2143–2145, 2268.
—— cap^ne^ au rég^t^ de La Marine, 2135, 2136, 2143, 2255.
—— cap^ne^ au rég^t^ de Lenoncourt, 2135.
—— (De), employé de l'extraordinaire des guerres, 2144, 2273.
—— chanoine et écolâtre à Carignan, 2244.

La Borde; officier, 2261.
—— (Claude), garde du corps du roi d'Espagne, 2271.
—— (De), 2790-2793, 2795, 2796.
—— (De), officier au rég^t^ de Normandie, 3028.
—— (Mézière, ch^r^ de), major d'artillerie, 3135, 3239-3241, 3243, 3249 3251, 3252.
Laborde, 3314.
—— (De), fermier général, 3406.
—— (De), officier au rég^t^ de Condé, 3420.
—— (De), officier, 3583, 3602.
—— médecin à Port-au-Prince, 3731.
—— ingénieur géographe, 3751.
—— (De), 44 s, 47 s.
—— V. *Bruslart, Coutans.*
—— **-Lissalde** (De), lieut^t^-g^al^ de l'Amirauté de Bayonne, 3452.
—— de **Mont** (De), 2183.
La Borderie. V. *Gervaisot, La Bordrie.*
La Bordrie (De), cap^ne^ au rég^t^ d'Amboise, 141.
Laborel, maire de St-Tropez, 3571.
La Borie (Franç. Guitard, s^r^ de), serg^t^-m^or^ de la ville d'Angoulême, 131.
—— 1798.
—— officier au rég^t^ du Maine, 1884.
—— brig., 2816, 2912, 2913, c^on^ XV.
—— (Ch^r^ de), officier d'artillerie, 3581.
—— (De), aide major-g^al^, 3720.
—— (Baron de), 3764.
La Borne (De), 3689.
Labory. V. *La Borie.*
La Bosse (Mis de). V. *Du Bec.*
La Bouchardière (De), 980.
—— (L.-Raymond de), cap^ne^ au rég^t^ d'Ablois de La Vieuville, 2138.
La Bouchardrie (De). V. *Wytz.*
La Boucherie-Fromenteau (De), lieut^t^ de vaisseau, 3451.
La Bouchesolière. V. *Foucquet.*
La Boüessière (De), fermier général, 3308. — Cf. *La Boissière.*
La Boulaye (De), 1786.
—— officier d'une compagnie d'invalides, commd^t^ à Choisy-au-Bac, 2136.
—— (De), lieut^t^-c^el^ du rég^t^ de Bugey, 2138, 3145, 2392.
La Boulbène. V. *Roquecaude.*
La Boulie (De), lieut^t^ de roi de Calais, 3207, 3275, 3280, 3308, 3309, 3326, 3433-3405, 3407-3411, 3418, 3421, 3449-3451, 3495, 3497, 3505, 3532, 3533, 3572, 3574, 3578, 3598-3600, 3602, 3604, 3606, 3621, 3626.
La Boullaie. V. *La Boullaye.*
La Boullaye (De), 1364, 1365.
—— 1944.
—— (Jacques de), lieut^t^-c^el^ du rég^t^ d'Aunis, lieut^t^ de roi d'Exilles, 1968, 2038, 2040, 2099, 2100, 2101, 2150.
—— (Mlle de), 2130-2133.
—— (De), cap^ne^ au rég^t^ d'Estaniol, 2137.
—— 2371.
La Bourdone, lieut^t^ d'une compagnie d'invalides à St-Malo, 2138.
La Bourdonnaye (Yves-Marie de), intendant, 906, 1013, 1017, 1108, 1109, 1175, 1285-1287, 1379, 1428, 1462, 1468, 1522, 1611, 1705, 1792, 1892, 1903, 1977, 1984, 1986, 2052, 2130, 2133, 2134, 2138, 2139, 2186, 2187, 2265, 2267, 2272, 2346, 2371, 2416, c^ons^ V, VIII.
—— (J.-L. de), évêque de St-Pol-de-Léon, 1704.
—— (L.-Franç. de), intendant, 2761.
—— (De). V. *Blossac.*
La Bourdonnière (De), cap^ne^, 88.
La Bouret, lieut^t^-g^al^ au présidial de Soissons, 2272.
La Bourgonnière, officier au rég^t^ de Brancas, 1832.
La Bourlie (Georges de Guiscard, ch^r^ de), cap^ne^ de chevau-légers, 123.
—— (Georges de Guiscard, c^te^ de), lieut^t^-g^al^, 328. — Cf. le précédent.
—— (Ant. de Guiscard, abbé de), 1700, 1798.
La Bournalière (De), lieut^t^-c^el^ du rég^t^ de Lestranges, 2134.
La Boutrière (De), 2186.
La Bove. V. *Caze.*
La Branche (Boyer de), chevau-léger, 2136, 2140, 2141.
La Brandière. V. *Boisredon.*
La Brangelie (Ant. de). V. *Linange.*
La Brême (De), cap^ne^ au rég^t^ de Berry, 3457.
La Bretasche (Florent Sarrebourse de), lieut^t^ au rég^t^ de Rambures, 123.

La Bretauche. V. *La Bertoche.*
La Bretêche (Esprit de Jousseaume, m^is de), lieut^t-g^al, 389, 455, 586-601, 613, 670, 672, 734, 735, 793, 794, 823, 825, 827-829, 832, 874, 875, 877-884, 898, 966, 967, 969, 972, 977, 978, 989, 1113, 1155, 1159, 1218, 1265, 1287, 1324, 1409, 1410, 1435, 1569, 1573, 1761, 2138, 2524, 2621, c^on III.
La Bretesche. V. *La Bretêche, Bourdereau, Roëttiers, Travers.*
La Bretonnière (Paul-Ant.-Berthin de), mar. c., gouv^r de Pignerol, 123.
—— (Gilles de Botterel de), mar. c., 1861, 1862, 1866, 2053, 2130, 2131, 2133, 2135, 2137, 2142, 2177, 2255.
—— (De), gentilhomme breton, commd^t au Croisic, 3188.
—— (De), cap^ne au rég^t de Bouzols, 2456.
—— (De), officier au rég^t de Du Roure, 2160.
—— V. *La Bertonnière.*
—— **de Ricouart** (Mme de), 2133.
La Breuille (De), lieut^t au rég^t de Picardie, 146.
—— officier municipal de Noyon, c^on LXV d.
La Breville. V. *La Breuille.*
Labrevois (De), commd^t de l'artillerie à Besançon, 3241.
Labriche, 419.
La Brie (J. de), 1839.
La Brière (De), officier au rég^t de Brancas, 1832.
—— (Ch^r de), partisan, 2145, 2242, 2243.
—— (De), 3184.
—— V. *Vaultier.*
La Briffe (De), 837.
—— (De), officier au rég^t de Piémont, 2136.
—— (Pierre-Arnaud de), intendant à Caen, puis à Dijon, 2139, 2186, 2188, 2264, 2267-2269, 2342, 2347, 2371, 2417, 2418, 2686, 2786, 3309.
—— (De). V. *Amilly* (D').
—— **de Préaux** (De), lieut^t-c^el du rég^t Royal-Lorraine, c^on XLVII b.
La Brillasse (De), 361.
La Brisardière (Ch.-Chevallier, s^r de), enseigne au rég^t d'Herbouville, 146.
Labro de Patris, page de la duchesse de Bourgogne, 1688.
La Brosse (De), 146, 271, 275, 276, 419, 420.
—— major du rég^t de Languedoc, 1591.
—— ingénieur, 1644.
—— (De), cap^ne au rég^t de Permangle, 1830.
—— (De), officier au rég^t Dauphin-dragons, 1862.
—— (De), officier au rég^t de Senneterre, 2228.
—— (De), lieut^t de roi à Arras, 2312, 2448, c^on X.
—— (Peiceval de), prisonnier au château de Castellamare, 2575.
—— (Mme de), 2143.
—— (Joseph), fabricant d'armes à St-Étienne, 3244.
—— (Franç. de Baudin de Vaulx de), mar. c., 3087, 3137, 3223, 3224, 3229, 3230, 3250, 3251, 3290, 3291, 3328, 3329, 3409, 3421, 3449-3452, 3465, 3492, 3493, 3495, 3496, 3509.
—— **d'Oyron** (De), cap^ne des portes à Neuf-Brisach, 2137, 2242.
La Brossière. — V. *Mallet.*
La Broüe (De), 276.
La Broue (De), lieut^t de roi à Péronne, 2135, 2144.
La Brousse, subdélégué de l'intendant de La Bourdonnaye, 1903.
—— 2145, 2455, 2457.
—— V. *Verteillac.*
—— **-La Brugére** (Joseph-Dupont, s^r de), 2265.
La Brunelière, 1896.
La Brunie (Bernard de), mar. c., 1768, 2142, 2843, 2978, 3053, 3097, 3219, c^on XVIII.
La Bruyère (De), cap^ne, 362.
—— (De), commd^t à Lure, 516.
—— (Claude-Jos. de), brig., 970, 977, 989, 1204, 1205, 1208, 1237, 1360, 1400, 1402, 1549, 1550, 1644, 1646, 1647, 1650, 1652, 1674, 1736-1738, 1740, 1741, 1743, 1830-1832, 1838, 1839, 1935, 1943-1946, 2018, 2021, 2056, 2135-2139, 2142, 2143,

2153, 2159, 2160, 2219, 2220, 2222, 2299, 2301, 2303, 2371, 2372, 2377–2379, 2382, 2383, 2444, 2463, 2622.
—— capne au régt de Piémont, 2131, 2140.
—— (De), capne au régt de Normandie, 2723.
—— (Louis-Sixte Jarente de), évêque d'Orléans, 3502, 3543, 3549, 3625, 3677, 3749.
—— V. *Beaulieu*, *Court*.
La Bucaille (De), 2152, A. 89.
La Bucherie (Chr de), con LXXV.
La Bufferie, échevin de Cherbourg, 2144.
La Buhotrie (De), commdt la garde des passages de la Seine à Mantes, 2183.
La Buissière (De), lieutt-cel, 2417.
La Bunague (De), auteur d'un mémoire sur l'armée russe, 3278.
Laburthe, médecin ou chirurgien, 958.
La Busgaudière (Pierre-Hérisson de), lieutt au régt d'Espagny, 146.
La Bussère (De), officier aux Carabiniers de Monsieur, con LXV.
La Bussière (De), commissaire des guerres, 182, 295, 342, 350.
—— (De), 823.
—— 2343.
La Butte (De), 296, 342.
La Byloke. V. *Triest*.
Lacabane, capne au régt de Normandie, puis commdt de forts à Girone, 2141, 2332.
La Caillaudière (J. de), officier au régt de Normandie, 141.
La Calabre, sergent au régt d'Orléanais, 2138.
La Calougnière (De), lieutt de roi de Villefranche de Conflent, 2609, 2620.
La Calsinie de Bure (De), 1903.
Lacam (De), major, puis lieutt-cel du régt de Du Biez, 1830, 1832, 1855, 1943, 1944, 2133, 2142.
La Capelle (Échevins de). V. *Fondeur*, *Le Tart*.
Lacarcelle (De), commdt la place d'Embrun, 3546.
La Cardinière (De), ancien capne d'infanterie, 2138, 2139.
La Cardonnière (Balthazar de), lieutt-gal, 310, 312, 419, 444, 546, 549.
La Carlière (De), médecin du duc de Berry, 2413.
Lacarre (De), lieutt de roi d'Oléron, 3677.
La Carre. V. *Saumery*.
La Carrière (Ant. Raymond de), subdélégué de l'intendant Turgot à Aurillac, 2265.
Lacarry (De), major du régt de Boulonnais, 2086, 2226.
La Carte (De), colonel de milice, 904.
—— (Jacques-Franç.-Marie de Thébault, mis de), brig., 3060, 3061.
—— (De), 3188.
La Case (De), 343.
La Casaigne (De), major du régt de Piémont, 1965, 1968.
—— officier au régt d'Angoulême-dragons, con LXII.
—— 3255.
La Cassaigne (Paul d'Armand de), mestre-de-camp, 123, 360.
—— (De), lieutt-cel du régt de Touraine, commandt à Lans-le-Bourg, 1897, 2038, 2096, 2098.
La Cassière (De), grand-maître de Malte, 3.
La Cassine (Jean de), capne de partisans du service de Hollande, puis du service de France, 1549.
La Caunelays. V. *La Connelaye*.
La Caussade (De), officier, 151, 259, 271, 279, 455.
—— (De), gentilhomme languedocien, 1896.
Lacay, maire de Tarbes, con LIV, LX.
La Caze (R. de Pons, mis de), 131.
—— (De), 563, 566.
Lacaze, major de la place de Schelestadt, 2030.
—— consul de Figeac, 2135.
—— (De), 2139, 2140. 2142–2144, 2332, 2370.
La Cerda (Don Pedro de), 1886.
—— **de Villalonga** (Comte de), général autrichien, 2768, 3185.
La Cère, 1888, 1981.
Laces (De), capne au régt de Piémont, 102.
La Chabossière (De), 987, 997.

La Chabossière (Mansion de), major de la place de Givet, 3509, 3625, 3759.
La Chabroulie (De), officier au rég^{t} d'Aubusson, 1831.
La Chaffre (De), échevin de Romorantin, 2183.
La Chaise (De), 123.
—— (Claude de), lieut^{t} au rég^{t} d'Espagny, 141.
—— (Le P. de), jésuite, confesseur de Louis XIV, 1899, 2635.
—— (De), lieut^{t} au rég^{t} de Périgord, 2137.
—— officier, 3606.
—— officier au rég^{t} Royal-Normandie, c^{on} LXV a.
La Chaize, commissaire des guerres, 2136, 2175, 2251, 2455.
—— (De), major de la place de Cambrai, 3085, 3091, 3124, 3182.
—— (De), lieut^{t}-c^{el} du rég^{t} d'Armagnac, c^{on} LXV d.
—— V. *Souternon.*
La Chambre, major au rég^{t} de St-Venant, 2219.
—— 2300, 2411, 2412.
—— cap^{ne} au rég^{t} de Provence, 3255, 3263.
—— V. *Des Rochers.*
La Chapelière (De), cap^{ne} au rég^{t} Royal, 565.
La Chapelle, maître de poste à Châtillon-de-Michaille, 2133, 2135.
—— médecin, 3669.
—— (De), command^{t} à Lauterbourg, 2733, 2746, 2785, 2794, 2798, 2912, 3042.
—— prévôt du Bugey, 2771.
—— (De), premier commis des Affaires étrangères, 3390, 3391.
—— 2269, 2271.
—— (Alex. Franç. Marie Le Filleul, c^{te} de), mar. c., c^{ons} LXV–LXV d.
—— (De), 2371, 2411.
—— (De), c^{ons} XLIII, LXV c.
—— V. *Desarnaux, Jumilhac, Passerat.*
—— de **Bellegarde** (L. Franç. Passerat), mar. c., c^{ons} L b, LX, LVX b.
La Chappelle-Bessé (De), 668.
—— (De), 1950–1953, 2031.
—— (Ch^{r} de), officier au rég^{t} Royal-Artillerie, 3124.
La Charasse (De), cap^{ne} au rég^{t} de Mortemart, 1895.
La Charce (Comte de), 1799.
—— (Madeleine-Gabrielle-Antoinette de Choiseul-Lanques, marquise de), 3174.
—— V. *La Tour-du-Pin.*
La Chardaigne (De), officier de milice de Champagne, 2933.
La Charencé (De), officier au rég^{t} de Du Biez, 2022.
La Charité-sur-Loire (Municipalité de), c^{on} LXV e.
La Charmée (De), lieut^{t} au rég^{t} de Conti, c^{on} LXXXVI.
La Charpaigne (De), major d'Huningue, 2032, 2136.
—— (De), commd^{t} à Landskroon, 2876.
La Chartre (Robert de), 1898, 2141.
—— (Cte de), c^{el} de hussards, c^{on} LV.
La Chassagne (De), 300.
—— (De), lieut^{t}-c^{el} du rég^{t} de Bretagne, 997.
—— (De), 1417.
—— (De), cap^{ne} de carabiniers au rég^{t} Commissaire-général, 1162, 1378.
—— (De), officier au rég^{t} du Maine, 1884.
—— (De), cap^{ne} au rég^{t} de Languedoc-inf^{ie}, 2145.
—— (De), 2609.
—— (De), lieut^{t}-c^{el} du rég^{t} de Bauffremont, 3550.
La Chassaigne, inspecteur des vivres à Dunkerque, c^{on} XIX a.
La Chasse (De), lieut^{t} au rég^{t} de Piémont, 146.
—— (De), 3178.
—— **de Bérul**, cap^{ne} au rég^{t} Royal, 2052, 2135–2137, 2177.
—— **-Dumesnil** (De), cap^{ne} au rég^{t} de Grancey, 343.
La Chastre. V. *La Châtre.*
Lachat (De), garde-magasin à Grenoble, 1879.
La Châtaigneraie. V. *St-Contest.*
La Chatelaise (De), lieut^{t}-c^{el} du rég^{t} de Chalmazel, 1858, 2145.
La Châtre (Louis, m^{is} de), mar. Fr., 72.
—— (M^{ise} de), 360.
—— (Louis-Charles-Edme, m^{is} de), lieut^{t}-g^{al}, 1832, 1945, 2028, 2081,

NOTE PRÉLIMINAIRE.

Au cours de l'impression du présent volume, le 6e de l'«Inventaire sommaire des Archives historiques du Ministère de la Guerre», l'auteur de cet Inventaire, M. Félix BRUN, est décédé le 23 mars 1926. S'il ne lui a pas été donné de pouvoir mettre la dernière main à l'impression de ce travail, M. BRUN en a du moins entièrement achevé le manuscrit, c'est-à-dire non seulement celui de ce 6e volume, mais encore celui du 7e et dernier, qui comprendra la Table des matières.

Qu'il soit permis à cette occasion de rendre un juste hommage à la mémoire de l'excellent archiviste qu'a été M. Félix BRUN, pendant les quarante années qu'il a passées aux Archives historiques du Ministère de la Guerre, à sa valeur professionnelle, à sa culture érudite et lettrée, comme à la distinction de son caractère et de son esprit. Le nom de M. BRUN sera préservé de l'oubli par la reconnaissance de tous ceux qui consulteront son si utile Inventaire des Archives historiques du Ministère de la Guerre.

2082, 2084, 2139, 2243, 2244, 2412.
La Châtre (De), officier, 2269.
—— (Mme de), 3226.
—— (Ch. Pierre de La Châtre-Nançay, m^{is} de), lieut^{t}-g^{al}, 3493, 3494, 3496, 3497, 3504, 3506, 3533–3535, 3576, 3621, 3622, 75 s.
La Chau (De), cap^{ne} aux Grenadiers royaux de la Guyenne, 3720.
—— **-Montauban** (Franç. Hector de La Tour-du-Pin, ch^{r}, puis comte de), mar. c., 1858, 2138, 2242, 2243, 2305, 2412.
—— (De), 3492.
La Chaubruère (Alphonse de Lestenon, ch^{r} de), brig., 2330.
La Chaulme, 1550, 1832.
La Chaume (De), 278, 294.
La Chaussé (De), consul de France à Rome, 2575, 2609.
La Chaussée, 1925.
—— (De), cap^{ne} au rég^{t} de Mornac, 2328.
—— (Nivelle de), fermier général, 2343.
—— (De), gentilhomme poitevin, 2419.
—— V. *Blin.*
La Chauverie, cap^{ne} au rég^{t} de Charost, 1841, 2134.
La Chauvetière (De), lieut^{t} au rég^{t} de Labour, 2130, 2145, 2244.
La Chauvinière (Franç. Mareschau de), gentilhomme de Toul, 2324.
La Chenay. V. *Pachet.*
La Chenaye (De), lieut^{t}-c^{el} au rég^{t} de Mirepoix, 92.
—— (Ch^{r} de), garde du corps, 3715.
—— V. *La Chesnaye.*
La Chenet, cap^{ne}, 1858.
La Chennelais (De), exempt de la maréchaussée d'Alençon, 3185.
La Cherpenterie (De), «traitant de la taxe des marchands de vins en gros» à Paris, 2273.
La Chesnaye (De), 117.
—— lieut^{t} au rég^{t} d'Aunis, 1846.
—— (De), officier du rég^{t} d'Angoumois, 2136, 2145.
—— V. *La Chenaye.*
La Chesnelaye (De), colonel du rég^{t} de ce nom, 2138, 2145.
La Chétardie (De), 966, 967, 969, 976, 979, 988, 990, 1091, 1113, 1218, 1286, 1322, 1323, 1516, 1583, 1688, 1788, 2621, 3779.
—— (Joachim Trotti de), curé de St-Sulpice, 1788, 2134.
—— (Joachim-Jacques Trotti, m^{is} de), lieut^{t}-g^{al}, 2697, 2712, 2740, 2745, 2747, 2768, 2800, 2801, 2955, 2960, 3006, 3116, 3120, 3175, 3176, 3236, 3237, 3296, 3311, 3335, 3462, c^{on} XXI.
La Cheulène. V. *Beaussier.*
La Chevalerie (De), 473.
—— (De), 2371, 2583, 3624.
—— Cf. *La Chevallerie.*
La Chevalleraye (De), major de la place de Toul, 1900.
La Chevallerie (J. H. de), major du rég^{t} du prince de Waldeck, 3182.
—— (Ch^{r} de), officier, 3418.
—— V. *La Chevalerie.*
La Chevrière (De), commissaire des États de Bretagne, c^{on} LIII.
La Chèze (Louis-Hercule de Pourtalès, m^{is} de), lieut^{t}-g^{al}, 3203, 3418.
—— (Franç. de Pourtalès, ch^{r} de), lieut^{t}-g^{al}, 3204, 3418, 3694.
—— 3392.
—— (Mme de), 3460.
La Chiche, officier du génie, 3466, 3717, 3719.
La Chillerie (De), cap^{ne} au rég^{t} de Vexin, 1831.
La Chipaudière-Magon (De), connétable de St-Malo, 1526, 1704, 1901.
La Ciotat (Consul de). V. *Aimard.*
La Clavière (Ed. de Chamborant de), mar. c., 106, 119, 131.
—— cap^{ne}, 2131.
—— (Claude de Chamborant, comte de), lieut^{t}-g^{al}, 2941, 2945, 2969, 2982, 3123, 3156, 3162–3165, 3167, 3168, 3199–3204, 3206, 3207, 3210, 3211, 3213, 3216, 3275, 3276, 3278, 3280, 3281.
La Clavillière (De), 2093.
La Clède (De), lieut^{t} du maire d'Aspe, 2052.
La Clergerie (De), 259.
Laclos (De), major de Hombourg 987.

Laclos (De), major de Belfort, 1855-1857, 1950, 2138, 2243.
—— (Chr de), officier au régt Dauphin, 3029.
—— (Choderlos de), secrétaire de la Chancellerie des ordres du roi, A. 87, A. 88.
—— (Pierre-Ambroise-Franç. Choderlos de), officier d'artillerie, écrivain, 3766.
La Closure (De), résident à Genève, 1702, 1765, 1799, 1843, 1855, 1869, 1872-1877, 1879, 1895, 1898, 1967, 1968, 2036, 2038-2041, 2096, 2098-2101, 2679.
La Cloustière (De), 967, 970.
—— **-Le Royer** (De), ancien capne au régt de Hautefort, 1854.
La Cluë (De), officier de milice, 3233.
—— (De), chef d'escadre, 3497, 3532, 3533, 3539.
Laco (Chr de), capne au régt de Vermandois, 1857, 1952.
La Coche. V. *Béjuy.*
La Cocherie (De), subdélégué à Boulogne-sur-Mer, 951.
La Colombière (De), cornette, 1857.
—— (De), officier au régt d'Aubusson, 2130.
—— (De), capne au régt de Piémont, 2343.
—— (De), chargé d'affaires à Bonn, 3479, 41 s.
La Colombières. V. *Belair.*
La Colonge (De), commissaire des guerres, 1854, 1855.
—— (De), capne au régt de Bourbonnais, 3261, 3262.
—— V. *Du Montet.*
La Combe (Jacques de), ingénieur, mar. c., 1558, 1560, 1739, 2023, 2080, 2151-2153, 2156, 2159, 2160, 2214, 2219, 2233, 2300, 2372, 2379.
—— (De), «commis des affaires extraordinaires du roi», à Nîmes, 1707, 1799.
—— (De), 1831.
—— capne au régt de Damas, 1862.
—— (De), 1939.
—— (De), lieutt-cel du régt de Mailly, 1983.
La Combe (De), lieutt au régt de Luxembourg, 2143.
—— (De), capne au régt de Périgord, 2231.
—— (De), 2700, 2708, 2860, 2891, 2967, 2968, 2970, 2979.
—— (De), lieutt-cel au régt de Tournaisis, 3331.
—— (De), 3741. — Cf. *Du Fief.*
—— **-St-Michel**, vice-président du Directoire du Tarn, con LXV f.
La Comme, capne, 1973.
La Comté (Boucquet de), ex-capne au régt de Navarre, 3717.
La Conche (Ed. de), châtelain de la conciergerie royale et bourgeois de Chambéry, 2102.
La Condamine (De), capne au régt de Champagne, 1855, 1858.
—— (Ch. de), receveur général des finances, 2185, 2265, 2268-2273.
—— capne au régt de Piémont, 2184.
—— (Mme de), 2339, 2421.
—— V. *Brun.*
La Connelaye (Franç. Hyacinthe-Thomas de), mar. c., 1830, 1832-1839, 1935, 1937, 1938, 1943-1946, 2018, 2021, 2022, 2080, 2081, 2137, 2140, 2144, 2186, 2268, 2269, 2273, 2347, 2370, 2419.
La Conseillère (Louis de Méhérenc, sr de), avocat à Rouen, 2230.
La Contardière (De), commdt à Entrevaux, 1517, 1703, 1768, 1802, 1862, 1895, 1897, 1899, 1900, 2039, 2041, 2099, 2140, 2170, 2171, 2173, 2249, 2327, 2343, 2399, 2400.
La Contour (Franç. de Moussy de), mestre-de-camp, 123.
La Contrie, officier au régt de Senneterre, 2228.
La Coquerie, président à Rennes, 420.
La Corbonnaye-Goret (De), syndic de St-Malo, 1066.
La Corcelle-Percy, commdt le fort du Rhin, à Strasbourg, 1952, 2031.
—— capne au régt de La Marche, 2143.
—— (De), 3291.
La Corée (De), auditeur des comptes, 2412.

La Corée (Simon-Pierre de), évêque de Saintes, 3420, 3549.
—— (De), intendant, 3605, 3625, 3671, 3702, 3708, 3709, 3714, 3717, c^ons XL, XLIX a.
La Coretterie (De), 615.
La Cornière (De), lieut^t au rég^t de Dauphiné, 102.
La Corselle (De), 2739, 2793, 3061, 3118, 3227.
La Corzana (Comte de), 1984.
La Coste (De Simiane de), président de chambre, 118.
—— (Le Saugeot de), cap^ne au rég^t de Belsunce, 146.
—— (La Grâce de), cap^ne au rég^t de Belsunce, 146.
—— (De), 227–229, 240, 241, 261, 295, 296, 359, 360, 362, 420, 452, 505, 515, 544, 548, 549, 568, 616, 894, 958, 961.
—— (Denis de —, seigneur d'Aigrefoin), 1483, 1549, 1631, 1644, 1832, 2022, 2141, 2243, 2300.
—— (De), aide-major de la place de Douai, 1832, 1836.
—— (De), cap^ne au rég^t de Provence, puis aide-major, 1857, 2132.
—— (De), lieut^t-c^el du rég^t d'Elbeuf, 1874.
—— officier au rég^t d'Agénois, 2025.
—— major du rég^t d'Alsace, 2140.
—— commissaire des guerres, 1963, 2143, 2145, 2270.
—— (Corties de), officier ou commissaire d'artillerie, 2034, 2143, 2242.
—— lieut^t d'invalides à St-Malo, 2138.
—— (De), receveur des finances de l'élection de Montélimar, 2139.
—— officier au Château-Trompette, à Bordeaux, 2140.
—— (Jean), receveur des tailles à Briançon, 2174.
—— (De), sous-lieut^t au rég^t de Kerkem, 2242.
—— (Etienne de), 3232, 3236, 3255, 3256, 3262.
—— 3314.
—— (De), 3573, 3579.
—— (De), lieut^t-c^el du rég^t d'Île-de-France, 3643.
—— V. *Fontanilles.*
—— **-Bellou** (ou **Besson**?), officier au rég^t de Santerre, 1953, 1955, 2415.
La Coudraye (De), commissaire des guerres, 416, 556, 565, 594, 612, 704, 728, 732, 734, 735, 880, 967, 1113, 1115, c^ons II, LXXXVI.
—— (De), major de la ville et de la citadelle de S^t-Lô, 2269.
La Coudre (De), officier au rég^t de St-Evremont, 2137.
La Coudrée (De), officier piémontais, 396, 398.
—— officier détaché de l'Hôtel des Invalides, 2412.
La Coudrelle (De), colonel du rég^t de Normandie, 137, 468.
La Coulevrier (De), cap^ne des portes du château de Bellegarde, 2255.
La Coulombière, command^t le 2e bataillon d'Oléron, 1700.
La Cour (De), cap^ne au rég^t de Touraine, 123.
—— (De), 295, 310. 311, 339, 340, 354, 356, 405, 568, 608.
—— (Mme), veuve d'un huissier du Conseil souverain du Roussillon, 356.
—— (De), munitionnaire ou entrepreneur du service des vivres, 1286, 1613, 1658, 1671, 1699, 1752, 1761, 1768, 1787, 1808, 1895–1897, 1899, 1900, 1937, 2091, 2092, 2133, 2185, 2269.
—— (De), lieut^t au rég^t de Languedoc-dragon, 1766.
—— (De), ingénieur, 670, 794, 795, 830, 832, 993, 994. — Cf. le suivant.
—— (De) lieut^t au rég^t de Boulonnais, 994.
—— (De), mar, c., 1978, 2049, 2050, 2104, 2105, 2177, 2254, 2330, 2332.
—— (De), officier, 2136.
—— aubergiste à Phalsbourg, 2145.
—— étapier de Bourg-en-Bresse, 2262, 2263.
—— (De), directeur des étapes à Amiens, 2230.
—— (De), 2370.
—— 3255, 5237.
—— (Mme Caumartin de), 3258.
—— (De), cap^ne au rég^t de Condé-cav^ie, 3500.
—— V. *Gramont, Moncet.*

La Cour-Mareschaulx (De), capne au régt de Bigorre, 1960.
—— **-Vandorne** (De), lieutt au régt de Crussol, puis dans celui de St-Loup, puis aux Chevau-légers d'Orléans, 2136.
La Courbe. V. *Du Bellay.*
La Courcelle (De), 1699.
La Courneufve (De), gouverneur de l'Hôtel des Invalides, 2619, 3207, 3223, 3280, 3281.
—— capne au régt du Maine-infie, 2130.
La Couronne (De), capne de Grenadiers, 1837.
—— (De), capne au régt de Bourbitout, 1943.
La Court (L. d'Argy, sr de), lieutt au régt de Normandie, 151.
—— (De), marchand à Romans, 2142, 2269.
La Courtaudière (De), 2370.
La Cousture, lieutt de roi à Guise, 1831, 1832, 1836.
—— (De), brig. d'une brigade des Gardes au pays de Gex, 2336.
La Coutanfaye (De), capne aux Volontaires étrangers, 3463.
La Couture, commdt à Hesdin, 2978, 3087.
—— **-Renom**, officier aux Grenadiers royaux de Modène, 3261.
La Cra. V. *Le Roy.*
La Crau. V. *La Terrade.*
La Creuse (De), maréchal-des-logis au régt de Villeroi, 1862.
Lacrille, officier, 1855.
La Crochinière (De), procureur au présidial de La Flèche, 2143.
—— (De), capne au régt du Perche, 2229.
—— (Fontaine de), lieutt au régt du Perche, 2242.
La Croisette (Du Roulet de), commdt à Caen, 903.
—— 1899. — Cf. *Du Roulet.*
La Croix (Camille de), 6.
—— (De), 110, 141, 210, 224–229, 238, 240, 241, 251, 455, 469, 504, 505, 547, 552, 601.
—— (De), secrétaire du baron de Quincy, 551.
—— (De), 978.
—— (J. J. de), capne d'une compagnie franche, brig., 1142, 1148, 1210, 1305, 1310, 1356–1358, 1360, 1399, 1402, 1404, 1436, 1483, 1484, 1502, 1524, 1572–1575, 1577, 1579, 1648, 1660, 1661, 1670–1672, 1678, 1699, 1736, 1738, 1757, 1758, 1845, 1846, 1848, 1851–1853, 1857, 1944, 1950–1953, 2018, 2019, 2021, 2022, 2033–2035, 2091–2093, 2132, 2137, 2139, 2145, 2149, 2153, 2165, 2167, 2169, 2242–2244, 2269, 2319, 2322, 2323, 2341.
La Croix (De), capne de compagnie franche, fils du précédent, 2455, 2793, 2797, 2960. — Cf. le suivant.
—— (De), lieutt-cel réformé, 2631, 2634, 2644, 2709, 2824, 2825, 3124, 3275. — Cf. le précédent.
—— greffier en chef du Parlement de Metz, 1574, 2242, 2245.
—— capne au régt de Barrois, 1788.
—— (De), recteur de l'Université de Douai, 1831.
—— (Chr de), premier lieutt de la compagnie de mineurs de Francard, 1966, 2131, 2371, 2411.
—— capne au régt de Simiane, 2044.
—— médecin à Avesnes, 2141.
—— (Anne-Jacques de), docteur de Sorbonne, vicaire général de l'évêché d'Arras, 2135, 2142.
—— (Dame), veuve d'un marchand de Namur, 3135.
—— (Marie-Thérèse, veuve de), A. 89.
—— major du régt de La Fare, 2145, 2244, 2392.
—— (De), capne, 2225.
—— (Phil. de), échevin de Trelon (Nord), 2235.
—— maire de Tarascon, con LXV c, LXV f, 2245.
—— habitant de Grenoble, 2250.
—— capne au régt de Bouhier, 2370.
—— ancien officier, 2371.
—— lieutt d'une compagnie d'invalides, 2414.
—— (De), député des États d'Artois, 2447.
—— (Maximilien de), lieutt-gal d'artillerie (service d'Espagne), 2969.
—— membre du Directoire du Calvados, cons LXV b-LXV d.

La Croix, magistrat de Mariembourg, 3089.
—— c^{ons} IV-XI.
—— (Comte de), 3764.
—— V. *Grandcombe, Revin, St André, St Vallier.*
—— **de Ste-Croix**, 1836-1839, 1869, 1900.
—— **d'Henclin** (Abbé de), c^{on} LIV.
—— **de Lascazes**, 2227, 2370.
—— **-Maront**. — V. *Pontet.*
—— **-Martin**, 3495.
—— **de Trémond**, officier dans une compagnie d'invalides au Havre, 2144.
Lacroix. V. *La Croix, La Croye.*
La Croslière (De), officier au rég^{t} de Desmaretz, 2136.
La Croye, officier en garnison au Château-Trompette, à Bordeaux, 2137.
La Crux y Santa-Crux (Don Juan (de), 2609.
La Davière (De), major de la capitainerie de Dives, 3452.
La Devèze (De), command^{t} sur la haute Meuse, lieut^{t} de roi de la province de Quercy, 1608, 1644, 1651, 1660, 1661, 1671, 1737, 1741, 1832, 1834, 1837-1841, 1843, 1857, 1945, 1950, 1952, 1955, 1956, 2021, 2022, 2035, 2055, 2056.
—— (Pierre-Paul de Clerc de), lieut^{t}-g^{al}, 1644, 1856, 2143, 2739, 2771, 3060, 3064, 3065, 3116, 3124, 3125, 3175, 3178-3180, 3223-3227, 3230, 3232, 3234, 3236-3238, 3240, 3241, 3243, 3245, 3258, 3262, 3290-3293, 3314, 15 s, c^{on} XIX. — Cf. le précédent.
—— (Faucon de), commissaire des guerres, 1776, 1832, 1861.
—— (De), aide-major du rég^{t} de La Marine, 1968, 2135.
—— (Franç. Loupiac de), mar. c., 2139.
—— (De), major du rég^{t} de Médoc, 3710.
—— **-Ladidierre**, officier au rég^{t} du Maine, 1884.
L'Admiral, sergent-major, correspondant secret, 1941.
Ladonze? (De), 831, 972, 993-994.
La Dorisierre (De), cap^{ne} au rég^{t} de Condé-inf^{rie}, 982.
La Douche, fonctionnaire de la maison du duc d'Orléans, c^{ons} LXV b-LXV d.
Ladoue, lieut^{t}, 2136.
Ladournas, 2562.
Ladoux, major du rég^{t} de Flandre, 2102.
Ladouze? V. *Ladonze.*
La Doyre (Mme), veuve d'un cap^{ne} du rég^{t} de Sillery, 1858.
Ladron de Guerara (Don Bartolomé), général commd^{t} à Parme, 2844.
Ladry, cap^{ne} au rég^{t} de Navarre, 2371.
Ladurig, cap^{ne} au rég^{t} Royal-Deux-Ponts, c^{on} XLIX a.
La Ensenada (Mis de), secrétaire d'État de l'infant don Philippe, 2967, 2968, 2970, 2979, 3017, 3061, 3292, 3696.
La Fage (De), sous-lieut^{t} au rég^{t} de Périgord, 2137.
La Faget, officier au rég^{t} des Vaisseaux, 271, 411.
Lafagette, cap^{ne} au rég^{t} de Tessé, 1944.
La Faluère (Alexandre Le Fèvre de), grand'maître des eaux et forêts de l'Île-de-France, 2133, 2144.
La Fare (La Bastide), cap^{ne} de chevau-légers au rég^{t} de La Meilleraye, 102.
—— (Antoine, baron, puis marquis de), mar. c., 133, 137, 146, 157, 158.
—— (N... de), 313, 466, 903, 966, 969, 970, 972, 979, 984, 1000, 1073, 1093-1095, 1099, 1100, 1113, 1116, 1169, 1170, 1222, 1223, 1224, 1227, 1228, 1239, 1272, 1274, 1275, 1333 1375, 1401, 1418, 1428
—— (Courbière de), sous-lieut^{t} au rég^{t} d'Agénois, 1945.
—— (Comte de), colonel des dragons de Languedoc, 2138.
—— (Abbé de), 2145.
—— (Abbé de), élu des États de Bourgogne, 3749, 15 s.

La Fare (Phil.-Ch., m^is de), mar. Fr., 2562, 2679, 2703, 2709, 2784, 2802-2805, 2824, 2859, 2871, 2912, 2915, 2916, 2921, 2981-2983, 2999, 3007, 3010, 3039-3042, 3046, 3052, 3053, 3075, 3097-3099, 3139, 3147, 3160, 3164, 3165, 3310, 3316.
—— V. *La Salle.*
—— **d'Alais** (Ch^r de), 1331.
—— —— (Comte de), 1690, 1702, 1707, 1708, 1861, 1873-1877, 1879, 1968, 1971, 2132, 2137, 2141, 2142, 2393.
—— (Comte de), 3766.
—— **-La Tour** (Ch^r de), cap^ne au rég^t de Normandie, 2723.
—— **-Laugères** (Ch.-Aug., m^is de), 1900, 2131, 2132, c^on XI.
—— **-Montclar** (De), colonel, 116.
—— **-Tornac** (Comte de), 1888, 1897, 1898, 2136, 2183.
La Farelle (De), major du rég^t de La Force, 2137.
—— (De), ancien officier au rég^t de Navarre, puis dans celui d'Albigeois, commd^t à Montagnac, 2371.
—— (Daubrespy de), cap^ne au rég^t de Béarn, 3634.
—— (Daubrespy de), cap^ne au rég^t de Perpignan, 3677.
—— (De), officier (au rég^t de Royal-Pologne?), 3689, c^on LXIV.
La Farge (Les frères de), de Salers (Auvergne), 2265.
—— (De), major des Carabiniers?, 1856.
—— (Rollin de), membre de la Commission du Morbihan, c^on LXIV.
La Fargue (De), cap^ne au rég^t de Gondrin, 1831, 1855.
—— (De), 1574, 1672, 1754, 1856, 2393.
—— (Paul de), cap^ne au rég^t de Soissonnais, 2255, 2523.
—— (Jean de), mar. c., 2913, 3493, 3496, 3497, 3569, 3571, 3572, 3622.
—— **du Perron** (De), cap^ne au rég^t de Tallart, 2102.
La Farre, officier au rég^t du Maine, 1884.
La Farrie-Audouin (De), lieut^t au rég^t de Piémont, 123.
La Faurie (De), 2133.
La Fausse, — V. *Aubigné.*
La Fay (De), major de la place de Longwy, 987.
—— (De), cap^ne au rég^t d'Orléans-cav^ie, 1856.
Lafaye père (De), conseiller honoraire au Châtelet, trésorier général des gratifications, premier commis du Dépôt de la guerre, 463, 1179-1181, 2143, 2270, 2343, 2371, 2421, 2619, 2622, 2664, 2679, 2785, 2799, 2876, 3015, 3042, c^on XVII.
—— fils, chef du Dépôt de la guerre, 3015, 3578, 3685, 3775.
La Faye (De), commissaire des guerres, 1874, 1879, 1972, 2371.
—— (J.-Franç. Lériget de), colonel du rég^t Royal-Comtois, 3140, 3223, 3224, 3248, 3257.
—— (De), membre du Directoire de l'Allier, c^on LXV c.
—— V. *Villers.*
La Fayette (Franç. de), évêque de Limoges, 158.
—— (De), 970, 988, 1218.
—— (Marie-Jos.-Yves-Roch-Gilbert Dumotier, m^is de), lieut^t-g^al, 3732, 3733, c^ons XLVIII, LX-LXIII, LXV-LXV a, LXV c, LXV f, LXVII, LXIX.
La Felonnière (De), officier, 1847, 1848, 1858, 1862, 1950, 1951, 1953, 2034, 2132, 2169, 2239, 2243, 3321, 3324, 2393.
La Fenestre (De), cap^ne au rég^t de Champagne, 3461.
La Fère (officiers de place, échevins, bourgeois, etc., de), 361, L b. — Cf. *Bottée, Camus, Danye, Devraine, Dumoulin, Fontaine, Garbe, Morial, Tuffereau*, etc.
—— (De), marchand ou entrepreneur de fournitures, 2144.
—— (F. de), magistrat à Givet, 3204.
La Ferière, ingénieur géographe, 1883, 1885, 1892, 1978, 1979, 1982, 2048, 2049, 2253, 2255.
—— cap^ne réformé au rég^t d'Orléans. 2133, 2408.
—— commd^t à Nieuport, 3142.
—— cap^ne au rég^t de La Mothe-Houdancourt-cav^ie, 2347.

La Ferière. V. *La Ferrière.*
La Fernoy (De), 410.
La Ferrère (De), maire de Navarrenx, 3745.
La Ferrière (Louis de La Grée, s^r de), officier au rég^t de Champagne, 146.
—— (De), chef d'escadre, 137.
—— (De), maître des requêtes, 1549.
—— 1609.
—— (De), commd^t en Lyonnais, 2664, 2687, 2771, 2826, 3074.
—— commd^t un poste à Meulan-sur-Seine, 2141.
—— (Dame Du Saussoy de), 2186.
—— V. *La Ferière.*
—— **-Vincierle** (Ch. Maurice de). brig., 870, 1307, 1312, 1428, 1510-1513, 1525, 1526, 1699, 1704, 1898-1900.
—— (Ch^r de), c^on LXIV.
—— Cf. *Vincelles.*
La Ferronnais V. *Du Boüexu.*
La Ferronnays (Ferron de), officier de cav^ie, 1961, 1979, 2134.
—— (Pierre-Jacques-Louis-Aug. Ferron, m^is de), mar. c., 2936, 3017, 3478.
—— (Pierre-Jacques-Franç.-Aug. Le Ferron, comte de), lieut^t-g^al, 3482, 3606.
—— (De), 41 s.
La Ferté (De), procureur à Bourges, 118.
—— (Cap^ne), 420.
—— (H.-Franç. de Senneterre, duc de), 1116, 1238.
—— (Ch^r de), commissaire provincial d'artillerie, 1898, 2136, 2220, 2370.
—— V. *Papillon.*
—— **-Alais** (Municipalité de), c^on LXX.
—— **-Bernard** (Magistrats, etc., de). V. *Pasquinot.*
—— **-Imbault** (Jacques d'Estampes, m^is de), mar. Fr., 102, 118, 131, c^on LXXXVI.
—— **-Macé** (Gendarmerie de), c^on LVII.
—— **-Meun.** V. *Meun.*
—— **-Milon** (Maire, etc., de). — V. *Fournier, Godefroy.*
—— **-Senneterre** (Henri, m^is, puis duc de), mar. Fr., 92, 102, 116, 119, 133, 134, 137, 157, 158, 419, 468, 469, c^on II. — Cf. le suivant.
La Ferté-Senneterre (De), mestre-de-camp, 123.
—— V. *Senneterre.*
—— **-sous-Jouarre** (Municipalité de), c^ons LXV e, LXX.
La Feuillade (Georges d'Aubusson de), archevêque d'Embrun, 134, 154, 157, 245, 516.
—— (Franç. d'Aubusson, comte, puis duc de), mar. Fr., 79, 131, 146, 151, 182, 190, 245, 344, 378, 388, 389, 423, 443, 451, 460, 545, 610, 2653, 2654.
—— (Georges II d'Aubusson de), évêque de Metz, 342, 795, A 87.
—— (Louis d'Aubusson, duc de), 1590, 1690, 1764, 1765, 1777, 1819, 1826, 1860, 1861, 1868, 1872-1877, 1879, 1897, 1958, 1960, 1964, 1966-1968, 1972, 1973, 1988, 2044, 2046, 2133, 2269, A. 92 *bis*, c^on VI.
La Feuille (De), 2448.
La Feuillée (P.-Franç. Duban, comte de), lieut^t-g^al, 285, 297, 333, 343, 344, 362, 416.
—— (De), officier ou commissaire des guerres?, 1831.
—— (De), officier, 3599, 3603.
La Feullade? V. *Termes.*
Laffite, cap^ne au rég^t de Tourville, 2137.
Laffon-Ladébat, président du Comité des dépenses publiques à l'Assemblée N^le, c^on LXXI.
Lafite, cap^ne commmand^t le 3e b^on du rég^t Royal, 1644.
L'Afitte (De), 880.
Lafitte (Ch^r de), 1797.
La Fitte (De), officier, 2244.
—— V. *Liesta.*
—— **du Courteil** (De), major à Oléron, 3426, 3451, 3452, 3579.
—— **-Pelleport** (J.-Franç.-Paul de), mar. c., 495, 504, 505, 536, 542-544. — Cf. *Pelleport.*
—— **de Salles**, commd^t au fort de Kehl, 2732, 2735, 2742.
La Flaigne, 397.
La Flèche (De), officier d'invalides à Belle-Isle, 2138, 2142.

La Flèche (Échevins, magistrats, etc., de). — V. *Coussin, La Crochinière, Rolland.*
La Fleuriès. V. *Le Sourd.*
La Floride (Mis de), 2046, 2047, 2050.
La Fond, lieut^t^-g^al^ au bailliage de St-Quentin, 117.
—— (De), 446, 461.
—— (De), intendant, 792, 795, 821, 823, 837, 875–880, 883, 884, 890, 902, 903, 966–968, 971, 975, 981, 982, 1087, 1088, 1092, 1150, 1161, 1213, 1217, 1236, 1239, 1284, 1285, 1287, 1289, 1379, 1380, 1420, 1436, 1759, 2300, 2412, 2522, 3779, c^on^ III.
—— (De), officier, 1752. — *La Fons-La Ferté.*
—— cap^ne^ des portes à Nancy, 2236.
La Fons (De), 1525.
—— (De), 3073.
—— **-La Ferté** (De), colonel, 1753, 1855, 2028, 2134, 2141, 2220, 2371. — Cf. *La Fond.*
—— **de La Plesnoye** (De), lieut^t^-c^el^ du rég^t^ de Condé-cav^ie^, 1951.
La Font (Jos. de), lieut^t^ au rég^t^ de Picardie, 92.
—— 260.
—— (De), colonel, 1854, 1951, 2142.
—— (De), cap^ne^ au rég^t^ de La Reine-dragons, 1855, 1856.
—— (De), lieut^t^ réformé au rég^t^ de Choiseul, 1852.
Lafont, avocat à Paris, 2131, 2133.
—— chargé d'affaires à Mannheim, c^on^ LXVIII.
—— V. *Du Cujula, Duvergé, La Fond, La Fons, Savines.*
La Fontaine (De), 3.
—— commissaire des guerres, 110, 279.
—— chirurgien-major, 1792, 2408.
—— (De), cap^ne^, 1946.
—— (Mahout de), chargé des affaires du cardinal d'Estrées à Douai, 2024.
—— (De), commissaire d'artillerie, 2371.
—— (De), fonctionnaire du Ministère des Finances, c^on^ LXI.
—— (Joseph, ch^r^ de —, s^r^ de La Boissière), lieut^t^ au rég^t^ de Picardie, 88.
—— V. *St Paul, Villepescle.*
La Fontaine-Solar, inspecteur des garde-côtes, 3598.
La Fontelaye (De), major de la place de St-Quentin, 1945, 2134, 2141, 2183, 2219, 2220, 2226, 2269–2271, 2301.
La Fontenelle, prévôt de la maréchaussée à Hombourg, puis à Sarrelouis, 795, 997, 1289, 1504.
—— V. *Guyet.*
La Forcade, invalide de la garnison de Belle-Isle, 2270.
La Force (Jacques-Nompar de Caumont, marquis, puis duc de), mar. Fr., 21, 41, c^on^ I.
—— (Henri-Nompar de Caumont, marquis de Castelnau-Caumont, puis duc de), mar. c., 360, 361.
—— (Henri-Jacques de Caumont, duc de Caumont, puis de), colonel d'un rég^t^ de son nom, membre de l'Académie française, 2411.
—— (Marquis de Caumont), colonel du rég^t^ de Beauce, 3007.
—— (Armand-Nompar, m^is^ de Caumont, puis de), colonel d'un rég^t^ de son nom, 1831, 1832.
—— V. *Cugnac.*
La Forest, 210, 225, 227, 228.
—— (De), 997. — Cf. *Ratabont.*
—— mathématicien à Besançon, 2396.
—— **-Divonne.** V. *Divonne.*
La Foretz, cap^ne^ au rég^t^ de Villegagnon, 2131.
Laforgue (De), lieut^t^ au rég^t^ de Soissonnais, 1861.
—— (De), cap^ne^ au rég^t^ de Solre, 1878.
La Forgue, aide-major, 3696.
La Fort, «général des troupes étrangères au service du grand-duc de Moscovie», 1420.
La Fossardière. V. *Du Plessis.*
La Fosse, officiers, 146.
—— chirurgien, inspecteur des hôpitaux, 1644, 1765, 1861, 1862, 1871, 1873–1876, 1897, 1966, 1971, 1975, 2033, 2136, 2137, 2139, 2141.
—— (De), prévôt des maréchaux, 1861.
—— (De), cap^ne^ au rég^t^ de Gramont-Liégeois, c^on^ LXXXVI.

La Fosse (De). — V. *Calvil, Guillecour, Villion.*
Lafosse, officier au rég^{t} d'Agénois, 2025.
La Foucherie, officier, 2136.
La Fouernery, 2138.
La Fourière-Bruneau, employé des hôpitaux, 2031.
La Fourille (St-Julien de), officier d'artillerie, 3467.
La Framboisière (De). V. *Framboisier.*
La Francèze, officier de l'état-major de la place de Nancy, 2393.
La Frée (L. de Catignon, s^{r} de), serg^{t}-m^{er} de la ville de Grenoble, 141.
La Frenaye, 713.
La Fresnais. V. *Marchant.*
La Fresnaye (De), subdélégué à Falaise, 3469.
—— (André), maire de Falaise, c^{ons} LXV b, LXV d.
La Frête. V. *Millon.*
La Fretée (Jacques-Franç.-Damien de), subdélégué de l'intendant de Bernage à Béthune, 2087, A. 89.
La Frette, lieut^{t} au rég^{t} de Villeroi, 2131.
—— **de Saligniac**, cap^{ne}, 2136.
La Frézelière (Franç. Frezeau, m^{is} de), lieut^{t}-g^{al}, 279, 409, 460, 489, 508, 537, 558, 607, 663, 704-706, 727, 728, 732, 734, 735, 795, 823-826, 828, 829, 831, 832, 867, 874-880, 883, 966, 967, 971, 972, 980, 1079, 1096, 1155, 1213, 1214, 1236, 1239, 1264, 1266, 1267, 1321, 1322, 1324, 1501, 1502, 1524, 3779, c^{on} III. — Cf. le suivant.
—— (J.-Franç.-Angélique Frezeau, m^{is} de), lieut^{t}-g^{al}, 980, 1213, 1407, 1410, 1437, 1501, 1502, 1524-1526, 1568-1571, 1573, 1574, 1583, 1608, 1660, 1661, 1666, 1667, 1676, 1699, 1749-1751, 1753, 1843-1848, 1851, 1855, 1895, 1896, 1948, 1949, 1952, 2027, 2028, 2082, 2083, 2091, 2134, 2144, 2149-2152, 2154, 2160, 2215, 2220, 2221, 2224, 2300, c^{on} VII. — Cf. le précédent.
La Fuente (Mis de), ambassadeur d'Espagne, 245.
Lagadek (De), gouverneur de Concarneau, 3188.
La Galaizière (Ant.-Martin de Chaumont, m^{is} de), intendant, chancelier de Lorraine, 2859, 2860, 2873, 2875, 2877, 2890-2892, 2902, 2904, 2923, 2924, 2983, 2989, 2991, 2993, 3011, 3026, 3040, 3041, 3045, 3047, 3051-3053, 3068, 3070, 3073, 3075, 3085, 3095, 3096, 3109, 3125, 3182, 3183, 3185, 3219, 3235, 3255, 3286, 3294, 3296, 3308, 3315, 3316, 3336, 3387, 3392, 3395, 3396, 3429, 3460, 3469, 3508, 3576, c^{ons} XIV, XX.
—— (De Bayon, m^{is} de), intendant, 3605, 3671, 3702, 3708, 3709, 3714, 3717, 3767, c^{ons} XLVII, LIII, LV.
—— V. *Mareil.*
La Galeine (De), receveur au grenier à sel de Clamecy, 2271.
La Galissonnière (Mis de), marin, 3424, 3425.
—— (Ch^{r} de). V. *Barrin.*
La Galvagne, 988.
La Garane (De), officier, 151.
La Garau, cap^{ne} au rég^{t} de Boulonnais, 2142.
La Garde (De), 151, 224, 259-261, 271, 275, 279, 296, 310, 332, 337.
—— (Mme), 633.
—— (Ch^{r} de), cap^{ne} d'une compagnie franche, 997, 1761, 1848, 1851-1854, 1951, 2034, 2035, 2237, 2242, 2378, 2395, 2396, 2454.
—— contrôleur, 1604.
—— (De), officier au rég^{t} de Bresse, 1901.
—— major du Fort-l'Écluse, 2100, 2135, 2270, 2271.
—— cap^{ne} au rég^{t} Royal-Vaisseaux, 2141.
—— (Ch^{r} de), ancien cap^{ne} au rég^{t} Royal-Bombardiers, 2143.
—— (De), lieut^{t} au rég^{t} de La Sarre, 2145.
—— (De), major de Port-Louis, 2141, 2186.
—— (André de), procureur général au Parlement de Provence, 2188.
—— 2232.
—— (De), 2339.

La Garde, capne au régt de Beringhen, 2371.
—— (Chr de), lieut-cel d'infrie, 2393.
—— capne au régt de Médoc, 2709.
—— (De), fermier général, 2871.
—— V. *Guignard, Hozier, Villeneufve.*
—— garde-magasin à Metz, con LIV.
—— **-Chambonas** (Ant. de), évêque de Viviers, 2135, 2250, 2412.
—— **-Gaillard** (De), apothicaire à Rennes, 2264.
La Gardelle (De), commdt à l'île de Port-Cros, 33.
La Gardette (De), commdt à La Petite-Pierre, 452, 460, 461, 508, 509, 559-561, 567, 606, 670. 688.
—— ingénieur, 670, 825, 830, 831, 882-884, 966, 1115.
—— V. *Sommièvre.*
La Gardie (Comte de), 1946.
La Garelle (Dame de), 633.
La Garenie (Franç. de Bayon de), capne au régt de Normandie, 102, 146.
—— (De), capne au régt de Toulouse, 1856, 1858, 2273.
La Garenne (De), maréchal-des-logis de la compagnie des Gendarmes du duc d'Anjou, 146.
—— (De), capne au régt de Guitaut, 1858. — Cf. *La Garenne-Goulat.*
—— (De), capne des portes de St-Martin-de-Ré, 2134.
—— (De), lieutt du maire de Caen, 2186.
—— V. *Hérail.*
—— **-Goulat** (De), capne au régt de Guitaut, 1759.
—— (De), garde du corps, 2396.
—— **St-Jacques** (De), 243, 244, 709.
La Garigue (De), lieutt au régt de Piémont, 146. — Cf. *La Garrigue.*
La Garlière (De), officier au régt de Guyenne, con LXV a.
—— V. *Penaud.*
—— **-Friconneau**, entrepreneur de fournitures à St-Martin-de-Ré, 2136, 2137, 2140.
La Garrigue (De), officier, 1832, 2371, 2978.
—— (De), officier au régt de Gondrin, cons XII-XIV.
—— (De), lieutt, 2255.
La Garrigue, officier au régt de Lanan, con XLV.
—— (De), 3445.
—— (De), auteur d'un mémoire sur les manœuvres, A. 74.
—— Cf. *La Garigue, La Garrigues.*
—— **de Born** (De), capne au régt de La Reine, 2136.
La Garrigues, aide-major à la garde des passages de la rivière de Somme, 2220.
Lagastini, 1861.
Lagau, intendant de M. de Dangeau, 2138.
Lage de Cueilly, 3198, 3200-3203, 3205, 3207-3211, 3275, 3280, 3326.
Lageard, auteur d'un mémoire sur l'organisation de l'armée, 3715.
La Gelinière, capne au régt de Santerre, 2244, 2392.
La Geneste (De), capne au régt de Belabre, 2138, 2139.
—— officier d'artillerie, 3645.
La Genetière, magistrat de Givet, 2144, 2222, 3204.
La Gérinière, 990.
—— (De), capne au régt de Dauphiné, 1862.
—— lieutt de roi de Ste-Menehould, 2268, 2420.
La Gervaisais (Aug. Nic. Magon de), lieut-gal, 1877, 2135, 2251, 2370, 2392, 2916.
La Gesse, garde-magasin, 2945.
Laget, procureur du roi en l'échevinage du Buis, 1972.
La Gétardière (Goulard de), capne au régt de Tallart, 2145.
La Geyre de Grossolles, officier au régt de Lannion, 2143.
La Gibaudière (De), 1754. — Cf. *Gibaudière.*
La Gibertie (De), gentilhomme ordinaire de la Maison du roi, 241.
La Girardière (De), 342.
La Giraud (De), lieutt au régt de La Fons-La-Ferté, 2158.
La Giraudière (De), 117.
—— (De), échevin d'Orléans, 3182.
La Glistière fils (De), con XL.
Lagny (De), capne au régt de Lévis, 1672.
—— V. *Huby.*

Lagny (Municipalité de), c^on LXIX.
Lagondie (De), lieut^t-c^el du 14e rég de dragons, c^on LXVIII.
Lagorrée, cap^ne au rég^t de Châtillon, 2145.
Lagoul, échevin de Roye, 2415.
La Goupillière (De), commissaire des guerres, puis intendant, 116, 133, 295, 413, 416, 458, 460, 461, 466, 484, 487–489, 491, 493, 494, 507–509, 555, 557, 558, 560, 561, 564, 566, 568, 608, 609, 614, 663, 668, 703, 705, 735, 772, 791–795, 821, 823, 825–832, 837, 874–880, 882–884, 966, 967, 969, 970, 978, 982, 983, 986, 989, 1069, 1070, 1091, 1113, 1115, 1158, 1159, 1213, 1214, 1218, 1236–1238, 1264–1267, 1284–1287, 1321–1324, 1364, 1365, 1367–1379, 1380, 1382, 2522, 2524, c^ons III, IV.
Lagoutte, officier de dragons, 1862.
Lagoy, consul d'Arles, 3255, 3256, 3259.
La Grâce. V. *La Coste*.
La Granche. V. *Courlandon*.
La Grandière. V. *Meurcé*.
La Grandmaison (Godet de), lieut^t au rég^t de Villelongue, 1945.
La Grandville (Jos. Bidé de), intendant, 360, 419, 420.
—— (Bidé de), 2676, 2677, 2698, 2700, 2701, 2703, 2767, 2800, 2825, 2851, 2922, 2923, 2927, 2928, 2954, 2955, 2957, 2969, 2981–2983, 2990, 2999, 3000, 3010–3012, 3047, 3223, 3311, c^ons XIV, XV.
—— (De), officier, 3261.
La Grange (De), 123, 141, 151.
—— (Jacques de), intendant, 243, 261–263, 265, 271, 276, 278, 292–296, 310, 311, 324, 325, 336–340, 351, 378, 390–395, 411–414, 416, 417, 420, 436, 443, 455, 458–461, 466, 467, 469, 484, 486, 487, 494, 507–509, 512, 515, 541, 556–561, 564–566, 568, 606–608, 610–612, 614, 631, 648, 663, 667, 670–672, 735, 792, 794, 795, 823, 825–832, 874–877, 879–884, 966, 967, 971, 975, 987, 1000, 1067, 1068, 1113, 1115, 1116, 1160, 1213–1215, 1218, 1236, 1237, 1264–1267, 1284–1286, 1321–1324, 1364–1367, 1379, 1380, 1382, 1406–1410, 1435, 2522, 2524, 2621, 3780, c^on III.
La Grange, chirurgien-major à Mont-Royal, 983, 992.
—— (De), lieut^t de roi de Rocroi, 1524–1526, 1608, 1660, 1661, 1701, 1737, 1738, 1830–1832, 1839, 1943, 1944, 2021–2024, 2056, 2131, 2132, 2134, 2136, 2139, 2142–2144, 2183, 2219, 2220, 2420, 2609, 2698, 2734.
—— (De), 1700.
—— (Mme Gomé de), 1854.
—— cap^ne au rég^t de Normandie, 1519.
—— (De), officier de dragons successivement du service d'Allemagne et de celui d'Espagne, 1954.
—— 1982, 2817.
—— (De), cap^ne au rég^t de Duchay, 2023, 2243.
—— (De), officier, 2130.
—— (De), 2133.
—— cap^ne au rég^t de La Rivière, 2184.
—— (Veuve d'Antoine), de Hombourg, 2245.
—— (Rollet, s^r de), ancien cap^ne au rég^t de Vendôme, major de la place de Tournai, 2342.
—— 2378, 2414.
—— officier municipal de Mâcon, c^on LVII.
—— (De), 2940.
—— (Pierre), consul de Tarbes, c^on LX.
—— V. *Gerbons*, *Le Camus*.
—— (Louis de Bézard, s^r de), cap^ne au rég^t de Normandie, 123.
—— **-Duclos**, auteur de mémoires sur la régie des vivres, 2139.
—— **-Lacroix**, 157.
—— **-Montigny**. V. *Arquien*.
—— **du P...**, cap^ne au rég^t de Navarre, 1856.
—— **-Savarie** (J. J. de), cap^ne au rég^t Royal-Comtois, aide-major de la place de Suse, 1861.
La Graulet (De), brig., 3032, 3033, 3037, 3088, 3089, 3125, 3135–3138, 3140–3145, 3197–3200, 3202–3204, 3207, 3275–3277,

3308, 3326, 3408–3410, 3449–3452, 3457, 3463–3465, 3492, 3494–3499, 3532, 3533, 3537, 3540, 3549, 3568–3570, 3574, 22 s, con XX.
La Grausse. V. *Boussion.*
Lagrave, capne au régt de Bassigny, 2133, 2150.
La Grave, sergent, 988.
—— (Gressier de), commissaire des guerres, 3652, 62 s., cons XLV, LXVIII.
—— fils, commissaire des guerres, 3662, 3664.
La Gravière (De), capne au régt de Péry, 2028.
—— (De), lieutt-cel réformé, gouverneur de Wissembourg, 2609, 2702, 2703, 2723, 2725, 2736, 2737, 2783, 3053.
—— (Chr de), résident de France à Bruxelles, cons LXVI, LXVII.
La Grée (De). V. *La Ferrière.*
La Greffe (Trinquère de), aide-major du bon de l'Inde, 3629.
—— V. *Pontavel.*
La Grenie. V. *Escairac.*
La Grézillonnaye (De), membre du Directoire d'Ille-et-Vilaine, cons LXV f, LXXI.
La Grieurie (De), 2144.
La Grillonnière (De), commissaire des guerres, 730, 958, 1203, 1355, 1575, 1577, 1737, 1739, 1841, 2024, 2025, 2144, 2219, 2222, 2301, 2387.
Lagrimaldy (De), capne au régt de Piémont, 2269. — Cf. *Grimaldi.*
La Grise (Mis de), colonel du régt de ce nom, 1644, 1657, 1830, 1836.
La Grive des Assises (De), commissaire des guerres, 3417, 3457, 3499, 3506, 3574, 3578.
La Guardia (De —, comte de Campo), corrégidor de Plasencia, 1886.
—— **-Bueno** (Don Thomas), capne espagnol, 1986.
La Guere-Charbise (De), ingénieur, 2160, 2219.
La Guérinière (De), 420.
—— aide-major de la place de Tournai, 2137.
—— (De), intendant de la Marine, 182, 245, 516, 564.
La Guette (Pierre Testart, chr, puis comte de), mar. c., 2913.
—— **-Rantiere** (De), capne au régt de Navailles, 102.
La Guiche (Jean de Sivignon, comte de), lieutt-gal, 3139, 3613.
—— V. *St-Géran.*
La Guierche (De), officier au régt de Périgord, 1944.
La Guillaumye (De), intendant en Corse, 3752, 3762, cons LXV b, LXXIII.
Laguille (Le P.), jésuite, 2677.
La Guillotière (Michel d'Aits de), mar. c., 146, 158.
La Guiterie de Borja (De), capne au régt de Blaisois, 2132.
La Guterle (De), secrétaire de M. de Mouchau, 2130.
La Guyard (De), capne au régt de Rouergue, 361.
La Guyerle (De), 343, 410, 411, 466, 969, 970, 987, 997.
—— (De), commandt à Bergues, 1652, 1832, 1839, 1840, 1943.
La Hague (De), 3452, 3496, 3532.
La Hairye (De), échevin de Cherbourg, 2144.
La Halle (De), 411, 616.
—— (Mme de), 2142.
La Hallière (Dom. Cotereau, sr de), lieutt au régt de Piémont, 131.
La Hamardière (De), capne au régt de Du Boulay, 1832.
La Hamayde (De), premier président du Conseil supérieur de Tournai, 448, 513, 546.
Laharpe (De), officier, 106.
La Harpe (De), officier de marine, 2592, 3411.
La Harte, chef de compagnie franche, 16 s.
La Hault, capne au régt de Choiseul, 1664.
La Hausse (Ch. Franç. de), lieutt-cel à la suite des Hussards de Conflans, 3692.
La Hauste, chargé des Uhlans tartares pour le maréchal de Saxe, 2983.
La Hauttière (De), officier, 92.
La Haye (Baron de), grand prévôt de Trèves, 412.
—— (De), 141, 226, 227, 484, 489, 491, 500, 508, 557–561,

565, 567, 568, 606, 609, 615, 668, 688, 703, 704, 729, 734, 735, 739, 793, 895, 898, 905, 1083, 1113, 1237, 1238.
La Haye (Théodard), prieur de l'abbaye de Stavelot, 1491.
—— (De), gouverneur de St-Hippolyte-du-Fort (Gard), 1614, 1899, 2137.
—— (De), échevin du Quesnoy, 2140.
—— cap^{ne} au rég^{t} de Navarre, 2141.
—— (De), cap^{ne} au rég^{t} d'Orléans, 2370.
—— (De), cap^{ne} réformé, 2637.
—— (Franç. de), commissaire des guerres, c^{on} LXXXVI.
—— V. *Errembault.*
—— **d'Anglemont** (De), commissaire aux classes de St-Valery, 2227.
— Cf. *Anglemont.*
—— **-Senneville** (De), 2663.
La Hestroy. V. *Le Pottier.*
La Hillière. V. *La Ilhière.*
La Hire (De), lieut^{t}-c^{el} du rég^{t} de Brendlé, 2021, 2137, 2231.
—— **de Doria**, lieut^{t} au rég^{t} de Blaisois, 2370, 2371.
La Hitte, lieut^{t} au rég^{t} de Condé-inf^{ie}, 1904.
—— (Du Cos de), cap^{ne} des milices de Cahors, 3261.
La Hogue, armateur, 3763.
La Hoguette (Charles Fortin, m^{is} de), 894, 902–906, 961, 962, 1004, 1010, 1079, 1082, 1083, 1093–1096, 1099, 1100, 1113, 1115, 1116, 1167, 1169, 1170, 1222, 1227, 1238, 1239, 1241, 2635.
—— (Hardouin de), archevêque de Sens, 1604, 2143, 2269, 2412.
La Houlière (De), officier, 3138, 3140, 3141, 3162, 3241, 3461, 3469, 3761, c^{on} XX.
La Houssaye (Félix Le Pelletier, ch^{r}, de), intendant, 1284–1287, 1379, 1380, 1465, 1501–1503, 1568, 1574, 1579, 1580, 1604, 1661, 1669, 1675, 1699, 1752, 1753, 1755, 1846, 1849, 1855, 1936, 1948, 1954–1956, 2027, 2030, 2036, 2091, 2093, 2094, 2130, 2132–2136, 2140–2144, 2165, 2240, 2244, 2245, 2270, 2320, 2324, 2392, 2394, 2396, 2142, 2452–2457, 2459–2461, 2463, 2487, 2505–2507, 2622, 2924, 3780, A. 89, c^{on} IX.
La Houssaye (De), cap^{ne} au rég^{t} d'Orléans-cav^{ie}, 1856, 2271.
—— (De), cap^{ne}, 1899.
—— prévôt des maréchaux à Maubeuge, 2524.
—— (De), 3075.
—— V. *Mailly, Phelippes.*
La Housse (De), 106.
La Houssoye (Franc. Joseph de), gentilhomme d'Artois, A. 90.
La Hubaudière (De), ingénieur des Ponts-et-Chaussées, c^{on} LXV d.
La Hurlière (De), cap^{ne} au rég^{t} de La Roche-Thulon, 1901.
Laidet (De), major du rég^{t} de Montmorin, 3539.
Laiger (Ch^{r} de), lieut^{t}-c^{el} du rég^{t} d'Auvergne, 3007, 3084.
Laigle (Ch. Claude de), vicaire général de Toul, 1465, 1854, 1857, 1896.
—— (L. Gabriel des Acres, comte de), lieut^{t}-g^{al}, 2947, 3002, 3040, 3044, 3055, 3097, 3101, 3156–3160, 3163, 3164, 3197, 3198, 3207, 3213, 3262, 3418, 3565, c^{on} XX.
—— (Marquise de), 3089.
Laignier (Jacob), 106.
Laignis, 505.
Laigny (De), officier, 988.
Lailhacar, subdélégué à Oloron, 1900, 1982, 1985, 2052, 2054, 2169, 2180.
La Ilhière (J. Franç. de Polastron, ch^{r} de), mar. c., 298, 312, 313, 362, 419, 455, 503, 512, 542, 544, 556, 599, 600, 887, 891, 905, 956, 1146, 1151, 1207, 1287, 1315, 1359.
—— **-Noüeilles** (De), 1895.
Lairac, officier, 1900.
Lairach, 1981.
Laire (De), 118.
Laisné, officier ou commissaire d'artillerie, 961, 1082.
—— major du rég^{t} de Des Cars, 3603.
—— V. *La Marguerie.*
Laistre (De), secrétaire de l'intendant Robert, 240, 280, 292.
—— V. *Delaistre.*

Laivaudière (De), 119.
La Jaille (Edmond de —, s^{r} de Berneuil), enseigne au rég^{t} de Champagne, 146.
—— (Davoine de), 2140.
La Jaisse. — V. *Lemau.*
La Jamaïque (Mis de), 1900, 1978, 2039, 2043, 2049, 2104, 2105.
La Janye, trésorier de l'Hôtel des Invalides, 2271.
La Javelière (Jos. Lamoureux de), mar. c., 1862, 1864–1866, 1875, 1940, 1960–1964, 2039, 2040, 2042, 2046, 2047, 2099–2101, 2131, 2136, 2183, 2248, 2251, 2325, 2406, 2454, 2558, 2609, 2699, 2700, 2726–2742, 2746, 2782–2786, 2788–2800, 2803, 2837–2841, 2851, 2863, c^{on} XIII.
La Jolais (Ch^{r} de), 3157, 3407, 3429, 3439, 3504, 3508.
La Jonchère (De), 146, 420.
—— (De), ingénieur, 2783, 3747.
—— (De), command^{t} à Lichtenberg, 969, 972, 987, 997, 1572, 1844, 1846, 1848, 1856, 1858.
—— (De), trésorier général de l'extraordinaire des guerres, 2419, 2421, 2549 *bis.*
La Jonie (De), 134.
La Jonquière (De), major du rég^{t} de Soissonnais et de la place de Furnes, 954.
—— (De), colonel, 1798.
—— (De), inspecteur des troupes de la Marine, 1896, 1984.
—— (De), cap^{ne} au rég^{t} d'Angoumois, 1907.
—— (De), ex-lieut^{t}-c^{el} des dragons de Pasteur, puis mestre-de-camp à la suite du rég^{t} de Forsat, 1949, 2023, 2136, 2183.
—— (De), 1946.
—— (De), 2272, 2371.
—— (De), 3262.
—— (De), 3655.
La Jounchapt (De), ancien officier, 2136.
La Jutais (De), fermier du tabac au comté de Nice, 2102.
La Laeghe. V. *Hardevust.*
Lalain, médecin à Béthune, 1843.
La Lande (Franç. de Bréandt, s^{r} de), cap^{ne} au rég^{t} de Picardie, 92.
La Lande (Nic. de), cap^{ne} au rég^{t} de Rambures, 123.
—— (De), major de la place de Cap-de-Guiers, 738.
—— (Franç. de), cap^{ne} au rég^{t} de Ste-Mesme, 151.
—— (De), ingénieur, command^{t} de la citadelle de Metz, 831, 832, 889, 990, 1163, 1502, 1504, 1574, 1672, 1751, 2082.
—— (Du Deffand de), 904. — Cf. le suivant.
—— (J. B. Du Deffand de), lieut^{t}-g^{al}, 1264, 1609, 1704, 1708, 1796–1798, 1801, 1806, 1906, 1907, 2184, 2337, 2417.
—— (Louis-Pascal de), commissaire des guerres ?, 1831, 1832, 1836, 1841, 1941, 1942, 2140, 2299, 2300, 2301, 2308, 2312, 2383.
—— (De), officier de cav^{ie}, 1862.
—— (De), officier au rég^{t} de Maubourg, 1943.
—— (De), maire de Bayonne, 1981, 2135, 2188, 2268.
—— (De), 2159.
—— (De), intendant du duc de Lorge à Quintin, 2347.
—— (Mme de), 2371.
—— (De), député de l'élection de Guise, 2411, 2414.
—— (Ch^{r} de), 2923, 3029, 3188.
—— (De), cap^{ne} de milice bourgeoise à Saumur, 3182.
Lalande, 3336.
La Lanne (De), président à Bordeaux, 11.
—— (De), châtelain de Navarre, capitaine des ports de Basse-Navarre, 1897, 1900, 1984, 1985, 2048, 2052, 2558, 2559, 2562, 2563, 2609, 2631, 2633.
—— (Baron de), 3394, 3395, 3505.
—— **du Bousquet**, officier, 2139, 2157.
Lalé, 1690.
Lalene, major du fort d'Exilles, 1861, 1862, 1968, 2040.
La Lessuie (G... de Cugnac, s^{r} de), cap^{ne} au rég^{t} de Piémont, 123.
La Létardière (Mme de), 420.
La Leu (Phil. de Guignard, s^{r} de), officier, 102.

Laleu (De), subdélégué à Avesnes, 2313.
La Leurie (De), ingénieur, 261, 262, 295, 310.
La Levretière (De), 151, 259, 271, 275, 277-281, 288, 310, 311, 323, 324, 333-335, 447, 455, 461, 466, 469, 484, 491-493, 495, 500, 504, 506, 508, 509, 512-515, 543, 547, 550-553, 563, 568, 595, 596, 598, 599, 601.
La Leyen (C. C. de), seigneur de Bliescastel, 983.
—— (Comte de), conseiller de la noblesse du Bas-Rhin, 2825.
—— (B^on de), grand prévôt de Trèves, 410.
—— V. *Leyen.*
—— **-Saffig** (De), prisonnier de guerre à la citadelle de Metz, 987, 990.
La Lèze (Bertrand de), lieut^t au rég^t de Champagne, 2183.
—— V. *La Rivière.*
La Liberté (dit «La Case-Dieu»), cabaretier à Sarrelouis, 2244.
La Lignère (De), officier de dragons, 2135-2138, 2140.
La Limouse (René), bourgmestre d'Ensisheim, procureur au Conseil d'Alsace, 1849, 1857.
La Lippe (Comte de), 1830, 1831, 1843, 1943-1946.
La Lissandière (Ant. Duval de), 1955.
—— (Dame Anne de La Laun, veuve Duval de), 1955.
Lalive (De), receveur général des finances à Poitiers, 2262, 2269-2271.
Lallart, marchand à Arras, 2182.
—— abbé de Marchiennes, 3768.
Lallemand, lieut^t-c^el du rég^t des Chasseurs à cheval de Normandie, c^ons LXV b, LXVI.
Lallemant, 2185,
—— V. *Levignen.*
—— **de Betz**, fermier général, 2871.
Lalleu (Habitants du pays de), 1942, 1945.
Lallier, agent de change parisien, banqueroutier retiré en Suisse sous le nom de Moussy, 2130.
—— commissaire des guerres?, 2186.
Lalloüette (F.), lieut^t de la bourgeoisie de Metz, 2468.
—— V. *Laloüette, Vernicourt.*
Lally (Gérard, ch^r de), brig., 2145, 2270.
—— **-Tollendal** (Thomas-Arthur, comte de), lieut^t-g^al, 3152, 3154, 3199, 3276, 3410, 3541, 3575, 3629, 79 s., c^ons XXIII, XXVI.
—— (Comte de), fils du précédent, 3766.
Lalo (De), c^on LXXV.
La Loe (De), secrétaire de la comtesse de Toulouse, 3263.
La Loge. V. *Imécourt, Maret, Pintrel.*
La Londe (De), ingénieur, 225-229, 240-244, 261, 262, 265, 275, 292, 294, 296, 310, 311, 337, 339, 340, 354, 420, 452, 487, 489, 546-548, 568, 616, 670.
—— (N..., ch^r de), 2022, 2023, 2087, 2144, 2269, 2271, 2273.
—— (De), aide-major du rég^t de Flandre, 3539.
La Loquerye (De), conseiller des États de Tournai, 2301, 2306.
Lalor (Jacques), irlandais, perruquier à Nancy, 2245.
Lalou, échevin du Quesnoy, 2140.
La Loubère (De), 325, 438, 467, 599, 600, 607, 608, 615.
La Loubert (Abbé de), 2262.
La Loubière (De), lieut^t au rég^t de Talende, 1768.
Laloüette (De), procureur du roi en Alsace, 342. —Cf. *Lalloüette.*
La Louvière (De), officier au rég^t de Gramont, puis dans celui de Royal-Roussillon, puis mestre-de-camp du rég^t de Monteil, 1861, 2131, 2136, 2370.
La Loyre de Monsivry (De), 1526.
La Lustière, officier du génie, c^on LXVI.
La Luzerne (Mis de), 158.
—— (Ch^r de), 1858.
—— (Henri de Briqueville de), évêque de Cahors, 2131, 2134, 2268.
—— (Mme de), 2131.
—— (De), command^t de la première compagnie des Mousquetaires, 2137.
—— (Comte de), 1493, 1494.
—— (Mis de), 2739, 3017.
—— (Gabriel de Briqueville, ch^r de), mar. c., 2745, 2747, 2766, 2800, 3017, 3041, 3096.

La Luzerne (Franç. Pierre de Briqueville, comte de), lieut^{t}-g^{al}, 3143, 3452, 3469, 3495, 3565, 3764, 3765.
—— (Anne-César, ch^{r} de), ambassadeur en Amérique, 3716, 3734-3736, c^{ons} XLVII b, XLVIII, XIX-IX a, LII. — Cf. le suivant.
—— (César-Henri, comte de), ministre de la Marine, 3763, c^{ons} LIV, LX-LXV e. — Cf. le précédent.
—— V. *Beuzeville.*
La Mabonnays (Ghenays de), 2632.
La Madallène (Cotto de), cap^{ne} au rég^{t} de Mouroux, 2102.
La Madeleine. V. *Chevallot, La Magdeleine.*
La Madriz (De), gouverneur espagnol du Fort-Rouge, à Gand, 1938.
La Magdeleine (De), directeur des tabacs à Verdun, 2338.
—— V. *Chevallot.*
Lamagne (De), cap^{ne} au rég^{t} de Normandie, 356.
Lamaignère, commissaire des guerres, 2144.
La Maillardière (De), 3202.
—— (De), vicaire à Saumur, 3308.
La Mainardière (Hébert de), 3405, 3420.
La Maingostène (De), cap^{ne} au rég^{t} de Perrin, 2145.
La Mairie (Lefebvre de), député des États d'Artois, 3702.
La Mairye, commissaire des guerres, 292, 300, 356.
La Maisonfort (Paul Lemaistre, s^{r} de), lieut^{t} au rég^{t} de Piémont, 146.
La Maisonneuve (De), cap^{ne}, 1502.
La Maldre (J. Baillard, s^{r} de), officier au rég^{t} de Rambures, 131.
La Malle-St-Cezary (De), command^{t} à St-Laurent du Var, 1861, 1960, 2041, 2043, 2134-2136, 2140, 2188.
La Mambre. V. *Millet.*
La Mamye (De), 889, 988, 1264, 1266, 1267, 1287, 1321-1323, 1364-1367, 1406, 1408-1410, 1525, 1549, 1644, 1830, 1831, 1834, 1862, 1892, 1943-1946, 2021-2023, 2025, 2055, 2056, 2130-2133, 2138, 2139, 2143, 2159, 2160, 2217, 2219, 2221, 2222, 2224, 2228, 2257, 2299, 2300, 2308, 2370, 2372, 2374, 2376, 2398, 2399, 2408. — Cf. *Clairac.*
La Manche (De), commissaire des guerres, c^{on} LXXXVI.
La Marche (De), 118.
—— (Charles Le Royer, s^{r} de), cap^{ne} au rég^{t} de Champagne, 123.
—— (De), lieut^{t} au rég^{t} du Roi, 2134.
—— curé de Jametz, 2324.
—— (René-Thérèse de), brig., 2732, 2733, 2736, 2737, 3188.
—— (Phil. Fyot de La Marche-Clémencey, comte de), lieut^{t}-g^{al}, 3206.
—— V. *Conti.*
La Marck (Henry-Robert Eschallart de La Boullaye, comte de), mar. c., 278, 279, 287, 319, 332.
—— (L. Pierre-Engilbert, comte de), lieut^{t}-g^{al}, 1550, 1832, 1836, 1837, 1944, 1945, 2136, 2219, 2300, 2319, 3322, 2370, 2372-2374, 2380, 2411, 2421, 2840, 3199, c^{on} XIII.
—— (Mar. Marguerite-Fr. de Rohan-Chabot, comtesse de), 1837.
—— (Louis-Engilbert, comte), lieut^{t}-g^{al}, 2714, 3508.
—— (Auguste, comte de), officier du service d'Allemagne, 2798.
—— (Aug. Marie-Raymond d'Aremberg), mar. c., c^{on} L.
—— (Franç. Marie, ch^{r} de), mar. c., 3206, 13 s.
—— (Comtesse de), 3508.
—— (De), cap^{ne} au rég^{t} de Normandie, c^{on} LXV b.
—— (Conseil d'adm^{on} du rég^{t} de), c^{ons} LXV c, LXVI.
La Mare (Georges Guyot de), lieut^{t} au rég^{t} de Picardie, 123.
—— (De), fermier des gabelles, 997.
—— (De), officier au rég^{t} de Croy, 2040.
—— (De), officier au rég^{t} d'Enghien, puis comm^{dt} à Vieux-Brisach et à Mons, 2981, 3002, 3042, 3097, 3139, 3203, 3206, 3276.
—— **-Guigneville** (De), 141.
La Margrie ou **La Marguerie** (Louis Laisné, s^{r} de), intendant, puis premier président du Parlement de Dijon, 97, 98, 119, 134, 158.

La Marinière (De), ingénieur, 879, 884, 966, 967, 972, 993, 994, 1115, 1125, 1160.
La Mariouse (De), commd^{t} à Guillaumes, 3224.
La Marlière (De), 271, 342, 343, 362, 420, 445, 466, 557, 565.
—— (De), officier au rég^{t} d'Houdetot, 2270.
—— V. *La Martière.*
La Marmora (Comte Ferrero de), officier sarde, c^{on} XLIX a.
La Marne (De), officier au rég^{t} d'Agénois, 2025, 2739.
La Maroille (De), c^{on} LIV.
La Marque (J. de —, s^{r} de Montaut), 131.
—— (De), cap^{ne} au rég^{t} de Castelnau, 259.
Lamarque, entrepreneur de fournitures de fourrage, 1701, 2145, 2185, 2220, 2241, 2243, 2245, 2273, 2300, 2301, 2396.
—— major, puis lieut^{t} de roi de Guise, 1831, 1944, 2022, 2023, 2131, 2135, 2136, 2142, 2143, 2187, 2220, 2221, 2300, 2301, 2380, 2383, 2386, 2407, 2414, 2415, 2447.
—— **-Saint-Martin**, cap^{ne} au rég^{t} du Roi, 987.
La Marre (De), contrôleur du bureau de Versoix, 2344.
Lamarstre, aumônier à Blaye, 2144.
La Martellerie, subdélégué à Alençon, 2419.
La Martenellie, 1943.
La Martière, officier au rég^{t} d'Houdetot, 2270.
—— officier de garde-côtes à Oléron, 3510.
—— (Guillotin de), syndic de l'île d'Oléron, c^{on} XXVI.
—— Cf. *Guillotin, La Marlière.*
La Martillière, bourgeois de Cassis, 2255.
Lamartillière, lieut^{t}-c^{el}, sous-directeur d'art^{rie}, c^{on} LXIX.
La Martinerie (De), ingénieur?, employé successivement au service d'Allemagne, d'Angleterre et de France, 1572, 1604, 1935, 1943, 1944, 1946.
La Martinière (De), commissaire des guerres, 97, 116.
La Martinière (De), lieut^{t} au rég^{t} de Lorraine, 123.
—— (De), cap^{ne} au rég^{t} de Champagne, 361.
—— aide-major du rég^{t} de Gâtinais, 2134.
—— cap^{ne} au rég^{t} de Lautrec, 2392.
—— (Ch^{r} de), 3765.
—— chirurgien, 2912, 2943.
—— (De), officier au rég^{t} de Lyonnais, 3117.
—— V. *Le Maistre.*
La Massays (Henry Amproux, comte de), brig., lieut^{t}-g^{al} du bas Poitou, 958, 1057, 1612, 1705, 1896, 1899, 1900.
—— (Henri-Gabriel Amproux, comte de), mar. c., 2912, 2944, 3007, 3276.
La Massüée, officier au rég^{t} de Senneterre, 2228.
La Mast (De), bailli de Selz et d'Hagenbach, 2166.
La Mauransanne (Mme de), 1972.
Lamaury, lieut^{t}-c^{el} du rég^{t} de La Vieuville, 2133.
La Mazère, cap^{ne} au rég^{t} de Dampierre, 2137.
Lamballe (L. Alex. Jos. Stanislas de Bourbon, prince de), 2877.
Lamberg (J. Philippe de), archevêque de Passau, cardinal, 2915, 2928.
Lambert (De), 118.
—— cap^{ne}, 158.
—— commissaire des guerres, 310, 311, 339, 340, 362, 404, 506, 671, 957, 958, c^{on} LXXXVI.
—— (J. de —, marquis de St-Bris), lieut^{t}-g^{al}, 123.
—— (Henry, m^{is} de), lieut^{t}-g^{al}, 123, 559, 560, 609, 612-614, 616, 650, 668, 671, 688, 703, 704, 706, 727-729, 732, 734, 735, 792, 794.
—— commissaire des guerres, 1468, 1830-1832, 1841, 2087, 2132, 2224, 2228, 2322, 2370, 2375.
—— (Henry-Franç., m^{is} de St-Bris, puis de), lieut-g^{al}, 1423, 1861, 1873, 1876, 1966, 2101, 2104, 2105, 2132, 2137, 2140, 2142, 2143, 2145, 2178, 2270, 2782, 2945.

Lambert, chef d'une compagnie franche de dragons, 1743, 2034.
—— comm^{dt} le fort St-Jean, à Marseille, 1768, 1974.
—— lieut^{t}-c^{el} du rég^{t} de St-Second, 1836.
—— maître des postes à Dôle, 1855.
—— cap^{ne} au rég^{t} de La Fare, 1862.
—— se disant ingénieur, général des troupes russes, homme de confiance du tzar, 2040. — Cf. *Lamberti.*
—— (De), 2131, 2132.
—— dit «Hingue», cap^{ne} de partisans, 2135, 2136.
—— échevin de Langres, 2136.
—— commissaire garde d'artillerie, 2140.
—— entrepreneur de fournitures de lits, 2141, 2145, 2174.
—— (Isaïe et Jacob), juifs banquiers à Metz, 2167, 2182, 2321, 2324, 2396.
—— officier au rég^{t} de ce nom, 2243.
—— échevin de Marseille, 2249.
—— syndic d'Annecy, 2327.
—— officier comm^{dt} sur les bords de la Meuse, 2323, 2371, 2392, 2393, 2411.
—— officier, 2738.
—— syndic de Chevreuse, 2428.
—— 3207.
—— commissaire pour l'échange des prisonniers, 3309.
—— (Louis de), mar. c., 3474, 3476, 3482, 3485, 3564, 3630, 3673, 3726, c^{on} LXXVII.
—— trésorier de France à La Rochelle, c^{on} LXXV.
—— commissaire des guerres de l'artillerie, 3546.
—— officier municipal de Bourbon-Lancy, c^{on} LXV b.
—— contrôleur général des Finances, 3760, 3763, c^{ons} LVII, LX-LXV d.
—— (N...), c^{on} LV.
—— V. *Herbigny.*
—— **-Jamoin**, précepteur des enfants de M. de La Raudière, 958.
Lamberti, ancien lieut^{t}-c^{el} du rég^{t} de St-Second, colonel au service du tzar, 2393. — Cf. *Lambert.*
Lambertie (Daniel de Bessot, s^{r} de), prévôt général de la maréchaussée en Flandre, 1644, 1831, 2024, 2136.
Lambertye (Gabriel, comte de), mar. c., 116.
—— (Ch^{r} de), cap^{ne} de grenadiers au 2e b^{on} du rég^{t} de Tessé, 1644.
—— (Nic. Franç., m^{is} de), lieut^{t}-g^{al}, 1951.
—— (Comte de), auteur d'un mémoire sur l'établissement d'une manufacture et d'un dépôt de services militaires à Valdrevange, 3740.
—— (De), colonel du rég^{t} de Normandie, c^{on} LXV b.
Lamberval (De), aide-major de l'armée du Rhin, 2727, 2731.
Lambesc (De), 333.
—— (Louis de Lorraine, prince de), 2137.
—— (Ch. Eug. de Lorraine, prince de), mar. c., 3707.
—— (Municipalité de), c^{on} LXV.
Lambin, munitionnaire, 1284, 1502, 1699, 2273.
—— secrétaire du roi en la chancellerie de Metz, 2395.
Lambry de Fons, cap^{ne} au rég^{t} de Rouergue, 1861.
La Meilleraye (Ch. de La Porte, marquis, puis duc de), mar. Fr., 62, 116, 118, 119, 123, 133, 134, 146, 157, 158, 280, 516.
—— (Duc de), 1438.
—— (Duchesse de), A 90.
La Melle, commis des fortifications, 598.
La Ménardaye (De), ancien commis de Louvois, 2332.
La Ménardie (Pierre de), receveur général des finances en Dauphiné, 2044, 2185.
La Merlée (De), enseigne au rég^{t} d'Auvergne, 123.
La Merlette, maître particulier des eaux et forêts à Sedan, 2244, 2343.
La Merlière (De), officier, 3418, 3450, 3451, 3479, 3544, 3549, 3576, c^{on} XXII.
La Merlonnière, 361.
La Merville (De), officier, 3682, 3687, 3699.
Lames (De), commis de l'extraordinaire des guerres, 988.
Lamesan (Ch^{r} de), officier au rég^{t} d'Anjou, 2131.
—— V. *Lamezan.*

La Messelière (De), 1907.
—— (Bonaventure Frotier, m^is^ de), mar. c., 2134, 2144, 2183.
—— (De), trésorier du chapitre de Saint-Hilaire de Poitiers, 2136.
—— (Comte de), 3433, 3508, 3536, 3571.
—— (Mme de), 2370.
Lameth (Ch^r^ de), lieut^t^ de roi de Mézières, 146.
—— (Vicomte de), mestre-de-camp, 146.
—— (De), cap^ne^ au rég^t^ d'Auvergne, 2332.
—— (Comte de), 3493, 3503, 3505, 3506.
—— (Louis-Ch. de Lameth-Hemencourt, comte de), mar. c., 3407, 3525, 3526, 3553, 3554, 3556, 3558, 3560–3565, 3578, 3582, 3602, c^on^ XXXIII.
—— (Théodore de), officier au rég^t^ Royal-étranger, député à l'Assemblée législative, c^ons^ LXV, LXV c, LXV f, LXXI.
—— (Alexandre de), président du Comité militaire, c^ons^ LXV d, LXV e, LXVI, LXIX.
—— (Charles de), officier, député aux États Généraux, c^ons^ LXIII, LXV b.
Lamezan (Franç. de Béon Du Masse de), 131.
—— (Baptiste de), cap^ne^ au rég^t^ de Normandie, 158.
—— (De), conseiller référendaire d'un électeur, 3312.
—— V. *Lamesan.*
La Michodière (De), intendant, 3605, 3632.
Lamigenne, commissaire des guerres, 1669, 1850, 1855, 2094, 2132, 2244, 2323, 2393.
La Milandrie, officier à l'Hôtel des Invalides, 2343.
La Miledière (De), secrétaire du Conseil du roi, 117.
La Milice (De), major de la place de Perpignan, 1793, 1892, 1983.
La Millière (Ch^r^ de), cap^ne^ au rég^t^ de Carné, 1857.
—— (De Chaumont de), maître des requêtes, 3603, 3719, 3751, 3755, 3763, 3768.
—— c^on^ LXV d.
La Mina (Mis de), 1978, 1983, 2819, 2979, 3014, 3015, 3059, 3064, 3174, 3175, 3177–3180, 3224, 3227, 3228, 3230–3245, 3247–3249, 3252, 3253, 3255, 3262, 3292, 3293, 3295, 3302, 3311, 3313, 3328, 3336, 3532, 3601, 3635, c^on^ XIX.
La Minotière (De), lieut-c^el^ du rég^t^ de Bretoncelle, 992.
La Miranda. V. *Léon.*
Lamirande, major du rég^t^ de Barbançon, 2139, 2141, 2142.
La Mirandole (Franç.-Marie Pic, duc de), 1782, 1784, 1869, 1877, 1960, 1961, 1964, 1965, 1968, 2047.
—— (Jean, prince de), 1783, 1862, 1865, 1966, 1968.
La Mivoye (De), 259, 411.
Lamivoye (De), commd^t^ le second b^on^ du rég^t^ de Forez, 1660, 2136.
—— (De), major du rég^t^ de Poitiers, 1855, 1946, 2135, 2392.
Lamoignon (De), 1895, 2139.
—— (Guillaume II de), chancelier, 3469, c^on^ XXII.
—— (Anne-Élisabeth de), religieuse de la Visitation à Paris, A. 90.
—— **de Blancmesnil** (De), 2138.
—— **de Courson** (De), intendant, 1802, 1901, 2141, 2186, 2188, 2255, 2257, 2261, 2267, 2337, 2342, 2346, 2417, 2421, 2522, 2559, 2561, 2562, 3127.
—— **-Curty** (De), cap^ne^ au rég^t^ de Piémont, 2134, 2136, 2269.
La Moinerie (Julien de), 3152.
La Molère, commissaire des guerres, 3623, c^on^ XXXVI.
La Mollÿe, maréchal des logis au rég^t^ d'Anjou, 1861.
La Mommerie (De), major du rég^t^ du Roi-cav^ie^, 1857, 2266. — Cf. *Lamonnerie.*
Lamonie, cap^ne^ de dragons au rég^t^ de Despaux, 1855.
La Monneraye (De), commd^t^ de frégate, 3145, 3154.
—— **de Bourgneuf**, grand prévôt de Bretagne, 1898.
La Monnerie (De), 2419. — Cf. *Des Bordes, La Mommerie.*
Lamont (De), officier, 997.

Lamontanière, officier au régt des Chasseurs de Champagne, con LXV c.
Lamoral. V. *Bussy, Rœulx.*
La Morelye (De), officier au régt de Champagne, 158.
La Morinière (De), capne, 141.
Lamorlette. V. *La Merlette.*
La Morlier, lieutt de dragons, 1856.
La Morlière (Alexis Magalon de), lieutt-gal, 2981, 3084, 3141, 3146, 3147, 3199, 3208, 3281, 3370, 3406, 3416, 3436, 3440, 3507, 3557, 3587, 3592, 3685, 18 s., 44 s., 49 s., 51 s., cons XVII, LXIX–LXXI.
—— commdt à Montdidier, 2183, 2271.
La Mortière (De), officier d'artillerie, 3581, 3641.
La Mote, 461. — Cf. *La Mothe* et *La Motte.*
La Moteaucamp (De), capne au régt de La Marine, 951.
La Mothe (De), 110, 119. — Cf. *La Mothe-Houdancourt.*
—— (Claude Motelet, sr de), lieutt au régt de Piémont, 146.
—— (De), prévôt à Sarrelouis, 997.
—— (De), lieutt au régt Royal-Artillerie, 1757.
—— (De), capne au régt Royal-Roussillon, 1800.
—— (De), capne au régt de Chartres-cavalerie, 1830.
—— officier, 1983.
—— (De), lieutt de la maréchaussée, 2183.
—— (De), lieutt-cel du régt d'Esthérazy, 2021.
—— (De), commissaire des poudres et salpêtres à Avignon, 2250.
—— (De), officier en garnison à Bayonne, 2261.
—— commissaire des guerres?, con LXV c.
—— V. *La Mote, La Motte, Magny, Monchy, Mouchy, Solminihac, Watteville.*
—— **-Apremont** (Franç. de), enseigne aux Gardes, 146.
—— **-Fénelon** (Ant. de Salignac, baron de), capne au régt de Picardie, 102.
—— (Ant. de Salignac, mis de), mar. c., 134, 158, 314, 335.
—— **-Houdancourt** (Philippe, comte de), mar. Fr., 98, 134, 137. — Cf. *La Mothe* et *La Motte.*
La Mothe-Houdancourt (Henri de), évêque de Rennes, 117, 158.
—— (Maréchale de), 137.
—— (Ant., mis de), lieutt-gal, 157, 158. — Cf. *Houdancourt.*
—— (Jacques de), capne des galères, 468.
—— (Charles, comte de), lieutt-gal, 891, 1052, 1145, 1155, 1254, 1258, 1260, 1305–1315, 1355–1357, 1359, 1360, 1382, 1399–1404, 1422, 1423, 1482–1484, 1487, 1489, 1491–1496, 1549, 1550, 1552–1557, 1559–1561, 1566, 1644–1654, 1658, 1736–1739, 1743, 1830–1838, 1840, 1841, 1935–1938, 1941, 1943, 2017–2023, 2056, 2080–2084, 2086, 2089, 2108, 2138, 2138, 2139, 2142, 2149, 2151, 2220, 2411, 2412, con VII.
—— (L.-Charles, mis de), mar. Fr., 1936, 2923, 2940, 2941, 3027, 3040, 3418.
—— (Estelle-Thérèse de La Roche-Courbon, marquise de), 2739.
—— (Comtesse de), 2941.
—— **-La Cour** (De), 420.
—— **-La Myre** (De), ingénieur, 226–229, 240–243, 278, 292, 294–296, 299, 354–356, 419, 461, 466, 515, 555, 563, 568, 586, 611, 616, 648, 664, 670, 794, con III.
—— (De), capne au régt du Roi-infrie, 2371.
La Motte (Franç. de Mullot, sr de), capne de chevau-légers au régt de Mazarin, 146.
—— (De), lieut-cel du régt d'Enghien, 277.
—— (De), 281, 441, 452, 487, 507, 508, 535, 542–544, 604.
—— (De), lieutt de roi à Ath, 505.
—— (De), commissaire des guerres, 708, 985, 1057.
—— ingénieur?, 670.
—— (De), lieutt de roi de la citadelle de Lille, 1208, 1483, 1658, 1832, 2022.
—— (De), 1239.
—— (De), lieutt au régt du Perche, 1737.

La Motte prisonnier à Landrecies, 1830.
—— (De), lieut^{t}-c^{el} des dragons de Rohan, 1830, 1943, 2021, 2219.
—— (De), cap^{ne} au rég^{t} de Nuaillé, 1832.
—— (De), lieut^{t}-c^{el} du rég^{t} de Bar, 1839, 1943, 1944.
—— cap^{ne} au rég^{t} de Hainaut, 1862.
—— (De), 1859.
—— (De), dit «Rocayrol», camisard, 1876, 2031.
—— (De), colonel réformé à la suite du régiment de Beauvoisis, puis colonel du rég^{t} de Noailles, 1877, 1952.
—— **des...?**, cap^{ne} au rég^{t} de Normandie, 1892.
—— (Eléonor-Clément de Guillard, comte de), brig., 1936, 1946, 2133, 2136.
—— (De), 1943.
—— cap^{ne} au rég^{t} de Belsunce, 1943.
—— cap^{ne} au rég^{t} de Quercy, 1956.
—— consul de Draguignan, 2102.
—— (De), cap^{ne}, 2130.
—— (Dame Bonnot de), 2130.
—— (De), lieut^{t} de grenadiers au rég^{t} de Condé, 2131.
—— (De), colonel réformé, brigadier dans les troupes du pape, 2131, 2132, 2170, 2175.
—— cap^{ne} aide-major au rég^{t} d'Heudicourt, 2135.
—— cap^{ne} réformé au rég^{t} d'Auxerrois, 2137.
—— (De), lieut^{t}-c^{el} du rég^{t} de Rohan-dragons, 2140, 2393.
—— (La Rougère, veuve de), 2141.
—— cap^{ne} au rég^{t} de Bresse, 2142.
—— (De), officier au rég^{t} de cavalerie de Fontaine, 2143.
—— (De), lieut^{t}-c^{el} du rég^{t} Royal-Vaisseaux, 2145.
—— (De), commis principal de l'extraordinaire des guerres, 2188.
—— (De), officier de la compagnie franche de Sainte-Marie, 2245.
—— (De), cap^{ne} au rég^{t} de Berry, 2392.
—— (De), 2575, 50 s.
—— (Mathieu de), brig., 3002, 3032, 3188.
—— (De), lieut^{t} de roi à Blaye, 3280, 3338, 3408, 3463, 3498, 3598, 3702.
La Motte (Pierre de), c^{on} LXXV.
—— (Alex. de), garde-magasin d'artillerie, c^{on} LXXVI.
—— V. *Beaune, Gennes, Hébert, Joubert, La Mote, La Mothe, Monchy, Mouchy.*
—— **-Baracé** (De), brig., 1483, 1491, 1492, 1652, 1787, 1789, 1883, 1884, 1886, 1888, 1979.
—— **-Cazenave** (De), cap^{ne} au rég^{t} de Persan, 102.
—— **-Daldart** (Alexandre de), major d'Arras, 151.
—— **-Fouquet** (Baron de), c^{on} XXIX.
—— **-Freneuse** (De), 2131.
—— **-Gadret** (De), cap^{ne} au rég^{t} de Guyenne, 2021.
—— **-Guérin** (De), lieut^{t} de roi aux îles Sainte-Marguerite, 1526, 1607, 1703, 1767, 1802, 1861, 1862, 1900, 2042, 2135, 2138, 2140, 2145, 2188, 2251, 2268, 2271, 2621. — Cf. les deux suivants.
—— (De), 1743. — Cf. le précédent.
—— (Jos. de), mar. c., 2936, 2977, 2978, 2993, 3026, 3027, 3033, 3083, 3084, 3088, 3089, 3135-3141, 3145, 3202, 3407. — Cf. les deux précédents.
—— **-Herly** (De), cap^{ne} au rég^{t} de Conflans, 1856.
—— **d'Hugues** (Louis, comte de), lieut^{t}-g^{al}, 2989, 3032, 3136, 3137, 3140, 3142-3144, 3146, 3152, 3154, 3197, 3263, 3308, 3329, 3418, 3450, 3452, 3461, 3462, 3471, 3492, 3497, 3501, 3505, 3506, 3523, 3526, 3533, 3534, 3537, 3544, 3546, 3572, 3573, 3576, 3578, 3600, 3623.
—— **des Junies**, 2468, 2564, 2688.
—— **-La Peirouse** (De), 361, 409, 554, 630, 670, 867, 891, 944, 954, 1057, 1146, 1147, 1202-1208, 1306, 1309, 1311, 1312, 1315, 1356, 1399, 1454.
—— (Gab. de Rochon de), mar. c., 2270, 2330, 2404, 2408, 2619, 2621, 2676, 2745-2747, 2767, 2800.
—— V. *La Peyrouse.*
—— **-de Las**, lieut^{t} au rég^{t} de Normandie, 102.
—— **-La Salle** (De), 2139.

La Motte-Le Cœur (De), 2183.
—— **-Picault** (De), cap^{ne} au rég^{t} de Brie, 982.
—— **de Récy**, lieut^{t} des maréchaux de France, 1754.
—— **-St-Pierre** (De), cap^{ne} au rég^{t} de Toulouse, 1944.
—— **des Vongis (?)**, cap^{ne} d'une compagnie d'invalides, 2141.
La Moublainerie (De), commissaire des guerres, c^{ons} LXI, LXII.
La Mouillye d'Aygremon (De), 1857. — Cf. *Aigremont.*
La Moulette (Bernard de), cap^{ne}, 151.
Lamoureux, lieut^{t} au rég^{t} Royal-Bavière, 3110.
—— (Jean de), lieut^{t}, c^{on} LXXXVI.
—— V. *La Javelière.*
Lamouroux (Barthélémy), trésorier provincial de l'artillerie en Languedoc, 3633, 3641.
—— **de Saint-Albans**, trésorier provincial de l'artillerie à Grenoble, 3633, 3641, 3645, 3672.
Lamousse, cap^{ne} au rég^{t} de Lyonnais, 1861.
La Moussière (De), lieut^{t} au rég^{t} d'Arbouville, 146.
—— officier au rég^{t} de Provence, 158.
La Moutte (De), officier de compagnie franche, 2269.
Lampinet (Claude-François), conseiller au Parlement de Besançon, 2168, 2243.
Lamur (Ch^{r} de), cap^{ne}, 1971.
Lamure (Jos.), c^{on} LXIV.
La Mutelerie (De), cap^{ne} au rég^{t} de Kerkem, 2242.
Lamy, exempt de la maréchaussée de Gray, 2168.
—— receveur des douanes à Colmars (B. A.), 2247.
—— contrôleur à la Monnaie de Pau, 1898.
—— administrateur du dép^{t} de l'Aube, c^{on} LXV c.
—— contrôleur des Fermes à Barcelonnette, 3260.
—— V. *Thirion.*
—— **de Bezanges**, commissaire d'artillerie, 2981–2983, 3012, 3029, 3041, 3042, 3045, 3046, 3050–3052, 3056, 3057, 3097–3101, 3109, 3147, 3149, 3209, 3210, 3503.
Lamy de Châtel (De), 2309, 3041, 3052–3054, 3099–3101, 3109, 3139, 3149, 3280, 3281, 3432–3441, 3443, 3444, 3446, 3476, 3478–3486, 3517–3524, 3544, 3641, 3673, 3741, 41 s., c^{on} XXIV.
La Myre. V. *La Mothe.*
Lanan (Conseil d'adm^{on} du rég^{t} de dragons de), c^{on} LXV.
La Nause. V. *La Noze.*
Lanauve (De), major de la place de Béthune, 1943, 2021, 2022, 2024.
La Navelle (De), cap^{ne} au rég^{t} de Lorraine, 146.
La Navère (De), directeur général des fortifications du Dauphiné, 2709, 3060, 3117, 3177, 3314.
Lancefoc, officier, 2138.
Lancelot (Des Landes de), commissaire des guerres, 3466, 3554, 3558.
Lancereau, consul de Charleville, 2702.
Lancey. V. *Rambouillet.*
—— (De), c^{on} XX.
Lancize (Ch^{r} de), chef de la compagnie de volontaires de ce nom, 3238, 3239, 3449, 3450, 3459, 3493.
Lanclos (Ch^{r} de), 271.
Lançon (Jean de Pouilly de), lieut^{t}-g^{al}, 419, 420, 440, 441.
—— conseiller au Parlement de Metz, 2876.
Landais, trésorier de l'artillerie, 420.
—— (Etienne —, s^{r} de Montroy), trésorier général de l'artillerie, 1209, 1286, 1669, 1693, 1699, 2145, 2185, 2261, 2271, 2338, 2421.
Landas-Louvigny (De), baron de Grincourt, 2370, 2372.
Landau (Échevins, magistrats, etc., de), 1072, c^{on} XLVII. — Cf. *Apfel, Duranton, Hitschler, Hoffmann, Willemann, Zander,* etc.
Landelle (De), lieut^{t} au rég^{t} de Navarre, 123.
—— échevin de Nevers, 3185.
Landes (Directoire et députés du dép^{t} des), c^{ons} LXVI, LXVIII–LXX.
Landeta (Bonaventure de — y Horna), 1786.

Landivisiau (De), officier, 3136, 3450, 3541, 3575, 3629, c^{on} XXVI.
—— (Danican de), directeur de la Compagnie des Indes, c^{on} XI.
Landorte (J. de), cap^{ne} au rég^{t} de Picardie, 91.
—— (Ch^{r} de), gouverneur de Pratz de Mollo, 1013, 1015, 1109, 1234, 1282, 1338, 1789, 1800, 1884, 1886–1888, 1981–1983, 2053, 2107, 2180, 2255, 2331, 2332, 2405, 2406, 2408, 2417, 2466, 2467, 2488, 2559, 2561–2563.
Landre (De), 1074, 2395.
Landré (De), officier ou fonctionnaire de la Marine, 3233, 3235, 3237–3240, 3243, 3249, 3252, 3262, 3418, 3532.
Landrecies (gouverneurs, échevins, etc., de), c^{on} LXVII. — Cf. *Berlaymont, Cames, Castres, Courcelle, Desmarets, Du Fay, Dumas, Hongré, La Barte, Laurent, Lejeune, Lescaut, Liberval, Saint-Martin, Valois, Varennes,* etc.
Landrès, garde de la Marine à Brest, 2622.
Landreville (De), 411.
Landriano, cap^{ne} au rég^{t} d'Anlézy, puis dans celui de Villequier, 2131, 2133, 2136, 2137, 2140, 2142, 2269.
Landrière, 3574, 3624.
Landru, ancien garde-du-corps, aide-major à Ardres, 2312.
Landry, 2575, 3086.
Landsberg (Baron de), 3673.
Landscron. V. *Quadt.*
Landstra (De), 16 s.
Landual de Castel, officier, 1832.
Landuron, 1797.
Lanegrasse (De), 141.
La Neufville (Ch.-Léon de), lieut^{t} au rég^{t} d'Auvergne, 146.
—— (Pierre du Horn, commandeur de), cap^{ne} au rég^{t} Royal, 151.
—— V. *La Neuville.*
La Neuvelotte (De), directeur d'un hôpital à Metz, 1854.
La Neuville (De), 118, 245, 343, 597, 671, 867, 891, 944–946, 956, 1146–1148, 1202, 1206, 1311, 1312, 2522.
—— commissaire des guerres, 992, 1210, 1549, 1740, 1941, 1942, 2025, 2143, 2156, 2160, 2219, 2234, 2235, 2269, 2299.
La Neuville (Baron de), 1945.
—— (Ch. Des Chiens de), intendant, 2255, 2257, 2328, 2330–2332, 2405, 2406, 2408, 2466–2468, 2488, 2505, 2506, 2702, 2703, 2729.
—— (De), 2272.
—— (Dauxy de), député de la noblesse du Hainaut, A. 89.
—— V. *Du Blaisel, Gérin, La Neufville, Montmorency.*
Laney (De), cap^{ne} au rég^{t} de Champagne, 3461.
Lanfant, commissaire des guerres, 261, 262, 294–296, 299, 360, 362.
—— le fils, commissaire des guerres, 610.
—— commissaire des guerres, 1524, 1525, 1607, 1880, 1953, 1974, 2044, 2045, 2142, 2188, 2248–2251, 2400, 2622.
—— V. *Lenfant.*
Lanfranchi, cap^{ne} au rég^{t} de Saint-Second, 2022.
Lanfrey, subdélégué à Schelestadt, c^{on} XLVI.
Langallerie (H.-Franç. Des Gentils, m^{is} de), lieut^{t}-g^{al}, 608, 729, 899, 901, 1013, 1015–1017, 1096, 1100, 1108, 1115, 1167, 1169, 1170, 1237, 3779, 3780.
— (Phil. Des Gentils de), lieut^{t}-g^{al}, 1518, 1586, 1591, 1592, 1687, 1691, 1693, 1774, 1776–1778, 1780, 1782, 1785, 1863, 1864, 1869.
—— (Marquise de), 1604.
Langandre, exempt de la prévôté de l'Hôtel, 3043.
Lange (De), major du rég^{t} de Montboissier, 1855.
—— (De), cap^{ne} au rég^{t} de La Mothe-Houdancourt, 1971.
Langelé, marchand drapier à Paris, 2138.
Langellerie (De), lieut^{t} au rég^{t} de La Roche-Thulon, 1841.
—— (De), lieut^{t} au rég^{t} de Desmaretz, 2133.
Langemard, officier, 3780.

Langenbergh, commis du comte de Tour-et-Taxis, 397.
Langenhagen (De), officier au rég^{t} d'Esthérazy, c^{ons} LXI, LXII.
Langeron (Ch. Andrault de Maulévrier, vicomte de), mar. c., 117.
—— (Jos. Andrault, comte de), lieut^{t}-g^{al} des armées navales, 2040, 2042, 2043, 2100.
—— (Jacques-Ch. Andrault de Maulévrier, ch^{r}, puis bailli de), lieut^{t}-g^{al}, 2078, 2083, 2086, 2224, 2232, 2308, 2385.
—— (Alexis de), religieux à Pierre-Châtel, 2131, 2183.
—— (Ch.-Claude Andrault de Maulévrier, m^{is} de), lieut^{t}-g^{al}, 3044, 3050, 3110, 3111, 3135, 3156–3160, 3162, 3174, 3175, 3178, 3226, 3229, 3230, 3241–3243, 3261, 3262, 3298, 3537, 3543, 3545, 3585, 3589, 3591, 3592, 3605, 3609, 3610, 3614, 3615, 16 s., 23 s., 49 s., 51 s., 54 s.
—— (Comte de), 3418, 3449, 3451, 3460, 3461, 3464, 3492, 3493, 3501–3503, 3538, 3546, 3549, 3624, 3726, 3748, 3749, 3753, c^{ons} XXVI, XXXV *bis*, XLVII, XLVII b, XLVIII, XLIX a, L, LIII, LVI, LX, LXXIV, LXXVI.
—— (Mis de), 3632, 3694, 3704, 3740, c^{ons} XLVII, XLVII b., LIV, LVII, LXI, LXII. — Cf. les précédents.
—— (Marquise de), c^{on} XXXVII.
—— V. *Maulévrier*.
Langevin de Langle, avocat à Saint-Nazaire, 3623.
Langey (René de Cordouan, m^{is} de), colonel d'un rég^{t} de cavalerie étrangère, 146.
—— (Mis de), lieut^{t}-c^{el} du rég^{t} des Cuirassiers, 1966, 2030, 2236, 2242–2244, 2268, 2622.
—— V. *La Noue*.
Langlade (Chamand de), 3403, 3407.
—— V. *Du Chayla*.
Langlais, 3407.
—— (Ch^{r} de), cap^{ne} au rég^{t} des Évêchés (Chasseurs à cheval), c^{ons} LX, LXI, LXIII, LXV, LXV c, LXV f, LXIX, LXX.
Langlays, cap^{ne} au rég^{t} de Nivernais, 1857.
L'Angle (De), cap^{ne} au rég^{t} de Sanzay, 2044.
—— (Pierre de), évêque de Boulogne, 2415, 2584.
Langle. V. *Langevin*.
—— **-Fleuriot** (Ch^{r} de), c^{on} XXXI.
Langlée (De), 30, 63, 92, 123, 198.
Langles ?, 262.
Langlois, 97, 151, 361.
—— commissaire des guerres, 1963, 1965, 1971, 2250, 2388.
—— 3677.
—— **de Douville**, cap^{ne} d'une compagnie de mineurs, 3200.
Langlottière (De), trésorier d'armée, 3255.
Langolian (De), 17 s.
Langon (Balthazar, m^{is} de), 20.
—— (Ch^{r} de), lieut^{t}-c^{el} du rég^{t} de dragons d'Espinay, 2142.
Langraine, 361.
Langres (maire, échevins, clergé, etc., de), 13, 134, 361. — Cf. *Boudrot, Clermont, Dumolinet, Guinaud, Hindret, Lambert, Pechin, Philippin, Rozoy*, etc.
—— (Le P. Valentin de), capucin, 2242.
Languedoc (Rég^{t} des Chasseurs de), c^{on} LXVI.
Languet de Gergy (J. Jos.), abbé, plus tard évêque de Soissons, puis archevêque de Sens, 2138, 2139, 2679, 3143, 3259.
—— curé de Saint-Sulpice, 2739.
—— **de** . . . (Mme), 2771.
—— V. *Gergy, Montigny*.
Languion (Comte de), 110.
Langy (De), 134.
Lanhuron (Bobet de), lieut^{t} civil à Quimper, 3677.
Lanier, 97.
—— premier président au présidial d'Anjou, 118.
La Niverdière, commissaire des guerres, 1891, 1892, 2136, 2138, 2185, 2328–2332, 2404, 2405, 2408, 2468, 2488, 2501, 2505.
—— Cf. *Candé*.
Lanjamet (Pierre-Georges de Vaucouleurs, comte de), 3233, 3236, 3244, 3256, 3257, 3310, 3314.
Lanjuinais (J.-Denis), député de Rennes, c^{ons} LXIII, LXV d.
Lanmarie (De), 445.

Lanmary (Marc-Ant. Front de Beaupoil-Saint-Aulaire, m^is^ de), lieut^t^-g^al^, ambassadeur, 3030, 3068, 3096, 3146-3149, 3155, 3183, 3184, 3201, 3212.
—— Cf. *Beaupoil St-Aulaire.*
Lannan (De), médecin de l'hôpital de Strasbourg, 1856.
Lannay, c^on^ LVII.
Lanné (Louis), dit *Desjardins*, 2418.
Lannion (De), 343.
—— (Pierre, comte de), lieut^t^-g^al^, 825, 958, 972, 992, 997, 1205, 1355, 1360, 1379, 1399, 1400, 1424, 1484, 1494, 1573, 1660, 1675, 1676, 1748, 1750, 1751, 1843, 1844, 1848, 1855, 1856, 1950, 1953, 2031, 2141, 2186, 2263, 2272, 2273, 2338, 2339, 2371, 2419.
—— (Anne-Bretagne, m^is^ de), lieut^t^-g^al^, 1738, 1857, 1858, 1953, 2371.
—— (J.-B.-Pierre-Joseph, ch^r^, puis vicomte, puis m^is^ de), mar. c., 1944, 2130, 2135, 2136, 2138, 2697.
—— (De), 2143.
—— (De), cap^ne^ au rég^t^ de ce nom, 2231.
—— (Hyacinthe-Cajetan, comte de), lieut^t^-g^al^, 2991, 3000, 3173, 3174, 3178-3180, 3223-3226, 3228-3231, 3245, 3248-3250, 3253, 3291, 3298, 3412, 3413, 3418, 3449-3451, 3460, 3462, 3492, 3501, 3504, 3571, 3573, 3598, 3603, 3621.
Lannoy (Le P. Michel de), jésuite, 1468.
—— (Comte de), 1649, 1704, 1831, 1832, 1838, 2132.
—— (Dufresne de), cap^ne^ d'infanterie, major de la place de Noyon, 1899, 2266.
—— (Ch^r^ de), cap^ne^ au rég^t^ Mestre-de-camp-général, 1946.
—— (Ch^r^ de), cap^ne^ réformé au rég^t^ d'Isenghien, 2371.
—— (De), résident de France à Rome, puis à Vienne, 2562, 2575, 2609, 2655.
—— (Comte de), 3145.
—— (De), chirurgien à Laon, 3183, 3184.
—— (Louis-Ch.-Ant., comte de), lieut^t^-g^al^, 3445.
Lannoy (De), officier dans la Gendarmerie, 3545.
—— (Ch.-Franç., comte de), député de la Flandre wallonne, c^on^ LIV.
—— V. *Beaurepaire.*
—— **-Fretin**, 1831.
La Noiraye. V. *Voysin.*
Lanois, aide-m^or^ d'Arras, 2025.
La Noix (De), officier d'infanterie, aide-major de l'École m^re^, 3766.
La Normande (De), 2213, 2300, 2345.
La Noue et **La Nouë** (De), 361.
—— (De), cap^ne^ au rég^t^ de Melun-Cavalerie, 1683, 2046.
—— (Nicolas de), cap^ne^ d'une compagnie franche de dragons, 2034, 2395.
—— commissaire d'art^ie^ à Metz, 2137, 2140, 2141, 2242-2245.
—— (De), 2272.
—— garde-magasins des vivres à Saint-Quentin, 2378.
—— (Comte de), 3534, 3536, 3538, 3543, 3544, 3546, 3548, 3576, c^on^ XXXVI.
—— V. *Malbran, Ménard.*
—— **-Bras-de-Fer**, cornette au rég^t^ de Fontaine, 2343.
—— **de Langey** (De), cap^ne^ de cavalerie, 2140, 2269.
—— **de Vair** (Comte de), 3552, 3554, 3555. — Cf. *Vair.*
La Noze (Ant. de Tropenat, s^r^ de), lieut^t^ au rég^t^ de Normandie, 146.
Lansac. V. *Du Vivier, Lanssac, Tournefort.*
Lansalut (Ch^r^ de), 3258, 3669.
Lanson et fils, d'Amsterdam, 116.
Lanssac (De), 3.
Lantage (De), cap^ne^ au rég^t^ de Chépy, 2272.
—— major du rég^t^ de Forbin, 1862.
Lanthoin, lieut^t^ au rég^t^ du Perche-inf^ie^, 1862.
Lantier, garde-magasin à Balaguer, 2522.
—— V. *Chabanon.*
Lantilhac (De), 832.
Lantillière, aide-major du rég^t^ de Marloud, 2133, 2138.
Lantingshausen (De), officier, 3039, 3045, 3046, 3050, 3097, 3110, 3517, 3545.

Lantosque (Clergé de). V. *Taoni* et *Thaon.*
Lanty, subdélégué à Toul de l'intendant de Saint-Contest, 2245, 2321, 2324, 2396, 2678.
Lanzenada. V. *La Ensenada.*
Laon (Maire, clergé, etc., de), c^on^ LXV d. — Cf. *Beauvisage, Beffroy, Bertin, Clermont-Chaste, Lannoy, Le Gros, Levent, Levesque, Martigny, Turpin, Viéville,* etc.
Laons, dans l'élection d'Évreux, (municipalité de), c^on^ LXI.
Lapagerie (De), officier au rég^t^ de La Chau-Montauban, 2032.
Lapaillé, major du rég^t^ de Brancas, 1832.
La Paillerie (De), cornette au rég^t^ Royal-cav^ie^, 2393.
La Pailleterie (Ch^r^ de), 1651.
La Palisse (Municipalité de), c^on^ LXIII.
La Pallu (Ch.-Robert de), officier au rég^t^ du Roi-inf^rie^, 3558.
—— V. *Bouligneux.*
La Palu (Ch^r^ de), cap^ne^ aux Gardes lorraines, 3478.
La Papotière (De), 899, 1116.
Lapara. V. *Lappara.*
La Patrière (De), cap^ne^ au rég^t^ d'Houdancourt, 123.
—— V. *Lenfant.*
La Patut. V. *La Battute.*
La Pause (De), lieut^t^-c^el^ du rég^t^ de Morogues, 2244.
Lapause (De), cap^ne^ au rég^t^ de Guyenne, 3417, 3457. — Cf. *La Pauze.*
Lapaute (De), lieut^t^ au rég^t^ de Louvigny-Gramont, 2269.
La Pauze (Ch^r^ de), 3498, 3499, 3540, 3574, 3697, 3701, 3702, 3709, 3714.
—— Cf. *La Pause.*
La Pavignère-Paulmier (De), mousquetaire, 2264.
La Payrade, marchand à Luxembourg, 2242.
La Paz (Mis de), 2620.
La Peirouse. V. *La Motte, La Pérouse, La Perrouse, La Peyrouse.*
La Pelissonnierre (Ch^r^ de), officier, 997.
La Pellardière, lieut^t^ au rég^t^ de La Roche-Thulon, 1841.
La Pellardière, officier au rég^t^ de Desmaretz, 2136.
La Pelleterie (De), officier d'artillerie, 3581.
La Pelouze (De), officier d'artillerie, c^on^ XXXVII.
—— (De), commd^t^ à Cherbourg, c^ons^ LIII, LXVIII.
La Penche (Jean-Lolvire), major du rég^t^ Stanislas-roi, puis lieut^t^-c^el^ de Royal-Pologne, 2732, 2736.
La Pennide (De), major de la place de Montreuil-sur-Mer, 419.
La Penotrie (De), cap^ne^ au rég^t^ de Piémont, 1671, 1898, 2130.
La Perelle (De), commd^t^ au Port-Toulouse (colonies d'Amérique), 3393.
La Périère, commd^t^ d'une compagnie de 50 hommes, c^on^ LXXXVI.
—— (De), c^on^ LXVIII.
La Pérouse (De), intendant de la liste civile, c^on^ LXXI.
—— cap^ne^ réformé à la suite du rég^t^ d'Aunis, 2242.
—— (Comte de), navigateur, 3734, 3736.
—— (De), 32 s.
—— (Habitants de), 1972.
—— V. *La Perrouse, La Peyrouse, Picon.*
La Perrée, officier au rég^t^ de Dampierre, 2138.
La Perrière (De), lieut^t^-c^el^ du rég^t^ d'Houdancourt, 2143.
La Perrouse (De), premier président du Sénat de Chambéry, 1116.
—— (De), lieut^t^ de roi de Bourg-en-Bresse, 2175.
—— (De), gentilhomme savoyard, 2250.
—— V. *La Motte, La Pérouse, La Peyrouse, Picon.*
La Petite-Pierre (Municipalité de), c^on^ XLVII.
La Petitière (De), 118.
Lapeyre, supérieur du collège de la Doctrine chrétienne à Gimont (Gard), 2143.
La Peyre (Gaspard, baron de), brig., 3041.
La Peyronnie (De), cap^ne^ au rég^t^ de Laon, 2413.
La Peyrouse (De), cap^ne^ du Génie, 3702, 3703, 3708, 3749, c^on^ L b.

La Peyrouse. V. *La Motte, La Pérouse, La Perrouse.*
Lapie, directeur des fourrages à Maubeuge, 2370.
Lapière, 2843.
La Pierre (Balthasar de Pobel de Saint-Alban, m^{is} de), brig., 311, 396, 397, 420.
—— (De), commd^{t} du b^{on} des invalides de la citadelle de Lille, 2023.
—— officier d'invalides à La Hougue, 1832, 1899.
—— officier d'invalides à Belle-Isle, 2138, 2142.
—— (Abbé de), 2317.
—— (De), subdélégué à Gap, 3232.
—— de Metz, 3314, 3396, 3426.
—— membre de la Chambre de commerce de Dunkerque, 3623.
—— maire de Dunkerque, c^{on} LX.
—— V. *Conty, Dupont, Fremeur.*
La Pigeonnière (De), cap^{ne} au rég^{t} du Maine, 1983.
La Place (De), 3497, 3506, 3537.
—— V. *Bonneval.*
La Plagne (De), major de la place de Nice, puis commd^{t} à Sospello, 1862, 1973, 1974.
La Plaigne. V. *La Plagne, Lestrade.*
La Plaine, cap^{ne}, 1971.
La Planche (De), cap^{ne} au rég^{t} du Héron, 997.
—— (J.-Franç. de), officier de marine, 3506.
La Plane (Ch^{r} de), lieut^{t}-c^{el} du rég^{t} de Saint-Géry, 1743.
—— (De), ex-lieut^{t}-c^{el} du rég^{t} de Brancas, 2269.
Laplanne (De), 461.
La Plattière (De), 342, 343, 347, 378.
—— (De), gouverneur du fort de Joux, 989, 990.
La Plegnière (Pierre-Claude-Hébert de), brig., 271, 282, 311.
—— (De), officier, 891, 946, 958.
La Plesnoye. V. *La Fons.*
Laplüe (De), officier, 1861.
La Poëpe (De), cap^{ne} au rég^{t} de Bresse, 982.
—— V. *La Poype.*
Lapoire, 1708.
La Pomarède et **La Pommarède** (De). V. *La Pounarède.*
La Pommeraye (De), cap^{ne} d'une compagnie d'invalides à Lille, 1831.
—— (De), cap^{ne} au rég^{t} de La Marine, 2135.
La Ponce (De), commissaire des guerres, 3694.
La Popelinière (De), commd^{t} le rég^{t} de dragons de La Vrillière, 2139.
La Poque, lieut^{t}, 1831.
La Pornerie (De), officier, 419.
La Porta (Don Joseph-Lucas de), gouverneur de Fontarabie, 1885, 1886.
La Porte (De), 117, 123, 342.
—— cap^{ne} d'une compagnie franche, 1287, 1289.
—— (Jos. de), premier président à Metz, 1428, 1454, 1465, 1501, 1502, 1574, 1661, 1761, 1855, 1858, 1953, 2033, 2034, 2095, 2131, 2167, 2169, 2239, 2322, 2392, 2393.
—— prieur des Augustins de Bordeaux, 1792.
—— cap^{ne} au rég^{t} de Picardie, 1800, 2136.
—— (De), 2042.
—— (De), employé du service des vivres, 2144.
—— (De), intendant, 2970, 3115-3117, 3119, 3123, 3172-3176, 3178, 3184, 3185, 3227-3232, 3235, 3237-3240, 3255, 3257, 3258, 3260, 3261, 3263, 3291, 3293, 3296, 3308, 3309, 3311, 3314, 3329, 3391, 3394, 3403, 3406, 3461, 3501, 3503, 3508, 3509, 3514, 3545, 3624, 3684, 3703, 3710, 3714, 3717, 3779, 76 s.
—— (De), 3137.
—— (De), commissaire des guerres, c^{on} XVII.
—— (De Lissac de), major de Toulon, 3314, 3392.
—— 3417, 3500, 3549.
—— (De), ancien contrôleur du vingtième à Vesoul, 3677.
—— V. *Du Theil, La Meilleraye, Montigny.*
—— **-Godaire** (De), 2130.
—— **de Meslay** (De), intendant, 3709, 3719, 3729, 3745, 3753, 3760.

La Porterie, lieut[t] au rég[t] de Charolais, 1862.
—— 3699.
Laposse, 2138.
La Potaire, dit Dérouville, gendarme de la Reine, 2134.
La Poterie. V. *La Potherie* et *La Potterie*.
—— **-Penon**, lieut[t] au rég[t] de Desmarets, 2133.
La Potherie (Leroy de), intendant, 11.
La Potterie (De), officier au rég[t] de Champagne, 123, 131.
—— (Ch[r] de), commd[t] à Blamont, 411.
Lapouble (De), cap[ne] au rég[t] de Champagne, 420.
La Poumarède (De), 988, 1830, 1831. — Cf. *La Pounarède*.
La Pounarède (De), major du rég[t] de Nuaillé, 1831, 1832, 1857. — Cf. le précédent et *La Prunarède*.
La Pouplinière. V. *La Popelinière*.
La Poype. V. *La Poëpe*.
—— **de Vertrieu** (J. Claude de), évêque de Poitiers, 2130, 2134, 2271.
Lappara (De), ingénieur, 734, 735, 837, 997, 1079, 1093, 1094, 1100, 1234, 1237, 1257, 1282, 1311, 1375, 1417, 1418, 1550, 1554, 1575, 1606, 1661, 1667, 1764, 1765, 1861, 1864, 1865, 1867–1869, 1873–1876, 1958, 1979.
La Prade (J. de Thomas, s[r] de), cap[ne] au rég[t] de La Marine, 151.
—— (De), major de la citadelle de Besançon, 1850, 1856–1858, 2134, 2137, 2183, 2242, 2244, 2268, 2320, 2322, 2370, 2393, 2394.
—— procureur général de la congrégation de Saint-Maur à Saint-Germain-des-Prés, 2272.
—— (De), cap[ne] aux Volontaires étrangers, 3463, 3464.
—— (De), lieut[t]-c[el], 3707.
—— (De), officier du génie, 3749.
—— (Raymond de), ancien lieut[t]-c[el] de la légion de Conflans, 3753.
La Primaudaye (De), 97, 98, 110, 117.
La Princerie (De), gendarme de la garde du roi, 2133.
La Proutière (De), 3419, 3541.
La Provenchère (De), gouverneur de Montbéliard, 568.
La Prugne (Guill. de Billon de), cap[ne] au rég[t] de Champagne, 123.
La Prunarède, officier aux Dragons-Dauphin, 1862.
—— major du rég[t] de Nuaillé, 1945. — Cf. *La Pounarède*.
La Puissance. V. *Gages*.
La Pujade (De), 361.
—— (De), officier au rég[t] de Navarre, puis dans celui de Picardie, 1830, 1831.
—— (De), officier, 3251, 3261.
La Quarige-Susa, syndic de la vallée d'Aspe, 3687.
Laqueman, commissaire des États Généraux de Hollande, 1738, 1740.
La Questouze, maire de Pau, 1983, 1984.
Laqueuille (Vicomte de), major du rég[t] Royal-Picardie, 3758.
Lara. V. *Narbonne*.
La Rablière (Franç. de Bruc de), lieut[t]-g[al], 224, 311, 333, 334, 342, 397, 415, 429, 442, 465, 466, 891, 945, 949, 958, 1147, 1206, 1258, 1356, 1360.
La Raimbaudière (Mis de), colonel, 1857, 2133, 2137, 2240, 2243.
Laralde, 3600.
La Ramée, de Charleville, 2702.
La Ramière. V. *Peucharnaut*.
La Rapée (De), 419.
Laras (Ch[r] de), lieut[t] au rég[t] de Trécesson, 2243.
La Raudière (De), 281, 543, 566, 649, 668, 688, 724, 729, 735, 739, 793, 795, 819, 820, 822, 837, 870, 887, 890, 908, 946, 958, 977, 1059, 1060, 1083, 1116, 1146, 1163, 1202, 1203, 1238, 1259, 1284, 1312, 1318, 1483, 1846, 2136, 2610.
—— (De), cap[ne] au rég[t] de Choiseul, 2132.
La Ravoye (Louis Neyret, m[is] de), lieut[t]-g[al], 2940, 2941, 2944–2948, 2952, 2956, 2957, 2960, 2981–2983, 3000, 3002, 3011, 3039, 3040, 3043–3045, 3047, 3051, 3053, 3056, 3068, 3094–3098, 3155, 3156, 3159–3168, 3213–3216, 3219, 3229, 3242, 3262,

3292, 3294, 3296, 3310, 3311, 3314, c^{on} XX.
La Raymondière (Porcheron de Ste-Jeanne de), lieut^{t} au rég^{t} de Champagne, 123.
Larchambault des Mazerais (Ch^{r}), major du château de Bouillon, 2663.
L'Arche. V. *Laurent.*
Larcher (Michel), intendant, 1151, 1205, 1284-1287, 1289, 1310, 1312, 1313, 1422, 1428.
—— officier, 3563, 3608, 3630, 3673, 3697, 3706.
—— membre du Directoire de la Haute-Marne, c^{on} LXV c.
—— capitaine de la marine marchande, c^{on} LXVI.
Lardant (Jacob), de Dieppe, 1901.
Lardemelle (Ch^{r} de), 3689.
—— (J.), officier au rég^{t} d'Orléans-cav^{ie}, c^{on} LXV, LXV d.
—— (De), lieut^{t}-c^{el} des Chasseurs de Bretagne, c^{on} LXV b.
Lardery, commissaire des guerres, 2085, 2141-2143, 2145, 2159, 2236, 2242, 2244, 2245.
Lardière, maire de Libourne, c^{on} XXI.
Lardinière (Robert de Pigné, s^{r} de), officier au rég^{t} de Navarre, 102.
Lardréaux (Jean), receveur à Marennes, 2137.
La Reauderie, 1952.
La Rebertière (Ch. de), officier au rég^{t} de Normandie, 146.
—— (De), major de la place de Perpignan, 300, 356.
La Redorte (De), lieut^{t}-c^{el} du rég^{t} de Mirepoix, 88.
La Reille (De), major du rég^{t} d'Artagnan, 2141, 2229.
La Reine-Cavalerie (Conseil d'adm^{on} du rég^{t} de), c^{on} LXIV.
La Reinerie (De), 259, 271, 279, 293, 312, 313, 396, 397.
La Reinterie (Samuel-Charles de), brig., 1337, 1338, 1418, 1704, 1802, 1896-1900, 2089, 2139.
La Renaudie (Ch^{r} de), 2265.
La Rerye (Jos.-Pierre Collinet de), lieut^{t}-g^{al}, 3036.
La Reynie (De), lieut^{t}-g^{al} de police, 672, 975, 1083, 1116.
La Reynière (Grimod de), fermier général, 3406.
La Reynière, administrateur g^{al} des Postes, c^{on} XXXVII.
La Rèze (De), lieut^{t} de la compagnie franche de Broglie, c^{on} LXXXIII.
Largente (De), officier à Fort-Louis du Rhin, 2242.
Largillière (De), commissaire des guerres, 116.
—— (Nicolas de), commissaire des guerres, 2735, 2740, 2782, 2787.
La Riandrie (Marquis de), 3695.
La Richardière (Paul et Pierre Du Raynier de), cap^{nes} au rég^{t} de Picardie, 88.
Larieu (De), 1707.
La Rigandière (Louis Le Breton, s^{r} de), lieut^{t} au rég^{t} de Navarre, 146.
La Rigaudière? (De), commis d'un commissaire des guerres, 2325.
La Rissole (De), 295.
La Riva (Antonio Ybanes de), archevêque de Saragosse, 1899.
La Rive (De), garde d'artillerie à Nice, 1874.
—— (De), officier aux hussards de Rattsky, 2413.
Larivé (De), 1585, 1891.
Larivée, marchand à Sedan, 2244.
Larivière, 98, 119.
La Rivière (De), abbé de N. D. de Lyre, 112.
—— (De), lieut^{t} au rég^{t} de Navarre, 123.
—— (Comte de), commd^{t} la noblesse de Bourgogne, 905.
—— 1832.
—— chevau-léger, 1954.
—— officier commd^{t} sur l'Aa, 2145.
—— (De), aide-major de la place de Bellegarde, 2145, 2255.
—— (De), major du rég^{t} de Gesvres, 2342, 2343.
—— (De), colonel, 2301, 2370.
—— (Ch.-Yves-Thibault, comte de), lieut^{t}-g^{al}, 2989, 2990, 2992, 3167, 3168, 3185, 3201, 3213, 3255.
—— (De), lieut^{t} au rég^{t} du Roi-cav^{ie}, 2371.
—— subdélégué de l'intendant Chauvelin, 2416.
—— (Mis de), gentilhomme breton, 3188.
—— (De). V. *Beauchesne, Digulville, Poncet.*

La Rivière-Chaban (De), major du rég^{t} de Ligondès, 1938.
—— **de La Lèze**, cap^{ne} au fort Saint-André de Salins, 2411.
La Rivoire, cap^{ne} au rég^{t} de Vaudreuil, 1861, 1973.
—— (De), cap^{ne} au rég^{t} de Guyenne, c^{on} LXV a.
Larkin (Jean), brasseur à Belle-Isle, c^{on} XXXVII.
Larmandie (De), cap^{ne} au rég^{t} Royal-La-Marine, 1895.
Larmatre, ex-cap^{ne} de dragons, A 89.
Larmel (J.-J.), 3601.
Larminat (De), commissaire des guerres, 3053, 3068, 3260–3262, 3311, 3429, 3431, 3459, 3473, 3501, c^{on} XXVII.
Larn. V. *Dupont.*
Larnage (De), cap^{ne} au rég^{t} de Boissieux, 2269.
—— (Pierre de Brunier de), lieut^{t}-g^{al}, 2900, 2901, 2944, 3007, 3063, 3175, 3230, 3240–3242, 3262, 3295, 3296, 3303, 3311, 3314, 3329.
—— (De), consul d'Orange, 3256.
Larnaudès, consul de Moissac, 2342.
Larnie, échevin de Trélon, 2235.
La Robinière (N.), brig., 1788, 1885–1887, 1892, 1898, 1979.
—— (De), major de Montpellier, 3387.
La Roca (Baron de), gouverneur d'Ypres, 391.
La Rocatelle (De), lieut^{t}-c^{el} d'artillerie, 3110.
La Roche (Ch. Aymar de), lieut^{t} au rég^{t} de Champagne, 123.
—— curé de Mariembourg, 311.
—— 343.
—— commis, 1611.
—— (De), colonel dans les troupes de Hesse, prisonnier de guerre, 1743, 1843, 1855, 1895.
—— (Frère H.), prieur de la Chartreuse de Bonnefoy, 1798.
—— (De), officier au rég^{t} de Roussille, 1857.
—— colonel de la milice du pays messin, 1574.
—— (De), lieut^{t} au rég^{t} de Vaudreuil, 1862.
—— (N...), 1944.
La Roche, chirurgien aide-major à Douai, 1945.
—— chirurgien à l'hôpital de Toul, 2033.
—— (De), cap^{ne} au rég^{t} de La Mothe-Houdancourt, 2038.
—— (De), échevin de Calais, 2087.
—— (De), cap^{ne} au rég^{t} de Galmoy, 2156.
—— (De), officier en garnison à Montmédy, 2136.
—— ancien officier, 2140.
—— (De), officier au rég^{t} de Flavacourt, 2370.
—— chirurgien-major, 2396.
—— (De), lieut^{t} en garnison à Besançon, 2242, 2243.
—— ancien officier, 2412.
—— (De), major de la place de Belfort, 2739, 2741, 2783.
—— (De), commissaire de l'électeur palatin, 3325. — Cf. le suivant.
—— (Du Jarrÿs, baron de), officier au service de l'électeur palatin, 3562, 3602. — Cf. le précédent.
—— aîné (De), officier municipal d'Amiens, c^{on} LXV c.
—— (Charrier), prévôt-curé d'Ainay, député de Lyon, c^{on} LXV c.
—— V. *Chabrières, Gensac, Roland.*
—— **-aux-Enfants** (Ch. Aymar, s^{r} de), officier, 123, 131.
—— **-Aymon** (Paul, ch^{r} de), lieut^{t}-g^{al}, 2735, 2936, c^{on} XVIII. — Cf. le suivant.
—— (Ant.-Louis-Franç., m^{is} de), lieut^{t}-g^{al}, 3123, 3237, 3243, 3259, 3262, 3471.
—— **-Bernard** (De), lieut^{t} au rég^{t} de Laonnois, 1855.
—— **-Bertin** (De), lieut^{t} au rég^{t} de Rouergue, 1879.
—— **-Billanne** (De), cap^{ne} au rég^{t} de Navarre, 1287.
—— **-Boulion** (De), cap^{ne}, 2243, 2321.
—— **-Canillac** (Gasp. de Beaufort de), cap^{ne}, 387.
—— **-Chémerault** (De), c^{el} croate, 131.
—— **-Courbon** (De), lieut^{t}-c^{el}, 1108. — Cf. *Courbon-Blénac.*
—— **-Cousseau** (De), cap^{ne} au rég^{t} de Cambrésis, 1858.

La Roche-Geoffroy (Mme de), 2631.

—— **-Girault** (de), officier d'artillerie, 3420, 3421.

—— **-Guyon** (Franç. de La Rochefoucauld VIII, duc de), mar. c., 958, 978, 1147, 2140.

—— **-Loumagne**. V. *Gensac*.

—— **-Millay** (Comtesse de), 2139.

—— **-Racinoux** (de), officier au rég^t des Bombardiers, 1743, 2370, 2414.

—— **de Razac** (De), ancien officier du rég^t de Normandie, 2140.

—— **-Routière** (De), officier en garnison à la citadelle de Lille, 2167.

—— **-sur-Yon**. — V. *Conti*.

—— **-Thulon** (De), colonel du rég^t de ce nom, 1831, 1832, 1841, 1896, 1905.

—— (De), c^{on} LII.

—— **-Tudesquin** (De), 131.

—— **-Vernesol** (De), officier, 2734, 2737, 2738, 2788, 2796, 3034.

La Rochebriant (De), aide-major de la place de Fort-Louis du Rhin, 2742.

—— V. *Pronsac*.

La Rochefontenille. V. *Rambures*.

La Rochefoucauld (Benjamin de —, baron d'Estissac), mestre-de-camp, 79.

—— (François VI, prince de Marcillac, puis duc de), mar. c., 110, 117, 259, 278, 281, 282, 310, 333.

—— (François VII, duc de), A. 87, A. 88.

—— (De), président du Comité d'aliénation à l'Assemblée N^{le}, c^{on} LXIX.

—— V. *Jarnac, La Roche-Guyon, Lastic, Liancourt, Montendre, Rochebaron, Roucy, Surgères*.

La Rochejaquelin. — V. *Rochejaquelein*.

La Rochelle (Municipalité, clergé, etc., de), c^{on} LXV. — Cf. *Carayon, Champflour, Delaage, Deyssautier, Dhonneur, Gastineau, Gerbier, Gigaux, Goezaud, Gusman, Juppin, La Billonnière, Lambert, Leclerc, Mercy, Pollart, Portail, Pradelles, Raoul, Rasteau, Riolle, Rouvaud, Ruau, Silly, Soufflot*, etc.

—— Membre du Directoire du dép^t de la Haute-Saône, c^{on} LXV c.

La Rochepierre (De), gouverneur d'Oudenarde, 238, 245, 259–261, 271, 275, 276, 278, 280, 281, 310, 333, 396, 397, 401, 402. — Cf. *Rochepierre, Rochepeyre*.

La Rocheposay (De), 117, 133. — Cf. *La Rochepozay*.

La Rochepot (De), major du rég^t de La Mothe-cavalerie, 1943.

—— (de), 2141, 2270, 2371.

La Rochepozay (d'Abin de), ambassadeur, 5, 6.

—— (Ch. Chasteigner, m^{is} de), lieut^t-g^{al} du Haut-Poitou, 101.

—— V. *La Rocheposay*.

La Rochette (De), 11.

—— (N...), 990.

—— (De), ingénieur, 1115.

—— (De), commd^t le 2e bat^{on} du rég^t d'Anjou, 2099, 2101, 2248.

—— (Ch^r de), 2664.

—— (De), lieut^t-c^{el} du rég^t de Ponthieu, 2982, 2983, 3124.

—— officier au service de Hollande, 3182, 3185, 3308.

—— V. *St-Pierre*.

La Rocque (De), aide-major de la place de Toulon, 2144, 2399.

—— (De), lieut^t-g^{al} hollandais, 3200, c^{on} LXXXVI.

La Rocquerie (De), cap^{ne} au rég^t de Clérambault, 146.

La Rocquette, officier de cav^{ie}, 997.

La Rode (De), lieut^t de roi à Abbeville, 2087, 2136, 2137, 2141, 2142, 2144, 2145, 2183, 2222, 2229, 2230, 2270, 2301, 2311, 2370, 2375, 2415.

La Rogemondière (De), cap^{ne} au rég^t d'Anjou-inf^{ie}, 2370.

Larogne, commd^t à Camfranc, 2332.

La Rolphie, ingénieur?, 1876.

La Rondière (De), 967.

—— (De), cap^{ne} au rég^t de Toulouse-cav^{ie}, 2270, 2343.

La Rondoüette, officier d'une compagnie d'invalides, 2269, 2370, 2413.

La Ronville (De), cap^{ne} au rég^t de Boufflers, 2142.

La Roquade (De), cap^{ne} de grenadiers au rég^t de Saint-Sulpice, puis major et lieut^t de roi à Kehl, 1855, 1857, 1858, 2134, 2169, 2240, 2243.

La Roque (De), cap^{ne} au rég^t de Piémont, 271.

—— 987, 990.

La Roque, capne au rég^t de Laonnois, 1572, 1892.
—— (De), lieut^t-c^el du rég^t de Beltramby, 1877.
—— (De), major du rég^t de Maubourg, 1943, 1946, 2021.
—— capne au rég^t du Roi-inf^ie, 1943.
—— (Casaux de), officier au rég^t de Montluc, 1945.
—— (De), officier, 1985.
—— mar^al-des-logis au rég^t de Saint-Phal, 2025.
—— officier, 2052.
—— (Docher de), major du rég^t de Roussilles, 2133, 2270.
—— (De), cap^ne au rég^t de Navarre, 2144.
—— (De), colonel d'inf^ie, 2301.
—— (De), lieut^t de roi à Arras, 2700.
—— (De), commd^t à Hulst, 3089, 3136.
—— (Comte de), 3229, 3230.
—— (De), officier au rég^t de Cambis?, fait prisonnier à Louisbourg, 3499.
—— (Jacques-Arlot de Frugies de?), lieut^t-g^al, 3543.
—— c^on LXV.
—— officier au rég^t de Boulonnais, c^on LX.
—— c^on LXX.
—— **de Davejan**, 2411.
—— **-Saint-Chamarand** (Ant. de), mar. c., 158.
—— —— (De), cap^ne, 1741.
—— **-Saint-Michel**, major de la citadelle de Tournai, 2138, 2160.
La Roquette (De), 141.
—— major aux dragons de Bouville, 1752.
—— cap^ne au rég^t de Santerre, 2137.
—— **-Sainte-Croix** (De), mestre de camp au rég^t d'Alzeau, 2244.
La Rose (De), commis ou secrétaire de Mazarin?, 146.
—— soldat, 1175.
La Rosière, 420.
—— (De), c^el du rég^t de Brabant, 2235.
—— V. *La Rozière.*
La Roue (Balthasard, c^te de), mar. c., 92.
La Rougerie (De), cap^ne d'invalides à Arras, 2228, 2371.
La Roulière (De), 131, 146.
La Roullye, 1982, 1984, 2052, 2142, 2255, 2329, 2332, 2575.
La Roumane (Mis de), c^el du rég^t de Naples à Majorque, 3599.
La Rousselière, lieut^t, 2136.
La Roussellière (De), aide-major de la place de Landau, 1858.
—— (De), ancien aide-major de la place de Tournai, 2139, 2144.
La Roussillière (Mme de), femme d'un aide-major de Lille, 2138.
La Roustière (De), officier, 1862.
La Route, officier au rég^t de La Reine-cav^ie, 1861.
La Rouvière, étudiant en droit à Montpellier, 1614, 1708.
—— commissaire des guerres, 3455, 3505, 3539, 3569.
Laroze, prêtre à Verdun-sur-Garonne, 2243.
La Rozepeire. — V. *La Rochepierre.*
Larozière, maître de la poste aux chevaux à Metz, 2244.
La Rozière (De), 3592, 3612, 3671, 3691, 3741, 3745, 3746, 3749, 50 s. — Cf. le suivant.
—— (L. Franç.-Carlet, m^is de), brig., c^t à Saint-Malo, c^on LXXVI.
—— V. *La Rosière.*
Larrard, lieut^t au rég^t d'Albigeois, 2102.
Larras (De), cap^ne réformé au rég^t de Bretagne, 1519.
—— (ou Larray?), cap^ne au rég^t de Trécesson, 1896, 2244.
Larray (Louis de Lenet, m^is de), lieut^t-g^al, 545, 795, 837, 898, 902–906, 1002–1004, 1009, 1010, 1079, 1093–1096, 1099, 1100, 1113, 1116, 1167, 1169, 1170, 1222, 1227, 1228, 1236, 1272, 1275, 1332, c^on LII. — Cf. *Larrey.*
—— (De), officier au rég^t de Grosbois, 1832.
Larre (De), cap^ne, 361.
—— (De), lieut^t au rég^t de Navarre, puis cornette aux dragons de Villegagnon, 1830.
—— (Diturbide), lieut^t-c^el des Volontaires de Flandre, 3406.
Larrey, commissaire des guerres, 1213, 1214, 1218, 1236, 1400,

1425, 1428, 1572, 1573, 1661, 1670, 1761, 1979.
Larrey, lieut^t au rég^t Dauphin, 1903.
Larrigny (J. G.), cap^{ne} de frégate, 3568.
Larroquet, ancien officier, 1792.
Larroquette, cap^{ne} au rég^t de La Reine-inf^{rie}, 1705, 2269.
—— major de la citadelle de Pampelune, 2140, 2180.
Larroude (Abram de), officier, 123.
Larrous, maire de Grasse, 2043.
Larsat, officier au rég^t de Beauvoisis, 2045.
Larsé (De), 1944.
—— (De), député des États d'Artois, 3709, 3714.
Larson, commd^t à Bavay, 2141, 2142.
Larsonnier (Maurice), échevin de Rozoy-en-Brie, 2266.
Lartigue (De), lieut^t de roi à Belfort, 2392.
—— officier, 1839.
—— (N...), 1862.
—— lieut^t, 2054.
—— sous-lieut^t au rég^t de d'Artagnan, 2144.
—— officier en garnison à Bayonne, 2143, 2261.
—— officier subalterne au rég^t de Kerkem, 2242.
—— entrepreneur de fournitures de l'hôpital de Bayonne, 2261, 2267.
La Rue (Le P. de), jésuite, 1614, 2131, 2343.
—— (De), cap^{ne}, 2136, 2169.
—— (De), administrateur du Boulonnais, 3709.
—— (De), député de la Nièvre, c^{on} LXV a.
La Rüe, 88 *bis*.
La Ruelle (De), gendarme du duc de Berry, 2345.
La Ruentière (De), officier au rég^t de Piémont, 2136.
Larugnon, procureur à Navarrenx, c^{on} LIV.
Larzillier, garde du corps des marchands de Verdun, 2245.
Las. V. *Laas, La Barthe, La Motte.*
La Sablie (De), 2162.
La Sablière (De), cap^{ne} au rég^t de Bourgogne, 982.
—— (De), officier, 988.
La Sablière (De), officier, 1951, 2138, 2145, 2697, 2701, 2702.
—— ingénieur, 2244.
—— (De), major de la place de Colmar, 2723, 2727, 2728, 2734, 2735, 2782, 2791, 2793.
—— (De), lieut^t-c^{el} du rég^t de Beauvilliers, 3188.
La Sagette (Ch^r de), officier au rég^t Royal-Piémont, c^{on} LXI.
La Saigne (De), major du rég^t de Blaisois, 1830, 1832, 1834, 1838.
—— (De). V. *Bourcet, Lassaigne, Lassaignes.*
La Salette, commissaire des guerres, 3686, c^{ons} LX, LXX.
La Salle (De), 102, 131, 133, 134, 151, 343, 361, 668.
—— (De), cap^{ne} aux remontes, 1660.
—— officier de dragons, 1862.
—— major du rég^t de Murat, 2031.
—— (De), officier, 2132.
—— (De), officier au rég^t de Caupos, 2135.
—— marchand à Sarrelouis, 2136, 2137, 2139.
—— boulanger à Paris, 2139.
—— (De), lieut^t au rég^t d'Aultanne, 2140.
—— 2141.
—— cap^{ne} au rég^t de Bassigny, 2145.
—— chirurgien-major au rég^t de Villequier, 2271.
—— major du rég^t de Piémont, 2300, 2370.
—— cap^{ne} au rég^t de Mornac, 2328.
—— (Pierre-Nic.), commissaire des guerres, 3230, 3239, 3393, 3432, 3433, 3459, 3462, 3463, 3526, 3565, 3582, 3716, c^{ons} XXVII, XLVII, LXIV, LXV, LXV c, LXV d, LXVI, LXVIII, LXIX, LXXI.
—— (De), ingénieur, 3426.
—— (De), 71 s.
—— (Louis-Caillebot, s^r de), cap^{ne} aux Gardes françaises, 102.
—— (Franç. Caillebot de), évêque de Tournai, 1483, 1836.
—— (Marie-L. Caillebot, m^{is} de), lieut^t-g^{al}, 3492, 3493, 3506, 3709, 3743, 3744, 3759, c^{on} XLVI.
—— (L. Caillebot, m^{is} de), maître de la garde-robe du roi, A. 88.

La Salle, secrétaire de l'intendant de La Porte à Grenoble, 3533.
—— (De), colonel, 3559, 3563, 3565, 3587, 3627
—— député de la Moselle, c^on LXV e.
—— V. *Lassale, Lassalle, Saint-Pée.*
—— **-Atas**, maire d'Aspe (B.-Pyr.), commissaire des guerres pour le roi d'Espagne, 1984, 1985, 2054, 2253, 2255, 2257, 2328, 2468.
—— **-d Avon**. V. *Gueffron.*
—— **-La Fare** (De), officier au rég^t de Sirot, 79.
—— **-Le Vayer** (De), 294.
—— **de Roquefeuille** (De), 141, 146, 419, 468.
La Saone (Armand-Félicien de Boffin, m^is de), lieut^t-g^al, 3477, 3478, 3481, 3483, 3506, 3508, 3509, 3514.
La Sardinière (De), maître des eaux et forêts de Bellesme en Perche, 2342.
La Sarre (Mme de), veuve d'un lieut^t du rég^t de Boufflers, 2133.
La Saucière (De). V. *Beaudot.*
La Saudraie (De), commissaire des États de Bretagne, 3602, 3621, 3622.
La Saugerie. V. *Salomon.*
La Saule, cap^ne au rég^t de Bourgogne-inf^rie, 2268.
La Sauvagère (De), ingénieur, 3065, 3571.
La Savarière (De), aide-major du rég^t Dragons-Dauphin, 1862.
Las Bordes (Franç. de), officier aux Gardes, 141.
—— (De), officier, 3227.
Lascaris (Ch^r de), 1015, 1234.
—— (Comte de), 1898.
Las Cases (Ch. de), cadet-gentilhomme, 3544.
—— (Mis de), c^on LXII.
Lascazes. V. *Lacroix.*
Lascy (Comte de), directeur général de l'artillerie, 3722.
La Selle (De), cap^ne aux dragons de La Lande, 2133.
—— (De), membre du Conseil supérieur de l'Inde, 3541.
La Serpandaye (De), major de Concarneau, 1609.
La Serre, cap^ne au rég^t de Balthazar, 137.
La Serre (De), 832, 970.
—— commissaire des guerres, 992.
—— (De), cap^ne au rég^t Royal-Vaisseaux, 1525.
—— (N...), 1611.
—— (De), lieut^t-c^el du rég^t de Brancas, 1832, 1943, 1944, 1946, 2021, 2058, 2134, 2136, 2140, 2272, 2370.
—— (De), sous-lieut^t aux Gendarmes-Dauphin, 1895.
—— cap^ne des portes de Dunkerque, 2145, 2230.
—— (Franç. d'Azémar de Pannat, comte de), lieut^t-g^al, 2814, 3089, 3135, 3136, 3457, 3463, 3466, 3568, 3578, 3625.
—— (Anne-François Duras de), mar. c., 3143, 3275-3278, 3326.
—— c^on LXXVI.
—— V. *Chabo.*
—— **-Aubeterre** (Louis d'Erparbès de Lussan, comte de), lieut^t-g^al, 98.
—— **-Courpillon**. V. *Duvillars.*
La Serrée, officier, 987.
—— (Abbé de), grand-vicaire du diocèse de Clermont, 2739.
—— (Ch^r de), 3240-3243, 3251, 3261.
La Servette (D'Arloz), 2267.
La Sestrière. V. *Pascalis.*
La Seyne (Municipalité de), c^on XIX.
La Simonne (De), lieut^t de roi de Laon, 2415.
Las Insenadas. V. *La Ensenada.*
La Sipière de Fayolle (De), officier, 2141-2143, 2219, 2313.
La Sistière (De), cap^ne au rég^t d'Espagny, 146.
Las Manon. V. *Callenes.*
Las Minas. V. *La Mina.*
Las Nabas (Mis de), commd^t à Venasque, 2408.
La Sone (De). V. *La Saone.*
Lasonnat, échevin de Clermont-Ferrand, c^on LIII.
La Soublière (De), cap^ne au rég^t de Barrois, 2269, 2312.
La Souche, cornette au rég^t de Bourbon-cav^ie, 2136.
La Source, 3419.
Lassaigne (De), 278. — Cf. *Bourcet, La Saigne.*
—— (Mme de), 2412.

Lassaignes du Gout (Chr de), directeur d'artillerie à Bayonne, 3466.
Lassale, 668.
Lassalle (André de Cazeau, sr de), capne, 151.
—— capne au 14e régt de cavalerie, con LXVIII.
—— V. *Arche, La Salle, Lassale.*
Lassault (De), commissaire des guerres, 2752, 2758, 2815–2819, 2842–2845, 2891, 2912, 2913, 2915, 2918, 2919, 2921, 2925, 2926, 2947, 2956, 2969.
Lassay (De), colonel du régt de ce nom, 2272, 2323, 3139.
—— (Municipalité de), cons LXV, LXV a.
Lasserre, entrepreneur de fournitures de lits, 2269.
—— **-Peyrac**, capne aux dragons de Listenois, 1832, 1855, 2140.
Lassime (De), capne au régt de Beauvoisis, 1966.
Lasson, 997, 2044.
—— médecin à Châlons, 1905.
Lassus (De —, «Herbaville» de son vrai nom), capne au régt du prince de Bergues (service d'Espagne), 1830, 1840.
Lassuse-Desfontaines. V. *Desfontaines.*
Lastelle. V. *Dupré.*
Lasteyrie du Saillant (De), officier aux Carabiniers de Monsieur, con LXV.
Lastic, membre de la Commission intermédiaire permanente d'Auvergne, con LX.
—— V. *St-Jal.*
—— **de La Rochefoucauld**, officier au régt de Murat, 1857.
Las Torres (Comte de), lieutt-gal d'Espagne, 1777, 1783, 1863, 1887, 1899, 1979.
Lastrongues (Pierre de), député du pays de Foix, 151.
La Surière (De), cornette aux Mousquetaires, 1944, 1945, 2081, 2131, 2136.
La Suze (De), gouverneur de Porrentruy et de Belfort, 111.
—— (De), lieutt-cel du régt de Le Tellier, 2270.
—— (L. Michel de Chamillart, comte de), lieutt-gal, 2738, 2923, 3073, 3083, 3140, 3183, 3198, 3201, 3418.
La Taille (De), 3480.
—— **des Essars** (Chr de), officier au régt de La Marine, aide-major général de l'armée de Provence, 3226, 3259.
La Taillée (Ayrault de), major de la ville et du château de Caen, 1895, 2135, 2136, 2142, 2186, 2267, 2370, 2419.
La Taste (Étienne de), mar. c., 980, 1113, 1206, 1501, 1502.
La Taulade (De), 594, 604, 628, 630.
La Terade (De), lieutt-cel du régt de Montrevel, 1830, 1832, 2134, 2244.
—— (Mme de Hertaing de), femme du précédent, 2154.
La Terrade (Olivier de La Crau de), 117.
—— (De), major à Navarrenx, 1895.
La Terre, lieutt-cel du régt d'Isenghien, 2141.
La Terrière (Imbert de), officier au régt Colonel-gal de hussards, con LXVe.
La Tertrée. V. *Talhouet.*
La Teyssonnière, 3650, 3681.
La Thieuloye (Vicomte de), 110.
La Thoison (de), 419.
La Thuilerie ou **La Thuillerie**, commissaires des guerres, 98, 105, 1586, 1862, 1867, 1870, 1871, 1878, 1965, 2046, 2102, 2140, 2247–2249, 2251, 2269, 2622, 2760, 2761, 2810, 2812, 2814, 2817, 2818, 2941, 3291, 3299–3303, 3309–3311, 3330, 3332, 3334, 3426, 3536, con LXXXVI. — Cf. *Héron, La Tuillerie.*
La Tierce (De), lieutt au régt de Fontaine, 1831, 2143.
Latiffy, élu à Doullens, 2312.
Latil, échevin de Marseille, 3396.
—— (De), commdt à l'île Ste-Marguerite, 3599.
Latit. V *Chasteuil.*
La Tocheardent (Le Roy de), commdt la maréchaussée à Dinan, con LXIII.
La Torre (Mis de), 3172.
—— (De), intendant espagnol à Palmas, 3413.
La Touanne (Ch. Renouard de), trésorier général de l'extraordinaire des guerres, 1284, 1286, 1287, 1379.

La Touche (De), lieut^{t} au rég^{t} de Dauphiné, 102.
—— (De), ingénieur, 227–229, 261, 262, 278, 294, 295.
—— (De), commis de M. de Pontchartrain, 1733.
—— (De), major au rég^{t} de Rottembourg, 2143, 2268, 2271.
—— officier au rég^{t} de Charolais, 2415.
—— (Ch. Nic., ch^{r} de), lieut^{t}-g^{al}, 2923, 2981–2983, 2991, 3012, 3013, 3039–3042, 3045–3047, 3050–3052, 3070, 3097–3100, 3109–3111, 3140, 3160, 3204, 3387, 3391, 3396, 3406, 3407, 3420, 3467, 3472–3474, 3482, 3510, 3514–3516, 3521, 3543, 3582, 3589, 3609, 3611, 3612, 3614, 3615, 3620, 3732, 41 s, 49 s, 54 s, c^{on} XXXVII.
—— (De), cap^{ne} de vaisseau, 3451.
—— recteur à Morlaix, 3493.
—— (De), ingénieur en chef des Ponts et Chaussées, 3719.
—— (Gaillard de), membre de la Commission du Morbihan, c^{on} LXIV.
—— V. *Tréville*.
La Tour (Phil. de Torcy, m^{is} de), lieut^{t}-g^{al}, 97, 98, 110, 116–119, 137, 158.
—— (Ant. de France, s^{r} de), lieut^{t} au rég^{t} de Vaubecourt, 92.
—— (Louis de Corbières, s^{r} de), cap^{ne} au rég^{t} de Normandie, 102, 119.
—— (Mme de —, née l'Hospital), 131.
—— (O. de Garcis, s^{r} de), lieut^{t} au rég^{t} de Sault, 151.
—— (Comte de), 245.
—— de St-Gall, 259.
—— (N... de), 359, 468, 469.
—— (De), commd^{t} à Dettlingen, 508.
—— (De), 739.
—— (De), lieut^{t}-c^{el} du rég^{t} de Vaillac, 1306.
—— cap^{ne} au rég^{t} de La Croix, 1357.
—— (Abbé de), 1374.
—— (De), receveur des traites à Digoin, 1700.
—— (Claude-Grégoire de), ingénieur, gouverneur de Cosne, 1700, 2370.
—— (De), 1832.
—— cap^{ne} au rég^{t} de Beaufermès, 1832, 1903.
La Tour, chirurgien-major, 1856.
—— major à Briançon, 1862.
—— cap^{ne} au rég^{t} de Blaisois, 1878.
—— (N...), 1968.
—— (De), cap^{ne} d'invalides, 1946.
—— (De), officier, 2023, 2144, 2737.
—— sous-lieut^{t} au rég^{t} de Quercy, 2102.
—— (De), major du fort Griffon à Besançon, 2130, 2242.
—— (De), officier de cavalerie, 2133, 2142, 2143.
—— (De), prisonnier au château de Ham, 2135.
—— (De), cap^{ne} au rég^{t} de Durfort-Boissier, 2137.
—— (De), 2138.
—— lieut^{t} au rég^{t} de Luxembourg, 2139, 2140.
—— commis de l'extraordinaire des guerres, 2142.
—— (Veuve), directrice de l'Hôpital de Hombourg, 2142, 2242.
—— (De), lieut^{t} de roi de Saint-Lô, 2143, 2186, 2270.
—— (De), cap^{ne} aux dragons de Flandre, 2144.
—— (Magdelain, comte de), lieut^{t}-c^{el} du rég^{t} de Prelle (service d'Espagne), 2144, 2145, 2251.
—— cap^{ne} d'une compagnie franche, 2163, 2238.
—— officier subalterne au rég^{t} de Gensac, 2243.
—— (Baron de Jeandelise, comte de), lieut^{t}-c^{el} du rég^{t} de Courcillon, 2034, 2035, 2269, 2877.
—— (De), cap^{ne} aux dragons de Parpaille, 2269.
—— aide-major du rég^{t} de Languedoc-dragons, 2271.
—— cap^{ne} au rég^{t} de Germinon, 2371.
—— (J. B. Des Galloys), intendant, c^{on} LXXV. — Cf le suivant.
—— (Ch. J. B. Des Galloys de), premier président du Parlement de Provence et intendant, 2793, 2850, 2871, 2872, 2885, 2886, 2888, 2901, 2928, 2937, 2967, 2979, 3060, 3064, 3068, 3177, 3418, 3581, c^{ons} LIV, LXI. — Cf. le précédent.

La Tour (N... de), 2763, 2793, 2823, 2842, 3074, 3689.
—— (Louis-Nicomède-Tristan de), mar. c., 2913, 2950, 2969, 3050, 3087, 3088, 3091, 3092, 3098, 3137, 3141-3143, 3146, 3148, 3149, 3152, 3154, 3175, 3179, 3223-3236, 3241, 3245, 3247, 3291, 3293-3295, 3329, 3334, 3387, c^{on} XVIII.
—— (De), secrétaire interprète du roi pour le canton des Grisons, 3094, 16 s.
—— (Ch. Claude), président du Comité des rapports à l'Assemblée N^{le}, c^{on} LXV b.
—— (Gilbert), chirurgien à Auxerre, 3258.
—— (Officiers du rég^{t} de), 33.
—— (Guill. Cosson de), officier au rég^{t} de Bigorre, 3622-3624.
—— secrétaire du ch^{r} de Murard, c^{on} XIX.
—— (Comte de), colonel du rég^{t} Royal-Liégeois, c^{ons} LXI, LXV a, LXV b.
—— (De), gouverneur du Château-Trompette à Bordeaux, 459.
—— officier de cuirassiers, c^{on} LXV d.
—— (De), administrateur du district de Reims, c^{on} LXV b.
—— V. *Auvergne, Baillet, Bouillon, Chabaud, Du Fay, Du Rollet, Évreux, Foissac, Guérin, La Fare, La Tour d'Auvergne, La Tour du Pin, Le Blond, Montauban, Quinson, Régnier, Rocatalade, Rollet, Stokalper.*
—— **d'Auvergne** (Ch^{r} de), lieut^{t} au rég^{t} de Murat, 1855.
—— (Nic. Franç. Jules, ch^{r}, puis comte de), lieut^{t}-g^{al}, 3576, 3606.
—— (Claude-Catherine Sainctot de —, femme de J. Maurice de La Tour, dit «comte de La Tour d'Apchier», 3335.
—— V. *Turenne.*
—— **de Belloy**, officier d'une compagnie d'invalides, 2136, 2139.
—— **-Chatillon**. V. *Zurlauben.*
—— **du Breuil**, 969, 972.
—— **-Fraguier** (De), lieut^{t} de roi de Besançon, 2702, 2724, 2763, 3044, 3099, 3123, 3124, 3163, 3184, 3309, c^{ons} XVI, XVII.
—— **de Gléné** (De), intendant, 3120, 3125, 3173, 3178-3180, 3183, 3185-3187, 3226, 3230, 3232-3241, 3243, 3244, 3247, 3248, 3250, 3255-3263, 3290, 3294-3296, 3303, 3311, 3314, 3316, 3335, 3370, 3408, 3411, 3497, 3538, 3539, 3544, 3545, 3576, 3625, 3671, 3729, 23 s.
La Tour de Manse (De), commd^{t} à Blamont, puis à Montbéliard, 2620, 2677, 2688, 2700, 2712, 4272-2726, 2728, 2729, 2734, 2736-2739, 2742, 2766, 3782-2786, 2790, 2791, 2793, 2794, 2825, 2838, 2840, 2982, 3010, 3011, 3101, 3159, 3213, 3285, 3336.
—— **-Landry**. V. *Maillé.*
—— **-Maubourg** (Jean-Hector de Fay, m^{is} de), mar. Fr., 2698, 2770, 2936, 2978, 2988, 2989, 2999, 3026, 3027, 3040, 3057, 3094-3097, 3108, 3143, 3162, 3167, 3168, 3198, 3206, 3207, 3275, 3280, 3418, c^{on} LXXV.
—— (Comte de), c^{on} LXXI.
—— **-du Pin** (Vic^{te} de), 20 s.
—— (Ch^{r} de), 3518, 3519, 3521, 3524, 3525, 3554, 3556, 4671.
—— (Comte de), 3726.
—— — V. *Montauban.*
—— **-Chambly** (De), 3721.
—— **-Gouvernet** (J. Fréd., comte de), lieut^{t}-g^{al}, ministre de la Guerre, 3635, 3730, 3745, 3749, c^{ons} L, LIII, LIV, LVI, LVII, LX, LXI, LXIII-LXXVI.
—— (De), commd^{t} à Pont-de-Beauvoisin, 3395, 3406.
—— **-La Charce** (Vicomte de), 1907. — Cf. le suivant.
—— (De), 1702, 2132, 2271, 2417, A, 89.
—— (Phil. Ant. Gab. Victor-Ch., m^{is} de), lieut^{t}-g^{al}, 3635.
—— (Vicomte de), 3721.
—— **-La Ville**, 972.
—— **-Melière** (De), lieut^{t}-c^{el} du 10e rég^{t} d'inf^{rie}, c^{ons} LXVIII, LXIX, LXXI.
—— **-Montfort** (De), 598.
—— (Henry de), brig., 958, 989, 997, 1066, 1080, 1081, 1146, 1147, 1206, 1209, 1259, 1305, 1309, 1312, 1313, 1318, 1355,

1356, 1428, 1468, 1524, 1526, 1551, 1700.
La Tour-Noillac (Franç. de), cap^{ne} au rég^{t} d'Entraigues, 102. — Cf. le suivant.
—— **de Nouillas** (Franç. de), cap^{ne} au rég^{t} de Vaubecourt, 123. — Cf. le précédent.
—— **-Poulet** (De), prévôt de la Connétablie, 2730, 2793, 3029, 3084.
—— **-Rouvray**, commissaire provincial d'artillerie, 1573.
—— **-et-Taxis**. V. *Tour-et-Taxis*.
—— **-en-Woèvre** (De), enseigne aux gardes du duc de Lorraine, 2138.
La Tourandais-Rouxel (Ch^{r} de), marin, 3568.
La Tourdière (Clément), échevin de Romans, 3702.
La Tourelle (De), procureur à Ypres, 2022. — Cf. *Du Bois*.
La Tourette (De), président de la Cour des Monnaies à Lyon, 1944.
La Tournelle (De), commissaire des guerres, 97, 157, 182, 225, 227, 228, 251.
—— (De), cap^{ne} au rég^{t} de Navarre, 342, 343.
—— (De), 944-946, 956, 958, 1312, 1424.
—— (Abbé de), 2142, 2144.
—— (De), cap^{ne} au rég^{t} de Cambis, 3419.
—— (Mme de), 3549.
La Tourrasse (De), lieut^{t} au rég^{t} de Bourbonnais, 1897, 2139, 2143.
La Tourrette, président du Conseil g^{al} de l'Ardèche, c^{on} LXVI.
Latousche, lieut^{t} au rég^{t} de Villiers, 2347.
La Tramblaye (De), lieut^{t}-c^{el} du rég^{t} de Forsat, 1944, 2138.
—— V. *La Tremblais*, *La Tremblaye*.
La Tramerie de Sassignies (Jos. Franç. Ghislain de), A. 89.
La Trapinière (De), officier au rég^{t} de Berry, 1855, 2242.
La Trauchardie (De), lieut^{t} au rég^{t} de Momont, 2143.
La Tremblais (De), commissaire des vivres, 1337, 1338, 1379.
La Tremblaye (De). commissaire des États de Bretagne, 3745. — Cf. *La Tremblais*, *La Tramblaye*.
La Trémoille (De), 133.
—— (Mme de), 118.
—— (Jos. Emm. de), abbé, puis cardinal, 1587, 1599, 1677, 1961-1963, 2047, 2133, 2139, 2175, 2371.
—— (Charles-Belgique-Hollande, duc de), A. 87, A. 88.
—— (Ch. Louis-Bretagne, prince de Tarente, duc de), 2137.
—— (De). V. *Noirmoutiers*, *Talmont*, *Ursins*.
La Trenck (Franç. Emm., baron de), colonel de pandours, commd^{t} à Vieux-Brisach, 2981, 3011.
La Tresne (Léonard-Casimir Le Comte, ch^{r} de), lieut^{t}-g^{al}, 3451, 3543.
La Trinité (Comte de), lieut^{t}-g^{al} sarde, 3328.
La Troche (Guill. de), maire perpétuel et lieut^{t}-g^{al} de police de Paray, 2050.
La Tronchère (De), cap^{ne} au rég^{t} d'Aunis, 2184.
La Trousse (De), 92, 98, 102, 106, 123, 131, 158, 276, 284.
—— (De), chef de brigade des Gardes du corps, 359.
—— (Phil. Aug. Le Hardy, m^{is} de), lieut^{t}-g^{al}, 325, 326, 347, 349 400, 444, 451, 455, 505, 509, 544, 552-554, 584, 585, 596-604, 672, 686, 730, 731, 734, 735, 737, 739, 903, 904.
Latteur, entrepreneur de fournitures de vivres pour les Autrichiens, 3138.
Lattre. V. *Batsaert*.
La Tude (Vissée de), lieut^{t}-c^{el} des dragons d'Orléans, 2784, 2937, 2977, 2978, 3044, 3084, 3094, 3095, 3162, 3182, 3183, 3200, 3201, 3213, 3276, 3308, 3309, 3326.
—— V. *Ganges*.
Latude de Fontes, 1338.
La Tuillerie (Gasp. Coignet de —, baron de Courson), ambassadeur, 92.
—— V. *La Thuilerie*.
La Tuillière (De), officier aux dragons de Lesparre, 1944.
La Tullaye (De), c^{on} XLII.
La Turbie (baron de), 1880.
La Tuvelière (De), officier au rég^{t} de Lyonnais, 3117.

Laubadère, c^{on} LXVIII,
Laubanie (De), 281, 508, 734, 822, 870, 894, 895, 902, 904, 905, 958, 961, 962, 1066, 1080-1083, 1115, 1147, 1202-1210, 1241, 1254-1260, 1305-1315, 1318, 1355-1360, 1399-1403, 1422, 1423, 1425, 1465, 1501-1503, 1570-1573, 1582, 1660, 1669, 1670, 1736, 1743, 1749-1753, 1755, 1760, 1765, 1851, 1895, 1899, 1950, 2032, 2305, 2456, 2621.
Laubarède (Ch^r de), commissaire des guerres, c^{on} LIV.
Laubat, ancien cap^{ne} au rég^t de Coëtquen, 2142.
Laube (De), 224.
Laubée (De), officier au rég^t Royal-Pologne, c^{on} LXVc.
Laubépin (De), 1604, 1688.
—— (Ch^r de), 1900, 1964. — Cf. le suivant.
—— (Bailli de), chef d'escadre, 2816-2818. — Cf. le précédent et *Laubespin*.
Laubépine (Dionis de), échevin de Cherbourg, 3543, c^{on} XXX.
Laubertière (De), mestre-de-camp-lieut^t du rég^t du duc d'Enghien, 123.
Laubespin (Comte de), 210, 568. — Cf. *Laubépin*.
L'Aubespine (Jean de), évêque de Limoges, 5.
—— (De), 122.
—— (Comte de), député de la ville de Dôle (224).
Laubespine. V. *Verderonne*.
Laubinière (De), financier, 2421.
Laubonnière. V. *Salles*.
Laubrussel (Le P. de), provincial des Jésuites de Champagne, 2393.
Lauderdale (De), 295.
Laudhon (De), 3481.
Lauducoutan (Michel Bizet, s^r de), 141.
Lauer, 1338.
Lauga, cap^{ne} du service d'Espagne, 1830.
Laugeois (J. B. Louis —, s^r d'Hymbercourt), intendant, 2375, 2386, 2414, 2415, 2445, 2447, 2448. — Cf. le suivant.
Laugeois 3115, 3143, 3262, 3418.
Laugères. V. *La Fare*.
Laugey (L. de), 2575.
Laugier, 367, 2135.
—— (A.), sous-lieut^t au rég^t de Valouze, 2135.
—— lieut^t-c^{el} du rég^t de d'Urban, 2141.
—— cap^{ne} au rég^t de La Marine, 2244.
—— maire de Manosque, 2327.
—— (De), lieut^t-c^{el} du rég^t de Guignonville, 2379.
—— (César), consul de Gattières, 3240.
—— (Abbé), chargé d'affaires à Cologne, 3554.
—— consul de Toulon, 3296.
—— **-Beaucourze**, cap^{ne} au rég^t de Bauffremont, 3007. — Cf. *Beaucouze*.
—— **de Tascy**, commissaire de la Marine à Amsterdam, 3030.
—— **-Villars** (Baron de), gentilhomme provençal, 3223, 3243.
Laugières, consul de Draguignan, 3232,
Laugnac (De), 124.
Laugrie, lieut^t au rég^t de Beaujolais, 1896.
Laujon, secrétaire du comte de Clermont, 3501.
Laulès (De), commissaire des guerres (service d'Espagne), 1900.
—— (De), mar. c. (service d'Espagne), 2404.
Laumajour (De), major du rég^t de Richelieu, 3084.
Laumondière. V. *Blanchard*.
Laumur (De), cap^{ne} au rég^t de Lally, 3606.
Launay (De), 102, 117, 119, 123, 275, 359.
—— sous-lieut^t au rég^t de Berry, 1856.
—— (De), lieut^t au rég^t de Desclos, 1861.
—— 2132.
—— (De), officier d'artillerie, 2136.
—— (De), lieut^t-c^{el} du régiment de Briouze, 1952.
—— chirurgien-major, 2139.
—— (De), lieut^t-c^{el} du rég^t de La Chesnelaye, 2141, 2183.
—— (De), officier au rég^t de La Reine-cav^{ie}, 2144.

Launay (De), lieut[t]-c[el] du rég[t] de Grancey, commd du fort St-Vincent (Provence), puis à Barcelonnette, 2400, 2620, 2631, 2676, 2771.
—— directeur des vivres de la Marine, à Marseille, 2900.
—— 3052.
—— (De), cap[ne] d'une compagnie d'invalides, 3233.
—— (De), commis des bureaux de M. Le Tourneur, à Versailles, 3259.
—— (De), commissaire des guerres, 3262.
—— (Mme de), c[on] LX.
—— (De), 3418.
—— (De), fournisseur des Ordres du Roi, A. 88.
—— (Ch[r] de), 3435, 3437, 3442, 3444, 3445, 3461.
—— (De), 17 s., c[on] LXXVI.
—— (L.-Guill.-René-Cordier de), intendant, c[on] LXI.
—— V. *Delaunay, Du Bois, Du Perré, Launey.?*
—— **-Dumas**, 420.
—— **-Troussebois**, officier ou fonctionnaire de l'artillerie, 2371.
Laune (De), 117.
—— (De), lieut[t] civil au bailliage de Caux, 2135.
Launeau, 97.
Launey? (De), directeur des forges de Puttanges?, 3411.
—— (De), officier municipal de Cherbourg, c[ons] LXVIII-LXX.
—— V. *Launay.*
Launoy (De), 225-228, 240-243, 261, 262, 292, 294, 295, 310, 311, 337, 339, 468.
—— (De), cap[ne] au rég[t] de Picardie, 2137, 2140, 2143, 2144, 2269.
—— (De), président du district d'Épinal, c[on] LXIV.
—— **-Montaigny** (De), 734.
Lauraguais. V. *Brancas.*
Laurans (Ant. de), cap[ne] au rég[t] de Foucault, 146.
—— (De), officier, 1830.
—— 3180. — Cf. *Laurens.*
Laureau, ancien officier au rég[t] provincial d'Autun, 3695, 3720.
Laurence, fonctionnaire des bureaux de la Guerre?, 2468.
Laurencin (Ch[r] de), cap[ne] au rég[t] de Navarre, 2783.
—— V. *Chanzé, Mison.*
Laurendeau, député du bailliage d'Amiens, c[on] LXI.
Laurens (De), cap[ne] au rég[t] d'Auvergne, 246. — Cf. *Laurans.*
—— (Jean), religieux, 245.
—— négociant à Marseille, 1594, 1613.
—— à Vannes, 2186.
Laurent, munitionnaire?, 1284, 1607.
—— chirurgien-major à Landrecies, 2156.
—— (Frère), aumônier à la citadelle de Cambrai, 2370.
—— cap[ne] de partisans, 2703, 2723, 2724.
—— commissaire des guerres, 3087, 3209, 3259, 3260, 3261, 3459, 3563, 3574, 3579, 3602-3606, 3613, 3620-3622, 3624, 3626, 3629, 3632, c[on] XXXIX.
—— régisseur général des Étapes, c[ons] LXV-LXV e, LXVIII-LXX.
—— garde-magasin à Toulon, 3258.
—— c[on] LXXIV.
—— ingénieur, 3418.
—— président du Directoire du dép[t] de l'Aisne, c[ons] LXV a., LXV b.
—— (Jacques-Joseph), inspecteur de la rivière de Scarpe, 3725.
—— **de l'Arche**, 3059.
—— **de Lionne**, 3745, 3746.
Laurenty (De), cap[ne] aide-m[or] du rég[t] d'Orléanais, 2032.
Laurès. V. *Laurisol.*
Lauret, lieut[t] au rég[t] de Champagne, 971.
Laurière (Philibert-Hélie de Pompadour, m[is] de), cap[ne], 123.
—— (De), officier, 1953, 2131, 2145.
—— (De), 2609, 2679, 3029, 3084, 3090.
—— (De), commd[t] à Barèges, c[on] LXV.
Laurisol de Laurès, médecin en Agénois, 2131.
Lauriston (Ch[r] Law de), 3674.
Lausier (De), inspecteur général d'inf[rie], 664.
Laussédat (De), cap[ne] de canonniers, 2134.

Lautenac (De), 279.
Lauterbourg (Bailli de). V. *Willemann.*
Lautier (De), 664, 1113, 1116.
—— 837.
—— cafetier à Calais, 3539.
—— **de Chabanon**, major du rég^{t} de Matha, 2320.
Lautrec (De), 1862, 1968, 2035, 2138, 2139, 2143, 2242, 2392. — Cf. le suivant.
—— (Daniel-Franç. de Gelas de Voisins, ch^{r} d'Ambres, puis comte de), mar. Fr., 2300, 2370, 2461, 2505, 2705, 2810–2819, 2842–2845, 2873, 2923, 2940, 2941, 2949–2951, 2953, 2954, 2970, 3000–3002, 3009–3013, 3051, 3061, 3063, 3068, 3115–3120, 3139, 3149, 3160, 3161, 3167, 3168, 3172, 3198, 3201, 3207, 3208, 3216, 3275–3278, 3281, 3325, 20 s., 21 s., — Cf. le précédent.
—— (Comte de), 1776, 1785, 1863.
Lauttens, secrétaire de l'abbé de Saint-Pierre de Gand, 1945.
Laux (J.-L.), entrepreneur des vivres, 2969.
Lauzières-Thémines (De), lieut^{t}-c^{el} du régiment d'Aubusson, 2242.
—— (Alexandre de), évêque de Blois, 3751.
—— V. *Estrées.*
Lauzon, lieut^{t} au rég^{t} du Maine, puis cap^{ne} dans celui de Castelet, 997, 1764.
Lauzun (Ant. Nompar de Caumont, duc de), commd^{t} d'armée, 264, 279, 299, 354, 356, 472, 516, 658, 892, 961, 962, 1838.
—— (Ch^{r} de), 567.
—— V. *Biron.*
—— (Duchesse de —, née Boufflers), 3768.
La Vacherie (de), officier, 3124.
La Vaisse (Pierre de Villette de), lieut^{t}-g^{al}, 1406, 1407, 1501, 1502, 1504, 1571, 1573, 1660, 1661, 1669, 1670, 1760, 1845, 1847, 1848, 1855–1857, 1948, 1950, 1951, 1952, 1955, 2091, 2138, 2145, 2162, 2236, 2237, 2244, 2317, 2318, 2319, 2621.
—— (De), cap^{ne} au rég^{t} de Bourbonnais, 1858.
La Vaissière (De), 359, 360, 419.
—— (De), officier, 3029, 3032.
Lavaissière, officier en garnison à Bellegarde, 2255.
Lavaivre, maire de Bourbon-Lancy, c^{on} LXV b.
Laval (De), gouverneur de Vervins, 137.
—— (André de —, sgr de Lohéac), mar. Fr., c^{on} LXXXVI.
—— (De), 1673.
—— (De), lieut^{t} au rég^{t} de Béarn, 1855.
—— (De), cap^{ne} au rég^{t} de Leuville, 1861.
—— (De), colonel, 1862.
—— (De), cap^{ne} au rég^{t} de Forez, 1862, 1896, 2130.
—— (Baron de), commd^{t} à Colmars, 1333, 1767, 1895, 2041, 2099, 2101.
—— (De), lieut^{t} au rég^{t} d'Agénois, 1945, 2025, 2140.
—— (De), officier au rég^{t} de Du Biez, 2022.
—— (Comte de), 2136, 2300.
—— (De), colonel, 2140.
—— (De), lieut^{t} au rég^{t} de Lestrange, 2142.
—— (De), major de la place de Landau, 2723, 2740, 2782, 2788, 2799.
—— (Guy-André-Pierre de Montmorency, m^{is}, puis duc de), mar. Fr., 3086, 3186, 3418, 3445, 3720, 3755. 40 s., c^{on} XXIV.
—— (Mme de), 3200.
—— (Abbé de), 3259.
—— V. *Argoud, Boisdauphin, Duplan, Montmorency, Nesle.*
—— (Municipalité, etc., de), c^{on} LXV a.
— Cf. *Bureau, Du Bial*, etc.
—— **d'Ardene**, cap^{ne} au rég^{t} de La Marine, 2133.
—— **de Chancourt**, 1239.
—— **d'Hochfeld** (De), 1950, 1954.
—— **d'Isère** (Comte de), 906.
—— **de Sainte-Hélène** (De), 1861, 1879.
La Valade (De), cap^{ne} au rég^{t} de La Reine-cavalerie, 141.
—— (De), officier au rég^{t} de Pujol, 2021.
Lavalade (De), cap^{ne} au rég^{t} de Champagne, 3461.

La Valette (Louis de Nogaret d'Épernon, cardinal de), commd[t] d'armée, 11, 33.
—— (De), 110, 113, 278, 310, 333, 409, 612. — Cf. les suivants.
—— (Louis-Félix de Nogaret, m[is] de), lieut[t]-g[al], 146, 944, 953, 1057, 1058, 1143, 1146, 1147, 1203-1210, 1254-1260, 1305.
—— (De), major au rég[t] de Rouergue, puis commd[t] à Verrue, 1702, 1862.
—— (De), cap[ne] au rég[t] d'Albigeois, 2131.
—— (De), major de la place de Besançon, 2133, 2393.
—— (De), président des trésoriers de France et subdélégué à Lyon, 2345.
—— (J.-P. de Prades de), mar. c., 3017, 3542.
—— (De), aide-major au rég[t] de Paris, 3689.
—— (De), 3735, 3751, c[ons] XXVII, LXV d, LXVI, LXVII, LXIX-LXXI.
—— (De), 72 s.
—— V. *Épernon.*
La Valinière, lieut[t] au rég[t] de Hoccart, 2243.
La Vallée (De), 137, 151.
—— (Hubert), ing[r] ou entrepreneur, 615.
—— lieut[t] du guet de St-Martin-au-Bosquet (Normandie), 3505.
La Vallette. V. *La Valette.*
La Vallière (De), officier au rég[t] de Gassion, 79.
—— (Mis de), cap[ne]-lieut[t] aux chevau-légers du Dauphin, 197, 198, 276, 334, 335, 359.
—— (Gilles de La Baume Le Blanc de), évêque de Nantes, 419, 1604.
—— (Ch[r] de), colonel réformé, sous-lieut[t] dans la Gendarmerie, 1855, 1963.
—— (Ch. Franç. de La Baume Le Blanc, m[is] de), lieut[t]-g[al], 2160, 2215, 2219, 2222, 2301, 2303, 2313, 2383.
La Vallonne (De), commissaire des guerres, 3262, 3501.
Lavandès, 2522.
La Vanne (De), 970.
La Varane (De), 419, 902-904.
Lavardin (Philibert-Emm. de Beaumanoir de), évêque du Mans, 118, 133.
Lavardin (De), 279, 280, 310, 332-334, 442, 537.
—— (H. Ch. de Beaumanoir III, m[is] de), lieut[t]-g[al] de haute et basse Bretagne, ambassadeur, 902, 1241, 1256, 1287.
La Vareinne (De), officier au rég[t] Royal-Normandie, c[on] LXVa.
La Varenne, cap[ne] au rég[t] de Brie, 982.
—— (De), lieut[t] au rég[t] de Nivernais, 1857, 1858.
—— (De), cornette dans un rég[t], puis receveur, puis employé dans les Fermes, 2131.
—— ancien officier, 2133.
—— major du rég[t] du Perche, 2135, 2387.
—— (De), 3070.
—— (Ch[r] de), 3421, 3729.
—— (De), officier, 3503, 3644, 3647.
—— V. *Ste-Suzanne.*
Lavaste (Pioche de), veuve et enfants d'un trésorier provincial de l'artillerie en Soissonnais, 3633, 3641.
La Vastine-Le Prévost, 2142.
Lavau (De), major de la place de Sedan, 2136, 2137, 2169.
La Vau (De), agent de change à Paris, 2269.
La Vauguyon (De), 793, 1238, 1239.
—— (Ant.-Paul-Jacques de Quélen, comte de), lieut[t]-g[al], 3000, 3002, 3032, 3141, 3143, 3148, 3184, 3316, 3387, 82 s.
Lavaulx de Vrécourt, chanoine lorrain, 2892.
Lavauparlière-Bernière (Ch[r] de), 1846.
Lavaur (De), officier au rég[t] de Trécesson, 1857, 2243, 2244.
—— (Le P.), jésuite, 3629, 77 s.
—— (Évêque de). V. *Mailly.*
Lavaurette (De), cap[ne] au rég[t] de La Marine, 1800, 1892.
—— (De), cap[ne] en garnison à Neuf-Brisach, 2137, 2140, 2142, 2144, 2245.
Lavaux (De), 1409, 1661, 1669.
—— avocat à Bergues, 3758, 3768.
Lavechhet du Parc. *V. Duparc.*
Laveda (De), 1801.
La Vega (Don Yacinto Lasso de), 1887.

Laveille, officier municipal d'Alençon, c^on LXV c.
La Vellière (De), officier au rég^t de Lyonnais, 3117.
La Vennerie (De), ingénieur, 229, 260, 343.
La Véranderie (De), commd^t à Marche-en-Famenne, 271, 280, 411. — Cf. le suivant.
—— (De), 887. – Cf. *Veranderye.*
La Vercantière (De), lieut^t de roi de Pignerol, 271, 355, 512.
—— (De), commd^t à Abbeville, 891.
—— V. *La Verquantière.*
La Verchère (De), officier au rég^t de la Reine-Cavalerie, 2144.
—— V. *Viard.*
La Verde (De), ingénieur, 2321.
La Verderie (De), cap^ne au rég^t de La Tour-cav^ie, 1944.
La Verdure, 567.
L'Averdy (De), contrôleur général des Finances, 3640, c^on XXXIX.
Laverède, 98.
Lavergne ou **La Vergne** (Vincent de), lieut^t au rég^t de Champagne, 123.
—— (De), ingénieur, 1013, 1015, 1016, 1108.
—— 1708.
—— cap^ne au rég^t de Beauce, 1951.
—— (De), cap^ne réformé au rég^t de Foix, 2130, 2131, 2135, 2238, 2396.
—— (De), subdélégué de l'intendant de Brou, 2622.
—— (De), procureur de la maréchaussée de Villeneuve-de-Rouergue, 3175.
—— (De), cap^ne, 2371.
—— (De), officier au rég^t de Charolais, 2415.
—— médecin militaire, 3539.
—— V. *Bony, La Verne, Tressan.*
La Vérité, 2131.
La Vernade (Ch. de —, s^r d'Espagny), enseigne au rég^t de Perrault, 123.
La Verne (Tranchant de), gentilhomme franc-comtois, chargé d'affaires du prince de Montbéliard, employé aux renseignements par le ministre Voysin, 2245, 2317, 2318, 2320, 2392.
—— (Comtesse de —, née de Hohenlohe), 3046.
La Verne. V. *Lavergne.*
La Vernelle (De), cap^ne au rég^t de La Raimbaudière, 2244.
—— (de), officier, 2339, 2344.
La Vernière (De), 141.
—— (De), officier au rég^t Mestre-de-camp-g^al-cav^ie, 3621, 3707.
La Verquantière (De), officier au rég^t de Navarre, 158. — Cf. *La Vercantière.*
La Verre (Arsace, marquis de), major des Gardes wallonnes du roi d'Espagne, 2273.
La Verrière (Jean Séguier de), cap^ne au rég^t de Sainte-Mesme, 123.
—— **du Faux**, cap^ne au rég^t de Sourches, 1768.
Lavertu, cap^ne de compagnie franche, 958.
La Vespière (De), cap^ne au rég^t de La Ferté-Senneterre, 110.
Lavet (Vicomte de), 117.
La Viarde (Mme de), 1831.
Lavie (De), premier président, 117, 119, 356.
—— (De), 2575.
—— (Comte de), 3603, 3626, 3677.
La Viefville, cap^ne d'une compagnie détachée à Pont-l'Evêque, 2345, 2371.
—— (Franç.-Jos.-J., m^is de), mar. c., 3175.
La Viérue (Claude-Ghislain de), lieut^t-g^al, 1059, 1060, 1147, 1202, 1205–1207, 1256, 1257, 1259, 1308, 1309, 1311, 1313, 1358–1401, 1404, 1549, 1550, 1644, 1649–1653, 1736, 1743, 1755, 1758, 1835–1839, 1895, 1935–1939, 1943, 1946, 2018, 2019, 2022, 2023, 2080, 2081, 2083, 2108, 2133, 2137, 2143, 2159, 2289, 2370.
—— (De), cap^ne au rég^t de La Mothe, puis dans celui de Joyeuse, 2130, 2141, 2144.
—— (Mme de), 2130.
—— (Ghislain de), 2969.
La Vieuville (Ch., m^is, puis duc de), lieut^t-g^al, 97, 141, 389–391, 440.
—— (Ch.-Franç. de), évêque de Rennes, 420.
—— (Marquise de), A. 89.
—— (De), commissaire des guerres, 1108, 1109.

La Vieuville (De), marchand de vin à Reims, 1905.
—— (Bailli de), 2412.
—— (Le Breton de), maire de St-Malo, 3493, 3497, 3505, c^ons^ XXVI, LXVI.
—— **de Steenwort** (Baron de), A. 89.
La Vigerie (De), cap^ne^ au rég^t^ de La Marine, 356.
Lavigerie (J.-L. Guillotin de), cap^ne^ au rég^t^ de Bigorre, 3624.
Lavigne, 511, 515.
—— (De), 2108.
La Vigne (De), ingénieur, 1082.
Lavigny (De), 310.
La Viguerie. V. *Villars*.
La Vilate, cap^ne^ au rég^t^ de Matha, 2243, 2323. — Cf. *La Villatte*.
La Villanne, cap^ne^ commd^t^ à St-Servan, c^on^ LXXV.
La Villardière (De), cap^ne^ au rég^t^ de Vendôme, 988.
—— (De), cap^ne^ au rég^t^ de Vivarais, 1831.
—— (De), commd^t^ le rég^t^ d'Enghien, 2167.
La Villatte (De), officier au rég^t^ de Piémont, 2136. — Cf. *La Vilate*.
Laville (De), aide-major, puis major de la place de Lauterbourg, 1952, 2135, 2242, 2317, 2782.
—— (De), cap^ne^ au rég^t^ de Bueil, 2182.
La Ville, cap^ne^ au rég^t^ de Champagne, 997.
—— (Abbé de), ministre de France à Liége, 2970, 3028, 3030, 3126, 3154, 3202, 3258, c^on^ LXXIII.
La Villeaubert (Bourdé de), c^on^ LXXVI.
La Villebagne, 1791.
La Villebrune (Ch^r^ de), c^on^ XLIX a. — Cf. *La Villesbrune*.
La Villedieu (Jacques de Gilliers de), mar. c., 276, 284, 392, 411-414, 463, 464, 510, 511, 610.
La Villegonan (Abbé de), grand-vicaire de Vannes, 3717.
La Villeguenin (Lelièvre de), c^on^ LXXV.
La Villemeneuc. V. le suivant.
La Villemeneüe (Mis de), colonel au rég^t^ d'Orléans, 1979, 2141, 2243, 2267, 2392, 2455.
La Villemenue (De). V. le précédent.
La Villeneufve (De), commd^t^ à l'Île-du-Moine (dans les Sept-Iles), 3127.
La Villéon (De), commd^t^ à Royan, 3549.
—— (Ch^r^ de), c^on^ LX.
La Villesbrume (De), lieut-c^el^ du rég^t^ de dragons de Penthièvre, c^on^ LXV b. — Cf. *La Villebrune*.
La Villest (Marie Colin), veuve d'un pharmacien de Phalsbourg, 2095.
La Villette (De), 158.
—— (De), 3687.
La Villeurnoy (De), commissaire des guerres, 2753, 2811, 2818, 2820, 2842, 2843, 2871, 2872, 2885-2888, 3026, 3175, 3179, 3186, 3187, 3225, 3226, 3234-3239, 3247-3249, 3251, 3255-3261, 3294, 3378, 3408, 3450, 3455, c^on^ XVIII.
La Villonnière (Claude de Belletz de), cap^ne^ au rég^t^ de Schönberg, c^on^ LXXXVI.
La Viorne (De), major du Fort-Barraux, 2041, 2133, 2135, 2144.
Lavisse, cap^ne^ au rég^t^ de Champagne, 997.
Laviston, 420.
La Vogadre (De), commd^t^ à Metz, 259, 275, 276, 278, 342, 343, 410, 411, 413, 460, 468, 568.
—— (De), à l'île d'Oléron, 1879.
—— **de Moulineaux** (De), 2131.
La Voix, major du rég^t^ de La Fare, 2396.
La Volvene (De), cap^ne^ au rég^t^ de Bourgogne-inf^ie^, 2184.
—— (De), officier au rég^t^ de Lyonnais, c^ons^ LXV e, LXVI.
La Voulernies (Ch^r^ de), 3505.
Lavoye (Ch. de), brig., 2559, 2562-2564.
La Voye. V. *Tourouvre*.
La Vrillière (Mis de), secrétaire d'État, 117-119.
—— (Mis de), 1526.
—— (Duc de), ministre de la Maison du roi, 3661, 3694, c^on^ XLI.
—— (Ch^r^ de), 2027, 2030.
—— (Louis Phélypeaux II, m^is^ de), secrétaire d'État, 1606, 1699, 1707, 1733, 1956, 1958, 2181, 2227, 2263, 2269, 2270, 2335, 2344, 2421, 2584, 2622, 2662, 12 s., A. 88. — Cf. *Saint-Florentin*.

Law (John), financier, 2584.
—— V. *Lauriston.*
La Wœstine. V. *Becelaer.*
Layesse. V. *Thiefrey.*
Laymann?, de Bâle, 260.
Layraud, lieut' de roi de Doullens, 1899, 1946, 2136, 2144, 2183, 2220, 2221, 2229, 2301, 2370, 2415.
Lazary (Franç. de), gentilhomme savoyard, 1766, 1879, 1972, 2045.
La Ziska. V. *Orlick.*
Leau. V. *Deleau.*
Léautaud, major du fort L'Écluse, 1968, 2038.
—— colonel, 2138.
—— major du château de Joux, 2323.
—— major du rég' Dauphin, c°n XV.
—— **de Tourès** (Jos. de), lieut' civil de Toulon, 3222, 3256, 3257. — Cf. *Léotaud.*
Le Bacle, prieur des Chartreux d'Abbeville, 2228.
Le Baillant de Sainte-Croix, major du rég' de milice de Maisons, 2271.
Le Barbier (Alexandre), commandeur de l'ordre de Malte, 2391.
Le Barth, 1977, 1978, 1983, 1984, 2048, 2104.
Le Bas, trésorier royal à Strasbourg, 1885, 2244. — Cf. le suivant.
—— V. *Montargis.*
Lebas, commis principal de l'extraordinaire des guerres en Alsace, 1956.
Le Bassier, commissaire de l'artillerie, 2134, 2139.
Le Baut, échevin d'Auxonne, 2132.
Le Beau, 827.
—— officier réformé, 2676, 2677, 2688, 2768, 2783, 2784, 2791–2793, 2796, 2798.
—— cap°e dans la brigade du rég' Royal-Italien, 2724.
—— commissaire des guerres, 3684, c°n XLV.
—— (Pierre), officier municipal de Lorient, c°n LXV c.
Le Bègue, 386.
—— chancelier du duc de Lorraine, 1853.
—— V. *Le Besgue.*
—— **de Chantreynne**, 997.
Le Bel, 26.
Le Bel, 2132, 2134.
—— cap°e au rég' de Champagne, 2763.
—— officier municipal de Vitry-le-François, c°n LXV b.
Leberon (Ch. Jacques de Gelas de), évêque de Valence et de Die, 11.
Le Berthon, ingénieur, 946, 957, 1208, 1209.
—— premier président du Parlement de Bordeaux, 3549.
Le Besgue de Nonsard, ingénieur, 2782, 2917–2921, 2949, 2950, 2952, 2954, 2955.
Le Beuf, commissaire des guerres, 705, 985–992.
—— 1562.
—— cap°e au rég' de Chartres-inf'ie, 1945.
—— lieut' d'artillerie, 2143.
—— fils, ingénieur, 2782, 2791. — Cf. le suivant.
—— (Jean-Adam), ingénieur, brigadier, 2737, 2904, 3420, 3426, 3449, 3463–3466, 3471, 3503, 3505, 3509, 3538, 3545, 3547, 3572, 3573, 3579.
—— 3420, 3444.
—— **de Fresville**, commissaire des guerres, 2085, 2139, 2141, 2392, 2395, 2421. — Cf. *Fréville, Le Bœuf, Moncrif.*
Le Blanc (Et.), cap°e au rég' d'Esclainvilliers, 151.
—— (Louis), intendant, 484.
—— (Claude), intendant, puis ministre de la Guerre, 1802, 1902, 1906, 1944, 2084, 2086, 2130, 2131, 2139, 2149, 2151, 2155, 2159, 2160, 2213, 2216, 2217, 2219–2222, 2224, 2230–2232, 2272, 2303, 2308, 2313, 2314, 2339, 2370, 2371, 2376, 2377, 2379–2388, 2407, 2444, 2445, 2447, 2448, 2468, 2505, 2506, 2530, 2543, 2547, 2561, 2575, 2584, 2597, 2609, 2610, 2618–2622, 2630–2635, 2643, 2662, 2663, 2679, 2701, 2713, 2770, 2876, 3127, A. 1–A. 5, A. 8–A. 10, A. 90, c°ns X, XI, LXXV. — Cf. les vol. de *Minutes* du 24 septembre 1718 au 4 juillet 1723 et du 19 juin 1726 au 22 mai 1728.
—— cap°e au rég' d'Anjou-cav'ie, 1971.

Le Blanc, cap^ne^ au rég^t^ de Normandie, 2044.
—— lieut^t^-c^el^ des dragons de Saint-Priest, 2242.
—— (Ch^r^), 2559, 2561–2564.
—— cap^ne^ d'une compagnie franche, 2730.
—— correspondant secret du m^al^ de Belle-Isle?, 2712, 2825.
—— agent de la maison de Hohenlohe, 3046.
—— commissaire d'artillerie, 3154, 3260, c^on^ XVIII.
—— chargé des magasins de vivres de Roquevaire, 3255.
—— major et commd^t^ à Port-Mahon, 3413, 3532.
—— **-Bonnet**, lieut^t^ au rég^t^ de Trécesson, 2143.
—— **de Mauvesin**, auteur d'un mémoire sur la marine marchande, 3600.
Leblanc, officier, 3497.
—— directeur de l'hôpital de Bastia, 3665.
—— commissaire d'artillerie, 3741.
—— officier municipal de Clermont-Ferrand, c^on^ LIV.
—— (L.-P.-F.-A.), auteur d'un mémoire sur la Hollande, 3759.
—— c^on^ LXXVI.
—— V. *Blanc, Camargues.*
Le Blond (Guill.), consul de France à Venise, 1331.
—— V. *Saint-Hilaire, Sauchay.*
—— **de La Tour**, 2592.
Le Bloy des Granges, 2130.
Le Bocquel de Baugy, 158.
Le Bœuf, commissaire des guerres, 705. — Cf. *Le Beuf.*
Le Boistel, officier, commissaire provincial d'artillerie, 1849, 1855, 1858, 2138, 2242.
—— commissaire des guerres, 1941.
—— V. *Boistel.*
—— **de Chatignonville**, 210, 224–227, 271, 275, 292–296, 337, 338, 390, 391, 393, 394, 395, 404–406, 436, 440, 446, 448, 492, 496, 497, 506, 512, 535, 536, 564, 565, 567, 605, 614–616, 629, 633, 667, 672, c^on^ II.
Le Bossut, ancien cap^ne^ de cavalerie, 2243.
Le Botmel, membre du Directoire du Morbihan, c^on^ LXV c.
Le Boucher (Louis), officier, 146.
Le Boulanger (Dame), femme d'un officier du service de Hollande, 3207.
Le Boulenger d'Oostærde, agent du bureau de la Charité, à Lille, 3694.
Le Boullanger. V. *Souches.*
Le Bourg, consul de Nantes, c^on^ XXXI.
Le Bourgeois, lieut^t^-g^al^ au présidial de Sarrelouis, 997.
—— officier municipal de Falaise, c^ons^ LXV b, LXV d.
—— **-Cherray**, président du présidial de Verdun, 2622.
Le Bouthillier. V. *Bouthillier.*
Le Brasseur, 3738.
Lebrel, officier, 988.
Le Bret (Alexandre), lieut^t^-g^al^, 225–228, 238, 240, 300, 314, 324–330, 356, 359, 384–388, 395, 611, 636. — Cf. le suivant.
—— (Pierre-Cardin), intendant en Dauphiné, puis en Provence et premier président du Parlement d'Aix, 259–261, 294, 296, 415, 439–442, 444, 465, 468, 586, 837, 902–904, 906, 958, 1079, 1093, 1094, 1099, 1167, 1223–1225, 1272, 1274–1276, 1284–1287, 1333, 1379, 1382, 1428, 1468, 1517, 1524, 1595, 1605, 1703, 1767, 1768, 1800, 1899, 2044, 2045, c^on^ VII. — Cf. les deux suivants.
—— (Cardin), intendant en Béarn, puis en Provence, 1767, 1768, 1793, 1801, 1880, 1896, 1974, 2044, 2045, 2101, 2102, 2132, 2145, 2173, 2174, 2188, 2250, 2258, 2267, 2327, 2346, 2371, 2400, 2622, 2631, 2681, 2705, 2739, 2763. — Cf. le précédent et le suivant.
—— intendant en Bretagne, 3393, 3404, 3415, 3463, 3492, 3493, 3496, 3497, 3504–3506, 3509, 3532, 3533, 3538, 3543, 3545, 3569, 3576, c^ons^ XXVI, LXXV, LXXVI.
—— cap^ne^ au rég^t^ de Thiérache, 2400.
—— **de Selles**, cap^ne^ aux Gendarmes bourguignons, 3198.

Le Breton, enseigne au régt de Navarre, 146.
—— trésorier de l'artillerie, 2271.
—— directeur des fermes à Alençon, 2338, 2343.
—— subdélégué à Cravant (Bourgogne), 2345.
—— (J. Ch.), bourgeois de Rouen, 2528.
—— imprimeur de l'*Almanach royal*, 3648.
—— trésorier à St-Servan, con LXXVI.
Le Breuil, officier d'artillerie, 1501.
—— **-Velat?**, 988, 2269.
Le Brun. V. *Dinteville.*
—— capne au régt de Condé, 970.
—— (Le P.), religieux, 516.
—— 982.
—— (Franç.), 1435, 1574.
—— (Franç.), vicaire général du diocèse de Tournai, 1550, 1551, 1831, 1837, 2131.
—— chirurgien des Carabiniers, 1858.
—— archer de la maréchaussée de Guyenne, 2144.
—— entrepreneur à Marsal, 2243.
—— capne au régt de Champagne, 2392.
—— commdt au château de Blamont, 2394.
—— 2404.
—— lieutt au régt de Beaujeu, 2408.
—— (Étienne), lieutt-gal, 2728, 2737–2742, 2783, 2784, 2786–2793, 2795, 2796, 2798, 2837, 2863, 3295, 3296, 3311, con XX.
—— major dans les milices de Lorraine, 2983.
—— commissaire de la Marine, 3188.
—— 3236, 3237.
—— (Chevalier), ingénieur, 3426.
—— (Gardeur), ingénieur?, 3466.
Le Buis (Municipalité), con LXIX. — Cf. *Chaudron, Laget, Martinet, Reynaud.*
Leca (J.-M.), corse, 3360.
Le Camus (Mathurin —, sr de Belloyer), capne au régt d'Espagny, 146.
—— commissaire des guerres, intendant, 97, 261, 262, 292, 294, 296, 310, 311, 313, 337–340, 456, 457, 512, 555. — Cf. *Camus.*
—— (Étienne), évêque de Grenoble, cardinal, 299, 420, 1009, 1690, 1702, 1764.
Le Camus (Jean), intendant, puis lieutt civil de Paris, 898, 903–905, 1001, 1005, 1079, 1093, 1094, 1113, 1116, 1221, 1222, 1224, 1225, 1239, 1272, 1275, 1285, 1332, 1334, 2136, 2139, 2142, 2183.
—— (Nicolas), premier président de la Cour des Aides, 1604.
—— fondeur à Lyon, 1702, 1800.
—— capne au régt de La Marine, 2138, 2266.
—— lieutt d'artillerie, 2144, 2219.
—— gentilhomme lorrain, 2182.
—— 2335.
—— lieutt de roi de la citadelle de Lille, 3154, 3326.
—— ancien capne, 3175.
—— V. *Camus, Romainville.*
—— **de Bligny** (Franç.-Germ., marquis de Bligny), mar. c., 1549, 1558, 1853, 1856, 2049, 2104, 2130, 2134, 2143, 2178.
—— **de La Grange** (Léon-Étienne), intendant, 2263, 2271.
—— **du Ménil**, con XXXI.
—— **-Montaudie**, officier, 397.
Le Candre, colonel, cons LV, LX, LXI, LXXI.
Le Canu (Thomas), marchand de bois à Caen, 2137.
Lecanu (Armand), de La Rochelle, 3396.
Le Cappellain (Charlotte), 3505.
Le Carlier, 614. — Cf. *Carlier.*
—— commissaire des guerres, con LXXXVI.
Le Caron, membre du Conseil d'Artois, 672.
Le Cat, 2388, 2447.
Le Câteau-Cambrésis (Échevins, etc.). V. *Beaumont*, etc.
Le Cerf (Toussaint), courrier de Metz à Sarrelouis, 1854.
Lecerf, commissaire provincial d'artillerie, 2769, 3315.
Lecey de Chanzey (De), 1700.
Léchallas, lieutt au régt de Piémont, 123.
Le Chambrier (Baron de), ministre plénipotentiaire du roi de Prusse, 3137, 3197, 3275.
Le Chandru, chanoine de Spire, 2317.
Lechangeur, lieutt au régt de Montrevel, 1830.

Le Chantre, cap^ne^ de volontaires, 3179.
Le Chapelier, député de Rennes, c^ons^ LXIII, LXV b.
Le Chardan, 3070.
Le Charron, command^t^ à Landskroon, 2727, 2784.
Le Chasseur, syndic de Schelestadt, 2138.
Le Chatellier, officier au rég^t^ de Normandie, 146.
Léchelle (De), 158.
Le Chevalier, entrepreneur de fournitures de couchage, 1150.
—— entrepreneur de fournitures à Dinan, 3505.
Le Chevallier (J.-B.), maître arquebusier à Rouen, 3420.
Lechon, gendarme de la brigade de Bourgogne, 1843.
Lechterman, command^t^ une compagnie suisse, 311.
Le Cler. V. *Du Coulombier.*
—— lieut^t^ au rég^t^ de La Marche, 3689.
Leclerc ou **Le Clerc**, munitionnaire ou trésorier de l'extraordinaire des guerres, 97, 98, 116, 137, 141, 158.
—— (Paul), lieut^t^ au reg^t^ de Navarre, 123.
—— (Fr.-Charles), vicaire provincial des Augustins d'Alsace, 1858.
—— (P.), bourgeois de La Rochelle, 2142.
—— 2143.
—— directeur d'hôpital, 2244, 2269.
—— bourgeois de Clermont-en-Argonne, 2396.
—— (J.), bourgeois de Marsal, 2827.
—— notaire à Reims, c^on^ XIX.
—— cap^ne^-g^al^ de garde-côtes de St-Alleranville, 3505.
—— 3606.
—— V. *Juigné.*
—— (Christophe), contrôleur des troupes, c^on^ LXXXVI.
—— **de Bertoval**, 2374, 2415.
—— **de Bretagne**, cap^ne^ du rég^t^ de Champagne, 988, 997.
—— **de Grandmaison**, 361.
Leclercq, banquier à Paris, 2182.
Leclère, comm^re^ des guerres, 88.
—— trésorier de France en Champagne, 2729.
L'Écluse (De), major du rég^t^ de Pignatelli (dragons d'Espagne), 2035.
Lécluse (Joseph de), soldat au rég^t^ Royal-Wallon, 3136.
Le Cocqmadeleine, lieut^t^-c^el^ de cavalerie, 1179.
Le Coigneux (Mme —, née Navailles), 2370.
Lecoing, échevin de Guise, 2136.
Le Cointre, père, 2412.
Le Coiré, échevin de Philippeville, 2993.
Le Compasseur. V. *Courtivron.*
Le Comte ou **Lecomte**, 158, 506, 511.
—— procureur du Roi à Hesdin, 224.
—— command^t^ sur les frontières de Champagne et de Thiérache, 1355.
—— prêtre, doyen de la chrétienté d'Avesnes, 2139, 2160.
—— commissaire des guerres, 3387.
—— colonel de la Légion de St-Michel de Toulouse, c^on^ LVII.
—— V. *Beauvais, Du Bus, Le Conte.*
Le Conte ou **Leconte**, lieutenant-criminel à Paris, 1604, 1619, 1895, 2133–2137, 2272, 2411–2413.
—— officier municipal d'Alençon c^on^ LXV c.
—— lieut^t^-c^el^ du rég^t^ de Greder, 1954.
—— officier municipal de Lorient, c^on^ LXV c.
—— président de l'Assemblée du dép^t^ de Loir-et-Cher, c^on^ LXV d.
—— V. *Dufresne, Le Comte.*
Le Cordier, directeur de l'«assiente» des nègres à Panama, 1977.
—— V. *Du Tronc.*
L'Ecotay (De), cap^ne^ au rég^t^ d'Agénois, c^on^ LXVII.
Le Courant, fondeur à Rennes, c^on^ LXV b.
Le Coutelier. V. *Lilliers, St-Pater.*
Le Couteux, banquier à Paris, 2025.
Lecouvreur (Adrienne), actrice, 2622, 2655.
Le Couvreur, président au Parlement de Tournai, 2022, A. 89.
—— 3699.
—— **de Deckere** (veuve), A. 90.
Lecquenfeld (Baron de), officier bavarois, 1967.
Le Creulx, ingénieur, 3714.
Lectoure (Magistrats, etc., de). V. *Rison, Ventoux*, etc.
Lecure, officier au rég^t^ de Piémont, 2136.

L'Ecuyer. V. *Muret.*
Leczinska (Marie), reine de France, 2655.
Leczinski. V. *Stanislas.*
Le Danois (François de Cernay, comte), lieut^{t}-g^{al}, 2255, 2328, 2332, 2408, 2411, 2739, 2945, 2946, 2948, 2978, 2990, 2991, 2993, 2999, 3001, 3002, 3007, 3026, 3060–3065, 3083, 3089, 3092, 3135–3137, 3143, 3162, 3183, 3184, 3197–3200, 3204, 3206, 3308, c^{ou} XVII.
—— V. *Cernay, Jeoffreville..*
Lede (Marquis de), officier des Gardes du corps du roi d'Espagne Philippe V, lieut^{t} -g^{al}, 1786, 1787, 1843, 2159.
—— (Marquise de), 1424.
—— (Marquis de), 3485.
Le Dent (Frère Franç.-Marie), vicaire des Récollets, à Cambrai, 2370.
Le Dieu (Honoré), brigadier de la maréchaussée de Mantes, 3182.
Le Dran, chirurgien, 2139, 2145, 2152, 2153, 2459.
—— 3198.
Ledrier (De), lieut^{t} au rég^{t} de Mortemart, 2371, 2416.
—— (De), ex-major du rég^{t} de Cambis, 3684.
Le Duc, auteur d'un mémoire sur l'artillerie, 81 s.
—— 259, 616, 670.
Leduchat, cap^{ne} au rég^{t} de Languedoc, 3417.
—— **d'Ouderne**, commissaire de l'artillerie, 3040.
Lee (André de), lieut^{t}-g^{al}, 1550, 1739, 1852, 1856, 1896, 2031, 2032, 2035, 2081, 2082, 2086, 2091, 2131, 2133, 2136, 2137, 2139, 2140, 2300.
Lée et **Léé.** V. *Lee.*
Léé (R. Magenis, dame de), 2138, 2144.
—— (F.), 2301.
Lefaucheur, sergent au rég^{t} de Savoie, 3715.
Lefébure, 553, 554. — Cf. *Lefebvre.*
—— ancien conseiller à la Cour des Aides, 3418.
Lefebvre, Le Febvre *ou* **Le Fèvre**, 545-550, 597, 612.
Lefebvre, Le Febvre *ou* **Le Fèvre** (Louis, s^{r} des Roches), lieut^{t} au rég^{t} de Lorraine, 141.
—— commis des Poudres à St-Omer. 944.
—— président à mortier au Parlement de Besançon, 997, 1608, 2137, 2164.
—— major au rég^{t} de La Reine, 1287.
—— 1562.
—— (Veuve), A. 89.
—— lieut^{t}-c^{el} du rég^{t} du Maine-Cav^{ie}, 1831, A. 90.
—— aide-major du rég^{t} de Labour, 1892.
—— officier de cavalerie ?, 1837.
—— entrepreneur des fourrages à Marsal, 2033.
—— avocat, 2144, 2269.
—— 3577.
—— aîné, habitant de Rouen, c^{on} LVII.
—— député du Tiers État du Cambraisis, 3751.
—— V. *Caumartin.*
—— 545.
—— chargé de l'intérim de la Direction des Fermes à St-Malo, c^{on} LXXVI.
—— sous-lieut^{t}, 2371.
—— quartier-maître du rég^{t} de Languedoc, 3644.
—— (Pierre), commissaire des guerres, c^{on} LXXXVI.
—— marchand bonnetier à Paris, 2137.
—— ancien procureur à Paris, 2183.
—— officier de l'élection de Dreux, 2183.
—— commissaire garde-magasins, 2185.
—— échevin d'Abbeville, 2222.
—— échevin de Montreuil-sur-Mer, 2229.
—— (A.), procureur héréditaire au bailliage d'Avesnes, 2235.
—— chanoine de Metz, c^{on} XIV.
—— 2414.
—— chirurgien du 9e rég^{t} de chasseurs, c^{on} LXVIII.
—— ingénieur à Belle-Isle, 2267.
—— officier municipal du Quesnoy, c^{on} LXI.
—— physicien, cap^{ne} des ingénieurs de Frédéric II, 3467.
—— membre du Directoire de la Somme, c^{ons} LXVb-LXVd.

Lefebvre, Le Febvre *ou* **Le Fèvre**, cap^{ne} aide-major aux hussards de Bercheny, 3560, 3562.
—— (J), membre de la Commission de liquidation des anciennes affaires de Bretagne, c^{on} LXV c.
—— V. *Eaubonne, Hyacinthe (Le P.), La Faluère, Ormesson.*
—— **-Duprey**, député des États d'Artois, 3725.
—— **-Langlet**, officier municipal d'Amiens, c^{on} LXV c.
—— **d'Orval** (Jean-Robert), conseiller au Parlement de Tournai, puis premier président du Conseil provincial du Hainaut, 1946, 2018, 2080, 2082–2084, 2133, 2134, 2139, 2149–2151, 2153, 2159, 2160, 2213–2217, 2219–2221, 2224, 2299, 2302–2306, 2308, 2370–2382, 2385, 2387, 2388, 2444, A. 90.
—— **du Moulinel** (P. Jos.), conseiller au Parlement de Flandre, frère du précédent, 3028, 3035, 3036
—— **de Paris**, ancien secrétaire du Roi, 2132.
Le Feron (Léon), cap^{ne} au rég^{t} de Normandie, 102.
—— marchand de chevaux, 2023.
Le Feullon *ou* **Le Foullon**, 2021, 2056.
Lefèvre. V. *Lefebvre.*
Le Filleul. V. *La Chapelle.*
Le Forestier (Thomas, ch^{r}), lieut^{t}-c^{el} du rég^{t} de Champagne, c^{on} LXVI.
Le Fort, 22 s.
—— (Baron), 3387, 3721, c^{on} XLIX a.
—— (Ch^{re}), c^{on} XLIX a.
Le Fourdrey, échevin de Cherbourg. 3505, 3543.
Le Fournier de Brouville, officier, 2130, 2143, 2145.
Le Franc, garde du corps, 1901.
—— entrepreneur, 3509.
Lefranc, directeur des Postes à Tournai, 2131.
Lefrançois, pourvoyeur des Invalides, 2137, 2138.
Le Frotier, président du dép^{t} de la Vienne, c^{on} LXV d.
Le Gaingneulx, premier échevin de Beaugency, 2131.
Legal (P.), directeur d'hôpital à Wesel, 3564.
Le Gall (René-Franç., baron, puis m^{is} de), lieut^{t}-g^{al}, 1337, 1338, 1677, 1746, 1750, 1886–1888, 1977–1979, 1982, 1983, 1986, 2048–2050, 2052, 2104, 2140, 2160, 2299.
—— 3710.
—— **-Dutertre**, cap^{ne} au rég^{t} de La Fère, 3710, 3715.
Le Gardeur, cabaretier à Verdun, 2132.
Le Gay, commissaire des guerres, 198.
Le Gendre, intendant, 97, 98.
—— (Thomas), 1468.
—— (Gaspard-François), intendant, 1468, 1524–1526, 1605, 1688, 1701, 1798, 1802, 1899, 1904, 1983, 1986, 2130–2134, 2139, 2140, 2184, 2255, 2257, 2265, 2342, 2347, 2417, 2466, 2467, 2543, 2619.
—— (Thomas), négociant à Rouen, 1896.
—— (Léon-Franç. de Lormoy, comte d'Ons-en-Bray), lieut^{t}-g^{al}, 2687, 2989, 3175, 3418.
—— 3392.
—— député de Brest aux États g^{aux}, c^{on} LXV a.
—— V. *Berville.*
Léger, cap^{ne} au rég^{t} de St-Léger, 2244.
—— député dans le Soissonnais pour l'approvisionnement de Paris, c^{on} LXI.
Legeret (Pierre), entrepreneur général des fortifications de Bitche, 3073.
Le Geste, avocat au Parlement de Paris, 1862.
Legier, ingénieur, 3392, 3547.
Légier, consul de Toulon, 3316.
Léglise (De), aide-major du rég^{t} de Bugey, 1832.
—— cap^{ne} au rég^{t} de Conflans, puis dans celui d'Halanzy, 1855, 1858.
—— cap^{ne} au rég^{t} de Lessart, 2134.
L'Église de Beauford (J.-B. de), cap^{ne} de compagnie franche, comm^{t} à Sierck, 2392, 2420, 2731, 2746.
L'Églisière. V. *Gourdon.*
Leglisobois, lieut^{t}-c^{el} du rég^{t} de Toulouse, 2244.
Le Gorgne. V. *Rony.*

Le Gorrée (Guill.), c^{on} XXXI.
Le Goullon. V. *Cuvry.*
Legouthail, ingénieur, 990, 1550, 1557, 1566, 1645.
Legoux, 62, 134. — Cf. *La Berchère.*
Le Grain (Anne), 158.
Le Grand ou **Legrand**, habitant d'Honfleur, 86.
—— commissaire des guerres, 157.
—— cap^{ne} au rég^{t} de Bassigny, 2134, 2136,
—— lieut^{t} d'invalides au Havre, 2138.
—— aubergiste à Strasbourg, 2142.
—— agent secret, 2643, 2644, 2655, 3070. — Cf. *Connut.*
—— exempt, 361.
—— 613.
—— médecin, 958.
—— cap^{ne} au rég^{t} de Bourgogne, 1332.
—— officier de l'Hôtel des Invalides, détaché à Valognes, 1830.
—— command^{t} à Rodemack, 1851, 1853, 2169, 2321.
—— prévôt à Saint-Germain-en-Laye, 1896.
—— traducteur des Coutumes locales de la Flandre flamingante, 1942, 2025.
—— échevin de Mézières, 2136.
—— officier de l'élection de Dreux, 2183.
—— échevin de Caen, 2186.
—— geôlier du château de Ham, 2187.
—— procureur à Péronne, 2227.
—— échevin de Péronne, 2228.
—— de Saint-Germain, 2270.
—— cap^{ne} de dragons, 2688, 2741, 2915, 2920–2922, 2928, 2937, 2949, 2952–2955, 2977, 3007, 3013, 3073, 3160.
—— cap^{ne} de partisans, 2988.
—— cap^{ne} au rég^{t} de Grassin, 3032, 3057.
—— commissaire des guerres, 3489, 3542, 3590, 3612, 3622, 3641, 3673, c^{ons} XXIX, XXXII, XXXIII, LV, LX, LXIV, LXV, LXV d, LXVIII, LXIX.
—— sergent au rég^{t} de Bourbon-inf^{rie}, 3753.
—— administrateur du dép^{t} des Ardennes, c^{on} LXV e.
—— V. *Ernemont, Sainte-Colombe, Saint-Ouen.*
Legras. V. *Vauberssé.*
—— (Franç.), auteur d'un mémoire sur les *Légions françaises*, 1700.
—— marchand à Paris, 2141, 2142.
Le Gras, cap^{ne} au rég^{t} de Rohan, 3010.
—— **du Luard**, intendant, 2609, 2631.
Legris. V. *St-Roman.*
Legrix (J.), bourgeois de Boulogne-sur-Mer, 2311.
Legros, 468.
—— cap^{ne} au rég^{t} de Picardie, command^{t} à Navarrenx, 1900.
—— comm^{re} aux revues à Amboise, 2505.
Le Gros, cap^{ne} d'une compagnie franche de dragons, 2137.
—— échevin de Laon, 2414.
—— 3695.
Le Guay, 3208.
Le Guémadeuc. V. *Du Guémadeuc* et *Quémadeuc.*
Le Guerchois (Pierre), lieut^{t}-g^{al}, 1693, 1778, 1866, 1867, 1874, 1960–1962, 1967, 1968, 1988, 1994, 2038–2043, 2098–2102, 2145, 2170–2172, 2174, 2247–2249, 2325–2327, 2398, 2400, 2454, 2455, 2457, 2460, 2619, 2697, c^{on} VII.
—— (Pierre-Hector), intendant, 1901, 2022, 2132, 2139, 2143, 2163–2165, 2168, 2187, 2240, 2241 2244, 2245, 2320, 2323, 2324, 2392, 2394, 2396, 2782, A 89, A 90.
Le Guerchoys. V. *Le Guerchois.*
L'Eguille (Ch^{r} de), 3731.
Leguille. V. *Loubert.*
Leguisier. V. *Muison.*
Le Hardy. V. *La Trousse.*
Le Havre (Échevins, etc.), c^{ons} LXV, LXX. — Cf. *Plaimpel, Richebourg, Richemont, Saint-Clair, Vivier.*
Le Houx, maire d'Hennebont, 3184.
Le Huvetier (Dame, née de Plönies), 3207.
Leidesser, c^{on} XXXV.
Leiningen (Comte de), général du service d'Allemagne, 1784, 1785, 1863. — Cf. *Linange.*
Leiris (Sabatier, s^{r} de), gentilhomme du Languedoc, cap^{ne} de la bourgeoisie de Valfrancesque, 1906.

Leiris chirurgien suisse, 3308.
Leisler (de), colonel du rég[t] de ce nom, 1109.
—— (Ch[r] Sarrazin de), 1284.
Le Jay, gouverneur d'Aire, 1943-1945, 2022, 2025, 2055, 2134, 2136, 2138-2140, 2159, 2160, 2219, 2220, 2370.
—— **de Kerdaniel**, lieut[t] de vaisseau, cap[ne] d'une compagnie franche de marine, 2370.
Lejeune ou **Le Jeune**, commissaire des guerres, 997, 1760, 1855.
—— officier municipal de Chantilly, c[on] LXV c.
—— (Ch.), magistrat de Nantes, c[on] XXXI.
—— échevin de Landrecies, 1286, 2233.
—— ancien contrôleur des hôpitaux de Lille, 2142.
—— **fils**, commissaire des guerres, 2609, 2633, 2634.
Lejosne, 3714.
—— (Franç.-Phil.), avocat à St-Omer, c[on] L.
Lejuge, commissaire des guerres et conseiller au Conseil supérieur de l'Ile-de-France, 3575.
Lejuste (Jacques), habitant de la châtellenie d'Ath, 224.
Lekens (H.), entrepreneur de fournitures de fourrages, 3507.
Le Laboureur, prévôt de St-Pierre-le-Vieil (de Brisach?), 904, 905, 988.
—— (Nic.), vicaire général de Strasbourg, 1760.
—— chanoine de St-Pierre-le-Vieux à Strasbourg, avocat général du Conseil supérieur d'Alsace, 1856, 2138, 2245, 2322.
—— **de Vertepierre**, de Metz, 1504, 1858, 1956, 2244.
Lelarge (Dame), 1832.
Le Leu, receveur des tailles à Reims, 2263.
Le Liepvre (Étienne), commissaire des guerres, 2793, 2863, 2877, 2919, 2920, 2946, 2949-2951, 3002, 3007, 3172, 3311, c[on] XIII. — Cf. *Le Lièvre*.
—— (Louis-Bernard), gentilhomme d'Artois, A. 90.
Lelieur de Beauficel, gendarme de la Garde, 2165.
Le Lièvre, commissaire des guerres, 97. — Cf. *Le Liepvre*.
—— fournisseur, 2145.
Lelièvre, V. *La Villeguenin*.
Le Lion, 3412.
Le Lis, cap[ne] au rég[t] de Brézé, 56.
Lelong, membre du Comité permanent de Senlis, c[on] LX.
Le Lorrain, procureur-g[al]-syndic du dép[t] de la Meurthe, c[on] LXV c.
Le Loup. V. *Bellenave*.
—— bourgeois messin, 1956.
—— **d'Henrigau**, cap[ne] au rég[t] d'Asfeld, 3092.
Leloutre, prêtre, 117.
—— officier municipal de Villers-Cotterets, c[on] LXI.
Le Lurer, secrétaire du maréchal de Richelieu, 3145.
Le Mage?, enseigne au rég[t] de Piémont, 146.
—— **de Pennivert**, lieut[t] au rég[t] de Barrois, 2132.
Le Mahieu (Pierre) et **Le Mahieu fils**, bourgeois de Calais, 2221.
Le Maille, officier d'invalides à Belle-Isle, 2138, 2142.
Le Maingre. V. *Boucicquault*.
Le Maire (Abbé), chargé d'affaires à l'étranger, 3051, 3145, 33 s.
—— 355.
—— (Louis), mar. c., 2278, 3036.
Lemaire, ingénieur, 1794, 3747.
—— médecin à Corbie, 2131.
—— Soissonnais, 2232.
—— prévôt de Meaux, 2268.
Le Maistre, colonel d'artillerie dans les troupes de Ragostky, 2244.
—— subdélégué à Pontoise, 2266.
—— procureur, 2273.
—— trésorier des fortifications, 3500, 3641, 3645. — Cf. le suivant.
—— V. *La Maisonfort*, *Montmort*.
—— **de Beaumont**, 3235.
—— **de La Martinière**, trésorier général de l'artillerie et du génie, 3633, 3672, 3761, c[on] LXXIII.
—— **de Vaupré**, officier, 3086, 3154, 3197.
—— (Nic.-Franç.-Pierre, s[r] de Vaupré), subdélégué à Alençon, c[on] LX.
—— lieut[t] au rég[t] de Lyonnais, c[on] XIX.

Lemame, juge à Nantes, c^{on} XXXI.
Leman (G.-J.), médecin à Tournai, 3089.
Le Mans (Municipalité, clergé, etc.), c^{on} LXVII. — Cf. *Belin*, *Lavardin*, etc.
Lemarchand, député ou commissaire des États de Bretagne, 3603, 3621, c^{on} LXXVI.
Le Marchant, lieut^{t} de maréchaussée à Colmar, 3075.
Le Maréchal (Jean), procureur à Avranches, 2132.
Le Marié, commissaire des guerres, 688, 822, 878, 880, 883, 884, 887, 889, 890, 966, 967, 970, 985, 1057, 1076, 1113, 1164, 1205, 1209, 1213–1215, 1218, 1238, 1256, 1287, 1289, 1308–1314, 1355–1357, 1360, 1379, 1400, 1403, 1410, 1425, 1426, 1484, 1489. 1491, 1498, 1550, 1562, 1644, 1673, 1740, 1788, 1791, 1891, c^{on} IV.
—— **des Fontaines**, maire de Granville, 3506.
Le Marier (Franç.), 131.
Le Marinier, 2131.
Le Martin. V. *Nuaillé*.
Le Mas, 97.
Le Masson, trésorier à St-Servan, c^{on} LXXVI.
Le Masurier (Pierre), 2132.
Lemau, commissaire d'artillerie, 2046.
—— **de La Jaisse**, rédacteur de *l'État général du Militaire de France*, 2802.
Lemay (Claude), boulanger à Chateaudun, 2145, 2187.
Le Maye (Dame), 2133.
Le Mayle (Michel), grand aumônier de France, 85.
Le Mazuyer, procureur général à Toulouse, 2505.
Lembas, cap^{ne} au rég^{t} de Languedoc, 1740, 2137.
Le Mée, membre du Directoire des Côtes-du-Nord, c^{ons} LXV b, LXXVIII.
Le Ménestrel. V. *Lutteaux*.
Le Menwecq, préteur royal à Wissembourg, 2677, 2701, 2876. — Cf. *Menweeg*.
Le Merat (Pierre), lieut^{t} au rég^{t} de Champagne, 102.
Le Merchier (Ant.-Franç.), président du Conseil provincial d'Artois, 1484.
Le Mercier, chanoine à Amiens, 2221.
Le Mere, sergent au rég^{t} de Champigny, 2332.
Le Meusnier, officier de l'élection de Dreux, 2183.
Le Michau. V. *Arçon*.
Le Mintier, 3541.
Le Mire, lieut^{t} aux Volontaires de Lancize, 3329.
—— brigadier de maréchaussée, c^{on} LXI.
Lemmens (F.), 2388.
Lemoine. V. *Lemoyne*.
—— officier de la Chambre du roi à Clermont-en-Beauvoisis, 3631.
Lemondial, cap^{ne} aide-major du rég^{t} d'Angennes, 2344.
Lemontet. V. *Du Montet*.
Le Morhier. V. *Villiers*.
Lemos (Don Diego de), 1978.
Lemours, cap^{ne} de cav^{ie}, 102.
Lemoyne (Toussaint), cap^{ne} au rég^{t} de Praslin, 102.
—— commissaire des guerres, 116, 294, 295, 354, 359–362, 419, 420.
—— 1526.
—— huissier à Belfort, 2130.
—— 2135, c^{on} II.
—— (Jacques), 2141, 2142.
—— 3316, 3578.
—— commissaire des guerres, 3508.
—— maire de Vernon, 3625.
—— directeur de théâtre à Lille, 3694.
Lempereur, major du rég^{t} de Brabant, 2144.
—— subdélégué à Montdidier, 2310.
—— échevin de Paris, 3461.
Lemps (J.-B. de Prunier, m^{is} de), mar. c., 3406, 3544, 3546.
—— (Nic.-Franç. de Prunier, ch^{r} de), lieut^{t}-g^{al}, 3590.
Lemulier, élu des États de Bourgogne, 2183.
Lemus, entrepreneur de fournitures de fourrages à Calais, 2137, 2230.
—— (Dame —, née Broutin), de Calais, 2142, 2143.
Le Nain, intendant, 3060, 3064, 3172, 3177–3180, 3182, 3185, 3187, 3224–3227, 3230, 3332–3239. 3241–3244, 3247, 3255–3262, 3290–3296, 3309–3311, 3314, 3316, 3329, 3334, 3396, c^{on} XIX.

Le Nain (Dame), femme d'un marchand de Valenciennes, 2141, 2142.
Lenain. V. *Guignonville.*
Lenchères (Jean, ch^r de), mar. c., 3535, 3613, 3644, 3647, 3656, 3664, 3665, 3688, 3701, 3702, 3707, 3741.
Lenck (Jacques-Gustave de), mar. c., 1946, 2021, 2022, 2081, 2133, 2139, 2141, 2142, 2144, 2220, 2299, 2343, 2727, 2730, 2736, 2740, 2741, 2874.
Lenequesaing, cap^ne au rég^t de Rouvray, 1856. — Cf. *Lenguesaing.*
Lenet. V. *Larray.*
Lenfant, commissaire des guerres, 238, 262, 293, 295, 359, 361, 419, 420, 484, 511, 613, 615.
—— commissaire des guerres, 2739, 3064. — Cf. le suivant.
—— V. *Lanfant.*
—— **-La Patrière**, 2708.
L'Enfant (J. Jos.), officier au rég^t Commissaire-général, c^on XXIX.
Lenferna (Ch^r de), officier au rég^t de Guyenne, c^on LXVa.
L'Engle (Ch^r de), 3736.
Lenglé de Schoobecque (P. Fr.), subdélégué général de Flandre, 3673, 3745, 3751.
Lengles (Claude), bailli à Nogent-sur-Seine, 3186.
Lenglet-Dufresnoy (Abbé), historien, secrétaire de l'électeur de Cologne, agent secret du Régent, 2149, 2155, 2411, 2413.
Lenglier, député du bailliage d'Amiens, c^on LXI.
Lenglotière (De), régisseur des vivres, 3505.
Lenguesaing (de), 397. — Cf. *Lenequesaing.*
Lenhendrick, cap^ne au rég^t de Reignac, 1855, 1857, 2141, 2166.
Lennox. V. *Richmond.*
Le Noal, aumônier du château de Saint-Malo, c^on LXXVI.
Lenoble, 342.
—— procureur général du Parlement de Metz, 410.
—— commissaire des guerres, 1331.
—— contrôleur de l'hôpital de Sedan, 2143.
Le Noble du Petit-Bois, 1483, 1484, 1613.
Lenoir, ingénieur ou entrepreneur de fortifications, 670, 946, 1943.
—— commissaire de l'artillerie, 1595, 1607, 2522.
—— entrepreneur de transports, 1895.
—— commissaire de la Marine, 1974.
—— commissaire des guerres, 2033, 2238, 2244, 2392.
—— maire de Mantes, 2144.
Le Noir, 2338.
—— (Ch^r), 3409, 3451, 3452, 3492.
—— lieut^t-g^al de police, 3753, c^on XLIX a.
—— V. *Noir de Cambon.*
—— **de Lisle**, commissaire des guerres, 2132, 2144, 2188.
—— **de Maubuisson**, commissaire des guerres, 2912, 2917, 2918, 2926, 2943, 3015, 3044.
Lenoncourt d'Aigremont (Mme de), 2056.
—— **-Blainville** (De), 997, 1501.
—— V. *Heudicourt, Marolles.*
Le Normand, 5.
—— fermier de la poste de Bordeaux, 294, 356.
—— 362, 419.
—— 2268.
Lenormant, 3248, 3259.
Le Normant, 2372.
—— **du Fort**, 2132, 2134-2136, 2141, 2222, 2272.
—— **d'Etioles**, fermier général, 3545, 3546, c^on XIX.
Lens (Magistrats, chanoines, etc., de), 2055. — Cf. *Castellain, Colbault, Cousturier, Galbart, Lepage, Picquet, Pinchon, Thobon*, etc.
Lentillo. V. *Choppin.*
Lentulus. V. *Redckin.*
Léobard de Durfort (De), 1741, 1862, 1904.
Léon. V. *Ponce.*
—— (De), envoyé de France à Vienne, 11.
—— (Sancho de La Miranda, duc de), cap^ne-g^al du Guipuscoa, 1886.
—— (Ant.), habitant d'Antibes, 2138.
—— 2169.
—— cap^ne-lieut^t de la compagnie de Libertas, 2242.
—— (Ch^r de), officier, 2412, 2419.

Léonard, ministre de Savoie, résident à Lucerne, 354.
—— aumônier de l'hôpital de Montmédy, 2321.
—— (De). V. *Streel.*
Léonardy (De), officier municipal d'Ardres, 3709.
Léopold Ier, empereur d'Allemagne, 190, 289, 390, 417, 446, 633.
—— interprète juré, 1700.
Léotaud, consul de Toulon, 2135, 2188. — Cf. *Léautaud.*
Lepage, doyen du chapitre de N.-D. à Lens, 2142.
—— commis de la poste de Bouillon, 2142.
—— entrepreneur de fournitures à Condé, 2219.
Le Page, aide-major à Bouquemont, 2393.
Lepaige, lieut' au rég' de Duplessis, 1145.
Le Paige, officier au rég' de Piémont, 2136.
—— officier municipal d'Ardres, 3709.
Le Pannetier, 2419.
—— lieut' au rég' de La Raimbaudière, fils du précédent, 2419.
Le Pape, officier, 3261.
Le Peletier, commissaire de la Marine à Rouen, 1468.
—— 2133, 2270, 2619, c^on XI. — Cf. les suivants.
—— **de Beaupré** (Ch.-Étienne), intendant, 2697-2702, 2707, 2708, 2729, 2731, 2784, 2790, 3030, 3040, 3045, 3046, 3068, 3070, 3073, 3084, 3085, 3124, 3126, 3127, 3182-3185, 3203, 3204, 3296, 3308, 3309.
—— **des Forts** (Michel-Robert —, comte de Saint-Fargeau), 1642.
—— **de Souzy**, 225-229, 240-245, 251, 261, 262, 276, 284-287, 290, 292-296, 300, 311, 318, 319, 321, 325, 327-331, 337-340, 357, 358, 383-386, 389, 391-395, 404-406, 437-442, 445, 447, 448, 456, 457, 467, 484, 488, 489, 493-497, 506, 512-516, 535, 537, 540, 541, 545, 555, 556, 564-568, 584-588, 592-594, 605, 610, 612-616, 628, 648, 649, 662, 667, 668, 670-672, 701-704, 733, 792, 1072, 1100, 1113, 1115, 1160, 1169, 1170, 1209, 1217, 1228, 1236, 1374, 1379, 1382, 1413, 1426, 1428, 1452, 1467, 1468, 1491, 1504, 1525, 1568, 1575, 1606, 1642, 1664, 1665, 1699, 1701, 1837, 1843, 1844, 1860, 1872, 1876, 1895, 1905, 1958, 1968, 1973, 1979, 2081, 2083, 2084, 2088, 2091, 2100, 2108, 2151, 2152, 2155, 2163, 2170, 2214, 2220, 2245, 2255, 2263, 2317, 2319, 2435, 2343, 2421, 2487, 2505, 2516, 2524, 2610, 2621, A. 92 *bis.*
Le Pelletier, 3235-3238, 3241-3243, 3308, 3310, 3315, 3463, 3467.
—— V. *La Houssaye, Le Peletier, Pelletier.*
Le Pelley. V. *Dumanoir.*
Lepeloux, cap^ne au rég' de Savigny, 1856.
Le Petit, commis de l'extraordinaire des guerres, 564.
Le Pileur. V. *Beuvry.*
Lépinay, cap^ne au rég' de Saint-Sulpice, 1831.
—— (De), lieut' de roi de Belfort, 2724, 2740-2742, 2782, 2787, 2792, 2798.
Lépiney. V. *Du Désert.*
Lépinoy (Bret de), cap^ne de mineurs, 3091.
—— V. *Pigault.*
Leplus, 3691.
Le Poivre, greffier au Parlement de Douai, 3699.
Le Pottier de La Hestroy, lieut'-g^al d'épée, à Montreuil-sur-Mer, 2183.
Le Prestre, commissaire aux revues, 2339.
Le Prévost, 1582.
—— **d'Assigny**, 42.
—— V. *Franclieu* et *Prévost.*
Le Provost (J.), commissaire des États de Bretagne, c^on XL.
Le Puy-en-Velay (Municipalité, etc.). V. *Doron, Petit,* etc.
Le Queru de Surdon (J.-B.), officier de garde-côtes, 3421.
Le Quesnoy (Municipalité, etc.), c^ons LXI, LXV a. — Cf. *Belesta,*

Béthune, Briffault, Canonne, Degand, Delegove, Du Fay, Fontaine, Gauteux, La Haye, Lalou, Lefebvre, Malézieux, Monlezun, Saint-Martin, Wallerand, etc.
Lequeux, commissaire de la Marine du Ponant, 30.
Lequin, ancien notaire à Paris, 2411.
Lequoy, c^on^ LXXI.
Le Ragois (Bénigne), s^r^ de Bourgneuf, lieut^t^ au rég^t^ de Rambures, 92.
—— V. *Bretonvilliers.*
Le Rasle, gouverneur de Saint-Venant, 98.
Le Ratz père et fils, 1936, 1938, 1943, 1944, 2021, 2134, 2143, 2160, 2219-2222, 2224, 2299, 2301, 2302, 2370, 2372, 2373, 2375, 2376, 2379, 2380, 2383, 2384, 2388, 2407, 2444, 2445, 2447, 2448, 2463.
Le Rebours (Alexandre), enseigne aux Gardes, 151.
—— **de Chamillart**, intendant des Finances, 1562, 1643, 1735, 2185, 2231, 2273, 2411, 2412.
—— V. *Chamillart.*
Le Riche, abbé de Saint-Bertin, 2155.
Lerignier, 468.
Lerin. V. *Montigny.*
Lérins (Abbé de). V. *Ubraye.*
Leris, «baille» de Mont-Louis, 1892.
Le Ris, cap^ne^ au rég^t^ d'Angoumois, 3621.
Leroi, 118. — Cf. *Leroy.*
Le Rossignol, 895.
Le Rouge, ingénieur, c^on^ XIV.
Le Roulx de Bretagne, officier municipal de Douai, c^on^ LX.
Le Roure. — V. *Du Roure.*
Leroux, directeur de l'hôpital d'Huningue, 992.
—— 1702.
Le Roux, officier, 2242.
—— échevin de Chartres, 3182.
—— (Pierre-Yves), corsaire, 3411.
—— (Anne Tripot, veuve), directrice de l'hôpital militaire de Sedan, c^on^ XXX.
—— V. *Tilly.*
Le Roy, échevin et prévôt de Béthune, 137, 245.
—— gouverneur de Maëseyck, 271, 276, 277, 279-282, 289, 296.
Le Roy, lieut^t^ de roi de Brisach, 390-392, 394, 395, 410-414, 416, 417, 436, 458-461, 466, 468, 487, 507-509, 516, 557, 558.
—— commd^t^ à Metz, 558-561, 568, 606, 880.
—— commissaire des guerres, 983, 992, 1213, 1264, 1332, 1406, 1407, 1941, 1943, 2133, 2159.
—— f^t^ f^ons^ de procureur au présidial de Metz, 1660.
—— *ou* **Leroy**, officier au rég^t^ de Beauvoisis, 2045.
—— lieut^t^ au rég^t^ de Poyanne, 2133.
—— curé de Beaurain, près Montreuil, 2134.
—— 2139, 2713, 3052.
—— échevin de Mézières, 2141, 2142, 2169, 2244.
—— (J.-B.), sergent royal au bailliage d'Avesnes, 2235.
—— commis du trésorier général de l'extraordinaire des guerres Paparel, 2271.
—— membre du Directoire de St-Quentin, c^on^ LXV a.
—— cap^ne^ des Guides, vaguemestre-général de l'armée du Rhin, 2784, 2788, 2790.
—— avocat, 3043.
—— V. *Grandmaison, La Potherie, Latocheardent.*
—— **d'Anilly**, commissaire des guerres, 2619.
—— **de La Cra**, 299, 954, 355, 615.
—— **de Paulin**, officier du génie, 3466.
—— **de Ville**, 1982.
Le Royer. V. *Montclos.*
Lerquenfeld (Baron), lieut^t^-c^el^ du rég^t^ de Royal-Bavière, 2140, 2143, 2243, 2244.
Lerre (Franç. Pesthel de), cap^ne^ au rég^t^ de Rambures, 123.
Léry (O.), curé de Faverolles (Aisne), 2144, 2183.
—— (De). V. *Girardin.*
Lesage, 672.
Le Sage, cap^ne^, 2137.
Le Sancquer, secrétaire de M. de Crémilles et commissaire ordonnateur,

3631, 3712, c^ons XLV, XLVII b, LXII, LXV a-LXV c.
Le Saugeot. V. *La Coste.*
Le Sauvage, envoyé à Bergame, 1867, 1869.
—— major de la place de Cherbourg, 3569, 3576.
Le Savigny, conseiller du duc de Deux-Ponts à la régence de Trarbach, 2731.
Lesbet (J.-Rodolphe), chancelier de la république de Berne, 3650.
Lesca, corsaire de Bayonne, 3600.
L'Escalier. V. *Lescallier* et *Scallier.*
L'Escalle (Jos. de), lieut^t au rég^t de Normandie, 123.
—— (De), 516.
—— (Régis), cap^ne au rég^t de Tessé, 1768, 1861.
Lescallier, 3764. — Cf. *Scallier.*
Lescalopier (César-Ch.), intendant de Champagne, 2339, 2345, 2420, 2506.
—— (Gaspard-César-Ch. de), intendant à Montauban, puis à Tours, 3116, 3183, 3296, 3311, 3461.
Lescamps (De), ingénieur, 3702.
Lescans (De), directeur du Génie à Blaye, 3452.
Lescarbotte (Nic. Franç.), maire de Guise, 2415.
L'Escarène. V. *Tonduti.*
—— (Habitants de), 1974.
Lescaut, trésorier à Landrecies et à Avesnes, 1943, 2023.
L'Eschamps (De), ex-cornette, 146.
Leschassier, supérieur du séminaire Saint-Sulpice à Paris, 2412.
Lescheraine (De), président du Sénat de Savoie, 1968, 2038.
—— **de Tonneau** (Comte de), 1670.
L'Esclan (De), officier au rég^t de d'Artagnan, 2160.
L'Escle-Rinpeyroux (De), lieut^t de roi de Mézières, 2132, 2169, 2183, 2242, 2244, 2266, 2311, 2370.
Lescluse (J.-Franç. de), cap^ne au rég^t de Sault, 131.
Lesconnetz (De), 3182.
Lescossois (De), 460.
—— officier à Colmar, puis commd^t de la citadelle de Dunkerque, 988, 1549, 1945, 2021, 2023, 2138-2143, 2155, 2159, 2160.
Lescot, ingénieur, 3751.
Lescouet (Vicomte de), gouverneur de Brisach, puis command^t de la citadelle de Marseille, 259, 260, 275, 278-282, 288, 289, 293, 342-348, 420.
Lescours (Mis de), 1802, 1897.
Lescout (De), cap^ne au rég^t de Normandie, 123.
Lescouvel. V. *Collin.*
Lescoux (Baron de), cap^ne au rég^t de Conflans, 1801.
Lescure (Louis de), lieut^t-g^al au bailliage de l'évêché de Metz, subdélégué à Vic, 2241.
—— (De), cap^ne au rég^t de Santerre, 2140.
L'Escure (De), ingénieur, 3392.
Lescurre, 1862.
Lescuyer, 2270, 3261.
Lesdiguières (Franç. de Blanquefort de Bonne de Créquy, comte de Canaples, puis de Sault, duc de), mar. c., 62, 110, 117-119, 123, 131, 133, 134, 137, 141, 157, 158, 238, 278-280, 310, 332, 335, 354, 359, 360, 362, 419, 420, 440, 468, 516.
—— (Duc de), 2102. — Cf. *Créquy.*
—— (Duchesse douairière de —, née Gondi), 2131.
—— (Gabr.-Victoire de Rochechouart, duchesse de), 2138.
—— (De Bonne de), officier au rég^t de Guyenne, c^on LXV a.
—— V. *Canaples, Créquy, Sault.*
Lesdotères (De), lieut^t, 88.
Le Seau, premier échevin d'Avesnes, c^on LIV.
Le Seigneur, conseiller du roi et son procureur à l'hôtel de ville d'Orbec, 704.
Le Sénéchal. V. *Carcado, Molac, Trédudé.*
Le Sens, lieut^t au rég^t de Maisontiers, 2137.
—— V. *Folleville.*
Le Sergeant (Ch.-Augustin et Franç.-Paul), habitants d'Abbeville, 2230.
—— **d'Isbergues**, 3717.
Lesergent, officier de l'élection de Dreux, 2183.
—— **-Duplouich**, ancien mayeur de Saint-Omer, 3714.

Leseur, commissaire des guerres, 1649, 1855. — Cf. le suivant.
—— commissaire d'artillerie, 2144.
Le Seure, officier au rég^t Royal-Navarre, c^{on} LX.
Leseure, officier au rég^t de Fouquier, 2188.
Le Seurre, consul de France à Nice, c^{ons} LXV, LXV f.
Lesieur (Michel), meunier à Calais, 2135.
—— officier de l'hôtel de ville de Sedan, 2141, 2169, 2244.
—— membre du Conseil permanent de Cherbourg, c^{on} LX.
Le Sieure-Desbrière, marchand à Paris, 2182.
Le Sire, prieur des chanoines réguliers à Weerdt, 3588.
Leslie (Jacques de Piteagle, baron de), brig., 3109, 3145, 3155.
—— général anglais, 3734.
Lesonnet (De), 3075.
Le Sourd de La Fleuriès (Marguerite Perrot, dame), 3188.
Lespade (De), habitant de Saint-Palais (Navarre), 2054.
L'Espagnol (De), 3029.
Lesparre. V. *Gramont, Madaillan.*
—— (Officiers du rég^t de), 1944.
Lespaul (Augustin de), négociant à Lille, 958.
Lesperoux (De), 608.
L'Espéroux (Georges de Gestas, marquis de), brig. 983, 989, 1358, 1366, 1367, 1408, 1409, 1572, 1573, 2092, 2138, 2243, 2420.
Lespès de Hureaux (De), subdélégué à Bayonne, 2261, 2562, 2563.
Lespigny (De), 311, 313.
Lespinas, officier au rég^t de Matha, 2242.
Lespinasse (De), 118.
—— (De), lieut^t au rég^t de Chartres, 2244.
—— (Ch^r de), c^{ons} LXVII, LXIV-LXV a.
—— (De), major au rég^t de Paris, 3689.
—— (De), 46 s.
—— **-Despivotins** (De), 1895.
Lespinat (De), cap^{ne} au rég^t de Mestre-de-camp-g^{al} de dragons, 1895.
Lespinay (De), major de la place de Gand, puis aide-major de celle de Strasbourg, 1841, 2138.
—— (De), sous-lieut^t de la compagnie franche de Châteaufort, 2034.
—— (De), major du rég^t de Martinville, 2270.
—— V. *Marteville.*
Lespine (De), 134.
—— (J. Martin), 982.
—— (De), lieut^t-c^{el} du rég^t du Roi-cav^{ie}, 1555, 2138.
—— (J. de), 1857.
—— (De), 2132, 2272.
—— (Ch^r de), major du rég^t d'Orléans-inf^{rie}, 3007, 3030, 3086, 3149.
—— (De), directeur des vivres de la Marine, 3532.
—— **-Beauregard** (De), lieut^t de roi de Péronne, 158, 224, 259, 271, 311, 359, 361, 542.
—— **-Duplanty** (De), 3461.
Lespoir, cap^{ne} de dragons réformé, 2712.
Lespron (De), directeur des Postes de l'armée d'Italie, 1780.
Lesquiniou (J. de —, s^r de Quernegan), cap^{ne} au rég^t de Champagne, 92.
Lessart (César-Emmanuel de Colin de), lieut^t-g^{al}, 1979, 1982, 2132, 2220.
—— (Ant.-Nic. de Waldec de), contrôleur g^{al} des Finances, puis ministre de l'Intérieur et des Affaires étrangères, c^{ons} LXI, LXV f-LXXI.
Lesse (Abbé de), 1150.
Lesseps (Michel de), chargé d'affaires à Bruxelles, 3478, 3479, 3486, 3488, 3506, 3534, 3579, 41 s., 71 s., c^{ons} XXVI, XXXIII, XXXV, XXXIX. — Cf. le suivant.
—— (De), frère du précédent, 3506-3508, 3588, 3627.
—— (De), commissaire de la Marine, 3577.
Lesseville (De), 2558, 2559, 2609.
Lessey (De), 3188, 3463.
Lestagnol du Viguier, lieut^t au rég^t de Bombelles, 2370.
Lestancourt (De), lieut^t d'art^{rie}, 224-226.

Lestandart, cap^{ne} au rég^{t} de Soissonnais, 2235. — Cf. *L'Estendard*.
Lestanduère (Des Herbiers de), commissaire général de l'artillerie de la Marine, chef d'escadre, 2977, 3188.
Lestang *ou* **L'Estang** (De), 259, 452, 461, 468.
—— (De), commd^{t} l'arrière-ban en Limousin, 905.
—— (De), lieut^{t}-c^{el}, 1832, 1897, 1943.
—— (De), mayeur perpétuel d'Auxonne, 2269.
—— (De), lieut^{t} au rég^{t} de Bourbon, 2370.
—— de Ste-Menehould, fabricant ou fournisseur de gants pour les troupes, 2663.
—— 3179. — Cf. *Rouveyre*.
—— (De), officier d'artillerie, 3224, 3236-3238, 3241-3243, 3248, 3295, 3296, 3310, 3311, 3314, 3335.
—— V. *Fonton*.
Lestangcelles (De), cap^{ne} d'inf^{ie}, 3540.
L'Estangneuf (De), subdélégué de l'intendant d'Ormesson à Aubenton, 1899, 2169, 2377, 2391, 2415.
Lestelmilly (Comte de), 264.
L'Estendart de Bully (Mis de), gouverneur de Menin, 1832, 1838, 1841, 1937, 1938, 1941, 2081, 2131, 2132, 2139, 2528, 3799.
—— V. *Lestandart*.
Lestenon. V. *La Chaubruère*.
Lestock (Richard), amiral anglais, 3188.
Lestocq (Hermann, comte de), médecin de l'impératrice Élisabeth de Russie, 2982.
L'Estoile (De), 505. — Cf. *L'Étoile*.
Lestorel, lieut^{t} au rég^{t} de Provence, 1830.
Lestot de Polliange, sous-lieut^{t}, au rég^{t} de Provence, 1857.
Lestourgie. V. *Septfonds*.
Lestourneau (Frère Jos.), religieux prémontré, 2034.
Lestrade *ou* **L'Estrade** (De), lieut^{t}-c^{el} du rég^{t} de Luxembourg, inspecteur général de l'inf^{rie}, 1604, 2270.
—— (La Plaigne de), major à Nîmes, 1799. — Cf. *Lestrade de Nègre*.
—— (Louis de), lieut^{t}-général, 1945, 2021.
Lestrade *ou* **L'Estrade** (De), major du rég^{t} de Santerre, 3115.
—— (Ch^{r} de), 3677.
—— V. *Alberty*.
—— **de Nègre**, major de la place de Nîmes, 2531. — Cf. *Lestrade (La Plaigne de)*.
Lestrange (De), officier, 1754, 1856.
—— (De), cap^{ne} au rég^{t} d'Heudicourt, 2136, 2347.
—— (De), cap^{ne} d'une compagnie d'invalides, 2145, 2267.
Lestranges (Baron de), colonel d'inf^{rie}, 1832, 1902, 1950.
Lestringand. V. *St-Martin-Laborde*.
Lestrosne, 2789.
Le Sueur, geôlier des prisons de Senlis, 2145.
Létancourt (De), 157, 224-226 271, 277-280, 282, 294, 295, 333 342-349.
Létang (De), lieut^{t}-c^{el} du rég^{t} de Saint-Simon, 3260.
—— V. *Brunette*, *Lestang*, *Payan*.
Letart, fermier des douanes à La Capelle, 2145.
Letch (Jos.), soldat au rég^{t} Royal-Hesse-Darmstadt, 3727.
Letellet (Louis), bourgeois de Grenoble, 3262.
Le Tellier (Michel), chancelier, secrétaire d'État, 87, 106, 107, 110, 116-119, 134, 137, 138, 146, 147, 157, 241, 251, 275, 276, 282, 291, 292, 339, 342, 360, 388, 393, 398, 401, 402, 407, 413, 440, 484, 487, 491, 500, 508, 516, 537, 540, 559, 597, 629, 705, 1239, 3779, c^{on} II. — Cf. les vol. de *Minutes*, *d'Expéditions et de Transcrits* d'avril 1643 à février 1662 et, à défaut, la correspondance par théâtres de guerre et d'opérations pour la même période.
—— (Ch. Maurice), archev. de Reims, 360, A. 87, A. 88.
—— (Sœur Marie), religieuse, 117, 360.
—— de Dun-le-Roi, 468.
—— (Mme —, née Turpin), 516.
—— V. *Faucerville*, *Louvois*, *Souvré*.
—— (Le P.), jésuite, confesseur du roi, 2131, 2133, 2137-2139, 2144, 2155, 2244, 2268, 2300, 2411, 2412, 2524.

Le Tellier, colonel du rég^{t} de Villequier, 2135, 2137, 2343.
—— 2138.
—— commd^{t} les postes sur la Seine à Vernon, 2138, 2144.
—— bénéficier à Beauvais, 2145.
—— échevin de Péronne, 2228.
—— commissaire des guerres, 2813, 2885, 3063, 3174, 3175, 3177, 3230, 3260–3262, 3309.
—— aide-major du bataillon de milice de Grout, 3502.
—— officier au rég^{t} Royal-Guyenne, c^{ons} LXVc, LXV d.
—— **de Marnou**, commissaire des guerres, 1850, 1855.
Letellier, de Bourges, 133.
Leteuil, officier, 2135, 2136, 2138, 2143.
Le Texier, munitionnaire ou commis des vivres, 2823.
Lethus, enseigne à la compagnie des Gendarmes écossais, 110.
—— cap^{ne} commd^{t} le bataillon de Douglas, 505, 543.
Le Tillier, intendant, 134.
Létoffé, ingénieur, 1956.
L'Étoile (De), 361, 409, 542. — Cf. *L'Estoile.*
Le Tonnelier, 2444.
—— V. *Breteuil.*
—— commissaire des guerres, 110.
Létorière (De), 2419.
Le Tors, lieut^{t}-criminel à Avallon, 3183.
Le Tourneur, premier commis des bureaux de la Guerre, 3069, 3183, 3259, 3308, 3310, 3335, 3387, 3418, 3420, 3455, 3460, 3463, 3543–3546, 3577, 3578, 3600, 3602, 3620, 3711.
Letourneur, de Granville, 3493.
Letourneux, administrateur du dép^{t} de la Loire-Inf^{re}, c^{on} LXV d.
Letournière, cap^{ne} réformé au rég^{t} de Nivernais, 2840.
Létrange (De), officier, 1832, 2131, 2145.
—— (De), officier d'invalides à Brouage, 2144, 2269.
Le Trogneux. V. *Villiers.*
Le Trosne, échevin d'Orléans, 3182.
Le Tual, chirurgien-major de l'Hôtel-Dieu de Bayeux, 3506.
Leur. V. *Longueil.*
Leury (F.), commissaire de l'artillerie, 990, 2522.
Leurye (De), chirurgien, 2459.
Leutrum (Baron de), lieut^{t}-g^{al} sarde, 3172, 3220, 3224, 3244, 3253, 3258–3260, 3263, 3291–3295, 3302, 3303, 3305–3307, 3312, 3319, 3330, 3378, c^{on} XIX.
Leuville (Louis-Thomas du Bois de Fiennes, m^{is} de), lieut^{t}-g^{al}, 1966, 1967, 2132, 2137, 2273, 2733, 2736, 2739–2742, 2774, 2786–2788, 2793, 2912, 2913, 2915–2919, 2921, 2944, 2950, c^{on} XV.
—— (Dame de), 2139, 2411, 2421.
Leuze (De), lieut^{t} au rég^{t} de Louvigny-Gramont, 2243, 2245.
Levacher, commissaire des guerres, 119, 157, 182, 202, 271, 293–296, 310, 311, 337–340, 342, 359, 404, 420, 456, 457, c^{on} LXXXVI.
Le Vacher, membre de la municipalité de Cherbourg, c^{on} LX.
Le Vaillant, lieut^{t} au rég^{t} d'Auxerrois, 1954.
—— major de la capitainerie d'Ouistreham, 3462. — Cf. le suivant.
Levaillant, cap^{ne}-g^{al} de garde-côtes, 3495.
Le Val (Dame douairière de), 3207.
Levasseur, commissaire des guerres, 2188.
—— officier au rég^{t} de Dampierre, 2138.
—— cap^{ne} au rég^{t} de Saint-Vallier, 2143.
Le Vasseur, échevin d'Abbeville, 2222.
—— officier au rég^{t} de Penthièvre, c^{on} LXV.
Le Vavasseur, directeur des vivres, 2145.
—— contrôleur du grenier à sel de Vitry-le-François, 2271.
—— trésorier de l'artillerie et du génie à Minorque, 3641.
Le Vayer, intendant, 41, 97, 110.
—— (Jacques), intendant, 1286, 1287, 1426.
—— V. *La Salle.*
Levé, payeur des rentes de l'Hôtel de Ville de Paris, 2182.
Leveillé, sergent au rég^{t} de Du Soupal, 2244.

Le Veneur (Alexis-Paul-Michel Tanneguy, vicomte), lieut^{t}-g^{al}, 3721, 3732.
—— administrateur du dép^{t} de l'Orne, c^{on} LXV f.
Levent, subdélégué à Laon, 2273, 2341.
Lévêque, sous-brigadier des Fermes à Cancale, c^{on} XXVI.
L'Évêque (Fr.), 2131. — Cf. *Lévesque*.
Le Ver. V. *Caux*.
Le Vert, 3263.
Lévesque, lieut^{t}-g^{al} de police à Laon, 2271.
—— maire de Soissons, 2136, 2266.
—— cap^{ne} au rég^{t} de Saintonge, 2144.
—— trésorier provincial à Valenciennes, 2225.
—— (Eustache), marchand de soie à Abbeville, 2230.
—— échevin de Reims, 2270.
—— **de Roqueville**, commissaire des guerres, 2315, 2370. — Cf. *Roqueville*.
Le Veux, ingénieur, 3708, 3709, 3714, 3725, 3726.
—— c^{on} LXV.
Levezy, lieut^{t} de maréchaussée à Aix (Prov.), c^{on} XVIII.
Le Vicomte. V. *Du Rumain*.
Leviel, 119.
Le Vieux, membre du Directoire de la Seine-Inf^{re}, c^{on} LXV c.
Levignem. V. *Levignen*.
Levignen (Lallemant de), intendant à Alençon, 3089, 3182-3185, 3258, 3261, 3387, 3469, 3572.
Le Vineux, 1608, 1700, 1705.
Le Virloys, prêtre de la Mission, 1150.
Lévis (Marquis de), 49 s.
—— (Ch.-Eug., m^{is}, puis duc de), lieut^{t}-g^{al}, 1660, 1760, 1831, 1937, 1944, 1945, 2022, 2089, 2138, 2139, 2238, 2239, 2243, 2244, 2412, 2457-2459, 2619, 2635, 2664, 2687, 2698, 2700, 2703, 2725, 2726.
—— (De), 2771.
—— (Franç.-Gaston, ch^{r}, puis marquis de), mar. Fr., 3007, 3235, 3417, 3457, 3498, 3499, 3540, 3574, 3592, 3624, 3697, 3703, 3708, 3709, 3714, 3717, 3725, 3741, 3745.
Lévis-Charlus (Ch. Roger, m^{is} de), mar. c., 158.
—— **-Châteaumorand** (Franç.-Ch., comte de), lieut^{t}-g^{al}, 2766, 2785, 2912, 3101, 3143, 3156, 3263.
—— **-Mirepoix**. V. *Mirepoix*.
—— **-Ventadour** (Anne de), archevêque de Bourges, 134.
Léviston (Douglas de), cap^{ne} réformé, 1857, 2025, 2135, 2142-2144, 2183.
—— ancien major de la citadelle de Metz, 2242, 2243,
—— (Comte de), 3418.
Levoisin du Piple, 3138.
Lévy (Salomon et Samuel), juifs messins et alsaciens, 1572-1574, 1669, 1671, 1700, 1757, 2032, 2139, 2140, 2166, 2167, 2242, 2243, 2392, 2547, 2664.
—— (Jacob), munitionnaire 1873-1876, 1960-1962, 1964, 1968.
—— (Raphaël et Isaac), banquiers juifs à Metz, 2321, 2322.
Lewenhaupt (Adam, comte de), mar. c., 3555, 3559, 3561, 3563, 3692.
Lewenstein (De), 245.
—— V. *Löwenstein*, *Streiff*.
Leyen (Ch. Gaspard von der), archevêque-électeur de Trèves, 225, 284, 289, 323, 325. — Cf. *La Leyen*, *Trèves* (*Électeurs de*).
Leyman. V. *Quinson*.
Leyraud. V. *Layraud*.
Leyrit (Duval de), 3541, 78 s.
Lezan. V. *Pilloty*.
Lezanal, lieut^{t} au rég^{t} de Piémont, 2136.
Lezay. V. *Marnesia*.
Lèzes. V. *Picon*.
Lezey, cap^{ne} au 25e rég^{t} d'inf^{rie}, c^{ons} LXVIII, LXIX.
Lezonnet (De), 2699, 2700.
L'Herbage, officier en garnison aux îles Sainte-Marguerite, 2144.
Lherbette, lieut^{t}-criminel à Château-du-Loir, 2130.
Lhéritier, trésorier de l'Hôtel des Invalides, 2141, 2183, 2338.
Lhermite, major de la place d'Ostiano, puis aide-major de celle de Fenestrelle, 1662, 2143.
Lhermitte, 97, 98.

Lhéry (Franç. de Caucbon, vicomte de), capne au régt de Gesvres, 146.
—— (Mme de), 2130.
L'Heureux, commissaire provincial d'artillerie, 2021.
Lheureux, 2524.
L'Hoest, aumônier du régt de Chabrillant, 1856.
Lhomel (De). V. *Lhommel.*
Lhomer, conseiller de la régence de Mayence, 3044.
Lhomme (De), officier, 1943.
Lhommel (De), lieutt-gal de police à Montreuil-sur-Mer, 2136, 2183.
L'Hôpital. V. *L'Hospital.*
L'Horme (Barthélemi-Fleuri de), séquestre administrant l'entreprise des voitures de Lyon, con LXXI.
L'Hospital (Franç. de-, comte Du Hallier), mar. Fr., 11, 20, 79, 119, 133, 134, 137, 138, 158.
—— (Mis de), ambassadeur, 36 s.
—— (De), major de Longwy, 1856, 2132, 2167.
—— (Paul-Franç. de Gallucci, mis de), lieutt-gal, ambassadeur, 2967, 3017, 3062, 3118, 3316, 3418 3436, 3471, 3472, 3489, 3508, 3518, 3546, 3563, 3627.
—— V. *Hurault, Sainte-Mesme, Vitry.*
—— **-Sainte-Mesme** (De), 110, 131, 141, 151. — Cf. *Ste-Mesme.*
—— (Jacques-Raymond de Gallucci, comte de), lieutt-gal, 2949, 2982, 3084, 3188, 3238, 3406, 3418, 3421, 3506, 3645, 3650, 3671, 3685, 3690. — Cf. *Ste-Mesme.*
—— **-Vitry** (Mis de), mestre-de-camp du régt de dragons de ce nom, 2784.
Lhost (De), grand prévôt de la maréchaussée du Dauphiné, 1878.
L'Hoste, avocat à Romans, 1971.
Lhoste (De), échevin de Cherbourg, 3505, 3543.
—— procureur syndic du district de Meaux, con LXV e.
Lhuillier, lieutt-cel du régt de Jarzé, puis commdt à Antibes, 988, 1276, 1418, 1468, 1524, 1525, 1590, 1595, 1699, 1702, 1703, 1767, 1768, 1861, 1862, 1872–1874, 1876, 1877, 1899, 1968, 1973, 2038
—— V. *Des Essarts.*
Liancourt (Franç.-Alexandre-Frédéric, duc de), député de l'Oise, cons LV, LXV a, LXV b.
—— V. *La Rochefoucauld, Séguier.*
Liard, garde-magasin d'artillerie, à Marseille, 3546.
Libersac (Franç.), de Toulouse, entrepreneur de fournitures, 3259.
Libert de Tramerie, 2085.
Libertat (De), lieutt de roi à Longwy, 2242, 2244, 2393.
—— (Mme de), femme du précédent, 2243.
Liberval (De), capne des portes de Landrecies, puis aide-major de cette place et de celle de Charlemont, 2141, 2159.
Libin. V. *Vandein.*
Libon. V. *Du Bois.*
Libourne (Municipalité, etc., de). V. *Guérin, Lardière,* etc.
Libremont (De), 597.
Lichtenau (F.-M.), officier autrichien, 3166.
Lichtenberg (Habitants, etc., de). V. *Argence, Ravilhon.*
Lichtenstein (Prince de), 2927, 2990.
Liège (Princes-évêques de), 278, 288, 342, 411, 437, 442, 446, 447, 457, 486, 887, 1056. — Cf. *Bavière, Berghem, Cologne (Électeurs de), Welbruck.*
—— (Bourgmestres, échevins, chanoines, députés, magistrats, etc., de), 134, 228, 275–277, 279, 283–285, 287, 289, 293, 321, 323, 324, 328, 333, 343, 347, 383, 388, 394, 395, 401, 437–441, 443, 444, 446, 450, 454, 455, 457, 487, 488, 492, 502, 513, 548, 567, 724, 2024, 2150. — Cf. *Du Cloux, Foret, Geloes, Goffin, Hayme, Kindelo, Liverlo, Magis, Méan, Paix, Poitiers (Abbé de), Raigecourt, Streel, Trongnée, Van der Brouk, Vierzet,* etc.
Liégeois, subdélégué à Toul, 2033, 2095, 2140, 2167, 2321.
Liegerty, officier irlandais, 2135.
Liénard, maire de Damvillers, 2321.
Lierd, 71 s.
Lierneux (De), officier au régt de Kerchem, 2095.
Liessies (François, abbé de), 362.

Liesta (De), major de Brisach, 260, 278, 279.
—— (De La Fitte de), capne dans les dragons de Conflans, 2134.
Lieurray (De), capne au régt de Gensac, 2138.
Lieutaud, officier municipal de Marseille, con LXV b.
—— chirurgien-major, 1234, 1518, 1519, 1586, 1688, 1862, 1966.
—— lieut de roi à Sisteron, 3062, 3173, 3245.
—— **-Depostes**, lieut dans la compagnie franche de Lambert, 2245.
Lièvreville (De), officier, 2136.
Liez (Chr de), 2136.
Ligne (Prince de), 146, 516.
—— (Ant.-Jos.-Ghislain, prince de), colonel d'un régt d'infanterie espagnole, 2022.
—— (Léopold-Phil.-Ch.-Jos., prince de), 3032, 3083, 3197.
—— (Prince de), 3746.
—— (Pcesse de — et de Nassau), 1056.
—— V. *Moÿ*.
Lignereu (Chr de), con LXIV.
Ligneris (Jos. Deshayes d'Espinay, mis de), mar. c., 880.
Lignerolles (Gabriel-Marc de), capne aux Gardes du corps, 151.
Ligneville (Mis de), colonel et général-major au service de l'Empereur. 2728, 2755.
Lignier (De), échevin d'Abbeville, 2132, 2133, 2135, 2183.
Lignière, lieut dans une compagnie franche, 2242.
Lignières (De), 79, 117, 119, 134, 137, 158, 468, 832, 987, 1216.
Ligniville (De), 119, 361.
Ligny (De), 279.
—— (De), commdt à Vianden, 978.
—— (De), commdt à Nancy, 987.
—— (De), mal-des-logis, 992.
—— (De), capne d'invalides? à Saint-Malo, 2419.
—— (De), secrétaire du marquis de Torcy, 2584.
—— **-en-Barrois** (Habitants de). V. *Vivaux*.
Ligondés (Chr de), 1572.
—— (Gaspard de), brig., père des deux suivants, 1895.
Ligondès (Léonard de), 1902, 2457.
—— (Jacques, chr de), 1944.
—— (De), capne au régt de Maugiron, 3125.
Ligonier, 1306.
—— V. *St-Jean*.
—— (John, chr, puis comte), feld-mal anglais, 3142, 3144, 3183-3185, 3257-3259, 3263.
Ligterwelde (Baron de). V. *Haues-kercke*.
Lilancour (De), lieut de roi de Charleroi, 3308.
Lildon. V. *Dolé*, *Lisledon*.
Lile (De), lieut-cel de dragons, 2420.
Lilienstern (Russel de), officier au régt Royal-Deux-Ponts, con LV.
Lilienthal (De), capne aux Volontaires de Collignon (prussiens), 3511.
Lille (Municipalité, clergé, bourgeois, etc., de), 227, 228, 260, 275, 279, 310, 337-339, 397, 512, 513, 543, 546, 598, 1940-1946, 2017-2022, 2024, 2055, 2056, 2081, cons XX, XXXIX, XL, LIV, LIX, LXV a, LXV e, LXVII, LXIX. — Cf. *Argoud*, *Bauduin*, *Beaussier*, *Bluysen*, *Capron*, *Cardon*, *Carteret*, *Croix*, *Dehau*, *Demilleville*, *Derenty*, *Desqueux*, *Du Basserode*, *Du Bus*, *Du Chambge*, *Forville*, *Frémicourt*, *Geoghem*, *Godefroy*, *Gossin*, *Hennion*, *Herman*, *Idsinga*, *Jacquet*, *La Barre*, *Le Boulenger*, *Lemoyne*, *Lespaul*, *Louvigny*, *Malus*, *Merlin*, *Meurin*, *O'Reilly*, *Pelletier*, *Polis*, *Porquin*, *Villermont*, *Woerden*, etc.
—— (De), régisseur général des vivres de l'armée de Soubise, 66 s.
—— (De), 411.
—— (L. Desmoulins, comte de), lieut-gal, 1228, 1644, 1653, 1896, 1938-1940, 1944-1946, 2021-2023, 2083-2085, 2131, 2133-2136, 2138, 2139, 2142, 2143, 2149, 2151, 2154, 2159, 2160, 2214, 2215, 2219-2222, 2224, 2299-2301, 2344, 2373, 2374, 2376, 2377, 2379-2387, 2448, 2506. — Cf. le suivant.
—— (L. Desmoulins, marquis de), mar. c., 2697, 2698, 2705. — Cf. le précédent.
—— (De), lieut dans la compagnie franche de Châteaufort, 1854, 1855, 1857.

Lille (Jossier de), commissaire des guerres, 1955.
—— (De), officier au rég^{t} de Bonnelles, 2138.
—— **-Marivault** (De), 987.
Lillebonne (Franç.-Marie de Lorraine, comte de), lieut^{t}-g^{al}, 134, 146, 224, 237, 276, 343.
—— (Franç.-Henri d'Harcourt-Beuvron, comte de), lieut^{t}-g^{al}, 3612, 3683, 44 s., 50 s.
Lillers (Mis de), député de la noblesse des États d'Artois, 2158.
—— (Marquise de), A. 90.
Lillienfeldt (Jannos, baron de), suédois, 3030.
Lilliers (Ch^{r} de), 1514, 1519, 1549, 1590, 1765, 1852.
—— (Louis-Nicolas Le Coutelier, comte de), brig., ingénieur, 2308, 2506, 2893.
—— V. *Lislier* et *Lisliers*.
Limandre (Mathieu-Elzéar de Pontchabron, comte de), officier de cavalerie, 1967, 1968, 2371.
Limandres (De), cap^{ne} au rég^{t} de Murat, 1754, 1856, 1869.
Limare, directeur de la manufacture de Romilly, c^{on} LXV a.
Limbec (Baron de), gouverneur espagnol de Gand, 224.
Limbert (Ch^{r} de), cap^{ne} au rég^{t} d'Orléans, 342.
Limbeuf (De), 279.
—— (De), lieut^{t} de roi de Béthune, 1550, 1644, 1657, 1835.
Limbourg, 3693.
Limerick. V. *Nugent*.
Limery (L. Bizmon, s^{r} de), cap^{ne} de chevau-légers, 146.
—— (De), cap^{ne} aux dragons de Conflans, 2267.
Limiers (De), 3183, 3184.
Limoges (Maires, échevins, clergé, trésoriers, etc., de), 116, 158, c^{ons} LXV b, LXVI, LXVII, LXVIII. — Cf. *Carbonel*, *Chastagnat*, *Cramaille*, *Doudet*, *Gennetines*, *L'Aubespine*, *Maleden*, *Traslaine*, *Videau*, etc.
—— (Franç. de), 158.
—— V. *St-Saens*.
Limons (Claude Brillet, s^{r} de), lieut^{t} au rég^{t} du Roi-cav^{ie}, 146.
Limons (De), lieut^{t} au rég^{t} de Gensac, 2142.
Limont (De), cap^{ne} d'une compagnie franche, 1550.
Limoux (Municipalité de), c^{on} LXVIII.
Limperani (Matteo), corse, 3648.
Limur (De), cap^{ne} au rég^{t} de Lannion, 1840.
Linange (J.-Ch.-Hugues, comte de), 837.
—— (Ctesse de), 971.
—— (Comte de), colonel hollandais, 3090, 3094.
—— V. *Leiningen*, *Mircourt*.
—— **de La Brangelie** (Tison, dit le comte de), 2262.
—— **-Westerbom** (Comte de), 837.
Linarès (Duc de), 2047.
Lincé (De), major de la place de Bayonne, 3759.
Lincolne, officier au rég^{t} de Lee, 2145.
Lindau (De), lieut^{t} au rég^{t} de Rosen, c^{on} LXXXVI.
Linden (Baron de), 342, 410.
—— (Comtesse de), 1557.
—— V. *Lynden*.
Lindener de Widerlich (Mme), 2141.
Lindenfeld (Baron de), officier allemand prisonnier de guerre à Wissembourg, 2169.
Lindl, officier commd^{t} à Morillas, 2107.
Lindoy (De), ex-cap^{ne} d'une compagnie de chevau-légers, 146.
Lingendes (Jean de), archevêque de Lyon, 182.
—— (De), cap^{ne} au rég^{t} de Picardie, 271.
Linier, consul de Saint-Tropez, 3570.
—— consul d'Embrun, 3604.
Linot, curé de Thionville, c^{on} LXVI.
Linsingen (Baron de), officier allemand, 3621.
Linsville (De), cap^{ne} au rég^{t} de Turbilly, 2324.
Lintelo (A.-W. van), c^{on} LXXXVI.
Lintemann (De), cap^{ne} au rég^{t} d'Alsace, 2313.
Lintz (Bourgmestres, échevins, etc., de), 417.
Linyères (Le P. de), jésuite, 2768, 2838.
Lion, cap^{ne} au rég^{t} de Sparre, 2183.
Lioney (Jacques), député du commerce de Marseille, 2249,

Lionne (Hugues de), ministre d'État, 20, 82, 102, 110, 119, 123, 124, 205.
—— (Ch.-Hugues, mis de), brig., 2236, 2343.
—— (Laurent de), 3719.
Lions (J.-B.), de Bar, près Grasse, 3243.
Liota (De), mestre-de-camp d'un régt de cavalerie étrangère, 131, 158.
Liotard d'Aiguebonne (Mme de), 33.
Liotaud, capne au régt de Bueil, 2142.
Lippe (Comte de), 387, 388, 405, 411, 413.
—— (Auguste, comte de), 1073.
—— V. *Schauenbourg.*
Lironcourt (De), officier au régt de Raigecourt, 2243.
Lisieux (Municipalité, clergé, etc., de), cons LIV, LXV, LXV b. — Cf. *Matignon.*
Lisle (Abbé de). V. *Noailles* (*Gilles de*).
L'Isle (Melchior de), résident de France à Strasbourg, 33.
—— (Franç. de France de), lieutt au régt de Piémont, 123.
—— (De), 133, 342, 354, 359, 419
—— (Chr de), 146.
—— (De), lieutt au régt de Saintonge, 1971.
—— (De), officier, 2131.
—— (De), capne au régt Dauphin-étranger, 2137, 2143.
—— (De), officier en garnison à la citadelle de Metz, 2167.
—— (De), capne réformé au régt de Saint-Germain-Beaupré, 2370.
—— (De), capne au régt de Lorraine, commdt au château de Bar-le-Duc, 2723, 2791, 2841.
—— (De), lieutt-cel du régt d'Andlau, 3007.
—— (De), régisseur des vivres, 3405, 3463.
—— (De), capne aux Volontaires de Flandre, 3406.
—— (De), 3499.
—— (Charavel de), 3709.
—— (Louis-Desmoulins, mis de). V. *Lille.*
—— (Valin de), con XXXI.
—— V. *Delisle, Lenoir, Marivault, Marivaux.*
L'Isle-Adam (De), major de la place de Noyon, 362.
—— (De), lieutt de roi à Noyon, 2130, 2136, 2412.
—— **de Durand** (De), lieutt au régt de Saintonge, 2137.
—— **de Payen** (De), officier au régt de Navarre, 141.
—— **-Rouet** (Emmanuel-Philibert de La Béraudière, mis de), mar. c., 118.
—— **du Vigier** (De), capne, 102.
—— (De), brig. de cavalerie, 1660, 1661, 1677, 1845, 1856–1858, 1951–1953, 2031, 2032, 2132, 2136, 2137, 2140, 2141, 2144, 2169, 2243.
Lisledon (De Sezille de), capne au régt de Chatillon, puis dans celui de Duprat, 2415.
—— V. *Biragua, Dolé.*
Lislemarais (De), lieutt de roi à Harbourg, 3471.
L'Islemont (De), prêtre à Grenoble, 2272.
Lislier (De), 1307. — Cf. le suivant.
Lisliers (De), 1988, 2224. — Cf. *Lilliers, Lislier.*
Lisogne (De), capne au régt de Pujol, 2021.
Lisola (baron de), 387, 388, 395, 398. — Cf. *Isola.*
Lissac. V. *La Porte.*
Lissalde, chirurgien-major du régt de La Couronne, con LIII.
Lista (Renault de), cel de chevau-légers étrangers, 131.
Listenois (Mis de), 320, 321, 345, 362, 375, 416.
—— (Jacques-Ant. de Bauffremont, mis de), mar. c., 2135, 2137, 2139, 2142, 2214, 2215, 2219, 2220, 2224.
—— (Louis-Bénigne, mis de Bauffremont, puis de), frère du précédent, colonel de dragons, 2221, 2371,
—— (Mme de), 2371.
—— V. *Bauffremont.*
Lititzky (Comte de), chambellan de l'empereur, adjudant-général, 2092.
Litta (Mis de), 2811.
Littelton, 343.
Livarot (De), cons LXII, XLVII *b.*
Liverlo (De), chancelier de Liége, 275, 277, 279, 283, 288, 333,

343, 346, 347, 384, 410, 439, 454, 488.
Livette (De), cap^ne d'inf^rie, 146.
Livourne. V. *Pianezza.*
Livragues (Ch. de), lieut^t au rég^t de Rambures, 92.
Livron (De), officier au rég^t de Beauvoisis, 2045,
—— (De), 3766.
—— V. *Allemougne, Rougemont.*
Livry (De), 343.
—— (Paul-Hippolyte Sanguin, ch^r de), mar. c., 2135, 2219.
—— (François, abbé de), 2634.
—— V. *Raymond.*
Lixier (De), cap^ne au rég^t Royal-Artillerie, 3314.
Lixin (Jacques-Henri de Lorraine, prince de), grand-maître de la maison du duc de Lorraine, 2630, 2663, 2712.
Lo (De), sergent au rég^t de Beauce, 3715.
Lobara (De), cap^ne du port de Louisbourg, 3393.
Lobkowitz (Prince), 1420, 1666, 2027, 2948, 2954, 2960, 3001, 3006.
Loblinière (De), ingénieur, capitaine, 3405, 3499.
Locatelli, comm^t d'un rég^t de dragons au service de Bavière, 1861.
Locher, 1338.
Loches (Garde N^le de), c^on LXV a.
Lochgary (Mac-Donell de), lieut^t-c^el du rég^t d'O'Gilvy, 3408.
Lochmann (De), colonel, 259, 260, 396, 420.
—— (C.), 3085.
—— (J. Ulrich), mar. c., 3430, 3463, 3605.
Lockhart (William), 312, 313, 397, 411, 419, 420.
—— (John), cap^ne de vaisseau anglais, 3572.
Locmaria (De), 460.
—— (L.-Franç. Du Parc, m^is de), lieut^t-g^al, 958, 966, 967, 972, 992, 1205, 1215, 1216, 1264, 1321, 1356, 1364, 1365, 1367, 1407, 1423, 1435, 1573, 1574, 1577, 1582, 1757, 1758, c^on IV.
—— (De), cap^ne au rég^t de Dauphin-cav^ie, 1685.
Locmaria (Olivier-Alexis Du Parc de), mar. c., c^on LXV d.
Locoüal (De), officier au rég^t de Hoccart, 2243.
Lodgman, comm^re-général des guerres hongrois, 3161.
Loé (Baron de), grand trésorier du chapitre de Munster, 3584.
Loere (De), ancien officier du rég^t de Luxembourg, 3257.
Logerie (De), 123, 251, 361, 362, 389, 419, 420.
Logette, commis du ministère de la Guerre?, 3387.
Loginière (De), lieut^t-g^al d'artillerie de marine, 1873.
Logny. V. *Montmorency.*
Loguet, ingénieur des Ponts et Chaussées, 3449.
Lohauffen (De), lieut^t dans la compagnie franche de Romberg, 3017.
Lohéac. V. *Laval.*
Lointier, doyen de Douvier près Hesdin, c^on LXII.
Loir-et-Cher (Dép^t de), c^ons LXV d, LXVI, LXVII.
Loire-Inf^re (Administrateurs du dép^t de la), c^on LXV d, LXVI-LXX.
Loiret (Directoire du), c^ons LXV a, LXV b, LXV e, LXVII, LXIX, LXX.
Loisel (Franç.), maire de Rue, 2024.
—— **-Quevremont** (De), lieut^t au rég^t de Picardie, 91.
Loiselle (Jacques), sculpteur à Paris, 1896,
Loisinge?, 1961.
Lolanier, officier, 2145.
Lolliot, négociant à Vic-sur-Aisne, c^on LXI.
Lolmie (N. de), brig., 2792-2796, 2798, 2837, 2839, 2863.
Lomas. V. *Valcourt.*
Lombard (Henri), lieut^t p^al des submissions à Grasse, 33.
—— (Henri), officier, 33.
—— (Claude-Franç.), chirurgien-major à Phalsbourg, 2167, 2242, 2531.
—— député du commerce de Marseille, 2249.
—— inspecteur général et ordonnateur de la Marine, 2417.
—— maréchal-des-logis du roi d'Espagne, 2268.
—— (Ch^er de), 3677.

Lombard, échevin de Romans, 3702.
—— **de Combrée** (Mme), 2877.
—— **de Saint-Pierre**, conseiller chevalier au bureau des finances à Metz, 2324.
Lombardi, 3299.
Lombardon (Balthasard-Bruno), négociant à Marseille, 3311.
Lombart, habitant de Mézières, 2144.
—— officier municipal de Doullens, con LX.
Lombrail (Jacques-Vincent de), brig., 419, 898, 906, 1009, 1093, 1094, 1116, 1228, 1272, 1332.
—— (De), lieut dans la compagnie de Créquy (Carabiniers), 3017.
Lomellini (Mis), génois, 3247, 3248, 3270.
Loménie (Mme de), belle-sœur de M. de Grémonville, 129.
—— (Ch.-Franç. de), évêque de Coutances, 2138.
—— (Vicomte de), colonel des Chasseurs de Champagne, con LXV c.
—— V. *Brienne.*
Lomere, officier.
Lomont (Florent Du Châtelet), lieut-gal, 903, 904, 906, 1163, 1202, 1205, 1206, 1208, 1209, 1257, 1315, 1355, 1357, 1400, 1424, 1425, 1428, 1483, 1484, 1495, 1549, 1550, 1644, 1645, 1736, 1738, 1743, 1831–1833, 1835, 1837, 1839, 1900, 1943–1946, 2021–2023, 2081, 2130, 2131, 2137, 2139, 2140, 2142, 2159, 2219, 2220, 2222, 2244, 2300, 2335, 2375, 2379, 2380.
—— V. *Du Châtelet.*
—— membre du Directoire du Calvados, cons LXV b, LXV d, LXVI.
Lompré (De), capne au régt de Blaisois, 1831.
Lonchamps (De), lieut au régt de Valgrand, 2138.
Lonchampt (Augustin), aumônier au fort de Joux et au régt de Mortemart, 1850, 2132, 2134, 2392.
Londy (Jacques), mal des logis aux Gendarmes écossais, 131.
—— (Cher de), capne de chevau-légers, 146.
Longas, secrétaire de l'ambassade d'Espagne à La Haye, 1491, 1560, 1561.
Longastre (De), 310, 343, 410.
—— **de Houchin** (Mis de), député de la noblesse d'Artois, 2229.
Longaunay (Ch.-Claude, chr de), mar. c., 2902, 2921, 2950, 3028, 3029, 3039–3042, 3046, 3068, 3621.
—— (Comtesse de), 3001.
Longchamp (De), lieut de roi de Tortose, colonel de dragons, 2105, 2132, 2255, 2329.
—— (J.), «employé pour le service de S. A. R. Mgr. l'Amiral», 2134.
—— (Pierre-Michel Dubuc de), trésorier général de la caisse des amortissements, 3641, 3645, 3672.
—— V. *Dubuc, Lonchampt.*
Longeau, président du Directoire de la Meuse, cons LXV c, LXV d.
Longecombe. V. *Thouy.*
Longefoy (De), entrepreneur de fournitures de fourrages, 3501.
Longepierre (De), 1988.
Longeval (De), officier aux dragons de Lesparre, 1944.
Longeville, entrepreneur de fortifications à Thionville, 2395, 2698.
—— (Évrard de), colonel d'artillerie, cons LXV b, LXV d, LXV f, LXVI.
—— (Perruchot de), con LXXVI.
—— (De), officier au régt de Toul, con XLV.
Longinière (De), capne au régt de Villemort, 1856.
Longis, consul d'Aubagne, 3260.
Longpré (Ph. Du Buisson, sr de), lieut-cel du régt d'Espagny, 146.
—— officier subalterne des dragons de Saint-Priest, 2242.
—— capne, prisonnier de guerre en Piémont, 2248, 2251.
—— (De), capt.e au régt de Verthamont, 2416.
—— (De), officier de dragons, 2663.
—— (Stack de), capne, 3256.
Longrais (De), lieutd'une compagnie d'invalides, 2136, 2142.
Longschamps. V. *Longchamp, Merlet.*
Longue. V. *Scarron.*
Longuebrune (De), 151, 302.
Longueil (De), 1406, 1407.
—— (De), commissaire des guerres, 1900.
—— **de Leur**, capne, 997.

Longueil de Trouan, cap^{ne} au rég^t de La Chenelaye, 2131.
Longuemor (De), officier de dragons, 1981, 1982, 2824.
Longuerue (De), lieut^t de roi à Charleville, 131, 282, 291, 359, 362, 410, 420, 488, 599.
—— lieut^t au rég^t de Lannoy, 1832, 1838.
—— 1896.
Longuet, officier municipal de Guise, c^{ons} XLII, LXXI.
Longueuil (De), lieut^t réformé au rég^t de Champagne, 342.
Longueval (De), commandant à Mayence, 826, 827, 828.
—— V. *Manicamp*.
Longueverne (De), officier au rég^t de la Reine-cav^{rie}, 2144.
Longueville (Henri d'Orléans, duc de), commd^t d'armée, 79, 97, 98, 116, 117, 133, 158.
—— (J.-L.-Ch., duc de –, dit «l'abbé»?), 279.
—— (Anne-Geneviève de Bourbon-Condé, duchesse de), 360, 361.
—— lieut^t au rég^t de Villegagnon, 1830.
—— (De), 2370.
Longwy (Municipalité, clergé, bourgeois, etc., de), 1854, c^{ons} XLII, LXXI. — Cf. *Berthold, Brochetie, Daimard, Du Rollet, Fauconnier, Fiers, Fort, Frossard, Guillemard, Henrion, La Fay, Marchal, Monflin, Mussey, Naudin, Poupart, Rivière, Simonet, Thomassin, Tissier, Villas*, etc.
Lonjon (Ch^r de), c^{on} LXII.
Lonny (Curé de). V. *Genigeot*.
Lons (Mis de), 1887, 1888, 1895, 1899, 1900, 1981–1983, 2253, 2255.
Lons-le-Saulnier (Clergé de), 1759. — Cf. *Thiadot*.
Loos (Abbé de), c^{on} LIV. — Cf. *Ignace*.
Looz, cap^{ne} hollandais, 3184.
—— **-Corswaren** (Duc de), 2936.
—— (Prince de), enseigne au rég^t autrichien de Ligne, 3185, 3186.
—— V. *Corswaren, Nille*.
Looze (De), 957.
Lopin (C.), élu des États de Bourgogne, 2183.
Lopriac. V. *Donges*.
Loquet. V. *Granville*.
Lor (De), 1766. — Cf. *Borel*.
Lorant (Jean), voiturier à Sarrelouis, 2245.
Loras-Bellacueil (De), lieut^t-c^{el} du rég^t Royal-Piémont, 977, 987.
Lorchère (De), lieut^t-g^{al}, 3184.
Lordant, aubergiste à Cambrai, 2370.
Lordat, lieut^t-c^{el} du rég^t d'Heudicourt, 2142, 2411.
—— (Ch^r de), 2257, 2337, 2467.
—— (Comte de), 2850.
—— (Jos.-Marie, comte de), mar. c., 3520, 3521, 3523, 3556, 3710, c^{on} XXXV.
—— **de Bram**, mestre-de-camp, 1856.
Loredano (Antonio), provéditeur général de Venise, 2816, 2846.
—— provéditeur de Brescia, 2753.
Lorenzi (Comte), chargé d'affaires auprès du grand-duc de Toscane, 2753, 2887, 2901, 3172, 3291, 3416, 3446.
Loret (Frère Théod.), supérieur des Récollets à Sarrelouis, 2245.
Lorge (Guy-Aldonce de Durfort-Duras, comte, puis duc de), mar. Fr., 209, 275–291, 310, 318–322, 324–335, 343, 347–349, 383, 384, 386, 409, 410, 442–445, 459, 460, 488, 498, 499, 585, 596, 879, 880, 889, 903–906, 966, 968, 974–976, 978, 982, 987, 999, 1000, 1072, 1087–1089, 1155, 1159, 1213–1217, 1264–1267, 1321–1324, A. 88, c^{on} III. — Cf. le suivant.
—— (Louis de Durfort-Duras, ch^r, puis comte, puis duc de), lieut^t-g^{al}, 2923, 3092, 3201, 3215, 3275, 3418, 3430, 3433, 3435, 3440, 3442, 3444, 3473–3475, 3477–3479, 3500–3502, 3508, 3509, 3533–3535, 3537, 3543–3547, 3568–3570, 3572, 3573, 3577–3579, 3581, 3598, 3602, 3623, 3624, 40 s,
—— (Duchesse de), 3418.
—— (J. Laurent de Durfort-Civrac, duc de), lieut^t-g^{al}, 3721.
—— V. *Duras, Randan*.
Lorgère (De Villemont de), commissaire d'artillerie, 1956. — Cf. *Villemont*.
Lorgères (De), sénéchal de Craon en Anjou, 2270.

Lorgerie (De), 260, 629.
Lorgeril (Ch^r de), cap^ne de vaisseau, 3599.
Lorient (Échevins, magistrats, etc., de), c^ons LXV c, LXVI, LXVIII. — Cf. *Brossière, Fléchier, La Béraye, Le Beau, Leconte, Montigny, Tenaud, etc.*
Lorier (Frère Jean), prieur de Saint-Aubin d'Angers, 958.
Lorière (De), cap^ne, 2183.
—— **de Vilfeu** (De), cap^ne au rég^t de Provence, 2130.
Lories (Jacques Noys des), cap^ne au rég^t de Navailles, 123.
Lorin, sénéchal à St-Malo, c^on LXXVI.
Loriot, 11 s.
Lorme (De), partisan, 978, 995.
—— (De), 2022.
—— (Simon, ch^r de), mar. c., 2139, 2678, 2729, 2731–2733, 2737, 2746, 2785, 2904, 2924, 3001, 3059, 3160,
—— (De), lieut^t, ingénieur, frère du précédent, 2732, 2737.
—— (De), 2592,
Lormet (Baron de), major au rég^t Mestre-de-Camp-g^al de cav^ie, 3712, 3715.
Lormois (Salart de), commissaire des guerres, 3445.
Lormoy (De), officier, 1984.
—— V. *Le Gendre.*
Lornay (Baron de), V. *Menthon.*
Lorne, trésorier général à Paris, 2137.
Lorraine (Charles de Guise, cardinal de), c^on I.
—— (L. Phil., chevalier de), mar. c., 276, 299, 361, A. 87, A. 88.
—— (Emmanuel, prince de), 1524, 1898.
—— (Léopold-Jos.-Ch., duc de), 1666, 1846, 1850, 2034, 2035, 2091, 2143, 2163, 2169, 2236, 2643, 2663.
—— (Louis, prince de), grand écuyer de France, 2135, A. 87, A. 88.
—— (Élisabeth-Charlotte, duchesse de), 1761, 2700, 2701, 2712, 2723, 2738, 2746, 2768, 2783, 2784, 2792, 2794, 2803, 2825, 2840, 2851, 2860, 2873, 2877, 2890, 2902, 3044, 3072.
Lorraine (Charles, comte d'Armagnac, prince de), 2386.
—— (Charles, prince de), gouverneur des Pays-Bas, 2851, 2860, 2943, 2946, 2947, 2954, 2955, 2982, 3001, 3039, 3040, 3096, 3144. 3316, 3391, 49 s.
—— (Anne-Charlotte, princesse de), abbesse de Remiremont, de Sainte-Wandru, etc., 2873, 3071.
—— (Ducs et princes de). V. *Brionne, Charles III, Charles IV, Elbeuf, François Ier, Guise, Harcourt, Lambesc, Lillebonne, Lixin, Marsan, Maubecque, Mayenne, Pons, Rieux, Vaudémont.*
—— (Officiers du rég^t des Chasseurs de), c^on LXV f.
—— (Commission extraordinaire de — et Barrois), c^ons LXI, LXII.
Lorry (De), 2271, 2664, 2678, 2687, 2709, 2713, 3510.
—— (Comte de), lieut^t-c^el du rég^t d'Auvergne, c^on XLI.
Lort-Sérignan de Valras (Henri, comte de), évêque de Mâcon, 3396.
Lortie (De), cap^ne au rég^t de Maulévrier, 988.
—— **-Desbuons**, cap^ne au rég^t d'inf^ie de Guyenne, 1571.
Lorton, 3687.
Los Balbasès (Mis de), 599.
—— (Don Felipe-Antonio Spinola de Sesto, m^is de), vice-roi de Sicile, 2047.
Loschi (Ch^r Léonidas), 6.
Los Rios (Don Pedro de), général de la flotte et armée navale d'Espagne, 1978.
—— (Don Diego Pereira), brig. du service d'Espagne, 2033, 2042.
—— (Maréchal de), 3257.
Loss (Comte de), 2951. — Cf. le suivant.
—— (Comte de), ministre à Paris du roi de Suède, puis de l'électeur de Saxe, 3137, 3312.
Losse (De), major du rég^t de Gassion, 3779.
Lossendrie (De), aide-major-général de l'infant don Philippe en Provence, 3225, 3242, 3473.
Lossy de Froyenne (De), 3259.

Lostanges (Théoph. de Blanchet, baron de), capne au régt de La Reine, 92.
—— (Jacques Blanchet de Pierrebussière, mis de), 1896.
—— (Felzin de), major du régt Royal-Roussillon, 2793.
—— (Raymond, comte de), colonel, 2136, 2138, 2140, 2145, 2371, 2376.
—— (Arnault-Louis-Marie de Saint-Aulaire, mis de), mar. c., 3445.
—— (Mis de), cel du régt Royal-Picardie, cons LXVII, LX, LXIX.
Lostelneau (J. de Lespès de), enseigne au régt des Gardes, 102.
Los Velez y Adel (Mis de), vice-roi de Naples, 513.
Lot (Membres du Directoire du), cons LXV e, LXVI, LXXI.
—— **-et-Garonne** (membres du Directoire de), cons LXVI., LXVI, LXVII, LXIX.
Lotin, 271.
—— **de Charny**, 2138, 3293.
Lotio, ingénieur, capne au régt de Péry, 2452.
Lottinger, de Strasbourg, 2130.
Lottum (Comte de), général des troupes de Brandebourg au service anglo-hollandais, 1651, 1654, 2086.
Lotty (Chr de), officier des milices de Vernon, 3562.
Louat (Blaise de, —, sr des Rossettes), major au Fort-Barraux, 146. — Cf. *Louvat.*
—— marchand à Gênes, 2047.
Loubat (De), 141.
—— (J. Claude), capne au régt Royal-Pologne, con LXV b.
—— V. *Louvat.*
Loubejac (De), lieutt au régt de Coëtquen, 2131.
Louben (De), 333.
Loubers, receveur général des Finances à Orléans, 2185, 2338.
Loubert (De), officier de garde-côtes à Oléron, 3577.
—— fils (Louis de ——, sgr de Leguille), ancien lieutt au régt de Belsunce, con XL.
Loubes. V. *Deloubes.*
Loubier, 2875.
Loubilly, officier d'invalides, 2136.
Louche (De), commissaire des guerres, 1867, 1965, 2325, 2346.
Louciennes (De), envoyé du roi à Gênes, 898, 1275, 1509, 1517, 1519, 1585, 1586, 1614, 1775, 1781, 1861, 1872–1877, 1960–1963.
Loüet, officier d'artillerie, 3471.
Loüette (Pierre), marchand à Doullens, 2157.
Lougadelle (De), 1952.
Louis IX, roi de France, 12.
Louis XI, roi de France, 12, 13.
Louis XII, roi de France, 13.
Louis XIII, roi de France, 72, 90, 93, 94, 100, 103, 106, 107, 110, 116–119, 153, 154, 3780, 3786, con I. — Cf. les vol. de *Minutes*, d'*Expéditions* et de *Transcrits*, de l'année 1610 à l'année 1643.
Louis XIV, roi de France, 77, 154, 157, 158, 197, 225, 226, 275–284, 291, 312, 324, 326–328, 348, 352, 358, 375, 387, 392, 394, 398, 399, 401, 402, 407, 413, 414, 440, 455, 458–461, 484, 488, 491, 492, 499, 500, 506, 508–510, 516, 540, 544, 563, 597, 598, 608, 631–634, 636, 663, 665, 700, 705, 819, 870, 902, 956, 963, 997, 1006–1008, 1013, 1018, 1041, 1043–1045, 1048, 1051, 1052, 1057, 1060, 1067, 1072, 1074, 1075, 1077, 1078, 1086, 1089, 1103–1105, 1107, 1112, 1131, 1134–1138, 1142–1145, 1153–1155, 1160, 1163, 1165, 1172, 1175–1177, 1180, 1182, 1183, 1198, 1200–1202, 1204–1210, 1212–1217, 1220, 1232, 1235, 1239, 1245, 1253, 1255–1261, 1264–1267, 1269, 1270, 1276, 1279, 1304, 1306–1317, 1322–1324, 1326, 1329, 1336, 1351–1360, 1362–1366, 1369, 1370, 1373, 1377, 1393–1395, 1397–1404, 1407–1409, 1411, 1412, 1416, 1423–1426, 1439, 1440, 1449, 1453, 1462, 1465, 1481, 1485, 1493–1496, 1506, 1507, 1515, 1516, 1525, 1528, 1552–1557, 1559–1561, 1564, 1566, 1568–1571, 1577, 1582, 1588–1592,

1594, 1596, 1598-1600, 1639-1641, 1646-1654, 1658, 1661-1664, 1666-1668, 1675-1677, 1683-1687, 1693, 1707, 1708, 1719, 1730-1732, 1737-1739, 1742, 1743, 1746, 1748-1751, 1755, 1756, 1764, 1776-1779, 1780-1785, 1787-1789, 1796, 1797, 1803, 1828, 1829, 1833-1839, 1840, 1844-1849, 1852, 1853, 1854, 1860, 1862, 1864-1869, 1872-1877, 1883-1884, 1886-1888, 1890, 1899, 1933, 1936-1940, 1946, 1948, 1949, 1958, 1960-1964, 1966, 1967, 1973, 1976, 1978, 1979, 1981, 1988, 1998, 2015, 2018-2021, 2025, 2027, 2028, 2034, 2036, 2039-2043, 2046-2051, 2053, 2075, 2077, 2079-2084, 2091-2093, 2098-2100, 2104-2107, 2146, 2149-2153, 2163, 2164, 2170-2172, 2177-2179, 2181, 2214-2217, 2245, 2248, 2254, 2256, 2258, 2261, 2303, 2306, 2318, 2319, 2325, 2328, 2330, 2333, 2374, 2375, 2379-2386, 2391, 2394, 2398, 2406, 2407, 2422, 2454, 2463, 2470, 2506, 2524, 2537, 2538, 2642, 3015, 3188, 3776, 3779, 3780, 3786, 3786 *bis*, 4 s., 6 s., A. 88-A. 90, A. 92 *bis*, c^ons^ I-VI, LXXVIII. — Cf. les vol. de *Minutes*, d'*Expéditions* et de *Transcrits* des années 1643-1715, le *Don de Bontin* (voir t. V de l'*Inventaire*, p. 541) et, à défaut, la correspondance, pour la même période, par théâtres de guerre et d'opérations.

Louis XV, roi de France, 2537, 2561, 2575, 2584, 2619, 2622, 2662, 2663, 2679, 2687, 2697, 2704, 2705, 2707-2709, 2712, 2723, 2725, 2726, 2728-2730, 2732, 2734, 2744, 2746, 2751-2756, 2768, 2771, 2791, 2812, 2823-2825, 2844, 2850, 2852, 2859, 2862, 2864, 2890-2892, 2911, 2917, 2923, 2924, 2928, 2940-2948, 2957, 2969, 2970, 2981, 2986, 2889, 2994-2997, 3002, 3014, 3015, 3026, 3029, 3030, 3032, 3034-3037, 3040-3042, 3044, 3046, 3051, 3057, 3059, 3065, 3069-3071, 3084, 3086-3088, 3090-3092, 3099, 3100, 3115, 3118-3120, 3125, 3126, 3136, 3138, 3140, 3142, 3143, 3145, 3147, 3149, 3152, 3167, 3173, 3178, 3184, 3186, 3202, 3205, 3208, 3210, 3211, 3236, 3239-3241, 3248, 3256, 3258 3263, 3275, 3278, 3308, 3309, 3313, 3325, 3326, 3328, 3329, 3332, 3335, 3339, 3362, 3371, 3387, 3390, 3396, 3405, 3408, 3412, 3415, 3417-3420, 3422-3425, 3428, 3436, 3439, 3444, 3452, 3454, 3459-3465, 3471, 3476, 3477, 3520, 3541, 3575, 3611, 3613, 3624, 3629, 3674, 3677, 13 s., 16 s. — 19 s., 21 s., 22 s., 35 s., 37 s., 41 s., 43 s., 46 s., 50 s., 61 s., A. 1. — A. 53, A. 65 — A. 73, c^ons^ X-XII, XIV-XX, XXIV, XXVI, XXVII, XXXV — XXXVII, XXXIX, XL, XLII.

Louis XVI, roi de France, 3686-3689, 3694, 3696, 3701, 3726, 3734, 3768. A. 54 — A. 64, c^ons^ XLII-XLVIII, L b, LIV-LVII, LX, LXI, LXIII, LXV, LXV c. — LXV f., LXX, LXVII, LXVIII, LXX, LXXI, LXXIV.

Louis (L. Victor-Nic.), architecte, 3702.

Loulle (Ch^r^ de), officier au rég^t^ de Tournaisis, 3648.

Loury, boulanger à Beauvais, 2136.

Lousche (De), gouverneur de l'île de Ré, 133, 137.

Louse (De), lieut^t^ au rég^t^ du Maine, 1982.

Loustau (De), commissaire des guerres, 2134, 2136, 2188.

Loustaud, secrétaire du marquis de Lons, 1983.

Lousteau (Maurice-Ant. de Brackenhenner de), brig. 2731, 2793, 2794, 2914, 2915.

Louty (Pierre), recteur de l'hôpital de Mont-Royal, 983.

Louvart, major du rég^t^ de St-Germain, c^on^ XXVII.

Louvat (Claude de), mar. c., 259, 278-282, 289, 295, 342, 344, 345, 347, 358.

Louvat (De), sous-lieut^t de la compagnie des chevau-légers d'Anjou, 1856, 2269.
—— V. *Loubat.*
Louvel, 141.
—— médecin de l'hôpital de Sedan, 992.
—— (Frère Georges), secrétaire du procureur général des Bénédictins à Saint-Germain-des-Prés, 1700.
—— commissaire aux classes, c^on LXIX.
—— V. *Ravenel.*
Louvenconrt (De). V. *Blangy.*
Louvière (De), ingénieur, 1781, 1783.
Louvières (Hiérôme de Broussel de), enseigne aux Gardes du corps, 123.
Louviers (L. de), officier aux Gardes, 146.
Louvignies (Comte de), 793, 898, 1113, 1237, 2049, 2050.
—— (Landas, comte de), 2969.
—— V. *Louvigny.*
Louvigny (De), 275, 279, 390.
—— (Jean Maignart de Bernières, comte de), lieut^t-g^al, 1644, 2140.
—— cap^ne d'une compagnie d'invalides à Lille, 1832, 2137.
—— (Comte, puis duc de), colonel, 2141, 2299, 2374, 2411.
—— (De), 46 s. — Cf. les précédents.
—— V. *Gramont, Landas, Louvignies.*
Louville (De), 260, 11 s.
—— (Ch. Aug. d'Allonville, m^is de), 1696.
Louvois (Franç. Michel Le Tellier, m^is de), ministre de la Guerre, surintendant des bâtiments, 241, 251, 252, 259, 265, 270, 275, 282, 284, 285, 292–296, 312, 327, 328, 375, 378, 392, 396, 398–409, 410, 413, 458, 460, 461, 484, 498–500, 506, 507, 512, 515, 545, 549, 550, 559–561, 564–567, 592, 601, 605–608, 629–631, 633, 634, 665, 688, 700, 703–705, 708, 722–724, 729–731, 734–736, 738, 739, 755–758, 776, 791, 793–798, 817–819, 821, 822, 824, 830–832, 835, 836, 864–867, 871–873, 880–887, 889, 890, 898, 900, 907, 908, 935–943, 947–954, 956, 960, 965, 970, 974–987, 991, 994, 999, 1000, 1009, 1010, 1012, 1018, 1043–1045, 1047, 1053–1056, 1058, 1063, 1064, 1067–1069, 1071, 1072, 1074, 1076, 1077, 1079, 1082, 1089, 1091, 1092, 1094, 1103, 1104, 1106, 1107, 1113, 1115, 1116, 1183, 1238, 1239, 1483, 1564, 1585, 1614, 1667, 1691, 1701, 1741, 1857, 2021, 2022, 2032, 2538, 3060, 3099, 3396, 3747, 3779, 3780, A. 87, A. 90, c^ons II, III. — Cf. les vol. de *Transcrits*, de *Minutes* et d'*Expéditions* de février 1662-juillet 1691 et, à défaut, la correspondance, pour la même période, par théâtres de guerre et d'opérations.
Louvois (Abbé de), 1895, 2343.
—— V. *Estrées, Le Tellier.*
Louze (De), commd^t au fort de La Knoque, 958.
Lovat (Les frères), de Gênes, 2047, 2174, 2249.
Lowencron (Baron de), 3552.
Löwendal (Woldemar, comte de), mar. Fr., 2981, 2992, 3027, 3032, 3041, 3047, 3056, 3084, 3086, 3087, 3088, 3090, 3091, 3095–3097, 3120, 3135–3138, 3140–3146, 3148, 3149, 3166, 3185, 3186, 3197–3202, 3204–3211, 3275–3278, 3281, 3387, 16 s.–22 s., c^ons XVII, XX.
—— (Barbe-Madeleine-Élisabeth de Szembeck, comtesse de), 3135.
—— (Abbé de), 3185.
—— (De), à Basse-Terre (Antilles), c^on XLVI.
Löwenstein (De), 410.
—— (Comte de), 1465, 1672, 1856, 1951.
—— V. *Lewenstein, Streiff.*
Loyal, lieut^t de prévôté d'armée, 3032, 3183.
Loyau (Jacques), religieux, 2622.
Loyauté, commissaire des guerres, 224, 226, 227, 241–244, 264, 292, 294–296, 299, 354, 355, 466, 512, 515, 516, 567, 568, 613, 615.
—— (De), 3236, 3239.
Loÿe (De), cap^ne au rég^t de Kerkem, 2242.
Loyer, ancien gendarme de la Reine, A. 89.

Loÿs, 3586.
Loyse (Chr de), capne au régt de Nice, 2134.
—— (De), 3040.
Loysel, membre du Directoire du dépt de l'Aisne, con LXV a.
Lozère (Directoire du dépt de la), cons LXVII, LXIX, LXX.
Lozières (De), intendant, 97, 117.
—— **d'Astier**, ingénieur, brig., 894, 895, 961, 962, 1079, 1082, 1083, 1093, 1099, 1115, 1764, 1767, 1777-1779, 1861, 1864-1868, 1872-1875, 1877, 1964-1966, 1968, 1973, 1975, 2038, 2039, 2041-2043, 2098-2102, 2142, 2170-2172, 2188, 2247-2249, 2251, 2325, 2326, 2399, 2400, 2488, 2501, 2575, 1622.
—— V. *Astier.*
Lozilière (De), résident de France à Genève, 2040, 2175, 2236, 2249, 2251, 2325, 2326. 2337.
Lubersac (Comte de), cornette de chevau-légers, 3308, 3309, 3631.
Lubières du Bouchet (Gabriel-Marie-Olivier de), évêque de Comminges, 2562.
Luc (De), 1311, 1356. — Cf. *Du Luc.*
Lucas (Léon), capne au régt de Picardie, 131.
—— secrétaire de Louis XIII, 42. — Cf. le suivant.
—— commissaire des guerres, 31, 35, 36, 37, 40, 57, 821.
—— dit «La Roche», maire de Phalsbourg, 997.
—— capne au régt Royal-Artillerie, 2039.
—— (F.), général de l'ordre des Prémontrés, 2143.
—— lieutt du maire de Granville, 2284.
—— membre du Directoire de la Seine-Inférieure, con LXV c.
Lucchesi. V. *Luquesi d'Averne.*
Lucchetti (Lucien-Marie), corse, 3647.
Luce. V *Aguesseau.*
Lucé (Jacques Pineau de), intendant, 3135-3144, 3147, 3149, 3160, 3182, 3184, 3185, 3187, 3197-3204, 3206, 3207, 3255, 3259, 3260, 3275, 3278, 3326, 3395, 3407, 3421, 3428-3430, 3433-3435, 3437, 3439, 3445, 3459-3465, 3472, 3473, 3502, 3604, 3605, 32 s., 33 s., 56 s., 61 s., 72 s., 76 s. Cons XIX, XLIV.
Lucé (Touvenot de), 3182-3184.
Luce-Coste (Marianne de), 1973.
Lucelle (Abbé de), 997, 2394, 2732.
Lucenay, capne des portes du château de Joux, 2137. — Cf. le suivant.
Lucené, 2136. — Cf. le précédent.
Lucerne (Canton de), 437, 880, 997, A. 75. — Cf. *Suisses (cantons).*
Lucet, 3611.
Luchat (Pierre Jarousseau, chr de), officier au régt de Piémont, 131.
Lucienne, commissaire des guerres, 116, 157, 158.
Lucier (De), 299.
Lucinge (Prosper, chr, puis comte de), mar. c., 313.
—— (Jean-Philibert de), ex-officier au régt Royal-Piémont, puis officier des milices de Savoie, 997.
—— (Mis de), ex-gouverneur de Turin, 2174.
Luckingen (Baron de), 1754.
Luckner (Nic., baron de), officier au service de Prusse, plus tard mar. Fr., cons XXIX, LXVIII-LXXI.
Luçon (Évêque de). V. *Barillon.*
Lucot, élu des États de Bourgogne, 2183.
Lude (Henri de Daillon, comte, puis duc du), grand-maître de l'artillerie, 265, 271, 275, 283, 285, 342, 346, 347, 359-361.
Lueil (De), major de la place de Toulon, 354, 359, 360, 420, 511, con II.
—— (De), ancien capne au régt de Champagne, 2327.
Lugagnac. V. *Sarlat.*
Lugan, officier municipal de Montauban, cons LXV c., LXV d.
Lugeac (Ch.-Ant. de Guérin, mis de), lieutt-gal, 3144, 3410, 3420, 3427, 3442, 3443, 3476, 3479, 3480, 3483, 3484, 3505, 3506, 3511, 3561, 3563, 3564.
Lugerat, 1400, 1401.
Lugo (Don Pedro de), gouverneur de la Havane, 1601.

Luker (De), mar. c., auteur d'un mémoire sur les «insurgents» d'Amérique, 3628, 3664, c^{on} XLV.
—— (Ch^{r} de), commissaire des guerres, c^{on} XXIII.
Lullier, commissaire des guerres, 966, 967, 969, 971, 983, 992.
Lumagne (De), officier, 1877, 1988.
—— (De), munitionnaire général de l'armée d'Italie, 2811.
Lumbres (Maximilien de Fiennes, comte de), mar. c., 597, 598, 600-602, 604, 630, 712.
—— (Maximilien-Franç. de Fiennes, comte de), lieut^{t}-g^{al}, 1946, 2131-2133, 2157, 2159. — Cf. *Fiennes.*
—— (De), cap^{ne} au rég^{t} de Lestrange, 2130, 2132, 2244.
Lumenzu (Don Manuel de), 1784.
Lumière (De), major du rég^{t} d'Anlézy, 1949.
Luminy (De), major du rég^{t} Colonel-général-cavalerie, 2912.
Lumley, officier anglais, 2387.
Luna (Don Gusman de), 1700.
Lunay (De), lieut^{t} au rég^{t} d'Espagny, 146.
Lunebourg. V. *Brunswick.*
Lunel, 97.
Lunéville (Municipalité, etc., de), 347, c^{ons} LXV, LXV a. — Cf. *Alliot.*
Lupcourt, 3431, 3433, 3434, 3437. — Cf. *Mahuel.*
Luppé. V. *Du Tillac.*
Luquesi d'Averne (Comte de), 2819.
Lur-Saluces (Claude-Honoré de), 2927.
—— V. *Saluces.*
Lure (Bourgeois, etc., de), 1752. — Cf. *La Bruyère*, etc.
Lusace (Comte de). V. *Saxe (Xavier de).*
Lusbourg (De), cap^{ne} de chevau-légers dans un rég^{t} allemand, 146.
Luscan (De), officier au rég^{t} de Leuville, 2244.
Lusebourg. V. *Lusbourg.*
Lusency (De), 1789.
Lusignan (Franç. de Couhé, ch^{r} de), 832, 1896, 2237, 2241, 2346, 2419. — Cf. les suivants.
—— cap^{ne} d'artillerie, 3540.
—— (De), 3541.
—— (Ch^{r} de), major de la place de Brest, c^{ons} LXV f., LXVI.
Lusignan. V. *St-Gelais.*
Lussage, c^{ons} LXIV.
Lussan (Ch.-Claude-Joachim d'Audibert, comte de), lieut^{t}-g^{al}, 2886, 3094, 3143, 3144, 3197-3200, 3202, 3261, 3326, 3418.
—— (L.-Jacques d'Audibert de), archevêque de Bordeaux, 3140.
—— V. *Aubeterre, Esparbès, Jonsac, Verthamon.*
Lussay (De), 3362.
Lusseaume (De), cap^{ne} au rég^{t} de Bellefonds, 2145.
Lussy (Ch^{r}), gentilhomme du canton d'Unterwald, 988.
Lustrac (De), cap^{ne} au rég^{t} d'Agénois, 3727, 3748.
Lusy (De), 2271-2273.
Luszinsky, 3552.
Lutss, 3184.
Lutteaux (Étienne Le Ménestrel de Hanguel), lieut^{t}-g^{al}, 2046, 2698-2703, 2723-2727, 2729-2735, 2739, 2740, 2742, 2782, 2783, 2798, 2827, 2948, 2982, 2990, 2992, 2993, 3000, 3002, 3026, 3027, 3032, 3037, 3084, 17 s.
Luttich, colonel allemand, 2915.
Lutzelbourg (A. de), 1572.
—— (Jacques-Ant., comte de), général du service de Pologne, 2091.
—— (Marie-Jos.-Franç. de Valter, comte de), lieut^{t}-g^{al}, 3042, 3509, 43 s., c^{on} XXXV.
Lutzenberger, officier au rég^{t} de Hessy, 3780.
Luvera, «comtador» général à Turin, 2704.
Lux (Franç. de —, s^{r} de Vantelet), officier au rég. de Du Bosquet, 123.
—— (Franç. de), gentilhomme de Damvillers, A. 89.
Luxe (Comte de). V. *Chatillon.*
Luxem (Comte de), ancien officier au rég^{t} Royal-suédois, 3720.
Luxembourg (États, députés, magistrats, etc., des pays et de la ville de), 331, 351, 383, 566, 567, 1076, 1846, 1854, 2033-2035. — Cf. *Dosburg, Du Prel, Duranton, Gaber, Huart, Joné, Keller, La Payrade, Malgouverne, Mangin, Osburg, Schambourg, Thiersant, Woltter*, etc.

Luxembourg (Franç.-H. de Montmorency, comte de Bouteville, puis duc de), mar. Fr., 224-227, 265, 274-291, 310, 318-336, 353, 357, 378, 383, 387-391, 396, 398-401, 409, 441, 443-446, 450-453, 459, 484, 488-496, 507-509, 520, 537-541, 545-552, 555, 566, 582, 585-588, 592, 593, 596, 598-603, 605, 942, 943, 958, 1047-1051, 1054, 1057, 1060, 1139-1144, 1146, 1147, 1163, 1172, 1183, 1204-1209, 1255-1260, 1318, 9 s. A. 87, c^{on} II.

—— (Louis-Christian, chev^{r} de Montmorency, de Luxembourg, prince de Tingry), mar. Fr., 1776, 1861, 1862, 1963, 1966, 1967, 2030, 2083, 2131-2134, 2138-2141, 2144, 2150-2153, 2155, 2159, 2160, 2187, 2213-2216, 2219-2222, 2224, 2233, 2235, 2299-2306, 2308, 2343, 2344, 2371-2388, 2411, 2444, 2448, 2524, 2630, 2633, 2697, 2698, 2703, 2738, 3030, A. 90.

—— (Ch.-Franç.-Fréd. de Montmorency, prince de Tingry, duc de), lieut^{t}-g^{al}, 1898, 2131, 2135, 2186, 2263, 2268-2272, 2300, 2338, 2339, 2343, 2344, 2419, 2622.

—— (Ch.-Franç., duc de Montmorency, puis de), mar. Fr., 2679, 2793, 2921, 2948, 2999, 3419, 3420, 3495-3497, 3505, 3506, 3532, 3546, 3570, 3571.

—— (Prince de), c^{on} LII.

—— (Comte de), c^{on} LXV.

—— V. *Montmorency*, *Tingry*.

—— (Fr. Angélique de), gardien des capucins de Trèves, 2243.

Luxémont (De), 46 s.

—— (De), officier au rég^{t} de Conti-dragons, c^{on} LXV c.

Luxer, député de la commission intermédiaire de Lorraine et Barrois, c^{ons} LXI, LXII.

Luynes (L.-Ch. d'Albert, duc de), 134.

Luynes (Ch.-Phil. d'Albert, duc de), 3084.

—— (Duchesse de), 3084.

—— (Paul d'Albert de), évêque de Bayeux, 3396.

—— V. *Albert*, *Chevreuse*, *Montfort*.

Lüys (De), 1285.

Luzilhat (De), officier au rég^{t} Mestre-de-camp-général de dragons, 2663.

Luzines (Abbé de), élu des États de Bourgogne, 3725.

Luzzara (C.-B.), 898.

—— (Mis de), 1593.

—— (De), colonel du rég^{t} Royal-Montferrat, 2047.

Lyle-Callian (De), cap^{ne} de frégate, 3412.

Lynar (Comte de), ministre danois, 3439, 3440, 3445, 33 s.

Lynch (Henry), irlandais, commerçant à Dunkerque, 3075.

Lynden (De), gouverneur de Menin pour les Hollandais, 2642.

—— (Claude d'Aspremont, comte de), mar. c., 2945, 3051, 3096, 3144.

—— V. *Linden*.

Lyon (Municipalité, clergé, bourgeois, etc., de), 362. C^{ons} LVII, LX, LXIII, LXV a-LXV d, LXVIII, LXX, LXXI. — Cf. *Agniel*, *Bellegarde*, *Bertholon*, *Cohade*, *Darance*, *Degraix*, *Desdier*, *Duga*, *Emery*, *Escudier*, *Fayolle*, *Floret*, *Guysolon*, *Imbert*, *Jacquin*, *Jars*, *Juny*, *La Roche*, *La Tourette*, *La Valette*, *Le Camus*, *Lingendes*, *Mably*, *Montesan*, *Neufville*, *Nicolaut*, *Parisot*, *Perrichon*, *Prondre*, *Ravat*, *St Georges*, *St Maurice*, *Savy*, *Séjournant*, *Sève*, *Steinman*, *Thomé*, *Tressan*, *Varax*, *Villeroy*, etc.

—— (Charles), officier au rég^{t} d'Auvergne, 351.

—— (De), entrepreneur de fournitures de couchage, 2394.

Lyone. V. *Giraud*, *Lionne*.

Lyonnais (Rég^{t} de), c^{on} LXVI.

Lyvet, maître de poste à Vienne (Dauphiné), 516.

M

Maanen (J.-M.-V.), officier hollandais, 3309,
Mabile, commissaire des guerres et secrétaire de l'intendant Bertier de Sauvigny, 3182.
Mabille, garde-magasin à la citadelle de Pampelune, 2137.
Mably (Bonnot de), grand prévôt de Lyon, 2786.
Maboul (Jacques), évêque d'Aleth, 2370.
Macaire, 987.
—— commissaire des guerres, 1549, 1644, 1652, 1736-1739, 1743, 1750, 1833, 1840, 1841, 1941, 1942, 1946, 2024, 2025, 2085, 2133, 2134, 2140, 2145, 2150, 2156, 2159, 2160, 2213, 2214, 2219-2222, 2230, 2234, 2299-2301, 2379, 2444, 2447.
—— major du rég^t de Lee, 1644.
Mac-Allester, gentilhomme irlandais, 3534.
Macamty (De), 1862.
Macarthy et **Macartie**. V. *Mac-Carthy*.
Macary, ingénieur?, 3426, 3538, 3568, 3630.
Macau, médecin à Dunkerque, 2800.
Macauld (F.-M.), religieux augustin, 1116.
Macaulife (De), officier, 2255.
Mac-Bermott, cap^ne au rég^t de Dorrington, 2137.
Mac-Carthy (J.), officier au rég^t d'O'Brien, 2021.
—— 892, 893,
—— officier irlandais, 1332.
—— officier au rég^t de Courcillon, 1841.
—— (Jérémie), cap^ne au rég^t de Lee, 1885, 1956.
—— (Ch.), officier irlandais, 2135.
—— officier irlandais, 2677, 3600, 3601.
—— irlandais, négociant à Bordeaux, 3408.
—— (Ch.), enseigne au rég^t de Bulkeley, 3154.
—— (Eugène), cap^ne au rég^t de Clare, 3605.
—— cap^ne de vaisseau, c^on XXVI.
Mac-Carthy, cap^ne au rég^t de Bourke, 1550, 1574.
—— V. *Mont-Cassel*.
Macdonald (Comte de), 3727, 3748.
Macdonnell (F. de), 2631.
Macé, receveur de la ferme du tabac, à Clamecy, 2271.
Macerata. V. *Pelicani*.
Macghee, 2631.
Machault (Ch. de), intendant, 26, 33, 63, 116, 157.
—— (Louis de), intendant, 360, 362, 389-393, 395, 413, 414, 416, 419-421, 466, 468, 484, 509.
—— (J.-B. de), intendant, puis contrôleur général, puis ministre et garde des sceaux, 2978, 2993, 3029, 3030, 3034, 3039, 3071, 3085, 3086, 3088-3090, 3124, 3137, 3138, 3183, 3186, 3200, 3218, 3228, 3236, 3238-3240, 3250, 3252, 3255, 3257, 3258, 3262, 3263, 3290, 3293, 3299, 3308-3311, 3314, 3391, 3392, 3404-3406, 3408, 3410, 3416-3420, 3425, 3426, 3457, 3468, c^ons XVII, XIX.
Machet, chanoine, 1784.
—— (Robert), lieut^t-g^al, 2728.
Machetay, officier de compagnie bourgeoise, à Metz, 2035.
Macheville. V. *Fournier*.
Machon (Nizier), contrôleur extraordinaire des guerres, c^on LXXXVI.
Machuray (De), aumônier au fort Mortier, 1752.
Mac-Intosch, cap^ne au rég^t d'O'Gilvy, 3408.
Mackau (De), de Strasbourg, 1501, 1502, 1572, 1573, 1760. — Cf. le suivant.
—— (De), 1843, 1849, 1858, 1899, 1900, 2031, 2243. — Cf. le précédent.
—— (De), officier autrichien, 3147.
—— (Marie-Henri, baron de), ministre à la diète de Ratisbonne, 3430-3435, 3444, 3445, 3475-3477, 3479, 3484, 3486, 3488, 3489, 3503, 3507, 3759, 53 s., 54 s.

Mac-Leane, cap^ne au rég^t de Dorrington, 1265, 1846, 1854.
—— (Ch^r de), colonel à la suite du rég^t de Rothe, 3183.
—— V. *Maclines*.
Mac-Leod, brigadier général, commd^t les troupes anglaises à la côte de Malabar, c^on LI.
Maclines (H. de), mar. c., 409.
—— V. *Mac-Leane*.
Maclot de Pierreville, officier au rég^t de Languedoc-inf^rie, auteur d'un mémoire sur les étapes, les milices, les vivres, etc., 3579.
Mac-Mahon (J.-A.), officier irlandais au rég^t de Galmoy, 2135.
—— (Mis de), colonel du rég^t de Dauphiné, c^ons LVII, LXVf.
Mâcon (Municipalité, clergé, etc., de), c^ons LVII, LXVe. — Cf. *Brie, Desvignes, Merle, Tilladet*.
Macquart, ingénieur, 1685.
Macqueron, intendant, 158, 209, 210, 224–229, 240–243, 245, 251.
Madaillan (De), gouverneur de Philippeville, 259, 271, 275, 278, 280–282, 291, 310–313, 332, 338, 393, 394, 396, 397, 399, 401, 402, 407, 439, 440, 448, 455, 457, 484, 491, 493, 500–503, 506, 549–551, 553, 598–600, 604, 605, 668, 688, 703, 733, 796, 1113.
—— (De), cap^ne au rég^t de Nivernais, 1526.
—— (Ch^r de), 1857.
—— **de Lesparre** (Comte de), 1857.
Madeleine de St-Joseph (Sœur), supérieure de Ste-Ursule, à Toul, 2132.
Mademoiselle. V. *Montpensier*.
Madières (De), cap^ne au rég^t de Ponthieu, 3109, 3124.
Madre des Oursins (De), 3768.
Madroux, prévôt provincial à Vesoul, 2143.
Madrys (De), commissaire des guerres, puis intendant, 157, 190, 251, 262, 276, 293–296, 310, 335, 337–339, 389–393, 399, 400, 405, 406, 409, 449, 450, 457, 458, 460, 487, 495, 509, 512, 515, 555, 557–559, 564–566, 568, 612, 613, 668, 670, 703, 729, 730, 792, 794, 822, 837, 867, 870, 887, 891, 894, 944–946, 951, 961, 1046, 1050, 1057, 1063, 1083, 1115, 1146, 1147, 1151, 1202–1210, 1236, 1239, 1254, 1256–1260, 1284–1287, 1289, 1305–1315, 1355–1360, 1364, 1379, 1382, 1399–1404, 1422, 1423, 1428, 2510, 2522, 3635.
Maes, 512, 628.
—— (Baron de), command^t du fort de Pierre à Strasbourg, 3707, 3710.
Maeseick (Échevins de), 296.
Maestricht (Gouverneurs, bourgmestres, magistrats, chanoines, etc., de), 275, 278, 286, 339, 405, 506, 602. — Cf. les noms de personnes.
Maffei (Ugo), cardinal, 264, 299, 354–356.
—— (Comte ou marquis), 1961.
Maffrand, 1861, 1862.
Maffre, « commis aux classes de Cette », 1767.
Mafre, major de la place de St-Jean-Pied-de-Port, 3124.
Magallon, commissaire des guerres, 3136, 3141, 3457.
Magalon. V. *La Morlière*.
Magalotti (Bardo de Bardi, comte de), lieut^t-g^al, 250, 253, 259–261, 277–282, 286, 288, 289, 310, 311, 324, 333–335, 409, 517, 537, 539, 544–547, 549–552, 554, 596–602, 604, 703, 793, 867, 870, 887, 891, 895, 944–946, 956, 1057–1059, 1146, 1147, 1206, 1207, 1210, 1238, 1258, 1307, 1311, 1314, 1318, 1355, 1401, 1484, 1494, 1496, 1557, 1565, 1738.
Magaud, consul à Digne, 3262.
Magenis, officier, 1943, 2370.
Maggi (Antonio), de Venise, 20.
Magis (J.-F.), conseiller du prince-évêque de Liége, 3199, 20 s.
Magisson (De), cap^ne au rég^t de Rochefort, 2142.
Magnac (Jules-Arnolphiny, comte de), lieut^t-g^al, 978, 1213, 1582, 1675, 1677, 1751, 1843, 1844, 1855, 1856, 1938–1940, 1944, 1946, 1948, 1951, 1952, 2017, 2018, 2020, 2021, 2023, 2055, 2056, 2058, 2080, 2132, 2134–2136,

2138-2143, 2156, 2159, 2160, 2167, 2183, 2213, 2216, 2219, 2221, 2222, 2224, 2235, 2262, 2263, 2268, 2270, 2271, 2300, 2301, 2306, 2308, 2338, 2339, 2411.
Magnac (Mme de), 1896, 2371.
—— (Abbé de), prévôt du chapitre de St-Pierre à Cassel, 3768.
Magnan, commissaire des guerres, 261, 262, 283, 292, 345, 410, 411, 413, 419, 505.
—— 3747.
Magnani (Comte), de Modène, 1865, 1967, 2046.
Magnanville (Savalette de), intendant, 3182, 3184-3186, 3255, 3256, 3259, 3260, 3309, 3409, con XIX.
Magnas (Chr de), capne réformé au régt de Vaudrey, 2183.
Magnaud, consul de Barcelonnette, 1972, 2039.
Magneval, médecin à Nogent-sur-Seine, 3186.
Magnianis, 2407.
Magnien (Jacques), de St-Jean-de-Losne, 2267.
—— prêtre de St-Sulpice, 2267.
—— (De), officier, 2270.
Magnier, étapier, 1754.
—— (Pierre), 1840.
—— 3689, 3695, con IX.
Magnières (De), 1861, 1862.
Magnus, officier au régt Mestre-de-camp-gal de cavrie, con LXV a.
Magny (De), 890, 988.
—— V. *Foucault.*
—— **de La Mothe**, interprète juré de l'évêché de Vannes, 3420.
Magon, directeur de la colonie de l'Île-de-France pour la Cie des Indes, 3458, 3541, 3629, 78 s.
—— V. *La Chipaudière, La Gervaisais.*
—— **de La Blinais**, de St-Malo, 3493, 3497.
Magontier. V. *Laubanic.*
Magrat, officier irlandais au service de France, 1856.
Magueur, major du régt Commissaire-général, 2945, 2946.
Maguin, 3052, 3054, 3071, 3312.
Maherenne, procureur héréditaire au bailliage d'Avesnes, 2235.
Mahieu, commissaire des guerres, 342, 362, 419, 460, 667, 671, 688, 703, 704, 729, 734, 792, 795, 820, 822, 831, 837, 870, 880, 882, 884, 887, 889-891, 908, 966, 967, 970, 978, 985, 1057, 1071, 1076, 1113, 1163, 1164, 1205, 1209, 1210, 1213, 1217, 1218, 1236, 1237, 1255, 1257, 1258, 1260, 1286, 1287, 1289, 1305, 1308, 1310-1313, 1315, 1367, 1379, 1380, 1422, 1424, 1425, 1435, 1462, 1466, 1509, 1519, 1522, 1525, 1526, 2139, con IV.
Mahony (De), colonel irlandais, 1586, 1683-1685, 1693, 1786, 1788, 1789, 1883-1885, 1887, 1888, 1976-1978, 2048, 2104, 2105, 2138, 2177, 2178, 2253, 2255, 2404, 2408. — Cf. le suivant.
—— (Comte de), 3557.
—— lieutt au régt espagnol de Magno, 2131.
—— (C. J.), colonel du régt des Gardes hollandaises, 3182.
Mahout. V. *La Fontaine.*
Mahuel, intendant des finances du duc de Lorraine, 1509, 1583, 1661, 2166.
—— **de Lupcourt**, conseiller et secrétaire d'État du duc de Lorraine, 2725, 3472.
Maignart de Bernières (Ch.), lieutt aux Gardes, 146. — Cf. *Bernières.*
Maigneux (De), officier, 102, 123.
Maignien, secrétaire de M. de Vaudrey, 1862.
Maignols (De), con LXV,
Maigremont (Alphonse de Challon de), lieutt au régt d'Île-de-France, 123.
—— (De), entrepreneur de fournitures de fourrages, 2145, 2185.
Maigret (Comte de), 1831, 1832, 1855, 1943.
—— (Comte de), officier du service d'Autriche, 3147.
—— V. *Etigny.*
Maigron (De), 1797.
Mailhans (Aymé de), capne au régt de Schönberg, con LXXXVI.
Mailhet, commissaire des guerres, 1331.

Maillane. V. *Durand*, *St-Sernin*, *Soulatges-Armagnac.*
Maillard, 420.
——, capne au régt d'Aunis, 2141.
—— (De), prieur de l'abbaye de Valloires, 2312.
—— 3184, 3185.
—— (Abbé), missionnaire, 3393.
—— 3743.
Maillardy, capne au régt de St-Second, 2182.
Maillart, sr de Fontaine-Monin, 1076.
—— (Baron de), 3406.
—— **-Dumesle**, intendant à l'Île-de-France, 3704.
Maillé (Comte de), con XLIX a.
—— (Duc de), con LXI.
—— V. *Brézé.*
—— **de La Tour-Landry** (Ch.-André de), 1838, 1839, 1937, 1944-1946, 2133, 2136.
—— (Franç. de —, cte de Beaupuy), guidon aux Gendarmes du roi, 131,
Maillebois (J.-B. Franç. Desmarets, mis de), mar. Fr., 1800, 2217, 2221, 2300, 2411, 2687, 2704, 2707, 2709, 2751-2761, 2763, 2771, 2810-2819, 2826, 2842, 2843-2845, 2885-2888, 2900, 2901, 2919, 2921-2923, 2927, 2928, 2940, 2941, 2947-2960, 2969, 2970, 2979, 2999, 3006, 3007, 3030, 3044, 3057, 3060, 3062, 3073, 3094-3097, 3105, 3108, 3109, 3111, 3115-3121, 3123, 3126, 3172-3178, 3187, 3223, 3228, 3255, 3260, 3305, 3430, 3577, 13 s., cons XIV, XVI, XVIII, XXVII.
—— (Yves-Marie Desmarets, comte de), lieut-gal, 2922, 2989, 3059, 3061, 3062, 3064, 3065, 3068, 3116, 3117, 3119, 3120, 3123, 3172-3174, 3176-3178, 3184, 3308, 3412, 3413, 3418, 3449, 3429-3437, 3439, 3441-3443, 3446, 3492, 3501, 3677, 3697, 15 s., 32 s., 33 s., 36 s., 40 s., 72 s., 74 s., cons XXIV, XXVII.
—— (De), lieut-cel du régt d'Uzès, 1610.
Maillet, ex-major de la place de Longwy, 997.
—— (Henry), caporal, 2134.
Mailliac (Chr de), aide-major-gal-des-logis de la cavrie, 2923, 2948.
Maillié, 1983. — Cf. *Maillé.*
Maillot (Philippe de), enseigne au régt de Picardie, 146.
—— commissaire des guerres ou entrepreneur de fournitures, 966, 967, 983.
—— major au régt de Moyria, 1862,
Mailly (De), cre des vivres, 981, 987.
—— (Louis, comte de), mar. c., 946, 988, 992, 997, 1146.
—— vicaire à St-Dizier, 1608.
—— (De), capne au régt de Grancey, 1674.
—— (Fr. de), archevêque d'Arles, puis de Reims, 1897, 2042, 2130, 2339, 2343, 2420.
—— (Aug.-Vict. de — de Nesle), évêque de Lavaur, 2132, 2183, 2273.
—— (De), capne au régt de La Chesnelaye, 2175.
—— (Anne de Sainte-Hermine, comtesse Louis de), 2271, 2609.
—— (De), officier au régt de Vexin, 2370.
—— (Augustin-Joseph, mis d'Harcourt, comte de), mar. Fr., 3010 3237, 3239-3241, 3243, 3387, 3395, 3396, 3432, 3434, 3436, 3438-3443, 3462, 3494, 3559, 3561, 3562, 3598, 3614, 3650, 3703, 3708, 3726, cons XIX, XX, XXI, XL, LXVIII.
—— (Louis, mis de), 3149.
—— V. *Bouligneux.*
—— **du Breuil**, receveur général des finances à Tours, 2185, 2270, 2272.
—— **de Chameuil**, 2145, 2268.
—— **de La Houssaye** (Adrien, comte de), brig., 1568, 1856, 1857, 2050.
—— **-Marchant**, commissaire des guerres, 2141, 2114, 2180, 2183.
—— **-Nesle** (Marquise de), 2136, 2137, 2140, 2145, 2157, 2219-2221, 2270, 2411.
—— 2140,
Maïna (Duc du), prince de Mantoue, plénipotentiaire à Cherasco, 11.
Mainardi, 2042.
Maine (Louis-Auguste de Bourbon, duc du), 891, 953, 1054, 1422, 1508, 1482, 1484, 1486-1488,

1508 1519, 1524–1526, 1555–1557, 1564, 1588, 1589, 1606, 1613, 1645, 1657, 1678, 1683, 1690, 1699, 1754, 1765, 1766, 1788, 1802, 1832, 1840, 1855, 1874, 1895–1900, 1958, 1960, 1984, 2013, 2021–2023, 2031, 2046, 2048, 2078, 2130, 2137, 2182, 2215, 2216, 2219–2221, 2227, 2239, 2262, 2263, 2268–2273, 2331, 2335, 2338, 2339, 2343, 2344, 2370, 2371, 2407, 2421, 2444, 2466, 2467, 2522, 2632, 2633, 2662, 2663, 2678, 2679, 2687, 2698, 2709, 2713, 2728, 2729, 2738, 2739, 2742, 2745, 2746, 2767, 2769, 2770, 2782, 2783, 2786, 2789, 2790, 2823, 2824, 2827, 2850, 2877, 3779, 3780, 7 s., 8 s., 10 s., A. 75–A. 77, A. 79, A. 87, A. 88, c^{ons} II, IV, V, VII, XII.

Maine (Duchesse du), 3316, c^{ons} X, XVI.

—— (Duc du). V. *Mayenne (duc de)*.

—— (Conseil d'adm^{on} du rég^{t} du), c^{on} LXIV.

—— **-et-Loire** (Directoire du dép^{t} de), c^{ons} LXV c., LXVII–LXX.

Maineville (Ch^{r} de), lieut^{t}-c^{el} du rég^{t} de Villepion 981.

Mainneville. V. *Menneville, Roncherolles.*

Maintenant, major du rég^{t} de Voluire, 1831.

Maintenon (Françoise d'Aubigné, marquise de), 1662, 1958, 2243, 2407, 2463.

Mainvielle. V. *St-Picq.*

Mainville (De), lieut^{t}-c^{el} du rég^{t} de Villepion, 981.

Maipas (De), cap^{ne} au rég^{t} de Condé-cav^{ie}, 2145.

Mairainville (De), officier, 2221. — Cf. *Mérinville.*

Mairat, 133.

Maire (De), major de Collioure, 92.

—— (De), brigadier des Gardes de l'Archiduc, 1888.

—— procureur-syndic de Vic-sur-Seille, 2169.

Mairesse, 2955.

Mairon, commis de l'extraordinaire des guerres, 1484, 1526, 1752.

Maisnel, procureur à Saint-Riquier, 2273.

Maison-Blanche (De), lieut^{t} au rég^{t} de Mortemart, 1971.

Maisoncelles (De), brig., 1170, 1227, 1228, 1241, 1272, 1274, 1275, 1322, 1332–1334, 1373–1375, 1382, 1400–1404, 1424, 1484, 1502, 1572, 1574, 1581, 1608, 1660, 1661, 1666–1668, 1749, 1750, 1759, 1760.

—— (De), valet de chambre de la duchesse de Bourbon, 2156.

—— (De), commd^{t} de la brigade de Clermont-prince, 3086.

Maisonneuve (De), commd^{t} à La Bassée, 137.

—— (De), cap^{ne} d'invalides à Belle-Isle, 2137.

—— (De), cap^{ne} au rég^{t} de Du Soupal, 2140.

—— (Hanus de), cap^{ne} d'une compagnie de la Garde citoyenne de Nancy, c^{on} LX.

—— entrepreneur des fourrages et des fortifications à Dinant, 2143.

—— (De), commissaire des ponts et travaux de l'artillerie à Metz, 2244.

—— (Blaize de), c^{on} LXXVI.

—— V. *Perponcher.*

Maisonrouge (De), cap^{ne} au rég^{t} de Du Bosquet, 123.

—— le cadet (de), commissaire ordinaire de l'artillerie, 1871.

—— 2162.

—— (De), officier d'artillerie, 2837, 2863.

—— (De), cap^{ne} aux dragons de Saint-Sernin, 2140.

—— (De), major de la place d'Huningue, 3219, 3220, 3308.

Maisons (De), ambassadeur à Liége, 417.

Maisonsel. V. *Maisoncelles.*

Maisontiers (De), lieut^{t}-g^{al} du rég^{t} de Coulanges, 1858, 1972.

—— (Ch. de Tussaut de), brig., 1952, 1953, 2130, 2243, 2244, 2393.

Maisonval (De), 3541.

Maisonville (De), 141, 146, 151.

—— (De), commd^{t} à Huy, 264, 279, 299, 310, 441, 442, 445, 447, 450, 515, 544, 601.

Maissemy, directeur de la Librairie, c^{on} LIV.
Maissin, 3541.
Maistre de Châtillon, 1797. — Cf. *Châtillon.*
Maitre (J.-Nic.), brigadier de la maréchaussée de Montauban, c^{on} LXV e.
Maizeroy (Joly de), cap^{ne} au rég^{t} de Bresse, 3418.
Maizery. V. *Persode.*
Maizières. V. *Choiseul.*
Majainville (Abbé de), 3469.
Majan (De), cap^{ne} au rég^{t} de Coëtquen, puis commandant à La Petite-Pierre, 1846, 1847, 1857, 1895, 1951, 2034, 2136, 2144, 2242, 2455.
Majastre. V. *Castellane.*
Majorque (Évêque de). V. *Despuig.*
Malabiou, officier subalterne au rég^{t} de Senneterre, 2228.
—— cap^{ne} au rég^{t} de Vermandois, 2142, 2144.
—— major à Toulon, 3308.
Malachie (Dom), abbé de Buonsolazzo, 2047.
Malaise (Nic.), clerc tonsuré à Bar-le-Duc, 85.
Malaissiez (De), c^{on} XXIX.
Malaize (De), aide-major de Rocroi, 1064.
Malan (Jos.-Franç.-Hyac. Le Berent, m^{is} de), mar. c., 1946, 2135, 2144, 2329, 2733, 2787.
Malart (De), major du rég^{t} de La Roche-Thulon, 1841.
—— (De), officier au rég^{t} de Desmaretz, 2136.
—— (Mme de), 2142, 2143.
Malartic (J. Vincent de Maurès de), brig., 822, 988, 1108, 1116, 1282, 1287, 1338, 1378, 1418, 1466, 1522, 1602, 1706, 1793, 1800, 1862, 1865, 1883, 1884, 1886–1888, 1891, 1892, 1981, 1982, 1984, 2053, 2107, 2133, 2135, 2140–2142, 2144, 2254, 2255, 2330–2332, 2405, 2406, 2466, 2467, 2488, 2547, 2558, 2559, 2561–2564, 2575, 2609.
—— (De), major du rég^{t} de Marcillac, 2181.
—— (De), 3405, 3417, 3457, 3498, 3499, 3540, 3574, 3674, 3741, 3752, c^{on} XLI.
Malartic (De), lieut^{t}-c^{el} du rég^{t} de Bassigny, 3766.
—— V. *Mallortic, Malortie.*
Malassize (De), officier chargé du détail de la place de Montbéliard, 2797.
Malatesta, 3.
Malatour (J.-Franç. de), vicaire provincial des capucins de Lorraine, 2396.
Malauze (Guy-Henri de Bourbon, m^{is} de), brig. 1708.
—— (Armand de Bourbon, comte de), brig., 2885, 2945–2947.
Malavois (De), cap^{ne}, ingénieur aux Colonies, c^{ons} LII, LIII.
Malayze (De), aide-major au rég^{t} de Picardie, 1830.
Malbez (Ch^{r} de), 3452.
Malbouë. V. *Masson.*
Malbran de La Nouë, ministre de France en Danemark, puis en Allemagne, 2747, 2785, 2788, 2800, 2801, 2891, 2943–2945, 2954, 2955, 2982, 2983, 3007, 3044, 3045, 3047, 3051, 3108, 3160–3168, 3211, 3213–3220, 3280, 3281, 3285–3287. — Cf. le suivant.
—— (Denis), ministre de France en Allemagne, fils du précédent, 3001, 3002, 3012, 3093, 3040, 3045–3047, 3050–3053, 3857, 3070, 3094–3096, 3101, 3125, 3155, 3157, 3159, 3161, 3163–3165. — Cf. le précédent.
Malbrog. V. *Menten.*
Malcroy (De), 2244.
Malcun, conseiller du prince de Salm, 2792, 2794.
Maldeghem (Comte de), lieut^{t}-g^{al} autrichien, 3085.
—— (J.-E.-B. de), officier autrichien, 3139, 3147.
Malderrée (De), commd^{t} le 2e bataillon du rég^{t} de Charolais, 1484, 1549.
Malebranche. V. *Romainval.*
Maleden d'Hardy, trésorier de France et subdélégué à Limoges, 2133.
Maledent (De), com^{t} le rég. d'Aubusson, 1841.
—— V. *Terrefort.*
Malefaire, 2392.

Maleffre (De), lieut[t] de roi de Longwy, 2663.
Malegaye, 97.
Maleingreau, procureur du roi d'Espagne, 662.
Maleissie. V. *Maleyssie*.
Malempré, mayeux de Marche (Luxembourg), 3278.
Malesherbes (Municipalité de), c[ons] LXV a, LXV b.
—— (Chrétien-Guill. de Lamoignon de), premier président de la Cour des Aides, directeur de la Librairie, ministre de la Maison du roi, 3582, 3625, 3694, 3695.
Malestray. V. *Morlet*.
Malestroit, 2183.
Malet, trésorier général du 4e denier, 2185, 2421.
—— V. *Baumefort*.
Malevielle (Gabriel-Franç. Sellier de), mar. c., 3233, 3256, 3445.
Maleville-Martel (H. de), officier au rég[t] d'Heudicourt, 79.
Malevirade, lieut[t] au rég[t] de La Roche-du-Maine, 1800.
Maleyssie (Henri de Tardieu, m[is] de), mar. c., 97, 102, 117, 158, 245.
Malézieu (De), commissaire des guerres, 359, 360, 419, 420, 667.
—— (Michel de), intendant, 667, 791, 822, 837, 867, 875, 877, 878, 887, 891, 902, 905, 944-946, 951, 958, 970, 1046, 1057, 1064, 1113, 1151, 1238, 2411.
—— lieut[t] d'artillerie, 2139, 2300.
—— (Pierre de), lieut[t]-g[al], 2785, 2850, 2923, 2940, 3000, 3002, 3040, 3056, 3085.
—— (De), c[on] VIII.
Malézieux (De), receveur des domaines au Quesnoy, 2313. — Cf. *Menneville*.
Malfeter, 3010.
Malfilâtre, membre du Directoire de la Marine, c[on] LXV b.
—— échevin de Chevreuse, c[on] LXI.
Malfroid, bailli de Jumont, 2235.
Malgoire, commissaire des guerres, 182, 238, 262, 276, 294, 295, 614, 945, 958, 1082, 1793, c[on] II.
—— cap[ne] au rég[t] de Foix, 1568.
Malgouverne (Ferdinand-Ch.), cap[ne] aide-major de la place de Luxembourg, 1939.
Malguiche (Jérôme de), brig., 1499, 1549, 1550, 1644, 2023, 2133, 2141, 2155, 2219, 2232, 2371, 2372, 2385.
Malher, conseiller du prince de Salm, 2395.
Maliard, marchand, 3130.
Malicorne (De), échevin de Granville, 2264.
Malines (Archev. de). V. *Alsace (c[al] d')*.
—— (Conseillers de). V. *Deudon, Meuldre, Partz, Richterich, Snoÿ*.
Malissoles (Franç. Berger de), évêque de Gap, 2042, 2130, 2134, 2136, 2142, 2143, 2175, 2250, 2251, 2270-2273, 2346, 2400, 2411, 2412.
Malissy. V. *Maleyssie*.
Maliver (De), gentilhomme de Bourgogne, A. 89.
Maljean (H.), 987, 989, 997.
Malknecht (Baron de), agent de l'électeur de Bavière, 1495, 1645, 1653, 2022, 2133, 2245, 2304, 2507.
Malla y Ferrer, gouverneur de la vallée d'Aran, 1904, 1986.
Mallancourt (Geoffroy de), prévôt de la maréchaussée de Sainte-Menehould, 1526.
Mallebay, procureur du roi à Bellac, 2137.
Malledent. V. *Maledent, Terrefort*.
Mallemain (De), doyen du chapitre de Saint-Fursy à Péronne, 2415.
Malleret, major du rég[t] de Beauvoisis, 1967, 1968.
—— cap[ne] des Gardes du maréchal de Duras, 2598.
Mallespine, consul à Draguignan, 2102.
Mallet, 1079.
—— **de Coisy** et **Mallet de La Brossière**, c[on] LXXVI.
Malleux, 3172.
Malleval, 2136, 2141.
Malliard (L.-B. de), 3068.
Mallier (Claude), évêque de Tarbes, 158.
Mallissain, chirurgien major, 2138-2143, 2153, 2224, 2301, 2381, 2382.
Mallortic (ou **Mallortie**?), voyageur,

auteur d'un mémoire sur la Jamaïque, c^on XXVI. — Cf. *Malartæ*, *Malortie*.
Malmy (De), ex-cap^ne au rég^t des Vaisseaux, 420.
Malo (Henri), contrôleur des troupes, c^on LXXXVI.
Malon (De), commissaire des guerres, 708, 831, 1549, 1700, 1830, 1831, 1841, 1941, 1942, 2131, 2132, 2134, 2135, 2138, 2140, 2142, 2143, 2272, 2343, 2370, 2371, 80 s.
—— V. *Bercy*.
Malortie (De), 3565, 3582. — Cf. *Boudeville*, *Malartic* et *Mallortic*.
Malotau du Gaure, lieut^t du service d'Espagne, 1831.
Malouet de Bourgade, 3495.
Malsagne (J.-J. de), officier au rég^t de Piémont, 123, 146.
Malta, 134.
Malus, commissaire des guerres, 3700, c^ons LIII, LVII, LXI–LXIII, LXV, LXV e, LXX, LXXI.
—— procureur au bureau des Finances de Lille, 3768.
—— médecin à Lille, 3754.
Malval (De), 119.
Malvillain, 97, 98.
Malvoisin (Baron de), lieut^t-c^el du rég^t de dragons de Monsieur, c^ons LVII.
Malvoisine. V. *Huguet*.
Malwin. V. *Montazet*.
Mambilla (Giuseppe), corse, 3361, 3370, 3455.
Mamiel, chanoine de Metz, c^on XIV.
Manas, major de la place de Neuf-Brisach, 1573, 1855, 1858, 1950.
Manche (Directoire du dép^t de la), c^ons LXVI, LXVIII, LXX.
Manchon, commissaire des guerres, 1550, 1736, 1830, 1831, 1941, 2024, 2086, 2137, 2138, 3031, 3182.
Mancini (Olympe). — V. *Soissons* (*Comtesse de*).
Mandach. V. *Achlin*.
Mandajors, 44 s.
Mandassaigne de Molinier, cap^ne au rég^t de La Reine, 1981.
Mandell (Ch^r de), officier aux rég^ts de Flandre (Chasseurs) et de Royal-Allemand, 3748, c^ons LXI, LXIII, LXV, LXVII.
Mandelsloe (Guill., baron de), cap^ne réformé au rég^t de Bercheny, 3026.
Manderscheid (Comte de), grand doyen du chapitre de Strasbourg, 342, 343.
—— (Charles, comte de), lieut^t-g^al, 820, 970, 1502, 1761, 1831, 1853, 1950, 1954, 2032.
—— (Ernest, comte de), 1671.
—— (Maximilien, comte de), 1502.
—— (Maurice de), archevêque de Prague, 2851, 2877, 2903, 3430, 3436.
Mandin, cap^ne au rég^t d'Houdetot, 2271.
Mandols (De), commd^t à Entrevaux, c^on LXV b.
Mandre (De), cap^ne de compagnie franche, 3086.
Mandrin (Louis), contrebandier, 3406.
Manechalle (Guill.), contrôleur des troupes, c^on LXXXVI.
Manerbe (Pierre-Franç. de Borel, comte de), lieut-g^al, 2989–2991.
Manesse, échevin de Plomion, 2415.
Manessier, officier de la milice bourgeoise d'Abbeville, 2227.
Manevy (De), lieut^t-g^al de Poitiers, 56.
Mangarde (Comte), 1228.
Mangay (P.), échevin de Sarrelouis, 2321.
Mange (De), officier au rég^t Royal-Bavière, 3110.
—— (Abbé de), précepteur du comte de Gisors, 3460.
Mangel (De), entrepreneur d'une fourniture de bois, à Phalsbourg, 2167.
Mangelschot (De), 1203, 1737, 1738, 1755, 1831, 1832, 1835, 1840, 1895, 1943, 1945, 2022, 2139, 2183, 2219, 2224, 2268, 2300, 2308.
—— (De), officier au rég^t d'Alsace, 3110.
Mangin (Abraham), 345.
—— habitant de Luxembourg, 2095.
—— officier dans une compagnie bourgeoise, à Metz, 2035.
—— député à l'Assemblée Nationale, c^on LXV a.
Mangou, officier au rég^t de La Marine, 2135, 3007, 3259.
Manheulle (De), commd^t au fort L'Écluse, 1608.

Maniban (Jeanne-Christine de Lamoignon, dame de), 2139.
Manicamp (Achille de Longueval, comte de), lieut^t-g^al, 20, 97, 98, 137, c^on I.
—— (De), mestre-de-camp du rég^t Royal-Piémont, 1946, 2139, 2143, 2144, 2271, 2371, 2376, 2411.
Manicourt. V. *Gruson.*
Manimont (Jean Dauger de), mar. c., 259, 342. — Cf. *Dauger.*
Manin, cap^ne au rég^t de Boufflers, 2142.
—— V. *Marcé.*
Maniquet, 2396.
Mannay de Camps (Augustin de), A. 90.
Mannenbach (De), 668, 671.
Manneville (De), lieut^t au rég^t de Normandie, 88.
—— (L. de —, s^r de Barramesnil), cap^ne, 141.
—— (Bonne-Angélique de Mornay, comtesse de), 2141, 2142.
—— (Étienne-Jos., comte de), gouverneur de Dieppe, 1526, 1610, 2023, 2135, 2141, 2269.
Mannevillette (De), c^re aux étapes, 116.
—— (De), gouverneur de l'île de Ré, 1896, 1898, 2133, 2135, 2136, 2182, 2183, 2188, 2272, 2370, 2419.
Mannoury des Alleurs (De), subdélégué de l'intendant d'Alençon, 2194.
Manon, cap^ne au rég^t de Piémont, 1862.
—— V. *Turbilly.*
Manosque (Consuls, magistrats, etc., de), 1974. — Cf. *Garidel, Laugier, Martin*, etc.
Mansart (Jules Hardouin), architecte, 1525, 1604.
—— **de Sagonne** (Jacques Hardouin), intendant, 2187.
Manse (Ant. de), officier au rég^t de Champagne. 123.
—— (De), 420.
—— (Ch^r de), officier, 3418.
—— (Dame Talon de), mère du ch^r de La Tour de Manse, 2138, 2370.
—— V. *La Tour de Manse.*
Manseau, receveur général des finances du Berry, 2137, 2269.
Mansfeld (Comte de), 1369, 1375, 1380, 1591.
Mansion. V. *La Chabossière.*
—— **de Rivedon**, gendarme, 1858.
Manson, c^on LXI.
Mantelin, cap^ne au rég^t de La Chau-Montauban, 1856.
Mantes (Maires, échevins, etc., de), 134. — Cf. *Bouret, Le Dieu, Lenoir, Solar*, etc.
Manteuffel (De), lieut^t au rég^t de La Marck, 1855.
Mantoue (Ducs de), 11, 251, 299, 665, 1380, 1514, 1516, 1590-1593, 1688, 1691, 1729, 1778, 1779, 1863-1869, 1874, 1960, 1961, 1963, 1964, 2038, 2046, 2047.
—— (Suzanne-Henriette de Lorraine d'Elbeuf, duchesse de), 2144.
—— V. *Maïna.*
Mantuet, habitant de Mézières, 2144.
Manuel, colonel d'un rég^t suisse, 1337.
—— officier du rég^t de Villars-Chandieu, 3780.
—— consul de Barcelonnette, 2039, 2979.
Manville (De), gouverneur de Pierre-Encise, 1611, 1792, 1861, 1895, 1896.
—— (J.-B. de), frère du précédent, 2045.
—— (Jos.-Pierre Dejean de), lieut^t-g^al, 2273, 2789, 2793-2796, 2798, 2936, 2937, 2955, 2977.
Manzac (De), lieut^t au rég^t des Vaisseaux, 1907.
Maquelmire (Henri-Coquille, s^r de), lieut^t au rég^t de Piémont, 102.
Maquinay (Franç.), cap^ne d'une compagnie franche, colonel d'inf^rie réformé, 1661, 1678, 1679, 1834, 1935, 1936, 1938, 1939, 1943, 1944, 2315, 2531.
Marabail (De), commissaire des guerres, 3500-3502, 3621, c^ons XXXIII, XXXV,
Marainville (De), 54 s.
—— (Rutant, comte de), 3432, 3441-3443, 3445, 3446, 3471, 3473-3477, 3479, 3481-3484, 3509, 3516-3522, 3524-3526, 3550-3565, 3590-3592, 3607-3615, 3620, 3741, 3753, c^ons XXIX, XXXIII, XXXIV, XXXV.

Marambat (De), officier, 92, 158.
—— mestre-de-camp, 1856, 1895, 1935.
Marambert (De), major de la Gendarmerie, 1844.
Maran (De), capne, 1830.
—— (De), commdt à La Petite-Pierre, 1951.
Marandat d'Olliveau (Ch.), député de la Nièvre, con LXV a.
Marande (De), lieutt au régt de Bombelles, 2414.
Marane, 419.
—— (De), capne au régt de Dauphiné, 2393.
Marans (Chr de), 259, 279, 419.
—— (De), magistrat? à Bordeaux, 1898.
—— (De), capne au régt Royal-Artillerie, 1953.
—— (De), officier d'artillerie, 2040.
—— (Maire, etc. de), con LXV d.
—— **de Varennes** (Abel-Louis de), brig., 259, 279, 419.
Marantin, commissaire des guerres, 3463, 3549.
Marany. V. *Gauville*.
Marays, ancien avocat à Paris, 2142.
Marbay (De), 271.
Marbeuf (Guill. de), capne au régt de Champagne, 92.
—— (Guill. de), président au Parlement de Bretagne, 2622.
—— (Abbé de), 3203.
—— (Robert-Jean, comte de), lieutt-gal, 1704, 2095, 2138, 2271, 2622, 2739.
—— (Louis-Charles-René, comte de), lieutt-gal, 3578, 3602, 3619, 3635, 3638, 3644, 3647, 3648, 3651, 3655, 3665, 3669, 3752, cons XLIV, LXXIII.
—— (Chr de), commandeur de Malte, 3635.
Marbois (De), 2706.
—— (Barbé de), con XLIII.
—— (De), secrétaire de légation aux États-Unis, 3732, 3736, 3764, con LIII.
Marc (Le P.), religieux carme à Arras, con XIV.
Marca (Pierre de), intendant de Béarn, évêque de Conserans, visiteur général en Catalogne, archevêque de Toulouse, puis de Paris, ministre d'État, 97, 98, 106, 117, 119, 147, 245, 1239.
Marcadet, procureur à Béthune, 1943.
Marçal (Jos. de), 264.
Marcé (De), gouverneur de Saint-Tropez, 359.
—— (De), capne au régt de Navarre, 410.
—— **de Manin** (Comte de), gentilhomme d'Artois, ex-officier des Grenadiers de France, 3722.
—— (L.-H.-F., de), mar. c., employé à la 20e division, cons LXIX, LXXI.
—— (De), con LXV a.
—— V. *Goyon*.
Marcel, capne d'infie, 3540.
—— **de Chaumont** (Frère), supérieur des capucins de Bitche, 1069.
Marcelange d'Arçon (De), chevalier de Malte, 1966, 2140.
Marcelet (Mme de), 1704.
Marcelli (Chr), 2466.
Marcelliens (De), capne au régt de Languedoc-dragons, 1861.
Marcellin (Le P.), gardien des capucins de Grenoble, 1971.
Marchais, officier d'artillerie, 2220.
—— échevin de Blois, 2183.
Marchal (Nic.), échevin de Longwy, 2137.
—— entrepreneur d'étapes et de fourrages, 1701, 1854, 1956, 2033, 2139, 2185, 2241, 2268.
—— (De), major des Chasseurs de Guyenne, con LXVI.
Marchan, capne au régt de Barrois, 2343. — Cf. *Marchant*.
Marchand, bourgeois de Vic-sur-Seille, 2169.
—— 3541.
—— religionnaire cévenol, lieutt de Jean Cavalier, 2261.
—— entrepreneur de fournitures des hôpitaux, 2924.
—— commissaire des guerres, 2371.
—— officier municipal de Joigny, con LXV c.
—— officier, 2135, 2138.
—— capne général des Fermes, 3406
—— V. *Villionne*.

Marchant (Charles), abbé de Munster, 559.
—— cap^{ne} au rég^{t} de Barrois, 1892, 1985. — Cf. *Marchand.*
—— (Etienne-Pierre), subdélégué à Saint-Dizier, 2262, 2266 2340.
—— (Ch. — dit *La Fresnais*), lieut^{t} au rég^{t} de Piémont, 146.
—— 261.
—— directeur général des vivres de l'armée d'Italie, 2700, 2704, 2705, 2751.
—— 2841, 3111.
—— (G.), lieutenant du maire de Doullens, c^{on} LX.
—— V. *Jacquier, Mailly.*
Marché (De). 106, 146, 158.
—— (De), 1239.
Marche-en-Famenne (Magistrats de), 1076.
—— **-lès-Ecaussines** (Échevin de). V. *Wart.*
Marchelle (Ch. de Cochet, s^{r} de), cap^{ne} au rég^{t} de Picardie, 92.
Marches (de), 419.
Marcheval (Pajot de), intendant, 3671, 3673, 3677, 3686, 3687, 3694, 3697, 3699, 3702, 3703, 3709, 3717, 3725, 3729, 3730, 3753. — Cf. *Pajot.*
Marchienne (Cartin de), 3326.
Marchiennes (Abbés de). V. *Desmazières, Lallart.*
Marchière (De), cap^{ne} au rég^{t} de Sault, 102.
Marchin. V. *Marcin.*
Marchon, maire de Gap, c^{on} LXIV.
Marcieu (Guy-Balthazar-Emé de), gouverneur de Grenoble, 1526, 1611, 1896, 1897, 2039, 2132-2135, 2139, 2141, 2175, 2251, 2269, 2371, 2631, 2700, 2703. — Cf. le suivant.
—— (Pierre-Emé de Guiffrey, ch^{r}, puis comte de), lieut^{t}-g^{al}, 2559, 2562, 2564, 2609, 2620, 2631, 2664, 2677, 2679, 2729, 2731, 2740, 2763, 2770, 2771, 2782, 2797, 2824, 2825, 2912, 2913, 2915, 2919-2921, 2926, 2967, 2968, 2970, 2979, 3014, 3015, 3059-3065, 3115-3120, 3172-3175, 3177, 3179, 3180, 3182, 3185-3187, 3223-3243, 3245, 3247, 3256, 3258, 3260-3262, 3290, 3291, 3293, 3294, 3296, 3299, 3303, 3311, 3313, 3314, 3316, 3329, 3391, 3395, 3396, 3406, 3545, 23 s., c^{ons} XV, XVIII, XIX, XXI, XXI, XXII.
Marcieu (Pierre-Guy-Balthazar-Emé de Guiffrey, m^{is} de), mar. c., 3223, 3224, 3226, 3231, 3238, 3260.
—— (Pierre-Louis-Emé de Guiffrey-Monteynard, m^{is} de), lieut^{t}-g^{al}, 3749, c^{on} LI.
Marcigny (Municipalité de), c^{ons} LXIII, LXV c, LXXI.
Marcillac. V. *La Rochefoucauld.*
—— (De), comnd^{t} au château de Fouquemont, 276.
—— (Henry de Crugi, comte de), 1875.
—— (De), mestre-de-camp, 2131-2133, 2243, 2244, 2398, 2701, 2702.
—— (Crugi de), officier au rég^{t} d'Auxerrois, 2137.
—— (De), 2141, 2393, 3242.
—— (De), officier en garnison à la citadelle de Metz, 2167.
—— V. *Marcilliat, Marsilliac.*
—— **-Noyon** (De), cap^{ne} au rég^{t} de Lassay, 2094.
Marcillat, lieut^{t} au rég^{t} de Soisonnais, 1862.
Marcille, directeur des Postes de Lorraine, 1660.
Marcilliac. V. *Crugi, Marcilliat, Marcillac.*
Marcilliat (De), major du rég^{t} de Vérac, 1861.
—— (De), chevau-léger, 2268.
Marcilly (Hector-Pochon, s^{r} de), lieut^{t} au rég^{t} de Picardie, 88.
—— (Ant.-Deschamps, m^{is} de), lieut^{t}-g^{al}, 146.
—— (Vicomte de), 360, 361, 411.
—— (De), major à Sarrebourg, 1366.
—— (Achille Poulet, m^{is} de), brig., 1614, 1707, 1708, 1765, 1767, 1861, 1862, 1874, 1877, 1966, 2009, 2038, 2039, 2041-2043, 2098-2101, 2130, 2134, 2136, 2141-2145, 2170-2172, 2175, 2221, 2247, 2251, 2258, 2271, 2273.
—— (De), aide-major au rég^{t} de Montmain, 1856, 1858.

Marcilly. V. *Marsilly*.
Marcin (J.-Gaspard-Ferdinand, comte de), commd^t d'armée, 54, 97, 98, 106, 116, 117, 119, 120, 131, 245, 322, 354.
—— (Ferdinand, comte de), mar. Fr., 825, 880, 958, 1060, 1146, 1375, 1591, 1592, 1598-1601, 1666, 1670, 1677, 1747-1751, 1755, 1756, 1783, 1837, 1838, 1843-1846, 1895, 1936, 1937, 1944, 1948, 1955, 1963, 1966, 1988, 2167, 2245, 3779.
—— cap^{ne} aux Chasseurs de Fischer, 3431.
Marcinon, officier m^{al} de Bourg-en-Bresse, c^{on} LXI.
Marck, bailly de Bergzabern, 2452. — Cf. *Marx*.
Marclésy (De), officier, 1798, 3027.
Marcognet (De), officier, 820, 876, 889, 890, 900, 1612, 1895. — Cf. *Marcongnet* et *Marconnet*.
Marcongnet (De), gouverneur de Doullens, 457, 499, 596. — Cf. *Marcognet* et *Marconnet*.
Marconnet, officier au rég^t de La Fare, 2243. — Cf. *Marcognet* et *Marcongnet*.
Marconville (De). V. *Marcouville*.
Marcous (De), 2134.
Marcouville (Ch. de Gaillarbois, s^r de), cap^{ne} au rég^t de Navarre, 102.
—— major du rég^t de Trécesson, 1856, 1953.
Mardigny (Franç.-Georgin de), procureur à Metz, 2167.
Marduel, curé et maire d'Airaines, c^{ol} LXII.
Maréchal. V. *Keith*, *Mareschal*.
Mareil (Paul de Chaumont de La Galaizière, comte de), brig., 3290.
Marenco, 2102.
Marengo, corse, 3361, 3635.
Marenne, cap^{ne} au rég^t de Guitaut, 88.
Mares (De), major du rég^t de Saint-Germain-Beaupré, 2339, 2411, 2418.
Mareschal l'aîné, conseiller au Parlement de Metz, 1761.
—— premier chirurgien du roi, 2132, 2134, 2139, 2152.
Mareschal, cap^{ne} des portes du fort Barraux, 2145.
—— (Sœur Jos.), supérieure des Hospitalières de Gravelines, 2219.
—— bourgeois de Boulogne-sur-Mer, 2311.
—— ingénieur, 2732, 2768, 2840, 2875, 2904, 3314, 3445, 3671, c^{on} XVI.
—— commissaire ordonnateur, c^{ons} LIII, LXV a, LXV c, LXVII, LXVIII.
—— 3232.
—— de Colmar, c^{on} LXV c.
Mareschau. V. *La Chauvinière*.
Mareschaulx. V. *La Cour*.
Marescot (De), 1550, 1572, 1573, 1575.
—— habitant de Mézières, 2144.
—— (De), lieut^t au rég^t de La Reine, 2159.
—— (De), officier au rég^t de Lorraine, 2169.
—— (De), officier au rég^t d'Orléanais, 2269.
Marescotti, cardinal, 1524.
Marest, gouverneur de Laval, 2270.
Maret (J. de —, s^r d'Alexis), cap^{ne} au rég^t de La Feuillade, 146.
—— (Baron de), 3760.
—— **de La Loge**, commd^t pour le prince de Condé dans le Clermontois, 2167, 2321, 2392, 2395, 2396.
Maretto, cap^{ne} au rég^t de Vallouze, 2131.
Maretti. V. *Marotti*.
Mareuil (De), 6.
—— (De), commissaire des guerres, 992.
—— V. *Fontenay*.
Marey (De), lieut^t au rég^t d'Albigeois, 2370, 2371.
Marfaing, 2983.
—— (De), cap^{ne} au rég^t de Champagne, 3461.
—— (Ch^r de), ingénieur, 3697, 3725.
Marfelli, 1876.
Marfontaine (De), inspecteur général pour les fournitures des hôpitaux, 1689.
Margaillan (Antoine —, dit Saint-Jean), invalide, 2271.
Margarine (De), commd^t au Fort-Mortier, 2724, 2725, 2733, 2740, 2790.

Margarit (Don Joseph de — et de Buire, m^is d'Aguilar), gouverneur de la Catalogne, 117, 119. — Cf. *Aguilar*.
Margas (De), fonctionnaire de l'électorat de Brandebourg, 970, 978, 985. — Cf. le suivant.
—— (Étienne), général quartier-maître de l'électeur de Brandebourg, 1076, 1286.
Margemont, 2766.
Margerat, cap^ne des grenadiers de la Garde n^le de Blanzac (Charente), c^on LXI.
Margerin, officier m^al de Noyon, c^on LXV d.
Margon (De), brig. de cav^ie, 1907, 2131, 2254, 2371.
Margonet ? V. *Fénis*.
Margouet (De), commd^t le rég^t de Barbésières, 967.
—— (De), major de la place de Brest, c^on LXII.
Margrieu (De), cap^ne au rég^t de Charolais, 2242.
Mari (J.-B. de), commissaire-g^al de l'île de Corse, 2871, 2872, 2888.
Mariane, 2981, 3097, 3098.
Mariani, corse, 3333.
Mariavalle, 3075.
Maribas, député malabar, c^on LXV c.
Mariconda (Don Joseph de), colonel d'un rég^t italien de ce nom, 2039, 2043, 2047, 2132.
Marie, commd^t les milices de Romans, 1972.
—— (Alexandre), président du Directoire de l'Yonne, c^ons LXV d, LXV f.
—— commis du Ministère de la Guerre?, 3137, 3664.
—— (René-Honoré), inspecteur des bâtiments à Chambord et à Blois, c^ons LXV, LXV d.
—— **-Béatrice** de Modène, reine d'Angleterre, 1966.
—— **-Catherine** de Savoie, 1873.
—— **-Thérèse**, archiduchesse, puis impératrice d'Autriche, 2840, 2851, 2902, 2927, 2928, 2946, 2950, 2970, 3070, 3071, 3123, 3312, 3428, 3463, 3504, 54 s., c^ons XXVIII, XXX, XXXIII, XXXIX.
—— V. *Médicis*.
Mariembourg (échevins, magistrats, etc., de), 3089, c^on LXVI. — Cf. *Bouvier, Despret, Determe, Doignies, Germain, Gouverné, Gravets, La Croix, La Roche, Petit, Teissonnier*.
Mariette, commissaire général des vivres, 1983.
Marieuille (De), 3174, 3175, 3180, 3224, 3234, 3235, 3238-3241, 3257, 3259-3262, 3291, 3309, 3311, 3316, c^on XVIII.
—— (Mme de), 3086.
Marignac (De), lieut^t-g^al civil et criminel de Saint-Omer, 672.
Marignan (De), lieut^t de roi de Sisteron, 1703, 2043.
—— (Médicis, m^is de), officier du service d'Espagne, 1658.
Marignane (Comte de), 1862, 1876, 1967, 2041-2043, 2142.
Marignat (Veuve de), A. 90.
Marigny (De), lieut^t d'artillerie, 396.
—— (Imbault, ch^r de), commissaire de l'artillerie, 1601.
—— (Jos., comte de), brig., 2563.
—— (Mis de), directeur général des Bâtiments du roi, 3543, 3620.
Marigo. V. *Villeneufve*.
Marillac (De), 3.
—— (René de), intendant, 362, 419, 420, 440.
—— (De), cap^ne au rég^t de Languedoc, 3007.
—— (J.-Franç., m^is de), brig., 1494, 1657.
—— (René II de), conseiller d'honneur au Parlement, 2137.
Marimont (Baron de), 3166.
Marin, intendant, 125, 133, 134, 157, 158, 360, 361.
—— commd^t à Valbourg, 460.
—— c^on LXIV.
—— 997.
—— munitionnaire ou entrepreneur de fournitures, 1699, 1759.
—— major de la place de Mons, 1841.
—— cap^ne au rég^t de La Reine, 1862, 1879.
—— lieut^t de roi à Toulon, 2188.
—— lieut^t de vaisseau, 3456.
—— échevin de Marseille, 2141, 2188.
—— (Jos.), cap^ne au rég^t de Du Puy, 2270.
—— lieut^t d'inf^rie réformé, 2786.

Marin, (De), cap^{ne} au rég^{t} de Bourgogne, 3417.
—— V. *Marins*, *Moncan*, *Tricaud*.
Marinot, 1856.
Marins (Michel-Franç. du Bouzet, m^{is} de), lieut^{t}-g^{al}, 117–119, 137, 157, 187. — Cf. *Marin*.
Marinssalle (D'Argy de), officier de milice de Champagne, 2933.
Mariny. V. *Marigny*.
Mariol (De), officier, 2136, 2138, 2143.
Marion, commissaire des guerres, 98.
—— prévôt des marchands à Metz, 2242.
—— chevalier de Saint-Louis, 3409, 3412.
—— (L.-J.), neveu du précédent, 3412, 3413.
—— directeur de la Compagnie des Indes, 3673.
—— échevin de Coulanges-sur-Yonne, 2271, 2418.
Marissal, 3392.
Marivat, commissaire des guerres, 3073, c^{on} XVI.
Marivault (De), 1748, 2023, 2923. — Cf. *Lille*, *Marivaux*.
Marivaux (Hardouin de L'Isle, ch^{r}, puis m^{is} de), lieut^{t}-g^{al}, 987, 997, 1676, 2023, 2131.
Marivert (Abbé de), 506, 543, 555.
Marjol (De), 2135.
Mark, 1323.
Marlborough (John Churchill, duc de), général anglais, 1556, 1647–1649, 1651–1654, 1751, 1756, 1758, 1760, 1761, 1836, 1837, 1845, 1853, 1867, 1899, 1907, 1937, 1938, 1942, 1960, 1962, 2031, 2081, 2083, 2084, 2149–2152, 2217, 2301, 2305, 2306.
—— (Charles, duc de), général anglais, 3493.
Marle (Maire et échevins de), 362.
—— (Phil. et Gabr. de), officiers, 146.
—— (Bernard-Hector de), intendant, 359–361, 419, 420, 484, 672.
—— (Comte de), 225.
—— (De), officier, 1968.
—— (Comte de), député des États d'Artois, 3714, 3725.
Marlenheim (Municipalité de), c^{on} LXXI.
Marlet (Fr.), chanoine et official de Besançon, 672.
Marliane (De), major au rég^{t} de La Reine-Inf^{rie}, 3186.
Marliani, lieut^{t}-c^{el} du rég^{t} Royal-Artillerie (service d'Espagne), 1968.
Marlie. V. *Chevilliard*.
Marlois (De), 2723.
Marloud. V. *Marloup*.
Marloup (L.-Guill.-Victor de Charmailles, comte de), brig., 2035, 2144, 2244, 2371, 2620.
Marmaine (De), lieut^{t} au rég^{t} du Maine, 1837.
Marmier (Comte de), cap^{ne} au rég^{t} de Grammont, 1147.
—— lieut^{t} c^{el} du rég^{t} de Bauffremont, 3410.
—— **-Brignan**, commissaire des guerres, 2144, 2269, 2271.
Marmillod, ingénieur, 3709.
Marmion des Aunez, membre du Comité municipal de Cherbourg, c^{ons} LIV, LV.
Marmon, cap^{ne} au rég^{t} de Condé, 970.
Marmont, ancien officier, 2138.
Marmontel (J.-Franç.), écrivain, 2407.
Marnay (Danchemant de), 2136–2138, 2143, 2144, 2242, 2243.
—— V. *Estrez*, *Monin*.
Marnays. V. *Vercel*.
Marne (De), cap^{ne} au rég^{t} Commissaire-général, 2143.
—— (Directoire du dép^{t} de la), c^{on} LXVb.
—— (De), commissaire provincial de l'artillerie, 2371.
—— V. *Marnes*.
Marneau, commissaire des guerres?, 1661. — Cf. le suivant.
—— receveur des contributions à Trèves, 1671, 2145, 2238, 2243–2245, 2391, 2393, 2420.
—— lieut^{t}, 1832.
—— (De), directeur des Fermes à Metz, 2851.
Marneix. V. *St-André*,
Marnes (Barisien de), cap^{ne} au rég^{t} de La Fère, c^{ons} XXII, XXIII. — Cf. *Barisien*, *Marne*.
Marnesia (Claude-Humbert de Lezay de), brig., 2040, 2139, 2379,

2967, 2968, 2979, 3064, 3065, 3175, 3177, 3180, 3223-3227, 3232, 3234, 3236, 3237, 3240-3243, 3247, 3248, 3256, 3259, 3262, 3314, c^on XVIII.
Marnier (Franç.), député du commerce de Marseille, 2249.
Marnières. V. *Guer.*
Marnou (De), commissaire des guerres, 356, 359, 419.
—— V. *Le Tellier.*
Marnoz (De), cap^ne au rég^t de Grammont, 3262.
Marny (De), maître-auditeur en la Chambre des Comptes de Savoie, 2370.
—— (De), 13 s.
Maroat de Mons, 79.
Marolles (Joachim de Lenoncourt, m^is de), lieut^t-g^al, 98, 106, 137, 158, 245, 468.
—— (De), 1831.
—— 3394.
—— V. *Becel, Mesmes.*
Maron de Bordenave, 1699.
Maronde (De), officier du service de Hollande, 3258, 3259.
Marot (Fr. Calixte), gardien des Récollets à Metz, 2269.
—— avocat à Nantes, 3188.
Marotte, aide-major du rég^t d'Angoumois, 3539.
Marotti (Dom Léopold), 1962.
Marouis, de Granville, 106.
Marpré (De), commissaire des guerres, 505, 512, 600, 614.
—— 2221.
Marquenas (De), gouverneur de Roses, 2254.
Marquessac (F.-L. d'Hautefort, comte de), brig., 1777, 1779, 1861, 1967, 2047, 2383.
Marquet (De), 131, 141, 151.
—— entrepreneur ou directeur des fourrages, 2859, 3039, 3042, 3045, 3046, 3051, 3068, 3070.
—— cap^ne au rég^t de Foix, 2271.
—— sous-directeur du collège de Pontlevoy, 3719.
—— V. *Bourgade.*
—— **de La Barthe**, 1847.
—— **de Peire**, munitionnaire général, 3480, 3517, 3522, 3578, 3604-3606, 3611, 41 s., 70 s.-73 s.
Marquigny, c^on LXVI.
Marquina (Don Juan de), gouverneur de Roses, 2107, 2180, 2181, 2255, 2405.
Marquion (De), cap^ne hollandais, 3308.
Marquis, 2926, 3099.
—— professeur à Besançon, 3185.
Marragon, lieut^t, 360.
Marrassé, officier, 1836.
Marrilhan (De), cap^ne au rég^t de Sourches, 2144.
Marron, officier municipal de Tarascon, c^ons LXV e.
Mars (Ch^r de), 342, 343, 489.
—— (De), régisseur des hôpitaux à l'armée de Rochambeau, c^on LXVIII,
Marsac. V. *Bourran.*
Marsal (gouverneurs, bourgeois, etc, de), c^on XIV. — Cf. *Archange (Frère), Barbier, Blanchet, Coste, Favery, Fontenelle, Gouret, Le Clerc, Le Febvre, Villemont, Villiers*, etc.
Marsan (Charles de Lorraine, comte de), A. 87, A. 88.
—— (G.-J.-B.-Ch. de Lorraine, comte de), brig., 2923.
—— (Camille-Louis de Lorraine, dit «prince Camille», puis prince de), lieut^t-g^al, 3438, 3439, 3488, 3511, 3514, 3522, 3554, 3555,
—— (De), officier sarde, 3291.
—— V. *Mauretout.*
Marsane, député de la Drôme, c^on LXV.
Marsanne, cap^ne au rég^t de Tavannes, 2033.
Marsant, c^on XXXIII.
Marsault, 2143, 2268.
Marsaux, cap^ne de compagnie franche, 1754, 2395.
Marsay (De), brig. de cav^ie, 3200.
Marschlins. V. *Salis.*
Marseilhas, 3241.
Marseilhat, major du rég^t de Vivarais, 2739.
Marseille (Municipalité, clergé, magistrats, habitants, etc, de), 3, 20, 33, 112, 118, 1274, 2041, 2042, 2045, c^ons LXV, LXV b, LXVII, LXXI. — Cf. *Audibert, Belleville, Belloy, Bertrand, Boulle, Bourgongne, Boyer, Boze, Brun, Cauvin, Crose, David, Dumon, Dumos, Durmond, Forbin-Janson, Forville, Gail,*

Gerin-Ricard, Grandmaison, Grimaud, Jarente, Lambert, Latil, Laurens, Lieutaud, Lioney, Lombard, Lombardon, Marin, Marnier, Montagnier, Montmort, Murat, Pilles, Pourrières, Raymond, Ruffi, Sabran, St-Amand, Saye, Sibon, Sinéty, Somis, Vintimille, etc.
—— (Comte de). V. *Du Luc*.
Marshall, cap^{ne} au rég^{t} de Nugent, 2136, 2138, 2266.
—— (John), officier anglais, prisonnier de guerre, 2132.
Marsilliac (De), colonel à la suite du rég^{t} de Tarente, 2132.
—— Cf. **Marcillac.**
Marsilly (Mme de), 1504.
—— (Valcour de), 2816, 2841, 2842, 2926, 2943, 2949.
—— V. *Marcilly, Ruby*.
Marsin. V. *Marcin*.
Marsol (Dom Côme), chanoine de Barcelone, 1888.
Marsollier, ingénieur, 988.
—— **de Gambais**, 2255.
Marsy (De), officier au rég^{t} de Lyonnais, 3117.
—— V. *Bimont*.
Martange (De), 3692.
Martangis (De), 1163.
—— V. *Foullé*.
Marteau, échevin de Mézières, 2141–2143.
—— (De), officier au rég^{t} de Royal-Barrois, 3110.
Martel, 419, 672.
—— (De), cap^{ne} au rég^{t} de Bresse, 970.
—— (Mis de), colonel, 1609, 1644, 1832, 2022.
—— (Mme de), 2130.
—— (Ch^{r} de), major de Sarrelouis, 2243, 2244, 2322, 2687, 2794.
—— chirurgien-major du rég^{t} de Greder-Suisse, 2371.
—— (De), 3277.
—— V. *Fontaine, Maleville*.
Martelly (De), cap^{ne} au rég^{t} de Puységur, 2035.
Martené (De), major général du camp de Dieppe, 3493, 3495, 3502, 3506, 3537, 3561.
Marteville (Jacques de Lespinay, m^{is} de), mar. c., 1862, 2130, 2142.
Marteville (Ch^{r} de), lieut^{t}-c^{el} du rég^{t} de Puisieux, 2850.
—— c^{on} LXXVI.
Martfeldt (J.-H.), cap^{ne} d'art^{ie} hollandais, 3185, 3256.
Marthe, meunier banal à Montmédy, 2167.
Marthou, lieut^{t}-c^{el} du rég^{t} de Maillé, puis de celui de Caupos, 1830, 1944, 2159, 2244.
Marti de Viladamor, avocat général au Conseil souverain du Roussillon, 356.
Martial (Fr.), capucin à Vieux-Brisach, 1857.
—— (Baron de), 2825.
Martignac, c^{on} LIII.
Martigny (De), 311.
—— (De), mestre-de-camp, 1976, 1977.
—— (De), cap^{ne} au rég^{t} de Berry-Cav^{ie}, 2048.
—— (De), maire de Laon, 2187, 2414.
—— cap^{ne} au rég^{t} d'Ussy, 2244.
—— (De), colonel du rég^{t} de Berry, 2255.
Martigues (Consuls, etc., de). V. *Anthoine, Boyer, Turc, Vidal, Volaire*.
Martillat (De), cap^{ne} au rég^{t} du Perche, 2135.
Martin, commd^{t} de la tour de Toulon, 33.
—— 134.
—— entrepreneur à Charleroi, 229.
—— (Raphaël), c^{on} XLVI.
—— (De), officier, 333.
—— officier municipal de Reims, c^{on} LXVb.
—— (Jean), avocat, 516.
—— officier municipal d'Alençon, c^{on} LXV c.
—— ingénieur, 670, 794, 972, 989, 993, 994.
—— (Jean), command^{t} de galiotes, brig., 1375, 1494, 1844, 1856, 2137, 2160, 2213.
—— procureur à St-Dizier, 1801.
—— officier municipal de Limoges, c^{on} LXVb.
—— officier au rég^{t} de Vermandois, 1950.
—— fils, président de l'adm^{on} du dép^{t}

des Bouches-du-Rhône, c^ons LXVa, LXVd.
Martin, 1895.
—— (J. Fr.), 2036.
—— chirurgien-major au rég^t de Chartres, 2139.
—— premier président en l'élection d'Arques, 2141.
—— ancien valet de chambre de la Dauphine, 2143.
—— officier de l'Hôtel-de-ville de Sedan, 2169.
—— consul de Manosque, 2250.
—— marchand à Doullens, 2312.
—— (Le P.), jésuite à Constantinople, 2327.
—— 3060.
—— de Saint-Tropez, 3180, 3233, c^on XIX.
—— (Mme de), 3261.
—— cap^ne et lieut^t de garde-côtes à Oléron, 3510.
—— officier au rég^t de Royal-Lorraine, 3689.
Martine (De), 1843, 1895, 1897, 1968, 2244, 2412.
—— lieut^t-g^al de police à Noyon, 2135, 2138.
—— échevin de Noyon, 3308.
—— V. *Martines.*
Martineau, cap^ne au rég^t de Bourgogne, 970.
—— V. *Princé.*
—— **de Soleyme**, subdélégué à Auxerre, 2267, 2370.
Martinencq, chirurgien-major aux Gardes françaises, 2022.
Martines, officier, 3561. — Cf. *Martine.*
Martinet (Jean de), mar. c., 259.
—— (Mme de), 1526.
—— entrepreneur de fournitures de fourrages, 2273.
—— maire du Buis (Drôme), 3406.
Martinfort, régisseur des vivres de l'armée d'Allemagne, 67s. — Cf. le suivant.
—— entrepreneur de fournitures, 3504, 3506.
Martini (Baron), commissaire général de l'armée impériale, 1691, 1700, 1784, 1785, 1864.
—— officier hollandais, 3147.
Martiniano (Comte de), gouverneur de Pignerol pour le duc de Savoie, 1526.
Martinier. V. *Cuénod.*
Martinitz (Don Juan Esteban, c^te de), 2047.
Martinon, cap^ne au rég^t de La Fère, 2132.
Martinot, cap^ne au rég^t de Bretagne, 1862.
Martinoti, 1868.
Martiny, officier du service d'Espagne, 596.
—— commd^t une compagnie de garde-côtes, 1572.
Marty, lieut^t d'un rég^t suisse du service de Hollande, 3182, 3309.
—— landamman du canton de Glaris, 3182.
Maruge, cap^ne au rég^t d'Albigeois, 2133.
Marville (Échevins, magistrats, etc., de). V. *Dupuis, Gérard, Gouvaincourt*, etc.
—— (Feydeau de), lieut^t-g^al de police, 3099, 3136, 3143, 3174, 3182, 3184, 3185, 3187, 3197, 3255, 3257, 3258, 3316.
—— **-Groult**, échevin de Cherbourg, 2144.
—— (Marvilly ?), c^on XVIII.
Marx, bailli de Bergzabern, 2453, 2677, 2702.
Masancourt (De), officier, 141.
—— Cf. *Mazancourt.*
Masargues. V. *Massargues.*
Masbourg, officier au rég^t de Courcillon, 1841.
—— officier au rég^t de Hoccart, 2243.
Mascaron (De), officier, 3463.
Maschin, 452.
Masclary (Pierre de), lieut^t au rég^t de Picardie, 123.
—— (De), cap^ne au rég^t de Nivernais. 1892.
Mascramy, 516.
Masdoni (Lodovico), évêque de Modène, 1865.
Masellier, command^t au fort de Bergues, 271, 279.
Masin, premier consul de Nice, 251.
Masino, 117.
Masléon. V. *Chastagnat.*

Masnuy (De), cap^{ne} de dragons du service d'Espagne, 227^{3}, 2347.
Masparault (De), 5.
Masplach, secrétaire du chef camisard Rolland, 1906.
Massa (Duc de), 1773, 1775, 1783, 1873, 1962.
Massac (De), 133.
—— (De), vicaire général de l'ordre des Mathurins, 2412.
Massan (De), command^{t} dans l'île d'Ouessant, 3450.
Massanne (Alexandre de), cap^{ne} au rég^{t} de Monsieur, 131.
—— (De), officier, 1856, 1857, 1896, 2136.
—— (De), lieut^{t} de roi de Rocroi, 3197.
—— V. *Massauve*.
Massar (J.-B.), marchand à Namur, 2156.
Massargues (De), capitaine et lieut^{t} au rég^{t} de Menou, 2137, 2312.
Massart, prévôt et délégué à Philippeville, 2233, c^{on} XVII.
—— subdélégué général à l'intendance de Flandre, 2937, 2969, 2970, 2977, 2979, 3030, 3031, 3033, 3034, 3037, 3073, 3083.
Massauve (N. de), brig., 2839, 2840, 2861, 2863, 2873, 3033, 3041, 3042, 3044, 3094, 3096, 3123, 3168.
—— V. *Massanne*.
Massauw (De), officier étranger, 3430. — Cf. *Massow*.
Masse, ingénieur, 3426.
Massé (De), ingénieur, 892, 895.
Massei (Ant. Félix), député de la province de Bastia, 3666.
Massel, à Saint-Tropez, 1861.
Masselin (Franç. Ch. de), brig., 1875–1877, 1879, 1967, 1968, 2038–2041, 2098, 2131, 2132, 2145, 2173, 2466, 2467.
—— (Jean Claude de), brig., 2697, 2738.
Massemback (Nic., comte de), mar. c., 1660, 1751, 1843, 1855, 1858, 1984, 2132, 2243.
Massener?, 614, 615.
Massenot, 2132.
Masseran (Comte de), 3111. — Cf. *Masserano*.
Masserano (Prince de); 20, 1776.
—— (Princesse de), 1238.
Masseron, maire de Gap, 2143.
Masset, cap^{ne}, viguier et fermier général du comté de Tallart, 2102.
Masseur (Baron de), officier au service d'Espagne, 2244, 2269.
Massiac (De), 141.
—— (De), major de Fort-Louis, 1856, 1857, 1951, 1955, 2561.
—— 2134.
—— (Ch. I., m^{is} de), lieut^{t}-g^{al} des armées navales, ministre de la Marine, 3493–3495, 3503, 3509, c^{on} XXVI.
—— V. *Espinchal*.
Massiat, command^{t} à Saint-Jean-Pied-de-Port, 1604, 1831, 1884, 1892.
—— (De), major de la place de Briançon, 2927.
Massiet (De), 416.
Massilian (Abbé de), 1906.
Massilien, consul d'Avignon, 3175, 3187.
Massiot (De), 5, 6.
Massol, contrôleur principal d'artillerie en Languedoc, 2273.
—— (De), officier de la Chambre des Comptes à Paris, 2339.
—— (Mme Le Grand de), 2145.
—— **de Colonge** (De), officier aux dragons de Bonnelles, 2267.
Masson, subdélégué à Bar-sur-Aube, 1905.
—— (G.), bourgeois de Cassis, 2255.
—— échevin de Rambervillers, 2324.
—— (Édouard), secrétaire du duc de Cumberland, 3084.
—— **de Malbouë**, syndic ou directeur de la Compagnie des Indes, 3575, 3629, c^{on} XXXV.
Massonez (De), 3413.
Massot (De), ancien officier, 2144.
Massow (De), 3518. — Cf. *Massauw*.
Massué. V. *Ruvigny*.
Mast, inspecteur d'armes (service d'Espagne), 2133.
Mastaing (Comtesse de —, douairière d'Ongnies), 3207.
Mastin, major du rég^{t} de Bourbonnais, 2370.
Maswir, lieut^{t} au rég^{t} d'Alsace, 2271.

Mata (Don Antonio de), gouverneur de la citadelle de Jaca, puis de Fontarabie, 1900, 1981-1985, 2253, 2255, 2332.
—— **d'Arnady,** 2052.
—— V. *Matha, Matta.*
Matas do Pujols (Don Gregorio), 1979.
Matfelon (De), lieut^{t}-c^{el} au rég^{t} d'Auberre, 194.
Matha (De), cap^{ne} de chevau-légers, 131.
—— (Ch^{r} de), cap^{ne} au rég^{t} de Poitou, 2139-2141, 2144, 2243, 2244, 2459.
—— (Mme de), 2394.
—— V. *Mata, Matta.*
Mathan, lieut^{t} de roi à Caen, 2619.
Matharel, commissaire des guerres, 109.
—— (De), résident français à Venise, 130.
Mathas, 311.
Matherot de Desnes, de Besançon, 2143.
Matheu (De), consul à Perpignan, 2135, 2254.
—— **-Bon,** membre du Directoire des Pyrénées-Orientales, c^{on} LXV c, LXVI.
Mathews (Thomas), vice-amiral anglais, 2967, 2979, 3015.
Mathieu, 502.
—— architecte, 1115.
—— maire d'Halanzy (Luxembourg), 1754.
—— officier au rég^{t} de Murat, 1857.
—— 2133.
—— subdélégué à Sainte-Menehould, 2420, 3053, 3068.
—— habitant de Puget-lès-Toulon, c^{on} XXX.
—— partisan à Condé, 2444.
—— (J.-Georges), officier du conseil supérieur de Colmar, c^{on} XLVII b.
—— d'Arras, 1944.
—— **de Castellas** (André de), brig., 146, 259, 310, 414, 419, 460, 461, 488, 508, 509, 607-609.
—— (De), 1484, 1549, 1550.
Mathis (Louis de), 2575, 2631, 2633, 2655, 2664, 2676, 2677, 2688, 2723-2725, 2768, 2892, 3027, 3047, 3055, 3056, 3071, 3109, 3126, 3391, 3395, 3396.
Mathis, (Ch. Alexandre), commissaire pour les limites, 3706,
Matignon (Mme de), 118, 134.
—— (Henri de —, c^{te} de Thorigny), lieut^{t}-g^{al} du roi en Normandie, 146.
—— (De), 605, 837, 894, 901-903, 905, 906, 1052, 1156, 1203, 1205, 1206-1208, 1210, 1216, 1236, 1237, 1241, 1254-1258, 1311, 1468, 1484, 1524, 1549, 1550, 1555, 1566, 1610, 1644-1651, 1654, 1658, 1699, 1704, 1736-1739, 1742, 1743, 1801-1803, 1831, 1833-1839, 1897-1900, 1935-1940, 1943, 1944, 1946, 2017, 2018, 2020-2022, 2025, 2080-2083, 2089, 2092, 2139, 2140, 3127.
—— (Jacques III Goyon, comte de), 2036, 2135, 2139, 2186, 2419.
—— (Jacques Goyon de), évêque de Condom, 2036.
—— (Ch^{r} de), 2144.
—— (Léonor Goyon de), évêque de Lisieux, 2186.
—— (Louis J.-B. Goyon, comte de), 3260.
—— V. *Gacé, Goyon, Thorigny.*
Matlin, major du rég^{t} de Bourbonnais, 2268.
Matra, chef corse, 2872, 2885, 2886, 3300, 3306.
Matta (De), 117. — Cf. *Mata, Matha.*
Matteo, corse, 3648.
Matthieu. V. *Mathieu.*
Matthis, cap^{ne}, 1861.
Matys, 3406.
Maubecque (Prince de), 1858, 1961.
Maubeuge (Échevins, magistrats, bourgeois, etc., de), 397. — Cf. *Bady, Bidier, Delian, Delsol, Ferrand, Gallon, Gobau, Hardy, Hennet, Henrotay, Hosson, La Houssaye, Nassau, Noyelle,* etc.
—— V. *Rieux.*
—— (Ch^{r} de), cap^{ne} au rég^{t} de Bugey, 2269, 2342.
Maublanc, sous-lieut^{t} au rég^{t} d'Aunis, 1846.
Maubourg (Mis de), colonel, 1611, 1832, 1834, 1943, 1944, 2135.

Maubourg, (Ch^{r} de), officier au rég^{t} de ce nom, 1943.
—— V. *La Tour*.
Maubuisson, comm^{re} des guerres, 1983. — Cf. *Lenoir*.
Mauby. V. *Biost*.
Mauclerc (Jean), prévôt de la maréchaussée de Rethel, 1608.
—— vicaire de l'église Saint-Nicolas à Rocroi, 1832.
Mauclère (Jacob), mar.-des-logis au rég^{t} de Streiff, c^{on} LXXXVI.
Maucomble (De), 2859. — Cf. *Mocomble*.
Mauconseil, 3001.
Maucourt (De), cap^{ne}, 2371.
—— (De), 3409.
Maudave (Federbe de), père et fils, résidents de France à Sion, 1964, 1968, 2038-2041, 2098-2100, 2101, 2135, 2170-2172, 2174, 2175, 2247-2249, 2251, 2398, 2399.
—— (De), 2288, 2983, 3000, 3406, 3413, 3541, 3543, 3569, 3570, 3575, c^{ons} XXIII, XXVI.
—— Cf. *Modave*.
Mauduit. V. *Kerléan*.
Mauduyt, 2273, 2411, 2412.
Maugard, généalogiste, 3768, c^{on} LIV.
Maugarny (De), prieur de la Chartreuse d'Apponay, 516.
Maugeay, 106.
Mauger (Fligny, ch^{r} de), lieut^{t} au rég^{t} de Vexin, 2130.
—— directeur des vivres à Vire, 3461.
Maugiron (De), 133.
—— (J.-Gaston, comte de), guidon des Gendarmes d'Anjou, 146.
—— (Ch^{r} de), officier de cavalerie, 1861.
—— (Abbé de), 2679.
—— (L.-Franç., comte de), lieut^{t}-g^{al}, 3085-3087, 3091, 3099, 3135, 3136, 3141-3143, 3187, 3197, 3398, 3200, 3202, 3512, 3524, 3526, 3550, 3602.
—— (De), 3404, 3418.
Maugrin de Saint...?, 1899, 2145.
Maugrion, cabaretier à Saint-Benoit-du-Sault, 2371.
Maulbon. V. *Arbaumont*.
Maulde (De), cap^{ne} au rég^{t} de Rambures, 131.
Maulde. V. *Colemberg*, *Farjaux*.
Mauléon (De), major dans les milices de Lorraine, 2983.
—— V. *La Bastide*.
—— **-Montlezun** (De), gouverneur du château de Quérigut dans le Donnezan, 1982.
—— (De), 2255. — Cf. le précédent.
Maulevant, ingénieur, 967, 972, 993, 994, 1067.
Maulévrier (Édouard-Franç. Colbert de Vandières, comte de), lieut^{t}-g^{al}, 378, 386-389, 408, 410-413, 416, 451, 452, 508, 601, 603, 605, 725, 892, 1 s. — Cf. *Colbert*.
—— (De), 988, 992.
—— (Henry de Colbert, ch^{r} de), lieut^{t}-g^{al}, 1513, 1516, 1519, 1862, 1867-1869, 1960, 1961, 1963, 1966-1968, 2105, 2134, 2135, 2137-2145, 2160, 2171, 2177, 2215-2217, 2219-2222, 2224, 2226, 2269-2271, 2273, 2299, 2300, 2308, 2324, 2343, 2346.
—— (Franç.-Colbert, m^{is} de), brig., 1700, 1846, 1857, 1883-1885, 1897, 1898.
—— (Abbé de), 2164.
—— (J.-B.-Louis Andrault de Langeron, m^{is} de), mar. Fr., 2325, 2575, 2818.
—— (Louis-René-Édouard Colbert, comte de), lieut^{t}-g^{al}, 2790, 3041, 3096, 3172, 3174, 3175, 3223, 3235, 3391, 3333, c^{on} XVIII.
—— (Christophe Andrault, comte de), lieut^{t}-g^{al} des armées navales, 3224-3231, 3237-3239, 3241, 3243, 3245, 3262, 3290, 3291, 3294, 3395, 3311, 3314, c^{on} XIX.
—— (Comte de), ministre près l'électeur de Trèves, 3744, 3759.
—— V. *Colbert*, *Langeron*.
Maulgny (De), officier, 3124.
Maulmond (De), cap^{ne} au rég^{t} de Cambis, 3419.
Maumigny (Comte de), officier au rég^{t} de Lanan, c^{on} XLV. — Cf. le suivant.
—— (De), officier, c^{ons} LXX, LXXI.
Maumont (Jacques de Fontanges, m^{is} de), mar. c., 484, 500, 505,

544, 595, 597, 601, 892, 895, 902, 1115.
Maumont (De), fermier général, 3308.
Maumusson (De), capne au régt de Dauphiné, 2188.
Maunahou (Mis de), con LVII.
Maunoury. V. *Mannoury*.
Mauny (De), officier, 1526, 1856, 1857, 2022, 2133, 2136, 2144, 2232, 2386, 2387.
Maupal, capne au régt de Picardie, 1855.
Maupas (De), 2167.
Maupassant (De), commissaire des guerres, 3459, 3662.
Maupeou (Louis, chr de), capne aux Gardes du corps, 151.
—— (Charles de), lieutt au régt des Gardes françaises, 146.
—— (René, mis de), lieutt-gal, 1751, 1754, 1760, 1761, 1841, 1844-1848, 1856-1858, 1937, 1944, 1950-1953, 2027, 2028, 2030-2032, 2034, 2091-2093, 2130, 2133, 2134, 2138, 2143-2145, 2169, 2236-2239, 2242-2244, 2270, 2322, 2370, 2388, 2391-2393, 2411, 2453, 2505, 2700.
—— (Augustin de), archevêque d'Auch, 2183.
—— (René-Théophile, marquis de), lieutt-gal, 2863, 2948, 2983, 2999, 3043, 3045.
—— (L.-Ch.-Alexandre, chr, puis mis de), lieutt-gal, 3140, 3235, 3248, 3582, 3583, 3587-3592, 3602, 3605-3607, 3620, 3643, con LX.
—— (René-Charles de), premier président au Parlement, 3183.
—— V. *Ableiges*.
Maupertuis (De), cornette de la première compagnie des Mousquetaires, 238.
—— (Louis de Melun, mis de), 1897, 1898, 2132, 2140.
—— (De), inspecteur général des gabelles au département de Soissons, 2133.
—— (P.-L. Moreau de), géomètre, académicien, 3057, 3111.
Maupoint (Mme de), 2132.
—— (De), lieutt au régt de Solre, 2135.
Maupoint. V. *Rainville*.
Maurande (De), commissaire des guerres ou fonctionnaire des vivres, con LXXIII.
Maurandy, consul à Figeac, 2135, 2188.
Mauranvillé (De), officier, 88.
Maure (Honoré), trésorier de l'extraordinaire des guerres, 1741.
—— (Comte de), lieutt-cel du régt Dauphin-infrie, 1862. — Cf. le suivant.
—— (De), 2132.
—— membre du Directoire du Var, con LXV b.
Mauregard (De), lieut-cel, 1608.
Maureillan. V. *Palliers*.
Maurel (Pierre), curé des îles Sainte-Marguerite, 3542.
—— consul, 3180.
—— (Laurent), géomètre, ancien sergent du régt Royal-Comtois, con LIV.
—— 3235.
Maurenard (De), lieutt-cel, 1856, 2130, 2243, 2323, 2374.
—— commdt à Mouzon, 2420.
Maurepas (De), capne au régt Royal, 419.
—— (De), capne au régt de La Marine, 1831.
—— (J.-Frédéric-Phélypeaux, comte de), secrétaire d'État, 2643, 2663, 2675, 2678, 2702, 2771, 2785, 2792, 2800, 2811, 2814, 2871, 2877, 2885, 2886, 2888, 2900, 2936, 2956, 2967, 2978, 2999, 3030, 3031, 3034, 3060, 3061, 3068, 3083, 3084, 3087, 3124, 3125, 3127, 3152, 3154, 3173, 3175, 3179, 3180, 3184, 3186, 3188, 3197, 3199, 3200, 3207, 3223-3225, 3228, 3234, 3237, 3238, 3240, 3242-3245, 3247-3249, 3260, 3261, 3275-3277, 3280, 3281, 3292-3295, 3299, 3302, 3308-3311, 3314-3316, 3326, 3338, 3392, 3393, cons XI, XVII, XIX, LXXV.
—— V. *Pontchartrain*.
Maurès, capne aide-major au régt de Bourbonnais, 3544.
—— V. *Malartic*.
Mauret (Dom), religieux à l'abbaye de Saint-Honorat (île de Lérins), 33.

Mauretout (Franç.-Paul de Marsan, vic^te de), officier, 123.
Maurevert (De), enseigne aux Gardes françaises, 146.
Maurey. V. *Camusat.*
Mauriac (N. de), mar. c., 3060, 3061, 3064, 3065, 3115, 3118, 3172-3175, 3180, 3187, 3224-3227, 3231, 3232, 3234, 3243, 3247-3251, 3256, 3257, 3292, 3295, 3309, 3314, 3329, 3360, 3412, 3532, 3533, 3539, 3581, 3680.
Maurice de Savoie. V. *Savoie.*
—— **de Saxe**. V. *Saxe.*
—— de Rotterdam, 1939.
—— échevin d'Abbeville, 2132, 2135, 2183.
—— membre du Conseil municipal de Cherbourg, c^on LIV.
Mauriet (Laurent), officier, 3543.
Maurin, 356.
—— consul de Barcelonnette, 2979, 3236.
—— V. *Duclot.*
Mauris, 2327.
Maurisset, officier de garde-côtes à Oléron, 3510.
Mauroy (De), 30, 67, 117.
—— (Denys-Simon de), lieut^t-g^al, 953, 1079, 1092, 1096, 1099, 1170, 1222, 1228, 1237, 1333, 1373-1375, 1400-1404, 1423, 1509-1511, 1519, 1585, 1586, 1588-1592, 1594, 1683-1687, 1693, 1776-1779, 1794, 1858, 1862, 1866, 1872-1876, 1966-1968, 1975, 1988, 2039-2042, 2058, 2098, 2100, 2101, 2108, 2136-2140, 2142-2144, 2183, 2247, 2249, 2251, 2258, 2269, 2398, 2407, 2411, 2739, 3779, c^on VII.
—— (De), commd^t à Sarrebruck, 1846, 1857, 2034, 2035, 2135, 2167, 2242, 2244.
—— (De), commis de l'extraordinaire des guerres, 2136, 2138, 2142, 2270.
—— (Denis-Franç., comte de), lieut^t-g^al, 2940, 3000, 3017, 3043, 3044, 3068, 3230, 3234, 3237, 3238, 3241-3243, 3260-3262, 3296.
—— (De), 3392.
Mauroy (De), 16 s. — Cf. *Musnier.*
—— **de Buy**, lieut^t au rég^t de Dauphin-cav^ie, 2703.
Maurpart, lieut^t d'art^ie, 1844, 2031, 2094.
Maurry, échevin de Calais, 3033.
Maurs (Municipalité de), c^ons LX, LXI, LXVI.
Maury. V. *Seran.*
Mauschensky, prisonnier de guerre autrichien, 3185.
Maussabré (De), officier aux Chasseurs de Lorraine, c^on LXI.
Maussant, 1891.
Maussion, 2272.
Mauvaizet, commis au bureau des Fermes de Morteau, 1674.
Mauvallet, 31.
—— commissaire des guerres, 261, 262, 271, 294, 351, 354, 355, 361, 416, 420.
Mauvesin. V. *Le Blanc.*
Mauvesinière. V. *Villars.*
Mauvillain, trésorier de l'armée d'Allemagne, 56 s.
Mauvilliers (De), 75.
Mauvoisin (De), cap^ne au rég^t de Champagne, 102, 123.
—— V. *Vercourt.*
Maux (De), lieut^t de roi de Dinan, 2132, 2141, 2301, 2370, 2421.
—— (De), officier au rég^t d'Houdetot, 2270.
Maxey (De), cap^ne au rég^t de Casteja, 1856.
Maximilien II, empereur d'Allemagne, 5.
Maximilien-Emmanuel, électeur de Bavière. V. *Bavière.*
Maximin de Thionville (Le P.), supérieur des capucins de Bitche, 2133, 2144.
Maxivell (John), officier anglais, 3563, 3572.
May (De), lieut^t dans la compagnie de cav^ie de Furstenberg, 280.
—— colonel suisse, 1602. — Cf. les suivants.
—— major du rég^t suisse de ce nom, 1943, 1973.
—— officier suisse, 2136, 2142, 2271.
—— (Jean-Rodolphe), brig., 2269, 2270. — Cf. les trois précédents.

Mayan (Comte de), colonel, 311, 313, 355, 361, 396, 397.
Mayard (Pierre de), lieut[t] au rég[t] de Sault, 158.
Mayence (Électeurs de), 225, 275, 327, 438, 467, 629, 2927, 2946, 3044, 3096, 3126, 3433, 3525, 3526. — Cf. *Elz, Schœnborn,* etc.
Mayenne (Charles de Lorraine, duc de), 5.
—— (Directoire du dép[t] de la), c[ons] LXV b, LXV d, LXV f, LXVI, LXVII.
—— (Échevins, etc., de). V. *Pennetier.*
Mayer (De), chef de partisans, 1664.
—— (Assur), de Bonn, 3110.
Mayeux, c[on] XLIX a.
Maygnieulx. V. *Maigneux.*
Maynard, 3.
Mayne (De), 1284.
Maynier, 1856.
Maynon, 1897, 2085.
Mayousse, consul de Chabeuil (Drôme), c[on] XIX.
Mayr (Marc de), conseiller d'État et chancelier de Bavière, 880, 958, 969, 1286
Mayrargues (De), lieut[t] au rég[t] de Louvigny-Gramont, 2269.
Mayret (Mayrot?), lieut[t]-c[el] du rég[t] de Charolais, 2370, 2414, 2415.
Mayrot (De), chanoine de Dôle, 2371.
—— major du rég[t] d'Aunay, 2376.
—— major du rég[t] de Soire, 2138.
Mazade, fermier général, c[on] XI.
Mazancourt (De), officier au rég[t] de Bourbon-dragons, c[on] LIV.
—— (De), officier, 131. — Cf. *Masancourt.*
—— (De), 3326.
—— (Sezille de), officier municipal de Noyon, c[on] LXV d.
Mazarin (Jules), cardinal, ministre, 85, 91, 102, 105, 106, 110, 112, 117, 118, 121–124, 131–134, 138, 142, 146, 151, 152, 157–159, 171, 245, 516, A. 94. — Cf. les vol. de *Minutes,* d'*Expéditions* et de *Transcrits* des années 1643 à 1661.
—— (Michel), cardinal de Sainte-Cécile, archevêque d'Aix, vice-roi de Catalogne, 111, 125.
Mazarin (Armand-Charles, duc de), 259, 277–280, 288, 360, 361, 419, 420, A. 87–A. 89.
—— (Duc de), 1849, 1898, 2131, 2142, 2242, 2269, 2270, 2344, 2392, 2411, 2412, 2679.
Mazel (De), 284.
Mazencourt. V. *Courval, Mazancourt.*
Mazerat, lieut[t]-c[el] du rég[t] de Gensac, 2244, 2245.
Mazerolle, cap[ne] attaché au rég[t] Royal-Hesse-Darmstadt, 3766.
Mazière, cap[ne] au rég[t] de Saumery, 2371.
—— (De), 3259.
Mazin, ingénieur, 2173.
Mazon, 119.
Mazoyer (De), cap[ne] au rég[t] de Robecque, puis dans celui de La Marine, 2137.
Mazures (Habitants du village des), 2056.
Mazurier, secrétaire du corsaire Thurot, 3570.
Mazzini, gentilhomme milanais, 2396.
Mazziolo, commissaire génois en Corse, 3456.
Meagher, irlandais, ancien lieut[t]-c[el] des Gardes de l'électeur de Bavière, 2235.
Méan (J.-E.-B. de), frère du grand-doyen de Liège, 1644, 1648.
—— (Laurent de), chanoine de Liège, frère du précédent, 1645.
Méaud (De), officier au rég[t] de Lyonnais, 2220.
Méaulle, membre de la Commission de liquidation des affaires de Bretagne, c[on] LXV c.
Meaulne (De), cap[ne] au rég[t] Royal-Piémont, c[on] LXIV.
Meaux (Échevins, clergé, magistrats, etc., de), 119, 419, c[on] LXV e. — Cf. *Lemaire, Nargullet, Payen, Thémines, Thiard-Bissy,* etc.
—— (De), ancien officier, 2243, 2245,
—— (Ch. de), officier au rég[t] Royal-Comtois, c[on] LXV a.
Meckel de Stembspach, officier dans la compagnie franche de Soufflet, puis dans celle de La Garde, 1858, 2145, 2244.
Mecklembourg (Duchesse de), 278, 279, 287, 342, 360–362, 594.
—— (Duc de), 496, 509, 554, 584,

Médavy (Jacques-Léonor Rouxel de Grancey, comte de), mar. Fr., 1332, 1586, 1683, 1685–1687, 1777, 1778, 1783, 1785, 1863–1869, 1872, 1958, 1960–1964, 1966, 2036, 2038–2043, 2046, 2047, 2058, 2098–2101, 2108, 2132, 2134, 2140, 2170–2172, 2174, 2175, 2247–2250, 2325, 2398, 2400, 2575, 2619, 2622, 3779, c^on VII.
—— (Marie-Thérèse Colbert, comtesse de), 2134, 21"9, 2370, 2412.
—— V. *Grancey*.
Médicis (Catherine de), reine de France, 3, 8, c^on I.
—— (Marie de), reine de France, 13, 72, 117.
—— (Cardinal de), 1863.
—— (Côme de), grand-duc de Toscane, 1961.
—— (Dame de), 2137.
—— V. *Marignan*.
Medina (Comte de), intendant espagnol à Namur, 1832, 1839, 1944, 1946, 2033.
—— (De), cap^ne au rég^t de Montfort, 2392.
—— **del Rio-Seco**. V. *Cabrera*.
—— **-Sidonia** (Duchesse de), 1105.
Medley, amiral anglais, 3224, 3261, 3338.
Medoni, lieut^t-c^el du rég^t Royal-Italien, 1831.
Medrano, major du rég^t Du Roure, 2137.
Meerens (Allard), hollandais, 2231, 2232.
Megard, c^on LXV a.
Mege, maire de Bourdeaux (Drôme), 3406.
Megret, receveur des tailles du Soissonnais, 2300, 2344, 2412.
—— V. *Serilly*.
Megue (Comte de), gouverneur espagnol de Namur, 225.
Mehegan (De), lieut^t-c^el du rég^t de Solar, 3474.
Mehemed-Bassa, grand-vizir, 2846.
Meherenc. V. *La Conseillère*.
Mehlem (J.-J.), greffier au bailliage de Guttenberg, receveur de l'abbaye de Sturtzelbronn à Haguenau, 1955.
—— (Marie-Elisabeth), 1953.
Meifrund, député de Toulon, c^on LXII.
Meigneux. V. *Maigneux*, *Migneux*.
Meignon-Dallet, 3451, 3497. — Cf. *Dallet*.
Meilhan. V. *Sénac*.
Meilhoun (De), officier prisonnier de guerre en Piémont, 2251.
Meillan (De), garde du roi, 1856.
Meille (De), officier, 131.
Meinders, 342.
Meindeville, cap^ne au rég^t de Lee, 2131.
Meïndorf, 335.
Meinerzhagen (Gérard de), banquier à Cologne, 3502.
Meinières, 2131, 2135.
Meirat (De), 259.
Meisenheim (Charlotte-Frédérique, princesse de), 1159, 1380, 1435, c^on IV.
Meissonier, habitant de Puget-lès-Toulon, c^on XXX.
Méjane, cap^ne au rég^t de Piémont, 997.
Mejorada (Don Pedro-Cajetano-Fernandez de Angulo, m^is de), ministre de Philippe V, 1883–1885, 2052, 2399.
Méjusseaume (De), 1704.
Mélac (Ezéchiel Du Mas, comte de), lieut^t-g^al, 537, 671, 829, 874, 876, 881, 966, 967, 970, 1089, 1170, 1213, 1216, 1264, 1267, 1321, 1324, 1364, 1366, 1406, 1454, 1465, 1501–1503, 1568–1574, 1589.
Melaerd (De), cap^ne d'une compagnie franche, 1491, 1559, 1644, 1648.
Melani, 264, 354, 355.
—— (Abbé), 1490, 1585, 1591, 1604, 1692, 1700, 1775, 1864, 1866, 1896.
Melchior (Le P.), capucin, 342.
Meldeman de Bouré (De), officier, 2021, 2034, 2035, 2392.
Melesses (Picquet de), prévôt général de la maréchaussée de Bretagne, c^on LXV b. — Cf. *Picquet*.
Melet, cap^ne au rég^t de Saint-Aulaire, puis dans celui de Champagne, 1800, 1892, 1985, 1986, 2136, 2139, 2188, 2272. — Cf. le suivant.
—— 2370, 2371, 2411, 3262.
—— V. *Salvagnac*.

Melet de Sainte-Livrade (De), cap^ne au rég^t de La Marche, 2747, 2800.
Melfi. V. *Montecuculli.*
Melfian, lire : d'Elfian, 958.
Melfort (Lord), 892, 893, 895, 1081, 1082, 1170, c^on III.
—— (Duchesse de), 2135.
—— (Drummond, duc de), 2305, 2314.
—— (Thomas Drummond de), 2412.
—— (Louis-Hector de Drummond, duc de), c^on XXXVI.
—— (Louis de Drummond, comte de), lieut^t-g^al, 3183, 3260, 3396, 3482, 3503, 3517, 3518, 3520-3526, 3535, 3545, 3546, 3548, 3557, 3559, 3560, 3563, 3583, 3684, 3686, 3710, 41 s, 46 s, 47 s, 49 s, 51 s, 80 s.
Melgar (Don Juan de), député militaire de Catalogne, 119.
—— (Comte de), «amirante» de Castille, 1599, 1600.
Melhem. V. *Mehlem.*
Meliand (Claude), intendant, 672.
—— (Ant.-F.), 1791, 1802, 1891, 1892, 1904, 1977-1979, 1985, 1986, 2048-2050, 2104, 2105, 2132, 2177, 2178, 2180, 2257, 2262, 2265, 2267, 2343, 2346, 2371, 2400, 2417, 2418, 2621.
—— (Ch. Blaise), intendant, 2977, 3030, 3031, 3036, 3039, 3044-3046, 3085, 3086, 3124, 3140, 3180, 3182-3185, 3259-3261, 3308, 3309, 3392.
—— V. *Mesliand.*
Melière. V. *La Tour.*
Melin, commissaire ordonnateur des guerres, attaché au Ministère de la Guerre, 3762.
Melius, bourgmestre de Cologne, 3462, 3463. — Cf. *Mylius.*
Mellarède (Pierre), conseiller d'État de Savoie, 1785, 1863, 1864, 1866, 1867, 1868.
Melle (De), lieut^t-c^el du rég^t de Champigny, 2145.
Melleray (De), lieut^t-c^el du rég^t de Boulonnais, puis lieut^t de roi de Belle-Isle, 968, 1898, 1943, 1944, 2131, 2141, 2186.
Melleville (De), 119.
Mellicoq. V. *Boubers.*
Mellier, subdélégué à Nantes, 2419.
Mellin (De), 276, 409.
Melo (Don Alvar Faria de), gouverneur de Jaca, 1793, 1983, 2052, 2180, 2329, 2332, 2408, 2468.
Melon, à Tulle, 1700.
—— (De), cap^ne au rég^t de Conti, 333.
—— lieut^t-c^el du rég^t des Cravates, 2134.
Melun (Municipalité, etc., de), c^on LXX. — Cf. *Biberon*, etc.
—— (Louis-Gabriel, vicomte de), lieut^t-g^al, 1861, 1866, 1961, 2137, 2139, 2312, 2843.
—— (Com^te de), colonel de dragons du service d'Espagne, 2262.
—— (Mme de), 1946.
—— V. *Maupertuis.*
Memain, officier au rég^t de Rouergue, 3644.
Mena (Don Juan Franco de), lieut^t de roi de Roses, 2406.
Menand, 2145.
Ménard, prévôt de la maréchaussée de Montargis, 420.
—— officier au rég^t de La Roche-Thulon, 1841.
—— officier au rég^t de Desmaretz, 2136.
—— trésorier de l'extraordinaire des guerres à Charleroi, 2138, 2140, 2267.
—— échevin de Falaise, 2138, 2273.
—— major du rég^t de Limousin, 2159.
—— lieut^t de roi d'Urgel, 2564.
—— **de La Noue,** cap^ne au rég^t de Vendôme, 1854.
Menardeau de Guelton, 1601, 1695.
Ménars (J.-J. Charron, vicomte, puis m^is de), intendant, puis premier président du Parlement de Paris, 406, 420, 484, 837, 902, 903, 905, 906, 944, 2138, 2411.
Menault, échevin d'Orléans, 2134.
Menc (Honoré), cap^ne au rég^t de Théout, 2243.
Mende (Évêques de). V. *Baudry, Choiseul, Serroni.*
Mendinueta (De), munitionnaire général à Pampelune, 2273.

Mendiri, de Saint-Jean-Pied-de-Port, 3685.
Mendivi, alcade de Cize en basse Navarre, 2180.
Mendoça (Jos.-Guill. de Castro de), portugais, contrôleur de la poste aux lettres à Perpignan, 3627.
Mendoce (Don Diego de), gentilhomme ordinaire de la Chambre du roi, 1857.
Mendosse (De), 1160.
Menefoglio, 2901.
Mengeon (De), 119. — Cf. *Descoubet.*
Mengin, 245.
—— prévôt royal à Phalsbourg, 2741.
—— aide-major des milices de Verdun, 3604.
—— (Franç.-Marie De), officier au rég[t] de Normandie, c[on] LXV b.
Ménibus (De), major de garde-côtes en Normandie, 3506.
Menil-Durand (François-Jean de), 3591.
Menille (Abraham), marchand à Strasbourg, 999.
Menillet (De), officier de marine, 137.
—— (Mis de), 3720.
Menin (Bourgmestres, etc. de). V. *Petit, Talvenne, Vanacre,* etc.
—— de Liége, 2794.
Meniolle, maire de Noyon, c[on] LXV d.
Mennesson, trésorier provincial de l'artillerie et du génie, 3641, 3645, 3761.
—— député de la Commission intérieure du Soissonnais, c[ons] LVII, LXI.
—— administrateur du district de Reims, c[on] LXV b.
Menneville (De), officier au rég[t] de ce nom, 79.
—— (De), officier du service de Savoie, 1785.
—— (De), c[on] LXI.
—— (De), c[ne] au rég[t] de Bourbitout, 1901.
—— (Malézieux de), du Quesnoy, 2025.
—— V. *Roncherolles.*
Menonville (De), commissaire des guerres, 512, 898.
—— (De), commd[t] à la citadelle de Marseille, 1526, 1607, 1703, 1896, 1898, 2041, 2043, 2045, 2135, 2136, 2174, 2188.
Menonville (Mme de), 2244.
—— (De), 2250, 3710.
Menou (L. de —, s[r] de Genilly), 131.
—— cap[ne] au rég[t] de Saint-Sulpice, 1801.
—— (Ch. de), brig., 1759, 1861, 1862, 1874, 1875, 1895, 2132, 2144, 2371.
—— (Mis de), enseigne aux Gendarmes écossais, puis sous-lieut[t] aux Gendarmes anglais, 1856, 2139, 2140.
Menou (Ch[r] de), cap[ne] au rég[t] de Menou, 1862, 2143.
—— (Louis-Joseph, comte de), mar. c., 2136, 2137, 3138, 3263.
—— (De), commd[t] à Nantes, c[on] XXXI,
—— **de Cuissy** (Louis, comte de), mar, c,, 2786.
—— (Comte Charles de), major du rég[t] Royal-Pologne, c[ons] LXV a-LXV c, LXVI, LXVII.
—— (Jacques), membre du Comité m[re] de l'Assemblée N[le], c[on] LXIX.
Menoux (Jos. de), jésuite, écrivain, 3396.
Menshengen (De), ministre de l'électeur palatin, 3312.
Menten (De), 1483, 1644, 1938.
—— **de Malbrog**, cap[ne] au rég[t] de Hamal, 2387.
Menthon (Claude de —, baron de Lornay), lieut[t]-g[al] de l'armée sarde, 2968.
Mentzel (J. Daniel, baron de), officier autrichien, 2945, 2978, 2993, 2995, 3423.
Mentzingen, lieut[t]-c[el] allemand, correspondant du baron d'Elcin, 2240, 2454.
Menweeg (De), préteur royal à Wissembourg, 2688, 2703, 2712, 2723, 2730 — Cf. *Le Menwecq.*
Mepieu (De), officier, 88.
Méquinay, 1943.
Merbouton, cap[ne] au rég[t] de Bourbonnais, 466.
Mercier, médecin, 1870.
—— **de Carcireux** (Mme), 2130.
Mercœur. V. *Vendôme.*
Mercurin (Comte), gouverneur de Casal, 20, 102.

Mercurin, sergent de la compagnie franche de Casteja, 2073.
Mercy (De), 1963, 2321.
—— officier de ville à La Rochelle, 2142.
—— ingénieur, 2621.
Meré (Ch^{r} de), cap^{ne} au rég^{t} Du Paon, 1946, 2135.
—— (Ch^{r} de), c^{on} LXXVI. — Cf. *Merey*.
Merelessart (Eustache), cap^{ne} au rég^{t} de Poudenx, 92.
Meremont, lieut^{t} d'artillerie, 1836.
Merey (Ch^{r} de), 3499. — Cf. *Meré*.
Merian (J. Rodolphe), 2140.
Meric (De), officier de marine, 3188.
—— (J. de), brig., 3199.
Mericourt (De), enseigne au rég^{t} de Piémont, 146.
—— (De), lieut^{t}-c^{el}, 2417.
—— V. *Hourlier*.
Meriel, cap^{ne} au rég^{t} de La Marck, c^{on} XXXIII.
Mérignies (baron de), A. 89.
Mérignon (De), aide-major, 2135.
Merincourt. V. *Charpentier*.
Mérinville (Franç. des Moustiers, comte de), lieut^{t}-g^{al}, 97, 102, 110, 119, 137, 182, 245.
—— (De), 1851, 1856. — Cf. le suivant.
—— (Franç. Louis des Moustiers, comte de), mar. c. 1945, 2139,
—— V. *Des Moustiers*, *Izalguier*, *Mairainville*.
Meritens (J. de), cap^{ne}, c^{on} LXXXVI.
Merival, cap^{ne} au rég^{t} d'Aunis, 2145.
Merkelbach, grand bailli de Badenweiller, 411.
Merlat, commis de l'extraordinaire des guerres à Perpignan, 1283.
Merle (Comte de), 194.
—— huissier au Parlement de Grenoble, 468.
—— (De), aide-major du rég^{t} de Du Biez, 1644.
—— (Esprit), patron de tartane à Antibes, 2141.
—— maire de Mâcon, député aux États généraux, c^{ons} LXV a, LXV f.
Merlemont. V. *Descourtils*.
Merlet, 271,279, 342, 411.
—— (De), mar. c., lieut^{t}-c^{el} commd^{t} le bataillon de milice de Paris, 3524, 3525, 3642, 3689.
—— **des Longschamps**, cap^{ne} au rég^{t} de Bergh, 3140.
—— procureur syndic du district de Saumur, c^{on} LXV b.
Merlière. V. *Du Plessis*.
Merlimon, cap^{ne} au rég^{t} de Schulembourg, 358.
Merlin, officier au rég^{t} de La Reine-cav^{ie}, 2144.
—— 3449.
—— armateur, 3459, 3503, 3506, 3532, 3537, 3568.
—— médecin à Lille, 3754.
—— de Douai, jurisconsulte, conventionnel, c^{ons} LXV c, LXVIII, LXIX.
Merlo (Baron de), 133.
Mermont, commissaire provincial de l'artillerie, 2299.
Mérode (De), 333.
—— (Comte de), 1210, 1254.
—— (J. Bernard, baron de Scheiffart de), lieut^{t}-c^{el} de cav^{ie}, 2268.
—— (Ch. Florent, comte de), lieut^{t}-g^{al}, 3183.
Mérolle (De), commd^{t} à Rogliana (Corse), 3664.
Mérolles. V. *Dorsanne*.
Méromont (De), comm^{re} des guerres, 1979, 2244,
Mertz (De), chancelier de l'électeur de Mayence, 343.
Merveilhaud, commissaire des guerres, 668, 670, 671, 1146, 1147, 1202, 1204, 1205, 1207–1210, 1254, 1255, 1257, 1285, 1289.
Merveilleux (De), Suisse pensionné par le roi à Grasse, 3060, 3061, 3065, 3068.
—— (Comte de), cap^{ne} au rég^{t} de Wittmer, 3182.
Merviel, officier au rég^{t} de Royal-Normandie, c^{on} LXV a.
Merville (De), 106, 123.
—— (De), commd^{t} la capitainerie de Bernières (Normandie), 1704, 2186.
—— (De), avocat au Parlement, 2273.
—— **-sur-la-Lys** (habitants de), 469, 1945, 2022, 2055, 2086. — Cf. *Gallois*.

Merweld (Comtesse de —, née Furstenberg), c^{on} XXXVII.
Méry (De), sous-lieut^{t} au rég^{t} Royal-Artillerie, 3187.
Mésange (De), cap^{ne} au rég^{t} de Brie, 2269.
—— (De), officier dans une compagnie d'invalides, 2136.
Mésera (De), officier au rég^{t} de Condé-inf^{ie}, 3525.
Mesgrigny (Jean, comte de), ingénieur, lieut^{t}-g^{al}, 239, 241–244, 261, 262, 292–296, 310, 311, 333, 337–340, 378, 397, 404, 416, 451, 452, 457, 515, 535, 545, 547, 549, 554, 555, 568, 616, 648, 670, 891, 944-946, 957, 958, 1046, 1057, 1115, 1116, 1145–1147, 1199, 1202, 1204, 1255, 1258, 1259, 1286, 1305, 1307, 1309, 1318, 1400, 1401, 1483, 1549, 1648, 1649, 1658, 1736, 1743, 1831, 1839, 1943, 1946, 2021, 2022, 2082, 2084, 2134, 2138, 2140, 2145, 2151, 2152, 2610, 2213, 2219–2222, 2299, 2300, 2309, c^{on} III.
—— (De), cap^{ne} au rég^{t} de Saint-Géry, 1832.
—— (Marie - Catherine de Tenremonde, comtesse Jean de), 2140.
—— (De), ancien cap^{ne} au rég^{t} de Navarre, ingénieur au service de l'empereur en Hongrie, 2273.
—— **d'Aunay**. V. *Aunay*.
Mesières (De), 151, 980. — Cf. les suivants.
—— (Eug. Marie de Béthisy, m^{is} de), 1896, 1897, 2135, 2157, 2183, 2215, 2217, 2219, 2222, 2224, 2229, 2299, 2301, 2308, 2371, 2374, 2380, 2386, 2415, 2447, 2561.
—— (Eug. Eléonor de Béthisy, m^{is} de), lieut^{t}-g^{al}, 3142, 3143, 3152, 3154, 3197–3199, 3201, 3260, 3262, 3275, 3277, 3308, 3326, 3408, 3428, 3430, 3703, 3717.
—— (Marquise de), 3138, 3154, 3198.
—— V. *Mézières*.
Mesieux (De), cap^{ne} au rég^{t} de Picardie, 988.
Meslay. V. *La Porte*.
—— (Urbain-Pierre-Louis Bodineau, baron de), mar. c., 2982.
Mesle-sur-Sarthe (Municipalité, etc, de), c^{ons} LVII, LX.
Mesliand, c^{on} LXXXVI. — Cf. *Méliand*.
Mesmay (Ant. de —, baron de Montaigu), gentilhomme franc-comtois, A. 90.
—— (Jos. de), notaire à Pontarlier, c^{on} LX.
Mesmes (De), 122.
—— (Mme de), 158.
—— (De), président à mortier au Parlement de Paris, 360.
—— (De), cap^{ne} au rég^{t} des Fusiliers du roi, 1982.
—— (Jean-Ant. de —, comte d'Avaux), premier président du Parlement de Paris, académicien, 2135, 2411, A. 87, A. 88.
—— (Ch^{r} de), officier de dragons, 2136. — Cf. le suivant.
—— (J.-J., bailli de), ambassadeur de l'ordre de Malte, 2742, 2745.
—— (Ch^{r} de), 3541, 3629.
—— V. *Avaux, Ravignan*.
—— **de Marolles** (De), 134.
Mesmon (Mis de), lieut^{t}-c^{el}, 3768. — Cf. *Nesmond*.
Mesnager (Nicolas de Baillif, comte de Saint-Jean), diplomate, 2023, 2080, 2104, 2105, 2385, 2447.
—— (Ch^{r}), officier, détaché auprès de l'armée russe, 3435–3437, 3443–3445, 3471–3487, 3489, 3500–3502, 3511–3526, 3550–3564, 3585–3592, 3607–3610, 3614, 3615, 3766.
—— V. *Courbuisson*.
Mesnard, échevin de Beauvais, 2414.
Mesnil-Fontaine (Denis Morin, s^{r} de), lieut^{t} au rég^{t} du Roi-cav^{ie}, 151.
—— **de Hoffelt**, lieut^{t}-c^{el} dans les troupes d'Espagne, 2135, 2143.
Mesnilnurry (Charles de —, s^{r} de Grandmoulin), lieut^{t} au rég^{t} de Saint-Evremont, 2267.
Mesnilpatry. V. *Gouville*.
Mesnoulet (De), commd^{t} au château du Taureau à Morlaix, 2137.
Mespas (Ch. des Provost de), mar. c., 116, 158.

Mesplès. V. *Mesplex.*
Mesplex (Ant., chr de), capne d'une compagnie franche de dragons, 1832, 1943, 2135, 2137, 2140, 2142, 2160, 2220-2222, 2230, 2271, 2272, 2299, 2301, 3074, 3095. — Cf. les suivants.
—— (Belfon de), capne au régt de La Reine, 2136, 2139.
—— (Gratien d'Esclaux, chr de), mar. c., 2819, 2912, 2946, 2947, 2955, 2990, 3000, 3002, 3008, 3009, 3040, 3042, 3046, 3096, 3097, 3116, 3117, 3120, 3172, 3176, 3257, 16 s. — Cf. les précédents.
—— **d'Esquiulle**, 1982, 1983.
—— (De), 3549.
Mesplez. V. *Mesplex.*
Messey (De), mestre-de-camp du régt de Chartres-cavie, 2143, 2273.
—— (Baron de), major du régt Royal-étranger, 3748.
Messières (Chr de), 1484, 1522, 1601, 1857, 1897, 1944, 1951.
Messine (Jurats, sénateurs, chanoines, etc., de), 463, 464, 510, 511, 610.
Messonnier, consul à Valence, 2102.
Mestivier, dit *Saint-Louis*, 2412.
Mestral, officier, 1897, 2145.
Mestre. V. *Roquesolz.*
—— **-de-camp-général-cavie** (Conseil d'admon du régt), cons LXV a, LXVI, LXVIII.
Mestreville. V. *Bourdereau.*
Mesturas de Beauregard, lieutt au régt de Bretagne, 2134.
Métastase (Pierre), poète italien, 3456.
Methelet, commissaire des guerres, 271, 276, 293, 294, 310, 337, 339, 505, 867, 891, 985, 1066, 1080, con LXXXVI.
Methuen (John), envoyé d'Angleterre à Lisbonne, 1888.
Mettayer (Nic.), premier échevin de Thionville, 1854.
Metternich (Lothaire-Fréd. de), évêque de Spire, 225.
—— (Ernest de), ministre prussien, 2036.
—— (Baron de), ministre de l'électeur de Mayence, 279, 343, 348.
—— (Ch. H. de), archevêque électeur de Mayence, 629. — Cf. *Mayence.*
Mettra, échevin de Paris, 3461.
Mettray (De). V. *Dorillac.*
Metz (Municipalité, clergé, bourgeois, etc., de), 1754, 1761, 1843, 1851, 1854, 1952, 1956, 2032, 2034, cons XIV, LXIII. — Cf. *Alpen, Arros, Auburtin, Augny, Bachelar, Besser, Castan, Cazier, Champel, Charly, Coislin, Crespin, Crétot, Darbon, Dorthe, Duclos de Courcelle, Duhamel, Durand, Féron, Ferry, Fès, Gaspard, Geoffroy, Goudechau, Grouzelier, Harren, Hauüy, Herville, Hange, Jacob, Jacquin, Jobal, Lacroix, Lalloüette, Lambert, Lambin, Lançon, La Neuvelotte, La Porte, La Roche, Larozière, Lefebvre, Le Laboureur, Le Loup, Lenoble, Lescure, Lévy, Lombard, Machetay, Maisonneuve, Mardigny, Mareschal, Marion, Marneau, Marot, Midot, Modère, Molina, Monicart, Monthaut, Montholon, Noël, Norden, Oppenom, Ourié, Pierron, Pricard, Ravaulx, Rissan, Robin, Roget, Rousseau, Rousseaux, Rouvroy, St-Arnoul, Saulre, Schwabe, Servigny, Sève, Tardif, Thiébault, Thiersant, Tonnellier, Vignon, Villeneufve, etc.*
—— **-Darcy** (De), directeur de la Compagnie des Indes, 3674.
Metzenhausen (Von), grand commandeur de Trêves, puis grand-maître de l'ordre Teutonique, 983, 1256, 1284, 1380.
Metzgen, con LXVII.
Meulan, commissaire des guerres, 2981, 3040, 3260.
—— **d'Ablois** (Marie-Pierre-Ch.), intendant, 3714, con LXV f. — Cf. *Ablois.*
Meuldre (De), conseiller de Malines, 3144.
Meulevelt (F.-A. de Vicq de), 2021, 2022.
Meulles (Claude de), résident de France à Hambourg, 96.
Meun-La-Ferté (De), ingénieur, 997.
Meunier, 136.
—— major du régt de La Fère, 3715, con XLV.
—— bibliothécaire de l'École militaire, 3695.

Meurant, directeur à Charleville, 2702.
Meurcé (Franç. Cornuau de La Grandière, comte de), mar. c., 2730.
Meurice (Jos.), 2268.
Meurin (De), trésorier de France à Lille, 3768.
Meurs (Chr de), 1951.
—— (Députés du comté de), 277.
Meurthe (Directoire du dépt de la), cons LXV c, LXIX.
Meuse (Henri-Louis de Choiseul, mis de), lieut-gal, 2143, 2988, 3183.
—— (Mise de), 2270.
—— (Directoire du dépt de la), cons LXV c–LXVI, LXVIII.
Meusnier, garde d'artillerie, 1766.
—— capne du génie, membre de l'Académie des Sciences, con L b.
—— syndic de la communauté d'Antheny, 1905.
—— aide-maréchal-gal des logis, con LXV c.
Meuves (De), 1613, 1946, 2139.
Meÿ (Théodore), secrétaire du comte de Lippe, 984.
Meyan, échevin d'Avesnes, 2373.
Meyer (J. Fréd.), prêtre luxembourgeois, 1856, 1857, 2135, 2136, 2139, 2243.
—— juge à Ternay en Dauphiné, 1878.
—— lieut au régt de Greder-suisse, 2220.
—— officier au régt de Castellas, con LXI.
—— (Paul), capne anglais, 3506.
Meynier, ancien officier, 2370.
Meyronnet, officier au régt de Marteville, 2270.
—— (De), commdt à Aix-la-Chapelle, con XXXII.
Meyssonier, chirurgien, 2102.
Mezerac (De), capne au régt de Champagne, 3602.
Mézeray (Eudes de), avocat à Trun (Orne), 1524.
Mézière, capne au régt de Tessé, 1943.
—— capne au régt de Touraine, 2344.
—— V. *La Borde*.
Mézières (Municipalité, etc., de), cons LXI, LXII. — Cf. *Aubert*, *Aubry*, *Beaurin*, *Bœsse*, *Bournel*, *Chastellet*, *Colas*, *Croisi*, *Dourier*, *Fermont*, *Houillard*, *Janotin*, *Legrand*, *Le Roy*, *L'Escle*, *Lombart*, *Mantuet*, *Marescot*, *Marteau*, *Oyon*, *Pellerin*, *Pitron*, *Presle*, *Renotte*, *Robin*, *Simonet*, *Toussain*, *Tugot*, *Vassal*, *Villar*, *Vrigne*, etc.
Mézières (Chr de), capne au régt de Bauffremont, 3506, 3537, 3538, 3546, 3568, 3569, 3571–3573, 3576, 3579, 3599, 3600, 3623, con XXXV.
—— (Mis de), 3708.
—— (Mise de —, née Moustiers), 3538.
—— V. *Mésières*.
Mezierre (De), lieut d'artillerie, 2141, 2145, 2380.
Mezierres, 2271.
Mialhe (De), capne au régt de Bourbonnais, 2031.
Mianne (Giron Franç. de Jay, sr de), capne de cavie, lieut de roi à Nantes, 1468, 1524, 1609, 1704, 1897, 2130, 2131, 2136, 2139, 2140, 2145, 2186, 2273, 2338, 2339, 2419.
—— (Chr de), 1862, 1875, 2042, 2134.
—— (De), officier au régt de Conflans, 2141, 2145, 2268.
Micaud (Épiphane), provincial des Récollets, 2136.
Micault (De), officier au régt de Normandie, 3028.
—— (De), officier au régt de Dauphin-dragons, con LXIII.
—— V. *Soulleville*.
Michaud, lieut criminel de Pontarlier, subdélégué de l'intendant de Bernage, 1759.
—— marchand à Chambéry, 1968.
Michault, échevin d'Abbeville, 2024, 2132, 2133, 2183.
—— (Nic.), officier de la milice bourgeoise d'Abbeville, 2227.
—— chirurgien à Versailles, con LXIX.
—— V. *Montaran*.
—— **-Duclos**, capne au régt de Dampierre, 1900.
Michel, capne, 1856.
—— entrepreneur de fournitures d'étapes, 1956.

Michel, officier au rég^{t} de La Chau-Montauban, 2030.
—— (André), échevin de Beauvais, 2135, 2136, 2273, 2414.
—— major du rég^{t} de Rochefort, 2142.
—— consul d'Aix, procureur des États de Provence, 2143, 2174, 2174, 2188.
—— major du rég^{t} de Vosges, 2145.
—— (Fr. Ambroise), provincial des Augustins de la Flandre française, 2313.
—— (J.-B.), entrepreneur de fournitures, 2338.
—— 3421, c^{on} XXXV.
—— procureur syndic du district de St Malo, c^{on} LXXVI.
—— directeur de la Compagnie des Indes, 3541, 3575, 3579, 3629.
—— membre de la Commission de liquidation des affaires de Bretagne, c^{ons} LXV c., LXV e.
—— **-Ange** (Fr.), récollet, aumônier militaire, 1823.
Michelet, premier médecin du roi d'Espagne Philippe V, 1598, 1600.
—— officier municipal de Vitry-le-François, c^{on} LXV b.
—— cap^{ne} au rég^{t} de Boulonnais, 2137.
—— V. *Duparc.*
Micheli, officier au rég^{t} de Dhemel, 3780.
Michelin, secrétaire du maréchal d'Asfeld, 2741, 15 s. — Cf. le suivant.
—— auteur d'un mémoire sur la Hollande, 22 s.
Michelon (De), lieut^{t} au rég^{t} d'Agénois, 1832.
—— membre du Directoire de l'Allier, c^{on} LXV c.
Michna (Comte), gentilhomme de Bohême, 3156.
Michon, lieut^{t} au rég^{t} de Saint-Vallier, 2139.
Micoud d'Umons, premier commis de la Marine, 3739.
Middelbourg (Comtesse de), 566, 567.
—— (Alexandre-Maximilien-Balthazar Dominique de Gand d'Isenghien, comte de), mar. c., 1944, 2312, 2562.
Middleton, 2089, 2343.
Midorge, lieut^{t} au rég^{t} de Lorraine, 123.
Midot (Jean), vicaire général de Toul, conseiller au Parlement de Metz, 85.
Midroüet, subdélégué de l'intendant de Harouys à Sedan, 1905, 2187, 2340, 2420.
Miège, ingénieur, 3753.
Miette, exempt, 468.
Mieux (Ch^{r} de), cap^{ne} au rég de La Reine-dragons, 2135.
Migard, recteur de l'Université de Besançon, 2183.
Migenne (Claude de Berard, s^{r} de), officier, 92, 151.
Migeot, 2299, 2300.
Migneux (Hercule des Essarts, v^{te} de), officier, 151.
Migni. V. *Violaine.*
Mignon, curé de Saint-Jean à Péronne, 2312.
Mignot, marchand ou banquier à Bordeaux, 2137.
—— médecin, 2370.
Migny. V. *Bongars.*
Migot, c^{on} LXX.
Miguel (Don Juan de), commandant en Cerdagne pour l'archiduc Charles, 1888.
Milan (Magistrats de), 1785.
—— (Comte de), 1435.
Milani. V. *Cornillon.*
Milet d'Hipécourt, officier, 2912, 2913, 2940, 2941, 2943–2947, 2982, 2983, 2999.
—— **de Monville**. V. *Monville.*
—— **de Mureau** (Ch^{r}), ingénieur, 3237, 3314, 3391.
Milhac (De), cap^{ne} au rég^{t} d'Albigeois, 2133.
Milhars-Voysin (Mme de), 2138, 2273, 2412.
Milhau, cap^{ne}, 1082.
Milher, 3519.
Militerni (De), 3432, 49 s.
Millain, commissaire général de la Marine, 3420, 3421, 3459.
Millancourt (De), lieut^{t} de roi de la citadelle de Cambrai, 2021, A. 90.

Millanois, député de Lyon à l'Assemblée Constituante, c^on LXV a.
Millanouitz (Millanouix?), lieut^t-c^el du rég^t de Greder-Allemand, 1855, 2133, 2134, 2273.
Millarade, 1785.
Millau (Consuls de), 1016.
Millaud (Ch. de), enseigne au rég^t d'Auvergne, 151.
Milleret, contrôleur ambulant de la régie g^ale, c^on LXV c.
Millet, 97, 98, 119.
—— jeune, 361.
—— chirurgien-major et directeur à l'hôpital de Sedan, 2033, 2143, 2266.
—— «fermier des devoirs», c^on LXXVI.
—— échevin d'Amboise, 2412.
—— **de La Mambre**, député de Sedan à l'Assemblée Constituante, c^on LXII.
Milleville. V. *Bruansiaux*.
Milley, chirurgien-major, 1831, 1836, 1945, 1946, 2022.
Millias, châtelain de La Rivière en Dauphiné, 3406.
Milliet (Cl.), lieut^t au régiment de Sault, 146.
—— procureur général à la Chambre des Comptes de Savoie, 1879.
Millieu, 1735.
Millin. V. *Grandmaison*.
Millo, officier au rég^t Royal-Italien, aide-de-camp du m^is de Mirepoix, 3225–3230, 3248–3250, 3329. — Cf. le suivant.
—— 3741. — Cf. le précédent.
Millon (De), 97, 468.
—— «inspecteur sur la ligne dans le département de Metz», 2241.
—— (Touros de), ingénieur, 3421, 3466, 3492, 3509, 3532.
—— **de La Frête**, command^t de la Chartreuse de Liége, puis à Huy, 1557, 1558, 1644–1648, 1650, 1652.
Millordin, 3032.
Millot (F.), bourgeois d'Isigny. 2138.
—— officier m^al du Quesnoy, c^ons LXI, LXV a.
Millous, ancien doyen de Montreuil-sur-Mer, 2142.
Milly, 278, 279.
—— (De), lieut^t-c^el du rég^t de Lannoy, 2021.
Milly (De), lieut^t c^el du rég^t d'Alsace-cav^ie, 2268.
—— (De), lieut^t-c^el du rég^t de Guyenne, c^on XLII.
Milon (Frère), abbé de St-Nicolas de Furnes, 1741.
—— (Louis), évêque de Condom, 1700, 1895, 2133, 2417. — Cf. le suivant.
—— (Alexandre), évêque de Valence?, 2265. — Cf. le précédent.
—— commissaire des guerres, 2269, 2271, 2347.
—— 2036, 2135.
Mimeurs (Jacques-Louis de Valon, m^is de), lieut^t-g^al, 1944, 1945, 2131, 2219.
Minard, 134, 137.
Minet, sous-lieut^t, 1831.
Ministère de la Guerre. V. *Guerre* et *Ministres*.
Ministres de la Guerre. V. aux noms des ministres, *Le Tellier, Louvois*, etc. — Cf. A. 1–A. 72 (enregistrement de la correspondance ministérielle).
Minucci (Comte), général bavarois, 2892, 2912, 2917, 2921, 2959, 2960.
Miolans (Gouv^r de). V. *Villeneuve*.
Miollis, officier municipal d'Aix (Prov.), c^on LXXI.
Mioly, notaire à Pignerol, 1332.
Miossans (H. de- —, comte de Sansons), cap^ne au rég^t d'Albret, c^on LXXXVI.
Miossens. V. *Albret, Miossans*.
Miqueli, cap^ne d'une compagnie suisse, 119, 213.
Mirabal, ancien cap^ne au rég^t de Limousin, 2137, 2417.
Mirabeau (Bruno, dit le comte de), cap^ne aux Gardes françaises, 887.
—— (J. Ant. de Riquetti, m^is de —, dit *Col d'Argent*), brig., 1683, 1684, 2131, 2139, 2143, 2411.
—— (Ch^r de), 3452, 3493, 3495, 3496, 3533–3535, 3537, 3547, 3548, 3572, 3573, 3579, 3581.
Mirabel (Comte de Brantibilla, m^is de), 1967, 2038, 2050, 2253.
—— 3260.
—— (De), directeur du Génie à Brouage, 3466.
Mirabon (De), commissaire des

guerres, 360–362, 378, 567, 944–946, 958, 1057, 1060.
Miral, cap^ne aux fusiliers de Languedoc, 2339.
Miramont (De), commissaire des guerres, 2033.
Miran (De), cap^ne aux dragons de Fimarcon, 1708, 1898.
—— (Comte de), 3418.
—— (Anne-Roger-Jacob de Verdusan, m^is de), lieut^t-g^al, 3721, c^ons LXI, LXIII.
Miranda (Don Eugenio de), 1883.
Mirande (Cailler de), avocat général à Besançon, 2320.
Mirandol (Jos. de), gentilhomme du Périgord, ancien officier aux rég^ts de Normandie et du Maine, 2261.
Mirasol, consul de France à Cadix, 1883, 1892, 1976.
Mirat. V. *Miral.*
Mirbach (De), 335.
Mirbeck (De), avocat alsacien, c^on XLIV.
Mircourt-Linange (Baron de), 1484, 1755, 1944, 1945, 2017, 2018, 2021, 2022, 2050, 2084, 2131, 2132, 2134–2138, 2140–2145, 2149, 2150, 2177, 2183, 2253, 2255, 2267–2269, 2271, 2272, 2328, 2332, 2370, 2371, 2392, 2467, 2697, 2713, 2724–2726, 2729, 2734, 2735, 2782, 2786, 2795, 2796, 2803.
Mirebeau, officier au rég^t des dragons de Penthièvre, c^on LXV.
Mirepoix (De), 251.
—— (Gaston-Ch.-Pierre de Lévis, m^is, puis duc de), mar. Fr., 2745, 2861, 2873, 2874, 2892, 2913, 2935, 2943–2946, 2951, 2967, 2968, 2979, 2991, 3014, 3015, 3034, 3059–3064, 3074, 3115, 3117–3120, 3127, 3172–3180, 3186, 3187, 3223, 3229, 3230, 3232–3234, 3241, 3245, 3290–3296, 3298, 3301, 3311, 3406, 3408, 3450, 3451, 3456, 3461, 3463, c^ons XVI, XVIII.
—— (L.-Marie-Franç.-Gaston de Lévis, comte de Lévis-Leran, puis m^is de), brig., 3549.
—— (Évêque de). V. *Boyer.*
Mireval, cap^ne au rég^t d'Auvergne, 2135, 2177.
Miribel (De), officier au rég^t du Maine, c^on XLIX.
Mirlemont (Ch^r de), cap^ne au rég^t de Miroménil, 1895.
Mirman, officier commd^t à Port-Vendres, 1602, 1885.
—— (Ch^r de), brig., chambellan de l'électeur de Cologne, 3759.
Mirmont (De), 260, 271, 275, 396.
Miroménil (De), intendant, 97, 175, 296, 359–363, 406, 419, 420, 461, 564, 672, 792, 837, 902–906, 1285–1287, 1428, 1468.
—— (J.-B. Hue, m^is de), mar. c., 1783, 2049, 2050, 2177.
—— (Abbé de), 2131.
—— (J. Sébastien Hue, ch^r de), brig., 2143, 2184, 2268, 2270.
—— (De), commd^t d'un rég^t de milices, 2337.
—— (De), 2381.
—— (Hue de), premier président au Parlement de Rouen, 3493, 3549, 3571.
—— (Armand-Thomas Hue, ch^r de), garde des sceaux, 3694, 3699, 3701. 3705, 3718, 3749, 3753, 3766, c^on XLIV.
Miromesnil. V. *Miroménil.*
Miron, échevin d'Orléans, 3182.
Mironcourt (De), prévôt royal à Doullens, 2228.
Mirout. V. *Bellemaison.*
Mislan. V. *Rabault.*
Mison (Franç. d'Armand de Laurencin, m^is de), mar. c., 2704, 2705, 2751.
Missart (Bertrand Rocques de), cap^ne d'arquebusiers à cheval, c^on LXXXVI.
Misset, 1612.
—— lieut^t de roi à Carthagène, puis gouverneur d'Alicante, 2048, 2177.
Missonnet, de Nogent-sur-Seine, 3187.
Misy (De), 3687.
Mitry. V. *Sandrier.*
—— (Comte de), officier au rég^t de Lanan, c^on XLV.
Mittersbach. V. *Oberlin.*
Mitton, commissaire des guerres, 734, 791, 958.
—— officier, 1962.

Mivoysin (Gon de), 2244, 2370.
Mocand, 3219.
Mocomble (De), cap^{ne} au rég^{t} de La Marine, 2136. — Cf. *Maucomble.*
Modave (Ch^{r} de), 3690. — Cf. *Maudave.*
Modène (Franç. I., duc de), 110.
—— (Mme de), 146, 355.
—— (Renaud d'Este, duc de), 1588.
—— (Consulte de), 1773, 1784, 1864, 1870.
—— (Franç. III, duc de), 3178, 3236, 3253, 3295, 3310, 3313, 3391, 3396, 3406.
—— (Pierre de Raymond, ch^{r} de), mar. c., 3002, 3061, 3173, 3237–3239, 3255, 3311, 3603, 43 s., 49 s.
—— *V. Marie-Béatrice.*
—— C^{on} XXXVII.
Modéré, bourgeois de Metz, 2396.
Modon (De), 117.
Moër, de Lucerne, 275.
Moers, cap^{ne} hollandais prisonnier de guerre à Auxerre, 2418.
Moges (J. Ch. Théod., m^{is} de), mar. c., 3751, 3763.
Mogniat, cap^{ne} au rég^{t} de Richelieu, 2702.
Mohr (Ch^{r}), 279.
Mohy. V. *Moy.*
Moidieu. V. *Moydieu.*
Moignon (Franç.), commissaire des guerres, 2133, 2136, 2142, 2144.
Moilleron, commissaire à Langres, 2420.
Moiron (Nicolas de), mar. c., 1315, 1424, 1468, 1483, 1644, 1738, 1830–1837, 1856, 1862, 1935, 1942–1946, 2020–2023, 2081, 2131, 2137, 2138, 2269, 2271.
Moiset, 566.
Moissac (Échevins, etc., de), c^{on} LXV c. — Cf. *Larnaudès.*
—— (De), 3674.
Moisset, 419, 512.
Moisson, subdélégué à Grenoble, 3406.
Moissonet, officier, 2052, 2564.
Mokronoski, 3403.
Molac (Mis de), commd^{t} au château de Nantes, 359, 360, 362, 420, 440, 827, 904.
—— (De), 837, 904.
Molac (M^{ise} de —, née Scorailles-Fontanges), 2131, 2132.
—— (René Alexis, dit le m^{is} de), colonel du rég^{t} de Berry, 2912, 2917, 2919.
—— (Corentin-Jos. Le Sénéchal de Carcado, m^{is} de), lieut^{t}-g^{al}, 3480, 3569, 3570, 3573, 3579, 3603.
—— V. *Carcado.*
Molbaix (Ant de Chastelain, s^{r} de), habitant de la châtellenie d'Ath, 224.
Molé (Mathieu), garde des sceaux, 157, 516.
—— (Eustache, ch^{r}), brig., 944, 958, 1053, 1064, 1151, 1204, 1209, 1210, 1259, 1260, 1307–1309, 1312, 1313, 1315, 1428, 1524, 1551, 1700, 2021, 2131, 2132, 2134, 2135, 2140–2143, 2145, 2183, 2220–2222, 2272, 2299–2301, 2335, 2370, 2371, 2379, 2380, 2388, 2415, 2521, 2547, 2584, 2642, 2662.
—— 2130.
—— V. *Champlâtreux.*
Molèges (Franç. de Châteauneuf de), mar. c., 2944, 2946.
Molembais. V. *Croÿ.*
Molenier, officier, 2135, 2136, 2138.
Moléon. V. *Mauléon, Urban.*
Moles (Duc de), 1862.
Molessiac (J. Desclaux de), lieut^{t} au rég^{t} de Navailles, 123.
Molette. V. *Morangiès.*
Molian, lieut^{t} au rég^{t} de Conti-cav^{ie}, 2784.
Molien, bourgeois de Calais, 2221 — Cf. *Mollien.*
Molier, premier jurat de Navarrenx, 3184.
Molière (Pierre), marchand à Cosne, 102.
Molières (De), envoyé à Stuttgart, 3051, 3052.
Moliernes, cap^{ne} au rég^{t} de Languedoc, 2132.
Moliet, 460.
Molimart (De), lieut^{t}-c^{el} du rég^{t} d'Herbouville, 151, 158.
—— (De), major du rég^{t} de Kerkem, 2242, 2371.
Molina (Comte de), 275, 354.
—— entrepreneur de fortifications à Metz, 2678.

Molina (De), ingénieur en chef des places de Bavière, 3165, 3213, 3218, 3219.
—— (Don Francisco de), 3242.
—— (Baron de), 3286.
—— **de Coire** (Ch^{r} de), 11, 20.
Molinari (Carlo Bartolomeo), 1785.
Molinart (J. Des Claux, s^{r} de), lieut^{t} au rég^{t} de Navailles, 123.
—— (De), major au régiment de Cerretani, 1843.
Molinier (De), officier, 3572.
—— V. *Mandassaigne.*
Molino, provéditeur général de Venise, 1515, 1516, 1687, 1784.
Molinon, major à Revere et Ostiglia, 1862.
Molins, 97.
Mollart, 1082.
Molle. V. *Demolle.*
Molleville. V. *Bertrand.*
Mollien, 894.
—— (De), commissaire des guerres, 2024.
—— l'aîné, 3493.
—— V. *Molien.*
Mollière, commissaire des vivres, 3160.
Mollinery, receveur des traites de Fénestrelle, 1972.
Mollinger, de Fribourg, 1160.
Mollinier, lieut^{t}-c^{el}, sous-directeur d'artillerie, c^{on} XLIX a.
Mollondin (De), gouverneur de Neuchâtel, 1674, 2034, 2036. — Cf. *Molondin.*
Molloy, officier irlandais, 2138.
Molondin (De), 110. — Cf. *Mollondin.*
Molony (De), officier au rég^{t} d'O'Brien, 2132.
Moloy, cap^{ne}, 110.
Moly, lieut^{t} d'inf^{ie}, 1798.
Mombeeck (Van Hove, baron de), cap^{ne} au rég^{t} de Saint-Germain, 3275.
Mombrat (De), cap^{ne} au rég^{t} Royal, 2132.
Momont (Ch^{r} de), 1901.
Momoton (De), ancien officier de cav^{ie}, 2144.
Momperrous. V. *Montpeiroux, Montpéroux, Montpeyroux.*
Mon..... (chercher par *Mont* les noms que l'on ne trouverait pas à *Mon.....*),
Monaco (Gouverneurs, magistrats, etc., de). V. *Du Monceau, Duvernet, Focard, Grangemont, Grimaldi, Sariac, etc.*
—— (Princes de), 264, 279, 299, 354, 355, 419, 467, 614, 615, 837, 902, 1093, 1094, 1099, 1274, 1275, 1333, 1468, 1519, 1585, 1693, 1767, 1768, 1775 1861, 1872–1878, 1967, 1968, 1973, 2038, 2039, 2041–2043, 2098–2101, 2130, 2138, 2143, 2171, 2172, 2175, 2247–2249, 2251, 2325, 2326, 2370, 2399, 2400, 2463, 2466, 2506, 2531, 2609, 2631, 2700, 3230, A. 87, A. 88, c^{on} LXV.
—— (Princesse de), 264, 299, 354.
Monard, officier municipal de Saumur, c^{on} LXV b.
—— (De), commd^{t} le 5e rég^{t} de Chasseurs, c^{ons} LXIX, LXX.
Monasterol (Comte de), ministre de l'électeur de Bavière, 1677, 1834, 1835, 1837, 1960, 2018, 2022, 2080, 2151, 2213, 2318, 2322, 2371.
Monberceil (Mis de), colonel du rég^{t} des Gardes du roi de Sardaigne, 2754.
Monbert (De), cap^{ne} au rég^{t} de Champagne, 3461.
Monblainville. V. *Gehot.*
Monblaru de Saint-Simon (De), gouv^{r} de Baye, 356, 362, 420.
Monbreton (De), 118, 133. — Cf. *Montbreton.*
Monbrison (De), colonel de dragons, 977, 997, 1558, 1576.
Monbrun (Ch^{r} de), c^{ons} XXIX, XXXII. — Cf. *Montbrun.*
Moncada (Don Ferd^{o} de —, duc de San-Juan), ministre de la guerre de Philippe V, vice-roi de Navarre, 1978, 1983, 2253, 2255, 2273.
Moncan (J.-B. de Marin, comte de), lieut^{t}-g^{al}, 2969, 3309, 3338, 3450, 3462, 3600, 3606, 3648, 3671, 3677, c^{ons} XIX, XX, XXXIX.
—— V. *Marin.*
Moncault (L. de Fabry, comte de), lieut^{t}-g^{al}, 902, 969, 990, 997,

1306, 1307, 1428, 1572, 1581, 1610, 1702, 1759, 1801, 1832, 1896, 2134, 2139, 2140, 2186, 2268, 2338, 2344, 2370.
Moncaut (Baron de), officier au rég[t] de Piémont, 2136.
Moncenigo, provéditeur de Brescia, 1785.
Monceste (De), cap[ne] au rég[t] de Normandie, 361.
Moncet de La Cour, trésorier-g[al] de l'Hôtel des Invalides, 1498.
Moncets (De), cap[ne] aux dragons de Pourrières, 2138.
Moncha (De), officier aux Gendarmes de la Reine, 116, 151.
Monchan. V. *Mouchan.*
Moncharvos (Granval de), officier, 2370.
Monchon, membre du Directoire des Basses-Pyrénées, c[on] LXV d.
Monchourgny. V. *Guyot.*
Monchy, lieut[t] d'artillerie, 2142.
—— (J.-Ch. de Bournel de Namps, m[is] de), lieut[t]-g[al], 2138, 2160, 2219, 2300, 2380, 2383.
—— (De), 3054.
—— V. *Hocquincourt, Mouchy.*
—— **-La-Mothe** (De), cap[ne] au rég[t] de Du Soupas, 2244. — Cf. *Mouchy.*
—— **de Pouleaux** (De), 2243.
Monciel (Claude-Franç. Terrier, m[is] de), lieut[t]-c[el] du rég[t] de La Vieuville, ministre de France près le duc de Wurtemberg, 3044, 3475, 3476, 3478, 3479, 3497, 3502, 3510.
Monclar (De), procureur général à Aix, 3316.
—— V. *Montclar, Ripert.*
Monclus (De), officier, 1983.
—— (De), consul français à Barcelone, 1989.
Monconseil. V. *Montconseil.*
Moncorneil (De), officier, 2139.
Moncrif (De), commissaires des guerres, 262, 294, 295, 342, 350, 986, 987, 1604, 1801, 1895.
—— **de Beauregard** (De), command[t] du Fort-L'Écluse, 2701, 2861, 3017, 3064, 3065, 3120, 3172, 3228, 3229.
Moncton, brigadier général anglais, 3624.
Mondamer. V. *Gibaudière.*
Monday, cap[ne] au rég[t] de Besons, 992.
Mondejeux (De), 158.
Mondescourt (Benoist de), officier du génie, 3717.
Mondésir, lieut[t]-c[el] du rég[t] d'Orléans-dragons, c[on] XLIX a.
Mondet, 3702.
Mondidier (Fr. J. Franç. de), capucin, 2345.
Mondiol (De), cap[ne] au rég[t] d'Agénois, 2371.
—— (De), major de la place de Porquerolles, 3570.
Mondion, 3188.
Mondon, marchand à Verdun, 2137, 2245.
Mondragon (Duc de), 1831.
—— (De), cap[ne] au rég[t] de Grammont-cav[ie], puis maréchal-des-logis de la cav[ie] à l'armée de Bavière, 2873, 2946.
—— V. *Dupuis.*
Mondreville (De), 141.
Mondru (Colas de), maire d'Orléans, 3182.
Moneins (Mis de), 1892, 1897, 1983, 2560, 2562.
Monereau, officier au rég[t] de Béarn, 1754.
—— officier, 2133.
Monessargues (De), officier au rég[t] de Grignan, 1974.
Monestay (Ch[r] de), exempt des Gardes du corps, 3261.
Monestier, curé de St-Pierre à Clermont-Ferrand, c[on] LIV.
—— procureur g[al] syndic du dép[t] du Puy-de-Dôme, c[on] LXXI.
—— commissaire civil en Corse, c[on] LXX.
Monet, lieut[t], 2255.
—— officier aux Chasseurs à cheval du Hainaut, c[on] LXV d.
Monflin (Mme de), supérieure de la congrégation de N. D. à Longwy, 2321.
Monflous, cap[ne] au rég[t] de Normandie, 988.
Monfort, 979, 1660.
—— (De), lieut[t] au rég[t] de Nice, 2135,

Monfort (Pilmer de), cap^{ne} au rég^{t} d'Houdetot, 2270,
—— (De), cap^{ne} d'une compagnie franche, 2135.
—— (De), cap^{ne} au rég^{t} d'Angoumois, 2136, 2243.
—— (De), cap^{ne} au rég^{t} d'Estaniol, 2244.
—— V. *Cazères, Villemier.*
Monfourny, membre du Directoire de St-Quentin, c^{on} LXV a.
Monfrin. V. *St-Privat.*
Mongardin (De), attaché à la Maison de Savoie, 3225.
Monge (De), 118, 2707, 2951, 2952, 3426, 3691, 3692.
Mongé, commd^{t} à Germersheim, puis cap^{ne} au rég^{t} de La Marine, 2733, 2736, 2737, 2740, 2741, 2782, 2783, 2788, 2792–2795.
—— V. *Monjay.*
Mongeffond (Dom de), général des Chartreux, 2175.
Mongelas (Romain Dru de), trésorier général de l'extraordinaire des guerres, 1484, 1525, 1526, 1578, 1613, 1964, 1974, 2054, 2133, 2135, 2136, 2138, 2139, 2142, 2143, 2145, 2154, 2168, 2185, 2231, 2236, 2268–2273, 2338, 2339, 2421.
Mongeot (De), avocat, 2739.
Mongin, lieut^{t}, 1832.
—— cap^{ne} au rég^{t} de Boufflers, 2137, 2138, 2145.
—— **d'Albigny**, prévôt des maréchaux à Chaumont en Bassigny, 2134.
Monginot, commissaire des guerres?, 1701.
—— (De), lieut^{t}-c^{el} du rég^{t} de Louvigny, 1754, 2021, 2136, 2138, 2140, 2142, 2144.
Mongrand (De), envoyé du tsar au roi de Pologne Stanislas Leczinski sous le nom de *Casenove*, 2575.
—— 2902.
Mongremier (De), 2688, 2700, 2850, 2967, 2968, 2979, 3059, 3064, 3065, 3127,
Mongy, cap^{ne} dans les troupes palatines, 1896.
Monicart (De), trésorier de France à Metz, 1845, 1848. 1869, 1950, 1951, 2132, 2144.
Monier, agent de la Compagnie d'Afrique à Bône, 3413.
—— V. *Monnier.*
Monime (De), lieut^{t}, 988.
Monin (Claude), de Landau, 1752.
—— (Henry), partisan sur la Semoy, 2167, 2371.
—— lieut^{t}-criminel à Besançon, 2244.
—— **de Marnay**, commissaire des guerres, 3139, 3147, 3148, 3162. — Cf. *Marnay.*
Monjapier (De), officier au rég^{t} de La Reine-cav^{ie}, 2144, 2344.
Monjay (Nic. de Brenne?, s^{r} de), lieut^{t} au rég^{t} de Picardie, 102. — Cf. *Mongé.*
Monjeau, major du rég^{t} de Livry, 2370.
—— **du Faure**, 1862.
Monlezun (De), commd^{t} du fort d'Huningue, 988, 1322.
—— (De), lieut^{t} de roi au Quesnoy, 1741, 1831, 1833, 1834, 1840, 1943, 1946, 2022, 2132, 2135, 2138–2143, 2156, 2219, 2234, 2379, 2415.
—— (Le P. Barthélémi de), capucin, 2134.
—— V. *Mauléon, Montlezun.*
Monliger (De), commd^{t} les troupes françaises à Parme, 2760.
Monlion, officier, 2140.
Monluçon (De), fermier général, c^{on} XI.
Monmalant (De), officier, 2145.
Monmayen? (H. de Ronbour, s^{r} de), cap^{ne} au rég^{t} d'Houdancourt, 102. — Cf. *Montmeyan.*
Monmerqué, directeur ou employé d'une compagnie de vivres, 2185, 2221, 2244, 2269, 2272, 3505, 3606, c^{on} XLVIII.
Monmouth. V. *Montmouth.*
Monnat, 23 s.
Monnet, 3591.
Monnetoy (De), 2793.
—— (Ant. de), ex-prévôt de la maréchaussée d'Autun, 3418.
—— (De), cap^{ne} aux Volontaires étrangers, 3460.
Monnier, président au parlement d'Aix. 33.
—— 279.

Monnier, 555, 597, 671.
—— (Mis de), 3136.
—— officier municipal de Cherbourg, c^ons LX, LXI.
—— **de Richardin**, professeur de droit à Douai, 1897.
Monnin, président du Directoire du H^t-Rhin, c^on LXV c.
Monnot, médecin à Besançon, 1850, 2139, 2244. — Cf. *Mounot.*
—— vice-président du Directoire du Doubs, c^on LXV b.
Monoyer (Jos.), pilote en Provence, 3311.
Monpalan (Don Jos. de), député catalan, 538, 539.
Monplaisir (De), maréchal-des-logis de la Gendarmerie, 2131.
Monplesir (De), lieut^t-c^el du rég^t de Roquelaure, 982.
Monrecours, officier, 2052.
Monro (De), officier au rég^t d'Alsace. 2138-2140, 2270.
Monrodon (Ximenès y), ambassadeur de Catalogne, 137.
Monroux (Phil. Marie de), lieut^t-g^al, 958, 968, 1764, 1835, 1895, 1941, 1943, 1944, 2019, 2084, 2130, 2132, 2135, 2136, 2139, 2221, 2222, 2224, 2226, 2270, 2271, 2299, 2300, 2315, 2371, 2376, 2380, 2447.
Monrozier (De), aide-major de la place de Landau, 2741.
Mons (Gouverneurs, bourgeois, etc. de). 242, 1056, 1841. — Cf. *Bernart, Dohna, Durre, Ferrand, Gongnies, Wolff,* etc.
—— (Chanoinesses de), 312, 313.
—— (Amaury de), cap^ne au rég^t de Navarre, 92.
—— (Ch^r de), lieut^t-c^el du rég^t Dauphin-inf^ie, 2242.
—— (De), ingénieur, 2299.
—— (De), major du rég^t de Montcalm, 3522.
—— (De), échevin de Cherbourg, 3543.
—— V. *La Bare, Norbert.*
—— **de Colomb**, cap^ne d'une compagnie franche, 1644.
Monsemet. V. *Dumont.*
Monsieur, frère du roi. V. *Orléans (duc d')*.
Monsigny (De), cap^ne d'une compagnie d'invalides, c^on LXI.
—— V. *Montigny.*
Monsivry. V. *La Loyre.*
Monstiers. V. *Des Monstiers.*
Monsur. V. *Couet.*
Monsure (De), cap^ne au rég^t de Kerchem, 1943.
—— (De), officier, 2082.
Mont..... (chercher par *Mon*..... les noms que l'on ne trouverait pas à *Mont*.....).
Mont. V. *La Borde.*
Montagnac (De), lieut^t-c^el du rég^t d'Île-de-France, 3262, 3292.
—— (De), 342.
—— (Mme de), 2023, 2035.
—— V. *Estaniol.*
—— (Jacques de), consul en Portugal, c^on XI.
Montagne, officier au rég^t de Fontaine, 2143.
Montagnier, médecin à Marseille, 2132.
Montagu (Lord), 276, 585, 596.
—— (De), échevin d'Orléans, 2134.
—— (De), 133, 134, 276, 309, 360.
—— (De), lieut^t-c^el du rég^t de Beauce, 1972.
—— («Ci-devant Bouzols»), c^ons LXV b-LXV d, LXV f, LXVI, LXVII. — Cf. *Bouzols, Montaigu.*
Montaguere (Olivier), 3738.
Montaigle (De), lieut^t-c^el du rég^t Royal-étranger, 310.
—— major du rég^t de Thourotte, 2242.
Montaigny. V. *Launoy.*
Montaigu (De), ingénieur ou dessinateur géographe, 794, 997.
—— (De), colonel de milices normandes, 1610, 2141, 2186, 2227, 2273, 2412, 2419.
—— (Veuve), 2132, 2137, 2140, 2144.
—— cap^ne d'invalides à Landerneau, 2144.
—— (De), lieut^t-c^el du rég^t de Villeneuve, 2332.
—— (Pierre-Franç., comte de), brig., ambassadeur à Venise, 3175, 3224, 3226, 3228, 3290.
—— (De), cap^ne au rég^t Royal-Cravates, 3418.

Montaigu (Ch^r de), 39 s., 40 s.
—— V. *Bouzols, Montagu, Montégut, Mesmay.*
—— **de Granville**, comm^re de l'artillerie, 3602, 16 s.
—— **-Teintur** (Mme de), 2269.
Montaigut. V. *Crenay.*
Montainard (Joachim de), lieut^t au rég^t de Sault, 123. — Cf. *Monteynard.*
Montal (De), 158.
—— 2420.
—— (Pierre-Roland de), major de la place de Grenoble, 3749.
—— V. *Du Montal, Montat.*
Montalant (Louis de Vielcastel de), cap^ne au rég^t du duc d'Orléans, 123.
—— (Ch. Louis de Vielcastel de), brig., 279.
—— (Ch^r de), 281, 310.
Montalban, 3396.
Montalbert, 3127.
Montalègre, secrétaire d'État du royaume de Naples, 2752, 2755, 2844.
Montalembert (Ch^r de), officier, 1966.
—— (De), officier au rég^t de Normandie, 3028.
—— (Marc-René, m^is de), mar. c., 3065, 3442-3445, 3471, 3474, 3475, 3477-3489, 3517-3526, 3550-3555, 3557-3564, 3600, 3630, 53 s., c^ons XXIX, XXXIII.
—— (Ch^r de), cap^ne d'artillerie, 3581.
—— **de Cers** (J.-Ch., ch^r de), major des ville et château d'Angoulême, 3506.
—— **-Saint-Georges** (De), cap^ne au rég^t de Normandie, 1895.
— **de Najejouls** (De), gentilhomme d'Agénois, 1986.
Montalet (Ch^r de), 987, 997, 1895.
—— (De), lieut^t dans la légion corse, 3691.
Montalivet (De), 3544.
Montanègre (De), 614.
—— (De), colonel réformé au rég^t de Dauphiné, 2420.
Montaniac (De), lieut^t-c^el du rég^t de Santerre, 1855, 1857, 2130, 2133, 2134.
Montant, 2949.
Montanteaume, cap^ne dans les dragons de Pasteur, 1944.
Montanver, major de la place de Bapaume, 1831, 1832, 2370. — Cf. *Montauver.*
Montany le cadet, cap^ne au rég^t de St-Second, 2269.
Montaran (Michel Michault de), brig., 1832.
—— (De), 3167.
Montarby (De), 3533.
Montargis (Claude Le Bas de), trésorier général de l'extraordinaire des guerres, garde du Trésor royal, 1565, 1613, 1689, 1699, 1754, 1780, 1791, 1835, 1839, 1841, 1883, 1895-1897, 1901, 2022, 2131, 2139, 2144, 2178, 2183, 2185, 2250, 2264, 2268, 2269, 2273, 2421. — Cf. le suivant.
—— (De), commis de l'intendant de La Grange et trésorier à Strasbourg, 1072. — Cf. le précédent et *Lebas.*
—— garde d'artillerie au château de Joux, 2136.
—— (échevins, prévôts, etc., de), 361, 419, 3185. — Cf. *Chantoiseau, Droüin, Du Boulay, Dufresne, Gaillard-Desaulnes, Gamard, Ménard,* etc.
Montargue (De), 1791.
Montat, aide-major du bataillon de milices de Valence, ingénieur-géographe, 2979. — Cf. *Montal.*
Montauban (maire, consuls, clergé, etc., de), c^ons LXV a-LXVII, LXXI. — Cf. *Arassus, Brute, Caixon, Cathalla, Caumont, Fleyres, Fournès, Haussonville,* etc.
—— (René de La Tour du Pin, m^is de), lieut^t-g^al, 276?, 310, 332-336, 409, 443, 458-460, 466, 468, 512, 516, 564, 610, 611, 616, 663, 672, 3779. — Cf. *La Tour du Pin.*
—— (De), lieut^t-c^el du rég^t de milice de la généralité d'Amiens, 989.
—— (De), cap^ne au rég^t d'Orléans-cav^ie, 1940.
—— (De), cap^ne, puis major au rég^t de Raigecourt, 1951, 2339, 2371, 2419.

Montauban (Chr de), exempt des Gardes du corps, 2102.
—— (De), brig., 2912, 2913, 2945, 2950.
—— (Ch. de Rohan, prince de), lieut^t-g^al, 2946, 2983, 3047.
—— (Catherine-Eléonore-Eugénie de Béthisy, princesse de), 3032, 3199.
—— (De), capne de la compagnie franche de ce nom, 2563, 2663, 2790, 2792, 2851.
—— (De), gentilhomme du Diois, 3060.
—— V. *La Chau, St-Ferréol.*
—— **de La Tour** (De), 672, 674, 795.
—— commdt du régt de Ligondès, 2141.
Montaubert, maire de Doullens, 2132.
—— major du régt de Charolais, 2241.
Montaudie. V. *Le Camus.*
Montaudoin, 1801.
Montaugé, officier au régt de Lorraine, 3458.
Montault (De), capne au régt de La Feuillade, 146.
—— Cf. *Montaut.*
Montauquiers (De), officier au régt Royal-dragons, 2135.
Montausier (De), 102, 116, 123. — Cf. le suivant.
—— (Ch. de Ste-Maure, mis, puis duc de), lieut-gal, 92, 117–119, 131, 133, 134, 157, 158, 360, 361, 468, 516.
—— (Duc de), 2635.
—— (De Crussol d'Uzès, duc de), 3715.
—— (Comte de), 3720, 3740.
Montaut (De), 881.
—— (De), 2093.
—— (De), commdt du fort de Seelingen, 2162, 2236, 2237, 2318, 2391.
—— (J. J.), officier au régt de Normandie, con LXV b.
—— (De), 41 s.
—— (De), officier aux Chasseurs à cheval du Hainaut, con LXV d.
—— V. *La Marque, Montault, Navailles.*
Montauver, aide-major de la place d'Huningue, 988.
—— V. *Montanver.*
Montazet (De), major du régt de Livry, 2022.
—— (Ant. de Malwin, chr de), lieut-gal, 3199, 3201, 3211, 3216, 3429, 3476, 3505, 3533, 3537, 3538, 3568, 3572, 32 s., 33 s., 37 s., 43 s., 46 s., 47 s., 54 s.
—— (Ant. II de Malwin de), évêque d'Autun, 3396.
—— (Ant. Marie de Malwin, comte de), lieut-gal, 3433–3446, 3471, 3472, 3477–3479, 3481–3489, 3500, 3506, 3507, 3511, 3512, 3516–3526, 3550, 3555–3565, 3586–3591, 3609, 3611–3615, 53 s., 54 s., cons XXIX, XXXIII.
—— (L. M. de), con XLIV.
—— V. *Malwyn.*
Montbarey (Claude-Franç. Léonor de Saint-Mauris, comte de), lieut-gal, 2981, 3044, 3157, 3164, 3197, 3206, 3207, 3210, 3275, 3308, 3484.
—— (Claude-Anne-Franç. de Saint-Mauris, chr de), mar. c., 3387, 3462, 3500–3502, 3507, 3542, 3709.
—— (Marie-Alexandre-Léonor-Louis, comte, puis prince de), ministre de la Guerre, mar. c., 3694–3697, 3699–3712, 3714–3717, 3726, 3733, 3741, 3752, 3753, 3761, 3767, 74 s., A. 56–A. 59, cons XLIII–XLVIII.
Montbarthier (Franç. d'Astorg de), brig., 1843, 1848, 1950, 2028, 2162, 2237, 2242–2244, 2317, 2318, 2452.
Montbas (J. de Barthon, baron de), mar. c., 117. — Cf. le suivant.
—— (Franç. de Barthon, vicomte de), lieut-gal, 133, 134, 158, 279, 419. — Cf. le précédent.
—— (Vicomte de), 3763.
Montbazon (Marie de Bretagne, duchesse de), 118.
—— (Franç.-Anne de Rohan, prince de), brig., 1937, 1944, 2039, 2142, 2220, 2386, 2413.
—— V. *Rohan.*
Montbeillard (De), officier d'artillerie, auteur de mémoires sur l'armement, 3499, 3645.

Montbel (De), 903.
—— (De), lieut[t] de roi de Schelestadt, c[on] XIV.
—— (De) officier au rég[t] de Noailles, 3476.
Montbéliard (Magistrats, etc., de), V. *Fesch, La Provenchère, Montigny, Morin.*
—— (Comte de ——, duc de Wurtemberg), 417. — Cf. *Wurtemberg.*
—— (Princesse de), 567, 2032.
—— (Léopold-Eberhard, prince de), 1670, 1850, 1951, 2032, 2142, 2392, 2394.
—— (Princes de). V. *Wurtemberg.*
Montberon (Comte de), lieut[t]-g[al], 238, 271, 277–279, 282, 310, 313, 333, 342, 359, 390, 407, 414, 416, 419, 441, 449, 450, 453, 455, 469, 484, 490, 491, 498–500, 503, 512, 536, 542–547, 549–554, 586, 595–604, 628–630, 649, 663, 668, 670–672, 688, 701–704, 725, 726, 729–731, 733, 791, 792, 794, 795, 821, 822, 837, 870, 887, 891, 945, 946, 956, 958, 1057, 1059, 1060, 1113, 1146, 1147, 1255, 1360, 1468, 1482, 1483, 1486, 1487, 1494, 1549, 1550, 1552, 1554, 1555, 1557, 1566, 1644, 1648, 1650, 1652, 1653, 1736, 1737, 1742, 1743, 1831–1837, 1839, 1935, 1943–1946, 2018, 2021–2023, 2025, 2080, 2220, 3779, 3780.
Montberon. V. *Montbron.*
Montblant. V. *Valavoire.*
Montboissier (De), 2023.
—— (Phil.-Claude de Montboissier-Beaufort, m[is] de), lieut[t]-g[al], 2991, 3007, 3034, 3084, 3187, 3201, 3309, 3450.
—— (Phil.-Claude de Beaufort-Canillac, comte de), lieut[t]-g[al], 2991, c[ons] XX, LIII, LX.
—— (Ch.-H.-Phil., ch[r], puis vicomte de), brig., 3017.
—— **-Canillac** (De), officier, 2023. — Cf. *Canillac.*
—— (Baron de), 3694, 3720.
Montbourcher, président au Parlement de Bretagne, 3496.
Montbreton (De), 1614, 1707, 1708. — Cf. *Monbreton.*
Montbriand (Ch[r] de), major du rég[t] du Pont-du-Château, 2145.
Montbron (De), cap[ne] au rég[t] de Mornac, 2328.
—— (De), c[on] III.
—— V. *Montberon.*
Montbrun (De), cap[ne] de la compagnie des Sauvegardes du roi, 1741.
—— (Marquis de), 2250.
—— (Alexandre Du Puy). V. *Saint-André-Montbrun.*
—— V. *Monbrun.*
Montcalm (Claude-Gaspard, ch[r] de), enseigne de vaisseau, 3145, 3154.
—— **-Saint-Véran** (L.-Jos., m[is] de), lieut[t]-g[al], 3174, 3417, 3457, 3498, 3499, 3540.
—— (De), officier de marine, 3599.
Montcarville (De), commissaire des guerres, 3635, 3647, c[ons] XLV, LX-LXII, LXIV, LXV, LXVb, LXVd, LXVI, LXVII, LXX, LXXI.
Montcassel (Ch. de Mac-Carthy, comte de), lieut[t]-g[al], 892, 895, 961. — Cf. *Mouncashell.*
Montcault. V. *Moncault.*
Montcavrel (De), 420.
Montchal (De), cap[ne] aux Gendarmes de Flandre, 3141.
Montchenu (Abel de), mar. c., 3154, 3175, 3225, 3227, 3229, 3230, 3591, 3542, 3554, 3555, 3557–3565, 3578, 3579, 3582–3585, 3587, 3589–3592, 3604–3607.
Montchevreuil (Marie-Madeleine de), abbesse de Saint-Antoine de Paris, 2133.
—— V. *Mornay.*
Montclar (Jos. de Pons de Guimera, baron de), lieut[t]-g[al], 137, 279, 313, 342, 345, 346, 350, 359, 360, 410–412, 414, 416, 436, 441, 443, 444, 446, 458–461, 466, 467, 486, 490, 497, 506–509, 512, 514, 535, 536, 539–541, 555, 557–561, 564, 566, 568, 584–586, 588, 594, 606–609, 611, 628, 629, 631, 633, 648, 663, 667, 668, 672, 792–795, 823, 825–832, 874–876, 878–884, 966–969, 3779, 3780.

Montclar (Mme de), 1891, 1892.
—— V. *La Fare*, *Monclar*.
Montclos (Ch.-Henri Le Royer, baron de), mar. c., 2741, 2782, 2793.
Montclus (Vivet, mis de), président et juge-mage du présidial de Nîmes, 1707.
Montconseil (Étienne-L.-Ant. Guinot, mis de), lieut^t-g^al, 2759, 2843, 2982, 2983, 3001, 3040, 3042, 3046, 3095, 3097, 3100, 3101, 3162–3164, 3167, 3188, 3217, 3219, 3220, 3285, 3291, 3418, 3479, 3582, 3605.
Montcornet. V. *Caumont*.
Mont-Dauphin (Magistrats, etc., de). V. *Jouffrey*, *Praille*, *Ruffier*, etc.
Montdejeux. V. *Mondejeux*, *Schulemberg*.
Mont-de-Marsan (Municipalité, etc., de). V. *Compaigne*, etc.
Montdevergues (Franç. de Lopis de), mar. c, 131.
Montdhiver (Taverne de), ancien mousquetaire, bourgmestre de Dunkerque, 3687, 3691, 3694, 3699, c^on LIV.
Montdidier (Échevins, bourgeois, etc. de), 420. — Cf. *Dhalliviller*, *Lempereur*, etc.
Monteaud (Labbaye de), ancien officier du rég^t des Vaisseaux, commd^t d'un rég^t de milice dans les Cévennes, 2139.
Montecler (L., ch^r de), mar. c., 102, 116.
—— (Ch^r de), major du rég^t Colonel-Général de dragons, 2145, 2219.
Montecourt (De), A. 89.
Montecuculli (Comte —, duc de Melfi), général autrichien, 461.
Montefran (De), 276–279, 310, 393, 401, 439, 444, 454, 486, 500, 546, 564, 598, 605.
Montegrandi, colonel réformé à la suite du rég^t de Nice, 2139.
Montégu (De), 97, 117–119, 263, 359, 439, 440, 441, 443, 444, 486, 487. — Cf. *Montaigu*, *Montégut*.
Montégut (De), gentilhomme provençal, 3180.
—— **de Barrau** (De), lieut^t-c^el du rég^t de Choiseul, 2784.
Montégut. V. *Montaigu*, *Montégu*.
Monteil (Adhémar II-J.-B. de), archevêque d'Arles, 906.
—— (De), brig. de cav^ie, 1961, 1962, 1967, 2049, 2050, 2104, 2134, 2135, 2139, 2178, 2255, 2271, 2329, 2330, 2332, 2371, 2404, 2407, 2467, 2488, 2697, 2727–2729, 2731–2736.
—— (De), cap^ne au rég^t du Perche, 2135.
—— (Ch.-Franç.-Just, mis de), lieut^t-g^al, ambassadeur à Cologne, puis en Pologne, 3230, 3244, 3253, 3299–3302, 3428–3431, 3436, 3438, 3459, 3463–3465, 3486, 3488, 3500, 3507, 3511, 3542, 75 s. c^on XXVII.
—— (Ch^r de), 3514, 3558, 3562, 3563.
Monteilz (Gérôme), chirurgien dans une compagnie de fusiliers de montagne, 1800.
—— commissaire de la Marine, 1974.
Montel (De), ancien cap^ne au rég^t du Perche, 2134.
—— correspondant secret ?, 2978.
Montélégier (De), lieut^t-c^el du rég^t de Septimanie et du rég^t Royal-Piémont, 3748, c^ons LXV d, LXV e.
Monteleone (Don Isidoro Casado, mis de), ministre d'Espagne, 1781, 1786, 1865–1868, 1877, 1898, 1960–1964, 1967, 1973, 2046, 2047, 2100, 2101, 2105, 2133, 2170, 2171, 2175, 2388, 2412.
Monteler (Ch^r de), major du rég^t Colonel-Général de dragons, 2142.
Montélimar (Magistrats, etc. de), 1972, 2044, c^on LXVI. — Cf. *André*, *Aribert*, *Duclaux*, *Faujas*, *La Coste*, *Montet*, *Perrot*, *Roux*, etc.
Montellano (Duc de), vice-roi de la haute Navarre, 3685.
Montellier (Le P.), aumônier à Strasbourg, 672.
Montelon (Pierre de Remy, s^r de), maréchal-des-logis aux Gendarmes du duc d'Orléans, 146.
Montemar (Comte, puis duc de), général espagnol, 2704, 2751, 2811–2820, 2843–2846, 12 s, c^ons XIII, XVIII.
Montemayor. V. *Bouchar*.

Montendre (Isaac-Ch. de La Rochefoucauld, comte de), brig., 1585, 1588-1590.
—— V. *Jarnac.*
Montenoy, capne d'infrie, 1754.
Montereau (De), colonel, 2142, 2155.
—— (Municipalité de), con LXV c.
Monterespin (De), 397.
Monterey (Comte de), gouverneur des Pays-Bas, 259, 276, 279, 285, 312, 324, 328, 384, 387, 395, 396, 398, 402, 448, 514.
Montesan (Benoît-Cochet de —, comte de Garnerans), ancien premier président du Parlement des Dombes, prévôt des marchands de Lyon, commandant à Lyon en l'absence du mal de Villeroy, 1800, 1832, 1895-1900, 2038.
—— V. *Montezan.*
Montesanto (Comte de), 1984.
Montescot (De), intendant, 67.
Montesquieu (De), capne au régt de La Marine, 1519, 1857.
—— (Ch. de), officier au régt de Cambraisis, cons LXV-LXV b.
—— (ou **Montesquiou** ?) d'Aulssens (Joseph de), officier au régt de Persan, 131.
Montesquiou (Pierre de Montesquiou, comte d'Artagnan, mar. de), mar. Fr., 278, 279, 705, 887, 891, 947, 953, 966, 967, 972, 1046-1048, 1058, 1060, 1099, 1146, 1147, 1205-1210, 1259, 1311-1314, 1356, 1357, 1391, 1423, 1468, 1482-1484, 1487-1489, 1491-1496, 1549, 1550, 1552-1557, 1560, 1561, 1571, 1604, 1700, 1736-1739, 1743, 1768, 1792, 1830-1839, 1852, 1853, 1858, 1935-1938, 1940-1946, 1954, 1988, 2018-2023, 2025, 2080-2084, 2131, 2133, 2142, 2143, 2145, 2149-2153, 2157, 2159, 2213-2217, 2219, 2221, 2224, 2225, 2227, 2262, 2299 2306, 2309, 2370-2376, 2378-2388, 2444, 2445, 2447, 2448, 2564, 2622, 3779, A. 89, cons VIII, LXXV, LXXVIII.
—— (Catherine-Elisabeth l'Hermite d'Hiéville, maréchale de), 2143.
Montesquiou (Louis, comte de), mar. c., 2787, 2788. — Cf. le suivant.
—— (De), 2145, 2763, 2885, 2900.
—— V. *Artagnan, Préchac.*
Montesson (Charles, comte de), lieut-gal, 137.
—— (J.-B., comte de), lieut-gal, 1550, 1836, 1944, 2020, 2140, 2215, 2220, 2221, 2224.
—— (Charles, chr, puis comte de), lieut-gal, 2140, 2142, 2969, 3017, 3032, 3261, 3308.
Montet (De), 278, 397.
—— (De), brig., 988, 1587, 1611, 1877, 1967, 2043, 2133, 2141, 2247-2249, 2251, 2325-2326, 2399, 2400.
—— consul de Montélimar, 2044.
—— V. *Dumontet.*
Monteuil (Chr de), officier fait prisonnier de guerre à Trarbach, 2418.
Monteville (De), 2144.
Monteynard (L.-Franç., mis de), lieut-gal, ministre de la Guerre, 3015, 3073, 3115, 3173, 3175, 3176, 3226, 3227, 3236-3241, 3243-3245, 3260, 3263, 3291, 3294, 3310, 3314, 3411, 3413, 3418, 3438, 3439, 3472-3474, 3476-3489, 3501, 3502, 3506, 3509, 3514-3524, 3542, 3609-3611, 3626, 3630, 3632, 3666, 3669, 3670, 3674, 3677, 3681-3685, 3687, 3691, 3720, 3741, 3752. 36 s.-40 s. A. 52, A. 53, cons XXVII, XXXVI, XXXVII, XL, XLI, XLIII, LXXIII, LXXVI.
—— V. *Marcieu, Montainard, Montfrin.*
Montezan (Comte de), ministre près l'Électeur palatin, 3759. — Cf. *Montesan.*
Montfalcon (De), 1524.
Montfaucon (Ch.-Dassé, chr de), enseigne aux Gardes françaises, 102, 131.
—— (Chr de), capne au régt de La Marine. 3311.
—— (De), page de la reine, puis cornette au régt Royal-étranger, 3096.
Montferrand (De), capne au régt de Croÿ, 1665.
Montferrant (De), 3495.

Montferrat (De), cap^ne au^t rég^t de Condé-Cav^ie, 2035.
Montferrier, syndic de la province de Languedoc, 2257, 3717.
Montflambert (De), 2663.
Montfleury, ex-cap^ne aux Volontaires de Provence, 3261.
Montfort (Charles-Honoré d'Albert de Luynes, duc de), mar. c., 1549, 1550. — Cf. *Chevreuse, Luynes.*
—— cap^ne de compagnie franche, 1844.
—— officier au rég^t de Menou, 2312.
—— (De), officier, 2663.
—— (De), cap^ne au rég^t de Champagne, 2817.
—— (De), ingénieur, brig., 3001.
—— (De), 3479.
—— (Ch^r de), 3564, 3584, c^on XXXVI.
—— V. *La Tour.*
—— lieut^t de maréchaussée à Alençon, c^on LVII.
Montfrin (Hector de Monteynard, baron de), mar. c., 134.
—— (Franç. de Monteynard, m^is de), grand sénéchal de Beaucaire et de Nîmes, 2141.
Montgaillard (De), 343, 410, 837.
—— (J.-M. de Percin, m^is de), brig., 1484.
—— (Percin de), évêque de Paris, 1614.
—— (De), colonel au rég^t de Guyenne, c^ons LXV a, LXV b.
Montgardin (De), 3298.
Montgay (De), cap^ne au rég^t de Béarn, 3405, 3499, 3540.
Montgazin (Abbé de), président de l'administration du Boulonnais, 3719.
Montgelas. V. *Mongelas.*
Montgeorge (De), 333, 343.
Montgeorges (Gilbert Gaulmyn, comte de), mar. c., 1644, 1736-1738, 1740, 1742-1743, 1831, 1832, 1935, 1936, 1940, 1943-1945, 2042, 2043, 2098-2101, 2145, 2170-2172, 2175, 2247, 2248, 2251, 2258.
Montgeron (Guy Carré de), intendant, 1902, 2132, 2144, 2187, 2265, 2267.
Mont-Gilbert, officier municipal de Bourbon-Lancy, c^on LXV b.
Montgivrault (Ch^r de), ingénieur, brig., 225-244, 259, 261, 262, 271, 292-294, 296, 310, 311, 337, 340, 505, 515, 544, 546, 549, 566, 568, 613, 616.
Montgivraut. V. *Montgivrault.*
Montgobert (Alexandre de Joyeuse de), mar. c., gouverneur de Béthune, 134, 137, 138, 158.
Montgogué (De), commd^t à Port-Louis, 419.
Montgommery (Jean, comte de), mar. c., 333, 596, 1321.
Montgon (J.-Franç. Cordebeuf de Beauverger, comte de), lieut^t-g^al, 958, 1147, 1435, 1519, 1585, 1586, 1588-1592, 1683-1687, 1693, 1776-1779, 1781, 1861-1869, 1872-1874, 1960-1963, 1966, 1967, 2038-2040, 2042, 2099, 2130, 2131, 2134, 2135, 2139-2140, 2144, 2175, 2243, 2251, 2398, 2400, 2412.
—— (Chambaud de), 2370, 2735, 2738.
—— (Vicomte de), lieut^t-c^el du rég^t de Cambraisis, 3763.
Montgrand, ingénieur, 3547.
—— (De), 3237, 3260, 3533, 3571.
Montgresy ou **Montgrisy?**, commissaire d'artillerie, 2040.
Monthaut chirurgien à Metz, 2140.
Monthierry (De), maire de Rennes, c^ons LXI, LXII.
Monthiers (Pierre de), commissaire à l'Hôtel des Invalides, 1604, 1700, 1856, 1864, 1895, 1899, 2087, 2130, 2132, 2137, 2138, 2182, 2183, 2185.
—— (Le P. Charles de), jésuite, 2314.
Montholon (De), premier président du Parlement de Metz, 3040, 3084, 3316, 3396, c^on XII.
Monthouz Du Barioz, gentilhomme de Savoie, 1862, 1876.
Monti, colonel réformé à la suite du rég^t des Gardes du duc de Mantoue 1862.
—— (Ant.-Félix, m^is de), lieut^t-g^al, ambassadeur, 2655, 2712, 2746, 3044, 3059, 3298.
—— (Ch., m^is de), 3224, 3242,

3248, 3251, 3352, 3262, 3418, 3485, 3635.
Monticourt (De), directeur général des Fermes à Grenoble, 3406.
Montier, commissaire des guerres, 2940.
—— V. *Benneville*.
Montifaut (De), 133.
Montiffaud-Carron (De), officier au rég^{t} de Cappy, 2145.
Montigny (Claude de), cap^{ne} d'une compagnie franche, 123.
—— (H. de —, s^{r} de Bournonville-Congis), enseigne au rég^{t} des Gardes françaises, 146. — Cf. *Congis*.
—— (De), 259, 359, 362, 551, 891, 2017-2023, 2080.
—— (De), commissaire des guerres, 1113.
—— (Renault de), officier d'artillerie, 1798, 1896, 1900, 1982, 2700.
—— (Schynekele de), échevin de Furnes, A. 89.
—— (De), officier au rég^{t} de Roussillon, 1857.
—— cap^{ne}, 2321.
—— (De), officier au rég^{t} de La Reine-cav^{ie}, 2144.
—— (De), cap^{ne} au rég^{t} de Belsunce, 1832, 1840.
—— (De), receveur à Domfront, 2342.
—— (Baron de), gouverneur de Montbéliard, 2703, 2712, 2726, 2741, 2744, 2768, 2782, 2784.
—— (Nic.-Louis, m^{is} de), mar. c., 3083.
—— (De), employé des fourrages, 3101.
—— (Darlen de), 3144, 3197, 3275.
—— (Mme de), 3184, c^{on} LXV a.
—— (De), subdélégué à Lorient, 3188, 3509.
—— (De Haies de), officier, 3647, c^{on} XLI.
—— (Baron de), c^{on} LXIV.
—— (Lerin de), lieut^{t}-c^{el} du rég^{t} Royal-Navarre, c^{ons} LXVII, LXX.
—— V. *Congis, Ducrest, Monsigny*.
—— **-Languet** (Baron de), 1750, 1943, 2322. — Cf. le suivant.
—— (Baron de), colonel de cuirassiers dans les troupes de l'électeur de Bavière, 2224, 2267, 2268, 2323, 2392, 2395, 2631.
Montigny de La Porte, 1944.
Montijo (Comte de), 2919, 3071.
Montille (De), ingénieur, 337, 568, 616.
Montillet (De), 2133, 3623.
Montilliet (Le P.), religieux, 672.
Montimont (De), procureur général du prince de Condé à Charleville, 3167.
Montirail (De), 102.
Montison (Ch^{r} de), 597.
Montivilliers (Administrateurs du district de), c^{on} LXV a.
Montjourdain (De), 3549, c^{on} XXVI.
Montjoux (De Rigot de), 3677.
—— (Jos. de), officier au rég^{t} de Cambraisis, c^{on} LXV b.
Montjoye l'aîné (Baron de), ancien colonel, 1660, 1674.
—— (Comte de), 1752, 1831, 1855, 1937, 1950, 1951, 2131, 2676, 2677, 2688, 2712, 2742, 2782-2794, 2851, 2981.
—— (Comtesse de), 2243.
Montléon, commissaire des guerres, 1550, 1551.
Montlezun (Comte de), 3136, 3204, 3418, 3568.
—— (Ch^{r} de), 3042.
—— V. *Cours, Mauléon, Monlezun*.
Montlibert (Goulet de), ingénieur, brig., 2595, 2621.
Montlouis (Dufour de), régisseur g^{al} des hôpitaux de l'armée d'Allemagne, c^{on} XXXIII.
Montluc (Jean de), évêque de Valence, 3.
—— (De), 278.
—— (Mme de), abbesse d'Origny, 516.
—— (Officiers du rég^{t} de), 1945.
Montluçon (Échevins, bourgeois, etc., de). V. *Garreau*.
Montluel (Municipalité de), c^{on} LXV b.
Montluzin (De), 141.
Montmain (Henry-Franç. de Tenarre, m^{is} de), lieut^{t} g^{al}, 1856.
—— (Simon-Ant. de Tenarre, ch^{r} de), mar. c., 1888, 2622.
—— (Mme de), 2622.
Montmarquet (De), régisseur des vivres de l'île de Minorque, 3459.
Montmartel. V. *Paris*.

Montmartin (De), 30.
—— (Alleman de), lieut^{t} de roi en Dauphiné, 1702.
—— (Alleman de), évêque de Grenoble, 2138, 2398.
—— (Comte de), c^{on} XXXIII.
—— (Franç. de), lieut^{t} au rég^{t} du Roi-cav^{ie}, c^{on} LXXXVI.
Montmaur (Marquis de Bonne de), 3123, 3125.
Montméa (De), 994, 2131.
—— (De), cap^{ne} aux Volontaires de Flandre, 3469.
Montmédy (Échevins, etc., de), c^{on} LXV f. — Cf. *Gobert, Léonard, Marthe, Picard,* etc.
Montmège (Jean de Souillac, m^{is} de), lieut^{t}-g^{al}, 102.
—— (Marquis de), colonel, 1765.
Montmeirals (De), 2609.
Montmejan (Ch^{r} de), commandant un bataillon du rég^{t} de Noailles, puis major à Perpignan, 1484, 1706, 1862, 1887, 1984, 2130, 2370, 2406, 2408, 2558.
Montmélard (Curé de). V. *Besson.*
Montmesnil, subdélégué à Argentan, 2419.
Montmeyan, commd^{t} la place de Fréjus, 33.
Montmignon (De), 596.
Montmillan (De), major, puis lieut^{t} de roi de Sarrelouis, 1855, 1856, 2095, 2131, 2135, 2237, 2238, 2242, 2244, 2245, 2322, 2323, 2391, 2392, 2395, 2454, 2457, 2505.
Montmirail (Mis de), colonel du rég^{t} Royal-Roussillon, 3585.
Montmiral. V. *Montmeirals, Montmyral.*
—— premier consul à Orange, 2188.
Montmirel (Père et fils), contrôleur et commissaire de l'artillerie, 3546.
Montmirey (Ant.-Jos. de Florimond, sgr. de), gentilhomme franc-comtois, A. 90.
Montmorency (Henri II, duc de), mar. Fr., 13.
—— (De), 118, 133, 987, 1502.
—— (Eugène de —, prince de Robecque, m^{is} de Morbaque), c^{on} II.
—— (Abbé de), 1938.
Montmorency (Marc, ch^{r} de), lieut^{t}-g^{al}, 948, 987, 1946, 2021, 2023, 2140, 2144, 2243, 2323.
—— (De), mestre-de-camp à la suite du rég^{t} de Duras, 2139.
—— (Jos. Alexandre, dit le comte de), lieut^{t} des Chevaliers-gardes de l'électeur de Saxe, 2676, 2712.
—— (Mme de), 2948.
—— (Léon-Anne, baron de), lieut^{t}-g^{al}, 3047, 3277, 3726.
—— (De), 2206.
—— V. *Bours, Bouteville, Laval, Luxembourg, Olonne, Robecque, Tingry.*
—— **-Chateaubrun** (J. Nic., m^{is} de), mar. c., 1856, 1857, 2739.
—— **d'Estaires** (Anne-Auguste, comte d'Estaires, puis prince de Robecque), lieut^{t}-g^{al}, 1519, 2049, 2332, 2488, 2737. — Cf. *Robecque.*
—— **-La Neuville** (Franç., m^{is} de), c^{el} du rég^{t} de Bresse, 2137, 1452.
—— **-Laval** (Guy Claude-Rolland, comte de Laval, m^{al} de), mar. Fr., 2134–2136, 2139, 2143, 2386, 2387, 2739, 2785, 2786, 2936, 2954, 2955, 2983, 2988, 2990–2993, 3026, 3034, 3039, 3040, 3043, 3044, 3052–3054, 3073, 3094, 3100, 3101, 3167, 3182, 3206, 3285.
—— **-Laval** (Adélaïde de), c^{el} du rég^{t} des Chasseurs des Évêchés, c^{on} LXVI.
—— **-Logny** (Phil. Franç., ch^{r}, puis comte de), lieut^{t}-g^{al}, 2912, 3017, 3144, 3198.
—— **-Luxembourg** (Jos. Maur. Annibal de Montmorency-Luxembourg, m^{is} de Bréval, puis comte de), lieut^{t}-g^{al}, 3187, 3202, 3203, 3479, 3480, 3504, 3603, c^{on} LXXVI.
Montmorin (Armand de), archevêque de Vienne, 1526, 2269, 2346, 2411.
—— (J.-B.-Franç. de Saint-Hérem, m^{is} de), lieut^{t}-g^{al}, 2981, 3040, 3136, 3142, 3143, 3197–3200, 3202, 3204, 3207, 3209, 3275–3277, 3326, 3418.
—— (Comte de), colonel du rég^{t} de Flandre, c^{ons} LXVI, LXVII.
—— (Comte de), ambassadeur, puis ministre des Affaires étrangères,

3730, 3732, 3749, 3755, 3760, 3767, c^ons XLIX a, LIII–LV, LVII, LXII, LXIII, LXV, LXV a, LXV f, LXVI, LXIX–LXXVI.
Montmorin. V. *St-Hérem.*
Montmort (Pierre Le Maistre, s^r de), cap^ne au rég^t de Navailles, 102.
—— (Louis-Hubert de), évêque de Perpignan, 901.
—— (J.-L.-Hubert de), intendant des Galères, lieut^t de roi de Marseille, 1607, 1703, 1768, 1800, 1880, 1896, 2042, 2043, 2098, 2104.
—— cap^ne au rég^t de Bigorre, 1883. — Cf. le suivant.
—— (De), 2217.
—— (Franç. de Redmont de), lieut^t-g^al, 2912, 2913, 2916, 2918, 2921, 2944, 2945, 2952.
—— V. *Payen.*
—— **-Séguier** (De), commissaire des guerres, 106.
Montmouth (Duc de), 271, 275, 279, 313, 396, 397, 416, 440, 447, 448, 466, 467, 514, 535, 554, 567, 584, 595.
Montmouton-Béranger (Mis de), lieut^t de chevau-légers, 146.
Montmoyrac (De), cap^ne au rég^t de Normandie, 2723.
Montmyral, major du rég^t Dauphin, 1875.
Montnègre (Mis de), 2466.
Montoheu (De), major du rég^t des Galères, 1973.
Montois, entrepreneur de fournitures?, 2273, 2370, 2371, 2412, 2421.
Montolieu (De), 1898.
—— (Vialate de), cap^ne au château d'If, 2327.
—— (De), officier, 3331, 3360, 3361.
Montolyvet de Moyria (Mme de) 1857, 2133. — Cf. *Moyria.*
Montomer (De), cap^ne au rég^t de Beauvilliers, 3316.
Montonville (De), officier au rég^t de La Fère, 1879.
Montorcier (De), 118.
Montoron (De), cap^ne au rég^t de Bresse, 3094.
Montovilliers. V. *Belloy.*
Montpeiroux (De), cap^ne au rég^t de Brulart, 2219. — Cf. *Montperoux, Montpeyroux.*
Montpellier (Municipalité, clergé, etc., de), 197, c^ons XL, LXV f. — Cf. *Aigrefeuille, Cambacérès, Campan, Chapelon, Daure, Du Mayne, Durand, Joüenne, La Banquière, Sailly-Desmeures, Saulger, Trémolet, Vaquier.*
Montpensier (Marie-Anne-Louise d'Orléans, duchesse de —, dite « la Grande Mademoiselle »), 118, 134, 311.
—— (Louis de Bourbon, duc de), c^on I.
—— V. *Du Coudray.*
Montperoux (Mme de), abbesse de Port-Royal, 2412, 2413.
—— (De), diplomate, résident de France à Genève, 3070, 3505.
—— V. *Montpeiroux, Montpeyroux.*
Montpeyroux (Marc-Ant. de Grégoire des Gardies, v^te de), mar. c., 102. — Cf. le suivant.
—— (De), 271, 279, 280, 361.
—— (Léonor-Franç., m^is de), lieut^t-g^al, 1590, 1760, 1895, 2135, 2411.
—— (Comte de), cap^ne au rég^t Royal-Vaisseaux, 2736.
—— V. *Montpeiroux* et *Montperoux.*
Montpezat (Marguerite de), abbesse de Nonenque, 85.
—— (Louis de Tremolet de Robiac de), brig., 97. — Cf. le suivant.
—— (J.-Franç. de Tremolet de Bacelly, m^is de), lieut^t-g^al, 102, 106, 117, 119, 123, 151, 157, 158, 209, 210, 223–228, 238, 245, 259, 260, 275, 277–282, 310–313, 333, 396–400, 402, 420, 468.
—— (Henri de Trémolet, m^is de), mar. c., 1899, 1945.
Montpinot [*ou* **Montpinous?**] (De), enseigne du rég^t de Maubourg, 1943, 1944.
—— V. *Mopinot.*
Montplacé (Ch^r de), lieut^t d'artillerie, 1832.
—— (De), commissaire provincial d'artillerie, 2136.
Montplaisir (René de Bruc de), mar. c., 110, 137, 151, 396, 545.

Montplaisir (Bozé de), commissaire des guerres, 992.
Montplessis (De), 294, 295, 310, 311.
Montpouillan (Armand de Caumont-La Force, m^{is} de), lieut^t-g^{al}, 592.
—— (L. Guy-Sacriste de Tombebeuf, m^{is} de), mar. c., 3242, 3311, 3543, 3603.
Montqueron (De), gouverneur de la saline de Rosières en Lorraine, 2169.
Montréal (J. Poulaillon de), lieut^t au rég^t de Navarre, 123.
—— (De), 461.
—— (De), maire de Périgueux, 1903.
—— (Mis de), 1784.
Mont-Réal (Jean, comte de), lieut^t-g^{al}, 3721.
Montredon (De), cap^{ne} au rég^t de Languedoc, 2226.
—— (De), cap^{ne} au rég^t de Conti-inf^{rie}, 3715.
Montregard (Thiroux de), intendant de la Ferme générale des Postes, 3413.
Montrelet, 2243.
Montremy (De), 1690.
Montreuil (De), 106, 118, 157.
—— officier, 1836.
—— (De), major du rég^t de Lannoy, 1946.
—— (Pierre-André de Gobin, ch^r de), lieut^t-g^{al}, 3404, 3405, 3417, 3457, 3498, 3499, 3540, 3574, 3628, 3674.
—— **-Fourilles** (De), 182.
—— **-sur-Mer** (Échevins, clergé, etc., de), 2023. — Cf. *Baucourt, Du Muret, Dupuis, Duvernet, Fauchatre, Fusilier, Hurtevent, Lefebvre, Le Pottier, Lhomel, Millous, Raboüelle, Rossignol*, etc.
Montreux (De), échevin de Brest, c^{on} XL.
Montrevel (Ferdinand de La Baume, comte de), lieut^t-g^{al}, 97, 157, 158, 176, 362, 420.
—— (Nic. Aug. de La Baume, ch^r puis m^{is} de), mar. Fr., 608, 1210, 1254, 1255, 1260, 1305–1310, 1315, 1318, 1355, 1360, 1382, 1399–1403, 1422, 1424, 1491, 1495, 1496, 1502, 1549, 1552–1554, 1559–1561, 1571, 1575, 1576, 1583, 1702, 1707, 1708, 1792, 1796, 1798, 1799, 1895–1900, 1903, 1906, 1921, 1958, 1981, 1986, 1988, 2028, 2052, 2131, 2133, 2134, 2187, 2253, 2255, 2261, 2273, 2337, 2343, 2417, 2466, 3127, c^{ons} VII–IX.
Montrevel (Melchior-Esprit de La Baume, comte de), mar. c., 2028, 2131, 2242.
—— (Comtesse de), 2131, 2141.
—— (Fréd. Eug. de La Baume, comte de), brig., 2738–2740, 2742, 2782, 2783, 2823.
—— (Elisabeth-Charlotte de Beauvau, femme de Ch. Fréd. Ferd. de La Baume-Montrevel), 3060.
—— (Comte de), colonel du rég^t de Berry, 3642.
—— (Officiers du rég^t de), 1831.
Montrichar (De), juge à Suèvres (Loir-et-Cher), 2267.
Montrichard (De), 378.
Montrieux (De), cap^{ne} au rég^t de Maillé, 1831.
Montrille, 3707, 3753.
Montrivel (Fr. Jos.), correcteur du couvent des Minimes de Dôle, 1436.
Montroche, lieut^t en la maréchaussée de Beaujolais, 1902.
Montrond (De), cap^{ne} au rég^t d'Auxerrois, 1858, 2137, 2244.
—— (De), officier, 3256.
—— (De), officier, gentilhomme dauphinois, 3549.
Montrosier (Claude-Franç. d'Albois de), brig., 3127, 3185, 3255, 3263, 3338.
—— (De), 3720, c^{on} LXV a.
—— V. *Montrozier*.
Mo troux. V. *Monroux*.
Montroy. V. *Landais*.
Montrozard (De), 3518–3523, 3525, 3526, 3550, 3551, 3555–3558, 3560, 3562–3565, 3585, 3587–3592, 3606, 3607.
Montrozier (De), commissaire des guerres, 2876, 2877, 2945, 3046, 3109, 3124, 3278, 3604.
—— V. *Montrosier*.
Mont-Saint-Michel (Habitants du), c^{on} LXIX.

Monts. V. *Reynaud*.
Montsauge (Thiroux de), administrateur g^al des Postes, c^on XXXVII.
Montsaugeon (D'Agay de), lieut-c^el du rég^t de Guyenne, 3460, 3493.
Montsaulnin (Anne-Marie Colbert du Montal, m^ise de), 2130.
Montsoreau (Louis du Bouschet de Sourches, comte de), lieut^t-g^al, 1526.
Montsouberan (De), cap^ne au rég^t de Sourches, 1861.
Montuinet, 97.
Montverdun (Ch^r de), 1861. — Cf. *Fontenelle*.
Montvert (De) cap^ne au rég^t de Cambis, 3412.
—— (De), chargé d'affaires en Avignon, 3418.
Montviel (Jacques de Vassal, m^is de), lieut^t-g^al, 1400-1404, 1423, 1522, 1586, 1590-1592, 1600, 1601, 1644, 1649, 1651, 1654, 1736, 1760, 1778, 1783, 1785, 1835-1838, 1936-1940, 1944, 2018-2020, 2080, 2081, 2083, 2084, 2132, 2136, 2150-2153, 2159, 2160, 2214, 2217, 2219, 2222, 2224, 2300, 2303-2306, 2308, 2373-2376, 2380-2383, 2386, 2445, 2454, 2455, 2457, 2458, 2460, 2770.
—— (J. B. de Vassal, ch^r, puis comte de), mar. c., 1688, 1689, 1778, 1856, 1863-1865, 1867-1869, 1874, 1960, 1962, 1963, 1966, 2136, 2138, 2141, 2142, 2379, 2411, 2420, 2562.
—— (Sardiny de), lieut^t-c^el du rég^t de La Marine), 1862, 1866, 1960, 2044, 2132, 2135, 2411.
Monval, correspondant secret?, 3085, 3086, 3088.
Monvalat (De), lieut^t au rég^t de Saint-Vallier, 1841.
—— (Barrières de), lieut^t au rég^t de Robecque, 1841.
Monville (Milet de), 3065, 3127, 3180, 3232, 3235-3242, 3255, 3261, 3293, 3310, 3314, 3315, 3387, 3450, 3538, 3545, 3569, 3572, 3578, 3586, 3598, 3599, 3648, c^on XXX.
Monvoye, auteur de mémoires sur la fabrication des munitions, c^on LXII.
Mony (De), lieut^t au rég^t de Sourches, 278, 279.
—— (De), major de la place de Vieux-Brisach, 1849, 1858, 2142.
Moore major du rég^t de Clare, 3603-3605.
Mooreghem (Baron de), 668, 1401.
—— (Mlle de), 1941, 1943.
Mopinot (De), lieut^t-c^el du rég^t Dauphin-cav^ie, écrivain, 3625, 3629, 3720.
—— administrateur du district de Reims, c^on LXV b.
—— V. *Montpinot*.
Mora, major du rég^t de Beauvoisis, 1587.
Moraan (J. C.), cap^ne aide-major au rég^t Royal-Bavière, 2322.
Morache (De), 359.
Moracin (De), «premier citoyen de Pondichéry», c^on LXV e.
Moraigne (De), officier au rég^t de Courcillon, 1841.
Morainville (Ch^r de), 980.
—— (Comte de), 1847, 2032.
Morales (De), 1830.
—— (Don Julian Rubio de), ch^r d'Alcantara, 2038.
Morand, chirurgien juré de Saint-Cosme, chirurgien en chef de l'Hôtel des Invalides, 1702, 2138.
—— avocat à Briançon, 2102.
—— premier consul du Briançonnais, 2174.
—— procureur g^al de la Chambre des Comptes de Savoie, 2250.
—— membre du Directoire des Côtes-du-Nord, c^on LXVIII.
Moranges (De), c^re des guerres?, 982, 983.
Morangiès (Ch. de Molette, m^is de), brig., 1693, 1861.
—— (De), 2160.
—— (J. Fr. Ch. de Molette, m^is de), mar. c, 3295, 3311, 3404.
—— (Pierre de Molette, m^is de), 3473, 3585, 3605.
—— (Mis de), 39 s.-41 s. — Cf. les précédents.
Morangis (De), 133.
—— (Ant. Barillon, s^r de), intendant.

414, 416, 445, 452, 460, 461, 466, 469, 484, 515, 564.
Morangle (L. de Belloy, s^r de), lieut^t au rég^t de Persan, 131.
Moransol (De), lieut^t de roi de l'arsenal de Grenoble, 2045, 3138.
Morant (Thomas-Alexandre, m^is Du Mesnil-Garnier), intendant, puis premier président du Parlement de Toulouse, 484.
—— 795.
—— lieut^t-c^el du rég^t de Lassay, 1896.
—— 2131, 2133.
—— (Jacques), associé au bail des revenus de l'abbaye de Prémontré, 2135, 2137.
—— de l'Ile-Jourdain en Gascogne, 2136.
—— c^on II.
—— **-Des Cours**, trésorier à Thionville, 2095.
—— V. *Courseulle.*
Moranville (De), ex-cap^ne au rég^t de Languedoc, 2324.
Moranvillers, officier, 278.
Morard, échevin de Vendôme, c^on LV.
Morart, auteur d'un mémoire sur les milices, 2219.
Moras (D^lle Anne-Marie Peirenc de –, plus tard Mme de Beauchamp), 2877.
—— (De), directeur de la Compagnie des Indes, c^on XI. — Cf. le suivant.
—— (De), ministre de la Marine, 3409–3411, 3420, 3449–3451, 3452, 3455–3457, 3459–3465, 3467, 3468, 3492, 3495, 3498, 3500–3502, 3509, 3510, 3532, 3581, c^on XXVI.
Morati (Benoît), 564.
Morau (De), 2560.
Morawisky, général bavarois, 2920.
Moray (Robert), colonel d'un rég^t écossais, 102, 119.
—— cap^ne au rég^t de Hainaut, puis colonel à titre étranger, 2137, 2138.
Morayken (De), 1738, 1839.
—— (De), enseigne au rég^t de Greder-Allemand, 1946. — Cf. le suivant.
—— (De), 2299.
Morbac, 2243.
Morbach (De), conseiller à la Chambre des Finances de Mayence, 3165.
Morbaque. V. *Montmorency.*
Morbihan (Directoire, etc., du dép^t du), c^ons LXIV–LXV a, LXV c, LXV d, LXVI, LXVIII, LXX.
Mordalle, 3643.
Mordant, de l'Eure, c^ons XLVII, LXV.
Mordaunt, commissaire anglais en Allemagne, 3287.
—— V. *Peterborough.*
Moreau (Ant.), principal des collèges de Presles et de Beauvais à Paris, 142.
—— (Veuve), 146.
—— (Et.), év. d'Arras, 197.
—— (Mme), agent secret?, 1660.
—— commissaire des guerres, 1830, 2144.
—— 1831, 1833, 1966.
—— chanoine de la Sainte-Chapelle de Bourges, 2132.
—— (Ch.), entrepreneur de fortifications, 2136–2138.
—— abbé de Haute-Seille en Lorraine, 2137.
—— 2140, 2183, 2411.
—— trésorier de l'Hôtel des Invalides, 2338, 2343.
—— 3261.
—— officier de garde-côtes à Oléron, 3510.
—— maître des eaux et forêts (?) en Saintonge, c^on XXVI.
—— V. *Beaumont, Nassigny, Séchelles.*
—— **-Dacqueville**, maire de Villers-Cotterêts, c^on LXI.
Moreausard (De), 2214, 2220, 2224, 2274, 2377.
Moreaux, 313.
Morel, fermier des salines de Lorraine, 209.
—— prévôt, 260.
—— commissaire des guerres, 271, 282–284, 292, 293.
—— (Abbé), ambassadeur, 561, 664, 665, 671, 688.
—— ingénieur, 966, 967, 972, 993, 994.
—— commis des vivres, 981.
—— officier au rég^t d'Artois, 1660, 1830, 1831, 1834, 1839, 1983, 2132.
—— officier, 1943, 1944.

Morel, de Nieuport, 2086.
—— lieut[t] au rég[t] de Saintonge, 2395.
—— ingénieur, 2875, 2904, 3075.
—— lieut[t] aux Volontaires de Lancize, 3329.
—— 3387.
—— cap[ne] au rég[t] de Champagne, 3461.
—— maire de Calais, 3549.
—— (Dominique), membre de la Chambre de commerce de Dunkerque, 3623, 3673.
—— du Fort-Barraux, 3677.
—— officier, 3710.
—— V. *Gennes, Puttanges.*
—— **de Conflans**, ingénieur géographe, 3250, 3253, 3314, 3392.
Morency, donneur de nouvelles, 2251.
Moreno, major du rég[t] espagnol de Benavides, 1938.
Moret (Comte de), cap[ne] d'une compagnie de chevau-légers, 123.
—— cap[ne] aux Gardes françaises, 1900.
—— commis des Fermes, 2915, 2916, 2928.
—— officier au rég[t] de Roussillon-cav[ie], 3689.
Moreton (Pellet de), délégué de la noblesse de Saint-Paul-Trois-Châteaux, 2133.
—— V. *Chabrillan.*
Morett (Chev[r] de), officier détaché à l'armée russe, 3560, 3562, 3587–3592, 3607–3609, 3611, 3614, 3621.
Moreüil (De), cap[ne], puis lieut[t]-c[el] au rég[t] Dauphin-cav[ie], 2031, 2132, 2142, 2160, 2269, 2270, 2370, 2371, 2415.
Morfoüan-Picaud (De), 1609.
Morgan (De), cap[ne] au rég[t] Dauphin, 2250.
—— **de Hémon**, exempt, 2370.
—— **de Tuite** (Dame), anglaise habitante d'Abbeville, 3408.
Morge (Courbeau de), cap[ne] au rég[t] de Navarre, 1831.
Morges (Ch[r] de), lieut[t]-c[el] d'infanterie, 3695.
—— (Baillif de), en Suisse, V. *Herbort.*
Morhange (Élisabeth-Jeanne, princesse de), 2095, 2395.
Moria (De), lieut[t]-c[el] du rég[t] de Natte, 2038.
Morial, échevin de La Fère, 2142.
—— trésorier provincial de l'artillerie à La Fère, 3633, 3641, 3645, 3672, 3761.
Morice, commissaire des guerres, 261, 262, 265, 292–294, 310, 342, 343, 350, 351, 506, 512, 544, 565, 958, c[on] II.
Morienne, cap[ne] au rég[t] de Solre, 2344.
Morier, lieut[t] au rég[t] de Piémont, 1862.
Morière (De), 1831.
Mories, officier ou commissaire d'art[ie], c[on] XLIX a.
Morillo Castro (Don Juan de), lieut[t] d'art[ie] d'Espagne, cap[ne] des vaisseaux, 1982, 1983.
Morillon (De), 276, 279, 311, 340, 549, 945, 946.
Morin, vicaire de Saint-Siffret au diocèse d'Uzès, 2132.
—— major de la place de Phalsbourg, 2531.
—— major de la place de Montbéliard, 2739.
Morinot (Franç.), bourgeois de Strasbourg, 2030.
Morinval (De), lieut[t] au rég[t] de Tourotte, 2343.
Morinville (De), lieut[t], 2321.
Morisson, 276.
Morizot (De), officier au rég[t] d'Enghien, 3471.
Morlaix (Maires, etc., de). V. *David, La Touche.*
Morlan, cap[ne] au rég[t] de La Reine, puis dans celui de Beauce, 2138, 2244.
Morlat, avocat, auteur de mémoires sur les provinces, 2236, 2269.
—— commissaire des guerres, 3127, 3404, 3450, 3462, 3621.
—— V. *Piveron.*
Morlet, concierge des prisons de l'archevêché de Lyon, 2045.
—— 2732, 3469.
—— **-Malestray** (De), lieut[t] de roi ou command[t] à Auxonne, 2135.
Morlot, imprimeur, 117.

Mormès. V. *St-Hilaire*.
Mornac (Ch. Léon de Boscal de Réac, comte de), brig., 2135. 2136, 2253, 2255, 2328, 2329, 2332, 2370, 2371, 2404.
Mornas (Ch. de Siffredy de), lieut^t-g^al, 123, 146, 277, 280–282, 288, 290, 291, 311, 318–320, 324–329, 332, 334–336, 383, 409, 464, 510.
—— V. *Siffredy*.
Mornay (H. de), 151.
—— (Léonor de Mornay de Montchevreuil, comte de), lieut^t-g^al, 958.
—— (René, abbé de), ambassadeur en Portugal, 3390.
Mornayeux (De), cap^ne au rég^t d'Houdancourt, 102.
Morogues (Ch^r de), officier au rég^t de Piémont, 2136.
—— (De), colonel, 2244.
—— (De), auteur d'un mémoire sur la marine, 3623, 3628.
—— V. *Bigot*.
Morogurre (De), 2130.
Moron, 2421.
Morosini, ambassadeur de la république de Venise, 238.
Morouille (De), cap^ne au rég^t de Bayeux, 88.
Moroval. V. *Frémyn*.
Morquin (Franç. de), lieut^t d'une compagnie de 50 h. à cheval, c^on LXXXVI,
Morra (Francesco), 898.
Morrero (De), 420.
Morrès, cap^ne au rég^t de Bulkeley, 3152, 3154.
Morsant (Comte de), 3585.
Mortagne (Magistrats, etc., de). V. *Charpentier, Du Bouchet, Rives*, etc.
—— (Redoubté de), grand-maître des eaux et forêts des Vosges, 2863.
Mortagny (De), ex-colonel de hussards, A. 89.
Mortaigne (Jacques-André de Mortany de), lieut^t-g^al, 1284, 1357, 1750, 1895, 1945, 1946, 2131, 2132, 2137, 2138, 2142, 2159, 2219, 2221, 2268, 2300, 2301, 2311, 2812, 2371. — Cf. les suivants.
—— (De), 2448, A. 89, A. 90.
—— (Ernest-Louis de Mortany, comte de), lieut^t-g^al, 2687, 2766, 2801, 2904, 2912–2921, 2928, 2943–2945, 2948–2950, 2981–2983, 2999, 3001, 3002, 3007–3013, 3034, 3039, 3045, 3047, 3050–3054, 3056, 3068, 3072, 3075, 3095, 3096, 3108, 3110, 3111, 3141, 3142, 3149, 3175, 3179, 3180, 3223–3230, 3233, 3234, 3236-3238, 3244, 3245, 3291, 3294, 3295, 3329, 3396, 3426, 3467, 3468, 3474, 3476–3479, 3490, 3504, 3599, c^ons XVIII, XIX.
Mortaigne (Jacques André de), brig., 2700, 2701, 2784, 2788, 2793, 2795, 2796, 2863, 2936, 2991, 2993, 3045–3047. 3095, 3124, 3136–3138, 3201, 3277, 3392.
—— (Comte de), 36 s. 38 s., 53 s.
Mortain (Habitants de). V. *Desforges*.
Mortaing (Mathieu de), lieut^t au rég^t de Montmorin, 3539.
Mortany. V. *Mortagny, Mortaigne*.
Morteau (Clergé, magistrats, etc., de). V. *Mauvaizet*, etc.
Mortemard. V. *Boisse*.
Mortemart (Louis de Rochechouart, duc de), lieut^t-g^al, 1846, 1861, 2028, 2133, 2136, 2221, 2411.
—— (J.-B. Victor, m^is de Blainville, puis comte de Mortemart, puis duc de Rochechouart, puis duc de), brig., 2746, 2803, 2804, 2991, 3452, 3464, 3543, 3568, 3571, 3572. — Cf. le suivant.
—— (Duc de), 3740.
—— (Victurnin-Bonaventure-Victor de Rochechouart, m^is de), c^el du rég^t de Navarre, c^on LXV b.
Mortemer (De), mestre-de-camp, 1883, 1978.
Mortgat, 3483.
Mortier, député du Cambraisis, c^on LXV c.
Mortier. V. *Saint-Paul*.
—— (De), commd^t à Aire, 3392.
Mortières (De), lieut^t de roi à Saint Omer, 3501, c^on XXVI.
—— -**Courcy** (De), commd^t à Vilvoorde, 3326.
Mortillet, échevin de Romans, 3708.
Morton (Simon Camus de), brig., 486, 506.
—— officier au rég^t du Maine, c^on LXIV.
—— V. *Camus*.
Mortry. V, *Valicourt*.

Morvaux (De), gouverneur du château de Nantes, 439.
Morvillard (Noblat de), c^on XLIX a.
Morville (De), cap^ne au rég^t de Navarre, 2371, A. 90.
—— (Comte de), secrétaire d'État des Affaires étrangères, 2605, 2609, 2622, 2631, 2662, A. 77.
—— (Mme de, née de Vienne), 3060.
Morvilliers, commissaire des guerres, 1151, 1583, 1660, 1850, 2242, 2370, 3124, 3309.
Moscherosche de Wilsesheim, prêtre, 1849.
Moselle (Directoire du dép^t de la), c^ons LXIX–LXXI.
Mosli? (Comte de), officier au rég^t de Bentivoglio, 102.
Mosneron, commissaire des guerres, 116, 119, 137.
Mosnier, 279.
Mosqueron, maire de Salies-de-Béarn, 1985.
—— **-Duperrey**, échevin de Cherbourg, 3543.
Motais de Narbonne, 3765.
Motelet. V. *La Mothe.*
Mothes (De), officier au rég^t de Charolais, 1862.
Motheux (René de), commissaire des guerres, 2102.
Mothon (De), 2183.
Motinans (De), membre de la Chambre d'agriculture de Port-au-Prince, 3764.
Motte (Claude), architecte, 1971.
—— (A. et L.), échevins de Beauvais, 2135, 2136, 2272, 2414.
Mottet (De), colonel, 3232.
Mottier. V. *Vissac.*
Mouchan (J. de Castillon, comte de), brig., 1586, 1587, 1789, 1791, 1883–1888, 1977–1979, 2048–2050.
Mouchard, commissaire des guerres, 1338.
Moucheron, officier au rég^t de Beauvoisis, 2045.
Mouchet, lieut^t-c^el du rég^t de Bassigny, 1285.
Mouchot, commissaire des guerres, 110.
Mouchy (Armand de), évêque de Verdun, 362.
Mouchy, officier au rég^t de Bourbon, 1768.
—— (De), lieut^t-c^el du rég^t d'Anjou-cav^ie, 1968, 2135.
—— (Phil., comte de Noailles, puis duc de), mar. Fr., 2783, 2820, 2958, 2960, 2983, 3052, 3140, 3261, 3431, 3437, 3518–3520, 3694, 3702, 3726, 3751, 3753, c^on XLIX.
—— V. *Monchy, Noailles.*
—— **-La Motte** (De), ingénieur, lieut^t au rég^t de Du Soupas, 2243.
Moucy. V. *Moussy.*
Moufle, commis de M. de Montgelas, 2136.
Mougeins (De), cap^ne de compagnie franche à Marsal, 2138.
Mouget, 1287.
—— **de Skarcys**, 2269.
Mouhy (De), officier, 2135.
—— (Ch. de Fieux, ch^r de), romancier, 3396, 3575, 3625.
—— V. *Mouy.*
Moulceau, ingénieur, 3673, 3704.
Mouleins (J. de), cap^ne au rég^t de Piémont, 131.
Moulin-Neuf (De), 958, 1146.
—— (Ch^r de), cap^ne au rég^t de Dauphiné, 2139.
Moulineaux (De), gouverneur de l'île d'Oléron, 1898, 1901.
—— (Mme de), 2130.
—— V. *La Vogadre.*
Moulinier, officier au rég^t de Saint-Germain-Beaupré, 2132.
Moulins (Échevins, trésoriers, bourgeois, etc., de), 110, 116, 118, 158, c^on LXXI. — Cf. *Destureaux, Garnier, Garreau, Hambert, Pallu,* etc.
Moullard, 356.
—— (De), comm^dt le 2e bataillon du rég^t de Sillery, 1572, 1666, 1896.
—— (Franç.), apothicaire à Villefranche, 2399.
Moullevault (J. Guyon de), membre du Directoire du district de Blois, c^on LXV d.
Moult. V. *Ingouville.*
Moumers, échevin de Sedan, 2244.
Mouncashell (Lord), 1080, 1109. — Cf. *Montcassel.*

Mounes (De), officier au rég^t de La Reine-cav^{ie}, 2144.
Mounot, professeur à la Faculté de médecine de Besançon, A. 89. — Cf. *Monnot.*
Mourally, officier au rég^t de La Chau-Montauban, 2032.
Mouret de Chatillon, conseiller au Parlement de Besançon, 1660, 1669.
Mourgues (De), colonel ou lieut^t-c^{el}?, 92.
—— (De), cap^{ne} au rég^t de Quintin, 1906.
Mouron (Félix), entrepreneur de travaux à Calais et Saint-Omer, 3725.
Mouroux. V. *Monroux.*
Mourraille, officier municipal de Marseille, c^{on} LXV b.
Mousard (Marie), 1854.
Mouslier, résident de France en Suisse, 209, 210, 224–227, 229, 240, 244.
Moussac (De), cap^{ne} au rég^t de Guitaut, 1858.
Mousse, entrepreneur de fournitures d'étapes, 983.
Moussiau, officier de milices de Saint-Denis, 3577.
Moussu, contrôleur de l'hôpital de Namur, 1940, 2018, 2019, 2021–2023, 2142, 2145.
Moussy (De), lieut^t au rég^t de Picardie, 146.
—— (De), officier d'une compagnie d'invalides à Belle-Isle, 2138.
—— major de la place de Péronne, 3387.
—— V. *La Contour.*
—— (Comte de). V. *Lallier.*
Moustier (L. Claude-Ch. Félix de), cap^{ne} de cav^{ie}, lieut^t de maréchaussée à Gap, c^{on} LIV.
Moustiers (De), 240, 244, 245.
—— (L. Phil. Xavier, m^{is} de), mar. c., 3482, 3602.
—— (De), commissaire des guerres, 3583. — Cf. *Montier.*
—— (Comte de), ministre de France près l'Électeur de Trèves, 3743, 3759.
—— V. *Moutier.*
Moutier (De), lieut^t-c^{el} du rég^t de Matignon, 2245.
—— lieut^t-g^{al} du bailliage de Sézanne, 2345.
Moutier (De), lieut^t-c^{el} incorporé dans le rég^t Dauphin-étranger, 2505.
—— V. *Moustiers.*
Moûtiers en Tarentaise (Clergé, bourgeois, etc., de). V. *Bongain, Du Vergier,* etc.
Mouton, maire de Plomion, 2415.
—— bourgeois de Phalsbourg, c^{on} LV.
—— prévôt d'Ober-Otterbach, 2725.
Mouty (Mme Claire de), supérieure de N. D. de Perpignan, 356.
Mouvecourt, cap^{ne} au rég^t Dauphin, 1862.
Mouvet, 3086, c^{on} XVII.
Mouy (Mis de), 250.
—— (De), commis du Contrôle général des Finances, 1497, 1525, 1700.
—— V. *Mouhy, Moy.*
Mouzon (Baillis, échevins, etc., de), 1741, c^{on} LXIII. — Cf. *Aubry, Belval, Blondelle, Bonnet, Chaize, Gibbin, Jacquart, Vernesson,* etc.
Mouzoy (De), commd^t à Lippstadt, 3588.
Moÿ (Mis de), 116.
—— (Procope-Hyacinthe-Jos., prince de Ligne, m^{is} de), brig. de cav^{ie}, 821, 880, 967, 3779.
—— (De), consul de France à Livourne, 2575.
—— (Claude-Lamoral-Hyacinthe-Ferdinand, prince de Ligne, m^{is} de), 3257, 3259.
—— (Ch^s de), cap^{ne} de frégate, 3532.
Moy. V. *Riberpré.*
Moyancourt, officier au rég^t de Provence, 158. — Cf. *Moyencourt.*
Moydieu (De), procureur général au Parlement de Grenoble, 3396, 3406. — Cf. *Moidieu.*
Moyencourt (De), 1496. — Cf. *Moyancourt.*
Moyenneville (De), 419. 457.
—— (De), ingénieur, cap^{ne} au rég^t de Bourgogne, 1830, 1896, 1938, 2299, 2300, 2314.
Moynerie, commissaire des guerres, 97.
Moynier, lieut^t-c^{el} du rég^t de Limousin, 2134.
—— major du rég^t de Limousin, 3671.
—— c^{ons} LXV, LXV a, LXV c.
Moyria (De), 1785, 1861, 1862, 1865–1867.

Moyria (De), 3647, 3648.
—— (Baron de), cap^{ne} commd^{t} la compagnie de cadets-gentilhommes à l'École m^{re}, 3725.
—— (Dame de), A. 89, A. 90. — Cf. *Montolyvet.*
Mozac, aumônier de l'évêque d'Aréthuse, 2131.
Mozo (Augustin), gouverneur du fort Sainte-Isabelle du Passage, 1984, 2052.
Mueg, bourgmestre de Schelestadt, 2138.
Mugin, ingénieur de la Marine, 3419.
Mugriet. V. *Basquiat.*
Muguet, fournisseur (libraire?) de l'ordre du St-Esprit, A. 87, A. 88.
Muiron, 3185,
Muison (René Léguisier, s^{r} de), lieut^{t} au rég^{t} de Normandie, 92.
Mukel, 2092.
Mulheim, premier bourgmestre de Cologne, 3465.
Mulhenthal (Baron de), 2799, 2840.
Mulhouse (Magistrats de), 342,
Muller, 739.
—— (Melchior), 997.
—— (Ant.), bourgeois de Sierck, 1955.
—— (Franz-Karl), officier du génie allemand, 2162.
—— lieut^{t} au rég^{t} de Courten, 2343.
—— préteur royal de Colmar, 2733, 2739.
—— officier allemand, 3309, 3477, 3479.
Müller, secrétaire du canton de Glaris, 3258.
—— (De), alsacien, c^{ons} XLVII b. XLVIII.
Mullern (H.-G. de), chancelier de Suède, 2547,
Mullot. V. *La Motte.*
Mulot, prévôt des Gardes françaises, 2137, 2272.
Mun. V. *Meun.*
Munch (Chrétien de), 2951.
—— (Baron de), c^{on} XXXVI.
Münchhausen (De), 3069, 3071.
—— (Otto de), député des États du duché de Calemberg, 3464.
Muniaïm (Gregorio de), secrétaire d'État de l'infant don Philippe, 3015, 3060, 3061, 3065, 3120, 3174, 3234, 3235, 3303, 3329.
Munier, officier de milice, 2709.
Munnich (Bouchard-Christophe de), feld-maréchal, 2746, 2892.
Munster (Év. de), 275, 278–281. — Cf. *Galen.*
—— (Secrétaire de l'évêque de). V. *Wintgens.*
—— en H^{te}-Alsace (Abbé de), 343, 559, 566. — Cf. *Rutant*, etc.
—— **-Bilsen** (Princesse de), 1557.
Muraire, subdélégué à Grasse, faisant fonction de commissaire des guerres, 3180, 3242, 3259, 3261, 3262, c^{on} XIX.
Muralt (De), lieut^{t}-c^{el} du rég^{t} de Lochman, 3605.
Murard (Ch^{r} de), commissaire des guerres, 2810, 2813, 2846, 3173, 3175, 3177, 3184, 3186, 3227, 3255, 3260, 3307, 3309, 3311, 3313, 3329.
Murasson, 1857.
Murat, 259.
—— commissaire des guerres, 612.
—— intendant en Piémont, 776.
—— (De), colonel, 1800, 1847, 1857, 1858, 2031, 2032, 2135.
—— (Jean de), commissaire des guerres, 2169.
—— lieut^{t} au rég^{t} de Toulouse, 2244.
—— (François et Jean), négociants à Marseille, 2251.
—— capitaine de vaisseau, c^{on} LXXII.
—— V. *Villeneufve.*
Muratel (De), lieut^{t}-c^{el} du rég^{t} Royal-dragons, c^{on} LXX.
Murati, corse, 2885.
—— (Tiburzio), corse, 3362.
Muratori (L.-Ant.), érudit italien, 1773, 1871.
—— (De), ministre du duc de Modène, résident à Nice, 3312.
Muray (De), 277.
Murbach (Prince de), doyen du chapitre de Strasbourg, 1067, 1501.
Murbelli (Stefano), cap^{ne} au rég^{t} de Rivara, 123.
Murçay (Phil. de Valois de Villette, m^{is} de), lieut^{t}-g^{al}, 1585, 1586, 1590–1592, 1683–1685, 1687, 1693, 1781–1783, 1785, 1861,

1862, 1864-1869, 1872, 1960, 1961, 1963, 1966.
Murçay (Mme de), 2131.
Mureau. V. *Milet*.
Mureaux (De), capne au régt de Navailles, 131.
Muret (De), 409.
—— (Jérôme-Franç. L'Écuyer, comte de), lieut-gal, 1484, 1587, 1599, 1600, 1691, 1700, 1775, 1862, 1865-1869, 1877, 1962, 1963, 1966-1968, 2038-2041, 2054, 2098-2101, 2131, 2132, 2140, 2143, 2170, 2175, 2251. 2328-2332, 2370, 2404, 2408, 2466, 2468, 2488, 2506.
—— auteur de l'*Athéisme combattu*, 1607.
—— (Mis de), capne au régt Royal-cavie, 3123.
—— (De), commdt des Volontaires de ce nom, 3513, 3517, 3525, 3526, 3550-3554, 3556, 3562, 3564, 3565, 3572, 3573, 3579, 3584, 3592, 3608, 3609.
Murinais (De), 117, 134.
—— (Chr de), consul de Chabeuil (Drôme), con XIX.
—— capne au régt de Dauphiné, 2044, 2272.
—— (Ant.-Victor-Aug. Auberjon, comte de), mar. c., con LXXIV.
—— V. *Auberjon*.
Murphy (Richard), officier au régt de Lally, 3605.
Murquiz (De), ministre espagnol, 3635.
Murray, 277.
—— (Robert), major gal, cel d'un régt écossais au service de Hollande, 2022.
—— (J. A.), général anglais, gouverneur de Québec, 3540, 3574.
Murs (De), 141, 597.
Mursay. V. *Murcay*, *Villette*.
Mus (De), 616, 1836.
—— (De), ingénieur, brig., 2224, 2266, 2273, 2341, 2415, con XII.
Muskrey, colonel d'un régt irlandais, 110, 119, 158.
Musnier (Cl., sr de Byssetz), lieutt au régt de Picardie, 146.
—— **de Mauroy**, correcteur en la Chambre des Comptes, 2130.
Mussard (Pierre —, sr d'Armonville), lieutt au régt de Vaubecourt, 96.
Mussel (De), major du régt de Melun-cavie, 1862, 2145, 2386.
Musset. V. *Bonnaventure*.
Mussey (Jean), curé de Longwy, puis d'Arrancy, 1954, 2033, 2396.
—— neveu du précédent, 2138.
—— (De), capne au régt de Raigecourt, 2370.
Mussy (De), président de la Cour des Aides de Vienne en Dauphiné, 117.
Mustel (De), major de la place de Belle-Isle, 3430, 3432, 3433, 3436, 3438, 3444, 3570, 3573.
Mustellier, habitant de Valenciennes, 3199.
Musy (Franç, de), capne au régt d'Auvergne, 151.
Mutelle, 1800.
Mutigney. V. *Agay*.
Mutinot, maire de Boulogne-sur-Mer, 3184.
Muyn. V. *Vrevins*.
Myette, 2132.
Mygenne. V. *Migenne*.
Mylius, bourgmestre de Cologne, 3474, 3502, 3508. — Cf. *Melius*.
Myine (John), gouverneur de Guernesey, 3420.
Myon (D'Agay de), major du régt de Blaisois, puis commdt au Fort Griffon, auteur de mémoires, 3263, 3642.
—— (Chr de), con LXXVI.

N

Nacquard, 3687.
Nadaillac (De), major du régt de La Grise, puis lieutt-cel de celui de Boufflers, 1644, 1944, 1946,
Nadal, de Strasbourg, cons LXVIII-LXXI.
Nadasdy (Franç.-Léop., comte), général autrichien, 3228, 3229, 3252 3253, 3263, 3202.

Nadasti. V. *Nádasdy.*
Nagel (De), lieut^{t}-g^{al} des troupes munstériennes, 3584.
Nagis, cap^{ne}, 3206.
Nagle, cap^{ne} au rég^{t} de Galmoy, 1861.
Nainville (De), commissaire des guerres, 214, 2415.
—— V. Poulletier.
Nairac (Pierre-Paul), député de Bordeaux, c^{on} LXVI.
Nairne, officier au rég^{t} Royal-Écossais, 3154, 3408.
Naiz (De), cap^{ne} au rég^{t} de Saint-Geniez, 358.
Najac (De), 3140, 3144, c^{on} LXXV.
—— (Ch^{r} de), officier au rég^{t} d'Agénois, 3727.
Najejouls. V. *Montalembert.*
Nallot, commissaire des guerres, 97, 98, 264, 360, 361.
—— **d'Aubray** (Mme), 361.
Nalval (De), 98.
Namps. V. *Monchy.*
Nampsaumont (De), cadet-gentilhomme au rég^{t} de Flandre, c^{on} LXV.
Namur (Municipalité, députés, clergé, etc., de), 1056, 1150, 3198. — Cf. *Berlo, Fourmestraulx, Gibout, Labauve, Massar, Moussu, Petit, Pinpurniaux, Van der Perre, Wiheries,* etc.
Namuroy, maire de St-Quentin, c^{on} LXII.
Nance (De), 1856.
Nancé. V. *Creil.*
Nancel, major du rég^{t} de Villars-Chandieu, 2144.
Nanclas (Isaac Lainé de), lieut^{t}-g^{al}, 894, 902, 903, 961, 962, 1066, 1080–1082, 1337, 1338, 1418, 1423, 1522, 1524, 1526, 1602, 1604, 1612, 1706.
—— (Mme de), 1895.
—— (Ch^{r} de), officier, 3197, 3418, 3483, 3602.
Nancré (Claude-Ant. de Dreux, comte de), lieut^{t}-g^{al}, 241, 243, 244, 259, 260, 271, 275–278, 280, 281, 284, 285, 310–313, 318, 324, 328, 330–335, 386, 390, 392, 396, 397, 399–402, 436, 439, 441, 445, 446, 447, 453, 466, 484, 486, 488–492, 497–506, 537, 543–545, 548–554, 584, 594–598, 600–602, 604, 605, 629, 672.
Nancré (L.-Jacques-Aimé-Théodore de Dreux, dit le m^{is} de), cap^{ne} des Cent Suisses du duc d'Orléans, 1967, 2273.
—— (Mme de), 2137.
—— (Ch^{r} de), lieut^{t} au rég^{t} de Coulanges, 2271.
—— (De), lieut^{t}-c^{el} du rég^{t} de Villequier, 2299.
—— (Comte de), 1611.
—— (De), c^{on} VII. — Cf. les précédents.
Nancy (Municipalité, etc., de), c^{on} LX. — Cf. *Arnaud, Du Rouvrois, Fissières, Gautier, La Barre, Petit, Poincaré, Rennel, Vautrin, Venturier,* etc.
Nangis (Nic. de Brichanteau, m^{is} de), mar.-c., 92.
—— (L. Fauste de Brichanteau, m^{is} de), brig., 887, 891, 966, 967, 970, 980, 989.
—— (L. Armand de Brichanteau, m^{is} de), mar. Fr., 1582, 2299, 2301, 2308, 2344, 2457, 2458, 2460, 2731, 2733–2735, 2739, 2770, 2789, 2791.
Nano (Pietro), syndic de Pignerol, 119.
Nanse, cap^{ne} aux Volontaires d'Alsace, 3505.
Nantel, cap^{ne} au rég^{t} d'Orléanais, puis dans celui de Tallart, 2270, 2412.
Nantes (Municipalité, clergé, etc., de), c^{ons} XXXI, LIV, LXI, LXII. — Cf. *Beauvau, Droüet, Duchemin, Du Saz, Goyon, Kervegan, La Blottière, Lejeune, Lemame, La Vallière, Marot, Mellier, Molac, Morvaux, Poitou,* etc.
—— (De), consul de Vienne en Dauphiné, c^{on} XIV.
Nanteuil (Comte de). V. *Estrées (Jean).*
—— (De), intendant, c^{ons} LX, LXII–LXV, LXVII.
Nanthiat (Ch^{r} de), 987.
—— (De Joubert de), cap^{ne} au rég^{t} de Châtillon, 1792.

Nanthiat (De), officier de dragons, 3484, 3485, 3524, 3556, 3559, 3560, c^on XXI.
Nantilloy. V. *Paviot*.
Nantouillet (De), cap^ne de chevau-légers au rég^t de La Reine, 146.
—— (Comte de), c^ons LXII, LXIV, LXV b.
Nantua (Municipalité de), c^on LXII.
Narbonne (Municipalité, clergé, etc., de), c^on LXX. — Cf. *Rebé, Crillon, Dillon, Foucquet, La Berchère*.
—— (Jacques, m^is de), lieut^t-g^al, 1338, 1519, 1524, 1766–1768, 1861, 1873, 1895, 1898–1900.
—— (De), lieut^t-c^el du rég^t de Mirabeau, 1862, 1866.
—— entrepreneur de fournitures de pain à Moulins, 2265.
—— 3311.
—— -**Lara** (J.-Franç., comte de), mar. c., 3460, 3545, 3569.
—— -**Pelet** (L. Henry, m^is de), lieut^t-g^al, 2940, 2983, 3047, 3095, 3140, 3418, 3449, 3450, 3452, 3459, 3464, 3465, 3468, 3492, 3493, 3500–3502, 3506, 3510, 3542, 3544, 3568–3572, 3574, 3577–3579, 3598, 3600, 3621, c^on XXVI. — Cf. les suivants.
——-—— (Comte de), 3582, 3583, 3647, 3648, 3665, c^on LIII.
—— -**Fritzhal** (Comte de), c^on LIII. V. le précédent.
—— -**Pelet** (Franç.-Raymond, vicomte de), lieut^t-g^al, 2991, 2993, 3085, 3149, 3410, 3418, 3463, 3501, 3502, 3583, c^on LXXVI.
—— (L. Marie-Jacques-Amalric, comte de), mar. c., ministre de la Guerre, c^ons LXIV, LXIX.
——. V. *Motais*.
Narcé (De), cap^ne au rég^t de Cambis, 3419.
Narcy (De), officier au rég^t de Rouvray, 1572.
—— V. *St Vincent*.
Nardes (Ch^r de —, abbé de Préaux), 539.
Nardin, menuisier du château de Versailles, 2030.
Nargonne (Jules de —, s^r de Bergère-sous-Montmirail), cap^ne au rég^t de Champagne, mestre-de-camp du rég^t de La Reine, 88, 123, 143.
Nargullet (De), procureur au présidial de Meaux, 358.
Nassau. V. *Guillaume III*.
—— (Comte de), 454, 486, 593. — Cf. le suivant.
—— (Prince Maurice de), commd l'armée des Pays-Bas, 198, 325, 347, 446, 455.
—— (Princesse de Ligne de), 958.
—— (Princesse douairière de), 1741, 1855.
—— (Louis, Comte de), colonel du rég^t Royal-Allemand, 982, 1158, 1159, 1206, 1573, 1660, 1670, 1750, 1760, 1848, 1856–1858, 1935, 1943, 1951, 1952, 2034, 2035, 2095, 2130, 2133, 2139, 2143, 2236, 2237, 2242, 2244, 2321, 2392, 2393, 2395.
—— (François, prince de), 1851, 2021, 2219.
—— (Anne-Albertine, princesse de), chanoinesse à Maubeuge, 1644.
—— (Ch^r de), cap^ne au rég^t de Solre, 1963.
—— (Prince de), 2902, 3391. — Cf. le suivant.
—— (Guillaume, prince de), 2825.
—— (W. M., comte de), c^on LXXXVI.
—— (Comte de), général hollandais, 3031, 3032, 3308.
—— (Prince Emmanuel de), 2740. — V. *Owerkerque*.
—— -**Ottweiler** (Comte de), 968, 1574, 2771.
—— -**Sarrebruck** (Jean, comte de), 98, 110.
——-—— (Walrad, prince de), maréchal-général des États-Généraux, 1143, 1552.
——-—— (Éléonore-Claire, Ctesse de), 983.
——-—— (Princesse régente de), 2664, 2727, 2805, 2825.
——-—— (Guill. Henri, prince de), 2891, 2969, 2990, 3007, 3026, 3039, 3043, 3101, 3156–3158, 3161, 3200, 3215, 3217, 3218. 3335, 3391, 3395, 3418, 3429, 3465, 3476, 3500, 3588. 3604, 3719, 3758, 3766.

Nassau-Siegen (Guill.-Hyacinthe, prince de), 1575.
—— - —— (Prince de), 3715, 3741.
——**-Usingen** (Prince de), 3508. — Cf. le suivant.
—— - —— (Adolphe, prince de), 3631.
——**-Weilburg** (Henri, comte de), 1410, 1760, 1761.
—— - —— (Charles, prince), 3391.
Nassigny (Pierre-Jacques Moreau de), président de la 1re chambre des requêtes, 3032.
Nassivet, 3547.
Nastre, commdt au fort Griffon, à Besançon, 1856.
Natalis, major d'un régt, 2053.
Nativelle, fermier des prisons de Dinan, 2145.
Nau, entrepreneur de fournitures, 2143, 2269, 3257.
—— capne au régt de Guyenne, 3417.
Naudenot (J. C.), 2144.
Naudin, ingénieur-géographe, 1836, 2022, 2137, 2305, 2381-2384, 2386, 2455, 2459, 3073.
—— (Jean), maire de Longwy, 2095.
—— 3183.
—— V. *Chambardière.*
Naumbourg, prévôt de Herrlisheim, 2027.
Naurois (L. Jacobé de), 1897.
Nauroy (De), capne au régt de Francheville, 1897.
—— V. *Desbois.*
Nauthon, 2130.
Nauvallet, commissaire des guerres, 416.
Nava (Comte de), lieut-gal autrichien commdt à Mons, 3137, con XVII.
Navadijos (Don Thomas de), capne au régt espagnol de Benavides, 1951.
Navailles (Comtesse de), 141, 157, 158.
—— (De), 88, 102, 106, 110, 123, 131, 141, 146, 157, 158, 238, 271, 324, 326, 327, 329, 330, 331, 342, 359-362, 378, 383-386, 398, 399, 416, 417, 484, 486-497, 506, 511, 512, 514, 535-540, 563, 565, 584-588, 592, 594, 611-614, 616, 628, 633, 667, 672, 2053, con II.
Navailles (de), capne au régt de Piémont, 264.
—— (De), syndic général de Béarn, 1900, 2181, 2257.
—— (J. de), commissaire aux revues, con LXXXVI.
——**-Blachon** (De), ancien officier, 2408.
—— (Ctesse de), 141.
——**-Puntoux** (H. de Montaut Navailles-St Geniès, baron, puis mis de), lieut-gal, 102, 123.
——**-Saint-Geniès** (De), 158. — Cf. *Geniès.*
Navarre (De), 280, 289.
—— (Syndics des États de), 2052.
—— (Officiers du régt de), 158, 1949.
Navarrenx (Maires, bourgeois, etc., de), con LIV. V. *Betouzet, Dabbadie, Ducamps, Floret, Laferrère, Molier, Larugnon*, etc.
Navarret, capne de cie franche, 958.
Navarrete (Don Pedro Fernando), capne général du Guipuscoa, 2177, 2253, 2255, 2273.
Navel (Baptiste), officier municipal d'Amiens, con LXI c.
Naves (Balthasar de Villette de), lieut-gal, 870, 891, 944, 956, 1048, 1049, 1074, 1146, 1147, 1205, 1318, 1574, 1672.
—— (Mme de), 1854, 1855.
—— (Bouvard de), 1858.
Navillet (De), ancien officier, 2143.
Nayrod (Jean), fermier de la paroisse de Beaufort en Savoie, 2173.
Necker (Jacques), directeur général des Finances, 3703, 3708, 3709, 3714, 3717, 3719, 3733, 3753, cons XLVII, LIII-LV, LVII, LX-LXII, LXV.
Nedonchel, con LIV.
Neef, procureur général du Conseil supérieur d'Alsace, 2370, 2371. 2392-2394.
Néelle. V. *Nelle* et *Nesle.*
Negander, commissaire des troupes du prince Eugène de Savoie, 2035.
Nègre. V. *Lestrade.*
Negry (De), officier du service d'Espagne, 2273, 2347, 2370.

Negry (Mme de), 2370.
Neipperg (Reinhard, baron, puis comte de), général allemand, 2664, 2677, 2712, 2726, 2768, 2771, 2860, 3046, 3051, 3052, 3054, 3068, 3070, 3071, 3075, 3126, 3158, 3159, 3165-3167, 3203, 3204, 3206, 3213, 3215, 3216, 3275, 3278, 3312, 3391, 3392, 3395, 3396, 53 s. c^{ons} XI, XVI.
—— (La Maréchale de), 3406.
Neiret, commissaire des guerres, 2137.
Nelaton, chirurgien-major, 2242.
Nelle (Comte de), officier, 1830. 2130, 2133, 2134. — Cf. *Nesle*.
—— (De), secrétaire du comte de Ségur, 2913, 2919.
Nemery (P.), ancien partisan de la garnison de Sarrelouis, 2243.
Nemours (Lieut^t de roi, maires, etc., de), c^{ons} LXV, LXV a, LXIX, V. *Bertrand, Fleurand, Guillot, Rumon*, etc.
—— (Jeanne et Marie-Françoise-Élisabeth de Savoie, duchesses de), 197.
Nepita (W. von), colonel du service de Saxe-Gotha, 3438.
Nepveu, 597.
Nérac (Municipalité, etc., de), c^{on} LXVII. — Cf. *Duquesne*.
Nerbecourt (Dame de Catrix de), 2228.
Nérestang (De), officier au rég^t Dauphin-dragons, 1862.
Nerli, cardinal, 299, 354, 355.
Nerot, exempt, 1549, 1604, 1644, 1648, 2132, 2134.
Nervault, cap^{ne} de Bombardiers, 1466, 1898.
Nesle, en Picardie (Municipalité de), c^{ons} LXV a, LXIX.
—— (Georges de Laval, baron de), cap^{ne} au rég^t de Champagne, 88.
—— (Mis de), 68.
—— (Comte de), colonel du rég^t de Furstenberg, 1204, 2132.
—— (Ch^r de), officier, 1306, 1555, 1952, 2094, 2134.
—— (De), lieut^t-c^{el}, cap^{ne} g^{al} des gardes-côtes de l'île de Ré, 3464.
—— V. *Nelle, Mailly*.
Nesme, commis de la Chancellerie des ordres du roi, A. 88.
Nesmond (Henri de), archevêque d'Albi, 1841.
—— (La présidente de), 2130.
—— (François II de), évêque de Bayeux, 2135, 2137, 2143.
Nesmond (Ch^r de), chef d'escadre, 3263.
—— — Cf. *Mesmond*.
Nethen en Brabant (Religieux Carmes de), 2085.
Nettancourt (De), 131.
—— (Mis de), 1501.
—— (De), cap^{ne} au rég^t de Du Guast-Belle-Affaire, 1855.
—— (Comtesse de), 1953, 2035.
Nettancourt-Villers (Claude de), c^{el} du rég^t de Dauphiné, 92.
Neubeck, subdélégué à Wissembourg, c^{on} XLIV.
Neubourg (Guillaume, duc de —, comte palatin), 276-279, 282, 467, 566, 567, 629. — Cf. *Palatin* (Comte).
—— (Marie-Anne de), reine d'Espagne, 1598, 2468, 2563.
—— (Abbé de), député de la commission prov. d'Alsace, c^{ons} LX, LXI, LXV.
Neuchèze (Commandeur de), officier de marine, 137.
Neuf-Brisach (Municipalité de), c^{on} LXVa.
Neufchastel (De), lieut-c^{el} du rég^t d'Estaniol, 2140.
Neufchâtel (Municipalité etc., de). 2036, c^{on} LX. V. *Coquet, Blocquet*, etc.
—— (Mme de), 2320.
—— (De), cap^{ne} au rég^t de Berry, 3030.
Neuflize (De), major du rég^t de Navarre, 2142.
Neufont (De), cap^{ne} au rég^t d'Egmont, 1700.
Neufvic, cap^{ne} au rég^t de Poitou, 1892.
Neufville (Camille de), abbé d'Ainay, lieut^t-g^{al} au gouvernement de Lyon, archevêque de Lyon. V. *Villeroy*.
—— (De), 311.
—— (Ch^r de), cap^{ne} au rég^t de Zurlauben, 958. — Cf. le suivant.
—— (Ch^r de), lieut^t-c^{el} d'infanterie, 1550.

Neufville (Les frères de), banquiers à Amsterdam, c^on XXXVI.
—— (De), curé à Saint-Omer, 1840.
—— V. *Neuville, Villeroy.*
Neuhaess (Comte de), 3259.
Neuhoff (Baron de), commandant allemand à Rhinfeld, 2238.
—— (Théodore de), roi de Corse, 2872, 2886, 2888, 3305, 3389.
—— (C. G. F. de), neveu du précédent, 2900.
Neuillan (De), 158.
Neüilly (Comte de), ministre plénipotentiaire à Gênes, 3389, 3415, 3416, 3454, 3455, 3539.
Neukirch (Jean-Gottlieb), imprimeur à Colmar, 2863.
Neunheuser, major du rég^t de Montfort (service d'Espagne), puis lieut^t-c^el de celui de Billand, 1851, 2034.
Neurisse, officier d'artillerie, 3581.
Neuvefont (Louis de Tritis de), cap^ne au rég^t de Gâtinais, 2102.
Neuvermeil (De), c^on VII.
Neuvied (Comte de). V. *Wied* et *Neuwied.*
Neuville. V. *Neufville.*
—— 1550.
—— (De), cap^ne au rég^t de Tournaisis, 2140, 2145.
—— (De), cap^ne au rég^t de Solre, 2370, 2371.
—— (De), 3124, 3125.
—— (Le P. de), jésuite, 3396.
Neuvry (De), cap^ne au rég^t de Guyenne, 1856, 1945.
Neuwied (Comte de), 3407, 3502, 3508. — Cf. *Wied.*
Nevache, cap^ne au rég^t d'Auxerrois, 1830, 1935, 2137.
Nevelstein (De), lieutenant-gouverneur de Namur, 1566.
Nevers (Échevins, habitants, etc., de), 110, 116. — Cf. *Du Ris, Paicheveau, Landelle.*
—— (Duchesse de), 2142.
—— (Duc de), 3316, A. 87, A. 88.
Neveu, professeur de droit à l'Université de Besançon, intendant du prince de Montbéliard, 1661, 1850, 1855, 1858, 1900.
—— cap^ne au rég^t de Turbilly, 1830.
—— correspondant secret à Huningue, 157, 3167, 3215.
Nevières (De), 1099.
Nevil, 3760.
Néville (De), directeur de la Librairie, 3710, 3720, 3724, 3740, 3741, 3763, c^ons XLIX, XLIX a, L, L b.
Neville (De), ministre anglais, 3623.
Newcastle (Duc de), 3027, 3086, 3096, 3098, 3126, 3154, 3183, 3187, 3256, 3275, 3294.
Newill (Clément), officier anglais, 2404, 2417.
Neyrac Du Pouget, c^t à Beaumont (Hainaut) puis à Bouillon, 945, 946, 956, 1053, 1318, 1337, 1608.
Neyret. V. *La Ravoye.*
Neyssen (Marie-Catherine de), A. 89.
Nezel (De), major, puis lieut^t-c^el du rég^t de Boufflers-Remiencourt, 1831, 2021, 2134, 2135, 2140.
Nezot, dessinateur, 2678, 3314.
Nibouvilles (Louis-Phil. de), entrepreneur de fournitures de fourrages, 1854.
Nicaise, maire de Vouziers, c^on LXIII.
Nice (Consuls, clergé, magistrats, etc., de), 1094, 1274, 1973, 1974, 2039, 2043, 2045. — Cf. *Alziani, Arbaud, Athenous, Avenas, Barelli, Blanchi, Bonavia, Bourbon, Bruce, Capello, Cognet, Constantin, Des Ferres, Didier, Figuière, Galéa, Galléan, Galli, Gastieri, Gourdon, Gubernatis, Isnard, La Jutais, Masin, Paulian, Pellegrin, Pelletier, Peyrani, Peyre, Provand, Raibaud, Raimbert, Rainault, Rasin, Raybaud, Regnault, Revel, Rossignol, Sabatier, Ste Anne, Ste Colombe, St Père, Sauvaigne, Tonduti, Torriny,* etc.
Niceville de Villers, lieut^t au rég^t de Turin, 35 s.
Nicolaï. V. *Nicolay.*
Nicolas, médecin, 3262.
—— (F.), membre du Conseil supérieur de l'Inde, 3541.
Nicolas de Villefranche (Frère), capucin, 1754.
Nicolaut, receveur à Lyon, 3174.
Nicolay, (Ant. de), premier président de la Chambre des Comptes, 117.
—— (Ant.-Chretien, ch^r de), mar. Fr., 2940, 2989, 3159, 3216, 3436, 3437, 3461, 40 s., c^on XXXIX.

Nicolay (Abbé de), 3309.
—— (Comte de), 3677, 3682, 3685, 3687, 3693, 3694, 3741, c^ons^ LX, LXI.
Nicolet, 360.
Nicoletat (De), officier au rég^t^ de Flavacourt, 2370.
Nicolin, échevin de Chaumont-en-Bassigny, 2183.
Nicolle. bourgeois d'Isigny, 2138.
Nicquet, 360. — Cf. *Niquet*.
Niel, habitant de Saint-Paul-Trois-Châteaux, 2174.
—— V. *Desmanne*.
—— (De), officier aux Chasseurs de Champagne, c^on^ LXV f.
Nielle. V. *Corswaren, Cooz, Nille*.
Nielly (De), lieut^t^ au rég^t^ de Ponthieu, 1672.
Niesen (J. Ant.), 343.
Nietmann, cornette des dragons du rég^t^ de Harenberg (service de Hollande), 1855, 1856.
Nieüil (De), c^on^ LXV c.
Nieul (Comte de), mestre-de-camp du rég^t^ de Foix, 3727.
Nieulon, consul de France à Majorque, 3413, 3449.
Nieupoort (G.), hollandais, 1839, 1935.
Nieuport (Gouverneurs, échevins, etc., de), 555. — Cf. *Gibson, Penalosa*.
Nièvre (Directoire, députés, etc., du dép^t^ de la), c^ons^ LXV a, LXV d, LXX.
Nihell, agent d'affaires de la reine d'Angleterre (veuve de Jacques II), 2140, 2144, 2344.
Nille (Ignace, comte de), mar. c., 1943-1945, 2140-2142, 2221, 2224, 2301, 2370, 2372, 2373. — Cf. *Corswaren* et *Looz*.
Nimègue (Les plénipotentiaires français à), 496, 536, 538, 587, 588, 592-594, 599-601, 603, 604, 615, 628, 630, 631. — Cf. *Avaux, Colbert de Croissy, Estrades* (mar^al^), *Descarrières*.
—— (Bourgmestres de), 333.
Nîmes (Consuls, magistrats, etc., de), 118, c^ons^ LIII, LXV. — Cf. *Montfrin, Pagès, Montclus, La Combe*.
Nimitz. V. *Nismitz*.
Ninnin, 41 s., 44 s., 54 s.
Niolat, contrôleur de l'Hôtel des Invalides, 2133, 2137.
Niort (Maires, etc. de), c^on^ LXVe. — Cf. *Bidault, Pierre-Levée, Rouget, Daniel*, etc.
Niquet, 568. — Cf. *Nicquet*.
—— ingénieur, 1093, 1108, 1876, 2041, 2042, 2043, 2100, c^ons^ VI, X.
Nisas (De). V. *Carion*.
—— (Henri de Carrion, marquis de), lieut^t^-g^al^, 1765, 1861-1865, 1874, 2040-2042, 2100, 2102, 2132, 2137-2140, 2143, 2332, 2399, 2460.
Nische. V. *Wort*.
Nismitz (De), c^el^ allemand au service de France, 122, 158.
Nispen (De), 3438, 3477, 3479, 3503.
Nisseron, échevin de Romorantin, 2183.
Nivelle. V. *La Chaussée*.
—— (Princesse de), 552.
Nivernais (Louis-Jules Barbon Mancini Mazarini, duc de), brig., ambassadeur, académicien, 3313, 3391, 3396, 3469, 3614, 3623, 3625, 3712, 38 s, c^on^ XXI.
—— (Duchesse de), 3396.
Niverville (De), officier au rég^t^ d'Houdetot, 2270.
—— (De), cap^ne^ au rég^t^ de Caylus, 2518.
Niville (Claude-Gaillard de), lieut^t^ au rég^t^ de Champagne, 123.
Nivolet, maître canonnier à Calais, 2143.
Nizan (De), commis à la garde de l'Oise aux environs de Guise, 2187.
Noaillac. V. *Vivans*.
Noailles (Franç. de), évêque de Dax, ambassadeur, 3.
—— (Gilles de), abbé de l'Isle, évêque de Dax, ambassadeur, 3, 5, 6.
—— (Comte de), guidon des Gendarmes du roi, 88.
—— (Anne, duc de), 88, 97, 117, 118, 133, 209, 416. — Cf. le suivant.
—— (Anne-Jules, comte d'Ayen puis duc de), mar. Fr., 598, 672, 837, 899, 901, 906, 1002, 1003, 1014, 1016, 1104, 1105, 1110, 1111,

1173, 1176, 1177, 1228, 1233–1235, 1237, 1280–1283, 1285, 1286, 1337, 1338, 1524, 1525, 1558, 1604, 1700, 1787, 1802, 1888, 1897, 1898, 1900, 1958, 2091, 2180, 2258, 2522, A. 87 - A. 98, c^{ons} III, VII. — Cf. le suivant.

Noailles (Adrien-Maurice, duc de), mar. Fr., 1977, 1979, 1981–1984, 1986, 2053, 2054, 2058, 2107, 2108, 2181, 2182, 2184, 2254, 2257, 2328–2332, 2337, 2342, 2345, 2371, 2405–2407, 2412, 2468, 2559, 2584, 2619, 2664, 2679, 2687, 2698, 2699, 2708, 2725–2740, 2742, 2745–2747, 2766–2768, 2771, 2802, 2811, 2813–2820, 2842–2846, 2859, 2904, 2914, 2924, 2936, 2937, 2947, 2948, 2955, 2957, 2977, 2979, 2982, 2988–2997, 2999, 3001, 3002, 3007–3013, 3017, 3026–3030, 3034–3037, 3039–3043, 3045, 3046, 3051, 3053–3056, 3061, 3068, 3070, 3073, 3074, 3087, 3088, 3091, 3092, 3109, 3135, 3145, 3173, 3176, 3184, 3197-3200, 3203, 3207–3209, 3211, 3223, 3232, 3234, 3237, 3239, 3240, 3242–3245, 3275, 3309, 3387, 3389, 3396, 3405, 3406, 3415, 3416, 3422, 3423, 3454, 3455, 3460, 3481, 3485, 3487, 3488, 3501, 3514, 3515, 3549, 3585, 15 s, 17 s. 20 s., c^{ons} XIII, XVI, XXI.

—— (Comte de), 16 s.

—— (Gaston de), évêque de Châlons, 2327, 2412, 2420.

—— (Louis Ant. de), archevêque de Paris, cardinal, 2136, 2137, 2139, 2143, 2145, 2411, A. 87.

—— (Philippe, comte de —). V. *Mouchy.*

—— (Louis de Noailles, duc d'Ayen, puis de), mar. Fr., 2948, 3432, 5468, 5719, c^{on} LXV a.

—— (Maréchale douairière de), 2784, 2785.

—— **Saint-Victor** (De), officier, 1644, 1647, 1648, 1736, 1738, 1743, 1830, 1836, 1943, 2253, 2408.

Noailles (Louis-Marie, vicomte de), mestre-de-camp du 1er rég^{t} de Chasseurs à cheval, c^{ons} LXIX–LXXI.

Noblat (Régis de), officier, 2160.

—— (Mme de), veuve d'un cap^{ne} au rég^{t} de Greder-Allemand, 2243.

—— bailli ou prévôt de Belfort, subdélégué, 2609, 2724, 2741, 2791, 3085, 3393.

—— 3767, c^{on} XLVII b.

—— V. *Morvillard.*

Noble (Thomas), anglais, négociant à Dunkerque, 3408.

Noblesse, ingénieur, 1066, 1080, 1081, 1115.

Noblet, 419.

—— lieut^{t} de la ville de Reims, 1905.

—— **d'Ozonville**, trésorier, 1669.

Nocé (De), lieut^{t} de roi du Fort-Barraux, 1526. — Cf. *Barville.*

Nocey (Comte de), c^{on} LX.

Nodot, directeur des vivres à Cambrai, 2154.

Noé (Marc-Roger, marquis de), brig., 1984, 2053, 2411, 2558, 2559, 2562, 2563.

—— (Vicomte de), colonel, 3481, 3484.

Noël, major du rég^{t} de Courval, 122.

—— (Christophe), bourgeois de Rambervillers, 2033.

—— officier d'une compagnie bourgeoise de Metz, 2035.

—— major du rég^{t} de dragons du duc d'Atri d'Acquaviva, 2269.

—— receveur de l'Hôtel-Dieu de Reims, 3182.

Nogaret (Louis de — de Calvisson, ch^{r} de), cap^{ne} au rég^{t} d'Auvergne, 146.

—— (Franç. Louet de Calvisson, m^{is} de), mar. c., 2022, 2138, 2221, 2622, 2967, 2968.

—— V. *Candalle, Épernon, La Valette.*

Nogent (Louis-Armand Bautru, comte de), lieut^{t}-g^{al}, 1754, 2143, 2412.

—— (Comtesse de), 567.

Nogent-le-Rotrou (Habitants, etc. de). V. *Boisard, Brière, Proust, Tarenne, Travers,* etc.

Nogent-sur-Seine (Bourgeois, etc.,

de), V. *Audiger, Magneval, Rousseau, Roussel, Lengles, Petit, Missonnet,* etc.
Noguier, lieut^t au rég^t de Lannion, 2183.
Noillac. V. *La Tour.*
Nointel (MM. de), intendants, 795, 837, 902–906, 944, 951, 1064, 1205, 1206, 1210, 1234, 1236, 1237, 1239, 1241, 1256, 1285–1287, 1311, 1524, 1526, 1571, 1605, 1609, 1704, 1801, 1802, 1901, 2136, 2138, 2144, 2155, 2185, 2257, 2262, 2266, 2268, 2270, 2272, 2322, 2619. — Cf. le suivant.
—— (De), 2137, 2140, 2183. — Cf. les précédents.
Noinville (De), 2375.
Noir de Cambon (Comte de), major du rég^t Colonel-général dragons, 3758, c^on XLIII.
Noiré. — V. *Bouin.*
Noiret, 5.
Noireterre (De), 3182.
Noirfosse (Du Tour de), officier aux Indes, général de brig. sous la Révolution, 3541.
Noirlieu (De), 123.
Noirmont (Baron de), 1552.
Noirmoutiers (Municipalité de), c^on LXX.
—— (Louis de la Trémoille, duc de), 102, 146, 158. — Cf. le suivant.
Noirmoutiers (Marquis de), 118, 119, 134. — Cf. le précédent.
—— (Ant.-Franç. de La Trémoille, duc de), 2138, 2412.
—— V. *La Trémoille.*
Noiron (De), cap^ne au rég^t de Piémont, 411.
Noironte (De), conseiller au Parlement de Besançon, 2130.
Noirot, élu des États de Bourgogne, 3749. — Cf. LXV c.
Noisemant (Nic. de Bizemont, s^r de), officier, 102.
Noiset (Courtet de), commissaire des guerres, 360–362.
—— (Guilain), bourgeois de Dinant, 1056.
—— commis de la Guerre ?, 2957.
—— V. *Noizet.*
Noisy (De), gouverneur de Salins, puis d'Ath, 140, 224–229, 238, 240, 241, 245, 264, 299.
—— commissaire des guerres, 469.
—— commis de l'extraordinaire des guerres, 1484.
—— V. *Venot.*
Noitz (De), aide-major du rég^t de Lambesc, c^on XI.
Noizel (Jean-Ignace), entrepreneur de fournitures de fourrages à Dinant, 2136.
Noizet, 3741. — Cf. *Noiset* et *Saint-Paul.*
Nojon (De), cap^ne au rég^t de Lassay, 2271.
Nolhac (De), cap^ne aux chasseurs de Fischer, 3525.
Nolisos, officier, 3589, 3602.
Nollant (De), commissaire des guerres, puis intendant, 351, 459. — Cf. *Dumonceau.*
Nommel, prêtre de la communauté de Saint-Nicolas du Chardonnet, 3154.
Nompère. V. *Champagny.*
Nonant (Marquis de), colonel, 141, 396.
—— (De), 1864, 2139.
Nonces du pape, 119, 238, 322, 356. — Cf. les noms particuliers.
Nonjournal (De), chanoine de Noyon, 2273.
Nonsart (Le Besgue de). V. *Le Besgue.*
Nony, lieut^t du roi, 2145.
Norbécourt (Mme de), A. 89.
Norbert de Mons (Frères), capucin, 1831, 1896.
Nord (Directoire du dép^t du), c^ons LXV a–LXV d, LXV f, LXVII–LXX.
Norden (Salomon), juif messin, 2321.
Nordmann (De), officier, 3525, 3526, 3556, 3560.
Norion (De), officier, 2130.
Normand-Delaplace, lieut^t-criminel de Tours, 1605.
—— curé à Autun, 3259, 3262.
Normandie (Rég^t de — et chasseurs à cheval de), c^on LXV b.
Normanville (Marquis de), 2131.
Normont (De), officier, 2131.
Noroy (De). 419, 429 (?)

Norriger. V. St Aulais.
Norroy, lieut[t] de maréchaussée en Lorraine, 986.
Nort (De), cap[ne] au rég[t] de Normandie, 102.
Nosereau, commissaire aux revues, 2412.
Nostas (De), chanoine de Huy, 1940, 2022.
Noteboom (Pierre), 2021.
Nothafft (Baron), officier de la garde de l'Électeur de Cologne, 2160.
Nottavi. V. *Costa.*
Nottet, lieut[t] au rég[t] de La Marche, 3200.
Noualliac. V. *La Tour Noillac.*
Noüe (Comte de), mar. c., c[ons] LXIV-LXV c.
Noué (De), 2630.
Noues (De), lieut[t] au rég[t] de Dauphiné, 123.
Noüet, 2140, 2142, 2412, 2420, A. 90, c[on] XIV.
Nouillas. V. *La Tour.*
Noury (De), cap[ne] au rég[t] de Sillery, 1892.
Nouveau, consul, 1961.
—— entrepreneur de fournitures, 2339.
Nouvion (Ch[r] de), 1259.
Nouy (De), cap[ne] au rég[t] de Normandie, 1073.
Novellino (Angelo), napolitain, 1965.
Noves (De), command[t] au château de Ferière, près Castres, 1895.
Noville, officier au rég[t] de Saint-Evremond, 2137.
Novion (Nic. Potier, s[r] de), président au parlement de Paris, 26, 117, 134.
—— (Ch. Potier, ch[r], puis comte de), brig., 411.
—— (De), colonel du rég[t] de Bretagne, 1284.
—— officier d'artillerie, 1943.
—— prévôt royal à Damvillers, 2395.
Noyelle (Mme de), chanoinesse de Maubeuge, 2137.
—— (De Carondelet, baron de), A. 89.
—— (Ch[r] de), 2213.
—— (Guill. Alexandre de France, m[is] de), A. 89.
—— (Comte de), 2370, 2371.
Nayelle (De), page de la Grande Écurie, A 89.
Noyer, 2631.
Noyers (Sublet de), ministre de la Guerre. — V. les vol. de *Minutes* et d'*Expéditions* de février 1636 à avril 1643.
Noyon (Maires, clergé, bourgeois, etc. de), 116, 420, c[on] LXV d. — Cf. *Beaucousin, Boisseau, Casse, Certon, Cordougnon, Goyet, Hautecourt, La Breuille, Martine, Mazancourt, Meniolle, Nonjournal, Pelletot, Rochebonne, Saint-Hassin, Saint-Massens, Theis, Vachon,* etc.
Noyron, exempt des Gardes de la Reine, 80.
Noys. V. *Lories.*
Nozières (De), colonel du rég[t] de Flandre, 3544.
Nuaillé (De), 134, 158.
—— (Ch. Germain Le Martin, comte de), brig., 1831, 1896, 1944, 2130, 2137, 2159, 2371, 2375.
Nuchez ou **Nuchèze** (Commandeur de), 106.
Nugent (J. Christophe de Tachmond-Limerick, comte de), mar. c., 1593, 1935, 1943, 1944, 1946, 2023, 2131, 2143, 2145, 2219, 2222, 2227, 2262, 2266, 2373.
—— (Pierre, ch[r] de), lieut[t] g[al], 3604.
—— **de Westmeath** (Jean, comte de), mar. c, 3198, 3309.
Nugues, inspecteur général des fourrages, 3187.
Nuguet, 245, 360, 361.
—— (De), officier au rég[t] de La Reine cav[ie], 2144.
Nuits (Magistrats, bourgeois. etc., de). V. *Durand, Pourcher,* etc.
Nulandt (Jeanne, baronne de), 184.
Nully (De), échevin de Beauvais, 2137.
Nupces (N. de), colonel d'inf[rie], 1753, 1858, 1951, 2136, 2167.
Nüssler (De), lieut[t] des Gardes hollandaises, 3182-3184.
Nuzzi (Adeodat), général de l'ordre des Augustins, 2159.
Nylle (Comte de), 1832, 1943, 2219.
Nyon, en Suisse (Bailli de). V. *Diesbach.*

Nyon (De), major du rég^{t} de Blaisois, c^{on} XVIII.
—— libraire, 3720, 3740.
—— (De). V. *Denyon.*
Nyons (Échevins, bourgeois, etc., de). V. *Tardieu.*
Nyot, curé du Méan, 1702.

O

O (Gabriel-Claude, m^{is} d'), lieut^{t} g^{al} des armées navales, 830, 895, 1979, 2080.
Obenheim (D'), officier, 3198, 3604.
Oberkan, Suisse, 968, 987.
Oberlin, consul de Nice, 2043.
—— conseiller de ville à Schelestadt, 1955.
—— **-Mittersbach** (D'), cap^{ne} au 5e rég^{t} de hussards, c^{ons} LXVIII, LXIX.
Obernai (Municipalité d'), c^{on} XLVII b.
Ober-Otterbach. V. *Mouton.*
Obert de Carbonne (D'), médecin du duc d'Orléans, 3710.
Obrecht père et fils, de Strasbourg, 793, 795, 826, 837, 874, 880, 882–884, 903, 904, 967, 996, 1067, 1072, 1116, 1216, 1238, 1264, 1265, 1267, 1284, 1321–1324, 1364–1367, 1406–1410, 1420, 1425, 1435, 1436, 1454, 1465, 1501, 1502, 1572, 1752, 1757, 1858, 1951, 1955, 2506, 2524, 2610.
O'Brien, officier irlandais, 2023, 2219.
—— officier au rég^{t} d'Houdetot, 2270.
—— officier au rég^{t} de Clare, 3145, 3152, 3154, 3183, 3186, 3187, c^{on} XI. — Cf. *O'Bryen.*
—— V. *Clare, Thomond.*
Obry, 3578.
O'Bryen, 3259. — Cf. *O'Brien.*
O'Cahill, lieut^{t} au rég^{t} de Walsh, 3707.
O'Ceary, cap^{ne} au rég^{t} d'O'Brien, 2139.
O'Clary, cap^{ne} au rég^{t} d'O'Brien, 2413.
O'Connor (Le P. Ambroise), provincial des dominicains irlandais, 2089.
—— commd^{t} la brigade de Galmoy, 2371.
O'Connor, ingénieur, c^{on} XLVII b.
—— (Mme), 2370.
O'Croty (O'Croby?), c^{on} LXIX.
Octeville (D'), c^{on} XLVII.
Odart, cap^{ne} aux carabiniers, 1830.
—— cap^{ne} d'infanterie, 2242, 2243.
Odent, bourgeois de Boulogne-sur-Mer, 2311.
O'Donel, officier anglais, 3233.
O'Donnel (Comte), 3564.
O'Donnelly (Hugues), irlandais, aumônier du rég^{t} de Dauphiné, 2142.
O'Donouan, irlandais, officier au rég^{t} de Normandie, 2142.
O'Driscol, officier irlandais, 1550, 1885.
O'Dunne, ambassadeur en Portugal, 3721.
Oehme (J. Bernard), lieut^{t} g^{al}, 119.
Oem. V. le précédent.
O'Farell, 1644, 1736.
Offarrell (D'), commd^{t} à Binche, 1311.
Ogevillier. V. *Rouault.*
Ogier, 2271.
—— président, ambassadeur en Danemarck, 3396, 3403, 3406, 3420, 3438, 3463, 3497, 3553, 37 s.
—— (Mme), femme du précédent, 3406, 3469.
O'Gilvy. V. *Airly.*
Oglioni, colonel, 264.
Ognat (D'), intendant 514. — Cf. *Doignatte.*
Ognon (Ch^{r} d'), cap^{ne} au rég^{t} de Sourches, 1768.
Ogny (Rigoley, baron d'), intendant général des Postes, 3753, c^{ons} XLIX, XLIX a.
Ognyes (D'). V. *Dognyes* et *Ongnyes.*
O'Hanlon, cap^{ne} au rég^{t} de Berwick, 3154.

O'Haugherne, major du rég^t de Dorrington, 2133.
O'Heguerthy, 3541.
Oigne. V. *Faury.*
Oilliamson (Vicomte d'), officier aux carabiniers de Monsieur, c^{ons} LX, LXI, LXV, LXVII.
Oirry. V. *Cappy.*
Oise (Directoire, députés, etc., du dép^t de l'), c^{ons} LXV c, LXV e, LXIX–LXXI.
Oisy (Mme d'), 2380.
O'Keeffe, cap^{ne} au rég^t de Clare, 1936, 1943.
O'Kelly (Comte), ministre près l'Électeur de Bavière, 3743, 3744, 3759.
O'Kennelly, lieut^t-c^{el} du rég^t de Lally, 2604, c^{on} XXIII.
Oléron (Magistrats, bourgeois, etc., de l'île d'). V. *Barbier, Barral, Barrin, Fallet, Galibert, Garnier, Godeaux, Lacarre, La Martière, Martin, Moreau, Moulineaux, Pellier, Perocheau, Raoulx, Rochemore, Rousselin, St-Médard, Segond, Vignier,* etc.
Olhabide (D'), 2563.
Olhassaru (D'), commissaire des guerres, 2950, c^{ons} XLVI, LIII.
Olier. V. *Verneuil.*
—— et **Ollier**, habitants de La Pérouse, 1972.
Olimpies (D'), lieut^t de roi à Montpellier, c^{on} XL.
Olisy (Mis d'), 905.
—— (D'), c^{on} XIV.
Oliva (Frère Nicolas), général de l'ordre des Augustins, 355.
Olivarès (Gregorio d'), officier autrichien, 3182, 3262.
Olivazzi (Mis), 2845.
Olive (Ch^r d'), cap^{ne} au rég^t de Languedoc, 1550, 1575.
—— (D'), major de la citadelle de Suse, puis commd^t à Puycerda, 1862, 1968, 2040, 2406, 2467, 2558–2560.
—— commissaire aux revues, 2135.
Oliver, cap^{ne} de fusiliers de montagne en Dauphiné, 2250.
Olivet (D'), 1751.
Olivier, cap^{ne} de fusiliers de montagne, 2054.
—— garde d'artillerie à Besançon, 3641.
Olivier, commd^r du b^{on} de milice de S^t-Lô, c^{on} XXXIII.
Oliviero (Lorenzo), 615.
Ollières (Ch^{er} d'), aide-major du rég^t, colonel-général, 2687, 3017. — Cf. le suivant.
Olliers (Ch^r d'), 40 s.
Olliveau. V. *Marandat.*
Ollivier, 1611, 1700, 1800, 1869, 1872, 1897, 1899, 1900, 1968, 2136, 2272.
—— constructeur de vaisseaux à Brest, 3601.
Olmo (Miguel del), 1784.
Olnon, officier au rég^t de Toulouse-inf^{rie}, 2243.
Olondriz (Don Laurent de), grand-voyer de Navarre, 1888.
Olonne (Ch. Anne Sigismond de Montmorency-Luxembourg, m^{is} de Royan, puis duc d'), mar. c, 2999, 3006, 3418. — Cf. *Bouteville.*
Oloron (Échevins, magistrats, etc., d'). — V. *Baron, Chailloux, Florence, Guimbeau, Lailhacar, S^t-Pé,* etc.
Olry (Simon, dit de Saint-Avold), juif lorrain converti, 2167.
—— ingénieur, c^{on} XXXIII.
—— **-Caherne** l'aîné, juif messin, 2393.
Oms (Don Juan de), colonel d'un rég^t de milice du Roussillon, 1981.
—— (D'), gentilhomme du Roussillon, c^{on} XXI.
—— (Ch^r d'), cap^{ne}, 3540.
—— (Don Garan d'), cap^{ne} au rég^t de Roussillon-cav^{ie}, c^{on} LXXXVI.
—— (D'). V. *Doms, Castelldorius.*
Oñate. V. *Doignatte* et *Ognat.*
Oncieu, président du Parlement de Savoie, 1862.
Ondedei, officier, 102, 123.
O'Neil, c^{on} LXXI.
O'Neille, officier irlandais, 2135, 2139, 2183, 2273.
Ongnyes (Comte d'), grand bailli provincial du Soissonnais et de l'Île de France, 1604, 1896, 1899, 2134, 2183, 2187, 2220, 2224, 2226, 2268, 2269, 2271, 2273, 2299, 2411, 2414.
—— **de Coupigny** (D'), colonel d'un rég^t wallon du service d'Espagne, 2371.

Ongnyes. V. *Dognyes*.
Onop. V. *Donop*.
Ons-en-Bray. V. *Le Gendre, Ozembray, Pajot*.
Oortman (Vincent), hollandais, 2231.
Oostdyck, officier hollandais, 3147.
Oostœerde. V. *Le Boulenger*.
Opdam (Jacques de Wassenaer, baron d'), 1651, 1658.
Oppède (D'), premier président du parlement de Provence, intendant, 182, 238, 510, 511, 610.
Oppenheimber (Hierschel-Isaac), receveur général de l'Électeur de Cologne, 3500.
Oppenom (Ephraïm), marchand juif à Metz, 2245.
Oppenord, cap^ne au rég^t Royal-dragons, 3418.
Orange (Consuls, clergé, bourgeois, etc., d'), c^ons LXV, LXV a, LXV b, LXVII. — Cf. *Bernard, Dumas, Larnage, Montmiral, Serroni, Siffaud, Tulles*.
—— (Prince d'). V. Guillaume III.
—— (D'), médecin, 2134.
—— V. *Des Roches*.
Orb (D'), major, 3582.
Orbay (D'). V. *Dorbay*.
Orbec (Bourgeois, etc., d'). V. *Le Seigneur*.
Orbel (Martin d' —, s^r de Beauquesne), 117.
Orbesson (D'), cap^ne, puis lieut^t-c^el du rég^t du Roi, 2021, 2142, 2153, 2167, 2222, 2245.
Orbeville (Ch^r d'), 2141.
Orceau, entrepreneur de fournitures de blé et d'avoine, 1760, 1879, 1895.
—— V. *Fontette*.
—— **de Chantemerle**, entrepreneur des équipages de l'artillerie, 1878.
—— **d'Iffeville** (?), 2273, 2325, 2412, 2421.
Orcel, serg^t au rég^t de Damas, 1767.
Orchies (États, députés, baillis, etc, d'), 227, 275, 310, 397, 512, 543, 546, 612, 1940. — Cf. *Batines, Bauduin, Douai, Lille*.
Orcomte (D'), cap^ne au rég^t de Lannoy, 2143.
Ordre (D'), officier au rég^t de Barbesières, 997.
Ordres (Victor Wicquet, baron d'), mar. c., 3084.
O'Reilly, officier au rég^t d'O'Brien, 2021.
—— prêtre au collège irlandais de Lille, 3605.
—— (comte), 3722.
Oresmieulx (d'). V. *Doresmieulx* et le suivant.
Oresmieux (D'), gentilhomme d'Artois, A. 89, A. 90.
Orfanot (D'), 1857.
Orfeuil. V. *Crozat, Rouillé*.
Organ (Jean), 437.
Orgemont (Omer Pucelle, comte d'), mar. c., 1862.
—— (D'), ingénieur?, 2954, 3074.
—— V. *Grancour*.
Orgeval (D'), intendant, 133, 137, 158.
Orgueil (Du Tot, b^on d'), 123. — Cf. *Du Tot*.
Oribeau (Ch^r d'), aide-major du rég^t de Nivernais, 2219. — Cf. le suivant.
—— 2249.
Origny (D'), cap^ne au rég^t de Champagne, 3461, 3517.
—— (D'), cap^ne au rég^t de Rochefort, 2142.
Orilliac (Jos. d'), c^re des poudres et salpêtres, 971.
Orival (D'), officier au rég^t de la Reine-dragons, 2159.
Orlandini (Comte), 3712.
Orléans (Maires, échevins, clergé, magistrats, etc., d'), 116, 419; c^ons LXV c, LXVII-LXX. — Cf. *Barodière, Boillève, Coislin, Courbeville, Delagueulle, Fontaine, Gendrot, Gombault, Gorrand, Guerry, La Bruyère, La Giraudière, Le Trosne, Loubers, Menault, Miron, Mondru, Montagu, Paris, Poyrier, Sainneval, Tassin, Villechauve*.
—— (Gaston, J. B. de France, duc d'), 41, 91, 98, 119, 120, 121, 123, 134, 158.
—— (Marguerite de Lorraine, duchesse d'), 124.
—— (Philippe de France), duc d'Anjou, puis d'), 276, 284, 489, 499, 536, 537, 544, 545, 2538, A. 87, A. 88.

Orléans (Marg. Louise d'), grande-duchesse de Toscane, 1898.
—— (D'), officier au rég^{t} de Kerchem, 2095.
—— (Philippe, duc d'), régent, 1662, 1953, 1958, 1963–1967, 1972, 1988, 2047–2050, 2104, 2105, 2132, 2187, 2268, 2547, 2559, A. 87, A. 88, c^{on} VII. — Cf. les vol. de *minutes* de l'époque de la *Régence*.
—— (Louis, duc d'), fils du précédent, 2679, 2697, 2726, 2877, 2936, 2945, 3095.
Orléans (Louis-Philippe Ier, duc de Chartres, puis d'), fils du précédent, 2989, 3084, 3090, 3137, 3436, 3462, 3463, 3508, 3722.
—— (Louis-Philippe-Jos., duc d'-, dit Philippe-Égalité), fils du précédent, c^{ons} LV, LXIV.
—— (J. Phil., dit le ch^{r} d'), général des galères, grand-prieur, 3027, 3175, 3177–3180, 3182, 3186–3188, 3223–3230, 3232–3243, 3247, 3248, 3255–3259, 3261, 3262, 3314.
—— -cavalerie (Sous-officiers et soldats du rég^{t} d'), c^{ons} LXV d, LXVI.
—— -dragons (Soldats du rég^{t} d'), c^{on} LXV c.
—— V. *Montpensier, Rothelin, Villechauve.*
Orlick (Pierre-Grégoire de La Ziska, comte d'), lieut^{t}-g^{al}, 2861, 2969, 3068, 3123, 3184, 3473, 3482, 3502, 3513, 39 s, 40 s.
Ormay (D'), ingénieur, 3726, 3751.
Orméa (Mis d'), ministre du roi de Sardaigne, 2751, 2757, 2758, 2817, 2818, 2842, 2845, 2968, c^{on} XIII.
Ormesson (Olivier Le Fèvre d'), intendant, 157, 158.
—— (Ant. Franç. de Paule Le Fèvre d'), intendant, 1257, 1286, 1287, 1289, 1428, 1525, 1605, 1701, 1801, 1802, 1899, 1901, 1943, 2056, 2131, 2137, 2154, 2182, 2187, 2226, 2266, 2273, 2341, 2345, 2370, 2414, 2415.
—— (H. Franç. de Paule Le Fèvre d'), intendant, puis contrôleur général des finances, 2633, 2827, 2904, 3392, 3543, 3545, 3729, 3730.
Ormesson (D'), lieut^{t}-c^{el} du rég^{t} du Roi-dragons, 16 s.
Ormond (Duc d'), 2377–2381.
Ormoy (D'), major du rég^{t} du Roi-Cav^{ie}, 979.
—— V. *Blainville.*
Ornaison (D'), 1755.
—— (Abbé d'), chanoine à Béthune. 2024.
——. V. *Chamarande, Du Terail.*
Ornani, chef corse, 2872.
Ornano (H. Franç, Alphonse, m^{is} d'), colonel-g^{al} des Corses, 89, 98.
Ornano (Les), corses, 264, 3361, 3362, 3370, 3371, 3380, 3455. — Cf. *Colonna.*
—— V. *Ste-Croix.*
—— (Comte), mar. c., 3578, 3755, 3760, c^{ons} LXVII. LXVIII.
Ornans (Municipalité, etc., de). V. *Bailly.*
Orne (Directoire du dép^{t} de l'), c^{ons} LXV d, LXV f.
Oron, secrétaire du duc de Noailles, 2136.
O'Rourke (Les), officiers au rég^{t} Royal-Écossais, 3504–3506, 3543.
Oroy (D'), officier, 2709.
Orrigone (Francesco), agent du bailliage de Varese (Italie), 1784.
Orry (Jean), entrepreneur de fournitures, directeur des vivres, financier, ambassadeur, 1222, 1284, 1522, 1600, 1601, 1695, 1696, 1706, 1787–1789, 1791, 1811, 1884–1888, 1976, 1977, 1979, 1982, 2131, 2273, 2468, 2488, 2501, 2505, 2506, 11 s. — Cf. le suivant.
—— (Philibert —, comte de Vignory), intendant, contrôleur général des Finances, ministre d'État, directeur g^{al} des bâtiments, 2700–2702, 2709, 2713, 2726, 2756, 2761, 2766, 2768, 2772, 2791, 2827, 2859–2861. 2875, 2877, 2890, 2904, 2912, 2921, 2924. 2926, 2936, 3009, 3035, 3039–3041, 3046, 3060, 3070, 3071, 3075, 3091, 3116, 3120, 3123, 3124, c^{ons} XII, XIV, XV. — Cf. le précédent.

Orry (Mme), 1787.
Orsay (Ch. Boucher d'), intendant, 2346, 2416, 2575.
—— V. *Dangé*.
Orsbeck (Jean-Hugo von), électeur de Trèves, 629, 995, 1666, 1679, 1748, 1847, 1848, 1953, 1955. — Cf. *Trèves (Électeur de)*.
Orsigny (D'), 110.
Orsner, officier au rég^t Royal-Deux-Ponts, c^on LV.
Orsoli (Giovanni-Augusto), corse, 3370.
Orson (D'), cap^ne d'artillerie, 3641.
Orsoy (Députés d'), c^on XXXVI.
Ortaffa (Bonaventure d'), mar. c., 2404, 2539, 2563, 2609.
Ortega (Bartolomé de), ex-général de bataille des troupes allemandes, 2488.
Ortenstein. V. *Travers*.
Orth (Baron d'), gouverneur de Tournai, 3090.
Orthe (Le P. d'), récollet, 1661, 2092.
Orthez (Échevins, etc, d'), c^ons LXV, LXV a, LXVI. — Cf. *Capdeville*, *Laborde*, etc.
Orticoni (Erasmo), chanoine corse, 2871, 2872.
—— cap^ne au rég^t Royal-Corse, 3664.
Orties (Ant. de Boissonnade d'), mar. c., 271. — Cf. *Dorty*.
Ortigue (D'), major du rég^t de Bressey, 1206.
Ortman, bailli de Blanckenheim, 2033.
Ortolani, 1876.
Ortoman (D'), cap^ne au rég^t de Bourgogne, 3405, 3417.
Orty (Antoine de Boyssonnade, s^r d'), cap^ne au rég^t de Picardie, 102.
Orval (Franç. de Béthune, comte, puis duc d'), lieut^t-g^al, 468.
—— (Abbé d'), 3203.
—— (D'), cap^ne d'art^rie, 3493.
—— (Du Puget d'), aide-major du rég^t d'art^rie de Besançon, 3645.
—— V. *Lefebvre*.
Orves (D'), commandant de la Marine à Toulon, chef d'escadre, 3178, 3180, 3227, 3233–3239, 3241–3243, 3247–3249, 3251, 3256, 3259, 3262, 3293, 3301, 3314.
Orville (D'), cap^ne au rég^t de Normandie, commd^t le château d'Houffalize, 977, 978.
Orvillé (Ch^r d'), 822, 870.
Orvilliers (Comte d'), c^on XLVI.
Osburg (D'), premier échevin de Luxembourg, 1952.
Oshagnussi (Guillaume d'), mar. c., 2219, 2255, 2299, 2738, 2739, 2783, 2936.
Osmond (D'), officier, 2023.
—— (Mme d'), 2142, 2144.
—— (D'), commd^t au vieux château de Rouen, c^on LXV e.
Osmont, commis de l'extraordinaire des guerres, 1331.
Osnabruck (Prince d'), 566.
Osseville (D'), officier, 2133.
Ossolinski (Duc), grand-maître de la maison du roi Stanislas, 2851, 2860, 2861, 2873, 2877, 2902, 2903, 3052, 3075, 3127, 3396, 3469,
Ossonne. V. *Osuna*.
Ossory (D'), 397.
Ossun (Pierre-Paul, m^is d'), mar. c., ambassadeur à Naples, puis en Espagne, 3387, 3677. — Cf. *Osuna*.
Ostein (J. Fred. Ch. van), électeur de Mayence, 3044.
Osten (D'), 2981, 3045, 3051, 3257, 3505.
Osterstein (Baron d'), officier, 2094. 2095, 2242.
Ostiche (Baron d'), 1202.
O'Sulivan (J.), attaché à la maison du duc d'York (Stuart), 3223.
O'Sullivan, officier au reg^t d'O'Brien, 2021.
Osuna (Duc d'), vice-roi de Catalogne, 209, 226, 227, 229, 243. Cf. *Ossun* et *Catalogne* (vice-roi, etc., de).
Oswald, major anglais, 3620.
Ottange. V. *Eltz*.
Ottei (Comte), commd^t à Mantoue, 1867, 1963.
Otten, 2427.
Ottingen (Notger-Guill., c^te d'), g^al m^or de l'armée impériale, 1160.
Otto, 3314.
Ottoboni, cardinal, 1866.
Ottweiler (Curé d'). V. *Schmitt*.
—— V. *Nassau*.

Oudancourt (D'), 133. — Cf. *Houdancourt.*
Oudenhove (Baron d'), colonel, 2022, 2243.
Ouderne. V. *Leduchat.*
Oudet, 411.
Oudiart, marchand de vin à Paris, 2137.
Oudinot, commis de l'intendant du Buisson, 2159.
Oulry, 979.
Oultrage, 2609.
Oulx (Fantin, abbé d'), 1764.
Ourches (Charles, comte d'), lieut^{t}-g^{al}, 1951, 1953, 2130, 2134, 2242.
Ourié, directeur des Postes à Metz, 2797.
Ourouer. V. *Ouroy.*
Ourout (D'), lieut^{t}-c^{el} du rég^{t} de Blaisois, 2132, 2267.
Ouroy (N. de Grivel de Gamaches, m^{is} d'), colonel, 3017.
Ourry (Paul-Joseph), officier de marine anglais, 3538.
Oursin, receveur général des finances, 2145, 2185, 2268–2270, 2273, 2301, 2338, 2342, 2343, 2373.
—— cap^{ne} au rég^{t} de Matignon, 2420.
——-**Dumont**, 2373, 2396.
Outremont (D'), 3650.
Ouvrier (Ch^{r} d'), gouverneur de Bellegarde, 225, 300.
Owen Gibbs, irlandais résidant à Dunkerque, 3408.
Owerkerque (Henri de Nassau, comte d'), feld-maréchal-général du service anglo-hollandais, 1654, 1737, 1739, 1833, 1836.
Oxembault (D'), 662.
Oxenstiern (Comte d'), gouverneur du duché de Deux-Ponts pour le roi de Suède, 1501, 1568, 1577, 1666, 1754, 1951, 1956.
Oxford. V. *Harley.*
Oyens (D'), officier au rég^{t} de Kerchem, 2095.
Oyon, prêtre à Mézières, 2273.
Oyré (D'), 2713, 2918, 2947, 2954, 3086, 3091, 3204, 3211.
Oyron, 1754. Cf. *La Brosse.*
Oyse (Marie-Jos. de Brancas, m^{is} d'), mar. c., 2138.
Oysonville (Baron d'), 97, 117.
Ozé (D'), cap^{ne} au rég^{t} d'Artois, 1832.
Ozejo (Don Domingo de), corregidor de Villena, 1888.
Ozembray (La présidente d'), 1873. — Cf. *Ons-en-Bray.*
Ozon, 1601. — Cf. *Oron.*
Ozonville. V. *Farcy, Noblet.*

P

Paccard (Pierre), habitant de Wasserbillig, 1858.
Pachau, secrétaire de M. de Lyonne, 516.
Pache (J.-Nic.), employé au Ministère de la Marine, plus tard ministre de la Guerre, c^{on} XLIX.
Pachelbel (De), ministre de Deux-Ponts à Paris, 3468, 3508, 3714.
Pachet de La Chenay, 3562, 3579.
Paciola (Pasquale-Saverio), consul à Calvi, 3647.
Pacome (Frère), religieux de N.-D. de Consolation dans la forêt de Sénart, 2134.
Pacoret, syndic de Chambéry, 2145.
Pacquion (De), de Grenoble, 20.
Paderborn (La régence de), 37 s.
—— (Év. de). V. *Furstenberg.*
Paffey, 3184.
Pagani (César), sénateur milanais, 1783.
Pagart (De), avocat à St-Omer, 2024.
Page, intéressé dans la fourniture des vivres, 3014.
Pageau, commissaire des guerres, 992, 1284, 1333, 1428, 1468, 1508, 1509, 1510, 1511, 1513, 1518, 1519, 1585, 1586, 1588, 1594, 1606, 1688, 1693, 1780, 1874, 1880, 2142, 2271 2327, 2561, 2562, 2575, 2622.
Pagel (Nic.), fermier des octrois à Toul, 2392.

Pagenstecher (Juste-Émile de), mar. c., 3721.
Pagès, lieut^{t} de la maréchaussée de Nîmes, 2138, 2142.
Paget, 158.
Pagnon, syndic de Plomion, 2415.
Pagny, cap^{ne} au rég^{t} de Toulouse, 2145.
Pagot (F.-D.), 2396.
Paguera (Don Antonio de), gentilhomme catalan, 1784, 1863.
Paheau de Saint-Martin, maréchal-général des logis du service d'Espagne, 1743.
Paicheveau, échevin de Nevers, 3185.
Paige (De), cap^{ne} de canonniers-invalides, 3761.
Paignal (Paignat?), c^{ons} LXVII, LXVIII.
Pailhasse (De), maire de Figeac, 2133, 2135, 2188.
Pailhon, officier au rég^{t} de Charolais, 2415.
Paillade, officier à l'Hôtel des Invalides, 2133, 2134.
Paillardel de Villeneuve, ingénieur, 2312.
Paillerolles (De), envoyé à Liège, 497, 505, 506, 514, 535-538, 540-543, 545, 549, 550, 552-557, 567, 584-587, 594, 597-599, 601-603, 605, 615, 631.
Paillet, aide-major de la place de Huy, puis major à Saint-Tropez, 1644, 2041, 2268, 2327.
—— lieut^{t}, 1792, 2054.
Pailly (De), officier au rég^{t} de Picardie, 997.
—— (De), officier, 3260.
—— entrepreneur de fournitures de fourrage, 2142.
Paimbeuf (Municipalité, etc., de), c^{on} LXX.
Pain, officier, 3183.
Paix (Abbé de), trésorier de l'État de Liége, 3755.
Pajot, 293, 360, 361.
—— et ——**-d'Ons-en-Bray**, directeurs des Postes, 1604, 1702, 2025, 2042, 2080, 2089, 2421, 2505, 2712, 2726, 2728, 2736, 2737, 2745, 2787, 2871. — Cf. les suivants.
Pajot, intendant, 3182, 3184-3186, 3256-3258, 3260, 3261, 3465, 3605, c^{on} XIX.
—— c^{ons} LX, LXI, LXII, LXIV, LXV. Cf. les précédents et *Marcheval.*
—— **de Princé**, A. 89. — Cf. *Princé.*
Palais (De), cap^{ne} réformé au rég^{t} de Despeaux, 2035.
Palaiseau (De), 146, 362.
Palantin-Laguerre, agent secret, 1856.
Palaprat (Jean), secrétaire des commandements du grand-prieur de Vendôme, 1785, 1861.
Palatin (Ch.-L., électeur), 187, 189, 225, 229, 281, 286, 290, 291, 325, 327. — Cf. *Palatins* (*Électeurs, princes, comtes*).
—— (Phil. Guill., comte), 276, 277, 278, 345-347, 417, 467. — Cf. *Neubourg, Palatins* (*Électeurs, princes, comtes*).
—— (Jean-Guill^{e}, électeur), 1163, 1576. — Cf. *Palatins* (*Electeurs, princes, comtes*) et *J.-Guill.-Jos.*
—— (Adolphe-Jean, comte), 1465. — Cf. *Palatins* (*Électeurs, princes, comtes*).
—— (Jean-Guill.-Joseph, électeur), 1988. — Cf. *Jean-Guillaume* et *Palatins* (*Électeurs, princes, comtes*).
—— (Ch. Phil., électeur), 2609, 2723, 2724, 2742, 2768, 2824, 2825, 2837, 2838, 2874, 2927, 2928, 2969, 3000, 3046, 3075, 3099, 3156, 3157, 3207, 3325, 3396, 3432, 3476, 3501. — Cf. *Palatins* (*Électeurs, princes, comtes*).
—— (Ch. Théodore, électeur), 41 s. — Cf. *Palatins* (*Electeurs, princes, comtes*).
Palatine (Élisabeth-Jeanne, princesse douairière), 1845, 2322.
—— (Princesse), 124. — Cf. *Hanau.*
—— (Adélaïde, électrice), 342.
Palatins (Électeurs, princes, comtes), 187, 189, 225, 229, 281, 286, 290, 291, 325, 327, 342, 343, 348, 383, 386, 397, 408, 410, 439, 567, 592, 593, 608, 609, 615, 629, 633, 874. — Cf. les précédents, *Neubourg, Sulzbach*, etc.
Palerne (De), 73.

Palerne-Savy. V. *Savy.*
Paléseau. — V. *Palaiseau.*
Palfy (Comte), 1864, 2321,
—— (Comtesse), 1864.
Palisot, commissaire des guerres, 116, 117, 134.
—— **d'Incourt**, premier président du Conseil d'Artois, 1738, 1839, 1946, A. 89.
Pallandt (Baron de), officier réformé du service de l'empereur, c^on^ XLIX.
Pallas-Ponsolet, lieut^t^ de roi de Bergues, 1318, 1741, 1830, 1832, 1840.
Pallavicini (Cte), 1767.
—— (Ch.-Emm., baron), mar. c., 1683, 1782, 1832, 1867, 1876, 1896, 1968, 2131.
—— cardinal, 2047. — Cf. *Pallavicino.*
—— officier d'invalides à Belle-Isle. 2137.
—— (Marquis), commissaire de la république de Gênes auprès de l'infant don Philippe, 3116, 3177, 3227, 3239, 3247, 3305, 3360.
—— (Jean-Luc, comte), général autrichien, commnand^t^ en Lombardie, 3239.
—— (Ch^r^), général sarde, 3230, 3262, 3298, 3299.
—— **de Perl**, 1862, 1874–1876, 1943, 1944, 1973, 2045, 2131, 2143.
—— V. *Paravicini, St-Remi.*
Pallavicino (Abbé), 1768. — Cf. *Pallavicini.*
Palleatti (Giuseppe-Antonio), commissaire général de l'Empereur en Italie, 1782.
Palleau, 3042.
Palleja e Riera (Honoré), avocat du Conseil royal de Catalogne, 1892, 1981.
Pallière (De), 1741, 1830–1832.
Pallières (De), abbé de Theuley, 1289.
Palliers (Franç. de Maureillan. baron de), mestre-de-camp, 102.
—— 1946.
Pallissaux, archer de la maréchaussée de Longwy, 2242.
Pallot-Deslandes (François), auteur de mémoires, 2138, 2272.
Palloy (Pierre-Franç., dit *le Patriote*), c^on^ LXVIII.
Pallu, fermier général du sel à Moulins, 1902,
—— (Bertrand-René), intendant, 3175, 3177–3180, 3187, 3230, 3235, 3237, 3255–3258, 3262, 3419, 3420, 3451, 3461, 3465, 3466, 3500, 3501, 3509, 3510, c^on^ LX. — V. *Villosne.*
Palluau (De). V. *Clérambault, Frontanac.*
Palma (Comte de), vice-roi de Catalogne, 1601, 1602, 1706, 1800.
Palmaraux (De), officier au rég^t^ d'Houdetot, 2270.
Palmarola (De), colonel des Fusiliers de montagne, 1800. — Cf. *Palmerolle.*
Palmas (De), cap^ne^ au rég^t^ de Conti, 2783.
Palme (Francisque de), lieut^t^ de la compagnie de Gassion, c^on^ LXXXVI.
Palmerolle (De), colonel de miquelets, 1708. — Cf. *Palmarola.*
Palmes (De), cap^ne^ au rég^t^ Royal, 2130.
Palmestirna (De), 2928.
Palmieri (Charles), bourgeois de Modène, 1965.
Palmigaÿ (De), lieut^t^-c^el^ des hussards de Turpin, 3335.
Palot. V. *Girouville.*
Paludanus, lieut-c^el^ du service d'Espagne, 1743, 2300.
Palustre de Virzay, auteur d'un mémoire, 3715.
Palys. V. *Desmarets.*
Pamiers (Évêques de). V. *Spondé, Vertamont.*
Panciroli, nonce du pape, 20.
Pandin. V. *Rommefort.*
Pandrau (Crivelli de), officier, 3039, 3042, 3045, 3046, 3050, 3052, 3068 3070, 3094, 3098-3100, 3111, 3123, 3137, 3202, 3204, 3404, 3465, c^on^ XVII.
Pange (De), 3504, c^on^ XXXI.
Panier, vice-président du Directoire de Saône-et-Loire, c^on^ LXV c.
Panis (De), syndic de la noblesse de Provence, 3175, 3177, 3179, 3180, 3225, 3232, 3261.
Panizza. V. *Delfini.*

Panmure (Cte de), écossais, 2019.
Pannat. V. *La Serre.*
Pannet, lieut^{t} d'artillerie, 1983.
Pannetier (Dame —, née Le Grand), 2132.
Panoni (Paolo Emilio), 2819.
Pansière, major du rég^{t} de Belsunce. 2143.
Panzani, corse, 3361.
Paoli (Clément), corse, 3362, 3371, 3390.
—— (Hyacinthe), chef corse, 2871, 2872, 2886, 2887.
—— (Pascal), général corse, 3454-3456, 3635, 3638, 3644, 3647. 3648, 3658, 3659.
—— (Paul-Marie), chef corse, 2885.
—— (Pompei), membre du Directoire de la Corse, c^{on} LXVII.
Paparel, 995. — Cf. les suivants.
—— (Franç. et Claude), trésoriers de l'extraordinaire des guerres, 1613, 1897-1900, 2140, 2144, 2185, 2221, 2251, 2262, 2269, 2271-2273, 2338, 2421.
Papave (Francisco), président de la Chambre de Naples, 1877.
Papelart-Deprez, commissaire des guerres, 1831
Papelier, garde des archives du roi à Strasbourg, 3500, 3546.
—— chancelier du duc de Deux-Ponts, c^{on} XLVII.
Papigny (Ch^{r} de), cap^{ne} au rég^{t} de Bergh, 3140.
Papillon, banquier à Paris, 2396.
—— **de la Ferté**, trésorier de France en Champagne, 2729.
Papin (Isaac), ministre protestant converti, 1082.
—— officier au rég^{t} de Provence, 1830, 2132.
Papius, officier prisonnier de guerre, 3309.
Papol. V. *Belvezé.*
Papon-Desbranches, garde d'art^{rie}, 1767.
Papotierre, 1840. — Cf. *La Papotière.*
Pappelmann (De), 2712.
Pappers (Jean-Albert), dominicain, aumônier général en Corse, 1862.
Paquelon (De), major de la place de Fort-Louis du Rhin, 1366, 1503.
Parabère (De), 98, 116, 137, 361, 468.
—— (Comte de), 1788, 1888, 1979, 1981, 2331, 2332, 2408, 2412, 2417.
—— (Comtesse de), 2135.
—— (De Baudéan de), 3459, 3710.
—— V. *Pardaillan.*
Parage, major du rég^{t} de Saint-Germain-Beaupré, 1832, 2140, 2219, 2371.
—— officier au rég^{t} de La Coste, 2370.
Paramé (Municipalité de), c^{on} LXXVI.
Paratte (Martin), mar. c., 1484, 1555, 1556, 1707, 1708, 1798, 1875-1877, 1895, 1898, 1906, 1907, 1973, 1974, 2038, 2039, 2041, 2043, 2271, 2273.
Paravicini, 271. — Cf. *Pallavicini.*
—— (Baron de), officier au rég^{t} de Vigier, c^{ons} LXV, LXV b, LXV c.
—— (De), officier au rég^{t} suisse de Dhemel, 3780. — Cf. *Paraviciny.*
Paravicino (Giuseppe), consul de France à Ajaccio, 2887.
Paraviciny (De), cap^{ne} au rég^{t} de Surbeck, 2505. — Cf. *Paravicini.*
Paray-le-Monial (Maire, bourgeois, etc., de). V. *Durand, La Troche,* etc.
Parcero (Don Marco), armateur en Galice, 1789.
Pardailhan. V. *Pardaillan.*
Pardaillan (Alexandre de Baudéan de Parabère, comte de), lieut^{t}-g^{al}, 360. — Cf. le suivant.
—— (De), 837, 902, 2271, 2273.
—— (Des Portes de), ingénieur, 3697, 3698, 3702, 3703, 3706, 3708, 3714, 3717, 3746, 3749, 3751, 3755.
—— V. *Bonas, Des Portes, Gondrin, Parabère.*
Pardeilhan. V. *Pardaillan.*
Pardies (De), 141.
Pardieu (Guy-Félix, comte de), député de St-Quentin, président du Comité des recherches de l'Assemblée n^{le}, c^{ons} LXV-LXV b, LXV f.
Pardo (Don Francisco de), gouverneur de Cambrai, 210.
—— (Don Sanche), gouverneur de Gand, 275.

Parel, directeur de l'hôpital de Phalsbourg, 2134, 2141, 2143.
Parelle (Mlle de), 354, 367.
Parent, échevin de Calais, 2087.
—— **de Chassy** (L.-Nic.), président du Comité des Domaines, cons LXVI, LXVIII.
—— **d'Esnay**, lieut-cel du régt de Saint-Léger, 2411.
—— **de Grosmont**, officier municipal d'Ardres, 3719, 3725.
Parer (Domingo), 1863.
Parère (De), major de la citadelle de Valenciennes, 1832, 1946, 2132.
Paret, lieutt réformé du régt de Champagne, ingénieur géographe, 2913, 2945, 2946.
Pareti (Duc de), 1518.
Parfaict, capne au régt Royal-artillerie, 2138.
Parfondru (De), officier au régt de Kerkem, 2371.
Parfourru (De), officier au régt de Languedoc, 3417, 3540.
Pargarde (Chr), major de la place de Sarrelouis, 2784, 2793.
° **Parigi** (Carlo Placido), curé de Corbara (Corse), 2885.
Paris (Municipalité, prévôts, magistrats, trésoriers, fonctionnaires divers, notaires, marchands, banquiers, bourgeois, etc., de), 2151, cons LXV a-LXXI. — Cf. *Angot, Bailly, Bignon, Brillon, Bullion, Clerx, Cornery, Creton, Denis, Demin, Du Bos, Du Buc, Duchesne, Durant, Flory, Fourcy, Fourqueux, Gallois, Gauldrée-Boilleau, Gobert, Hagon, Hallé, Hauteville, Hesseln, Joanin, Labhardt, La Charpenterie, Lafont, Lallier, Langelé, Lapoire, La Vau, Leclerq, Le Conte, Lefebvre, Le Geste, Lempereur, Lequin, Le Sieur-Desbrière, Levé, Lorne, Ménars, Merville, Mesmes, Molé, Nicolay, Novion, Oudiart, Pelletier, Pétion, Poulliot, Rabouyn, Sartine, Soreau, Tribard, Vandertin, Vanin, Vassal*, etc.
—— (Clergé séculier et régulier de). V. *Beaumont, Boivin, Bonnet, Céberet (sœur de), Daran, Hayneufve, Lamoignon (sœur de), Languet de Gergy, Laprade, Leschassier, Magnien, Montchevreuil, Montgaillard, Noailles, Pollet Poupart, Ste Geneviève* (abbé de), *St Pierre, Ste-Thérèse* (frère), *Tholozan de Briansoles, Vincent de Paul* (saint), etc.
Paris. V. *École militaire, Invalides* (*Hôtel des*), etc.
—— (Jacques-Aug. de), capne au régt de Turenne, 141.
—— (P.), inventeur, 1752.
—— commissaire des guerres, 262, 271, 342, 362, 463, 510, 512, 564, 958, 1057, con II.
—— (P.), 1661, 1669, 1752.
—— commis de M. Orry en Espagne, 1696.
—— (De), commissaire des guerres, 1831, 1841, 1942.
—— (De), commissaire provincial de l'artillerie à Calais, 2138, 2220, 2371.
—— invalide de la garnison de Belle-Isle, 2270.
—— (Nic. Jos. de), évêque d'Orléans, 3223.
—— curé à Cherbourg, 3505.
—— officier ou fonctionnaire aux Indes, 3541.
—— officier, 3643.
—— (Les Frères), financiers, 2020, 2153, 2185, 2216, 2220-2222, 2224, 2242, 2269, 2271-2273, 2300, 2301, 2303, 2308, 2322, 2380, 2421. — Cf. les suivants.
——**-Duverney** (Joseph), financier, munitionnaire, 2185, 2233, 2301, 2373-2375, 2378, 2381, 2414, 2421, 2709, 2726, 2730, 2735, 2736, 2746, 2747, 2767, 2782, 2823, 2914-2916, 2920, 2924-2926, 2955-2957, 2959, 2983, 2996, 3034, 3035, 3042, 3043, 3047, 3051, 3052, 3054, 3055, 3068, 3092, 3144, 3147, 3178-3180, 3185-3187, 3202, 3223, 3233, 3234, 3236, 3256-3258, 3280, 3281, 3311, 3316, 3396, 3419, 3428, 3430, 3434, 3435, 3438, 3442, 3446, 3452, 3458, 3461, 3462, 3475-3477, 3479-3483, 3485, 3545, 3747, 18 s.-22 s., 32 s.-38 s., 41 s., 43 s., 44 s., 49 s., 53 s., 54 s., 56 s.-76 s., cons X, XXIV.

Paris-La Montagne (Claude), frère du précédent, commis de l'extraordinaire des guerres, financier, 2143, 2226, 2268, 2766.
—— **de Montmartel** (Jean —, m^{is} de Brunoy), frère des précédents, garde du Trésor royal, trésorier général des Ponts et Chaussées, 2924, 2925, 3000, 3046, 3068, 3224, 3236, 3248, 3249, 3251, 3252, 3408, 3425, 3426, 33 s., c^{on} XIX.
—— neveu, 75 s.
—— V. *Lefebvre*.
—— **-Fontaine**, lieut^{t}-c^{el} du rég^{t} Royal-la Marine, 2140. — Cf. le suivant.
Parisis, officier municipal de Villers-Cotterêts, c^{on} LXI.
—— **-Fontaine** (De), cap^{ne} de pionniers, 1082.
Parisot, 261, 262, 547, 548, 568.
—— ingénieur, 984.
—— maître chirurgien à Lyon, 1800.
—— (Mme), veuve d'un major du rég^{t} de Bourbon, 2137.
—— V. *Warluzel*.
Parlan de Saignes (De), 1897, 2134, 2267. — Cf. *Saignes*.
Parme (Ducs et princes de), 182, 245. 1783, 1868, 2100, 2521. — Cf. le suivant, *Farnèse* et *Philippe* (*don*).
—— (Infant Ferdinand, duc de), 3728.
Parmentier, contrôleur de l'hôpital de Rocroi, 2244.
Parolle (Mis de), 567.
Paroy, entrepreneur de fortifications, 1943.
Parpaille (De), chef de partisans, colonel de dragons, 1837, 1944, 2022-2023, 2138, 2159, 2220, 2228, 2273, 2301, 2371, 2377, 2412, 2414, 2458.
Parq (Baronne douairière de ou du), 951.
Parrades (Robert de), ingénieur, 3225, 3314.
Parron (Nicolas), brig., 3143.
Parseval, subdélégué de l'intendant d'Alençon, 1901, 2347.
Partarrieux (De), officier, 1601, 1706, 1802, 1834, 1838, 2184.
Partas (De), 134.
Parthenay-Berny (De), 450.
Parthon, 2137.
Partyet, 3391, 3403.
Partz, conseiller de Malines, 3144.
Parys (Eug.-Alexandre-Ernest), lieut^{t} au rég^{t} du duc de Prado-Ameno, 2139.
Pas (Charles, comte de), cap^{ne} au rég^{t} de Feuquières, 92.
—— (Comte de), 345.
——**-Feuquières** (Charles de Pas, baron de), mar. c., 110, 123.
———— (Philibert-Ch. de), évêque d'Agde, 1899.
———— (Jules, comte de), colonel, 1574, 1575, 1854, 1856, 2025, 2244.
———— V. *Feuquières*, *Rebenac*.
Pascal (Étienne), commissaire pour la taille en Normandie, 98.
—— cap^{ne} au rég^{t} de Toulouse, 1502.
—— colonel (service de Bavière?), 1938.
—— ancien major de cavalerie, 2140.
—— lieut^{t}-c^{el} du rég^{t} de Limousin, 3144.
—— cap^{ne} au rég^{t} de Limousin, 3510, 3548, 3571.
—— officier de milice, c^{on} LXI.
Pascalis (Alexandre), avocat à Colmars (Basses-Alpes), 1874, 2170.
—— consul de Barcelonnette, 3261.
—— commissaire des guerres, 3259. — Cf. le suivant.
—— V. *Ste-Croix*.
——**de La Sestrière**, commissaire des guerres, 3260, 3311, 3532, 3539. c^{on} LX.
Pascault (De), 3559, 3588.
Paschal, ancien major de cavalerie, 2143.
Pas-de-Calais (Directoire du), c^{ons} LXV b, LXV d-LXVI.
Pasetti, correspondant secret, 3138.
Pas-Feuquières. V. *Feuquières* et *Pas*.
Pasliez (Baron de), officier, 102.
Pasquier-Talleyrand (Gabriel —, s^{r} de Boisbouray), c^{ne} au rég^{t} d'Auvergne, 146.
—— 360.
—— (J.-Ch.), c^{on} LXXV.
—— chirurgien-major au rég^{t} de la Reine-cav^{ie}, 2344.

Pasquier. V. *Des Bergeries*, *Franclieu*.
—— fonctionnaire de la Marine, c^on VII.
——**-Cadot**, entrepreneur de fournitures de fourrages, 2421.
—— **de Wardanché**, officier d'artillerie, 3467, 3546, 3581.
Pasquinot, prévôt à la Ferté-Bernard, 2419.
Passage. V. *Du Passage*.
Passano (De), commissaire général génois ou sarde, 3306.
Passart, associé de M. Marchal, de Metz, entrepreneur de fournitures de couchage, 2268. — Cf. *Vassart*.
Passau (Archev. de). V. *Lamberg*.
Passebon (Zbonski de), ingénieur, 3314.
Passelière (De), gouverneur de Saverne, 33.
Passerat de La Chapelle, 3406. — Cf. *La Chapelle*.
Passion. V. *Beauvinay*.
Passionei, vice-légat d'Avignon, 3406, c^on XXI.
Passy (Ch^r de), 137.
—— cap^ne d'une compagnie détachée du rég^t de la Marine, 2244.
Pastarel, cap^ne au rég^t de Bueil, 2182.
Pastelot, économe de l'Hôtel-Dieu de Troyes, 3182.
Pasteur (Jacques de —, dit Jacob), mar. c., 1837, 1938, 1944, 2132, 2159, 2221, 2374. — Cf. *Jacob*.
Pastoir, vice-chancelier du duché de Deux-Ponts pour le roi de Suède, 1322, 1436.
Pastorel, officier au rég^t Royal-étranger, 1946. — Cf. *Pasturel*.
Pastre, lieut^t au rég^t de Souvré, 1072.
—— chanoine de Béziers, 1604.
Pastur. V. *Pasteur*.
Patel, (De), cap^ne au rég^t de Normandie, 1798, 1802, 2133, 2138.
Pathier de Colomb, cap^ne au rég^t d'Aunis, 2132.
Patin, cap^ne châtelain de Valence, 319.
—— 1900.
—— sergent au rég^t d'Houdetot, 2233.
—— (De), 3087.
Patino (De), officier de canonniers à Tortose, 2130, 3131.
—— 2501, 2844. — Cf. *Castelar*.
Patiot, commissaire des guerres, commis des bureaux de la Guerre, secrétaire du m^al de Belle-Isle, 2264, 2676, 2688, 2770, 3260, 3261, 3293, 3299, 3396, 3418-3420, 3452, 3454, 3463, 3505, 3548, 3549.
Patouillet (Le P.), jésuite à Besançon, 2030.
Patras (Ch^r de), enseigne au rég^t de Navarre, 102.
Patricot, pseudonyme d'un agent secret, 2227.
Patris, officier command^t le 2e b^on du rég^t de Morangiès, 1526.
—— chirurgien à Troyes, 1895.
—— cap^ne au rég^t d'Auvergne, 1900.
—— 3387, 3677.
—— V. *Labro*.
Patrix, 419.
Patteri (Stefano), 3300.
Pau (Échevins, clergé, magistrats, etc., de). V. *Bacarisse*, *Bergeron*, *Bertier*, *Casans*, *Feroys*, *Forgues*, *La Questouze*, *Lamy St-Macary*, *Vignaul*.
Paul (De), 133, 275, 310, 337.
—— (Saint-Vincent de). V. *Vincent*.
Paulain, commissaire des guerres, 3416, 3454-3456, 3533, 3538, 3539, 3565, 3572, 3642, 3647.
Paule (Don Pedro ou *Francisco?* de), 397.
—— (De), cap^ne au rég^t de Saint-Second, 2135.
Paulet, cap^ne au rég^t de Piémont, puis commd^t de place en Italie, 1961. — Cf. les suivants.
—— commd^t à Sospello, 2099, 2100. — Cf. le précédent.
—— cap^ne au rég de Provence, puis lieut^t-c^el du rég^t de Pont-du-Château, 1830, 1968, 2139, 2141.
Pauli, 2245.
Pauliac (Marc de Cugnac de), mar. c., 158.
—— cap^ne au rég^t Royal-La-Marine, 982.
Paulian (Jacques), de Nice, 2371, 2399
Paulin, lieut^t au rég^t de La Marine, 1768.

Paulin. V. *Le Roy*.
Paulmier. V. *La Pavignère*.
Paulmy (De), 118, 133.
—— (Ant. René de Voyer d'Argenson, m^{is} de), ministre de la Guerre, puis ambassadeur en Pologne, 3380, 3387, 3392, 3394-3396, 3404, 3412, 3413, 3415, 3416, 3419-3421, 3426, 3428-3446, 3449-3452, 3454, 3455, 3457, 3459-3466, 3468, 3469, 3471, 3472, 3479, 3492, 3498, 3500, 3508, 3510, 3539, 3541, 3549, 3559, 3591, 3592, 3607, 3608, 3610, 3611, 3627, 32 s. à 35 s., 56 s., c^{ons} XXIII, XXIV, XXV, XXVII, LXXV, A. 39, A. 40, A. 72. — Cf. les vol. de *Minutes* de février 1757 à mai 1758.
Paulucci, cardinal, 1519, 1606, 1692, 1693, 1703, 1870, 1897, 1973.
—— (Comte), général des troupes pontificales, 1685.
Pauly, cap^{ne} de partisans, 2709, 2728, 3007.
—— (D^{lle}), fille du précédent, 3316.
—— 3541.
Pausa (Don Joseph), gouverneur de Castelléon, 2417.
Pauwels (Éleonora, baronne de Werderinne, dame), 2130.
Pauxier. V. *Tauxier*.
Pavant-Taisy (De), lieut^{t} du gouverneur de Sainte-Menehould, 137, 158.
Pavée (Gabriel J.-B.), 2767, 2924 2926, 2969, 3002.
—— V. *Provenchère*, *Villevieille*.
Pavesi (Comte), de Mantoue, 1871, 1960.
Pavie, officier municipal de Rouen, c^{on} XXVII.
Pavillon, lieut^{t} au rég^{t} de Picardie, 146.
—— officier au rég^{t} de Du Biez, 2022.
Pavin, maire de Poitiers, 117.
Paviot, (De), 3068, 3073.
—— **Nantilloy**, 2244.
Payan, 3173.
—— **de L'Étang**, 3071, 3138.
Payen, lieut^{t}-g^{al} de la ville de Meaux, 904.
Payen, commissaire des guerres, 992, 1073, 1237, 1264, 1273, 1660, 1670, 1760, 1850, 1948, 1954-1956, 2094, 2137, 2143, 2144, 2242, 2243, 2630, 2664, 2676, 2700, 2701, 2724-2726, 2786, 2863, 2981.
—— 1961.
—— (Mme), 2244.
—— 2793.
—— **de Montmort** (Franç.), commissaire des guerres, 2876, 2981.
Paysac. V. *Paysat* et *Peysat*.
Paysat (Franç.-Dumas, comte de), brig., 2242, 2737-2739, 2742, 2785, 2788-2790, 2792, 2794-2796, 2798. — Cf. *Peysat*.
Pazetti, cap^{ne}, 3159.
Péan, notaire à Paris, 2145.
—— V. *Dupont*.
—— (Ch^{r} de), officier au rég^{t} de la Reine, 3499.
Peaudierre, lieut^{t}, puis cap^{ne} au rég^{t} d'Albigeois, 1895, 1902.
Pechaffaut (De), officier au rég^{t} de Champagne, 3471.
Pechaut (De), officier au rég^{t} du Maine, 997.
Pechin, procureur du roi à Langres, 2136.
Pechpeirou. V. *Beaucaire*, *Guitaud*.
Peck, partisan, 1753, 1954.
Pécomme, major au rég^{t} de Champagne, 2130, 2144, 2268.
Pecoüil, officier ou commissaire d'artillerie, c^{on} XLIX a.
Pecquet, 2584.
—— intendant en survivance de l'École militaire, 3576.
Pédamont (De), colonel, gouverneur de Saint-Venant, 123.
Pedelmas (De), cap^{ne} au rég^{t} de Montpouillan, 92.
Pédemont, cap^{ne}, 1973.
—— lieu^{t}-c^{el} du rég^{t} de Beaujeu, 2135, 2138.
—— (De), command^{t} à Calvi, 3330, 3349, 3360, 3380.
Pedros (Francesco), religieux catalan, 2054.
Peeters (Jean), dit «le bourgmestre», cap^{ne} de partisans de Charleroi, 2370, 2388, 2447.

Peghoux, officier au rég^{t} de Piémont, 2136.
Peguelin, commissaire d'artillerie, 2140, 2141.
Peguirau de Theumaseau, c^{on} XXIX.
Peiceval. V. *La Brosse.*
Peignon (Jacques), ex-cap^{ne} de vaisseau, négociant à Saint-Malo, c^{on} LXXVI.
Peinder (Catherine), vivandière, employée aux nouvelles, 1950.
Peire. V. *Marquet.*
Peironet, ingénieur, 2157, 2183.
Peironnent, (Guill.), protestant réfugié à Lausanne, 2136, 2140.
Peiseval. V. *La Brosse.*
Peissonnel. V. *Peysonnel.*
Pelée, lieut^{t}-criminel et subdélégué à Sens, 2418.
Pelegrin, d'Annot (Basses-Alpes), 1768.
Pelegriny (J. M. de), officier autrichien, 3147.
Pelerin (J. D), maire de Boiscommun (Loiret), c^{on} LXV c.
Pelet, lieutenant de la connétablie de l'armée de Flandre, 2313.
—— V. *Narbonne.*
—— maire d'Avranches, c^{on} LXV.
Pelicani da Macerata (frère Bonaventure), capucin, 354.
Pelicot, c^{on} LXIX.
Pellan (De), major du rég^{t} de La Reine-dragons, c^{on} LVII-LXV a.
Pellard, commissaire des guerres, 512.
—— V. *Fontaines.*
Pellé, 299.
Pellegnin, de Nice, 1968, 2248.
—— notaire, 33.
—— cap^{ne} de port à Québec, 3540.
Pelleport (De), 411.
—— (Abraham-Ant. de La Fitte de), lieut^{t}-g^{al}, 1549, 1788, 1885-1887, 1892, 1977, 1979, 1984, 2048, 2049, 2050, 2130, 2133, 2137, 2140, 2370, 2392, 2393, 2454.
—— V. *La Fitte.*
Pellerin, échevin de Mézières, 2142, 2143.
—— 3409.
Pellerstorff, officier autrichien, 3250 3255.
Pellet de Moreton, député de la noblesse de Saint-Paul-Trois-Châteaux. V. *Moreton.*
Pelletier, 134, 184. — Cf. *Le Peletier* et *Le Pelletier.*
—— prévôt des marchands de Paris, 361.
—— intendant, 598, 633, 634. — Cf. *Le Pelletier.*
—— (Michel-Laurent, ch^{r}), lieut-g^{al}, 958, 1213, 1218, 1322, 1356, 1501, 1573, 1574, 1660, 1761, 1895-1900, 2138, 2186, 2271, 2272, 3516, 3555. — Cf. *Le Pelletier* et *Pelletier* (*L.-Aug.*).
—— chapelain des mortes-payes à Carcassonne, 1526.
—— (Anne-Françoise), religieuse à Pontarlier, 1759.
—— négociant à Carcassonne, 3747.
—— échevin d'Auxonne, 2132.
—— commissaire aux extensions du comté de Nice, 1973.
—— banquier à Paris, 2139.
—— (Louis-Aug.), lieut^{t}-g^{al}, 3449, 3450, 3496. — Cf. *Pelletier* (*Michel-Laurent*).
—— de Lille, 3798, c^{ons} LIV, LXII.
Pelletot, échevin de Noyon, 2341.
Pellettre (Nic.), maître charpentier de la Marine, à Abbeville, 2312.
Pellevé (cardinal de), 3, 5.
Pellicelli fils, 2047.
Pellier, officier de garde-côtes à Oléron, 3510.
Pellissié. V. *Labarre.*
Pellissier, artisan au Puy-en-Velay, 1799.
—— mestre-de-camp des carabiniers, 1862.
—— V. *Avril.*
Pellot, intendant, premier président à Rouen, 251, 361, 392, 393, 487.
—— 2736.
Peloux, 2185.
—— commissaire des guerres, 2753, 2757-2759, 2763, 2810, 2813-2817, 2842-2844, 2846, 2850, 2871, 2872, 2885-2888, 2900, 2901, 2940, 2944, 2946-2948, 2952, 2954-2956, 2981, 2983, 3000, 3002, 3035, 3044, 3045, 3068, 3071, 3162, 3164, c^{on} XIV.

Peltier, 1843–1846, 1857, 2236, 2237, 2271, 2322.
Penalosa (Jos. de), gouverneur espagnol de Nieuport, 2224.
Peña-Rouvia (Comte de), gouverneur de Malaga, 1788.
Penaud de La Garlière, lieut^{t} de gardes-côtes à l'île de Ré, 3464.
Penault, concierge des prisons de Limoges, 2140.
Pène (De), major du rég^{t} de Laonnois, 1502.
—— (Louis de Vaubonet de), ingénieur, brig., 3178, 3179, 3314,
—— V. *St Louis*.
Penet, employé des magasins de vivres, 3252.
Pennantier (Pierre-L. Reich de), trésorier des États du Languedoc, 1585, 1614.
Penne d'Agénois (Consuls de), 1792.
Pennetier, prévôt de la maréchaussée de Mayenne, 2264.
Pennier, ingénieur géographe, 1886, 2255, 2332.
Pennivert. V. *Le Mage*.
Penon. V. *La Poterie*.
Penquer (De), lieut^{t} au rég^{t} de Mortemart, puis major de la place de Kehl, 2136, 2728, 2782, 2789.
—— (De), 3404, 3405, 3408, 3449-3452, 3457, 3492, 3498, 3500, 3533–3535, 3537, 3538, 3568–3573, 3576, 3578.
—— (Louise de Kerguezec, dame de), 3452.
Penthièvre (L. J. Marie de Bourbon, duc de), 2877, 2990, 3075, 3091, 3137, 3185–3188, 3208, 3209, 3242, 3255, 3257–3259, 3262, 3263, 3280, 3308, 3309, 3314, 3338, 3387, 3396, 3406, 3418, 3420, 3460, 3493, 3496, 3533, 3543, 3544, 3548, 3549, 3717, c^{ons} XIX, XXVI, XLVII, LXXV, LXXVI.
—— -dragons (conseil d'adm^{on} du rég^{t} de), c^{on} LXV.
Penthon, 219.
Pépin (J.), officier, 141, 146, 158.
—— cap^{ne} au rég^{t} de Picardie, 1856.
—— (De), officier subalterne au rég^{t} de Senneterre, 2228.
Pépin, officier municipal de Tarascon, c^{on} LXV e.
Peragalle (Jean-Luc), 3251.
Peralta (De), gouverneur de Charleroi, 2444, 2445, 2447.
—— (De), officier au rég^{t} Royal-Bavière, 3110.
Peraté, échevin de Charleville, 2169.
Peraud. V. *Perrault*.
Perceval (De), cap^{ne} au rég^{t} de Dampierre, 1832.
—— officier municipal d'Ardres, 3709, 3719, 3725.
Percin. V. *Montgaillard*.
Percot, chef d'escadre anglais, 3570.
Percy (De), major général de l'armée d'Italie, 1683, 1685–1687, 1693, 1781–1785.
—— (MM. de), officiers au rég^{t} de Beringhen, 2242.
—— (Ch^{r} de), 2488.
—— V. *Bally*.
Perdiguier (David du Lang de), ingénieur, brig., 2733–2738, 2747, 2795, 2827, 2904, 2913, 2917, 2921, 2946, 2950, 2952–2954, 2969, 3466, c^{ons} XIII, XV.
Perdriat (De), cap^{ne} au rég^{t} de La Reine-dragons, 1944.
Perdrigeon, marchand drapier à Paris, 2139, 2142–2145, 2269, 2271.
Perdriguier. V. *Perdiguier*.
Perdriset, chirurgien, 3094.
Perdrix, 2308, 2339, 2344, 2370, 2411.
Perdry, député du Nord, c^{ons} LXVII, LXVIII.
Perellos (Raimond de), grand-maître de Malte, 2273,
Perenjenn (De), grand bailli de Quimper, 2186.
Peretti, corse, 3370, 3380, 3664.
Pereuse (Ch. Prosper Baüyn, m^{is} de), lieut^{t}-g^{al}, 3063, 3117, 3175, 3180, 3232–3235, 3238–3240 3243, 3259–3261, 3418, 3443, 3444, 3446, 3471, c^{ons} XVIII, XX, XXIV, XXVII.
Perez (Comte de), 3648, 3671.
Pergen (Comte), 3463, 3513, 3545, 3552, 3554, 3555, 3559, 3584, 3615, 61 s., 69 s., c^{ons} XXVII, XXIX.

Peri, colonel, 355, 466, 505. — Cf. *Péry*.
Perié, officier, 2138.
—— 3711, c^{ons} LXV, LXV a, LXV d, LXV f.
Perigal, 97.
——, officier aux dragons de Lesparre, 1944.
Perigois, 598.
Périgord (Comte de), 3484, 3708, 3717, 3719, 3721, 3726, c^{ons} LVI, LVII.
—— V. *Talleyrand.*
Périgueux (Consuls, magistrats, etc. de), 1013. — Cf. *Collarède, Dupinier, Montréal, Simon, Verneuil*, etc.
Pérille (De), lieut^{t}-c^{el} du rég^{t} Royal-Vaisseaux, 2913.
Perin, membre du Directoire du dép^{t} de l'Aisne, c^{ons} LXV a, LXIX.
Perin. V. *Perrin.*
Periot (Ant.), 2134.
Peris (De), 958.
Perl. V. *Pallavicini.*
Perles (De), gentilhomme du diocèse d'Alet, 2133.
Permangle (Gabriel de Chouly de). lieut^{t}-g^{al}, 1491, 1550, 1557, 1852, 1855–1857, 1948, 1951–1953, 2034, 2035, 2131, 2133–2135, 2137, 2139, 2140, 2142, 2160, 2219–2222, 2235, 2272, 2299–2301, 2303, 2308, 2370, 2391, 2393, 2459, 2487.
Permillioc (De), 1265, 1266, 1322, 1365.
Permon (Martin de), garde-magasin à Brest, c^{on} XLVIII.
Permond (De), 1830.
Pernes (De), élu des États de Bourgogne, 2183.
Pernet, 3598.
Pernéty (Dom), abbé de Burgel, ex-bibliothécaire du roi de Prusse, secrétaire perpétuel de la société académique de Valence (Dauphiné), 3749, c^{on} LI.
Pernot, commissaire des guerres, 116, 182, 468.
—— garde d'artillerie au Fort Saint-Hospice, 1874.
—— étapier du Soissonnais, 2185.
—— **Du Buat**, inspecteur des Fermes au département de Soissons, 2262, 2266.
Pernott (De), 2142.
Pérocheau, officier de garde-côtes à Oléron, 3510.
Peronin (De), 3259.
Péronne (Clergé, magistrats, etc. de), c^{ons} LXV a, LXV b. V. *Aubrelique, Ballue, Boyenval, Fonchet, Huet, La Broue, Le Tellier, Le Grand, Mallemain, Mignon, St-Roman, Vaillant.*
Perou de Belle-Isle, 2095.
Perouse de Verchère, 3387.
Perpignan (Consuls, clergé, magistrats, etc., de), 117, 296, 356, 466, 516, 1831, c^{on} LXV d. — Cf. *Balderan, Bellaserre, Beringo, Bertrand, Boisset, Bonet, Diego, Fabri, Ferran, Flamanville, Gaffard, Gagnon, Grillet, Matheu, Mendoça, Montmort, Mouty, Raimond, Reart, Regnes, Sorbes, Trueta, Vivien, Xaupi.*
Perponcher (Guill. de, s^{r} de Maisonneuve), gouverneur du Sas de Gand, 277.
Perquand, maire de Rambervillers, 2034.
Perraquin, 1079.
Perrault (Jules-César de Fay, baron de), mar. c., 102, 134, 158.
Perredon (De), cap^{ne} au rég^{t} de Normandie, 271.
Perelle, 1055.
—— officier au rég^{t} de Piémont, 2136.
Perret, avocat général à la Chambre des Comptes de Chambéry, 1331.
—— cap^{ne} du service de Savoie, 1898.
—— (Mme), 3546.
Perreuil. V. *Du Perreuil.*
Perreuse. V. *Péreuse.*
Perrey, lieut^{t}-g^{al} du présidial de Salins, subdélégué de l'intendant de Bernage, 1674.
Perri. V. *Péry.*
Perrichon, prévôt des marchands de Lyon, 1765, 2657, 2739, 2756, 2824.
Perrier. V. *Crenant, Du Perrier.*
Perrin (Jacob), habitant de Bourgoing, 20.

Perrin, 119. — Cf. le suivant.
—— (Ch^{r}), officier, commd^{t} à Thionville, 277–279, 323, 335, 342, 349, 385, 391, 399, 409, 414, 443, 444, 451, 452, 460, 484, 508, 509, 514, 557, 558–561, 567, 880, 966, 967, 969, 989, 1851.
—— **de Flancourt**, commissaire des guerres, 989, 992, 2024, 2299.
——, conseiller au présidial de Lyon, 1800.
—— (Ch^{r}), cap^{ne} au rég^{t} de La Motte, 1830.
—— valet de chambre du Roi, A 89.
—— (Anne de Bullioud, veuve), 2044.
—— colonel, 2134, 2142, 2371.
—— directeur des fourrages, 3259.
—— secrétaire du Directeur de la Librairie, 3753.
—— **-Desalmons**, 3316. — Cf. *Des Almons*.
—— **-Du Rudosne**, 944, 992, 1068, 1213, 1218, 1312, 1423.
Perringault, membre du Directoire de St-Quentin, c^{on} LXV a.
Perrinet, fermier général, 2871, 3406, 3546.
Perriquet (Augustin), commissaire des guerres, 97.
Perrissan (De), cap^{ne} au rég^{t} de Piémont, puis lieut^{t} de roi de Metz, 1861, 2145, 2263, 2450, 2609.
Perrochel (Franç), évêque de Boulogne, 102, 118.
Perrolle, concierge du For-l'Évêque, 2145.
Perron, directeur des écluses de Douai, 1830.
—— lieut^{t} au rég^{t} de Piémont, 2136.
—— (De), 3406.
—— cap^{ne} dans la compagnie franche de Le Camus, 2251.
—— V. *Belle-Isle*.
—— (Comte de), 3708.
Perronet (J. Rodolphe), ingénieur, membre de l'Académie des Sciences, 3751.
Perrot, officier, 1855.
—— procureur à Montélimar, 2346.
Perrotte, lieut^{t}-criminel de robe courte à Bar-sur-Aube, 1899.
Perroux (J.-B.), lieut^{t} dans la compagnie franche de Dreffort, 2244.
Perruchon, cap^{ne} au rég^{t} de Croy, 1858.
Perruchot, lieut^{t} au rég^{t} de Tavannes, 1856.
—— V. *Longeville*.
Perry, avocat à Paris, 1525.
Persan (Franç. de Vaudetar, m^{is} de), mar. c., 102, 123, 131.
—— (De), lieut^{t} de carabiniers, 1759.
—— (De), intendant du Commerce, 3412, 3413.
—— (Ch^{r} de), 3622.
Persange (De), 299.
Persode de Maizery (De), 279, 280, 288, 342, 343, 346.
Person, commissaire des guerres, 158.
Personne, lieut^{t} de Châtillon-sur-Seine, 3261.
Perth (Duc de), 2138, 2140, 2143, 2145, 2183, 3152, 3154, 3184, 3338.
—— V. *Drummond*.
Perticoz, 3691.
Pertuis (Comte de), 209, 210, 224, 227, 238, 259, 260, 271, 275, 277, 279, 280, 294, 296, 310–313, 333–335, 396–398, 448, 450, 453, 484, 489, 490, 492, 496, 497, 499–501, 504, 505, 535–538, 542–549, 552, 553, 555, 585, 596, 604, 671, 725, 729, 730, 733, 793, 795, 822, 867, 870, 891, 944–946, 956, 1052, 1054, 1057, 1145–1148, 1203, 1206, 1208–1210, 1254, 1255.
—— (De), ancien colonel d'inf^{rie}, 1951.
Pertus, cap^{ne} au rég^{t} du Maine, 1789. — Cf. le suivant.
—— (De), gouv^{r} de Mont-Louis, 1886–1888, 1891, 1981–1984. — Cf. le précédent.
—— (Mme de), veuve du précédent, 2139.
—— fils (de), 2141.
Pertusati (Franç), évêque de Paris, 2812.
Perudi, 3648.
Pérusse (Louis-Nic. Des Cars, ch^{r} Des

Cars, puis m^is de), lieut^t-g^al, 3262, 3410, 3462, 3463, 3563, 3583, 3584, 3603.
Pérusse. V. *Des Cars.*
Perville-Salles, négociant à Dunkerque, 3030.
Péry (J. B., m^is de), lieut^t-g^al, 958, 1569, 1585, 1586, 1660, 1661, 1748, 1844-1848, 1858, 1895, 1948-1951, 1988, 2027, 2028, 2091-2093, 2144, 2162-2165, 2169, 2236-2239, 2242, 2244, 2317-2319, 2323, 2391-2393, 2452-2461, 2487, 2505, 2506, 2532.
—— V. *Péri.*
Pesca (J. B.), officier au rég^t Royal-Roussillon, 1943.
Pesch. V. *Wymar.*
Peschery, cap^ne au rég^t de Rottembourg, 2133, 2137.
—— (De), lieut^t de roi de la province d'Alsace, 2370.
Pescheur, échevin de Reims, 2270.
Pesciolîny, officier au rég^t de La Chau-Montauban, 2032.
Peseux (Vicomte de), officier, 3258. — Cf. *Pezeux.*
—— V. *Pezeux* et *Thouy.*
Pesieux (Thoy ? de), 1010. — Cf. *Thouy.*
Pesme de Saint-Savornin (De), 1961.
Pestalozzi, 110.
—— lieut^t au rég^t de Salis, 3187, 3259.
—— (Comte), 3754, c^ons LX, LXIV, LXXI.
Pesteils (De), 3209, 17 s, 39 s, c^on XL.
Pesterloo. V. *Holstein.*
Pesters, secrétaire du prince d'Orange, 393-395, 401, 402, 436, 439, 442, 450, 494, 495, 503, 513.
—— (Ernest), ayant la direction des Contributions du Brabant, de la province de Namur, etc., 1563, 1644, 1656, 1736, 1754, 1851, 1853, 1854, 1942, 1943, 1944, 1954, 1956, 2025, 2033, 2056, 2082, 2085-2087, 2095, 2136, 2154, 2156, 2167, 2219, 2225, 2228, 2229, 2231-2235, 2241, 2309-2311, 2314, 2315, 2372, 2377, 2379-2381, 2387, 2415, 2445, 2447, 2448.
Pesters (W. de), lieut^t-c^el hollandais, 3185.
Peteau, chirurgien-major du bataillon de Chasseurs des Vosges, c^on LXV c.
Peterborough (Ch. Mordaunt, comte de), 1963, 1977.
Peters. V. *Peeters.*
Petersdorff (Frédéric, b^on de), cap^ne de cav^ie, 146.
Pethel. V. *Lerre.*
Pethereau, 2244.
Petiet (Cl.-L.) procureur g^al syndic d'Ille-et-Vilaine, plus tard ministre de la guerre, c^ons LXV a, LXV b, LXVI, LXXIV, LXXVI.
Pétigny, officier au rég^t de Roussilles, 1857.
Pétigny. V. *Poncet.*
Petimont (P. de Vautier, s^r de), 146.
Petigot, cornette au rég^t de Streiff, c^on LXXXVI.
Petion (Jérôme), maire de Paris, c^on LXXI.
Petit, 491, 500, 643, 708, 875, 876, 882.
—— lieut^t d'une c^ie franche de Maubeuge, 1056.
—— syndic du présidial du Puy, 1700.
—— cap^ne au rég^t du Bugey, 1832, 2137, 2138.
—— 1869, 1935.
—— cap^ne des écluses de Menin, puis de celles de Douai, 2024.
—— officier au rég^t Du Roure, 2160.
—— commis de l'extraordinaire à Aire, 2312.
—— médecin des hôpitaux à Namur, 2134, 2139, 2140.
—— échevin de Chimay, 1053, 2135, 2243, 2268, 2323.
—— lieut^t de la compagnie franche de Jacob, 2137.
—— entrepreneur de fournitures à Namur, 2140, 2143, 2219.
—— marchand ou entrepreneur de fournitures de galons à Paris, 2143, 2262, 2269.
—— directeur des postes à Strasbourg, 2243, 2244.

Petit, commissaire et garde d'artillerie à Nancy, 2243, 2244.
—— conseiller au présidial de Sedan, 2371.
—— cap^ne^ de la milice d'Alsace, 2739.
—— (J.-L.), chirurgien, membre de l'Académie des sciences, 3182.
—— (De), lieut^t^ au rég^t^ hollandais de Cronström, 3182.
—— de Nogent-sur-Seine, 3187.
—— magistrat de Mariembourg, 3089.
—— aide-major, 3577.
—— officier municipal de Mâcon, c^on^ LVII.
—— officier municipal de Falaise, c^on^ LXV b.
—— maire de Saint-Gatien, c^on^ LXV c.
—— maire de Blois, c^ons^ LXV d, LXV e.
Petitbois (De), 397.
Petitière. V. *La Petitière*.
Petitfils, commissaire aux recrues à Rocroi, 1905.
Petitguillaume, officier au rég^t^ Royal-Pologne, c^on^ LXC c.
Petitjean, cap^ne^ de partisans, 1830.
—— cap^ne^ réformé à la suite de la compagnie franche de Jacob, 2992, 2993.
Petitval (Ch.-Adde, s^r^ de), cap^ne^ au rég^t^ de Sault, 131.
Petremand (Comte de), c^on^ LXIV.
—— (Ch^r^ de), 3161.
—— **d'Amondans**, conseiller au parlement de Besançon, 1856, 2132.
Petri (Henri), suisse, agent secret, 1674.
—— major et ingénieur prussien, c^on^ XXIX.
Petriconi (César-Mathieu de), colonel corse, 2752.
Petrieu (Du Chastel, comte de), 2312.
Pétrole (De), commissaire des guerres, 1504, 1660, 1854-1856, 1954, 2095, 2135, 2137, 2144, 2167, 2241, 2243-2245, 2324, 2370, 2392.
Petrot, 990.
Petrucci, ingénieur, c^on^ LXXIII.
Petry (J.-Georges de), suisse, 2032.
Peucharnaut (Jacques de La Ramière, s^r^ de), cornette de chevau-légers, 146.
Peuchmartin (De), cap^ne^ au rég^t^ de Maubourg, puis dans les Gendarmes-Dauphin, 1902, 2267.
Peuchot, architecte à Poitiers, c^on^ LXIV.
Peyrac. V. *Lasserre*.
Peyralade (De), invalide de la garnison de Belle-Isle, 2270.
Peyrani, (Comtesse), de Nice, 1974.
—— de Nice, 3262.
Peyrat (De), cap^ne^ au rég^t^ de Champagne, 396.
Peyraud, major de la Place de Belle-Isle, 2370.
Peyre. V. *Marquet, Tréville*.
—— (De), officier dans les Chasseurs de Béringuier, 3261.
—— officier municipal de Castres, c^on^ LXV d.
Peÿre-Chateauneuf (Louis de), consul de Nice, 2039, 2043.
Peyrelongue (De), officier au rég^t^ de Vogüé, 3007.
Peyreverd (De), cap^ne^ au rég^t^ de Mercœur, 146.
Peyrigué, lieut^t^ au rég^t^ de Berry, 1877.
Peyrins (De Calignon de), officier, 213.
Peyrissac (De), cornette au rég^t^ de Du Paon, 2131.
Peyrote (De), cap^ne^ au rég^t^ de Guise, 3242.
Peyrusse (De), 2130.
Peysat (De), 2131.
Peysonnel (De), 829, 881, 987.
Peyster (De), négociant à Rouen, 3568.
Pezay (Marquis de), 3691.
Pezé (Hubert de Courtalvert, m^is^ de), lieut^t^-g^al^, 2704, 2705, 2707, 2751-2759, A. 122, c^on^ XII.
Pezeux (comte de), gouverneur de Langres, 1896, 2134, 2140, 2183 2323, 2339, 2344, 2420, 2698 2702, 2993.
—— (Cleriadus de Pra-Balesseau, ch^r^, puis vicomte de), lieut^t^-g^al^, 1572, 1660, 1661, 1766, 1896, 1898, 1966, 1968, 2027, 2081, 2133-2135, 2137-2139, 2144, 2145, 2159, 2160, 2219, 2221, 2222, 2244, 2299-2301, 2370-2372, 2375, 2383, 2385, 2447-2459,

2558, 2562, 2786, 2787, 2969. — Cf. *Peseux* et *Thouy*.
Pezzi (Pio), 3125.
Pfauzelter, commissaire des guerres autrichien, 3255.
Pfeffel (De), 3514, 3544.
Pfiffer, commd^t à Hagenbach, 2091.
—— **de Wyher** (Franç. de), mar. c., 224, 396, 437.
—— (Louis), brig., 1573, 1855, 1936, 1941, 1943, 1944, 1945, 2132, 2163, 2164, 2236, 2239, 2242, 2243, 2323, 2391.
Pfuel. V. *Phull*.
Phalsbourg (Magistrats, bourgeois, etc., de), 1854, c^{ons} LIV, LXV, LXV a, LXVI. V. *Curty, Dayme, Ganol, Kunn, Lacour, Lombard, Lucas, Mengin, Mouton, Planne, Parel, Ransier*, etc.
Pheiffer, conseiller à Strasbourg, 2030.
Phelines, officier du Génie, député d'Eure-et-Loir à l'Assemblée N^{le}, 3722, c^{ons} LXV b, LXVI.
Phélippeaux, officier de la compagnie franche de Sainte-Marie sous les ordres de M. d'Halanzy, 2245, 2269.
—— V. *Phélypeaux*.
Phelippes, 275, 276, 280, 310, 313, 332, 333, 339, 362, 396, 397, 484, 542, 648, 945, 946, 958.
—— (Nicolas-Léon de La Houssaye), lieut^t-g^{al}, 1832, 2130, 2133, 2136, 2138, 2225, 2300, 2343, 2391, 2416, 2740, 2742, 2782-2786, 2798, 2837, 2838, 2915, 2923, 3000-3002, 3007, 3040, 3041, 3044, 3083, 3087-3089, 3092, 3135-3139, 3145, 3148, 3154, 3162, 3185, 3201-3204, 3206, 3207, 3257, 3277, 3278, 3418, c^{on} XVII.
Phélypeaux, 97, 110. — Cf. *Châteauneuf, La Vrillière, Maurepas, Pontchartrain, Saint-Florentin*.
—— (Raymond-Balthasar de), lieut^t-g^{al}, ambassadeur, vice-roi du Canada, 1508, 1509, 1510, 1511, 1514, 1518, 1585, 1586, 1588, 1594, 1686, 1693, 1801, 1831, 1860, 2138, A. 92 *bis*, c^{on} IV.
Phélypeaux, à Lodève, 2130.
Philibert, duc de Savoie, 5.
—— (Frère), capucin, 2145.
Philip, consul d'Entrevaux, 3260.
Philippe II, roi d'Espagne, 12.
—— **IV**, roi d'Espagne, 14, 20, 32, 49, 88, 97.
—— **V**, roi d'Espagne, 1590, 1591, 1600, 1686, 1783, 1784, 1788, 1803, 1820, 1883-1885, 1888, 1890, 1939, 1958, 1978-1980, 1986, 2047, 2049, 2051, 2106, 2178, 2179, 2214, 2256, 2328, 2333, 2455, 2488, 2705, 2754, 3061, 3064, A. 87, A. 88.
—— (Infant don), duc de Parme, 3014, 3070, 3172-3174, 3176, 3179, 3233, 3235, 3259, 3291, 3391, 3396, 3406, 3469, 3579.
—— marchand à Charleroi, contrôleur de l'hôpital de cette ville, 2138, 2219.
—— (Julien-Charles), cornette au rég^t de Listenois, 2267.
Philippes, cap^{ne} des Guides, 3145.
Philippeville (Échevins, clergé, magistrats, etc., de), c^{ons} LIV, LXV. — Cf. *Ambroise, Forgeois, Guerry, Igrimard, Jean (De), Le Coiré, Massard, Tassier, Urbain*, etc.
—— (Jean), 245.
Philippin, 1855.
—— procureur du roi à Langres, 3182, 3184. — Cf. *Philpin*.
Philipps (E.), gentilhomme anglais, 3197.
Philippsbourg (Échevins, clergé, magistrats, etc., de), 350. — Cf. *Dubuisson, Saint-George, Wutgenau*, etc.
Philpin, procureur du roi à Langres. — V. *Philippin*.
Phorria (De), 512.
Phull (Jean, baron de), général allemand, commd^t à Kehl, 2699.
Phutchner (De), 2840.
Piac, lieut^t-c^{el} du rég^t de Berry, 3041.
Pianelli, corse, 2887.
Pianesse. V. *Pianezza*.
Pianezza (Ch.-Emm.-Philibert de Simiane, m^{is} de Livourne, puis de), mar. c., 182, 564, 602, 633, 664, 668, 686.
—— (Marquis de), 686, 737.

Piat (Franç.), bourgeois de Colombey, près Bar-sur-Aube, 2130.
—— (De), lieut^t-c^el du rég^t de Berry, 3207, 3275, 3276, 3396, c^on XX.
Piatti (Mis), 3727.
Pibrac (Guy du Faur de), mar. c., 110.
—— (De), cap^ne au rég^t de Provence, 2132.
Pibrach (De), officier du service d'Allemagne, 2792.
Picard, procureur à Montmédy, 1854, 1857.
—— sergent au rég^t du Roi, 1944.
—— 3630.
Picart (Louis), trésorier de la Marine, 33.
Piccolomini, général de l'armée impériale, 354.
Picedi (Carlo), podestat de Sestri di Levante, 3252.
Pichard (De), colonel au service de l'évêque de Liége, 3027, 3030.
—— V. *Cornehote.*
Pichon et **Pichon-Duclos**, commis principaux de l'extraordinaire des guerres, 1287, 1768, 1974, 2044, 2045, 2136, 2137, 2913.
Pichon, officier au rég^t de La Chau-Montauban, 2032.
Pichot, officier municipal de Joigny, c^on LXV c.
Pickelsheim (Spiegel de), cap^ne des gardes du corps du duc de Brunswick, 3544.
Pico. V. *La Mirandole.*
Picon (Comte), 2621, 2704. — Cf. les suivants.
—— **d'Andrezel** (J.-B.-Louis Picon, m^is d'Andrezel), commissaire ordonnateur aux armées d'Italie, puis intendant du Roussillon, puis ambassadeur à Constantinople, 1093, 1169, 1228, 1236, 1272, 1274, 1275, 1287, 1331, 1332, 1382, 1401-1403, 1422, 1423, 1426, 1465, 1502, 1504, 1572, 1585, 1586, 1594, 1595, 1688, 1689, 1693, 1773, 1774, 1780, 1794, 1866, 1870, 1871, 1964, 1965, 2038, 2046, 2047, 2058, 2089, 2183, 2558-2564, 2575, 2609, 2621, 11 s.
Picon de Lèzes, parent du précédent, 1689, 1773, 1781.
—— **de La Pérouse** (Comte), 1766, 1896, 2038, 2183, 2269.
Picot (Achille de, s^r de Combreux), officier, 92, 131.
—— (Antoine de, s^r de Vaux), officier, 92, 131.
—— (Ch^r de), 3075.
—— maire de Bayonne, 3403, 3408.
—— échevin de Saint-Malo, 3493, 3497.
Picouteau, cap^ne au fort Saint-André (Salins), 2411.
Picquet, chanoine à Lens, 2142.
—— officier municipal de Douai, c^on LX.
—— fournisseur des hôpitaux à Bruges, 2220.
—— **de Melesses**, 3632. — Cf. *Melasses.*
Picquier, commis au Dépôt de la guerre, 3775.
Picquigny. V. *Chaulnes.*
Pictet, banquier à Genève, 2136, 2137.
—— 2185.
—— officier au rég^t de Diesbach (?), 3506.
Pie (Prince de Savoie), 1777, 1964, 2023, 2105, 2137, 2170, 2177.
Piedeumont, prévôt des marchands à Crépy, 2143.
Piedvert (De), sous-lieut^t dans une compagnie franche, 2138.
Piemilan (Ch^r de), 3721.
Piennes (Ant. de Brouilly, m^is de), lieut^t-g^al, 119, 123, 131, 137, 151, 157, 245, 264.
Pieron, exempt de la maréchaussée de Metz, vaguemestre de l'armée de Bavière, 2912.
Pierquanz (Phil. Alexis de), cadet-gentilhomme de Brisach, 1056.
Pierrebasse (Abbé de), 2133.
Pierrebussière. V. *Lostanges.*
Pierrefeu (De), cap^ne au rég^t des Galères, 1973.
—— (Esprit-Aug. de Dons de), mar. c., 21 s.
—— consul d'Aix-en-Provence, 3259, 3310, 3314.
Pierrefitte (Ch.-Ant. Du Châtelet, m^is de), mar. c., 342, 343, 460, 546, 547, 598.

Pierrefonds (Syndic de). V. *Béjot.*
Pierregourde (De), 158.
Pierrelatte (Maire, etc., de). V. *Catalan, Favre.*
Pierre-Levée (De), lieut' de roi de Niort, 2130.
Pierrepont (De), 146, 568, 1802.
—— lieut' au rég' de Cany, 1901.
Pierret, maire de Reims, c°n LXV b.
Pierreval (De), officier à Lichtenberg, 2135, 2136.
Pierreville. V. *Maclot.*
Pierron, entrepreneur de fournitures à Metz, 1858, 1950, 1961, 2033, 2095, 2185, 2421.
—— (Pierre), portier de la porte Chambierre, à Metz, 2687.
Pierront (Dominique), bourgeois de Metz, 1754.
Pierson, cap°e au rég' de Magnières, 1953.
—— cap°e au 1er rég' des Gardes à pied d'Angleterre, 3506.
Piètre (Julien), trésorier général à Amiens, intendant par intérim, 157, 158.
—— directeur d'une compagnie des vivres, 2221, 2244, 2269, 2271–2273, 2421.
Pietri (Salvatore), corse, 3360.
—— membre du Directoire de la Corse, c°n LXVII.
Piette des Broizes, maire de Rumigny (Ardennes), c°n LXI.
Pieusin, viguier de Toulon, 33.
Pigault de Lépinoy, maire de Calais, 3740.
Pigenot (De), cap°e au rég' d'Alsace, 2030.
Pigeon, lieut' de Carabiniers, 2143.
—— échevin de Romorantin, 3182.
Pignan (Ch'r de), 419.
—— (De), garde-du-corps du roi, 1856, 1943.
—— (De), 2221.
Pignatelli, 2035.
—— **de Fuentès** (Prince), c°n XLIII.
Pigné (Philippe), ancien échevin d'Abbeville, 2143.
—— V. *Lardinière.*
Pignerol (Conseil souverain, gouverneurs, syndics, clergé, etc., de), 110, 137, 299, 354, 355, 516, 566, 567, 615, 672, 1289, 1766, 2213, c°n II. — Cf. *Berthex, Bessano, Brouilly, Calusio, Cotty, Fenouillin, Herleville, La Bretonnière Martintiano, Mioly, Nano, Rissan, Roddes, Sanzo, Scotia, Sainte-Marie*, etc.
Pignerol (Le P. gardien des Capucins de), 299, 354.
Pignet, 2134.
Pignières, 2770.
Pigny (De), cap°e au rég' de Cambis, 3419.
Pigott (Auguste), marin anglais, 3621.
Piis de Trajan, officier, 2136.
Pijart, cap°e au rég' Royal-Artillerie, 2143, 2177, 2188, 2255.
Pilan (De), cap°e au rég' de Rennepont, 2132.
Pilany de Saint-Laurent, 1703.
Pilavel. V. *Gayot.*
Pilez, 117.
Pillavoine. V. *Trie.*
Pille, cap°e au rég' de Thiérache, 2102.
—— 2547.
—— (De), major du fort Griffon, 2785.
Pillement, procureur à Toul, 2035, 2169.
Pillerstorff, officier autrichien, 3249.
Pilles (Pierre-Paul de Fortia, baron de), mar. c., 33, 420, 516.
—— cap°e au rég' du Roi-inf'ie, 1703, 1878.
—— (M'is de), commd' au château d'If, puis gouverneur-viguier de Marseille, 2131, 2138, 2141, 2142, 2188, 3060, 3065, 3178, 3180, 3187, 3224, 3571, 3572, 3671, c°ns XXX, XLIII.
—— (Ch'r de), chef d'escadre, 3232, 3234, 3257, 3465.
Pillet, officier de partisans au service d'Espagne, 1831.
Pillon, 141.
—— audiencier au Châtelet, 2272.
—— **d'Arquesbouville**, comm're extraordinaire de l'artillerie, 3467.
Pillot, docteur en Sorbonne, chanoine et pénitencier de la cathédrale de Tournai, 1946.
—— major du rég' de Courcillon, 1841,

Pillot, lieut[t] du bailliage d'Avesnes, c[on] LV.
Pilloty de Lezan (De), cap[ne] au rég[t] de Béarn, 2377, 2420.
Pilloust, 3600.
Pilloy (De), 275, 279, 292, 293, 342, 343, 345, 353, 410, 411, Cf. *Piloys.*
Pilmer. V. *Monfort.*
Pilon, aide-major de la place de Marsal, 1855, 2241.
Piloys (De), 137. — Cf. *Pilloy.*
Pimentel, officier au château de Dasbourg, 978.
—— gouverneur de Charleroi pour l'Espagne, 1205.
—— (De), mestre-de-camp réformé, 2269.
—— (De), officier au rég[t] de Brabant-cav[ie], 2411, 2419 2456.
Pimodan (De), lieut[t] de roi de Toul, 987, 1672, 1856, 2033–2035, 2056, 2135, 2136, 2141, 2167, 2323, 2393, 2687.
Pin, 3502.
Pina (Abbé de), directeur de l'hôpital de Gap, 1972.
Pinard, commis des bureaux de la Guerre, auteur de la *Chronologie militaire*, 3406.
Pinchinat, détenu à la tour de Crest, 2370.
Pinchon, chanoine de Lens, 2142.
Pineau. V. *Lucé, Villiers.*
Pinel, exempt des Gardes dans la compagnie d'Harcourt, 2266.
Pinelli (De), 3722.
Pinet (Michel de), chargé d'affaires à Gênes, 3728.
Pingeon (Sigismond), cadet au rég[t] d'Aunay, 2140, 2141, 2243.
Pingilly (De), 1608.
Pingré. V. *Baligny, Vraignes.*
Pinguet, commissaire des guerres, 259, 280, 343, 411.
Pini (De), mousquetaire, 2144.
Pinon, 119.
—— (Anne), intendant en Béarn, puis à Alençon, à Poitiers et en Bourgogne, 1337, 1524, 1525, 1610, 1612, 1705, 1801, 1903, 1905, 1968, 2135, 2170, 2187, 2265, 2267.
—— **d'Avor**, 3144. — Cf. *Avor.*
Pinon de Saint-Georges (Anne-Louis), lieut[t]-g[al], 3152, 3534.
—— curé de Saint-Martin de Bourbon-Lancy, 2132.
Pinpurniaux (Gaspar), architecte ou entrepreneur à Namur, 3226.
Pinson, officier municipal de Marans, c[on] LXV d.
—— 2411.
Pinsonneau, premier commis du bureau des secrétaires, 1134, 1135, 1562, 1700, 2328. — Cf. le suivant.
—— **d'Hauterive**, 1501.
Pinsun (J.-P. de), brig., 1943, 1945, 2054, 2140, 2379, 2414, 2419, 3391.
—— (J.-B. de), mar. c., 3751, 3755, 3760, c[ons] LXI, LXV.
Pintard, 2678.
Pintault du Lignon, 3409.
Pinterel de Couvernay, maire de Château-Thierry, 2784.
Pintrel. V. *Pinterel.*
—— **de La Loge**, 1209.
Pioche. V. *Lavaste.*
Piolenc (Honoré-Henri de), premier président du parlement de Grenoble, 2926, 2967, 2968, 2970, 2979, 3014, 3015, 3396, c[ons] XV, XVI.
Piolle, officier, 3360.
Pionsac (Gilbert de Chabannes, comte de), mar. c., 134, 158.
—— (Gilbert de Chabannes, comte de), brig., 1847, 1856, 1897, 1900, 1952, 1953, 2034, 2135, 2137, 2140.
—— V. *Chabannes.*
Pionsat. V. *Pionsac.*
Piosin (De), cap[ne] au rég[t] du Roi, 2131, 2132.
—— **-Montauban**, 2132.
Piosasque (De), 2371.
Pipaud (De), ancien officier du rég[t] de Bissy, 2142.
Piper (Comte), ministre du roi de Suède, 2047.
Piple. V. *Levoisin.*
Pirch (Baron de), commd[t] le rég[t] Royal-Hesse-Darmstadt, 3724, 3740.
Pisançon (De), 11.
Pisani, cap[ne] au rég[t] de Damas, 1767.
—— provéditeur à Vérone, 2753.
Pisseleu. V. *Aux-cousteaux.*

Pissy (De), 468.
—— V. *Saisseval.*
Pistoris aîné (De), officier au rég^t de Schomberg, 3525.
Pistorius, ministre des comtes de Sayn, 3508.
Pisy (De), cap^{ne} au rég^t d'Auxerrois, 3290.
Piteagle. V. *Leslie.*
Pitimont (De), enseigne au rég^t de Piémont, 146.
Pitous (De), commd^t à Campredon, puis gouverneur de Villefranche-de-Conflent, 899, 901, 1109, 1174, 1338, 1522, 1861, 1885, 1892, 1982, 2141, 2180, 2255, 2332,
Pitron, aumônier de la citadelle de Mézières, 2244.
Pitt (William Pitt, lord Chatam), ministre anglais, 3624.
Piuliani (Giovanni), corse, 3635.
Piuseppi (Jos.-Mar.), corse, 3360.
Piveron de Morlat, 3188, 3765, c^{on} LI.
Piza (Comte), général autrichien, gouverneur d'Embden, 3444, 3472, 3473, 3493, 3630, 40 s.
Pizzini (Giulio), 1691.
—— (Antonio), corse, 3635.
Plagnolle (Pierre), dit Lacroix, tailleur à Rambervillers, 2030.
Plaimpel, habitant du Havre, c^{on} XXX.
Plainchamp (De), officier, 3475–3484, 3486, 3487, 3489, 3516–3526.
Plainville (De), commissaire des guerres, 903.
—— V. *Vaux.*
Plaisance, officier au rég^t de Piémont, 2166.
Plamon (J. de), contrôleur des troupes, c^{on} LXXXVI.
Plancy (Emmanuel de Guénegaud, ch^r de), mar. c., 1843–1845, 1848.
—— (Anne-Marie-Françoise de Mérode, m^{ise} de), 2332, A. 89.
Planelle (Ch^r de), 564.
Planès (Manuel), gouverneur espagnol de Castelléon, 1016.
Planet, cap^{ne} au rég^t de Caylus, commd^t au fort de La Trinité, 2466.
Planne (De), trésorier des troupes à Phalsbourg, 1754.
Planque (De), lieut^t de roi de Bayonne, 264, 279, 668, 793, 832, 902–904, 1013, 1016, 1017, 1108, 1109, 1175, 1234, 1235, 1238, 1241. — Cf. le suivant.
Planque (Barthélémy de), mar. c., 989, 997, 1519, 1586, 1590–1592, 1614, 1683, 1693, 1707, 1708, 1792, 1796–1798, 1800, 1802, 1886, 1898, 1899, 1906, 1907, 2044, 2131–2133, 2135, 2137–2143, 2145, 2188, 2246, 2255, 2261, 2269, 2270, 2272, 2328–2332, 2404, 2408, 2417. — Cf. le précédent.
Planta, lieut^t du maire de Sainte-Menehould, 2420.
—— (De), gouverneur des jeunes princes de Darmstadt, 2838.
Planta (De), 3183.
—— **de Wildenberg** (Louis-Aug., baron de), lieut.-g^{al}, 3520, 3607.
Plantade, 3677, c^{on} LXIX.
Plantavin (Ant.), huissier à Alais, 1799.
Planterose (Marianne de), 2138–2140.
Plantier, officier au rég^t de Dragons-Dauphin, 1862.
Platel (De), cap^{ne} au rég^t de Vermandois, 1802.
Platz. V. *Reich.*
Plein, cap^{ne} au rég^t d'Alsace, 1830.
Plemarest, cap^{ne} au rég^t de Lannoy, 3245.
Pléneuf. V. *Berthelot.*
Plessis. V. *Du Plessis.*
Plessis-Bellière. V. *Du Plessis-Bellière.*
Plet (J.-Fr.), chirurgien de la Marine, 3578.
Plets (Jacques), armateur à Dunkerque, 2086.
Plettenberg (Baron de), gouverneur du Cap de Bonne-Espérance, 3738.
Pleurre (De), 3296. — Cf. *St-Quentin.*
Pleurtuit (Municipalité de), c^{ons} LXI, LXII, LXIII.
Plicard, entrepreneur des hôpitaux, 2395.
Ploermel (Municipalité de), c^{on} LXI.
Ploeuc (Marquis de), officier au rég^t Mestre-de-camp-général de dragons 2663.

Ploeuc (Marquise de —, née *Boisguehenneuc*), c^{on} LXXXVI.
Plomion (Échevins, etc., de). V. *Manesse, Mouton, Pagnon.*
Plotho (Joachim-Fréd. de), cap^{ne} au rég^{t} de Rosen, c^{on} LXXXVI.
Plotot, ingénieur, 794, 966, 967, 972, 987, 1094. — Cf. le suivant.
—— major de la place de Cambrai, 2159.
—— (De), lieut^{t} du roi à Condé, 3682.
Plunkett (Brigitte), veuve d'un cap^{ne} du rég^{t} de Bourke, 2140.
—— (De), commd^{t} à Marchiennes, 2388.
—— (Baron), colonel anglais, 3291, 3302, 3329.
Pobel. V. *La Pierre.*
Pochon. V. *Marcilly.*
Pocquelin, directeur des Fermes à Tours, 2338.
Pocquet (Franç.), échevin de Rue, 2024.
Podenzana (Marquis de), 1785.
Podewilts (Henri, comte de), mar. c., 190, 323.
—— (Comte de), ministre prussien, 3184, 3396.
Podwitz. V. *Podewilts.*
Poel (Edmond), cap^{ne} irlandais, 446.
Poey (De), 279.
Pogniat (De), cap^{ne} au rég^{t} de Lorraine, 2130.
Poignant (De), officier au rég^{t} de Maubourg, 1943.
Poignard (F.-G.), chanoine de Sainte-Gudule, à Bruxelles, 1841.
Poilhes (De), anc. cap^{ne} au rég^{t} de Foix, 2138.
Poilly (De), ingénieur, 1855.
—— (Siméon), boulanger à Calais, 2138.
Poilvilain. V. *Crenay.*
Poincaré, command^{t} en second de la Garde N^{le} de Nancy, c^{on} LX.
Poinçon (De), officier, 1857.
Poindat (De), 134.
Poinségu. V. *Pointségut.*
Poinsot, cap^{ne} aux Volontaires de Flandre, 3483.
Pointis (Baron de), chef d'escadre, 963, 1549, 1555, 1786, 1884.
Pointis (De), 1861.
Pointségut (Barthélemi de Soins de), mar. c., 466, 505, 1108, 1109.
Poirier, 261, 313.
Poisieux (Jacques de Guérin, s^{r} de), cap^{ne}, 131.
Poisot, président du Directoire du dép^{t} du Bas-Rhin, c^{on} LXV b.
Poisson, cap^{ne} au rég^{t} d'Orléans-inf^{rie}, 2244.
—— (Ch^{r} de), major de la place du Quesnoy, c^{on} LXI.
—— officier municipal de Mâcon, c^{on} LVII.
Poissonnier, lieut^{t} au rég^{t} de Louvigny, 2269.
—— médecin, 33 s.
Poissy, lieut^{t} d'artillerie, 2182.
—— 2273.
—— V. *Gouy.*
Poitevin. V. *Poytevin.*
—— frères, fondeurs à Paris, c^{on} LVII.
Poitiers (Maires, échevins, clergé, magistrats, trésoriers, etc., de), 116, 134, 158, 420, c^{ons} LIV, LXIII, LXVI. — Cf. *Dusoucy, Lalive, La Messelière, La Poype, Pavin, Rares, Richeteau, Sainte-Marthe, Spoulet, Varin.*
—— (Comte de), 359, 394, 419, 438, 439, 446, 447, 458, 1468, 1602, 1832, 2140, 2299.
—— (Comtesse de), 442, 446, 447, 486.
—— (Abbé de), chanoine de Liége, 1483, 1484, 1496, 1557, 1558, 1830, 1831, 1943.
—— (Fréd.-Léonor, m^{is} de), brig., 2130, 2137, 2139, 2236, 2242, 2244, 2269, 2320, 2370, 2371, 2392.
Poitou, lieut^{t} de milice à Nantes, 3506.
Poix (De), lieut^{t}-c^{el} du rég^{t} de Quercy, 1861.
—— (Prince de), c^{on} LV.
Polastre (De), commd^{t} du fort Griffon, 969, 987, 1843, A. 90.
—— 3249.
Polastron (Denis, comte de), lieut^{t}-g^{al}, 280, 281, 310, 360, 1307, 1310, 1311, 1428, 1525, 1526, 1609, 1704, 1897, 1898.
—— (Comtesse de), A. 89.

Polastron (Louis, m^{is} de), brig., 1887, 1984.
—— (J.-B., comte de), lieut^{t}-g^{al}, 2145, 2404, 2408, 2468, 2501, 2506, 2622, 2698-2703, 2724, 2727, 2739, 2740, 2770, 2771, 2783, 2784, 2798, 2877, 2912, 2916-2921, 2926, 2943, 2949-2953, c^{on} IX.
—— (De), 3042, 3043, 3140, A. 89.
—— (De), major de Volontaires, 46 s.
—— V. *La Ilhière.*
Polasty (Paulus), cap^{ne} au rég^{t} d'Esthérazy, prisonnier de guerre, 1855.
Polchet, cap^{ne} au rég^{t} de Luxembourg, 1612, 2313. — Cf. le suivant.
—— lieut^{t} de roi à Egra, lieut^{t}-c^{el} du rég^{t} de Luxembourg, 2940, 3047, 3124.
Poleins (De), maire de Saint-Symphorien d'Ozon (Isère), 1897.
Polémond, médecin ?, 3275.
Poleny (Anne), abbé de Ventadour, 117.
Poliat, lieut^{t}-c^{el} au rég^{t} d'Aubusson, 1841.
Polibourg, officier, 3504.
Policardi, ingénieur dessinateur génois, 3728.
Policastro-Carafa (Comte de), 1877.
Polignac (Anne de —, m^{elle} de Châtillon ?), 118.
—— (Louis-Armand, vicomte de), A. 87.
—— (Armand-Scipion-Sidoine-Apollinaire-Gaspard, m^{is} de), lieut^{t}-g^{al}, 1661, 1708, 1796, 1799, 1862, 1876, 1966, 1968.
—— (Melchior, abbé de), ambassadeur, archevêque d'Auch, cardinal, membre de l'Académie française, 2046, 2234, 2383, 2385.
—— (De), 3140, 3142, 3410, 3411.
—— (Franç., m^{is} de), brig., 3152, 3290, 3309.
—— (Louis-Denys-Auguste, ch^{r} de), 3204.
—— (Franç.-Alexandre, comte de), lieut^{t}-g^{al}, c^{on} XXXIII. — Cf. le suivant.
Polignac (De), 3140, 3142, 3410, 3411, 3418, 3562-3564, 3576, 3579, 3583, 3753, 17 s., 20 s., 33 s., 39 s., 44 s. — Cf. *Vieille (La).*
Polignan (De), major de la place d'Exilles, 1702.
Poligny (De), 118.
—— (Dureyt de), receveur général des finances en Franche-Comté, 2272.
Pollalion (*ou* Poulaillon ?). V. *Montréal.*
Pollard (Ant.), 2978, 3033, 3083, 3086, 3090, 3138.
Pollart, baillif d'Ardre, 310.
—— commissaire de l'artillerie à Douai, 2130.
—— maire de La Rochelle, 3418.
Pollereczky (L.-Ant.-Phil., comte de), mar. c., 3044, 3094, 3097, 3123, 3143, 3202, 3259, 3443, 3716, 49 s.
—— (Charles), lieut^{t}-c^{el} du rég^{t} de hussards de ce nom, 3123, 3126.
Pollet, prêtre de Saint-Nicolas du Chardonnet à Paris, 2339.
Polliange. V. *Lestot.*
Polligny (De), commd^{t} du château de Pierre-Encise à Lyon, 1972, 2141, 2251, 2267, 2269.
Pollinchove (De), premier président du parlement de Tournai, 1468, 1549, 1830-1832, 1899, 1943, 2021, 2025, 2153, 2160, 2222, 2230. — Cf. le suivant.
—— (De), premier président du parlement de Flandre, 3027, 3030.
Pologne (Le sénat de), 3.
—— (Roi de), 2031. — Cf. *Auguste II, Auguste III* et *Stanislas.*
—— (Catherine-Opalinska, reine de), 3173.
Polts (Sam. de), anglais établi à Lille, 3768.
Poly, 2143, A. 90. V. *Cassis.*
Poma, de Milan, 2314.
Pomairol (Charles), officier au rég^{t} de Cambraisis, c^{on} LXV b.
Pomare (Prosper de Gonzague, m^{is} de), lieut^{t}-g^{al}, 245.
Pomayrols. V. *Desprez.*
Pomereu (De), intendant, 360, 486, 487, 894, 903-906, 961, 962,

1066, 1081, 1468, 1524–1526, 1608.
Pomereu (Agnès Lesné, dame de), 2136.
—— (Ch^r de), 3293.
Pomereuil (De), 958.
—— (Mis de), gouv^r de Douai, 1468, 1550, 1832, 1883, 1940, 1943–1946, 2022–2024, 2055, 2138–2145, 2154, 2159, 2160, 2219, 2221, 2300, 2388, 2417.
—— V. *Pommereuil.*
Pomerols (De), 3236, 3239.
Pomet, constructeur de vaisseaux, 2742.
Pomies (Conties de), officier au rég^t d'Auxerrois, 2137.
Pommarie (Jasse de), maire de Tulle, 118.
Pommereu. V. *Pomereu.*
Pommereuil (Nicolas-Odil de), lieut^t de robe courte, 2055, 2263. — Cf. *Pomereuil.*
Pommeroy (De), officier, 397.
Pomont (De), 467.
Pompadour (Jean, m^is de), lieut-g^al, 126–128, 134, 158, 362.
—— (J.-Antoinette Poisson, dame d'Étioles, m^ise de), 18 s. à 22 s., 32 s., 35 s. à 38 s., 46 s., 49 s., 50 s.
—— V. *Laurière.*
Pompeati (De), commissaire des guerres autrichien, 3069, 3095, 3123–3126.
Pomperi. V. *Pompry.*
Pompierre (De), cap^ne au rég^t de Melun, 2347.
Pompinian-Caumont (De), 2022.
Pomponne (Simon-Arnauld d'Andilly, m^is de), ambassadeur, secrétaire d'État, 106, 119, 245, 346, 420, 544, 567, 629, 630, 1438, 1455, 2524, 3779, 82 s., c^on II. — Cf. *Arnaud.*
—— (Ch^r de), colonel de dragons, 958.
—— (Henri-Ch. Arnauld, abbé de), ambassadeur, 1860, 1861, 1866–1869, 1871, 1898, 1958, 1960–1964, 1968, 2038, 2046, 2047, 2098–2101, 2170, 2171, 2771, 3017, c^on VIII.
—— (De), cap^ne au rég^t de Hainaut, 1869.
Pomponne. V. *Tilly.*
Pompry (De), c^on L.
Ponce de Léon, gouverneur de Milan, 182.
Poncelet-Aubry, sous-fermier des domaines de Sedan, 2187.
Poncet (Abbé), 134.
—— 2269.
—— officier, c^ons LXVIII, LXX.
—— maître des comptes de Brabant, 3204.
—— (P.-Jos.), subdélégué à Vienne (Isère), c^on XIV.
—— chirurgien militaire, 3745.
——**-Delpech**, député à l'Assemblée N^le, c^on LXV b.
—— **de La Rivière** (Mathias), intendant, 282, 292–296, 342, 350, 351, 416, 469, 516.
—— —— (Michel), évêque d'Uzès, 1614, 1798.
—— —— (Michel), neveu du précédent, vicaire-général d'Uzès, puis évêque d'Angers, 1614.
—— **de Pétigny**, gentilhomme du pays de Gex, 1608.
Poncher (De), colonel, 116.
Poncin, député du Nord, c^on LXIX.
Pondichéry (Fonctionnaires et habitants de), c^on LXV e. — Cf. *Bonnardot, Carvalho.*
Ponnat (De), premier président de la Chambre des Comptes de Chambéry, 2040, 2134, 2138, 2173, 2175, 2251, 2411.
—— (De), président au parlement de Grenoble, 2926.
Pons (De), 79, 264, 354, 355, 664.
—— (Ch^r de), 2132.
—— entrepreneur des fortifications à Fort-Louis-du-Rhin, 2732.
—— (Ch.-L. de Lorraine, prince de), lieut^t-g^al, 2923, 2948, 3000, 3030, 3033, 3037, 3087, 3088, 3275.
—— (Vicomte de), 2912.
—— (Vicomte de), mestre-de-camp du rég^t Dauphin, c^on XLIX a.
—— commissaire des guerres, 3040, 3124, 3125. — Cf. *Pont.*
—— (Marquise de), 2904, 3198.
—— **d'Anonville**, maire perpétuel de Chaumont-en-Bassigny, 1526, 1897.

Pons (Pierre-Vital de), maire de Chaumont-en-Bassigny 3184.
—— officier municipal de Montauban, c^{on} LXV c.
—— (De), 3433.
—— (Pierre, ch^{r} de), commd^{t} à Haguenau, c^{on} LXII.
—— (Louis-Marie, m^{is} de), lieut^{t}-g^{al}, 3554.
—— V. *Rennepont* et *Pont*.
——**-Saint-Maurice** (Ch.-Louis, m^{is} de), lieut^{t}-g^{al}, 3007.
——-—— (Emmanuel-L.-Aug., ch^{r}, puis comte de), lieut^{t}-g^{al}, 3203, 3418, 3506, 3577.
—— **de Talende** (Antoine, ch^{r} de), colonel du rég^{t} de Talende, 1855, 1856.
Ponsardin, administrateur du district de Reims, c^{on} LXV b.
Ponsart, échevin de Charleville, 2169.
Ponschavigny (De), 1519.
Ponsin, officier en garnison au château d'If, 2140.
Ponsonnaille Du Chassan, cap^{ne} au rég^{t} de Saillant, 2175.
Ponsonne (De), garde-du-corps, 2141.
Pont (De), colonel du rég^{t} de Cambraisis, 2887.
—— V. *Pons, Rennepont, Depont.*
—— (Ch^{r} de), major du rég^{t} du Roi-dragons, 2342.
—— (De), commissaire des guerres, 3461, 3463, 3500–3502, 3508.
Pontac (De), 133, 134, 137.
Pontagny, subdélégué à Auxerre, 3309.
Pontalain (De), 1113.
Pont-à-Mousson (Syndic de). V. *Hounet.*
Pontarlier (Municipalité, etc., de). V. *Blondeau, Bretignères, Cairon, Courvoisier, Du Mont, Mesmay, Michaud, Pelletier, etc.*
Pontavel (Jean de La Greffe de), cap^{ne} de chevau-légers au rég^{t} du Chevalier-duc, c^{on} LXXXVI.
Pontbriand (René du Breuil, s^{r} de), cap^{ne} au rég^{t} de Rambures, 151.
—— (De), major du rég^{t} du Pont-du-Château, 2251.
—— (Abbé de), commissaire des États de Bretagne, 3602, 3603, 3621.
Pontcadeuc (Jolly de), procureur de St-Malo, 3493, 3497.
Pontcallé (Mis de), cap^{ne} au rég^{t} de Bretagne-dragons, 1809, 1856.
Pontcarré (Nic.-Pierre-Camus de), premier président à Rouen, 1896, 2186.
—— **de Viarmes**, intendant, 3127, 3185, 3188, 3338.
Pontchabron. V. *Limandre.*
Pontcharost (De), 46 s., c^{on} XXXVI.
Pontchartrain (De), 1017, 1066, 1079–1082, 1094, 1151, 1158–1160, 1237, 1239, 1241, 1284–1287, 1289, 1322, 1332, 1380, 1438, 1451, 1455, 1468, 1483, 1487, 1489, 1503, 1509, 1510, 1524-1526, 1598–1600, 1606, 1607, 1609, 1610, 1612. — Cf. *Maurepas, Phélypeaux* et les deux suivants.
—— (Louis Phélypeaux, comte de), premier président du parlement de Bretagne, contrôleur général des Finances, chancelier, 971, 986, 1733, 1868, 2235, 2505, 3780. — Cf. le précédent.
—— (Jérome Phélypeaux, comte de), secrétaire d'État de la Marine, 1683, 1699, 1703, 1704, 1733, 1767, 1768, 1787, 1799, 1801, 1802, 1807, 1820, 1823, 1830, 1832, 1833, 1837, 1861, 1872, 1874, 1876, 1880, 1883, 1886, 1895–1900, 1944, 1956, 1958, 1973, 1974, 1977, 1979, 2017, 2021, 2023, 2034, 2038, 2039, 2041–2043, 2046, 2047, 2049–2051, 2081, 2082, 2089, 2098, 2099, 2101, 2107, 2149, 2170–2172, 2182, 2213, 2214, 2216, 2220, 2222, 2224, 2248, 2249, 2251, 2254, 2258, 2261–2264, 2270–2273, 2299, 2302, 2304, 2308, 2309, 2326, 2328, 2330, 2331, 2335, 2338, 2339, 2342, 2344, 2399, 2415, 2421, 2444, 2468, 2505, 2584, A. 90, c^{ons} II, VII, VIII. — Cf. *Maurepas* et les deux précédents.
—— (Paul-Jérome Phélypeaux, marquis de), lieut^{t}-g^{al}, 2737, 2999, 3097, c^{on} V.
Pont-Chavigny (De), colonel du rég^{t} de Quercy, 1407.
Pont-du-Château. V. *Canillac.*

Ponte (J. de), 664.
—— (De). V. *Albaret.*
Ponterose (De), lieutenant, 1831.
Pontet de La Croix-Maront, commissaire des guerres, 3505, 3506.
Ponteux (De), 2140.
Pontevès (De), consul d'Aix, 33.
——**-Gien** (Ch^{r} de), 3713.
Ponthieu (De), subdélégué de l'intendant Bignon, 1901.
—— (Aubery, abbé de), vicaire général de Tournai, 1943.
—— (Aubery de), successivement officier dans le rég^{t} Du Bordage, au service de Danemark, au service de l'Empereur en Hongrie, dans le rég^{t} Colonel-général de Dragons, et dans les troupes d'Espagne, 2034.
—— (Mis de), 2145.
—— (Comte de), cap^{ne} de milices de Saint-Jean-d'Angély, 3309, 3311.
—— (Ch.-Alexandre, comte de), et **Ponthieu** (De), son frère, anciens officiers, c^{on} LXXV.
—— (Gabrielle de), religieuse, c^{on} LXXV.
Ponthon (De), 118.
Pontigny (De), cap^{ne} des portes à Neuf-Brisach, aide-major de cette place, 1856–1858.
Pontis (De), gouverneur de Seyne, 1333, 1767, 1768, 1898, 1968. — Cf. le suivant.
—— (De), 2371.
Pontivy (Maire de). V. *Querneuse.*
Pontleroy (De), mar. c., directeur du Génie, 3498, 3499, 3702-3704, 3708, 3709, 3719, 3725, 3729, 3753.
Pontlevoy (Maîtres de l'École de). V. *Cortot, Marquet.*
Pontmarin (Louis, de), brig., 987, 997, 1483, 1549, 1830, 1831, 1935, 2021, 2139.
Pontmartin, 3187.
—— (De), ingénieur, 3065, 3073, c^{on} XV.
—— (De), 3689.
Pontoise (Habitants, etc., de). V. *Beaujour, Coinu, Lemaistre, etc.*
Pont-Saint-Esprit (Lieut^{t} de roi, etc., de). V. *Du Roure, Eiguines, Prat.*
Pont-Saint-Pierre (Cl. de Roncherolles, m^{is} de), mestre-de-camp, 151.
Pont (Michel-Charles-Dorothée de Roncherolles, m^{is} de), lieut^{t}-g^{al}, 2969, 3083, 3099, 3142, 3418.
Pontus. V. *Thiard.*
Pontval (Jouvente de), officier, 2132.
Pontverre (De), 2251.
Ponvals (De), premier président de la Chambre des comptes de Savoie. V. *Ponnat.*
Poperinghe (Échevins de), 951.
Popian, cap^{ne} au rég^{t} de Saintonge, 1857.
Popoli (Duc de), 1692, 2466, 2467, 2488, 2505.
Popp, procureur-syndic du dép^{t} du Bas-Rhin, c^{on} LXXI.
Populle, maire de Roanne, c^{on} LXV c.
Populus, lieut^{t} au rég^{t} de Sparre, employé aux renseignements, 2175, 2236, 2251, 2268, 2269, 2272, 2322, 2346, 2398, 2411.
—— (A.-F.), député de l'Ain, c^{on} LXV a.
Porcher de Conde, 1113, 1116.
Porcheron. V. *La Raymondière.*
Porée (Le P.), jésuite, 2793.
Porlier. V. *Busagny.*
Porquet, «écrivain du roi», à Calais, 3573.
—— commissaire aux classes de la marine, à Calais, 3621, 3623.
Porquin (Ant.), marchand à Lille, 117.
Porrentruy (Syndic de). V. *Briat.*
Porro (Atanasio), supérieur des théatins à Gênes, confesseur du duc de Richelieu, 3302.
Portail. V. *Du Portail.*
—— cap^{ne} au rég^{t} de Foix, 1572.
—— trésorier à Crémone, 1595.
—— commissaire des guerres à La Rochelle, 1901, 2133, 2135, 2141, 2142, 2261, 2270, 2271, 2700.
—— (L.-P.), 2131, 2269, 2270, 2411.
—— (De), 3083.
Portal (De), 1075.
—— (De), officier, 3721.
—— cap^{ne} au rég^{t} de Vermandois, 3409.
——**-Lasilve**, commd^{t} au château de Saint-Omer, 1832, 1943, A. 89.
Portalis (De), commissaire des guerres, 2739, 2763, 2928, 2967, 2968,

2970, 2979, 3014, 3015, 3060-3062, 3064, 3065, 3075, 3116, 3118-3120, 3127, 3172-3176, 3223, 3224, 3232, 3255, 3278, 3291, 3329, 3405, 3408, 3410-3413, 3449, 3450, 3492. 3496, 3497, 3502, 3505, 3532-3535, 3537, 3539, 3544, 3549, 3569, 3570, 3572, 3573, 3576, 3577, 3599, 3600, 3630, c^{on} XVIII.
Port-au-Prince (Magistrats, etc., de). V. *Arnaud, Bernardot, Fougeron, Laborde, Motinans, Savariaud.*
Porte, officier, 1830.
Porter (J.), 1066.
Portico (Vincent), archevêque de Raguse, 5.
Portland (M. de Bentinck, lord), 1314, 1315, 1424, 1425.
Port-Louis de Blavet (Municipalité, etc., de), c^{on} LXV. — Cf. *Des Dorides.*
Portocarrero, cardinal, 1522, 1601, 1606.
—— (Pierre), patriarche des Indes, 1983.
Portsmouth (Duchesse de), 2140.
Portugal (Marie, reine de), 245.
Portus (Comte de), 2688.
Porzay (De), cap^{ne} au rég^t d'Anjou, 3123.
Posalgas. V. *Puig.*
Possac (De), officier au rég^t de Normandie, 3028.
Possevin de Brassicarda, gouverneur des pages de l'électeur de Bavière, 2045.
Posson, magistrat à Givet, 2222.
Postel, cafetier à St-Malo, c^{on} LXXV.
—— V. *Duval.*
Pot d'Argent, 1573.
Potegein *ou* **Potegem**? (De), 1854.
Potel (D^{lle}), fille du directeur des postes de Calais, 2136.
Poterat, major du rég^t d'Orléans-cav^{ie}, 3017.
Potesta (Ch^r de), lieut^t-c^{el} du rég^t de Raugrave, 2978, 3203.
Pothon. V. *Xaintrailles.*
Potier, lieut^t de dragons, 1901.
—— lieut^t au rég^t de Lannoy, 2132.
—— ancien major de Neubourg, 2139.
Potier, commissaire des guerres, 3486, 3488, 3489, 3507, 3511, 3548, 3551, 3553, 3554, c^{ons} XXIV, XXVII, XXIX, XXXIII.
—— V. *Gesvres, Novion, Tresmes.*
—— **de La Hestroy**, lieut^t-g^{al} de l'amirauté de Flandre, 958.
Potin (Ch^r de), 1468.
Potonnière, cap^{ne} au rég^t de Vendôme, 1945, 2023, 2137, 2140.
Potor, entrepreneur des hôpitaux, 2924.
Potte (Ch^r de), cap^{ne} d'une compagnie franche de cav^{ie}, 1946, 2022, 2140, 2150.
Potter van der Loo, intendant à Luxembourg pour le service d'Espagne, 2167.
Pottier, «directeur de la fourniture de la viande» en Franche-Comté, 2238, 2244.
—— 2343.
Pouchot, officier au rég^t de Béarn, 3187, 3236, 3258, 3457, 3498, 3499, 3574.
Pouderoux (Dom), abbé de St-Martin-du-Canigou, 1891, 1981-1983, 1989, 2257.
Pougnadoresse, officier au rég^t de Piémont, 2136.
Pougny (Ch. d'Angennes, m^{is} de), cap^{ne} de chevau-légers, 123.
Pouilly (De), ex-officier au rég^t de Grassin, 3204.
—— (De), 3406.
—— (De), envoyé à Hambourg, 3438-3441.
—— (Mme de), 3406.
—— officier au rég^t de Vexin, c^{ons} LXIII, LXV a, LXV b.
—— V. *Lançon.*
Poujaud. V. *Montjourdain.*
Poujol, commissaire d'art^{rie}, 2139.
—— lieut^t, 2255.
Poul, cap^{ne} d'une compagnie franche à Pignerol, 1287, 1614.
Poulaillon. V. *Montréal.*
Poulain, échevin de Calais, 3033.
—— (Jean), député du dép^t des Côtes-du-Nord, c^{on} LXVI.
Pouleaux. V. *Monchy.*
Poulet, échevin de Guise, 2136, 2187, 2273.
—— V. *La Tour, Marcilly.*

Poullain, 224.
Poulland, 2138.
Poullard, consul à Tripoli, 2244.
Poulle (Abbé de), député d'Orange, c^{on} LXV.
Poulletier, commissaire des guerres, 182, 292, 293, 311, 360–362, 419, 420. — Cf. le suivant.
—— (Jacques), intendant, garde du Trésor royal, 966, 967, 1094, 1223, 1483, 1484, 1499, 1501–1503, 1508, 1519, 1524, 1525, 1578, 1580, 1604, 1613, 1699, 1752, 1754, 1761, 1793, 1895–1898, 2131, 2141, 2167, 2174, 2183, 2185, 2187, 2262, 2263, 2266, 2268–2273, 2338, 2411, 2421. — Cf. le précédent et le suivant.
—— **de Nainville**, intendant, 2575, 2687, 2704, 2759, 2771, 2823. — Cf. les deux précédents.
—— cap^{ne} au rég^{t} des Vaisseaux, 2137.
—— **de Suzenay**, commissaire des guerres, 3475.
Poulliot, marchand d'armes à Paris, 1700, 2272.
Poulpry (Louis-Marie, m^{is} de), lieut^{t}-g^{al}, 3235, 3236, 3294, 3300, 3308.
Poulyte (Pierre), prêtre de Saint-Jacques-en-Galice, 2245.
Poumié, cornette au rég^{t} de Soucarrière, 2134.
Poupart, ingénieur, 225, 226, 228, 229, 240, 241, 243, 244, 469
—— (Louis), maire de Sedan, c^{on} LXIII.
—— officier hollandais réfugié à Sedan, lieut^{t}-c^{el} au service de France, c^{on} LXVa.
—— (Anne Wary, dame), femme d'un bourgeois de Longwy, 2133. 2134, 2167.
—— (Bernard), ancien maire de Longwy, 2134, 2137, 2140, 2167, 2321.
Poupart (J.-J.), curé de St-Eustache à Paris, c^{on} LXIII.
Poupelet (Marie Benion, v^{ve}), 1802.
Pouplinière, cap^{ne} au rég^{t} de dragons de Rouvray, 2242. — Cf. *La Popelinière.*
Poupot, commd^{t} de la garde du pont de Creil, 2269.
Pourcel, commissaire garde d'artillerie, 2132, 2135, 2140, 2141, 2187, 2243.
Pourcher (Nic.), subdélégué à Nuits, 3260.
Pourcieux, cap^{ne} au rég^{t} de Meuse, 2453.
Pourdon. V. *Roussel.*
Pouries (Ch^{r} de), 1862.
Pourrat. V. *Charbonnière.*
Pourre, cap^{ne} de frégate, 3568.
Pourrières (Ch^{r} de), major-général des dragons, 1700, 1777, 1904, 1962, 2019–2023, 2056, 2081, 2137, 2141.
—— échevin ou magistrat à Marseille, 3311.
Pourru (De), cap^{ne} au rég^{t} d'Artois, 1857.
Pourtalès. V. *La Chèze.*
Pousié (De), 3363.
Poussellet (ou **Poussellot**?), m^{al} des logis au rég^{t} de Bretoncelles, 231.
Pousseur, trésorier provincial de l'artillerie et du génie, 3635, 3641, 3645, 3672, 3761, c^{on} LXXIII.
Poussin, à Copenhague, 1854.
—— envoyé extraordinaire en Allemagne, 3034.
Poussy, cap^{ne} au rég^{t} de Rohan-dragons, 1831, 1832.
Poutet (De), aide-major de la place de Belle-Isle, 2139.
Poutier (Baron de), lieut^{t}-c^{el} des chasseurs du Gévaudan, 3766.
—— (De), lieut^{t} de roi de la citadelle de Besançon, c^{on} LXII.
—— (Mme de, née de Sagey), 3766.
Pouy (De), officier au rég^{t} de La Chau-Montauban, 2030.
—— officier en garnison au Fort-Louis du Rhin, 2143.
—— **-Draguin** (De), cap^{ne} au rég^{t} de Leuville, 2137.
—— V. *Sacère.*
Pouzieux (Assy de), cornette au rég^{t} de Condé, 2137.
Powels, lieut^{t} réformé au rég^{t} d'Isenghien, 2136.
Poweo (Jean), négociant irlandais à Bordeaux, 3408.

Power (Guillaume, chr), colonel agrégé de la ville de Plaisance, 3696.
Poyanne (Henri, marquis de), 134, 158, 362, 436.
—— (Marquis de), colonel d'un régt de ce nom, 1945.
—— (Marquise de), 1983, 2133, 2139.
—— (Ch.-Léonard de Baylens, mis de), lieutt gal, 2948, 3044, 3099, 3100, 3124, 3439, 3443, 3473, 3477, 3487, 3510, 3556, 3559, 3564, 3605, 3606, 3608, 3612–3614, 3620, 3671, 3694, 3741.
Poyrier, receveur général des finances d'Orléans, 2185, 2271, 2273.
Poytevin (Ch. de), sgr. de Mallamoisson et d'Aiglun, lieutt civil et criminel à Draguignan, 33.
—— (Armand, mis de), lieutt-gal, 668, 820, 889, 954, 958, 1052, 1057, 1058, 1147, 1148, 1203, 1207, 1305–1308, 1310–1313, 1318, 1360, 1519, 1585, 1586, 1588–1592, 1650, 1652–1654, 1661, 1670, 1679.
Pozzo (Dal), major de Castiglione, con VII.
Pra-Balesseau. V. *Pezeux.*
Pracontal (Armand, mis de), lieutt-gal, 954, 958, 1052, 1058, 1511.
Pradal, 466.
Pradals (Pierre de Méritains, sr de), capne au régt de Ste-Mesme, 131.
Prade (De), brig. de dragons, 1550, 1652, 1653, 1766, 1876, 1877, 1879, 1968, 2039–2041, 2100, 2139, 2141, 2251.
Pradel (Franç. de), commdt d'armée, 124, 133, 187, 188, 198, 226, 227, 279, 280, 310–313, 339, 362, 396, 397, 486, 499, 503.
—— aide-major, 1526.
—— **de Courtray** (De), capne du régt de Guyenne-dragons, 2145.
Pradelles (De), second consul de La Rochelle, 2142.
Prades (Comte de), commandt espagnol à Taormine (Sicile), 464, 511.
—— (De), capne au régt Mestre-de-camp général-dragons, 3138, 3173, 3174.
—— V. *La Valette.*
Pradine, officier ou commissaire d'artillerie, con XLIX a.
—— (De), capne au régt du Roi-cavie, 987, 997.
Pradis, officier subalterne des dragons de Saint-Priest, 2242.
Pradoameno (Duc de), 1940, 2021.
Prado y Carbasal (Lorenzo), major de La Havane, 1706.
Pragelas (Consuls et habitants de la vallée de), 355, 356. — Cf. *Gasque.*
Praille (De), lieutt de roi de Mont-Dauphin, 2038.
Pralas (Chr de), officier, 2370.
Pralon (De), lieutt de roi au Fort-Louis du Rhin, 2452.
Praroman (De), colonel, 97.
Praslard, 245, 420.
Praslart, 971.
Praslin (Du Plessis-), 469.
—— (J.-B. Gaston de Choiseul, mis de), lieutt-gal, 1366, 1594, 1687, 1691, 1781–1785, 1861, 1862.
—— (Marquise de), 1905, 2273.
—— (César-Gabriel de Choiseul, duc de), ministre des affaires étrangères puis de la marine, 3623, 3631, 3635, 3638–3640, 3644, 3647, 3648, 3650, 3657, 3659–3662, 3674, 3677, con XXXVII.
—— (Ant.-César, comte de Choiseul), colonel du régt de Lorraine, cons LXV c, LXV d.
—— V. *Choiseul, Du Plessis, Gaucher.*
Prat (De), enseigne au régt de Normandie, 146.
—— commt les compagnies de milice bourgeoise de Pont-Saint-Esprit, 1907.
—— receveur général des finances, 2133, 2185, 2368.
—— (Chr de), major des dragons de Clermont, 2412.
—— **-Desprès**, commissaire des guerres, 3560.
Prats (Le comte), 20.
Praun, agent du prince de Birkenfeld, 2609.
Pravieux, capne au régt Dauphin, 1857.
Praville (De), 2145.
Préalle le fils (De), lieutt de dragons, 2676.
Préault. V. *Despréaux.*

Préaux (De), 1113. — Cf. *La Briffe.*
Préchac (Daniel de Montesquiou de), lieut^t-g^al, 901, 1013, 1015-1017, 1063, 1108, 1109, 1236, 1282, 1802, 1839, 1843, 1846, 1858, 2140, 2162, 2169, 2236, 2238, 2244, 2371. — Cf. le suivant.
—— (De), 1788, 1870, 1900, 1977, 1981, 1983, 1984, 2052. — Cf. le précédent.
—— officier subalterne au rég^t de Matha, 2242.
—— lieut^t au rég^t de Boulonnais, 2269.
—— V. *Preschac.*
Précourt. V. *Duhamel.*
Prédelys (De), 3673.
Préfontaine (De), 58, 468.
Préfontaines (De), major de la place d'Entrevaux, 2188.
Préfosse (De), inspecteur de l'infanterie, 1707, 1708, 1798, 1906, 1907, 2139, 2141, 2143, 2145, 2184, 2271, 2338, 2339, 2417.
Preire (Honoré), curé de Cannes, 3261.
Preissac (Comte de), officier au rég^t de Clermont-prince, 3418, 3476. — Cf. le suivant.
—— (Comte de), 3710, 34 8.
Prelon (De), cap^ne au rég^t de Navarre, 2136.
Prémagny. V. *Boistard.*
Premarest, 2728, 2782, 2784, 2786, 2788, 2840, 2863, 2873, 3168.
Premenil (De), 3450.
Préminville. V. *Boullongne.*
Premoisant (De), major du rég^t de La Luzerne, 1833.
—— (De), officier au rég^t de Saint-Evremond, 2133, 2139, 2419.
Premont (Angot de), lieut^t de la maréchaussée d'Alsace, 1953, 1955.
—— (De), brig., 2912.
—— V. *Du Bos.*
Premord (J.-B.-Jacques), négociant à Honfleur, 3505.
Prendergast (De), lieut^t-c^el du rég^t de Scheldon, 1501, 1773, 1834,
Prepetit. V. *Cahan.*
Prérobert (De), cap^ne au rég^t d'Orléans, 1759.
Preschac (De), 393. — Cf. *Préchac.*
Presigny. V. *Pressigny.*
Presle (De), habitant de Mézières, 2144.
—— V. *Du Portail.*
Presoli (Andrea), 20.
Presques (François de), ch^r de Malte, cap^ne au rég^t de Lostange, 2416.
Presseau (Nic. de), prévôt général de la maréchaussée du Hainaut, 2156.
Pressigny (D'Amoresan de), 406. — Cf. le suivant.
—— (De), 512, 513, 515, 568, 605. — Cf. le précédent.
—— (De), officier, 2135, 2136, 2138, 2261.
—— (De), fermier général, 3406.
Pressolle (De), syndic de Sainte-Croix de Gannat, 3291.
Pressures (De), brig., 3137.
Pressy (De), député de la noblesse d'Artois, 2137, 2144, 2158, 2160, 2214, A. 90.
Presta le cadet, officier, 2982.
Presten, 343.
Preston (Jacques, vicomte de), lieut^t-g^al, 158.
Prêtre. V. *Piètre.*
Pretteseille, 2406.
Preudhomme. V. *Prudhomme.*
—— de Borre (Ch^r de), brig., 3649, 3692, 3720, 3740.
Preuil. V. *Du Preuil.*
Preuilly, administrateur de l'Hôtel-Dieu de Tours, 2270.
Preux, gouverneur de Saint-Maurice (Valais), 2041.
—— (Ch^r de), cap^ne au rég^t d'Alsace, 2134, 2230, 2312.
—— cap^ne au rég^t de Courten, 2343.
Préval (De), cap^ne au rég^t de Bugey, 1832.
Prevert, 3507.
Préville, major du rég^t de Santerre, 1853, 1856.
—— (Comte de), officier au service d'Espagne, 1953.
—— membre du Comité permanent de Senlis, c^on LX.
Prévondavaux (D'Alt de), député suisse, 2392.
Prévost, 1944.
—— cap^ne au rég^t d'Auxerrois, 2137.
—— commis de l'extraordinaire des guerres, puis courtier de change à Paris, 2142.

Prévost, échevin de Caen, 2186.
—— (De), trésorier des ambassadeurs, 2242.
—— **d'Essart**, avocat à Hesdin, 2826, 2875.
—— commissaire ordonnateur de la Marine, 3404.
—— 3574, 3614.
—— 71 s.
—— V. *Belfondt, Franclieu, Serainville.*
Preysing (De), 2507, 2920.
Prez (De), major du rég^{t} de Deux-Ponts, 3727, 3748, 3753.
—— **de Crassier** (J.-Ét.-Philibert de), député de Gex, g^{al} de d^{on}, c^{on} LXVII.
Pricard, notaire à Mez, 2655.
Prié (Mis de), ambassadeur, 1784, 1785, 1863, 1868, 1960, 2183, 3060, 3075.
Prie (De), colonel réformé de dragons, 1943.
Priego (D'Havré, comte de), colonel des Gardes wallonnes, c^{on} XLI.
Prielmayer (De), conseiller d'État bavarois, 1203.
Priemski (Christophe et André), officiers polonais au service de France, 96, 102, **110**.
Prieur, 2142, 2694.
—— c^{ons} LXII, LXV, LXX.
Priezac ?, 49.
Prigollier, cap^{ne}, 1855.
Prilly (De), officier au rég^{t} de Schomberg, 3525, c^{on} LXV a.
Primet (Ch. de), cap^{ne} au rég^{t} de Sault, 146.
Primi (J.-B.), dit le comte de Saint-Mayol, 1959.
Prince Charles (Officiers subalternes du rég^{t} du), 1951.
Princé (Claude Grout, ch^{r} de), mar. c., 1483, 1484, 1549, 1550, 1557, 1644, 1651, 1658, 1831, 1832, 1835, 1836, 1839, 1943, 1945, 2017, 2021–2024, 2089.
—— (Jos.-Mathurin Grout de), brig., 3281, 3418, 3452, 3463, 3464, 3467, 3496, 3533, 3545.
—— (De), commissaire des guerres, 1830, 1833, 2271.
—— **-Martineau** (De), major de la place de Furnes, puis lieut^{t} de roi de Gravelines, 1831, 2022, 2143–2145, 2160, 2387.
Princé. V. *Pajot.*
Princey (J.-L. de), 3510.
Prioleau (De), 133.
Prioreau, c^{on} LXV d.
Prisye, officier au rég^{t} Royal-Bourgogne, c^{on} LXVII.
Privas (Municipalité, etc., de), c^{on} LXVII. — Cf. *Darnaud, Valette.*
Privat (Pierre), 3329.
Privé (Fr.-Jacques), religieux minime, 1897.
Prœrobert. V. *Prérobert.*
Prohenques (De), 3387.
Proissy. V. *Ximenès.*
Pron (J.), cap^{ne}, 1854.
Prondre (Paulin), receveur général des finances et traitant à Lyon, 2373.
Pronsac-La Rochebriant (De), lieut^{t} au rég^{t} des Landes, 2312. — Cf. *Pronsat.*
Pronsart, officier, 1830. — Cf. *Pronsac.*
—— (La Rochebriand de), cap^{ne} au rég^{t} de Léon, 2345. — Cf. *Pronsac.*
Pronville (De), cap^{ne} au rég^{t} Du Boulay, 1835.
—— (de Drouhot, dame de), 2370.
Protal, chirurgien-major du rég^{t} de Chamborant, c^{on} LXVI.
Protée (Acault de), lieut^{t}-c^{el} au service d'Espagne, 2793.
Protin, ministre du duc de Lorraine, 1754, 1761, 1848, 1851, 1852, 1854, 1955, 1956, 2144, 2145, 2166, 2167, 2241, 2321, 2453–2457, 2506.
Proust, 867, 870, 883, 884, 887, 944–946, 958, 977, 978, 1059, 1146, 1218, 1238, 1318.
—— officier de garde-côtes à Antibes, 3533.
—— et **Proust-Desbordes**, officiers de la milice bourgeoise de Nogent-le-Rotrou, 3753.
Prouvenchère. V. *Provenchère.*
Prouvenzal, médecin-inspecteur des hôpitaux, 1483, 1499, 1502.
Prouville. V. *Tracy.*
Provana (Henri), évêque de Nice, 1875. — Cf. *Provane.*

Provane (De), lieut^{t} au rég^{t} Royal-italien, 615.
—— (Comte de), 905, 906.
—— (Abbé), 997.
—— (J.-Phil. comte de), président en Savoie, 1766, 1968, 2039.
—— (Ch^{r}), 1333.
Provanne. V. *Provane*.
Provence (Assemblée générale des communautés de), 33.
—— (Officiers du rég^{t} de), 158.
—— (L.-Stanislas-Xavier, comte de, Monsieur, plus tard Louis XVIII), c^{on} LXV b.
—— (Magistrats du pays de), 2038.
— Cf. *Aix*, *Castellane*, *Marseille*, etc.
Provenchère (De), 509, 988, 1604.
—— (D^{lles} de), filles du m^{is} de Provenchère, gouverneur de Philippeville, 2138.
—— (Guill.-Pavée de), commissaire des guerres, 3123.
—— (Marquise de), 1898, 2138.
—— V. *Rose*.
Provin (De), officier au rég^{t} de Piémont, 123.
Provins (Municipalité, etc., de), c^{ons} LXV b, LXV c.
Provisy (De), command^{t} à Bouillon, 2702, 2731, 2733, 2739, 2747, 2792–2794, 2840, 2852, 2937, 2940, 2977–2979, 3026, 3034, 3041, 3044–3046, 3051–3053, 3057, 3076, 3084–3087, 3094, 3095, 3098, 3100, 3101, 3157, 3158, 3164, 3165, 3488.
Prudent, officier au rég^{t} de chasseurs à cheval du Hainaut, c^{ons} LXV d, LXX.
Prudentz (De), secrétaire du prince de Montbéliard, 2392.
Prudhomme, cap^{ne} au rég^{t} de Grandpré, 146.
Prud'homme, habitant de Clermont-en-Beauvaisis, 2141.
Prudhon, ecclésiastique franc-comtois, 1759.
Pruet, commd^{t} les trois compagnies bourgeoises d'Arras, 2136.
Prugne. V. *Prugue*.
Prugue (De), major du rég^{t} de Bourbonnais, puis de la place de Strasbourg, 1857, 2244.
Prugue (De), 3188, 3204, 3226.
Prumevault. V. *Foullé*.
Prunier, aide-major à Douai, 2131.
—— V. *Lemps*, *St-André*
Prunières (Ch^{r} de), cap^{ne} au rég^{t} de Caupos, 1857.
Prusse (Rois de). V. *Frédéric Ier*, *Frédéric II*, *Frédéric-Guill. Ier*.
—— (Guillaume, prince de), 3396, 3403, 3469.
—— (Henri, prince de), 3396, 3403, 3406, 3469, 35 s., c^{on} XXVIII.
—— (Ferdinand, prince de), 3436.
Pruvot, échevin de Calais, 3549.
Pucelle. V. *Orgemont*.
Puchot, lieut^{t} d'inf^{rie} réformé, c^{on} LXVII.
—— V. *Des Alleurs*.
Puchwald. V. *Cretel*.
Pudrick, officier prussien, 3615.
Puech, commissaire des guerres, 1484, 1549, 1550, 1558, 1644, 1646–1648, 1658, 1736, 1739, 1740, 1742, 1743, 1760, 1830, 1841, 1861, 1941, 1942, 1946, 2025, 2085, 2135, 2142, 2144, 2149, 2153, 2159, 2160, 2270, 2301, 2335, 2380, 2388, 2411, 2468.
Puget, chanoine à Urgel, 137.
—— (Abbé de), vicaire général du diocèse de Viviers, 1907.
—— cap^{ne} au rég^{t} de Pujol, 2021.
—— commissaire des guerres, 2137, 2140–2142, 2144, 2219, 2233, 2268, 2300, 2370, 2445, 2788, 2885, 3545. — Cf. *Du Puget*.
—— (Henri de), évêque de Digne, 2143, 2145.
—— (De), lieut^{t} de roi de Neuf-Brisach, 2242–2244, 2575, 2631, 2664, 2700–2702, 2723–2728, 2733–2738, 2742, 2744, 2768, 2784–2786, 2791, 2792, 2839, 2840, 2852, 2863.
—— lieut^{t} au rég^{t} d'Hoccard, 2243.
—— lieut^{t} des Galiotes, 2271.
—— **-Barbantane**, c^{on} LXXI.
—— **Clermont** (De), cap^{ne} au rég^{t} de Champigny, 2044.
—— **de Saint-Marc**, 1895.
—— **-lès-Toulon** (Magistrats, etc., de), c^{on} XXX. — Cf. *Audigier*, *Mathieu*, *Meissonier*, etc.
Pugnères (De), 419.

Puiberneau (De), 3689.
Puig de Posalgas (Joseph), 2564, 2619.
Puimorin (De), officier au rég^t^ de Touraine, 1896.
Puisieulx (Jean de), contrôleur des troupes, c^on^ LXXXVI.
Puisieux (Roger Bruslart de Sillery, m^is^ de), lieut^t^-g^al^, 279, 466, 468, 559, 564, 568, 672, 794, 827-829, 874-877, 880-882, 966-969, 975, 976, 988, 1100, 1213-1216, 1218, 1238, 1239, 1264-1267, 1286, 1322-1324, 1365-1367, 1407-1410, 1424, 1436, 1454, 1465, 1501, 1502, 1571-1573, 1582, 1606, 1660, 1661, 1667, 1674, 1675, 1677, 1684, 1690, 1699, 1752, 1843-1848, 1856, 1860, 1872, 1897, 1899, 1900, 1948, 1950-1953, 1968, 2031, 2032, 2036, 2091-2094, 2096, 2098, 2166, 2183, 2420, 2506, A 92 *bis*. — Cf. le suivant.
—— (L.-Philogène Bruslart, m^is^ de, dit «le marquis de Sillery»), mar. c., ambassadeur, ministre des Affaires étrangères, 2746, 2944-2946, 2955, 2997, 2999, 3000, 3149, 3184-3186, 3197, 3198, 3200, 3201, 3203, 3206, 3211, 3213, 3216-3218, 3228, 3230, 3235-3245, 3248, 3251, 3252, 3255, 3258, 3275-3278, 3285-3287, 3290-3295, 3298, 3299, 3301, 3302, 3305-3309, 3316, 3325, 3326, 3328-3332, 3351, 3360, 3391, 3395, 3396, 3406, 3416, 3504.
—— (Charlotte d'Estampes de Valençay, marquise de), 133.
—— V. *Bruslart.*
Puisignan (De), 892, 895.
Puislaurent (De), 3175, 3178, 3179, 3188.
Puismartin (De), curé à Dunkerque, 1830, 1832.
Puissant, échevin de Chaumont-en-Bassigny, 2183.
—— habitant de Charleroi, 3278.
Pujo, lieut^t^ au rég^t^ de Piémont, 146.
Pujol (Comte de), lieut^t^-c^el^ du rég^t^ de ce nom, 1758, 1952.
Pujol (Officiers du rég^t^ de), 1758.
—— (De), cap^ne^ au rég^t^ de Talmont, 1855, 2130.
—— officier au rég^t^ d'Entraigues, 1831.
—— (Ch^r^ de), mestre-de-camp du rég^t^ Royal-Carabiniers, 2021, 2131, 2415.
—— (Mme de), femme du précédent, 2141.
—— (De), cap^ne^ au rég^t^ de Luxembourg, 2024.
—— détenu à Pierre-Encise, 2133, 2134.
—— (De), cap^ne^ au rég^t^ de La Marine, 3179, 3380.
—— (De), 3198, 3418, 3689. — Cf. le suivant.
—— (De), envoyé à Gênes et en Corse, 3224, 3227, 3248, 3250, 3302, 3331, 3378, 3415, 3416, 3539, 3572, 3665, c^on^ LXXIII. — Cf. le suivant.
—— (Franç., ch^r^ de), mar. c., c^on^ LXV c.
—— (De), lieut^t^-c^el^ d'infanterie, 3603, 3622.
—— V. *Matas.*
Pujols (L.-Jos. de, m^is^ de Villeneuve), cap^ne^ au rég^t^ de Villeneuve, c^on^ LXXXVI.
—— V. *Matas.*
Pujos, capitoul de Toulouse, 3309.
Pulligny. V. *Virion.*
Pully (Ch. de), lieut^t^-c^el^ du 10e rég^t^ de cavalerie, c^on^ LXVIII.
Pulmont. V. *Becel.*
Pulteau, commissaire des guerres, 3069, 3095.
Pumbecque, cap^ne^ du rég^t^ Royal-Artillerie, 2131.
Pument, officier ou commissaire d'artillerie, 3315.
Punchet, échevin de Blois, 2183.
Puntener, landamman du canton d'Uri, 2165.
Puntoux. — Cf. *Navailles.*
Pupil, 3579.
Purcell, lieut^t^ au rég^t^ de Léotaud, 2143.
Purcelle, officier au rég^t^ de Pujol, 2021.
Purpurat, de Pignerol, 567.
Pusignan. V. *Puisignan.*

Pusignieu (De), 3175, 3178, 3180. — Cf. le suivant.
—— (L.-Félicien de Bossin d'Argenson, m^{is} de), lieut^{t}-g^{al}, 3492, 3532, 3533, 3535-3538, 3544, 3545, 3568, 3569, 3622, 3623, 3702, c^{on} XLV.
—— (Comte de), c^{el} du rég^{t} de chasseurs de Lorraine, c^{ons} LX, LXV, LXV a, LXV c.
Putange. V. *Puttanges*.
Puthaux (De), major du rég^{t} provincial de Colmar, 3710.
Puttanges (Thérèse Hardouin de Morel, m^{is} de), lieut^{t}-g^{al}, 2143, 2265, 2768, 2923, 2740, 2948, 2981, 2989, 2990, 3017, 3044, 3095-3097, 3141, 3156, 3160, 3162-3164, 3168, 3202, 3206, 3207, 3213, 3215, 3218, 3255.
Puttelange (Municipalité de), c^{on} LXI.
Puvidal, officier au rég^{t} de Beauvoisis, 2045.
Puyabilier, commis, 1700.
Puyabry (De), consul à Barcelone et à Cadix, 2860, 3411, 3449, 3532, 3534, 3535, 3538, 3568.
Puy-de-Dôme (Administrateurs du dép^{t} du), c^{ons} LXVIII, LXXI.
Puydorat (De), command^{t} le 2e bataillon du rég^{t} de Bugey, 1832.
Puygomber (De), 2131.
Puy-Guyon (F. de Granges de Surgères, m^{is} de), commd^{t} le rég^{t} de cav^{ie} du duc de Bourgogne, lieut^{t}-g^{al}, 1407, 1501, 1524, 1660, 1667, 1670, 1671, 1700, 1752, 1761, 1831, 1832, 1834-1839, 1935, 1939, 1940, 1943, 1944, 1946, 2021-2023, 2027, 2080, 2082-2084, 2086, 2130-2133, 2135, 2139, 2141, 2142, 2149, 2150, 2155, 2159, 2160, 2220, 2270, 2318, 2338, 2343, 2344, 2412, 2419, 2454.
—— (Ch.-Franç. de Granges, m^{is} de), mar. c., 2947, 3017, 3028, 3172-3174, 3176, c^{on} XVIII.
—— (Mme de — douairière), 3175.
Puymaigre (De), lieut^{t}-c^{el} du rég^{t} de Normandie, 2735.
Puymarès (Ant. de Bar de), enseigne au rég^{t} des Gardes, 123.
Puymartin (De), officier, c^{on} L.
Puymenier (De), commissaire des guerres, 3040, 3041.
Puymisson (Louis et Anne de), off. au rég^{t} de Ste-Mesme, 141.
Puynormand (Hardouin de Gaufreteau de), lieut-g^{al}, 1678, 1788, 1936, 1937, 1943, 1945, 1946, 2017, 2018, 2021, 2050, 2056, 2132, 2142, 2255, 2374-2386, 2411, 2444, 2445, 2447.
Puyrenaud (Cadenol de), 3762, c^{on} LXXIII.
Puysech (De), prévôt général de Roussillon, 300.
Puységur (Jacques de Chastenet, m^{is} de), mar. c., auteur de *Mémoires*, 123, 133, 137, 420, 1181, 3780. — Cf. le suivant.
—— (Jacques de Chastenet, m^{is} de), mar. Fr., 958, 1047, 1051, 1060, 1257, 1305, 1308, 1315, 1355, 1356, 1358-1360, 1400-1404, 1482, 1484, 1486, 1487, 1488, 1490, 1492-1494, 1496, 1528, 1549, 1550, 1552-1554, 1557, 1560, 1561, 1598, 1644, 1649-1653, 1658, 1700, 1753, 1782, 1786-1789, 1883-1886, 1888, 1977, 1979, 2019, 2080, 2083, 2108, 2143, 2151-2153, 2221, 2224, 2302, 2303, 2305, 2505, 2558, 2584, 2619, 2621, 2697, 2699-2701, 2725, 2739, 2744, 2782, 2784, 2787, 2791, 2802, 2803, 2890, 2937, 2955, 2956, 2970, 2999, 14 s, A. 91, A. 92, c^{ons} XII-XIV, XXXIX, LXXV.
—— (Jacques-Franç.-Maxime de Chastenet, m^{is} de), lieut^{t}-g^{al}, 2991, 3032, 3037, 3083, 3096, 3142, 3143, 3148, 3408, 3410-3412, 3418-3421, 3430-3432, 3440, 3446, 3449-3452, 3459, 3464, 3467-3469, 3502, 3600, 3601, 19 s., c^{ons} XXIII, XLVII b, L, L b, LIII. — Cf. le suivant.
—— (Louis-Pierre de Chastenet, ch^{r}, puis comte de), lieut-g^{al}, ministre de la guerre, 3500, 3517, 3518, 3621, 3642, 3749, 3751, 3755, 3760, 3763, 3768, c^{ons} LIV, LX-LXII, LXIV, LXV a. — Cf. le précédent.

Puységur (Vicomte de), colonel du régt de Vivarais, 3642.
—— (Abbé de), député des États d'Artois, 3729.
—— V. *Chastenet.*
Puysieulx. V. *Puisieux.*
Pyart. V. *Pijart.*
Pynault, aumônier du régt de Bartillat, 3291.
Pyrénées-Orientales (Directoire du dépt des), cons LXV a, LXV c, LXVI, LXVIII.

Q

Quadt, (Guill.-Henry de Landscron, mis de), lieut-gal, 1550, 1573, 1574, 1582, 1660, 1760, 1761, 1844, 1848, 1851, 1852, 1858, 1948, 1950, 2027 2028, 2033, 2034, 2132, 2143, 2169, 2236-2238, 2242, 2323, 2391, 2393, 2395, 2452, 2463, 2609, 2697, 2699, 2701-2703, 2723-2725, 2730, 2736, 2737, 2740-2742, 2768, 2782-2787, 2792, 2796-2799, 2827, 2837, 2838, 2982, 2983, 2988, 2989, 2991, 3047, 3091, 3094, 3100, 3156, 3157, 3164, 3167, 3220.
—— (Mlle de), 3396,
—— **de Waterhegg**, capne adjt major au régt Royal-allemand, 2791.
Quair (De), 11.
Quassez (Claude), procureur au bailliage de Luxeuil, 1759.
Quatremart. V. *Elbeuf.*
Quedona (Don Carlos), officier de cavalerie espagnol, 1984.
Queiranne (De), gouverneur du château de Bellegarde, 356.
Quelen (De), 3139.
—— V. *Du Broutay, La Vauguyon.*
Quémadeuc (Sébastien de), évêque de Saint-Malo, 361.
—— V. *Du Guémadeuc.*
Quémy (Chr), lieutt au régt d'Aubeterre, 2271, 2371, 2458.
Quénau, ex-secrétaire du maréchal de Vauban, 2138, 2268-2273, 2339, 2343, 2421.
Quenault de Clermont (Armand-Franc.), ingénieur, mar. c., 2727, 2728, 2730, 2736, 3039, 3040, 3041, 3052, 3055.
Quenerry (De), 360.
Quenescour, maître de poste, 2142.
Quengo. V. *Grenolle.*
Quenneville (De), 1498, 1976-1978, 1982-1984, 2048.
Quentin, 3387.
—— procureur de l'Amirauté à Harfleur, 3493.
Queralt, chanoine d'Elne, 1800.
Quercy. V. *Garot.*
Quérebars (De), 3155.
Querenet (De), ingénieur, 3704.
Querlonde, ingénieur, 2875, 2904, 3316.
Quernegan. V. *Lesquiniou.*
Querneuse, maire de Pontivy, con XXXIX.
Quéronarts (De), colonel, 1700, 1897, 2133, 3137.
Querreby, lieutt au régt de La Reine-infanterie, 2371.
Quersonnière (De), officier municipal de Douai, con LX.
Querville (De), maire de Falaise, 2138.
—— (De), 3541.
Quesnil (Wulfran), lieutt au régt de Navarre, 123.
Quessart, capne au régt Royal-artillerie, 1858.
—— **de Beaulieu** (De), curé de Saint-Martial d'Artenset (Dordogne), con XLIX a.
Questel, 3247.
Questroy, trésorier provincial de l'artillerie et du génie, 3633, 3641, 3645, 3672, 3761.
Queudreu (Pierre), fermier général des étapes et voitures des troupes, con XXXVI.
Quevet, commissaire des guerres ou commis de l'extraordinaire des guerres, 2268.
Quevremont. V. *Loisel.*

Queyras (Officiers municipaux de la vallée de), c^on LIV.
—— V. *Auzeville.*
Queyrats (De), major de la place de Landau, 1752.
—— (De), lieut^t de roi à Mont-Dauphin, 2237, 2251, 2398.
Quiberon (Habitants, etc., de). V. *Fougères*, etc.
Quiefdeville (De), colonel du 6e rég^t d'artillerie, c^on LXX.
Quieverchin (De), gentilhomme du Hainaut au service de la France, 2025.
Quillien (Louis de), 1897.
Quimper (Échevins, etc., de). V. *Perenjenn*, *Lanhuron*, etc.
Quinault (Mlle), actrice, 3396.
Quincé (De), 33, 98, 106, 116, 117, 133.
Quincerot (Ch. de Harengière de), cap^ne au rég^t de Normandie, 123.
Quinchamps (De), officier au rég^t d'Orléans-infanterie, 3030.
Quincy (Ch. Sevin, m^is de), brig., auteur de l'*Histoire militaire de Louis-le-Grand*, 1751, 1760, 1857, 2027, 2092.
Quinette (Gilles), échevin de Granville, 2264.
—— (Nic. M.), membre du Directoire de l'Aisne, c^ons LXV a, LXIX.
Quiñones. V. *Guinones.*
Quiñones (De), envoyé extraordinaire d'Espagne, 240, 241.
Quinquet (MM.), échevins de Soissons, 2266.
Quinserot. V. *Quincerot.*
Quinson (De), 98, 259, 334, 342.
—— (J. Raymond de Villardis, comte de), lieut^t-g^al, 945, 946, 1079, 1108, 1109, 1174, 1282, 1283, 1287, 1337, 1378, 1417, 1418, 1436, 1454, 1462, 1466, 1522, 1706, 1793, 1797, 1799, 1800, 1802, 1831, 1883–1888, 1891, 1892, 1981–1984, 1989, 2053, 2107, 2132, 2137, 2141, 2180, 2181, 2254, 2255, 2330–2332, 2405, 2406, 2610.
—— **de La Tour** (De), cap^ne au rég^t de Flesché, 2270.
—— **de Leyman** (De), major du rég^t d'Harcourt, puis de celui de Saint-Blimont, 2137, 2416.
—— **Du Perron** (De), lieut^t-c^el du rég^t d'Harcourt-cav^ie, 1946, 2242.
Quintin, 3450.
Quippeville (De), commissaire des guerres, 1611.
Quiquebeuf. V. *Boissy.*
Quiqueram (De), officier au rég^t de Lorraine, 987.
Quiros (De), 1494, 1496.
Quitard. V. *Guitard*,
Quoitbach, major au rég^t de Choiseul, 2269.

R

Raab (Évêque de). V. *Saxe* (*Chr. Aug.*).
Raban (Veuve), 2142, 2144.
Rabarche, administrateur de l'Hôtel-Dieu de Tours, 2144.
Rabault (Louis), marchand de chevaux en Normandie, c^ons LXII, LXIV.
—— **de Mislan** (Guill.), 2339.
Rabaut-Saint-Étienne (J.-P.), député du dép^t du Gard, c^on LXV f.
Rabereul (De), major de la citadelle de l'île de Ré, 3578.
Rabilliaud, cap^ne au rég^t d'Orléanais, 2098.
Rabodanges (J.-Henri, comte de), mar. c., 3727.
Raboüelle, curé de la Basse-Ville à Montreuil-sur-Mer, 2142.
Rabouyn, trésorier général à Paris, 2137.
Raby, subdélégué de l'intendant Bouchu, puis maître des comptes à Chambéry, 1690, 1861, 1868, 2132.
—— 1864, 1876, 1943, 1968.

Raby, maire de Brest, c^{on} XL.
Racan. V. *Bueil.*
Rache (Comte de), gouverneur d'Ypres, 259. — V. *Berghes.*
Rachel-Montalant (De), commissaire des guerres, c^{on} LXXXVI,
Racinoux (Dé), ex-capitaine au rég^{t} Royal-artillerie, 3188. — Cf. *La Roche.*
Ract, papetier, fournisseur du roi et de l'Assemblée nationale, c^{on} LX.
Racyne, ingénieur? 670, 792.
Radclyffe, officier irlandais, 3203.
—— (Charlotte de), 3768.
Radepont (Dubosc de), maire de Rouen, c^{on} LVII.
Radicati (Secundus-Pietro), évêque de Casal, 1862, 1866.
Radigues? 158.
Radonvilliers (De), major du rég^{t} de Sebbeville, 2130, 2136–2138, 2416.
Radulovics, gentilhomme hongrois, ecclésiastique, 1960,
Rafélis. V. *Saint-Sauveur.*
Raffard, trésorier de la marine, 1642.
Raffetot (Ant.-Alex. de Canouville, m^{is} de), lieut^{t}-g^{al}, 1862, 1864, 2042, 2136, 2238, 2244. — Cf. *Canouville.*
Raffiat, maire de Cosne-sur-Loire, 2143, 2144.
Raffin, officier, 2137, 2141.
—— **d'Hauterive** (Ch^{r} de), officier, c^{ons} XXIV, XXVII, XXIX.
Raffy (De), munitionnaire, 1213, 1483, 1613, 2185, 2270, 2271, 2301, 2373, 2396.
Raganne (Ch^{r} de), cap^{ne} au rég^{t} de La Reine-inf^{ie}, 2343.
Ragecour (De), 2142.
Ragotzky (Prince), 1834, 1838.
Ragueneau, commissaire des guerres, 294, 311, 351, 354, 461.
—— commissaire des guerres, 1703, 1767, 1768, 1861, 1878, 1880, 1974, 2045. 2100, 2102, 2140, 2143, 2171, 2174, 2188, 2400, 2466.
Raguier (Et. de), officier au rég. de Champagne, 92.
Raibaud (César), parfumeur et distillateur à Nice, 2138.
Raigecourt (Abbé de), chanoine de Liége, aumônier du roi, 3087.
—— (Comte de), 3199, 3216, 3418.
—— (De), officier au rég^{t} Royal-allemand, c^{on} LXIII.
Railhery (Franç. de), cornette, c^{on} LXXXVI.
Raillane (Alexandre de), ex-cornette d'une compagnie de chevau-légers, 146.
Raimbaucourt (Comte de), lieut^{t}-g^{al} du service d'Espagne, 2021, 2159.
Raimbault (Henri), officier de la milice bourgeoise d'Abbeville, 2227.
Raimbaut, chirurgien militaire, 3463.
Raimbert, consul de Nice, 3329.
Raimond, consul de Perpignan, 2408.
Rainaud, entrepreneur d'une fourniture de bois, à Nice, 1974.
Raincheval (Marc-Franç. de —, sgr. d'Harponville), gentilhomme d'Artois, A. 89.
Raincourt (Ch^{r} de), lieut^{t} de roi de Valenciennes, 3753.
—— (De), officier au rég^{t} de carabiniers de Monsieur, c^{on} LXV.
Rainville (Maupoint de), garde d'artillerie, 3467.
Rais (De), cap^{ne} au rég^{t} de Boulonnais, 970.
Raismes (De), commissaire des guerres, c^{on} LXV a.
Raison (J.-J. de —, s^{r} de Bondi), cap^{ne} de chevau-légers, 151.
—— officier de troupes légères, 3710.
Raizenstein (Abbé de), agent en Allemagne, 3043, 3096, 3155, 3166–3168, 3213–3220, 3285–3287, 3292, 3303, 3312, 3391, 3403, 3407–3409, 3431–3439, 3441–3445, 3471, 3508, 16 s.
—— V. *Reitzenstein.*
Rallier, cap^{ne} au rég^{t} du Maine, c^{on} LXIII.
Rals, major du rég^{t} de Bournonville (service d'Espagne), 2220.
Ram (De), aide-major, 2543.
Ramaçeul (De), traitant à Nantes 2269.

Ramade, cap^{ne} au rég^{t} d'Entragues, 1955.
Ramatuelle, cap^{ne} au rég^{t} de Saluces, 313.
Rambert, officier, 1830, 2142.
—— (Jacques), subdélégué en Savoie, 2173.
—— (De), 3710.
Rambervillers (Maires, bourgeois, etc., de), 1956, 2032. Cf. *Cerquand, Cherquand, Masson, Noël, Perquand, Plagnolle, Toussaint*, etc.
Rambion (Jean de), brig., 1862, 2271, 2563, 2679.
—— (Joseph de), brig., frère du précédent, 2041–2043, 2099–2101, 2137, 2141, 2175, 2188, 2248, 2249, 2251, 2326, 2398, 2406, c^{on} X.
Rambouillet (Ch. d'Angennes de), cardinal, ambassadeur, 3, 5, 6.
—— (Pierre de — s^{r} de Lancey), cap^{ne} au rég^{t} de Picardie, 151.
Rambour, officier de la maîtrise des eaux et forêts de Sedan, 2244.
Rambourg (De), cap^{ne} au rég^{t} de Du Bosquet, 123.
—— administrateur du dép^{t} des Ardennes, c^{on} LXV e.
Rambur (De), officier de dragons, 2663.
Rambure (De), major sous les ordres du comte de Guébriant, 3570.
Rambures (De), 117, 158,
—— (L.-Ant. de La Rochefontenille, m^{is} de), mar. c., 2733, 2945, 2946, 2969, 3027, 3029, 3042, 3084.
Rambuteau (De), lieut^{t}-c^{el} du rég^{t} de Villeroi-cav^{ie}, 2046, 2270, 2299.
Ramdin, 158.
Rameau, 2254, 2332, 2408, 2522.
—— membre du Directoire du dép^{t} de la Côte d'Or, c^{on} LXV b.
Ramezay (De), major de la place de Québec, 3399.
Ramingen (De), lieut^{t}-c^{el} du rég^{t} de Birkenfeld, 1646.
Ramio. V. *Boby*.
Ramond (ou Ramont?), 506, 512, 615.
Ramoubordas, procureur syndic de Dax, c^{on} LIV.
Ramsault (De), directeur des fortifications, 3092, 3452, 3479, 3623, 3632, 3673, 3683, 3691, c^{ons} XIII, XL, XLII.
—— **de Torlonval** (De), 3623.
Ramsay (De), lieut^{t} de roi de Québec, 3540.
Ramzay, aide-major du rég^{t} de d'Artagnan, 1944.
Ranché (De), 3467, 3468.
Rancher d'Ermagny (De), 2137, 2138, 2140.
Ranchin, commd^{t} au fort de Bard, 1855, 1856, 1872, 1875, 1966–1968, 2130.
Rancy. V. *Brunet*.
Randan (Guy-Michel de Durfort, comte de Lorge, puis duc de Durfort, puis duc de), mar. Fr., 2738, 2923, 2940, 2981–2983, 3040, 3042–3045, 3096, 3097, 3100, 3160, 3167, 3182, 3215, 3217, 3228, 3261, 3262, 3285, 3296, 3308, 3387, 3392, 3418, 3436, 3438, 3463, 3464, 3501, 3605, 3622, 3741, c^{ons} XVI, XXXV, 40 s., 41 s. — Cf. *Lorge*.
Randan (Duchesse de), 3418.
—— (De), 3185.
Randin, 102, 158.
Randon. V. *Derandon*.
Randoux, cap^{ne} d'invalides, 3768.
Ranes. V. *Rannes*.
Rangoni (Taddeo, m^{is}), colonel du rég^{t} de Modène, 1962, 1965.
Rangueil (Jacques de), mar. c., 146.
Ranne ? (De), officier, 1968.
Rannes (Nic. d'Argouges, m^{is} de), lieut^{t}-g^{al}, 419, 459, 560, 585, 596.
—— (Ch^{r} de), 561.
—— (Louis d'Argouges, m^{is} de) mar. c., 1832, 1945, 1986.
—— (d'Argouges de), 2139.
—— (Ch.-L. d'Argouges ? m^{is} de), 3017.
—— (De), 3677.
Ranquicou, commd^{t} le rég^{t} des Fusiliers de montagne, 1989, 2045.
Rans (De), 3267.
Ransart du Hayon (Baron de), 2312.
Ransaw. V. *Rantzau*.
Ransier (Nic.), brasseur à Phalsbourg, 1952.

Ranson, contrôleur à l'Hôtel des Invalides, 2139.
Ransy. V. *Delahault*.
Rantzau (Josias, comte de), mar. Fr., 98, 106, 110, 117, 119, 9 s.
—— (Jacques-Armand de), brig., 1856.
Ranucci (Paolo-Filippo), corse, 3635.
Raon (Échevins de), 1853.
Raoul (Jacques), évêque de La Rochelle, 132, 137.
—— fournisseur des Ordres du roi, A. 87.
—— cap^{ne} au rég^{t} du Soupas, 2140.
—— (Ch^{r} de), major des canonniers de la marine, 3201.
Raoulx (De), 117, 123.
—— officier de garde-côtes à Oléron, 3510.
Raousset (De), 546, 567, 597, 820, 889, 891, 988.
—— (De), lieut^{t} de roi de Brisach, 1661, 1749, 1760, 1844, 1855–1858, 1950, 1951, 2031, 2132, 2137.
—— (Ch^{r} de), 1843, 2135, 2140, 2141, 2183.
—— (Mme de —, née Palisot), femme du lieutenant de roi de Brisach, 2032, 2271.
—— **-Boulbon** (De), président à Aix, 1896.
Raphaelis, cap^{ne} au rég^{t} de Saint-Vallier, 1943, 1944.
Raphely, maire de Cannes, 2250.
Rapin (De), officier dans la compagnie de Lancize, 3329.
Raquet. V. *Brancion*.
Raquiart, administrateur du district de Reims, c^{on} LXV b.
Raray (Henry, baron de), sous-lieut^{t} d'une compagnie de 200 hommes, c^{on} LXXXVI.
Rares (De), lieut^{t}-g^{al} de Poitiers, 1705. — Cf. *Rozes*.
Ras (De), lieut-c^{el} du rég^{t} de Mornac, 2408.
— (Ch^{r} de), lieut^{t} du château de Joux, 2702, 2724, 2726, 2768, 2782–2785, 2851, 2903, 2927, 2970, 3020, 3053, 3054, 3056, 3057, 3070, 3071, 3075, 3090, 3108, 3126, 3186, 3219, 3220, 3258, 3285.
Rasilly (Ch., m^{is} de), mar. c., 106, 110, 116, 123. — Cf. *Chevigny*.
—— (G. de), lieut^{t} de roi à Tours, 837, 903.
—— (Arm.-Gabr., c^{te} de), lieut-g^{al}, 3032, 3501, 3506, 3568, 3570, 3572, 3578, 3579.
Rasin (Pierre-Ant.), avocat à Nice, 2326.
—— (Comte), colonel sarde, 3015, 3292.
Raspally, boulanger à Marseille, c^{on} LXIII.
Raspiller (De), 2794.
Rasselle (J.), entrepreneur de fournitures à Luxembourg, 2142.
—— receveur des tailles à La Roche (Luxembourg), 2268.
Rassent (J.-Franç.-Paul, m^{is} de), lieut^{t}-g^{al}, 1609, 2134, 2141, 2183, 2220, 2272, 2338, 2371.
—— (Mme de), 2411.
Rasteau, aîné, de La Rochelle, 3568.
—— (Pierre-Isaac), — id. —, — id.
—— (Gabriel), — id. —, id.
Rastignac (Ch^{r} de), 3261.
—— (Vicomte de Chapt de), c^{el} du rég^{t} de Bourgogne-inf^{rie} 3721, c^{ons} LX, LXIV, LXV, LXV a, LXV f.
Ratabon (De), 822, 870, 887.
—— 1169, 1238.
—— (Martin de), évêque d'Ypres, 1644, 1741, 1831, 1833, 1840, 1943, 1946, 2022, 2135, 2231, 2232, A. 89.
Ratabont (**De** —, ou **La Forest**), officier au rég^{t} de Balthasar, 101.
Rataud, maire de Montereau, c^{on} LXV c.
Ratel de Chevreville (De), 3144, 3211.
Rathier, aide-major, 2135.
—— (Ch.), recteur et député de Broons, c^{on} LXVII.
Rathsamhausen (De), c^{on} XLIV.
Ratier, consul de Colmars (B. A.), 1974.
Ratte (Claude-Alexis), premier commis du Dépôt de la guerre, chargé d'affaires à Vienne, 3407, 3413, 3428, 3430–3435, 3650.
Rattier du Pin, ingénieur, c^{on} L.
Rattsky (Georges Bor, baron de), mar. c., 2134, 2135, 2137, 2141,

2219, 2222, 2244, 2300, 2563, 2619, 2702, 2757, 2761, 2912.
Ratzsamhaufen (Ch^r de), A. 89.
Raucourt (J.-B. de), A. 89.
—— dans les Ardennes (Municipalité, etc., de), c^on XLIV.
Raudin, 102, 123.
—— commissaire des guerres, 3039, 3315, 3436, 3439, 3462, 3464, 3500, 3602, 3686, 3692, c^ons XXXVII, LXXVI.
Raudot, officier, 1861, 1862, 1898, 1966.
—— prêtre à Vézelay, 2137.
Raugrave (Phil.-Bernard-Ch.-Théodore, comte de), lieut^t-g^al, 3039, 3041.
Raulé, commissaire aux revues, 1801.
Raulin. — Cf. *Raudin* et *Belval.*
Rault (Albert), lieut^t de roi à Aire, c^on LXV b.
Raussin, chirurgien, 3123, 3124.
Rauzan (Municipalité, etc., de), c^on L.
Ravanes, 419.
Ravannes (Abbé de), conseiller d'État à Saverne, attaché au c^al de Rohan, 2609, 2664, 3008.
Ravat (Louis), prévôt des marchands de Lyon, 2100, 2144, 2145, 2173, 2183, 2268, 2269, 2325, 2339, 2343, 2412, 2524.
Ravaulx, procureur général à la Chambre royale de Metz, 671, 3779.
Ravel, 3007, 3017.
—— (Ch^r de), officier, c^on LXIII.
—— de Toulon, c^on LXXI.
Ravelingen. V. *Cousin.*
Ravend. V. *Saint-Frémond.*
Ravenel (Franç. de Louvel de), lieut^t au rég^t de Rambures, 123.
—— cap^ne au rég^t de Saint-Aulaire, 1861.
—— officier, 2038, 2096, 2139, 2144.
—— (L.-E.), officier au rég^t Royal-cav^ie, c^on LXV c.
Ravenet, cap^ne au rég^t de Montviel, 2267.
Ravens (W.-H.), auditeur militaire hollandais, c^on LXXXVI.
Ravenstein (De) (*Löwenstein ?*), 410.
Raver y Frias (Pedro del), 362.
Ravignan (Joseph de Mesmes, m^is de), lieut^t-g^al, 1484, 1856, 2032, 2141, 2142, 2145, 2217, 2219-2222, 2299, 2300, 2305, 2308, 2338, 2373, 2388, 2393, 2411, 2412, 2505, 2676, 2677, 2732, 2752, 2770, 2784, 2944-2946, 2952-2954.
—— (Ch^r de), 2305.
Ravilhon (De), commd^t à Andernach, puis à Charleville, 325-327, 330, 331, 342, 343, 347-349, 383, 410, 411, 423, 440, 488, 515, 544, 555, 599, 612, 649, 664, 667, 668, 670. — Cf. *Reveillon* et *Ravillion.*
—— (De), cap^ne au rég^t de Toulouse, commd^t à Ingwiller, puis à Lichtenberg, 1845, 1855-1858, 1948, 1950, 1951.
Raville (Baron de), 245, 343, 386, 408, 411, 417, 438, 837, 1501, 1753.
Ravillion (De), 667, 703. — Cf. *Ravilhon.*
Ravineau, 157.
Raviot, élu des États de Bourgogne, 3725.
Ravos (De), 110.
Ravot, 134, 351.
Ray (Ch^r de), brig., 1895, 1968, 2136, 2417.
—— (Ch^r de), aide-mar. des logis de l'armée de Richelieu, major du rég^t d'Harcourt-cav^ie, aide-major de la gendarmerie, 3418, 3544, 3606.
—— (Mis de), chef de la division de l'Intérieur au Ministère de la Guerre, c^ons LX, LXV a, LXV b.
Raybaud (César), de Nice, 2134.
Rayé (De), cap^ne commd^t à Cannetto, 1519.
Raymond, consul général de Marseille, 33.
—— (Tristan, ch^r de, sgr de Livry), cap^ne de chevau-légers au rég^t de Grand-Mont, 146.
—— (Roger de), chambellan de l'électeur de Bavière et colonel de ses carabiniers, 1908. — Cf. les deux suivants.
—— (Comte de), officier général bavarois, 2920.
—— (J.-L. de Raymond de Villognon,

comte de), mar. c., 3026, 3028, 3029, 3096, 3099, 3100, 3139, 3200, 3203, 3204, 3206, 3393, 3404, 3405, 3408-3411, 3418, 3420, 3421, 3426, 3431, 3432, 3449-3452, 3457, 3459-3464, 3467-3469, 3492-3497, 3499, 3502, 3506, 3509, 3510, 3526, 3532-3535, 3540, 3542-3546, 3549, 3568-3570, 3573, 3577-3579, 3602, 3620, 3631, 19 s., c^ons XXIII, XXVI, XXX, XXXI.

Raymond, marchand chapelier à Paris, 2145.
—— 3709, 3721.
—— administrateur du district de Saumur, c^on LXV b.
—— V. *Modène*.

Raymondis (De), consul de Draguignan, 3261.

Raymondy (Jean de), prêtre du diocèse de Castres, 117.

Raynaud, médecin, 1524.
—— munitionnaire général de l'armée d'Italie, 3180, 3185, 3187, 3232, 3238, 3255-3257, 3260-3262.
—— subdélégué, 3180.

Rayne, 670.

Razac. V. *La Roche*.

Razaud, 2564, 3314.

Razes (De), lieut^t-g^al de Poitiers, 1612. — Cf. *Rares*.

Razilly. — Cf. *Rasilly*.

Ré (Ile de). V. *Saint-Martin-de-Ré*.

Réac. V. *Mornac*.

Réal, échevin de Calais, 2183, 2222.
—— (Bualier de), colonel réformé de dragons, 2136, 2300, 2371, 2378, 2411, 2420.
—— ancien officier d'infanterie, 3719.

Réart (Don Ant. de), consul à Perpignan, 2135, 2254, 2272.

Rebais (De), 116.

Rebé (Claude de), archevêque de Narbonne, 117, 137, 157.
—— (De), 110, 874.

Rebenac (François de Pas-Feuquières, comte de), 629, 898, 1001, 1002, 1009.

Reber, officier suisse, 3584.

Rebeyre (De), premier président de la Cour des Aides de Riom, 233.

Reboul (Jacques), lieut^t au rég^t de Beauvoisis, 2130.

Reboul, lieut^t au rég^t d'Auxerrois, 2131, 2132, 2144.
—— maire ou échevin de Clermont-Ferrand, c^on LIII. — Cf. le suivant.
—— membre de la Commission intermédiaire permanente d'Auvergne, c^on LX.

Rebourgueil (De), c^on LXVII.

Rebourseau. V. *Berthelot, Pléneuf*.

Rebussy (André), commissaire des guerres, c^on LXXXVI

Recco (Don), officier espagnol, 1887, 1888, 1891, 1907, 1981-1984, 1989, 2053, 2107, 2130, 2180.

Receveur, officier de la prévôté de l'armée d'Allemagne, c^on XXXV.

Rechberg (Comte de), mar. c. bavarois, 1890, 1935, 1943.

Rechignat (De), lieut^t au rég^t de Piémont, 2145.

Rechpach (J. Georges, baron de), lieut^t-c^el du rég^t espagnol de Louvignies, 1966, 1967, 2052.

Rechteren (Comte de), commd^t de la place de Venlco, 3562.

Reckheim (Charles, comte de), 1661.

Reco. V. *Recco*.

Recoing, 3522.

Récourt. V. *Ruppelmonde*.

Récy. V. *La Motte*.

Redekin (Rubertus-Scipio de Lentulus, baron de), membre du Conseil souverain de Berne, c^on XLIX a.

Reden (De), adj^t-g^al allemand, 38 s.

Reding, 976.
—— (Wolfdietrich et H. Fréd.), capitaines aux Gardes suisses, c^on LXXXVI.
—— **Ribberegg** (Dominique, baron de), mar. c., 2048, 2273, 2331.
—— (J. Franç., ch^r de), mar. c., 1661, 1847, 1872, 1896, 1897, 1979, 1982.
—— lieut^t-c^el du rég^t de Hessy, 1964.
—— (De), cap^ne aux Gardes suisses, 2021.
—— (De), cap^ne au rég^t de Courten, 2318.
—— (De), colonel réformé et brig., 2742.
—— (Baron de), 1238, et **Reding**

(l'aîné), 2136. — Cf. les précédents.
Redmond (Ch[r] de), officier de cav[ie], 2953, 2982, 2983, 3039, 3044-3047, 3052, 3053, 3094-3100, 3108, 3139-3143, 3147-3149, 3152, 3155, 3160-3162, 3167, 3198, 3202, 3203, 3206, 3276, 3278, 3280, 3281, 3410-3413, 3418, 3421, 3435, 3436, 3438-3441, 3445, 3493-3497, 3504, 3506, 3532-3538, 3568-3573, 3575, 3576, 3598, 3599, 3622, 20 s., 21 s., 32 s., c[ons] XXVI, XXVII, XXXVI, XL.
Redmont. V. *Montmort.*
Redon (Municipalité, etc., de), c[ons] LXV b., LXV c., LXVII. — Cf. *Dayot.*
—— (De), cap[ne] au rég[t] de Dauphin-cav[ie], 1831.
—— cap[ne] au rég[t] de Charost, 1858.
—— 3120, 3223-3225, 3230, 3329, c[on] XVIII.
Redons (Jacques), commissaire des guerres, c[on] LXXXVI.
Redoubté. V. *Mortagne.*
Reede. V. *Renswoode.*
Reen (De), agent secret, 3095, 3098. — Cf. le suivant.
—— (De), envoyé de l'électeur de Cologne, 3507.
Reepmaker (H. J.), officier hollandais, 3183, 3184.
Rees (G. F. de), poète latin moderne (hollandais), 2970.
Reffuges (Les m[is] de), officiers généraux, 348, 603, 604, 870, 944, 946, 956, 1146, 1147, 1204, 1428, 1483, 1484, 1661, 1759, 1761, 1845-1848, 1851-1853, 1855, 1950-1953, 2033-2035, 2056, 2091-2093, 2095, 2130, 2135-2137, 2145, 2162-2165, 2167, 2169, 2236-2239, 2243, 2317-2319, 2323, 2371, 2378, 2391-2393, 2944, 2945, 3017, 3101, 3167, 3217, 3220, 3262, 3780.
—— (De), major de la place de Collioure, 1892.
—— (Ch[r] de), 2133.
Regels (Jean), sergent hollandais, 3147.
Regemorte, entrepreneur des fortifications de Landau, 997.
—— (De), ingénieur géographe, père du suivant, 1845, 1948, 1949, 1951, 1953, 2027, 2028, 2092, 2094, 2163, 2164, c[on] IX.
—— (A. de), ingénieur géographe, 2724, 2725, 2729, 2784-2786, 2788-2790, 2796, 2913, 2915-2921, 2925, 2949, 2950, 2959, 2983, 3001, 3236, 3310, 3396, 3426, 3683, c[on] XXII.
—— (Abbé de), préteur royal à Strasbourg, 3430, 3431.
Regis, cap[ne] au rég[t] de Tessé, 1861, 1862.
Regnard (Nic. Ant.), receveur des fermes, etc., à Fumay, subdélégué de l'intendance du Hainaut, c[on] LVI.
—— maire de La Ferté-sous-Jouarre, c[on] LXX.
Regnart, échevin à Reims, 2273.
Regnaud, maire de Crémieu en Dauphiné, 3703.
—— officier du rég[t] de Languedoc, c[ons] LXIV, LXV a., LXV c.
—— **de St-Jean-d'Angély** (Michel-L. Ét.), député à la Constituante, etc., c[on] LXIX.
Regnaudin-Agde, c[on] XX.
Regnauld, 241-244, 260-262, 271, 278, 279, 292, 293, 294, 295, 310, 311, 337, 339. — Cf. *Renaud, Regnault, Renault, Renaut.*
Regnauldin, 134.
—— aide-major général de l'armée d'Italie, 3116, 3224, 3227-3229, 3290, 3298, 3299, 3302, 3307, 3394.
Regnault, marchand de bois à Caen, 2137.
—— président en l'élection de Reims, 2375.
—— V. *Arnaut.*
—— **de Sollier**, premier président au Sénat de Nice, 1874, 1968, 1973, 1974, 2038, 2039, 2043-2045, 2130, 2170, 2175, 2251, 2399, 2408.
Régné, cap[ne] au rég[t] de Tournaisis, 2145.
Regnerie, cap[ne] au rég[t] de La Reine, 2137.

Regnes (Joseph), consul à Perpignan, 2272.
—— procureur général du Conseil supérieur du Roussillon, 3391, 3549.
Regnier, 259.
—— lieut^t au rég^t de Champagne, 1862.
—— chirurgien-major aux Gardes françaises, 2022.
—— chanoine de la Sainte-Chapelle de Bourges, 2132.
—— officier dans la compagnie franche de Cany, 2136.
—— 2141.
—— marchand à Paris, 2182.
—— assesseur du maire de Toul, 2321.
—— cap^ne au rég^t de Mornac, 2328.
—— (Adrian), fermier des octrois à Toul, 2392.
—— (Pierre-Joseph), marin, 3494.
—— (Étienne de La Tour, m^is de), cap^ne au rég^t de Gassion, c^on LXXXVI.
—— V. *Guerchy.*
Regniers (Mme), femme d'un entrepreneur de l'hôpital de Gand, 2155.
Regnoust, cap^ne au rég^t d'Albigeois, 1861.
Regny, directeur de la poste de France à Gênes, 3174. — Cf. le suivant.
—— consul de France à Gênes, 3456, 3664.
Rehbinder. V. *Rhebinder.*
Reich, lieut^t au rég^t de Nice, 2312.
—— **de Platz**, 2032.
Reichardt (De), ministre de l'électeur de Bavière, 1838.
Reichenstein (Paul-Nic. de), envoyé de l'Empereur dans l'évêché de Bâle, 2688.
Reichseim, lieut^t au rég^t d'Youl (Yoël).
Reiffenberg (De), 394, 417, 978, 2323.
Reigesberg (Baron de), ministre de l'électeur de Mayence, 2734.
Reignac (Louis de Barberin, comte de), marc. c., 825, 826, 831, 881, 1210, 1254, 1255, 1257-1260, 1307, 1308, 1310, 1360, 1484, 1557, 1566, 1572, 1575, 1644, 1645, 1651-1654, 1660, 1661, 1678, 1679, 1737, 1743, 1750, 1760, 1831, 1843-1849, 1855-1857, 1950-1954, 2027, 2030-2032, 2091-2093, 2130, 2131, 2134, 2141-2144, 2162, 2165, 2169, 2236, 2237, 2242, 2243, 2317, 2318, 2322, 2323, 2370, 2391-2393, 2453, 2454, 2456-2458, 2460, 2463.
Reignard, officier municipal de Montereau, c^on LXV c.
Reignault, 992. — Cf. *Renault.*
Reignier, 3392.
—— échevin de Mâcon, c^on LVII.
Reihelt, banquier à Francfort, 668.
Reilly, officier au rég^t d'O'Brien, 2021. — Cf. *O'Reilly.*
Reimond, ingénieur, 946, 957.
Reims (Échevins, clergé, magistrats, bourgeois, etc., de), 123, c^on LXV b. — Cf. *Andry, Bachelier, Bidet, Brunet, Clicquot, Dorigny, Favart, Fremyn, Frion, Godinot, Graillet, Granmaison, Hibert, Imécourt, Latour, La Vieuville, Leclerc, Le Leu, Lévesque, Le Tellier, Mailly, Noblet, Noël, Regnart, Regnault, Vaubinet.*
—— (Jacques de), médecin à Épernay, 2134.
Reinach (Hubert-Adrien, comte de), mar. c., 420.
—— (B. de), chanoine de Bâle, 979.
—— **-Hirtzbosch** (J. Conrad de), évêque de Bâle, 1847, 1950, 1952, 2031, 2032, 2166, 2240, 2317, 2320, 2322, 2391, 2394, 2733, 2739, 2742, 2838, 2851. — Cf. le suivant.
—— **-Steinbrunn** (Jacques-Sigismond de), coadjuteur, puis évêque de Bâle, 2688, 2902, 2982.
—— (Baron de), lieut^t-c^el du rég^t Royal-Allemand, c^on LXV b.
Reinack (B^on de), ex-cap^ne aux rég^ts d'Alsace et de Quadt, A 90. — Cf. *Reinach.*
Reinaud (Ch^r de), officier au rég^t de Beaujolais, c^on XLII.
—— 276.
Reineville. V. *Reyneville.*

Reinhard, 2951.
Reinman, échevin de Lyon, c^{on} LVII.
Reinnach, officier d'artillerie, 1966, 1971.
Reitterwald (De), major au rég^{t} d'Alsace, 3584.
Reitzenheim. V. *Raizenstein*.
Reitzenstein (H. C. von), major autrichien, 3185.
Rejallot, lieut^{t} au rég^{t} de Périgord, 2137.
Rekem (Comte de), 388.
Relingue (Ch. Ant., comte de), 3017, 3089, 3135, 3136, 3207, 3258,
Relonque, archiprêtre de Vic-Fézensac, 2138.
Relot (Didier), habitant de Sarrelouis, 2095.
Rembure, exempt des Gardes du feu roi de Pologne Leczinski, c^{on} XL.
Remiencourt. V. *Boufflers*.
Remirez (Don Balthasar), 2137.
Remond, lieut^{t}-c^{el} du rég^{t} de Labour, 1960, 1964, 2145, 2243.
Remondel (De), officier au rég^{t} de Mortemart, 2271.
Remondis (De), officier de marine, 3532.
Remonjan (De), officier prisonnier de guerre en Piémont, 2251.
Remonjean (De), chirurgien-major, 1209, 1306, 1484, 1574, 1575, 1857.
Remont (De), cap^{ne} au rég^{t} de Beauficel, 2371.
Rempffer (?), commissaire des guerres. V. *Kempfer*.
Remuzat, 3303, 3311.
Remy (De), cap^{ne}, 141. — Cf. *Montelon*.
—— aide-major de la milice du pays messin, 2033, 2242.
Renansart-Saint-Just (Mme de), 1830.
Renard (Philippe), mayeur de Charlemont, 2137, 2138, 2151, 2160, 2222, 2299, 2371.
—— (L.), fils du précédent, 2151, 2221, 2299.
—— (D. M.), magistrat de Givet ou de Charlemont, 2222, 2407.
—— lieut^{t} au rég^{t} de La Marine, 2130.
Renard, curé d'Ablys, 2145.
—— V. *Des Angles*.
Renardeau, 3496.
Renart, président en l'élection de Rethel, 158.
Renau, 11 s.
Renau d'Éliçagaray (Bernard), ingénieur, inspecteur de la Marine, lieut^{t}-g^{al}, 1601, 1786, 1789, 1883, 1886-1888, 1976-1979, 2048, 2049, 2104, 2105, 2197.
Renaucourt (De), cap^{ne} au rég^{t} de Saint-Vallier, 1831, 2131, 2132.
Renaud, commissaire des guerres, chargé d'affaires près l'électeur de Bavière, 2912, 2917, 2925, 2926, 2945, 2946, 2947, 2953, 2955, 3039-3046, 3052, 3071, 3094-3101, 3105, 3106, 3109, 3156-3166, 3168, 3257, 3285-3287.
Renaudet, chanoine de Saint-Pierre de Saintes, 1700.
Renaudot (Abbé Eusèbe), érudit, membre de l'Académie française, 1604, 1651.
Renault, commissaire des guerres, 295, 296, 310, 333, 419, 453, 512, 992, 1000. — Cf. *Regnault*, *Renaut*, *Reignault*.
—— procureur du roi de la maréchaussée d'Alsace, 1857.
—— (J.), ancien procureur à Strasbourg, 2132.
Renaut, major du rég^{t} de Sault, ingénieur, 228.
—— commissaire des guerres (?), 1287. — Cf. *Regnault* et *Renault*.
—— sergent au rég^{t} de La Vallière, 2784.
Renckens (Pierre), entrepreneur des fortifications en Dauphiné, 1971, 1972, 2250.
Renderot (De), cap^{ne} au rég^{t} de Ligneville (milices de Lorraine), 3032.
Rendi (Tomaso), consul a Chio, 6.
Renel (De), 271, 279-286, 289-291, 318-321, 342, 344-346, 353, 357, 378, 384, 386, 389, 391, 407, 410, 411, 413, 452, 491, 498, 500. — Cf. *Clermont d'Amboise* et *Renel d'Amboise*.
—— V. *Revel*.
—— **d'Amboise**, 119, 158. — Cf. *Clermont*.

Reneufve, 2266.
Reneville. V. *Resneville*.
Reniarta (Engelbert), lieut[t] au rég[t] autrichien de Los Rios, 3185.
Renier (Jehan), consul à Alep, 5.
—— médecin et chirurgien, 958.
Rennebourg (De), gouverneur de Bruxelles, 226.
—— (Comte de), gouverneur de Bruges, 946.
Rennekamp (De), officier au rég[t] de Lowendal, 3280.
Rennel, président à Nancy, 997.
Rennepont (Pierre de Pont, comte de), mar. c., 1693, 1741, 1862, 1869, 1870, 1962, 2135.
—— (Claude-Alexandre de Pont, m[is] de), mar. c., 2969, 2977, 2978, 2988, 2993, 3017, 3026, 3040, 3044, 3046, 3096.
Rennes (Municipalité, clergé, magistrats, etc., de), c[ons] LIV, LXI-LXIII, LXV c., LXV f., LXVI. — Cf. *Amilly, Bédoyère, Brilhac, Chameron, Coëtlogon, Fernon, Girac, La Coquerie, La Garde, La Mothe-Houdancourt, La Vieuville, Le Courant, Roussin, Vauréal*, etc.
Rennevilette (Louis de), cap[ne] au rég[t] de Persan, 92.
Renolt, 1895.
Renotte, ex-cap[ne] de la compagnie de l'Arquebuse à Mézières, c[on] LXV a.
Renouard (De), gouverneur de Tournai, 209, 210, 227, 238, 259, 260, 271, 275, 277, 278, 280-282, 291, 337, 338.
Renouard, 3182.
Renouard, membre du Directoire du Calvados, c[ons] LXV b, LXV d.
Renouls (De), lieut[t] au rég[t] de Navarre, 123.
Renswoode (Baron de Reede de), 2085.
Renteln, lieut[t] dans un rég[t] d'infanterie allemand, 2143.
Renty (J. J., m[is] de), lieut[t]-g[al], 837, 903, 905, 969, 990.
Repaire. V. *Du Repaire*.
Requeleine (De), 2138. — Cf. le suivant.
Requeleyne (De), 2273.
Requin (Remy de), subdélégué à l'intendance de la Sarre, lieut[t]-général et criminel de Sarrelouis, 1574, 1854, 1857, 2014, 2241, 2242, 2245.
Resen (De), député des États de Clèves, c[on] XXVII. — Cf. *Rusen*.
Resie (Phil. d'Aubair, ch[r] de), mar. c., 2290, 3387.
Resigny (De), mestre-de-camp aux Carabiniers du Roi, 1284.
Resinan (De), 1800.
Resnal, 106.
Resneville (?), 158.
Resplandy, 2130, 2183.
Ressart. V. *Fenis*.
Resseguier (De), 980.
Ressonneau. V. *Fedeau*.
Ressons (J.-B. Deschiens de), brig., lieut[t]-g[al] d'artillerie, 1845, 1846, 1852, 1853, 1872, 2135, 2338, 2344, 2384, 2385, 2411, 2412.
Restors V. *Chaparon*.
Retel de Boisminard, 2141.
Rethel (Échevins, magistrats, etc. de), 361. — Cf. *Mauclerc*.
Retorfort, colonel écossais, 152.
Retre, 97.
Rettimare (De), 2132.
Retz (Albert de Gondi, duc de), mar. Fr., 3.
—— (Franç. Paul de Gondi, cardinal de), 361.
—— V. *Gondi*.
Reugny-Tremblay (Mis de), 2132.
Reumont (Veuve), de Namur, 2233.
Reuve (De), cap[ne], 1973.
Reuville (De), 251.
—— (De), aide-de-camp du comte de Raymond, 3544.
Reveillon, 455, 703. — Cf. *Ravilhon*.
Revel (Mis de), 318.
—— (Ch. Amédée de Broglie, comte de), lieut[t]-g[al], 345, 607, 905, 1588, 1589, 1591, 1592, 1683, c[on] V. — Cf. les suivants.
—— (Ch[r] de), 353.
—— (De), 409, 499. — Cf. *Clermont d'Amboise*.
—— (Franç. Raymond Félix de Broglie, ch[r] de Broglie, puis comte de), lieut[t]-g[al], 1962.
—— cap[ne] d'une compagnie franche, 2039.

Revel (Dame E. de), prieure de la Madeleine, 2412.
—— (Franç. de Broglie, comte de), brig., 2948, 3243, 3431, 3432, 3437, 3438, 3440–3442, 3461.
—— (Sœur Marie-Thérèse de), supérieure de la Visitation de Nice. 3261.
—— (Comte de), consul de Nice, 3329.
—— V. *Broglie, Renel.*
Reverchon (De), cap^{ne} dans la compagnie franche du ch^r de Potte, 2142.
Reverseaux (Jacques-Phil. Isaac de Gravelle, m^{is} de), intendant, 3724, 3726, 2730, 3745, 3746, 3749, 3751, 3755, c^{ons} LIV, LXIV.
Revest, greffier à Antibes, 1767.
Revin (Habitants de), 634. — Cf. *Auto.*
—— **de La Croix**, 3701.
Revol (De), 359.
—— major au rég^t de cav^{ie} de Flesché, 1847.
—— cap^{ne} au rég^t de Belsunce, 1943.
—— (Ant.). gendarme, 2343.
—— V. *St-Ange.*
Rewbell (J.-B.), député de Colmar, conventionnel, c^{on} LXV c.
Rey, 355.
—— cap^{ne} au rég^t de Carlus, 1701.
—— (De), lieut^t au rég^t de Voluire, 2023.
—— (De), lieut^t au rég^t d'Aunis, 2034.
—— consul d'Aubagne, 3260.
Reyfart, 3256.
Reynach. V. *Reinach* et *Barre.*
Reynalt. V. *Vilar.*
Reynaud, directeur des vivres en Savoie, 2174.
—— subdélégué au Buis, 3232.
—— command^t-g^{al} des troupes à Saint-Domingue, 3731.
—— 3749.
—— (De), procureur général au parlement de Grenoble, c^{on} LIV.
—— **de Monts** (Ch^r), sous-inspecteur de l'École militaire, 3766.
Reynaut, aide-major-g^{al}, 3674.
Reynel (De), brig., 2788.
Reynes commissaire-garde d'artillerie, 2142, 2143, 2145.
Reyneval (De), commd^t à Fontaine L'Évêque, 228.
Reyneville (Joachim Godet de), mar. c., 158.
Reynier. V. *Régnier.*
Reynod, consul de Vienne (Dauphiné), c^{on} XIV.
Reynoir cadet, constructeur de galères, 2784.
Reynold (De), colonel suisse, 395, 467, 566, 601. — Cf. les suivants.
—— (Franç. de), lieut^t-g^{al}, 958, 1644, 2031, 2036, 2134, 2140, 2144, 2240, 2269–2271, 2273, 2343, 2370, 2392, 2394, 2411, 2584.
—— (De), commissaire des guerres, 1502, 1504, 1660, 1846, 1854, 1897, 1898, 1900, 1927, 1954, 1955, 2092, 2095, 2130, 2169, 2238, 2244, 2393, 2630, 2632, 2633, 2644, 2663, 2679, 2770.
—— fils (De), cap^{ne} au rég^t de Dresde, puis aux Gardes suisses, 2137, 2138, 2144, 2270, 2272.
—— (De), 2393.
—— 2792.
—— officier au rég^t de Monnin, 3098.
—— **de Bevière**, 2394.
Rhebinder (Bernard Otto, baron de), général du service de Savoie, 1751, 2173.
Rheinberg (Gouv^r de). 285. — Cf. *Bernzau.*
Rhenen (De), cap^{ne} au rég^t de Saint-Vallier, 2159.
Rhenius (J.-J.), officier hollandais, 3308.
Rhentz, maire de Thionville, c^{on} LXVI.
Rhilbalte, officier au rég^t de Pujol, 2021.
Rhimberg (Gouverneur et bourgmestres de), 275, 277, 285.
Rhingrave (Le), 282.
Rhins. V. *Du Treul.*
Rhône-et-Loire (Députés, Directoire, etc., du dép^t de), c^{ons} LXV a, LXV c, LXV f, LXVIII, LXX, LXXI.
Rians. V. *Valbelle.*
Riants (Comte de), 1753. — Cf. *Ryants, Galisson.*
Riaucour (Comte de), ministre de

Pologne auprès des électeurs ecclésiastiques, c^on XXXVII.
Riballier, auteur d'un mémoire, 3642.
Ribas (Don Antonio de Ubillà y Medina, m^is de), secrétaire d'État espagnol, 1587, 1600, 1695, 1731, 1786, 1789, 1883.
Ribaucourt, officier de la milice bourgeoise d'Abbeville, 2227.
Ribaut, 2823.
Ribeaupierre (Comte de), 245.
Ribemont (Maires, etc., de). V. *Baillet, Bertrand, Fontaine, Gaudry, Héduin, Violette*, etc.
Ribenack (De), envoyé extraordinaire près les princes du Nord, 629.
Riberac (Mis de), colonel du rég^t de ce nom, 2139.
Riberpré (Ch. de Moy de), lieut^t-g^al, 311, 362, 419, 420, 499.
Ribes (Ant. de), syndic du diocèse d'Alais, 1799.
—— (L.), membre du Directoire des Pyrénées-Orientales, c^on LXV c.
Ribeyre (Ant. de), intendant, 359–362, 419, 420.
—— (De), 903-906, 1792, 2272.
Ribier, 1700.
Ribière. V. *St-Sandoux*.
Ribot. V. *La Bastide*.
Ribotti, de Nice, entrepreneur de fournitures de bois, 2249.
—— médecin à Nice, 2136.
Ricard, garde d'artillerie, 1704.
—— 2135, 2137.
—— officier de marine, 3243, 3338.
—— ingénieur, 3426, 3466, 3467, 3492, 3509, 3598, 3547.
—— officier de canonniers gardes-côtes, 3581.
—— (Ch^r de), brig., c^on XLIX a.
—— député de Toulon, c^on LXV a.
—— V. *Vaillac*.
—— **de Feuquières**, 2130.
Ricarville d'Amigny (De), comm^re des guerres, 1574, 2033.
Riccé (Loys de), cap^ne au rég^t de Nice, 2132.
—— (De), commd^t à Sarreguemines, 3125.
Ricci (Le P. Laurent), général des Jésuites, 3650.
Riccia (Prince de), 1607.
Richand, commis du trésorier de l'armée de Lombardie, 1870.
Richard, 11 s.
—— 360.
—— commissaire des guerres, 1108, 1468, 1549, 1550, 1766, 2138, 2184, 2272, 2370.
—— (Jos.), hôtelier de la *Croix d'Or* à Dijon, 1751.
—— élu aux États de Bourgogne, 1895, 1905.
—— cap^ne, 2182.
—— officier au rég^t de Beringhen, 2242.
—— partisan à Phalsbourg, 2321.
—— maire de Toulon, c^on LXII. — Cf. *Ricard*.
—— **des Vorzes**, lieut^t au rég^t Dauphin, 2145.
Richardière. V. *La Richardière*.
Richardin. V. *Monnier*.
Richardot, médecin, 2134.
Richaud (Dame Antoine), veuve d'un aide-major de Sarrebourg, 1754 a, 89.
Richebourg (De), sous-lieut^t au rég^t de Saintonge, 2135.
—— (Ch.-Bon.-Quentin de), intendant, 2138, 2186, 2264, 2267, 2342, 2347, 2416, 2419.
—— (De), commissaire des guerres? c^on XIX.
—— (Toustain de), major général de la capitainerie du Havre, 3460, 3506, 3726, c^on XLIX a.
—— (De), major de la capitainerie d'Octeville, 3468.
Richecourt (De), cap^ne de chevau-légers au rég^t de La Clavière, 79.
—— (Comte de), 2840, 2851, 2860, 3313.
Richelieu (Armand Du Plessis, cardinal, duc de), ministre, 14, 16, 26, 32, 41, 42, 62. — Cf. les vol. de *Minutes* et d'*Expéditions* de 1616 à 1642.
—— (Armand-Jean Vignerot Du Plessis, duc de — et de Fronsac), général des galères, gouverneur du Havre, 117, A. 87, A. 88.
—— (Anne-Poussart, duchesse de), 131.
—— (J.-B.-Amador de Vignerot Du Plessis, m^is de), mar. c., 158.

Richelieu (Louis-Franç.-Armand Du Plessis, duc de), mar. Fr., 2631, 2728, 2792, 2877, 2928, 2988, 3053, 3064, 3075, 3145, 3152, 3200, 3229-3231, 3241, 3245, 3251-3253, 3263, 3290-3296, 3298-3302, 3305-3307, 3310, 3312, 3313, 3316, 3329, 3330, 3410-3413, 3415, 3418, 3425, 3434, 3436-3446, 3451, 3459, 3460, 3462-3465, 3469, 3472, 3475, 3493-3497, 3500, 3503-3508, 3532, 3534, 3536, 3537, 3542-3545, 3548, 3549, 3571-3573, 3577, 3578, 3581, 3599, 3600, 3603, 3604, 3623, 3632, 3685, 3707, 3708, 3710, 3740, 23 s., 32 s., 33 s., 38 s., 40 s., 56 s., 72 s., c^ons^ XV, XX, XXI, XXII, XXIV, XXVI, XXX, XXXI, XXXV *bis*, XXXIX, XL, XLIX.
—— (Duc de), c^on^ LXIV.
—— V. *Fronsac.*
Richemont (De), 118, 516.
—— (Ch^r^ de), cap^ne^, 2135.
—— (De Bussière de), ancien officier, commissaire des guerres au Havre, 2138, 2139, 2185, 2267, 2270, 2271.
—— (De), procureur du roi à Chandernagor, c^on^ LXV c.
Richer, commis de l'extraordinaire des guerres, directeur de la poste à Dôle, 2139, 2145, 2168, 2243, 2312.
Richer, membre du directoire du Calvados, c^ons^ LXV d, LXVI.
—— (De), commd^t^ à Carignan, 2321, 2371, 2395, 2396.
—— V. *Roddes.*
Richerand (Guy de), ingénieur, mar. c., 670, 794, 830, 832, 966, 967, 968, 972, 993, 994, 1100, 1227, 1592, 1683, 1685, 1777, 1778.
Richeteau (J.), maire et cap^ne^ de la ville de Poitiers, 110.
Richmond (Charles Lennox, duc de), ambassadeur, 3396, 3406.
Richon, lieut^t^ au rég^t^ des grenadiers de Modène, 3260.
Richterich (Jos.-Théodore), membre du grand conseil de Malines, 3137, 3138.
Ricord, 987.
Ricord (D^lle^), 2145.
Ricordeau, lieut^t^ de maréchaussée, 2141.
Ricou (Fr. Bruno de), prieur de la chartreuse de Durbon, 2143.
Ricouart (De), 1786.
—— échevin d'Abbeville, 2132, 2133, 2135, 2183.
—— (Ch^r^ de), officier, 2385.
—— V. *Hérouville, La Bretonnière.*
Ricourt (De), 1209.
Ricous (De), 280, 289, 460.
—— (De), brig., 1502, 1572, 1573, 1582, 1598, 1675-1677, 1683-1685, 1691, 1699, 1748, 1833, 1855, 1860, A. 92 *bis.*
Ricousse. V. *Ricous.*
Ricquebourg (De), 2136, 2563, 2739, 3127.
Ridon (De), 3208.
Riecqsecq, 354.
Ried (Baron de), 3513, 3514.
Riedersel (De), officier du service de Hollande, 3185.
Riegel (Baron de), ministre de Wurtemberg à Paris, c^on^ LVIII.
Riehl, officier au rég^t^ de Navarre, 3748.
Riencourt (De), lieut^t^ au rég^t^ de Vermandois, 992.
—— (De), commissaire des guerres, 992, 1408, 1409, 1572, 1760, 2030, 2621.
—— (Ch. de), consul de France à Livourne, 2168.
—— (De), ingénieur, 3111.
Riepply, landamman de Thurgovie, 2236.
Rietqueseler (C.), 2444.
Rieu (De), munitionnaire, 283, 285, 292-294, 333.
Rieupeyroux (De), cap^ne^ au rég^t^ de Monsieur, 151.
Rieutord (Ch^r^ de), cap^ne^ au rég^t^ de Navarre, 397.
Rieux (Év. de). V. *Du Bourg.*
—— (Franç. de Lorraine, comte de), cap^ne^ de chevau-légers, 123.
—— (Marquise de), 2135.
—— (Louis-Aug., ch^r^, puis m^is^ de), lieut^t^-g^al^, 2945-2947, 3047, 3173, 3225, 3261.
—— (Baron de Frisenheim de — d'Auvet), 3083.

Rieux de Maubeuge (Ch^r de), cap^ne au rég^t de Bugey, 2340.
Riey, commissaire des guerres, 2085, 2144.
—— (Mme), femme du précédent, 2343.
Riez (Évêque de). V. *Des Marets.*
—— (Consuls de). V. *Arnoux, Cotta.*
Riffault, officier municipal de Saumur, c^on LXV b.
Rifflard, commis des fermiers généraux, 2183.
Rigal (De), 116.
—— (J.-B. de), mar. c., 3479.
Rigaud, ancien cap^ne, 397.
Rigauld, officier du grenier à sel de Vendôme, 2262.
Rigaut (J.-G.), 2634.
Rigauville (De), commd^t à Louvain, 1644.
—— (Desbergères de), officier dans les troupes de la Marine, 2133.
Rigaux (De), officier, 3261.
Rignac (De), commd^t à Barcelonnette, 2967, 2968, 3060, 3065, 3118, 3172–3174, 3180, 3224, 3233, 3314, 3450, 3572, 3630, 3677, c^on L, L b.
Rigny-Fonteinne (De), cap^ne au rég^t de La Lande, 2272.
Rigo, 3541.
Rigolet, 1899.
Rigoley, commis de l'extraordinaire des guerres, 1780.
—— V. *Ogny.*
Rigollet, secrétaire des États de Bourgogne, 1700.
Rigollier (De), commis principal d'artillerie, 2242, 2243.
—— procureur de l'abbaye de Saint-Germain, à Auxerre, 3309.
Rigollot (Jacques-Pierre de), mar. c., 1572, 1574, 1862, 1978, 1979, 1981 – 1983, 1989, 2049, 2140, 2141, 2145, 2254, 2255, 2330–2332, 2408, 2505, 2522.
Rigord, 83 s.
Rigot. V. *Montjoux.*
Rigoullet, trésorier général à Paris, 2137.
Rigoumier, 134.
Rilhac. V. *St-Paul.*
Rillac. V. *Boullers.*
Rimberlieu, 2421.
Rimblanche, 3313.
Rinchelle, magistrat de Fort-Louis-du-Rhin, 2394.
Rincla, 97.
Rinetti, gouverneur de Demont, 2101.
Ringler (De), officier autrichien, 3147.
Ringstett, officier de cav^ie étrangère, 997.
Rinpeyroux. V. *L'Escle.*
Rinville (De), 123.
—— V. *Maupoint.*
Riocourt (Nic.-Jos. du Boys, baron de), conseiller d'état de Lorraine, 2863.
Riocreux (Guillaume), marchand à Toulouse, 1798, 1896.
Riolan (Phil.), abbé de St-Pierre-de-Flavigny, 119.
Riolle (Trouard de), prévôt général à La Rochelle, 3730.
Riols, officier au rég^t de Périgord, 2766, 2800.
Riom (Échevins, magistrats, etc., de). V. *Grobois, Rebeyre, Serres, Vaux, Vrion*, etc.
Rions (De), cap^ne aux grenadiers royaux de Modène, 3180.
—— (De), commd^t le bataillon de milice de Valence, 3238, 3239, 3261.
Riosset. V. *Dallard.*
Riotor (De), 1604, 1644.
—— (De), officier au rég^t de Choiseul, 2221.
—— (De), cap^ne au rég^t de Remiencourt, 2231.
—— V. *Villemeur.*
Riouffe, subdélégué à la viguerie de Grasse, 1974, 2130.
—— commissaire des guerres, 2763, 2766, 2850, 2871, 2872, 2885, 2886, 2900, 2901, 2928, 2967, 2968, 2970, 3014, 3060, 3062, 3063, 3065, 3115, 3120, 3127, 3174, 3175, 3179, 3186, 3233, 3238, 3241, 3251, 3252, 3255–3262, 3296, 3314, 3316, 3411, 3415, 3416, 3449, 3454 – 3456, 3492, 3497, 3539.
—— **-Thorenc**, commissaire de la marine, 3239, 3240.
Rioulles (De), 119.
Rioult. V. *Cursay.*

Riousse. V. *Biouffe.*
Ripa (Don Michel de), commissaire ordonnateur espagnol, 2967.
Ripe de Jaillon (Mis de), officier du service de Savoie, prisonnier de guerre, 1862, 1877.
Ripert de Monclar, 3229.
Riquet. V. *Caraman.*
—— officier au rég^{t} du Maine, 1884.
Riqueti, major du rég^{t} du Dauphiné, 1862.
—— cap^{ne} au rég^{t} de Normandie, 2167.
Riquetti. V. *Mirabeau.*
Ris (De), intendant, 97, 98, 117.
—— (Ch^{r} de), sous-lieut^{t} aux gardes françaises, 1553.
Risac (De), 40 s.
Risaucourt (De), conseiller d'État et maître des requêtes de Lorraine, 446, 447, 467, 567, 615, 633.
—— commd^{t} le 2e bat^{on} du rég^{t} de Cambraisis, 1644, 1854, 1857, 1858, 2270.
Risberg (Mis de), 2876.
Risbourg (Mis de), sergent de bataille, commd^{t} à Condé, 397.
—— (De), gouverneur de Mons, 837.
Rison, prêtre à Lectoure, 2132, 2183.
—— (De), aide-major du rég^{t} d'Angoumois, 2619. V. les deux suivants.
—— (De), lieut^{t}-c^{el} du rég^{t} d'Angoumois, 3309.
—— (De), lieut^{t} de roi à Verdun, 3391.
—— (De), major ou lieut^{t} de roi de Pignerol, 264, 278, 279, 299, 354, 355, 512. V. les suivants.
—— (De), ingénieur, 986, 1070.
—— (De), cap^{ne}, puis inspecteur, 1612, 1899.
—— (Pierre de), échevin de Metz, 1671, 1672, 1952.
—— (Mme de), veuve du major du rég^{t} de Bigorre, 1873.
—— (De), commd^{t} à Puymirol, 2133.
—— (De), cap^{ne} au rég^{t} de Picardie, 2337.
Rissy, cap^{ne}, 1856.
Risteau, négociant à Bordeaux, 3572, 3600, 3601.
—— directeur de la compagnie des Indes, 3674.
Ritou, 361.
Rittberg. V. *Kaunitz.*
Ritter, 3280, 3281, 3287.
—— ministre de l'électeur palatin, à Vienne, 3482.
Riupeyroux. V. *Lescle.*
Rivalz, membre du directoire du dép^{t} du Tarn, c^{on} LXV f.
Rivaro (Marquis de), 20.
Rivarol (De), 899, 901, 958.
—— (De), officier au rég^{t} Mestre-de-camp général de dragons, 2663.
Rivarola (Comte), 3638.
Rivart, lieut^{t} au rég^{t} de Béarn, 2136, 2142.
—— directeur des fourrages au Quesnoy, 2219.
Rivas. V. *Ribas.*
Rivat, commissaire des guerres, 98, 110.
Rive (De), 552.
Rivé, adjudant-général, c^{on} LXX.
Rivedou. V. *Mansion.*
Rivel (De), lieut^{t} de roi à Cette, 3064. V. *Rives.*
Riveron, officier, 2137. V. *Morlat.*
—— (De), ingénieur ? c^{on} XXVII.
Riverson (Charles de), mar. c., 2438, 2599, 3474.
Rivery (De), brig., 2940, 2941, 2952, 2955, 2989, 3063, 3192. V. *Rivirie.*
Rives (De), major du rég^{t} de Navarre, 1846, 1850, 1855, 1856, 1858.
—— (De), cap^{ne} au rég^{t} de Foix, 1855.
—— (De), cap^{ne} au rég^{t} d'Anjou-inf^{ie}, 2131.
—— (De), lieut^{t}-c^{el} d'inf^{rie}, aide-major de l'armée de Catalogne, puis à Cette, 2135, 2180, 2329, 2370, 2466, 2467, 2488, 3060, 3127. V. *Rivel.*
—— (De), lieut^{t} au rég^{t} de Du Roure, 2160.
—— (Jos.), chirurgien à Mortagne, 3184.
Rivié, directeur et entrepreneur de chevaux d'artillerie, 1462, 1466, 1483, 1484, 1661, 1699, 1896, 1899, 2185, 2216, 2219, 2221, 2270, 2271, 2273, 2299, 2300, 2308, 2421.

Rivié (Ch^r^ de), c^on^ XLVII b.
—— (Mme de), 3137.
Rivière (De), 264.
—— ingénieur, 1675.
—— cap^ne^ au rég^t^ de Croy, 1862, 1895, 1897, 2040.
—— (Ch^r^ de), commd^t^ au Passage, puis à Jaca, 1982, 1984, 2052, 2054, 2105, 2142, 2177, 2180, 2329, 2408.
—— (De), avocat à Bayonne, 1984.
—— (De), 2222.
—— officier au service de Bavière, 3163.
—— (Chervin de), aide-major de la place de Longwy, 3748. V. *Chervin.*
—— membre du directoire du dép^t^ du Calvados, c^ons^ LXV b, LXV d.
—— V. *Corsac.*
Rivières (Des), officier, 1738.
Rivirie. V. *Rivery.*
—— (De), lieut^t^-c^el^ du rég^t^ d'Anjou, c^on^ XV.
Rivoallan, membre du directoire du dép^t^ des Côtes-du-Nord, c^on^ LXVIII.
Rivoire, membre du directoire du dép^t^ de l'Aisne, c^on^ LXV a.
Rivole, cap^ne^ au rég^t^ de Nivernais, 3239.
Rivolet Du Bartas, entrepreneur d'équipages d'artillerie, 3187.
Rivolle (De), 3664.
Rivot, directeur de l'hôpital d'Herstal, c^on^ XXXIII.
Rivray (Philippe de Chaumont de), lieut^t^-g^al^, 2988.
Rivry (De), colonel des milices gardes-côtes, 2144.
—— (De), cap^ne^ d'une compagnie franche à Toul, 2370.
Rix (Ch^r^ de), cap^ne^ au rég^t^ de La Motte, puis dans celui d'Artagnan, 1830, 1831, 1901, 2160.
Rizaucourt. V. *Risaucourt.*
Roanne (Municipalité de), c^ons^ LXII, LXV a, LXV c, LXX, LXXI.
Roannez. V. *Roannois.*
—— (Ch^r^ de), 1601, 1764, 1768, 1796, 1973.
Roannois (Artus de Gouffier, duc de), mar. c., gouverneur du Poitou, 158, 225-227, 358, 516.
Roays (De), 463, 505, 543, 558, 596, 597, A 89.
Rob, lieut^t^ aux Volontaires étrangers, 3501.
Robache, commissaire d'artillerie, 1706.
Robar, 3410.
Robardet, échevin d'Auxonne, 2132.
Robart (Marie), fille de la Charité à Belle-Isle, 2140, 2143, 2264, 2267.
Robbé, marchand à Paris, 2182.
Robbertsen (J.-H.), officier hollandais, 3182.
Robbu. V. *Rouby.*
Robecque (Phil.-Marie de Montmorency, prince de), brig., 515, 822, 837, 870.
—— (Ch. de Montmorency, prince de), mar. c., 1661, 1876, 1967, 2135, 2138.
—— (Anne-Louis-Alex. de Montmorency, prince de), lieut^t^-g^al^, 3459, 3461, 3496, 3550, 3552, 3627, 3683, 3687, 3691, 3694, 3710, 3714, 3725, 3726, 3729, 3743, 3744, 3751, 3753, 3755, 3759, 3760, 3763, 3768, 44 s., c^ons^ II, LIV, LV.
—— V. *Montmorency.*
Robelin (MM. de), ingénieurs, 310, 351, 469, 515, 544, 546, 547, 549, 568, 616, 670, 794, 944-946, 957, 972, 982, 993, 994, 1013, 1115, 1940, 1946, 2017, 2021, 2034, 2131, 2300, 2308, 2386, 2388, 2629, c^on^ VII.
—— (De), lieut^t^ réformé au rég^t^ de Navarre, 2131.
—— religieux à Saint-Julien de Tours, 3188, 3232.
Roberdau ou **Roberdeau,** cap^ne^ des portes d'Haguenau, 2027, 2632.
Roberdeau (De), mestre-de-camp, 3505.
Robert (De), lieut^t^ au rég^t^ de Du Bosquet, 123.
—— médecin ou chirurgien, 2459.
—— (Louis-Jacques de), mar. c., 2763, 2820, 2947, 2958, 2993, 3031-3033, 3036, 3083, 3084, 3088, 3089, 3142, 3143, 3197, 3569-3572, 3577, 3579, 3600, 3605, 3606, 3622, c^ons^ XVII, XXXVI, XXXVII.

Robert (Louis), intendant, 182, 190, 209, 210, 224–229, 241–244, 251, 261, 262, 265, 278, 283–296, 310, 311, 318–331, 337–340, 357, 383–393, 400, 404–407, 409, 441, 445, 446, 450, 455, 456, 468, 484, 488, 489, 491–494, 506–508, 512, 536, 537, 544, 545, 585–588, 592, 593, 600, 605, 608, 612–614.
—— procureur à Paris, 903, 904, 1895, 1896, 1899, 2133, 2142, 2268.
—— ingénieur, 1066, 1080, 1093, 1332, 1426.
—— (H.-A.), conseiller du roi d'Espagne en Hainaut, 1468.
—— officier au rég[t] de Grammont-cav[ie], 1759.
—— cap[ne] au rég[t] Royal-Lorraine, 3290.
—— (Dominique), entrepreneur de fournitures d'étapes, à Aix (Provence), 3255.
—— officier municipal de Mâcon, c[on] LXV e.
—— (Claude), lieut[t] de la mairie de Seurre, 3505.
—— officier municipal de Chantilly, c[on] LXV c.
—— 1707, 2023, 2272, 3310. V. *Parrades.*
—— **de Saint-Martin**, secrétaire ou officier du prince de Condé, 1700.
Roberval. V. *Trudaine.*
Robey, officier au rég[t] de Guyenne, 1558, 1672.
—— V. *St Vincent.*
Robiac (De), major de la place de Hombourg, 2169.
—— V. *Grille, Montpezat.*
Robiano (De), lieut[t]-c[el] du rég[t] des gardes à pied de l'électeur palatin, 1701.
—— **de Beyssem** (L.-F. de), 3200.
Robillard, échevin de Caen, 2186.
—— subdélégué à S[t]-Lô, c[on] 41.
—— 1862.
Robilliard, secrétaire du m[al] de Balincourt, 3262.
Robin, commissaire des guerres, 1761, 1850, 1854, 2033, 2131, 2169, 2244, 2322.
Robin, échevin de Mézières, 2132, 2133, 2144, 2169.
—— commissaire provincial à Metz, 2167, 2239, 2396.
—— (Léonard), commissaire civil dans le dép[t] du Lot, c[on] LXVI.
Robineau, 134.
—— commissaire des guerres, 2735, 2782, 2788–2790, 2792, 2955, 3187, 3412, c[ons] LXVIII, LXIX.
—— V. *Villemont.*
Robinet, commissaire aux revues 1604.
—— recteur de la maison des Jésuite à Strasbourg, 1669.
—— membre du directoire d'Ille-et Vilaine, c[ons] LXV a, LXV f, LXVI.
Robino, sous-lieut[t] au rég[t] de Beauce 1856.
Robinot, commissaire des guerres, 2940.
—— officier municipal de Chantilly, c[on] LXV c.
Robinson (J. Wright, dit), correspondant secret, 3407.
Robles (J.-Franç. de), évêque d'Ypres, 157.
—— (Don Augustin de), cap[ne] général du Guipuscoa, 2329, 2421.
Roboneau, 1382.
Robur (De), 3259.
Robusson (De), 262, 312, 333.
—— (Mme de), veuve du commd[t] du Fort français, à Bergues, 2024.
Roca (J.), catalan, 2053.
Rocabruna père et fils (De), catalans, 137, 146.
Rocafort, 1891.
Rocatalade (Barthélémi de la Tour, s[r] de), cap[ne] de cav[ie], 92.
Rocayrol. V. *La Motte.*
Rocca (Comte), gouverneur de Plaisance, 2753, 2810, 2811.
—— corse, 3361.
—— **-Ste-Croix**, maire d'Apt, 3256.
Roch (Hugues), ouvrier d'artillerie, 3546.
Rochambeau (J.-B.-Donatien de Vimeur, marquis, puis comte de), mar. Fr., 3207, 3419, 3439, 3462, 3515, 3520, 3552, 3557, 3560, 3561, 3563, 3564, 3611, 3642, 3732–3736, 39 s., 40 s., c[ons] XLVIII, LXV c–LXIX, LXXI.

Rochambeau (Jos.-Ch. de Vimeur, m^is de), 3462.
—— (Vicomte de), 3763.
Rochas (De), 2924.
Roche (Honoré de), m^al-des-logis de cav^ie légère, 146.
—— cordelier, aumônier du rég^t de La Couronne, 1892.
—— officier au rég^t de La Fare, 2243.
Rochebaron (Franç. de La Rochefoucauld, m^is de), commandant en Lyonais, 3064, 3173, 3178-3180, 3232-3235, 3238, 3239, 3243, 3245, 3255, 3260-3263, 3296, 3334, 3406, 3605, c^on XIX.
Rochebonne (Mis de), 1524, 1611, 1702, 1895-1898, 1900, 2135, 2183, 2268, 2270, 2272, 2273, 2338, 2344, 2412.
—— (Ch.-Franç. Châteauneuf de), évêque de Noyon, 2130, 2301, 2341, 2343, 2370, 2414.
Rochebot (De), 2131.
Rochebrune (De), cap^ne au rég^t d'Albaret, 1766.
—— (De), lieut^t au rég^t des carabiniers, 3017.
—— commissaire des guerres, c^on LXX.
Rochechouart (De), 118. V. *Vivonne.*
—— (Guy et Guy II de Sève de), évêques d'Arras, 311, 396, 397, 1483, 1839, 2021, 2023, 2141, 2154, 2159, 2160, 2220, 2269, 2299, 2300, 2301, 2312.
—— (De), commd^t à Hagenbach, 1953, 2091, 2093, 2133, 2162, 2236, 2237, 2242, 2317, 2318, 2322.
—— (De), 2130.
—— (Ch.-Aug., duc de), brig., 2936.
—— (J.-L. de Roger, ch^r, puis m^is de), lieut^t-g^al, 3334, 3555, 3602, 3603. 3606, 3611, 3612, 3655.
—— (Duc de), 3409.
—— V. *Mortemart, Vivonne.*
—— **-Faudoas** (Franç-Ch., comte de), lieut^t-g^al, ministre près le duc de Parme, 3007, 3119, 3199, 3403, 3415, 3416, 3418.
Rochecolombe (J. Fortunat de Serre de), brig., 2034, 2687, 2735, 2736, 2739, 3069, 3200, 3314, c^on XII.
Rochecourt (De), 355, 361, 420.
Rochedragon (Mis de), 3768.
Rochefort (Échevins, etc., de), c^on XXXVI.
—— (De), cap^ne au rég^t d'Auvergne, 123.
—— (De), 133, 146.
—— (Mme de), 158.
—— (Henri-Louis d'Aloigny, m^is de), mar. Fr., 209, 210, 224-226, 228, 237, 251, 276-278, 284-286, 319-322, 324-331, 342-349, 357, 378, 383-386, 389-391, 396, 399, 400, 407-414, 416, 438, 439, 440, 441, 443, 444, 445, 446, 447, 449-451, 455, 458, 460, 461, 466, 467, 469, 486-488, 506, 507.
—— (Philibert Chappes, s^r de), trésorier de la province de Tarentaise, 1079.
—— (De), cap^ne au rég^t Dauphin-inf^rie, 1862.
—— (De), ingénieur, brigadier, 1884.
—— (De), officier, 2130.
—— ancien officier au rég^t de Chalmazel, 2273.
—— (De), lieut^t d'artillerie, 3180, 3234, 3315.
—— cap^ne d'artillerie, 3542.
—— (Dufaure de), intendant, c^on LIII, LIV, LXV a.
—— V. *Du Montal.*
—— subdélégué à Saint-Lô, c^on XXVI.
—— **d'Ailly**. V. *St Point.*
—— **de Ste Agniès** (ou de St Aynien ?), gentilhomme savoyard, 2041.
Rochegude (Pierre-Ch.-Arnould, m^is de), lieut^t-g^al, 3612.
Rochejaquelein, c^on LXV d.
Rochelambert (Vicomte de), major du rég^t Royal-Picardie, 3758.
Rochelonchamps (De), lieut^t-c^el du rég^t de Tarente, 1854.
Rochemont (De), officier, 3432, 3469, 3571, 3578, 3579, 3599. 3606.
Rochemore, ingénieur? 2875.
—— (Comte de), lieut^t de roi à l'île d'Oléron, 3408, 3459, 3547.
Rochepaire. V. *Rochepeyre.*
Rochepalière (De), cap^ne au rég^t de Vermandois, 1667.

Rochepeyre (De), 332, 392, 396, 397, 401, 402. V. *La Rochepierre.*
—— (De), 294, 310, 311, 397, 452.
—— (De), 794.
—— (De), major de la place de St-Omer, 1202, 1468, 1644, 1943, 1944, 1946, 2055.
—— (Mme de), veuve du major de St-Omer, 2132.
—— (Ch^r de), 1907.
—— (Guillot de), c^on LXXIV.
Rochepine, ingénieur, 1830, 1946.
Rocheplatte (Ch^r de), 1855.
—— (De), 1963.
Rocher, 3247.
Rocheron, commd^t une compagnie d'invalides à Sedan, 1526.
Rochesaone, 3198, 3199. V. *Rochesaune.*
Rochesaune (De), officier au rég^t de La Chau-Montauban, 2032. V. *Rochesaone.*
Rochetaillade. V. *Rocatalade.*
Rocheville (De), cap^ne et aide-major, 2371.
Rochon, commissaire des guerres, 116.
—— cap^ne au rég^t de Vassé, 2131.
Rocosel (Pons de Rosset de Ceilhes, ch^r, puis m^is de), lieut^t-g^al, 2739.
—— V. *Fleury.*
Rocquemont (De), 2167.
Rocques. V. *Missart.*
Rocqueval (De), 3204.
Rocqueville (De), 2141.
Rocroi (Magistrats, clergé, habitants, etc., de), c^on LXV d. V. *La Grange, Mauclerc, Parmentier, Petit-fils.*
Rocterie, officier, 1943.
Roddes (Ch.-Nic. Richer, s^r de), dit «le petit Roddes», entrepreneur des hôpitaux de Pignerol, adjudicataire des fermes de Savoie, etc., 1272, 1286, 1789, 2412, 2522. V. le suivant.
—— (De), 1312, 2049.
Rodemack (Maires, etc., de), 1754.
—— (De), gentilhomme étranger, au service de France, 1856, 1951, A. 89.
Rodes (De), cap^ne de grenadiers au rég^t de La Motte, 1839.
—— (De), fondeur?, 2052.
—— V. *Villers.*
—— (Échevins, etc., de). V. *Séguret.*
Rodez (Abély [L.], év. de), 197.
Rodier, 3504, 3621.
Rodricgue, 970, 977, 978, 997, 1465, 1468, 1483, 1501.
Rodrigue, sous-lieut^t au rég^t de Kerkem, 2242.
Rodriguez, 2945.
Rodt (De), 739, 793.
—— (Baron de), gouverneur de Vieux-Brisach, 2914.
Rœder (Baron de), grand écuyer du duc de Wurtemberg, 3070. V. le suivant.
—— (Baron de), lieut^t-g^al des troupes de Wurtemberg, 3506.
Rœderer, député de Metz, c^on LXIII.
Roemich, 3508.
Roepel (Mme de), femme d'un officier hollandais, 3259.
Roettiers de La Bretesche, régisseur g^al des étapes, c^ons LXVII, LXVIII, LXX.
Rœulx (Ferdinand-Gaston Lamoral de Croÿ, comte du), 1379.
Roffay, directeur de la Compagnie des Indes, 3575, 3629.
Roffignac (Comte de), 3722, 3732.
Roffray, major des dragons de Villegagnon, 2142, 2238, 2241. V. le suivant.
—— lieut^t-c^el des dragons de Prie, 2411.
Roger, 1856, 1864, 1865, 1868, 1869, 1960-1962, 1965, 1966, 1968, 2033.
—— officier, 2046.
—— cap^ne au rég^t de Rochefort, 2142.
—— commissaire des classes de la marine à Belle-Isle, 2142, 2270.
—— (Ch^r), 3751.
—— 3755.
—— V. *Fréville, Rochechouart.*
—— **Du Coulon**, officier, 1861.
Roget (Marie), de Metz, 1955.
Rogeville, 2664.
Roggenbach (Johannès VIII, Conrad von), évêque de Bâle, 260, 343, 346, 417, 566.
Rogier, trésorier de France à Poitiers, 158.
Rognes, consul d'Aix en Provence, 3598.
Rogres. V. *Champignelles.*

Rogueful (La Salle de), lieut^{t} au rég de Normandie, 141.
Rogueux, 3057.
Roguex. V. *Chastillon.*
Roguin, 2664, 2677.
Rohan (officiers, sous-officiers et soldats du rég^{t} de), c^{on} LXVII.
—— (Henry, duc de), commd^{t} d'armée, ambassadeur chez les Grisons, 20, 42.
—— (Hercule de), duc de Montbazon, gouverneur de Paris et de l'Île-de-France, 123.
—— (Duc de), 133, 134.
—— (Ch^{r} de), 1943, 1951, 2022, 2130, 2132–2134, 2141, 2219, 2370, 2391.
—— (François? duc de), 2134.
—— (Vicomte de), mestre de camp du rég^{t} de Villars-cav^{ie}, 2791. V. le suivant.
—— (Vicomte de), 3032, 3259.
—— (René, prince de), 2877.
—— (Armand, cardinal de Soubise, puis de), évêque de Strasbourg, 3387, 3396. V. *Armand-Gaston.*
—— (Jules-Hercule-Mériadec, prince de), lieut^{t} g^{al}, 44 s.
—— V. *Chabo, Chabot, Guéménée, Montauban, Montbazon, Soubise.*
—— **-Chabot** (Louis-Marie-Bretagne-Dominique, duc de), brig., 2949, 3032, 3188.
—— (Guy-Auguste, ch^{r}, puis comte de), 23 s.
—— **-Guéménée** (Ch.-Louis-Constantin de), évêque de Strasbourg, 3549.
—— **-Montbazon** (Jules-Hercule-Mériadec de), lieut^{t}-g^{al}, 3135.
—— **-Soubise** (Hercule-Mériadec, prince de), lieut^{t}-g^{al}, 1760, 1832, 1836, 1838, 1895, 1937, 1938, 2019, 2031, 2081, 2183, 2215, 2300, 2381, 2679, 2890, 2902, 3075.
—— (Armand-Gaston de), coadjuteur, puis évêque de Strasbourg, 1501, 1843, 1846, 1848, 1951, 1952, 2027, 2028, 2091, 2095, 2137, 2138, 2243, 2320, 2392, 2393, 2412, 2517, 2620, 2679, 2735, 2840, 2877, 2891, 2920, 2928, 2946, 2949, 2970, 3042, 3060, 3070, 3075, 3094, 3149, 3241, 3314, 3316, 3336, A 90. V. *Rohan (Armand).*
Rohaut, cap^{ne} au rég^{t} de La Marine, 2135.
Roi (Dragons du rég^{t} du), 1946.
Roideville (Ch^{r} de), officier au rég^{t} de Cuirassiers, c^{on} LXV d.
Roiffé, contrôleur général des vivres, 2048.
Roigny (Alexandre de Signy, s^{r} de), cap^{ne} au rég^{t} de Rambures, 102. V. *Signy.*
Roisin (Mis de), intendant en Hainaut (service d'Espagne), 1942, 1945, 2021, 2025, 2142, 2219.
—— (De), maître de la poste aux chevaux de Noyelles, 2269.
Roissy (Franç. de Quiquebeuf de), mar. c., 1585, 1586, 1687, 1693, 1776, 1777, 1779, 1861, 1865–1868, 1872, 1873, 1876, 1966, 1967, 1975, 2039–2043, 2092, 2099, 2100, 2133–2135, 2137, 2171, 2172, 2248, 2249, 2251, 2325, 2398, 2400, 2559, 2561–2564.
Rokeby (Thomas de), mar. c., 102, 106, 110.
—— (Les officiers du rég^{t} de), 468.
Rolancourt (De), 117.
Roland, 378, 512, 515.
—— trésorier de France à Châlons-sur-Marne, 1525.
—— **de la Roche**, chanoine à Villefranche en Beaujolais, 3065.
—— V. *Rolland.*
Rolaz, major du rég^{t} suisse de Constant (service de Hollande), 3308.
—— (Georges), lieut^{t} au rég^{t} suisse de Constant (service de Hollande), 3308, 3309.
—— V. *Saint-Vincent.*
Rolet, échevin d'Autun, 3259.
Rolier, c^{on} LV.
Roll (De), commissaire des troupes suisses, 968.
Rolland, 116.
—— officier, 1830.
—— entrepreneur de fournitures pour les hôpitaux, 1895.
—— ingénieur des ponts et chaussées à Grenoble, 3751.

Rolland, directeur du collège de La Flèche ?, c^on XXIV.
—— V. *Roland.*
—— **de Pontferrière**, fermier général, 3406.
—— **-Laporte**, chef cévenol, 1796-1798.
—— **-Montal**, major des Grenadiers royaux de Modène, 3236, 3263.
Rollandes, envoyé ou aide-de-camp du m^al de Schonberg, 116.
Rollet, procureur à Belley, 2040.
—— V. *La Grange.*
—— **de La Tour**. V. *Du Rollet.*
Rollin, chanoine de Metz, c^on XIV.
Rollinaud, maréchal-des-logis de l'armée de Lombardie, 1862, 1895-1897, 1988, 2058.
Rom, 2322.
Romack, 2783.
Romain, curé de Boishimont près Caudebec, 3677.
Romain. V. *Du Bois.*
Romainval (Malebranche de), colonel d'infanterie, 1946, 2136, 2138, 2141, 2142, 2273, 2308.
—— (Ch^r de), major du rég^t de ce nom, 2021, 2132.
Romainville (Michel-Martin, s^r de), 80.
—— (J. de Ferré, s^r de), cap^ne de chevau-légers au rég^t de Monsieur, 102.
—— (De), 419, 826, 827, 832, 967, 969, 979, 2131.
—— (Ch.-Franç. Le Camus de), mar. c., 1213, 1264.
—— V. *Birague.*
Roman, lieut^t et chef de poste de la porte de Cornavin, à Genève, c^on XLIX a.
—— (De), gouverneur d'un fort près de Nieuport, 1940.
Romand, auteur d'un mémoire sur la maréchaussée, c^on LXI.
Romanet, 2338.
Romani (Antonio), corse, 3360.
Romania, 356. V. *Romanya.*
Romans (Échevins, magistrats, etc., de), c^ons LXIV, LXV. V. *Béjuy, Berthe, Duport, Gillier, Giraud, La Court, La Tourdière, L'Hoste, Lombard, Marie, Mortillet, Rostain.*
—— (De), 49 s.
Romans (Franç. de), 1878.
Romanya (De), cap^ne de chevau-légers au rég^t de Roussillon, c^on LXXXVI. V. *Romania.*
Romanzoff (Comte), général russe, 3589, 3592.
Romar (De), commissaire d'artillerie, à Toul, 2167, 2245.
Romatel, major du rég^t de Bourbonnais, 2850, 3084, 3403.
Romberg (De), officier de compagnie franche, 2137, 2609, 2734, 3017.
—— (De), magistrat de Clèves, 3508.
Rombert (Ant.), consul de Barcelonnette, 2039.
Rombier (De), greffier de la ville du Quesnoy, 2219.
Rombois (De), cap^ne au rég^t de Navarre et commd^t à Montbéliard, 987.
Rome (Les frères), 1767, 1768.
—— (André), entrepreneur à Sarrelouis, 2245.
—— major du rég^t de Grassins, 3202.
—— (De), cap^ne aux Volontaires de Flandre, 3406.
—— (De), lieut^t-c^el des Volontaires de Clermont, 3524.
Romecourt (De), 313.
—— (De), lieut^t de roi de la citadelle de Besançon, 1660, 1857, 1858.
—— (Ch.-Ant. de), mar. c., 2949, 2978, 3026, 3031-3034, 3069, 3088, 3135-3137, 3140, 3144, 3145, 3204, 3207, 3262, 3326, 3418.
Romegas (Louis-Ant.), bourgeois de Draguignan, 3226.
Romet, financier, 2421.
Romicourt (Beauvarlet de), subdélégué à Abbeville, 2183.
Romieu (Ch^r de), cap^ne au rég^t de Périgord, 1862.
—— (Georges-Timothée), 2267.
—— 2408. V. c^on XXII.
Romilly (De), 146, 158. V. *Rumilly.*
—— 2268, 2271, 2411.
—— (De), commissaire des États de Bretagne, 3745.
Rominhac (De), 158.
Romme, commd^t à Villefranche (près Nice), 1874-1876, 1973, 2040.

2041, 2043, 2100, 2137, 2173, 2248, 2251.
Rommecourt. V. *Romecourt* et *Hommecourt*.
Rommefort (Ch.-Pierre Pandin, ch^r de), 3748.
Romorantin (Échevins, magistrats, etc., de), c^on LXV a. V. *Delalande, Gallus, La Chaffre, Nisseron, Pigeon, Simon, Vallois*, etc.
Romswinckel (Mathias), 333, 345.
Ronbour. V. *Monmayen*.
Roncée (De), aide de camp de M. de Chevert, 3418.
Ronchamp (Ch. de), cap^ne au rég^t de La Marine, 92.
Roncherolles (Michel de), m^is de Maineville, mestre-de-camp, 92.
—— (Pierre, m^is de), lieut^t-g^al, 123, 134, 137, 158, 278, 279, 280, 282, 294, 296, 310–313, 337, 360, 396, 397, 402, 440, 447, 451, 499, 501, 512.
—— (De), 832.
—— (Comte de), m^al-g^al des logis, c^on LXXIII.
—— V. *Pont-Saint-Pierre*.
Roncovieri (Alexandre), évêque de Borgo-San-Donnino, 1588, 1590.
Rondan. V. *Baud*.
Rondeaux (C.), membre du Directoire de la Seine-Inf^re, c^on LXV c.
Ronden, secrétaire du baron de Monclar, 969.
Rondet, artificier à Hombourg, 2242.
Rondin, échevin de Blois, 2183.
Ronfosse (De), 271.
Rongy (Baron de), gentilhomme flamand, 2141, 2415, A. 89, A. 90.
Ronnet, commissaire des guerres, c^on LXXXVI.
Ronquerolle (De), cap^ne au rég^t de Luxembourg, 1704.
Ronseray (De), 3764.
Ronsières (De), 118, 119, 146.
Ronville (De), 832, 878, 881, 966, 967, 969, 975, 976, 987, 997, 1214, 1264, 1321, 1364. V. *Rouville*.
Rony (Jacques-Franç. de Le Gorgne, s^r de), lieut^t-g^al en la sénéchaussée du Boulonnais, 2312.
Roosen (H. V.), «nouvelliste de divers princes», 2631.
Roost (Baron de), 870.
Roppe (De), commd^t une redoute en Flandre, 1356.
Roquairol. V. *La Motte*.
Roquebrune (Magistrats de), 33.
Roquebrune (De), enseigne au rég^t de Champagne, 146.
Roqueby. V. *Rokeby*.
Roquecaude-La Boulbène (De), cap^ne au rég^t d'Urban, 2131.
Roquefeuil (Ch^r de), lieut^t-c^el du rég^t de Saint-Aignan, 2837.
—— (Aimard-Jos., comte de), lieut^t-g^al des armées navales, 3674, c^on XL.
—— (Augustin-Joseph, m^is de), officier au rég^t de La Reine-dragons, c^ons LXV c., LXV d.
Roquefeuille (De), brig., 1503, 1660, 1664, 1846, 1856, 1951, 2022.
—— V. *La Salle*.
Roquefort (De), 131, 133.
—— (De), commd^t au fort Mortier, puis au fort L'Écluse, 1752, 1862, 1872, 1905.
—— (De), cap^ne au rég^t de Lannoy, 1831.
Roqueful. V. *Roquefeuille* et *Roguefut*.
Roquelaure (Gaston-J.-B., m^is, puis duc de), lieut.-g^al, 79, 102, 225–227, 392, 420.
—— (Ant.-Gaston-J.-B., duc de), mar. Fr., 1832, 1835, 1837, 1895, 1932, 2101, 2140–2142, 2184, 2254, 2261, 2263, 2272, 2331, 2337, 2339, 2343, 2344, 2417, 2558, 2559, 2561, 2622.
—— (Marie-Louise de Laval, duchesse de), 2136.
—— (Franç. de Bessuéjouls de), c^on LXV.
Roquemartine (Louis de), évêque de Saint-Paul-Trois-Châteaux, 2102.
Roquemaure (Jean-Georges de Jean de), mar. c., 3405, 3417, 3498, 3499, 3574.
Roquemont (Timoléon de Grangier, s^r de), lieut^t aux Gardes françaises, 146.
Roquépine (De), mestre-de-camp, gouv^r de La Capelle, 86.
—— (Louis-Gilles Du Bouzet, m^is de), mar. c., 106, 134, 271, 275, 277–280, 311–313, 362, 397.

Roquépine (Baron de), comm^t une c^ie de chevau-légers, 116.
—— (Louis d'Astorg d'Aubarède, m^is de), lieut^t-g^al, 3187, 3225, 3234, 3248, 3334, 3484, 3562, 3563, 3583, 39 s.
Roqueservières (Jacques de Borelli de), mar. c., 134, 137, 158.
—— (De), commd^t à Steinvick, 324.
—— (De), lieut^t-c^el du rég^t d'Auvergne, 1906.
—— (De), officier, 3504.
Roqueshautes (De), lieut^t de roi à Ostende, 3197, 3206.
Roquesolz (Remond de Mestre, s^r de), cap^ne au rég^t de Navarre, 102.
Roquetapie (De), officier au rég^t de Pujol, 1855.
Roquette (Gabriel de), évêque d'Autun, 386, 387, 408, 419, 420.
—— V. *Caponnel*,
Roqueval (De), cap^ne au rég^t de Picardie, 3612.
Roqueville. V. *Lévesque*.
—— (De), commissaire des guerres, 3308, 3599, 3621, 3622, 3624, 3626, 3629. V. *Lévesque*.
Rorté. V. *Dessalles*.
Rorthays. V. *Destouches*.
Ros (De), gentilhomme du Roussillon, c^on XXI.
Rosamel (De), 271.
Rosay (Comtesse de), 3396.
—— (Ch^r de), officier, 3463.
Roscommon (De), 259, 260, 275, 276.
Roscomont. V. *Roscommon*.
Rose, officier municipal de Douai, c^on LX.
—— V. *La Rose*.
—— **-Provenchère** (Mis de), colonel, 1856, 2031.
Roseiles (De), cap^ne au rég^t de Mercœur, 146.
Rosel (Ch^r de), 360.
—— V. *Du Rosel, Rozel*.
—— **-Verneuil** (De), mestre-de-camp, 2183, 2187. V. *Verneuil*.
Roselli, cap^ne au rég^t de Montferrat (gardes du duc de Mantoue), 1964.
—— (Anna-Maria), femme du précédent, 1964.
Rosen (De), 98, 116, 119, 158, 343, 362, 420, 585, 596. V. les suivants.
Rosen (Conrad, m^is de), mar. Fr., 837, 892, 893, 895, 902, 1060, 1082, 1113, 1204, 1255, 1307, 1308, 1550, 1896, 1899, 1951, 2131, 2142, A. 89.
—— (Reinold-Charles, comte de), lieut^t-g^al, 1573, 1831, 1945, 1946, 2031, 2130, 2132, 2134, 2154, 2159, 2242, 2392, 2461.
—— (G.-Franç., comte de), 3471.
Rosenberg. V. *Frischmann*.
Rosencourt, 2038.
Rosenthal (De), 3550–3554.
Roses (De), major du rég^t de Noé, 2180.
Rosières (Henri d'Hardoncourt, m^is de), lieut^t-g^al, 98.
—— (De), cap^ne au rég^t de Nivernais, 3290.
—— (De), auteur d'un mémoire sur Emden, 3590, c^on XXIV. V. le suivant.
—— (De), c^on LXI.
—— (Comtesse de), 2145.
—— (Ch^r de), 2032, 2034.
—— V. *Rozières*, *Terray*.
Roslin, fermier général, 3406.
Rosmain (Bernard de), ingénieur, 1522, 1601, 1884, 1886, 1887, 1976, 1977.
Rosnel (De), entrepreneur d'habillement, 2143.
Rosny. V. *Rosoy*.
Rosnyvinen (Joachim-Amaury-Gaston, m^is de), mar. c., 2697, 2698, 2700, 2729, 2731, 2732, 2737, 2739–2742, 2782–2786, 2788, 2790, 2792, 2798, 2837, 2838, 2890, 2993, 3001.
—— (De), officier, 3418.
Rosoy (De), cap^ne au rég^t d'Anjou, 411, 505.
—— (Du Moulinet de), subdélégué de l'intendant de Champagne, 1841, 1843, 1896, 2241, 2420.
Rossano (Prince de), 1586.
Rossel, officier aux Carabiniers de Monsieur, c^on LXV.
Rosselet, aumônier dans le rég^t suisse de May, 2312.
—— (De), cap^ne suisse, 2632–2634, 2663, 2664, 2678, 2724, 2725.

Rosselet des Charpillots, 2609.
Rossellet, 2609.
Rosset. V. *Flaury, Rocosel.*
Rossi (Bartolomeo), 3292, 3293.
—— (Don Grazio de), c^{on} LXV b.
—— (De), officier au rég^{t} Royal-Corse, 3415, 3455, 3456, 3539. V. le suivant.
—— (Ant. Franç. de), mar. c., c^{on} LXX.
—— V. *Rossy, St-Second.*
Rossières (De), aide-major de la place d'Huningue, puis commd^{t} à Strasbourg et à Stenay, 988, 1661, 1754, 2034, 2095, 2133, 2135, 2140–2143, 2244, 2323, 2370, 2733, 2796.
Rossignac (Comte de), officier, 3692.
Rossignol (De), commd^{t} au château de Nice, 1703.
—— 1861.
—— (Ignace), de Berga [Catalogne], 2052.
—— conseiller à Nice, 2130.
—— aubergiste à Montreuil-sur-Mer, 2145.
—— administrateur du district de Saumur, c^{on} LXV b.
—— (Fr.-Th.), prieur des Jacobins à Grenoble, 2250.
—— officier municipal de Falaise, c^{on} LXV b.
—— (Bonaventure-Robert), sg^{r} de Balagny, intendant, 3262, 3292, 3308, 3309, 3311.
Rossignon (Ch^{r} de), cap^{ne} au rég^{t} de Brie, 970.
—— banquier à Luxembourg, 2095, 2245, 2395.
—— ex-major de la place de Bouillon, 997.
Rossillon (Michel-Gabriel de — de Bernex), évêque de Genève, 1766, 1968, 2144, 2174, 2268, 2398, 2400,
Rossius (De), cap^{ne} au rég^{t} de La Marck, 2741, 2783.
Rossy (De), officier au rég^{t} Royal-Italien, 2785.
—— (De), officier au rég^{t} de Lullin-Châteauvieux, c^{on} LXI.
Rostagne, 1862.
Rostain (Antoine), entrepreneur de fournitures de couchage, 1840.
—— drapier à Romans, 1878.
Rostaing (De), 5.
—— (De), cap^{ne} au rég^{t} d'Anjou-cav^{ie}, 146.
—— (De), cap^{ne} au rég^{t} de Boulonnais, 409.
—— (De), major, puis lieut^{t} de roi de Besançon, inspecteur de l'infanterie en Franche-Comté, 990, 1580, 1660, 1661, 1843, 1844, 1848, 1857, 2139, 2140, 2168, 2183, 2241, 2242.
—— (Louis-Ch., m^{is} de), lieut^{t}-g^{al}, 2915, 3419, 3449, 3450, 3533, 3535, 3581, c^{ons} XXI, XXXIII, XLIV, XLV, XLVIII, L b.
—— (Jos.-Ph., comte de), lieut^{t}-g^{al}. V. le précédent et le suivant.
—— (Just.-Ant.-Marie-Germain, m^{is} de), lieut^{t}-g^{al}, comm^{re} du dép^{t} de Rhône-et-Loire, président du comité m^{re}, c^{ons} LXV a–LXV d, LXIX.
—— (Ch^{r} de), 3404.
—— (Dame de), A. 90.
Rostan (Jean), maître de poste à Antibes, 2102, 2174.
—— négociant à Antibes, 2886.
Rostan, cap^{ne} aux Fusiliers de Torrès, 3262.
—— 3452.
Rostigniac (De), officier au rég^{t} de Normandie, 141.
Rostolan, curé d'Arvieux (H^{tes}-Alpes), 1702.
—— consul d'Aix-en-Provence, 3598.
Rostrenen (Administrateurs du district de), c^{on} LXVII.
Rotberg (Léop.-Melchior de), 1954.
Rotehemart (De), officier, 997.
Roth, ingénieur, 2220.
—— directeur de la Compagnie des Indes, 3541, 3575.
Rothe (Michel de), officier irlandais au service de France, lieut^{t}-g^{al}, 1856, 1858, 2027, 2136, 2216, 2221.
—— (Charles-Édouard, comte de), lieut^{t}-g^{al}, 3017, 3032, 3152, 3154, 3198, 3263, 3326, 3408, 3495, 3538, 3555, 3585, 3592, c^{on} XXXIX.
Rothelin (Henri I d'Orléans, marquis de), mar. c., 97.
—— (Alexandre d'Orléans, ch^{r}, puis marquis de), lieut^{t}-g^{al}, 2131, 2944,

3185, 3187, 3188, 3314, 3338, 3394, c^{on} XVIII.
Rothelin (Mis de), colonel du rég^{t} d'Artois, frère du précédent, 2224.
Rotonde (Dame de), 1861, 2134.
Rotrou (De), inspecteur des eaux et forêts à Dreux, 2133.
Rottembourg (Fréd.-Nic., comte de), mar. c., 1858, 2132, 2505.
—— (Conrad-Alexandre, comte de), mar. c., 2133, 2140, 2143, 2266, 2268-2271, 2455, 2704, 2751, 2752.
—— (De), 3110.
Röttlin (Emmanuel), de Colmar, 2094.
Rouairoux. V. *Caylus*.
Rouanès et **Rouannez**. V. *Roannez* et *Roannois*.
Rouault, baron d'Ogevillier, cap^{ne} au rég^{t} Royal-Artillerie, 2139, 2244, 2269.
—— V. *Gamaches*.
Roüault (Vicomte de), c^{el} du rég^{t} Royal-Lorraine, c^{ons} LXV b, LXV d, LXV e.
Roubaud, maire d'Aups, 3256.
Roubauld, commd^{t} le fort de Bouc, 420.
Roubert, 2133.
Roubin, cap^{ne}, 1768.
Roubo, architecte ou ingénieur, c^{on} LVI.
Rouby (de), commissaire provincial de l'artillerie, 2137, 2182.
Rouby de Robbu, lieut^{t} d'artillerie, 997, 2135.
Roucour, 3406, 3426.
Roucy (Cte de), 791.
—— (De), 279, 342, 343, 468.
—— (Franç. de La Rochefoucauld de Roye, comte de), lieut^{t}-g^{al}, 1151, 1215, 1228, 1836, 1945. V. *Roye*.
Rouen (Municipalité, magistrats, habitants, etc. de), 420, c^{ons} LV, LXII, LXV a, LXV c. V. *Alexandre, Bernières, Bis, Boisguillebert, Boisollivier, Canchy, Dujardin, Dulaux, Estouteville, Folleville, Frémont, Glier, La Conseillère, Le Breton, Le Chevalier, Lefebvre, Le Gendre, Miroménil, Osmond, Pavie, Pellot, Peyster, Pontcarré, St-Paul*, etc.
Rouergue (Conseil d'adm^{on} du rég^{t} de), c^{on} LXX.
Rouffiac (J.-Élie des Ruaux, comte de), mar. c., 3039-3041, 3096, 3097, 3099, 3206, 3207, 3262, 3410, 3411, 3419-3421, 3426, 3449, 3451, 3452, 3466, 3492, 3506, 3533, 3536, 3544, 3570, 18 s., 22 s.
Roufrenjou, commissaire aux saisies à La Ferté-Bernard, 2137, 2138, 2143.
Rougé (Pierre-Franç., m^{is} de), lieut^{t}-g^{al}, 3040, 3101, 3280, 3418, 3445, 3465, 3583, 3588, 21 s.
—— (Comte de), colonel du rég^{t} de Bresse, c^{on} LXV.
—— V. *Du Plessis-Bellière*.
Rougeat. V. *St-Martin*.
Rougeau, 2137-2139.
Rougeault, 1897.
Rougemont (Gaspard de Livron, comte de), 1608.
—— major de la place de Sisteron, 2132.
—— (De), inspecteur des milices de Basse-Normandie, 2140, 2143.
—— officier d'art^{rie}, 2136.
—— (De), lieut^{t} au rég^{t} de Menou, 2312.
—— (De), 3601.
Rouget, lieut^{t} civil et criminel à Niort, 2411.
—— (Ant.), contrôleur des troupes, c^{on} LXXXVI.
Rougon (De), ingénieur, 469, 515, 542, 543, 545, 546, 568, 616, 670, 958, 1550, 1644-1648, 1653, 1654, 2137, 2143, c^{on} II.
Rouilhon, 670.
Rouillé, 294. V. le suivant.
—— (Jean), comte de Meslay, intendant, 354, 359, 360, 362, 411, 419, 511, 610, 615.
—— directeur des postes, 360-362, 419, 420.
—— (Pierre-Ant.), président du g^{d} Conseil, ambassadeur, 1522, 1601, 1613, 1832-1836, 1838, 1839, 1843, 1935-1940 2017-2024, 2080, 2151. V. le suivant.
—— (Ant.-Louis), comte de Jouy, ministre de la Marine, puis des Affaires étrangères, 3235, 3331, 3349,

3360, 3370, 3387, 3389, 3390, 3393-3396, 3403, 3406, 3407, 3409, 3412, 3428-3430, 3432, 3433, 3454, 3455, 3459, 3460, 3464, 3508, 3549, c^ons XX, XXIX, XXX.
Rouillé du Coudray (Pierre), intendant, 294-296, 310, 311, 337, 339-363, 405, 406, 419, 420.
—— (Hilaire), directeur des finances, 1734.
—— **de Fontaine** (Jean), intendant, 1605, 1701, 1801, 1802, 1903.
—— **d'Orfeuil** (Gaspard-Louis), intendant, 3671, 3687, 3751, c^ons XLVI, LXV a.
Rouilly (de), cap^ne aux Gardes du corps, 118.
Roujault (Nicolas-Étienne), intendant, 1605, 1701, 1902, 1941, 1942, 2024, 2025, 2056, 2085, 2130, 2132, 2187, 2263, 2265, 2267, 2337, 2338, 2346, 2416, 2419, 2468, A. 89.
Roujon (Mme), 2142.
Roullin, commissaire des guerres, faisant fonctions de secrétaire des commandements du prince de Condé, 52 s.
Roullon, garde d'artillerie à Béthune, puis à Briançon, 1835, 2251.
Roumain, membre du Directoire d'Ille-et-Vilaine, c^on LXV f.
Roumilly, officier au rég^t de Guyenne, 1484.
Roumoulle, cap^ne au rég^t de Vermandois, 997.
Rouray (De), commd^t une brigade de Carabiniers, 2141.
—— (Comte de), lieut^t-c^el au rég^t de Cappy, 2143.
Roure. V. *Du Roure.*
Rourlacroix. V. *Rouslacroix.*
Rous, aide-major de la place de Briançon, 1702.
Rouslacroix, juge des Fermes à Briançon, 3172, 3261, 3314.
Roussac, cap^ne au rég^t de Pujol, 2021.
—— major du rég^t de Léotaud, 2243.
Rousse, habitant de Puget-lès-Toulon, c^on XXX.
—— major du rég^t de Bretagne, 2840, 2923.
—— (Gabriel de), sgr. de Hardicourt, commissaire des guerres, c^on LXXXVI.
Rousseau, envoyé près l'évêque de Munster, puis à Hanovre, 386, 409, 421, 487, 489, 490, 493, 509.
—— 1285, 1897, 2536.
—— receveur des domaines à Metz, entrepreneur de fournitures, 1844, 1846, 1854, 1858, 1950, 2033, 2185.
—— aide-major dans un régiment, 2139.
—— major de la place de Stenay, 2420.
—— président du Directoire du dép^t de la Sarthe, c^on LXV e.
—— de Nogent-sur-Seine, 3187.
—— membre du Directoire du dép^t d'Ille-et-Vilaine, c^on LXVI.
—— V. *Laubanie.*
Rousseaux (Dominique), bourgeois de Metz, 2896.
Roussel, ingénieur géographe, 1862, 1874, 1875, 1966, 1975, 2136-2138, 2249, 2251, 2713.
—— cap^ne au rég^t de Poitou-inf^rie, 1941, 1944.
—— curé de Rumigny (Somme), 2141.
—— commd^t au fort de Larche (vallée de Barcelonnette), 2145, 2175, 2188.
—— 3085, 3140.
—— (De), de Nogent-sur-Seine, 3187.
—— (Mme de), née Batilly, 3201.
—— fermier général, 3546.
—— trésorier des troupes et subdélégué à Bergues, 3622.
—— lieut^t au rég^t du Roi — cav^ie, c^on LXXXVI.
—— éditeur de l'*État militaire,* 3720.
—— V. *Bouillancourt, Tilly.*
—— **de Pourdon**, 3420.
Rousselet, 118, 568.
—— trésorier provincial des troupes en Flandre et en Artois, 3536.
—— V. *Châteauregnaud.*
Rousselin, officier de garde-côtes à Oléron, 3510.
Roussell (Edm.), officier au rég^t de Galmoy, 2135.
Rousselot, 670.
—— (MM.), ingénieurs, 670, 901,

1013-1017, 1079, 1108, 1174, 1234, 1426.
Rousselot, élu des États de Bourgogne, 3749.
Roussely, capne au régt de Péry, 1862, 1968, 2032.
Roussereau (Chr de), capne au régt de Barrois, puis dans celui d'Houdetot, 1839, 2143.
—— (Mme de), 2142.
Rousset (De), capne au régt de Sourches, 1861.
— — capne au régt de Saint-Vallier, 1944.
—— lieutt, 2136.
—— (De), 2888.
Rousseti (De), capne au régt de Péry, 1971, 2242.
Roussière, 3694, 3718, 3721, 3722, con LXIV.
Roussignol, capne, 362.
Roussillon (Le Conseil souverain du), 296, 300.
—— (De), capne au régt de La Ferté-Senneterre, 110.
—— (De), capne au régt de Crussol, 397, 415, 516, 672.
—— (Chr de), 980.
—— (De), cornette, 2630.
Roussin, 1706.
—— (Franç.), aide-major de la place de St-Omer, 2312.
—— médecin à Dol, puis à Rennes, 3338.
Roussinger (De), brig., 3057, 3068, 3108, 3110.
Roussinguer, 979.
Rousson, capne des portes de Fribourg, 1264.
Roussy (Abbé), 1962.
Roustain, garde de l'intendant général des Galères, 2133.
Routier (Jean), marchand à Gap, 2143.
Routière. V. *La Roche*.
Routy (De), 2182. V. *Derouty*.
Rouvaud, bourgeois de La Rochelle, 2142.
Rouveray (de). V. *Rouvray*.
Rouverel. V. *Boufflers*.
Rouveret (Guisard de), commissaire des guerres, 3176, 3224, 3247, 3248, 3258, 3292, 3332, 3333, 3350, 3360, 3362, 3380.
Rouvet. V. *Ronnet*.
Rouveyre de l'Estang, subdélégué, 3179, 3235.
Rouvière, prieur de la Chartreuse près Gaillon, 3187.
Rouviers?, commdt à Port Vendres, 3225, 3408.
Rouville (De), 950, 967, 969.
—— (H.-L., mis de), mar. c., 137, 157, 158, 280, 397, 419, 543, 546.
—— (De), capne au régt de Zurlauben, puis dans celui d'Alsace, 2142, 2413.
—— (De), lieutt criminel de Dieppe et capne d'une cie à Dieppe, 1610.
—— (Mme de), veuve d'un capne du régt de La Reine-infie, 2243.
—— (Abraham de), officier hollandais, 3308.
—— (Charles de Fera de), lieutt au régt de Poudens, 92.
—— (Fera de), ancien capne au régt de La Marine, 3631.
—— V. *Ronville*.
Rouvray (Franç. de Courseulles, mis de), 116, 158, 515.
—— (De), lieutt au régt de Lorraine, 123.
—— (De), officier de cavalerie, 2132, 2133, 2269, 2270.
—— (De), major du régt d'Agénois, 3123, 3228.
—— V. *La Tour*.
Rouvroy (P.), lieutt de dragons dans la compagnie Des Crochets, inspecteur des redoutes sur la Chiers, 987.
—— (Claude de), évêque de Metz, 3549, con XIV.
—— (De), con VIII.
—— V. *St-Simon, Sandricourt*.
Roux, de Grenoble, 116.
—— lieutt de prévôté, 117.
—— (De), officier, puis brigadier de dragons, 988, 1944, 1945, 2022, 2130, 2131, 2133, 2134, 2140, 2143, 2144, 2251, 2267, 2370.
—— (Bernard), 1066.
—— curé de Saint-Léger à Chambéry, 1972.
—— (Chr de), 2145.
—— (De), capne au régt de Brancas, 2139, 2140.

Roux, maire de Montélimar, 2044, 2143.
—— échevin d'Autun, 3309.
—— l'aîné, officier de marine? à Groix, c^{on} LXVIII.
—— cap^{ne} de canonniers gardes-côtes à Marseille, c^{ons} XXVI, XLVIII.
—— V. *Trélans.*
Rouxel. V. *Grancey, Médavy, La Tourandais.*
Rouyer, officier au rég^t de Saint-Évremond, 2137.
Rouzac (Ch^r de), aide-major au rég^t de Poitou, 3411.
Rouzier, 3062.
Roy, 118, 119, 133, 158.
—— (Jean), 2270.
—— commd^t pour le roi de Prusse dans le Val-Travers, 2739.
—— 2771.
—— (De), ancien major du rég^t de Wittmer, 3446, 3482.
Royal-Allemand (Conseil d'adm^{on} du rég^t), c^{ons} LXIII, LXV b.
—— **-Bourgogne** (Conseil d'adm^{on} du rég^t), c^{on} LXVI.
—— **-Cavalerie** (Conseil d'adm^{on} du rég^t), c^{on} LXV c.
—— **-Guyenne** (Conseil d'adm^{on} du rég^t), c^{ons} LXV a, LXV c, LXV d.
—— **-Lorraine** (Conseil d'adm^{on} du rég^t), c^{on} LXV d.
—— **-Navarre** (Bas-officiers et soldats du rég^t), c^{ons} LXV c, LXVII.
—— **-Normandie** (Conseil d'adm^{on} du rég^t), c^{on} LXV a.
—— **-Piémont** (Conseil d'adm^{on} du rég^t), c^{ons} LXI, LXIV, LXVI.
—— **-Pologne** (Conseil d'adm^{on} du rég^t), c^{ons} LXV c, LXVI, LXVII.
Royale (Madame), duchesse douairière de Savoie, 245, 615, 686, 737, 776. V. *Savoie (Duchesses et princesses de).*
Royan (Marquis de), sénéchal du Poitou, 25.
Royboures (De), cap^{ne} au rég^t de Bosquet, 102.
Roye (Maire, habitants, etc. de), c^{on} LXX. V. *Auber, Bardot, Bellot, Butin, Debonnaire, La Goul,* etc.
—— (Comte de), mestre-de-camp, 2143.
—— V. *Roucy.*
Royer, cap^{ne} au rég^t de Du Boulay. 1835.
—— officier au rég^t du Perche, 1951,
—— garde-magasin à Verdun, 2141.
—— cap^{ne} au rég^t de La Marine, 2145.
—— lieut^t au rég^t de Picardie, 2269.
—— V. *Montclos.*
Royssy. V. *Roissy.*
Roze, commissaire des guerres, 110, 157.
—— (A.), religieux, 3747.
—— membre du Directoire de la Marne, c^{on} LXV b.
—— V. *Rosen* et *Rozen.*
Rozé, cap^{ne} au rég^t Royal-Italien, 466.
Rozel (De), cap^{ne}, 411.
—— (De), 609.
—— (César-Armand, marquis de), lieut^t-g^{al}, 946, 1146, 1210, 1255, 1310, 1312, 1360, 1380, 1399, 1422, 1573, 1575, 1610, 1660, 1670, 1675, 1896, 1898, 1943, 1946, 2131, 2134, 2139, 2145, 2253, 2255, 2269, 2271-2273, 2328, 2329, 2332, 2370, 2408.
—— (Franç. de Cagny, chevalier, puis commandeur de), lieut-g^{al}, 1555, 1561, 1566, 1748, 1848, 1851, 1852, 1939, 1940, 1943, 1944, 1946, 1950, 1951, 2017, 2018, 2020, 2021, 2033, 2080, 2084, 2089, 2108, 2130, 2132, 2133, 2137, 2149, 2159, 2300, c^{ons} VII, VIII.
—— V. *Du Gua, Du Rosel, Rosel, Verneuil.*
—— **de Servas**, 1709.
—— **-Verneuil** (De), commd^t une brigade de Carabiniers, 2032, 2136, 2137, 2142, 2144.
Rozelan (Maximilien-Aubry, s^r de), lieut^t au rég^t de Normandie, 146.
Rozen, cap^{ne} au rég^t de Pisançon.
—— V. *Rosen.*
Rozesmare (De), commissaire provincial d'artillerie, 2134, 2227, 2228, 2312.
Rozet, commissaire des guerres?, 97, 98, 279, 468.
Rozière (B. de), religieux, A. 89.
Rozières (De), officier, 2144.
—— (De), mar. c., directeur du Génie, 3717, 3725, 3749, c^{on} L b.
—— V. *Rosières.*

Rozoy (De), subdélégué à Langres, 2272.
—— **-en-Brie** (Maire de, etc.). V. *Bouquin, Favier, Larsonnier,* etc.
Ruau (Isidora de), c^on LXV c.
—— **du Tronchet**, receveur général des finances à La Rochelle, 2338, 2421.
Ruault (Comte de), command^t à St-Jean-Pied-de-Port, c^on LIV.
Rubantel. V. *Rubentel.*
Rubempré (Prince de), 1830.
Rubentel (De), 123, 131, 271, 502.
Ruble (De), 3242, 3262.
Ruby, envoyé d'Angleterre à Berlin, 1864.
—— **de Marsilly**, cap^ne aux dragons de Bonnelles, 2370, 2411.
—— (Jos., marquis de), vice-roi de Majorque, 2488.
Ruchailly (De), cap^ne au rég^t de Bourbonnais, 466.
Rudel, prêtre, 2184.
Rue (Échevins, etc., de). V. *Loisel, Pocquet, etc.*
Rueda (De), cap^ne au rég^t de Tilly (service d'Espagne), 2159.
Ruelle, officier municipal de Bourges, c^on LXV c.
—— commissaire des guerres, 1766, 1862, 1879, 1880, 1968, 1972, 2040, 2044, 2045, 2251, 2370, 2371.
Ruffey (Louis-Anne-Marie Damas, comte de), lieut^t-g^al, 1590, 1862, 1876, 1966, 2022, 2023, 2028, 2089, 2132, 2134, 2140, 2142, 2143–2145, 2149, 2159, 2160, 2213, 2219, 2222, 2301, 2371, 2375, 2415, 2461, 2505.
—— (Jos.-Franç. Damas d'Antigny, m^is de), 3261, 3418.
Ruffi, consul de Marseille, 33.
Ruffier, ingénieur ou entrepreneur à Mont-Dauphin, 3547.
Ruffin de Dian (comte), commd^t pour le duc de Savoie dans la vallée de Luserna, 2038, 2249.
Ruffo (Thomas), cardinal, légat de Ferrare, 2758.
—— (Ch^r), officier à la suite du rég^t provincial Corse, 3749.
Ruffray (Joseph), trésorier de l'artillerie à Rochefort, 3633, 3641, 3645, 3672.
Ruffray, syndic de Paramé, c^on LXXVI.
Ruis (De), 3547.
—— **-Embito** (De), intendant de la Marine à Rochefort, 3466, 3569, 3570–3572.
Rulault, 2138.
Rulaut, trésorier des troupes à Arras, 313.
Rully (Comte de), c^el du rég^t du Maine, c^ons LX, LXII.
Rumbecque (Comte de), A. 89.
Rumédon (De), cap^ne au rég^t de Berry, 1861.
—— (De), officier au rég^t de Lannion, 1946.
Rumigny (Curé de). V. *Roussel.*
—— cap^ne au rég^t de Cappy, 1896.
—— major du rég^t d'Esclainvilliers, 2137.
—— **-en-Thiérache** (Municipalité de), c^on LXI.
—— (Comtesse de), née de Grouff, 3184.
Rumilly (De), officier au rég^t de Bourgogne, 3568. V. *Romilly.*
Rumon (De), gouverneur des ville et duché de Nemours, 2370.
Rumpf, agent du prince d'Orange, 277, 323, 334, 335, 359–362.
Rune (Veuve de), A. 89.
—— V. *Derune.*
Runsberg (Baron de), 3095.
Ruolz (De), officier d'artillerie en retraite, c^on XLIX a.
Rupierre (De), cap^ne au rég^t Mestre-de-camp-général de dragons, 2136.
Ruppelmonde (Comtesse de), 1839.
—— (Comte de), 1988.
—— (Yves-Marie de Récourt de Lens, comte de), mar. c., 2784, 2790, 2792, 2940, 2981, 2983, 3000, 3039–3042, 3045, 3047, 3050, 3052, 3068, 3110, 3111.
—— (Marie-Marguerite-Élisabeth d'Alègre, comtesse de), 3040.
Rurange (De), cap^ne au rég^t Dauphin-étranger-cav^ie, 3418.
—— (De), officier au rég^t Royal-Cravates, 3686.
Ruremonde (Évêque de). V. *Estrées.*
Rusen, député du pays de Clèves, 3464. V. *Resen.*
Rusillion (J.), enseigne au rég^t de Villars-suisse, 2132, 2135, 2230.

Russan (De), 2967.
Russel, conseiller de la régence d'Oost-Frise, 3605.
—— V. *Lilienstern.*
Russelot de Gremecy, 1573.
Russilly (De), officier au rég^{t} de Bourgogne, c^{on} XXXII.
Rustand (De), 2395.
Rusworm, 118.
Rutant (De), directeur des vivres à Ypres, 2134.
—— (Dom Hilaire), prieur de Saint-Epvre de Toul, 2396.
—— (De), abbé de Munster (Als.), c^{on} XIX.
—— (Ch^{r} de), parent du comte de Marainville et son suppléant à Dresde, 3522-3524, c^{on} XXIX. V. *Marainville.*
Ruthye (De), lieut^{t}-c^{el} du rég^{t} de Cambraisis, 2885.
Rutlidge, anglais, négociant à Dunkerque, 3408.
Rutossky (Comte), 2950.
Ruvigny (Henri de Massué, m^{is} de), lieut^{t}-g^{al}, 141, 209, 210, 224, 225, 385-387, 391, 392, 397, 401, 436-440, 455, 467, 486, 487, 488, 593, 609, 615.
—— **de Cosne**, commissaire anglais à Calais, 3124, 3309.
Ruville. V. *Duchesne.*
Ruysch, secrétaire de M. d'Auverkerque, 1834, 2142.
Ruyter, amiral hollandais, 326.
Ruzé (De), 345.
Ryan (De), cap^{ne} au rég^{t} de Lee, puis commd^{t} à Merville, aide-de-camp du m^{al} de Villeroy, 1896, 1940, 1944, 1946, 2020, 2022, 2023, 2025, 2080, 2081, 2131, 2133, 2138, 2142, 2144, 2155, 2159, 2160, 2219, 2220.
Ryan (Louis), officier irlandais, 2135.
Ryants (Mme de —, née Colbert), 3464. V. *Riants.*
Rygal (De), gouv^{r} du château de Montjardin, près Marche, 887.
Ryhiner, colonel d'inf^{ie} suisse, aide-major-général de l'armée de Conti, 3167, 3168, 3213-3220, 3285, 3286, 3309, 3407, 3428-3438, 3441, 3443-3446, 3459, 3461, 3471-3473, 3475, 3476, 3478-3489, 3511, 3513-3517, 3519-3522, 3524-3526, 3550, 3552, 3554-3565, 3582, 3611, 53 s.
Rynar (Comte de), ministre danois, 3519.
Rynel (D'Amboise, m^{is} de), 119, 158. V. *Amboise, Clermont* et *Renel.*

S

Saa *ou* **Saar** (Don Luis de), colonel, 1776, 2392.
—— V. *Sars.*
Sabarol, lieut^{t}, 1862.
Sabaterie, garde du corps, 2262.
Sabatier, commis de l'extraordinaire des guerres dans le comté de Nice, 2136.
—— (Pierre de), évêque d'Amiens, 2273, 2300.
—— chirurgien, 3457.
—— **de Cabres**, ministre de France à Liége, 3717.
—— V. *Leiris.*
Sabattier. V. *Béringuier.*
Sabbatini (Comte), ministre du duc de Modène, 3235, 3243, 3290, 3313.
Sabine (Jos.), officier anglais, 2445, 2448.
Sablé (Marquis de), 444, 460, 905.
—— (Dame Marie-Anne Sellier, veuve de Jos. de), cap^{ne} au rég^{t} du Maine-inf^{rie}, 3136.
—— (J.-B.-Franç. Colbert de Croissy, m^{is} de), 3621.
—— V. *Servien.*
Sables d'Olonne (Maire, habitants, etc., des). V. *Bouhier, Duchesne,* etc.
Sablon (De), cap^{ne} au rég^{t} Royal, 1968, 1971.

Sabran (Comte de), ambassadeur, 11, 33, 245.
—— (César de), évêque de Glandèves, 1768, 1896, 1897, 1974, 2370, 2399, 2400, 2411.
—— (De), procureur de la noblesse de Provence, 2143, 2400.
—— (Gaspard, *dit* le m[is] de), brig. de cav[ie], 2913, 2946, 3116, 3117, 3484.
—— (Abbé de), chanoine de Saint-Victor de Marseille, 3187.
—— (De), 3505, c[on] XXVII.
—— **-Canjeurs** (De), major de la place de Colmars, 3175, 3180, 3224, 3240-3244, 3261, 3262, 3296, 3311, 3314.
Sabrevois (De), cap[ne] au rég[t] de Chémerault, 102.
—— (De), major de la place de Moyenvic, 342.
—— (De), ancien officier, 2134.
—— (Bonaventure de), maire de St-Amand, A. 89.
Saccardy (De), ingénieur, 670.
Sacco (De), cap[ne] au rég[t] des Galères, 1973.
Sacé (René de), cap[ne] au rég[t] de Poudens, 92.
Sacerdotte (Raphaël *et* Moïse), entrepreneurs de fournitures, 1872, 2421.
Sacère (Du Pouy de), gouverneur de Saint-Béat (H[te]-Garonne), 2370.
Sacken (De), 999.
—— (Mme de), agent secret, 1644, 1648, 1651, 1653, 1831.
Saconay, cap[ne] au rég[t] de Vivarais, 1831, 1834, 1850, 1943, 1944.
Sada (Bailli de), gouverneur général de la Savoie, 3060, 3061, 3064, 3065, 3116, 3118, 3174, 3175, 3179, 3186, 3223, 3233, 3262, 3296, 3329, c[on] XVIII.
Sade (J.-D. de), maréchal de camp, 2940, 2955, 2977, 3007, 3175, 3178, 3179, 3223, 3224, 3232, 3233, 3241, 3242, 3249, 3260, 3307, 3311, 3334, 3349, 3370, 3371, 3408, 3415, 3539, 3545, c[on] XVIII.
—— (Marie Éléonore de Maillé, comtesse de), 3182.
Sadoc, banquier et munitionnaire, 198, 261-263, 276, 285-288, 294-296, 351, 359-362, 420.
Saffig (Baron de), ministre de l'électeur de Trèves, 1264, 1322.
Saffre (Baron de), grand'maître de l'artillerie de Lorraine, 209.
Sagen (Jacques), fondeur, 1015, 1108.
Sageot, commis de l'extraordinaire des guerres, 350, 421.
Sagnot, ministre protestant à Genève, 1968.
Sagny (De), officier au rég[t] de Sainte-Mesme, 158.
Sagonne. V. *Mansart.*
Sagou ? (Maurice), maître du bureau de poste de Morlaix, 1066.
Saguet, administrateur du district de Reims, c[on] LXV b.
Sahuguet. V. *Espagnac.*
Saignes (Parlan de), lieut[t] de roi de Villefranche, 356, 386. V. *Parlan.*
—— (De), 3671.
Saillant (Jean-Philippe d'Estaing, comte de), lieutenant-général, 1835-1839, 1897, 1935-1940, 1943, 2017-2021, 2056, 2080-2083, 2139, 2141, 2149-2153, 2213-2216, 2220-2222, 2224, 2234, 2235, 2251, 2299-2306, 2308, 2315, 2371-2383, 2385, 2386, 2452-2461, 2487, 2506, 2521, 2524, 2609. V. *Estaing.*
Saillard (De), 36 s.
Saillet, trésorier général des finances de Savoie, 1869, 1972, 2045.
Saillier-Debize, cap[ne] au rég[t] de Duprat, 2243.
Sailly (De), lieut[t]-c[el] du rég[t] de Rohan-dragons, 1856.
—— (Aimard-Louis, m[is] de), lieut[t]-g[al], 1952, 2039-2043, 2136, 2138, 2143, 2144, 2175, 2183, 2215-2217, 2220-2222, 2224, 2228, 2270, 2299, 2371, 2411, 2412.
—— (M[ise] de), née de Créquy, 2133, 2134, 2183.
—— (De), officier, 2268, 2270.
—— (Louis-Hector, m[is] de), 3186, 3256.
—— **-Desmeurs** (De), major de la citadelle de Montpellier, 2370.
Sainctot (H. de), mar. des logis du duc d'Anjou, cap[ne] au rég[t] de Piémont, 146.
Saingenois (Comte de), 3207.
Saingery. V. *Saint-Gery.*

Sainneval, prévôt général d'Orléans, 2271.
Sainsère le jeune, marchand de chevaux à Vaucouleurs, c^ons LXI–LXIII, LXV, LXIX.
Saint-Abdon, colonel, 1838.
Saint-Abre (Jean de La Cropte, m^is de), lieutenant-général, 146, 342, 344–346, 389, 413.
Saint-Affrique (Pierre de Suc de), brig., 3206, 3207, 3275 3495, 3497, 3535, 3537. 3569–3571, 3579, 3598–3601, 3603, 3623, 3627.
Sainte-Agathe (Comtesse de), 2033.
Sainte-Agniès (*ou* Saint-Aynien ?). V. *Rochefort.*
Saint-Aguen (Ch. de Charlet de), cap^ne au rég^t de Rambures, 141.
Saint-Aignan, partisan à Béthune, 2213.
—— (Franç. de Beauvillier, comte, puis duc de), lieut^t-g^al, 118, 119, 158, 277, 359, 360, 362, 445.
—— (Paul-Hippolyte, duc de), ambassadeur, membre de l'Académie française, 2416, 2501, 2754, 2755, 2872, 2885, 3780.
—— V. *Beauvillier, Chartraire.*
Saint-Alban. V. *La Pierre.*
Saint-Albans. V. *Lamouroux.*
Saint-Albin (De), habitant de Clermont-en-Beauvoisis, 2141.
—— (De), colonel, aide de camp de l'électeur de Bavière, 2412.
—— (Ch. de), archevêque de Cambrai, 3027.
Sainte-Albine (Rémond de), c^on XXXV.
Sainte-Aldegonde (De), lieut^t de roi d'Ostende, 3462, 3463.
—— (De), 2143.
—— (Comte de), 3532.
Saint-Alignon (De), de Grenoble, 11.
Saint-Alouarn (De), command^t de frégate, 3145, 3154.
Saint-Alpaert, 1788.
Saint-Amand (De), échevin de Marseille, 2249.
—— cap^ne au rég^t de Lorraine, 2268.
—— (De), aide-major, cap^ne des portes de Neuf-Brisach, 2739, 2916.
—— (Maire, prévôt, clergé, etc., de). V. *Druon, Sabrevois, Tirsay.*
Saint-Amand-Mont-Rond (Municipalité de), c^on LXVII.
Saint-Amant, ingénieur, 670, 832, 882, 966, 969, 982, 993, 994, 997, 1115, 1159.
—— V. *Amand.*
—— officier invalide à l'île de Ré, 2139.
—— (Salvador de), viguier d'Avignon, 3235.
—— (C. de), lieut^t-c^el, c^on LXXXVI.
Saint-Amour (Comte de), 118.
—— (Ch.-Franç. de La Baume, comte de), 2168.
—— officier municipal d'Ardres, 3709, 3719, 3725.
Saint-Andéol (Laurent de Varadier, s^r de), enseigne au rég^t de Piémont, 146.
Saint-Andiol (De), cap^ne au rég^t de Mercœur, 151.
Saint-André (André de Chérot, s^r de), cap^ne au rég^t de Persan, 92.
—— (Prunier de), 119.
—— (De), premier président du parlement de Grenoble, ambassadeur, 259, 264, 420, 837, 902–906, 1079, 1093.
—— entrepreneur des fortifications de Strasbourg, 988.
—— (Jos. de Marneix de La Bastie, ch^r de), mar. c., 1866–1869, 1960–1963, 1966, 2039, 2042, 2131, 2138, 2143, 2242, 2398, 2406, 2457, 2458, 2460, 2463, 2559, 2562, 2564, 2697–2700, 2706, 2709, 2724, 2733, 2793, 2820, 2823, c^ons XII, LXXV.
—— (De), gouverneur de Vienne (Dauphiné), 3173.
—— (De), cap^ne au rég^t de Vivarais, 2143.
—— (Ch^r de), cap^ne au rég^t de Barentin, 2182.
—— (Ch^r de), mestre-de-camp réformé à la suite du rég^t de Croÿ, 2251, 2269.
—— (René-Ismidon-Nicolas Prunier, comte de), lieut^t-g^al, 3119, 3143, 3167, 3178, 3217, 3223, 3230, 3262, 3296.
—— (De), officier au rég^t de Montboissier, 3206.
—— major à Berg-op-Zoom, 3275.

Saint-André (Chr de), lieutt d'invalides à l'île d'Yeu, 3538.
—— (Jos. Prunier, chr de), lieutt-gal, 2978, 2988, 3026, 3027, 3101, 3159, 3217, 3219, 3220, 3286, 3287, 3435, 3461, 3469, 3501, 3504, 3507, 3538, 3548.
—— (Étienne-Esprit, chr de), lieut-gal, 3583.
—— (De Faure de), officier, con XXVII.
—— V. *Beauregard, La Bastie.*
—— **de La Croix**, officier, 2143, 2261.
—— **de Serre**, 1903.
—— **-Montbrun** (Alexandre du Puy, mis de), lieutt-gal, 97, 106, 110, 117–119, 133, 134, 137, 151, 157.
Saint-Ange (De), 88, 102, 119, 137.
—— (Françoise de Revol, dame de), 102.
Sainte-Anne (Fr. Jacques de), prieur des Augustins à Nice, 2251.
Saint-Anthoine, aide-major de cavie, 2139.
Saint-Antoine (De), 452.
Saint-Aoust (De), 110, 119, 158.
—— (Jean de Fradet, comte de), lieutt-gal d'artillerie, 1239.
Saint-Arnoul (De), 133.
—— (De), prévôt de Metz, 250.
—— capne au régt de Chartres, 1858.
Saint-Arnoult (De), enseigne au régt de Navailles, 123.
Saintard, directeur de la Compagnie des Indes, 3541.
Saint-Artemie (De), major du régt de Bugey, 2131, 2222.
Saint-Astier (De), trésorier des troupes à Mariembourg, 2242.
Saint-Auban (De), lieutt au régt de la Reine, 1858.
—— (Ant. Baratier de), mar. c., 47 s.
Saint-Aubin (De), 106, 259, 543.
—— 1832, 1854, 1857.
—— (De), lieutt de la prévôté de Chartres, 117.
—— capne au régt d'Anjou, 1798.
—— capne au régt de Picardie, 1943.
—— capne au régt de Navarre, 2131.
—— (De), capne au régt de La Marine, 1832, 2145.
Saint-Aubin (De), major de la place de Tournai, A. 104.
—— (De), attaché à la cour de Lorraine, 2262.
—— V. *Cheminot.*
Saint-Aulaire (Franç. de Lanmary et de), capne au régt de St-Simon, 123.
—— (De), 903, 1700, 1897–1899.
—— (De), lieutt-gal pour le roi en Limousin, 2137.
—— (Chr de), commdt au Fort-Barraux, 2968, 2979.
—— V. *Beaupoil, Lanmary, Lostanges.*
Saint-Aulais (Louis de Norriger, chr de), brig., 1564, 1566, 1575, 1647, 1652, 1660, 1661, 1671, 1678, 1679, 1736, 1742, 1757, 1758, 1836, 1837, 1843, 1845–1848, 1851–1854, 1858, 1935, 1950–1953, 2021, 2033–2035, 2091–2093, 2095, 2131–2133, 2137, 2139, 2141, 2167, 2269, 2272, 2396.
Saint-Aunès (Henri de Bourcier de Barry, mis de), lieutt-gal, 98, 119, 516.
Saint-Avold. V. *Olry.*
Saint-Aynien. V. *Sainte-Agniès.*
Saint-Basile (De), gentilhomme de Falaise, 1898.
Saint-Béat (Archipr. de). V. *Besins.*
Saint-Belin (Nic. de), sr de Vautremont, capne, 92. V. *Cussigny.*
Saint-Benoist (De), 945, 1644.
Saint-Bernard de Berbis (Sœur), supérieure de N.-D. du Refuge de Dijon, 2270.
—— **de Grossan**, capne au régt de Rasilly, 2130.
Saint-Bertin (Abbé de), 613. V. *Le Riche.*
Saint-Blaise, officier subalterne au régt de Senneterre, 2228.
—— capne au régt de Périgord, 3187.
Saint-Blancé (De), officier, 1831, 1834, 1835.
Saint-Blimond (De), capne au régt de Chartres-cavie, puis mestre-de-camp du régt de son nom, 2141, 2142, 2301, 2416.
Saint-Bonnet (De), 131.
Saint-Brice, officier au régt du Rouve, 2160.

Saint-Brieuc (Municipalité de), c^on LXV a.
Saint-Bris. V. *Lambert.*
Saint-Brisse (De), lieut^t dans la compagnie franche de Dumoulin, 3017.
Saint-Brisson (Pierre Séguier, m^is de), cap^ne de chevau-légers au rég^t de Mazarin, 146.
Saint-Canton (Pierre Riand, s^r de), cap^ne au rég^t de Champagne, 146.
Sainte-Cécile (Card^al de). V. *Mazarin (Michel).*
Saint-Césaire (De), 3316.
Saint-Cézary. V. *La Malle.*
Saint-Challier, commissaire des guerres, 2728.
Saint-Chamans (Ant. Galiot, ch^r, puis comte de), mar. c., 1856, 1857, 1858, 1944, 1945, 1951, 2022, 2130, 2132, 2135, 2136, 2140, 2141, 2144, 2160.
—— (Comte de), frère du précédent, 2139.
—— (Alexandre-Louis, m^is de), lieut^t-g^al, 3418, 3430, 3472, 3500, 3592, 35 s., 39 s., 49 s., 51 s.
—— (Comte de), 3715, 3720.
Saint-Chamarand. V. *La Roque.*
Saint-Chamond (De), mestre-de-camp d'un rég^t de son nom, 2130, 2137.
Saint-Charles (Gabriel de), 3647.
Saint-Chattes (De), ancien cap^ne au rég^t d'Auvergne, 2136.
Saint-Christaud. V. *Vivans.*
Saint-Christophe. V. *Bourgeois.*
Saint-Cirques?, 279.
Saint-Cla (De), 271, 281, 282, 310, 337, 343, 344, 386-387, 396, 397, 400, 405.
Saint-Clair (De), major de la place du Havre, 313, 360, 361.
—— (De), lieut^t de roi, 1701.
—— (Erskine), général anglais, 3148, 3188. V. *Sinclair.*
—— officier de marine, 2219.
—— cap^ne au rég^t Royal-artillerie, 2946, 3124.
—— V. *Turgot.*
Saint-Clar. V. *Aumont.*
Saint-Clément (De), 356.
—— (De), major du rég^t de Gassion, 1602.
—— V. *Valls.*
Sainte-Colombe (Mlle de), 117, 119.
—— (De), 133, 245.
—— (De), gouv^r de Nyons, 1604, 1702, 1879, 2162.
—— (De), attaché à M. de Puisieux, l'ambassadeur, 1843, 1872, 2092-2093.
—— 1886, 1888, 1978.
—— lieut^t au rég^t de Bugey, 2102.
—— cap^ne au rég^t Dauphin, 2133, 2134.
—— ancien officier, 2140.
—— (Nic.-Alexandre Le Grand de), grand bailli de la noblesse de la Montagne en Bourgogne, commissaire ordonnateur à Nice, chevalier d'honneur au sénat de cette ville, 2326, 2399, 2400
Saint-Côme. V. *Bonnier.*
Saint-Contest (Michel de Barberie de), intendant, 837. V. le suivant.
—— (Dominique de Barberie, sg^r. de), intendant, 1465, 1491, 1504, 1571, 1574, 1583, 1660, 1662, 1671, 1672, 1699, 1740, 1754, 1758, 1854, 1954-1956, 2033, 2034, 2035, 2055, 2056, 2091, 2092, 2095, 2130-2141, 2143, 2145, 2154, 2162, 2167, 2236, 2241, 2243-2245, 2265, 2321, 2333, 2324, 2392, 2395, 2396, 2420, 2453-2457, 2459-2461, 2487, 2494, 2505, 2610, 2619, 2698, 2700, 3064, A. 89, A. 90. V. le suivant.
—— (Franç.-Dominique de), intendant, puis ambassadeur et ministre des affaires étrangères, 3177-3179, 3182-3185, 3257, 3259, 3261, 3293, 3308, 3309, 3311, 3370, 3390, 3395, 3780, c^on XXI.
—— **de la Chataigneraie** (De), 3296, 3311.
Saint-Cricq (De), commd^t au château de Verdun (dans les Pyrénées), 1983-1985.
Sainte-Croix (Constantin de), prieur des Carmes des Billettes, à Paris, 146.
—— (Pierre d'Ornano, m^is de), colonel du régt. d'inf^rie du duc d'Orléans, 123.
—— (De), cap^ne au rég^t de Sheldon, 1738.

Sainte-Croix (De), cap^{ne} au rég^{t} de Guitaut, 1858.
—— (De), inspecteur général des vivres, 1946.
—— cap^{ne} au rég^{t} de Quercy, 1950.
—— (Ch^{r} de), officier au rég^{t} de Marlond, 2035.
—— cap^{ne} au rég^{t} de Menou, 2145.
—— (De), mestre-de-camp du rég^{t} d'Alzeau, 2370, 2371, 2417.
—— 3301.
—— (Gaétan-Xavier de Guilhem-Clermont-Pascalis, ch^{r} de), mar. c., 3532, 3534, 3536, 3537, 3568–3573, 3598, 3599.
—— (De), cap^{ne} d'inf^{rie}, 3720, 3740.
—— (Basire de), commis de la régie des hôpitaux, 3576.
—— (Ch^{r} de), chargé d'affaires à Turin, puis à Stockholm, 3591, 3692, 3748.
—— cap^{ne}, 3720.
—— (Mis de), 3760.
—— V. *Barthélémy, La Croix, La Roquette, Le Baillant.*
—— c^{on} LVII, LX.
Saint-Cyr, cap^{ne} au rég^{t} de Rouergue, 1861.
—— (Ch^{r} de), officier au rég^{t} de Saint-Evremond, 2137.
—— (De), cap^{ne} au rég^{t} de Grassin, 18 s.
—— **d'Estrancourt** (De), lieut^{t} de roi à Cette, 3329, 3393, 3649.
Saint-Denis, off. d'art^{ie}, 1753.
—— (Échevins, etc., de). V. *Bains, Moussiau*, etc.
—— (De), 1644, 2136. V. le suivant.
—— (René de), s^{r} de Hertray, cap^{ne} de chevau-légers, c^{on} LXXXVI.
—— (Jean-Noël, s^{r} de), commissaire des guerres, c^{on} LXXXVI.
Saint-Didier, cap^{ne} au rég^{t} Royal Vaisseaux, 988.
—— (Hubert de), cap^{ne} de cuirassiers, c^{on} LXV.
—— cap^{ne} au rég^{t} de Piémont, 1862.
—— V. *Baraithon.*
Saint-Dizant (De), 3421, 3459, 3469, 3504, 3602.
—— le père (De), 3510.
Saint-Dizier (Échevins, clergé, magistrats, etc. de), c^{ons} LXV b, LXV c. V. *Bertel, Gayot, Guichard, Guillaume, Houstal, Mailly, Marchant.*
Saint-Dominique (Jacques de), ancien sacristain des Feuillants à Soissons, 2271.
Saint-Elix (De), major du rég^{t} de Ségur, 1983.
Saintes (Ville). V. après les noms de *Saints.*
Saint-Esteban (De), gouverneur de Brouage, 902, 905.
Saint-Estève, 198.
—— (Dom Joseph de), 2273.
Saint-Estienne. V. *Saint-Étienne.*
Saint-Étienne (Échevins, bourgeois, armuriers, etc. de), c^{ons} LVII, LX. V. *Carrier, Du Plessis, Gaponnière.*
—— (De), 131, 1839, 1858, 1968, 1981, 2023.
—— commis des vivres, 1160.
—— (Constant de), lieut^{t} d'une compagnie d'invalides, 2137.
—— (De), commd^{t} à Pont-de-Beauvoisin, 3064, 3065.
Saint-Evremond. V. *Saint-Evremont.*
Saint-Evremont (Charles de), colonel, 2021, 2022, 2131, 2139, 2140, 2222, 2267, 2372, 2411.
Saint-Evron (De), 119.
Saint-Fargeau. V. *Le Peletier des Forts.*
Saint-Farjeux (De), officier de cav^{ie}, 1944. V. *Saint-Ferjeux.*
Saint-Félix, lieut^{t} au rég^{t} de Vermandois, 987.
—— (De), ancien officier au rég^{t} de Greder-Allemand, colonel de milice dans le pays de la Sarre, 1954.
—— agent secret, 2000.
—— (Ch^{r} de), officier d'artillerie, 3581.
Saint-Ferjeux, major du rég^{t} de Bourgogne-cav^{ie}, 2242. V. *Saint-Farjeux.*
Saint-Ferréol-Montauban (Mis de), cap^{ne} réformé au rég^{t} de Rennepont, 2271, 2370.
Saint-Ferriol (De), 1702.
—— (De), cap^{ne} au rég^{t} de Bigorre. 1871.
—— (De), 3015, 3226, 3241, 3316.
Saint-Firmin (De), lieut^{t} au rég^{t} d'Espagny, 146.
Saint-Florentin (Municipalité de), c^{on} LXV.

Saint-Florentin (De), 671, 891.
—— (Louis Phélypeaux, comte, puis duc de — et de La Vrillière), ministre, 2662, 2790, 2877, 3029, 3051, 3061, 3180, 3210, 3224, 3229, 3233, 3234, 3236, 3237, 3256, 3258, 3260, 3309, 3311, 3316, 3389, 3392, 3396, 3425, 3469, 3493, 3501, 3504, 3549, 3571, 3620, 3625, 3627, 3677, 3685, c^{ons} XIX, XXXI, LXXV, LXXVI. V. *La Vrillière*.
Saint-Floris (Philippe-Alexandre de Ghistelle, m^{is} de), 2087, 2230.
Sainte-Fortunat (De), officier, 1942, 1945.
Sainte-Foy, officier au rég^{t} de Piémont, 2136.
—— attaché à la maison du comte d'Artois, c^{on} XLVII.
Saint-Frémond (J.-Franç. de Ravend, m^{is} de), lieut^{t} g^{al}, 902, 903, 906, 975, 979, 1048, 1049, 1060, 1113, 1163, 1213, 1216, 1218, 1264–1267, 1321, 1322, 1324, 1364–1366, 1406–1408, 1501, 1510, 1511, 1512, 1513, 1572, 1586, 1588–1592, 1596, 1683–1687, 1693, 1773, 1776, 1781–1785, 1863–1871, 1958, 1960–1968, 2027, 2028, 2031, 2036, 2081–2084, 2091, 2092, 2096, 2142, 2149, 2159, 2163–2166, 2216, 2217, 2222, 2224, 2234, 2238, 2242, 2271, 2299, 2300, 2302–2304, 2308, 2318, 2319, 2374–2382, 2384, 2385, 2420, 2454–2461, 2506, 11 s.
Saint-Fulgence. V. *Bory*.
Saint-Gall (Prince-abbé de), 260.
Saint-Gatien de Bois, près Honfleur (Municipalité, etc., de), c^{on} LXV c.
Saint-Gelais (Charles de Lusignan, m^{is} de), mar. c., 360, 791, 891.
Saint-Genest (J.-B. Barbier de), ancien officier, 3687.
Sainte-Geneviève de Paris (Abbé de), 361.
Saint-Geniès (Henri de Montaut-Navailles-Saint-Geniès, baron de Navailles-Pantoux, puis marquis de), lieutenant-général, 137, 158, 238, 271, 275, 278, 342, 343, 360, 390, 399, 447–450, 484, 486, 488, 489, 492, 497–500, 503–506, 542–544, 546–554, 594–596, 598, 604, 630.
Saint-Geniès (De), commissaire des guerres, 1891, 1892.
—— **-Navailles** (Mis de), puis m^{is} de Navailles, c^{el} du rég^{t} de Linden, 1936, 1937, 1944–1946, 2024, 2300.
—— (Officiers du rég^{t} de), 1944.
—— V. *Navailles*.
Saint-Genois (De). V. *Saingenois*.
Saint-Geny (De), échevin de Sarrelouis, 2167.
Saint-George (Fr. Philippe de), supérieur des récollets de Philippsbourg, 991.
—— (De), command^{t} à Hagenbach, 1266, 1322, 1382, 1406, 1408, 1435, 1760.
—— cap^{ne} d'une compagnie franche, 1953.
—— (De), 3204, 3338.
—— **-Georges** (Cardinal de), 5.
—— (De), 359.
—— (Claude de), archevêque de Lyon, 1702, 1897.
—— (De), gentilhomme du Poitou 2141.
—— (Chevaliers de), de Franche-Comté, 2145.
—— (De), cap^{ne} au rég^{t} d'Angennes, 2413.
—— (Ch^{r} de), officier, c^{ons} LIV, LVII, LXII, LXV, LXV a, LXV c, LXV d, LXVIII.
—— V. *Agoult*, *Montalembert*, *Pinon*, *Princey*, *Stuart*, *Vérac*.
Saint-Géran (Claude-Maximilien de La Guiche, comte de), lieut^{t} g^{al}, 116, 118.
—— (Bernard de La Guiche, comte de), lieut^{t} g^{al}, 275, 279, 323, 342, 343, 346, 502, 550, 551.
Saint-Germain-en-Laye (Magistrats, etc., de), 88, c^{on} LXX. V. *Legrand*.
Saint-Germain (De), 361, 565.
—— commissaire des guerres, 986, 1057.
—— (De), 1367.
—— (Richard? de), 1789.
—— officier au rég^{t} de Boulonnais, 1830.

Saint-Germain, soldat au rég^{t} de Blaye, 1831.
—— (De), cap^{ne} au rég^{t} de Parabère, 1978.
—— (De), habitant de Tulle, 2132.
—— cap^{ne}, prisonnier à Metz, 2136, 2163, 2324.
—— (B. de), 2145.
—— officier au rég^{t} de Saintonge, 2219.
—— invalide de la garnison de Belle-Isle, 2270.
—— (De), lieut^{t} de roi de la citadelle de Besançon, 2237, 2244, 2393, 2771.
—— major de la place de Givet, 2370.
—— (De), lieut^{t} de vaisseau, major des canonniers de la marine, 2384.
—— (L.-B. de), 2766.
—— (Ch^{r} de), 3033, 3086, 3089, 3206, 3207.
—— (Louis, comte de). l^{t} g^{al}, ministre de la guerre, 3098, 3108–3111, 3144, 3149, 3197, 3198, 3201, 3202, 3206, 3208, 3209, 3211, 3275–3277, 3280, 3281, 3409–3411, 3430, 3431, 3436–3439, 3442, 3459, 3460, 3472, 3480, 3487–3489, 3504, 3510, 3514, 3520, 3526, 3544, 3550, 3553, 3555–3559, 3561, 3576, 3577, 3585, 3689, 3691, 3692, 3694–3702, 3704–3706, 3710, 3725, 3728, 3741, 3753, 3767, 19 s., 20 s., 21 s., 34 s., 37 s., 39 s., 40 s., 41 s., 68 s., 76 s., A. 55, A. 56, c^{ons} XXIX, XLIII–XLV, LXXVII.
—— (De), major de la milice bourgeoise de Cherbourg, 3405.
—— ancien cap^{ne} au régt^{t} de Languedoc-dragons, 3738.
—— (De), lieut^{t} c^{el} d'art^{ie}, c^{on} LXVI.
—— **Beaupré** (Henri Foucault, m^{is} de), mar. c., 117.
—— (Armand-Louis-Joseph Foucault, ch^{r} de), colonel, 2138.
—— **du Lac**, commd^{t} au château de Bayonne, puis à Saint-Jean-de-Luz, 1604, 1883, 1884, 1886, 1982–1984.
Saint-Gervais (De), cap^{ne} au rég^{t} de Barrois, 1611.
Saint-Gery (Mis de), 1738, 1743, 1831, 1832.
Saint-Gilles (De), 419. V. *Hautefort.*
Saint-Girons, lieutenant, 2144.
Saint-Gobert (De Blois de), major du rég^{t} de la Viefville, 3260.
Saint-Gratien (Offizel, comte de), lieut^{t}-c^{el} du rég^{t} de Steiner, c^{on} LXV.
Saint-Guedal, cap^{ne} au rég^{t} de Provence, 1830.
—— (De), 3288.
Saint-Guiran (De), lieut^{t} au rég^{t} de La Reine, 1855, 1862.
Saint-Hassin ?, gouverneur de Noyon, 137.
Sainte-Hélène. V. *La Val.*
Saint-Héram (Ed. de Brion, s^{r} de), cap^{ne} de chevau-légers, 123, 131. V. *Saint-Hérem.*
Saint-Héran (De), maréchal-des-logis au rég^{t} de Montrevel, 2145.
Saint-Hérem (Ch.-Louis de Montmorin, m^{is} de), gouverneur de Fontainebleau, 2133–2135, 2139, 2141, 2144, 2269.
—— (J.-B. Calixte de Montmorin, m^{is} de), mar. c., 3416, 3543, 3571, 3576, 3642.
—— V. *Montmorin, Saint-Héram, Saint-Héran.*
Sainte-Hermine (Élie, comte de), lieut^{t} g^{al}, 1502, 1526, 1550, 1573, 1574, 1582, 1660, 1664, 1669, 1670, 1760, 1761, 1843, 1844, 1846, 1847, 1851, 1852, 1856, 1943, 2948, 1951–1953.
—— (Mme de Galand, née de), 1753. V. *Galland.*
—— (Mis de), gentilhomme du comte d'Artois, 3722.
—— (Pierre-L.-André de), officier au rég^{t} de Normandie, c^{on} LXVII.
Saint-Hilaire (De), off. au rég^{t} de Navailles, 131.
—— (Pierre de Mormès de), mar. c., 224, 229, 237, 240–242, 250, 260, 282, 294, 295, 300, 342, 345–348, 356, 415, 419, 466, 469, 515. V. le suivant.
—— (Armand de Mormès de), lieut^{t} g^{al}, 601, 664, 794, 822, 954, 992, 1059, 1239, 1256, 1686, 1699, 1736, 1738, 1742, 1743, 1761, 1835–1839, 1895, 1896, 1936–

1941, 2017-2019, 2021, 2024, 2080-2084, 2133, 2138, 2139, 2150-2152, 2156, 2219, 2244, 2300, 2302, 2308, 2335, 2344, 2374, 2379, 2381, 2414, 2415, 2522, 2541, 2584, 2619, c^{ons} VII, LXXV. V. le précédent.

Saint-Hilaire, lieut^t aux dragons de Villegagnon, 1950.

—— (De), cap^{ne} réformé au rég^t de Luxembourg, 2137.

—— (Mis de), 2139.

—— (De), officier au rég^t de Périgord, 3127, 3256.

—— (De), cap^{ne} aux Volontaires d'honneur de Belle-Isle, 3508.

— (Leblond de), cap^{ne} réformé du rég^t d'Auvergne, c^{on} XII.

Saint-Hillier, chanoine de Verdun, 1660.

—— (Victor-Amédée), comte d'Entragues, officier, 123.

Saint-Hippolyte (De), 1765.

Saint-Hourens, cap^{ne} des portes à Schelestadt, 2242.

Saint-Hubert (Abbé de), 837, 970, 1754, 1956, 2902, 2937, 2977, 2978, 3203.

—— (De), maître-fondeur à Rochefort, 2419.

Saint-Huruge (ou **Hurugues**). V. *Thibault.*

Saint-Hyve, 2319.

Saint-Ignon, officier, 2242.

Saint-Ildephont (Guillaume, baron de), 3766.

Saint-Jacques. V. *La Garenne.*

Saint-Jal, major du rég^t de La Mothe-Houdancourt, 2022.

—— (J. Claude de Lastic, m^{is} de), lieut^t g^{al}, 2786, 2978, 3094, 3097, 3101, 3140, 3156-3158, 3160, 3167, 3197, 3198, 3213, 3214, 3216, 3225, 3226, 3237-3243, 3250, 3262, 3314, 16 s. V. les suivants.

—— (Jean de Lastic, ch^r de), lieut^t g^{al}, 3199.

—— (Comte de), mestre-de-camp, 3500.

Saint-Jean, colonel de cavalerie étrangère, 158.

—— entrepreneur de chemins à Verdun, 997.

Saint-Jean (De), 1608, 2379.

—— (De), munitionnaire? 1614, 1968.

—— officier, 2052.

—— (Comte de), 2417. V. *Mesnager.*

—— cap^{ne} au rég^t de Maillé, 2331.

—— (De), cornette dans un rég^t de cav^{ie}, 2143.

—— V. *Gand, Donzac, Douzal.*

—— **-d'Angely** (Magistrats, etc., de), c^{ons} 419, LXVII, LXVIII. V. *Dières, Du Vivier, Ponthieu, Roqueservières.*

—— **de Ligonier**, cap^{ne} au rég^t de Lorraine, 1848, 1857, 2035, 2133, 2241, 2244.

—— **-de Losne** (Échevins de), 708.

—— **-de Luz** (Bourgeois, etc., de), c^{on} LXV a. V. *Duconte, Delettre, Hiriberry, Saint-Germain.*

—— **de-Maurienne** (Curé de), V. *Duboys.*

—— **de Monsegeur**, entrepreneur de maçonnerie, 3509.

—— **Pied-de-Port** (Magistrats, etc., de), c^{on} LIV. V. *Babijon, Barteritz, Casanave, Delaistre, Dujac, Socarros*, etc.

Sainte-Jeanne. V. *La Raymondière.*

Saint-Jeurs (Mis de), gouverneur de Saint-Tropez, 1588.

Saint-John. V. *Bolingbroke.*

Saint-Joseph (Frère Félix de), provincial des Carmes déchaussés en Flandre, 944.

—— (Berthauld de), religieuse, 1830.

Saint-Joyre (Comte de), mestre-de-camp du rég^t de Piémont-cavalerie, 1968, 1971.

Saint-Julhien (De), officier, 3404, 3405, 3417, 3457, 3498, 3499.

Saint-Julien, cap^{ne} au rég^t du Roi-cav^{ie}, 102.

—— (Ch^r de), officier, 131.

—— ingénieur, 1016, 1108, 1338.

—— cap^{ne} au rég^t de Normandie, 1241.

—— (De), cap^{ne} d'une compagnie d'invalides à Cambrai, 2130, 2138.

—— cap^{ne} au rég^t Royal-inf^{rie}, prisonnier de guerre en Hollande, 2138.

—— officier de dragons, 2370.

—— lieut^t au rég^t de Barroi, 2418.

Saint-Julien, lieut^t-c^el du rég^t de Mortemart, 2344.
—— 3541.
—— (Ch^r de), cap^ne au rég^t de Boulonnais, 3606.
—— V. *La Fourille.*
Saint-Jullien (De), c^on XXXIII.
Saint-Junien, cap^ne au rég^t de Rosières, 2140.
Saint-Junient, cap^ne au rég^t de Chevron, 2244.
Saint-Just (Maurice, m^is de), brig., 279, 488, 507, 509, 559.
—— (De), gouverneur de la citadelle de Valenciennes, 1832, 1943, 1944, 1946, 2023, 2131–2133, 2561.
—— et **Saint-Just-Dulordapt**, bourgeois d'Ardres, 3714, 3725, 3760.
Saint-Jut de Milly, officier, 278.
Saint-Lactancins, officier, 158.
Saint-Lagier (De), lieut^t dans une compagnie franche, 1832.
Saint-Lambert, commissaire des guerres, 612, 616, 664.
—— (Ch^r de), officier au rég^t de Fimarcon, 2144, 2183.
—— V. *Calissane.*
Saint-Lary (De), cap^ne au rég^t de Bourgogne-cav^ie, 1855.
Saint-Laurent (De), 887, 1526.
—— (J.-B. de Ferrero, m^is de), lieut^t g^al, 887, 1079, 1502, 1524, 1525, 1573, 1574, 1661, 1672, 1767, 1897, 1899, 1900, 1943, 2136, 2144, 2183, 2412.
—— (De), officier subalterne au rég^t de Senneterre, 2228.
—— (De), command^t à Nieuport, 3199.
—— 3716.
—— (Romme de), 3731, 3764.
—— V. *Donodei., Pilany.*
—— **de Bertrandy**, officier, 1856, 2141, 2271, 2414.
—— **de Cerdans** (Consuls de), 300.
—— **-en-Grandvaux** (Municipalité de), c^on LXI.
Saint-Lazare. V. *Froidure.*
Saint-Léger (De), 260, 263.
—— (De), entrepreneur de fournitures de lits, 1613, 2185, 2393, 2421.
Saint-Léger (Mme de), femme du précédent, 2370.
—— (De), cap^ne au rég^t de Castéja, puis réformé, 2134, 2137, 2166, 2243, 2244, 2411, 3045, 3087.
—— (De), officier d'invalides à Belle-Isle, 2138.
—— (De), cap^ne de garde-côtes en Normandie, 3510. V. le suivant.
—— (Mis de), 3534. V. *Vieille (La).*
—— (De), lieut^t des gardes du comte de Clermont, 39 s., 46 s., 49 s., 50 s.
—— V. *Carnin.*
—— V. *Du Blaisel.*
Saint-Léon (De), 354, 355, 498, 499.
—— (De), munitionnaire de la marine, 2871.
Saint-Léonard (De), cap^ne au rég^t de Picardie, 123.
Saint-Leu, échevin de Senlis, 361.
—— avocat de Senlis, 2046.
Sainte-Linière (De), 508. V. *Sainte-Lyvière.*
Sainte-Livrade. V. *Melet.*
Saint-Lô (Bourgeois, etc., de). V. *Bailly, Gournay, La Coudraye, La Tour, Olivier, Robillard, Rochefort,* etc.
—— ingénieur, 243, 261, 262, 278, 292–296, 311, 342, 350, 351, 413, 461, 469, 507, 616, 630, 672, 734, 894, 1066, 1080–1082, 1208, 1209.
—— (De), officier au rég^t de Wurtemberg, 3471.
Saint-Louis (De), 505, 542, 543, 549.
—— (Pierre de Pène ? de), brig., 1872, 1873.
—— archer de la maréchaussée de Longwy, 2242.
Saint-Loup (De), officier, 310.
Saint-Loyer (De), cap^ne au rég^t de Houdetot, 2138, 2139, 2144, 2267.
Saint-Lubin (De), enseigne au rég^t de Piémont, 146.
Saint-Luc (Franç. d'Espinay, m^is de), 88, 133, 134, 137.
Saint-Lumier (Louis de), cap^ne au rég^t de Rambures, 88.
Sainte-Lyvière, 997. V. *Sainte-Linière.*
Saint-Macaire, 2136, 2255.

Saint-Macary (Pierre de), doyen du parlement de Navarre et subdélégué général de l'intendant de Béarn, 1888, 1892, 1895–1900, 1984, 1985, 2052, 2054, 2134, 2137, 2180, 2255, 2257, 2268, 2269, 2329.
Saint-Maigrin (Jacques de Stuert de Caussade, m^{is} de), lieut^{t}-g^{al}, 110, 119.
Sainte-Mainne (Ch^{r} de), cap^{ne} au rég^{t} de Beaufermès, 1855.
Saint-Maixent (Municipalité, etc., de), c^{ons} LXV b, LXV e, LXVII.
—— (Mis de), lieut^{t} de roi de Béthune, 1830–1833, 1836, 1839, 1840, 1935, 1943–1946, 2021–2023, 2082, 2087, 2130–2134, 2136, 2140, 2159, 2160, 2219, 2561.
Saint-Mallon (De), officier au rég^{t} de Trécesson, 2242.
Saint-Malo (Municipalité, clergé, bourgeois, etc., de), c^{ons} LXI, LXXV, LXXVI. V. *Becard, Chantelou, Coësquen, Des Dorides, Des Guymerais, Du Guémadeuc, Du Pin, Du Vauborel, Emeric, Eon, Faverolle, Goin, Guillot, La Bastie, La Binolays, La Bourdone, La Chipaudière, La Corbonnaye, La Vieuville, Magon, Merlin, Picot, Pontcadeuc, Quémadeuc, Sainte-Marie, Surcouf, Valais, Vincent,* etc.
—— ingénieur?, 1013.
Saint-Mandé. V. *Frogerays.*
Saint-Mar (Baron de), 146.
Saint-Marc, cap^{ne} au rég^{t} de La Reine, 1898.
—— (De), régisseur des vivres de l'armée d'Allemagne, 67 s.
—— ancien officier, curé de Morigny, près Bayeux, 3600
—— V. *Puget, Saint-Marcq.*
Saint-Marcel (De), 3648.
Saint-Marcellin (Municipalité de), c^{on} LXIX.
—— cap^{ne} au rég^{t} de Massembach, puis commd^{t} à Wissembourg, 1768, 2677.
Saint-Marcq, major du rég^{t} de Brancas, 1832, 1945, 2021.
—— colonel réformé, 2140, 2142, 2143, 2160, 2371.
Sainte-Marguerite (De), fils d'un sénateur de Nice, 1974.
—— (Franç. Bellon? de), lieut^{t} au rég^{t} de Picardie, 123.
—— (Habitants, etc., des îles). V. *Conceris, Maurel, Saint-Mars,* etc.
Sainte-Marie (Ch. de), moine à Pignerol, 20.
—— 420.
—— (De), lieut^{t} de roi à Saint-Malo, 894, 1066, 1082, 1241, 1524–1526, 1609, 1801, 1895–1897, 1899, 1900, 2131, 2134, 2136, 2141–2143, 2186, 2268, 2269, 2272, 2273, 2343, 2344, 2370, 2371, 2419.
—— (De), cap^{ne} de compagnie franche, 1846, 2245.
—— officier, 1858.
—— (De), major du rég^{t} de Lannion, 2131.
—— 2271, 2783.
—— (Barthélémi de), commissaire des guerres, 2697, 2969, 3085, 3086.
—— V. *Sainte-Marye, Santa-Maria, Simonet.*
Saint-Mars (De), 264, 279, 354, 355, 516.
—— (De), gouverneur des îles Sainte-Marguerite, puis de la Bastille, 1332, 1896.
—— lieut^{t} au rég^{t} des dragons de Vérac, 1861.
—— (De), officier, 2102.
—— (De), officier au rég^{t} d'Houdetot, 2270.
—— (De), lieut^{t} provincial d'artillerie à Lyon, 2400.
Saint-Marsal (Comte de), commd^{t}, à Minorque, de fusiliers de montagne, 3450, 3647.
Sainte-Marthe, officier au rég^{t} de Navarre, 158.
—— (De), vice-sénéchal de Poitiers, 33.
—— 2133, 2135. V. le suivant.
—— commissaire des guerres, 2143.
—— (De), prieur de Saint-Denis, 2412.
—— (De), commissaire des guerres, 2795, 2916, 2917, 2982, 3001, 3047, 3108, 3123, 3124, 3460, 3472, 3474, 3486–3489, 3507,

3510, 3576, c^ons XXIV, XXVII, XXIX.
Saint-Martial, cap^ne au rég^t de Cambraisis, 2136
—— **d'Artenset** (Curé de). V. *Quesart.*
Saint-Martin (De), officier, 102, 158.
—— officier, 79, 146, 151.
—— (De), maréchal-g^al des logis de la cavalerie légère, 182.
—— (De), conseiller d'État du duc de Lorraine, 245.
—— 271, 668.
— officier, 997.
—— (De), commissaire des guerres, 1066, 1483, 1737, 738, 1740, 1750, 1833, 1841, 1951, 1955, 2085, 2132, 2133, 2149–2151, 2154, 2159, 2160, 2230, 2299. 2371.
—— (De), major de la place du Quesnoy, 1644, 1738, 1741, 1831–1833, 1846, 1946, 2023, 2133, 2140, 2142, 2219, 2371, 2379.
—— officier au rég^t de Rennepont, 1690.
—— (De), officier au rég^t de la Roche-Thulon, 1841.
—— (De), cap^ne au rég^t de Bourbonnais, 1853.
—— bourgmestre de Schelestadt, 1855.
—— (De), cap^ne des portes à Vieux-Brisach, 1855.
—— cap^ne au rég^t de la Reine-inf^ie, 1856.
—— (De), veuve et fils du major de Landrecies, 1943, A. 89.
—— (Vicomte de), commandant les troupes françaises à Jaca, 1982, 1983, 1985, 2052, 2054, 2104, 2105, 2253, 2255, 2408.
—— (Denys, abbé de), vicaire général du diocèse de Tournai, 2023, 2025.
—— (De), cap^ne au rég^t de Boysset, 2045, 2169, 2258.
—— frère d'un commis de l'extraordinaire des guerres, 2143.
—— (Jacques-Raymond, s^r de), ancien lieut^t au rég^t de Belsunce, 2244.
Saint-Martin, lieutenant, 2370.
—— (De), trésorier de France en Champagne, 2729.
—— (Ch^r de), cap^ne au rég^t de Boufflers, 2134, 2140, 2141.
—— 2374, 2786, 2800.
—— major du rég^t de Bozelli, 2411.
—— (Comte de), cap^ne au rég^t de Du Rumain, chargé d'affaires de France à Linz, 2943, 2945–2947, 2951, 2955, 2969.
—— (De), brig. de cavalerie, 3263, 3418.
—— (De), commd^t le rég^t de Rohan, 3449.
—— officier au rég^t du Maine, c^ons LXIV, LXXII.
—— officier d'artillerie, 3581.
—— chirurgien-major du rég^t Royal-Bourgogne, c^on LXVII.
—— **de Rossuge** (Philippe de), brig., 988, 1862, 1865, 1960–1962, 1966, 2249, 2252, 2255, 2270, 2271, 2412, 2417.
—— V. *Bussy, Chavigny, Grossolles, La Baume, Lamarque, Paheau, Robert.*
—— **de Laussedat**, cap^ne au rég^t Royal-artillerie, 1945.
—— **-Laborde** (Claude de Lestringant, s^r de), cap^ne au rég^t de Rambures, 102.
—— (De), vicomte d'Echans, 2562–2564, 2609.
—— **de Ré** (Échevins, etc., de). V. *Aubarède, Barrin, Fumée, Jarry, La Garenne, La Garlière*, etc.
—— **de Rougeat**, cap^ne aide-major au rég^t de la Reine-inf^ie, 2269.
Saint-Massal. V. *Brugairoux.*
Saint-Massens, officier de l'élection de Noyon, 2414.
Saint-Mathieu (Jean Du Tillet, vicomte de), lieut^t-g^al, 146.
Saint-Maur, lieut^t-c^el du rég^t de La Mothe-Houdancourt-cav^ie, 1949.
—— (Dupré de), 3702, c^on L.
Sainte-Maure (De), 121, 134, 158, 468.
—— (De), 950.
—— cap^ne au rég^t de Vendôme, 2140.
—— (Louis-Marie, comte de), mar. c., 2739, 2769.
—— V. *Jonsac, Montausier.*

Sainte-Maure de Peyria (Municipalité de), c^{on} LXVII.
Saint-Maurice (Mis de), ambassadeur du duc de Savoie, 278, 279, 281, 354-356, 467. V. *Chabo.*
—— (Comte de), ministre de l'électeur de Cologne, 1556, 1578, 1649, 1742, 2145, 2214, 2219, 2222, 2224, 2304, 2373, 2411.
—— (Chabo de), 1972.
—— (Dame de Boissac-), 1972.
—— (Nicolas Foy de), président de la Cour des monnaies de Lyon, 1800, 2247-2249, 2269, 2271, 2411, 2417.
—— (De), lieut^{t} de roi à Monaco, 1875, 2039.
—— (Jean de), brig., 2083, 2132, 2136-2138, 2143, 2145, 2155, 2385, 2386, 2388, 2447.
—— (De), colonel du rég^{t} de Bourgogne, 2137.
—— (De), cap^{ne} aide-major de la place de Mons, 2156.
—— (De), 2840, 3029-3030, 3035, 3036, 3109, 3261.
—— V. *Bernage, Chabo, Pons.*
—— (Charles-César, m^{is} ? de), lieut^{t}-g^{al}, 1749.
Saint-Maurin, cap^{ne} au rég^{t} de dragons de Caylus (service d'Espagne), 2141.
—— (De), commd^{t} le rég^{t} de recrues de Lyon, 3742.
Saint-Mauris (De), 997, A 89.
—— (Ch^{r} de), 1858, 3674.
—— (Mme de), née Bonneval, 3753.
—— (Prince de), c^{el} du rég^{t} de Monsieur, c^{ons} XLVII b, LXV f.
—— V. *Montbarey.*
—— **d'Augerans** (De), cap^{ne} au rég^{t} de Broissia, 1850, 1855.
Sainte-Marye, cap^{ne} au rég^{t} de Saint-Aulais, 1858.
—— cap^{ne} d'une compagnie franche, 2244, 2269.
—— 2371. V. *Sainte-Marie.*
Saint-Mayol (J.-B. Primi, comte de), 1959. V. *Primi.*
Saint-Médard, officier de garde-côtes à Oléron, 3510.
Saint-Mégrin. V. *Saint-Maigrin.*
Sainte-Menehould (Magistrats, bourgeois, etc., de), 420, 481, c^{on} LXIV. V. *Collin, Collot, Dupin, Hocart, Mallancourt, Mathieu, Pavant, Planta, La Gérinière, L'Estang.*
Saint-Mesard (De), major du rég^{t} de Hamal (service d'Espagne), puis chambellan du duc de Lorraine, 1841, 2134.
Sainte-Mesme (Anne-Alexandre de L'Hôpital, c^{te} de), mar. c., 123, 131, 151. V. *L'Hospital.*
—— (Mme de L'Hôpital, comtesse de), née de La Poterie, 3017.
—— (De), cornette au rég^{t} de Maisontiers, 2137.
—— (Officiers du rég^{t} de), 141.
Sainte-Mesmes. V. *Sainte-Maime.*
Saint-Mesmin (De), 362.
—— (De), officier de la maréchaussée, 3182.
Saint-Messant. V. *Saint-Maixent.*
Saint-Micaud (De), brig., 1862, 2035, 2130, 2269, 2270, 2411.
Saint-Michel (De), lieut^{t} au rég^{t} de Lorraine, 123.
—— (De), gouverneur de Stenay, 1660, 1672, 1839, 1854-1857, 1897, 1933, 1953, 2021, 2033.
—— (De), 1958.
—— officier d'invalides à Belle-Isle, 2138, 2142.
—— major de la place de Strasbourg, 2169, 2236, 2244.
—— 2370.
—— (Ch^{r} de), cadet au rég^{t} Royal-artillerie, 2816, 3671.
—— V. *La Combe, La Roque.*
Saint-Mihiel (Abbé de), 438.
Saint-Montant (De), lieut^{t}-c^{el}, 2370.
Saint-Morelle, lieut^{t}-c^{el} du rég^{t} de Poitou, 1839, 1845, 2143, 2219, 2230.
Saint-Nazare (Comte de), ministre du duc de Mantoue, 182.
Saint-Nectaire. V. *Senectère* et *Senneterre.*
Saint-Offange (De), lieut-c^{el} du rég^{t} de Lenoncourt, 2268.
Saint-Olain (De), secrétaire du baron de Magalotti, 600.
Saint-Omer (Municipalité, clergé, bourgeois, etc., de), 514, 516, 567, 672, 1840, 1950, 2023. V. *Barberay, Donjon, Duboys, Du Rietz, La Salle, Lejosne, Le Sergent, Marignac.*

Mortières, Neufville, Pagart, Portal, Rochepierre, Simon, Tuelouze, Valbelle, Varanne, Wette, etc.

Saintonge (Conseil d'adm^{on} du rég^{t} de), c^{on} LXIV.

—— officier commd^{t} un détachement d'invalides, à Amboise, c^{on} LXV c.

Saint-Orens (Louis de), guidon des gendarmes du duc d'Orléans, 146.

—— (De), major du rég^{t} de Guyenne-dragons, 2143.

Sainte-Osmane (Mme de), 2134.

Saint-Ouen (Ch. Legrand? de), cap^{ne} au rég^{t} de Picardie, 92, 123.

—— V. *Ernemont*.

Saint-Papoul (Gabriel B., évêque de), 17 s.

Saint-Pardoux (De), cap^{ne} au rég^{t} de La Reine-dragons, 1526.

—— (De), officier au rég^{t} d'Orléans-inf^{ie}, 3030.

—— **de Ferrenssac** (De), officier au rég^{t} de Chartres-cav^{ie}, 2371.

Saint-Pater (Jacques Le Coutelier, m^{is} de), lieut^{t}-g^{al}, 894, 962, 1862, 1961–1963, 2039, 2041–2043, 2046, 2175.

Saint-Pau (Balzac-), 131. V. *Balzac*.

Saint-Paul (De), ambassadeur à Parme, 31.

—— (De Rilhac de), cap^{ne} au rég^{t} des Gardes, 123.

—— (De), lieut^{t}-c^{el} du rég^{t} de Raymond, 131.

—— (De), cap^{ne}, 342.

—— (De), major de la place de Mons (service d'Espagne), 703.

—— (De), maître de la verrerie de la Houille, à Rouen, 1239.

—— (De), officier, chevalier de Saint-Louis, 1330.

—— cap^{ne} au rég^{t} de Brie, 1862.

—— (De), ingénieur, 1945.

—— officier au rég^{t} de Forsat, 2346.

—— lieutenant, 2419.

—— (De), 3124.

—— (Noizet de), c^{el} sous-directeur de l'artillerie, 3466, 3741, c^{ons} XLIX a, LXV a.

—— (De), 3417.

—— (De), commissaire ordonnateur, premier commis au Ministère de la Guerre, c^{on} LIII.

—— V. *Aubusson, Gleise*.

Saint-Paul de Blau (Mme de), 2182.

—— **de Grossolle**, 1799, 1895.

—— **de La Fontaine**, officier, 1832.

—— **de Mortier** (De), ancien cap^{ne} de hussards, 3631.

—— **-du-Var** (Consul de), 2041. V. *Bernardy*.

—— **-Trois-Châteaux** (Maires, clergé, bourgeois, etc., de). V. *Audiffre, Deurre, Guynet, Moreton, Niel, Pellet, Roquemartine*, etc.

Saint-Pé (De), lieut^{t} de roi de Bayonne, 362. V. *Saint-Pée*.

—— (Alexandre de), directeur des malles et courriers à Oloron, 1985.

Saint-Pée (De), 342.

—— (Henri d'Antin, s^{r} de), écuyer, garde-du-corps, lieut^{t} de roi de Dax et de St-Sever, 2411.

—— (d'Antin de), officier à Antibes, 2793.

—— **de La Salle** (De), 356, 358.

Saint-Père (De), aide-major de la place de Nice, 2175.

Saint-Pern (Vincent-Jules, m^{is} de), lieut^{t} g^{al}, 2705, 2752, 2759–2761, 2810–2812, 2814, 2824, 2941, 2944–2947, 3149, 3188, 3209, 3259, 3263, 3280, 3281, 3308, 3314, 3338, 3409–3411, 3419, 3420, 3431, 3436, 3438, 3439, 3461, 3462, 3483, 3484, 3486, 3488, 3489, 3501, 3506, 3511–3513, 3515, 3516, 3523–3525, 3542, 3564, 3565, 3582, 3583, 3602, c^{on} XXXIII.

—— (Louis-Bonaventure, ch^{r}, puis comte de), lieut^{t} g^{al}, 3532.

Saint-Perrier (De), cap^{ne} au rég^{t} de Piémont, 123.

—— (César-Joachim, ch^{r}, puis m^{is} de), lieut^{t} g^{al}, 1558, 1575, 1966, 2135, 2242, 2243, 2455–2460, 2751, 2752, 2814, 3036, 3092, 3135.

Saint-Petre, cap^{ne} au rég^{t} de La Sarre, 889.

Saint-Phalle, 1902.

—— (De), officier au rég^{t} de La Roche-Aymon, 3471.

Saint-Picq (Pierre de), *dit* Mainvielle, 1985.

Saint-Pierre (Ant. de), prieur des Feuillants de la rue Neuve Saint Honoré à Paris, 67.

Saint-Pierre (Arnaud d'Arguyer de), brig., 1367, 1402, 1409, 1835, 1836, 1935, 1936, 1938-1940, 1943, 2134, 2136, 2138, 2140.
—— (Duc de), au service d'Espagne, en Italie, 1519.
—— cap^ne^ au rég^t^ de Dames, 1767.
—— (Ch^r^ de), cap^ne^ au rég^t^ de Toulouse-cav^ie^, 1900.
—— cap^ne^ au rég^t^ de Champagne, 1968, 1971, 2043, 2044.
—— 2022, 2028.
—— (Charles de La Rochette de), brig., 2132, 2133, 2135.
—— (De), directeur des fermes à Châlons-sur-Marne, 2697, 3185, 3258.
—— (Ch^r^ de), 3642, c^on^ XL.
—— V. *Lombard.*
—— Consul de Chabeuil (Drôme), c^on^ XIX.
—— **-le-Moûtier** (Maire et échevins de), 158, 420.
Saint-Point (Jos.-Gabriel de Rochefort d'Ailly, ch^r^ de), mar. c., 3139.
—— V. *Rochefort.*
Saint-Pol (De), 467, 551, 556.
—— Pas-de-Calais (Échevins, etc., de), 1840, 1943.
—— **de Léon** (Clergé, municipalité, etc., de), c^ons^ LXVI, LXVII. V. *La Bourdonnaye.*
Saint-Pons (De), cap^ne^ au rég^t^ de Lusignan, 3545.
Saint-Port (De), avocat général au Grand Conseil, 2121, 2142.
Saint-Pouange. V. *Saint-Pouenge.*
Saint-Pouenge (J.-B. Colbert, sg^r^ de), intendant, 11, 133, 134, 245, 250, 251, 259, 265, 270, 276, 277, 282, 284-289, 291, 292, 294-296, 325, 326, 334, 335, 342, 347, 348, 351, 358, 383, 387, 388, 397, 398, 408, 410, 440, 441, 449, 450, 468, 469, 487, 488, 490, 491, 499, 500, 516, 536-441, 544-550, 553-555, 584-587, 595-599, 605, 606, 663, 701.
—— (Michel Colbert de), archevêque de Lyon, 224, 277-279, 359-362, 419, 420, 629.
—— (Mme de), 2132.
Saint-Pouenge (Gilbert Colbert, m^is^ de), 671 701, 705, 726, 730, 731, 791, 797, 823, 825-828, 830, 831 879, 884, 945, 974-976, 997, 999, 1046, 1057, 1072, 1113, 1116, 1205, 1214, 1215, 1217, 1256-1259, 1481, 2538, A. 87, A. 88, c^on^ III.
—— **-Chabanais** (Franç.-Gilbert, m^is^ de), mar. c., 1857, 2139, 2142, A. 89.
Saint-Preuil (Franç. de Jussac d'Ambreville de), mar. c., 43.
—— **de Chabans** (Ant.), cap^ne^ au rég^t^ de Lorraine, 102.
Saint-Priest (Gilbert, m^is^ de), colonel, 146.
—— (De), auteur de l'*Histoire des Traités depuis la paix de Vervins..*, 589-591.
—— (De), colonel du rég^t^ de ce nom, 3370.
—— (De Guignard de), intendant, 3605, 3671, c^ons^ XL, XLV.
—— (Franç.-Emm. Guignard de), diplomate, ministre, c^ons^ LIV, LV, LVII, LX-LXV e.
—— maire de Tulle, c^on^ LXV d.
Saint-Prin (De), commissaire des guerres, 2904, 3562.
Saint-Privat (Monfriu de), 460.
—— (Comte de), gentilhomme lorrain, cap^ne^ au rég^t^ de Rottenbourg, 1832, 1946, 2135, 2142.
Saint-Quentin (De), commissaire des guerres?, 116.
—— (Municipalité, clergé, etc., de), 134, 137, 310, 362, 419, 420, c^ons^ LXII, LXIII, LXV a. V. *Caignart, Esmangart, Gobert, Gobinet, Hourlier, La Fond, Pardieu,* etc.
—— (Les religieux capucins de), 142.
—— (Pierre de Pleurre, s^r^ de), officier aux Gardes, 146.
—— (Ch. de Courbenton de), lieu^t^ de roi à Dunkerque, mar. c., 98.
—— (J.-Franç. Bigot de), mar. c., 151, 158.
—— officier au rég^t^ de Navarre, 158. V. le précédent.
—— (De), command^t^ ou gouverneur d'Aire, 503, 543, 544. V. *Saint-Quentin-Turbilly.*

Saint-Quentin, major au rég^{t} de Franquières, 1858, 1950, 2046.
—— cap^{ne} d'une compagnie d'invalides à Belle-Isle, 2138, 2264.
—— (De), ancien officier, 2243.
—— V. *Blet.*
—— officier au rég^{t} de Normandie, c^{on} LXV b.
—— **-du-Dognon** (Étienne de), brig., 3007, 3028-3030, 3032, 3033, 3123, 3315, 3578.
—— **-Turbilly** (De), 276, 293, 296, 311, 353. V. *Turbilly.*
—— (De), lieut^{t} de roi à Aire, 1700, 1830, 1831, 2021, 2087, 2130, 2143, 2219.
Saint-Quenton (De), cap^{ne} au rég^{t} de Champagne, 146.
Saint-Rémi (De), lieu^{t} de roi de Fort-Louis du Rhin, 2863, 2875.
—— V. *La Billarderie.*
—— **-Pallavicini** (Mis de), gouverneur de Suse, 2247.
Saint-Remis (Comte de), gentilhomme savoyard, 1972, 2038.
Saint-Rémy, cap^{ne} au rég^{t} de Champagne, 411.
—— (Mme de), 2141.
—— (Abbé de), 2153.
—— (Hue de), lieut^{t} g^{al} de police à Thionville, 2243, 2244, 2322, 2393.
—— (De), cap^{ne} au rég^{t} Mestre-de-Camp-g^{al} de dragons, 2948.
Saint-Rhemis. V. *Costa.*
Sainte-Rheuse. V. *Heu.*
Saint-Riquier (Magistrats, etc., de). V. *Maisnel,* etc.
Saint-Romain (J. de Bardouin de Gensac, baron de), 125, 157.
—— (Melchior-Harold, marquis de), ambassadeur, 279-282, 290, 291, 300, 318, 319, 320, 321, 322, 323, 324, 325, 326, 327, 328, 329, 330, 331, 342-349, 378, 383-395, 413, 414, 416, 417, 436-443, 446, 458, 465, 467, 486, 487, 513, 537, 663.
—— (Anne de Mochet de), 1850.
—— V. *Bouge.*
Saint-Roman (Legris de), major de la place de Péronne, 2142, 2145, 2157, 2158, 2219, 2222, 2227, 2310.
Saint-Roman (De), officier, 3236.
—— (De), officier au rég^{t} de Penthièvre-dragons, c^{on} LXV.
—— (Calvière de), major du rég^{t} de Vastan, 3334.
Saint-Romans, commissaire des guerres, c^{on} LXXXVI.
Saint-Rome (Ch^{r} de), officier 3498.
Saint-Ruhe (Ch. Chalmot de), lieut^{t} g^{al}, 484, 504, 505, 517, 535, 542, 543, 549-552, 554, 564, 596, 597, 601, 630, 631, 776, 791, 795, 821, 837, 902, 903, 905, 906, 1003, 1004, 1009, 1001, 1013, 1066, 1080, 1116.
Saint-Ruth. V. *Sainte-Ruhe.*
Saint-Saens (Ch.-L. de Limoges, ch^{r}, puis m^{is} de), mar. c., 2268, 2269, 2739, 2784.
—— (Limoges de), autre, officier dans la compagnie de Dumoulin, 3017.
Saint-Sandoux (Ant. de Ribière de), mar. c., 146, 280, 342, 344, 448-451, 484, 499-503, 505, 542-544, 546-548, 553, 568, 595-599, 606.
Saint-Saulnier, lieut^{t} au rég^{t} Royal-Comtois, 1902.
Saint-Sauveur (De), cap^{ne} au rég^{t} de Boufflers-Remiencourt, 1943.
—— cap^{ne} au rég^{t} de Piémont, 2137, 2143, 2242.
—— (De), cap^{ne} au rég^{t} de Villeneuve, 2250.
—— (De), cap^{ne} au rég^{t} de Saint-Vallier, 2300.
—— (Hyacinthe-Philémon de Grégoire, ch^{r} de), lieut^{t} g^{al}, 3089, 3198, 3199, 3276, 3277.
—— (De), à Saint-Pétersbourg, 3445.
—— (Joseph-Marie de Rafélis, m^{is} de), mar. c., 3555, 3558, 3561, 3563, 3583.
—— (Mis de), officier au rég^{t} de Foix, 3727.
—— officier au rég^{t} de Navarre, c^{on} LV.
—— (De), c^{on} XXXV.
—— **-le-Vicomte** (Municipalité de), c^{ons} LXII, LXVIII.
Saint-Savornin. V. *Pesme.*

Saint-Sébastien, cap^{ne}, piémontais, 3237.
Saint-Second (Franç. de Rossi de Baville, m^{is} de), brig., 1549, 1573, 1585, 1730, 1739, 2143, 2221.
Sainte-Segraux (Ch^{r} de), cap^{ne} au rég^{t} d'Artois, 1831, 1839.
—— (René-Bénigne du Croisier de), mar. c., 3044, 3094, 3139, 3140, 3142–3144, 3184, 3197, 3261.
Saint-Seriès (De), cap^{ne}, 988.
Saint-Sernin (Ch^{r} de), 1832, 2220, 2236, 2370, 2459.
—— officier au rég^{t} de Lorraine, 3458.
—— (Louis-Achille de), officier au rég^{t} de Normandie, c^{on} LXV b.
—— **de Maillane**. V. *Soulatges-Armagnac.*
Saint-Servan (Municipalité, etc., de). V. *Bihorel, Le Masson,* etc.
Saint-Séverin-d'Aragon (Alphonse-Marie-Louis, comte de), plénipotentiaire au Congrès d'Aix-la-Chapelle, 3276–3278, 3281, 3285, 3300, 3312, 3325.
Saint-Silvestre, cap^{ne} de cav^{ie}, 311.
—— V. *Arnonville.*
—— **-du Faur** (De), 349. V. le suivant.
—— **-du-Faur** (Louis de Sabilieu, m^{is} de), lieut^{t} g^{al}, 791, 902, 1282, 1337, 1338.
Saint-Simon (Claude de Rouvroy, duc de), lieut^{t} g^{al}, 98, 119, 133, 134, 158, A. 87, c^{on} I.
—— (Titus-Eustache de Rouvroy, ch^{er} puis m^{is} de), brig., 1831, 2133, 2140, 2159, c^{on} VIII.
—— (Louis, duc de), auteur des *Mémoires*, 2139, 2145, 2771.
—— (Jean Desmiers d'Archiac, ch^{r} de), lieut^{t} g^{al}, 3418.
—— (Louis-Claude Desmiers d'Archiac, m^{is} de), lieut^{t} g^{al}, 3000, 3099, 3418, c^{on} XLIX a.
—— (Bigot de), commissaire des guerres, 3533, 3624.
—— (De), 3748, 17 s., 19 s., 25 s., 26 s. V. les précédents.
—— (Marquise de), c^{on} XLIX a.
—— V. *Monblaru, Rouvroy, Sandricourt,*
Saint-Simont, officier en garnison à Fort-Louis du Rhin, 2143.
Saint-Siriès. V. *Gouy.*
Saint-Sixt (De), gentilhomme de Savoie, A. 90.
Saint-Sulpice (Deschamps *dit* Morel, s^{r} de), cap^{ne} au rég^{t} de Picardie, 102.
—— 1609.
—— (Soldats du rég^{t} de), 1945.
—— (De), officier au rég^{t} de Béarn, 3269.
Sainte-Susanne (De), cap^{ne} au rég^{t} Dauphin-dragons, 1862.
—— (De), 2702, 3124.
—— (René-Foucquet de La Varenne, m^{is} de), mar. c., 111, 133.
Saint-Tesegraux (Ch^{r} de), cap^{ne} au rég^{t} d'Artois, 1831, 1839.
Saint-Thé (De), 557.
Sainte-Thérèse (Fr. Louis de), prieur des Carmes, à Paris, 67.
Saint-Thié (De), cap^{ne} des portes de Vieux-Brisach, 1855.
Saint-Thomas (Mis de), 664, 665, 1001, 1009, 1079, 1182, 1224, 1228, 1238, 1271, 1276, 1334, 1371, 1374, 1375, 1415, 1515, 1686, 1687, 1690, 1876, 2038.
Saint-Thomas (La sœur de), prieure des hospitalières de Calais, 2141, 2142, 2219.
Saint-Thual (De), lieut^{t} provincial de l'artillerie, 1831, 1833, 1835.
Saint-Trey-le-Grand, cap^{ne} au rég^{t} de Canisy, 1841.
Saint-Tropez (Consuls, bourgeois, etc., de), c^{on} XIX. V. *Caussemille, Gardon, Imartin, Linier, Marce, Martin, Saint-Jeurs, Paillet-Laborel,* etc.
—— (De), 3178.
—— (De), officier de cav^{ie}, 3502.
Saint-Tual. V. *Saint-Thual.*
Saint-Val (Théod. Bersiau, s^{r} de) lieut^{t} aux Gardes, 92.
—— cap^{ne} au rég^{t} de Saint-Vallier, 1944.
Saint-Valery (Échevins, habitants, etc., de), 110. V. *Du Pont.*
Saint-Valier (De), cap^{ne} au rég^{t} de Navarre, 123.
—— (Joly de), officier, 3604, 3620, 3626, 3627, 3631, 3632, 3634, 3671, 3682, 3689.
—— V. *Saint-Vallier.*

Saint-Vallery, commissaire de l'artillerie, 2145.
Saint-Vallier (Mme de), 1765.
—— (Comte de), colonel au régt de ce nom, 1945, 2271, 2343.
—— (Franç.-Paul de La Croix, chr de), mar. c., 2699, 2740, 2784.
—— V. *Saint-Valier.*
Saint-Vast (De), officier au régt de La Couronne, 3032.
Saint-Venant (Gouverneurs, échevins, clergé, etc., de), 2025. V. *Bouteville, Brière, Franqueville, Le Prasle, Pédamont,* etc.
Saint-Véran. V. *Montcalm.*
Saint-Victor (De), 455.
—— (Abbé de), 567.
—— (De), adjt gal dans les troupes de l'électeur de Bavière, 1748, 1831, 1832.
—— (De), capne au régt du Paon, 1946.
—— capne aide-major au régt de Nupces, 2241.
—— (De), 3555, 3558, 3579, 3584, 3587, 3591, 3609, 3610, 3613, 3684, 3697. V. le suivant.
—— (De), 44 s., 50 s., 51 s.
—— officier au 46e régt d'infanterie, con LXX.
—— V. *Noailles.*
Saint-Vincent (De), capne de chevau-légers, 102.
—— (De), 271.
—— capne au régt de Provence, 889.
—— lieutt au régt de Menou, 2312.
—— (F. Rolaz de), officier suisse, 3308.
—— capne d'infanterie, 3540.
—— (Chr de), officier, 3642.
—— (De), commissaire des guerres, con LXXXVI.
—— (Bailli de). V. *Beugnier.*
—— **de Narcy**, ancien lieutt au régt d'Aultanne, 2144.
—— **de Narcy**, capne au régt de Pons, 2703.
Saint-Vincent-Robey (De), capne au régt de Saint-Germain-Beaupré, 2371.
Saint-Yon (De), 361.
—— (Hardy de), garde-magasin à Dunkerque, con XLIX a.
Saintes (Municipalité, clergé, etc., de). V. *Bassompierre, Bercour, Duchaine, Renaudet, La Corée.*
Saintrailles (Chr de), 987. V. le suivant.
—— (Pothon de), 420, 954, 1379.
—— V. *Sentrailhe, Xaintrailles.*
Saisseval (De), capne au régt de Lannoy, 1830, 1832.
—— (Comte de), cel du régt de l'Île-de-France, con LXV d.
—— **-Feuquerre** (De), major au régt de Brosses, 1945.
—— **-Pissy** (De), lieutt de roi d'Amiens, 157, 158.
Saissi (J.-B.), correspondant secret, 3449.
Sala (Benoît de), évêque de Barcelone, cardinal, 1983, 2054, 2524.
—— (Franç.-Maurice), consul d'Espagne à Marseille, 3255.
Salaberry (Louis-Charles, chr de), chargé d'affaires auprès des princes allemands, 2912, 2940, 2952, 2956, 2981-2983, 2989, 2990, 2299, 3000, 3002, 3009, 3039-3042, 3045-3047, 3050, 3051, 3054, 3056, 3098-3101, 3110, 3111, 3157, 3160.
Salablanca (F. de), 1555.
Salaburg. V. *Salburg.*
Saladin, 1838, 2185.
Salagnac (De), capne au régt de Picardie, 102.
Salaignac, officier au régt d'Aubusson, 1841.
Salancy (De), officier, 3028, 3260.
Salart de Lormois. V. *Lormois.*
Salas, espagnol, marchand tailleur à Paris, 2273.
—— (Duc de), 3061, 3316.
Salathé, marchand à Bâle, 2394.
Salazar (Comte de), gouverneur de Bruges, 226.
Salburg (Comte), vice-commissaire des guerres impérial, 3123, 3124.
Salcedo (Don Alonzo de), officier espagnol, 212, 225.
Salces (Gouverneur de). V. *St-Abre.*
Salé, médecin-major, 1836.
Saléon (De), capne, 1832.
Sales (Joseph, mis de), commandant en Savoie, 1690, 1702.
—— (De), consul de Faverges (Hte-Savoie), 1766.

Sales de Fontnibes (De), cap^{ne} au rég^{t} de Ste-Mesme, 123.
Saleshuet (De), cap^{ne} au rég^{t} de Piémont, 123.
Salevan (De), 2958.
Salgues, cap^{ne} de fusiliers de montagne en Dauphiné, 2250.
Salha (Ch^{r} de), cap^{ne} dans la Légion de Lorraine, 3686.
Saliceti (J.-Ch.), 3648.
—— (Colonna), député corse, c^{on} LXVIII.
Salière, ingénieur?, 670, 703, 794.
—— (De), lieut^{t} de roi à Salins, 2135, 2138, 2243, 2244, 2271, 2322, 2370, 2422.
Salières (Chatelard de), 15 s. V. *Sallières*.
Salières (De), commd^{t} dans le Diois, 3235.
Salies-de-Béarn (Municipalité de). V. *Mosqueron*.
Saliet du Rouvray, cap^{ne} au rég^{t} des Feugerez, 1836.
Salignac (De), cap^{ne} au rég^{t} de Perrin, 2265.
—— V. *Fénelon* et *La Mothe*.
Saligniac. V. *La Frette*.
Saligny (De), 118, 119, 226.
Salineri, consul à Bonifacio, 3371.
Salins (Magistrats, bourgeois, etc., de), 321. V. *Fernanville*, *Hugon*, *Noisy*, *Perrey*, *Salière*, *Tourtat*, etc.
—— (De), fermier général, c^{on} XI.
Salis (De), 110. V. le suivant.
—— Rodolphe (De), mar. c., 343, 467, 603, 987, 997.
—— (De), cap^{ne} au rég^{t} de St-Segond, 1832.
—— (De), 1848.
—— (De), cap^{ne} aux Gardes Suisses, 2317.
—— (Jean-Henry-Antoine de Zizers, baron de), mar. c., 2737, 3232.
—— (De), lieut^{t}-c^{el} du rég^{t} de Planta, 3187.
—— **-Marschlins** (Antoine, baron de), c^{el} du régiment de Salis, 3741, c^{on} LV.
—— **-Samade** (Baron de), c^{el} du régiment de Lullin-Châteauvieux, c^{on} LXI.
—— **-Soglio** (Baron de), mar. c., 3730, c^{on} LXV.
Salive. V. *Genevrey*.
Salla (Comte de), 2811.
Salle (Baron de), 146.
Sallebert (Louis de), major de la place de Rocroi, 1905, 2187.
Sallegourde (De), cap^{ne} au rég^{t} d'Oléron, 1903.
Sallen (Mme de), femme d'un cap^{ne} du rég^{t} de Labour, 2136, 2137, 2141.
Sallenave, 3650.
Sallerne (Guill. de Castellane, s^{r} de), cap^{ne} au rég^{t} de Dauphiné, 141.
Salles, 1760.
—— (Gabriel de), s^{r} de Grillon, cap^{ne} au rég^{t} d'Auvergne, 88.
—— chef camisard, 1806.
—— (De), cap^{ne} au rég^{t} de Navarre, 1843, 1905.
—— V. *La Fitte*.
—— **-Laubonnière** (De), cap^{ne} aide-major au rég^{t} de Romainval, 2133.
Salleton, c^{on} XXXVI.
Sallière. V. *Sallières*.
Sallières (De), 277, 409, 416, 670, 703.
—— (Étienne-André-Gilbert de), brig., 1483, 1484, 1693, 1777, 1864, 1867, 1868, 1872, 1873, 1960-1962, 1966, 1967, 1975, 2175. V. le suivant.
—— (Ant.-Alexis de Chatelard, m^{is} de), lieut^{t}-g^{al}, 2725, 2732-2735, 2741, 2783, 2785, 2787-2798, 2805, 2860, 2873, 2876, 2891, 2922, 2926, 2937, 2940, 2954-2957, 2969, 2981-2983, 2990, 3001, 3002, 3006, 3012, 3013, 3039-3047, 3051-3054, 3056, 3057, 3095-3097, 3099, 3109, 3139, 3140, 3147, 3159-3161, 3206, 3207, 3211, 3275, 3276, 3280, 3308, 3309, 3405, c^{on} XX.
—— (Chatelard de), cap^{ne} au rég^{t} du Perche, neveu du précédent, 3000.
—— V. *Salières*.
Salm (Princesse de), 344.
—— (Louis-Otto, prince de), 2319.
—— (Princesse Christine de), 2728.
—— (Prince de), 2738.
—— (Charles, prince de), 2851.
—— **-Reifferscheid** (Franç.-Ernest de), évêque de Tournai, 3030.
—— **-Salm** (Emm.-Henri-Nicolas,

prince de), c^el d'un rég^t autrichien, 3184, 3316, 3722.
Salm (Guill.-Flor. de), évêque de Tournai, c^on LIV.
Salmon (Zachée de), brig., ingénieur, 2087, 2558, 2559.
—— ingénieur, neveu du précédent, 2785-2787, 2789, 2790, 2792, 2827, 2839, 2840, 2941.
—— (Pierre-Christophe), ancien cavalier-écrivain au rég^t Royal-Lorraine, c^on LXV a.
Salmout ou *Salmouth* (De), lieut^t des Gardes de l'électeur palatin, 1759.
Salnauve (De), cap^ne au rég^t de Picardie, 1830.
Salomon, officier, 2135, 2138.
—— cap^ne au rég^t de La Chau-Montauban, 2032, 2346.
—— habitant de Colmar, 3042.
—— **de la Saugerie** (Guill.-Anne), député d'Orléans, c^on LXVIII.
Saltzgaibre (Rodolphe), commissaire à Thionville, 294, 295, 350.
Saluce (De), cap^ne au rég^t de Montmorin, 3403.
Saluces (De), c^el du rég^t de ce nom, 311, 395, 397.
—— (Mis de), cap^ne au rég^t de Noailles, 1897.
—— (Pierre de Lur d'Usa, m^is de), mar. c., 3040.
—— V. *Valgrane*.
Salva, cap^ne d'une compagnie bourgeoise à Embrun, 1971.
Salvagnac (Melet de), 1900, 2547, 2561.
—— (Comte de), 3074.
Salvain (Pierre de), s^r de Boissieu, cap^ne au rég^t de Sault, 151.
Salvatierra (Jorge de), 1586.
Salverte (De), 3724.
Salveton, officier, 2242.
Salviati (Mis), envoyé extraordinaire de Toscane, 1831, 1895, 1896, 1898, 1942, A. 89.
Salvy (Fructueux), aumônier de fusiliers de montagne, 1861.
Salzbourg (Archev. de). V. *Firmian*.
Samade. V. *Salis*.
Sambuc, lieut^t au rég^t de Tessé, 1905.
Samson des Hallois, ingénieur, 1519, 1585.
Samuel (Fr.), capucin à Vesoul, 1972.
Sanazar, 1424, 1436, 1453, 1468, 1519, 2506.
Sancaciani, cap^ne de fusiliers, 958.
Sancé, directeur ou syndic de la Compagnie des Indes, 3674.
—— (Mis de), aide-major de l'armée du comte de Clermont, 41 s., 42 s., 47 s., 50 s.
Sancerre. V. *Bueil*.
Sancey, c^on XXXV.
Sanche (De), 419.
Sanchez, cap^ne au rég^t de Berry, 1484.
Sandoncq. V. *Dumont*.
Sandrac (De), mestre-de-camp, 41.
Sandrasky (Baron de), 2133, 2135, 2386, 2411, 2415, 2419.
Sandricourt (Franç. de Rouvroy de St-Simon, comte de), brig., 1614, 1707, 1708, 1895, 1906, 2141, 2339, 2417. V. le suivant.
—— (Louis-Franç. de Rouvroy de St-Simon, m^is de), lieut^t-g^al, 1883, 2810, 2842, 2945, 2999.
—— V. *Darnaud*.
Sandrier, 961, 1116.
Sandrier de Mitry, 2324.
Sandron (De), salpêtrier, 951.
Sandwich (Comte de), ministre plénipotentiaire d'Angleterre, 3275.
San-Germano (Antonio), 2619.
Sanglier (De), officier dans la compagnie franche d'Halanzy, puis cap^ne au rég^t de Vaudémont, 1674, 2244.
—— major de la place d'Antibes, c^on LX.
Sangnier (J.), adjudicataire de bois de la forêt de Crécy, 2227.
Sanguin (Jacques), lieut^t au rég^t d'Auvergne, 102.
—— mestre-de-camp de Carabiniers, 2343.
—— (De), officier au rég^t de Lyonnais, 3117.
—— V. *Livry*, *Gillercy*.
Sanguiné (Sébastien), bourgeois de Vic-sur-Seille, 2033.
San-Juan. V. *Moncada*.
San-Maïole (J.-B. Primi, comte de), 1959.
San-Remo (Consul de). V. *Arnaud*.

San-Roman (Comte de), gouverneur de Gand, 870.
Sansay (De), 347. V. *Sanzay*.
Sanson (Claude-Joseph), intendant, 1287, 1468, 1524–1526, 1551, 1701, 1800, 1801, 1802.
—— V. *Dutertre*.
Sansons. V. *Miossens*.
Sansovino (Francesco), 6.
Sanssas, lieut^{t} au rég^{t} de Beaujolais, 2102.
Sans-Soucy (Baron de), 419.
Santa-Coloma (Mis de), gentilhomme aragonais, 2177.
Santa-Cruz (Mis de), 2970.
Santa-Maria (Don Barnabé de), commissaire à Burgos, 1787, 1892.
Santenac (Comte Bens de), 1776, 1869, 1875, 1876, 1968, 1971.
Santenos (De), colonel, 958.
Santerre, avocat, procureur du roi à Ardres, 2312.
Santiago (Don Joseph de), cap^{ne} au rég^{t} de Mancheno (service d'Espagne), 1830.
—— (Mis de), 2048, 2049.
Santior (De), 597.
Santini (Ch^{r} de), brig. au service de Bavière, commd^{t} à Ratisbonne, 1855, 2167.
—— (Comte de), gentilhomme italien, 2396.
Sant-Isteban de Gormas (Comte de), 1887, 1888, 1899.
Santo-Dominguez (Ch^{er} de), 3338.
Santon? (Comte de), de Gênes, 2575.
Santucci, 3371, 3380.
San-Vitali, vice-légat d'Avignon, 1703.
Sanzay (Lancelot de Turpin de Crissé, comte de), brig., 1604, 1764, 1830, 1861, 1873, 1875, 2043, 2132, 2141, 2142, 2174, 2248, 2251, 2269, 2271, 2326, 2398, 2399, 2517.
Sanzay (De), cap^{ne} aux milices de Paris, 3072, 3075, 3091, 3260, 3278, 3394.
—— V. *Sansay*.
Sanzé, major du rég^{t} de dragons de La Lande, 2245, 2268, 2269.
Sanzo, gouverneur de Pignerol, 20.
Saône-et-Loire (Directoire du dép^{t} de), c^{ons} LXV c, LXV e, LXIX.
Sapaillé (Régnier de), major du rég^{t} de Brancas, 1892, 2142.
Sapey, directeur général de la correspondance entre la France et la Corse, 3669.
Sapieha (Comte), grand trésorier de Lithuanie, 1950.
Saporte (De), cap^{ne}, 2137.
Sappignies (De), gentilhomme de l'Artois, 2017.
Saralbe (Municipalité de), c^{on} LXV.
Sarazin, conseiller d'État et maître des requêtes de Lorraine, 1661, 1759.
—— V. *Belmont*.
Sarboulerie? 977.
Sarbourg, de La Flèche, c^{on} LXV c.
Sarcelles (De), 117, 151.
Sarcus (De), cap^{ne} au rég^{t} de Toulouse-inf^{rie}, 2132.
Sardaigne (Charles-Emmanuel Ier, roi de), c^{on} XIII.
—— (Charles-Emmanuel II, roi de), 2704, 2753, 2810, 2812, 2817, 2818, 2843–2846, 3294, 3305, 3306, 3330.
Sardiny. V. *Montviel*.
Sare (Mis de), cap^{ne} des Gardes de l'Électeur de Bavière, 2092, 2219. V. *Sars*.
Sariac (De), 88, 117.
—— (Ch^{r} de), officier, 1945, 2299. V. les suivants.
—— (De), lieut^{t} de roi à Monaco, 3555, 3563.
—— (Marc-Pierre-Franç.-Remy d'Arné, ch^{r} de) mar. c., 3691, c^{on} XLIV.
Sarigny (De), command^{t} à St-Dizier, 2377, 2440.
Sarkozy, 3204.
Sarlabous, officier au rég^{t} de Puttanges, 2271.
—— (Comte de), c^{ons} LXIV–LXV b, LXVIII.
Sarlan, aide-major du rég^{t} de Tarnault, 1855.
Sarlandye, maire d'Angoulême, c^{on} XVI.
Sarlat (Municipalité de), c^{on} LXV. V. *Borie*.
—— **de Lugagnac** (Jean), ingénieur-géographe, 3760.
Sarnowski (Adam), chanoine polonais, A. 87.

Saron. V. *Bochart.*
—— **Champigny** (De), V. *Champigny.*
Saroul, subdélégué en Alsace, c^ons XLVI, XLVII b, XLVIII.
Saroux (De), mestre-de-camp, commd^t à Sarrebourg, 1851.
Sarrabaige? lieut^t au rég^t de Navailles, 123.
Sarragoz (Pierre), avocat à Besançon, subdélégué, 987.
Sarraut (De), lieut^t-c^el du rég^t de Piémont, 3206.
Sarraute, lieut^t d'artillerie, 2144.
Sarrazin, consul de Gap, 2143.
—— commissaire des guerres, 2370.
Sarrebourg (Municipalité, etc., de), 1853. V. *Brême, Godon, Hureau*, etc.
Sarrebruck. V. *Nassau.*
Sarreguemines (Municipalité, etc., de), c^ons LXVII, LXVIII. V. *Guichenon, Kueppfler*, etc.
Sarrelouis (Municipalité, clergé, etc., de), c^ons LXIV, LXV. V. *Arsône, Chavel, Droüin, Du Lau, Flamicourt, Fontanille, Gissey, Grandperre, La Fontenelle, La Mothe, La Salle, Le Bourgeois, Lorant, Loret, Mangay, Montmilban, Pargade, Relot, Requin, Rome, St-Geny, Thionville (Fr. de), Thomassin, Verdier, Vincent*, etc.
Sarrieu, major du rég^t de Thésut, 2142, 2242.
—— (De), lieut^t-c^el d'inf^ie réformé, 2547.
Sarrobert (De), cap^ne au rég^t de Charolais, puis d'une compagnie franche, 1484, 1848, 1854, 1857, 1858, 1951, 2056, 2131, 2183, 2262, 2263, 2268-2272, 2339, 2370, 2411, 2412, 11 s.
Sarron (Ch^r de), officier, 2137.
Sars (Comte de), commissaire de la reine de Hongrie, faisant fonctions d'intendant de son armée en Flandre, 3031. V. *Sare.*
—— V. *Bournonville.*
Sarsfield, secrétaire du duc de Monmouth, 296.
—— 1066, 1522, 1601, 1696, 1706, 1768, 1791, 1883-1888, 1976-1978, 2048-2050.
—— (Jacques-Hyacinthe, ch^r, puis vicomte), lieut^t-g^al, 3477, 3503, 3504, 3506, 3544, 3545, 3561, 3562, 3585-3587, 3589, 3590, 3609-3612, 3687, 3689, 3692, 3700, 3705, 3729, 3743, 3744, 3751, 3753, 3759, c^ons XXII, XXXV, XXXVI, XXXIX, XL, XLI, XLIII.
Sarsfield, frère du précédent?, 3428.
Sart. V. *Sars.*
Sarta (De), cap^ne au rég^t de Mercurino, 88.
Sartène (Magistrats de). V. *Gallone.*
Sarthe (Directoire du dép^t de la), c^ons LXV e, LXVI, LXVIII.
Sartine (De), commissaire des vivres, puis intendant général en Catalogne, père du suivant, 2404, 2860, 2928.
—— (De), lieut^t-g^al de police, puis ministre de la Marine, 3689, 3691, 3700, 3701, 3703, 3704, 3714, 3726, 3733, c^ons XXXVII, XXXVIIII, XL, XLII, XLV, XLVI, XLVIII, LXXIV.
Sartoris? de Genève, 1967.
Sartous, major du rég^t d'Auxerrois, 2137.
—— **-Durand** (De), colonel de milice en Provence, 1973.
Sartre, 1799.
Sarzay (Ch^r de), cap^ne au rég^t de Listenois, 2030.
Sasselange (De), lieut^t-c^el du rég^t d'Auvergne, 2885, 2886.
Sassenage (Ch. Franç., m^is de), lieut^t-g^al du Dauphiné, 2631, 2634.
Sassignies. V. *La Tramerie.*
Satilieu. V. *St-Silvestre.*
Saubat, officier au rég^t de Foix, 2271.
Saubiac, cap^ne au rég^t de Dauphiné, 1861.
Saubusse (De), 1802.
Sauce, procureur de la commune de Varennes, c^on LXV b.
Sauchay (Le Blond, baron de), cap^ne de gardes-côtes en Normandie, 3505.
Saucourt (De), gentilhomme des environs de Péronne, 2139, 2183.
—— (De), cap^ne au rég^t de Cambraisis, 2244.
Saudet, lieut^t au rég^t de Normandie 2244.
Sauffrey, cap^ne au rég^t de Normandie 1856.

Saugeon (César-L. de Campet, comte de), mar. c., 123.
—— (De), officier, 2137-2139, 2143.
Saujon (Scipion de Camps, s^r^ de), lieut^t^ au gouv^t^ de Saumur, 131.
—— officier de dragons, 1862. V. *Saugeon.*
—— cornette au rég^t^ de Ligondez, 1844.
Saulcourt (Mme de), 2250.
Saulger, de Montpellier, 20.
Saulière (De), cap^ne^ au rég^t^ de Béarn, 970.
—— lieut^t^-c^el^ du rég^t^ d'Artois, 1836, 1982, 1984.
Saulieu (De), colonel, 1738, 1830, 1831, 2038.
Saulnier, commissaire de la duchesse de Lorraine, 2703, 2783, 2786.
Saulny (Vicomte de), 133.
—— (De), cap^ne^ au rég^t^ de La Fond, 1855.
Saulre (De), supérieure de la Propagation de la Foi, à Metz, 1955.
Sault (Claude-Henri-Colin, baron de), mestre-de-camp, 1877, 1960-1964, 2046, 2047, 2177, 2178, 2180, 2253, 2255, 2505.
—— V. *Lesdiguières* et *Saulx.*
Saulteux, 361.
Saultz, officier au rég^t^ de Hoccart, 2243, 2244.
Saulvebœuf, 2244. V. *Sauvebeuf.*
Saulvibray (Marquise de), 2143.
Saulx (Franç. de), évêque d'Alais, 1614, 1707, 1895.
—— (Comte de), officier, 3014, 3198, 3277.
—— (Mis de), 2736.
Saulx-Tavannes (Henri? comte de), père du vicomte de Tavannes, 1856, 1896-1898, 2144, 2145.
—— (Henry-Charles de), comte de Tavannes, lieut^t^-g^al^, 2707, 2771, 2783, 3062, 3064, 3068, 3172, 3177-3180, 3182, 3187, 3209, 3255-3262, 3295, 3296, 3301, 3308, 3309, 3311, 3335, 3387, 3406, c^on^ XIX.
Saulx. V. *Sault, Tavannes.*
Saumery (Jacques de Johanne de La Carre, comte de), mar. c., 146.
—— (J.-B. de Johanne de La Carre, m^is^ de), mar. c., 1754, 1835.
Saumery (J.-B. de Johanne de La Carre, comte de), mar. c., 2028, 3133-2135, 2137, 2142, 2144, 2187, 2268, 2271, 2300.
—— (Alexandre de Johanne de), évêque de Rieux, 2851.
Saumur (Municipalité, clergé, bourgeois, etc., de), c^on^ LXV b. V. *Aucard, Cahoüët, Dumas, Fournier, Grout, La Lande, La Maillardière, Trotouin*, etc.
Saune, subdélégué, 1901.
Saurel, 119.
Sauret, command^t^ de l'île de Groix, 3497.
Saurin (Marc-Ant.), cap^ne^ dans un rég^t^ du service d'Angleterre, 3125.
Sauroy (De), trésorier général de l'extraordinaire des guerres, 2086, 2141, 2185, 2262, 2269, 2272, 2299, 2301, 2308, 2338, 2339, 2421.
—— (Pierre-Franç., Duret de), receveur général des finances en Franche-Comté, père du précédent, 2272.
—— V. *Du Terrail.*
Saurs, cap^ne^ au rég^t^ de Guitaut, 1858.
Saussaie de Woerden, commissaire des guerres, c^on^ LVII.
Saussan. V. *Du Cayla.*
Saussay. V. *Du Saussay.*
Saussel, échevin de Mâcon, c^on^ LVII.
Sauter, secrétaire du duc de Lorraine, 2391.
Sautereau (De), directeur de la fonderie de Saint-Germain, 1094.
—— d'Apt, 3311.
Sautour (De), 2138.
Sautray, commissaire général des fontes de l'artillerie, 2138.
Sauty, 3460.
Sauvage, 228, 262, 294, 295, 469, 972, 987, 990, 993, 997.
—— 1399, 1647.
—— sous-lieut^t^ au rég^t^ de Flandre, 1968.
—— (De), cap^ne^ au rég^t^ de Marlaud, 2138.
—— entrepreneur d'une fourniture de sel à Sarrelouis, 2144, 2343,
Sauvaigne, négociant à Nice, 3311.
Sauvant, consul à Antibes, 2135, 2136, 2188.

Sauvat, lieut[t] au rég[t] de Bellefonds, 1832.
Sauve (De), 3, 5, 6.
Sauvé, commissaire des guerres, 261, 262, 293, 295, 296, 337, 339, 342.
Sauvebeuf (De), 97, 137. V. *Saulvebeuf.*
Sauvegardes du roi (Corps des), 1841.
Sauveterre (Giraudy de), cap[ne] au rég[t] de Rouergue, 2243.
Sauveterre-de-Guyenne (Habitants de), c[on] L.
Sauvigny (De), lieut[t] au rég[t] de Persan, 102.
—— V. *Bertier.*
Sauville (Jos.-Nic.), s[r] de Gouveaux, lieut[t] de police à Neufchâteau, 2324.
Sauvion, commissaire des guerres, 362.
—— (De), 1243, 1900.
Savaillan (De), officier, 102, 123, 141.
Savala (Don Pedro), cap[ne]-g[al] du Cambraisis pour l'Espagne, 282.
Savalette. V. *Magnanville.*
Savalio (Pedro de), 396.
Savalis, aide-major de la place d'Ypres, 1944, 1945, 2132.
Savalu, cap[ne] au rég[t] de Boufflers-Remiencourt, 2140, 2141.
—— père du précédent, 2141, 2142.
Savariaud, chirurgien à Port-au-Prince, 3731.
Savarie, major du rég[t] de Barrois, 1887.
—— V. *La Grange.*
Savaron (Ch[r] de), major du rég[t] d'artillerie d'Auxonne, 3641.
Savary (De), 516.
—— colonel hollandais prisonnier de guerre, 2144, 2145, 2227, 2268.
—— cap[ne] d'une compagnie d'invalides, 2739.
—— officier au rég[t] de carabiniers de Monsieur, c[ons] LX, LXI, LXV.
—— administrateur du dép[t] de l'Orne, c[on] LXV f.
Savatier, commissaire des guerres, 182, 992, 1115.
Savenay (Municipalité, etc., de), c[on] LXVII.
Saverne (Municipalité, clergé, etc., de), c[ons] XLVI, LXXI. V. *Passelière, Ravannes.*
—— (De), cap[ne], 110.
Savery, lieut[t] de la connétablie à l'armée du comte de Saxe, 3028.
Saveuse (De), 419.
Savey (Thomas), provincial des Jacobins, 2679.
Saviac (De), 98.
Savignac (De), consul d'Aix, procureur du pays de Provence, 33.
—— (De), mestre-de-camp réformé, 3182.
—— (Gautier de), cap[ne] au rég[t] de Médoc, 3664.
Savignies. V. *Du Biez.*
Savigny (Jacques de), lieut[t] au rég[t] de Persan, 102.
—— (De) 1333, 1709.
—— (De), commd[t] sur la frontière de Lorraine, 2340, 2445.
—— V. *Le Savigny.*
Saville? officier, c[on] XXXV.
Savin (De), 118.
Savines (Ant. de La Font, ch[r], puis m[is] de), lieut[t]-g[al], 1861, 1897, 2130, 2134, 2142, 2159, 2219, 2220, 2251, 2254, 2299-2301, 2306, 2313, 2370, 2372-2375, 2421, 2444, 2445, 2447, 2697, 2751, 2755, 2758-2761, 2810-2815, 2817-2819, 2842-2844, 2846, 3083.
—— (De), commd[t] à Marsal, c[on] XXXVII.
Savint (De), cap[ne] au rég[t] des cuirassiers, 1966.
Savoie (Ducs et princes de), 11, 20, 118, 259, 264, 277, 299, 331, 354, 355, 394, 437, 467. V. *Charles-Emmanuel, Philibert, Eugène, Pie, Soissons, Sardaigne, Suse, Thomas, Victor-Amédée.*
—— (Maurice, prince de), 116, 198.
—— (Cardinal de), 11, 20.
—— (Christine de France, duchesse de), 245.
—— (Jeanne-Baptiste de Savoie-Nemours, duchesse de), 615, 686, 737, 776.
—— (Marie-Louise de), reine d'Espagne, 1598, 1599, 1757, 1803, 1890, 1980, 1982, 2051, 2106, 2179, 2256, 2333, 3403, 11 s.

Savoie (Duchesses et princesses de), 137, 245, 394, 469, 491, 513, 541, 567, 686. V. *Royale* (*Mme*), *Espagne* (*Reine d'*), *Marie-Catherine*.
—— (Alexandre-Lambert de), évêque d'Ivrée, 1966.
—— **-Nemours** (H. de), archev. de Reims, 138, 146, 152.
Savonnière (De), lieutt de dragons, 2413.
Savornin, capne de milice, 3224.
Savoye, banquier, 2344.
Savy, commissaire des guerres, 33.
—— (Palerne de), maire de Lyon, cons LXIII, LXV d.
Saxe (Christian-Aug. de), évêque de Raab, 1577.
—— (Maurice, comte de), mar. gén., 2679, 2706, 2712, 2745, 2912, 2914-2919, 2921, 2928, 2940, 2943, 2945, 2947-2960, 2969, 2979, 2981-2983, 2992, 2999-3002, 3006-3013, 3028-3037, 3045, 3053, 3056, 3068, 3069, 3072, 3083-3092, 3094, 3108, 3123-3126, 3135-3138, 3140-3149, 3152, 3154, 3155, 3160, 3166, 3177, 3183-3186, 3197-3211, 3257-3260, 3262, 3263, 3275-3278, 3280, 3281, 3308, 3309, 3612, 15 s., 18 s.-22 s., cons XVI-XIX, LXXXVI.
—— (Electeurs de). V. *Auguste II* et *Auguste III*.
—— (Xavier-Auguste, prince de), comte de Lusace, lieutt gal, 3443, 3481-3483, 3505, 3506, 3514, 3522, 3523, 3525, 3552, 3554, 3555, 3557-3559, 3565, 3577, 3582, 3583, 3587, 3605, 3613-3615, 44 s., cons XXXIII, XLV a.
—— (George, chr de), général de cavie au service de Saxe, 2921, 2943, 2945, 2954.
—— **-Gotha** (Dorothée, duchesse de), 3626.
—— **-Hildburghausen** (Jos.-Fréd., prince de), 2819, 3050, 3336, 3342, 3343, 3471.
—— **-Weimar** (Ernest-Auguste-Constantin, duc de), 3438.
—— **-Weissenfels** (Jean-Adolphe, duc de), 2946, 2947, 2955.
Saxi. V. *Saxis*.
Saxis (De), capne au régt de Bourgogne, 293.
—— (De), commandant à Mont-Royal, 831, 967, 970, 984, 1059, 1163, 1205, 1213, 1214, 1216, 1218, 1264-1266, 1321-1323, 1358, 1364-1367, 1406, 1409, 1410.
Saye, fabricant de drap à Marseille, 2250.
Sayer, officier de marine anglais, con XXXVI.
Sayve (Chr de), officier espagnol, 2752.
Scaffin, capne de dragons, 2299.
Scafin, officier au régt de Kerkem, 2242.
Scaglia. V. *Verrue*.
Scagne, médecin de la duchesse de Chevreuse, 117.
Scallier (De), 3555-3557, 3560, 3561, 3564.
Scaravell, 354.
Scarron (Pierre), évêque de Grenoble, 20.
—— (Pierre), sr de Bois-Larcher, commissaire des guerres, 131.
—— **de Longue**, président du conseil provincial d'Artois, intendant, 209, 225-227, 237, 242, 271, 292, 293, 310, 311, 313, 332, 333, 338-340, 396, 404, 405, 456, 457, 460, 475, 505, 506, 508, 511, 543, 549, 555, 564-567, 599, 605, 612, 629, 672.
Scépeaux (De), officier au service d'Espagne, puis au service de France, 1549, 1764, 1832, 1861, 1862, 1944, 1945, 2137, 2138, A. 89.
—— (De), 3518, 3611.
—— V. *Beaupréau*.
Scey (Comte de), 1674.
—— (Alex.-Ant., comte de), 3488, 3510.
Schack (De), colonel d'un régt d'infanterie allemande, 122, 131, 158.
Schacken (Ulrich, comte de), brig., 1832, 1895, 1897, 1951, 2080.
Schackenbourg (Comte de), 2133.
Schaesberg (Comte de), chancelier des régences de Berg et de Juliers, 2860, 2923, 2940, 3037, 3044, 3057, 3094, 3095, 3158, 3163,

3432, 3461, 3509, 3561, 3562, 3592, 3606.
Schäffer, prévôt d'Ebersheim, 3011.
Schambourg (Henri), partisan à Luxembourg, 2242.
Scharff, lieut^{t}-g^{al} de police à Thionville, 1854.
Scharowetz de Scharowa (J.-L.), officier hollandais, 3183.
Schasseran, 119.
Schattenmann, 2547.
Schatz, correspondant secret, 1406, 1502, 1573.
—— (J.-J.), —id.—, 3432, 3433, 3435-3437.
Schaub, bourgeois du canton de Bâle, 3099.
Schauck, officier au rég^{t} Royal-Deux-Ponts, c^{on} IV.
Schauenbourg (Henry, comte de), gentilhomme alsacien, 1954.
—— (Comtesse de), 2728.
—— (Baron de), 3758, c^{on} LXI.
—— **Lippe** (Comte de), 3463, 3650.
Schauenstein (H. de), cap^{ne} au rég^{t} de Molendin, c^{on} LXXXVI.
Schauwenbourg (De), officier au service d'Espagne, 2167, 2236, 2237, 3259. V. *Schauenbourg*.
Scheffer (Baron de), ministre de Suède à Paris, 3098, 3147, 3185, 3201, 3312, 3391, 3500, 3508.
—— (Guillaume), lieut^{t} hollandais, 3471, 3576. V. *Schepper*.
Scheglinski (Baron de), officier au rég^{t} de chasseurs de Champagne, c^{on} LXV f.
Scheid, prisonnier à Philippsbourg, 969.
Scheiffart. V. *Mérode*.
Scheldon (Franç.-Raphaël), colonel-lieut^{t} du rég^{t} de Dillon, 3493, 3510.
—— (Lieut^{t}-c^{el} du rég^{t} de), 1773.
Schelestadt (Magistrats, clergé, bourgeois, etc., de), 1072. V. *Beauregard, Gondreville, Jaiguelius, Lanfrey, Le Chasseur, Mueg, Oberlin, Saint-Martin*, etc.
Schenawer, maître de poste de Bâle, 968.
Schenck (Mis de), 1498.
Scheppelin, procureur général du Conseil d'Alsace, 1465, 1952, 1953, 2135.
—— (B. de), lieut^{t}-c^{el} hollandais, 3182. V. *Scheffer*.
Scherer (Valentin), bailli de Neuf-Brisach, 1502.
—— (Baron de), grand-bailli de Creuznach, 2726.
Schilingenland (Van), 1739, 1758.
Schiller (Baronne de), née d'Ammon, c^{ons} XXXV, XXXVII.
Schilling, général allemand, 2164.
Schimmelpenninck van der Ooye, officier hollandais, 3258.
Schiott, marchand à Bergen (Norvège), 3570.
Schirer. V. *Bossernd*.
Schirmer, c^{on} XXXVI.
Schitz, g^{al}-major command^{t} à Fribourg, 391, 417.
Schlick, prévôt à Fischbach, 3040.
Schliestedt (De), ministre du duc de Brunswick, 3437, 3442, 3444; 3445, 3465.
Schlingland (De), 1758.
Schlippenbach (Comte), brig., commd^{t} un rég^{t} de dragons du service de Hollande, A. 119.
Schlotheim (De), colonel hessois, 3553.
Schmauss (J.-J.), professeur à Göttingen, 3070.
Schmerling, envoyé de l'Empereur, 2837.
Schmettau (Baron de), ministre de Brandebourg, 2086.
—— (Comte de), feld-maréchal prussien, 2920, 3042, 3043, 3050, 3055, 3056, 3071, 3164, 15 s.
Schmid, colonel du rég^{t} hollandais d'Ysembourg, 3259.
—— lieut^{t}-c^{el} du rég^{t} de Salis, 3745.
Schmidberg (De), lieut^{t}-c^{el} du rég^{t} d'Alsace, 2723.
Schmidman (Hans-Jacob), cap^{ne} d'une compagnie franche suisse, c^{on} LXXXVI.
Schmidmann (De), gouverneur de Rheinberg, 276, 277, 284, 342, 343, 345, 410.
Shmisingh (De), ministre de l'évêque de Munster, 277.
Schmit (Gaspard), c^{el} grison, 42.
—— partisan à Phalsbourg, 2321.

Schmitberg (Baron de), c^on^ IV.
Schmitbourg. V. *Braun.*
Schmitt, cap^ne^ de partisans, 1856.
—— curé d'Ottweiler, 3396.
Schnéid (De), cap^ne^ au rég^t^ de Colloredo, c^on^ XXVI.
Schnizius, cap^ne^ de partisans, 1857.
Schocbeque. V. *Lenglé.*
Schockaert (J.-Daniel-Ant. de), ministre plénipotentiaire d'Autriche, 3137.
Schockweiler, bailli d'Agimont, 3204.
Schoenborn (J.-Phil. de), électeur de Mayence, 188, 225, 327, 343, 438. V. *Mayence* (*Électeurs de*).
—— (Damien-Hugo-Phil. de), évêque de Constance, puis de Spire, cardinal, 2703, 2915, 2970.
—— (Franç.-Georges de), électeur de Trèves, 2655, 2745, 2768, 2794, 2824, 2825, 2837-2839, 2851, 2860, 2927, 3044, 3070, 3096, 3098.
Scholten (Baron de), officier danois, 2838.
Schomberg. V. *Schönberg.*
Schönbeck, colonel d'un rég^t^ d'inf^rie^ allemande, 158.
Schönberg (Henri, m^is^ de), mar. Fr., 11.
—— (Charles de), duc d'Halluin, mar. Fr., 21, 56, 67, 97, 106, 110, 117, 119, 123, 131, 134, 137, 141, 146, 157, 158.
—— (Duchesse de), 361.
—— (Fréd.-Armand., comte de), mar. Fr., 209, 224, 225, 227, 311-313, 317, 326-328, 330, 331, 345, 383-396, 410, 415, 416, 420, 436-445, 447, 465, 466, 468, 484, 491-495, 500-504, 506, 512, 538-540, 551, 558-560, 563, 585-588, 596, 598-602, 615, 725, 726, 729-731, 792.
—— (De), 970.
—— (Gottlob-Louis, comte de), lieut^t^-g^al^, 3513, 3516, 3589, 3605, 3606, 3688, 3694, c^ons^ L, LV.
Schönborn (Commandeur de), 1073.
Schongnenbergh (Baron de), colonel de hussards allemands, 1753.
Schoobecque. V. *Lenglé.*
Schossin, commd^t^ à Bitche, 417.
Schost, 342. V. *Schust.*
Schouvalov (Pierre), général russe, 3480.
Schramm de Beaupar, 2058.
Schrassert, officier hollandais, 3203.
Schrebeler (Daniel), négociant à Hambourg, 3070.
Schred, 2091, 2318, 2394, 2455.
Schrist (Von), gentilhomme danois, A. 89.
Schrötenbach (Baron de), officier hollandais, 3308.
Schulemberg (J. de), comte de Montdejeux, mar. Fr., 116, 137, 158, 468.
Schulenburg (De), général autrichien, 2736, 3224, 3248, 3249, 3257.
—— (Maréchal), 3391.
—— lieut^t^-colonel prussien, 3481.
—— c^on^ XXXVII.
Schulenheim (Comte de), 3579.
Schumacher, président de la république de Brême, 3508.
Schurmans (De), major de la place de Hesdin, 1840, 1944, 1945, 2024.
Schutz, 384, 408. V. *Schost.*
Schütz, c^el^ de cav^ie^ allemande au service de France, 122.
Schwabe (Moyse et Ruben), banquiers à Metz, 2245, 2324, 2396.
Schwan, ministre de l'électeur palatin, 3435.
Schwart (De), cap^ne^ au rég^t^ de Greder-Allemand, 1832.
Schwartz, commd^t^ une compagnie de Volontaires bretons, 3215.
—— officier au rég^t^ Royal-Navarre, 3516, 3517, 3520, 3521.
Schwartzemberg (Georges Wolfgang, b^on^ de), 276.
Schwartzenberg (Baron de), gouverneur de Furnes, 3029, 3030, 17 s. V. le suivant.
—— (Prince de), 3214.
Schwendimann, 1160, 1954.
Schwendt, subdélégué en Alsace, puis député de Strasbourg, c^ons^ XLVI, LXVc, LXVf.
Schwerin, général allemand, 2949, 3241.
Schwirmann, 3480.
Schwitz (Canton de), 437, 467, 513.

Schynekele. V. *Montigny*.
Schytz, commissaire autrichien, 3123, 3124.
Scipion (Barthélémi), 141.
Scloten (Van), c^{on} XXXVI.
Sconin, commissaire des guerres, 2270.
Scorailles (Franç.-Phil., m^{is} de), mar. c., 1832, 1837, 1963, 1967, 2048, 2132, 2137, 2142, 2177, 2178, 2251, 2270, 2332.
—— (De), cap^{ne} au rég^{t} de Belsunce, 1944, 2135, 2221.
—— V. *Fontaines*.
Scordeck (Comte de), 3576.
Scorion (J.-B.), échevin d'Avesnes, 2374.
Scot. V. *Scott*.
Scotia, procureur général au Conseil souverain de Pignerol, 354, 468, 615, 672, 1224, 1332, A. 89.
Scott, gendarme de la compagnie écossaise, 123, 133, 141.
—— gouverneur du fort L'Écluse, 279.
—— (De), officier, 3465, 3628. V. le suivant.
—— (Baron), 3510.
—— (Ch^{r} de), lieut^{t} de roi à St-Malo, c^{ons} LXXV, LXXVI.
Scotti, c^{on} XVIII.
Scouaud, major du rég^{t} de Grassin, 2982, 3031–3033, 3035, 3037, 3087–3089, 3092, 3135.
Scourions, cap^{ne} au rég^{t} de Ponthieu, 1671.
Scrouts (De), cap^{ne} au rég^{t} de Tilly, 1736.
Seagrave, cap^{ne} au rég^{t} de Dorrington, 1858.
Sebbeville. V. *Sebeville*.
Sebeville (Bernardin Cadot, m^{is} de), mar. c., 688, 703, 704, 739, 791, 821, 890, 891, 944, 1526, 1898, 2134. V. les suivants.
—— (Toussaint Cadot, ch^{r} de), colonel, 2136.
—— (Charles-Louis Cadot, ch^{r}, puis comte de), lieut^{t}-g^{al}, 2138, 2141, 2419.
—— (Guillaume), carabinier, 3308.
—— (De), officier au rég^{t} de Bourbon-dragons, c^{on} LXV b.
—— V. *Brucourt*.
Sebire des Sandraies, 3202.
Sebourg. V. *Valfonds*.
Sebouville (De), cap^{ne} au rég^{t} de Navarre, 1857, 2138, 2141, 2243, 2420.
Sechan (De), lieut^{t} au rég^{t} de Navarre, 146.
Séchelles (Moreau de), intendant, puis contrôleur général des finances, 2630, 2655, 2697–2699, 2701, 2703, 2712, 2724–2726, 2732, 2733, 2746, 2797, 2798, 2802, 2877, 2903, 2912–2919, 2921, 2924–2926, 2928, 2943, 2945, 2951, 2953, 2954, 2957, 2969, 2976, 2977, 2978, 2999, 3006, 3007, 3009–3013, 3026–3030, 3034–3037, 3041–3043, 3050, 3053–3056, 3068, 3070, 3071, 3075, 3083–3091, 3123–3126, 3135–3138, 3140–3149, 3152, 3154, 3182–3187, 3197–3202, 3204, 3206–3208, 3255–3259, 3261, 3275–3278, 3281, 3308, 3309, 3311, 3325, 3326, 3395, 3406, 3408, 3420, 3424, 3462, 3464, 15 s., 17 s., 18 s., 20 s., 21 s., c^{ons} XVII, XL.
—— (Mlle de), fille du précédent, 3149.
—— (Mme de), 3396.
—— (De), colonel du rég^{t} de Rouergue, 3507.
—— V. *Berthelot*.
Seckendorff (Comte de), feld-maréchal, 2782, 2784, 2785, 2798, 2799, 2806, 2837, 2916, 2941, 2956-2960, 2990, 2999–3002, 3006, 3008, 3009, 3039, 3042, 3050-3057, 3110, 3111.
—— (Christophe-Louis, baron de), conseiller d'État autrichien, 3463, 3465, 3484, 3508, 3513, 3518, 3576.
Secourt (Nic. de Vaillant, s^{r} de), 141.
Secqueville (De), 343.
—— (De), cap^{ne} au rég^{t} de Maulevrier, maréchal-des-logis à l'armée de Lombardie, 1866, 2039, 2041, 2175, 2251.
—— (Cœuret de), c^{on} LXVIII.
Sedan (Municipalité, bourgeois, etc., de), 958, 1739, 1844, 2244, c^{ons} XLIV, LXIII, LXV f, LXIX.

V. *Aubigné, Aubry, Barilly, Baudin, Bida, Blocteur, Cambon, David, Defluy, Dupont, Godbillot, Guiart, Hennequin, Houdet, Jacquesson, La Merlette, Larivée, Le Roux, Lesieur, Louvel, Martin, Midroüet, Millet, Moumers, Petit, Poncelet, Rambour, Servigny, Termes, Véronique, Villers, Vuillesme, Welstrich*, etc.

Seeckaert (Louis-Alexandre de), intendant de la Flandre espagnole, 702, 703.

—— V. *Tirimont.*

Seedorf (J.-Balthazar-Fegelin de), lieut^{t}-g^{al}, 3085, 3089.

Seefried (De), ministre du margrave d'Anspach, 3508.

Seerf (Comte de), officier, 3387.

Séez (Évêque de). V. *Acquin.*

Seffrier, habitant de Suse, 2250.

Segaud, c^{ons} XXIX, XXXII.

Segent père et fils (De), commissaires des guerres, commis des bureaux de la Guerre, 1093, 1094, 1099, 1113, 1115, 1116, 1239, 1272, 1274, 1275, 1333, 1484, 1549, 1550, 1562, 1643, 1644, 1743, 1830, 1832, 1841, 1941, 2025, 2086, 2138, 2139, 2143, 2219, 2380-2388, 2445, 2448, 2609, 2655, 2664, 2676, 2677, 2688, 2700, 2744-2747, 2751, 2763, 2768, 2784, 2785, 2788-2791, 2796-2799, 2800, 2823, 2838, 2840, 2841, 2851, 2860, 2863, 2873, 2874, 2891, 2892, 2902, 2903, 2927, 2928, 2987, 3028-3035, 3037, 3069, 3124, 3174, 3224, 3226, 3248, 3252, 3253, 3261, 3262, 3310, 3387, 3396, 3415, 3420, 3421, 3455, 3490, 3496, 3603, 56 s., c^{on} XVI.

Segond, officier de garde-côtes dans l'île d'Oléron, 3510.

—— membre du Directoire du Var, c^{on} LXV b.

Segonzac (De), lieut^{t} au rég^{t} de Noailles-cavalerie, 2271.

—— (Vicomte de), officier au rég^{t} Royal-Piémont, c^{ons} LXI, LXIV, LXV b, LXV c.

Segron, 134.

Seguenot, cap^{ne} au rég^{t} d'Auxerrois, 2137.

Séguier (Pierre), magistrat, intendant, puis chancelier de France, 21, 26, 42, 49, 56, 62, 67, 71, 88, 117, 118, 146, 516.

—— V. *La Verrière, Montmort, St-Brisson.*

—— **de Gadancourt**, cap^{ne} au rég^{t} de Sillery, puis lieut^{t}-c^{el} des rég^{ts} de Canisy et du Roure, 1549, 1834, 2137. V. le suivant.

—— **de Liancourt** (Franç.), 1943, 2137. V. le précédent.

—— —— (Comtesse), 2136-2139, 2371.

Séguin d'Anton, grand sénéchal de Saintonge, 146.

Séguiran (De), premier président de la Cour des Comptes de Provence, 33, 158.

—— (Ant., ch^{r} de), enseigne aux Gardes françaises, brig., 146, 958.

—— (De), 1550, 1647, 1703, 1858, 2255, 2343.

—— (Ch^{r} de), lieut^{t}-c^{el} du rég^{t} de Rasilly, 2142.

—— (De), consul d'Aix, procureur des États de Provence, 2143, 2174, 2188.

Ségur (Chaumillas de), aide-major du château de Brest?, 420.

—— (Henri-Joseph, *dit* le m^{is} de), cap^{ne}-lieut^{t} des chevau-légers d'Anjou, 1526, 1604, 1700, 1801, 1888, 1896, 1899, 1900, 1982-1984, 2053, 2132, 2139, 2143.

—— (De), maire perpétuel de Bordeaux, 1896.

—— (Henri-Franç., comte de), lieut^{t}-g^{al}, 1983, 1984, 2141, 2705, 2754, 2758-2761, 2815, 2820, 2861, 2873, 2904, 2912, 2913, 2915-2921, 2926, 2928, 2943-2946, 2949-2952, 2954, 2957, 2960, 2978, 2988-2990, 2993, 3002, 3009, 3013, 3037, 3041, 3042, 3050, 3055-3057, 3068, 3097-3101, 3108-3111, 3123, 3139-3142, 3148, 3155-3162, 3166, 3167, 3182, 3198-3200, 3206-3208, 3213-3216, 3240, 3242, 3257, 3275-3278, 3281, 3316, 17 s., 19 s. V. *Ségur (Henri-Phil.).*

Ségur (Mme de), née Le Maistre, femme de Jean de Ségur, cap^{ne} au rég^{t} d'Orléans-cav^{ie}, 2946.
—— (Henri-Philippe, marquis, puis comte de), mar. Fr., ministre de la Guerre, 3415, 3416, 3454, 3455, 3562, 3671, 3714, 3717-3722, 3724-3727, 3729, 3730, 3732-3735, 3738, 3740, 3743-3746, 3748, 3749, 3751-3755, 3759, 3763, 3766, 3767, A. 60, A. 64, c^{ons} XVI, XXXIX, XLV, XLIX-LII, LXV, LXXIV, LXXVI. V. *Ségur (Henri-Franc.).*
—— (Vicomte de), c^{ons} LIV, LXI, LXIV, LXV c, LXV f.
—— **d'Escars** (Mlle de), 516.
Séguret (De), lieut^{t} au rég^{t} de Champagne, 396.
—— (Étienne de), subdélégué à Rodez, 2417.
Seiglières. V. *Soyecourt.*
Seignan, major du rég^{t} d'Albigeois, 2270.
—— (De), gentilhomme du Couserans, ex-cap^{ne} au rég^{t} de Champagne, officier au rég^{t} de milice de Caixon, 2371.
Seignelay (J.-B. Colbert, m^{is} de), secrétaire d'État de la Marine, 361, 419, 669, 705, 793, 837, 894, 902, 903, 961-963, 1607, 2538, c^{on} LXXVIII.
—— (M.-J.-B. Colbert, m^{is} de), brig., 1857, 1949, 2225, 2261, 2370.
Seigneur, commissaire des guerres, 3124, 3125, 3182-3187, 3235, 3255, 3259, 3261, 3308, 3309, 3502.
Seignier (J.-Pierre Bruno de), mar. c., 1575, 1857, 1858, 1883, 2053, 2107, 2144, 2219-2221, 2299, 2305, 2313, 2344, 2371, 2387, 2388.
—— (De), cap^{ne} au rég^{t} de Provence, neveu du précédent, 1832, 1838, 1846, 2371.
Seignon (De), 110.
Seignoret, consul d'Arles, 1767.
Seilhac (Ch^{r} de), officier au rég^{t} de La Reine-cav^{ie}, c^{on} LXIV.
Seille (De), officier au rég^{t} de La Sarre, 3110.
Seine-Inférieure (Directoire du dép^{t} de), c^{ons} LXV c-LXV e, LXVII, LXIX, LXX.
Seine-et-Marne (Directoire et conseil g^{al} du dép^{t} de), c^{ons} LXV, LXV b, LXV d, LXV e, LXVII, LXIX, LXX.
Seine-et-Oise (Directoire, etc., du dép^{t} de), c^{ons} LXV d, LXV f, LXVII, LXIX, LXX, LXXI.
Seinfal (De), officier, 1585, 1644, 1652, 1978, 1979, 2048, 2104, 2180, 2270.
Seinsheim (Adam-Fréd.), évêque de Bamberg, puis de Würzbourg, 3476, 3514-3516, 3525, 3526, 3552-3554.
Seissan (De), officier au rég^{t} de St-Sernin, puis dans celui de Santerre, puis au service de l'Angleterre, 1951-1953, 2032, 2254.
Seivigny, commissaire des guerres ?, 1874.
Séjournant (De), directeur des postes à Lyon, 354, 355, 360-362, 419, 420.
Seldonio-Termes, officier dans un rég^{t} espagnol, 2054.
Selines (Ch^{r} de), officier, 3463, 3579.
Selis (De), 447.
Selle de Granchamp, cap^{ne} au rég^{t} de La Marche, 1861.
Selles. V. *Le Bret.*
Sellezon, échevin de Blois, 3182.
Sellier, contrôleur des fourrages, 2859.
—— V. *Malevielle.*
Selliers. V. *La Bastie.*
Seltz (Bourgmestre de), c^{ons} XLVII, XLVIII.
Selva (Dom Mario Iscar de), 227.
Selve (J.-P. de), mar. c., 1856, 1943, 2022, 2084, 2087, 2131, 2134, 2141, 2143, 2149, 2157, 2159, 2213, 2214, 2217, 2219, 2221, 2224, 2299-2301, 2305, 2448.
—— (De), cap^{ne} au rég^{t} d'Harcourt-cav^{ie}, 3203.
—— (De), gentilhomme du Roussillon, c^{on} XXI.
Selzer d'Elvang, 417.
Sempé (Arnault), garde-magasin, 2137.
Sénac, médecin, 3140.

Sénac de Meilhan (Gabriel), intendant, écrivain, 3671, 3691, 3693, 3697-3699, 3702, 3703, 3705, 3706, 3708, 3709, 3729, 3753, 3760, 3767, 3768, c^ons LIII, LIV.
Sénarmont (De), officier ou fonctionnaire de l'art^rie, c^on LXV f.
Senas (Ch., m^is de), cap^ne au rég^t St-André-Montbrun, 131.
—— (Maire, etc., de). V. *Coullomb.*
Senchon, subdélégué de l'intendant Lebret, à Avignon, 2575, 2643, 2681.
Sencrie et **Sencry**. V. *Seneric.*
Senectère. V. *Senneterre.*
Senegas (De), 419.
—— cap^ne au rég^t Colonel-général de dragons, 1857.
Seneric (De), lieut^t de roi à Huningue, 1321, 1501, 1502, 1504, 1572, 1573, 1660, 1661, 1664, 1670, 1752, 1760, 1843, 1845, 1846, 1855-1858, 1951, 2137.
Senès (Jos.), garçon coiffeur à Toulon, 3235.
Senevoy (Franç.-M., m^is de), mar. c., c^ons XLVII, LV.
Senez (Év. de). V. *Soanen, Vocance.*
Sénezergues (De), officier au rég^t de La Sarre, 3417, 3498, 3499.
Senilliac (De), officier au rég^t Dauphin-cav^ie, 1585.
Senlis (Échevins, bourgeois, etc., de), 277, c^on LX. V. *Chanterenne, Fontenay, Hébert, St-Leu*, etc.
Senneberg, lieut^t-c^el du rég^t de Hessy, 2343.
Sennecy (De), cap^ne au rég^t de Piémont, 2264.
Sennegas. V. *Senegas.*
Senneterre (Henry, m^is de), lieut^t-g^al, 1683, 1685, 1778, 1861, 1862, 1875, 2038. V. le suivant.
—— (J.-Ch., m^is de), mar. Fr., 1945, 2083, 2138, 2299, 2370, 2412, 2758, 2759, 2811, 2816, 2841, 3062, 3063, 3065, 3068, 3072, 3116, 3118-3120, 3174, 3175, 3177, 3198, 3200, 3206, 3227, 3277, 3325, 3326, 3418, 3449-3452, 3459-3467, 3469, 3478, 3482, 3492-3497, 3499-3507, 3509, 3510, 3532-3538, 3542-3544, 3546-3549, 3568-3570, 3572-3574, 3576-3579, 3581, 3598-3602, 3605, 3606, 3622-3624, 3630, 3631, c^ons VII, XIII, XXVI, XXX, XXXI, XXXVI.
Senneterre (Henri-Charles, comte de), colonel, fils du précédent, 3509, 3549.
—— V. *Brinon, La Ferté* et *La Ferté-Senneterre.*
Senneton (De), ingénieur, 957. V. *Chermont.*
Senneville (De), 92, 259, 260, 274, 276, 277, 279, 280, 284, 419, 420.
Senocq, subdélégué de l'intendant de St-Contest, 1854, 2033, 2095, 2245, 2395, 2455, 3123, A. 89.
Senonville. V. *Senouville.*
Senouville (De), cap^ne au rég^t Dauphin, 1217.
—— (De), major de la place d'Arras, 1943, 2025, 2227, 2262.
Sens (Magistrats, clergé, habitants, etc., de). V. *Pelée, Ducasse, Gondrin*, etc.
—— (Ch^r de), lieut^t au rég^t Royal-étranger, 2141.
—— (Alexandrine de Bourbon, dite Mlle de), 3075.
Sensac (De), lieut^t au rég^t de Vallouze, 2136.
Senson, cap^ne d'une compagnie franche, 1142.
Sentetz, député d'Auch à la Constituante, c^ons LXV e, LXVIII.
Sentmanot (Don Antonio de), mestre-de-camp espagnol, 1887.
Sentrailhe (Bernard de Baresge de), lieut^t au rég^t de Ste-Mesme, 123. V. *Xaintrailles.*
Septfon?, cap^ne au rég^t d'Aubusson, 1841. V. *Septfonds* et *Septlon.*
Septfonds-Lestourgie, c^on LIII. V. *Septfon* et *Septlon.*
Septfontaines. V. *Béhague.*
Septlon (De), cap^ne au rég^t de Varennes, 2269. V. *Septfon* et *Septfonds.*
Seraincourt. V. *Chopin.*
Serainville (Louis Prévost de), président en l'élection de Doullens, 2157.
Seran (Maury de), lieut^t au rég^t d'Angoumois, 1700.

Séraphin (Charles), fondeur de canons, 1766.
Séraphine (Sœur), supérieure des Clarisses à Ypres, 2139.
Seraport, 343.
Seraucourt (Louis-Franç. Dey de), intendant, 837, 903-906.
—— (Ch^r de), 1550, 1936, 1944.
—— (Ph.), officier au rég^t Royal-cav^ie, c^on LXV c.
Serbelloni, 5.
—— (Comte de), général autrichien, 3512, 3513, 3552, 3586, 3588, 3592, 3607, 3608, 3620.
Sercamanen (De), 97.
Serein, commis des vivres, 2145.
Sereni (Comte), 997.
Serent (Armand, comte de), c^el du rég^t d'Angoulême, député du dép^t de la Nièvre, c^ons LX, LXV, LXV a, LXV c.
Seres (De), mestre-de-camp, 1906.
Sergeant, médecin à Tournai, 3089.
Sericourt. V. *Esclainvilliers*.
Serignac (De), lieut^t de roi de Charlemont et de Givet, 3403, c^on XXXI.
Sérignan. V. *Lort*.
—— (Mme de), 2136.
—— **-Valras** (Jean de Lort de), mar. c., 106.
Serigny (De), 2592.
—— V. *Hozier*.
Serillac (Franç. de Faudois, s^r de), lieut^t au rég^t de Normandie, 102.
Serilly (Jean-Nicolas Megret de), intendant, 3043, 3117, 3183, 3228, 3257, 3261, 3262, 3308, 3310, 3311, 3328, 3387.
Serin (De), commissaire des guerres, 1870.
—— (De), lieut^t au rég^t de d'Artagnan, 2345.
Serlupi, 354.
Sermaise (De), lieut^t-c^el du rég^t de Bourbitons, 1644. V. le suivant.
—— (De), lieut^t-c^el du rég^t d'Ussy. 2135, 2243, 2244.
—— V. *Des Autels*.
Serment, 1661, 1672.
Sermet, directeur des postes de France à Livourne, 2900.
Sermineau (De), cap^ne au rég^t de Louvigny, 2346.
Seroux (De), c^re des guerres, 116.
Seroux, lieut^t-c^el du rég^t de Maubourg, puis de celui de St-Paul, 1834, 1943, 1946, 2139, 2269.
—— **de Biscourt**, officier du génie? c^on XVI.
Serra (Le P. Onofrio), jésuite, 117.
—— (De), ancien cap^ne au rég^t de Montferrat, 2137, 2140.
Serrant. V. *Walsch*.
Serrat (De), cap^ne au rég^t de Vassé, 1974.
Serre (De), commissaire du duc de Lorraine, 106, 170.
—— (De), commissaire des guerres, 359, 512.
—— (De), capitaine, 361.
—— (De), 903, 1703.
—— (De), colonel du rég^t de ce nom, 1831.
—— (De), receveur des hôpitaux de Valence, 2044.
—— V. *Rochecolombe*, *St-André*.
Serré, lieut^t au rég^t de Tavannes, 1879. V. le suivant.
—— 1897.
Serrebourse. V. *La Bretasche*.
Serrecave (De), 2133.
Serres (De), avocat au présidial de Riom, 1897.
Serroni (Hyacinthe), évêque d'Orange, puis de Mende, 245, 419, 420.
Servaes (Fr. Armand), prieur de la Chartreuse d'Herinnes, c^on XVII.
Servas. V. *Rozel*.
Servien (Franç.), 20.
—— (Abel), marquis de Sablé, intendant, premier président du parlement de Bordeaux, ministre, ambassadeur, académicien, 20, 21, 41, 97, 106, 116, 117, 119, 137, 146, 157, 158, 182, 245. V. le suivant et les vol. de *minutes* et d'*expéditions* de décembre 1630 à février 1636.
—— (Abbé), 102, 106, 110, 117, 133, 134, 157, 264, 279, 299, 354, 355, 460, 466, 467, 516, 556.
—— (Mme), 182, 251.
—— (Abbé), fils d'Abel Servien, 2346.
Servient. V. *Servien*.
Servières (Grollier de), commissaire des guerres. 2175, 2249, 2251, 2400, c^on VII.

Servières. V. *Boissieux.*
—— (Abel Dulac de), lieut^t au rég^t de Piémont, 102.
Serviès (De), officier au fort Barraux, 1766.
—— (Franç. de), lieut^t au rég^t de Rohan, 2140, 2141.
—— (De), lieut^t au rég^t de Poitou, 2250.
Serviez (De), cap^{ne} au rég^t Royal-Roussillon, 3760.
Servigna, 411.
—— (De), ancien lieut^t-c^{el}, 2137.
Servigny (De), command^t au château de Sedan, puis dans celui de Bouillon, 360, 362, 394, 395, 407, 414, 420, 436-440, 442, 444, 446, 447, 451, 455, 458, 461, 467, 486, 489, 494, 507, 544, 545, 557, 564, 566, 568, 598-602, 604, 607, 703, 734.
—— (De), 979.
—— (Franç. Anfroy de), directeur des vivres et des hôpitaux, munitionnaire général, 1892, 1789, 2048.
—— (Avice de), contrôleur d'artillerie à Metz, 2142, 2144.
—— commissaire des guerres, 3124.
Serville (Guill. Massol de), lieut^t g^{al}, 2134.
Servolle (De), lieut^t, 2242, 2243.
Sery du Deffand, lieut^t-c^{el} du rég^t d'Orléans-cav^{ie}, 2183, 2244.
Sessy. V. *Beaumont.*
Seton (De), lieut^t aux Gardes écossaises, 146.
Settiez, major du rég^t des Gardes suisses, 3581.
Seuil (De), 359.
—— (Mis de), colonel du rég^t de Bigorre, 1781, 1964, 2046.
Seüil (Comte de), colonel-inspecteur du rég^t Colonel-général-dragons, 3758, c^{ons} LX, LXV.
Seüillet, cap^{ne} des milices de Saintes, 1802.
Seurre (Municipalité, etc., de). V. *Gauthier, Gérard, Robert.*
Sevaistre (De), cap^{ne} aux Chasseurs des Cévennes, 3754, c^{on} LXX.
Sève (Alexandre de), intendant, 88, 106, 110.
—— (Paul de), lieut^t au rég^t des Gardes, 123.
Séverac. V. *Talhouet.*
—— **de Jusses** (Alexandre de), brig., 3207, 3217.
Séverat ? cap^{ne} au rég^t de Lyonnais, 342.
Sèves (De), premier président du parlement de Metz, 826, 828, 3779. V. le suivant.
—— (Guill. de), intendant, 356, 359-362, 415, 419, 420, 436, 439-441, 446, 466, 468, 484, 486, 487, 1071, 1157, 1163, 1218, 1236, 1237, 1239, 1256, 1284, 1285, 1287, 1289, 1315, 1323, 1334, 1380, 1382, 1854, 2522, c^{on} III.
—— (Mathieu de — de Fléchères), président au présidial de Lyon et prévôt des marchands, 1702.
—— (De), officier, 1737, 1743, 1831.
—— V. *Rochechouart.*
Sévigné (Renaud-René, ch^r de), mar. c., 92, 97, 106.
—— (Charles, marquis de), 1704.
Sévigny (De), cap^{ne} au rég^t de Roncherolles, 397.
—— (De), lieut^t-c^{el} du rég^t de Lagny, 979.
Séville, médecin, 137.
Sevin (Abbé), officier municipal d'Alençon, c^{on} LXV c.
—— V. *Quincy.*
Sevry (De), major d'artillerie, 1684, 1688.
Seydlitz (Fréd.-Guill. de), général prussien, 3440.
Seymour, 209.
Seyron (Jean de), lieut^t g^{al}, 123, 134, 137, 1218.
Seyssel (Maire de). V. *Carret.*
—— (De), officier, 1946.
—— (Comte de), 3751.
—— lieut^t-c^{el} du 68e rég^t d'inf^{rie}, c^{on} LXX.
Sézanne (Municipalité, etc., de). V. *Besson, Collot, Houllier, Moutier,* etc.
—— V. *Harcourt.*
Sezille. V. *Lisledon.*
Sforza (Duc), 299.
Sguiddy. V. *Desguiddy.*
Shee, officier au rég^t de Rothe, puis dans celui de Fitz-James, 3154, 3183.

Siarde (Fr.), abbé de Tongerloo, 3588.
Siau, membre du Directoire du département des Pyrénées-Orientales, c^on^ LXV c.
Sibille, lieut^t^ au rég^t^ de Lorraine, 997.
—— (De), officier, 1843, 1855.
Sibon, enseigne de vaisseau, cap^ne^ du port de Marseille, 2885, 3415, 3449.
Sibourc (De), 880.
Sicamer, command^t^ à Locquignol, 2375, 2411.
Sicard, officier au rég^t^ d'Agénois, 1831.
—— major du rég^t^ d'Houdetot, 2267.
—— 2561.
—— aide-major du rég^t^ d'Orléans-dragons, 3054.
—— officier aux Volontaires royaux, 3183, 3335, 3554, 3577, 3582, 41 s.
—— (De), colonel en second de la Légion royale, c^on^ XXXIII.
Sicart, viguier de la Cerdagne française, 2574.
Siccard, consul de Barcelonnette, 2979.
Sickenhausen (De), 1360.
Sickingen (Baron de), ambassadeur de l'empereur Charles VII auprès de l'électeur de Mayence, 3094.
Sicre, ingénieur, 2338. V. *Cinq-Mars.*
Sideville, major de la capitainerie de garde-côtes de Cherbourg, 3510.
Siebert (Jean), greffier du bailliage de Duitz, 417.
Siegen. V. *Nassau.*
Sierck (Prévôt et curé de). V. *Despinette, Muller, Simon.*
Siffaud, consul d'Orange, 3256.
Siffredy (Ch. de), brig., 411, 969, 988, 1502, 1669, 1856, 1857, 2032.
—— **-Mornas** (De), command^t^ au fort Belin, à Salins, 2132, 2133, 2163, 2273.
—— V. *Mornas.*
Siglas (De), cap^ne^ au rég^t^ de Coislin, 949.
—— (De), lieut^t^ au rég^t^ de Clermont, 1593.
—— (De), lieut^t^-c^el^ au rég^t^ de Rennepont, 2143, 2267.
Signac (De), cap^ne^ d'inf^rie^, 2771.
Signier. V. *Seignier.*
Signon (Louis), dragon au rég^t^ de Vitry, 3311.
Signy (De), command^t^ à Vervins, 102, 134, 137. V. *Roigny.*
—— (De), officier au rég^t^ d'Orléans-cav^ie^, 3017.
—— **-le-Petit** (Maire, échevins de), 2021.
Sigrais (Claude-Guill. Bourdon de), cap^ne^ au rég^t^ de Berry, écrivain, membre de l'Académie des Inscriptions, 3768.
Sigrist, bourgeois de Wissembourg, c^on^ XLIV.
Sigy (De), 2132.
Silfwerstolpe (De), ancien officier au rég^t^ Royal-Bavière, c^on^ XLIX.
Silhac (De), 1333.
—— (De), major du rég^t^ de Gâtinais, 2044, 2144.
Silhouette (Étienne de), commissaire près la Compagnie des Indes, contrôleur général des Finances, 2989, 2990, 3013, 3454, 3504, 3519, 3534, 3541, 3543-3546, 3549.
Sillé-le-Guillaume (Municipalité de), c^on^ LXIX.
Siller, cap^ne^ au rég^t^ d'Alsace, 1693, 2142, 2338.
Sillery (Félix-Franç. Bruslart, m^is^ de), brig., 1788, 1789, 1862, 1885.
—— (De), lieut^t^ au rég^t^ d'Anjou, 2044.
—— V. *Bruslart, Puisieux.*
Silly (Jacques-Jos. Vipart, m^is^ de), dit *Silly-Système*, lieut^t^ g^al^, 1760, 1944, 2084, 2132-2135, 2141, 2183, 2216, 2300, 2308, 2313, 2319, 2379, 2380, 2386, 2420, 2454-2461, 2487, A. 89. V. *Cilly.*
—— (De), habitant de La Rochelle, 1801.
—— (De), cap^ne^ au rég^t^ de Froulay, 2143.
—— (De), cap^ne^ au rég^t^ de Létorière, 2371.
Silva (Gusman de), 6.
—— (De), 1113.
—— (Don Manuel de), général des galères en Sicile, 1884.
Silvestre (De), 313.

Simard, lieut^{t} au rég^{t} de Chastes, 2142.
—— (Ch^{r} de), cap^{ne} au rég^{t} de Monsieur, 3746.
Simbaldi (J.-B.), commissaire pour la république de Lucques à Viareggio, 3638.
Siméon, officier du génie, 3722.
Simeoni (Max.-Emm., baron), envoyé de l'électeur de Cologne, 1660, 1737, 1766, 1791, 1895, 1937, 2084, 2213.
Simiane (L. de), cap^{ne} au rég^{t} de Sault, 151. V. *Moncha.*
—— (De), conseiller au Parlement de Grenoble, 20, 468.
—— (Nic.-Franç., comte de), mar. c., 1783, 1862, 1960, 1961, 1966, 2130, 2133, 2135–2143, 2145, 2183, 2220, 2273.
—— (Ch^{r} de), cap^{ne} au rég^{t} de ce nom, 2269.
—— (Turpin de), 3261.
—— V. *La Coste, Pianezza.*
Simin, command^{t} au château de Dilling, 509, 559.
Simon, président à St-Omer, 397.
—— 506, 509, 557–559, 607.
—— prévôt de Sierck, 1071.
—— (J.-Fr.), curé à Sierk, 1854.
—— procureur des paroisses de Sierck, 2393.
—— cap^{ne} au rég^{t} de Thésut, 1972.
—— V. *Medina.*
—— (J.-B.), sergent au rég^{t} de Tavannes, 2033.
—— échevin de Romorantin, 2183.
—— ex-cap^{ne} de compagnie franche, 2242.
—— (Pierre), geôlier des prisons de la Tour Notre-Dame à Nancy, 2243.
—— entrepreneur de fournitures pour l'hôpital de Montmédy, 2269, 2270.
—— avocat à Château-du-Loir, 2269.
—— lieut^{t} de maire de Périgueux, 2269.
—— (De), lieut^{t} aux Gardes wallonnes du roi d'Espagne, 2370, 2371.
—— inspecteur des hôpitaux, 3187.
—— consul d'Arles, 3255, 3256, 3259.
—— membre du Directoire du dép^{t} du Nord, c^{on} LXV a.
Simonard, maire de Stenay, 2783, 3035, 3068.
Simond, curé de Kerling, 1858.
—— sous-lieut^{t} au rég^{t} d'Agénois, 1971.
—— (J.), frère du précédent, 1971.
—— chirurgien, 2102.
Simoneau, 2257.
Simonet (Charles), substitut au procureur du bailliage de Longwy, 2034, 2095.
—— curé de Cublize en Beaujolais, c^{on} LII.
—— **de Ste-Marie**, ex-officier de cavalerie, loueur de chevaux à Mézières, 2324.
Simonnard. V. *Simonard.*
Sinclair, 3710. V. *St-Clair.*
Sineti, commissaire des guerres, 2143, 2371. V. le suivant.
Sinety (Comte de), commissaire des galères, fais^{t} f^{ons} de commissaire des guerres, puis député de Marseille à la Constituante, 3187, 3227, 3234, 3238, 3247, 3249, 3255–3257, 3259, 3260, 3406, 3532, 3539, 3581, c^{on} LXV.
—— (De), major du rég^{t} Royal-Navarre, 3689.
Sinfart, 1113. V. *Sinsart.*
Sinsan (Commandeur de), commandant général en Savoie pour le roi de Sardaigne, 3395, 3406.
Sinsart, 972, 982, 989, 993, 1701. V. *Sinfart.*
Sion (Canton et ville de), 567. V. *Kalbermatten.*
Siongeat. V. *Siougeat.*
Sionville (De), 3314, 3468, 3741, 47 s.
Siougeat (De), colonel, 1861, 1862, 2144, 2251, 2255, 2332, 2400, 2698, 2738, 2786, 2840, 2904, 3729.
Siouville. V. *Sionville.*
Siradie (Albert, palatin de), 3.
Sirenne (Mis de), cadet au rég^{t} de La Motte, 1832.
Sirmond (De), commd^{t} le 2e bataillon du rég^{t} de Beauvoisis, 1741.
—— (De), enseigne du rég^{t} de Labour, 2243.
Sirois, commissaire des guerres, 946, 958, 1400, 1483, 1549, A. 89.

Sirot, officier municipal de Châlons-sur-Marne, c^on LXIV.
Sisteron (Clergé, maire, etc., de). V. *Castagni*, *Glandèves*, *Thomassin*.
Sittmann (De), 1848.
Sity (De), cap^ne au rég^t Royal-Vaisseaux, 997.
Sivert, chirurgien-major, 2463.
Sivignon. V. *La Guiche*.
Sivry (De), ingénieur?, 2904.
Sizer (De), officier de cavalerie, 2056.
—— (Jean), dit Florenville, 3426.
Skarcys. V. *Mouget*.
Skellater *ou* **Skelatter**. V. *Forbes*.
Skelton (Lord), commd^t des gardes du roi d'Angleterre, 360, 397, 411.
—— cap^ne au rég^t de Sheldon, 1856.
—— (Charles, comte de), mar. c., 2134, 2739.
Skipton (Guill.), officier anglais, 3185.
Sklintner, lieut^t-c^el comm^d^t l'artillerie de l'électeur de Bavière, 2219.
Slangen. V. *Aubert*.
Smaekers, 514.
Smanne (W.-A. de), prisonnier de guerre à Amiens, 2227.
Smet, 901.
Smissaert (De), 3096, c^on LXXXVI.
Smith, colonel, 414.
—— (De), lieut^t, 1831.
—— (Thomas), cap^ne du vaisseau *Le Rossignol*, 2089.
—— lieut^t dans une compagnie d'invalides, 2143, 2312.
Snoy, conseiller de Malines, 3144.
Soanen (J.), évêque de Senez, 2042.
Sobières (De), 110.
Sobor (Adam, c^te), général allemand, 988.
Socarros (De), gentilhomme de St-Jean-Pied-de-Port, 1985.
Socin, de Bâle, 987, 997.
Soest (Magistrats de), 37 s.
Soglio. V. *Salis*.
Sohier (De), cap^ne au rég^t de Berry, 1854, 1858.
Soissonnais (Officiers du rég^t de), 1973.
—— (Commission provinciale du), c^on LXI. V. *Soissons*.
Soissons (Municipalité, clergé, habitants, etc., de), 158, 361, 2136. V. *Barberin*, *Bouverot*, *Charré*, *Durand*, *Dusart*, *Espagny*, *Heuslin*, *Labouret*, *Lavaste*, *Lemaire*, *Lévesque*, *Maupertuis*, *Megret*, *Mennesson*, *Ongnyes*, *Pernot*, *Pernot du Buat*, *Quinette*, *Quinquet*, *St-Dominique*, *Solar*, *Varlet*, *Warel*, etc.
Soissons (Louis de Bourbon, comte de), command^t d'armée, 13.
—— (Louis-Thomas de Savoie, comte de), mar. c., 450, 588, 891.
—— (Olympe Mancini, comtesse de), 361, 629, 2040, 2132, 2272.
—— (Baron de), neveu du comte de Brégy, 1901, 2137.
Solages (Ch^r de), 1862.
Solar, général du service d'Autriche?, 1685.
—— (Commandeur), 2845.
—— (De), cap^ne au rég^t de Rochechouart, 2890.
—— (Mme de), 2890.
—— (De), commandant des milices de Soissons et de Mantes, 3199.
—— V. *La Fontaine*.
Solari, cap^ne italien, 264, 279, 311.
—— V. *Monasterol*, *Solaro*.
—— (Le P. Jos.), jésuite à Gênes, 3456.
Solaro. V. *Borgo* (*Del*) et *Del Borgo*.
Solas (De), 355.
Solatii (De), bailli d'Offenburg, 2837.
Soldini, 3485-3487.
Solémy (De), lieut^t-c^el du rég^t de Conti, 3065.
—— (De), lieut^t-c^el du rég^t de Brie, c^on LXV d.
Soler, lieut^t-c^el du rég^t de Noailles-inf^rie, 1014, 1015, 1466.
Solera (Don Manuel-Domingo de Benavides y Aragon, m^is de), vice-roi de Navarre, 1884, 1885, 1887, 1900, 1981, 1982.
Soleure (Magistrats, députés du canton de), 343, 394.
Soleyme. V. *Martineau*.
Solier (Du), officier, 1836.
—— aide-major de dragons, 2371.
—— subdélégué à Agde, 3572.
—— V. *Du Solier*.
Soliès (Bernard de Forbin de), gouverneur de Toulon, 33.
Solignac, officier municipal de Clermont-Ferrand, c^on LIV.

Solinhac (De), lieut^{t}-c^{el} du rég^{t} de Ligondez, 1832, 1844, 1854, 1943, 1944, 2242.
—— (De), officier au rég^{t} de la Reine-cav^{ie}, 2144.
Solis (Franç. de), évêque de Lérida, vice-roi d'Aragon, 1983–1985, 2052.
Soliva, 3647, 3655.
Soller, 3718.
Sollier. V. *Regnault*.
Solligny, cap^{ne} au rég^{t} de Coëtquen, 1857.
Sollyer (De), officier, 1943.
Solminihac de La Mothe (Ch^{r} de), 3765.
Solms (Prince de), cap^{ne} au rég^{t} Royal-Allemand, 3045.
—— (Comte de), officier général du service de Saxe, lieut^{t}-g^{al} du service de France, commd^{t} des troupes saxonnes sous les ordres du prince Xavier, 3552, 3660, c^{on} XXXIII.
—— **-Braunfels** (La régence de la principauté de), 62 s.
Solre (Phil.-Emm.-Ferd.-Franç., comte, puis prince de), lieut^{t}-g^{al}, 822, 870, 958.
—— (Comtesse de), 1976, 2138, 2140.
—— V. *Croÿ*.
Sombremard (De), aide-major du rég^{t} du Perche, 2226.
Sombreuil (De), 444, 564, 1000.
—— (De), cap^{ne} au service de la Compagnie des Indes, 3629, 3643. V. le suivant.
—— (Ch.-Franç. Vireau, ch^{r} de), mar. c., gouverneur de l'Hôtel des Invalides, 3743, 3744, c^{ons} L, LIV, LV, LX, LXI, LXV, LXV c, LXIX, LXXI, LXXVI.
Somby, cap^{ne}, 1832.
Somis, receveur du grenier à sel à Marseille, entrepreneur de fournitures pour les hôpitaux, 1767, 2142.
Somme (Directoire du dép^{t} de la), c^{ons} LXV b-LXV d, LXIX.
Sommercourt (Adam de), officier employé comme aide-major sur la Semoy, cap^{ne} au rég^{t} de Lorraine, 1672, 1848, 1857, 2133, 2242-2245.
Sommerécourt. V. le précédent.
Sommerlatte, officier hollandais, 3260.
Sommery (P.-Franç. Du Mesnil, ch^{r} de), mar. c., 3089, 3136, 3141, 3142, 3186, 3258, 3460, 3461.
—— V. *Fontette*.
Sommièvre. V. *La Gardette*.
—— (De), 2033.
Soniga (De), 1839.
Sonnenberg (De), officier suisse, 1839, 2160, 2171, 2175.
—— (Gisbert de), chanoine à Horstmar, c^{on} XXXVI.
—— (De), colonel du rég^{t} de ce nom, mar. c., 3671, c^{on} LV.
—— (Conseil d'adm^{on} du rég^{t} de), c^{on} LXX.
Sonnet, trésorier des ligues suisses, 343.
—— **d'Auzon**, gentilhomme du Poitou, 2182.
Sonning (De), receveur général des finances à Paris, 2185.
Sonolet (De), lieut^{t}-c^{el} chargé des fortifications de Lille, c^{on} LXXI.
Sonpierre (De), 2242.
Sonval (De), 1832.
Sopranis, commissaire général gênois en Corse, 2887, 3539.
Sor (De), officier au rég^{t} de Fontaine, 2143.
Sorans (Mis de), gentilhomme franc-comtois, mestre-de-camp, A. 89.
Sorba (Mis de), ministre de Gênes à Paris, 3331, 3333, 3349, 3360, 3370, 3371, 3378, 3389, 3415, 3416, 3455, 3456, 3539, 3635, 3638, 3657.
Sorbes (Michel), consul à Perpignan, 2272.
Sorbier, sous-lieut^{t} au rég^{t} de Labour, 1892.
—— médecin ?, 3521.
Sorbs (Ch^{r} de), lieut^{t}-c^{el} du rég^{t} de Vexin, 2139.
Soreau, membre de la municipalité de Paris, tuteur des enfants mineurs de l'intendant Bertier, c^{on} LXXI.
Sorel (De), commd^{t} au château de Dasbourg, 978.
Sorlus (Mathurin-Thomas de) major de gardes-côtes et subdélégué à Bordeaux, c^{on} XXVI.

Sorus (De), cap^{ne} au rég^{t} de Jonchères, 92.
Sorrus (De), 2140, 2141.
Sos (Municipalité de), c^{on} LXVII.
Sospello (Magistrats, etc., de). V. *Conte.*
Sossiondo (De), 1644, 1832, 1943, 2022, 2139.
Sostelle (De), officier, 123.
Sotary (De), 313.
Sotelet (Baron de), 3459.
Sotteau (Mme de), née de Maulde, 3141.
Sottomayor (Don Diego de), 79, 119.
Souaille (De), 992.
Soüaille, lieut^{t}-g^{al} au bailliage de Chauny, 2273.
Soual? (Frère Ant.), religieux, 615.
Souastre (Guines, comte de), député de la noblesse d'Artois, 1839, 2301.
Soubiran (De), cap^{ne} au rég^{t} d'Orléans, 2178.
Soubise (Franç. de Rohan, prince de), lieut^{t}-g^{al}, 312, 313, 1897, 1898, 2091, 2339, 2344, A. 89.
—— (Anne de Rohan-Chabot, princesse de), 420, 2049, A. 89.
—— (Charles de Rohan, prince de), mar. Fr., 3387, 3403-3405, 3409-3411, 3420, 3428-3432, 3436-3446, 3460, 3462-3465, 3471, 3472, 3475-3489, 3497, 3503-3509, 3511, 3512, 3514-3518, 3520-3522, 3524, 3532, 3534-3536, 3542-3545, 3547, 3550-3552, 3554-3556, 3558, 3559, 3561, 3569, 3581, 3583-3592, 3602-3615, 3621, 3622, 3625-3627, 3677, 3683, 3686-3689, 3691, 3694, 3695, 3699, 3705, 3741, 3761, 3768, 34 s., 37 s., 38 s., 47 s., 50 s., 62 s., c^{ons} XXVII, XXXV-XXXIX, XL, XLI, XLIII.
—— (Anne-Victoire-Marie-Christine de Hesse-Rheinfels, princesse de), 3184.
—— (Cardinal de). V. *Rohan.*
Soubzmermont (De), bailli de Villenauxe, 2132.
Souches (Pierre Le Boullanger, s^{r} de), lieut^{t} au rég^{t} de Piémont, 123.
—— (Comte de), 393, 9 s.
Soudan, munitionnaire général de l'infant don Philippe, 3017.
Soudé (De), cap^{ne} aux chevau-légers d'Anjou, 1945, 2136.
Soudeilles (De), lieut^{t} de roi en Limousin, 2141.
Soudron, 360.
Soufflet, 1158.
—— cap^{ne} de compagnie franche, 1661, 1754, 1853, 1950, 2034, 2095, 2167, 2243, 2244, 2392.
—— 3426.
Soufflot, maire de La Rochelle, 2338.
Souffrey (Mlle de), demoiselle de St-Cyr, 2371.
Souillac (Vicomte de), gouverneur de l'Île-de-France et de l'Île Bourbon, 3732, 3738, 3765, c^{on} LI.
—— V. *Montmège.*
Soulages (De), cap^{ne} au rég^{t} de Solre, 1483.
Soulaigre (De), lieut^{t} au rég^{t} de Picardie, 997.
Soulatges-Armagnac (J.-Benoît-César-Aug. des Porcellets-Maillane-Tholet, marquis de St-Sernin, puis comte de), lieut^{t}-g^{al}, 1832, 1837, 1898, 1906, 1943, 2031, 2091, 2133, 2138, 2145, 2160, 2169, 2221, 2267, 2271, 2300, 2371, 2383, 2763, 2846, 3127, 3186-3188, 3259, 3403, 3407, 3462. V. *Des Porcellets.*
Soulié, lieut^{t} d'art^{ie}, 1703.
—— (Gabriel), brig., 2798.
Soulies (André de), lieut^{t} au rég^{t} d'Auvergne, 141.
Soulleville (Micault de), subdélégué à Lamballe, 3188.
Soultray (De), officier au rég^{t} de Piémont, 2136.
Soultzbach (Prince palatin de), 224, 225.
Soupire (Ant.-Séraphin de Baudouin, ch^{r} de), lieut^{t}-g^{al}, 2990, 2991, 3039, 3043, 3046, 3096, 3136, 3141, 3197-3201, 3209, 3216, 3276, 3278, 3281, 3409, 3411, 3417, 3458, 3541, 3556, 3558, 3564, 3565, 3575, 3602, 16 s., 21 s., 22 s., 44 s., 78 s., c^{ons} XXIII, XXVI.
Souqueville, 117.
Source (De), cap^{ne} au rég^{t} de la Marine, 356.
Sourches (Louis-Franç. Du Bouschet

ch^{r}. puis comte de), lieut^{t}-g^{al}, 1831, 1945, 2131, 2371.
Sourches (Louis du Bouschet, m^{is} de), lieut^{t}-g^{al}, 3084, 3183, 3418, 3517, 3518, 3520, 3523.
—— V. *Montsoreau.*
Sourdis (Charles d'Escoubleau, marquis de), lieut^{t}-g^{al}, 5, 97, 118, 133, 134, 158, 516.
—— (Chev. de), colonel, 325, 420, 594, 604, 628–631.
—— (Franç d'Escoubleau, ch^{r}, puis comte de), lieut^{t}-g^{al}, 819–821, 880, 882, 889, 890, 966, 967, 969, 1015–1017, 1108, 1109, 1113, 1175, 1218, 1282, 1283, 1286, 1287, 1428, 1462, 1468, 1524–1526, 1611, 1701, 1705, 1792, 1897, 1899.
—— (Mlle de), 3387.
—— (Colbert, m^{is} de), 20 s.
Sousa (De), major du rég^{t} de Flandre-cav^{ie}, 2144.
Souscarière (De), 1862, 1964.
Sousternon. V. *Doria, Souternon.*
Soustran (Franç.), prêtre du diocèse de Bayonne, 2537.
Soustrar, sous-lieut^{t} au rég^{t} d'Orléans, 988.
Souternon (Ant. d'Aix de La Chaize, comte de), lieut^{t}-g^{al}, 1355–1358, 1360, 1422, 1483, 1484, 1493–1496, 1552, 1554, 1555, 1559, 1566, 1658, 1670, 1736, 1739, 1740, 1743, 1751, 1755, 1760, 1830, 1833–1841, 1935–1938, 1940, 1941, 1943–1946, 2017–2023, 2080, 2081, 2084, 2085, 2130, 2131, 2159.
Souville (De), cap^{ne} au rég^{t} de Brie, 970.
—— (Chalvet de), 3467.
Souvré (Bailli de), 131. V. le suivant.
—— (Charles, ch^{r} de), brig., 102, 260, 279, 310, 333, 410, 543, 554, 595, 602.
—— (De), colonel du rég^{t} de son nom, 1217.
—— (Franç.-Louis Le Tellier, m^{is} de), lieut^{t}-g^{al}, 2949.
Soüyn (De), cap^{ne} au rég^{t} Royal, major général de l'armée de Minorque, 2138, 3412, 3413, 3419.
Souzy. V. *Le Peletier.*
Sovan ?, 1862.
Soyecourt (Mis de), 158.
—— (Joachim-Adolphe de Seiglières de Boisfranc, m^{is} de), brig., 2139, 2220.
—— (Louis-Armand de Seiglières, m^{is} de), mar. c., 3046.
Soyrier (De), syndic d'Annecy, 2327.
Soyrot, cap^{ne} au rég^{t} de Marloud, 2370, 2371, 2412.
Spaëns (Baron de), général des troupes de Brandebourg, 392, 548, 567, 629.
Spalard (De), officier autrichien, 3139, 3147.
Spangen (Baron de), officier autrichien, 3183, 3184.
Spangenberg (De), ministre ou ambassadeur de l'électeur de Trèves, 3070, 3167.
Spanheim (Mme de), née Le Bachelier, nouvelle convertie, 1855.
Spar (Ch.-Guill. de), lieut^{t}-g^{al} d'inf^{rie} du service de Hollande, 2056. V. *Sparre.*
Sparmont (Jacques), 1146.
Sparre (Erik-Magnus, baron de), colonel d'un rég^{t} allemand, lieut^{t}-g^{al}, 1484, 1549, 1563, 1661, 1751, 1761, 1838, 1856, 1895, 1896, 1941, 1943, 1944, 2021, 2022, 2032, 2131, 2133, 2149, 2162, 2164, 2165, 2169, 2242, 2243, 2412.
—— (Ch^{r} de), 1895, A. 89.
—— (J.-B., baron de), A. 89.
—— (Jos. Magnus, comte de), mar. c., 2948, 3110.
—— (Louis-Ernest-Jos., comte de), mar. c., 3721, 3732.
—— (Alexandre, comte de), colonel du rég^{t} Royal-Suédois, puis chef de la 18e div. m^{re}, 3740, c^{ons} LXIX, LXX, LXXI.
—— (Comtesse Ernest de), 3753.
Speisser, négociant suisse, 3685.
Speloncato (Le P. Guillermo de), provincial des capucins de Corse, 2901.
Speroni (Agostino), génois, 3331, 3333.
Spianati (Felice), 119.
Spiegel, général au service de l'Empereur, 1672.

Spiegel (Baron de), auteur d'un mémoire sur Paderborn, c^{on} XXIV.
—— V. *Pickelsheim.*
Spindler, gouverneur d'Ardenburg, 279, 286.
Spinola (Ch^{r}), $lieut^{t}$ au service d'Espagne, 1861, 2047, 2104, 2105, 2143.
—— (Prince), 1938.
—— (Mis), 2047, 2901.
—— (Ambroise), évêque de Vintimille, 2175.
—— (Cardinal), légat de Bologne, 2758, 2810, 2818.
—— (Léopold), 3232.
—— (Ferdinand, m^{is}), 3416.
—— V. *Los Balbases.*
Spire (Conseil, magistrats, clergé, etc., de), 279, 342, 467, 664, c^{ons} XLVII b, LXVII. V. *Le Chandru, Metternich, Twickel,* etc.
Spir-Lévy (Isaac), juif de Metz, 2095, 2396.
Spitzemberg, cap^{ne} autrichien, 3182, 3262.
Spon, bailli de la noblesse à Strasbourg, 1855. V. le suivant.
—— (Baron de), de Strasbourg, 3126.
Spondé (H.), évêque de Pamiers, 67.
Sporcken (Aug.-Fréd., baron de), officier général hanovrien, 3440.
Spoulet, commis de l'extraordinaire des guerres à Poitiers, 2185.
Sprecher, major du $rég^{t}$ de Planta, 3183.
Sprée (Comtesse de), 2928.
Sproni (Augustin), vice-gérant de Gênes à Bastia, 3360.
Spry, officier de marine anglais, c^{on} XXXVI.
Spulart. V. *Spalart.*
Squilace (Mis), ministre du roi des Deux-Siciles, 3539.
—— (Mis), ministre des finances d'Espagne, 3627, 3635. V. le précédent.
Staal (J.-B. de), cap^{ne} au $rég^{t}$ suisse de Pfiffer, 146.
Stack. V. *Longpré.*
Stade (Baron de), 631.
Stadelman, secrétaire du prince Charles de Dourlach, 2166.
Stadion (Frédéric, comte de), ministre de l'électeur de Mayence, 3473, 3485, 3501, 3508, 3515, 61 s., 62 s.
Stafford, cadet d'une famille jacobite anglaise, 3152, 3154.
Staffort (De), ministre de Wurtemberg, 1647.
Stahremberg (De), gouverneur de Rheinfeld, 628.
—— (Prince de), $commd^{t}$ l'armée impériale en l'absence du prince Eugène, 1683, 1867, 1868, 2181, 2466.
—— (Comte de), 2755, 3475-3477, 3485, 3489, 3501, 3505, 3507, 3508, 3513, 3549, 3570, 3627, c^{ons} XXXI-XXXIII, XLVII.
Stainville (Franç.-Jos. de Choiseul, m^{is} de), envoyé extraordinaire de Lorraine, 2727, 2783, 2793, 31 36 3144, 3187, 3257-3259, 3587.
—— (Jacques-Philippe de Choiseul, comte de), mar. Fr., 3472, 3557, 3560, 3561, 3563, 3565, 3583, 3588-3591, 3611, 3613, 3719, 49 s., c^{on} XXXVI.
—— V. *Choiseul* et *Couvonges.*
Stairs (Lord), 2086, 2977, 2990, 3007-3010, 3013.
Stalpaert, 1522, 1695, 1696, 1789, 1883-1886, 1888, 1976-1978, 2048, 2049, 2631.
Stampa (Rugiero), milanais, 20.
Stanhope, 1523, 1978, 2620, 12 s.
Staniers (De), 333.
Stanislas Leczinski, roi de Pologne, puis duc de Lorraine, 2575, 2860, 2861, 2924, 3047, 3085, 3109, 3116, 3335, 3387, 3406.
Stanley (H.), 3620.
Staplande (Dehau de), 3693, c^{on} LXX.
Stapleton (De), cap^{ne} au $rég^{t}$ d'Anjou, 1660.
Stappens (De), député des États de la Flandre wallonne, c^{on} LIV.
Starhemberg. V. *Stahremberg.*
Stavelot (Prince, abbé de), 3504. V. *Benoist, La Haye.*
Steckenberg (Henry de), brig., 1943, 1946, 2085, 2087, 2131.
Steding (De), gouverneur du prince de Bournonville, 2141.
Steenvorde (Directeurs du bourg de), c^{on} L.
Steenwort. V. *La Vieuville.*

Steenwyck. V. *Vos.*
Stefanel (Abbé), aumônier du régᵗ d'Harcourt-dragons, 2131, 2133. V. *Stéphanel.*
Steilmann (Von), 2679.
Stein (De), lieutᵗ-cᵉˡ des Chasseurs de Fischer, 3472.
—— ? (Baron de), 2032.
Steinauer, 3180.
Steinbrugg. V. *Vigier.*
—— (Sury de), colonel du régᵗ suisse de Pfiffer, 1938, 2025, 2108, 2133, 2138, 2139, 2141, 2236, 2300, 2370, cᵒⁿ VII.
Steincalenfels. V. les trois suivants.
Steincallenfeld (Baron de), 966, 967, 969, 1159, 1284. V. les suivants.
—— (Ch.-Casimir de), gentilhomme du duché de Deux-Ponts, 2166.
—— (Baron de), capⁿᵉ au régᵗ d'Alsace, 2237.
—— (Famille de), cᵒⁿ XLIV.
Steinling (Baron de), 593.
Steinman, officier municipal de Lyon, cᵒⁿ LX.
Steinnan (De), capⁿᵉ au régᵗ de Poitou, 1900.
Steinsdorff (De), 2951.
Stembert (Jean-Henri-Jos. de), 2033.
Stembspach. V. *Meckel.*
Stenay (Échevins, bourgeois, etc., de), 420, cᵒⁿ LXV f. V. *Collet, Grangemont, Simonard.*
Steneff? V. *Heneffe.*
Stenflycht (Baron de), 2860, 3403.
Stephanel (Abbé), aumônier du prince de Conti, 2631, 3060–3065, 3070, 3074, 3075, 3115, 3117–3119, 3175, 3225. V. *Stéfanel.*
Stephanopoli (Demetrio), d'Ajaccio, 3752.
Stepney, ministre d'Angleterre à Vienne, 1852.
Stetten (Mᵐᵉ de), femme d'un capⁿᵉ du régᵗ de Reding, 2165.
Stettner (Ignace), commissaire impérial à Bruchsal, 2792.
Stienback (De), lieutᵗ au régᵗ de Kerkem, 2242.
Stierneman (Olof de), ancien capⁿᵉ au régᵗ Royal-suédois, 3740.
Stilly (De), 360.
Stindperg?, 2042.
Stival, commissaire des guerres, 607, 1079. V. *Estival.*
Stockor (De), officier au régᵗ Royal-Bavière, 3110.
Stokalper de La Tour, 467.
Stolberg (Fréd.-Ch., comte de), 2873.
—— (Prince de), 3607, 3615.
Stoll, grand bailli du duché d'Aremberg, 2805.
Stollhofen (Bailliage de), 987.
Stoppa (Pierre de), lieutᵗ-gᵃˡ, 259, 260, 264, 265, 271, 275–292, 318–328, 332, 334–336, 357, 399, 411, 420, 502, 512, 547, 548, 671, 880, 967, 968, 987, 997, 1138, 1160, 1954. V. le suivant.
—— officier d'un régᵗ suisse, 820, 1238.
—— capⁿᵉ aux Gardes suisses, 2331.
Storf (De), lieutᵗ-cᵉˡ du régᵗ de La Faille et aide-de-camp de l'électeur de Bavière, 1943.
Stormont (Lord), écossais, 2019.
Story (Guill.), négociant à Dunkerque, 3408.
Stotzing (Mathieu, baron de), 3095.
Stoumphe, 2785.
Stouppe. V. *Stoppa.*
Stourck, chancelier de Suède à Deux-Ponts, 2092.
Stout (ou Stoutz?), officier au régᵗ d'Alsace, puis aux Volontaires étrangers, 3463, 3545, cᵒⁿ XXXII.
Strada d'Aresberg (J.-Ant. de), gouverneur des pages de la Petite Écurie, 3687.
Strafford (Comte de), 2379, 2380.
Stralenheim (Baron de), gouverneur du duché de Deux-Ponts pour le roi de Suède, 2391, 2392, 2452, 2453.
—— (Comte de), 3631, cᵒⁿ XXXVI.
Strasbourg (Municipalité, sénat, clergé, bourgeois, etc., de), 33, 262, 289, 343, 348, 395, 410, 411, 413, 414, 456, 566, 567, 585, 608, 628, 629, 633, 663, 668, 671, 827, 828, 874, 1067, 3780. V. *Auburtin, Baron, Bercan, Berquen, Bock, Casparri, Chevalier, Debocq, Dez, Dietrich, Dufort, Duranty Fiermes, Figeac, Flavet, Fresne*

Friderici, Frischmann, Furstemberg, Gardes, Gellée, Güntzer, Hatsen, Hohenzollern, Hozier, Klinglin, Lannan, Le Bas, Le Laboureur, Lottinger, Löwenstein, Mackau, Manderscheid, Ménille, Montellier, Morinot, Murbach, Nadal, Obrecht, Papelier, Petit, Pfeiffer, Prugue, Regemorte, Renault, Robinet, Rohan, St-André, Spon, Teissonnière, Tournier, Tual, Weiller, etc.
Strasoldo (Raymond-Ant. de), évêque d'Eichstaedt, 3548.
Strathallan. V. *Drummond.*
Strattmann, 323, 346, 347, 352.
Stravius, 409.
Streel, 500, 555.
—— (J. de), colonel de dragons au service de Venise, 1869.
—— (De Léonard de), conseiller privé de l'évêque de Liège, 3717, 3746.
Streicher, subdélégué à Landau, c^ons XLVI, XLVII.
Streiff (De), colonel de cavalerie allemande, 158, 343, 411, 460.
—— (Ch.-Ferd. de Lewenstein, baron de), mar. c., 1673, 1851, 1852, 1856, 1857, 1948, 1950, 1951.
—— (J. de), cap^ne au rég^t de ce nom, c^on LXXXVI.
—— (Mme de), 2413.
Stroffi (Pierre de), 3326.
Stroph, 553, 554, 668, 672.
Strozza (Pierre-Ant.), cap^ne des gardes du duc de Mantoue, 1862.
Strozzi, 5.
—— (Abbé Luigi), de Florence, 264, 467.
—— (Mis), ministre du duc de Mantoue, 2046.
Strunckede et **Croudenbourg** (Melle de), chanoinesse, c^on XXXVI.
Stuart (Anne), reine d'Angleterre, 1962.
—— (Jacques-Edouard), *dit* le chevalier de St-Georges, 2927, 3070, 3075, 3233, 3235, 3314, 3336, 3391, 3396, 3469.
—— (Charles-Édouard), le prétendant, 3034, 3155, 3278.
Studer, banquier à Paris, 2413.
Stuert. V. *St-Maigrin.*
Stultz, landaman du canton d'Unterwald, 224.
Stuppa. V. *Stoppa.*
Sturler, 439.
—— cap^ne au rég^t suisse de ce nom (service de Hollande), 3182, 3183.
—— brigadier hollandais, c^on LXXXVI.
—— (F.-L.), officier suisse au service d'Autriche, 3186, 3257.
Suartz (De), 1549, 1830.
Suarz (De), officier prisonnier de guerre, 3256, 3259, 3262, 3308.
Subas (L.-Franç. d'Agrain de), s^r d'Ausons, cap^ne au rég^t de Tavannes, 1907.
Sublet. V. *Noyers, Heudicourt.*
Suc. V. *Saint-Affrique.*
Sucard (Jérôme), religieux augustin, 2166.
Sucy (De), commissaire des guerres, 564. V. les suivants.
—— (Ch.-Nic. de), commissaire des guerres, 1264, 1406–1408, 1501, 1573, 1661, 1850, 1855, 2033, 2143, 2243, 2244, 2268.
—— **d'Aucourt** (De), commissaire des guerres, 2818, 3017.
—— (De), cap^ne au rég^t de Champagne, 1749, 2420.
—— (Ch^r de), 3671.
Suède (Rois de). V. *Frédéric Ier, Charles XII.*
—— (Christine, reine de). V. *Christine.*
—— (Ulrique-Éléonore, reine de), 2575.
Suffize (Gédéon de), sous-lieut^t au rég^t de Périgord, 2102.
Suffren (Paul de), premier procureur de Provence, syndic-procureur-joint de la noblesse de Provence, 2131, 2135, 2175, 2251, 3230.
Suhm (De), conseiller privé à la cour de Saxe, 2954.
Suisses (Cantons), 260, 383, 384, 386, 408, 417, 437, 438, 439, 467, 487, 535, 566, 567, 633, 683, 968, 997, 2038. V. les noms des cantons.
—— (Officiers), 158, 210, 245, 271. V. les noms propres.
Sullé de Begaignan (Comte de), 3188.
Sully (De), 97, 117
—— (Ch^r de), 1693, 1862.
—— (Maximilien-Pierre-François, duc de), A. 87.

Sulpen ? (De), 275.
Sultzmann, officier au rég^t d'Esterhazy, c^on LXII.
Sumion (Baron de), 2054.
Sumpter, colonel américain, 3736.
Sundgau (Habitants du), c^on XLVI.
Superbie, aide-major du rég^t des Landes, 2269.
Surbeck (De), 401.
—— (J.-J. de), lieut^t-g^al, 1468, 1484, 1495, 1549, 1550, 1556, 1557, 1561, 1566, 1645–1649, 1653, 1700, 1736, 1739, 1743, 1831, 1834, 1895, 1954, 2134, 2140, 2270, 2273, 2339, 2371, 2412.
—— (Eugène-Pierre de Garlande de), brig., 2108.
Surcouf l'aîné, de St-Malo, 3633.
Surdon. V. *Le Queru*.
Sure-Disimieu (De), cap^ne au rég^t de Lorraine, 997. V. *Disimieu*.
Surgeot. V. *Beaulieux*.
Surgères (Alexandre-Nicolas de La Rochefoucauld, m^is de), lieut^t-g^al, 2954, 3142, 3143, 3258, 3309, 3338, 3411, 3418, 3421, 3451, 3452, 3459, 3465, 3492–3495, 3500, 3501, 3504–3507, 3509, 3532, 3538, 3542–3545, 3547, 3549, 3568, 3569, 3630, c^ons XXII, XXXV, XXXIX.
—— (Comte de), c^on LXI.
—— V. *Puy-Guyon*.
Surhomme (Nicolas), lieut^t au rég^t de Certany (service d'Espagne), 1856.
Surille (Docteur), 516.
Surlaville (Achille-Michel-Balthazar Le Courtois de Blais de), lieut^t-g^al, 3199, 3418, 3462, 3608, 3688.
—— (De), auteur d'un mémoire sur l'armée française pendant la campagne de 1757 en Allemagne, c^ons XXVII, XXX, XXXI.
Surlay (De), cap^ne au rég^t de Boulonnais, 1943.
Surveron, 512.
Survie (Ch. de), enseigne au rég^t de Picardie, 146.
Surville (Louis-Ch. de Hautefort, m^is de), lieut^t-g^al, 1555, 1646, 1752, 1832, 1836, 1844, 1900, 2133, 2134, 2144, 2151, 2152, 2154, 2269, 2299, 2370, 2392, A. 90.
—— (De), officier au rég^t de Carabiniers de Monsieur, c^ons LX, LXI.
—— (Mme de), 2136.
Sury (De), officier suisse, 119.
—— V. *Steinbrugg*.
Süs, lieut^t au rég^t Royal-Bavière, 3110.
Suse (Habitants de), 1766, 2044. V. *Arnaud*, *Viglioni*, etc.
—— (De), lieut^t-c^el du rég^t de Navailles, 88.
—— **de Savoie** (Mis de), 3312. V. *Suze*.
Susemont (De), lieut^t-c^el du rég^t de Listenois, 2271.
Susmion, cap^ne aux Gardes béarnaises, 1892.
Sutherland (John), Écossais au service de Hollande, 3309.
Suts (De), 1109, 1264.
Sutton, cap^ne d'un bateau corsaire, 3411.
Suvian, 3303.
Suze (Mis de), 2250.
—— (Armand-Anne-Tristan de La Baume de), évêque de St-Omer, puis archevêque d'Auch, 672, 1285.
—— V. *La Baume*.
Suzenay. V. *Poulletier*.
Suzini (Sebastiano), magistrat de Sartène (Corse), 3635.
Swartz. V. *Suartz*.
Swetze (ou **Swetzel?**), 668.
Swieten (De), 997.
Swinie, cap^ne au rég^t de Lee, 2022.
Switz (Le P. Gratien de), capucin, curé à Wissembourg, 2242.
Sydny (H.), 668.
Sylvestre (Jos.), chirurgien-major à l'hôpital de Briançon, 1972.
—— vice-bailli d'Embrun, 1974.

T

Taaffe, major du rég^{t} de Dillon, 3652.
Tabellion, officier subalterne au rég^{t} de Matha, 2242.
Taboada-Ulloa (Don Francisco), gouverneur de La Corogne, 1983.
Taboissy, ancien cap^{ne} au rég^{t} de Rouergue, 2269.
Taboureau (Louis-Gabriel), sgr des Réaux, intendant, puis contrôleur des finances, 3649, 3677, 3682, 3685. 3691, 3693, 3697, 3702, 3741, 3753.
—— V. *Villepatour*.
Tachaud, cap^{ne} des portes à Cambrai, 2226.
Tache, 1700.
Tachmond. V. *Nugent*.
Taffin, procureur général à Valenciennes, 2313.
—— garde du trésor des Chartes de Lorraine, 2860.
—— **de Greulzin**, maire de Douai, c^{ons} LX, LXIV.
Taffy. V. *Labbé*.
Tailfumyr (De), président à mortier au parlement de Metz, 2741.
Tailladet, commissaire des guerres, secrétaire du m^{al} de Montesquiou, 1552.
Taillan (de), officier au rég^{t} de Bourbon-inf^{ie}, 2144.
Taillandier, 987.
Taillebois (Catherine Vanier, dame), A. 87.
Taillefer, 3694.
Tailleur, 3693.
Taillevin, contrôleur des affaires en régie à Metz, 2244.
Taillis (Du), off., 1836.
Tainville (De), officier au rég^{t} de La Reine cav^{ie}, 2144.
Tairy (Baron de), 2800, 3044, 3084, 3097, 3156.
Taisy. V. *Pavant*.
Taladrin. V. *Du Carlot*.
Talange (De), officier au rég^{t} de Navarre, 158.
Talaru (César-Marie de Chalmazel, m^{is} de), lieut^{t}-g^{al}, 3544, 3545, 3568, 3578, 3579, 3712, c^{on} LV.
—— V. *Chalmazel*.
Talbot, command^{t} du vaisseau *Le prince Charles*, 3154.
—— V. *Tyrconnel*.
Talemandier, c^{on} XIII.
Talende. V. *Pons*.
Talhouet (Du Bot de La Tertrée de), gouverneur des ville et château de Josselin, 3549.
—— (L.-Céleste-Fréd., m^{is} de), maire de Rennes, c^{ons} LXV f, LXVI.
—— **-Sévérac** (Ch^{r} de), cap^{ne}, c^{on} XVIII.
Tallamer, officier aux Volontaires étrangers, 3463.
Tallart (Camille d'Hostun, comte, puis duc de), mar. Fr., 335, 537, 540, 545, 880, 966, 967, 969, 975, 979, 1073, 1088, 1091, 1155, 1156, 1158, 1163, 1204, 1213, 1215, 1216, 1236, 1264, 1266, 1267, 1321-1324, 1355-1360, 1366, 1367, 1502, 1553-1557, 1571, 1573, 1575-1577, 1582, 1654, 1662-1668, 1736, 1739, 1746-1751, 1753, 1755, 1756, 1834, 1836, 1838, 1935, 1936, 1939, 2130, 2135, 2301, 2335, 2344, 2412, 2488, 2767, 10 s., c^{on} III, IV.
—— (Duchesse de), 3075.
—— (Marie-Joseph d'Hostun, comte, puis duc de), 2136, 3075.
Tallemant, 157.
Talleyrand (Gabriel Pasquier de), s^{r} de Boisbournay, cap^{ne} au rég^{t} d'Auvergne, 146.
—— (Comte de), cap^{ne} au rég^{t} d'Artois, puis colonel du rég^{t} de Clairefontaine, 2329, 2371, 2404.
—— (Daniel-Marie-Anne, marquis de), brig., 2766, 2948, 2981, 3007, 3084.
—— V. *Périgord*.
—— **-Périgord** (De), c^{on} LXV c.

Talleyrand. V. *Pasquier.*
Talmond. V. *Talmont.*
Talmont (Fréd.-Guill. de La Trémoïlle, prince de), lieut^t-g^al, 1484, 1742, 1743, 1761, 1831, 1832, 1836, 1837, 1944, 1945, 2027, 2028, 2134, 2135, 2139, 2243, 2244, 2269, 2394, 2697, 2890.
—— (Prince de), mestre-de-camp du rég^t Royal-Pologne, 2990, 2991.
—— (Habitants de la principauté de), 131.
Talon, intendant, 21, 56, 62, 106, 157, 166, 167, 209, 210, 224-227, 242, 244, 245, 251, 259, 260, 275, 278-282, 290-293, 295, 310-313, 318, 320, 324-329, 330, 331, 335, 358, 385, 387, 390-393, 395, 396, 404-406, 438-441, 445, 447, 451, 453, 456, 457, 463, 469, 484, 488, 489, 493, 506, 512-516, 536, 542, 548-550, 555, 556, 564-567, 605, 612, 615.
—— cap^ne du château de Marimont, 549, 550.
—— 1056.
—— aide-major, 1856.
—— (Élisabeth-Angélique Favier du Boulay, présidente), 1966.
—— **Du Boulay.** V. *Du Boulay.*
Talsy (Labbé de), sous-brigadier d'ingénieurs, 3730, 3745.
Taluye (De), 257.
Talvenne (De), commd^t à Menin, 870, 958, 1146, 1210, 1255, 1257, 1259, 1305, 1306, 1308-1310, 1355-1357, 1359, 1360, 1399-1401, 1403, 1404, 1468, 1483, 1484, 1549, 1550, 1552, 1555, 1557, 1560.
Tamarit (Ant. de), gentilhomme du Roussillon, c^on XXI.
—— (De), ancien lieut^t-c^el du rég^t de Montfort, 2370.
Tambonneau, 668. V. *Du Vigneau.*
Tamenet, officier au rég^t de Dampierre, 2138.
Tammerman. V. *Timmerman.*
Tanchard, chirurgien du corps royal de l'artillerie, 3672.
Tangui du Chastel, officier au service d'Autriche, 3260.
Tanneguy. V. *Le Veneur.*
Tannière (De), enseigne au rég^t de Piémont, 146.
Tanqueux. V. *Courtin.*
Tanton (Didier), armurier à Ypres, 2185.
Tanucci (Marquis), ministre du roi des Deux-Siciles, 3661.
Tanus (De), cap^ne au rég^t de Champagne, 2371, 3084.
Taoni (Ant.-Franç.), curé de Lantosque, 2399.
Taponnet, officier, 1660, 1946.
Tapret, fonctionnaire du Bureau de la Correspondance générale et publique, 75 s.
Tarachier, 245.
Tarade, ingénieur, 229, 241, 242, 262, 342, 350, 351, 460, 469, 508, 515, 568, 670, 794, 833, 881, 882, 966, 967, 969, 972, 993, 994, 1115, 1217, 1408, 1413, 1572, 1660, 1675, 2031, 2322.
—— ancien officier au rég^t de Fontbeausard, 2143.
Tarascon (Consuls, etc., de), 516, c^ons LXV, LXV e, LXV f. V. *Coye, Lacroix*, etc.
Tarat, auteur d'un projet pour la fondation d'un établissement de crédit sous le nom de *Bourse de Paris*, 3625.
Taraveau, lieut^t au rég^t d'Anjou, 310.
Tarazena (Marquis de), 1651, 1832, 1937, 2020, 2150.
Tarbé, directeur des contributions publiques, c^on LXIX.
Tarbes (Municipalité, etc., de), c^ons LIV, LX, LXV. V. *Mallier.*
Tardieu, curé de Nyons, 3060.
—— V. *Maleyssie.*
Tardif (Remi), mar. c., ingénieur, 670, 1337, 1378, 1601, 1676, 1779, 1862, 1868, 1872, 1874, 1876, 1966, 1975, 1989, 2144, 2171, 2175, 2249.
—— lieut^t-c^el du rég^t de La Ferronnays, 2255. V. *Tardif de Breban.*
—— échevin ou procureur à Caen, 2419.
—— (Sœur Jeanne), religieuse à Metz, 1854.
—— **de Breban**, cap^ne au rég^t de La Ferronnays, 2132.

Tardy, officier du génie, 3717, 3725, 3755.
Tarenne, officier de la milice bourgeoise de Nogent-le-Rotrou, 3753.
Tarente (Prince de), 117, 419.
—— V. *La Trémoïlle.*
Tariel père et fils, d'Isigny, 3751,
Tarin, inspecteur en Savoie, 906.
Tarino Imperiale (Comte), 1785 1868, 1960, 1961.
Tarlé (De), commissaire des guerres, puis intendant d'armée, 3461, 3736, c^{on} XLVIII.
Tarn (Directoire du dép^{t} du), c^{ons} LXV f., LXVIII.
Tarnault (De), 543.
—— (De), colonel, maréchal-général des logis, 1265, 1707, 1858.
Tarneau (Ch. de), lieut^{t}-g^{al}, 1644, 1661, 1856, 1951, 2131, 2133, 2134, 2145, 2219, 2299, 2301, 2370, 2376, 2386, 2388, 2411, 2415, 2445, 2458, 2461, 2564, 2619, 2700, 2728-2737, 2745, 2766, 2787, 2791, 2838.
—— (Mme de), 2135.
—— (Pierre-Ch. de), mar. c., 2989, 3017, 3089, 3175, 3418.
—— V. *Tarnault.*
Tartarain (David), chirurgien, 1113.
Tartas (Maire de). V. *Duprat.*
Tartereau (Augustin), major du rég^{t} de Bourbitout, puis de celui de Rosen, puis lieut-c^{el} de celui de La Londe, 1841, 1855, 1856, 2021.
Tartigny (De), officier, 2242, 2243.
Tascy. V. *Laugier.*
Tassier (Gervais), prêtre à Philippeville, 1831, 1832.
Tassin, échevin d'Orléans, 2134.
—— prêtre à Châlons-sur-Marne, 3180.
—— cap^{ne} au rég^{t} de Nice, 3275.
—— V. *Taffin.*
Tastet, cap^{ne} au rég^{t} Royal-artillerie, 2144.
—— entrepreneur à Marsal, 2243.
Tattegrain, membre du Directoire de la Somme, c^{ons} LXV b, LXV d, LXIX.
Taules (ou Taulet?), officier au rég^{t} de Du Roure, 2160.
Taurine (De), lieut^{t}-c^{el} d'artillerie, inspecteur de la manufacture d'armes de Charleville, 3418.
Tauxier, commissaire des guerres, 2323.
Tavagny (Franç. de), brig., 1684-1687, 1693, 1781, 1782, 1861, 1862, 1866-1869, 1960, 1961, 1963, 1964, 1968, 2040, 2041, 2046, 2047, 2132, 2135, 2171, 2175.
Tavannes (Françoise, m^{ale} de), 5.
—— (Henri de Saulx, m^{is} de), mar. c., 20, 117.
—— (Ch. H. Gaspard de Saulx, vicomte de), brig., 1897, 1898, 1951, 2141, 2142, 2244, 2393.
—— (Comte de), 2707.
—— (Mis de), «brigadier et général des grenadiers à cheval de l'empereur» Charles VII, 2982, 3052.
—— V. *Saulx.*
Taveau, aubergiste à Bordeaux, 2144.
Tavel, trésorier provincial de l'artillerie et du génie, 3645, 3672.
Taveneau (De), cap^{ne}, 2021.
Taverne, subdélégué à Dunkerque, c^{on} LIII. V. *Montd'hiver.*
Tavernier, juré de Chauny, 2273.
—— aumônier de M. de Champeaux à Hambourg, 3431, 3432, 3436, 3437.
Tavier (De), cap^{ne} au rég^{t} d'Isenghien, 1741, 2138, 2346.
Tavignon (De), 3155, 3294.
Taviot, lieut^{t}-c^{el}, 1944.
Tax l'aîné, lieut^{t} réformé à la suite du rég^{t} de La Marck, 2140.
—— (De), cap^{ne} au rég^{t} de Los Rios, 3184.
Taxis. V. *Tour.*
Taylor, 3276.
Teaulat. V. *Du Puys.*
Teglia, banquier italien?, 2046.
Teignan (De), lieut^{t} au rég^{t} de Reding, 1978.
Teileras-Cupif, 361.
Teissonnier (De), major command^{t} à Mariembourg, 2083.
Teissonnière (De), aide-major de la citadelle de Strasbourg, 2393, 2452, 3033.
Telinge, échevin de Charleville, 2169.
Tellier, bourgeois de Calais, 2221.
Tello (De), gouverneur espagnol de La Roche et de Salm, 2241.

Tempest (R.), Anglais de l'entourage de Jacques II, 895.
Tenac (De), 1593.
Tenaille. V. *Beauregard.*
Tenance, capne au régt d'Auxerrois, 2137.
Tenarre. V. *Montmain.*
Tenaud, officier municipal de Lorient. con LXV c.
Tencin (De), président du Sénat de Chambéry, 1331, 1861, 1862, 1968, 1972, 2040, 2142, 2251, 2398.
—— (Cardinal de), 2892, 2903, 2927, 2970, 3075, 3240, 3241, 3245, 3253, 3281, 3293-3295, 3301, 3305, 3312, 3313, 3316, 3391, 3396, 3406, 3469, 15 s., 16 s.
Tende (Toussaint de), A. 89.
Tenesoli (De), capne au régt Royal-Italien, 3549.
Tenham, 2025.
Tenière, capne au régt de Los Rios, 3184.
Tenremonde-Auvaing (De), 310.
Tercier, commis des Affaires étrangères, employé à des négociations, 3277, 3312.
Terlaye (Allain-Magon de), lieutt-gal, 2727.
Terlinck de Bellemotte, contrôleur général des eaux et forêts, 2314.
Terlon (Chr de), 467.
Terme (Albert de), officier au régt de Schauenbourg (troupes d'Espagne), 2244.
—— officier de compagnie franche, 2269.
Termes (Mis de), lieutt de roi de Sedan, 174, 275, 348, 359, 361, 362, 410, 411, 413, 414, 419, 420, 439, 448-450, 458, 460, 461, 469, 512, 557, 559, 564, 565, 568, 616.
—— (Mise de), 2134, 2135.
—— -La Feuillade? (De), 987.
Termeulen (De), envoyé de l'évêque de Munster, 585.
Termonde (Gouvt, députés, etc., de), 506. V. *Del Valle.*
Termont? (Bon de), 318.
—— (Comte de), capne au régt de La Reine-dragons, con LVIII.
Ternaux, commis des vivres, 992.
Ternay (Chr de), chef d'escadre, 3622, 3704, 3722.
Terondet, officier au régt de Pujol, 2021.
—— capne au régt de Puységur, 2135.
Terrade, ingénieur, 670, 1082.
Terraneau, commissaire d'artillerie, 1900, 2220.
Terrasson, lieutt au régt de Sanzay, 1834.
—— (Fr.-Paul), prieur de la Chartreuse d'Aillon (Savoie), 2143.
—— (J.), commissaire des guerres, con LXXXVI.
—— officier du génie, con LIII.
Terrats, aide-major du régt des Fusiliers de montagne, 1875, 1966, 2045.
Terray, médecin et directeur des hôpitaux de l'armée d'Espagne, 1883, 1884, 1886, 1887, 1979.
—— (Abbé), contrôleur général des Finances, 3673, 3683, 3685, con XLI.
Terray de Rosières, 15 s., 25 s.
Terrefort (J. de Malledent, sr de), capne au régt de Belsunce, 151.
Terreneuve. V. *Garnier.*
Terreneyre, capne au régt du Maine-cavie, 1943, 1945, 2133, 2143, 2144.
Terrier. V. *Monciel.*
Terrillon, ancien officier au régt colonel-général-cavie, 2412.
Terrin, officier aux dragons de Lesparre, 1944.
Terrisse, 2000.
—— invalide de la garnison de Belle-Isle, 2270.
Terruel, maréchal-général des logis, 190.
—— intendant, 209, 210, 224-227, 362, 378, 414, 416.
Terson, capne au régt d'Agénois, 3727, 3748.
Tessé (René de Froulay, comte de), mar. Fr., 608, 623, 708, 776, 795, 831, 837, 874-876, 878, 880-883, 944-946, 967, 970, 977, 978, 1064, 1066, 1073, 1093, 1094, 1096, 1100, 1113, 1116, 1166, 1168, 1170, 1182, 1221, 1222, 1223, 1224, 1225, 1226-

1228, 1238, 1241, 1271, 1272, 1274-1276, 1289, 1327, 1328. 1330, 1332, 1334, 1369, 1371-1375, 1379, 1382, 1401, 1415, 1424, 1468, 1508, 1509, 1510, 1511, 1512, 1513, 1514-1517, 1519, 1524, 1585, 1586, 1588-1594, 1596, 1683, 1687, 1688, 1690, 1691, 1693, 1700, 1702, 1764, 1765, 1776, 1781, 1789, 1883-1888, 1892, 1904, 1958, 1976, 1977, 1979, 1982, 1984, 1986, 2038-2043, 2045, 2053, 2058, 2101, 2102, 2170, 2187, 2412, 2524, 2609, 3779, 3780, 11 s., A. 90, c^on IV. V. *Grassot*.

Tessé (Philibert-Emmanuel de Froulay, ch^r de), 870, 1065, 1080, 1081, 1083, 1170, 1225, 1228, 1272. 1275, 1332, 1344, 1373, 1375, 1380, 1401-1404, 1422, 1423, 1508, 1514, 1519, 1524.

—— (René-Franç., ch^r de), colonel du rég^t de Du Guast-Belleaffaire, 958, 1892, 1982, 2329, 2404.

—— (René-Mans de Froulay, comte de), lieut^t g^al, 2041, 2042.

—— (René-Marie de Froulay, comte de), brig., 2943.

—— (René-Fran., ch^r de), *dit* le ch^r de Froulay, colonel du rég^t de Vermandois, 3174.

—— V. *Froulay*.

Tessier, officier au rég^t de Bresse, 2131.

Testard. V. *La Guette*.

Testu, chevalier du Guet de Paris, 118, 361.

—— officier en garnison à Sedan, 2243.

—— commd^t à Donchery, 2420. V. le précédent.

—— V. *Balincourt, Villars*.

Tetel, maire de Troyes, 359, 360.

Teulier, officier au rég^t de Senneterre, 2228.

Teuly (De), 356.

Texier, commissaire des guerres, 360.

—— V. *Hautefeuille*.

Textoris, cap^ne au rég^t d'Auvergne, 1703.

—— maire d'Antibes, 2135, 2136, 2188.

Teyras. V. *Grandval*.

Teyse, 97.

Teysseyre, secrétaire du vicomte d'Aubeterre, 3494, 3508.

Thann (Bailli de), 347.

Thaon (Ant.-Franç.), prieur de Lantosque, 2326.

Tharin, conseiller au parlement de Franche-Comté, 3710.

Thawnonoskin (André), envoyé du roi de Pologne (Henri III) au sultan, 3.

Thays (Ch^r de), gentilhomme dauphinois, 2175.

Théard, officier au rég^t de Hoccart, 2244.

Theis (De), subdélégué de l'intendont d'Ormesson à Chauny, 2266, 2341, 2370, 2371.

—— (De), maire de Noyon, 2341.

—— V. *Thays* et *Theys*.

Theleville, lieut^t au rég^t de Sillery, 1861.

Thelosan (J.), 3395.

Thelusson, 3175.

Themel, 342.

Themeze (Jacques), entrepreneur de subsistances, 1768. V. le suivant.

—— 1895.

Thémines (De), lieut^t de roi et maire de Meaux, 1525, 1604, 1900.

—— (De), officier au rég^t d'Aunis, c^on LX.

—— V. *Estrées, Lauzières*.

Thenesol (De), officier au rég^t de St-Second, 2370.

Thentaniac (De), sous-lieut^t au rég^t de Navarre, 2134.

Théodore (Dom), religieux de l'abbaye de St-Honorat (île de Lérins), 33.

Theon (De), cap^ne au rég^t de Mornac, 2328.

Théophile (Fr.), gardien des récollets de Verdun, 2268.

Théry, ingénieur, 469.

—— (Baron de), 3185.

Thésan (Vicomte de), c^el du rég^t de Vermandois, c^on LXVI.

Thesut (Abbé de), 1501.

—— (De), colonel, 2131, 2238, 2243.

Thesut-Despuis (De), élu de la noblesse du Charolais, 2270.

Theufles (De), lieut[t] au rég[t] de Vardes, 102.
Theuley (Abbé de). V. *Pallières.*
Theumaseau. V. *Péguirau.*
Thevenard (Ant.-J.-Marie), marin, ministre de la marine, c[ons] LXVIII, LXIX.
Thévenin, traitant, 1468, 1502, 1504, 1524-1526, 1613, 1699.
Thevenon (De), ancien maréchal-des-logis au rég[t] de Marcillac, 2139.
Theys (De), commandt[t] à Bouillon, puis à Metz, 1501 1526, 1855-1857, 2134, 2145.
—— V. *Thays* et *Theis.*
Thèze (De), cap[ne]. au rég[t] de Poitou, 1974.
Thiadot (Dom Barthélémy), supérieur des Bénédictins de St-Désiré, à Lons-le-Saulnier, 2394.
Thiancourt (De), 2782-2785, 2787-2795, 2797-2799, 2800, 2802.
Thianges (Claude-Henri-Philibert de Damas, m[is] de), 975, 1897.
Thianges (Amable-Gaspard, vicomte de), lieut[t] g[al], 3200, 3418, 3450, 3493, 3521, 3627. V. le suivant.
—— (De), 3694.
Thiard (H. Pontus de), évêque de Toul, 1465, 1502, 1574, 1672.
—— (H.-Ch. de Bissy, ch[r], puis comte de), lieut[t] g[al], 3520, 3730, 47 s., c[ons] II, LI, LII, LIV, LXI, LXIV, LXV, LXXVI.
—— **-Bissy** (H. de), évêque de Meaux, cardinal, 1898, 1899, 2145, 2262, 2371, 2411, 2412.
—— V. *Bissy.*
Thibaud, 97. V. *Thibault, Thibaut* et *Thiebault.*
Thibault, trésorier, 11.
—— cap[ne] au rég[t] Dauphin, 360.
—— premier commis, puis chef du dépôt de la guerre, 1180, 2771, 3387, 3392, 3406, 3500, 3508, 3775.
—— lieut[t] au rég[t] de Lestrange, 1856.
—— cap[ne], 1973.
—— procureur général du duc de Bouillon, 2095, 2792.
—— (Alexandre), officier au service de l'électeur de Bavière, 2238, 2272.
Thibault, 2272, 2419, 2421.
—— employé de la gabelle? à Chinon, 2516.
—— V. *La Carte*, *Thibaud*, *Thibaut* et *Thiébault.*
—— **de St-Huruge** (Franç.), mar. c., gouverneur de Charleville, de Stenay puis de Saint-Quentin, 33, 92.
Thibaut (J.), officier hollandais, 3309.
—— quartier-maître trésorier du rég[t] d'Angoulême-Dragons, c[on] LXV d.
Thibauville, trésorier provincial de l'artillerie et du génie en Picardie, 3633, 3641, 3645, 3672.
Thiberzeau, 1971, 2559, 2563.
Thiboutot (Mis de), 3505, c[ons] XLVII b, LXIV.
Thiébault, commissaire des guerres, 962, 1082.
—— (Pierre), bourgeois de Metz, 1754.
—— fabricien de Ste Ségolène à Metz, 1956.
—— 2679.
—— V. *Thibaud*, *Thibault* et *Thibaut.*
Thiécourt (De), ancien lieut[t]-c[el], 2137.
Thiefrey de Layesse (Nicolas-Joseph), de Cambrai, A. 90.
Thiembrone-Valence. V. *Timbrune* et *Valence.*
Thienot, commis au dépôt de la guerre, 3017, 3545, 3625.
Thier (J.-G. Ogé de), brig., et son fils, J.-N.-M., cap. au rég[t] Languedoc-dragons, 1654, 1757, 2237, 2242, 2318, 2322, 2391-2393, 2396, 2452, 2453, 2455, 2456, 2547, 2575, 2620, 2632-2634, 2643, 2644, 2655, 2663, 2676-2678, 2688, 2701, 2709, 2712, 2731-2733, 2746, 2782, 2783, 2790-2796, 2912, 2913, 2918, 2919, 2926, 2947, 2949, 2950, 2960, 2969, 3000, 3035, 3036, 3029-3042, 3045, 3046, 3053, 3054, 3095, 3240, 3263, 3406.
—— (Mme de), 2644.
Thiereck, directeur des vivres (Service de Bavière), 3477, 3504.
Thieriet, cap[ne] au rég[t] de Provence, 1831, 1832.
Thierion, régisseur général des troupes, c[ons] LIV, LXV, LXV b, LXVIII, LXX.

Thierriat, secrétaire de l'intendant Du Gué de Bagnols, 1841.
Thierry, ingénieur, 1013.
— (Jacques), commissaire des vivres, 1854.
— lieut^{t} au rég^{t} de Saillans, 2102.
— secrétaire du duc du Maine?, 2145.
Thiers (Curé de). V. *Verlagne.*
Thiersant, procureur général à Luxembourg, 1380.
— président aux requêtes au Parlement de Metz, 2245.
Thiery, 310, 670.
— major de la place de Bouillon, 2095, 2526.
— auteur de mémoires géographiques, 2470.
— curé de Dunkerque, 3694.
— de Bouzonville, 2145.
Thiesenhausen (De), 1950–1953, 2031, 2032, 2084, 2091, 2093.
Thiesson (Florentin), procureur de la commune de Germigny (Yonne), c^{on} LXVII.
Thieulaine (Arnoult de), gentilhomme franc-comtois, A. 89.
Thieulin (Ch^{r} de), lieut^{t}-c^{el}, sous-directeur de l'artillerie, 3641.
Thieuville (Mis de), c^{on} XLVII.
Thievriat, mousquetaire, 2182.
Thil. V. *Du Thil.*
Thillaye du Boullay, président du Comité national de Lisieux, c^{on} LIV.
Thille (Comte de), 1838.
Thilovier, 2143, 2145.
Thionville (Municipalité, clergé, etc., de), c^{on} LXVI. V. *Argelé, Chaumont, Clémery, Du Héron, Gévigny, Gibout, Hugony, Mettayer, Morant, St-Remy, Saltzgaibre, Scharff, Villefranche (le P. de), Volckringer,* etc.
— (Frère de), gardien des capucins de Sarrelouis, 2244. V. *Maximin (Le P.).*
Thirand, munitionnaire, 110.
Thirement, commissaire des guerres, 182.
Thiriet, bourgeois de Vic-sur-Seille, 2169.
Thirion, garde du corps, 2370.
— **-Lamy**, cap^{ne} de dragons, correspondant secret, 2631–2634, 2655, 2664, 2676–2678, 2688, 2746, 2767, 2891, 2978, 3011, 3026, 3033, 3034, 3037, 3057, 3075, 3083–3090.
Thirion, c^{on} XVII.
Thiroux. V. *Montregard, Montsauge.*
Thirriat. V. *Espagne (D').*
Thiry, lieu^{t} au rég^{t} de Poitou, 2142.
— 2977.
This (J. Walther de), ancien bourgmestre de Trèves, 2395.
Thisquien (Jean-Remacle), procureur général du Conseil d'Espagne, à Gand, 2023.
Thisserand, maire de Vézelise, 1956.
Thiville (De), commissaire des guerres, inspecteur g^{al} des hôpitaux, 3047, 3123, 3125, 3144, 3446, c^{on} XXXVI.
Thoard. V. *Barras.*
Thobon, chanoine à Lens, 2142.
Thois (Henriette-Mauricette de Penancourt de Kéroualle, marquise de), 2131, 2132, 2142, 2272.
— V. *Thouy.*
Thoisy, lieut^{t} au rég^{t} de Morogues, 2130.
Tholet. V. *Soulatges-Armagnac.*
Tholey (Maurice, abbé de), 982.
Tholose, ingénieur?, 3673.
Tholozan, inspecteur des vivres, 70 s.
— **de Briamsoles**, prêtre de la communauté de St-Louis-en-l'Île, à Paris, 2979.
Thom. V. *Du Gua.*
Thomain, officier municipal de Blois, c^{on} LXV d.
Thomas de Savoie (Prince), 97, 98, 106, 119, 157, 158, 1239, 9 s.
— officier, 1836, 1861, 2177, 2890.
— cap^{ne} au rég^{t} de Picardie, 1982, 1985.
— ingénieur, 2137, 2140.
— trésorier général de l'extraordinaire des guerres?, 3000, 3164, 3255, 3287, 3391, 3404.
— membre du directoire du dép^{t} d'Ille-et-Vilaine, c^{ons} LXV b, LXV f, LXVI.
— V. *Prade, Villeneufve.*
Thomasin, officier, 397, 1833.
— correspondant et agent du m^{al} de Montesquiou, 2213, 2214, 2300, 2302, 2445, 2631, 2634.
— 40 s.

Thomasset, gentilhomme franc-comtois, A. 89.
Thomassin, aide-de-camp du grand prieur de Vendôme et cap^{ne} reformé au rég^{t} de Bélabre, 1862, 1866.
—— (Veuve), de Longwy, 1952, 1953.
—— (Louis de), évêque de Sisteron, 2130.
—— (De), ingénieur, 2145, 3135, 3584.
—— marchand et échevin à Sarrelouis, 2243, 2244.
—— procureur du pays de Provence, 3175, 3187, 3232, 3239, 3242, 3255, 3256, 3262, 3310, 3314, 3392.
—— lieut^{t} dans les gendarmes royaux, 3413.
—— (Etienne-Jean?), mar. c.?, 3550.
Thomassy (Valbelle de), officier au rég^{t} de Médoc, c^{on} XLIX a.
Thomé (Pierre), marchand à Calvi, 3539.
—— (Pierre de), lieut^{t} g^{al}, 2135, 2301, 2305, 2761, 2783, 3135, 3137, 3143, 3144, 3197, 3198, 3202, 3418, 5631.
—— (Ant.), prévôt général du Lyonnais, commandant une compagnie de 25 archers, c^{on} LXXXVI.
—— 2345.
Thomin. V. *Heymann*.
Thomond (Ch. O' Brien de Clare, comte de), mar. Fr., 2737, 2785, 2788, 2789, 2919, 2993, 3011, 3017, 3027, 3030, 3032, 3072, 3145, 3152, 3154, 3183, 3198-3200, 3260, 3276-3278, 3408, 3419, 3449-3452, 3459, 3463, 3464, 3468, 3469, 3496, 3497, 3500-3501, 3504-3507, 3510, 3517, 3532-3535, 3537, 3539, 3542-3544, 3546, 3547, 3549, 3568, 3570-3573, 3576-3579, 3581, 3598, 3599, 3602, 3633, c^{ons} XV, XVI, c^{on} XXX.
—— V. *Clare*.
Thompson (G.), cap^{ne} anglais, 3621.
Thonais, cap^{ne} au rég^{t} de La Fond, 1858.
Thonier, 2162, 2619.
Thonon (Syndics, clergé, etc., de), 2040, 2043. V. *Aignan*, *Dralliant*, *Dufresne*.
Thorenc (Comte de), lieut^{t} de roi de Francfort, mar. c., 3544, 3684, c^{ons} XXVII, XXXII.
Thorey. V. *Blancheton*.
Thorigny (De), 102, 106, 392. — V. *Matignon* et *Torigny*.
Thosse, président à Calais, 1066, 2183, 2221, 2230.
Thou (De), 26, 516.
Thoulouse, entrepreneur de fournitures de viande, 2185.
Thouran, fonctionnaire du Ministère de la guerre, c^{on} LXXI.
Thourette, ingénieur, 3760.
Thouron, officier, 1857.
—— officier au rég^{t} de Rasilly, 2370.
Thourotte. V. *Tourotte*.
Thoury (De), major du rég^{t} de Bourbon-inf^{rie}, 1552.
Thouy (Ant.-Balthasar de Longecombe, m^{is} de), l^{t} g^{al}, 945, 946, 1004, 1005, 1094, 1100, 1274, 1275, 1331, 1375, 1484, 1508, 1549, 1550, 1552, 1560, 1644, 1649, 1658, 1736, 1742, 1743, 1782, 1788, 1789, 1791, 1876, 1883-1886, 2014, 2038, 2040, 2041, 2096, 2098-2100, 2130, 2131, 2143, 2145, 2171, 2175, 2250, 2253, 2255, 2269, 2272, 2326, 2332, 2408, 2488.
—— V. *Pezeux*.
Thowenot, 3763.
Thoy. V. *Thouy*.
Thoys. V. *Gouffier*.
Thoyré, cap^{ne} aux dragons de St-Sernin, 2269, 2338.
Thuillier (Charles), ingénieur, 262.
—— membre du Directoire du dép^{t} de la Somme, c^{ons} LXV b, LXV c.
Thumery (De), l^{t} c^{el} du régt^{t} Royal-Lorraine, 3758.
—— commissaire des guerres? c^{ons} LXX, LXXI.
—— **de Boissire** (Cl. de), officier aux Gardes françaises, 131.
Thun (Baron de), ministre plénipotentiaire de Wurtemberg à Paris, 3460, 3472, 3503, c^{on} XXIV.
Thüngen (De), 969, 976, 981, 989, 1380, 1406, 1407, 1410, 2094, 2688, 2768, 2792, 2793, 2805, 2837, 2840, c^{on} XII.

Thuret, ancien cap^ne au rég^t de Picardie, 2142, 2143.
Thurin, administrateur de l'hôpital de Ruremonde, c^on XXXIII.
Thurn-et Taxis. V. *Tour et Taxis* et *La Tour*.
Thurot, corsaire, 3449, 3497, 3508, 3525, 3532-3538, c^on XXXII. V. *Mazurier*.
Thurriegel, 3405, 3410, 3516, 3585, 53 s.
Thury. V. *Harcourt*..
Tiberge (De), 1832, 2140.
Tibou-Sultan, nabab des Indes, 3765.
Ticquet, chargé d'affaires à Naples, puis à Bruxelles, 2888, 2991, 3026, 3027, 3086, 3187.
Tieffenau (Gueldin de), cap^ne, 2268.
Tiepolo, ambassadeur de Venise, 1863.
—— (Lorenzo), 1988.
Tiercy (De), officier de mousquetaires, 1899.
Tierney, irlandais, commerçant à Dunkerque, 3408.
Tierset (Baron de), 438.
Tiersonnier, maire de Beauvais, 3135, 3136.
Tiffy, command^t le 2e b^on du rég^t de Vendôme, 1573, 1896.
Tigné (René, ch^er de), ingénieur, brig., 1982, 2563, 2564.
Tigny. V. *Aubigné*.
Tigrigny, échevin de Ham, 2266.
Tileu (De), command^t à Huy, 1553, 1557, 1564.
Tilff (Noël de), 275, 342.
Tillac. V. *Du Tillac*..
Tilladet (Gabriel de Cassagnet, m^is de), lieut^t g^al, 119.
—— (J.-B. de Cassagnet, m^is de), lieut^t g^al, 146.
—— (Gabriel de Cassagnet I, ch^r, puis m^is de), mar. c., 98, 117-119, 158, 209, 245.
—— (Gabriel de Cassagnet IIe, ch^r, puis m^is de), lieut^t g^al, 278-280, 311, 332, 343, 344, 359, 419, 493, 502, 512, 565, 600, 601, 728, 734, 735, 825, 827, 831, 891, 953, 980.
—— (Ch^r de), 1206, 1207.
Tilladet (De), évêque de Mâcon, 903.
Tillard, 97, 106.
Tillecourt, c^on XXIII.
Tillier, colonel anglais, 102.
Tillières (Ch^r de), 1899.
Tillieux (De), cap^ne réformé au rég^t de Bouré (service d'Espagne), 2393.
Tilloloy (De), officier au rég^t de Fontaine, 2143.
Tilly (Pomponne Le Roux de), lieut^t g^al, 92, 106, 110, 157, 343.
—— (De), lieut^t au rég^t de Piémont, 397, 468.
—— (Ch^r de), major de la place de Phalsbourg, 989.
—— (Comte de), 2371, 2447, 2448.
—— (J.-B. Roussel, m^is de), mar. c., 2915, 2923, 2928, 2940, 2945, 2954, 2955, 2983, 2988, 2992, 2993, 2999, 3000, 3039-3047, 3051-3053, 3056, 3071, 3087, 3089, 3094-3096, 3098, 3100, 3101, 3143, 3156-3168, 3202, 3208, 3213-3220, 3257, 3281, 3285-3287, 3312.
—— (De), officier aux Carabiniers, 3017.
—— V. *T'Serclaes*.
Tilmans (De), officier au rég^t de La Croix, 2137, 2138, 2242.
Timbrune-Valence (Mis de), mar. c., gouverneur de l'École mil., 3725, 3751, 3766.
—— (De), 3606. V. *Valence*.
Timmermann, agent secret, 2978, 2989, 3010, 3011, 3013, 3070.
Tincourt (L. de Blécourt, vicomte de), cap^ne au rég^t d'Houdancourt, 146.
Tinelles (De), officier au rég^t d'Orléans-inf^rie, 3030.
Tingry (Ch.-Fr.-Christian de Montmorency-Luxembourg, prince de), lieut^t g^al, 2921, 2943, 2949, 3043, 3197, 3198, 3200, 3207, c^on XII.
—— V. *Luxembourg*.
Tinsuglia, 20.
Tinturier, maire de Damvillers, 2850.
Tiran, lieut^t au rég^t de Talende, 1767.
Tirant, 3462, 3463.

Tiraqueau (H. de), b^{on} de Dinan, cap^{ne} au rég^{t} de Piémont, 88.
—— (Jacques), 123.
—— (Ch^{r}), major du rég^{t} de Froulay, 1892.
Tirimont (Louis-Alexandre Seeckaert, s^{r} de), intendant de la Flandre espagnole, 703, 796. V. *Tirmont.*
Tirmont (De), intendant à Gand, 725. V. *Tirimont.*
Tirois, commissaire des guerres, 1832, 1943.
Tirsay (Dom Nicolas), prieur de l'abbaye de St-Amand, 1833.
Tisenhausen (De). V. *Thiseenhausen.*
Tison. V. *Linange de la Brangelie.*
Tisset de la Mothe, commissaire des guerres, 3665.
Tissier (Dom Martin), bénédictin, 1956, 2095, 2167, 2270, 2324.
—— prévôt d'Arrancy, frère du précédent, 2396.
—— lieut^{t} g^{al} au bailliage de Longwy, 2095, 2242.
Tissot, ancien colonel au service de Hollande, cap^{ne} au service de Genève, 3749.
—— chirurgien aide-major du rég^{t} de Conti-dragons, c^{on} LXV b.
Titon (Maximilien), directeur g^{al} des magasins d'armes du roi, 958, 961, 967, 972, 1015, 1108, 1524–1526, 1613, 1699, 1700, 1895, 1898, 2145, 2185, 2269, 2272, 2273, 2338, 2343, 2346.
Titon Du Tillet, commissaire des guerres, 2143.
Titot, directeur des postes de l'armée d'Italie, 1595.
Titren, chirurgien, 1551.
Titta-Parisis?, 2038.
Titus, agent secret, 2850.
Titz, aumônier de M. de La Croix, 1660.
Tivoley de Barat (Louis), officier au rég^{t} du Perche, 2242.
Tixier, commissaire des guerres, 295, 359, 361, 363, 419, 420, 1287, 1549, 1575, 1736, 1832, 1850, 1895, 1905, 2024, 2093, 2095, 2132, 2133, 2141, 2169, 2242, 2268, 2299.
Tizé (De), 2132, 2186, 3123.
Tobias (Thomas), cap^{ne} de vaisseau hollandais, 326.
Tobin (Mis de), 3233.
Tocqueville (De), 1285, 1610, 2140, 2143, 2186, 2784.
Tœpffer (J.-F. de), sous-lieut^{t} dans la compagnie franche de Desrobert, 2324.
Toffmann, commissaire hollandais, 2377.
Toiras (J. Du Caylar de St-Bonnet, m^{is} de), mar. Fr., 14, 20.
—— (Louis de Bermond Du Caylar, m^{is} de), mar. c., 151, 158, 279.
—— (De), 819, 958.
Toissey (Municipalité de), c^{on} LXV a.
Tokaine, anglais chargé de l'échange des prisonniers de guerre, 3255.
Tolignian (Maire de). V. *Tortel.*
Tollozan, lieut^{t} au rég^{t} de Piémont, 2136.
Tomasini, 1832.
Tombebœuf. V. *Montpouillan.*
—— cap^{ne} au rég^{t} du Roi-inf^{rie}, 3053.
—— (De), colonel du rég^{t} de la Sarre, 3255.
Tombonneau. V. *Du Vignau.*
Tomei (Ange-Franç.), corse, 3647.
Tondu, membre du Directoire du dép^{t} de la Somme, c^{on} LXIX.
Tondut (Pierre de), brig., 2145, 3204, 3259, 3275.
Tonduti de l'Escaréne (Comte), sénateur de Nice, 1973, 1974, 2043.
Tongas? (De), de Calais, 1831, 1835.
Tongerloo (Abbé de). V. *Siarde.*
Tonneau. V. *Lescheraine.*
Tonneley (Franç.), lieut^{t} au rég^{t} de Limousin, 3154.
Tonnellier, bourgeois de Metz, 1754.
Tonnerre (Municipalité, etc., de), c^{ons} LXV c, LXVIII. V. *Courtine.*
—— (Comte de), 3741. V. *Clermont.*
—— (Duc de), 3740, 3749, c^{ons} L b, LIV, LXII. V. *Clermont.*
—— V. *Clermont.*
Top, avocat à Bailleul, 3725.
Topenat, officier au rég^{t} de La Chau-Montauban, 2030.
Torcy (Baron de), 554.
—— (J.-B. Colbert, m^{is} de), ministre, 793, 1422, 1435, 1436, 1441, 1465, 1502, 1513, 1522, 1524, 1526, 1564, 1598, 1599, 1606,

1615, 1650, 1651, 1672, 1675, 1683, 1685, 1695, 1696, 1699, 1733, 1736, 1761, 1783, 1786, 1793, 1799, 1843, 1861, 1866, 1895–1900, 1907, 1908, 1950, 1955, 1956, 1958, 1960–1962, 1966, 1972, 1974, 1976, 1985, 1992, 2020, 2021, 2025, 2031, 2032, 2039, 2043, 2080, 2093, 2094, 2102, 2148, 2149, 2150, 2162, 2165, 2166, 2168, 2178, 2180–2182, 2236, 2237, 2239, 2263, 2269–2272, 2305, 2308, 2311, 2335, 2338, 2340, 2343, 2344, 2371, 2392, 2421, 2445, 2459, 2524, 2584, 2622, 2648, c^ons II, IX.

Torcy (De), cap^ne au rég^t du Maine-inf^rie, command^t à Mequinenza, puis à Saragosse, 2048-2050, 2180, 2253.

—— (Paul-Franç.-Ollim, comte de), lieut^t g^al, 2936, 2937, 2977, 2978, 2982, 2983, 2988, 2990–2993, 3026, 3040, 3044, 3052, 3074, 3094–3108, 3109, 3155–3168, 3186, 3198–3200, 3206, 3207, 3213–3216, 3276–3278, 3280, 3281, 3316, 3387, 3392, 3407, 3418, 3438, 3463–3465, 3469, 3471–3479, 3484, 3485, 3501–3503, 3508–3510, 3513, 3514, 3517, 3523, 3525, 3526, 3550, 3552–3554, 3562, 3564, 3565, 3576, 3583, 3585, 16 s., 46 s., c^ons XVI, XXVII, XXXIII. V. le suivant.

—— (Ch.-Ant.-Félix, Colbert de Croissy, m^is de), mar. c., c^on XXXVI. V. le précédent.

—— V. *La Tour*.

Tord (De), mestre-de-camp réformé au rég^t de Noailles, 2331.

Torigny (De), 279. V. *Thorigny*.

Torlonval. V. *Ramsault*.

Tornac. V. *La Fare*.

Tornaco (Arnold-Franç., baron de) général autrichien, 3047, 3095, 3123–3126, 3201.

Tornay (Jean de), enseigne au rég^t de Persan, 146.

Tornielle (De), 987, 1375, 1968.

Torpanne (De), secrétaire général de l'artillerie, 1613, 1979, 2258.

Torralba (De), 1958, 2038–2041, 2098–2102, 2170, c^on VII.

Torregon y Velasco (Don Jos.), command^t au château de Canfranc, 2255, 2328.

Torres y de Cadell (Francisco), chef d'une compagnie franche espagnole, 2563, 3232, 3242, 3256.

Torres y Medrano (Don Juan de), secrétaire de la guerre au royaume de Naples, 1692.

Törring (Comte de), maréchal bavarois, ministre de l'électeur de Bavière, 2851, 2877, 2902, 2913, 2915, 2919, 2921, 2943–2945, 2949, 2950, 2953, 2956, 2969, 3070, 3075, 3110, 3111, 3156.

Torring, chanoine et vicaire général de Nice, 2044.

Torsat (De), lieut^t au rég^t de Rouergue, 1861.

Torsy, cap^ne au rég^t de Mortemart, 1855.

Tortel, moine de Tolignian, 2102.

Tortin (Claude), soldat dans une compagnie d'invalides à Belle-Isle, 2143.

Toscane (Grand-Duc de), 259, 264, 1961, 2168, 2399. V. *François Ier*.

—— (Grande-Duchesse de), 299.

Tott (Franç., baron de), mar. c., consul en Crimée, auteur de mémoires, 3403, 3407, 3627, c^ons VIII, XIX, XX.

Touchezondes (De), officier, 3538.

Toul (Municipalité, clergé, bourgeois, etc., de), 342, 997, 1767, 1854, 2033, 2035, 2056, c^on LXVII. V. *Baribaut, Beausire, Begon, Bacquilley, Chaupoulot, Compagnon, Comault, Courcelles, Daulnoy, Dehuz, Denis, Dilbemont, Du Hamel, Dutraict, Folliot, Forgeville, Gérard, Gouvion, Groullier, Grouzelier, Guillaume, Guilly, Houillon, Joly, La Chauvinière, La Chevalleraye, Laigle, Lanty, La Roche, Liégeois, Madeleine (Sœur), Midot, Pagel, Pillement, Pimodan, Regnier, Rutant, Thiard, Toussainct, Villaume, Villicy, etc.*

—— (Conseil d'adm^on du rég^t de), c^ons XLIV, LXVIII.

Toulignan (Échevin de). V. *Clergue*.

Toulon (Municipalité, clergé, etc., de), 11, 33, 279, 420, 610, 1095, 2041, c^{ons} LXII, LXVI. V. *Arnaud, Barthélémy, Bonnegrâce, Brun, Callenes, Cathelin, Cavasse, Chabert, Cheaulard, Chouin, Crestian, Dastour, Dejean, Du Bos, Dupoirier, Dussolier, Gand, Garnier, Geoffroy, Granet, Granville, Guilloire, Hautand, Jolly, Labesse, Laugier, Léautaud, Légier, Marca, Pieusin, Ricard, Richard, Soliès, Tourés, Vintimille*, etc.

Toulongeon (H. de Gramont, c^{te} de), lieut^t g^{al}, 137, 467.

—— (Jos., c^{te} de), mestre-de-camp d'un rég^t du service d'Espagne, 1423, 1837, 1944, 1946, 2141, 2153.

—— (De), 3720, c^{ons} LX, LXV–LXV d, LXV f, LXVII–LXXI.

—— V. *Gramont.*

—— (Chovet de), officier m^{al} de Châlons, c^{on} LXIV.

Toulouse (Capitouls, clergé, etc. de), 361. V. *Bailot, Beaudrique, Bertier, Bousquet, Dillon, Duclos, Labat, Lecomte, Le Mazuyer, Morant, Pujos, Riocreux, Villacerf*, etc.

—— (Louis-Alexandre de Bourbon, comte de), 1604, 1607, 1609, 1703, 1704, 1767, 1768, 1796, 1874, 1896–1900, 1958, 1979, 2038, 2043, 2044, 2183, 2258, 2338, 2339, 2343, 2347, 2393, 2619, 2662 2709, 2725, 2745–2747, 2763, 2777, 2824, 2850, 2854, 2860, 2877, A. 87, A. 88, c^{ons} II, XIV, LXXV.

—— (Marie-Victoire-Sophie de Noailles, comtesse de), 2709, 2746, 2877, 3075, 3233, 3263, 3316, 3406.

Tounadou-Duprat, lieut^t de roi à Ardres, 2312.

Toune. V. *Thun.*

Toupelin, bénédictin franc-comtois, 1844.

Touraine (Députés de), c^{on} LVII.

—— (Officiers du rég^t de), 1766, c^{on} LXVI.

—— officier au rég^t de Brancas, 1832.

Tourdoude, m^{al} des logis des Gardes du duc de Mazarin, 279.

Tour-et-Taxis (Comte de), 275, 311, 312, 332, 448-450, 547, 599, 672, 703. V. les suivants.

—— (Comte, puis prince de), 209, 210, 224, 225, 243, 313, 328, 396, 397, 438, 452, 542, 543, 672, 703, 739, 822, 870, 887, 891, 958, 1054, 1055, 1146, 1147, 1205, 1210, 1357, 1360, 1380. V. le précédent, le suivant, et *Langenbergh.*

—— (Prince de), 2755, 3549, 3552.

—— (Princesse de), née princesse de Wurtemberg, 3396.

—— V. *La Tour.*

Tourbes et **Tourpes**. V. *Estrées.*

Tourès. V. *Léautaud, Léotaud.*

Tourette, officier, 1951.

——**-Trans** (Ch^r de), cornette au rég^t d'Hautefort-dragons, 1862.

Tourlaville (De), cap^{ne} au rég^t de Foix, 972.

—— (Municipalité de), c^{on} LXII.

Tourmeille (Ch^r de), officier au rég^t de Marat, 1857.

Tourmenyes (De), cap^{ne}, 1973.

Tourmignies (L. de), c^{on} XV.

Tourmont (De), 705, 819, 895, 1562, 1643, 1735.

Tournai (Parlement, municipalité, clergé, etc., de), 224, 227, 262, 311, 337, 339, 397, 420, 457, 499, 544, 545, 549, 1055, 1208, 1831, 1837, 1940, 1942, 2017, 2022, 2085. V. *Arnoult, Baralle, Becüau, Boucquel, Bruneau, Cazan, Choiseul, Coëtlogon, Couvreur, Dennetiers, Des Journaux, Du Bois, Duperray, Gratot, Grau, Hermaville, La Basardrie, La Guérinière, La Hamayde, La Loquerye, La Salle, Le Brun, Le Couvreur, Lefèvre d'Orval, Lefranc, Leman, Pillot, Pollinchove, Ponthieu, Renouard, St Martin, Salm, Sergeant, Vendeul, Voerden, Werve*, etc.

—— (Prieur de la Chartreuse de), 271.

Tournaire, officier municipal de Clermont-Ferrand, c^{on} LIV.

Tournans (J. de), enseigne au rég^t de Picardie, 146.

Tournay, officier au rég^t de Toul, c^{on} XLV.

Tournebaux, 355.

Tournefort (Mme de), 2140, 2142.

—— **Du Vivier-Lansac** (Franç., c^te^ de), mar. c., 1832, 1946, 2019, 2020, 2023, 2030, 2132, 2159.

Tournemine (Henry, c^te^ de), mar. c., 1861, 1862. V. le suivant.

—— (Cte de), 1704, 1896. V. le précédent.

Tournery, 795.

Tourneur (André), habitant de *Mittelbronn*, près Phalsbourg, 2245.

Tournier (De), cap^ne^ au rég^t^ de Pujol, 1950.

—— aide-major de la citadelle de Strasbourg, 2783.

—— aide-major général de l'armée de Coigny, 2789, 2912, 2913, 2916.

—— entrepreneur des hôpitaux de Corse, 3662.

Tournière (De), commissaire des guerres ou trésorier des Gardes du corps, 2138, 2255, 2269, 2330, 2421, 2466, 2468.

Tournin (Jean-Jos.), mar. c., 1550, 1830, 1836, 1935, 1938, 1943-1945, 2133, 2141, 2142, 2154, 2219, 2300.

Tournofort. V. *Tournefort.*

Tournon (Louis Du Pasquier de), mar. c., 1519, 1707, 1862, 1874-1877, 1899, 1973, 1979, 1984, 2180, 2254, 2331, 2332, 2408.

—— (Fr.-Nicolas de), capucin, 1898.

—— (Municipalité de), c^on^ LXV.

—— (Comte de), 3717.

Tournus (Maire, etc., de), c^on^ LVII. V. *Delaval.*

Tourny (La Tour), comm^re^ d'artillerie, 1732.

—— (De), 2675. V. le suivant.

—— (Aubert de), intendant, 3188, 3292, 3370, 3408, 3410, 3451, 3452, 3464, 3469, 3492, 3493, 3495, 3501, 3502, 3504, 3510, 3532, 3533, 3535, 3543-3547, c^ons^ XIX, XXVI.

—— (De), mestre-de-camp du rég^t^ de La Reine-cav^le^, c^on^ XXXIX.

Touro (Isaac), hollandais, 75 s.

Tourol (ou Tourot?), 3188.

Tourondel. V. *Fénis.*

Touros. V. *Millon.*

Tourotte (Louis-Franç. Bellanger de), mestre-de-camp d'un rég^t^ de son nom, mar. c., 2131, 2132, 2138, 2141, 2169.

—— commissaire des guerres?, 2797.

Tourouvre (Ant. de La Voye, m^is^ de), brig., 1857, 1858.

Tourettes (Ch^r^ de), 2044.

Tours (Échevins, clergé, trésoriers, magistrats, etc., de), 116, c^on^ LXIV. V. *Biet, Blot, Coudreau, Du Poirier, Duvau, Goulard, Gravier, Guindry, Hébert, Mailly, Normand, Pocquelin, Preuilly, Rabarche, Robelin*, etc.

Tourtat, officier à Pignerol, puis aide-major de la place de Salins, 664, 1674, 1766, 2783.

—— (Nicolas), lieut^t^ au rég^t^ de St-Vallier, 2396.

Tourtel, lieut^t^ au rég^t^ de Piémont, 2136.

Tourton, sous-lieut^t^ au rég^t^ de Beauce, 2145.

Tourtoux. V. *Beauveset.*

Tourville (De), cap^ne^-g^al^ de la capitainerie de Port-en-Bessin, 411, 3505.

—— (Anne-Hilarion de Costentin, comte de), mar. Fr., 1241, 1428.

—— (Louis-Alexandre, comte de), colonel, 2134, 2269.

—— (Mis de), colonel du rég^t^ de ce nom, 2370, 2418.

—— (De), ex-cap^ne^ au rég^t^ des Grenadiers de France, c^on^ XXVII.

—— (De), 2861.

——**-la-Campagne** (Municipalité de), c^on^ LXV a.

Toussain, habitant de Mézières, 2144.

Toussainct, échevin de Toul, 2169.

Toussaint, échevin de Rambervillers, 2324.

—— V. *Dujart.*

Toustain (Ch^r^ de), cap^ne^ au rég^t^ de Languedoc-dragons, 3493.

—— (Mis de), 3462. V. les deux suivants.

—— (De), g^al^ commd^t^ la 13e d^on^ m^re^, c^ons^ LXVIII, LXIX, LXXVI.

—— **de Viray** (Mis de), lieut^t^-g^al^ 3694. V. *Richebourg* et *Viray.*

Toustier?, c^re^ g^al^ des vivres, 1160.

Touteville (Nic. Binot de), grand prévôt, commissaire des guerres, 1688, 1845, 1857, 2134.
—— (Louis-Gilles de), grand prévôt, fils du précédent, 1780.
—— V. *Estouteville.*
Touvenac (De), cap^{ne} au rég^{t} de La Couronne, 271.
Touvenot, cap^{ne} de hussards, 2255.
—— V. *Lucé.*
Touzalin, cap^{ne} au b^{on} de milice de Poitiers, 3505.
Touzart, procureur du roi des eaux et forêts, 1798.
Tracy (Alexandre de Prouville, m^{is} de), lieut^{t}-g^{al}, 98, 133, 134, 157, 225-227.
—— (Henri Bonneau de), mar. c., 509, 545, 558-561, 607-609.
—— comm^{re} et garde d'art^{rie} à Mons, 1053.
—— (J.-L., m^{is} de), colonel, 1484.
—— (Bernard de), 1830.
—— chargé de l'entretien de l'armement à Valenciennes, 2219.
Tragnac, cap^{ne}, 2139.
Tragny, cap^{ne} au rég^{t} de Dampierre, 271.
Traisnel (De), 2561. V. le suivant.
—— (Claude-Constant-Esprit de Harville Jouvenel des Ursins, m^{is} de), lieut^{t}-g^{al}, 3310, 3409, 3413.
Trajan. V. *Piis.*
Trallebeau, lieut^{t} de grenadiers, 2132.
Tramerie. V. *Libert.*
Tramontini (Luigi), 2400.
Trancart, membre du Directoire du dép^{t} de la Somme, c^{ons} LXVc, LXVd, LXIX.
Tranchant (Franç.), religieux à Cambrai, 117.
—— gouverneur de Vesoul, 1660, 1843, 1858, 1895, 1897, 1899, 2183, 2242, 2391.
—— V. *La Verne.*
Trans (Ch.-Maurice de), préfet de Sospello, 1974.
Transylvanie (Prince de), 1838. V. *Bathory.*
Trarbach (Magistrats, etc., de). V. *Bars, Le Savigny*, etc.
Traslaine (De), lieut^{t}-g^{al} au présidial de Limoges, 117.
Trassy. V. *Tracy.*
Trastour, directeur ou entrepreneur de l'hôpital d'Antibes, 2173.
Trauront (J.-L.-Eusèbe Kermarec de), cap^{ne} dans le rég^{t} d'Agénois, 3727.
Trauttmansdorff (Comte), ambassadeur d'Allemagne en Suisse, 1751, 1953, 2162, 2165, 2251.
Travail, 3226.
Travanet (Bombelles de), 3722.
Travers (J.-V., baron de), colonel d'un rég^{t} grison, père du suivant?, 2788, 2990.
—— (J.-V. d'Ortenstein, baron de), lieut^{t}-g^{al}, 3416, 3454, 3455, 3481, 3559, 3561, 3607, 3611, 34 s., 49 s., 69 s., c^{on} XLIII.
—— (Baronne de), 3387.
——-**La Bretesche**, officier de la milice bourgeoise de Nogent-le-Rotrou, 3753.
Traverse. V. *Travers.*
—— ingénieur en chef à Toul, 2035.
—— bailli de Chevreuse, 2142, 2144, 2270.
Traversonne (Claude Du Monceau de), brig., 1208, 1525.
Traves. V. *Choiseul.*
Travet. V. *Du Travet.*
Travin, 117.
Trazegnies (Comte de), ancien officier aux Gardes de l'électeur de Bavière, 1943.
Treacher (Guill.), anglais, négociant à Boulogne-sur-Mer, 3408.
Trècesson (Gilles de Carné, m^{is} de), mar. c., 2032, 2130, 2244.
—— V. *Carné.*
Trédéon (Alvarez de), 2138.
Trédudé? (René Le Sénéchal, ch^{r} de), cap^{ne} de chevau-légers au rég^{t} de Gassion, 146.
Trefferd, colonel, 2139.
Treffert. V. *Trefferd.*
Trefort (De), cap^{ne}, 411.
Tréguier (Clergé, bourgeois, etc., de). V. *Deslandes, Guérisac.*
Trélans (Henri de Roux, baron de), brig., 1861, 2271, 2703, 2730, 2741, 2745, 2782, 2786, 2840, 3040, 3041, 3069, 3096, 3097, 3123-3125, 3387, 3472.
—— (Vicomte de), lieut^{t}-c^{el} du rég^{t} de Berry, 1877. V. le suivant.

Trélans (Vicomte de), commandant du Fort-Griffon à Besançon, 2183, 2394, 2734.
Trelliard, peintre, directeur de l'École de dessin de Grenoble, 3719.
Trélon (Échevins, etc., de). V. *Goulart, Heucard, Lacroix, Larnie*, etc.
—— (Mis de), 271.
—— (Chr de), ambassadeur, 440.
—— V. *Grainville.*
Trembley, 2041.
Tremolet (De), 360.
—— (De), lieut de roi de la citadelle de Montpellier, 1614.
—— V. *Montpezat.*
Trémolu (Henri de), 146.
Trémoluret?, capne au régt de Flandre, 2145.
Trémont. V. *La Croix.*
Tresca (De), aide-major de la place de St-Omer, 1737, 1741, 2136.
Treslans. V. *Trélans.*
Tresmes (Comte de), 133.
—— (Léon-Louis Potier de Gesvres, duc de), lieut-gal, 2912, 2945-2947, 2988, 2989, 2993, 2999, 3070, 3096, 3418, 3451, 3452, 3495-3497, 3508-3510, 3533, 3535, 3536 3547.
—— V. *Gesvres.*
Tressaint (De), 2144.
Tressan (De), chanoine?, comte de Lyon, A. 90.
—— (Louis-Élisabeth de La Vergne, comte de), lieut-gal, 3141, 3143, 3144, 3152, 3154, 3183, 3197-3202, 3204, 3206, 3207, 3275, 3280, 3309, 3338, 3387, 3418.
Tressemannes (André, cher de), lieut-gal, 1204, 1660, 1751, 1844, 1852, 1855, 1948-1952, 2027, 2028, 2030, 2035, 2092, 2095, 2130-2132, 2136-2141, 2143, 2145, 2159, 2169, 2236-2239, 2241-2244, 2268, 2322, 2324, 2391-2393, 2451, 2453-2456, 2460, 2463.
—— (Chr de), officier ou commissaire d'artrie, con XLIX a.
Tressoigne (J.-F.), banquier, 1946.
Trestondam (Ferdinand, chr, puis mis de), major du régt de Broissia, puis colonel de celui de Fontanges, 1660, 2136, 2139.
Trétor (De), 411.
Treuvray (De), 3687.
Trévelec (De), major du régt Du Thil, 2022.
—— (Chr de), lieut-cel du régt de Dampierre, 2138, 2140.
Trèves (Électeurs de), 209, 260, 275, 276, 279, 280, 284, 289, 293, 323, 325, 346, 629, 995, 1847, 1848, 1955. V. *Leyen, Orsbeck, Schoenborn, Waldendorf de Moelberg.*
—— (Chanoines, religieux, échevins, bourgeois, etc., de), 410, 1847, 1848, 1854. V. *Didrich, Henn, Keselstadt, La Haye, La Laygrand, Luxembourg (Fr. Angélique de), This*, etc.
—— (Chr de), capne au régt de Chartres, 1741, 1759, 2133, 2134.
Trevet (De), capne au régt de Luxembourg, 982.
Tréville (Ch.-Aug., comte de La Touche de), lieut-gal, commdt de la Marine à Rochefort, con XLIX a.
—— (Armand-Jules de Peyre, comte de), mar. c., 80, 137.
—— V. *Gaya.*
Trévoux (Municipalité de), con LXV b. V. *Ain (Dépt).*
Trezin, commissaire, 894, 961, 962, 1093.
Triaire, ingénieur, 2271.
Triballet, commissaire des guerres, 3208, 3209, 3257, 3443.
Tribard, juge-consul à Paris, 2270.
—— échevin de Paris, 3461.
Tribolet, maire de Beaune, 1898.
Tribote (Louis-Pierre), dragon au régt Mestre-de-camp-général, con LXV b.
Triboulet, maître de la poste de Dijon, 2130.
Tribury (Santo), corse, 3662.
Tricaud (Jos.-Marin de), brig., 419, 1608, 1873, 2145.
—— (De), capne au régt de Lyonnais, 2346, 2739.
Trichard, colonel du régt de La Marck, 1855, 1892, 2021, 2133, 2136, 2138, 2272, 2301, 2388.
Trichot, 2236, 2242-2244, 2317, 2370, 2452, 2455.
Triconval (De), capne au régt de Cateu, 146.

Tridon, major du régᵗ de Cappy, 2140.
Trie-Pillavoine (De), ancien capⁿᵉ au régᵗ de Soisonnais, 2679.
Trier (De), lieutᵗ au régᵗ Royal-Piémont, 2143.
Triest (Sœur Agnès), abbesse de Los Byloke (Belgique), 2155.
Trignart (Franç.), garde-magasin à Nancy, 2238.
Trimo, consul à Vienne (Dauphiné), 420.
Trimond?, capⁿᵉ au régᵗ de Forsat, 1944.
Trimoulet (De), lieutᵗ-cᵉˡ du régᵗ de Montpezat, 311.
Trinquère. V. *La Greffe*.
Trische. V. *Woot*.
Tritis. V. *Neuvefond*.
Trivié (Mˡˢ de), 1973, 2332.
Trixhe (De), colonel réformé au régᵗ de Frezin, 2371.
Trobat, président du Conseil souverain du Roussillon, intendant, 296, 300, 356, 415, 563, 584, 611, 613, 648, 670, 671, 688, 704, 725, 726, 731, 738, 792, 794, 795, 899, 901, 1013, 1015-1017, 1106, 1107, 1110, 1111, 1116, 1173, 1174, 1176, 1177, 1233-1239, 1280-1285, 1287, 1289, 1337, 1338, 1378-1380, 1417, 1418, 1423, 1426, 2522, cᵒⁿ III.
Trocher (De), commis principal de l'extraordinaire des guerres, 1759.
Trochon (Jean), maire d'Avranches, 2132.
Troeff (Gondaire de), officier autrichien, 3207.
Trognée (De). V. *Trongnée*.
Troisville (De), 3650. V. *Tréville*.
Tromp (Corn.), marin hollandais, 326, 389, 491, 1241.
Trompes, huissier au parlement de Provence, 21.
Tronchet, 992. V. *Du Tronchet*.
Trongnée (De), colonel des troupes de Hollande et commandant de la citadelle de Liége, 1645, 1646, 1739, 1758.
Tronquidy (Olivier de), sʳ Du Coulombier, officier au régᵗ de La Marine, 88.
Tronville (De), 1526, 3396. V. *Bécel*.
Troroze (De), capⁿᵉ au régᵗ de Sourches, 1861.
Trossy, major du régᵗ Royal-Artillerie, 3202.
Trotoûin, capⁿᵉ de la milice bourgeoise de Saumur, 3182.
Trotti. V. *La Chétardie*.
Trouan. V. *Longueil*.
Trouard. V. *Riolle*.
Troüart (De), capⁿᵉ au régᵗ de dragons d'Épinay, 2137, 2267.
Troullon, capⁿᵉ au régᵗ de Montmain, 1855.
Trounc (Fr. Juste), gardien des récollets d'Hyères, 3311.
Trousseauville (De), ancien officier du régᵗ d'Artois-dragons, 3720.
Troussebois. V. *Launay*.
Trouvain (Étienne), 2343.
—— (Chʳ de), officier du service d'Autriche, prisonnier de guerre, 3185, 3187, 3259.
Troyes (Prévôts, échevins, clergé, etc., de), 420, 1741, cᵒⁿˢ LXII, LXIV, LXV, LXVIII. V. *Andras*, *Babelin*, *Bergerat*, *Berthelin*, *Bouthillier*, *Dol*, *Flobert*, *Gouault*, *Pastelot*, *Patris*, *Tetel*, *Vienne (De)*.
Troz (Bauduin de), cʳᵉ des vivres de l'électeur de Brandebourg, 1076.
Truc, chargé de la police des étapes dans la généralité de Châlons, 106, 133.
Truchis (De), sous-lieutᵗ au régᵗ d'Auvergne, 2143.
Truchot de Germincourt, capⁿᵉ au régᵗ de Lestrange, 1901.
Truchsess (Comte de), ministre de l'empereur Charles VII près du cercle de Souabe, 3054, 3096, 3098.
—— (De). officier au régᵗ Royal Bavière, 3110, 3349.
Truchy (Le Président), 513.
Trudaine (Ch.), intendant, 1800, 1873, 1896, 1902, 2130, 2140, 2187, 2261, 2265, 2267, 2325, 2340, 2343, 2345, 2371.
—— **de Roberval** (Jos.), brig. de cavⁱᵉ, 1945, 2143, 2229, 2270, 2273.
—— (Fr.), prieur de l'abbaye de la Sainte-Larme, près d'Amiens, 2139.

Trudaine (Abbé), 2300.
—— 2411, 3314.
—— (Daniel-Charles), intendant des finances, membre honoraire de l'Académie des Sciences, 3630, 3697, 3702, 3705, c^on XXI.
Trudet, 2134.
Truelle, membre du Directoire du dép^t de l'Aube, c^on LXV c.
Trueta, consul à Perpignan, 2135, 2254.
Truglio (Ferdinand), napolitain, 3387.
Trümbach (De), membre de la régence de Hanau, 3627.
Trumbull, 3734.
Trumeau (Geoffroy), 2271.
Truphème (Gaspard), 3234, 3255.
—— commissaire des guerres, 3499, 3672.
Trusson (De), lieut^t-c^el du rég^t de La Motte, 1738.
Trustett, cap^ne au rég^t d'Alsace, 1407, 1573.
—— cadet, cap^ne au rég^t d'Alsace, 1832.
Truzzi (Comte), ancien secrétaire du duc de Mantoue, résident pour ce prince à Paris, 1586, 1776, 1863-1869, 1872, 1962, 1963, 1965, 2046, 2047.
Tscharner, major du rég^t d'Hessy, 968.
—— (Samuel), cap^ne suisse au service de Hollande, 3095.
Tschoudy, 566, 968, 987.
—— command^t à Marchiennes, 2131.
—— lieut^t-c^el du rég^t de Trefferd, 2139, 2142.
—— cap^ne au rég^t de Villars, 2142.
—— cap^ne au rég^t de Villars-Chandieu, 2293.
—— cap^ne suisse, 2763.
Tschudi (De), cap^ne d'une compagnie franche suisse, c^on LXXXVI. V. *Tschoudy*.
T'Serclaes (Comte de), 891, 985. V. le suivant.
—— **de Tilly** (Prince de), mestre-de-camp des troupes d'Espagne, comman^t dans le pays de Liége, 1052, 1491, 1494, 1553, 1555, 1556, 1558, 1561, 1575, 1599, 1645, 1656, 1696, 1736, 1743, 1786-1789, 1885, 1886, 1888, 1900, 1976, 1977, 1984, 2048, 2052, 2178, 2180, 2404, 2406, 2408.
T'Serclaes. V. *Tilly*.
Tual, grand-vicaire de Strasbourg, 2321.
Tubeuf (Michel), év. de St-Pons, 197.
—— intendant, 56, 57, 359, 360, 362, 419, 420, 484, 672.
—— (Mme), veuve d'un aide-major de la place de Bellegarde, 2144.
Tudert (De), lieut^t-c^el du rég^t de Lestranges, 2242.
Tuech (De), lieut^t au rég^t 2e Languedoc, 1861, 1892, 2244.
Tuelouze?, subdélégué à St-Omer, 2229.
Tuffereau (De), command^t en chef de l'école de La Fère, 2713, 2769.
Tugghe, entrepreneur de travaux maritimes à Dunkerque, 3464, 3497, 3532, 3536-3538, 3568.
Tugot, habitant de Mézières, 2144.
Tuite. V. *Morgan*.
Tulle (Maires, clergé, bourgeois, etc., de), 118, c^on LXV d, LXVII. V. *Chabaniel*, *Dubal*, *Fromont*, *Guron*, *St-Germain*, *St-Priest*, etc.
—— (De), lieut^t-c^el du rég^t de Castelet, 2032.
Tulles (J.-V. de), évêque d'Orange, 96.
Tullier (Baron de), mestre-de-camp de dragons, inspecteur de gardes-côtes en Guyenne, 3410, 3546, 3573, 3577.
Turband (Gabriel), lieut^t de roi et subdélégué dans le pays de Gex, 1869, 1876, 1968, 1988, 2267, 2345.
Turbilly (Quentin de), 271, 278, 279, 336, 547, 1549. V. *St Quentin*.
—— (Mis de), brigadier au service de Sicile, c^on XVIII.
—— (Louis-Phil. de Manon, ch^er, puis m^is de), mar. c., 1951, 2034, 2136, 2242, 2243, 2698, 2783.
—— V. *St-Quentin*.
Turc (Bernard), lieut^t en la marine et amirauté des mers du Levant, au siège de Martigues, 33.
Turckheim (J. de), c^on LXV d.

Turenne (Henri de La Tour d'Auvergne, vicomte de), maréchal-général, 98, 131, 133, 134, 157, 158, 198, 209, 210, 212, 225, 259, 274–282, 284–291, 318–331, 342–349, 352, 353, 357, 376, 378, 386–395, 408, 410–414, 417, 436, 440–442, 455, 458, 459, 466, 467, 2538, 2770, 2 s. V. *Hasset.*
Turc (Godefroy-Ch.-H. de La Tour d'Auvergne de Bouillon, prince de), mar. c., 3418, 3483.
Turg (Ant. de), clerc à Béziers, 197.
Turgis (De), 419.
Turgot, intendant, 1358, 1367, 1422, 1436, 1455, 1524, 1526, 1605, 1701, 1801, 1802, 1903. V. le suivant.
—— (Jacques-Étienne), intendant, 1941, 2131, 2133, 2140, 2187, 2265, 2273, 2340, 2345, 2418, 2610, c^on IV. V. le précédent et les suivants.
—— (Anne-Robert-Jacques), ministre, contrôleur général des finances, 3687 3691, 3694, 3699, 3705, c^on XXXIX.
—— **de St-Clair** (Marc-Ant.), intendant, 2187, 2265, 2267, 2340, 2345, 2418. V. les précédents.
—— **-Desfontaines**, lieut^t d'artillerie, 2138.
Turin, 3647.
Turmeau, maire de Chambord, c^on LXV.
Turmel (Jos.-Ant. de), mar. c., 2713, 2812, 2843, 2915, 2918, 2919, 2949, 3007, 3178–3180, 3187, 3232, 3233, 3255.
Turménies (De), 420.
Turményes (De), trésorier de l'ordre de St-Lazare, 1113, 1222, 1413.
Turminye. V. *Turményes.*
Turodin, chirurgien des chevau-légers, 2023.
Turpin, 117.
—— (Mme), religieuse, 97, 117.
—— maire de Laon, 2414.
—— (Lancelot Turpin de Crissé et de Sanzay, comte de), colonel de hussards, lieut^t-g^al, 3141, 3148, 3335, 3438, 3517, 41 s., 44 s. V. le suivant.
—— (Lancelot, comte de), mar. c., 3694, 3740, 3741, 3766.
—— (Baron de), ingénieur, 3697.
—— (Mis de), c^on LIV.
—— V. *Sanzay, Simiane.*
Turques?, cap^ne au rég^t de Normandie, 279.
Turquet, membre du Comité permanent de Senlis, c^on LX.
Tursis (Duc de), 1874, 1875, 2047.
Turssan, chirurgien, 2142, 2145, 2153.
Tussaut. V. *Maisontiers.*
Tussely, 419.
Twickel (Jean-Guill. de), chanoine de Spire, 1669.
Tydeman (H.-W.), lieut-c^el hollandais, 3308.
Tymeur. V. *Blossac.*
Tyrconnel (Richard Talbot, duc de), vice-roi d'Irlande, 962, 963, 1066, 1082, 1083.
—— (Richard-Franç. de Talbot, comte de), mar. c., 2981, 3061–3063, 3098, 3099, 3109, 3152, 3154.
—— (Mme de), 3154.

U

Uberling (Députés de l'assemblée d'), 386, 408, 417.
Ubraye (Dom Honoré d'), abbé de St-Honorat-de-Lérins, 33.
Uceda (Duc d'), 1687, A. 92 *bis.*
Uchey (D'), officier, 3577.
Ufflegher (D'), cap^ne au rég^t de Vigier, command^t à Calvi, 3349, 3360.
Ufflingen (D'), command^t à Rhinfelden pour l'électeur de Cologne, 826.
Uguye (D'), lieut^t au rég^t de Piémont, 123.
Ulier (D'), 2700.
Ulm (Bourgmestre d'), 1850, 2027.
Ulric, 411.

Ulrich, major du rég^{t} de Bellefonds, 1944.
Umons. V. *Micoud.*
Un-en-Caux (Municipalité d'), c^{on} LXIII.
Ungern (D'), feld-maréchal suédois, 3471. V. le suivant.
—— **-Sternberg** (Baron d'), 3442. V. le précédent.
Unglert (Le P. Jacques), provincial des Jésuites à Fribourg, 3046.
Unterwald (Canton d'), 437.
Urbain, maire de Philippeville, 3746.
—— (Ant.-Jos.), entrepreneur à Philippeville, c^{on} LXV.
Urban (D'), lieut^{t}-c^{el} du rég^{t} de Tournaisis, 1693. V. le suivant.
—— (J.-L. de Moléon, s^{r} d'), cap^{ne} au rég^{t} de Navarre, 92.
—— (D'), lieut^{t}-c^{el} du rég^{t} de Franquières, 1741, 1760, 2052.
—— (D'), 1984, A. 89.
—— **de Fortia** (Franç. d'), brig., 278, 310, 342, 465, 486, 563, 616, 668, 670, 703, 944, 1013, 1015, 1016, 1017, 1108, 1109, 1174, 1283, 1338, 1380, 1466.
Uri (Députés du canton d'), 392, 437, 968. V. *Suisses* (*Cantons*).
Urquhart, lieut^{t} au rég^{t} Royal-Écossais, 3154.
Urre (D'), officier, 3458, c^{on} XXIII.
Ursins (Cardinal des), 264, 299, 355.
—— (Anne-Marie de La Trémoille, princesse des), 1519, 1599, 1695, 1885–1888, 1976–1978, 1982, 1984, 2048–2052, 2104, 2105, 2177, 2178, 2408.
—— V. *Madre des Oursins, Traisnel.*
Urson (D'), aide-major de la place de Douai, puis major de celle de Verdun, 2138, 2709, 2739.
Urtado. V. *Amezaga.*
Urtubie, officier au rég^{t} de Toul, c^{on} XLV.
Urvillé (Gorjon d'), 1977.
Urye (D'), commissaire au dép^{t} de l'Allier, c^{on} LXIII.
Usa. V. *Saluces.*
Usingen. V. *Nassau.*
Ussé (D'), 2915, 2922.
Usson (Jean de Bonnac, m^{is} d'), lieut^{t}-g^{al}, 867, 954, 966, 968, 969, 972, 978, 1046, 1052, 1058, 1065, 1066, 1080, 1081, 1083, 1166, 1167, 1168–1170, 1223, 1227, 1228, 1237, 1238, 1272, 1274–1276, 1287, 1333, 1334, 1382, 1423, 1491, 1495, 1502, 1549, 1550, 1552, 1553, 1572, 1573, 1575, 1644–1646, 1660, 1661, 1676, 1677, 1748, 1873–1875, 1880, 1896, 2635.
—— V. *Bonnac.*
—— (D'), syndic du présidial de Verdun, 1754.
—— **de Bonrepaux** (Franç. d'), lieut^{t}-g^{al} des armées navales, ambassadeur, 1660, 1831, 1898, 2559.
Ussy (Ch^{r} d'), 2140.
Utrecht (Députés, magistrats, etc., d'), 271, 276–278, 280, 284.
Uzerche (Magistrats, etc., d'). V. *Chavailles*, etc.
Uzès (Duc d'), 1495, 2261. V. le suivant.
—— (Emmanuel de Crussol, duc d'), A. 87.
—— (Comtesse d'), 2136.
—— (Julie-Marie de Ste-Maure, duchesse d'), A. 87.
—— (Franç.-Ch. de Crussol, comte d'), lieut^{t} g^{al}, 2243.
—— (Franç.-Emmanuel, comte de Crussol, puis duc d'), lieut^{t}-g^{al}, 3262.
—— (Ch.-Emmanuel de Crussol, duc d'), brig., 3544.
—— V. *Crussol, Montausier.*
—— (Municipalité, clergé, etc., d'), c^{ons} LXV c, LXV e, LXVI. V. *Croy, Poncet de La Rivière*, etc.

V

Vacant, 2136.
Vaccan (De), subdélégué à Vannes, 2130.
Vacher, aumônier du rég^t^ Du Palais, 2136.
Vachères de Grammont (De), 1690, 1700, 1707.
—— (Franç.-Paul de Grammont, m^is^ de). 2137, 2175, 3223.
Vacherin (Rob. de), cap^ne^, 151.
Vachez, médecin, 3669.
Vachier, consul d'Entrevaux, 3260.
Vachon (De), prévôt de Noyon, 361.
—— officier au rég^t^ de Sanzay, 1861, 2326,
—— cap^ne^ au rég^t^ de Rouergue, 1971, 1972, 2273.
—— officier au rég^t^ de La Chau-Montauban, 2030.
—— V. *Belmont.*
Vacs. V. *Vaes.*
Vadenay (De), cap^ne^ au rég^t^ de Grandpré, 987.
Vadorno, cap^ne^ dans les troupes génoises en Corse, 2900.
Vaes, commissaire espagnol à la conférence de Deynze, 495-497. 513, 514, 536, 543, 567, 584, 585, 594, 597, 615, 628, 633.
Vagnon (Gaspard de), 355.
Vagnonville? (De), cap^ne^ au rég^t^ du Roi, 1835.
Vahan (Lord), 379.
—— (Officiers du rég^t^ de), 420.
Vaigne (De), officier au rég^t^ de Beauce, 2850.
Vaillac (De), mestre-de-camp, 33, 131.
—— (F. de Ricard de Gourdon-Genouillac, comte de), lieut^t^-g^al^, 1843, 1855, 1858, 1951.
Vaillan (De), cap^ne^ au rég^t^ de Hainaut, 1798.
Vaillant, commissaire des guerres ou munitionnaire, 1789, 1891, 1892.
—— (De), cap^ne^ au reg^t^ de La Marche, 2130. V. *Vaillant d'Auquoy.*
Vaillant, membre du Directoire du dép^t^ de la Côte-d'Or, c^on^ LXV b.
—— (Claude), s^r^ de Bovent, avocat, maire de Péronne, 2415.
—— consul de Barjols, 3255, 3256.
—— 3722.
—— **d'Aisecourt** 311.
—— **d'Auquoy** (De), lieut^t^-c^el^ du rég^t^ de La Marche, 2745, 2746, 2788, 3120, 3172, 3173, 3290. V. le suivant.
—— (P.-J. d'), brig., lieut^t^ de roi de Collioure, c^on^ XVIII.
Vailly-sur-Aisne (Habitants de). V. *Coliche.*
Vair (Ch^r^ de La Noue de), officier au rég^t^ d'Enghien, 3471, 3518, 3519, 3522.
—— V. *La Noue.*
Vaivre. V. *Buretel.*
Valabreghe, entrepreneur de la cantine de la citadelle de Casal, 664.
Valadon, officier au rég^t^ de Thianges, 889.
—— (De), command^t^ de la citadelle de Suse, 1861, 1862, 1875, 1967, 1968, 2040, 2135, 2141.
Valage (De), officier invalide, 3621.
Valais (Canton du), 343, 355.
—— (Julien), imprimeur à Saint-Malo, c^ons^ XL.
Valançon, lieut^t^ au rég^t^ des cuirassiers, 2131.
Valansac (De), cap^ne^ au rég^t^ 2e Languedoc, 1907.
Valantienne, maréchal-des-logis au rég^t^ d'Anlézy, 1758.
Valaval (Cresté de), échevin de Cherbourg, 3543, c^ons^ LIV, LX-LXII.
Valavoire (De), 118, 463, 464, 510, 511.
—— (De), 1526.
—— **-Montlaut** (De), syndic de la noblesse de Provence, 3175, 3177, 3179, 3180, 3225.
Valbelle (De), officier de marine, 20, 33, 245.

Valbelle (Louis-Alph. de), évêque de Saint-Omer, 905, 1483, 1831, 1840, 1943, 2022.
—— (Franç. de), évêque de Saint-Omer, 2139, 2160, 2229, 2299, 2301.
—— V. *Thomassy*.
—— **-Rians** (Ch^r de), 2042.
Valbote, médecin à Wissembourg, 3727.
Valcluson, près Fénestrelles (Consuls et pasteurs de), 516.
Valcour. V. *Marsilly*.
—— (De), cap^ne de carabiniers, A. 90.
Valcourt (De Lomas de), trésorier provincial de l'artillerie, 3633, 3641. V. le suivant.
—— (De), c^on LXIV.
Valcroissant (De), commd^t au fort de Scarpe, puis gouverneur de la citadelle d'Arras, 946, 1741, 1830, 1832, 1944, 2021-2023, 2136, 2138, 2142, 2144, 2159, 2219, 2220, 2370, 2372, 2373.
—— (Vaumalle de), commissaire des guerres, 1644, 1705, 1878, 2370, 2371.
—— (De), officier au rég^t de d'Artagnan, 2160.
—— (De), gentilhomme provençal, 3186.
—— (Missionier de), lieut^t-c^el de dragons, 3635, 3740.
Val-de-Fuentès, lieut^t-g^al du service d'Espagne, 1861.
Valdeson, cap^ne au rég^t de Saillant, 2261.
Valdetaire (De), ancien officier, commd^t le poste de la prévôté de Gorre, 2269.
Valdeterre. V. *Droüot*.
Valdufresne (De), administrateur du Boulonnais, 3709.
——**Valdurant**. V. *Buvigliers*.
Valeilles (Jean Du Faur de), mar. c., 1496, 2035, 2131-2133, 2135, 2138, 2142, 2169, 2242-2244, 2323, 2371, 2392.
Valencay (H. d'Estampes, ch^r, puis bailli de), commd^t de l'armée navale, grand-prieur de Malte, 106, 110.
Valence (Consuls, échevins, clergé, bourgeois, etc., de), c^on XIX. V. *Allier*, *Bachasson*, *Badouleau*, *Camus*, *Catelan*, *Casteras*, *Champigny*, *Durand*, *Du Serre*, *Geys*, *Grandmaison*, *Leberon*, *Messonnier*, *Milon*, *Patin*. *Parnéty*, *Rions*, etc.
Valence (Ennery-Emmanuel de Thimbrune, m^is de), brig., 2133-2138, 2140, 2752.
—— (Vincent-Silvestre de Thimbrune, ch^r, puis comte de), mar. c., 3180, 3184, 3262, 3311, 3410, 3418, 3450, 3451, 3463, 3503, 3506, 3545-3559, 3583, 3602, 3634, c^on XXX.
—— (Henry-Bernard-Emmanuel de Thimbrune, m^is de), mar. c., 3226, 3237.
—— (Ch^r de), officier au rég^t de Béarn, 3543, 3544, 3602, 3620.
—— (Vicomte de), 3721, c^ons LXII, LXV c.
Valenceau, aide-major du rég^t de Provence, 2139.
Valencienne. V. *Valentienne*.
Valenciennes (Municipalité, bourgeois, etc., de), 2023, c^ons LIV, LXVII. V. *Biston*, *Durand*, *Eloy*, *Farez*, *Ferrand*, *Gillart*, *Goube*, *Le Nain*, *Lévesque*, *Mustellier*, *Parère*, *Raincourt*, *Valicourt*, *Villers*, etc.
Valensart (De), officier autrichien, 3147.
Valentienne, m^al-des-logis au rég^t d'Anlézy, 1759, 2130.
Valentier, de Grenoble, 11.
Valentin (J.), milicien des environs du Quesnoy, 1741.
—— (De), 1754.
—— (De), cap^ne au rég^t de Morton, 2393.
—— directeur des vivres à Toulon, 3187, 3236.
Valernod (Ch^r de), officier au rég^t de Navarre, 1848, 1974.
Valette, ancien lieut^t-c^el au rég^t de Quercy, 2142.
—— cap^ne adj^t-m^or des milices de Privas, c^on LXXV.
—— (Mme de), née Ponthieu, c^on LXXV.
—— **de Fératy**, ancien officier au service du roi de Pologne, 2783.
—— V. *Bosredon*.
Valeuil. V. *Champagnac*.
Valfonds (N. de Mathieu, ch^r de), puis vicomte de Sebourg, lieut^t-g^al,

2958, 3030, 3041, 3140, 3141, 3148, 3200, 3418, 3431, 3432, 3434, 3436, 3471, 3473, 3493, 3506, 3546, 17 s. V. le suivant.
Valfonds (Charles de Mathieu, vicomte, puis m^is de), 3763, c^on LXV.
Valfons. V. *Valfonds.*
Valfontaine (De), lieut^t au rég^t de Périgord, 2137.
Valfort (Ch^r de), directeur général des études à l'École militaire, 3766.
Valfournaise (De), 131.
Valgrane-Saluces (De), colonel du rég^t de Saluces, 313, 396, 397.
Val-Hébert (De), mar. c., 137, 138, 158.
Valhentienne (De), lieut^t de la maréchaussée de Berry, 2418. V. *Valencienne.*
Valicourt (De), commissaire des guerres, 209, 210, 224–227, 240, 242, 244, 260–262, 279–282, 292, 294–296, 337–340, 342, 396, 404, 405, 440, 445–448, 456, 457, 486, 487, 489, 506, 512, 515, 535, 564, 565, 605, 612–616, 633, 668, 671, 672, 703, 704, 709, 791–793, 795, 821, 830, 887, 891, 944–946, 958, 1046, 1057, 1060, 1113, 1146, 1147, 1202–1204, 1206, 1208, 1210, 1239, 1254, 1258, 1286, 1287, 1310, 1321, 1357. V. les suivants.
—— (J.-Ét. de), maître des eaux et forêts à Valenciennes, 2230, c^on II.
—— **de Mortry** (De), commissaire des guerres, 1737, 1738, 1830, 1841, 1941, 1942, 2024, 2085, 2130, 2133, 2137, 2142, 2154, 2160, 2221, 2225, 2299, 2301, 2377, 2378, 2380, 2383, 2386, 2468.
—— **de Serenvillers**, commissaire des guerres, 2937, 2977, 2978, 3030, 3031, 3148, 3183, 3184, 3260, 3262.
Valier de Vendelstorf (Jos.), trésorier des fortifications de la ville et république de Soleure, 2876.
Valin. V. *Lisle.*
Valincourt (De), secrétaire général de la Marine, 1703, 1704, 1768, 1898, 1979, 2130, 2271, 2411, 2412, c^ons II, LXXV.
Valinon, aide-major de la place de Belfort, 1857.
Vallambourg (De), employé des gabelles à Reims, 2133.
Vallangin. V. *Frézin.*
Vallantin (De), officier, 2143.
Vallaris, lieut^t au rég^t de Blaisois, 1831.
Vallau, lieut^t bailli de Külsheim, 3165.
Vallavoire. V. *Valavoire.*
Valleau Du Rivage (De), sous-lieut^t au rég^t de Nivernais, 2135.
Vallée, député du dép^t de la Meurthe, c^on LXIX.
Vallegrand (De), colonel du rég^t d'Auvergne, 116, 158.
Valles (De), grand-maître des eaux et forêts de Hainaut, 2159.
Vallet, soldat, 1944.
Valletat, procureur-syndic à Autun, 3259.
Valleteau, aumônier au fort Chapus, près de Brouage, 2139.
Vallette, lieut^t des grenadiers du rég^t de Vendôme, 175.
Vallette-Fabas, ancien officier au rég^t Royal-Roussillon, 2139.
Vallier (De), cap^ne au rég^t de Sault, 123.
—— commissaire des guerres?, 2047.
—— cap^ne au rég^t de Champagne, 3041.
—— lieut^t-c^el, 3203, 3216.
—— de R..., lieut^t criminel à Mâcon, 2132.
Vallière (Jean-Urbain de), mar. c., 1332, 1702, 1704, 1764, 1765, 1862, 1872–1877, 1905, 1967, 1968, 1971, 2038–2040, 2044, 2102, 2131, 2133, 2135, 2140, 2143, 2145, 2175.
—— (Jean-Florent de), ingénieur, lieut^t-g^al, 1660, 1837, 1838, 1975, 2137, 2160, 2220, 2300, 2384–2386, 2445, 2454, 2455, 2458, 2460, 2461, 2522, 2531, 2558, 2559, 2561–2563, 2664, 2706, 2729–2733, 2751, 2769, 2794, 2796, 2913, 3026, 3027, 3043, 3053, 3200, 3211, 3261, 3315, 3439.
—— (De), 1831.
—— **de Gillier**, 123, 1972.

Vallière (Joseph de), lieut-g^al^, 3056. V. les suivants.
—— (Louis-Florent, ch^r^ de), mar. c., 3415, 3416, 3454-3456, 3539, 3561, 3578, 3592, 3606, 3643, c^on^ XXXIX.
—— (De), 3478.
—— consul à Alger, 3662.
Valliet, commissaire des guerres, 2761, 2816, 2842.
Vallin (De), officier de cavalerie, 2143.
—— membre du Directoire du dép^t^ de la Marne, c^on^ LXV b.
Vallinye. V. *Imécourt*.
Vallois, subdélégué à Romorantin, 3256.
Vallon (De), 110, 123, 131, 151.
—— (De), 1573.
Vallongue. V. *Des Vignolles*.
—— lieut^t^ au rég^t^ de Saillant, 2261.
Valloris (Municipalité de), c^on^ LXV d.
Vallot (Mathieu), consul de France en Espagne, 2133.
Vallouze. V. *Valouse*
Valls de Saint-Clément, 300, 356. V. *Vals*.
Valmeny, cap^ne^ au rég^t^ de Limousin, 2270.
Valmont, entrepreneur de fournitures de fourrages à Sedan, 2185, 2244.
Valobres (De), cap^ne^ au rég^t^ de Vallouze, 2251.
Valognes (Habitants de), c^on^ XLVII.
Valognies (Jean-Nicolas de Waltelet de), mar. c., 3551, 3554-3561, 3583-3585, 46 s.
Valogny. V. *Valognies*.
Valois (Louis de). V. *Alais*.
—— (De), médecin et échevin à Landrecies, 2160, 2300.
—— V. *Murcay*.
Valon, cap^ne^, 2783.
—— V. *Mimeurs*.
Valory (De), cap^ne^ de chevau-légers au rég^t^ d'Humières, 151.
—— (Ch. Guy, m^is^ de), lieut^t^-g^al^, 670, 891, 945, 946, 957, 1483, 1484, 1831, 1835, 1838, 1937, 1939, 1940, 2081-2083, 2137, 2145, 2151-2153, 2215-2219, 2221, 2222, 2299, 2301, 2381-2388, 2447, 2454-2456, 2458-2460, A. 89.
Valory (Ch^r^ de), 1738, 1936, 2139. V. les suivants.
—— (De), officier au rég^t^ de Piémont, 2136.
—— (De), cap^ne^ au rég^t^ de Saint-Vallier, 1943.
—— (De), 2160, 2678.
—— (Guy-Louis-Henry, m^is^ de), lieut^t^-g^al^, ambassadeur, 2943, 2949, 2951, 2955, 2989, 3040-3042, 3045, 3046, 3051, 3057, 3136, 3184, 3259, 3308, 3396, 3631, 3747.
Valotte. V. *Gibertain*.
Valouse (Jos.-Guill. Boutins, comte de), brig., 1858, 2049, 2050, 2136, 2140, 2142, 2144, 2251, 2305, 2332, 2466, 2467, 2488.
—— (De), colonel réformé au rég^t^ de Chartres, A. 89.
Valousière, cap^ne^ au rég^t^ d'Angoumois, 2242.
Valras (Abbé de), agent général du clergé, 2679.
—— V. *Lort-Serignan* et *Serignan-Valras*.
Vals (Ant.), de Maëstricht, 335. V. *Valls*.
Valsasine (Comte de), 1649.
Valsemé (Guill. de), tabellion à Honfleur, 86.
—— (Ferry Mallet de Graville, m^is^ de), mar. c., 146.
Valsemé (Louis Ferry Malet de Graville, m^is^ de), lieut^t^-g^al^, 1585, 1586, 1590, 1683, 2040, 2043.
—— V. *Graville*.
Valsemoy (Léonard Dominé de), syndic de Charleville, 2169.
Valserres (Curé de). V. *Benoît*
Valtel (De), officier au rég^t^ de Bettens, 3281.
Vamuloy, maire de St-Quentin, c^on^ LXV a.
Vanacré (Bernard), bourgmestre de Menin, 224.
Van As, officier hollandais, 3183, 3309.
Van Aylva, officier hollandais, 3096, 3165, 3181, 3478. V. *Aylva*.
Van Baerle (Mme), femme d'un officier hollandais, 3260.
Van Bergue, c^on^ LXXIV.
Van Brakell, général hollandais, gouverneur de la citadelle de Tournai, 3090.

Van Bree, banquier à Bois-le-Duc, 2154.
Van Broeck, pensionnaire et greffier des États de Brabant, 1942, 2025, 2315. V. *Van den Brouk.*
Van Dale (J.-G.), 2991, 3141, 3403, 3407. V. le suivant.
Vandal (J.-G.), chef d'une compagnie franche, 2632, 2643, 2736, 2791, 2795.
Vandal (De), command^{t} à Trèves, 1661, 1665, 1672, 1761, 1845–1848, 1851-1853, 1857, 1858, 1950–1953, 1955, 2034, 2091, 2092, 2095, 2133, 2135, 2142, 2167, 2169, 2236, 2238, 2242–2244, 2322, 2370, 2453.
Van Dale, officier au rég^{t} de Bercheny, 3686.
Vandein de Libin, officier, auteur de « Réflexions sur la fortification », A. 105.
Vandelen, officier au rég^{t} de La Chau-Montauban, 2030.
Van den Brouk, major de la place de Liége, 3030. V. *Van Brœck.*
Van den Cruÿce, major du rég^{t} de cavalerie de Droûhot (service d'Espagne), 2219.
Van der Bergh (Fr.-Jean), procureur de la Chartreuse de Ruremonde, 2145.
Van der Camp, officier au rég^{t} de Kerkem, 2242.
Vandercruce, avocat et député de Dunkerque, c^{on} LIV.
Van der Does (Franck), officier hollandais, 3187.
Van der Drissen, 2080.
Van der Dussen, bourgmestre de Gouda, 1838.
Van der Gracht-Sweveghem, colonel d'un rég^{t} espagnol, 1657, 1855.
Van der Hagen, 1832.
Van der Haghe, nommé à l'abbaye de Bergues-St-Wynoch, 2134.
Van der Haghen, intendant à Mons, 951.
Van der Heggen, cap^{ne}, 958.
Van der Heuvel, directeur des contributions à Maëstricht, 970.
Van der Hoeren, officier hollandais, 3182.
Van der Hoort, 2232.
Van der Host, directeur général des fourrages au département du Hainaut, 2315, 3029.
Van der Hulst, armateur hollandais?, 906, 1468.
Van der Mast, major hollandais, 3183.
Van der Meer, résident de Hollande en Savoie, 1765, 1864, 1876.
Van der Mersch, lieut^{t} commd^{t} les Volontaires de La Marck, 3517.
Van der Misch, 3516.
Van der Noot (Maximilien-Antoine), évêque de Gand, 3087.
Van der Perre (Pierre), évêque de Namur, 1146, 1147.
Van der Pott, 3308.
Van der Steen (J.-B.), 3027.
Van der Straeten, 1112.
Vandertin, juge, consul à Paris, 2270.
Van der Vrecken, 271.
Van der Werve, commissaire et directeur de l'hôpital de Tournai, 3184.
Vandeuil (De), 2370.
Vandeuil d'Assonville (De), gentilhomme d'Artois, A. 89.
Van Deurse, secrétaire de la république de Hollande, chargé d'affaires à Paris, 3260–3262, 3278, 3308, 3309, 3311, 3325.
Vandeuvre, 1857.
—— (De), cap^{ne} au rég^{t} de Luxembourg, 2219.
—— (Le Forestier de), maire de Caen, c^{on} LXV.
Van Deÿs, lieut^{t}-c^{el} au service de l'électeur palatin, 412.
Vandières. V. *Maulévrier.*
Vandomy, cap^{ne} au rég^{t} Royal-Italien, 466.
Van Doorent, officier au rég^{t} de Kerkem, 2031, 2095.
Vandorne. V. *La Cour.*
Vandresse, officier, 1836.
Vandy (Claude-Absalon J.-B. d'Aspremont, m^{is} de), lieut^{t}-g^{al}, 174, 359, 397, 411, 420, 509.
Vanel (Claude), enseigne au rég^{t} de Picardie, 151.
Vanet (J.), 2266.

Van Eyck (Baron), envoyé de l'électeur palatin et de l'évêque de Liége, 3136, 3278, 3325, 3508, 3511.
Vangenheim (Comte de), général hanovrien, 3477.
Van Goens, commissaire pour l'échange des prisonniers de guerre hollandais, 3089, 3096, 3261, 3309.
Vangueil? (De), 158.
Van Haren (Wilhem), poète hollandais, 2970.
Van Hasselt, officier hollandais, 3308.
Van Hispen, command^t hollandais à Huys, 3199.
Van Hoey, ambassadeur de Hollande, 2655, 2948, 2978, 3070, 3089, 3095, 3098, 3126, 3136, 3137, 3140-3142, 3154, 3159, 3163, 3182-3187, 3198, 3201, 3216-3218, 3247, 3255-3259, 3261, 3309, 3326, c^on LXXXVI.
Van Hove, chancelier de l'électeur de Cologne, 2024.
Van Hoven, cap^ne au rég^t de Zurlauben, puis dans celui de Greder, 1834.
Van Hugo, 3096, 3308.
Vanier, conseiller d'État du prince de Salm, 3316.
Vanin, notaire au Châtelet de Paris, 3461.
Vannes (Clergé, magistrats, etc., de), c^ons LXII, LXVI. V. *La Villegonan*, *Magny, Vaccan, Vautorte, Venant.*
Vannier, cap^ne au rég^t de Permangle, 2035.
—— échevin de Gien, 2270.
Vanoil, lieut^t, 2136.
Vanoise (De), lieut^t au rég^t de Nivernais, 1855.
Vannoise (De), adjudant-g^al, c^on LXXI.
Vanolles (De), 1593.
—— (Barthélémi de), intendant, 2739, 2782, 2784, 2785, 2787-2790, 2793, 2797, 2875, 2979, 2982, 3000-3002, 3028, 3039-3047, 3052, 3053, 3056, 3064, 3069, 3074, 3075, 3085, 3094-3099, 3101, 3124, 3125, 3139, 3147, 3148, 3156-3165, 3183, 3186, 3213, 3219, 3220, 3261, 3262, 3285, 3287, 3296, 3308, 3395, c^ons XIV, XVI.
Van Rode (Jacques), habitant de la châtellenie d'Ath, 224.
Van Rycke, officier hollandais, 3308, 3309.
Van Ryssel, officier hollandais, 3183, 3184.
Van Schlingland. V. *Schlingland.*
Van Seroskerke, commissaire hollandais en Allemagne, 3287.
Vanssay (De), 1337, 1378.
Vanstaisselle, 333.
Vantelet (De), cap^ne au rég^t de Du Bosquet, 123, 343.
—— (De), officier, 1845, 1851.
Vaquer, 516.
—— (De), 1892.
Vaquier père, procureur en la sénéchaussée de Montpellier, 2901.
—— fils, intendant du cardinal d'Auvergne, 2901.
Vaquières (De), subdélégué de l'intendant Le Bret à Arles, 1767, 1768.
Var (Directoire du dép^t du), c^ons LXV b, LXV c, LXVI, LXVII, LXX.
Varainne (De), lieut^t de roi de Sarrelouis, 1660, 1672.
Varamenil, 2222.
Varanda (De), 110.
Varanne (De), major du rég^t de Navarre, puis de la place de St-Omer, 2158, 2300, 2388, 2447.
Varano (Don Joseph), ministre du duc de Mantoue, 1783, 1863.
—— (Hercule), 1961, 2047.
Varax (De Rivérieux de), prévôt des maréchaux de Lyon, 3316.
Varcey (Ch^r de), officier au rég^t de La Couronne, 2840.
Vardes (Fran.-René du Bec-Crespin, m^is de), lieut^t-g^al, 123, 131, 157.
Vardon, membre du Directoire du dép^t du Calvados, c^ons LXV b, LXV d, LXVI.
Vareille (De), lieut^t au rég^t de Piémont, 2347.
Vareilles, consul à Malaga, 2048.
—— (Baron de), c^ons LX, LXV c, LXV f, LXVII, LXX.
Varenes, officier, 2135.
—— (De), 3084, c^on XVII. V. *Varenne* et *Varennes.*
Varengeville (Dame Courtin de), 2139.
Varenne (De), 566.

Varenne (De), officier de dragons, 1484, 1831, 1900, 2134, 2136, 2140-2145, 2242, 2340, 2371, 2411.
—— (De), cap^{ne} au rég^{t} d'Artois, 1839.
—— (De), lieut^{t}-c^{el} réformé de dragons, 2702.
—— (De), président du Conseil permanent de St-Malo, c^{on} LXXVI.
—— V. *Varenes* et *Varennes*.
—— (Burignot de), député à l'Assemblée N^{le}, c^{on} LXV a.
Varennes (De), cap^{ne} au rég^{t} Du Plessis-Praslin, 88.
—— prévôt d'Anjou, 361.
—— (De), envoyé de l'électeur de Trèves, 629.
—— (Mis de), gouverneur de Landrecies, 958, 1286, 1358.
—— (Comte de), lieut^{t} de roi de Béthune, 2700, 2793, 3208.
—— (Augustin-Franç. de Godde de), lieut^{t}-g^{al}, 2736, 2739, 2988, 3028.
—— (De), 2738, 3188.
——**-en-Argonne** (Municipalité de), c^{ons} LXV b, LXIX.
—— V. *Marans*, *Varenes* et *Varenne*.
—— **-Gournay** (J.-B. de), mar. c., 2159.
——**-Nagu** (Jos.-Alexandre, m^{is} de), 820, 880, 881, 889, 890, 972, 977, 987, 1568, 1571, 1574, 1582, 1583, 1660, 1661, 1672, 1674, 1761, 2313.
Varenville (De), détenu à la citadelle du Havre, 2135.
Vareppe, officier au rég^{t} du Maine, c^{on} LIX.
Varès, sous-lieut^{t} au rég^{t} de Flandre, 1968.
Varet, 313, 362.
Varie (De), commd^{t} à Avesnes, puis à Givet, 958, 1318, 1355, 1399, 1499, 1549, 1550, 1563, 1608, 1644, 1737-1739, 1830, 1831, 1834, 1835, 1896.
Variencourt (De), ex-commissaire de l'art^{ie}, 2130.
Varignon (Michel de), mar. c., 3302, 3305-3307, 3322, 3449-3451, 3462, 3463, 3466, 3492, 3493, 3497, 3499, 3532, 3547, 3549, 3568-3573, 3577, 3579, 3599, 3600, 3630.
Varilhes (Municipalité de). V. *Goulard*.
Varimont (De), 134.
Varin, ex-payeur de rentes à l'Hôtel-de-ville de Paris, maire perpétuel de Poitiers, 2139.
Varlet, prévôt de la maréchaussée à Soissons, 2144. V. le suivant.
—— de Soissons, 3259.
—— commissaire-garde d'artillerie à Hesdin, 2227.
—— (Veuve), chargée d'une entreprise de fournitures de tourbes et de chandelles à Calais, 2311.
Varneville (J.-Alexandre du Tot, comte de), mar. c., 3043.
Varnold, cap^{ne} au rég^{t} de Bettens, 3182.
Varo (Comte de), gouverneur de Louvain, 1550, 1736, 1739, 1742, 1936, 1937, 1944-1946, 2018, 2021-2024, 2080-2082, 2131, 2132, 2135, 2145, 2149, 2150, 2152, 2153, 2213, 2214, 2216, 2219, 2220, 2222, 2224, 2234, 2299, 2300, 2302, 2303, 2306, 2313, 2315, 2372-2376, 2378-2388, 2444, 2445.
Varville (De), mestre de camp, 1857.
Vary, président au bailliage d'Épernay, 1905.
Vassal, 356.
—— lieut^{t} au rég^{t} de Normandie, 1892.
—— échevin de Mézières, 2132-2134, 2139, 2169.
—— marchand drapier à Paris, 2271.
—— V. *Montviel*.
Vassan (De), 2039, 2040, 2131, 2132-2134, 2138, 2159, 2267, 2273, 2420.
—— (De), cap^{ne} des troupes de la Nouvelle-France, 3393.
Vassart, entrepreneur de fournitures de lits à Metz, 2139. V. *Passart*.
Vasse (De), 131.
—— (De), cap^{ne} au rég^{t} Royal-Lorraine, 3290.
—— 3493.
Vassé (H.-Franç., m^{is} de), mar. c., 123, 158.
—— (De), cap^{ne} au rég^{t} de La Lande, 2347.

Vassé (Emmanuel-Armand, dit le m^is^ de), 2143.
—— (Vidame de), 3045.
—— (Mme de), 3732.
Vasseur, habitant de Marquette-en-Boulonnais, 2142.
—— officier subalterne au rég^t^ de Trécesson, 2242.
Vassoigne (De), brigadier du service d'Espagne, inspecteur général de l'infanterie espagnole, 1601, 1706, 1978, 2134, 2253, 2255.
Vassy, cap^ne^, 342.
—— (Evert-Jan de), c^on^ LXXXVI.
Vastan (De), 1943, 1946.
Vatan (De), 2131.
—— (Abbé), cosmographe, 3747.
Vatar (Jouannet), imprimeur du Parlement de Bretagne, c^on^ LX.
Vaterneau, 2243.
Vatier (Fr. Laurent), récollet, aumônier à Cambrai, 2145.
Vatimont (De Beauveau-), c^el^, 131.
Vattan (De), officier, 1832.
Vatteville (De), 2859. V. *Watteville.*
Vauban (Sébastien Le Prestre de), mar. Fr., 209, 210, 223-225, 227-229, 240-244, 260-262, 276, 285, 286, 292-296, 310, 311, 337, 338, 340, 350, 351, 378, 391, 398, 400, 405, 406, 418, 419, 445, 446, 448, 450-453, 469, 484, 489, 491, 506, 515, 529, 537, 545-549, 554-556, 568, 584, 593, 596, 597, 605, 613, 616, 648, 670, 704, 725, 727, 728, 732-735, 794, 825-832, 857, 862, 887, 891, 902-904, 945, 993, 994, 1048, 1049, 1057, 1060, 1112, 1113, 1142, 1143, 1206-1210, 1255-1257, 1259, 1260, 1306, 1307, 1311, 1312, 1314, 1315, 1355, 1400-1402, 1501, 1517, 1524, 1550, 1553, 1556, 1558, 1566, 1576, 1577, 1583. 1604, 1645, 1661, 1667, 1668, 1700, 1749, 1779, 1794, 1801, 1802, 1835, 1836, 1873, 1875, 1895, 1897, 1898, 1900, 1937-1941, 1973, 1975, 1988, 2017, 2023, 2055, 2245, 2605, 2662, 3746, c^ons^ III, V, LXXVIII.
—— (Jacques-Philippe-Sébastien Le Prestre, comte de), lieut^t^-g^al^, 3042, 3418.
Vauban. V. *Du Puy-Vauban.*
Vaubecourt (Nic. de Nettancourt-Haussonville, comte de), lieut^t^-g^al^, 123, 133, 134, 137.
—— (Louis-Claude de Nettancourt-Haussonville, comte de), lieut^t^-g^al^, 954, 1057, 1058, 1265, 1519, 1585, 1586, 1683, 1685, 1693, 1777-1779, 1781, 1782, 1861, 1872-1874.
—— (Ch^r^ Franc., comte de), c^el^ du rég^t^ de Dauphiné, 2991.
—— (J.-Ch. de Nettancourt-Haussonville, vicomte de Nettancourt, puis m^is^ de), lieut^t^-g^al^, 3642, 39 s.
Vaubersé (Legras, s^r^ de), lieut^t^ au rég^t^ de Piémont, 102.
Vaubertrand (De), sous-lieut^t^ dans une compagnie franche, 2242.
—— (De), receveur des gabelles à Isigny, 2138.
Vaubinet, échevin ? de Reims, 2273.
Vaublanc. V. *Viénot.*
Vaubonne (De), 2244,
—— (De), 1862, 1898, 1899.
Vaubonet (De). V. *Pène.*
Vauborel (De), lieut^t^ de roi de Saint-Malo, c^on^ LXXV.
—— V. *Du Vauborel.*
Vaubourg (De), intendant, 837, 902, 903, 906, 1071, 1157, 1205, 1213, 1217, 1266, 1284-1287, 1289, 1366, 1367, 1379, 1435, 1465, 1524, 1526, 1580, 1955, 2142, 2185, 2272, 2370, 2411, 2419, 2524, 3779.
Vaubrun (Nic. Bautru de Nogent, m^is^ de), lieu^t^-g^al^, 187, 209, 212, 225, 227, 250, 259, 260, 271, 275-282, 284, 285, 286, 288-291, 293, 318, 320-322, 325-329, 331, 343-345, 347-349, 351, 352, 359, 378, 383-387, 390-392, 394, 407, 408, 411-414, 417, 436-442, 458, 459, 466, 467.
—— (M^ise^ de) 2411.
Vaucelle (De), cap^ne^ au rég^t^ de Thourotte, 2183.
—— (Aubert de), cap^ne^, 1973.
Vaucelles (De), lieut^t^ de roi de Boulogne-sur-Mer, 209, 225.

Vauchelle, c^{on} LIV.
Vauchelles (Des), 672.
—— (Mis de), lieut^{t} de roi de la province de Picardie, 1898, 2024.
Vauchez, lieut^{t}, 3404.
Vauclair (De), vice-bailli du Cotentin, 1610.
Vaucler (De), cap^{ne} au rég^{t} de Sillery, 1789.
Vaucleroy (De), officier au rég^{t} de Royal Pologne, c^{on} LXV.
Vaucluse (De), commissaire des guerres, 2730, 2734.
Vaucocourt (De), cap^{ne} au rég^{t} de Normandie, 97.
—— (De), officier, 1585, 1586, 1862, 1961, 1967, 2040, 2041.
Vaucouleur (De), officier de gardes-côtes, 3493.
Vaucouleurs (Municipalité, etc., de), c^{ons} LIII, LV. V. *Darbamont, Duverney, Saincère.*
—— (Comte de). V. *Lanjamet*
Vaudémont (Princesse de), 250.
—— (Ch.-H. de Lorraine, prince de), 237, 538, 672, 1311, 1314, 1508-1516, 1519, 1588-1594, 1596, 1599, 1607, 1611, 1683-1687, 1703, 1766, 1773, 1780-1785, 1860, 1863-1869, 1872, 1880, 1958, 1960-1967, 2046-2048, 2133, A. 92 *bis*, A. 120. A. 121, c^{on} IV.
—— (Anne-Élisabeth de Lorraine, princesse de), 1960.
—— (Jos.-Marie de Lorraine, prince de), colonel du rég^{t} de Lorraine-dragons, c^{on} LXI.
Vaudetar. V. *Persan.*
Vaudetart (Claude de La Haye, s^{r} de), cap^{ne} au rég^{t} de Picardie, 146.
Vaudouleur, c^{on} XLV.
Vaudray (Marie-Adrienne de), religieuse, 1869.
Vaudremont. V. *St-Belin.*
—— (De), mestre-de-camp du rég^{t} de ce nom, 2408.
Vaudretz (Dame de), 2130.
Vaudreuil (Jean Rigaud, ch^{r}, puis vicomte de), lieut^{t}-g^{al}, 2960, 2990-2992, 3006, 3007, 3030, 3041-3043, 3056, 3084, 3085, 3087, 3088, 3090, 3137, 3138, 3140, 3141, 3143, 3148, 3198, 3200, 3204, 3209, 3276, 3277.
Vaudreuil (Mis de), gouverneur général du Canada, 3404, 3405, 3417, 3424, 3457, 3498, 3499, 3540, 3546, 3574, 3624, 3734, 3735, 3764.
Vaudrey (J.-Ch., ch^{r}, puis comte de), lieu^{t}-g^{al}, 1519, 1585, 1586, 1592, 1594, 1683, 1684, 1686, 1687, 1689, 1781-1785, 1861-1867.
—— (Claude-Ant.-Eug., comte de), lieut^{t}-g^{al}, 1944, 1946, 2141, 2142, 2219, 2371, 2784, 2838, 2948, 3074.
Vaudrez. V. *Vauldrey.*
Vaudricourt (De), major du rég^{t} de Clairefontaine, 2132.
—— (De), lieut^{t}, 2243.
Vaudry (De), officier au rég^{t} de chasseurs de Champagne, c^{on} LXV f.
Vaugelas (De), major de la place de Cette, 3225-3228, 3649.
Vaugelin, 345.
Vaugin, bourgeois de Vic-sur-Seille, 2169.
Vaugine, commissaire des guerres, 3095, 3260-3262, 3473.
—— (De), chargé d'affaires près l'électeur de Cologne, 3759.
Vaugion. V. *Feydeau.*
Vaugirard (De), lieut^{t}-c^{el} du rég^{t} Royal-Roussillon, c^{on} LXXIV.
Vaugirauld (J. de), évêque d'Angers, 3308.
Vaugrenant (Ch^{r} de), officier, 987, 997. V. *Vaulgrenant.*
Vauguérin (De), lieut^{t}-c^{el} du rég^{t} de Béarn, command^{t} au château de Bouillon, 2140, 2244, 2273, 2536.
Vaujouan (De), command^{t} au château de Bayonne, 1466, 1468, 1892, 1983, 1984.
—— V. *Veaujouan.*
Vaujours (De), commissaire provincial d'artillerie, 2137.
Vaulcherot, chanoine, 1759, 1856, 2132.
Vaulchier. V. *Du Deschaux.*
Vauldrey (De), cap^{ne} au rég^{t} de la Fons-La Ferté, 2028.
—— V. *Vaudrey.*
Vau-Léger (De), lieut^{t} d'artillerie, 992, 1483, 1644, 1651, 1832, 1837, 1838, 1944, 1945, 2138.

Vaulgrenant (Franç.-Marie de Villers-La Haye, baron, dit comte de), ambassadeur, 2704, 2705, 2707, 2709, 2712, 2751, 2753, 2810.
—— V. *Vaugrenant.*
Vaulivert, entrepreneur de fortifications, 1901.
Vault (Franç.-Eug. de), lieut^{t}-g^{al}, auteur de mémoires, 2407, 2915, 2949, 2958, 3006, 3156-3167, 3213-3220, 3285-3287, 3392, 3407, 3419, 3426, 3428, 3429, 3431, 3432, 3434, 3435, 3437-3446, 3463-3465, 3471, 3472, 3474, 3475, 3477-3489, 3500, 3503, 3506, 3508, 3511, 3512, 3537, 3565, 3568, 3577, 3587, 3590, 3603, 3606, 3607, 3609-3611, 3613-3615, 3626, 3630, 3673, 3677, 3683, 3685, 3687, 3691, 3694, 3697, 3698, 3703-3707, 3714, 3717, 3719-3721, 3725, 3726, 3728, 3729, 3738, 3741, 3743, 3744, 3749, 3751-3753, 3755, 3759, 3762, 3763, 3766, 34 s., c^{ons} XXI, XXIV, XXVII, XXXIII, XXXV, XXXIX, XLII, XLIV, XLV, XLIX, XLIX a, LIII, LIV, LXIV-LXV b.
Vault (Ch^{r} de), 3721. — V. *Vaulx.*
Vaultier, commissaire provincial de l'artillerie, 1830, 1833, 1943, 2143, A. 100, A. 101.
—— officier, 3689.
—— **-La Brière** (Ch. de), lieut^{t} au régiment de Normandie, 92.
Vaulugé (De), cap^{ne} au rég^{t} d'Agénois, 2226.
Vaulx (De), cap^{ne} au rég^{t} de Bresse, 119.
—— (De), cap^{ne} au rég^{t} de Condé, 342.
—— (De), lieut^{t}-c^{el} du rég^{t} de Savines, puis de celui de Maillé, 1855, 1858, 1907, 2142, 2145, 2155.
—— (Ch^{r} de), aide-maréchal-g^{al} des logis, 3665, 3752, c^{on} LXXIII.
—— (De), auteur d'un travail sur la navigation de la Sambre, c^{on} LXVI.
—— **de Sempigny** (De), 2108.
—— V. *La Brosse.*
Vaumalle (De), officier au rég^{t} de d'Artagnan, 2160.
—— V. *Valcroissant.*
Vaumontel (Nic., Chevalier, s^{r} de), officier au rég^{t} de Normandie, 92.
Vaumor (De), cap^{ne} au rég^{t} de Rochefort, 2131, 2132.
Vaumoran (De), officier, 1950.
Vaumorel. V. *Choüet.*
Vaunière (Pierre de Ferry, s^{r} de), verrier à Massanges, 3255.
Vaunoise (Vic^{te} de), cap^{ne} au rég^{t} mestre-de-camp-g^{al} dragons, m^{al}-g^{al} des logis de l'armée du comte de Vaux, c^{on} LI.
Vaupré, V. *Lemaistre.*
Vauréal (Louis-Guérapin de), évêque de Rennes, ambassadeur en Espagne, 2709, 3059, 3075, 3117, 3126, 3178-3180, 3223, 3224, 3227, 3232-3245, 3247, 3252, 3290, 3292-3295, 3299, 3312, 3313, 3316.
Vaurignac (De) (*D'Aurignac ?*), 411.
Vauroy (De), 146, 251, 260, 261, 271, 275, 278, 279, 292, 310-313, 339, 359, 396, 397, 506, 552, 568, 576, 596, 599, 601.
Vaus (Pedro del — y Frias), intendant espagnol à Valenciennes, 406.
Vauthier, prévôt d'Orchimont, 3278.
Vautier (Franç.), 1er médecin du roi, 101.
—— 567.
—— curé de Villey-St-Étienne, au diocèse de Toul, 2132.
—— V. *Pétimont.*
Vautorte (De), 97, 98, 118, 119, 158, 245.
—— (Louis Casset de), évêque de Vannes, 362.
—— V. *La Boissière.*
Vautremont. V. *St-Belin.*
Vautrin, entrepreneur de fournitures de fourrages à Nancy, 1954.
Vautrinot (Franç.-Nic.), c^{on} LXV.
Vauvré (Louis-Girardin de), intendant de la marine, 1079, 1333, 1508, 1524, 1607, 1703, 1764, 1767, 1768, 1779, 1800, 1874, 1880, 1899, 1900, 1904, 1974, 2039, 2041-2043, 2047, 2100, 2101, 2188.

Vaux (Noel, dit de Jourde, comte de), mar. Fr., 3027, 3125, 3205, 3206, 3221, 3275, 3280, 3387, 3406, 3418, 3456, 3497, 3539, 3549, 3552, 3558, 3561, 3564, 3565, 3582-3585, 3608, 3630, 3647, 3655, 3665, 3694, 3766, c^{ons} XXVI, XXXVI, XLVII b, XLIX a, LXXIII.
—— (De), 1855-1857.
—— (De), garde du corps, 2145.
—— (De), cap^{ne} au rég^{t} d'Auvergne, 2945.
—— (De), cap^{ne} au rég^{t} de La Reine-dragons, c^{on} LXV b.
—— V. *Bernage, Hermerel, Picot.*
—— **de Baume**, 3664.
—— **de Bourassol** (De), procureur au présidial de Riom, 2130.
—— **-La-Motte** (De), 2344.
—— **de Plainville** (De), commissaire d'artillerie, 2140, 2273.
Vauxdoré, 2328.
Vauxtorte. V. *Vautorte.*
Vayona (Mis de), 513.
Vayrac (Abbé de), 1180.
—— (De), maire d'Agde, 2254.
Veaujouan (De). V. *Vaujouan.*
—— (Vilaret de), lieut^{t} au rég^{t} de Picardie, 2144, 2188.
—— V. *Vilaret.*
Vebron (De), 146, 151.
—— (Anne-Étienne de Frijol, ch^{r} de), 3710, 3720, 3740, 3766.
Vecchia (Gabriel), m^{al} de bataille au service de Venise, 260.
Vecchio (Prospero), avocat à Nice de la Paille, 1971.
Vedier, commissaire des guerres, 3188, 3411, 3493, 3496, 3505, 3579, 3598, 3604, 3606, 3620-3622, c^{on} LXXVI.
Vedoa, consul de France à Venise, 264, 299.
Védrille, lieut^{t}-c^{el} du rég^{t} de La Fond, 1752.
Védrines (De), cap^{ne} au rég^{t} de St-Phal, 2022.
—— (De), cap^{ne} au rég^{t} Royal-Piémont, 2144.
Veibnom? (De), officier commd^{t} le rég^{t} de Vaudemont, 224.
Vegelin (von Claerbergen), député des États de Hollande, 2219, 2373, 2383.
Veillac (Fréd. Maurice de Benac, baron de), cap^{ne} au rég^{t} de La Reine, 92.
Veillant. V. *Vaillant d'Auquoy.*
Veimerange (De), 3718, c^{ons} XLVII b, XLVIII, XLIX a, LXXIV.
Veise, garde-magasin à Osnabruck, 3518.
Vela (Giuseppe), officier italien, 264.
Velasco (Francisco de), 1789, 1793, 1800, 1884-1888, 1907.
—— (De), cap^{ne} réformé au rég^{t} de Bylandt, 2392.
—— (Mme de), 1943, 2271.
Velbruck (Comte de), c^{on} XXXIII.
Veldenz (Ch.-Georges, prince palatin de), 668.
—— (Léop.-Louis, prince palatin de), 410, 668.
Velen (Comte de), 346.
Vellac (Ch^{r} de), sous-lieut^{t} au rég^{t} de Navarre, 311.
Velluti (Ferdinando, baron), gouverneur de la Lumigiana, 3293.
Vels (Baron de), aide-de-camp du m^{al} de Villeroy, 1573.
—— (De), 1679.
—— (Baronne de), 2370, 2371.
Venant, 1er président à Vannes, 3188,
Venaud (De), command^{t} le 2e b^{on} du rég^{t} de Hainaut, 1502, 1608, 1707.
—— cap^{ne} au rég^{t} de Bourbonnais, 2132, 2137-2139, 2143.
Vence (Évêque de). V. *Crillon.*
—— (Claude-Alexandre de Villeneuve, comte de), lieut^{t}-g^{al}, 2900, 3416, 3418, 3538, 3546.
Vendée (Directoire du départ^{t} de la), c^{ons} LXVIII-LXX.
Vendenheim. V. *Wurmser.*
Vendeuil (Franç. de Clérambault, m^{is} de), lieut^{t}-g^{al}, 653, 958, 1147, 1203, 1204, 1209, 1215.
—— (De), mestre-de-camp du rég^{t} Dauphin-cav^{ie}, 2136, 2141, 2273.
Vendeul (De), lieut^{t}-prévôt de la maréchaussée de Tournai et commissaire provincial de l'artillerie, 1657, 1831, 2141, 2154, 2219, 2230.
Vendôme (Municipalité, etc., de), c^{ons} LV, LXVIII. V. *Colas, Couturier, Courtin, Florville, Girard, Morard, Rigault,* etc.

Vendôme (César, duc de), command^t d'armée, 118.
—— (Louis de Bourbon, duc de Mercœur, cardinal et duc de), vice-roi de Catalogne, gouverneur de Provence, 119, 137, 158, 182, 238, 245, 251. V. les suivants.
—— (Louis-Joseph de Bourbon, duc de), commd^t d'armée, 334, 878, 1222-1224, 1227, 1228, 1274-1276, 1333, 1334, 1338, 1378, 1417, 1418, 1422, 1423, 1454, 1586, 1588-1592, 1611, 1683-1687, 1693, 1764, 1765, 1776-1784, 1807, 1860, 1864-1870, 1872-1875, 1877, 1939-1942, 1958, 1960-1963, 1965-1967, 1971, 1988, 2015, 2017-2023, 2025, 2042, 2046, 2047, 2053, 2078, 2080-2084, 2089, 2092, 2100, 2108, 2132, 2135, 2138, 2151, 2232, 2253, 2258, 2328-2331, 2342, 2343, 2404, 2407, 2417, 2468, 3779, A. 87, A. 88, A. 92 *bis*, c^ons V-VII.
—— (Philippe de Bourbon, dit le grand prieur de), lieut^t-g^al, 878, 1333, 1683-1687, 1729, 1774, 1776, 1777, 1781-1785, 1863-1867, 1874, 1958, 2468, 3779.
Vener, cap^ne au rég^t de Rivarc, 123.
Venier, cap^ne de Bombardiers, 1150.
—— officier de la place de Diest, 1841.
—— commd^t à Navarrenx, 3184.
Venière (De), lieut^t au rég^t d'Artois, 1831.
Venise (La république de), 20, 259, 513, 1867.
Vennac, cap^ne au rég^t de Normandie, 3138.
Venne (De), cap^ne au rég^t de Bassigny, 1944.
Vennes (De), 117.
Vennito (Francisco-Antonio), auditeur provincial au royaume de Naples, 1775.
Venoge (De), officier dans un rég^t suisse, 1858.
Venot de Noisy, 333,
Ventabron (De), 1610, 1704, 1835, 1897, 1900, 2131.
Ventadour (Duc de), gouverneur du Limousin, 117, 276.
—— (Duchesse de), 2142.
Ventadour (Abbé de). V. *Lévis, Polény*.
Ventavon (De), officier command^t dans la vallée de Queyras, lieut^t de roi du bailliage de Gap, 1334, 1764, 1765, 1877, 1895, 1900, 1968, 2041, 2042, 2044, 2045, 2134-2137, 2143, 2175, 2188, 2247, 2248, 2251, 2268, 2269.
Ventoux, procureur au présidial de Lectoure, 2137.
Venturier, banquier à Nancy, 2136.
Venturini, chef corse, 3300, 3330, 3360-3362, 3370, 3371.
Venzati (Comte), 2133, 2138, 2162-2164, 2183.
Vera (Francisco de), 3644.
Vérac (De), 837, 902-906, 1147, 1524, 1526. V. le suivant.
—— (César de St-Georges, m^is de), lieut^t-g^al, 2130, 2131, 2135, 2139.
—— (Mis de), ministre de France à Cassel, c^on XLIV.
Véraguas (Don Pedro-Manuel Colon de Portugal y Sandoval, 7e duc de), 1886, 1976.
Veranderye, 987, 997 V. *La Veranderie*.
Verbier (L.-Georges), s^r du Hamel, grand bailli d'Aire, 1840.
Verboom (De), mar. c. du service d'Espagne, ingénieur, 1650, 1651, 1738, 1739, 1834, 1835, 1839, 1937, 1938, 2021-2023.
—— (Mme de), femme du précédent, 1944, 2021, 2022.
Vercel (J.-B. de Marnays de la Bastre, comte de), 1688, 1764.
—— (De), 3260, 3338.
Vercourt (Mauvoisin de), 3506.
Verdelin (De), lieut^t au rég^t de Ségur, puis dans celui de Danois, 1904, 2135, 2253, 2255, 2332.
—— officier au rég^t de Boulonnais, c^on LX.
Verderonne (Laubespine de), guidon dans la gendarmerie, 2141.
—— (Mme de), 2141.
Verdier, aubergiste à Sarrelouis, 2138, 2244.
—— cap^ne au rég^t de Senneterre, 2157.
—— (De), maréchal-des-logis de la gendarmerie, 2243, 2322, 3391.

Verdière (Charles), A. 89.
—— (De), officier, 3541, 3575, 3629, c^{on} XXIII.
Verdillac (De), major de la place d'Avesnes, 2132, 2300.
Verdille (De), 1705.
Verdoucet, 595.
Verdun (Municipalité, clergé, bourgeois, etc., de), 1071, 1754, 1845, 1850, 1955, 2055, c^{ons} LXXVIII, LXXIX. V. *Béthune (Hipp. de), Binet, Brochette, Cherray, Coster, Deleau, Dravigny, Duproy, Gehot, Gillon, Hallencourt, Homassel, Humbert, Jacquemin, Jubainville, La Boissière, La Magdeleine, Larzillier, Le Bourgeois, Le Gardeur, Mengin, Mondon, Mouchy, Rison, St-Hillier, St-Jean, Théophile (Fr.), Vigneron, Vuatronville*, etc.
—— (Gilbert de Gadagne d'Hostun, ch^r, puis comte de), lieut^t de roi en Forez, 1611, 1702, 1798, 1801, 1802, 1855, 1896–1898.
—— cap^{ne} des portes de Metz, 2135.
—— (De), officier, 1831.
—— cap^{ne}, 1968, 1971.
—— (Fr. Ange de), gardien des capucins de Chaumont, 2137.
—— (Ch^r de), lieut^t de vaisseau, 3678, 3680.
—— (De), officier hollandais, 3308.
Verdunois (Communautés du), 1955.
Verdusan. V. *Miran.*
Verduzan (De), officier au fort Nieulay, 2144, 2145, 2269.
Vergennes (Ch. Gravier, comte de), ambassadeur, ministre des Affaires étrangères, 3056, 3395, 3689–3691, 3693, 3697–3699, 3703, 3707, 3708–3714, 3717–3719, 3721, 3722, 3725, 3728, 3729, 3734, 3738, 3740, 3743–3746, 3749, 2751, 3753, 3767, c^{ons} XLIII, XLIV, XLVII b, XLIX, XLIX a, L, L b.
Vergeur. V. *Courlandon.*
Vergezac (De), cap^{ne} au rég^t d'Auvergne, 2370.
Vergier, 1644.
Vergile, chirurgien-major, 3539.
Vergne, médecin de l'armée de Lombardie, 1862.
Vergons (De), 33, 245, 361,
Vergons (De), procureur général à Aix, 1525.
Verigny (De), officier, 21 s.
Verjus (Louis), comte de Crécy, ambassadeur, 260, 265, 275–291, 318–324, 326, 328, 330, 331, 344–349, 353, 383–387, 389–392, 407, 410–414, 417, 439, 440, 442–445, 458–461, 467, 468, 487, 507, 629, 663, 671, 793. V. *Crécy.*
—— (Franç.), évêque de Grasse, 2042, 2251.
Verlagne, curé de Thiers, 1902.
Verlhac (De), 3015, 3059, 3060, 3061, 3063, 3064, 3115–3117, 3119, 3120, 3127, 3172–3174, 3435, 3437, 3603, 3604.
Vermandois (Conseil d'adm^{on} du rég^t de), c^{on} LXVI.
Vermandouilles (Jacques de Witasse de), cap^{ne} de chevau-légers au rég^t de Feuquières, 123.
Vermelinger, cap^{ne}-lieut^t de la compagnie suisse de Sonnenberg, 2227.
Vermenelle (De), cap^{ne} au rég^t de Barrois, 2144.
Vermery, officier au rég^t de La Marck, 1836.
Vermeuil. V. *Verneuil.*
Verminnen, 2562.
Vermont (De), secrétaire d'ambassade à Soleure, 3160, 3182.
Verna. V. *Ferrière.*
Vernaville, 2135.
Vernerolles-Espinchol (De), cap^{ne} au rég^t de Tarnault, 1895.
Vesnesol. V. *La Roche.*
Vernesson (J.-B.), contrôleur à Mouzon, 2169, 2420.
Vernet (Le P.), jésuite, 3575.
Verneuil (De), enseigne au rég^t de Champagne, 146.
—— (Duc de), gouverneur du Languedoc, 360, 535, 563.
—— (Hubert), prévôt des boulangers à Calais, 2021, 2022.
—— (Olier de), gouverneur de Domfront, 2130, 2135.
—— (De), cap^{ne} au rég^t de Forez, 2132, 2134, 2135.
—— (De), maire de Périgueux, 2269.

Verneuil (Eusèbe-Jacques Chaspoux de), secrétaire de la Chambre, introducteur des ambassadeurs, 2698, 3137, 3138, 3200.
—— (Mis de), c^on LXIV.
—— **de Rosel**, officier de carabiniers, 958.
—— V. *Rosel.*
Verneuville (De), lieut^t au rég^t de Berry, 2242.
—— (De), 2825.
Verney, cap^ne au rég^t de Lorraine, 2137, 2138, 2140.
—— 2655, 2739, 3075, 3127.
Vernicourt (André-Jean de Lalouette de), mar. c., 1861, 1966, 2135, 2371, 2630, 2705, 2751, 2824.
Vernier (Baron), colonel, 91.
—— (Guyon), 982.
Vernon (Échevins, etc., de), c^ons XLVII, LXV, LXVI, LXVIII, LXXI. V. *Duplessis, Latty, Lemoyne, Mordant.*
—— (Ch.-Emmanuel des Balbis, comte de), ambassadeur de Savoie à Paris, puis ministre d'État à Turin, 1700.
—— amiral anglais, 3152.
—— (De), 3316.
Vernouillet (De), 1484.
Vernoy (De), cap^ne, 1706.
Veron, 2025.
—— commissaire des guerres, 3710.
—— régisseur général des étapes, c^ons LXV–LXV b, LXVIII, LXX.
Veronique (Quentin), commissaire de police à Sedan, 2133.
Verot, 2677, 2786, 2826.
Verpel (Alexandre, ch^r de), ingénieur, brig., 969, 993, 1213, 1660, 1661, 1857, 2244.
Verpillac (De), cap^ne au rég^t d'Auvergne, major de la place d'Hulst, 3200.
Verquaillé (Georges), maître de poste à Ypres, 2870.
Verquinieul (D'Ailly, m^is de), 2157.
Verrier, officier au rég^t de Santerre, major de la place de Diest, 1566.
—— 3543, 3547, 3630.
Verrière (De), officier de milice de Champagne, 2933.
Verrières. V. *Fumeron.*
Verron, commissaire des guerres, c^ons XLIX a, LIII, LVII.
Verrue (Jos.-Ignace-Aug.-Mainfroy-Jérôme de Scaglia, comte de), 1311, 1484, 1644, 1653.
—— (Marie-Angélique Martin de Dizimieu, comtesse de), 1765.
Verry, prévôt et chanoine de l'église d'Arras, 311.
Versailles (Magistrats, habitants, etc., de), c^ons LXV d, LXV f, LXVII, LXVIII. V. *Aubenton, Coste, Fresson, Michault, Nardin.*
Verseille, c^on XI. V. *Verseilles.*
Verseilles (Jacques Badier, m^is de), lieut^t-g^al, 1407, 1408, 1484, 1502, 1570, 1572, 1573, 1575, 1582, 1660, 1676, 1844, 1845, 1847, 1855, 1948, 1951, 1952, 2027, 2028, 2092, 2093, 2138, 2139, 2163, 2164, 2169, 2237, 2238, 2244, 2318, 2319, 2323, 2411, 2454–2460, 2558, 2559, 2561–2564, 2678.
—— (Ch^r de), major du rég^t Royal-cavalerie, puis colonel d'un rég^t de hussards, 1950, 2139.
—— (De), 3605.
Versigny. V. *Bragelongne.*
Versoix (Curé, etc., de). V. *Borssat, Hugonin*, etc.
Versoris, c^re g^al des vivres, 958. V. les deux suivants.
—— (De), intendant de l'Hôtel des Invalides, 1284, 2139, 2141, 2142, 2269, 2271–2273, 2343, 2371, 2411–2413, c^on IX.
—— (De), 2301. V. le précédent.
Vert (Don Melchior de), consul d'Espagne à Marseille, 1891.
Vertamont (J.-B. de), évêque de Pamiers, 1899, 1984, 2132, 2133. V. *Verthamon.*
Verteillac (Nic. de La Brousse, comte de), mar. c., 826–829, 881, 954, 966, 967, 970, 974, 980, 1046, 1048, 1049, 1052–1054, 1056, 1057–1060, 1145–1148, 1199, 1202–1206, 1318. V. *Vertillac.*
—— (César-Pierre Thibault de La Brousse, m^is de), mar. c., 3694, c^on LXXVI.
Vertepierre. V. *Le Laboureur.*
Verteuil (Baron de), c^on LXI, LXVIII, LXIX, LXXI.

Verteuil (De), cap[ne] au rég[t] de Champagne, 3564.
—— (De), 50 s.
Verteuille (De), 420.
Verthamon (De), 2131, 2138. V. le suivant.
—— (Vicomte de), officier au rég[t] Royal-Piémont, c[on] LXI.
—— V. *Vertamont.*
—— **de Lussan**, cap[ne] de cavalerie, 2145, 2183, 2268.
Verthon (De), lieut[t] du gouverneur de Château-Dauphin, 137.
Vertillac (De), major général de l'infanterie de l'armée d'Allemagne, c[on] III. V. *Verteillac.*
Vertilly (René de Harlus, ch[r], puis comte de), mar, c., 967, 969, 972, 980, 1059, 1155, 1213, 1215, 1216, 1237, 1264, 1323, 1375, 1407, 1409, 1484, 1495, 1502, 1585, 1586, 1588, 1590–1592, 1611, 1660, 1661, 1702, 1751, 1760.
Vertmuller, ingénieur, 241, 242.
Verton (De), 3537, 3569, 3571, 3572. V. le suivant.
—— (De), officier d'art[ie], commd[t] le rég[t] d'Auxonne, 3581, 3641. V. le précédent.
Vertrieu. V. *La Poype.*
Vertron (De), commissaire des guerres, 2729–2733, 2735, 2736, 2790, 2796, 2798, 2824, 2825, 2850, 2851.
Verville (De), c[re] des guerres, 1160.
—— (De), lieut[t] de roi à Amiens, 958.
Vervins (Échevins, bourgeois, etc., de), 88, 106, 110. V. *Du Peuty, Laval, Signys,* etc.
—— (Louis de Comminges, m[is] de), 88, 92, 106, 146, 158.
Very (Jacques), 1741.
Verzure, 3253.
Vesc de Comps (De), gentilhomme dauphinois, cap[ne] au rég[t] de la Reine, 1858.
Vese (De), officier au rég[t] de La Chau-Montauban, 2030.
Vesin (Claude), maire de Rosier (environs de Toul), 2095.
Vesins (Guitard de), officier, gouverneur de Charleville, 1861–1869, 1952, 1960–1963, 2093, 2130–2132, 2138, 2169.
Vesne (De), major du rég[t] du Roi, 2816.
Vesoul (Échevins, bourgeois, etc., de), c[on] LXV a. V. *Madroux, Samuel, Tranchant,* etc.
—— (Frère Samuel de), gardien des capucins de Salins, 1972.
Vettes (Ladislas, baron de), lieut[t]-c[el] de hussards, agent de Ragotzky, 1834, 1838, 1844, 1852, 1869, 1935–1941, 1943, 2021.
Veyder (J.-C. de), ministre de l'électeur palatin, député des États de Juliers et du pays de Cologne, 1210, 1260, 1286, 1305, 1307, 1315, 1424, 1425, 1679, 1754, 1956, 2019, 2167.
Veynaud, 2134.
Veyrac du Pouget. V. *Neyrac.*
Vèze (De), gouverneur du château de Mercure, 1700.
Vézelay (Municipalité, etc., de). V. *Berthion, Delaborde, Randot,* etc.
Vézelise (Municipalité de), 1956, c[ons] LXV, LXV a.
Vezian, cap[ne] au rég[t] de Fontanges, 2392.
—— (De), officier au rég[t] de La Couronne, 3032.
Vial, subdélégué de l'intendant Bouchu, à Embrun, 1331, 1605.
—— officier subalterne au rég[t] de La Chau-Montauban, 2030.
—— (De), de Bar-sur-Seine, ancien soldat au rég[t] de Monsieur, 3753.
Vialar (Félix), évêque de Châlons, 197.
Vial-Nicolay (De), lieut[t]-c[el] du rég[t] de Du Luc, 2243.
Vialas des Endrieux (Mme de) née Vervin, 2141.
Vialate. V. *Montolieu.*
Vialis (Michel de), brig., 2871, 2872, 2885, 2887, 2888, 3238, 3314.
Vianchi, 1973.
Viancourt (De), officier au rég[t] de Nice, 1861, 2131, 2137.
Viange (Comte de), 361.
Vianges. V. *Cussigny.*
Vianney, vitrier à St-Maixent, c[on] L b.
Viantais (P. de Boursault, m[is] de), 131.

Viany, commissaire des guerres, c^ons LXIX–LXXI.
Viard (De), 3541.
—— **de La Verchère**, cap^ne aux dragons de Conflans, 2141.
Viarmes (De). V. *Pontcarré.*
Viart (Denis), contrôleur des troupes, c^on LXXXVI.
Vibaud (De), officier de marine, c^on XL.
Vibert, 1862, 1866. V. le suivant.
—— (De), baron de Cognin, sénateur à Chambéry, 2173.
Vibo, abbé de Rialto, 264.
Vibraye (Henry-Emmanuel Hurault, m^is de), lieut^t-g^al, 992, 1484, 1549, 1550, 1553, 1644–1648, 1650, 1736–1740, 1742, 1743, 1830–1835, 1837–1839, 1841, 1966–1968, 2038, 2138, 2141, 2186, 2272, 2273, 2338, 2419, 3331.
—— (Paul-Maximilien Hurault), m^is de, lieut^t-g^al, 3001, 3097, 3140, 3167, 3215, 3262, 3336, 3605, c^on XXXV. V. le précédent.
Vic (Mme de), 110.
—— **-sur-Aisne** (Municipalité de), c^on LXI.
—— **-sur-Seille** (Magistrats, bourgeois, etc., de), c^on LXVIII. V. *Bauquelle, Evrard, Hamponier, Jansin, Lescure, Maire, Marchand, Sanguiné, Thiriet, Vaugin*, etc.
—— **-Fezensac** (Maire, etc., de). V. *Carrère, Relonque*, etc.
Vican de Framont, 1239.
Vicedhom ? (Comte de), 3012.
Vichy (Ch^r de), major de chevau-légers, 3712.
—— **-Chamron** (De), 1586. V. le suivant.
—— - —— (Gaspard-Nic., comte de), mar. c., 2912. V. *Chomrond.*
Vicka (? Baron de), 968.
Vico (Don Pedro), officier espagnol, 1984, 2107.
Vicoigne (Jérôme, abbé de), c^on XIV. V. *Beghin.*
Vicq (De), commissaire des guerres, 958, 2913, 2916, 2925, 2926.
—— (De), V. *Meulevelt.*
Victoire (Madame), fille de Louis XV, 3682.
Victor-Amédée Ier, duc de Savoie, 41. V. *Savoie (Duc de).*
Victor-Amédée II, duc de Savoie, puis roi de Sardaigne, 668, 996, 1009, 1327, 1334, 1369, 1372, 1401, 1518, 1519, 1585, 1590, 1598, 1686, 1690, 1703, 1764, 1766, 1768, 1776, 1777, 1781, 1799, 1864, 1868, 1874, 1876, 1899, 1963, 1964, 1967, 1988, 2039. V. *Savoie (Ducs de).*
—— - —— **III**, roi de Sardaigne, c^on L.
Vidal (Comte), 20.
—— (De), commd^t le château de Queyras, 3061.
—— consul de Martigues, 3310.
—— V. *Audiffret.*
Vidalon, lieut^t au rég^t de la marine, 151.
Vidampierre (De), major du rég^t du Roi-infanterie, puis gouverneur des enfants du duc de Lorraine, 1660, 2034, 2323.
Vidaud, procureur général du parlement de Grenoble, 2251, 2398–2400.
—— directeur de la Librairie, 3738–3766, 3768.
Videau du Dognon, lieu^t-g^al d'épée de la sénéchaussée de Limoges, 2267.
Vido (Guill. de), cap^ne aux chevau-légers de Mazarin, 151.
Vidon (De), 3208.
Viefville, maire de Guise, c^on LXV d.
—— **des Essars**, député du Vermandois, c^on LVII.
Vieilh, officier municipal d'Alençon, c^on LXV c.
Vielcastel. V. *Montalant.*
Viella (Ch^r de), lieut^t de roi à Ingolstadt, puis à Condé, 2940, 2941, 2943–2946, 2948–2951, 2982, 3031, 3034, 3035, 3084–3086, 3137, 3682.
Vieillard, député du dép^t de la Manche, c^on LXVI.
Vieillart, député du bailliage de Reims, c^on LXV b.
«Vieille» (La), pseudonyme du comte de Polignac ou du m^is de St-Léger, 39 s.
Viellemont de Lorgère (De), commissaire de l'artillerie, 1956, 2137.

Vielsmaisons (J. de), cap^ne de chevau-légers au rég^t de Cœuvres, 123.
—— (J.-J. de), gentilhomme normand, 1704.
Vienne (Directoire du dép^t de la Vienne), c^ons LXV c, LXV d, LXIX.
—— en Dauphiné (Consuls, clergé, bourgeois, etc., de), 420, c^ons XIV, LXV c. V. *Aveyne, Armanet, Carlin, Chapat, Crillon, Decombe, Dizimieu, Doncet, Ginet, Guillaumet, Lyvet, Montmorin, Mussy, Nantes, St-André, Trimo*, etc.
—— (De), lieut^t de la maréchaussée de Troyes, 1604.
—— (De), brig. de cav^ie, 1883, 1885, 1892, 1979, 2048, 2049, 2135, 2140-2142.
—— (De), conseiller au Parlement, 2132.
—— (De), 2338.
—— (Ch^r de), 3119.
—— (De), 2940. V. le suivant.
—— (Franç.-Louis, comte de), mar. c., 3462, 3504, 41 s.
Vienot, officier de cav^ie, 151.
Viénot-Vaublanc, président du dép^t de Seine-et-Marne, c^ons LXV, LXV b, LXV c, LXVII.
Vierzet (Baron de), gouverneur de la citadelle de Liége, 437-439, 454. V. *Bierset.*
—— (Ch^r de), officier, 3371, 3378.
Vietinghoff (Baron de), lieut^t-g^al, 3407, 3428, 3431-3435, 3437, 3438, 3440, 3442, 3444, 3445, 3473, 3766, c^ons LXVIII, LXIX.
Viette, lieut^t-c^el du rég^t d'Aubigné, puis de celui de Grandville, 1830, 1831, 2143, 2411.
Vieuge (De), officier au rég^t d'Houdetot, 2270.
Vieulaine (De), cap^ne des portes à Huningue, 2392.
Vieux-Brisach (Municipalité, etc., de). V. *Brisach.*
Vieuxcourt (J.-B. Durey de), trésorier général de l'extraordinaire des guerres, 1766, 1791, 1802, 1879, 1895-1897, 1901.
Vieuxpont (De), 102, 123.
—— (Guill.-Alexandre, m^is de), lieut^t-g^al, 1483, 1564, 2139, 2219, 2220, 2222, 2224, 2234, 2299, 2301, 2306, 2311, 2313, 2370, 2372-2374, 2383-2385, 2388, 2444, 2457-2461.
Vieval (De), mousquetaire, puis aide-de-camp du prince Radziwill, 3507.
Viéville, procureur du roi à Laon, 2415.
Viez, lieut^t d'art^rie, c^on LX.
Vigannego (Abbé), correspondant secret, 2249, 2273, 2326, 2398, 2399.
Vigey, régisseur g^al des Étapes, c^ons LXV d-LXV f, LXVII-LXX.
Vigier, 668.
—— lieut^t-c^el du rég^t de Chevreuse, c^on XIII.
—— cap^ne au rég^t de Flesché, 1858.
—— (Conseil d'administration du rég^t de), c^ons LXIV, LXV.
—— **de Steinbrugg** (Franç.-Jos.-Guill. de), lieut^t-g^al, 3014, 3063, 3115, 3173.
Viglioni (Don Maurice), abbé de St-Just à Suse, 2044.
Vignacourt (De), 276, 277.
—— V. *Wignacourt.*
Vignau, officier, 1977, 1978, 2048, 2049. V. *Du Vignau, Du Vignaud, Vignault, Vignaut, Vignaux.*
Vignaul, directeur de la poste à Pau, 1985.
Vignault (De), 420, 1944. V. *Du Vignau, Vignau, Vignaux.*
Vignaut (De), cap^ne au rég^t de Flandre, 2131, 2136, 2138, 2139, 2141, 2143.
Vignaux (De), 946, 1312, 1313, 1831, 1835, 1839, 1840, 1850, 1943, 1946, 2021.
—— cap^ne au rég^t de Condé-inf^rie, 2139.
Vignemon, 1861.
—— cap^ne réformé au rég^t de St-Germain-Beaupré, 2242.
Vignera, 2137.
Vigneral (Jean de), maire d'Argentan, 2186.
Vignère (De), religieux prémontré, prieur à Bouconville, 2345.
Vigneris (De), cap^ne au rég^t de La Reine, 2133, 2134, 2140.
Vigneron, cap^ne des portes de Verdun, 997.
—— aide-major de la place de Verdun, 1855, 2033.

Vigneron, 2137, 2138, 2141, 2270, 2370, 2411, 2412.
—— membre du Directoire du dép^{t} de la H^{te}-Saône, c^{on} LXV c.
Vignerot. V. *Richelieu*.
Vignes (De), 2213.
Vignet (J.), subdélégué en Chablais, 1967, 1968.
Vigneux (Franç. Régnier de), brig., 2919.
Vignier, 97, 245, 468.
—— (A. et L.), cap^{ne} et lieut^{t} de garde-côtes à Oléron, 3510.
Vigniolle (De), cap^{ne} au rég^{t} de Montmorency, 1801.
Vignolle (René), cap^{ne} d'une compagnie d'invalides au fort de Scarpe, 2130.
Vignolles (De), commd^{t} des Volontaires d'Austrasie, 3554, 3555, 3661.
Vignon (De), 259.
—— procureur à Metz, 2245.
Vignori. V. *Asselin*, *Vignory*.
Vignorie, lieut^{t}-c^{el} du rég^{t} de Tourotte, 2371.
Vignorin, chanoine, 197.
Vignory (De), commd^{t} à Trèves, 259, 260, 261, 277–279, 327-329, 343. 348, 349, 394, 395, 410-414, 434, 437–439, 441, 455, 458–460, 466, 469.
—— V. *Orry*, *Vignorie*.
Vigny (J.-B. de), mar. c., 505, 553, 601, 704, 725, 728, 734, 735, 823, 825, 827, 954, 992, 1046, 1053, 1057, 1060, 1113, 1139, 1146, 1147, 1149, 1150, 1202, 1203, 1207–1209, 1239, 1241, 1255, 1256, 1258, 1259, 1305–1315, 1355–1357, 1359, 1360, 1374, 1379, 1399–1401, 1483, 1487, 1488, 1492–1495, 1550, 1552, 1554, 1555, 1559–1561, 1566, 1613, 1645–1647, 1649–1651, 1742, 1743, 1900, 3779.
Vigny (De), commissaire de l'artillerie, 2522.
Vigourous, lieut^{t}-c^{el} du rég^{t} de La Tour, 2133.
Viguier (De), cap^{ne} au rég^{t} de Normandie, 1013.
—— aide-major, 3577. V. *Lestagnol*, *Viguier*.
Viguier-Curny, commissaire g^{al} de la Garde N^{le} parisienne, c^{on} LXIX.
Viladamor. V. *Marti*.
Vilaformin (Didac de), catalan, 146.
Vilar-Reynalt (De), 1602.
Vilaret de Veaujouan (De), lieut^{t} au rég^{t} de Picardie, 1983, 2144.
Vilarson (De Culon de), 3415, 3416, 3454, 3479, 3481, 3492, 3494, 3496, 3498, 3532–3534, 3569, 3571, 3627.
Vilatte (De), 1562, 1735.
Vilauneuf, major du Fort Mortier, 2795.
Vilennes-Belryant (De), ancien cap^{ne} au rég^{t} de Bourgogne, 2273.
Vilers (De), officier au rég^{t} Dauphin-inf^{rie}, c^{on} XLIII.
Vilette (De), cap^{ne}, 970.
Vilevault (De), commissaire du roi près la compagnie des Indes, 3629.
Ville. V. *Lorière*.
Villa. V. *Ville*.
Villacerf (De), 146, 276, 284, 311, 596, 597, 992, 1143.
—— (J.-B.-Michel Colbert de), archevêque de Toulouse, 906, 1614, 2145.
—— (Marie-Mad. de Senneterre, marquise de), 2270.
Villacoublay (Pierre Du Lac de). mar. c., 131. V. *Villecoublé*.
Villacueil (De), ancien officier, 3628.
Villadarias (Mis de), 1786, 1788, 1789, 1976.
Villadomar, catalan, 2052.
Villafranca (Mis de), commd^{t} les forces espagnoles en Sicile, 513.
Villa-Garcia (Mis de), vice-roi de Valence, 1800.
Villa-Hermosa (Duc de), 279, 437, 438, 450, 454, 455, 488, 514, 536, 552, 567, 585, 594, 596, 601, 604, 615, 628–630, 632, 899.
Villaines (De), officier au rég^{t} Royal-Champagne, 3689.
Villalonga. V. *La Cerda*.
Villa-Mayor (Mis de), ambassadeur d'Espagne en Savoie, 1960.
Villamor y Vadillo (Don Juan de), secrétaire de l'État de Milan, 1783.
Villancourt (De), officier au rég^{t} de La Tour, 33.

Villancourt (De), major du régᵗ Royal-Comtois, 2619.
Villandy (Achille), vice-président du Directoire du dépᵗ des Bouches-du-Rhône, cᵒⁿ LXVI.
Villantroy (De), 3261.
Villaplana (Mᵐᵉ de), 356.
Villar, bourgeois de Mézières, 419, 2132–2134, 2139.
Villarceaux (Mⁱˢ de), 146.
Villard (De), lieutᵗ au régᵗ de Beauvoisis, 1856.
—— (De), capⁿᵉ d'une compagnie franche, 1953.
—— 2140.
Villardière (De), lieutᵗ de robe courte, 2273.
Villardis. V. *Quinson.*
Villa-Réal (Mⁱˢ de), commdᵗ à Ciudad-Rodrigo, 1884. V. le suivant.
—— - —— (Don Antonio de), 2466. V. le précédent.
Villar? 419. V. *Villars.*
Villarceaux (Louis de Mornay, mⁱˢ de), capⁿᵉ de chevau-légers, 146.
Villaret (De), gendarme de la garde du roi, 2130.
—— lieutᵗ, 2136.
—— (De), ingénieur-géographe, 2923, 2940, 2941, 2948, 2999, 3000.
Villarmont (Laurens), ingénieur, 2969, 3039, 3278.
Villars (De), lieutᵗ au régᵗ de Piémont, 123.
Villars (Pierre et H. de), archevêques de Vienne, 132.
—— (Pierre de), mestre-de-camp, 151. V. le suivant.
—— (De), 158, 333, 360–362, 420, 612. V. le suivant et *Villar.*
—— (Pierre, marquis de), lieutᵗ-gᵃˡ, ambassadeur, 224, 225, 228, 229, 240–243, 245, 277, 282, 291, 296, 300, 318, 320, 322, 323–325, 356, 513, 566, 567, 615. V. le précédent.
—— (Marquise de), 428.
—— (De), ingénieur, 945, 957.
—— (De), brig., 1862, 1867, 1964.
—— (De), curé en Languedoc, 1906.
—— (De), major du fort Sᵗ-François, à Aire, 2136.
Villars (De), ancien officier au régᵗ de la Reine-mère, major de la citadelle de Montpellier, 2258.
—— (De), 2269.
—— (Claude-Louis-Hector, duc de), maréchal de France, 819, 826–829, 832, 867, 874, 881, 887, 891, 945, 954, 958, 972, 978, 1009, 1048, 1049, 1051, 1052, 1054, 1057–1060, 1113, 1116, 1146–1148, 1155, 1199, 1202, 1203, 1210, 1213–1216, 1239, 1264, 1265–1267, 1318, 1322–1324, 1373, 1375, 1408, 1409, 1465, 1501, 1502, 1509, 1513, 1514, 1519, 1568, 1569, 1571–1573, 1582, 1596, 1660, 1662, 1664, 1666, 1672, 1675–1677, 1796–1799, 1835, 1844–1848, 1851–1853, 1857, 1906, 1936, 1948–1951, 1955, 1988, 2027, 2028, 2034–2036, 2091, 2094, 2096, 2099–2101, 2108, 2131, 2132, 2135, 2150–2153, 2157, 2170, 2183, 2213–2217, 2219–2222, 2224, 2226, 2232, 2233, 2245, 2258, 2261, 2271, 2273, 2297, 2299–2306, 2308, 2374, 2375, 2377–2388, 2407, 2415, 2448, 2453–2461, 2463, 2487, 2499, 2505, 2506, 2516, 2522, 2524, 2547, 2584, 2619, 2622, 2704, 2705, 2751–2756, 3779, 11 s., A. 89, cᵒⁿˢ V, VII, VIII–X, LXXV. V. les *minutes mᵉˡˡᵉˢ* du 15 septembre 1715 au 24 septembre 1718 et *Hauteval.*
—— (Armand, comte de), lieutᵗ-gᵃˡ, 1677, 2140–2145, 2151, 2160, 2213, 2214, 2216, 2219, 2220, 2222, 2224, 2231, 2232, 2299–2304, 2306, 2308, 2314, 2370, 2372–2374.
—— major du régᵗ de Quintin, 1895.
—— (De), officier au régᵗ Royal-Roussillon-cavˡᵉ, 2030.
—— capⁿᵉ au régᵗ de La Marine, 2135.
—— (Jeanne-Angélique de la Rocque de Varengeville, maréchale de), 2138–2141, 2153, 3309.
—— (Louis-Ant. de Brancas, duc de), 2244, 2270.

Villars (Se disant comte de), ancien cap^{ne} au rég^{t} de Villepreux, correspondant secret, 2319.
—— (De), cap^{ne} au rég^{t} Dauphin, 2370.
—— (De), aide-major aux Gardes françaises, 2385, 2386.
—— (Honoré-Armand, m^{is}, puis duc de), gouverneur de Provence, membre de l'Académie française, 2872, 2885, 3311, 3392, 3396, 3406, 3408, 3410-3412, 3415, 3449-3451, 3469, 3493-3497, 3504, 3532-3536, 3538, 3539, 3542, 3544, 3548, 3569, 3571, 3576, 3579, 3581, 3598, 3599, 3602, 3604, 3620, 3621, 3741, c^{on} XXIII.
—— (De), 3564.
—— (De), lieut^{t}-c^{el} du rég^{t} de Balincourt, 3602.
—— chef d'escadron au rég^{t} Royal-Champagne, c^{on} LXV.
—— V. *Laugier.*
—— **-Brancas** (Duc de), 3721, 3732.
—— **-Chandieu** (De), 158.
—— - —— (Ch. de), lieut-g^{al}, 1830, 1831, 1843, 1897, 1906, 1943-1945, 2021, 2133, 2135, 2136, 2138, 2400, 3780.
—— **d'Esbaugis** (De), 1852, 1853, 1856.
—— **de Garat**, 987.
—— **de Laviguerie**, 2145.
—— **-Lugein** (Louis-Jos.-Ignace de Plaibault de), brig., ingénieur, 1214, 1465, 1502, 1789, 1883-1885, 1975, 1979, 1982, 2131, 2145, 2299, 2300, 2302, 2371.
—— **-Mauvesinière** (De), lieut^{t}-c^{el} du rég^{t} de Montgon, 2141.
—— **-Testu** (De), 141, 158.
Villas, cap^{ne} au rég^{t} Royal-Artillerie, 2142, 2144.
—— (De), lieut^{t} de roi à Longwy, 2726.
Villat. V. *Ferriol.*
Villault, secrétaire du marquis Du Barail, 3411.
Villaume, habitant de Toul, 2169.
Ville (Giron-Franç., marquis de), lieut^{t}-g^{al}, 119, 137, 146, 157.
—— (Ch. de La Motte-Guistel, s^{r} de), cap^{ne} au rég^{t} de Cœuvres, 146.
Ville (De), 819, c^{on} XIX.
—— (Baron de), 1945, 2242, 2219.
—— (De), avocat général au Sénat de Savoie, 1972, 2351, 2398.
—— (Mis de), 1960?, 3517, 3611.
—— V. *Deville, Leroy.*
Villé (De), 2875.
—— maire de Carignan (Ardennes), c^{on} XX.
Villebague (De), 1786.
Villeblanche (De), intendant de la Marine, 3178. 3180, 3233-3237, 3239, 3242, 3247, 3248, 3251, 3255, 3257, 3259, 3262, 3293-3295, 3311, 3338, 3378, 3416.
Villebon (De), lieut^{t} au rég^{t} de Picardie, 123.
Villebreuil (De), 2131.
Villebrune (ou **Villebrun**) [De], aide-major, puis major de la place de Phalsbourg, 1855, 2139, 2242.
Villechauve (De), 278, 279, 296, 310, 337.
—— (Pierre-Franç. d'Orléans, s^{gr} de), lieut^{t} des maréchaux de France au bailliage d'Orléans, 3184.
Villecot. V. *Beaucorroy.*
Villecoublé (Du Lac de), cap^{ne} au rég^{t} de Navarre, 123. V. *Villacoublay.*
Villecourt (De), subdélégué à Fougères, c^{on} LIV.
Villedeuil (De), intendant, directeur de la Librairie, puis contrôleur général des Finances, 3738, 3755, 3760, 3763, 3766, c^{ons} LI, LV.
Villedeux, cap^{ne} au rég^{t} de Beauvoisis, 1855, 2136.
Villedieu, procureur fiscal de Cany, 2131, 2133.
—— (De), 3694, 3696.
Villedombe (De), lieut^{t} de roi de Collioure, 1522, 1602, 1706, 1888, 1979, 1982, 2255.
Villefavard (Franç.-Dumosnard de), officier au rég^{t} de Normandie, c^{on} LXV b.
Villefort (Ch^{r} de), 956, 958, 1355-1358, 1404, 1424, 1483, 1644, 1839, 1943, 1944, 2023, 2134, 2300, 2301, 2411. V. le suivant.
—— (Ch^{r}, puis comte de), 3174, 3175, 3223, 3224, 3242, 3338, 3370, 3542, c^{on} XVIII.
—— (Mme de Valicourt de), 1492.

Villefort, 1831.
—— V. *Haussy.*
Villefranche (De), 264, 299, 419, 420.
—— (Germain, comte de), 1974, 2134, 2135.
—— (Augustin de), capucin, 1700.
—— (Le P. Nicolas de), capucin, aumônier à Thionville, 239.
—— 2244.
—— dans le Rhône (Municipalité, etc., de), c^{on} LXVII.
—— V. *Nicolas.*
—— **de Conflent** (Consuls de), 300. V. *Baudry, Dolet, La Calougnière*, etc.
Villegagnon (Comte de), 1831, 1834, 1856, 1857, 1950, 2133, 2135, 2136, 2138, 2139, 2141, 2243, 2370.
Villegaignon (Nic. de), enseigne, c^{on} LXXXVI.
Villegarde (De), 420.
Villegrâce (De), lieut^{t}, puis cap^{ne} au rég^{t} d'Aunis, 1855, 1896, 1955.
Villejuif (De), officier au rég^{t} de La Reine-Cav^{ie}, 2144.
Villelay (De), 146, 264, 360.
Villèles (De), consul d'Arles, 3262.
Villelongue (Comte de), colonel, 1945.
—— (De), ingénieur, 3697, c^{on} L.
Villelune (Charlotte et Louise de), religieuses, 132.
Villemagne (De), commissaire des guerres, 3256, 3257.
Villemaire (De), auteur d'un mémoire sur la fortification, 81 s.
Villemandeur (De), c^{on} IV.
Villemandor (De), 969, 976, 988, 997.
Villemann, 3604.
Villemanne, commissaire des guerres, c^{on} XXXIII.
Villemanzy (De), commissaire des guerres, c^{on} XLVIII.
Villemert. V. *Villemort.*
Villemeur (De), cap^{ne} aux dragons de Châtillon, 1705.
—— (De), officier au rég^{t} de La Chau-Montauban, 2032.
—— **-Riotor** (Franç., m^{is} de), lieut^{t}-g^{al}, 1146, 1549, 1700, 1896, 1943, 2140, 2141, 2220.
Villemeur-Riotor (J.-B.-Franç., m^{is} de), lieut^{t}-g^{al}, 2872, 2885-2888, 2900, 2901, 2943-2946, 2950-2954, 2983, 2989, 2991, 2992, 2999, 3000, 3002, 3017, 3065, 3097, 3098, 3143, 3156, 3158, 3160, 3161, 3223, 3227-3229, 3231, 3237, 3240, 3241, 3243, 3244, 3261, 3262, 3328, 3428, 3431, 3437-3440, 3444, 3446, 3471-3473, 3476, 3574, 19 s., 39 s., 40 s., 41 s., c^{on} XXVII.
Villemereux (J. de), officier au rég^{t} de Persan, 131.
Villemier-Monfort (De), cap^{ne} au rég^{t} d'Houdetot, 2267.
Villemond, 3605.
Villemont (De), ingénieur, 1794.
—— (De), cap^{ne} au rég^{t} de Soissonnais, 1861.
—— (De), 2251.
—— (De), cap^{ne} au rég^{t} de ce nom, 2269.
—— (De), major de la place de Marsal, 2787.
—— (Chastel de), trésorier général de l'artillerie et du génie à l'armée d'Allemagne, puis en Lorraine, 3645, 3672, c^{on} XXXIII.
—— (Robineau de), c^{on} LIII.
—— V. *Autrecourt, Lorgère.*
Villemontée (De), intendant, 97, 98, 106, 110, 118, 119, 146, 158, 469.
Villemort, cap^{ne} au rég^{t} de Coudray-Montpensier, 146.
—— (De), brig., 1832, 1836, 1944-1946, 2018, 2022, 2023, 2131, 2132.
Villemur. V. *Villemeur.*
Villena (Don Juan Manuel Fernandez de Acuna, m^{is} de), vice-roi de Sicile et de Naples, 1899, 1961, 2046, 2047.
—— (De), 1896.
Villenclos (De), 1209.
Villeneufve (Comte de), lieut^{t} de roi à Arras, 958, 1549, 1648, 1943-1945, 2022, 2055, 2081, 2089, 2372.
—— (De), ingénieur au Quesnoy, 957.
—— (De), aide-major de la citadelle de Metz, 1857, 1950.

Villeneufve (De), lieut' au rég' d'Albigeois, 2132.
—— (De), premier syndic de Chambéry, 2145, 2250.
— (De), aide-major du rég' de Chartres, 2244, 2324.
—— (De), commd' à Antibes, 2979, 3014, 3060, 3062, 3064, 3065, 3068, 3127.
—— **de Forbin** (De), officier au rég' du Maine, 1884.
—— **-La Garde** (Henri de Thomas, m'' de), conseiller au parlement de Provence, 2173.
—— **-Marigo** (De), 2132.
—— (Gons de), major du fort S'-André à Salins, 2244, 2324.
—— **-Murat**, lieut'-c'' du rég' de Murat, 1857, 2136, 2145.
—— V. *Villeneuve.*
Villeneuve (De), 98, 362, 397, 420, 469, 508, 615, 705.
—— (Bernard de), cap'' au rég' d'Auvergne, 1878, 1968, 1971.
—— (De), officier au rég' de Beauvoisis, 2045.
—— (De), colonel, 2137, 2142.
—— (M'' de), 2141.
—— (De), gouverneur de Miolans, 1704, 1765, 2325, 2609.
—— (De), commd' à Pont-de-Beauvoisin, 2631, 2644, 2664, 2688, 2783.
—— (Ch' de), major du rég' du Maine, 2754, 2755, 2758, 2810, 2811, 2813, 2818, 2819, 2842, 2843.
—— (De), officier au rég' de Lyonnais, 3117, 3172.
—— (De), 3188.
—— (Guy de), trésorier principal de l'artillerie et du génie en Lorraine et dans les Trois-Évêchés, 3633, 3641, 3672.
—— (Comte de), major du rég' d'Orléans-Cav'', 3686.
—— officier attaché à l'édition des Tables de l'artillerie, c'' LXV b, LXV f.
—— (Fr. Jacques de), provincial des Capucins à Grenoble, c'' XXXVII.
—— (De), cap'' au rég' Royal-Roussillon, c'' LXV, LXV a.
—— (Ch' de), officier au rég' d'Artois-inf'', c'' LXVI.
Villeneuve. V. *Bénard, Dubois, Du Tour, Paillardel, Pujols, Vence, Villeneufve.*
—— **-Bargemon** (Abbé de), député de Marseille à l'Assemblée N'', c'' LXV.
—— **d'Esclapon** (De), 2039.
—— **de Grallos** (De), cap'' au rég' de Bresse, 1549.
—— **-l'Archevêque** (Municipalité de), c'' LXV, LXV d.
Villennes (M'' de), colonel du rég' de Médoc, 2244, 2245.
Villennetz (De), ingénieur, 2134.
Villenouvette (De), 2139, 2142, 2261, 2270.
Villenovet (Ch' de), officier de dragons, 1553, 1561, 1832, 1851, 1945, 2136, 2219.
Villenoy (De), major dans les milices lorraines, 2983.
Villeparc (Demeure de), ancien officier, professeur de dessin, 3697.
Villepatour (Louis-Philippe Taboureau de), lieut'-g'', 3418, 3533, 3581.
Villepaux (De), commd' à Hesdin, 1830, 2160.
—— (De), père du précédent, 1831.
—— V. *Villepeau.*
Villepeau (ou Villepeaux, de), 271, 275, 277, 279, 310, 313, 333, 362, 396, 397, 402, 420, 500 542, 543, 549.
Villepepin (Goret de), chanoine de S'-Malo, c'' LXXV.
Villepescle (La Fontaine de), 131.
Villepin (De), officier au rég' d'Espagny, 146.
Villepion (Claude-Léon de Cornuel de), mar. c., 870, 972, 987, 1331, 1519, 1572, 1585, 1586, 1611, 2142.
Villepraux (Durrieux de), officier au rég' de Cambis, 3499.
Villepreux (De), mestre-de-camp du rég' de Barentin, 1856, 2140, 2145.
Villequemer, gentilhomme allemand, 134.
Villequier (De), 110, 116, 117.
—— (Ch' de), cap'' de canonniers, 1942, 1946.
—— (M'' de), 2137.

Villequemer (Duc de), 3717, 3732.
—— V. *Aumont.*
Villequoy (De), capne réformé au régt de Piémont, 1502.
—— (De), officier au régt de Dauphiné, 1965, 2346.
Viller (De), aide-major au régt de Médoc, 2236.
Villeray (De), capne, 141.
—— (De), commissaire d'artillerie, 3315.
Villereau (De), officier, con XXXVI.
Villermont (Du Château de), syndic de Lille, 3694. V. *Willermont.*
Villeriot, administrateur du district de Redon, con LXV c.
Villeroi. V. *Villeroy.*
Villeromard (De), 360.
Villeroy (Nic. de Neufville, sgr de), diplomate, ministre, 3, 5.
—— (Nic. de Neufville, mis, puis duc de), mar. Fr., 20, 97, 98, 118, 119, 141.
—— (Franç. de Neufville, mis, puis duc de), mar. Fr., 276, 277, 279, 334, 343, 359, 360, 399, 491, 500, 501, 503, 536, 551, 702, 704, 705, 880, 888, 979, 987, 1089, 1144, 1204, 1206, 1207–1209, 1256, 1259, 1260, 1307–1315, 1317, 1318, 1355–1360, 1379, 1400–1404, 1423–1425, 1502, 1511, 1512, 1513, 1515, 1516, 1524, 1571, 1588–1591, 1594, 1596, 1644, 1648–1654, 1658, 1700, 1702, 1711, 1736, 1738–1740, 1742, 1743, 1755, 1756, 1832–1839, 1841, 1851, 1852, 1876, 1935–1939, 2021, 2022, 2130, 2135, 2245, 2325, 2343, 2412, 2506, 2524, 2538, 2584, 2622, 2924, 11 s., A. 87, A. 88, cons III, IV. V. *Villeroy (L.-Nic. de).*
—— (Camille de Neufville de), archevêque de Lyon, 97, 98, 119, 134, 224, 277, 278, 279, 419, 420, 629, 739, 795, 837, 902–904, 906, A. 87.
—— (Abbé de), 2412.
—— (Louis-Nic. de Neufville, duc de), lieutt-gal, 1596?, 1739, 1743, 1755, 1830, 1833, 1834, 1839, 1935, 2524. V. *Villeroy (Franç., mal de).*
Villeroy (Franç.-Louis de Neufville, duc de), mar. c., 2785, 2823, 3042, 3138, 3388.
—— (Gabriel-Louis-Franç. de Neufville, mis de), lieutt-gal, 3510.
—— V. *Neufville.*
Villers (Mme de), 279.
—— (De), major au régt de Rambures, 334.
—— (De), capne au régt de Gensac, 1855, 2033, 2244.
—— (De), 2700.
—— (De), gentilhomme de Valenciennes, ancien capne au régt de Solre, 2130.
—— (De), lieutt-cel du régt de Marcillac, 2133.
—— (De), major du régt de Rannes, 2135, 2144, 2186.
—— (De Rodes de), officier au régt de d'Artagnan, 2160.
—— (De), officier de l'hôtel-de-ville de Sedan, 2169, 2244.
—— (De), capne au régt du Roi, 2347.
—— (De), officier de dragons, 2371.
—— (De), major du régt Royal-Artrie, 2697, 2700.
—— (De), capne aux dragons de Vitry, 2784.
—— (Bourcier de), secrétaire d'État de Lorraine, 2795.
—— (Goyer de), con LXV a.
—— (Franssure de), capne d'artillerie, 3547.
—— V. *Niceville.*
—— **-Cotterêts** (Municipalité, etc., de), con LXI. V. *Moreau.*
—— **-La Faye**, 2663.
Villersvaudey (De), 3708.
Villerval (Comtesse de), habitant la châtellenie d'Ath, 224.
Villesablon (De), 1845, 2183, 2272.
Villesbrune (De). V. *La Villesbrune.*
Villetard. V. *Vincelles.*
Villetergue (De), officier commdt à Belle-Isle, 3309.
—— (De), officier commdt à Casal, 3521.
Villette (De), officier au régt Dauphin-dragons, 1862.
—— (De), 3030, 3085.
—— (De), trésorier général de l'extraordinaire des guerres, 3255, 3455.

Villette. V. *La Vaisse, Murçay, Naves.*
—— **d'Huret** (De), 119.
—— **-Mursay** (De), 1612, 1896. V. *Murcay.*
Villettes (De), lieut^t-c^el du rég^t 2e Languedoc, 2268, 2320.
Villevauld (Michel), curé de St-Maurice-en-Bourbonnais, 2133.
Villevieille (De), 342.
—— (Annibal-Pavée, ch^r de), brig., 1468, 1943, 1945, 2024, 2139–2141, 2159, 2160, 2183, 2234, 2371, 2372, 2388, 2415, 2447.
—— V. *Villevieille.*
Villicy, receveur des consignations à Toul, 2133, A. 89, A. 90.
Villierfaux. V. *Villiers-Fault.*
Villiers (Jacques Pineau de), lieut^t au rég^t de Rambures, 123. V. *Villers.*
—— (De), 276, 345.
—— (Bertrand-Jourdain, ch^r de), lieut^t-c^el du rég^t de Poitou, 151.
—— (De), lieut^t au rég^t de Berry, 987, 997.
—— (De), aide-major de la place de Hombourg, puis major de celle de Marsal, 997, 1855–1857, 1955, 2033, 2145, 2243, 2244. V. *Williers.*
—— capitaine d'une compagnie franche en Basse-Alsace, 997.
—— (De), commissaire des guerres, 1572, 1761, 1858, 2033, 2135, 2238, 2242, 2243.
—— (De), colonel réformé à la suite du rég^t de Laonnois, 1502.
—— (De), 1741.
—— (De), 1831.
—— (De), mestre-de-camp, 2137, 2142, 2143.
—— (De), commd^t un détachement de la compagnie franche d'Halanzy, 2143, 2268, 2272.
—— (De), major du rég^t d'Orléanais, 2144.
—— (Mme de), à Troyes, 2420.
—— fils (De), 2731.
—— (De), cap^ne au rég^t de Ponthieu, 2739.
—— officier ou fonctionnaire de l'artillerie, c^on LXVIII.
—— (Le Trogneux de), 3203.
—— membre du Directoire du dép^t de Maine-et-Loire, c^on LXV c.
Villiers. V. *Dufourny.*
—— près Sedan (Curés de). V. *Ambert, Hubert.*
—— **-Fault** (Jacques de), lieut^t, 146.
—— **Le Morhier** (De), 1693, 1751, 1777, 1832, 1839, 1856, 1862, 1876, 1896, 1897, 1943, 1944, 1946, 1951, 1966, 1967, 2025, 2039, 2130.
Villion de La Fosse, contrôleur du service des remontes, 1572, 1581, 1608, 1843.
Villionne (Marchand de), ancien officier, 3710.
Villognon (De), lieut^t de roi à Angoulême, 2412, 2529, c^on XVI.
—— V. *Raymond.*
Villon (De), maire de Blois, 2183.
Villosne (Pallu de), cap^ne au rég^t de La Mothe-Houdancourt, 2324.
Villot, chanoine de la Ste-Chapelle de Bourges, 2132.
Villoutrays (De), officier, 1832.
Villy (De), cap^ne au rég^t de La Marre, 2044.
—— V. *Guyot.*
Vilpreaux (De), 3499.
Vilquoy (Klein de), 3459, 3592.
Vilsanoye, 1832.
Viltz, 1465.
Vimeney, lieut^t-c^el du rég^t de Parker, 1083.
Vimerange (De), commissaire des guerres, 3647.
Vimercati (Abbé), 2818.
Vimeur-Rochambeau. V. *Rochambeau.*
Vimy, aide-major de la milice du Pays messin, 2242.
Vinac (De), commissaire des guerres, 1856.
Vinacourt. V. *Galland.*
Vinaldo, 2046.
Vinay (De), commissaire des guerres, 2420.
—— (De), cap^ne au rég^t de Picardie, 2763.
—— (De), 3124, 3184.
Vinça, dans les Pyrénées (Syndics de), 300.
Vincelles (De La Ferrière, ch^r de), 1519, 1585, 1593, 1686, 1691, 1693, 1774, 1783–1785, 1861,

1863-1869, 1872, 1958, 1960-1964, 2032, 2046, 2047, 2400, 2575. V. *La Ferrière.*
Vincelles (Villetard de), c^{on} LXII.
Vincens, 3412.
—— lieut^{t} particulier au bailliage du Gévaudan, 3720.
Vincent, commd^{t} au fort de Scarpe, 275, 292, 313, 396, 397, 420, 672.
—— (Nic.), chirurgien-major, 672.
—— (Ch.), 1519.
—— 1693.
—— 1785.
—— commissaire de l'artillerie, 1802.
—— lieut^{t} au rég^{t} de Leuville, 1861.
—— (A.), échevin de Sarrelouis, 2321.
—— agent français en Autriche, 2945, 2949, 2950, 2981-2983, 3000, 3039, 3045, 3047, 3065.
—— lieut^{t}-c^{el} du rég^{t} de Brie, 3174, 3227.
—— échevin? de St-Malo, 3493, 3497.
—— **de Paul** (Saint), 85.
—— **-Duparc** (Dame), c^{on} LXXVI.
Vinchant, c^{on} XLIV.
Vincheguerre (De), officier des Galères, 469. V. *Vinciguerra.*
Vincierle. V. *La Ferrière* et *Vincelles.*
Vinciguerra (Paul-Louis), Corse, 3664. V. *Vincheguerre.*
Vinen (Ch^{r} de), 134. V. *Viven.*
Vinois, cap^{ne} au rég^{t} de Vaudémont, 2272.
Vins (Jean de Garde d'Agoult, chev., puis m^{is} de), l^{t}-g^{al}, 417, 419, 906, 968, 990, 1002, 1008, 1093, 1095, 1099, 1100, 1167, 1170, 1274, 1897, 1898.
—— (De), entrepreneur de fournitures de lits en Guyenne, 2271, 2421.
Vinsot, chirurgien, 2155.
Vintigny (De), cap^{ne} au rég^{t} d'Isenghien, 1831.
Vintimille (Prince de), 3133.
—— (Alexandre Lascaris de), évêque de Toulon, 3648.
—— **Du Luc** (Ch. de), évêque de Marseille, puis archevêque d'Aix, 2042, 2134, 2139, 2188, 2251, 2399, 2400.
Vintimille. V. *Du Luc.*
Vintras (Ange-Marin), 3420.
Violaine (Daniel de), brig., 554, 867, 887, 891, 944, 945, 956, 1142, 1143, 1163, 1202, 1203, 1260, 1308, 1310-1313, 1318, 1355, 1356, 1360, 1399, 1501, 1556-1558, 1645-1648, 1670, 1736, 1831, A. 90.
—— (De), frère cadet du précédent, 1858, 1861, 2130.
—— (Mme de), 1832.
—— (Ch^{r} de), 3715.
—— **-Migni** (De), ingénieur, 956.
Violette, échevin de Ribemont, 2159.
Vioménil (De), officier, 3484-3488, 3554-3557, 3560, 3611, 3686, 3733, 43 s., 46 s., 47 s., 49 s., c^{ons} XLVIII, LXIV.
—— (Ch^{r} de), 46 s.
Vipart. V. *Silly.*
Viranet (De), lieut^{t}-c^{el} du rég^{t} de Santerre, 3175.
Virasel (De), magistrat, 2131.
Viray (De), lieut^{t}-c^{el} du rég^{t} Dauphin-cav^{rie}, 1861.
—— V. *Toustain.*
Vireau (Dom Jean-Sébastien), abbé de Neubourg (Alsace), 1956.
—— V. *Sombreuil.*
Viret, c^{on} LXVI.
Vireux. V. *Gillot.*
Virgille (De), commd^{t} de la citadelle d'Amiens, c^{ons} LXV c. LXVIII. V. *Vregille.*
Virgilly (Guill.), notaire à Cannes, 33.
Virginy, cap^{ne} au rég^{t} de Champagne, 271.
Virien (De), ancien cap^{ne} de dragons, 2244.
—— (Comte de), trésorier des dons patriotiques à Auxonne, c^{ons} LX, LXI.
—— (Vicomte de), élu des États de Bourgogne, 3725, 3729, 3745, 3746, 3749.
—— V. *Beauvoir.*
Virieux (De), officier au rég^{t} d'Houdetot, 2270.
Virion de Pulligny (De), officier au service de l'électeur de Cologne, 990.
Viriville (De), 134, 158.
—— (De), 1614, 1699, 1702.

Virloys (De), ingénieur?, 1940, 1943.
Virnot (Urbain), contrôleur des guerres, 1468, 2022, 2024.
Viroux. procureur syndic de Charlemont et de Givet, 3204.
Viry (De), 264.
—— (Comte de), 2371.
Virzay. V. *Palustre*.
Visancourt (De), ingénieur, 244, 469.
—— 2143.
Visconti, commissaire général milanais, 251.
—— (Julio, comte), 1862, 1940, 1964.
—— (J.-B.), évêque de Novare, 1966.
Visdelou. V. *Bonamour*.
Visé (J. Donneau de), littérateur, fondateur du *Mercure galant*, 2183.
—— (De), lieut[t] de roi de Ham, 2220, 2272, 2341, 2374. V. *Devize*.
Visinier, 2308, 2338.
Visnich, 1888, 1981–1983.
Vissac (J.-B. Mottier de Champestières, baron de), brig., 271, 342, 460, 507, 509, 559–561, 608, 616, 663, 672, 827, 966, 967, 969, 975, 976, 987, 997, 1213.
Vissan (De), 158.
Vissec (De), major du rég[t] de Saumery, 2140.
—— V. *Ganges*.
Vissée. V. *Labude*.
Vissouse ?, 1089.
Vital (Fr.), gardien du couvent des Récollets à Sospello, 2174.
Vitalis, consul d'Avignon, 3175.
—— officier au rég[t] de Senneterre, 2228.
—— 3311.
Viterbi (J.-B.), corse, 3305.
Viterne (Curé de). V. *Dupasquier*.
Vitet, président du Directoire du dép[t] de Rhône-et-Loire, c[ons] LXV c, LXV d.
Vitré (Municipalité de), c[on] LXX.
Vitrier (Jean-Fréd.-Rod.), 2726.
Vitry (Nic. de l'Hôpital, m[is], puis duc de), mar. Fr., 20, 21, 33, 41, 245, 468, 469. V. le suivant.
—— (Franç.-Marie de L'Hôpital, m[is], puis duc de), mar. c., 92, 97, 102, 117, 123, 131, 146, 278, 279, 281, 343–347, 349, 391, 393, 410, 413, 414.
Vitry (De), cap[ne] au rég[t] de Charost, 1953.
—— (De), entrepreneur de fourrages, 1759.
—— V. *L'Hospital*.
—— (De), fermier général à Caen, 2338, 2411.
—— **Du Broencq** (J.-Fr. de), gentilhomme d'Artois, A. 89.
—— **-le-François** (Échevins, magistrats, etc., de), 361, 420, c[on] LXV b. V. *Grostête, Jacquemont, Le Bel, Le Vavasseur*.
Vittafano (Abraham-David, etc.), banquiers juifs italiens, 1685, 1688, 1691, 1780, 1865, 1866, 1867, 1869, 1960, 1965, 2046, 2047, 2144.
Vittinghoff (Baron de), brig., 3692.
Vittrel, membre du Comité municipal de Cherbourg, c[ons] LIV, LX–LXII.
Vivans (Henri de Noaillac, m[is] de), mar. c., 335, 361, 419.
—— (Jean de Noaillac, m[is] de), lieut[t]-g[al], 874, 881, 882, 1952, 1953, 2027, 2028, 2034, 2091, 2093, 2095, 2132, 2142, 2160, 2169, 2213, 2219, 2222, 2299, 2301, 2302, 2306, 2315, 2370–2374, 2379, 2386, 2387, 2445, 2447, 2459.
—— (De), lieut[t], 2255.
—— **St-Christaud** (Mis de), colonel 1856.
—— (Baron de), cap[ne] au rég[t] de Picardie, 1896.
—— (Mme de), 2371.
Vivaux, maître de forges à Ligny-en-Barrois, c[on] LXV a.
Vivefontaine (De), 1425.
Vivelli, subdélégué à Avignon, 3187 3255, 3256.
Viven (Comte de), 97.
—— (De), major du rég[t] de Languedoc, puis lieut[t] de roi à Ath, 2796, 3088.
—— V. *Vinen*.
Vivenot, receveur des Domaines à Maxey-sur-Vaize, c[on] LXVIII.
Vivien (Jos.), nommé à l'évêché de Perpignan, 117.

Vivier (De), lieut' de roi du Havre, 1525, 1526, 1610, 1704, 1830, 1897, 1898, 1901, 2134, 2137, 2138, 2140, 2144, 2145, 2186, 2272, 2419.
—— échevin d'Issoudun, 3182.
—— garde d'artillerie à Bayonne, 3466.
—— chirurgien aide-major, 3662.
—— **de Boissay**, maire de Bourges, c^{on} LXV c.
Viviers (Évêque de). V. *La Garde-Chambonas-La Baume.*
Vivonne (L.-Victor de Rochechouart, comte, puis duc de), mar. Fr., général des Galères, vice-roi de Sicile, 146, 276, 278, 281, 391, 419, 463, 464, 510, 511, 610. V. *Rochechouart.*
—— (Ch^r de), lieut' au rég' de Royal-Piémont, c^{on} LXXXVI.
Vizille (Habitants de), 1766.
Voarel, 310.
Vocance (L.-Jacques-Franç. de), évêque de Senez, 3224, 3233.
Voerden. V. *Woerden.*
Voet, officier hollandais, 3259, 3260, 3261, 3308.
Vogl, commissaire de l'électeur de Bavière, 1753.
Vogodemar, major de la place de Gap, 2045.
Vogt (Chrétien-Gottlieb), chirurgien militaire hollandais, 3183, 3184.
Vogüé (Ch.-Franç-Elzéar, m^{is} de), lieut' g^{al}, 3116-3119, 3173, 3243, 3244, 3262, 3418, 3436, 3472, 3526, 3550, 3553, 3555, 3592, 3606-3615, 3630, 3631, 3715, 3718, 3726, 35 s., 39 s., 41 s., 49 s., c^{ons} XVIII, XLI, XLIII, XLVI.
—— (Delphine de), abbesse de Saint-Bernard d'Alais, 1799.
—— (De), bailli de la noblesse du Vivarais, 2184.
—— (Jacques-Jos.-Félix, ch' de), mar. c., 2990, 2992.
—— (Comte de), c^{on} XXXVII.
Void (Municipalité, etc., de), c^{on} LXVII.
Voidel (Ch.), vice-président du Comité des recherches de l'Assemblée nationale, c^{ons} LXV-LXV e.
Voienne, cap^{ne} au rég' de Bouzols, 1862.
Voigny (De), 360-362.
—— (De), commissaire des guerres, 992, 1147.
Voilain, cap^{ne} de mineurs, 2564.
Voiturier (Philibert), député d'Arbois, 224.
Voinovitz (Baron de), partisan et agent de Ragotsky, 1961.
Voisin, receveur des consignations de la Cour des Aides de Bordeaux, 2134.
—— fabricant de drap en Berry, 2145.
—— bourgeois de Boulogne-sur-Mer, 2311.
Voisins (Gilbert de), officier, 987.
—— (De), gentilhomme languedocien, 2135.
—— (De), cap^{ne} d'invalides à Dieppe, 2138, 2140, 2144.
—— cap^{ne} au rég' de Blaisois, 2800.
—— (Ch^r de), 3546.
—— V. *Lautrec.*
Voiturier (Philibert), député d'Arbois, 224.
Vojuan (De), officier, 2136.
Volage, 311, 420.
Volaire, géographe à Martigues, 3703.
Vollant, ingénieur, 240, 244, 261, 292, 294, 310, 311, 340, 548, 568, 616, 670, 945, 957.
—— (Pierre-A.-Jos.), officier au rég' Royal-Guyenne, c^{ons} LXV c, LXV d.
Voltaire (Arouet de), philosophe, écrivain, membre de l'Académie française, 3396, 3406.
Volvire (Phil.-Aug., ch^r, puis comte de), lieut'-g^{al}, 1831, 1944, 2413, 2688, 2924, 3127, 3188, 3210, 3314, c^{on} LXXV.
—— (Mis de), 2664, 2923, 2990, 3116, 3127.
Vooche (De), cap^{ne} au rég' de Brabant, 2262, 2271.
Voolfise (Franç.-Louis de), lieut'-c^{el} des Gardes de l'électeur de Bavière, 2392.
Vors (De), cap^{ne} au rég' de Champagne, 1862.
Vorstadt (Baron de —, ancien cap^{ne} d'infanterie, et baronne de), née S'-Felix, c^{on} LXII.

Vorster (Christophe de), conseiller de la Chambre aulique, général des vivres de l'Empereur, 1956.
—— (Baron de), chancelier de l'électorat de Mayence, 3435, 3461, 61 s.
Vos. V. *Blanc*.
—— **de Steenwyck** (De), colonel à la suite du rég^t de Despeaux, 1946.
Vosges (Directoire du dép^t des), c^ons LXV c, LXV d, LXX.
Voss, 3578.
Vossey (De), major du rég^t de Cayeux, 2145.
Voudoyer, administrateur du district de Reims, c^on LXV b.
Vouge (De), officier au rég^t Royal-Lorraine, c^on LXV d.
Vougicourt. V. *Créquy*.
Vougny (De), receveur général des finances, 2185.
—— (De), 3641, 3645.
Voulland (J.-H.), député du Gard, c^on LXV f.
Voulon (Curé de). V. *Fillion*.
Voumas (De), gouv^r de Decize (Nièvre), 118.
Voutron (De), 3421.
Vouziers (Municipalité, etc., de), c^ons LXI, LXII. V. *Nicaise*.
Voyer (Marc-René d'Argenson, m^is de), lieut^t-g^al, 2989, 3419, 3446, 3501, 3522-3526, 3548, 3550, 3551, 3554, 3557, 3558, 3571, 3578, 3592, 3698, 3714, 3719, 32 s., 34 s., 37 s., 39 s.-42 s., 47 s., 49 s., c^ons XLI, XLIII, XLIV a.
—— **d'Argenson** (Pierre, vicomte), bailli de Touraine, officier aux Gardes, 131.
—— V. *Argenson*, *Paulmy*.
—— **d'Eguilles**, 3232.
Voyre (De), 419.
—— (De), comm^t à Entrevaux, 1861, 2049, 2050, 2105, 2136, 2143, 2144, 2178, 2180, 2609, 2631, 2701, 2927, 2967, 3060, 3064, 3065, 3068, 3118, 3223, 3224, c^on XVI.
Voyron, curé des Villards, près Briançon, 3119, 3172-3176, 3223-3226, 3228-3230, 3290.
Voysin de La Noiraye (J.-B.), intendant, 468.
Voysin (Daniel), intendant, puis ministre de la guerre, 822, 870, 881, 887, 891, 908, 944-946, 950, 1046, 1050, 1056, 1057, 1058, 1064, 1145, 1150, 1157, 1163, 1202, 1208, 1236, 1260, 1284, 1285, 1287, 1289, 1305, 1306, 1308-1315, 1318, 1355-1360, 1379, 1380, 1382, 1400, 1404, 1422, 1423, 1425, 1426, 1436, 1454, 1455, 1483, 1489, 1644, 2085, 2135, 2140, 2145, 2146, 2151-2158, 2163-2168, 2172-2174, 2177, 2178, 2181, 2213-2217, 2222, 2224-2241, 2245, 2247-2251, 2253-2255, 2257, 2258, 2261-2267, 2270-2272, 2301-2306, 2309-2311, 2314, 2317-2321, 2323-2331, 2335, 2337-2347, 2370-2381, 2384-2388, 2391-2396, 2398, 2399, 2404-2408, 2411-2417, 2422, 2444, 2445, 2447, 2448, 2452-2461, 2463, 2466, 2468, 2487, 2490, 2502-2507, 2524, 2536, 2584, 2610, 2619, 2621, 2622, 2642, 2837, 2988, 3031, 3032, c^ons II, VII-IX. V. les vol. de *Minutes ministérelles* du 17 juin 1709 au 15 septembre 1715.
—— (Charlotte Trudaine, dame), A. 90.
—— **de Brou** (Dame), 2145.
Vraignes (Henry de Pingré de), mar. c., 1519, 1595, 1693, 1962, 2039, 2040.
Vratislau (De), ministre de l'Empereur, 1955.
Vrécourt. V. *Lavaulx*.
Vregille, directeur g^al des forges de l'artillerie, c^on LXIV. V. *Virgille*.
Vreinier, cap^ne au rég^t de Bassigny, 2135.
Vrevins (Félix de), commissaire des guerres ou intendant. 356, 360-362, 419, 420, 668, 670, 671, 703, 734, 795, 3779, c^on LXXXVI.
—— (Michel de Muyn de), mar. c., 958, 978, 1060, 1113, 1156, 1163, 1206, 1428, 1524-1526, 1612, 1705, 1801, 1802, 1896-

1900, 2131, 2133, 2139, 2188, 2268, 2269, 2272, 2273, 2343, 2419.
Vriese (De), officier subalterne au rég^t de Kerkem, 2242.
Vrigne (De), notaire, avocat et maire de Mézières, 2132-2134, 2136, 2139, 2141, 2143, 2169, 2244, 2339.
Vrints (Baron de), ministre impérial à Brême, 3504, 3506, 3508, 40 s.
Vrion, lieut^t-g^al criminel au présidial de Riom, 2269.
Vualon, échevin de Beauvais, 2135, 2136, 2272, 2273, 2338, 2414.
Vuargemont (De), 2989. V. *Wargemont.*
Vuatronville (De), subdélégué de l'intendant de St-Contest à Verdun, 966, 1854, 1955, 2095, 2140, 2241, 2245, 2396, 2630.
Vuillart d'Auvilliers entrepreneur de fournitures, 2415.
Vuillemey (Fr.), religieux minime. 1436.
Vuillesme, officier de l'Hôtel de Ville de Sedan, 2141, 2169.
Vulayme (De), lieut^t-c^el du rég^t de Chartres-cavalerie, 1862.
Vuorden. V. *Woerden.*
Vyard, garde d'artillerie à Fribourg, 991.
Vyau de Baudreuille (De), député de la Nièvre à l'Assemblée nationale, c^on LXV b.

W

Wacher, marchand de blé à Auxonne. 1465.
Wachtendonck (Baron de), c^on IX.
—— (Comte de), général allemand, 2844, 3126, 3508.
—— (Baron de), ministre de l'électeur palatin, 2312, 3391, 3459, 3462, 3500, 3602.
Wackerbath (Comte de), général saxon, 2152.
Wackerbarth (Joseph de), 3396.
Wacrenier (J.-B.), écuyer, conseiller, secrétaire du roi, 3027.
Wacquet. V. *Du Tot.*
Wäde, feld-maréchal, 3030, 3031, 3036, 3068.
Waës (Députés, échevins, etc., du pays de), 505, 506, 513, 514, 542, 585, 615.
—— V. *Vaes.*
Wagener, c^on XXXVI.
Wagner, grand bailli de Dornach, 2876.
—— officier au rég^t colonel-g^al de hussards, c^on LXVII.
Waha (De), lieu^t-c^el du rég^t de Milan, 1671.
Waïtz (De), 3501.
Walbergue (Bailly de), officier au rég^t d'Alsace, 2244, 2313.
Walbrun (De), officier au rég^t d'Alsace, 3095.
Walbrunn (Baron de), ministre de Wurtemberg, 2969.
Waldec. V. *Lessart.*
Waldeck (Comte de), général au service de Hollande, 446, 554.
—— (G.-Fréd., prince de), 954, 958, 978.
—— (Ch. prince de), 3089, 3136, 3137, 3141, 3163, 3261, 3544, 3545, 3565, 3606, 3622, A. 117, A. 118, c^on LXXXVI.
—— (Christiane, princesse de), 3544, 3545.
Waldegrave (John), lieut^t-g^al anglais, 3563.
Waldendorff (J.-Phil. de Moelburg de), électeur de Trèves, 3506, 3508. V. *Trèves (Électeur de).*
Waldner (De), gentilhomme alsacien, attaché au prince de Montbéliard, 2609.
—— (Baron de), colonel, 3391, 3418.
—— (Christian-Fréd.-Dagobert, comte de), lieut^t-g^al, 3518, 3519, 3520, 3556, 3587, 3715.
—— (De), command^t un b^on du rég^t de Castellas, frère du précédent, 3554.

Waldor (J.-D.), ministre ou agent de l'électeur de Cologne, 822, 870, 2322, 2412.
Walef (Baron de), lieut^t-g^al au service de l'Empire, 2768. V. *Wallef.*
Walenburg (De), gouverneur de Bréda, 271.
Walkiers, c^on LXIX.
Wall, mar. c. espagnol, 3249, 3496, 3569, 3619.
—— (Billecard de), commissaire des guerres, c^on LXVII.
Wallef (De), baron d'Hémércourt, 544. V. *Walef.*
Wallerand, subdélégué au Quesnoy, 2315.
Wallet, 2219.
Wallis (Comte de), 2466, 2655, 2959.
Walsh, irlandais établi en France, 3408.
—— **-Serrant** (Comte de), 3720, 3732.
Waltersdorf (Adalbert von), prince-évêque de Fulda, 3512, 62 s.
Wamin (De), gentilhomme d'Artois, A. 89.
Wandelbourg, 3631.
Wandre (De), ex-commis des Vivres, 1754.
Wangelin, 322, 946.
Wangen (Baron de), 355, 2031, 3715.
—— **-Geroldseck** (Fréd.-Franc.-Lud. de), évêque de Bâle, 3617.
Wangenheim (Von), major des Gardes du corps du duc de Saxe-Gotha, 3438.
—— (Aug. Wilhem von), député des États du duché de Calenberg, 3464.
—— (Von), général allemand, 41 s.
Wanin, procureur fiscal de la ville d'Aire, 501.
Waquette. V. *Gribeauval.*
Wardanché. V. *Pasquier.*
Wardener (De), lieut^t-c^el du rég^t de Saxe-hussards, c^on LXIX.
Wardes. V. *Vardes.*
Warel (De), 260, 278, 420.
—— échevin de Soissons, 2266.
Warenghien de Flory, conseiller au Parlement de Flandre, 3768.
Wargemont (Comte de), commd^t de la Légion de Soubise, 3648, 3671, 3673, 3684, 3766.
Wargemont. V. *Vuargemont.*
Wargnies (Mis de), gouverneur d'Ath, 870, 891.
—— (Mis de), 2145.
Warlus (Paul Franç. Bouquel, s^r de), gentilhomme d'Artois, A. 89.
Warluzel (Parisot de), président du Conseil d'Artois, 2025.
Warnet, commissaire des guerres, 262.
—— échevin de Guise, 2136.
—— cap^ne aux dragons de Pourrières, 2141.
—— contrôleur des hôpitaux, 3501.
Warren (Richard-Aug., ch^r, puis baron de), mar. c., 3152, 3403, 3405, 3408, 3409, 3411, 3421, 3449, 3463, 3478, 3492, 3493, 3497, 3532, 3542, 3544, 3568–3570, 3572, 3642, c^ons XXXI, XXXVII.
Warrin, 3387.
Waroquier (Comte de), auteur d'un dictionnaire militaire, 3753, 3766.
Warsberg (Baron de), officier, 3683, 3689.
Wart (J.-Fr.), échevin de Marche-les-Escaussines, 3206.
Wartel (J.-B.), député des États de la Flandre wallonne, c^on LIV.
Wartenberg (Comte de), ministre prussien, 2017, 2018.
Wartensleben (Comte de), 1848.
—— (Comte de), ministre de Hollande près les cours électorales et cercles du Rhin, 3552, 3609.
—— (Comte de), cap^ne au rég^t d'Anhalt, 3740.
Wartigny (César de Brouilly, m^is de), mar. c., 1484, 1502, 1586, 1686, 1693, 1761, 1777, 1778, A. 89.
Warwillé (De), officier d'artillerie, 2379.
Washington (Georges), général américain, 3716, 3732–3735, c^ons XLVIII, XLIX a.
Wasqual de Croix (Baron de), officier, 333, 342, 343, 419, 460, 466, 547, 552, 596, 668, 688. V. *Croix.*
Wassberg (Baron de), 2676.
Wasselin, habitant de Calais, 2135, 2528.

Wassenaer (Comte de), ministre plénipotentiaire des États généraux de Hollande, 3089, 3135, 3140, 3182-3185, 3260, 3312.
—— V. *Opdam.*
Wassinghac. V. *Imécourt.*
Watan (Abbé), 3429.
Waterhegg. V. *Quadt.*
Waterloop, curé de Carvin, 2144.
Wathins, médecin du duc d'Aumont, 3408.
Wattendonth? (De), 3100.
Watronville. V. *Vuatronville.*
Watteville (Franç. Du Fossé de La Mothe de), brig., 16 s. V. les suivants.
—— (De). 50 s.
—— (Louis du Fossé de la Mothe, comte de), lieut^t-g^al. 378, 552.
—— (Louis-Edm. Du Fossé de La Mothe, comte de), mar. c., 944-946, 1685, 1861, 2142, 2398, 2454.
—— (De), baillif de Morges (Suisse), 1968.
—— (Franç. Du Fossé de La Mothe de), brig., 2812, 2886, 3040, 3044-3047, 3051, 3101, 3141, 3180, 3233, 3235-3243, 3256, 3262, 3293-3295, 3309-3311.
—— (De), officier suisse au service de Hollande, 3182.
—— V. *Vatteville* et *Conflans.*
Waubert, 2947.
Wauchope, lieut^t-c^el du rég^t de Bourke, 1588, 1862, 1878.
Waudripont (Ch^r de), lieut-c^el de dragons, 1966, 2137, 2139, 2140, 2144, 2159, 2783.
Waulsort (Abbé de), 1837.
Wavre (De), officier au rég^t de Treffert, 2272.
Weage (Fréd. de), lieut^t-g^al allemand, c^on XXXVI.
Webault, 1831.
Weber, bailli de Germersheim, 2784, 2988, 3156, 3312.
—— auteur d'un mémoire, 3694.
Wechelten-Buoch, 342.
Wechter (De), lieut^t au rég^t d'Alsace, 2025.
Wedel (Baron de), command^t des troupes de l'évêque de Munster, 567.
Wedell-Frys (Comte de), envoyé extraordinaire de Danemark, 3464, 3508, 3570.
Weebecker, prévôt de Blodesheim, 2784, 2793, 2795.
Weerdt (Chanoines de). V. *Le Sire.*
Weidt (Von der), officier au rég^t de Wittmer, 3308.
Weigand, commissaire des guerres autrichien, 3256, 3260, 57 s., c^on XXXV.
Weilburg. V. *Nassau.*
Weiller, sous-bailli de Bergzabern, 2677.
—— frères, de Strasb[illegible]g, c^on LXX.
Weins (De), 491, 492, 500, 501.
Weiss, prévôt de Dibolsheim, 2738-2740, 2742, 2784-2791, 2793-2799.
—— c^on XXXVI.
Weittersheim (De), 3140-3143, 3160.
Welbruck (Franç.-Ch. von), prince-évêque de Liége, 3683.
Welstrich (J.), échevin de Sedan, 958.
Welz (Comte), ministre plénipotentiaire de l'empereur pour la principauté de Liége, 2301, 2453.
Wempff, 2703.
Wendelen, lieut^t hollandais, 3184.
Wenge (De), 3546.
Wensberg (Baron de), ministre ou secrétaire de l'électeur de Trèves, 2655, 2688.
Wentworth, lieut^t-g^al anglais, 3263.
Wentz, cap^ne réformé du rég^t de Reding, 1700, 2091.
Werderinne. V. *Pauwels.*
Wermelinger, officier suisse, 2136, 2141.
Werner (De), membre de la régence d'Amberg, 2948.
Wert (De), cap^ne suisse, 1306-1308.
Werwe. V. *Van der Werve.*
Wéry (Basile), abbé du Château, 1942.
Wesel (Dames de), 276.
—— (Bourgmestre de), 278.
Wessenberg (Baron de), grand archidiacre de Bâle, 1845, 1897, 1950, 1951, 2031, 2394.
Westerloo (Mis de), 1754.
Westermann (Franç.-Jos.), député de Haguenau, puis général, c^on LXIV.

Westermann, officier allemand, c^on XXXVI.
Westerwoord, officier hollandais, 3256.
Westmeath. V. *Nugent*.
Wette (Jean de), syndic du corps des bateliers de St-Omer, 2137.
Wetter, bailli du Rheinthal, 3057.
Wevelghem (Belg.), 1935.
Weyder (De) trésorier ou agent de l'électeur palatin, 1956, c^on IV.
Weyler (Albert de), 245.
Weyne (Nicolas), de Liége, 502.
Weys (D^elle de), 1857.
Whyndam, général anglais, 2387.
Whÿt (David), médecin hollandais, 3184.
Wibault, bailli de Merckem, 1831, 1832, 1841.
Wichard Du Perron (De), lieut^t-c^el du rég^t Royal-Hesse-Darmstadt, 3766.
—— (De), cap^ne au rég^t Royal-Bavière, 81 s.
Wicquet. V. *Ordres*.
Widaillan, consul d'Auch, 2143.
Widal, 1936.
Widdrington (De), 278.
Widerlich (Dame de), 1856.
—— V. *Lindener*.
Wied (Frédéric-Alexandre, comte de), 2768, 2825. V. les suivants.
—— (Comte de), 3430.
—— **-Rumkel** (Comte de), 2851.
Wieguer (L.-G.-J. de), officier hollandais, 3262.
Wierh, receveur des contributions à Gand, 2056.
Wierre (De), command^t un bataillon des troupes boulonnaises, 2312.
Wignacourt (De), cap^ne au rég^t de Ligondès, 1831, 1943, 2140–2142.
Wignacourt (De), major du rég^t d'Isenghien, 2142, 2145, 2268, 2271.
—— (J. de), chanoine à Cambrai, 2309.
—— (De), mestre-de-camp du rég^t de Noailles, 3083.
—— V. *Vignacourt*.
Wignier, échevin d'Abbeville, 2135.
Wigny? 1743.
Wiheries (Fr. Pascal de), provincial des capucins de Namur, 2144.
Wild (John), soldat irlandais, 1832.
Wildenberg. V. *Planta*.
Wilder, de Londres, c^on LXXI.
Wildermann, 969.
Wildermuth, 508, 668, 969, 988.
Willaines (De), 2771.
Willambolt (De), gouverneur de Mayence, 3163.
Willaume, 3768.
Wille, secrétaire du comte de Goërtz, 3610, 3612.
Willemann, bailli de Lauterbourg, 2092, 2093, 2163, 2237, 2547, 2575, 2609, 2620, 2631–2634, 2643, 2644, 2663, 2664, 2675–2677, 2688, 2701–2703, 2713, 2723–2744, 2746, 2747, 2768, 2782, 2783, 2827, 2837, 2838, 2892. V. le suivant.
—— fils, préteur de Landau, subdélégué de l'intendant d'Alsace, 2726, 2741, 2783–2798, 2877, 2892, 3040, 3054, 3285–3287, 3395. V. le précédent.
Willemin, cap^ne de partisans, 2244.
Willemot, prêtre franc-comtois, c^on XIV.
Willermont (De), procureur syndic de Lille, 3697, 3700, 3768. V. *Villermont*.
Willesme, 3541.
Willettes (De), lieut^t-c^el du rég^t 2e Languedoc, 2143, 2370.
Williams (Richard), anglais, 3408.
Williers (De), 1953. V. *Villiers* et le suivant.
—— (De), ingénieur, cap^ne au rég^t de Champagne, 2135.
—— V. *Du Houx*.
Willot, cap^ne au rég^t provincial de Paris, commd^t la milice n^le de Maurecourt (S.-et-O.), c^on LX.
Willstadt, 1700.
Wilmet, échevin de Charleville, 2169.
Wilmot, 2977, 3137.
Wilre (Baron de), 1832.
Wilsesheim. V. *Moscherode*.
Wiltz (Ch^r de), mestre-de-camp du rég^t Royal-Pologne, 2697, 2737.
Wimpf, bailli de Guttenberg, 1435.
Wimpffen (Félix, baron de), lieut^t-g^al, 3468, 3553, 3558, 3561, 3631, 3648, 3692, c^ons LXIX, LXXI.
Wimphen, banquier juif de Metz, 2344.

Winants (De), 2609, 2664, 2676, 2677.
Wincierl (De), commissaire des guerres, 1013, 1108, 1109, 1284, 1407, 1501, 1502, 1552, 1556, 1558, 1563, 1566, 1644-1646, 1709, 1767, 1798, 1906, 2184, 2417, 2622.
Windter (Sébastien), 119.
Winnendael (Baron de), 411.
Wingheve. V. *Haueskercke.*
Winkelhoffen (Baron de), gouverneur de Fribourg-en-Brisgau, puis commandt en Tyrol, 2032.
Winterfeld (Mlle de), 1832, 1943.
Winterfeldt (Mis de), lieutt cel du régt autrichien de Ligne, 3184, 3260.
Wintgens, secrétaire de l'évêque de Munster, 323, 342, 343.
Winy (Mis de), 3719.
Wissembourg (Magistrats, clergé, bourgeois, etc., de), 278. V. *Bacher, Gesell, Le Menwecq, Neubeck, Sigrist, Switz,* etc.
Witasse. V. *Vermandouilles.*
With (J., baron de), 3541.
Witsch (De), officier au régt Royal-Deux-Ponts, 3613.
Witt (Jean de), chef du Conseil des finances des Pays-Bas autrichiens, 3198.
Wittgenstein-Berlenbourg (Georges-Ernest de Sayn, comte de), lieutt-gal, 3720, 3759, con XLVIII.
Woerden (De), membre du Conseil souverain de Tournai, un des 4 baillis des États de Lille, commre aux conférences de Deynze et de Courtrai, etc, 260, 437, 448, 456, 484, 494-497, 505, 512-514, 536, 537, 543, 545, 553, 555, 566, 567, 584, 585, 615, 634, 649, 662, 668, 670-672, 688, 739, 795, 2610.
Woerden. V. *Saussaie.*
Woestenraedt (Comte de), 3086.
Wohlfart, 2575.
Wolbock, 3139.
Wolckringer (D.), maire et lieut-gal de police de Thionville, 2978.
Wolff, 1858.
—— médecin à Mons, 3183.
—— général anglais, 3540.
—— juif de St Goar, con XLIV.
Wolffen (J.-Franç.), officier hollandais, 3308.
Woltter, maître de poste à Luxembourg, 2243, 2244, 2318.
Wongoor, commissaire du prince d'Orange, 323.
Wonsheim (Comte de), 2951, 3046, 3087, 3100.
Wood (Étienne), anglais, négociant à Boulogne-sur-Mer, 3408.
Woot de Nische (ou *Trische*), major du régt de Tilly, 1754. V. *Wort.*
—— major du régt de Scépeaux, 1944.
Worden. V. *Woerden.*
Worms (Abraham, Jacob et Isaïe), banquiers juifs à Metz, 2245, 2324, 2396.
Wounder (Chrétien-Godefroid), capne hollandais, 3309.
Wourmbrandt, gouverneur d'Ath, 3092.
Wourmser. V. *Wurmser.*
Wrangel (Baron de), 1556.
Wray, secrétaire du comte de Briord, 1483, 1493, 1566.
Wreden (J.), 3489.
Wreder (De), 2904.
Wright. V. *Robinson.*
Wurmser, major hollandais, 3308.
—— (Christian-Louis, baron de), lieutt gal, 3479, 3481, 3482, 3505, 3523, 3548, 3556, 3604, 3753, 46 s., 47 s., 49 s., cons XXXVI, XLIII.
—— **de Vendenheim**, 979, 987, 997, 2166.
Wursten (Nic.), secrétaire des prisonniers suisses à Amboise, 3309.
Wurtemberg (Ducs et princes de), 245, 390, 395, 413, 414, 417, 629. V. les suivants.
—— (Sibylle, duchesse de), 513.
—— (J.-Fréd., duc de), 825, 837, 902.
—— (Fréd.-Ch., duc de), 966.
—— (Eberhard-Louis, duc de), prince de Montbéliard, 1264, 1380, 2655, 2698, 2712.
—— (Fréd.-Guill.?, duc de), 1315.
—— (Duchesse de), 1420, 2032.
—— (Ch.-Alexandre, duc de), prince de Montbéliard, 2318, 2742, 2747, 2768, 2783, 2784, 2798, 2799,

2805, 2806, 2825, 2837-2841, 2863, 2970, 3098. V. plus loin *Wurtemberg* (*Alex.*).
Wurtemberg (Éléonore-Charlotte, duchesse de Montbéliard et de), 2727.
—— **-Neustadt** (Ch.-Rodolphe, duc de), 2860.
—— (Ch., duc de), 3042, 3391, 3403, 3406, 3418.
—— (Louis-Eug., duc de), 3387, 3403, 3406, 3407, 3412, 3413, 3418, 3419, 3433.
—— (Alexandre, duc de), 2688, 2740, 2741. V. plus haut *Wurtemberg* (*Ch.-Alex.*).
—— (Fréd.-Eug., duc de), 3413.
—— (Ch.-Eug., duc de), 3508, 3524-3526, 3550-3554, 3559, 3564, c^on XXXIII. V. les précédents.
Wurtemberg. V. *Montbéliard*.
Würzbourg (Princes, évêques de), 62 s., 63 s., 69 s. V. *Seinsheim*.
—— (Baron de), 2951.
Wusson (De), cap^ne de carabiniers prussiens, 3481.
Wuttzenau (Gottfried-Ernst, baron de), gouverneur de Philippsbourg, 2732.
Wutgenau (Von), officier général allemand, 3514, 38 s.
Wyher. V. *Pfiffer*.
Wymar de Pesch (De), bourgmestre de Cologne, 3603.
Wyndham, 2387.
Wynyard (John), 3312.
Wyse (Jean de), banquier hollandais, 1942.
Wytz (Don Philippe de — de La Bouchardrie), sergent-major des Gardes wallonnes (service d'Espagne), 3275.

X

Xaintrailles (De), 420, 954, 956, 987, 1379. V. *Sentrailhe*.
Xaupi, de Perpignan, 2408, A. 89, c^on XXI.
Ximenès (Joseph, comte de), lieut^t g^al, 260, 271, 279, 300, 311, 336, 1046, 1052, 1053, 1057-1060, 1099, 1116, 1142, 1145-1147, 1163, 1202-1206, 1208-1210, 1236, 1254-1256, 1259, 1260, 1289, 1305-1309, 1313-1315, 1355, 1356, 1358, 1360, 1399, 1400, 1423, 1468, 1482, 1483, 1486, 1492, 1493, 1496, 1549, 1550, 1552-1561, 1644-1646, 1648-1654, 1658, 1660, 1699, 1700, 1736-1739, 1742, 1743, 1793, 1833, 1899. V. les suivants.
Ximenès (De), m^is de Proissy, colonel du rég^t Royal-Roussillon, fils du précédent, 1737, 1743, 1832, 1839, 1843, 1855, 1943, 1946, 2022.
—— (Augustin, m^is de), mar. c., frère du précédent, 2137, 2143-2145, 2219, 2220, 2697, 2699, 2700, 2726, 2728, 2729, 2731-2736, 2739, 2746, 2793, 2798, 2912, 2917, 2926, 2943, 2950.
—— (Mme de), 2142, 2411.
—— agent secret?, prisonnier à la citadelle de Lille, 1644, 1737-1739, 1830.

Y

Yard, 3210, 3211.
Yencre, 3762.
Ylferman (D'), cap^ne au rég^t de Dillon, 1897.
Ynor, procureur du roi au pays de Coutances, 2264.
Yonne (Administrateurs du dép^t de l'), c^ons LXV d, LXV f, LXVII, LXVIII.

York (Duc d'). V. *Jacques II*, roi d'Angleterre.
—— général anglais, 3562, 3579.
Youel (Franç.), dit *Joul*, mar. c., 1951. V. *Joul.*
Ypres (Gouverneur, clergé, bourgeois, etc., d'), 157, 245, 386, 405, 615, 1840, 1941. V. *Beaufort, Becelaer, Delvaux, Du Bois, Gouy, Goze, Halmade, La Tourelle, Rache, Ratabon, Robles, Séraphine* (*Sœur*), *Tanton, Verquaillé*, etc.
Ysambert (Jacob), commissaire des guerres, c^{on} LXXXVI.
Ysarn, commissaire des guerres, 2733, 2784, 2877, 3047, 3125.
Ysembourg (Prince d'), c^{on} XXXVII.
Ysenbourg (J.-Adolphe d'), cap^{ne} hollandais, 3309.
Ysenghien. V. *Isenghien.*
Ysnard (D'), cap^{ne} au rég^{t} d'Anjou-cav^{ie} 1971.
Yssel-Ducup (D'), 1704.
Yssingeaux (Municipalité, etc., d'), 1943, c^{on} LXVIII.
Yverdun (bailli d'). V. *Fiva.*
Yvoi-Carignan. V. *Carignan.*

Z

Zaiguelius, membre du Conseil supérieur d'Alsace, 2169, 2240.
—— curé de Schelestadt, 3396.
Zander (Fr.-Guillaume), supérieur des récollets de Landau, 991.
Zastro (Ant.-Henri), brig., 2814.
Zastrow (Baron de), général hanovrien, 3442-3444, 3518, 3520.
Zbonski. V. *Passebon.*
Zeberg (Julius de), enseigne dans un rég^{t} autrichien, 3184.
Zedder, lieut^{t}-c^{el} au rég^{t} de Conti, 547.
Zeddes (De), colonel réformé de dragons, 1586, 1852, 1856.
—— (Mme de), 1854.
Zeil (Comte de), 3111.
Zélande (Députés des États de), 278.
Zélanty, 976
Zenon, 2130.
Zens, officier, 3582, 3754.
Zerbelon (Duc Gabrio), 1784.
Zeslin, 411.
—— bourgeois de Bâle, 971, 1160, 1501.
Zettwitz (Baron de), ministre de l'électeur palatin, 3615.
Zevallos (Juan Ochoa de), subdélégué de l'intendant du Hainaut, 564, 567, 614, 615.
Zimmer (Ant.), 3552.
Zimmermann (P.), commissaire des guerres, 969, 982, 983.
—— (Ulderic-Falk), 1962.
Zint (Baron de), ministre de Bavière, 1748.
Zinzendorf (Philippe-Louis, comte de), chancelier, ambassadeur, 1651-1654, 1667.
—— (Comte de), officier, 3564.
Zizers. V. *Salis.*
Zobel, commd^{t} à Maestricht, 970, 977.
—— (J.-Christophe de), cap^{ne} hollandais, 3308.
Zollern (Isabelle, princesse de), 514.
Zorn (De), 979, 995, 997, 1755, 2237, 2699-2702, 2703, 2723-2726, 2728, 2730, 2733, 2739, 2742, 2768, 2783-2785, 2787, 2788.
Zublin, enseigne de la compagnie suisse de Zurlauben, 396.
Zuckmantel (Baron de), ministre plénipotentiaire près l'électeur palatin, 3407, 3429-3432, 3433, 3435, 3436, 3459, 3460, 3462, 3471-3474, 3476, 3477, 3479, 3480, 3482, 3486, 3501, 3503, 3504, 3508, 40 s., 41 s., 62 s., c^{on} XXVII.
Zug (Canton de), 437.
Zoulaga (Don Pedro de), 1983.
Zumbergen (Joh.-God.-Fréd.), enseigne hollandais, 3183, 3185.
Zumenzu (Manuel de), secrétaire des guerres de l'État de Milan, 1878, 1884.
Zuniga (Mis de), 2253, 2261.

Zu Rhin (J.-J.-B.), trésorier de la cathédrale de Spire et chanoine de Worms, 2729.
Zurich (Canton et ville de), 259, 321, 391, 417, 879, 2031, 16 s. V. *Suisses* (*Cantons*).
Zurlauben (Henri de), capne, 311, 338.
—— (C. de), 335, 342, 448, 563, 667. V. les suivants.
—— **de Gestellenburg** (Béat-Jacques de La Tour-Châtillon, comte de), lieut^t-g^al, 792, 961. 962, 1055, 1083, 1360, 1519, 1524, 1585, 1586, 1591-1593, 1749, 1760.
—— (Béat-Henry-Jos. de La Tour-Châtillon de), brig., 1501.
Zurlauben (Chr de), officier, 1501.
—— (Béat-Franç.-Claude de La Tour-Châtillon, baron de), lieut^t-g^al, 2979, 3027, 3308.
—— (Béat-Fidèle-Ant. de La Tour-Châtillon, baron de), lieut^t-g^al, 3612.
—— (Officiers subalternes du rég^t de), 1949.
Zutphen (Bourgmestres et députés de), 276, 278, 281.
Zuydpeene (Ch. Malinez, vicomte de), grand forestier de Brabant, 1941.
Zwarte (De), 2575, 2677.
Zwartsenholtz (Hendrich), 3155.
Zweisel, cap^ne au rég^t de Planta (service de Hollande), 3182.

www.ingramcontent.com/pod-product-compliance
Lightning Source LLC
Chambersburg PA
CBHW070614270326
41926CB00011B/1689
* 9 7 8 2 3 2 9 0 1 7 6 1 7 *